縮刷版

Georg
Wilhelm
Friedrich
Hegel

ヘーゲル事典

編集委員 ▶
加藤尚武・久保陽一・幸津國生・高山　守・滝口清栄・山口誠一

弘文堂

縮刷版の刊行にあたって

　この度，小社では『ヘーゲル事典』の縮刷版を刊行することにいたしました。『ヘーゲル事典』は，1992年に刊行されて以来，日本のヘーゲル研究の世界に誇りうる高い水準を示すものとして，ヘーゲル研究者はじめ哲学・思想の専門家の間で好評を博し，わが国のヘーゲル研究に不可欠の文献であるとの高い評価を得てきました。

　しかし，残念ながら，本事典は，数次の増刷の後長く品切れ状態が続いていました。これは，昨今の社会情勢から見て，一方で学生諸氏や一般読者にとっては価格面でなかなか手の届かない書であったということをも意味しており，各方面から廉価版を求める声が寄せられていたのも事実であります。そこでこの度，そうした読者の声に応えるために，編集委員にも諮りつつ原版の3分の1以下の価格で一般読者，特に若い読者を対象に『縮刷版ヘーゲル事典』を刊行する運びとなりました。

　したがいまして，価格面での配慮から，本体項目と参考文献一覧および索引をそのまま収めることとし，付録は割愛しましたが，それでも十分に読者の要望に応えうる内容であることを確信しています。新たな装いのもとに刊行されます縮刷版が，若い読者から高齢の哲学・思想分野に関心をお持ちの読者諸氏まで，広く受け入れられることを期待しております。本縮刷版の刊行に，各位のご理解・ご支援をお願いする次第でございます。

2014年5月

弘文堂編集部

　なお，今回の縮刷版刊行に際して新たに「ヘーゲル全集・講義録概要」を巻末に収めました。

原版序文

　日本で西洋哲学が研究されて約120年経つ。西周が1870年（明治3年）に東京の育英社で講義した『百学連環』が日本近代哲学の現実の出発点と見なされる。西欧の思想家について，西欧の評価にもたれかかることなく日本人が独自の評価を下して，それが世界に通用するという例が一つぐらいは確保されてもいい時期である。

　ヘーゲルは，「市民社会」という概念を確立した思想家である。そして歴史の意味が自由という理念の政治的な発展の過程にあるという見方を呈示した。近代社会と近代化について考えるための拠り所となる思想家である。ヘーゲルを母体として，マルクスとキルケゴールという互いに異質な二人の思想家が誕生した。二十世紀思想のドラマトゥルギーはこの二人の主演者によって構成されたのであるが，ドストイェフスキーがそれ以後の文学にとって尽きることのない人間観の源泉となったように，ヘーゲル哲学は以後の哲学にとって尽きることのない発想の源泉となった。

　日本の哲学と思想の歩みに，自ら大地に足を踏みつける確実さと，自ら世界の展望を切り開く視野とが確保されるためには，まずヘーゲルという一人の思想家について完全なデータが集約され，共同で利用できる体制をつくらなくてはならない。

　しかし，ヘーゲル研究はその基本的な部分でつねに動いている。テキストと講義録が年々増加されて行き，実質的なヘーゲル全集の分量は，マルクスやキルケゴールが読むことの出来た分量の二倍を超えた。法哲学の講義録は，テキストの五倍ほどの分量であり，美学，歴史哲学などの領域で今後も講義録の刊行が期待されている。また近年ヘーゲルの同時代人でかつてほとんど無名であった人々の思想的な発掘も行われている。テキストの文字について，ヘーゲルが略号で綴っていた単語の読み方が変わったために基本的な文脈までが変わってきたものがある。

　ひとりの思想家についてのデータが完全であるためには，次のような問題が解決されなければならない。

　① 執筆者（アウトールシャフト）問題。ヘーゲルがシェリングと連名で『哲学批判雑誌』に発表した論文については，実際の執筆者の推定がほとんど確定している。

青年期ヘーゲルの筆跡原稿が残されている『ドイツ観念論最古の体系プログラム』については、ペゲラーからヘーゲル自身の執筆であるという判断が示されたが、まだ確定はしてない。これ以外に、執筆者問題で大きな問題はない。

② 執筆時期判定問題。青年期のヘーゲルについてシューラー女史が基礎的な案を呈示して、それをニコリンが修正したものがある。イェーナ期についてはキンマーレが案を出したが、その後、キンマーレ自身も改訂案をつくり、青年期からイェーナ期については、ハリスの作成した執筆年代表(クロノロギー)がある。全集の刊行とともに各巻に執筆時期についての注釈が付されている。それらを現時点で可能な限り集大成したものを、加藤尚武を中心に十数年前から共同で制作してきたが、今回の『ヘーゲル事典』刊行に際して、栗原隆新潟大学助教授の手で現在までの情報をほぼ完全に集約し、鶴巻幸平氏がコンピュータ入力し、その主要な部分を本事典の付録に採録した。

③ テクスト校訂。ラッソン、ホッフマイスターらの先駆的なテクスト校訂の作業を、根本資料に当たって完全を期するという方針で全集 (*Gesammelte Werke herausgegeben im Auftrag der Deutschen Forschungsgemeinschaft*. Felix Meiner) が1968年から刊行され、続行している。その一部が学生版として、部分的に改訂されて哲学叢書で出ている。旧グロックナー版を下敷にした廉価版もズーアカンプ社から完結出版されている。千葉大学加藤尚武研究室では、ズーアカンプ版を中心にしてテクストをコンピュータ入力し、テクスト・データベースを作成している。本事典の執筆に際しても大量の検索データを執筆者に提供している。

④ 講義録の編纂。ラッソン、ホッフマイスターは、残存する講義録から理想的な著作を再編集するという方針で作業を進めていたが、現在では聴講者の講義ノートをそのまま印刷出版するという方針になっている。イルティングが法哲学と宗教哲学のノートの校訂版を出したほかに、ヘンリッヒ編の法哲学、イエシュケ編の宗教哲学などが刊行されている。

⑤ 書簡集の編纂。既に完結してマイナー社から刊行されている。新発見の補充は、雑誌『ヘーゲル研究』(*Hegel-Studien*. Bouvier, Bonn) で行われている。

⑥ 言行録の編纂。ニコリン編『同時代人の報告』、ローゼンクランツ『ヘーゲ

ル伝』などが，ヘーゲルの言行を伝えている。エッカーマンが『ゲーテとの対話』を残したというような事例はヘーゲルにかんしてはない。

⑦　原資料（ソース・ブック）の探索。ヘーゲルの著作がどのような資料に基づいて書かれたかは，まだほとんど分かっていない。とくに「自然哲学」とか「歴史哲学」などの原資料の調査は今後の課題として残されている。そのための重要な手がかりは，ヘーゲルの「蔵書目録」である。これはヘーゲル没後の蔵書の売り立て目録である。ベルリンの「ドイツ文化財局」からマイクロフィルムで入手しカード化した資料を日本で作ったが，本事典では採録しなかった。

⑧　詳細年譜。ヘーゲルについては，今回，奥谷浩一札幌学院大学教授が制作され，その主要な部分が本事典に採録されている。もしもこれにフィヒテやヘルダーリンの詳細年譜が作られるならば，比較詳細年譜として，相互の影響関係の研究の基礎資料となるだろう。同時代の思想家との相互の影響関係の研究が進んでくると，詳細比較年譜が必要になってくる。

⑨　影響作用史。ヘーゲルの著作が，その後の歴史的に重要な著作で，どのように引用されているかを示すデータベースである。これはまだ作られていないが，ヘーゲル以外のテクストのデータベース化が進めばそこから二次情報として検索できる。

⑩　研究書誌。世界全体の研究書誌は，元東ベルリンの図書館でシュタインハウアー氏が編纂して出版していた。これの継続のメドは現在は立っていない。日本でのヘーゲル研究書誌は，上妻精東北大学教授が手がけて，現在それを継続したものが制作され，今後も継続していく予定である。わが国の文書のなかでヘーゲルが言及された箇所の記録集（わが国におけるヘーゲル言及書誌）は，本事典にも一部を採録しているが，制作中である。

ヘーゲル情報の総合的な全体像の中から，思想とその歴史に関心をもつ人々のすべてにとって有益な情報を，もっとも厳密な資料にもとづいて引き出し，平明簡潔に記述して，自由に検索できる状態にすることが，本事典の制作の目的である。本事典が常に動いている情報の流れの，最新，最善の中間報告であることを期した。

ヘーゲルが術語として用い，そのテクストを解読するのに必要な単語に説明を加

えたものとしてはグロックナーの「ヘーゲル・レキシコン」が著名である。しかし，今日の目で見れば，採録されたテクストの範囲の狭さ，用語の選定の主観性と時代的制約という偏りは否定できない。その外にズーアカンプ版全集の索引巻，バッセンゲ編集「美学」の索引など，ヘーゲルのテクストに付けられている主要な索引を集めて本事典の項目選定の資料とした。

　日本で用いる「ヘーゲル事典」としては，ドイツ人にとっては自明であっても，日本人には説明を要する項目を見落とすわけにいかない。人名・地名などの固有名詞，伝記に記載された人物で今後の研究史のなかで重視されると思われる人物なども，見落としがないように配慮した。

　従来の研究からほとんど取り残されてきた自然哲学の領域についても，本事典の編集を機会にして充実しておくべき領域であると考えた。

　執筆者の選択に際しては，上記の研究書誌にしたがって，その項目について過去にもっとも優れた業績を発表した人に委嘱し，執筆者の出身大学などについては一切考慮しないことにした。幸いにも，ほとんど全ての執筆候補者から快諾を得られ，全国の百人のヘーゲル研究者の寄稿を得ることになった。

　執筆者の一人である本多修郎先生，また健康に自信がないからと言って執筆を辞退された大井正先生が，本事典の完成を待たずに逝去された。お二人に共通するのは，決して権威者ぶることがなく，気さくに豊かな学殖を惜しみなく提供してくださる大学者であられたという点である。お二人とも日本を代表する唯物論者であるが，あえて「冥福をお祈り」申し上げ，その志を引き継ぎたいと思う。

　1988年2月から始めた編集作業が，およそ4年という時間を経て，一つの書物として陽の目を見ることになった。すべての原稿を最後に検討し終えるまで文字通り編集者一同と苦楽を共にしてくださった弘文堂の浦辻雄次郎氏には，心からの感謝の気持ちを述べさせていただきたい。

　　1991年12月10日

編集者を代表して　加藤　尚武

【編集部注】今回の縮刷版では付録は割愛した。（2014年5月）

執筆者・協力者一覧

◉本文執筆者（五十音順）

安彦 一恵	荒木 正見	池田 成一	池田 全之	伊坂 青司	石川 伊織
石橋 とし江	伊藤 一美	稲生 勝	入江 幸男	岩城 見一	岩佐 茂
岩崎 稔	岩波 哲男	上村 芳郎	生方 卓	海老澤 善一	大西 正人
大橋 良介	岡崎 英輔	岡本 賢吾	奥谷 浩一	小坂田 英之	片柳 榮一
加藤 尚武	門倉 正美	金谷 佳一	金田 晉	神山 伸弘	菊地 惠善
北川 浩治	北澤 恒人	木村 博	久野 昭	久保 陽一	粂 康弘
栗原 隆	黒崎 剛	黒崎 政男	幸津 國生	上妻 精	小林 靖昌
斎藤 純一	酒井 修	座小田 豊	笹澤 豊	佐藤 和夫	佐藤 康邦
四日谷 敬子	柴田 隆行	島崎 隆	杉田 広和	杉田 正樹	杉山 吉弘
高田 純	高柳 良治	高山 守	滝口 清栄	武田 趙二郎	竹村 喜一郎
田端 信広	出口 純夫	徳増 多加志	戸田 洋樹	中岡 成文	長島 隆
中埜 肇	中山 愈	南條 文雄	長谷川 宏	八田 隆司	早瀬 明
原崎 道彦	日暮 雅夫	平野 英一	藤澤 賢一郎	藤田 俊治	藤田 正勝
藤原 保信	星 敏雄	星野 勉	本多 修郎	増成 隆士	松井 良和
松本 正男	水野 建雄	宮川 透	森川 孝吉	谷嶋 喬四郎	山口 誠一
山口 祐弘	山崎 純	山田 忠彰	吉田 六弥	米澤 穂積	米永 政彦
寄川 条路	渡辺 二郎	渡辺 祐邦			

◉付録執筆者・協力者（五十音順・編集委員を除く）

伊坂 青司	奥谷 浩一	金谷 佳一	神山 伸弘	栗原 隆	早瀬 明
原崎 道彦	藤田 正勝	的場 昭弘	山崎 純	寄川 条路	

◉データベース作成協力

鶴巻 幸平

使用の手引

【項目見出しと配列】
1 事項（著作や雑誌名を含む），人名を問わず，見出しの読みの五十音順に配列した。
2 配列の基準は以下の原則に従う。
  ① 清音・濁音・半濁音の別，直音・促音・拗音の別，音引（ー）の有無を無視して配列する。
  ② 以上の結果同位となる場合は，清音→濁音→半濁音の順に，また促音・拗音に対しては直音を，音引有りに対しては無しをそれぞれ優先して並べる。
3 事項見出しにはドイツ語（必要に応じてギリシア語やラテン語）を付した。
4 人名見出しには原綴（日本人名は平仮名による読み）と生没年月日を付した。ギリシア人の原綴は岩波書店刊『西洋人名辞典』の転写規則に則った。

【引用箇所・典拠の表示】
引用箇所や典拠の表示は，本文の記述から自明の場合を除き，文中の [ ] 内に示した。
1 ヘーゲルの著作のうち代表的なものについては，5 に示す略称を用いた。
2 著作名の後の太数字はヘーゲル全集の巻数，細数字はページ数を示す。なお，全集の版に関する表記は以下の通り。
  表示無し：ズーアカンプ版全集
  GW ：アカデミー版全集 (*Gesammelte Werke.* hrsg. von Reinisch-Westfälischen Akademie der Wissenschaft)
  例外的にグロックナー版，ラッソン版で表示した場合もある。
3 その他の略号
  Ham ： Werner Hamacher 編の *Der Geist des Christentums* (1978) のページ数
  Fr ： Eva Ziesche: Unbekannte Manuskripte aus der Jenaer und Nürnberger Zeit im Berliner Hegel-Nachlass. In: *Zeitschrift für philosophische Forschung.* Bd. 29 (1975) に基づき, M. Baum／K. R. Meist: Durch Philosophie leben lernen. In: *Hegel-Studien.* Bd. 12. (1977), さらに H. S. Harris: *Hegel's Development. Night Thought.* (1983) から引用した草稿番号
  PhB ： Felix Meiner 社版の Pilosophische Bibliothek のページ数
4 『法哲学』『エンツュクロペディー』については，節番号で出典を表示した。ただし長大な節には全集の巻とページを併記した場合もある。
5 本事典でのヘーゲル著作の表記
  [ ] 内，無印はシューラー，Kim. は，キンメルレのクロノロギー番号。特に注記しない限り，文献は，ズーアカンプ版全集（著作集）(*Werke in zwanzig Bänden.* Theorie Werkausgabe. Redaktion Eva Moldenhauer und Karl Marcus Michel. Frankfurt a. M. 1969ff.) 所収のものである。
  『愛』[70, 84]　Liebe.
  『愛と宗教』[68]　Liebe und Religion.
  『アフォリズム』[Kim.46]　Aphorismen aus Hegels Wastebook.
  『イエスの生涯』[50]　Das Leben Jesu.
  『イェーナ体系Ⅰ』　Hegel Gesammelte Werke. In Verbindung mit der Deutschen Forschungsgemeinschaft. hrsg. von der Rhein-Westfälischen Akademie der Wissenschaften, Band 6 (Jenaer Systementwürfe Ⅰ. Das System der speculativen Philosophie). Hamburg 19

75.
『イェーナ体系Ⅱ』　　同前。Band 7 (Jenaer Systementwürfe Ⅱ. Logik, Metaphysik, Naturphilosophie). 1971.
『イェーナ体系Ⅲ』　　同前。Band 8 (Jenaer Systementwürfe Ⅲ. Naturphilosophie und Philosophie des Geistes). 1976.
『ヴュルテンベルクの内情』[75]　　Daß die Magistrate von den Bürgern gewählt werden müssen [Über die neuesten inneren Verhältnisse Würtenbergs, besonders über die Gerechen der Magistratverfassung]
『ヴュルテンベルク民会討論』　　[Beurteilung der] Verhandlungen in der Versammlung der Landstände des Königsreichs Württemberg im Jahr 1815 und 1816.
『エンツュクロペディー』　　Enzyklopädie der philosophischen Wissenschaften im Grundrisse.
『懐疑主義論文』　　Verhältniß des Skeptismus zur Philosophie. Darstellung seiner verschiedenen Modifikationen und Vergleichung des neuesten mit dem alten.
『カル親書』[74]　　Anmerkungen zu den 》Vertraulichen Briefen über das vormalige staatrechtliche Verhältnis des Wadtlandes zu Stadt Bern《 [von J. J. Cart]
『キリスト教の実定性』[48, 51, 53, 54, 55, 96]　　Die Positivität der christlichen Religion.
『キリスト教の精神』[77, 80, 81, 82, 83, 89]　　Der Geist des Christentums und sein Schicksal.
『国民宗教とキリスト教』[29, 30, 31, 32, 37, 38, 39, 40, 41, 42, 44, 45, 46]　　Volksreligion und Christentum.
『最古の体系プログラム』　　Das älteste Systemprogram des deutschen Idealismus.
『差異論文』　　Differenz des Fichteschen und Schellingschen Systems der Philosophie.
『自然法論文』　　Über die wissenschaftlichen Behandlungsarten des Naturrechts, seine Stelle in der praktischen Philosophie und sein Verhältnis zu der positiven Rechtswissenschaften.
『実践理性の断片』[47]　　Die transzendentale Idee von Gott...
『宗教哲学』　　Vorlesungen über die Philosophie der Religion.
『就職テーゼ』[Kim. 16]　　Habilitationsthesen (Dissertationi philosophicae De orbitis Planetarum praemissae Theses).
『信仰と存在』[72]　　Glauben und Sein.
『信と知』　　Glauben und Wissen oder Reflexionsphilosophie der Subjektivität in der Vollständigkeit ihrer Formen als Kantische, Jacobische und Fichtesche Philosophie.
『人倫の体系』　　System der Sittichkeit. Philosophische Bibliothek Band 144a. Felix Meiner, Hamburg.
『精神現象学』　　Phänomenologie des Geistes.
『1800年体系断片』　　Systemfragment von 1800.
『大論理学』　　Wissenschaft der Logik.
『哲学史』　　Vorlesungen über die Geschichte der Philosophie.
『ドイツ憲法論』　　Die Verfassung Deutschlands.
『道徳性・愛・宗教』[67]　　Moralität, Liebe, Religion.
『ニュルンベルク著作集』　　Nürnbergerschriften.
『ハイデルベルク著作集』　　Heidelberger Schriften.
『美学』　　Vorlesungen über die Ästhetik.
『ベルリン著作集』　　Berliner Schriften.
『法哲学』　　Grundlinien der Philosophie des Rechts.
『法哲学講義（聴講者名もしくは講義年）』　　Vorlesungen über Naturrecht und Staatswissen-

    schaft oder Philosophie des Rechts.
  『ヤコービ書評』　　［Über］Friedrich Heinrich Jacobis Werke. Dritter Band.
  『ユダヤ精神予稿』［63, 64, 65, 66, 70, 71, 78, 79］　　Entwürfe zum Geist des Judentums.
  『歴史哲学』　　Vorlesungen über die Philosophie der Geschichte.
  『歴史における理性』　　Die Vernunft in der Geschichte. Philosophische Bibliothek 171a. Felix Meiner, Hamburg.
  『惑星軌道論』［Kim. 20］　　Dissertatio philosophica De orbitis Planetarum.
  『シュトゥットガルトにおける若きヘーゲル』　　*Der jünge Hegel in Stuttgart*. hrsg. von F. Nicolin. 1970.
  『書簡集』（第〇巻）　　*Brief von und an Hegel*. Bd 1-3 hrsg. von J. Hoffmeister, Hamburg 1952-1954. Bd. 4/1, 4/2, hrsg. von F. Nicolin. Hamburg 1977, 1981.
  『初期神学論集』（ノール）　　*Hegels theologische Jugendschriften*. hrsg. von H. Nohl. Tübingen 1907. Nachdruck 1966.
  『ドクメンテ』　　*Dokumente zu Hegels Entwicklung*. hrsg. von J. Hoffmeister. Stuttgart 1936.
  『ローゼンクランツ』（ヘーゲル伝）　　K. Rosenkranz, *Hegels Leben*. 1844.
6　ヘーゲル以外の思想家の著作については特に原則は設けていないが，本事典の利用者が誤解することのない程度に簡略化している。

【参考文献】
1　参考文献は，項目の末尾に編著名と刊行年を年代順に掲げ，詳細は547ページ以下の「参考文献一覧」に一括した。
2　刊行年は原則として初版時としたが，ページ数表示などの必要から入手しやすい版を掲出する場合もある。

【その他】
1　見よ見出し（送り項目）は ⇨ で示した。
2　本文の記述に関連して参照すべき別項目は各項目末尾に → で示した。

ア

愛 [Liebe]

Ⅰ 一般的定義　「他者の精神的内面性が自己の衷心の内面性と密接に結合して，まさにこの他者においてのみ主体の心が自己自身と親密に溶け合って生きているという関係。このように他者において自己に生きる（Dies Leben in sich in einem Anderen）」という感情が愛である［『美学』14. 146］。愛の合一には「否定の契機」が伴う。「人を愛するには，主体は自分自身から脱却して，自己を放棄し，各自の特性の頑な面を犠牲に供し」，相手に「献身」しなければならない。このように，「人格性を放棄しておきながら，しかも自立的であるという弁証法的な矛盾の感情」が愛である［同 15. 43］。

Ⅱ 愛による運命との和解　愛の思想はフランクフルト時代にカント主義をのり超えるものとして，ヘルダーリンと彼の友人たちの影響の下に形成された。「客体への依存」（実定信仰への隷従）でも「客体からの逃走」（実定信仰を峻拒する理性的な道徳宗教）でもない第三の道が，愛と構想力による主客合一の宗教に求められた［『道徳性・宗教・愛』1. 239-43］。カント主義ではなく愛の宗教の立場からキリスト教が解釈される。イエスはユダヤの外面的な律法に対して，道徳法則という名の内面的な律法を対置したのではなく，律法上の正義そのものを愛によって超えようとした。律法に背く運命にあった者をも愛はゆるし，愛によって運命と和解する道がひらかれる。「罪のゆるしは愛によって和解された運命である。それゆえ，イエスの規則はこうだ。——あなたがたが過ちをゆるすならば，あなたがたの過ちもまた，父〔なる神〕によってゆるされる。他人をゆるすことは敵対関係の止揚であり，愛に立ちかえることにすぎない。そして，この取り戻された愛こそ全きものである」［『キリスト教の精神』1. 306］。

Ⅲ 愛は運命にまみえる　愛は心身一如の幸福な瞬間である。しかしそれはまだ不幸な日常性に取り囲まれている。愛はとりわけ所有関係を排除したところにしか成り立たない。所有関係こそ自他の区別と対立が先鋭化する場であり，愛ですらのり超えることのできない壁であるからだ。愛が所有という運命に再びまみえることに，ヘーゲルは当初から腐心していた［『愛』1. 244-250］。愛が日常的な客体性の領域を排除して成り立つ主観的な感情にとどまるならば，和合はおぼつかない。差異を排除して成り立つ直接的な情緒的結合ではなく，差異をうみ出す所有関係（市民社会の領域）を包み込んだ人倫的和合が求められなければならない。愛の思想はイェーナ時代に人倫哲学へと転回する。これによって「愛」は中心的な原理としての重要性を失う。愛には区別はあっても対立がない［『精神現象学』3. 561］ため，市民社会や国家の合一を支える原理としては不十分とされる［『法哲学』158節「補遺」］。思想の全体的基調も，愛という無媒介の情緒的なものを和合の原理とするのではなく，差異から出発して普遍へと媒介する体系的な概念知へと変化する。

Ⅳ 体系期における「愛」の文脈　イェーナ期以降，愛は主に次の文脈で論じられる。①家族の愛［『イェーナ体系Ⅰ』GW 6. 301ff.；『同Ⅲ』GW 8. 209ff.；『法哲学』158-180節］，②

「神は愛である」というキリスト教の三位一体的神［『宗教哲学』17. 221f., 303f.］，③キリスト教時代のロマン的芸術の題材［『美学』14. 154ff., 182ff., 15. 41ff.］。→美しい魂, 和解

（山崎 純）

愛国心 ［Patriotismus］

ヘーゲルは個人が自己の所属する諸関係のそれぞれの義務に対してひたすら適切に対応することを「正直（Rechtschaffenheit）」として捉えるが［『法哲学』150節］，この基本的徳が国家との関係で発揮されるとき愛国心となる。それは国家の理念の主体的実体性としての「政治的志操」である［同267節］。つまり愛国心は「真に存立する確信」「習慣となった意欲」であり，国家における理性的かつ現実的な諸制度の結果としての国家に対する信頼である。「愛国心という言葉でしばしば理解されるのは，非常時の犠牲とか行為を喜んでしようとする気概であるにすぎない。しかし本質的には，愛国心とは，平常の状態や生活関係の中で共同体を実体的基礎および目的として知ることに慣れ親しんでいる志操である」のであり，「非日常的な努力を進んでしようとする気概」もそこに根差すのである［同268節］。→志操（心術），制度，良心

【参】 金子武蔵（1980） （小林靖昌）

アイスキュロス　⇨ギリシア悲劇

A = A　⇨フィヒテ, シェリング

アイネシデモス　⇨懐疑主義

アウクスブルクの和議 ［Augsburger Friede］

ヘーゲルが『ドイツ憲法論』を論じる場合は，皇帝の選挙制度を規定した「黄金憲章」（1356年）や「永遠の公安」（1495年），ウェストファリア条約などと並んで，アウクスブルクの和議によって成立した事態も，「憲法」なるものの具体的な内実を構成すると理解されている。この和議は，1555年9月のアウクスブルクの帝国議会で，神聖ローマ帝国側とルター派諸侯との間で締結された。これによって，メランヒトンの「アウクスブルクの信仰告白」は，カトリック教会の信条に匹敵する資格を持つものとして認められることになった。しかし，対象はルター派に限られ，また何よりも重要であったのは，そこで自由を認められたのが，信仰を持つ個人ではなく，領邦君主と帝国都市当局であったという点である。なぜなら，和議では，「住民はその地の領主の信仰に従う」（Cuius regio, eius religio）という原則が確認されたからである。このため，聖職者の監督は領邦君主に委ねられ，君主が任命した宗務局がこれを管轄することが承認された。

この和議にはらまれていた問題は，やがて三十年戦争の惨禍として中欧を覆い，ヘーゲルをして「ドイツはもはや国家ではない」と嘆かせる領邦的分立状態につながっていく。本来ならば，宗教改革は世俗的な権力との分化をもたらすはずであったが，むしろ結果は逆になった。ヘーゲルはこうした事態を，「宗教は，それ自身が分化することで自分を国家から引き離すかわりに，むしろ分化することによって国家のなかに入りこみ，国家を廃棄することに大いに寄与し，さらには憲法たるもののなかに自分を組み込んで，国法の条件となった」［『ドイツ憲法論』1. 518］と解釈している。→ルター，宗教改革　（岩崎 稔）

悪 ［Böses］

悪は認識能力を持つ人間にとってのみ存在する。「認識こそは，一切の悪の起源である。……認識が初めて対立を措定するのであり，この措定のうちに悪が存在する。動物や石や植物は悪ではない。悪は認識の範囲の内部に初めて現存する」［『宗教哲学』17. 257］。人間が自らの本質の自然性に反して，意識的に自

らの内面に留まろうとするとき、悪が生じる。「悪とは精神の自然的な現存在が、自己のうちへ向かうこと（Insichgehen）にほかならない」[『精神現象学』3. 564, 参照 570]。それゆえ、悪は、精神の本質である自由と不可分な、いわば自由と表裏をなす契機である。なぜなら自由も悪も、「他者に依存せず、……自分だけで存在し、自分自身を対象」とする、意識の内面における自立的な在り方だからである[『エンツュクロペディー（第3版）精神哲学』382節「補遺」10. 26]。「悪の起源は一般に自由の秘儀のうちに、すなわち、自由の思弁的な特質、つまり、意志の自然性から脱してこの自然性に反して内面的であるという自由の必然性のうちに存している」[『法哲学』139節]。悪の起源が「自由の秘儀」と言われるのは、悪の本質の認識とその克服を通してこそ自由が自覚的に（対自存在として）現実化されるからである。「悪は他者に対する対自存在の意識である……。この分離によって初めて私は私にとって存在し、そこに悪が存している。悪であるとは、……私を個別化すること、普遍的なものから自分を切り離す個別化である。これは理性的なものであり、精神の法則、規定である。しかし、この分離によって対自存在が成立し、普遍的なもの、精神的なもの、法則、かくあるべきものが初めて成立する」[『宗教哲学』17. 257]。

したがって、「人間は本性からして悪である」という原罪の教説は自由の宗教キリスト教にとって不可欠[『法哲学』18節]とされる。なぜなら、自らの悪を知らずしては、善の何たるか、自由の何たるかは知りえないからである。「真理は、人間が即自的に悪であり、一般的に悪であり、自らの最内奥において悪であり、端的に悪であり、内面において悪であるということ、悪というこの規定が人間の概念の規定であるということ、そして、人間はこのことを意識するということである」[『宗教哲学』17. 262]。これが自由の意識の萌芽である。

悪は「劣悪（Schlechtes）」とは区別される。「悪とは、意図的にこのような〔必然的な人間〕関係を破壊することに向かうことである。劣悪は、直接的な決意をもってするわけではないにもかかわらず、しかし、知りつつも、感性の衝動や、あるいは心胸の傾向性に対する脆さに基づいて、義務が毀損されるときに存在する」[『ニュルンベルク著作集』4. 61]。悪いと知りつつも、他人のいないところではコソコソと、世に阿っては公然と、「他者に対する義務や、自分自身に対する義務さえも毀損する」意志薄弱な劣悪に対し、悪は「意志の強さ」をもって昂然と「他者を毀損しようとする心構えである」[同 4. 269 f.]。→原罪　　　　　　　　　（座小田豊）

悪無限　⇨無限

憧れ　[Andacht, Sehnen, Sehnsucht]

単に存在していないのではなく、存在しているべきにもかかわらず、存在していない（欠けている）と認められる感じ。欠けていると感ずるこの感情が、失われたものへの渇望となる。欠けているものは、あるべきであるにもかかわらず現にないそのような部分であると認められる。失われたものを感じとるとき、その失われたものが憧れを呼び起こすのである。憧れとは、遠いものとなってはしまったが、かつて自己と親密であったものとして認めるものについての追憶であり、失われた対象をつねにその対応者としている。この感情は、心底よりこの対象との合一を挙げようと思い焦がれるのであるが、しかしそのものはこの感情につねに対立しているものであるがゆえに、この合一は永遠に不可能なのである。この対象は到達することのできない彼岸であって、捕まえたと思うとそのときに逃れ去るところの、いなむしろすでに逃れ去ってしまっているものである[『キリスト教

の精神』1.417]。

対象へ思いを寄せ、これを慕い、これに純粋に触れ感ずるにしても、自分の対象に関係するのではなく、ただそれへと向かって行くだけであり、対象を絶対に疎いよそよそしい彼岸として受け取る。ここでは憧れも思慕も、シュライエルマッハーなどのロマン主義者のキリスト教観、ヤコービ哲学の信仰の原理と考えられている。「信仰は唯一の内容である有限なものを越えて出て行くにしても、そのときにはただ空虚なものを見出すにすぎないのであるから、信仰は全くの憧れである。信仰の真理は空虚な彼岸である」[『精神現象学』3.423]。対象は虚であるので、そこで自己を満たすのは、虚であるという意識だけである。憧れが自分の対象とするものはこのような純粋な心情である。だから現にあるのは、純粋な心情の内面的な運動であり、この心情は己れ自身を感ずるにしても、己れ自身を分裂したものとして悲哀の情をこめて感ずるものである。これは対象のうちでは満ち足りることも安らいを見出すこともできない「美しい魂」と呼ばれる不幸な意識である[同 3.484]。→美しい魂, 不幸な意識　　(寄川条路)

アジア [Asien]

ヘーゲルによると、アジアの自然的状勢は対立している。これらの対立はアジアの本質的関係を表している。アジアは三極から成り立っている。第一はヒマラヤ山脈を中心とした全く未開の山岳地帯である。第二は黄河や揚子江によって作られたシナ平野、ガンジス河によるインド平野によって代表される平野地帯である。第三はアラビア、シリア、小アジアの砂漠の地、平坦な高地であって、第一と第二の混合である。産業的には第一の山岳地帯では牧畜、第二の平野地帯では農業、第三の砂漠と高地では商業・交易である。社会的には第一では族長的独立性、第二では私有財産と主従関係、第三では市民的自由である[『歴史哲学』12.129f. 参照]。

こうしたアジアの自然的状勢は中国・モンゴルの東洋、中央アジアのインド、さらにアラビア・小アジアのオリエントのそれぞれの歴史に大きな影響を与えている。中国・モンゴルは族長制をその原理としている。中国では世俗的国家生活の有機的組織にまで発達しているのに反し、モンゴルでは精神的、宗教的王国という単純形態に押し込められ、ここから一歩も出ていない。中国では皇帝が族長として天子である。皇帝の使命は、万民の利益、安寧、福祉にある。モンゴルは宗教国家として、世俗国家と反対に、元首はラマであり、神として尊信されている。インドにおいては、国家組織の統一が崩れ、個々の権力が割拠し、自由を主張しあっている。そのため個人は差別から解放されているように見えるが、区別は自然の手に帰し、カストの別となっている。そこでこれらの区別を統括するために、究極の統一を宗教的統一に求め、精神的意識の世界と世俗の世界とを区別する。単純な神の観念と、全く感覚的な自然力の観念とが分裂し、両者が果てしなく変転する。オリエントは、シナの運動のない一者とインドの流浪的不安とに対して現れる。ここでは互いに敵対する諸民族の国という形をとるとともに、種々雑多な対立的な諸民間の連合という形をとる。種々の原理が自由に割拠しながら、共存共栄を祝っている。これら種々雑多の民族の中で始めに登場するのは遊牧民、次にバビロニアとシリアでは商業と交易の隆昌が出現した。

オリエントは自分自身の中に対立を生き生きと包容していた点で、世界史における真の過渡の役割をした。なぜならオリエントは東洋とインドの二つの契機を統一し、それを自分に保留するのではなく、ヨーロッパに送り出したからである。そこにオリエントのヨーロッパへの関係がある。オリエントにおいて一切の宗教原理と一切の国家原理は包容され

るが、しかしその原理が初めて展開されたのはヨーロッパにおいてなのである。そのため『法哲学』では東洋やインドはヘーゲルの考える世界史には登場しない。オリエント、ギリシア、ローマ、ゲルマンの四つが世界史上の国家である。この考えは人類発祥の地が中央アジアにあるとする古い神話がヨーロッパでは根強く支持されていたためと思われる。だが1822年の『世界史の哲学』ではインドと中国とがオリエントの国家原理の主要国家と考えられるようになった。これは、アンクティル・デュ・ペロン（Anquetil du Perron 1731-1805）によるアヴェスタ経の仏訳によって、古代ペルシア宗教の影響があまりないことが分かり、民族・宗教の起源が、むしろインド人の内に求められてきたためと思われる。→中国、インド・仏教、ヨーロッパ

【参】 Schulin (1958), Leuze (1975)

(八田隆司)

アスト ［Friedrich Ast 1778.12.29-1841.12.31］

『哲学史綱要』を著す。ヘーゲルは概説書の一つとして紹介し、「比較的良い精神で書かれている。ほとんどシェリング哲学だが、いささか混乱している。いくらか形式的に観念哲学と実在哲学を区別している」というコメントを付しているだけ［『哲学史』**18**. 136］だが、従来の哲学史に比べると、アストの哲学史は構造的にはヘーゲルの哲学史にもっとも近いように思える。アストによれば、哲学史は、生命の過程に類比でき、無限累進ではなく発展的円環をなす。永遠の現出・自己啓示と永遠の還帰・自己解消の発展的繰返しである。哲学史は実在論から観念論へ、さらに観念実在論へと展開する。具体的にはオリエントの根元哲学からギリシアの実在論へ、さらに中世の観念論へ、そして両者の和解としての近代合理主義の観念実在論へと展開する。これはシェリングの有機的精神の展開という考えを具体化したものと考えられる。

【参】 Ast (1807), Heß (1926), 加藤尚武 (1987)

(柴田隆行)

遊び ［Spiel］

ヘーゲルにおいては、遊び（スポーツを含む）は自由な次元での人間が活動するものとして捉えられており、一方では子どもが成長していく段階での遊びの役割が論じられる［『エンツュクロペディー』］とともに、他方では、古代ギリシアにおいて行われたスポーツについて検討される［『歴史哲学』**12**. 297］。スポーツや遊びが労働と決定的に異なる点は、それが生存の必要から迫られて行われるものではないことであり、したがって、真剣に行われたとしても、身体や自然に精神が服従するのではなく、逆に、精神の自由の活動として行われる。その場合には身体はむしろ「精神の器官」として作り変えられるというのである。遊びをこのような自由な活動と捉える視点は、彼の哲学的論述においてしばしば登場する、「力の遊戯」、「自己を解消する遊戯」といった用法においても同様で、対立にとらわれない自由な相互転化が示されている。→労働

(佐藤利夫)

アトミズム ⇨原子、デモクリトス

アナクサゴラス ⇨ヌース

兄と妹 ［Geschwister］

兄妹は人倫の国の女性にとって唯一の承認関係である。妻および母としての女性は家（＝祖先の霊）という普遍的なものと結び付いた自然的なもので、夫や子の中に自己を認識しはしない。娘としても、歳老いた両親を看取るばかりで両親との承認には至らない。しかるに「兄妹の間には純粋無雑な関係が成立する」［『精神現象学』**3**. 336］。なぜなら、兄妹の間でのみ女性は男性と対等で、情欲も一方の他方への従属もないからである。したが

って妹は兄の中に「人倫的本質への最高の予感を持つ」[同 3. 336]。予感が認識に達しないのは、妹は家を司るよう定められ、兄のように人間の掟の領域に出て行くことができないからである。人間の掟と神々の掟とはこうして均衡が保たれる。だがこの均衡は男女がそれぞれの掟を遵守することでかえって崩壊する。これを描くのが『精神現象学』の「人倫」におけるアンティゴネー悲劇の分析[3. 342-354]である。→人倫的世界、『アンティゴネー』

【参】Pöggeler (1964), Sichirollo (1964), Axelos (1965)　　　　　　　　　　　（石川伊織）

アパテイア　⇨ストア主義

アブラハム　⇨ユダヤ教

アプリオリ・アポステリオリ　[Apriori, A-posteriori]

アプリオリとは「より先なるものから」、アポステリオリとは「より後なるものから」という語義であり、伝統的には、例えば因果関係による論証において「原因から結果への」論証がアプリオリ、「結果から原因への」それがアポステリオリなものとされた。しかし、一般に、アポステリオリなものが経験的所与として眼前に与えられるものであれば、アプリオリなものはその根拠として経験に先立っているといえることから、近代（特にカント以降）になると、アプリオリ＝先経験的、アポステリオリ＝経験的という点が強調されるようになったのである。カントの場合、アプリオリなものはアポステリオリなものに対して、多様性に対する統一性、偶然性に対する必然性、特殊性（相対性）に対する普遍性という性格をもたされ、ヘーゲルがこの語を用いるとき、主にカント哲学を念頭においている[『信と知』2. 304ff.；『エンツュクロペディー（第3版）小論理学』40節、41節]ため、カントとほぼ同一の意味であることが多い。しかし、明らかにヘーゲル独自の用法とみられる箇所がある。「もし我々が媒介性を一面的に強調してそれを被制約性と考えるなら、我々は哲学がその最初の成立を経験（アポステリオリなもの）に負うていると言いうる。……しかし思惟自身の直接性、すなわち思惟が自己へと反省し、したがって自己へと媒介された直接性（アプリオリなもの）は普遍性であり、思惟の自己安住（Beisichsein）であり、思惟はこの普遍性のうちで自足し……ているのである」[『エンツュクロペディー（第3版）緒論12節]。つまり、思惟とは直接性の否定を媒介（経験）して己れのうちへと反省した直接性として、アポステリオリかつアプリオリなものである。ただ、媒介性というアポステリオリなものを経て、己れに帰った思惟は、その経験を忘却して、それ自身再び直接性として存在するがゆえに、アプリオリなものとみなされるわけである。→直接性、媒介、カント

【参】加藤尚武（1980）　　　　　　（戸田洋樹）

アフリカ　[Afrika]

ヘーゲルによれば「世界史は東から西に向かって進む」『歴史哲学』12. 134]。ヨーロッパが世界史の終結であり、アジアがその端緒である。ヘーゲルが世界史の進展において「本来のアフリカ」として語っているのは、エジプトを除くサハラ砂漠以南のアフリカであるが、その歴史的位置は、「アフリカを後にするときにはじめて、われわれは世界史の舞台に上る」[同 12. 129]とされるような歴史以前の段階である。すなわち「アフリカは歴史的世界には属さず、したがってそこには運動と発展とは見出されない。……われわれが本当の意味でアフリカといっているのは、まだ全く自然的精神の域を脱しないところの没歴史的なもののことである」[同上]。ところで、人間は他者を通してはじめて自己自身を知りうるが、アフリカの精神にとっては他

者は自然であり，したがって自己とは自然的自己であり，自然に対する関係が自己として知られる。人間としての他者や自分より高次の絶対的本質についての知がまだ存在しないのである。だからそこには，高次の存在者に対する畏れや自分を弱きものと感じる宗教的な意識はなく，ただ「人間が最高の力であり，人間こそ自然に対して命令を下すもの」[同 **12**. 122]という意識だけがある。この意識からは，宗教は魔術であり呪物として現れる。また，この自己を最高とする意識はかえって人間蔑視の観念を生む。人間への尊敬は高次の存在の意識においてはじめて生まれるからである。食人の習慣や奴隷制度も死の軽視というよりも生命の軽視，人間蔑視に基づく。さらにまた，国家において見られるのは自然的感性的恣意の立場であるから，国家を成立させるものは「外的な暴力」だけである。それゆえ総じて「アフリカ人は人間の概念をなす所以のものの意識をもたないために自由ではない」[『宗教哲学』**16**. 252]のである。アフリカは，「自由の意識の進歩」という歴史の舞台に上る以前の「お伽の国」である。→黒人　　　　　　　　　　　　　　　　（水野建雄）

甘粕（見田）石介　[あまかす（みた）・せきすけ　1906(明治39).4.23-1975(昭和50).8.9]

島根県に生まれる。甘粕は養家の姓。30年京都帝国大学哲学科を卒業。32年「唯物論研究会」に入会し，文筆生活を開始。40年「治安維持法」で検挙される。51年大阪市立大学経済学部講師となり，70年定年退職。前半生はヘーゲル哲学研究，後半生は『資本論』の研究に専念。ヘーゲル哲学関係の著書，翻訳は『ヘーゲル哲学への道』(34)，『ヘーゲル大論理学研究』全3巻(79-80)，フィッシャー『ヘーゲル伝』(35)，ディルタイ『青年時代のヘーゲル』(38) など。　　（宮川　透）

アメリカ　[Amerika]

Ⅰ　先住民の駆逐　「新世界」アメリカの先住民は，自然的文化と，柔和・淡泊・謙譲・卑屈という無力な精神しかもたず，組織的権力を建設するに必要な道具（馬と鉄）をもたなかった。そのため，「ヨーロッパ的な自尊心(Selbstgefühl)と技能」[『歴史哲学』**12**. 109]に対応できず消滅の憂き目に遭う。欲望と自尊心が覚醒されない限り，先住民はヨーロッパに屈服し続ける。ヘーゲルは，両者の関係を承認をめぐる闘争として理解した。

Ⅱ　北アメリカ　植民の動機は，諸賦課なき処女地での利益と，プロテスタントとしての宗教的自由の追求にある。かかる精神的態度は，一方で，勤勉さによって産業隆盛と人口増加をもたらし，また宗教的な相互信頼を生んだ。だが他方で，「自分の享楽のためにだけ普遍的利益に取り組む個人的利益中心主義」[同 **12**. 112]がはびこり，一切を個人的嗜好で処理することが宗教的に放任される。

アメリカ合衆国は，なお農業中心の家庭原理の国で，広大に残る開拓地で貧困が解消でき，また常備軍を必要とする隣国もない。だから，ここには理性的で現実的な国家の必要がなく，その共和政も形式的法律で財産を保護する外面的なものでしかない。しかも，法律があっても，「合法性には誠実が欠如する」[同上]。かかる独特の体制であってこそ，公民的義務を承認しないクウェーカー教徒が公民となりうる[『法哲学講義（ヴァンネンマン）』198]。

合衆国の従来の歴史は，「旧世界」の出来事への反響にすぎず，世界史的意義をもたない。むしろアメリカは，瑣末主義に陥ったヨーロッパ精神を乗り越える[『美学』**15**. 353]「未来の国」[『歴史哲学』**12**. 114]であり，「おいぼれのヨーロッパに飽きた」（ナポレオン）者にとっての「憧れの国」[同上]なのである。

Ⅲ　南アメリカ　征服の動機は，原住民の搾取と政治的要職の獲得にある。主にイス

バニアが支配するため、カトリック的で相互信頼の基礎がない。「世俗的な事柄では、暴力と自発的な服従が支配する」[同 12. 112]。独立戦争で武力的に建てられた共和国は、政権の「絶えざる転覆（Umsturz）」[同 12. 111] に晒されている。→ヨーロッパ

【参】 Campe (1817)　　　　　　　　（神山伸弘）

アリストテレス　[Aristotelēs 前384/3-322/1]

アリストテレスは、ヘーゲルによれば、思弁哲学の深みに到達した模範とするべき第一の哲学者である。その点については「実際のところ、アリストテレスはもっとも徹底的な思弁としての観念論を知っていた。その点で、アリストテレスは、思弁的な深さにおいてプラトンにまさり、しかもこの徹底的な思弁をもって広範きわまる経験界をつねに問題にしているのである」[『哲学史』19. 133] と明言されている。

哲学の歴史の発展というヘーゲル哲学一般の見地に従う限り、いかにもアリストテレス哲学は、哲学のはじまりである古代のギリシア哲学に属する。したがって、完成したヘーゲルの哲学に対して、アリストテレスの哲学は、依然、未完成の哲学だということになる。けれども、いま引用した文からは、そのような理解を読み取ることはできない。それどころか、その引用文は、むしろ、周知のように、『エンツュクロペディー』の最後の『形而上学』第12巻からの引用を考え合わせれば、アリストテレスとヘーゲルとの本質的な近さを窺わせる。

ヘーゲルは、『哲学史』では、アリストテレスの哲学を、(1)形而上学、(2)自然哲学、(3)精神哲学、(4)論理学の四つの分野に分けて論じている。

(1) 形而上学　この部門では、とりわけ『形而上学』第12巻に重点を置いて、現勢態（エネルゲイア）や不動の動者を、否定性ないし主体の観点から解釈しているのである。

とくに不動の動者については、すでに『精神現象学』においても「アリストテレスもまた私と同じく、自然は合目的的働きであると規定しているように、目的は直接的なものであり、静止しているもの、それ自身動かしながらも動かされないものである。このようにして、それは主体である」[『精神現象学』3. 26] と述べている。

(2) 自然哲学　この部門では、ヘーゲルは、近代自然科学における作用因重視の考えと比較しながらアリストテレスの自然における内的目的の考えをきわめて高く評価している。その点については「自然についてのアリストテレスの理解は現代のそれよりも優れている。なぜならば、眼目はアリストテレスにあっては自然的事物そのものの内的規定としての目的を規定することにあるからである」[『哲学史』19. 173] と明言されている。また、時間における今の問題や、いわゆる四元素間の変化などの見地は、ヘーゲルの自然哲学にも重要な影響を与えている。

(3) 精神哲学　この部門では、もっぱら『霊魂論』の解釈を行っており、純粋思考についての言及にアリストテレス哲学の思弁性を見届けようとしている。ここでは、従来、あまり注意されることのなかったイェーナ期の「『霊魂論』翻訳断片」に従って説明しておく。というのも、『哲学史』の解釈は、一見するとかなり強引のように見えるが、それは、イェーナ期のアリストテレス解釈に由来するヘーゲル自身の見識に従っているといえるからである。すなわち、ヘーゲルによるイェーナ期におけるアリストテレス解釈は、アリストテレスの原文に忠実に従いながら、そこに自分の哲学の問題の源泉を見ているのである。『精神現象学』の執筆と前後して翻訳された『霊魂論』の第3巻第4・5章断片にもそのことが示されている。そこからは、ヘーゲルのいう純粋思考が、『霊魂論』第3巻第4・5章を媒介にして完成されていった経

緯をつかむことができる。ヘーゲルは, とりわけ第4章後半を独自のしかたで理解している。欄外注記には「つぎのような場合に, 思考はどのようにして自己を限定するのか。それは, 思考が単純で触発されることがなく, 共通性がないとはいえ, 受動態を自己のうちに含んでいる（それに受動態は共通なものに所属する）場合, さらに思考自身が思考される客観である場合である」[Kern (1961) S.52] と述べている。そのうえで, その問い全体について「アリストテレスが問題にしたのは, 理性の他者的存在つまり受動態をどのようにして把握しなければならないかということである」[同上] と述べている。このようにして, ヘーゲルにとっては, 理性の思考そのものがそれ自身で自分を他者的存在ないし客観にするということを説明することが重要であった。ベルリン期のアリストテレス解釈は, イェーナ期のこのような入念な翻訳に基づいた上での, 意図的な改釈であるともいえよう。

(4) 論理学　ヘーゲルは, アリストテレスのいわゆる『オルガノン』として一括されている五つの著述について, 「カテゴリー論」における類に関する分析に着目しているとはいえ, 全体としてアリストテレスの論理学は, 有限な思考の博物学であると述べている。つまり, アリストテレスの論理学には, 思考規定の必然的秩序が欠落しているというのである。→思考（思惟）

【参】 Kern (1957, 1961), Gadamer (1971d), Riedel (1990)　　　　　　　　　　（山口誠一）

アリストファネス　[Aristophanēs 前445頃 - 385頃]

古代ギリシア最大の喜劇詩人。ペロポネソス戦争期に活躍し, たえず時流に反対する立場にたって, 同時代を諷刺した。

ヘーゲルは, アリストファネスの喜劇を都市国家の破綻がもたらした必然の現象とみなした。都市国家における共同体と個人との美しき統一が破れ, さまざまな矛盾が噴出したことが喜劇に好箇の材料を提供したというわけである。ソクラテスの新式教育を嘲笑した『雲』についても, ソクラテスの否定的側面をとらえたものとしてヘーゲルは評価した。「アリストファネスは, つめたく邪悪な皮肉屋ではなく, この上なく心ゆたかな教養人であり, アテナイの幸福を真剣に考える最良の市民であった。その喜劇において完全に解体していくのは, 神的な人倫世界ではなく, われこそは絶対的な力だと思い込む完全に倒錯した主観性であった」[『美学』15. 554-5]。

（長谷川宏）

アルカリ　⇨中和

アルテンシュタイン　[Karl Sigmund Franz Altenstein, Frh. vom Stein zum 1770.10.1-1840.5.14]

ドイツ（プロイセン）の政治家。最初の文相（1817-40）。ベルリン大学およびボン大学の創設に努力。1817年新設の文部大臣に就任するや, 「哲学する大臣」[『書簡集』（第2巻）422] として, 当代の革命および革命的衝動を学問と訓育とによって善導し, 国家へ貢献させようとした。その際, 世界の情勢と世界発展の過程を方法的に解明し教示するものとして彼が見出したのが, ヘーゲルの哲学体系である。かくてアルテンシュタインは, 心からの信頼と深い敬意とをこめて, 1814年以来空席のままだったフィヒテの講座にヘーゲルを招聘する [1817.12.26日付書簡]。ヘーゲルはこのベルリンからの招聘をただちに受諾する [1818.1.24]。以後, 両者の間には尊敬と信頼に満ちた関係が結ばれる。そして「ヘーゲル哲学はアルテンシュタインを介してプロイセンの諸大学にその勢力を得てゆく」[『書簡集』（第4巻-2）130] のである。→プロイセン

【参】 Rosenkranz (1844), D'Hondt (1968)

（岡崎英輔）

或る者 ⇨他者

あれかこれか [Entweder-oder]

「思弁的なものを知るには〈あれかこれか〉のほかに、第三のもの、つまり〈あれもこれも〉および〈あれでもこれでもない〉があることを知らなければならない」[『哲学史』19. 399]。これは懐疑主義者が「理性は全体か、部分かのどちらかだ」という前提から議論をすすめようとしたことに批判を下した文章だが、ヘーゲルの思考法の核心を示している。「絶対者は自我である」とか「絶対者は存在である」とか言われるが、「思弁哲学の主張はそのように確定したものではない。思弁哲学はその真理を命題の形では表現しない」[同 19. 393]。懐疑主義者は、一つの哲学原理には、かならず他の原理が対立するから、「絶対者は……である」と言えないと言うが、「真理はひからびた〈である〉ではなくて、本質的に過程である」[同 19. 380]。ヘーゲルの「あれかこれか」は哲学の根本命題の関係を述べたもので、個人の選択・決断のことを語っているわけではない。⇨懐疑主義、直接知、思弁

【参】 Annas/Barnes (1985)　　　（加藤尚武）

アレクサンダー大王 [Alexandros, Alexander der Große 前356-323]

父フィリッポスの後を継いで、数々の業績を残し、夭逝したマケドニア王。ヘーゲルはホメロスの詩の中の青年アキレウスがギリシアの生活を開き、現実の青年アレキサンダー大王がそれを閉じたとし、大王を「現実世界がかつて産んだ中で最も自由な、最も美しい個性」[『歴史哲学』12. 277]として賞賛した。大王はアリストテレスによって教育を受け、生来の天分豊かな精神を彫塑的精神に仕上げられた。彼はギリシア人にとって積年の課題であったアジアへの報復を為し遂げ、東洋と西洋の古くからの反目と抗争に最後の決着をつけるとともに、ギリシアの高度の文化を東洋に広め、アジアをヘラス的な国土に作り替えることによって、東洋への恩返しも果たした。そのアジア遠征は同時にヨーロッパ人に東方社会への目を開かせるものともなった。大王は将軍としては偉大であり、作戦面においては軍事的天才であり、戦闘にあってはきわめて勇敢な兵士であった。彼の死後アジアの各地にギリシア的諸国家が起こり、ギリシア人の支配は北インドに及んだ。中でもエジプトのアレクサンドリアは貿易の中心地であるとともに、東洋の風習や伝統と西洋の文化との融合地となった。大王は学問においても貢献するところが大きく、芸術の保護者としてペリクレスとともに名高い。大王の業績を矮小化する者を、ヘーゲルは、「彼を近代的尺度から、つまり徳だの道徳だのの尺度から測ろうとしたところで、アレキサンダーという偉大な世界史的人物には届きはしないであろう」[同 12. 334]と退け、その大事業をその偉大さと美しさで歴史上比類のないものと評価した。

一方コジェーヴは、大王が「女性」的な家族に属する「個別性」に価値を持たせ、国家を私有財産、家族の世襲財産に変貌せしめ、公民を自分の臣民となしたことの中に、ギリシア的人倫の崩壊とローマ帝国を招来した原因を見た。⇨ペリクレス

【参】 Kojève (1947)　　　（武田趙二郎）

アレゴリー ⇨比喩

アンセルムス ⇨神の存在証明

『アンティゴネー』 [Antigone]

古代ギリシアの悲劇詩人ソフォクレスの作。紀元前441年か442年のディオニュソス祭で上演されたもので、作者53、4歳の制作である。おもな登場人物は、アンティゴネー、イスメネーの姉妹と、クレオン、ハイモンの父子の

四人で，それにテーバイの長老たちからなるコロス（合唱隊）が加わる。

テーバイの新王クレオンは，祖国に反逆して討死したポリュネイケスの死骸の埋葬を禁じる布令を出す。ポリュネイケスの妹アンティゴネーはイスメネーの制止をふりきって兄の死骸を埋葬する。掟破りを怒ったクレオンはアンティゴネーに死を宣告する。アンティゴネーは町はずれの洞穴の中で自ら首をくくって死に，クレオンの息子でアンティゴネーの婚約者だったハイモンもアンティゴネーの後を追って自殺する。あとには悲嘆にくれるクレオンだけが残って劇の幕が閉じる。

この『アンティゴネー』をヘーゲルはギリシア悲劇随一の名作と考えていた。いや，「あらゆる時代を通じてもっとも崇高な，いかなる点から見てももっとも優秀な芸術作品の一つ」[『美学』14. 60] と見なしていた。

ヘーゲルは『アンティゴネー』の主題をクレオンとアンティゴネーの思想的対立に見ていた。人間の掟を体現するクレオンと神の掟（兄の亡骸を埋葬せよ，という掟）を体現するアンティゴネーが妥協の余地なく対立し，しかも一方の雄アンティゴネーが死の危険をも冒して神の掟を守り切ることにヘーゲルは悲劇的英雄の典型を見た。そして，人間の掟と神の掟がついに和解に達することなく悲劇的な結末をむかえねばならないところに，ポリス国家の深い矛盾と崩壊の必然性が示唆されていると考えた。ヘーゲルが『アンティゴネー』についてもっとも詳しく論じた箇所は，『精神現象学』の「Ⅵ. 精神A. 真なる精神. 人倫」[3. 327-354] である。→ギリシア悲劇，人倫的世界

【参】 Jens (1952), Bultmann (1952), 新田博衛 (1980b)　　　　　　　　　　（長谷川宏）

アンティノミー　[Antinomie]

アンティノミー，すなわち，二律背反とは，「同一の対象に関して」，「同等の正当性および同等の必然性をもって主張される」，「相対立する二つの命題」である [『エンツュクロペディー（第3版）小論理学』48節]。例えば，「世界には，時間的な始まりがあるし，また，空間的にも世界は，限界に取り囲まれている」という命題（正命題）と，「世界には，いかなる始まりも，空間的な限界もなく，時間に関しても空間に関しても，世界は無限である」という命題（反対命題）との両立が，きわめて有名なカントのアンティノミー論で論じられる，第一のアンティノミーである [『純粋理性批判』A 426 = B 454，A 427 = B 455]。

このカントのアンティノミー論，もしくは，総じて，アンティノミーの概念そのものが，とりわけ，いわゆるイェーナ期以来，ヘーゲルにとって決定的に重要な意味をもった。というのも，この時期にヘーゲルは，アンティノミーこそが，「知および真理の，形式的ではあるが，最高の表現」である，と述べるに至るからである [『差異論文』2. 39]。

知および真理は，本来，アンティノミーの形式において成立する，というテーゼ――このテーゼをヘーゲルは，この『差異論文』のなかで，こう根拠づけている。すなわち，知および真理の最も基本的な表現形式である A = B という「同一性」の形式（典型的には，自然科学の法則など）は，AとBとの「同一性」のほかに，両項の「対立」つまり，まさにAとBであるという両項の〈非同一性〉を根本的な要素として含んでいるから，と。

総じて，我々の経験的な知とは，相異なる二つの事柄A，Bが，何らかの形で――例えば，因果関係において――関係づけられることにおいて，そして，最終的には，両者が，「同一性」（A = B）において――つまり，諸科学の諸法則におけるように，――捉えられることにおいて，成立する。したがって，我々の知，もしくは，真理とは，元来「同一」であるものの「同一性」なのではなく，元来〈非同一〉な二つの事柄の「同一性」なので

ある。だからこそ，知の成立には，経験もしくは実験が不可欠なのである。

ここに，ヘーゲルは，知および真理の根源的なアンティノミーを見ている。A＝Bという知は，A≒Bという根本的な非同一性のうえに成立している限り，その知の〈否定性〉が，その知自体のうちに含まれているのである。それ故に，A＝Bという知（正命題）には，原理的に，A≒Bというこの知の否定（反対命題）が，つねに，「同等の正当性および同等の必然性をもって主張され」うるのである。

このアンティノミーが，ヘーゲルの言う「矛盾」である。知および真理を，固定的に捉えるのは，単なる「悟性」の知である。これに対して，「理性」の「思弁的な」知，つまり，本来の知，本来の真理とは，つねに知を，アンティノミー，つまり，「矛盾」において捉えることであり，しかも，つねにこのアンティノミーを乗り越えることにおいて新たな知が成立するという，かの「弁証法的な」知の運動そのものなのである。→矛盾，排中律

（高山　守）

イ

イエス [Jesus, Christus]

ヘーゲルはイエスとソクラテスを，一方を宗教の，他方を哲学のいわば理想的体現者として好んで対照した。二人の最大の相違点は，彼によれば，イエスが此岸と彼岸，世界・人間と神の仲保者として，受肉した「神人」であるという点にある。この力点の置き方は無論一キリスト者ヘーゲルと切り離して考えることはできないが，しかしまたそれのみで片づけることもできない。イエスの評価と位置づけはヘーゲルの哲学理解に深く関わっている。「絶対的なものが意識に対して構成されるべきである。それが哲学の課題である」[『差異論文』2. 25] と述べて以降，哲学と宗教の課題を同じ一つのものと見る［参照 11. 241;『宗教哲学』16. 28］体系期の哲学観は，仲保者イエスの理解を抜きにしては成り立ちえない。

Ⅰ　道徳の教師イエス——主体的宗教と客体的宗教　青年ヘーゲルの関心は主にイエスその人に向けられていた。その動機は，フランス革命に象徴される近代の政治状況のなかで，キリスト教の存在意味を「国民宗教」という観点から問い返すということである。彼は啓蒙に由来する「悟性と記憶」の「客体的宗教」に，「心胸と想像力」の「主体的宗教」を対置し［『国民宗教とキリスト教』1. 13 ff.］，「ドイツにおける革命」を期待させるカント哲学［『書簡集』（第1巻）23参照］を用いてイエスを主観主義的に解釈する。固定化され既成化された，現実と理想，此岸と彼岸との絶対的な分離を克服・和解させて，生き生きとしたトータルな主体性を回復すること，それが「人間の最高の目的である道徳」[『国民宗教とキリスト教』1. 70f.] の教師イエスに仮託して構想される。『イエスの生涯』においては，超越的権威を付与されたいわゆる〈宣教のイエス〉は意図的に排除され，ほとんど素っ気ないほどの〈史実のイエス〉像が描かれる。有名な最後の晩餐の場面でのイエスは，使徒たちに自分の権威に服従することを求める絶対的宗教の創始者ではなく，自律

的道徳を説く，苦悩する一人の教師である[『初期神学論集』(ノール)126]。『キリスト教の実定性』では，理性を否定し権威に基づいて制度化されたキリスト教が「実定性」と批判され[1. 108ff., 131f.; 参照 217ff.]，「人間蔑視のシステム以外の何ものでもありえない」[1. 188]と断罪されるのに対し，イエスは「語の真実の意味での宗教」を教示する[1. 139]道徳の教師として描かれる。

Ⅱ 愛の教師イエス——生の充溢と愛の豊かさ 『キリスト教の精神』のイエスはもはやカントの道徳論の教師ではない。カントは此岸と彼岸の対立関係，「生の分裂」を前提していると批判され，本来「主体と客体の綜合」である生の，生の分裂を和解させる愛の力を説くイエス[1. 326f., 336]が描かれる。イエスは「全一なるもの」である生と分裂した現実の生[同 1. 338f.]とを同じ一つの「生」として感得すること，すなわち「生の合一である愛」[同 1. 394]を説いているとされる。「全一なる神性のうちにある」[同 1. 343]生，「生の充溢，愛の豊かさ」[同 1. 355]を通して，イエスは「人間のうちなる神的なもの」，「生と愛によって合一されている共同体」[同 1. 393]を，「愛における運命との和解」[同 1. 346]を教示するのである。

Ⅲ 神の死と苦悩の詩——新しい宗教の創設 絶対的なものを把握する哲学理論の構築を試みていたイェーナ時代のヘーゲルは，人間を中心に据え，経験にのみ定位して神を捨象し，人間以外の一切を客体と見なす絶対的主観性の哲学，すなわちカント哲学によっていわば〈神の死〉が帰結すると言う[『信と知』2. 299]。彼はこれを「プロテスタンティズムの苦悩の詩」の散文化[同 2. 294]と呼ぶ。彼によれば主観と客観を綜合し，有限なものと無限なものとを媒介して真に絶対的なものを構成するには，無限性を本質とする「精神」による他はない。この精神の象徴的な像が，精神を本質とする人間と神との等根源性を媒介するイエスである[『イェーナ体系Ⅲ』GW 8. 280f.]。ヘーゲルは「神の死という無限の苦痛に耐えるなかから，キリスト教から哲学を媒介することによって……新しい宗教」を創設すること[『ローゼンクランツ』140f.]を目指していた。もちろんこれはもはや単なる宗教ではなく，同時に哲学であるような，それゆえ自らの体系構想において捉えられた「宗教」である。かくして神人イエスは絶対的精神を頂点とするヘーゲルの哲学体系の要石，歴史上の転換点と位置づけられる。イエスの死と復活によって，神の死は，彼岸的なものと考えられた神概念を克服し，人間の主観的自由を開示する契機と捉えられるに至る。「人間の子として，キリストは神の子である。神人にとっては彼岸は存在しない。彼はこの個別的な人間としてではなく，普遍的な人間として，つまり真実の人間として妥当する」『ニュルンベルク著作集』4. 67]。神の死は「死の死」[『宗教哲学』17. 292ff.]なのである。→キリスト教，神と人，三位一体，復活，仲保者，ソクラテス

【参】 Theunissen (1970), 細谷貞雄 (1971), Scheit (1972), Pannenberg (1978), Pöggeler (1990)

(座小田豊)

『イェナイシェ・リテラトゥーア・ツァイトゥング』[Jenaische Literatur-Zeitung]

ゲーテの肝煎りで創刊された批評・文芸新聞(1804-41)。アルゲマイネ・リテラトゥーア・ツァイトゥング(1785-1849)のハレへの移転(後にはハレシェ・アルゲマイネ・リテラトゥーア・ツァイトゥングと呼ばれる。1822年2月の40号にヘーゲルの法哲学に対する批評が載る)を1803年8月にヘーゲルから初めて聞いたゲーテは，構想・体裁においてこの新聞と非常に類似した新聞の創刊を企図し，イェーナ大学に働きかけた。10年間はゲーテ自らの主導権のもとで編集され，創刊1年目にして400名以上の寄稿者を数えた。

1819/20年の冬に書かれたベルリンでの批評雑誌創刊に関する文部省宛の書簡において，ヘーゲルは，批評雑誌の必要性の例証としてイェナ大学の名声がこの批評新聞によるところ大である旨を伝えている［『ベルリン著作集』11. 15f.］。イェナイシェ・アルゲマイネ・リテラトゥーア・ツァイトゥングとも呼ばれる。

【参】 Hocks/Schmidt (1975) 　　（山田忠彰）

硫黄　⇨岩石，パラケルスス

イオニア派 [Ionien]

ヘーゲルは，自然を原理とする東洋思想を継承しつつも，精神を原理とする西洋思想への移行につとめた古代ギリシアの哲学によって本来の哲学の歴史が始まると考える。その開始点は勿論，タレース（Thalēs　前640(624)頃-546頃）を開祖とするイオニア地方の自然哲学者たち，すなわちイオニア派である。万物の根源を水として，自然の多様性と変化の中にある統一的で不変の根源的実体への問いを初めて発し，神話的世界観から哲学への飛躍的発展をなしとげたタレースは，ヘーゲルによっても，感性的知覚を脱した思惟の抽象によって唯一の物質的元素を絶対的なものとして定立しただけでなく，「一者が本質，真なるもの，ただ即かつ対自的に存在するものであるという意識に達している」［『哲学史』18. 203］点で，神々に関するホメロス的空想を静め，「精神の偉大な大胆さ」［同上］を示した，と評価される。

しかし，タレースの後に早くも個別的元素を捨て，これらの元素の根源にある「無規定（無限）なもの」を原理としたアナクシマンドロス（Anaximandros　前611-546以後），空気という感性的物質へと逆戻りしながらも，これを媒体とする小宇宙（人間の霊魂）と大宇宙との関連，空気の希薄化と濃厚化という密度の量的変化による質的被規定性を説いたアナクシメネース（Anaximenēs　前585-28頃）をも含めて，このイオニア派の唯物論的な自然哲学に対するヘーゲルの評価は，決して高くはない。ヘーゲルによれば，彼らの発想と原理は依然として感性的・物質的自然を脱し切れず，おしなべて抽象的で貧弱な規定にとどまっていて，非物質的・精神的なものの重要性を看過し，自然の運動の原理・目的・活動性を考慮していないという欠陥をもつからであり，彼自身の言葉でいえば「絶対者が自己を規定するものとして把握されておらず，死せる抽象体にすぎない」［同上 18. 218］とされるからである。こうして，イオニア派以後の哲学史は，ヘーゲルによれば，直接的な自然規定を脱してより観念的な原理へと移行し発展する過程として特徴づけられるのである。

【参】 Farrington (1944), Guthrie (1962)
　　　　　　　　　　　　　　　　（奥谷浩一）

医学 [Medizin, Arzneikunst, Arzneikunde]

ヘーゲルによれば「医学は全体として自然の諸力を援助することに他ならない」［『エンツュクロペディー（第3版）自然哲学』372節「補遺」］。だから医学は病気の治療が主たる仕事であるが，ヘーゲルにとってはあくまでも有機体の自己運動を補助することが医学の課題である。当時はブラウン理論に基づく医学が主流であった。「ブラウン理論が医学の全体系であると言われる」［同373節］。けれどもヘーゲルが医学に求めたのは自然治癒力に基づく治療であり，その限り，彼の医学観は人工的な治療法を説くブラウン理論に反対するものである。さらに医学は個々の病気，経験的個別性に関わるために，始まりと基礎だけが合理的とされるにすぎない。「博物学，地理学，医学などは現実存在の諸規定，すなわち理性によってではなく，外的な偶然と戯れによって規定されている種類や区別を取り扱うに過ぎない」［同（第3版）小論理学』16節］。

→病気, ブラウン理論　　　　　　　（長島　隆）

イギリス　[England]

ヘーゲルはベルン時代より死ぬまでイギリスの歴史と政治・経済に強い関心を抱き続け，熱心に研究した。そうした研究は『カル親書』『ドイツ憲法論』，『ヴュルテンベルク民会討論』，『法哲学』および『歴史哲学』の諸講義，『イギリス選挙法改正案』などに反映されている。

フランス革命の衝撃とドイツ諸領邦の近代化改革の胎動の中でヘーゲルが初期のポリス的構想から脱皮して，市民社会における人格的特殊性の十分に自由な発展とそれを普遍性へと媒介する議会制度に立脚した政治的国家という『法哲学』の構想へ向かっていくのは，イギリスの市民社会と議会主義の発展の歴史と現状についての絶えざる研究と批判的考察に大いに負っている。ヘーゲルはイギリスにおける発達した地方自治を基盤にした諸身分や地方の多様な利害を代表する議会主義の長い伝統，市場社会の中で諸個人の特殊な欲求や知や意志を多面的に関連づけ陶治する商業と産業の発達の歴史のなかに，近代の「主体性の原理」[『法哲学』260節，187節]の実現にとって最適な状況が作りだされているのをみる。しかし他面では彼はこの自由は具体的特殊性を脱しきれていない形式的自由にとどまっていると批判する。イギリス憲政の基礎を築いたマグナ・カルタや権利章典は歴史的に獲得された私権，特権であって，単なる実定的なものの集積にすぎない。ピューリタン革命と名誉革命を経ながら旧態依然の不合理で腐敗した選挙制度とそこに立脚した地主貴族の議会寡頭政治，さらに領主権，狩猟権，十分の一税等の多くの封建的特権の存続，等々はイギリスにおいて大陸諸国の革命や改革で遂行されたような普遍的理性原理による憲法・法体系の改革が必要であるのにそれらの経験が学ばれずに実質的自由の実現の点で大幅に遅れていることを示している[『イギリス選挙法改正案』11. 88 - 90, 94]。ヘーゲルによれば，こうした名誉革命後のイギリスの法制改革の必要性はさらに商業革命と産業革命の進行により工業化，都市化された市民社会の構造的矛盾とひずみ，すなわち産業ブルジョアジーと労働者という新しい階級の台頭，富の蓄積の極大化と労働者の物質的ならびに精神的貧困の増大，国内の失業・貧困問題とその脱出路としての植民地主義の海外進出，等々からいっていっそう緊急性をおびている[『法哲学』240-248節]。こうして早くからイギリスの議会選挙制度に注意を払ってきたヘーゲルは，一方で1830年頃から急速に高揚してきた選挙法改正を求める議会改革や社会改革の運動の必要性と妥当性を承認しながらも，他方でフランス七月革命を念頭において，この改革運動の中に新しい階級の政治参加と伝統的議会政治の長所の破壊とを導きかねない「フランス的抽象」[『イギリス選挙法改正案』11. 122]の急進化がみられることを惧れ，階級対立を融和させ革命を回避して改革を達成できるのは君主権の強化の道であることを指示した。→議会，市民社会

【参】 Rosenkranz (1844), Rosenzweig (1920), Höhne (1931), Petry (1976), Waszek (1985, 1986, 1988), Pelzenski (1986)　　　　　（平野英一）

移行　[Übergang, Übergehen]

移行は，論理的諸規定の進行の三つの基本的なあり方の内の一つを示す。「他者への移行は存在の領域における弁証法的な過程であり，他者への反照は本質における弁証法的な過程である。これに対して概念の運動は発展である」[『エンツュクロペディー（第３版）小論理学』161節「補遺」]とあるように，論理学を大きく「存在‐本質‐概念」と分けた場合の「存在」論の領域で論理規定が進行していくあり方が移行なのである。それはもっと厳密に言えば，「定在」という規定された存在の

あり方を問題にする場面での進行を支えるものであり,〈他者（他在）によって規定された存在〉ということを問題にする場面の基盤を提供するものである。そこで問題になるのは,或る規定された特定の存在者がそのように規定されて存在するということの意味である。ここで,或る存在者が規定されているということの根底には,〈他者への移行〉ということがあるという主張がされる。例えば,Aという規定は単独では何ものでもなく,〈Aでないものではない〉という限定を具えて初めて成り立つと考えるのである。つまり,或る規定は,その規定にとっての他者が存在して初めて自分自身でありうるのであって,他者から切り離されている限りでは何ものでもなく,自分の他者の規定を含んでいると考えるのである。或る特定の存在者がこの特定の存在者として存在するということは,他者へと移行するということを自分の存在のための基本条件としている,と看做しうるわけである。

なお,「二重の移行 (der doppelte Übergang)」[『大論理学』5. 384] とは,量から質への移行と質から量への移行という,二つの移行の不可分的必然性を言ったもので,ヘーゲルによれば,「学的方法の全体にとって非常に重要なもの」[同上] である。→定在,質,量,他者

【参】 Werder (1841)　　　　　　（德増多加志）

意志　[（独）Wille,（仏）volonté]

一般に意志とは,ある動機に基づき,ある目的を選択（またはある対象・内容を意欲）し,それを決断して実現すべく行為する能力であると言えよう。ヘーゲルの場合,それを暗に含意しているにせよ,意志とは,自由の（実現の）主体的能力である。

I 意志の三つの形態　意志とは本質的に自由な意志であり,意志の本質は自由である。それゆえ自由の三つの様態・段階に応じて,意志は三つの形態に区分される。(1)「まず即自的に自由であるにすぎない意志は,直接的ないし自然的意志である」[『法哲学』11節]。その内容は衝動・欲望・傾向である。このような意志はなお有限的・形式的であるにすぎないが,自由な意志の自然的基礎としての意義をもつ。(2)つぎにただ〈対自的に〉自由であるにすぎない意志は,任意に「選択する可能性」としての「恣意」[同14, 15節] である。それは矛盾する衝動の何れかを偶然的に選択し,他をそれに従属させる主観的能力であるにすぎないにせよ,行為の〈現実的〉動因としての意義が見逃されてはならない。しかし自然的意志も恣意も不可欠の契機ではあっても,それだけではなお真に自由な意志とは言えない。(3)そこで前者の直接性と後者の特殊性とが後者に根ざす自己内反省によって思惟の普遍性へと止揚され,具体的内容として生かされるならば,意志は「即かつ対自的に有る意志」として真に自由である。「意志は思惟する知性としてのみ真の自由な意志である」[同21節]。それは「自己自身を規定する普遍性」[同節] として「真に無限であり」[同22節]「おのれのもとにあり」[同23節]「理性的なもの」[同24節] である。この理性的意志はさらに三段階に展開される。

II 理性的意志の三段階　1) 法的意志
理性的意志は特殊的意志と普遍的意志との一致でもある。市民の特殊的意志と社会の普遍的意志との外的な一致のみを意欲するのが,法的意志である。すなわち〈適法性 (Legalität)〉への意志である。ところで「法の出立点は自由である意志であるから,自由が法の実体と使命をなす」[同4節] のであり,「自由な意志の定在であるということが,法である」[同29節]。だから法（制度）は各市民の自由の実現と保障を目的とするのであるが,その保障は形式的に可能であるにすぎない。〈抽象的な法（権利）〉とされる所以はそこにある。自由の実質的な実現は個人の主体

性に委ねられているのである。

2）道徳的意志　主体的自由の実現は「道徳性」の領域に求められる。この立場から要請される普遍的法式が，カントの定言命法である。カントの道徳性は「道徳法則が直接に意志を規定するということに依存している」立場である。これに対してヘーゲルは，一方では「意志の認識はカントによって初めてその堅固な基礎と出立点を得し，意志の無限の自律という思想を通して，獲得した」と高く評価しているが，他方ではその観点の固定化が「この獲得したものを空虚な形式主義に引下げる」として非難している〔同135節〕。ヘーゲルが人倫の契機として考察する道徳性は，カントのそれを踏まえているにせよ，それに限定されない。むしろヘーゲルはこの立場を近代が獲得した「主体的自由の権利」として賞賛する。「主体的自由の権利は，古代と現代との区別における転換点および中点である。その無限相においてこの権利はキリスト教のうちに言い表わされ，世界のある新しい形態の普遍的・現実的原理とされてきたのである」〔同124節〕。なおヘーゲルは道徳的意志の様態として「意図（Vorsatz）」と「企図（Absicht）」とを取上げ，いずれも帰責根拠との関係で問題にしているが，前者は心情倫理の連関で，後者は責任倫理の連関で考察していると言えよう。企図の目的は福祉・幸福であり，ここからただの要請にすぎないカントの最高善の思想に対して，個人の主体的満足という特殊性の権利の復権が求められる。しかしこれは特権ではなく，主体的自由のことであって，むしろ基本的人権である。ここで特殊性の個々の内容とは，各人の特性に即した愛や良心，市民社会と政治体制における諸権利，芸術・学問・哲学などの諸活動である〔同124節〕。それらは各個人のそのつど固有の一回的な主体的・特殊的参与なしには具体的に現前し，現実に真実に存在することができない。その意味では特殊性の権利は実存の権利でもある。なおヘーゲルは「法（権利）の命令（Rechtsgebot）」として〈一個の人格であれ，そして他の人びとをそれぞれの人格として尊重せよ〉〔同36節〕を挙げている。これは直接的には法人格にのみ関わるにせよ，拡大的にはカントの定言命法の第二式に，さらには今の主体的自由の権利にも関連する。また道徳的意志の様態として恣意にすぎない「形式的良心」が批判されるが，ヘーゲルにとって「真の良心は，即自かつ対自的に善いことを意志する志操である」〔同137節〕。

3）人倫的意志　これは特殊的意志と普遍的意志との外的かつ内的な一致であり，即かつ対自的に自由な理性的意志の真実態である。人倫的意志の実現は「最高の共同は最高の自由である」〔『差異論文』2. 82〕という命題で表現される。それは『法哲学』では「国家」に求められる。「国家は……自己を思惟して自己を知り，自己の知る事を知る限りで遂行する，公然と知れ渡った，自己自身にとって明々白々な実体的意志としての人倫的精神である」〔同257節〕。つまり「国家は実体的意志の現実態として……即かつ対自的に理性的なものである」〔同258節〕。しかしこの意味での国家は政治的体制としての国家ではなく，それを家族や市民社会とともに包摂する理念としての国家である。これは，国家権力が家族を家族として市民社会を市民社会として真実かつ現実に存続させる限りにおいて，それを承認するところの「類としての，そして個々の国家に対する絶対的威力としての普遍的理念」〔同259節〕である。この連関で人倫的意志は「世界史の過程の中でそれ自身を現実化する精神」〔同節〕なのである。なお「世界史は手に負えない自然的意志を鍛えて普遍的なもの〔法〕と主体的自由〔道徳〕とへ至らしめる訓育である」〔『歴史哲学』12. 134〕から，以上に考察した意志の諸段階は世界史の発展段階に対応すると言えよう。そこで意志は自己形成（Bildung）と連係する。

「法においてはなお特殊性は……自然的意志のそれにすぎない……。同様に道徳性の観点では自己意識はなお精神的意志ではない。……人倫的観点においてこそ、意志は精神の意志としてあり、それ自身に対応する実体的な内容をもつ」[『法哲学』151節「補遺」]。ヘーゲルはこの人倫的意志の立場をカントの道徳的義務論に対して「倫理的義務論」と称し、第三部「人倫」の全体がその体系的展開であるとする。「義務が制限として現れうるのは……道徳的意志の衝動に対してのみである。……〔倫理的〕義務において個人は自己を実体的自由へと解放するのである」[同149節]。人倫的意志は家族・市民社会・国家を貫いてそれぞれに固有の義務を遂行する。それをヘーゲルは「正直(Rechtschaffenheit)」として捉える。この徳は家族では愛として国家では愛国心として発揮されるが、「その真の承認と誇りとを得る」のは「コルポラツィオーン」においてである[同253節]。→自由、法

【参】 Riedel (1975b), 上妻精ほか (1980), 金子武蔵 (1984)　　　　　　　　　　(小林靖昌)

意識 [Bewußtsein]

Ⅰ　ヘーゲルの哲学的世界を初めて雄渾な姿で樹立した『精神現象学』は、「意識の経験の学」とも副題づけられる。そこでは、「自然的意識が真の知へと突き進む道程」「意識そのものが学にまで形成される詳細な歴史」が辿られるからである[同 3. 72-3]。それが可能であったのも、「意識」がもともと制限されたおのれ自身を「超え出てゆく」超越性を本質とし、それ自身にとって「当のおのれの概念」だからである[同 3. 74]。換言すれば、「意識は一方で対象についての意識であるが、他方で当のおのれの意識でもあり」、したがって「意識にとって真なるものについての意識」であるとともに、「その真なるものについてのおのれの知をも意識するもの」であるから、「意識はおのれ自身においておのれの尺度を与え」、「おのれ自身を吟味し」、こうして意識が行う「弁証法的運動」が可能となる[同 3. 76 以下]。「意識の諸形態」を切り崩して「意識の真の実存」に至るまで、「意識の逆転」という「経験」を遂行するところの[同 3. 78 以下]、「おのれを貫徹する懐疑主義」[同 3. 72]が、こうして展開される。意識の「背後」で起こるこの出来事をその「運動と生成」の必然性において展開してみせることこそ、「我々」哲学者「にとって」の喫緊の課題とされた[同 3. 80]。

Ⅱ　こうした方法において成立した『精神現象学』は、最初の「意識」の章で「感性的確信」「知覚」「力と悟性」の三形態を扱う。その後の章は「自己意識」と「理性」である。さらに「理性」の章に続いて、「精神」の章があるが、ここではもはや「単に意識の諸形態」ではなく、「世界の諸形態」が扱われると明言され[同 3. 326]、その後さらに「宗教」と「絶対知」の章が続く。ニュルンベルク時代の「中級向け意識論(1809年以降)」は、意識の諸形態を理性までに限るこの傾向を明確化させ、その「意識論」は、第一段階が「意識一般」(感性的意識・知覚・悟性の三段階を含む)、第二段階が「自己意識」(欲望・主人と奴隷・自己意識の普遍性の三段階を含む)、第三段階がきわめて短い「理性」となっている[『ニュルンベルク著作集』4. 111-123]。晩年の『エンツュクロペディー(第3版)精神哲学』もこの区分を固定化させ、「意識」を扱う「精神現象学」は理性で打ち切られ、それは「人間学」と「心理学」の間にあっておよそ「主観的精神」の部門に属せしめられ、法・道徳・人倫を扱う「客観的精神」[『精神現象学』での「理性」や「精神」の章]や、芸術・啓示宗教・哲学を扱う「絶対的精神」[『精神現象学』での「宗教」や「絶対知」の章]からは切断された[『エンツュクロペディー(第3版)精神哲学』10. 199-229]。要するに問題は、意識の名の下にヘーゲルが何を理解し、

どのような精神の在り方を考えたか，である。以下では，『精神現象学』の根本思想を踏まえつつ，ニュルンベルク「意識論」の枠組を援用して，簡略な素描を行う。

Ⅲ 「意識」とは「精神」の「現象」形態，しかも精神が「存在する対象へと本質的に関係する」ときの現象形態であり，対象を知る「自我と対象との相互関係」，もしくは「対象に対する自我の一定の関係」である［『ニュルンベルク著作集』4. 111-2］。(1)その対象が「自我に対立する客体」であるとき，意識は「意識一般」であり，(2)対象が「自我自身」であるとき，意識は「自己意識」であり，(3)対象が「思想」であるとき，意識は「理性」である［同 4. 113］。

(1)意識一般のうち，(a)まず最初の「感性的意識」は，「外的対象についての直接的確信」であって，「今」「ここに」「このもの」が「ある」と確信する［同 4. 113-4］。しかし「今」はこの今でもあの今でもあり，またそれらのいずれでもない「普遍的なもの」であり，「ここ」についても同じことが妥当するから，この意識の真理は「普遍的なもの」に存すると断定される［同 4. 114］。『精神現象学』での「感性的確信」の吟味は，もっと精緻に，対象・自我・両者の直接的関係の三点から，言語論をも含んで展開され，「このもの」とはその実「普遍的なもの」であると結論づける［『精神現象学』3. 90］。(b)続く「知覚」は，「このもの」から転じて「媒介」を含んだ「普遍的なもの」である「事物」，すなわち「多くの性質を具えた事物」をその対象とする［同 3. 94］。この事物は，普遍的諸性質の「もまた・併存（Auch）」の面と，「一物（Eins）」としてその諸性質を否定的に統一する面とをもち［同 3. 96］，それ自身において「相反する真理」［同 3. 101］を具え，「それ自身一個独立に存在する（Fürsichsein）」個別性をもつとともに，「他のものに対して存在する（Sein für ein Anderes）」普遍性をももち［同 3. 102 以下］，「一つの同じ観点において当の自分自身の正反対」［同 3. 105］である。(c)この構造がさらに高められて「無制約的な普遍性」へと至るとき「悟性の王国」が始まる［同 3. 104］。知覚事物に認められた構造は，「力」とその「外的表出」と捉え直され［同 3. 110］，この「二つの力の遊戯」の「現象」を介して，「悟性」は「諸事物の内なるもの」「超感性的世界」を見抜き［同 3. 116-7］，「諸法則の静かな王国」［同 3. 120］という「第一の超感性的世界」［同 3. 128］を打ち樹てる。しかしそれは，区別と統一の相互転換の運動へと発展せざるをえず，これが単に「説明」の次元においてでなく「事象そのもののうちに定立される」とき［同 3. 125］，そこに「第二の超感性的世界」としての「転倒した世界」が出現する［同 3. 128］。それは第一の世界を転倒させるにとどまらず，「当の自分自身が転倒させられる世界」，すなわち「当の自分とその反対定立物とを統一しきっている」世界であり，これこそが「無限性」「世界の魂」「生の単純な本質」「絶対的概念」であるとされる［同 3. 131-2］。ヘーゲルは対象世界の本質構造を，区別と統一の相互転換の弁証法的構造において見たと言ってよい。

(2)今や「事物の内なるもの」が「概念」となった以上，意識はここで「おのれ自身を対象とし」，「自己意識」へと転ずる［『ニュルンベルク著作集』4. 116］。(a)自己意識はまず"欲望"として，「他の事物と関係し」，対象を「止揚」しておのれと結合しようとする［同 4. 117 以下］。(b)しかし自己意識は，「否定」の働きを行う他の自己意識と相対してのみ「満足」を得る［『精神現象学』3. 144］。自己意識は，「自由」な独立者として相手に「承認」されることを求める［『ニュルンベルク著作集』4. 119］。そのためには「自然的現存在に囚われぬ自由な」おのれを相手に明示せねばならない。［同 4. 119］。この生死を賭けた闘争にお

いて,「感性的現存在」よりも「自由」を重んじた者は「主人」となり,「自由」よりも「生命」を選んだ者は「奴隷」となる[同 4. 120]。しかし本当は自由は「現存在の中で」実現されねばならないから,現存在に囚われた奴隷が,にもかかわらず,「個別性を放棄し」,「真の服従」をなし,「主人の恐怖」に耐え,「労働」によって「奉仕」し,「外的世界の形成」に努めるとき,自己意識は「普遍的意志」へと移行する[同 4. 121]。(c)その結果「普遍的自己」が成立し,「承認」の場が開かれ,「あらゆる徳」「あらゆる献身」「あらゆる名声」の基礎が築かれる[同 4. 122]。

(3)最後に,「理性とは,意識と自己意識との最高の統合であり」,「理性の諸規定が,我々自身の思想であるとともに,対象的でもあって諸事物の本質の規定でもある」という「確信」であり,しかも理性の知は「単なる主観的確信」ではなく,「確信と存在との合致ないしはむしろ統一」としての「真理」そのものでもあるとヘーゲルは規定している[同上 4. 122f.]。→精神(の)現象学, 意識の経験の学, 感性的確信, 知覚, 悟性, 超感性的世界, 自己意識, 承認, 主人と奴隷, 理性　　（渡辺二郎）

意識の経験の学 [Wissenschaft der Erfahrung des Bewußtseins]

イェーナ時代に始めは『論理学・形而上学』等の哲学体系への序論として構想されたものが,「体系の現象学的危機」[Rosenkranz, Glockner]によって「意識の経験の学」に構想され直しやがて『精神現象学』と題名を変えた。初版に「意識の経験の学」と「精神現象学」という二つの題の片方か双方があったことから『精神現象学』が二分して解釈されたが（ヘーリング Th. Haering とホフマイスター J. Hoffmeister は「意識の経験の学」と「精神現象学」,イポリット J. Hyppolite は「個人的な意識の現象学」と「精神一般の現象学」,ペゲラー O. Pöggeler は自己意識の前までが「意識の経験の学」で以後は「精神哲学」[Pöggeler 1961]）,効力を失っている。フィロロギーによれば製本業者のミスで二重の題名があった訳で結局ヘーゲルは題名として「精神現象学」を採用した。『精神現象学』は精神の現象としての意識の場面で行われる「意識の経験の学」である。カントは意識に留まり精神現象学のレベルでは行くが精神哲学のレベルには行かないとヘーゲルは言明するから,精神現象学は精神哲学と区別されていて,カントが最大の目標となっていることがわかる。認識を道具や媒体と考えることで物自体（＝絶対者）と認識が対立的に捉えられているという状況をヘーゲルは指摘することで序文を始める。物自体と認識の二項対立つまりカントを指示している。この二項対立が真理認識（＝学）を妨げている。『精神現象学』の目標はこれの撃退である。真理認識への恐れが誤謬であることを学は示すべきだとヘーゲルは主張する。かくして否定神学的に「現象知の叙述」が必要とされる。学の権威によって切り捨てるのではなく学も現象知に降り立って,二項対立という見解＝現象知と同身分として真理性が吟味される。この叙述は〈自然的意識の真なる知への道程〉つまり（für uns にある）学と（für es にある）現象知との対話である。現象知という言い方には古代ギリシアのファイノメノン概念（世の中の意見,思い込み）が宿っている。自然的意識とは自らの知を当然（natürlich）と素朴に信じている思い込み（Meinung）である。自然的意識は叙述の中で非真理性を証明される。この道程は「懐疑の道」,「絶望の道」である。絶望して権威に頼る決心をしても駄目だ。現象知の非真理性への徹底的透見が自然的意識を鍛える。〈意識の学への形成の詳細な歴史〉が辿られる。知の実在性の吟味が行われるが学を尺度にせず意識自身の自己吟味によって進行する。尺度は意識自身の中にあり意識において知と真

（＝尺度）が比較される。双方が一致しない時は意識は自らの知を変えるが同時に対象（＝尺度）も別様に知られてくる。新しい対象が知られることが「意識の経験」である。この新しい対象の生成はしかし意識自身にとっては何が起こっているか知りえないもので意識の背後で起こっている。これは「我々（＝学）の手出し」によって行われ，個々バラバラの意識の経験は必然的な運動として見て取られる。かくして，意識の経験は意識の経験の学となる。→精神(の)現象学，意識

【参】Rosenkranz (1844), Glockner (1929/40), Haering (1934), Hyppolite (1946), Heidegger (1950b), Hoffmeister (1952b), Pöggeler (1961), Marx, W. (1971), 加藤尚武 (1980a,1983b)

(星 敏雄)

イスラーム [Islam]

7世紀前半に西洋で具体的な精神への純化が求められたとき，東洋では抽象的精神への純化が突如急速に始められた。これがイスラーム教である［『歴史哲学』12.428］。この東洋の革命は，ただ抽象的な一者を絶対的な対象，唯一の究極目的とし，この一者に現実を服従させる意図を持ち，あらゆる特殊性や依存性を打ち砕き，普遍性と純粋性を実現しようとした。これは「抽象の支配」[同12.431] であった。現実世界には何も確固たるものはなく，すべてが活動的かつ躍動的に世界の無限の広野へと消え入り，すべてを結ぶ唯一の絆は一者の崇拝だけだと考えられた。ロベスピエール（Maximilien François Marie Isidore Robespierre 1758-94）にとっては「自由と恐怖」が原理であったが，ここでは「宗教と恐怖」が原理となった。これはまさしく狂信である。しかしこの狂信は，何物にも妨げられず，どこにも限定されず，全く何も必要としない抽象的な熱狂であった［同12.432］。モハメッド（Muḥammad 570-632）は預言者だが，あくまでも人間であって人間の弱さを克服していない。イスラーム教の対象は純粋に知的なものだから，一切の偶像が否定された。

イスラーム教は東洋の汎神論であるが，インドよりも高度であり，主観的にはより自由である［『美学』13.473］。すべてはコーランの中にあるとして図書館が破壊されたこともあったが，のちにはカリフの宮殿を中心に詩や学問が栄えた。

イスラーム教の紀元は622年にモハメッドがメッカから逃走したときから始まった［『歴史哲学』12.430］。イスラーム教徒はヨーロッパ人よりも奥地へ入る術を心得ており，イスラーム教は黒人を或る程度文化に近づける唯一のものであるように思える［同12.122］。しかしイスラーム教はアジアとアフリカに追い返され，すでにとうの昔に世界史の舞台から姿を消し，東洋の悠々自適と平穏の中に引退した［同12.434］。

(柴田隆行)

イゼリン [Isaak Iselin 1728.3.17-82.6.15]

スイスの哲学者・歴史家。その歴史・社会観は，とりわけシュトゥットガルト時代のヘーゲルに影響を与えた。イゼリンは，その著『人類の歴史についての哲学的憶測』（*Philosophische Mutmaßungen über die Geschichte der Menschheit.* 1764）の中で人類の歴史における衝動の支配的役割について述べた。彼によれば，「完全性への衝動」が人間を動物から区別し，人間の状態の変化の根拠をなす。この変化が，人類の歴史を形成する。この衝動は，人類の歴史において偉大な行為を生みだすものである。その中で支配的なのは，「率直かつ啓蒙された」衝動ではなく，「性急かつほとんど機械的な」衝動である。両衝動の区別は，支配者の部分と他の部分とに分裂した状況への国家の変化に関連づけられる。ヘーゲルもイゼリンと同様に，支配者の部分が彼らの固有の利益を公共の福祉に対立させ衝動を利己的なものに転落させる社会の分裂

した状況に衝動の変化の根拠を求め，啓蒙的理性の立場からこの状況を批判した［『ギリシア人とローマ人の宗教について』1787］。さらに男による女の支配のイゼリンの見解がこの関係についてのヘーゲルの見解に影響を与えたのかもしれないとする解釈（ホッフマイスター Johannes Hoffmeister 1907-55）がある。→衝動
【参】 Hoffmeister (1936), Ripalda (1977)
(幸津國生)

依存 ［Abhängigkeit］

「依存」という語は「自由」や「独立」と対比的に用いられ，一般に他者に制約される関係を意味する。ヘーゲルは初期には，一方でギリシア人の「運命」への服従における「自然への依存」［『国民宗教とキリスト教』1. 36］やアルプス住民の「自然の力への依存の感情」［『ドクメンテ』235］を，自然に対する人間の支配力の限界を自覚した態度として称賛したが，他方，ユダヤ人の「掟への依存」［『ユダヤ教の精神』1. 296］やイエスの弟子の「イエスの個体への依存」［『キリスト教の精神』1. 388］を実定的宗教の原因として批判した。その後「依存」は殆ど否定的な意味で用いられ，かくて「依存の感情」に宗教の本質を認めたシュライエルマッハーの考え方は，「動物も宗教を持つことになる」［『宗教哲学』16. 168］と批判された。その際，物や欲望への依存は，農民［『法哲学』204節「補遺」］に見られるように，他人への依存と結びつくことが指摘される。だが「労働者を自然への依存から解放する」はずの機械労働が資本主義経済のもとでは逆に「自然への依存を……高めるにすぎない」［『イェーナ体系Ⅰ』GW 6. 323］点が洞察されると同時に，市民社会のこの「全面的依存の体系」［『法哲学』183節］においてむしろ利己心が他者の欲望満足への貢献に転ずる所以が評価される。→運命，市民社会
(久保陽一)

一神教 ⇨多神教

一と多 ［Eins und Vieles］

「一」は哲学用語としては「イツ」と発音する。用語としては抽象名詞としての性格を強調して「統一」(Einheit 一者）と「数多性」(Vielheit 多数性，多様性）が対になることも多い。あらゆる事物が，多様な性質や側面とともに独自の統一性をもつと考えられている。

「一と多」(Eins und Vieles) という表題のテキストは，『大論理学』第1部第3章「対自存在」のなかの短い節にすぎないが，ヘーゲルが使うすべての概念の基礎構造を示している。「一」は哲学史的にはプロティノスの「一なるもの」（ト・ヘン）から来るが，多様な個物のなかに「一つの」イデアという純粋本質が存在するか，どうかというプラトン以来の問題に関係している。近代では，カントが認識論の問題は次のように絞られると考えた。感覚の多様を概念の統一と結合する方法が，同時に感覚的な性質の多様と存在の統一との結合になるようにするにはどうしたらいいか。ヘーゲルはプラトン以来の古くからの問題と近代認識論の問題を「一と多」の問題としてまとめて扱っている。

ソクラテスが「善とは何か」というように「……とは何か」という問いを出したことが，プラトンの出発点である。ドイツ語には「一体それは何ですか」と訊く時に，ヴァス・フュア・アイン (Was für ein) という言い方があって，これが手がかりになるとヘーゲルはいう［『大論理学』5. 177］。直訳すると「一つのもの」（アイン）「として」（フュア）「何か」（ヴァス）ということだから，「一体のものとして何か」という意味になる。ところが「として」を意味する「フュア」には「にとって」という意味もある。高いところに「一なるもの」があって，その「一なるものにとって」という意味にもなる。

神様の目でみると「一つのまとまったもの」に見える。こう断言したのは、マールブランシュである。彼の思想の核心をヘーゲルは「神の中にはあらゆる永遠の諸真理とあらゆる事物の諸イデアと諸完全性が含まれている。だから万物は神のものである。そこでわれわれは万物を神の内に視る。われわれは対象の本質をあらわすイデアだけでなく、それが現にあるという感覚にも到達すると思い込んでいるが、神がわれわれの内に対象の感覚を引き起こすのである」〔同 5. 179〕と要約している。

神の百科辞典にあるイデアという単語にしたがって物をみるときにはじめて、多様なものが一つにまとまって見える。その中心の核になるものが「一つのものとしての存在」(Sein-für-Eines)だが、それはイデア的である限りで「観念的」であり、比喩的に言えば「神にとっての存在」である。この中心核のなかに「ものの何であるか」という本質が詰まっているのではなくて、中心核はカラッポである。中心はただ「一つ」というまとまり、すなわち不可分性を体現していればいい。「一そのものは、自分に密着して〔an ihm selbst 不可分で〕ある。一の存在は現存在ではない。他のものへの関係である規定性でも性質でもない。一は、こうしたカテゴリーの圏を否定したものである。だから一は他のものになることができず、不変である」〔同 5. 183〕。もっとも広い意味でのもののあり方を表現するカテゴリーの次元を超えているのが「一」の本性である。君主は実権のない統合の象徴だとヘーゲルが考えた理由もここにある。

原子論のような世界像では、無限の空間のなかに独立した「一つのもの」が多数存在するという世界像が描かれるが、本当はひとつひとつのアトムの間の相互排除の関係が隠れているのだとヘーゲルは言う。→新プラトン派、一にして全

(加藤尚武)

一にして全 〔(ギ) ἓν καὶ πᾶν〕

世界は一見多様に見えても根源的には一つだ、という一元論的世界観を表した言葉。これはヤコービの『スピノザ書簡』の本の扉にヘラクレイトスの言葉として添えられており、当時この言葉は一般にヘラクレイトスの言葉と信じられていたが、ディールス/クランツの『ソクラテス以前の哲学者断片集』(H. Diels/W. Kranz, *Die Fragmente der Vorsokratiker*. Berlin 1903) にはない。世界全体を「一つの自然」「一者」〔アリストテレス『形而上学』986b〕と初めて捉えたのはクセノパネス (Xenophanēs 前570頃 - 470頃) だが、ただしヘラクレイトスにも「全ては一から、また一から全てが出てくる」〔ディールス/クランツ 22B10〕という文言がある。ヤコービは『スピノザ書簡』でレッシングが正統派神学の有神論に対抗してスピノザ主義的汎神論を擁護した際に「一にして全」という言葉を述べた、と伝えた。それ以来この言葉は、ヘルダー、ゲーテを含めてスピノザ主義を擁護する人々の一種の合言葉になった。ヘルダーリンもしくはヘーゲルは記念帳にこの言葉を記入し〔『書簡集』(第4巻-1) 136〕、ヘルダーリンはまた『ヒュペリオーン』最終予稿で「一にして全」を「存在」や「美」と同義とみなした。シェリングは「哲学は自我の内にその一にして全を見出した」〔『自我論』〕と述べ、ジンクレアも「一にして全が最高の原理にかんする最高の概念だ」〔『哲学論議』〕と述べた。ヘーゲルも「愛するものたちは一つの生ける全体である」〔『愛』1. 246〕というように、「一にして全」をプラトン的「愛」と結び付けた。だがヘーゲルとヘルダーリンにとって「一者」は、多様や運動を排除するエレア派的な「一者」ではなく、多様な様態を通して自己展開する「自己自身において区別されている一者」であった。→合一哲学、一と多、ヘルダーリン、レッシング

【参】 Harris (1972)

(久保陽一)

一夫一婦制 ⇨ 結婚

イデー ⇨ 理念

イデアリスムス ⇨ 観念論

イデオロギー [Ideologie]

　近代的意味でのイデオロギー概念には，存在‐現実をとらえていない意識形態という含意，あるいはマルクス的意味では，本源的に社会的生活‐存在に規定された社会的意識形態という含意がある。そして，「空論的」「非現実的」という軽蔑の意味を込めた用法は，「イデオローグ」（観念学派）を攻撃したナポレオンに始まるとされるが，いずれにせよヘーゲルは，こうした意味でイデオロギー概念を用いたことはない。そもそもフランス観念学派のデステュット・ド・トラシ（Antoine Louis Claude Destutt de Tracy 1754-1836）によるイデオロギー（idéologie）は，抽象的形而上学批判という意味，それから，精神諸科学の人間学，心理学の面からの基礎づけという意味をもつものであった。ヘーゲルは，この意味を踏まえて，「フランス人たちの観念学」のモチーフと，Ｊ．ロックならびに近代スコットランド哲学のモチーフとの親近性を指摘するのである［『哲学史』20. 219, 286］。ただし，意識が学知へとすすむ『精神現象学』の各段階ごとに，当該意識形態の非真実性を暴露するというモチーフがあるとすれば，そこにイデオロギーとその批判の問題を読み込むことも可能であろう。

　　　　　　　　　　　　　　　　（滝口清栄）

意図 [Absicht, Vorsatz]

　行為の意図（Absicht）とは，ある具体的な身体動作を手段にして実現されるべき普遍的目的である。それに対して，行為の企図（Vorsatz）とは，そのような身体的動作を思い浮かべもくろむことそれ自体である。

　たとえば，私が電車の中ですわっていた特定の座席から立ち上がろうともくろむことは企図である。そして，そのことによって，私の前に立っている老人に，座席をゆずろうという親切なを考えることが，意図にほかならない。そのような意図の特徴については「考える者から出発するものとしての企図は，たんに個別性を含んでいるだけではなくて，本質的にかの普遍的な側面つまり意図を含んでいる」［『法哲学』119節］といわれている。

　ヘーゲルのいう企図と意図とは，アンスコム（G. E. Anscomb 1919-）などの現代の分析的行為理論では，ともに意図（intention）に一括されている。それに対して，ヘーゲルが意図を企図から区別したのは，個別的なものの真実の姿は普遍的なものであるという論理学の見地からだけではなくて，人間の意志によって自覚的に設定される究極的目的としての人倫的な善さを見出すためには，まず行為の普遍的側面をまず明らかにしなければならないからである。「意図の権能は，行為の普遍的性質がたんに自体的にだけではなくて，行為をする者によって知られるということであり，したがって，既にその人の主観的意志のうちに横たわっていたということなのである」［『法哲学』120節］。

　たんなる企図に基づく行為の結果に対して，行為をする者は，責任を負うべきではあるが，普遍的な善さを目的とする道徳性さらには人倫性を付与されることはない。そのような善さを目的とする行為は，福祉（Wohl）を目指す主観の意図があってはじめて成立する。

⇨ 責任, 善行　　　　　　　　　　　（山口誠一）

祈り [Beten]

　宗教の主観性は，神への志向性として，神への感覚，語りかけ，祈願（bitten）というように言い表わされるが，ヘーゲルはこの主観性の基礎をルターによって「信仰」［『宗教哲学』ラッソン版 **1** Bd. I.161］と名づけた。カントは祈りについて，迷信的妄想（魔術）で

あると述べているが、そうなると祈りは精神の直接的働きによって効力あらしめるものとなってしまう[『宗教哲学』16. 280]。しかしヘーゲルによると祈りは絶対的意志へと向けられ、絶対的意志もこの人間を配慮の対象とする。しかも祈りはかなえられることもかなえられないこともありうるが、それは善の諸目的によって規定されるという。ヘーゲルが全著作の中で祈りについて語っているのは、『宗教哲学』の魔術のところと、『美学』の絵画論のところで「祈りは、即かつ対自的に愛であって、対自的には何も持たない絶対者へ心を高めることである」[15. 54]と述べているところだけである。 (岩波哲男)

衣服 [Kleidung]

一般に環境適応説、装飾説、羞恥説、異性吸引説などがあるが、ヘーゲルは「天候から身を守る欲求」[『美学』14. 402]と「羞恥の感情から身を隠そうとする欲求」[同上]を、衣服発生の主因とする。前者は、皮や羽毛や鱗や貝殻などで生まれながらにして体表を被う動物に対して、脈動する心臓が神経系統とともに現象し、皮膚のあらゆる部分をつうじて感受力を有する人体の場合、一段と高い生命相を示すが、そのために皮膚を被覆する衣服が必要となる。

一方、羞恥とはあるべからざるものに対する怒りである。人間にとってあるべからざるは動物的側面であり、その機能に役立つ胸、腹、腕、手、腿、足などを隠蔽するために衣服を使用し、精神的な規定を集中させる頭部を際立たせる。かくして形態における精神の表現は顔と全身の姿勢と運動に限られ、とりわけ腕や手と、脚の位置によって表出的効果をあらわす身ぶりに局限されることになる。

ヘーゲルは衣服の様式を古代と近代に大別する。古代において衣服は多かれ少なかれ無定形の平面であり、肩を支えにするが、他の点では単純に、自由にそれ自身の内在的重みによってたれさがり、ただ身体の位置や姿勢や運動によって規定されており、精神を表出させるのに適切である。これは「衣服における理想」である[『美学』13. 218]。これに対して近代の服装は肢体のかたちに合わせて裁断縫合されており、衣服の垂れかたの自由はなく、襞の折れ込みも縫い目に規定されているため、衣服は身体に従属し、これを模倣する。その不自由さを脱するために、モード(流行)、変化は近代の服装にとって固有の問題である。

裸体表現のほうが感覚美には有利であるが、理想的芸術は精神の表出を第一とする以上、皮膚面の小血管や皺襞や繊毛といった動物的生命の残滓をしめす各個の身体細部の組織を被覆し、形式の精神的意義にみちた面だけを際立たせる着衣は、彫刻にとってきわめて重要である。衣服は芸術的表現法として建築作品に類比される。それは一種の囲いであるが、身体を束縛するものであってはならない。衣服はそれ自身の重さによって垂れさがり、襞をつくり、姿態に合わせて自由無礙でありつつ、その内部の身体の自由な運動をゆるすのである[『美学』14. 401ff.「着衣」の節]。→彫刻、流行、ヘルダー

【参】 谷田閲次(1960)、遠藤教三(1975)、鷲田清一(1989) (金田 晉)

イポリット ⇨フランスのヘーゲル研究

今 ⇨時間,感性的確信

意味 [Bedeutung]

「意味」とは、記号において、直観の対象に「恣意的 (willkürlich)」につけ加えられるものである。『ニュルンベルク著作集』において、ヘーゲルは次のように述べている。表象が「外的定在から解放」されて主観化されるとき、「外的定在と内的表象とは互いに異なるものとして対抗」している。ある外的

定在を,「それに対応するわけでもなく,内容の面からいってもそれと異なっている一表象」と「恣意的に」連結して,「前者が後者の表象または〈意味〉になるようにすることによって,その外的定在は〈記号〉になる」[4. 51]。つまり,「知性」は,記号において,「直観の直接的な内容を亡ぼし,直観に他の内容を〈意味〉や魂として」与えるのである。すなわち,「感性的素材と一般的表象との結合」は「恣意的である」ゆえに,「人々は記号の〈意味〉をまず学ば」なければならないのである[『エンツュクロペディー(第3版)精神哲学』457節以下]。→記号

【参】 Bodammer (1969), Wohlfart (1984)

(黒崎政男)

意欲 [Wollen]

意欲は通例の区分に従えば知性・感情と並んで人間の基本的な心的能力の一つであり,意志に等しい。ヘーゲルは理念の理論的活動である認識に対して,意欲を理念の実践的活動として捉える[『エンツュクロペディー(第3版)精神哲学』225節]。「この意欲は,一方では前提された客体が無力であることを確信しているが,他方では〔それ自身〕有限的なものとして同時にただ主観的な理念としての善という目的と客体の自立性とを前提にしている」[同233節]。これは「主観的精神」においては理論的精神に対する実践的精神として把握される。ここで意欲は真の意志の前段階である衝動と恣意である。つまり意欲は,それなしには意志が現実的となりえない基本的欲求能力であるが,それのみでは善の実現はただ当為として無限に追求されるにすぎない。「ただ意欲するだけの月桂樹は,緑に茂ったことのない枯葉である」[『法哲学』124節「補遺」]。→衝動,恣意

【参】 Riedel (1965) (小林靖昌)

イロニー [Ironie]

ソクラテスは自ら無知を装いながら,対話を通して,知者を自認する人の無知を逆に露呈させるという方法によって真理を明らかにしようとした。それがソクラテスのエイロネイアと呼ばれ,皮肉とか諷刺という意味を持つ。このような知者の仮面を剥ぐ対話技法としてのイロニーが,近代において特にロマン主義者 Fr. シュレーゲルによって,「ロマン的イロニー」として主観主義的に改変された。彼によると,イロニーが息づく「詩の中には,真に超越的な道化芝居が生きている。内面においてみると,それはすべてを高所から見渡し,あらゆる制約されたものを超えて,また自分の芸術や徳や独創性をも超えて,自らを無限に昂揚させる情緒である」[Kritische Friedrich-Schlegel-Ausgabe Bd. Ⅱ. Hrsg. von H. Eichner, 152]。こうしてシュレーゲルは,イロニーの力によってあらゆる制約を超越する「自由」を手に入れることができると考えた。すなわち,イロニーを行使する自我は,自己の内面に対する制約を永続的に否定し続けることによって,ちょうど合わせ鏡の中に自分自身の無限の反照を見るように,自我の内面へと無限に超越してゆくのである。

ヘーゲルによるロマン的イロニー批判の論点は,超越的な自我が自己以外の存在を否定し空虚にすることによって結局は自己自身の存在をも否定し空虚になる,ということにある。「イロニーのこのような否定性の最近の形態は,あらゆる事物的なものや人倫的なもの,そして内容を豊かに含んでいるものの空虚さであり,あらゆる客観的なものやそれ自体として現実に通用しているものの空虚さである。自我がこのような立脚点にとどまっているかぎり,自分自身の主観性だけは除いて,あらゆるものは自我にとって空無で空虚なものとして現れる。しかしこの主観性は,そのことによって,中身がなくて空疎に,そしてそれ自身が空虚になってしまうのである」[『美学』13. 96]。事実シュレーゲルは,ロマ

ン的イロニーにおいては「自己創造」と「自己破壊」との交替によって，自我の同一性が「支離滅裂の混乱」としての「カオス」のうちに解体するとしている。ヘーゲルはこのようなロマン的イロニーのもつ否定性に対して，古典的イロニーのうちにイロニー本来の働きを見ようとしている。「イロニーはソクラテスでは……ある限定された意味を持っている。ソクラテスの限定されたイロニーは，かの単なる否定とか，かの否定的な振舞いがそのもとで理解されるというよりも，むしろ対話の技法であり，社交上の快活さであって，理念をただからかうような嘲笑でもなければ偽善でもない」[『哲学史』18. 461]。シュレーゲルの言う道化役者が真面目と戯れの仮面を目まぐるしく取り替えて人格的同一性を解体してしまうのに対して，ヘーゲルは古典的イロニーにおいては，弁証法的対話を通して人は仮面を脱いで素顔を現し，隠されていた真理を語り出すと考えている。→ずらかし，弁証法，ソクラテス

【参】 Benjamin (1955), Pöggeler (1956), Strohschneider-Kohrs (1960), Prang (1972), Bubner (1987), Behler (1988)　　　　（伊坂青司）

韻 ⇒詩

因果性 [Kausalität, Kausalitätsverhältnis]
　因果性は〈実体〉の有する必然的関係の一つであり，「そもそも結果（Wirkung）は原因（Ursache）に含まれていない何ものも含まない。逆に，原因はその結果の内にない何ものも含まない」[『大論理学』6. 224]と見られ，原因と結果の同一性として表現される。しかし，ヘーゲルはこの同一性のうちに二つの欠陥を指摘する。第一に，因果的説明は同語反復におちいっている。たとえば，雨は湿気の原因であり湿気は雨の結果であると説明するとき，原因[雨]は結果[湿気]のうちで消失しており，原因がなければ結果もないのだから，残っているのは水だけであり，水は水であると繰り返しているに等しい。〈雨－湿気〉の因果性は，実体である水には無縁な，主観的悟性がつけくわえた空虚な説明にすぎないのである。第二に，湿気に対しては原因である雨も，本来地上にあるべき水が他の何ものかによって空中にあげられたことの結果にほかならない。雨はあるものの結果であるとともにそれとは別のものに対しては原因である。そこでは同一のものにおいて原因と結果が一致することはない。こうして，原因から原因への無限逆進が，あるいは同じことだが，結果から結果への無限累進が生じる。

　以上のように因果性を批判したうえで，ヘーゲルは〈作用－反作用〉（ニュートンの第三法則）によってその欠陥を克服しようとする。「因果性は前提する働きであり……原因は作用する（wirken）」[同 6. 233]。原因が作用（Wirkung）[この語は〈結果〉の意味をももつ]と考えられると，結果は反作用（Gegenwirkung）である。作用を受けるものは，もはや同語反復における基体としての実体や無限進行における他者としての実体のように作用に無縁なものではなく，受動的なもの（das Passive）・作用を制約するものであり，他者としての自己にほかならない。このように双方向的な因果性を考えることによって，同一の実体における自己同一性が認められることになる。カントは因果性と交互作用を別のものと考えたが，ヘーゲルは前者を後者のうちに止揚しようとするのである。→結果，交互作用　　　　　　（海老澤善一）

インド・仏教 [Indien, Buddhismus]
　ヘーゲルの生きた時代のヨーロッパは，インドと仏教に関する知識が導入されたばかりであり，ヘーゲルの知見も時期により著しく変わっている。以下，主として晩年の著作に拠って記述する。

Ⅰ インド　インドでは宗教，産業，商業だけでなく，すべての区別が，カストに浸透している。この社会的区別は自然的区別に基づいているため，人為によって変えることはできない［『歴史哲学』12. 84f. 参照］。自然的区別によって与えられた様々な区別がインドでは自立し割拠しあっている。そのためこれらの区別を統括するとき，現実の自然においてではなく，空想の中で統一するのが，インド人の特徴である［同 12. 207f. 参照］。インド人が自然を空想によって統一したとき，一切は神となる。人間は例えば泉や樹木を逍遥し，擬人化する。だがヘーゲルによれば，空想はそれらの存在を表象することで人間自身を表象している。これらの存在は人間の表象であり，人間の表象の客観化にすぎない。意識と対象の関係を空想で捉える限り，自己に対する規定内容と対象に対する規定内容とは区別されない。夢想では自分を対象と対立させる意識はない。そうなると自分と他者，個別者と普遍者との区別がなくなる。そのためインド人は有限的個別者でありながら，無限的普遍者であり，神でもあるという混同が生じてくる。有限者と無限者との混同によって，太陽，月，星，ガンジス河，動物，花，一切のものは精神にとって神だということになる。空想には統一はなく混同だけがある。こうした空想の混同に達するために，インド人は苦行（ヨーガ）によって心を自分に集中し身体性を脱しようとする。非感性的な絶対的ブラフマンを認識することで，永遠の幸福が得られるとされているからである。

ブラフマンは一者であり，不変者である単純な実体であるが，それは分かれて種々の自然者の姿をとる。この抽象的実体であるブラフマンが顕現すると，クリシュナやヴィシュヌになり，人間的姿をとった生命となる。だがブラフマンはそれ自身において変化をもつため，その諸形態についてもブラフマンと呼ばれる。ヴィシュヌもまた最高のブラフマンであり，水や太陽もブラフマンである。規定性はすべてブラフマンの化身である。そのためブラフマンを知るためには，人間は自らの規定性を捨象し，一切の対象性を脱落させ，最も空虚な純粋抽象の知識を捉えねばならない［『宗教哲学』16. 361 参照］。だがヘーゲルによれば，ブラフマンは形態をとって顕現するにもかかわらず，空虚な抽象体，無規定な無であり，自我の彼岸に存在することになる。自我に対してはただ自我だけがあり，ブラフマンは自我自身の否定者としてあるにすぎない。ブラフマンは一切がそれから生じ，産出される実体として，一切を創造する力とされているが，この力は抽象的であるがために，活動性を欠き，形式を欠いている。ブラフマンは無規定な無であるがために実体性という形式すら現存しない。こうしたブラフマンの矛盾こそインドの混乱を思想として表現したものである。

Ⅱ 仏教　インドでは空想によって諸区別が統一されたのに対し，仏教ではそれが思惟によってなされる。つまり現実の諸区別は，精神の自己内存在であり，思惟による諸区別である。したがって自己内には一切を成立させる実体的力，思惟がある。そうなると一切の他者は思惟の中の他者であるから，思惟の外の他者との関係は切断されている。他者関係を否定した形での自己関係がある［『宗教哲学』16. 374f. 参照］。そのために偶然的経験的な他者関係を否定することで純粋な自己に達しなければならない。身体のすべての運動，感性的外面的形態の呪縛から脱して，純粋自己，一切の規定を排した無に沈潜しなければならない。この抽象的無に帰入し，涅槃の境地に達することで，人間は輪廻転生から解脱し，仏陀となる。こうした精神性が個別的形態をとって現れたとき，ゴータマやダライ・ラマが現れる。インドでは無数の多くのものが神であったのに対し，仏教では神がゴータマやラマという人格に限定される。原始

仏教では死んだ人間の形態をラマ教では現存の人間の形態をとるにせよ、ゴータマもラマも主観の個別性ではなく、主観の中の普遍的原理を他人に示すことで、信心をおこし、成仏できるように、具現している。仏教ではたしかに絶対者は精神である。だがヘーゲルによれば、この精神を把握する際、仏教は精神を直接的な形式に捉えているだけであって、思想の形式において対象化していない。そのためすでに没した師仏陀や大ラマという生きた姿が、つまり人間という直接的な表象形式において崇拝されることになる。仏教では「人間は感性的・外面的・直接的な精神性として存在し、したがってこの人間の、つまり一つの経験的・個別的意識の形態において存在する」[『宗教哲学』16. 382]。ヘーゲルに従うと、仏教において精神はまだ思想として表現されていないのである。→自己内存在

【参】 Leuze (1975) （八田隆司）

韻文 ⇨詩

引力 [Gravitation]
「引力」は、「物体」(Körper) の本来的・内的な相互連関の「力学」領域内での発現である。「物体」はそれぞれ「相互外在」する一つの全体という相貌を持つが、これはその裏にある相互の内的連関を捨象した一面的な見せかけにすぎず、背後に退けられたこの内的連関は、「衝突」(Stoß)、「落下」(Fall) の段階を通じて、さらに「引力」において、「相互外在」という「力学」の最終的制限内での十全な発現に至る。「引力」においてヘーゲルは、太陽系における（彼の考えでは）アプリオリな根拠をもって量的にも限定可能な、「物体」（天体）の体系的秩序を念頭に置いている。彼はここに彼の言う「理念」の形式を見て取り、この理解の先駆者としてケプラーを称賛する。これに対し、彼によれば、ニュートンの「万有引力」(allgemeine Gravitation) の思想は落下運動の量限定という「反省」の段階に止まっており、そこに「理念」を見て取るに至っていない[『エンツュクロペディー（第3版）自然哲学』269-70節]。→物体, 相互外在, 衝突, 落下, ニュートン哲学・ニュートン力学, ケプラー

【参】 Ihmig (1989) （松本正男）

ウ

ヴィンケルマン [Johann Joachim Winckelmann 1717.12.9-68.6.8]

ドイツの美術史家。「近代のギリシア人」とよばれるほどに古代ギリシアの美術に深い愛着を示した。芸術の理想を「高貴な単純さと静かな偉大さ」に求めたのも、それこそが古代ギリシア芸術の本質をなすと考えたからであった。また、ヴィンケルマンは、従来の伝記的芸術史にかわって、様式史としての美術史をうちたて、芸術学に新生面を切りひらいた。

『ギリシア芸術模倣論』(*Gedanken über die Nachahmung der griechischen Werke.* 1756) や『古代芸術史』(*Geschichte der Kunst des Altertums*) などに示されたヴィンケルマンの芸術観・芸術思想は、ヘルダー、レッシング、ゲーテに大きな影響を与えたが、ヘーゲルもまたヴィンケルマンから大いに学

ぶところがあった。ヴィンケルマンの名がしばしば登場する『美学』に、ヘーゲルがヴィンケルマンから受け継いだものが示されているが、それは、以下の2点に要約することができる。

一つは、芸術美の本質を精神的な高貴さに求める芸術観である。その考えは、古代ギリシアの芸術に芸術の理想を見る考えに裏打ちされているが、それは『美学』の芸術観にまっすぐ連なるものであった。「ヴィンケルマンは、卑俗な目的や単なる自然の模倣という観点から芸術を引き離し、芸術作品と芸術史のうちに芸術の理念を見出すべきことを強く要求した」[『美学』13. 92]とヘーゲルは称揚した。

もう一つ、古代ギリシアの具体的な芸術作品の鑑賞と評価のしかたをヘーゲルはヴィンケルマンから学んだ。『美学』の「彫刻論」[14. 351ff.]にそれはもっとも顕著に現れていて、ヘーゲルはそこではヴィンケルマンの古代ギリシア彫刻のみかたをそのまま受け入れて論をすすめている。

【参】 Kultermann (1981)　　　　　（長谷川宏）

ヴィンテール [Jacob Joseph Winterl 1732-1809]

オーストリア生まれの医師、化学者、植物学者。ハンガリーのペスト大学教授。特殊な原素である「アンドロニア（Andronia）」を発見したと称し、このアンドロニアこそ有機化学と無機化学の間の環を成すと主張した。ヘーゲルもこれを引用したこともあるが[『イェーナ体系 I』GW 6. 56]、しかし実際にその存在が確証されたわけではない。また、ヴィンテールは、混汞（Amalgation）や合金のような単なる差異的な結合（対立の結合ではなく）、しかも変化をひきおこしかつ自らも変化する、そうした媒体を必要としない直接的な結合の過程を特に「合体（Synsomatien）」と呼んだ。これに対しヘーゲルは、相対立するものの媒体による混合（Gemisch）こそ本来の化学的過程であると考え、ヴィンテールの合体を外的結合ないし直接性の様式たる「形式的過程」[『エンシュクロペディー（第3版）自然哲学』327節]にすぎないと批判し、これを本来の化学的過程から区別すべきことを主張している。

【参】 Szabadvary (1962)　　　　　（木村　博）

ヴェストファーレンの和議 [Westfälischer Friede]

三十年戦争を終結させた和議。1648年10月24日締結。神聖ローマの帝国等族（領邦諸侯・帝国都市）に外国との条約締結権を認め、旧教徒と新教徒の団体折衝による宗教問題の処理、〈平和の保証人〉たるスウェーデン・フランスに対する帝国議会の議席承認、領土割譲などを取り決めた。ヘーゲルは『ドイツ憲法論』で、この和議が、帝国を領邦国家に解体する伝統的原理（「ドイツ的自由」）を定着させ、外国に合法的な政治的干渉権を認めることにより、「ドイツの没国家性（Staatslosigkeit）が組織化され」[同 1. 546]、その近代的な統一国家化が妨げられたと批判した。「ドイツは観念では国家だが現実には国家でない」[同 1. 505]。この和議にみられる自由論、すなわち「完全な特殊性を目的とし、一切の関係を私法的に規定する」[『歴史哲学』12. 518]自由論への批判は、近代市民社会的な自由放任論の悪弊を自覚する契機ともなった。⇒ラント（領邦）

【参】 Chemnitz (1647), Pütter (1786/87), Hartung (1914)　　　　（神山伸弘）

ヴェーユ　⇨フランスのヘーゲル研究

ヴェルナー [Abraham Gottlob Werner 1749.9.25-1817.6.30]

ドイツ鉱物学、地質学の開拓者。フライベ

ルク鉱山専門学校教授。岩石を四つの歴史的段階である始原岩，成層岩，火山岩，沖積岩に分類した。さらに一切の岩石が原始の海洋における溶解物の沈澱作用によって形成されたとする「水成論（Neptunismus）」を唱えた。ヴェルナーの水成論は，火山活動や熱による溶融作用で岩石が形成されたとする「火成論（Vulkanismus）」と対立した。当時，この対立が大きな議論をよびおこしたこともあり，ヘーゲルはこの問題にたびたび触れ[『イェーナ体系Ⅰ』GW 6. 137 ；『イェーナ体系Ⅲ』GW 8. 114 ；『エンツュクロペディー（第3版）自然哲学』339節「補遺」]，両説がともに本質的なものとして承認されるべきことを主張している。というのも，ヘーゲルによれば，両説の各々の原理である「水の原理」と「火の原理」はともに地球の形成上不可欠のモメントなのであって，両説が切り離され単独に解されるならば一面的となるからである。主著『鉱脈の形成に関する新説』(*Neue Theorie über die Entstehung der Gänge*. Freiberg 1791)

【参】 Wagenbreth (1955)，柴田陽弘 (1983)

(木村 博)

ヴォルテール [François Marie Arouet, dit Voltaire 1694.11.21-1778.5.30]

18世紀フランス啓蒙思想を代表する人物とされる文学者，「哲学者」。一方では，『哲学書簡』を書いてニュートン哲学やロックなどのイギリスの経験主義と科学思想を導入しながらフランスの旧体制への批判者として名高いと共に，『カンディッド』によってオプティミズムを批判しながらも現世的人間礼賛の主張をした。そして，カラス事件やラ・バール事件への積極的な介入によって宗教的寛容を強く訴え，当時最高の英知として尊敬された。しかしながら，ヘーゲルにとっては，ヴォルテールは哲学的には興味を惹く人物とはいえなかった。たとえば，歴史哲学（この名称がヴォルテールに由来するとされる）というもっとも重要な分野でのヴォルテールの著作はまったくヘーゲルによって言及されていないことに示されるが，これは彼が経験的叙述におちいっているからであろう。ヘーゲルにとって重要だったのは啓蒙思想の批判精神なのである。→フランス啓蒙思想 (佐藤和夫)

ヴォルフ [Christian Wolff 1679.1.24-1754.4.9]

ドイツ啓蒙期の中心的哲学者。〈ライブニッツ＝ヴォルフ学派〉の名称で知られている。しかし，この両者の関係はそう単純なものではない。ライブニッツからヴォルフへ至る流れが，連続的かつ直線的であるかのごとく予断させるこの名称の初出は，山内の最新の研究によれば，1724年反ヴォルフ派のブッデ（Franz Budde）の著作に見出される。しかも，この名称は，思想全体に関してではなく，主に予定調和説を念頭において揶揄的に用いられたものであった。そして，歴史的事実から言っても，ヴォルフが実際触れることのできたライブニッツ思想はきわめて限定されたものであった。それにもかかわらず，〈ライブニッツ＝ヴォルフ学派〉の名称が，哲学史上一般的に定着するようになったのは，後のカントやヘーゲルがその結びつきを積極的に主張したからであると考えられる。カントは『純粋理性批判』のうちで，「ライブニッツ＝ヴォルフ学派は，我々の認識の本性および起源に関する一切の研究に対してきわめて不当な観点を示すものである。というのもこの哲学は，感性と知性の区別を論理的な区別と見なしているからである」[B61]としている。また，ヘーゲルは，『哲学史』において，「ライブニッツに直接結びつくものはヴォルフの哲学である。なぜならヴォルフ哲学は本来ライブニッツ哲学を体系化することのうちに成り立っているからであり，したがって，〈ライブニッツ＝ヴォルフ学派〉と呼ばれるのである」[**20.** 256]と述べている。

ヘーゲルは，ドイツ国民文化史の視点でヴォルフを見ている。「ヴォルフはとりわけドイツ人の一般的教養のために不滅の功績を立てた。彼はなによりもドイツ人の教師と呼ばれてしかるべきである。ヴォルフが初めてドイツに哲学的思索を植え付けたといってもよい」［同上］というのも，ヴォルフは彼の著書の大部分をその母国語で著したが，「これは重大な事柄である」。なぜなら，「国民が学問をその自国語で有するときにのみそれは初めて国民のもの」となるが，このことは「哲学において最も必要」なことだからである。だが，その哲学は「一般的内容のうえからいえば全体としてただライプニッツ哲学」にすぎないが，それに忠実に従ったのは，単子論と弁神論に関してのみであって，「その他の内容は経験的にわれわれの感覚，傾向性から」取り入れている。だからヴォルフ哲学の特質は「日常普通の表象に基づく定義を根底に置くが，その際この表象を悟性規定の空虚な形式に翻訳」する。それは，絶対者および理性者を「相互に排他的な思惟規定や諸関係によって規定する哲学的思索」にほかならないのである［同 **20**. 256ff.］。→ライプニッツ

【参】 山内志朗（1990） （黒崎政男）

内と外　[Inneres und Äußeres]

内と外は相関の二側面をなす。内が自己同一的な本質であるのに対し，外は多様な実在性である。内と外は一つの事物の二つの契機であるので，その内容からすれば同一である。しかしその形式規定からすれば，自己への反省の形式である内と，他者への反省の形式である外とは対立し合ってもいる。それゆえ両者の統一は内容に満ちた全体をなすのではなく，「一方から他方への直接的な転倒」［『大論理学』**6**. 182］である。この転倒は「ただ単に内でしかないあるものは，まさにそのゆえにただ外でしかない」［同 **6**. 181］という言葉に示される。したがって内と外を分離して内のみを本質とする悟性的な考えは誤りである。内でしかない本質は実は空虚な外面的抽象にすぎない。内面の意図でのみ道徳的であると言う人は，実は外的行為と同様その内面でも空虚である。他に内と外の例としては，子供の素質とその周囲にある理性的世界，量における内包（Intensives）と外延（Extensives）なども考えられる。→関係

（日暮雅夫）

宇宙　[Universum]

宇宙は「一つの有機的全体」，「理性的な総体性」である。この宇宙の真理が「自我の本質の内における自我」，「自己同等なるもの」，「一切を浸透するもの」であり，「このようなものは特殊的な区別に対する支配を保持するが故に自分自身に還帰する普遍者」［『エンツュクロペディー（第3版）自然哲学』246節］であるとされる。すなわち，それが「宇宙の神的理念」であり，「唯一現実的なもの」である。したがって，宇宙は自分の内に存立の根拠を持ち，その自らの原理の必然的な展開がその全体を形成しているような体系性を持つことになる。したがって「無規定的な個別性によって自己内で完結した普遍性，すなわち宇宙」［『大論理学』**6**. 412］とも言われる。ヘーゲルの「宇宙」という用語の使用法もこのような体系性を持つ全体に対して比喩的に使うこともある。例えば，「学はそれだけで神を必要としない宗教の外部にある……認識の宇宙を形成する」［『宗教哲学』**16**. 23f.］。

（長島　隆）

宇宙論　[Kosmologie]

「世界」を対象とし，その偶然性と必然性，作用原因と目的原因，善と悪，等のアンティノミーを扱う［『エンツュクロペディー（第3版）小論理学』35節］形而上学の領域である。同書の予備概念の中で，「客観に対する思想の第一の態度」として言及される批判哲学以前の

ドイツの古い形而上学(ライプニッツ=ヴォルフ学派の哲学)の第三部門をなす。この形而上学は、(1)存在するものは思考されることにより自体的に認識されるという実在論的前提により批判哲学を凌ぐ［同28節］が、(2)客観それ自身の自由な自己規定を認めず、客観をできあがったものとして前提している点で不自由な哲学だったという［同31節「補遺」］。即ちこの哲学は、客観を、自己自身の反対のものとなる主体的生成の自由として見ないために、それ自身不自由となり、実在のアンティノミーの中で独断的な一面観に陥るという［同32節］。かくて批判哲学は人間に自由を、思弁哲学はさらに実在に自由を取り戻すものと位置付けられる。→生成　　　(大西正人)

美しい魂　[schöne Seele]

義務と傾向性とを厳しく峻別するカントの厳格主義に対して、この二つを何とか和解させようとする試みの一つが、シラー、ゲーテの「美しい魂」の理想である。シラーによれば「あたかもただ本能だけがそこから発して行動するかの如き容易さで、この[美しい]魂は人間性にとって最も苦しい義務も遂行する。そしてこの魂が自然衝動から獲得する最も壮烈な犠牲すらも、この衝動そのものの自発的な結果のように見えるのである」[シラー『優美と尊厳について』 Schillers Werke 20. 287]。

ゲーテは『ヴィルヘルム・マイスターの修業時代』の第6巻に「美しい魂の告白」を挿入し、敬虔主義的宗教感情を持った一婦人に次のように語らせ、義務と衝動との和解の理想を求めている。「どんなことでも私には掟の形では現れないのです。私を導き、私にいつも正道を辿らせてくれるものは衝動です。私は自由に自分の思うところに従い、ほとんど何の拘束も悔恨もありません。」

ヘーゲルは『キリスト教の精神』の中でキリストやマリア・マグダレーナ(Maria Magdalena)を美しい魂として肯定的に描いている。愛と生命の充実が律法や運命を越えており、それが罪の許し、運命との和解をもたらす力を持っていることを、自らのうちで感じている魂が美しい魂である。だからこそイエスは、律法のもとで苦しむ人々に「汝の罪は許されたり」と語りえたのである。またユダヤ人の合法性にとどまることができず、ひからびた律法を越えた罪の女マリア・マグダレーナもヘーゲルにとって美しい魂であった[『キリスト教の精神』1. 350-359]。

ヘーゲルはまた『精神現象学』の自己確信的精神のC項において、良心と関わらせながら「美しい魂」について論じている。カント的な道徳的世界観がなお対象を外に定立せざるをえないのに対し、良心は自らの信念に従って決断し、行為する個体であり、内外の秩序によってではなく、自分自身から決定するのである。良心は掟を表現するものではなく、「自己」の自由を示すものである。しかし自己の自由は恣意的なものを持ったものとして現れざるをえない。個体はいつも感性的なものと結びついているからである。これに対し「美しい魂」はこの世の行為を拒否し、そのようにして「良心」の危険、自己確信が陥る独断的行為としての悪を避けている。「美しい魂」はヘーゲルにおいても内面の声を神的な声として聴く道徳的天才であるが、ヘーゲルは、良心が行為的主体であるのに対し、美しい魂を観想的なものとして見ている。この魂の行為は、「自己自身の神性の直観」なのである。良心は、行為するが限定されている精神であったが、美しい魂は、限定されない精神であるが、行為から逃避している。「この自己には自分を外化するための力、自分自身を物化し、存在を耐え忍ぶ力が欠けている[『精神現象学』3. 483]。ヘーゲルが精神の最高の在り方として求める絶対精神は、美しい魂の普遍的主体性と良心の一面的具体的行為が和解した合体である。→和解

【参】 Hirsch (1924), Hyppolite (1946)

(片柳榮一)

海 [Meer]

地球の生命は海から生まれた。「海は常に生命になろうとしている生きたプロセスである。海は生命のあらゆるモメントを含むからである」[『イェーナ体系Ⅲ』GW 8. 112]。生命の生成は海から始まり、鉱物、植物、動物という順番で進む。――他方で海は歴史における地理的な環境でもある。「海はわれわれに無規定、無制約、無限なものの表象を与える。人間は自分がこの無限なもののうちにあると感じるとき、それは制約をこえていく勇気を人間に与える。海は人間を征服と略奪に誘うが、営利と仕事にも向かわせる。陸地、平地は人間を大地に固定し、それによって人間は限りない窮屈さを味わわされる。だが海は人間にこの制約された世界をこえさせる」。海に浮かぶ船こそは「その発明が人間の大胆さと知恵に最大の名誉をおくる発明」である。ギリシア人はそうした海を環境として活躍した民族だった[『歴史哲学』12. 118]。

(原崎道彦)

占い [Wahrsagerei]

星、鳥、亀の甲、木の枝、獣の内臓、手や顔の特徴、夢、カード、名前や生年月日等々、用いる手段は種々ある。共通するのは、それら偶然的な現象を「しるし」と看做し、その解釈によって未知のことを告げるという点である。そこには、人知を超えた何らかの必然性の支配という観念と、占い師の共感による解釈という方法がある。しかし、こうした原理そのものが、ヘーゲルの立場からすれば否定されざるをえない。人間界を支配する法則があることはヘーゲルも認めるが、例えば「運命」や「理性の狡智」といったヘーゲル自身の思想を挙げてみても、それは決して人知を超えた不可解な必然性ではない。通常「運命」と人が呼ぶものは、後から探し出した原因を外面的にくっつけているにすぎない、とヘーゲルは批判する[『宗教哲学』17. 112]。また一方、占い師の解釈の正当性も否定されざるをえない。ヘーゲルは、透視や予感といった現象そのものの存在は承認しているが、これは占いではなく、その場合も未来の出来事の判明な予知の可能性は否定している[『エンツュクロペディー(第3版)精神哲学』406節「補遺」]。「デルフォイの神殿の巫女たちも熱狂に我を忘れて、無意識に、正気をなくして、訳の解らぬことを言う。するとこれに解釈者が、ちゃんとした意味をくっつける」[『歴史哲学』12. 290]。この「解釈」なるものは、ヘーゲルによれば、想像力の産物なのである。ギリシア人やローマ人は、国事の決定に際してもしばしば占い師に助言を求めたが、占いが必要とされたのは、まだ古代人が主観的意志の強い決断力を欠いていたので、外的現象に自分の企図の保障を求めたからであり、「古代人の迷信は獣の内臓の中にそこに見られるべき以上のものを見た」[『エンツュクロペディー同上』392節「補遺」]とヘーゲルは述べている。なお、占星術と人相(手相)については当該項を、易については『歴史哲学』[12. 168]を参照。⇒占星術、人相術

(上村芳郎)

運動 [Bewegung]

ゼノンのパラドックスが運動をめぐるものであったことは偶然ではない。「運動とは存在するものすべてに〔内在する〕弁証法」[『哲学史』18. 305]だからである。有名な四つのパラドックスによって、ゼノンは、運動の論理的矛盾を突き、「ゆえに真実在は運動しない」と説く。それに対して、ヘーゲルは、論理的に矛盾するがゆえに「運動は実在する」と説く。矛盾するのは、時間と空間という契機、また、時間・空間における連続性と否定性〔切断〕の契機を切り離して、独立に

存在するものとみなしているためである。時間そのもの、空間そのものは運動の抽象的契機としてのみ存在するのであり、「運動こそが時間と空間との実在性である」[同 18. 307；『エンツュクロペディー（第3版）自然哲学』261節「補遺」]。

この点を、ゼノンの第三パラドックス「飛矢静止論」にたいするヘーゲルの解明[『エンツュクロペディー（第3版）』同上]の内にみてみよう。〈飛んでいる矢も、各瞬間をとってみれば、自分自身の場所を占めており、そこには、自分の場所を越えでていく、という運動の本質はみられない。ゆえに、飛んでいる矢は止まっている〉というのが、「飛矢静止論」の主張である。ここでは、「各瞬間をとる」という設定によって、時間という契機が「麻痺させられている」。しかし、瞬間的な「麻痺させられた今」という抽象的形態にせよ、「場所」という概念には時間的契機が不可欠なことが明かされている。飛んでいる矢のそのつどの空間的位置を差異化しているのは、そこを通過する時間の差異であり、逆に、そのつどの時間的位置を差異化しているのは、その時間における空間的位置の差異なのである。また、「飛矢静止論」は「止まっている」という表象的表現によって、運動と「持続（Dauer）」とが表裏一体であることを、逆説的な形で語っている。つまり、「飛んでいる矢」という「持続する物質（Materie）」は、運動が時間・空間の動的統一態であるのに対して、時間・空間の静的統一態なのである。→ゼノン[エレアの]，矛盾，時間，空間

(門倉正美)

運命 [Schicksal, Fatum]

運命とは、個人もしくは民族において人間の行為のもたらした結果が、人間にとって不可解だが避けがたい否定的な威力として現れるような、行為と結果との連関であり、ほぼ「必然性」と同義である。ヘーゲルは初期にはギリシアの叙事詩や悲劇やシェイクスピアに依拠して運命の尊重を説いたが、後期にはむしろ運命の克服を唱えるようになる。

I　運命の尊重　彼はテュービンゲン時代に、ギリシア人の運命（$\mu o \tilde{\iota} \rho \alpha$）への服従を、キリスト教の「摂理信仰」[『国民宗教とキリスト教』1. 34]と対照し、いたずらに自己の幸不幸に拘泥せず、人間よりいっそう高い神性を崇拝し、人間の「弱さや自然への依存性」[同 1. 36]に適合している、という意味で「人間的」な態度として称賛した。ベルン時代にはカント的理性の自律が強調されるが、運命への服従というモチーフも保持される。例えば『イエスの生涯』では、「人間に対し自然を支配する力というものに定めている限界」[GW 1. 209]が示され、「神が私に指定している運命を敬え」[GW 1. 270]と言われる。だがこれは、まだ18世紀に支配的だったストア派的な運命観の枠内に止まっていたともいえよう。

フランクフルト時代には運命は、もはやテュービンゲン～ベルン時代のように、人間の自由と両立するが人間にとって外的な作用としてではなく、人間を包み越えた「自然」の立場から、内的かつ外的な作用として捉えられるようになる。これはヘルダーリンの影響によるものだろう。『愛と宗教』では運命はまだ人間にとって疎遠な「未知の力」[1. 243]と見られていたが、『ユダヤ精神』でユダヤ民族の迫害の運命が、アブラハムの「共同生活と愛の絆を切り裂く分裂」[『キリスト教の精神』1. 277]に由来する「自然そのものから離脱したマクベスの運命」[同 1. 297]、すなわち人間の行為の所産として捉えられるようになる。ただしそこでは運命はユダヤ人にとって直接的には外的で否定的な作用として働く「宿命」でしかなかったが、『キリスト教の精神』では人間をその根源的状態へ連れ戻す「道徳的な罰」[『キリスト教の精神』腹案 1. 305]としての「召命」を意味するよう

になる。法的刑罰では犯罪者と法との溝は埋められないが、エリーニュス(エウメニデス)やネメシスの復讐として現れる運命の罰は、「生の親和性を破壊した」[『キリスト教の精神』1. 343]行為によって「分かたれた敵対的生」[同 1. 344]に他ならないから、「愛」によって「生は自分の傷を再び癒す」[同 1. 344]ことができる。それ故「愛において運命は和解される」[同 1. 346]。だがこの愛なし美しい魂も、「所有の運命」[同 1. 333]や「客観性の巨大な領域」[同 1. 396]に対し頑なに純粋な自己を固執するあまり、家族等の「自然の最も聖なるもの」[同 1. 402]を傷つけ、その結果「国家」[同 1. 403]により没落させられる。「一切の運命を越えて崇高であることと、最高の最も不幸な運命とが結びつきうる」[同 1. 351]。ここから「イエスの運命」さらに「教団の運命」も生じる。またドイツ史がユダヤ民族の運命と類比的に、「ドイツ的自由」に基づく「ドイツ民族の運命の鉄の必然性」[『ドイツ憲法論』1. 517]において捉えられる。一般に運命は歴史において「人間を動かす一切の力」[同上]の説明原理となる。かくて『就職テーゼ』では「道徳的学の原理は運命を尊重することだ」[2. 533]とされる。

Ⅱ 運命の克服　イェーナ時代半ば以後、自然に対する精神の優位、ギリシアの国家や宗教に対する近代的個人の自由やキリスト教の優位が確立するとともに、運命への服従よりも運命の克服が強調されるようになる。確かに『精神現象学』でも、「快楽」が他者の「生を奪う」ことによって逆に「自分の生が奪われてしまう」[3. 274]とか、「人倫的行為」[3. 342]が神の掟と人間の掟のうち一方のみに従う結果没落する、というような悲劇的「転倒」[3. 274]の内にフランクフルト時代の運命思想が認められる。だが悲劇においては運命は人間(俳優や合唱団)にとってよそよそしい力として現れるにすぎず、自己と運命との真の合一は存在しない。喜劇において初めて人間は「自己を神々の運命として表す」[3. 541]ようになる。また運命は一般に「自己の内で完成していない精神の必然性」としての「時間」[3. 584-5]を意味し、それは「絶対知」によって克服される。体系期では運命は概して「機械的連関」における「客観的普遍性」[『大論理学』6. 421]とか、「盲目的で不可解な没概念的力」[『宗教哲学』17. 109]というように否定的意味で捉えられ、その克服が唱えられる。かくて人間が運命によっていかなる外的状態に置かれるにせよ、「職業」において「それを自分のものとし、それから外的定在の形式を取り除く」[『ニュルンベルク著作集』4. 262]べきだとか、「運命が支配している」「叙事詩」[『美学』15. 364]よりも「自己を運命そのものにする」「劇」[同 15. 364]が優位しているとか、「自己を個体として表しえない」「普遍的力」[同 14. 109]としてのギリシアの運命に対し、まさにこのギリシア的運命の現実化(ローマの法状態)の中から出現したキリスト教における神の人間化が高く評価されるようになる。
→必然性, 刑罰

【参】 Rosenzweig (1920), Peperzak (1960), 細谷貞雄 (1971), 金子武蔵 (1982)　　(久保陽一)

エ

永遠 [Ewigkeit]

永遠はまず時間との関係で論じられる。「永遠とは時間の前とか後とかいうことではない」[『エンツュクロペディー（第3版）自然哲学』247節「補遺」]とか「永遠とは前後ぬきの今という絶対的現在である」[同上]というように述べられる。永遠を単に時間の捨象と考えることなく、むしろ、理念、精神を永遠と考えるべきだというのである。このことが形を変えてヘーゲルの著作に基調になって流れている。この永遠者とかかわるのが宗教であり、絶対的宗教における永遠性、即かつ対自的神である［『宗教哲学』17. 215］。この永遠なるもの、神的なものがリアルな現象と形態においてわれわれの外的直観に、心情と表象とに啓示される同一性を精神によってつくり出すこと［『美学』15. 573f.］が芸術の目的であるという。なお概念把握は「永遠の思考」［『ベルリン著作集』11. 251］と考えられている。

【参】 鹿島徹（1991） （岩波哲男）

映現 ⇨仮象

叡知的世界 [intellektuelle Welt]

プラトンの真の実在としてのイデアの思想を実体化して、感覚的世界に叡知的世界を対置させる二世界論を形成するのに大きな影響を与えたのはプロティノスであった。ヘーゲルはプロティノスを高く評価している。プロティノスにとってあらゆるものの根源は「一者」であるが、これはあらゆる思惟を越え、美をも善をも越えている。このあらゆるものを越えた一者から産み出されたものがヌースである。これは、自己による自己自身の知であり、自己を対象として持ちながら自己自身である純粋な知の世界である。この第二のものがいわゆる叡知的世界である。ヘーゲルは、プロティノスが絶対の一者の自己限定として、ヌースの産出を考えている点を高く評価するが、こうした限定、展開が起ったとするだけで、その必然性を未だ真に把握していない点を不十分とする［『哲学史』19. 435-462］。

経験的世界の把握が主要な関心となる近代では、対立的な二世界論は主流とならないが、ライプニッツがあらゆる事物の叡知的性格（Intellektualität）を主張し、我々が砂粒一つでもそれを完全に知りうるなら、そこから全宇宙の展開を把握しうると語る時、そこには叡知的世界の近代的形姿を見ることができよう。しかしヘーゲルはライプニッツが真の統一を神の予定調和にのがれさせている点で、この主張を技巧的なものと批判する［同 20. 233-255］。カントが物自体を我々の悟性的世界把握から峻別している点にも、叡知的世界を統制的に想定するカントの意図がうかがえる。ヘーゲルはこれまでのこうした対立的思想を批判し、無限の絶対者自身が有限の感覚的世界を自己そのものとして産み出したのであり、自らの規定のうちに有限性、偶然性を含んでいるという新たな絶対者の概念を提示する。宗教哲学講義ではこのような絶対者の構造を永遠の父の国とし、論理の他者としての現実を子の国とし、さらにその統一、自己化を聖霊の国とする三重構造を考える。→超感性的世界、二元論 （片柳榮一）

エイドス ⇨アリストテレス，プラトン

英米のヘーゲル研究

経験論のながい伝統をもつイギリスに，ヘーゲルが積極的に導入され，影響力を及ぼしていったのは，グリーン（Thomas Hill Green 1836-82），ブラッドリー（Francis Herbert Bradley 1846-1924），ボーザンケト（Bernard Bosanquet 1843-1923）らを中心とする19世紀後半のいわゆる新ヘーゲル学派においてであり，それはアメリカにも波及していった。しかしやがて20世紀にいたるや，新実在論や分析哲学の隆盛のなかで，ヘーゲル哲学は次第に批判の対象となり，むしろ排撃の対象にすらなっていった。そこでは，「ヘーゲルの形而上学からひき出されることは，真の自由は専制的権力への服従にあるということ，自由な言論は悪であるということ，絶対君主制が善であるということ，……」というラッセル（Bertrand Russell 1872-1970）の言葉に端的に示されているように，ヘーゲル政治哲学の保守的・権力的性格が，そのままその形而上学的前提と結びつけられ，時にはファシズムの思想的温床とすらされていったのである。

しかし，既に第二次世界大戦の頃より，そのような傾向に対する変化の兆しもみえていた。コリングウッド（Robin George Collingwood 1889-1943）のもとで学んだノックス（T. M. Knox）は，既に1940年の論文「ヘーゲルとプロシア主義」において，歴史的資料としてヘーゲル自身の著作を用いながら，ヘーゲルが権力国家論者にして保守的なプロシア国家の御用哲学者だというのは全く根拠が乏しく，したがってまたヘーゲルは国家社会主義に対しては何の責任もないとした。そしてヘーゲルをむしろ，西欧政治思想の自由主義的伝統を継ぐものとしていったのである。『法哲学』(1942)，『初期神学論集』(1948)，『ヘーゲル政治論文集』(1964)，『美学』(1975)，『自然法論』(1975)，『人倫の体系』(1979) と続く，ヘーゲルの著作の一連の英訳は，そのような問題意識に促されたものであり，それが英米におけるヘーゲル復興に与かって大いに力あったことは言うまでもないであろう（もちろん，『精神現象学』『大論理学』『哲学史』などはそれよりかなり以前に英訳されていた）。そしてそのような問題意識と仕事は，ペルチンスキー（Z. A. Pelczynski）らによって引き継がれ，ヘーゲルについての本格的研究が進められていったのである。

もちろん，ヘーゲル復興はたんに，その政治哲学にとどまらず，哲学の全体に及んでいった。フィンドレイ（J. N. Findlay）『ヘーゲル——再検討』（Hegel: A Re-Examination, 1958）は，ウィトゲンシュタイン（Ludwig Wittgenstein 1889-1951）のもとでも学んだフィンドレイが，ヘーゲル哲学を分析哲学に対立したものとしてではなく，むしろそれに引きつけて，しかも普通の人にも理解可能なものとして示そうとしたものであった。フィンドレイによれば，ヘーゲルは超越論的形而上学者でも直観主義者でもなく，徹底的に個人の経験的知識にかかわる哲学者であった。このフィンドレイのもとで学んだプラント（R. Plant）『ヘーゲル』（Hegel, 1973）のヘーゲル評価はもっと積極的であり，近代社会のもたらした人格の断片化と原子化に抗議しつつ，しかも市民社会を介して人倫的共同体を再興しようとするヘーゲル政治哲学を，その形而上学における近代啓蒙批判の論理と結びつけ統一的に理解しようとするものであった。

この点で，戦後の英米圏におけるヘーゲル研究（あるいはヘーゲル吸収）の頂点をなすものが，テイラー（C. Taylor）『ヘーゲル』（Hegel, 1975）であるといえる。メルロ＝ポンティ（Maurice Merleau-Ponty 1908-61）らの現象学の影響を受けつつ，テイラーは自

分自身の思考のなかでヘーゲル解釈を展開するわけであるが、その基本にあるものは近代啓蒙の主体性の論理とそれに対するリアクションとしてのロマン主義ないし表現主義 (expressionism) の統合としてのヘーゲル哲学の現代的意義を明らかにすることであった（テイラーは、ヘーゲル形而上学そのものに対しては、普遍的精神が自立化してしまい、個別的精神が手段化している点を批判する）。

もちろん、英米圏におけるヘーゲル研究の進展は、『精神現象学』や『大論理学』や『法哲学』といったヘーゲル哲学の中心的部分にとどまるものではない。ハリス (H. S. Harris) の初期ヘーゲル研究 (*Hegel's Development: Toward the Sunlight.* 1972 ; *Hegel's Development: Night Thoughts.* 1983)、ペトリ (M. J. Petry) のヘーゲル自然哲学研究 (*Hegel's Philosophy of Nature.* 1970) に代表されるような個別研究や注解も数多く出されている。1970年に結成されたアメリカヘーゲル学会 (The Hegel Society of America) および1979年に結成されたイギリスヘーゲル学会 (The Hegel Society of Great Britain) が、英米におけるヘーゲル研究の進展の表現であり、かつヘーゲル研究のさらなる進展に拍車をかけていることは言うまでもないであろう。

【参】 藤原保信 (1972), Ottomann (1977)

(藤原保信)

英雄 (時代) [Heroen(zeit)]

アレクサンダー大王やカエサルのごとく、自らの歴史的な位置や使命を明確に自覚することなく、しかし、歴史を大きく前進させるような大事業をなした人物が英雄と呼ばれる。英雄はまた世界史的個人とも名づけられるが、世界史的といわれる所以は、その行為が、当人が意識するとしないとにかかわらず、歴史の流れに沿うものであったからである。英雄の偉大さはもっぱら歴史とのかかわりのなかにあって、個人としてみれば、かれらはむしろ不幸な運命を背負い、またその人間的資質もかならずしもすぐれているとはいえなかった。「侍僕にとって英雄なし」との格言は一面の真実を言いあてているので、英雄を全体的な世界に置いて見ることを知らず、日常のこまごました言動のうちにしか見ない侍僕には、英雄はただの人間と選ぶところはない。それは、「英雄が英雄でないからではなく、侍僕が侍僕にすぎぬからだ」［『精神現象学』3. 489；『歴史哲学』12. 48］とヘーゲルは言う。

英雄は歴史のなかであくまで個人として傑出するものだから、政治組織や官僚組織の整った近代国家では、英雄は現れにくい。英雄は、民衆がいまだ歴史の背後に隠れているとき、歴史の動きを一身に体現するものとして登場する。「民衆は受動的で活動せず、英雄たちが行為を遂行し責任を引き受ける」［『歴史哲学』12. 285］。自立した自由な英雄が存分にその活力と魅力を発揮できた時代こそ、ヘーゲルが青年期から強くあこがれたギリシア古代にほかならず、その時代は、英雄たちの偉業を叙事詩、悲劇、彫刻、絵画などにみごとに形象化しえたことをもふくめて、英雄時代と呼ばれた。「ギリシアの英雄たちは、法律以前の時代に登場し、自ら国家の創立者となる。正義と秩序、法と道徳はかれらから生じ、しかもかれらの個人的な作品として実現される」［『美学』13. 244］。→古典芸術、アレクサンダー大王、カエサル、ナポレオン、ホメロス

【参】 Kerény (1958)　　　(長谷川宏)

栄養過程 [Ernährungsprozeß]

有機体について栄養が語られる。その場合ハラー以来当時の自然科学者にとって自明な三段階、形態化－同化－再生産という図式が使用される。植物では栄養はこの第一段階に関係し、補給された栄養を植物という類に固有な本性に転化し、この同化された液を様々な形成物へ転化する［『エンツュクロペディー

(第3版)自然哲学』346節)。植物においては動物の場合と異なって自己維持的主観性として存在してはいないが故に外側に対して排斥的個体として関係することはない。かくして植物の栄養は「連続的な流れであり決して間欠的な栄養摂取ではなく、また植物はその際個体化された非有機的なものに関係するのではなく普遍的な元素に関係する」[同344節]。植物の過程の産物は化学的過程の産物に近い。動物は主観性を実現して個体化しているが故に栄養は「断続的」[同352節]で個体的な非有機的自然に個体的に関係しその固有の質を否定して栄養物として同化する。同化は外面を自己的統一へと取り込むことで[同362節]、同化の過程は①取り込んだ自然と動物性の感染、②消化、動物性水(胃液、膵液)の過程と動物性火(胆液)の過程である。消化の分析ではヘーゲルはスパランツァーニ(Lazzaro Spallanzani 1729-99)を使用し誉め讃えている[同365節]。外界との同一性の主張という点では「食べる」でカントの物自体との二元論を論破したのと同様の論点を栄養や消化は提供していると考えられよう。➡食べる,類,有機体　　　　　　　　　　(星 敏雄)

エウメニデス　➡運命

エウリピデス　➡ギリシア悲劇

エジプト [Ägypten]

Ⅰ　スフィンクスに象徴される「謎の国」
　スフィンクスこそエジプト精神の象徴である、とヘーゲルは言う。それは自然的なものからの脱却を始めてはいるが、未だ脱却しきってはいない。そこでは、精神的なものの意味が解決されるべき課題(あるいは、謎)として掲げられている。自然の中へと没入した精神とそれから解放されたいという衝動、この二つの現実的な要素が矛盾したまま合体を強いられている。それがエジプト精神の特性であり、ここに見られるのは、自然と精神との矛盾である。そこでは、統一が課題として掲げられている[『歴史哲学』12. 245-247, 269-271]。

Ⅱ　エジプトの宗教　エジプトでは、人間の生死や生活の過程とナイル、太陽、オシリスとが、つまり、精神的なものと自然的なものという質を異にするものが、一つの結び目に織り合わされている。しかも、それは単なる比喩ではなく、これらのどの形態にも同じひとつのものがある(それは生ある内面的なものである)、とエジプト人は考えていた。ただし、その「ひとつ」というのは未だ全く抽象的であり、そこには質を異にするさまざまなものが混在している。往々極端なところにまで至った動物崇拝にも、エジプトの宗教の特色がみられるが、エジプトの場合には、単なる生命の崇拝を超えて、精神的なものが少なくとも課題として捉えられるに至っている。

　人間の霊魂が不滅であるという考えを最初に抱いたのはエジプト人であるというヘロドトスの説をヘーゲルは特に重視した。エジプト人は霊魂を何か具体的な個物と見た、という限界はあるにせよ、霊魂が自然と異なるものであるということ、つまり、精神が独立にそれだけで存在するものだという考えを初めて抱いたひとびととして、世界史におけるエジプト人の存在をヘーゲルは重く見ている[『歴史哲学』12. 256-263]。

Ⅲ　エジプト芸術の象徴性　エジプトの芸術(美術)は、上述(Ⅱ)の事態の形象化にほかならない。エジプトでは、精神はそれ自身の内面の生を真に発見するまでには至っておらず、むしろ、その過程としての苦闘そのものが技(芸術)によって形象化された。それは具体的には、ピラミッドや動物のかたちをとった象徴像に代表される。後者は内なるものを外なる現実の世界のもののかたちで象徴的に捉えようとしたものである。スフィ

ンクスはその極致であり，これは象徴的なものそれ自体の象徴である［『歴史哲学』12. 263-269；『美学』13. 448-465］。

　エジプト芸術を特色づけるもののひとつオベリスクは，ジャンル区分からすれば建築と彫刻との中間に位置する。それは，太陽の光を受け止めるものとして，太陽に捧げられ，同時に，太陽を象徴するものでもあった［『美学』14. 281-283］。→神像，ピラミッド

(増成隆士)

エスプリ　⇨機智

エックハルト　[Meister Johannes Eckhart 1260頃-1327]

　エックハルトは，もとドミニコ会の修道士で，ドイツ神秘主義の草分けと言われる神秘思想家。ローゼンクランツは，ヘーゲルがベルン時代の終わりに既に，エックハルトとその後継者であるタウラー (Johannes Tauler 1300-61) の章句の抜き書きをしていたことを報告するとともに，これら中世のドイツ神秘思想家との出会いが，キリスト教の根本表象である三位一体を概念的に理解しようとするヘーゲルの企図に強い影響を与えたことを認めている［『神の三角形について』2. 536］。「大地は神の自己意識として今や精神（精霊）であり，また，神が自己自身として直観する永遠の息子でもある。そして，両者は一つの統一であり，神の自己自身における認識である」［同 2. 537］。この言葉からは明らかに，キリスト教の三位一体の概念的な理解が，「絶対的な他在における純粋な自己認識」［『精神現象学』3. 29］というヘーゲルの弁証法を成立させる重要な機縁であったことが知られる。

(菊地惠善)

エッシェンマイヤー　[Adolph Karl August von Eschenmayer 1768.7.4-1852.11.17]

　ドイツの哲学者，医師。地方医師を経て，1811年テュービンゲンの哲学，医学の員外教授，18-36年正教授。精神医学の発展と精神病治療に尽力し，また長年シェリングの批判的友人であった。初期にはキールマイヤー，シェリングの影響下にロマン主義的な自然哲学を展開し，磁気現象の内に純粋な形で見られる分極性の法則を自然の普遍的構造として段階的に追求しようとした。『自発性＝世界霊魂あるいは自然哲学の最高原理』(Spontaneität＝Weltseele oder das höchste Prinzip der Naturphilosophie. 1801) ではシェリングの世界霊魂の概念を自発性と捉えて，自発性こそ対立するポテンツ（精神と自然）の二元論を生動化する原理であるとし，また人間は意識における自発性の力によって精神の内に自由を，自然の内に法則（必然性）を見ると論じた。他方ヤコービの影響から生きた信仰をも重んじており，『非哲学への移行における哲学』(Die Philosophie in ihrem Uebergang zur Nichtphilosophie. 1803) ではシェリングの同一性哲学における絶対的同一性と対立との関係の曖昧さを突いて，哲学はその頂点である絶対者の内で消失するのであり，この「非哲学」こそ宗教であると主張し，対立と絶対的同一性，哲学の領域と信仰の領域とを分離した。この立場から知と信仰とを統括している人間の精神能力の探究に向かい，『経験的，純粋，応用の三部門からなる心理学』(Psychologie in drei Theilen als empirische, reine und angewandte. 1817, 2. Aufl., 1822) においては自然本能から信仰にいたるまでの魂の分析が試みられた。さらに心理学を精神と自然に関する諸科学の包括的な基礎学として位置づけ，思惟，感情，意欲という精神の三能力には真，美，善の三原理と，無機的，生命的，精神的的三領域が対応するという体系を構想した。またヘーゲルの宗教哲学にも批判を加えたが，ヘーゲルは彼の形式主義を捉えて「一つの図式を前提し，そこに手近な素材を分類する」ものだと評している

[『ベルリン著作集』11. 523]。
【参】 Marks (1985)　　　　　　　（北澤恒人）

エディプス　[Ödipus]

ギリシア悲劇の英雄，テバイの王オイディプスのこと。その誕生に当たって，この子は父親を殺し母を娶るという不吉な神託があり，その予言から逃れるため様々な策を弄するが，逆にそのことが運命を呼び込んで，それとは知らずに父を殺害し，母を娶ることになる。ヘーゲルの青年期の草稿には直接ギリシア悲劇に言及した箇所はないが，『キリスト教の精神』における「生」と「運命」の論理の展開には，オイディプス悲劇が強く反映している。それは『精神現象学』においては，人倫的実在と人倫的自己意識との葛藤という形をとる。自己意識の所為によって，そもそも統一としてある実在が二つに分裂し，一方のおきてが見知らぬ「光を忌み嫌う威力」[『精神現象学』3. 347]として自己意識に襲い掛かってくる。ヘーゲルがこの悲劇の中にみたものは，「知ることは，その概念において，そのまま知らないことでもある」[同 3. 537]という事態である。

【参】 Pöggeler (1973a)　　　　　（武田趙二郎）

エーティンガー　[Friedrich Christoph Oetinger 1702.5.6-82.2.10]

ベンゲル (Johannea Albrecht Bengel 1687-1752) とともにシュヴァーベン敬虔主義の代表的神学者。ベーメから強い影響を受けて正統派，さらには敬虔主義の基本枠を越えて神秘主義的な「神智学」を展開した。客観的にはベーメとドイツ観念論とを媒介する位置を占める，とみることもできる。

「生」の概念や「真理は体系である」「真理は全体的なものである」という主張のゆえに，シュナイダー (Robert Schneider)，ロールモーザー (G. Rohrmoser)，ベンツ (E. Benz) 等によって——特に啓蒙との関係では彼らの間で見解の大きな相違があるが——ヘーゲルの，特にフランクフルト時代の思索に決定的影響を与えたとされている。しかしこれに対してはブレヒト (Martin Brecht) とザントベルガー (Jörg Sandberger) が実証的に，影響を受けたという証拠はないと主張している。しかしまた，ブッシェ (Hubertus Busche) の言うように，ヘルダーリンを介した間接的な影響の存在の可能性は否定できない。→生(命)，ヘルダーリン

【参】 Oetinger (1858-64), Schneider (1938), Brecht/Sandberger (1969), Piepmeier (1978), Busche (1987)　　　　（安彦一恵）

エーテル　[Äther]

アリストテレスは，「古人は土・火・空気・水のほか，なにか別種の第一物体が存在すると考え，その最高の場所をアイテールと名づけた……。この場所をこう呼んだのは，絶えるときなくそれがいつも（アエイ）走っている（テイン）からである」[『天体論』第1巻第3章]と，述べている。ヘーゲルにおける「エーテル」も，このような「いつも走っている」原初的なもの，とまず考えられる。そしてここから，「対立項の相互の内への無媒介な反転」（シュミッツ）という，彼の「エーテル」概念も生じる。

ところで，このヘーゲルにおける「エーテル」は，次の四期に分けて考察されうる。

第一期（イェーナ期以前）——「詩的メタファー」。彼は既にテュービンゲン時代に，「国民精神」を育む「歴史，政治体制，宗教」という三者を「一つのエーテル的実在」[『国民宗教とキリスト教』1. 42]と呼び，さらにベルン時代に，ヘン・カイ・パーンの思想を吐露しつつ，「わが故郷のエーテル」[『エレウシス』1. 231]と歌う。この「メタファー」に込められたヘーゲルの思いは深い。

第二期（イェーナ期　1801-02年）——「エーテル」概念の形成。1801年『惑星軌道

論』で初めて自然哲学の概念として「エーテル」が言及され，1802年『人倫の体系』で彼の「エーテル」概念の形成は完了する。例えば「語り」という「エーテル的物体」は，「存在することにおいて存在しないもの」，「形成されながら消失するもの」，「最も無規定なものでありながら自分の絶対的な柔軟性と透明性のゆえにあらゆる形を取りうるもの」である［PhB.21］。また，「エーテル性」とは「諸個体を支配しながら諸個体を脆さから絶対的な柔軟性へと解消しているもの」である。［同62］。ここには彼の「エーテル」概念の特徴のすべてが表現されている。——さらに『自然法論文』では，この「エーテル」が，断片的に，哲学の体系構想のなかに組み込まれて叙述され始める［2. 501ff.］。「エーテル」は，一方で「自然を貫通するエーテル」として「自然哲学」の始元に位置し，他方で「原初的エーテル」として「精神哲学」の始元に位置する。

第三期（イェーナ期 1803-06年）——哲学体系のなかの「エーテル」。上の構想に沿って，「エーテル」はこの時期に頻出し哲学体系のなかで重要な役割を演じる。まず『イェーナ体系Ⅰ』において，「エーテル」は，一方で「絶対的存在」として「自然哲学」の始元に位置し［GW 6. 268］，他方で「エーテルの自己内還帰」として「精神哲学」を成り立たしめる［同 GW 6. 265］。また『イェーナ体系Ⅱ』では，「エーテル」が初めて「論理学・形而上学」から「自然哲学」への移行において叙述される。「エーテル」概念が最も豊かに描写されるのは，ここである［GW 7. 178-192 参照］。しかし『イェーナ体系Ⅲ』ではもはや「エーテル」は「自然哲学」の始元においてのみ扱われ，「精神哲学」には現れない。

第四期（1807年『精神現象学』以後）——最後のオマージュ。『精神現象学』の「序文」においてヘーゲルは，「エーテル」に最後のオマージュを捧げる。「絶対的他在における純粋な自己認識，このエーテルそのものが，学の根拠であり地盤である」［3. 29］。これ以後ヘーゲルの文献から「エーテル」という言葉はほとんど姿を消す。しかし，ヘーゲルがかつて「エーテル」に込めていた思弁は，「透明性」としてなおも彼の思惟のなかで生き続ける。

【参】 Schmitz (1957), Harris (1983)

(杉田広和)

エネルギー ⇨潜在・顕在

エピクロス ［Epikouros, (独) Epikur 前342-270頃］

ヘーゲルのエピクロスに対する評価は，原子論と唯物論に対していつもそうであるように，一般的に言ってかなり低い。しかし，唯一の例外は道徳論の分野である。ヘーゲルは，感覚と快の肯定から出発するエピクロス哲学の基本性格を，理性的思考と克己を重視したストア派の対立物としながらも，実践哲学の領域では，前者が「心の平静」という，節度と理性によって守られた幸福を目標とすることによって，実質的に後者に転化し一致するとみなす。

しかし，自然学の領域では，エピクロスが迷信や占星術を拒否したことに経験的自然科学の創始者としての役割を認めつつも，ストア派にある世界の究極目的と普遍的理性に関する思想を棄て，理論的基礎を原子と感覚の上にすえたことに強い不満を表明する。原子論そのものだけでなく，例えば原子の原初的運動における偶然的契機としての方向の偏差や空虚中の原子の運動の等速性など，彼がいくつかの重要な点でデモクリトスの原子論を発展させたことを認めることができず，彼を実質的にデモクリトスの亜流として扱うばかりか，彼が人倫的世界を含めて「一切の出来事を偶然に帰した」［『歴史哲学』12. 24］と曲

解する。また，プラトン・アリストテレス的な天体の神学に反対する意図をもこめて感覚・表象または先取観念（予料）を真理の基準におき，感覚の明瞭さを反駁しえないものとしたエピクロスの規準論も，事物の表面から剝離する微細な粒子の流れが我々のうちに入ってくることで視覚を始めとする感覚の成立を説明する認識論も，感覚と直接的個別性を絶対化するという理由で，ヘーゲルには「概念の必然性が廃棄され，すべてが思弁的関心を失って崩壊する」[『哲学史』19. 297]または「全く何ら思想ではない」[同 19. 322]ものとしか映らない。しかし，このような評価をひとつの機縁としてヘーゲル学派内部からマルクスのエピクロス研究が登場したことを忘れてはならないであろう。→ストア主義, 原子, デモクリトス

【参】 Marx (1841), Bailey (1928) （奥谷浩一）

エーベル ［Johann Gottfried Ebel 1764.10.6–1830.10.8］

フランクフルトの銀行家ゴンタルト（Gontard）家と親しく交わった医師。主人ヤーコブ（Jacob，ヘルダーリンのディオティーマの夫）の妹マルガレーテ（Margarete 1769–1814）を生涯愛した。1795年に識り合ったヘルダーリンに同家の家庭教師の職を斡旋。フランス革命に賛同し，1796年パリで革命の現実を見る。失望した彼を励ましてヘルダーリンは書簡[1797.1.10]でドイツの「来たるべき革命」を語る。

【参】 Strauß (1931) （四日谷敬子）

エリーニュス ⇨運命

エルヴェシウス ⇨フランス啓蒙思想

エレウシス ［Eleusis］

1796年8月にヘーゲルは，フランクフルトでヘーゲルのために職探しをしていたヘルダーリンに宛てて「エレウシス」という表題をもつ詩を書いた。ただし現存するのはその下書きだけであり，はたして実際にこの詩がヘルダーリンに贈られたかどうかは不明。ヘーゲルは多くの詩を残しているが，これはそのなかでも最大の作品である。

エレウシスは古代ギリシアの地名だが，そこで重要な秘密祭祀が行われたので，その祭祀そのものがそう呼ばれている。その秘密祭祀に託するかたちでヘーゲルは，3年前に別れたままのヘルダーリンへの友情を激しく告白している。「はやくも胸に思い描かれるのは，長くあこがれ求めた熱烈な抱擁の場面，ついで問いあい，ひそかにたがいにうかがいあう場面，いま友の友情，心持ちのどこかにむかしと変わったところがあるかどうかと。またむかしの盟約への忠誠がいっそう固く熱しているのを見出す確認への歓喜。あの盟約は，なんの誓いにも強いられず，ひたすら自由な真理のために生きるということ，意見と感情に法則をおしつけるような規定とは断じて，断じて平和を結ばないということだ」[1. 230]。ベルンでの多忙で孤独な境遇，そしてヘーゲルたちの希望を裏切りつつあったフランス革命の現状。かつてテュービンゲン神学校でヘーゲルたちが語りあった理想はもう失われるしかないのかという危機感が，ヘルダーリンへの友情となって溢れでた。

そしてこの詩が書かれた2カ月後にヘーゲルは，フランクフルトでの就職先が見つかったという知らせをヘルダーリンから受け取ることになるのである。

なお，フランスのヘーゲル研究者ドント（Jacques D'Hondt）によれば，この詩はヘーゲルとフリーメーソンとの関係を明らかにするものだという。→ヘルダーリン, フリーメーソン

【参】 D'Hondt (1968) （原崎道彦）

エロス ［Eros, (ギ) $\varepsilon\rho\omega\varsigma$］

プラトンにおいては，エロスは，地上の欠乏状態を抜け出して真に美しいものを恋い求める力である。ヘルダーリンはこのエロスに合一の力を期待した。彼のプラトニズムは若きヘーゲルに短期間だけ影響を与えた。しかしヘーゲルにおいてエロスや愛はやがて，その重要性を失う。

体系期のヘーゲルによれば，「美で飾られたエロス」は「ガイア（大地），タルロス（冥界），エレボス（暗黒）」とともに「カオスから生成した」最古の神である［『宗教哲学』**17**. 101］。エロスは「大地・肯定的なもの・普遍的基盤」と「冥界・暗黒・夜・否定的なもの」とを「媒介する活動的なもの」で，宇宙の根源的生成力を表す［同上］。しかし「エロスすなわち愛はたんに客観的なもの・神であるだけでなく，力として人間の主観的感情でもある」［同 **17**. 127］。エロスに襲われると人は激しい恋情をかき立てられる。恋情は個人の主観感情でありながら，同時に宇宙の根源力につながる「愛の普遍的理念」［『美学』**14**. 157］を宿してもいる。つまり，「活動を起こすものが外在的な神でありながら同時に人間自身の内的規定でもある」。［同 Lasson 版 311］。→愛，プラトン

【参】Düsing (1981)　　　　　　　（山崎　純）

塩　⇨中和

演繹　［Deduktion］

演繹は伝統的形式論理学のテルミノロギーであるが，それがヘーゲルにおいても表現として維持されているのは，『イェーナ体系Ⅱ』の論理学においてである。ここでは演繹はまず「思惟の相関」における「推論」として示され，さらに「比例」（Proportion）において明確な規定に「認識」として与えられている。推論には判断と同様に二つの論理的側面が基本的に考えられる。一つは個別が普遍に包摂される運動の方向であり，もう一つは普遍が個別に自己を具体化する運動の方向である。個別から出発して普遍に至る前者の面を形式的に示すのが，帰納的推論であり，逆に普遍から出発して個別に至る後者の面を形式的に示すのが，演繹的推論である。『イェーナ体系Ⅱ』の論理学における「推論」の第一段階，「個別的なものとしての主語の実現」では，演繹が考えられており，まだ第二段階の「普遍の実現」では帰納が考えられている。帰納と演繹はそれぞれ三段論法（Barbara）の大前提と小前提に対応する。大前提は大概念（普遍）を含む前提であり，小前提は小概念（個別）を含む前提である。三段論法の大前提においては結論の述語が具体化されており，言い換えれば個別を普遍が包摂している。それに対して小前提においては結論の主語が普遍化されており，言い換えれば普遍が個別に具体化されている。この両方の関係は比例の段階においても維持されている。比例の課題は「存在の相関」と「思惟の相関」を一致させることである。比例の第一段階，「定義」

```
         図　演繹と三段論法

大前提  すべての人間は死ぬ。       M ← P
小前提  ソクラテスは人間である。   S ← M
結論    故にソクラテスは死ぬ。     S ← P

                      演繹（選言判断・区分）
         ⎛  P  ⎞
         ⎜  M  ⎟
         ⎝  S  ⎠

         P → M → S
        普遍  特殊  個別
        MはSに普遍的
        MはPに個別的
```

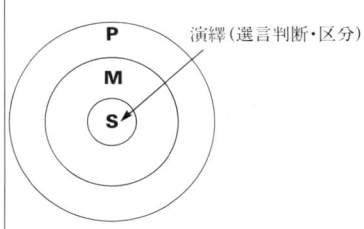

は概念（主語）を規定する。第二段階、「分類」は、定義の「多重化」である。定義と分類は相互に要求し合う関係にあり、この両者の総合が、第三段階の「認識」である。

「認識がそこから出発するところのもの、否定的一は、認識が演繹であるのだから、それ自身再び認識の最後のものである。認識の普遍性にとっては対立し合う諸契機の統一のみが存在する。そして対立する諸契機の規定性は離れ落ちる。そして演繹されたものがそこから出発がなされたものとは別のものであるということ〔は離れ落ちる〕。そうではなくて演繹は認識一般と重なり合う、言い換えれば認識はそれ自身反省である。しかしこの自己自身に等しいものには自ら変化する内容が対立する。この内容に即しては認識は本質的に演繹である」[『イェーナ体系Ⅱ』GW 7. 121]。→帰納、推論（推理）

【参】 Düsing (1984)　　　　　（小坂田英之）

円環　[Kreis]

ヘーゲルの体系は多くの円環からなるひとつの巨大な円環をかたちづくる。それは円環のなかに円環があるという入れ子構造をかたちづくり、それによって部分と全体はつねに同型となる。円環が体系における論理展開の究極の単位だと言うこともできる。あるひとつの円環を分解すれば、そこにはいくつかの円環があらわれる。いくつかの円環があつまっても、そこにできあがるのはやはり円環でしかない。

ヘーゲルがそうした円環型論理でめざしたものが何だったかと言えば、それは例えば『精神現象学』の「序文」で「真なるものは全体である」[3. 24]と言われたその「全体」を語ることだったと考えられる。体系という円環は、その外部というものが存在不可能であり、したがってその外部に出ることが不可能であるような全体でなければならない。それはその存在の根拠を自分のうちにそなえ、自己内で完結しており、いかなる他者にも関係せず、自分だけに関係する。体系をかたちづくるひとつひとつの円環は、体系という巨大な円環のひな型をなすものであり、体系全体がやがて円環型に完結してゆく必然性をおびているのである。

ヘーゲルはすでにフランクフルト期の諸断片において、こうした円環型の論理に向い始めたと見られている。だが、ヘーゲルが体系の円環性ということを頻繁に口にするようになるのは、イェーナ期の中ほどに書かれた草案『論理学と形而上学・自然哲学』あたりからのことである。その円環型論理をヘーゲル固有の用語で表現しようとしたものが「即自・対自・即かつ対自」というシェーマとなった。このシェーマは、イェーナ期の最後に書かれた『精神現象学』の「序文」において初めて主張されることになるのだが、このシェーマの成立とともにヘーゲルの固有の体系の論理が確立したと言えるだろう。→体系、学（問）

（原崎道彦）

遠心力・求心力　⇨力

エンツュクロペディー　[Enzyklopädie]

ヘーゲルの著作『哲学的諸学のエンツュクロペディー要綱、自分の講義の使用のために』（*Encyklopädie der philosophischen Wissenschaften im Grundrisse. Zum Gebrauch seiner Vorlesungen*）の俗称で、1817年6月に初版、27年に初版の約2倍の分量のある2版、死の前年30年に3版が出された。元来は「講義用便覧」だったが体系全体を扱った著作がこれ以外ないためヘーゲル学派の聖典という位置付けがなされ、最初の全集版で各々3人の編集者たちの手で様々な講義録から選択された「補遺 Zusatz」が付与され量的に増大し3巻本となった。1927年のグロックナー版では題名も『哲学の体系』となり3巻本構成で刊行された。最初の全集版で編集者の

筆が本文にも100カ所以上入り，補遺の恣意性にも注意すべきである。ズーアカンプ版へと継承され今日でも使用されている。これとは別種のヘーゲルに忠実な，補遺無しの版も出版されており，3版は哲学文庫版で，初版(俗称『ハイデルベルク・エンツュクロペディー』)はグロックナー版，2版はアカデミー版で入手可能である。講義録などの資料も出揃い諸版の異同や補遺の素性を考慮に入れた成立史的視野に基づいた研究が期待される。通常の哲学史で19世紀後半からの反ヘーゲル哲学が現代哲学生成の要因であったという場合，それはエンツュクロペディーに向けられていた。19世紀後半ヘーゲルの著作ではこの著作以外は絶版状態であった［星1984］。『エンツュクロペディー』は論理学-自然哲学-精神哲学の三部構成で出来ており論理学が『大論理学』に対応し『法哲学』は精神哲学の「客観的精神」に対応する。死後編集出版された『歴史哲学講義』『美学講義』『宗教哲学講義』『哲学史講義』は各々精神哲学の「世界史」「芸術」「啓示宗教」「哲学」の詳細なる展開である。古代ギリシアのイソクラテス (Isokratēs 前436-338) においてはエンチュクリオス・パイデイアは「知の環」，一般教育の意味であった。ブダエウス (Budaeus 1468-1540) が encyclopaedia という語を使用した始めである。以来各種の百科全書の系譜が存在する。デカルトやライブニッツの普遍学構想もこれに連なる。フランス百科全書派の影響もあり同時代人ではシュルツェが同名の著作を既に1814年に出し，ラインホールト，Fr. シュレーゲル，シュライエルマッハーらがエンツュクロペディーの講義や著作を出した。ヘーゲルもニュルンベルク時代に制度上「哲学的エンツュクロペディー」の講義を求められ，大学で学生に講義の手引きを与える外的機縁もあった。「この書はテーゼの連続以外ではなく，その展開は講義に取っておかれる」［『書簡集』(第3巻-1) 69］。しかしこれによってヘーゲルは念願であった体系の全体の叙述に成功した。哲学以外の学は表象から出来上がったものとしての概念を受容し自らの扱う対象の必然性の正当化を果たしていない［『エンツュクロペディー(初版)』1節］。エンツュクロペディーは諸学の全範囲をその学の対象と対象の「根本概念Grundbegriffe」［『ニュルンベルク著作集』4. 9；『法哲学』序文 7. 11；『エンツュクロペディー(第3版)』16節；『エンツュクロペディー(初版)』9節］において考察する。エンツュクロペディーは諸学の根本概念の哲学的由来を論じるものである。対象についての経験的多様の総合的統一と対象の本質考察から生み出された思想とが結合して或る特殊の学が生じる［4. 9］。このようにヘーゲルのエンツュクロペディーは学問論的課題を負っている。→体系，学(問)

【参】 Nicolin/Pöggeler (1959), Schalk (1972), Bubner (1973), Nicolin (1977), 星敏雄 (1984), Schleiermacher (1987) 　　　(星　敏雄)

エンデル　［Nanette Endel 1775頃-1840/41］
　ヘーゲルの女友達。妹クリスティアーネの友人で，カトリックの信仰をもつ小間物製造女工。ヘーゲルはベルンから両親の家へ帰省して彼女と知り合った。彼女はしばらくヘーゲルの両親の家に滞在したことがあったので，ヘーゲルは帰省したとき彼女と青年期の愛情関係を結んだ。1797-98年にヘーゲルは彼女に5通の手紙をあてている［『書簡集』(第1巻) 49-58］。フランクフルトへ行ってからの彼の手紙の中にも，この愛情関係は余韻を残しているが，しだいに友情関係に変わっている。
　　　　　　　　　　　　　　(寄川条路)

エンテレヒー　⇨潜在・顕在

『エンネアデス』　⇨流出(説)

エンペドクレス　⇨ヘルダーリン

オ

大きさ ⇨量

掟 [Gebot]

絶対的な力としての主なる神と、それに絶対的に依存する奴としての人間という支配関係においては、掟が与えられ、それに対する服従が要求される。このようにして命じられた服従は、喜びも楽しみも愛もないものであり、その掟は必然的に実定的であり、外的な秩序に属している。このような宗教的関係は空疎であり、こうした関係を産み出す根底にあるのは、窮乏である。窮乏とは引き裂かれた状態であり、「窮乏の中では人間が客体とされて抑圧されるか、人間が自然を客体化して抑圧せざるをえないかである」[『キリスト教の精神』1. 318]。このように実定的なユダヤ教の掟に対してイエスは全く異質な、生命の充実より生れる主体的な愛を対置した。若きヘーゲルはカントの義務の観念のうちにも、命じられたものとしての掟的性格を看取し、支配-被支配の関係を脱していないと批判する。すべての義務観念が消失する「愛」の関係にとってかわられねばならないとするのである。→法,支配 (片柳榮一)

臆見 ⇨思い込み（私念）

オーケン [Lorenz Oken 1779.8.1-1851.8.11]

ドイツ・ロマン主義時代の自然哲学者、博物学者。イェーナ、ミュンヘン各大学医学教授、後にチューリッヒ大学初代学長。全ての生命組織の基本単位として「インフソリア (infusoria)」を主張。また、頭蓋骨が脊椎から成ることを唱えたが、ゲーテから自説の盗用だと批判された。ヘーゲルもこの論争に言及している。つまり、脊椎は骨の根本組織にしてその中心点であり、頭蓋骨や手足の端項へ自らを分離しかつこれら端項を同時に結合する。この点をゲーテは論文で明らかにし、親交のあったオーケンに送った。が、オーケンはその思想を自分に固有なものとして名声を得た [『エンツュクロペディー（第3版）自然哲学』354節「補遺」9. 443]、というわけである。ヘーゲルも頭蓋骨の根底に脊椎があると考えたが [『イェーナ体系III』GW 8. 152f.]、シェリングの影響下にあるオーケンの自然哲学に対しては、「空虚な形式主義」[『エンツュクロペディー（第3版）自然哲学』359節「補遺」] として批判している。主著は『生殖学』(*Die Zeugung*. Bamberg 1805)、『自然哲学教書』(*Lehrbuch der Naturphilosophie*. Jena 1809)。→頭蓋骨論

【参】Goethe (1820), Schustor (1929), Bloch (1972) (木村 博)

恐れ [Furcht]

畏れ、畏怖、恐怖とも。「私が一般に恐れをもつのは、私の価値を否定する私以上の力の表象による」[『宗教哲学』17. 80]。恐れは自然的偶然的な暴力に対しても生ずるが（この場合は恐怖）、これに反して「自由にその座を有する」[同 16. 277] のが宗教的な恐れである。それは、人間が唯一の力、端的に否定的な力としての絶対者の意識に当面して自然的な自らの虚しさに打ち震えつつ、なおのれ自身の実存を肯定してそこに留まろうと

するときに現れる。ここにおいて人間は、この自然的なものを超出し、自己を放棄し、いっそう高次の基盤を獲得して思惟知識の段階に移行し、自由な精神にいたるのである。してみればやはり「恐れは知恵の始まり」[『精神現象学』3. 148;『宗教哲学』16. 277]なのである。恐れはまた、絶対的主人である死に対する恐れとして、奉仕と労働とともに、自由を得るための契機の一つでもある[『精神現象学』同上]。→主人と奴隷　　　　　　（岡崎英輔）

音　[Klang]

「物理学」(Physik) の三部構成のうち、第二部「特殊な個体(besondere Individualität)の物理学」は、第一部で示された「個体的統一」という対象の在り方を、「力学」における統一の原理である「重さ」(Schwere) との対比において、「物理学」領域固有の統一の仕方である〈「質料」(Materie) の自分自身の内側からの限定〉あるいは「内在的形式」として叙述する。しかしここで「個体的統一」は、個々の「物体」(Körper) に視点を限ればそれとして認められるものの、それら「物体」相互の関係に目を向ければ「質料」が本来持つ空間的性質を引きずって外在的でしかない。「音」は「比重」(spezifische Schwere) と「凝集」(Kohäsion) というこの領域における相互外在の在り方を、まだ「熱」(Wärme) のように実在的にではないにせよ、「観念的に」廃棄してより高次の統一を示唆する。それは相互外在の絶対化を否定するこの側面において「質料的時間性」(materielle Zeitlichkeit) である。「音」はこうした非物質的な側面において人の心に語りかける、とヘーゲルは言う。それは心(魂)との類縁性、調和性において「機械的だが魂的なもの」(mechanische Seelenhaftigkeit) とも呼ばれる。[『エンツュクロペディー（第3版）自然哲学』300-302節]。（松本正男）

男と女　[Mann und Weib]

男と女の区別は生物学的な差異に基づくものであるが、それがヘーゲルにとって意味を持つのは、この自然的な差異が精神の共同体における人倫の対立する二つの契機の表現として現れるからである。すなわち、女性的なものを原理とする家族という人倫的な形態と男性的なもの原理に基づく民族共同体という人倫の形態との対立においてその区別が重要になる。家族という関係においては、その内部の関係は、自然的な感情を基礎としたものであり、たとえば、夫と妻 (Mann und Frau) の関係はお互いが相手の中に自分を直接に認め合うという関係であるから、それ自体によって自覚的な共同性が実現できるわけではない。それが共同性を現実の形態として持ち得るのは子どもを生み、そこから民族との連関を持つことによってである。そのような自然性のために家族においては、普遍的な側面と個別的な側面とが分裂していないで内的な感情の次元のままに留まっている。この側面を代表するのは女性であり、女性においては家族の内部における共同の感情を直接に保持する。それに対して、男性はこの家族から育てられながらも、この直接的統一を破り、個別と普遍の分裂を経験する。すなわち、男性は家族の閉鎖性から抜け出て民族や国家の共同体へと志向する。その意味では、民族共同体の側面を代表するのは男性である。

ところで、男性はこうした政治的共同体においては統治という普遍的目的のために、家族的関係を犠牲にし、家族の幸福を破壊することさえある。むしろ、家族という次元での共同性を抑圧して破壊し、政治的共同体のためにそうした関係を流動化することによって自己の統一を実現しようとするのであるから、男性的原理に基づく政治的共同体は女性的原理に基づく家族のあり方に対して「敵対的」である。ヘーゲルは、このような民族的共同体と家族との対立を『精神現象学』において、

古代ギリシアの悲劇を例にとって叙述し，『アンティゴネー』の解釈においては，男性と女性の原理の対立を宿命的な対立として叙述し，それをむしろ兄弟と姉妹の行動の対立としても描いている［3. 328-342］。

こうした規定を基礎に，ヘーゲルは男と女についてのもう少し一般的な分類も行っている。すなわち，男性は活動的であって動物のあり方に対応するのに対して，女性は受動的であって植物に対応するとか，男性は個別と普遍がいったんは分裂するので，学問や芸術，国家生活などにおいて自分を実現しようとするが，女性はそれが直接に合一しているので，たとえば，政治に係わった場合には，個人的な好みや意見によって左右されてしまう危険性があるといった規定である［『法哲学』166節］。以上のような規定は，男女の性別分業を当然想定した叙述でそれ自体に目新しさはないが，男による女の抑圧の原理を政治的論理による家族的原理の抑圧にあると指摘している点で興味深いものである。→家族，国家，結婚，『アンティゴネー』　　　（佐藤和夫）

大人　[Mann]

大人の特徴は現実主義，すなわち「世界の客観的必然性と理性性の承認」［『エンツュクロペディー（第3版）精神哲学』396節］である。「自分の中で出来上がると，大人は人倫的世界〔世間〕をこれから自分で作らなければならないものとして見るのではなくて，本質的には出来上がったものとして見る。大人は事柄の〈方を向いて，そのために für〉活動し，関心を抱く。〈対抗して gegen〉ではない。若者の一面的な主観性を超えて，「客観的精神性の立場に立つ」［同396節「補遺」10. 78］。「出来上がった」（fertig）というのが，大人を表現するキイワードである。しかし，これは穏健な進歩主義でもある。世界は生きたものでたえず動いているから「現実の理性」（die Vernunft der Wirklichkeit）［同 10. 83］に従った進歩が必要である。「現実的なものは理性的である」という『法哲学』序文の言葉は，「大人になれ」というのと同じである。→理性，現実性，子ども，青春，老年

（加藤尚武）

オペラ　[Oper]

詩に随伴する音楽である声楽は，詩から独立した自由な旋律的表出と，詩の表す表象に相応した特性描写という二面を持つ。オペラはこの二面を統一する音楽形式の一つである。ヘーゲルによれば，オペラ台本は内容が不条理浅薄でなく堅実であればよい。台本の文学的完成度が高いとかえって自由な音楽表現はできない。「歌詞に関心の重点を置くのは非音楽的な行き方である」［『美学』15. 148］。しかし筋を展開し特性描写を行うにはレシタティーヴが必要となるが，ここでは音楽は従である。すなわち特性描写に偏ると音楽が不要となるのである。したがってこの両面の統一は矛盾を孕んだ統一である。ヘーゲルにとってこれらの条件を満たすのは当時のイタリアオペラであり，とりわけロッシーニ（Gioacchino Antonio Rossini 1792-1868）の作品であった。しかしこのオペラ論が，1821年に初演されたヴェーバー（Carl Maria von Weber 1786-1826）の『魔弾の射手』に対する暗黙の批判となっている点も，忘れてはなるまい。

【参】Dahlhaus (1983)　　　　（石川伊織）

オベリスク　⇨エジプト

思い込み（私念）　[Meinen, Meinung]

ヘーゲルにとって〈思い込み〉を排することは哲学の端緒である。学的境位へと向かう意識の経験としての『精神現象学』ではまずそれが強調される［3. 12］。また，〈思い込み〉は，金子武蔵によって〈私念〉と訳され，また臆見，想念などとも訳されるように，

「特殊な個人としての私のもの」[『エンツュクロペディー(第3版)小論理学』20節]というニュアンスを持つ。さらに、最も低レベルの認識形式として、単なる直観でしかない「このもの Dieses」と対応し[『精神現象学』3.82f.]、空虚で没交渉的な(gleichgültig)「いま」と「ここ」とに対応する[同 3. 84]。したがって、例えば有機的生命が単に個別的な物として捉えられるのも〈思い込み〉であるように[同 3. 86]、それは現実の広がりと奥行きとに対応するものではなく、限定的個別的見方に固執するものである。→感性的確信

【参】 金子武蔵 (1971)　　　　　(荒木正見)

重さ [Schwere]

「重さ」あるいは「重力」は、「物質」(Materie)の本質を意味する。ヘーゲル自然哲学において「物質」は、「相互外在」する存在者として、この「相互外在」という在り方を支える「反発」(Repulsion)と「牽引」(Attraktion)の二契機から考えられている。(前者の契機だけでは無限の消散が、そして後者の契機だけでは無限の凝集が可能なだけであり、複数の物質から成る力学的世界は構成されえない。)「物質」はこの二契機の統一であるが、この統一は、さしあたり「相互外在」する存在者という規定しか持たない「物質」自身においてではなく、その外にそれらの連関を可能にする「中心点」(Mittelpunkt)として実在する。「物質」は「反発」と「牽引」の緊張関係の中ではじめて「相互外在」する複数の物質という相貌をとって現れうるのである。「重さ」とは、「物質」の本質を規定するこの緊張関係、あるいは「中心点への努力 (Streben)」に他ならない。だから「重さ」は「自立的」であることを装う「物質」の「非自立性の告白、つまりは矛盾告白」である。「重さ」に関するヘーゲルのカント批判は、ヘーゲルの自然哲学の基本性格を知るうえで一顧の価値がある。ヘーゲルによれば、カントは彼の『自然科学の形而上学的原理』(1786)の中で「物質の概念」を問題にしたことで「自然哲学の概念を再び呼び起こした」。しかし彼は一方では「反発」と「牽引」から「物質」が生ずるとしながら、他方で(ニュートン力学に引きずられて)このそれぞれを何か確固としたものとして固定化し、「反発」と「牽引」に対して「物質」をその帰属先として前提してしまった[『エンツュクロペディー(第3版)自然哲学』262節]。「自然哲学」の中で「有限的力学」(endliche Mechanik)に属するこの箇所は、「論理学」の「機械的過程」[『大論理学』]、「差異的機械的連関」(differenter Mechanismus)[『エンツュクロペディー 小論理学』]に正確に対応する。→物質, 相互外在, 力, 力学　　(松本正男)

オランダ [Holland, Niederland]

オランダは、もともとはその別名であるネーデルランドの一州の名であったが、一般には両者は区別されない。ネーデルランドは中世においては今のオランダのみではなくベルギーの北西部を含み、その歴史は古くから海と深いつながりを持ち、人々は漁業、商業のために海に乗り出し、堤防を築き干拓を行って土地を獲得していった。中世末期のブルゴーニュ公国、次にハプスブルク王家の支配下にありながら、海洋貿易と手工業の発展によりブリュージュ、アントウェルペン(ともに今はベルギー)、さらにアムステルダムといった諸都市は世界貿易の中心地であった。16世紀半ばにはハプスブルクスペインに対する独立戦争が起り、プロテスタンティズムを信仰する北部諸州が1566年に独立し(最終的承認は1648年)、今のオランダの基をつくった。その歴史にも明らかなようにオランダは西洋における市民的自由の祖国という栄誉を担う。それは、シラーの『ドン・カルロス』、ゲーテの『エグモント』におけるのと同様に、ヘーゲルも認めるところであり、『歴史哲学』

においてオランダ独立戦争について記述し，『哲学史』においては，オランダがデカルト，スピノザをはじめとした17世紀の哲学者に自由な活動の場を与えたことを認めている。とりわけ印象的な記述は『美学』における17世紀オランダの絵画についてのものである。オスターデ (Adrian van Ostade 1610-85)，テニールス，ステーン (Jan Havicksz Steen 1626頃-79)，レンブラント (Rembrandt 1606-69) といった画家たちは，市民たちの肖像，日常の光景，室内の様子，宝石や金属器の光沢，葡萄酒を入れたグラスを心をこめて描いたが，それこそ産業を興し，自由を得た市民精神の表現であるとヘーゲルは語る。「オランダ人たちは，彼らの活動，勤勉，勇気と節約とによって自分で獲得した自由の感情にひたりながら，安穏，裕福，実直，勇敢さ，快活さに，さらには陽気な日々の事柄への誇らかな気持にさえ到達したのであった」[『美学』14. 226]。→絵画　　　　　(佐藤康邦)

オリエント　⇨アジア

音楽　[Musik]

音楽は音によって主観的内面性を没対象的で内面的なままに表出する。音楽の主要課題は対象性の再現ではなく，「内奥の自己が自らの主観性と観念的な心とにまかせて自己内運動するその様を反響させること」[『美学』15. 135] である。その表出手段はリズムと和声と旋律 (メロディー) という純音楽的な形式・法則である。

リズムと和声を統一するものとして旋律が重視される。これは，純音楽的素材だけで構成される器楽 (= 自立的音楽 : selbständige Musik) よりも声楽 (= 伴奏音楽 : begleitende Musik) を重視する結果になる。ヘーゲルは，音楽的形式を最大限に活用して「自由と必然性の闘争」[同 15. 189] を描いてみせる当時の器楽を，通人にしか解からない難解なもの，と批判する。

声楽は，詩と音楽との随伴のゆえに「伴奏音楽」である。だがここでは音楽が主である。優れた声楽曲は，歌詞の与える一定の表象を汲み取って，しかもこれに拘束されず，内面からこれに応じた自由な音楽表現を行う。これが旋律的表出である。一方，音楽が特性描写に向かうとレシタティーヴとなり朗誦となる。ここでは音楽が従となる。

ヘーゲルは，バッハ (Johann Sebastian Bach 1685-1750) に見られるような旋律的表出と朗誦との統一を賞賛するが，バッハの宗教曲を実際に聴いての賞賛であるかは疑わしい。美学の最終講義は，メンデルスゾーン (Felix Mendelssohn 1809-47) による1829年3月の『マタイ受難曲』の復活上演に先立つ1828/29年の冬学期だからである。この賞賛はむしろ，芸術の中に宗教的理念の反映を見ようとするヘーゲル美学の理論的要請と考えるべきであろう。

ヘーゲルの純粋器楽批判は，実は保守的・古典主義的立場からの暗黙のベートーヴェン (Ludwig van Beethoven 1770-1827) 批判である。しかしまた，旋律を重視して技巧を排し，素人の音楽愛好者の自然な感情を重視するこの立場は，ブフォン論争 (1750年代前半，百科全書派を中心とするイタリア派が，伝統的フランス宮廷オペラを批判，論争に発展。ルソーは，フランス音楽には快い旋律が欠けており，この欠陥を和声や装飾音といった人工的で不自然な美で補っていると批判，イタリアのオペラ・ブッファを支持した) におけるルソーの音楽観に通じるものでもある。→オペラ

【参】 Rousseau (1753), 海老沢敏 (1981), Dahlhaus (1983)　　　　　(石川伊織)

女 (性)　⇨男と女

力

絵画 [Malerei]

　絵画が哲学にとって真に重要な主題となるのにも歴史的経過が必要であった。プラトンは、『国家』の中で、絵画は見る場所によって次々と異なってくる対象の外観の模倣のみを行い、イデアに関わらぬものであるとして否定的に評価した。それに対して、18世紀中葉のヴィンケルマン以来、ゲーテを経てドイツ観念論の哲学者に至るまで、絵画は、同じイデアの名のもとで高い評価を受け、哲学的考察の対象とされた。いやしくも哲学者たる者、絵画に関して見識を示せなければ恥ずべきものとみなされたというわけである。その前提には絶対王制の王権のもとでの絵画館の建設、財政の多くを注いで進められた作品蒐集、一般への公開という事実があったことも見逃せない。ヴィンケルマン、ヘーゲルにも関係の深いドレスデンの絵画館では1765年に最初のカタログが印刷されている。ところでヘーゲルは『美学』の中で、芸術のジャンルをもまた象徴主義、古典主義、ロマン主義に分けているが、絵画は音楽、詩と並んでロマン主義の内に位置付けられている。古典主義芸術である彫刻が内面と外面、主観性と客観性の一体化したものであるのに対して、ロマン主義的芸術は内面的なものの深まりの中で主観性が客観的・外面的なものから超脱し、これを圧倒するようになったものとされる。その中で絵画は、造型芸術として可視的事物の特殊相をその基盤とはするが、彫刻、建築とは異なって空間の総体と関わるのではなく、ただ平面としての画面にのみ関わり、そこでは物質的素材が精神によって生み出され精神を反映する「仮象」[『美学』15. 14] に変えられているものと規定されている。その意味で絵画は近代のロマン主義の時代に属する芸術ということになる。ヘーゲルの絵画観は、基本的にはラファエロ (Raffaello 1483-1520) を頂点とみなす当時の一般的見解に従うものであるが、とりわけオランダ派の絵画などについては卓越した見解を示している。→ロマン主義, ロマン的芸術, オランダ, ボアスレ兄弟

(佐藤康邦)

外化 [Äußerung]

　ヘーゲルにとって外化とは、内なる本質的なものが外なる定在へと現れること、またはその現れである。「疎外化 (Entäußerung)」が、主体−客体関係における主体の自己放棄・自己否定という意味合いが強いのに比し、外化は主体の直接的な自己表現であると言える。(1)力と外化において、外化とは、対自的な一である本来の力が多様な諸規定へと展開されることである。力は外化によってはじめて力であることが示される。(2)行動、労働、言語、表情等は、主体の内面を外的客観において表現する外化の諸形態である。「言語や労働は外化である」[『精神現象学 3. 235]。外化されたものは、客観として内面から自立して他者に委ねられるので、内面をあまりにも多く、またはあまりにも少なく表現したりする。行動や表情がそのような不完全な外化であるのに対し、言葉はより十全な外化とされる。「言葉だけが自我を、自我そのものを表現する」[同 3. 376]。→言語, 労働, 疎外

(日暮雅夫)

懐疑 ⇨懐疑主義

懐疑主義 [Skeptizismus]

カントはヒュームによって「独断の眠りからさまされた」が，ヘーゲルは近代の懐疑主義よりも古代の懐疑主義にその真髄を見る。ヘーゲルによれば，真の懐疑主義は，人々を哲学的境地に導くものであり，哲学そのものに内在する本質的な契機である。また，懐疑主義は真理の客観性を否定することによって，主観性の極点に立つ。

I 「古代の気高い懐疑主義」 同時代の懐疑主義者 G. E. シュルツェによるカント論駁書の書評論文（『懐疑主義論文』）の中で，ヘーゲルは，古代の懐疑主義を高く評価する。近代の懐疑主義者がもっぱら「思惟と存在の区別」という常識的確信を根拠にして真の哲学に敵対するだけなのに対して，セクストゥス・エンピリクス（Sextus Empiricus）の『ピュロン主義概要』や『定説家論駁』が伝える，ピュロン（Pyrron），アイネシデモス（Ainesidēmos）らの古代の懐疑主義者は，常識に安住せず，哲学の定説や常識の思い込みをうちくだく「気高さ」をもっていた。彼らは，相手の独断的主張に対して，それと正反対の主張を同等の正当性をもって対置する，という形の反駁をつねとした。そのための方法的指針として，アイネシデモスは10カ条，アグリッパ（Agrippa）は5カ条のトロポス（方式）をあげている。前者は，具体的な文化・環境・状態の相違を自覚した徹底した相対主義と関係主義の視点をうちだす。他方，後者は，認識の究極の根拠に関して無根拠の前提か，無限遡行か，循環か，というきわめて洗練された問題設定を含む。これは，ヘーゲル哲学の体系構成の要所に出没する問題構制とも通じている。

II 哲学への導入としての懐疑主義
「反対命題を同等の正当性をもって対置する」という，古代懐疑主義の方法は，カントの『純粋理性批判』「弁証論」におけるアンチノミーを思い起こさせる。懐疑主義は弁証法の否定的側面であり，それを止揚するのが真の哲学である。懐疑主義はアンチノミーを提起するだけで，それを止揚しようとはしない。むしろ独断に加担しない平静心を得ようとする。それに対して，ヘーゲルは，アンチノミーの開示で事足れりとしない，「徹底的に遂行された懐疑主義」[3. 72]としての『精神現象学』によって，真の哲学の境地への導入を図った。『精神現象学』冒頭の「感性的確信」は，「このもの」，つまり眼前のこのきわめて具体的・個別的な事態こそが真なるものだと「思い込んで」いるが，「このものとは実は普遍的なものである」という反対命題の真理性の前に，その「思い込み」は崩壊する。しかし「意識の経験」は，個別と普遍とのアンチノミーの提示に安住することなく，それを止揚する「物と諸性質」という「知覚」の境地に進展していくのである。

III 懐疑主義の歴史的意義 懐疑主義は，相対主義を徹底させることによって，自らの主観性を強く自覚する。懐疑主義を一つの重要な契機とする「主観性」の形成は，ギリシアの人倫的世界からローマ＝キリスト教世界へという，巨大な世界史的転換の要諦をなす。
→精神(の)現象学，感性的確信，アンチノミー

【参】 Fulda (1965), Forster (1989)

（門倉正美）

階級 ⇨職業・身分

解釈 [Auslegung, Exegese]

正典としての聖書が与えられ，これに対して理性はこれを解釈する。その場合，その与えられた枠の中で解釈するのだから，そのかぎりでは自由な精神活動は限定されているように見える。しかしヘーゲルに従えば，解釈においては，「悟性はそれ自身で，自己の見解，自己の思想をあらかじめ確定し，さらに

聖書のことばがそれに従ってどう説明されるかが調べられているのである」[『宗教哲学』16. 35]。こうして理性の助けによって理性－神学が成立する。解釈するとは，単にことばの言い換えではない。説明が付け加わって，一つの思想的発展が認められる。「聖書についての注解（Kommentar）は我々に聖書の内容を知らせるよりも，むしろその時代のものの考え方を含んでいる」[同 16. 36]。このことはまさにシュヴァイツァー（Albert Schweitzer 1875-1965）が『イエス伝研究史』において明らかにしたように，解釈に研究者の主観が入り込むということである。プラトン，アリストテレスのような古典を含め，テキスト解釈はすべて解釈者自身の時代の反映ということをぬきには成立しないということである。したがって，「聖書の解明は，それぞれの時代の形式，思考方法において聖書の内容を示す」[同 17. 200]と言われる。既成の聖書，教義を精神は受け取る。しかしそれは単なる「受動的受容」[同 17. 201]ではない。精神は受容的であると同時に能動的である。この両者の共存するところに解釈，釈義の本質がある。すでにシュライエルマッハーも神学を実証的神学と呼んだのは，神学の既成性に注目し，その所与のものをいかに解釈するかという点に神学の重点があると考えたからである。それゆえ，現代の解釈学はシュライエルマッハーに始まると言われる。ヘーゲルの解釈についての考えもまた，シュライエルマッハーと同じ根をもっていたと言えよう。⇒聖書，シュライエルマッハー

【参】 Schweitzer (1951), Schleiermacher (1959)　　　　　　　　　　　　　（岩波哲男）

回心　⇒赦し

カイスラー　[Adalbert Bartholomäuse Kayssler 1769.9.24-1821.12.12]
ドイツの哲学者，美学者。初め，ザガン，オベロンのギムナジウムの教師だったが，後にハレ大学の私講師，1806年からは，ブレスラウのフリードリッヒシューレの美学教授。1811年には，同大学の哲学教授。ローゼンクランツの報告によれば，ヘーゲルは，1803年から1806年にかけて，エッシェンマイヤー，ケッペン（Friedrich Köppen 1775-1858）らの著作と並んで，その哲学的著作の抜き書きを作りながら熟読していたという[『ローゼンクランツ』198]。また1818年に，体育禁止令に対して公刊した，『理念に基づく体操術の尊重』（Würdigung der Turnkunst nach der Idee）に対して，シュテッフェンスが『体操の目的，カイスラー教授への公開状』（Turnziel. Sendschreiben an Prof. Kayssler. 1818）を発表することから始まった論争において，ヘーゲルはシュテッフェンスを論難している。
⇒シュテッフェンス　　　　　　　（池田全之）

概念　[Begriff]
Ⅰ　形式論理学上の概念　まず，概念は，通常の形式論理学の立場から考えると，我々が，何かについて判断する際に，主語ないし述語として用いる普遍的な観念であって，普通名詞で表現される。そして，その概念の内容は，類概念に種差を結合する定義によって規定されている。たとえば，「人間は理性的動物である」という定義においては，人間という概念の普遍的内容が，動物という類概念に理性的という種差を結合することによって規定されている。したがって，人間という概念は，形式論理学の上では，我々が，現実に存在する個々の人間を，総括して理解するために用いる普遍的な考えなのである。この場合注意すべきことは，概念と，その内容を規定したり，その概念を用いて判断を能動的に行う我々と，個々の現実のものとの三者は，それぞれ別個になっていることである。

Ⅱ　ヘーゲルの概念　ところが，ヘーゲルのいう概念では，周知のように，この三者

が一体になっている。むろん、ヘーゲルのいう概念も、規定された概念（bestimmter Begriff）というかたちで、類・種の秩序に従って規定され、判断をする際に用いられる。しかし、その規定を能動的に行うのは、判断主観ではなくて、純粋概念自身であり、しかも、判断において主語と述語が区別されるのは、概念の根源分割であるとされる。さらには、そのような規定や分割は、現実の個々のものを概念自身が思考し、それに浸透することによってなされ、場合によっては、たとえば国家や生命そのものが、理念の言い換えでもある具体的な個別者であるとされる。それどころか、「概念の厳しさ」［『精神現象学』3. 14］といわれているように、概念自身が、厳しさといった人間的態度を持つとされる場合もある。こうして、ヘーゲルのいう概念の特質は、概念自身に、現実の個々のものに浸透し、それらを包み込むことによって自己を規定し分割する否定性としての自由が付与されていることにある。

このような概念の用法は、たしかに我々の通常の概念の用法との共通点を根本のところで持っていないようにも見える。しかし、これは、ヘーゲルが我々の通常の用法にあえて逆らって、概念の用法の中心を理論的普遍概念ではなくて、道徳法則や法といった実践概念に移したことに由来する。ヘーゲルは、〈現実の個々のものを総括する普遍体〉という概念のもともとの意味を一方で踏襲しながら、〈総括する〉ということで、理論的な思考だけを念頭に置いているのではなくて、むしろ個々の人間に法が浸透し、国家等の普遍的組織体が具体的に実現されることをも念頭に置いている。そして、そこから概念的思考による学の体系の形成といったことも構想されていったのである。これは、"begreifen"が、〈何かを知性で理解する〉という意味以前に、〈何かを自己のうちに包み込むないし総括する〉という意味を持っていたことを考

えれば、実は、けっして異例な用法ではない。ヘーゲルは、むしろ"begreifen"の原義に立ち返っているわけである。ただ、その概念の極限を突き詰めて絶対性を付与することによって、無限性さらには否定性を見抜いた点にヘーゲルのいう概念の真の固有性がある。

Ⅲ　ヘーゲルの概念の生成　　ヘーゲル固有の概念は、たしかに、いわゆる『自然法論文』から、本格的には、いわゆる『イェーナ体系』で姿を現す。そして、それ以前の草稿や論文などでは、概念は、全体として、いかにも〈現実の多様で具体的なものに対立する内容のない形式的普遍的観念〉という否定的な意味だけで用いられているかに見える。

(1) しかし、実は、初期の宗教草稿をよく読むと、たしかにまだ否定的な意味だけで用いられているが、概念を実践的な領域で用いるという核心的なことがらが熟慮のすえに既にはっきりと示されている。ヘーゲルは、フランクフルト期の断片で、道徳的概念を理論的概念から区別しながらこう規定している。「道徳的概念の客体はいつも自我であるが、理論的概念の客体は非我である」［『道徳性・愛・宗教』1. 239］と。つまり、理論的概念は、自我が現象に適用するカテゴリーであるが、道徳的概念は、主体的意志自身を規定する道徳法則なのである。こうして「〔道徳的〕概念は反省された活動性である」ともいわれる。この観点は『キリスト教の精神』でもつぎのようにして維持されている。「法とは、対立するものどもを一つの概念——したがって、その概念は対立するものどもをそういうものとして残す——において合一するがゆえに、しかし概念そのものは現実に対して対立しつづけるがゆえに、一つの当為を表現する」［『キリスト教の精神』1. 321］と。

たしかに、この草稿には、『イェーナ体系』以降の概念との大きな相違も同時に示されている。すなわち、ヘーゲルは、この草稿では法などに見られる概念の統一（Einheit des

Begriffs) を, 愛に見られる精神の全一性 (Einigkeit des Geistes) から区別しているのである。前者は, 多様性を廃棄することなく, 合一することもない観念にすぎないのに対して, 後者は, 多様なものや限定された徳そのものを, 愛によって内在的に和合させている。したがって, ここでの概念の統一は, 『イェーナ体系』以降の概念の統一とは異なり, 否定的である。しかし, ここには, 逆に, ヘーゲルがこれから考えぬいてゆくべき課題がはっきりと示されてもいる。つまり, 概念そのものが, 精神の全一性が持っている具体的全体性, すなわち, 存在するものの多様性の中の調和という契機を取り込むという課題である。その課題は, 『差異論文』では, 「概念と存在の分裂」[『差異論文』2. 24] を克服するというかたちで表現されている。

(2) イェーナ期にはいって, 最初の頃には, ヘーゲルは依然として, 一方で, 概念を現実の多様なものと対立した抽象的形式的普遍体と見なしている。たとえば, 純粋概念の事例としてカントの理性やフィヒテの自我が挙げられる場合, 純粋概念は「有限性に絶対的に対立する無限性」[『信と知』2. 298] と規定されている。さらに, 『人倫の体系』などでは, シェリングの考えを取り入れることによって, 別のさまざまな意味で, 概念を理解しようとしてもいる。だが, 他方で, 絶対概念が, すでに「絶対的肯定」ないし「対立し合うものの同一性」[同 2. 350] としてとらえられ, 「自分自身の反対」[『自然法論文』2. 488] ともいわれている。そして, 『イェーナ体系』では, 絶対概念は, 火であったり[『イェーナ体系 I』GW 6. 178], 無であったりする[『イェーナ体系 II』GW 7. 112]とはいえ, 無限性として, 『精神現象学』の絶対概念と, かなり重なる内容を獲得するに到っている。

(3) 『精神現象学』でも, 概念は, まだ生成途上にあるが, この時期には絶対概念と純粋概念とがはっきりと区別され, しかも, 後者が積極的意味を持つようになっているところに特徴がある。ここでの絶対概念の絶対性とは, その概念の普遍性自身が自分以外の他の多様なものとの対立関係に基づいて把握されるのではなくて, 対立項を自分のうちに包み込んでいることを意味する。まず, 絶対概念の意味は, その用例からすると, つぎの五つに分けることができる。(i)深み, (ii)内的区別ないし区別されないものを区別する働き, (iii)精神の教養形成における単純な概念の運動, (iv)知と対象の同一性, (v)概念把握の主体。これに対して, 純粋概念の意味は, (i)思考そのものの単純態, (ii)弁証法的運動の場, (iii)思考と存在の同一性, (iv)もろもろのカテゴリー, (v)本質という五つの意味に分けることができる。

(4) 『大論理学』や『エンチュクロペディー』において, ヘーゲルは, 概念の絶対的具体性を強調するようになっている。その理由として, 概念は普遍的であるけれども, それは同時に個別性がそなえているのと同じような「自分自身との否定的な統一」[『エンチュクロペディー（第 3 版）小論理学』163 節] でもあるということを挙げている。そのような論脈で, 普遍・特殊・個別という概念の諸契機を区別している。しかも, それらの区別が設定されながらも不可分であることを「概念の透明性」と呼んでいる。→判断, 普遍, 深み

(山口誠一)

解放 ⇨**自由**

快楽 [Lust]

『精神現象学』の「行為的理性」の第一段階「快楽と必然性」に, Lust の特徴的な用例がある。ここでは端的に, 愛欲と官能的な快をさす。この段階の意識は「個別的なものとしての自分を他の自己意識〔異性〕のうちに自覚しようとする。つまり, この他者を自分自身のものにしようとする」[3. 270]。"恋は

盲目"の言葉通り，分別も社会的規範もかなぐり捨てて愛欲に身をこがす。「それは知性と学問という／人間最高の賜物をさげすみ／それは悪魔に身を委ねて／没落せずにはいられない」[3. 271]。このゲーテの『ファウスト』からの引用が示すように，ファウストとグレートヒェンとの悲恋がモデルになっている。愛欲の果てに身ごもったグレートヒェンは，押し寄せる苦悩に耐え切れず発狂し，我が子を殺害して獄に入れられる。「快楽の享受」のうちに自己実現をめざした結果は，自己破滅である。社会を無視して愛欲に溺れた者が，世の「しがらみ（必然性 Notwendigkeit）」という冷酷な壁にぶつかって挫折する。「他の人々との共同を投げ捨てて，まったくの自分だけの存在」をめざした享楽的な個人主義は，かえって社会との「強固なつながり」を思い知らされる[3. 273]。快楽の果てに現れるものは「この個別者としての自分ではなく，むしろ自分自身と他の自己意識との統一〔子の誕生〕であり，……普遍者〔子に責任を負う社会の一員〕としての自分であるからだ」[3. 272]。自己の個別性（愛欲）の実現をめざしながら，普遍性の必然的威力（世のしがらみ）に屈服させられる。快楽にはこうした逆転の契機が孕まれている。

Lust には，愛欲と官能的な快だけでなく，一般的な快の用例もある。例えばエピクロスの快楽主義についての記述では，Vergnügen とほぼ同義で使われている箇所がある[『哲学史』19. 297, 326f.]。ただし快一般を肯定的また中立的に指す場合は，Vergnügen が使われ，Lust は避けられる傾向にある。

→エピクロス　　　　　　　　　　　　（山崎　純）

カエサル [Gaius Julius Caesar 前100.7.12-44.3.4]

前60年ポンペイウス（Magnus Gnaeus Pompeius 前106-48），クラッスス（Marcus Lucinius Crassus 前114-53）と第1回三頭政治を結成し，59年統領となる。全ガリアの平定後，ポンペイウスをエジプトに追って滅ぼし，各地の内乱を平定して，46年に10年期限の，44年終身の独裁官となった。公共事業，ユリウス暦の採用，内陸への版図の拡大など多方面に事績をあげたが，共和制擁護を唱えるカッシウス（Longinus Caius Cassius ?－前42）ら元老院派に暗殺された。政治家・軍人でありながら文人としても秀で，『ガリア戦記』『内乱記』を残した。ヘーゲルにとって，カエサルは「ローマ的合目的性の典型」として「世界史的に然るべきこと（das Rechte）を為した」のであり，「もちろん共和制に対立はしたが，本来的にはその幻影に対立したにすぎない。というのも，共和制にまだ残っていたすべてのものは無力であったからである」[『歴史哲学』12. 379]。

（小林靖昌）

化学・化学的連関 [Chemie, Chemismus]

語源はエジプトの khem（黒い）に由来し，エジプトの「黒い技術」を意味するギリシア語のケメイア（chemeia）に発した語。

(1) **機械的連関**　世界における諸客観の連関の最初の形式は，諸客観の相互に必然的で外的な連関，単なる寄せ集めである。ヘーゲルはこれを機械的連関（Mechanismus, 機械的秩序）と呼ぶ。この必然的な世界秩序の最初の段階では，諸客観の相互作用が互いに抵抗を受け，反作用をひき起こす。そしてそれらはすべての客観を自己内に合一しようとする中心的客観を志向して止まない。どの個体的客観も同時に普遍的客観であり，それらはこの志向によって初めて自立的でもあり，非自立的でもある。この中心化の本性は行為と傾動（Streben, スピノザの conatus）であるが，それは達せられない努力，満たされない当為である。

(2) **化学的連関**　諸客観の機械的統一は抽象的な中心化の段階では完結し，諸客観の

真の秩序も完成しない。絶対的中心的客観は相対的であり，自己の外に他の諸客観を持ち，この諸客観を真に統一するには差異が止揚され，諸客観が互いに無差別化（中性化）し合わねばならない。それには化学的連関（Chemismus）に依らねばならない。機械的客観はその外への活動において自己の現存（Existenz）にも性状（Beschaffenheit）にも依らず，ただそれが一つの物であることに依るからである。それに反して化学的諸客観はその性状によって関係づけられ，相互に親和的（verwandt），相互に緊張状態にある。機械的な諸客観は緊張し合うこともないし，もともと機械的親和力などは存在するわけがない。化学的諸客観の合一はそれらの中和（Neutralisation）であり，中和的産物が再び分解するのは還元（Reduktion）である。中和で生じた産物では化学的過程は消失し，新たな中和も還元も行われないはずである。ヘーゲルによれば「化学的に差別的な諸客観は，それらの差異（Differenz）によってのみそのものであり，相俟って自己を統合しようとする絶対的な衝動（Trieb）である」『エンチュクロペディー（第 3 版）小論理学』200節「補遺」。

なお化学的連関は諸物体間の事物に関連するだけでなく，精神的個体間に起る中和作用にも関わる。たとえば社会的な諸派連合とか思想上の折衷主義なども中和の実例となろう。

(3) 客観性が課題とするところは，客観性全体の普遍的統一（全一性）をなし遂げることである。しかしこの課題は，機械的過程も化学的過程も解くことができない。中心的客観は自己の外に他の諸客観を持つ個体的客観でもあるし，中和的客観も自己分解を果たせず，ともに普遍的統一に達しない。化学的連関はすべての客観から区別された主観的な働きとして，客観全体に対立し，それに浸透するが，なお化学的秩序づけにとどまる。もっともこの普遍的統一は必然的に客観性に関係づけられ，その最高のカテゴリーたるべき概念がある。ヘーゲルはこの客観的であるべき概念を目的（Zweck）のカテゴリーと考えた。ヘーゲルの目的論体系（Teleologie）では，目的の概念の完全な展開こそ論理学の最高のテーマとして目差されたのである。

(4) 化学的連関（過程）のカテゴリーは，ヘーゲルの体系においてもう一度自然哲学のカテゴリーとして登場する。すでにシェリングはその力動論的プロセス（dynamischer Prozess）の根本形式として，磁気・電気・化学的連関の三段階を論じている。彼は磁気（Magnetismus）は物質に凝集性を与え，電気（Elektrizität）は物の感覚的性質を限定するが，磁気と電気の総合は第三次元的に化学的連関をなすと考えた。ヘーゲルはだいたいシェリングの自然哲学の図式に従ったが，彼はこれらを同じ両極性（Polarität）の法則の段階的な現れとみた。すなわち同じ直線状の物体の両端が両極をなせば磁気，異なる二物体の両面が両極をなせば電気，そして磁気と電気との総合は化学的連関を現すというのである。磁気は力学的作用，電気は感覚的作用，化学的作用は両極をなす物質相互の化学的緊張（Spannung）に基づいた精神化（begeistet）の作用とされる。「化学的過程は生命の類似物（ein Analogon des Lebens）である。人が目の前にする生命の内的活動性（Regsamkeit）は人を驚かせる」『エンチュクロペディー（第 3 版）自然哲学』326節「補遺」。ヘーゲルはここで生命の科学的把握に歩を進めようとするかのようである。ヘーゲルはシェリングが化学諸元素を東西南北に対応させて図式化したのに倣って，同じ諸化学元素をギリシア以来の空気・火・水・地の四原質に対応させている。しかしこのアリストテレスの四原質に対してこの化学元素は抽象的な意義しか持たないと注意している。しかし化学的過程を無差別化（中性化）と差別化（分離）とに分かち，前者は四原質，後者は化学諸元素に関わると説いている。→機械的連

関, 目的論, 中和
【参】 Fischer (1911), 本多修郎 (1971), Horstmann/Petry (1986)　　　　　　　(本多修郎)

学(問) [Wissenschaft, Wissenschaftlichkeit]
　哲学にはもともと諸学問に存在理由を与えたり, それらを組織化する使命があったことは, 哲学史に徴しても明らかであるが, この傾向は必然的に哲学そのものの学問性を問い, 「学としての哲学」という意識を生ぜしめることになる。ドイツではカントが「批判」という作業を通して学としての哲学(形而上学)の権利問題を究明(「演繹」)して以来, 哲学の基礎学に対する志向が強まる。ラインホールトの「根元哲学」やフィヒテの「知識学」はその方向を示している。また学としての哲学に必要な要件としての体系性も, ヴォルフやバウムガルテン (Alexander Gottlieb Baumgarten 1714-62) を継承したカント (例えば『判断力批判』の第一序論) 以後強い関心を喚んだ。ヘーゲルにおける「学」の問題にも以上のような歴史的前提があることは, 彼自身の発言 [例えば『イェーナ著作集』2. 176] からも明らかである。「学」に対するヘーゲルの明確な決意表明は, 1800年11月2日に書かれたシェリング宛ての手紙 [『書簡集』(第1巻) 59f.] に見られ, その最初の成果がいわゆる『1800年体系断片』[『初期著作集』1. 419-27] である。その後イェーナにおけるヘーゲルの「学としての哲学」の構成については『イェーナ体系』[GW 6, 7, 8] およびイェーナ大学における彼の講義題目 [Kimmerle (1966); 中埜 (1979) 327 ff.] から推測される。さらにヘーゲルは『精神現象学』において哲学への予備学(基礎学)を「意識の経験の学」として構想し, その頂点である絶対知が「学としての哲学」のエレメントであることを示した。すなわち,『精神現象学』において意識の発展は知と真との不等を止揚する運動であったが, 絶対知において精神は概念という純粋な境位に達し, ここで新しい現存在と運動を展開する。それが「学」である [『精神現象学』3. 588f.]。なお『精神現象学』の原構成では「絶対知」の代りに「学」が置かれるはずであったとも言われる [GW 9.『付録』466-468]。また「精神現象学」そのものが「学」であるか否かという問題もあるが, いずれにしても, ヘーゲル固有の意味での「学」は絶対知の境位において成立すると考えるべきであろう。
　もちろんヘーゲルは Wissenschaft という語を普通の「科学」の意味にも用いるが, これらの学問は「知識の寄せ集め」[『精神現象学』3. 11] であって, 学的 (wissenschaftlich) ならざる historisch なものとされる [『ニュルンベルク著作集』4. 9]。換言すれば, 特殊科学は「学」の名に値しないのであるから, 学的であるのは哲学であり, 哲学と「学」とは等置されることになる。こうして成立した哲学＝学はヘーゲルにおいて実在と方法と体系との三位一体から成る理念的構成を持つ。このうち実在とは, 言うまでもなく, 広義の精神が知の領域において, 素朴な感覚的意識から始まって種々の対象意識と自己意識を経て到達した狭義の精神もしくは理性の最高段階である絶対知において働く概念もしくは理念であり, それ自体がヘーゲル哲学の基礎にある(広義の)精神の知的変容にほかならない。この実体はけっして安定した不動のものではなく, 内発的に自己を否定して他者となり, その他者性において自己を回復するという自己運動体(＝主体)である(「実体と主体」の項を見よ)。そしてこの内在的展開の理法が学の方法としての弁証法である。「学において概念は自分自身の中から展開するのであり, 諸規定の内在的な進行と産出にほかならない」[『法哲学』31節]。概念の弁証法的展開である学はその結果として必然的に体系をなす。「真なるものは体系としてのみ現実的である」[『精神現象学』3. 28]。すなわ

ち体系として現実化された真理が学である。したがってヘーゲルでは体系をなさない学はありえない。こういう前提に立って彼は自己の哲学の体系化を試みた。それは1800年の断片に始まり，①イェーナ体系，②ニュルンベルク体系，③ハイデルベルク体系，④ベルリン体系に分つことができると思われる［中埜(1979) 278f.］。またこのうちで②～③は周知のような三部門構成を持つのに対して，①は四部門構成であると考えられる［同 326］が，ここではいわゆる『エンツュクロペディー』をもって彼の体系と考えることにする（それが彼の最終的な体系構成だからである）と，ここに学とは本質的に円環であるという彼の思想が現れている。「方法の本性によって学は自らの中で閉じた円環として現れる」［『大論理学』6. 571］。「哲学の諸部門のひとつひとつは一個の哲学的な全体であり，自分の中で閉じた円環である。個々の円環はいっそう大きな円の基礎になる。したがって全体はかずかずの円環から成る円環（ein Kreis von Kreisen）として現れる」［『エンツュクロペディー（第3版）小論理学』15節］。こうして実在と方法と体系との三位一体をなす学はもともと概念の弁証法的展開によって生じたものであるから，思弁的であって直観を排し，統合性・普遍性・純粋性・公開性（exoterisch）などを学問性の条件とするが，とくにヘーゲルがたびたび繰返して指摘するのは概念展開の内的な必然性である。そしてまたこういう「学の究極の使命は理性によって神を認識すること」［『エンツュクロペディー（第3版）小論理学』36節「補遺」8. 104］であるとヘーゲルは考えた。→実体と主体, 体系, 哲学, 円環

【参】 Kimmerle (1966), 中埜肇 (1979)

(中埜　肇)

学者　⇨職業・身分

確信　［Gewißheit］

ヘーゲルにとって，Gewißheit とは，そのつどの主観的信憑の度合い（確か／不確か）を言うのではなく，むしろ自我ないし意識の段階における知の構造そのものである。自我は「己れを己れから区別し，己れから区別されたもののうちで自己自身の下に（bei sich selber）あることなしには，すなわち己れについて知ること，自己自身の確信を有し，またその確信であることなしには，存在しえない」［『エンツュクロペディー（第3版）精神哲学』413節］。

しかし，意識は抽象的な個別性という制約をもっているため，自己の普遍的本性を十分に表現することができない。意識の確信と，その確信が本来表現すべき事態（「真理」）との間にはズレがある。否定的自己関係に由来する意識の動的性格を強調するかぎり，そこから確信と真理との弁証法が生ずる。それが典型的に現れるのは「意識の経験の学」たる『精神現象学』である。ところが，己れの確信の内容を吟味せず，形式的な自己完結性にとじこもることも，実際には不可能ではない。単なる表象の立場では，確信と真理とは区別されず，内容のいかんを問わず，自分の確信することを〈真〉とみなす。そうなると，確信と真理の弁証法を通じて真理の実現を図るのは，哲学の役割となる。『精神現象学』の「緒論」によると，フィヒテ的観念論は，〈学〉の先駆的自覚の点では正当であったが，自分の正しさを単に「断言」（Versicherung）した点で，不十分であった。真理は周到で，全体的な概念把握の作業によって，現実化されねばならぬ。

宗教的確信の形態は，信仰である。神的理念の真理性は，経験的で具体的な主体によって確信されることが必要である。そのためには感性的直観の対象として現れてこなければならない。近代的内面性の確立に通じる点でも，信仰の契機は重要である。けれども，直接キリストに接し，そこから信仰を汲み出し

た弟子たちに，精神（聖霊）によって真理へと導かれるよう，キリスト自身が求めている。確信はやはり最終的立場ではない。→感性的確信，信（仰），意識，真理　　　（中岡成文）

確然的　⇨必然性

学的批判協会　[Sozietät für wissenschaftliche Kritik]

『学的批判年報』（通称『ベルリン年誌』 *Jahrbücher für wissenschaftliche Kritik*. 1827-46）の編集出版を主目的にして，1826年7月にベルリンのヘーゲルの家で設立された組織。ヘーゲルは早くから文献批判雑誌をだす希望をもっていたが，その実現に尽力したのはガンスであった。協会も，発行する年誌も，実質的にはヘーゲル学派の機関（誌）としての性格が濃く，一般にもそのように受けとめられていた。事務局を引き受けたのは最初の一年がガンス，その後はL. v. ヘニングであり，ともにヘーゲル学徒であった。協会にはゲーテ，W. v. フンボルト，A. W. シュレーゲル，トレンデレンブルク（Friedrich Adolf Trendelenburg 1802-72）らも加入したが，ヘーゲルはシュライエルマッハーを誘うことを強く拒んだ。協会は学派の発展に貢献したが，学派の分裂とプロイセンの反動化の中で次第に衰退していった。→『学的批判年報』，ヘーゲル学派，ガンス，ヘニング

【参】Gans (1836), Rosenkranz (1844), Schlawe (1959)　　　　　　　（生方　卓）

『学的批判年報』　[*Jahrbücher für wissenschaftliche Kritik*]

学的批判協会によって編集・刊行された雑誌で，1827年1月1日に第1号がコッタから出版された。ヘーゲルは死に至るまで中枢として活躍し，この雑誌はヘーゲル学派の機関誌的性格をもつ。W. v. フンボルト『バハーガヴァト・ギーターという名のマハーバーラタの挿話』(1826) について (1827)，ゾルガーの遺稿と往復書簡 (1826) について (1828)，ハーマン著作集 (1821-25) について (1828)，ゲッシェル『キリスト教信仰論との関係における無知と絶対知に関する箴言』(1829) について (1829)，匿名の（ヒュルゼマン？）『ヘーゲル学説あるいは絶対知と現代の汎神論について』(1829) と シューバルト『哲学一般，特にヘーゲルのエンツュクロペディーについて』(1829) に関して (1829)，オーラート（Albert Leopold Julius Ohlert）『観念的実在論』(1830) について (1831)，ゲレス『世界史講義』(1830) について (1831)，ヘーゲルは批評論文を掲載した。→学的批判協会　　　　　　（山田忠彰）

革命　[Revolution]

Ⅰ　精神の再把握　精神が，自己を把握した結果，より高次の段階に移行する運動［『法哲学』343節］。宗教，学問や世界史などにおけるすべての革命は，精神が「より深く真実に自己を把握し手持ちのカテゴリーを変更したことで起こる」［『エンツュクロペディー（第3版）自然哲学』246節「補遺」］。憲法体制は，「国民の自己意識のあり方と教養に依存」［『法哲学』274節］するから，世界史の過程で市民社会の教養がすすみ国民精神が刷新されると，再編されざるをえない。さもなければ，憲法と，それを支える精神とが矛盾を来し，「精神の教養進展（Fortbildung）」が「革命の源泉となる」［『法哲学講義（ヴァンネンマン）』219］。こうした革命観は，はやくも『キリスト教の精神』［1. 297］で確立され，ヘーゲルにとって終生変わらぬものとなった。

ところで，より高次の国民精神は「突発的には形成されない」［『法哲学講義 (19/20年)』229］から，まず「時代の精神における静かで密かな革命が先行する必要がある」［『キリスト教の実定性』1. 203］。そして，「次第に忍び込み慣習となったものは後に法律とされ，他

の法律は失効し廃棄される」[『法哲学講義（19/20年）』229]。しかし、こうした制度的進展がないと、「自己意識的な概念のなかに、現実とは異なる制度が存在する」[『法哲学講義（ヴァンネンマン）』220]ようになる。そこで、「習俗と硬直化した憲法体制との矛盾」[『エンツュクロペディー第1版への自筆ノート』199]を解消するために、概念上の制度に実在性を与えようとして、革命が発生する。

Ⅱ 革命の意識と過程　革命が発生するときの意識の形態は、現実の組織がもつ有用性を、知と意志に還帰させて撤廃した「絶対的自由」の意識であり[『精神現象学』3. 431]、普遍意志である。かかる意識は、自分がもつ区別を現実の区別として展開して、新たな組織を再興することになる[同 3. 438]。

このとき、国民は、もはや有効性のない法を、「暴力的な内部爆発によって粉砕する（zerschlagen）」か、「比較的おだやかにゆっくりと変更する（ändern）」かする[『哲学史』19. 113]。こうした変革の理念が一般的な洞察になると、暴力によらず旧制度は消失するが、政府が旧体制に固執すると、これを打倒して新政権が樹立される[同上]。こうするだけの悟性と力のない国民は、低次の法律で満足するか、時代の先端をいく国民に従属することになる[同上]。

国民による革命は、社会契約論的な「多数者の集合体」[『エンツュクロペディー（第1版）』440節]ではなく、「実体的で絶対的な連関」[同上]から現実的な法を生むかたちで遂行されるから、「憲法体制が自己自身をつくる」[『法哲学講義（ヴァンネンマン）』190]という意味で理解されねばならない。このとき、憲法体制と一体化した個人（英雄）が、革命の主体となり主権を発動する。主権を保持するはずの君主が国民精神に背く場合、「国家の統一」[『法哲学』278節]という理念に主権が復帰し、この理念の実現者が新君主となる。革命的暴力は、自然状態を克服する「神的権利」[『法哲学講義（ヴァンネンマン）』174]として正当化される。

Ⅲ ヘーゲルの確信　「観念（Vorstellung）界の革命が起これば、現実は長持ちしない。実践的な活動が必ず後続するだろう」[『書簡集』（第1巻）253]というヘーゲルの確信は、以上の革命観からくる。『法哲学』の国家論は、近代国家の静態的分析ではなく革命の論理を内包した動態的なものとして理解されなくてはならない。→憲法、民族精神（国民精神）、フランス革命

【参】Lucas (1986)　　　　　　　　　（神山伸弘）

格率　[Maxime]

ヘーゲルは、カントの「格率」について、それは内容を与えられるときには自分自身をも廃棄してしまうと考える。例えば、貧しい人々を救おうとするのは、貧困が現に存在するからである。「貧しい人を救う」という格率は貧困を廃棄することであり、貧困を前提としている。ところがこの格率が、「すべての人は貧者を救うべし」というように普遍的なものとされる場合には、もはや貧者は全くいないか、或いは貧者ばかりになるかである。救いうる人は誰も存在せず、そもそも救いということが成立しなくなってしまう。救いを行使するためには貧困が存在するべきであるとされるならば、格率は単なる可能性にすぎなくなる。結局格率の遂行が格率自体の廃棄なのである。「普遍性から考えると自己を否定するような規定[内容]にかかわる格率は、普遍的立法の原理となりえないし、したがって非道徳的であろう」[『自然法論文』2. 465; 『哲学史』20. 268f. 参照]。→カント、道徳性

（水野建雄）

過去　⇨時間

化合　⇨化学・化学的連関

花崗岩 ⇨岩石

家財 [Familienbesitz, Familiengut]

イェーナ期のヘーゲルにとって，家族における財産は子供とともに，第一の言葉，そして道具に次ぎ，精神の第三の「媒辞(Mitte)」として重視されるようになる[『イェーナ体系Ⅰ』GW 6. 281]。すなわちそれは「人倫的精神の非有機的自然」[同 GW 6. 317]のより高次の形態として規定されている。「家財は道具よりも高次の活動の契機を有している」，つまりそれを生み出す労働は単に個別的なものとしてあるのではなく，より普遍的な「共同体的労働」[『イェーナ体系Ⅲ』GW 8. 212]としてあり，またそこにおいて「共同体的所有」[『人倫の体系』PhB. 36]が実現されているからである。『法哲学』においても「普遍的で永続的な人格としての家族」にとって，子供が両性の「愛」の精神的一体性としてあるのに対して，「家産(Familienvermögen)」は家族の人倫性をさらに育み，その一体性を支える物質的契機としてとらえられている［170節，173節「補遺」，174節］。⇨家族

(南條文雄)

仮象 [Schein]

仮象とは，「止揚された存在」としての本質になおも残存している「存在の空疎性(Nichtigkeit)」である[『大論理学』6. 18f.]。ヘーゲルは「存在の止揚」からまず本質の存在的契機を「非本質的なもの」として，さらには「仮象」として考察する。「しかし仮象はそれ自身なおも本質から独立した直接的な側面をもち，本質の他のもの一般であるかのように見える」[同 6. 19]。そこでヘーゲルは，仮象を「非存在の直接性」と規定して，その否定性も直接性も「本質自身の二契機」であることを示し，それが「本質自身の仮象」であるとする[同 6. 21f.]。次にヘーゲルは本質の二契機のいずれも「自己関係的否定性」であることを示して「仮象」を「本質自身における映現(Scheinen)」つまり「反省」とする[同 6. 24]。「映現」は，存在の「移行」，概念の「展開」と並んで，本質論理学の弁証法の形式を特徴づけている[『エンツュクロペディー(第3版)小論理学』161節]。

仮象が映現としての意味を真に発揮するのは，ヘーゲルの芸術美の規定においてである。彼は芸術美を「イデーの感性的映現」(das sinnliche *Scheinen* der Idee)と規定する[『美学』13. 151]。芸術を単なる仮象と看做す立場に対して彼は言う。「しかし仮象そのものは本質に本質的である。真理はもしもそれが現れ現象しなかったならば，もしもそれが或るものにとって，つまりそれ自身にとっても精神一般にとってもあるのでなかったならば，ないことになるであろう」[同 13. 21]。美の規定としての映現には，現象，単なる仮象，そして輝きという意味が卓抜な仕方で綜合されている。すなわち芸術作品においてはイデーが現象する。そのとき単なる仮象となるのはイデーの現象の場となる感性的素材である[同 13. 60]。したがってそれは感性的なものの変容という意味で仮象であり[同 13. 71]，そこに一種の輝きが発せられる。⇨芸術美

【参】 Henrich (1978), 四日谷敬子 (1978)

(四日谷敬子)

過剰 ⇨交換

家神 [Penaten]

古代ローマの家庭で食料品を入れる戸棚(penatus)の守り神。竈の女神ウェスタ(Vesta ギリシアのヘスティア *Εστία*)や，家族の神ラーレス(Lares Familiares)，男の生殖力として家長から家長へと伝えられる守護神(Genius)などと密接な関係をもつ。ヘーゲルはこれを，家族の実体的精神を象徴するものとした。「人倫的精神が一つの形姿

として表象されると，ペナーテンとして崇拝されたのであって，これが婚姻と家族の宗教的性格である敬愛心（Pietät）の基礎をなす」『法哲学』163節]。ペナーテンは「家族の精神」という「一個の実体的本質（ein substantielles Wesen）」[『歴史哲学』12. 60] であり，『精神現象学』では「国家の普遍的精神に対立する」ものとされた。すなわち，意識の明るみにもたらされた公共性（公開性）に対して，内に隠された私的性格と，家を守る女性と結びついて血縁に基づく自然的性格を代表する［3. 330,337,352］。⇨家族，守護神

(山崎　純)

仮説　⇨判断

家族　[Familie]

ヘーゲルによれば，家族は自然的な人倫的共同体である［『精神現象学』3. 330］。すなわち，第一に，人間が単にばらばらの個別的存在であるのではなく，共同的存在であることの現実的な表現であり，したがって，「精神」が直接に実体としてある姿だということができる。精神の直接的形態においてあるのだから，そこに存在する共同の形態も愛情という自然的な感情に基づく私と他者との一体の意識である。こうして家族の出発点は恋愛によるにせよ，両親などによる配慮に基づくにせよ，二人の男女が家族という一つの人格をなそうと同意の上に成り立つ。しかし，男女（夫婦）の愛によってのみ家族が基づくならば，それはたんに主観的で偶然的，恣意的にのみ留まるものになってしまうが，家族はたんに愛に留まるだけでなく，それを法律的に契約とし，生活の全体を共有し，さらに，財産を共同で運用していく。このように家族は外面的物件においても一体性を表現するがそれだけではない。このような両親・夫婦の一体性がその精神においても対象として実在の現存として表されたものが子どもである

[『法哲学』174節]。

以上のようなヘーゲルの家族論を特徴づけるのは，家族をこれまでのように経済的単位，ないしは家父長制に基づく私的所有の形態と捉えるのではなく，愛情を基礎にした共同体の形態と捉えた点である。したがって，家族形態についても夫婦によって家族が形成されるごとにそれが独立した新家族として認められるという点で本質的に核家族を家族の単位として考えている。また，子どもをそれ自体としては自由な存在として捉えて，古代ローマ法におけるように親の物件的な所有物と考えるあり方を断固として退ける点で，近代市民社会の人格関係を前提として，その上での共同関係を家族の中に求めているといえよう。さらに，カントに代表されるように家族関係を近代市民社会の契約関係に還元してしまうような家族観へも強い批判を投げかけている[同161節「補遺」]。市民社会の契約関係に還元されれば，結婚は家族関係は相互に合意された限りでの利用関係になってしまい，個人はバラバラのままに留まるが，ヘーゲルはむしろ家族こそ，人間の共同関係が確証され表される関係として，国家の共同体とならぶ共同関係の場と考える。

『精神現象学』によれば，家族関係こそは国家共同体が成立する地盤となりうるものである。子どもに対して共同性の教育の場として家族（家庭）を位置づけることからも明らかなように，家族の共同関係を基盤に，市民はより自覚的で意識的な共同体としての国家共同体に係わっていく。この際，国家共同体において従われる掟ないしは法律，決定によって，実は，家族という私的な親密関係の共同体にさまざまな負担や犠牲が押しつけられることになり，そこに公的世界（人間の掟）と私的世界（神々の掟）の共同性の矛盾が現れる。そして，この矛盾には男女の間の矛盾が対応することになる。⇨愛，家財，市民社会，国家，男と女，結婚

(佐藤和夫)

語り ⇨言語

価値・価格 [Wert, Preis]

物件は特別の「欲求」に関連している限り，特別の「有用性」を持つが，この有用性は量的に規定されたものとして，同じ有用性をもった他の物件と比較されうるという意味で普遍性を持つ。またその物件によって充足されるべき欲求も，社会の欲求である限り，同時に普遍的欲求であり，他の欲求と比較されうる。その結果，物件もまた他の欲求にとって有用な諸物件と比較されうる。物件のこのような普遍性が価値である［『法哲学』63節］。このように物件の価値は，物件の有用性と物件への欲求との普遍性にもとづくが，物件にこのような価値を付与するのは「労働」ないし「形成 (Formierung)」である［同196節］。

経済的価値の概念は既に『人倫の体系』［PhB 29］に登場している。そこでは価値とは「抽象としての同等性」，「概念的尺度」であり，価格とは「現実に見出された経験的尺度」であるとされる。また「労働と生産物の価値および価格」は「全ての欲求の普遍的体系」によって規定されるともされる。

『イェーナ体系Ⅰ』では，労働が価値をもつのは，それが自分の欲求充足の手段でありながら，同時に普遍的欲求のための普遍的労働，つまり社会的分業である場合であるとされ［GW 6. 322］，他方，『イェーナ体系Ⅲ』では，価値とは他者の私念 (Meimung) と意志によって承認された私の私念と意志であるともされている［GW 8. 228］。総じてヘーゲルにおいては，マルクスにおいてと同様，価値は量的なものであるが，マルクスとは異なり，価値の量は投下ないし必要労働量には還元されない。ある物や労働が無価値であるのは，それらが他者のいかなる欲求の対象でもないということに他ならない。物価の問題は，貨幣量と貨幣の流通速度との関連で考察されている［『法哲学講義 (ヴァンネンマン)』104節］。

外面的差異の背後にある内的同等性としての価値の概念は，交換契約の場面においてばかりでなく，犯罪と刑罰との関連においても登場する［『法哲学』101節］。ある犯罪に対する刑罰が不当なものでない時には，両者は価値において同等であるとされるのである。

→欲求・欲望，労働，分業

【参】 Lukács (1967)　　　　　　　　（生方 卓）

家長（父権） [Patriarch, Patriarchat]

「家族の長としての夫」は単にその家族を代表するだけではなく，「外で所得を手に入れ，〔家族の〕欲求に対して配慮し，そして家産を分配し管理する役目がある」が［『法哲学』171節］，しかしヘーゲルは，家族とその資産に対して絶対的権力を有していたローマ私法における家長の在り方を批判し［同175節「注解」，180節「注解」］，家族のどの成員も家産に対して平等の権利を持ち［同171節］，子供は扶養され教育される権利を持っていることを強調している［同174節］。ヘーゲルの家長は，「家系という抽象物にはいかなる権利もない」［同177節］といわれているように，家父長制的なそれとは異なり，「新家族は〔血縁関係ではなく〕人倫的愛を基礎としている」［同172節，180節「注解」］とされている。しかし，ヘーゲルは一方では土地貴族の長子相続権を，したがって世襲財産制を「ただ政治的観点からだけ」認めてもいる［同306節「補遺」］。→家族　　　　　　　　（南條文雄）

学校 [Schule]

ヘーゲルがニュルンベルクでギムナジウム校長をした際に準拠したニートハンマーの立案になるバイエルン王国における『公的授業施設の設置の一般的規範』によれば，学校 (Schule) とは6歳から12歳までの義務教育機関としての国民学校 (Volksschule) や，高等教育への準備教育機関として勉学学校

(Studien=Schule) と呼ばれた 8 歳から 12 歳までの初等学校（Primärschule）や，14 歳までの中学校（Sekundärschule）としてのギムナジウム予科や実科学校を指す。後者は勉学高校（Studien=Institut）と呼ばれたギムナジウム本科や実科高校に接続して，全体として勉学施設（Studienanstalt）を形づくったのである。広義においては，これらの全体を指すと言ってもよい。ヘーゲルは，学校を主観的な愛情を紐帯とする家庭生活から，子供を自立させ，客観的な事柄が問題となる社会生活に向けて子供を準備する場所として捉える。そして，そこに学校をめぐって学校と家庭，学校と社会，国家とが，一方では協同関係に立つとともに，他方では対立関係に立つことになるという認識を持っていた。すなわち，一方では家庭は子供を就学させ，授業料を支払い，学校と協力して子供の勉強や生活を指導監督しなければならず，また国家も教師への給与，施設の整備，給費制度の確立など財政的援助を惜しんではならないが，他方では学校は市民階級の実用主義や，農民階級の保守主義によって教育を歪めてはならず，また国家の不当な干渉によって国家教育となってもならないと考えたのである。ヘーゲルの『法哲学』においては学校は福祉行政（Polizei）の所管事項とされている。具体的には，町の警察，聖職者，校長などが加わって構成される教育委員会の下に立つと考えられていたと言ってよいであろう。→教育，ニートハンマー，ポリツァイ　　　　　（上妻 精）

活動性　[Tätigkeit, tätig]

静止・安定・固定に対する，生あるものの動的な在り方（「生けるものは常に活動状態にある」[『宗教哲学』**17**. 508f.]；「実践的活動性は自由に行動し，……それ自身統一である」[『道徳性・愛・宗教』**1**. 239, 参照 253f.]）。過程・媒介・否定・矛盾・生成・産出・移行などの，「生命性（Lebendigkeit）」を示す諸契機に共通する不可分の概念。「精神」において特にその意義が強調される。「精神は本質的に活動性である。……精神は存在するもの，直接完成したものではなく，むしろ自分自身を生み出すもの，純粋な活動性，精神自身について即自的に作られている……前提を止揚する作用」[『エンツュクロペディー（第3版）精神哲学』443 節「補遺」**10**. 237]，「固定的な一切の悟性規定の否定」[同 378 節「補遺」**10**. 12]である。さらに，概念や理念が実現されていく過程の動的な在り様を示すのにも用いられる。「和解は自由であって，静止したり，あるいは存在するものではなく，活動性である。和解，真理，自由，これらはみな普遍的な過程であり，単純な命題で言い表わすことはできない」[『宗教哲学』**17**. 203]。

（座小田豊）

過程　[Prozeß]

「理念は本質的に過程である」[『エンツュクロペディー（第3版）小論理学』215 節]と言われるように，「過程」は「区別されたものを同一にし，同一のものを区別する」[『同・自然哲学』326 節]弁証法的運動を表している。ただ，同種の表現である「発展（Entwicklung）」が，はっきりと「概念」の境地を表す言葉とされている[『同・小論理学』161 節]のと比べると，いくぶん消極的なニュアンスもあるように思える。「過程」という概念の特徴を整理してみよう。(1)世界を絶対的な生成・変化の相のもとにとらえる。したがって，(2)個別者はその自存性・基体（Substrat）性を失っている。(3)個別者は，それと相関・対立する他の個別者との関係においてのみ存立する。つまり，(4)真に存在するのは，絶対的一者として，個別者の統一と対立というたえざる過程を貫く「過程そのもの」のみということになる。

「万物は流転する」と説いたヘラクレイトスが，「過程」の本質を把握した最初の哲学

者である。ヘラクレイトスは「火」を世界の本質とする。「火」は燃えつづけるという「過程」としてのみ「存在」し、すべてのものは、「火」の中に投げ込まれることによって、それ自体の自存性を奪われ、流動化する。全自然は「火」という絶対的一者からの対立の生成、対立の統一への消滅という循環過程なのである。

こうした「過程」の思想に欠けているものは、個体の自立性と、全体としての循環をより高い価値へと方向づける「目的」の概念である。ヘーゲルはアナクサゴラス（Anaxagoras）の「ヌース」の概念に「目的」の概念の始動を見る。「単なる過程」から「目的」を内在的活力とする「発展」への転回は、『論理学』や『自然哲学』で言えば、「化学的連関（Chemismus）」から「目的論」、「化学的過程」から「有機体」への転回に通じている。ただし、そこで論じられる「化学」とは、多種類の不変の元素を前提する近代化学ではなく、すべてのものを酸とアルカリの「親和的緊張〔対立〕」と「中和〔統一〕」の「過程」の内にみていく、パラケルススに由来する錬金術的「化学」なのである。→化学・化学的連関, 発展, ヌース　　　（門倉正美）

カテゴリー　⇨範疇

カトー（大）　[Marcus Porcius Cato (Censorius) 前234-149]

トゥスクルム出身でローマ政界では新人であったカトーは、第2ポエニ戦争で戦功をつんで地歩を得た。ヘレニズム心酔者、とりわけスキピオ一派に反感をいだき、前184年検察官に選ばれてからは古人の質実な生活態度を理想として風俗矯正の実をあげた。「カトーは元老院の審議が終わるたびに〈とにかくカルタゴは絶滅されるべきだ、と私は主張する〉と言った。それでこそ彼は真正のローマ人であった」[『歴史哲学』12. 374]。また彼はラテン散文文学の開拓者ともされ、『起源論』（7巻）はラテン語で書かれた最古のローマ史である。なおヘーゲルはカトーを共和制ローマの典型的人物と目している。「カトーはローマ共和制の没落後にはもはや生存しえなかったであろう。彼の内的現実はローマ共和制以上に広くはなかったし、それより高くもなかった」[『エンツュクロペディー（第3版）精神哲学』406節]。
　　　　　　　　　　　　　　　（小林靖昌）

寡頭制　⇨政体

可と不可　⇨善

カトリシズム　[Katholizismus]

ヘーゲルはルター派の立場から、カトリックに対しては厳しい態度をとっていた。ベルリン時代に「カトリック教の公的誹謗」のかどで訴えられたときも、断固とした調子で自己弁護の文章を残している[『ベルリン著作集』11. 68-71]。

キリスト教は本来、神が精神と真理のうちに知られていることを特徴とする。「しかるにカトリック教においては、この精神は現実において自己意識的精神に硬直的に対置される」[『エンツュクロペディー（第3版）精神哲学』552節]。すなわち、精神が感性的現前や伝統など外面的なものにとらわれ、「自己外存在」（Außersichsein）の下につながれる。教会の堕落もそこから結果し、宗教改革に結びついた。

カトリックの典型的な誤りは、聖餐の捉え方（聖体を外的な物として祈りの対象とする）に示される。そこから自由と精神を欠いた迷信的な諸形態が生ずる。たとえば、聖職者と一般信徒を区別するヒエラルヒー。神的真理は前者によって独占的に管理される。しかも聖職者は信徒によって民主的に選ばれず、上から任命されるので、信徒は自分たちの意思を反映させるみちを閉ざされている。その

他, 唇を動かすだけの, 精神を欠いた祈禱の仕方, 直接に神に祈るのではなく, 第三者 (マリアや聖人) に仲介を求めること, 奇蹟を行うと信じられている聖像や聖人の遺骨を崇敬すること, 善業を通じて功徳をつめるという信念なども, ヘーゲルは槍玉にあげている。

精神がいわば「三人称」においてしか捉えられず, 個人の志操が未成熟なのに対応して, カトリック教国では理性的な政治体制がなりたちえない。教会が「国家の中の国家」として, 市民法の適用されない独自領域を形成している。カトリックと違う思想を持つものは, 教会への, ひいては神への反逆者とみなされ, 教会によって裁かれる。したがって, 人倫的自由は達成されていない。→プロテスタンティズム　　　　　　　　　　　　　　（中岡成文）

可能性　[Möglichkeit]

自己に矛盾しないものはすべて可能であるから, 可能性は「自己同一性の規定」である。だがこのことは, 可能性が内実を欠く形式的な規定にすぎないことを意味している。内容を考慮に入れるならば, あらゆるものごとはそれ自身において対立的な規定を持ち, したがって矛盾を含んでいる。だから, 上述の意味では, 一切は不可能だということになってしまう。重要なことは, ものごとの可能性を把握することではなく, その現実性を把握することである。可能的でないものは現実的にはならないから, 可能性は現実性にとって本質的な契機ではあるが, ものごとは, 単に可能的であるというだけでは, まだ具体的な現実的なものにはならない。単に形式的な可能性は, 同時に非現実性・不可能性を意味している。ものごとが現実的なものになるためには, 様々な条件が揃わねばならない。この諸条件の全体が「実在的可能性」であるとされる。→即自, 現実性　　　　　　　　（笹澤 豊）

ガブラー　[Georg Andreas Gabler 1786.7.30-1853.9.13]

ドイツの哲学者。ベルリン大学教授。ヘーゲル右派。1805-06年にイェーナ大学でヘーゲルの講義を聴講し, 『学的批判年報』(1832) に注目すべき報告をしている。シラーの子供たちの家庭教師, ギムナジウムの教授を経て, ヘーゲルの『精神現象学』に基づく『哲学的予備学教程』(Lehrbuch der philosophischen Propädeutik. 1827) を著す。1835年にヘーゲルの後任としてベルリン大学哲学教授となり, 『ヘーゲル哲学』(Die Hegelsche Philosophie. Beiträge zu ihrer richtigen Beurteilung und Würdigung. 1843) を著す。シュトラウスに対抗して, ヘーゲル哲学とキリスト教との一致を主張した。→ヘーゲル学派　　　　　　　　　　　　　　（寄川条路）

可分性　⇨原子

貨幣　[Geld]

ヘーゲルの貨幣に対する考察はイェーナ時代にまでさかのぼることができるが, 『法哲学』によれば, 貨幣は「普遍的物件として規定されている物件, すなわち, ただ価値として通用するだけで他に利用のための特殊的規定をもたない物件」[80節] であり, 貨幣の介入によって交換は売買に転化される。しかし貨幣は単に普遍的な交換手段であるばかりでなく, 「普遍的商品, 抽象的価値」[『ニュルンベルク著作集』4. 240] でもあり, 「貨幣はすべての事物の代表」[『法哲学講義（ホト）』241] なのである。また, ある国に貨幣が多いことはその国の富の尺度にはならない。なぜならそれは貨幣が安いこと, 商品が高いことであるから。貨幣が少なければ逆のことが起こり, さらには交換が困難になる。むしろ大事なのは「流通」であって, 貨幣の流通が最大であるときは富も最大なのである。金属貨幣が少ない場合には紙幣を用いて流通を増大すべし

とヘーゲルは説く。ここにはスミス『国富論』の影響がみられる。→交換,価値・価格

(生方 卓)

神 [Gott]

青年時代のヘーゲルはカント以来のドイツ観念論で問題とするような,実践理性の要請に基づく神概念と闘っていた。その青年時代のキリスト教研究の軌跡が『初期神学論集』であり,カントとドイツ観念論をめぐるヘーゲルの総括がイェーナ期の『差異論文』『信と知』である。イェーナ期の研究を経て,『精神現象学』を初めとする,これまでのドイツ哲学には見られなかった独自の神概念をもつ一連の体系的著作が成立する。青年時代の著作から晩年の著作にいたるまで何らかのかたちで言及しているのは神であると言ってよかろう。

I 青年時代の総決算ともいうべき『精神現象学』において,神の概念は学の認識との関係において論じられており,これまでのカント,フィヒテ,シェリングらの曖昧な神の概念が検討される。ここに哲学的思索が登場する。この思索の中でヘーゲルは「神は存在である」[『精神現象学』3.59]ということばを挙げる。この主張のうちに主語と述語の関係,特に述語「存在」の実体化が論ぜられ,述語が主語の本質として,徹底的に考えぬかれ,弁証法的運動へと展開する。この主張はやがて論理学において存在を扱うときに再論される。『精神現象学』の啓示宗教の章においては,神の死と,神が人間となること(Menschwerdung)にも触れている。神の死についてはすでに『信と知』において,パスカルに言及して,哲学は「思弁的聖金曜日」を神喪失のただ中で復興するべきであると主張する。また,神が人間となること,これがキリスト教の本質であり,絶対的宗教の内容であると言う。この点が神を客観とし,単なる主観の対象とする自然神学と異なるところである。

II ヘーゲルは論理学において「論理学の内容は神の叙述」[『大論理学』5.44]と述べている。ヘーゲルが目指したことは「真理の学問的認識」[『エンツュクロペディー(第2版)』8.14]であり,真理を神[『同(第3版)緒論』1節]と考えてきたヨーロッパの伝統を検証することである。この神の内実を明らかにしていくのが弁証法の展開である。「神はもっとも現実的なもの」[同6節]であり,このことを概念において把握するのが論理学である。したがって神の存在証明もまた論理学を補足するものである。アンセルムスの神の存在証明が再び注目される。「概念と存在の統一」[『同・小論理学』51節]のうちにカントに対する批判がこめられている。

概念論最後の理念はヘーゲルによれば真理であり,まさに神に他ならない。理念の外化を経て,再び自己自身に帰った精神の哲学の最後のところで絶対的精神が扱われている。そして〈精神としての神についての認識は概念把握による思惟に進んで行く〉[『同・精神哲学』564節]のであり,さらに「神は自己自身を知っている限りでのみ神である。さらに神の自知は人間における自己意識である。神についての人間の知は神における人間の自知に進んで行く」[同上]と言われる。

III 『宗教哲学』は神認識とかかわる。当然,神は認識不可能という時代の思想に対する批判を前提にしている。宗教哲学は神の概念から始める。「神は絶対的に真なるもの,即かつ対自的に一般者であり,一切を包含し,含み込み,一切のものに存在を与えるものである」[『宗教哲学』16.92]。その上で,神は絶対に真なるもの一般,すなわち,神的一般者,普遍者であり,「自己自身との絶対的統一のうちにある」[同16.93]ものという。この神と並んでいかなる独立したものも存在しない。「神のみは絶対的実体であり,ひとり真実の現実性である」[同16.94]。しかし,単に神のみが実体であるといわれるのみでな

く，精神，絶対的精神も，絶対の実体であるとともに主観であると言われる。一般にこのような神はわれわれのどこに位置するかというと，神は信じ，感じ，表象し，知るものとしてのわれわれのうちに存在するとされる。これを認識するのは思考であるとヘーゲルは考える。これは神が，個別者を越えて，普遍者にまで高まるということである。しかし，まだこの段階では，ヘーゲルの神はアブラハムの神でもイエスの父なる神でもないが，神的精神を本質的な過程と見，それも三一的精神と見ていたといってよいだろう。

　神はしかし単純に，無限だとか，有限だとかということばで規定することはできない。むしろ有限者への運動であり，有限者からの自己回帰であり，このような自己自身における運動である。このような運動は，神が自然，歴史，国家，芸術の中で展開するということである。宗教哲学においてこの神概念が実現する究極の形態が絶対的宗教である。そこでは神の理念は「概念と実在との統一」[『宗教哲学』17. 205] と言い表わされる。哲学は神を認識すること以外の究極目的をもつことはできない [『ベルリン著作集』11. 241] とヘーゲルはベルリン時代に書き残している。→キリスト教，神学，神の存在証明，神と人，神性

【参】 Schmidt (1952)，岩波哲男 (1984)
(岩波哲男)

神と人 [Gott und Mensch]
　神と人とは，ヘーゲルによれば，どちらも精神を本質とする点で，一方の自分についての知＝他方についての知，他方についての知＝自分についての知という，根本的に共同的・相補的な関係にある。「神と人との共同という対象は，精神と精神との共同である。……人が神について知るということは，〔人と神との〕本質的な共同からして，共同的な知である。人が神について知るのは，人のうちなる神が自分自身について知るかぎりでし

かなく，この知は神の自己意識であるけれども，それと同様に，人についての神の知でもあり，したがって，人についての神のこの知は，神についての人の知なのである。神について知る人の精神は，神自身の精神にほかならない」[『宗教哲学』17. 480]。一見すると神の絶対性・無限性に反するかに思えるこの関係によって，むしろ初めて神は自らの絶対性を証するとされる。なぜなら，「神は有限なものへの運動であり，したがって，自分自身へと有限なものを止揚することとして存在する。有限なものとしての自分を止揚するものである自我〔人〕において，神は自分に立ち返り，このように自己へと還帰するものとしてのみ神は存在する。世界がなければ，神は神ではない」[同 16. 192] からである。人もこの関係において初めて自らの本質を知るとされる。「人が神について抱く表象は，彼が自分自身について，つまり，自分の自由について抱く表象に対応する。彼が神のうちで自分を知るとき，そのことによって彼は神のうちなる自らの過ぎ去りゆくことのない生を知り，自らの存在の真理について知るのである。……人が真実神について知るとき，彼はまた真実自分について知るのであり，このふたつの側面は呼応しあっている」[同 16. 83]。

　神と人，それゆえ，無限と有限を和解させ，真実の合一の関係を現実化した象徴が，「神の永遠の人間化における現実性」[『信と知』2. 423, 参照 112] である神人 (der göttliche Mensch, Gottmensch) イエス・キリストである。「神人にとってはいかなる彼岸も存在しない」[『ニュルンベルク著作集』4. 67] ゆえに，イエスによって「精神のそれ自身との和解，絶対的な歴史，真実性の過程が……直観され確信されるに至る」[『美学』14. 147]。こうして人は皆，「神の目的であり，神と一体であるという無限の使命と重要性をもつ」に至り，「神との合一を，自分の現存在の目標として措定し達成するという要求が課せら

れる」[同 14. 148]。

アンティゴネーに見られるように，古代ギリシアの時代に神々と人間の抗争が現れるのは，真の神人が未だ到来していなかったからである。それゆえに，両者が絶対的な対立関係に陥り，神の権利である家族の自然の掟と，人倫的な自己意識の権利である国権とが分裂した状態のなかで，個々人は両者の狭間でなす術もなく翻弄される[『精神現象学』3. 344 ff., 参照 417f.]。この事態は「人倫における悲劇の上演」[『自然法論文』2. 495]とも呼ばれる。→宗教，神，イエス　　　　　（座小田豊）

神の権利と自己意識の権利　⇨神と人

神の存在証明　[Gottesbeweis]

ヘーゲルの体系全体が，神の存在証明として解されうるということは，解釈史上既にしばしば指摘された点である。このような指摘の背景を理解するためには，初め中世のアンセルムス（Anselmus 1033-1109）の手になる神の存在の存在論的証明が，近世のデカルトやスピノザらの「必然的存在者」の思想を経由することにより，単に特殊形而上学の一部門である合理的神学の特殊的対象としての神の存在への関心を離れ，広く存在論全般に亙って「存在」と「概念」の相関を問う形式へと，大きく変容していたことに注意しなければならない。ヘーゲルによれば，アンセルムスの存在論的証明は，特殊形而上学の一部門内を動くものとして，（いわば生物学がとりあえず生物の概念を前提してかかるように）その対象である神の概念〈その本質，ないし事象性（Realität）の総数において最大の存在者〉を「前提」していた。そして「存在」ないし「現実性」はこうした質の一つとして神に帰属する。この証明に対しては，それが「単なる概念」から「存在」を引き出すものだとして，既に古くから数々の批判があった。他方，ヘーゲルによれば，スピノザの

実体の概念も，その概念が存在を含む自己原因として，体系の最初に同様に「前提」されていた。ただし，ここにはアンセルムスに見られない「必然的存在者」の考えがある。これは，特殊形而上学におけるように，何か特殊な対象の概念を前提し，これに存在を帰属させているのではない。むしろそれは，たとえこれこれと特定されうる何ものかが必然的に存在するということは証明されないとしても，しかしやはり何ものかが存在することは必然的である，と主張しているに過ぎない。そして，このように何らの特定も行わないという意味で全く「無規定」な思想を，敢えて「必然的存在者の概念」と呼ぶならば，この概念に対して存在を拒むことは，何ものも存在しないと主張して存在する思考の自己矛盾を招く，と考えるのである。ヘーゲルはこの点に，世界の偶然的「存在」から必然的存在者としての神の「概念」へ推理する宇宙論的証明と，逆に「概念」から「存在」へ移る存在論的証明との，自己の体系として有機的に展開されるべき統合を見ている。

ヘーゲルは，こうした状況を，カントの批判を通じてうけとった。カントによれば，世界の存在から必然的存在者の概念へ推理する宇宙論的証明は，今見たこの概念の「無規定」さゆえに結局はアンセルムス的な概念の前提へ，即ちその存在論的証明へ退行する。そしてこの証明は，存在は何ら経験される物の質や規定性といったものではないとしてとどめを刺される。この批判への返答が『論理学』の様々な箇所に見られる。まず，始元の存在の無規定性は，なるほど経験された物の質ではないが，思考の経験そのものが可能となるための質，無規定という規定性である。また絶対的必然性の中で，概念と存在との相関が，可能態の現実化として語られる。→始元

【参】Henrich（1960）　　　　　（大西正人）

カル [Jean Jacques Cart 1748-1813]

スイスの法律家・政治家。ベルン共和国の支配に対するヴァード（ヴォー）地方の抵抗運動を指導し，1791年弾圧を逃れてパリに亡命，ジロンド派に属す。93年書簡体のパンフレット『ジャン・ジャック・カルからヴォー地方の財務官ベルナール・ド・ミュラルへの，当該地方の公的権利および現実的出来事に関する手紙』(Lettre de Jean Jacques Cart à Bernard de Muralt, Trésorier du Pay de Vaud, sur le droit public de ce Pay, et sur évenements actuels) を公刊し，ベルン政府の圧政を歴史的に究明するが，禁書処分を受ける。その後アメリカに渡り，98年ヘルヴェチヤ共和国が成立するや帰国，控訴院判事および参議員になった。ヘーゲルの最初の公刊物は独訳『カル親書』(1798年匿名出版) で，訳序の「忠告から学べ」「耳を塞ぐ人々は手痛い運命に襲われるであろう」[1. 257] という文や訳注からあらゆる特権に否定的な当時の彼の政治的姿勢が窺われる。

【参】 Hoffmeister (1936), 金子武蔵 (1967), Wieland (1970)　　　　　　　　(竹村喜一郎)

ガル [Franz Joseph Gall 1758.3.9-1828.8.22]

バーデン，シュトラスブルク，ヴィーンで医学を修め，開業するかたわら解剖学を研究，後にフランスに帰化。特に脳と精神作用の研究にすぐれ，人間の精神機能は各々の位置を脳の表面の一定の部位のうちに占めるという〈大脳定位説〉を提唱。さらに，脳の表面の輪郭と頭蓋の外表面の対応が非常に密接であり，この頭蓋の隆起によってその能力，素質から性格まで推察しうるとする骨相学（Phrenologie）ないし頭蓋骨論（Schädellehre）を最初に説いた。ヘーゲルの『精神現象学』において頭蓋骨論は重大な意味をもっているが，その構想上の一契機としてガルの頭蓋骨論があったことはイェーナ期当時すでにガルの講演を聴講していたヘーゲルの記録 [『ドクメンテ』374] から明らかである。ただし，ヘーゲルのガルに対する直接的言及はかなり厳しく，「精神を単なるされこうべの散在する墓場（ゴルゴタ）におしさげた」[『美学』14. 370] と批判している。主著にシュプルツハイム (J. C. Spurzheim 1776-1832) との共著『解剖学と生理学』(Anatomie et physiologie. 4 vols. Paris 1810-19) がある。→頭蓋骨論

【参】 Temkin (1946, 1947)　　　　　(木村　博)

ガルヴァーニズム [Galvanismus]

ガルヴァーニ (Luigi Galvani 1737-98) は，カエルを使用して神経と筋肉に対する刺激と電気との関係の実験を行い，筋肉の収縮が電気的作用を起こし，また電気的現象が筋肉の収縮を起こすことができることを示し，この原因を動物の体内にある「動物電気」に求めた。ヴォルタ (Alessandro Volta 1745-1827) はガルヴァーニズムが動物固有のものではなく，物質の電気分解による化学的変化に基づくことを明らかにした。ヘーゲルはこの経緯を視野にいれ「ガルヴァーニ過程と化学的過程一般との進展を自然的活動の総体として把握すること」が理性的精神に対してなされる高次の要求と考える [『エンツュクロペディー（第3版）自然哲学』330節]。彼はこれを「電気的過程から化学的過程への移行」と捉え，未発展のままに存在する「差別性を抽象的な現存としてではあるがそれぞれ独立に措定すること」とする [同上]。この現象をヘーゲルは「化学的過程」の最初の段階に位置づけ，「無差別な物体から始まりその生動を経て中性にいたる」[同329節] 進展の開始であるとする。だから，この過程は物体性をその契機としており，実在的な物体性の変化をともなう。ガルヴァーニズムの場合は最初の物体性は金属性と言われる。そのため「単に差別されているだけの……金属がその内在的規定と差別性を相互に伝達しあうが，……同時

に自立的であるから相互に緊張状態にはいる。……このような緊張はまだ電気的である」［同330節］とヘーゲルはまとめている。ヘーゲルがガルヴァーニズムを化学的過程の最初に位置づけたのも，電気的現象の発生という側面と物体性の変化という二つの側面がそこに統一されているからであり，この観点から彼はこの区別と同一とを見ない見地を批判し，ガルヴァーニズムを電気としてのみ見る見地と電気と化学的なものを同一視する（区別をみない）見地の両方を批判している。→電気

【参】 Fulton/Cushing (1936), Hebbel (1936)

(長島　隆)

ガルヴェ　[Christian Garve 1742.7.7-98.12.1]

啓蒙主義の哲学者・著作家。病身のため教職につかず，もっぱらブレスラウで著述に従う。その著作はドイツ国民に〈自分で考えること〉を学ばせるための身近な問題を主題とした，いわゆる〈通俗哲学〉的論文が主だが，キケロの『義務論』やアダム・スミスの『諸国民の富』などの翻訳もある。ホッフマイスター (Johannes Hoffmeister 1907-55) が「少年ヘーゲルの上にくっきり加えられたガルヴェの影響はまだ一度も論及されたことがない」［『ドクメンテ』S.Ⅶ］と書いたように，ガルヴェの名は今日ほとんど忘れられているが，彼の散文はヴォルテールやルソーについで当時最もよく読まれたものの一つだった。ゲーテも『詩と真実』の中でそれに触れている。ヘーゲルがギムナジウム時代からガルヴェを読んでいたことは抜粋や小論文が示す通りであり［『ドクメンテ』S. 48f., 115f., 169f.］，たとえ後年の彼がガルヴェの通俗哲学を軽視したとしても，「18世紀の思想はヘーゲルの体系の素材であるのみならず，その相続財産，精神的実体である」［同 S.Ⅷ］というホッフマイスターの意見は依然尊重されねばなるまい。

【参】 Hinske (1973), Ripalda (1973), Wölfel (1974), 渡辺祐邦 (1976)

(渡辺祐邦)

軽さ　[Leichtigkeit]

軽さは流体性の形態を持つ物体の諸契機が分解する可能性である。「この水の過程において重さは対立した比重に崩壊する。一方の側面は土に，他方の側面は絶対的軽さにおいて空気に進む」［『イェーナ体系Ⅰ』GW 6. 196］。重さは物質の概念であるが，この重さが様々の物体へと形態化する可能性が軽さの概念であり，物体の多様性の可能性を示すのである。軽さの概念が問題になるのは普遍的個体性から特殊的個体性への移行においてである。軽さはさらに諸元素へ移行する可能性であり，また諸元素から特殊的な物体への移行において問題になる。しかし，軽さは物体の諸契機の区別が措定されていない段階でその諸契機の区別を一時的に，また偶然的に措定することである。だから，軽さの無形態性は流体性と異なって偶然性を特徴とし，その形態化は諸物体間の差別の一時的存在であることになる。熱，においもこの軽さに基づく存在形態であるとされる。→重さ，比重，熱，におい

(長島　隆)

カールスバート決議　[Karlsbader Beschlüsse]

オーストリア宰相メッテルニヒ主導の下に1819年8月6日から31日にかけてカールスバートで開かれたドイツ連邦大臣会議（オーストリア，プロイセンを含め9カ国が参加）において可決された自由主義弾圧の決議。メッテルニヒはこれに先立つ8月1日にテプリッツにおいて，プロイセン国王フリードリッヒ・ヴィルヘルムⅢとの間で大学と出版の徹底的束縛を内容とする秘密協定を結んでプロイセンを指導下におさめ，当時高揚しつつあったブルシェンシャフトの運動，学生ザント (Karl Ludwig Sand 1795-1820) によるコツェブー殺害事件 (1819年3月) などドイツ政府に与えた衝撃を利用して，弾圧をはかっ

た。そして9月20日にフランクフルト連邦議会は大臣会議に基づくこの決議を満場一致で採択した。その内容は(1)君主制維持のための措置，(2)大学および教授を監督するための措置，(3)特別な検閲規定をもつ出版条令の布告，(4)いわゆるデマゴーグに対する中央の措置およびマインツ最高査問委員会の設置からなっている。プロイセンでは10月18日に必要な施行規則を付して国王布告によって実施に移された。

カールスバート決議は，ヘーゲルの同僚のデ・ヴェッテの解職をめぐるシュライエルマッハーとの対立，ヘーゲルの弟子たちの相次ぐ逮捕などヘーゲルの身辺に困難な状況を生み出したが，とりわけ，この決議の検閲条項がまさしくこの時期に専念していた『法哲学』執筆に深刻な影響を与えた，と指摘する研究もある。というのは，とくに10月18日のプロイセンの新検閲布告は厳しく「これまで学術機関と大学に与えられてきた検閲の自由はこれをもって向こう5年の期限で停止される」というもので，一切の書物は検閲をパスしなければならなくなったからである。『法哲学』は遅くとも1819年3月には着手されていて秋には完成予定のはずが大幅に遅れ，「序文」を付して完成をみたのは1820年6月のことであった。この完成遅延の背景に，イルティング (Karl-Heinz Ilting 1925-84) はカールスバート決議の深刻な影響を見て，ヘーゲルの思想的立場の変更と著作の改作という仮説を提起した。すなわち「ヘーゲルがカールスバート決議とそのプロイセンにおける布告の影響下にあって，政治的に自分の方向を転換し，既に校正済みの『法哲学』を1819年10月と1820年6月の間に改作し，それが結果的に復古政治への非本質的ならざる順応となった」[Ilting, 102] というものである。イルティングのこの問題提起は，彼のヘーゲル「法哲学」講義録に関する研究とともに『法哲学』成立に関わる研究の深化に寄与するものであったが，しかしこの主張に対して，ヘーゲルは検閲措置の推移を注意深く配慮せざるをえない状況にあったものの，しかし他の著作の場合と同じように書き進めていたのだという指摘もある (Lucas, Henrich)。
→ブルシェンシャフト，コツェブー，デ・ヴェッテ
【参】 Ilting (1973), Lucas/Rameil (1980), Henrich (1983)　　　　　　　　　　　(水野建雄)

カルタ遊び [Kartenspiel]

ヘーゲルは子どもの時からトランプが好きで，とくにホイストというゲームが好きだった（スペクレーションではなくて！）。1798年フランクフルトで「カルタ遊びについて」という随想を書いている。「カルタ遊びへの嗜好は，今日の時代における主要な性格である。そこに働いているのは悟性と情熱という心の特性である。各人は規則を求めて，それをあらゆる瞬間に判断力として用いる。それゆえ深い理性の持ち主だとか，輝かしい構想力の持ち主は，しばしばカルタ遊びが下手である」[『ドクメンテ』277f.]。この下手な人というのは，ヘルダーリンかもしれない。「あらゆるギリシアの作品が，情熱のいかなる動揺に際しても息づいて吸い込んでいる心情の静けさ」[同上] と一致しないと書いているから，この随筆がトランプの下手なヘルダーリンをからかいながら，慰めるために書かれたと言う可能性は否定できない。(加藤尚武)

カローヴェ [Friedrich Wilhelm Carové 1789.6.20-1852.3.18]

コブレンツ出身のヘーゲルの弟子・信奉者。ハイデルベルク大学で法学を学び，ハイデルベルク・ブルシェンシャフトの指導者的地位にあった。1817年以後熱心なヘーゲルの弟子となり，ヘーゲルに従ってベルリンに移ったが，ベルリンでのブルシェンシャフトへの関与のためにヘーゲルの推薦のあった補習教師の職も教授資格取得も認められず，すべての

大学の職から締め出され、以後民間の学者として生活した。ハイデルベルクで死去。→ブルシェンシャフト，コツェブー

【参】Hoffmeister (1953) （水野建雄）

感覚 [Empfindung, Sinnlichkeit]

若い頃のヘーゲルはシラーのカント批判に与し、感性的な充実を許容するような、新たな理性概念を模索した。近代人は物事を「美の感覚」によってではなく、「冷たい、打算的な悟性」によって捉えすぎるというのである。

のちにはこれは様変わりする。たしかに感覚のうちには精神のすべての素材が現存しており、すべての思想はそこから引き出される。芝居のように変化にとんだ、色鮮やかな感性界はしかし、概念の自己外存在にほかならない。感性的なものは互いにばらばら（ein Außereinander）で、空間的には並存し、時間的には継起する。人間は感性的現象の一過性に満足せず、そのうちにある永続的契機を概念的に把握しようとする。それは現象を、内／外、力／表出、原因／結果へと二重化することによってである。思弁的理念は感性的なものに対立する。感性的直観に基づいている点で幾何学の優位が語られることがあるが、直観によってはいかなる学も成立しない。哲学の教育においても、生徒を具体的表象から「魂の内なる夜」へと引き戻すことが肝心である。

芸術において、感性的なものは精神化されている。すなわち、直接的存在という仮象から離れ、精神がそれによって触発され、充足を見出す、独特な仮象が問題となっている。だから芸術は五感のうち、視覚と聴覚という二つの「理論的」感官にしかかかわらない。また宗教においても、感性的なものから普遍的なものへ高まろうとする努力がなされるが、本来の思想と表現手段とのあいだにギャップがある。宗教は心情もしくは感覚の問題だという主張があるが、思惟こそ人間を畜生から分かつかつ固有のものであり、感覚は精神の定かならぬ蠢きにすぎない。

感覚の分類表は『エンツュクロペディー（第3版）精神哲学』401節「補遺」も含む）に見られる。感覚の領域は、(1)身体性の規定であり、内化されて感覚となる、外的感覚と、(2)精神から生じ、身体化されて感覚となる、内的感覚とに分かれる。(1)はさらに、①自然的理念性（視覚と聴覚）、②差異的実在性（嗅覚と味覚）、③大地的全体性（触覚）を対象とするものに分かれる。(2)はさらに、①個別性（憤怒、羞恥など）、②普遍性（人倫、宗教など）にかかわるものに分かれる。内的感覚は声によって身体化されるが、その最高の形態は分節言語である。 （中岡成文）

感官 ⇨感覚

還帰 ⇨反省

関係 [Verhältnis, Beziehung]

I 論理的カテゴリーとして関係（Verhältnis）が論じられるのは、量的関係ないし比例（das quantitative Verhältnis）、本質的関係、絶対的関係としてである。

(1) 数は不断の自己超出として現れるが、この超出は単なる無限進行を結果するだけでなく、そこにおいて数は自己自身に還帰する。一の数は超出によって生じた他の数によって規定されるのである。このように、一つの量が他の量との関係において規定されるということが比例の概念に他ならない［『エンツュクロペディー（第3版）小論理学』105節］。

この構造は、自己自身への関係が他者への関係であることによってのみ自己関係であるという本質のあり方と一致する［同112節］。本質の領域においては、すべてのものは、同時に超出されるかぎりでのみ、存在するものとして措定されるのであり［『エンツュクロペ

ディー(第1版)小論理学』65節],関係の観点が支配的となる。

(2) したがって,『エンツュクロペディー』の第1版では,「本質の領域においては,相関性(Relativität)が支配的な規定をなす」と述べられる。その際,「すべてのものは,反省,関係(Reflexion, Verhältnis)の存在である」とされるように,関係は反省と同義的に用いられ,第3版においては反省に吸収される。「本質の立場は総じて反省の立場である」[『エンツュクロペディー(第3版)小論理学』112節「補遺」]。

国王と臣下のように相関関係にあるものは,他の項に赴きそこから還帰するという反省の運動を通してしか捉えられない。この関係の視点を強調するならば,関係項の独立性は認められず,関係ないし反省の運動のみがあるとせざるをえないであろう。

だが,関係の概念のもとでは,両項の自立性がなお認められる。「関係は二つの項を持つが,これらの項は自立的な存立であり」,「各項の固有の自立性が関係の形式をなすのである」[『大論理学』6. 165]。自立性の見かけを有しながら,なおかつ他との関係を離れてはありえないという両項のあり方が関係に他ならない。したがって,この自立性の見かけが払拭されるならば,関係そのものの概念が止揚されることとなる。

こうした止揚の過程として,「全体と部分」「力とその外化」,「内的なものと外的なもの」の関係が位置づけられる。そして,区別された契機が完璧な全体であり,絶対的に存立するものでありながら,この存立は別々の存立ではなく,唯一つの存立に他ならないという把握がなされるに至る。区別そのものが絶対者の開示作用の映現であり,絶対者そのものである。こうして,「絶対的関係」の概念が獲得されるのである[同 6. 217]。

そこにおいて,本質は「仮象として措定された仮象」となり,このように自己に否定的に関係することによって,絶対者の発現としての絶対的現実性という意味を持つことになる。そして,こうした絶対的関係が「実体と偶有性の関係」,「因果関係」,「交互作用の関係」を通じて措定されることによって,「概念」の次元が拓かれる。そこでは,諸規定が全体そのものでありながら,諸規定としても措定されており,これらの規定のうちで統一が保たれていることが顕在的となる[同 6. 218]。そして,ここにおいて,主体性ないし自由の国(das Reich der Subjektivität oder der Freiheit)が成立するのである[同 6. 240]。

II 概念を主体(Subjekt)として捉える立場は,真なるものを実体として捉える立場の止揚として理解される。実体主義が真理を不動の実体として捉えようとするのに対し,主体主義は一切の固定的規定を流動化し,他の規定との関係において捉えようとする。こうして,「酔わぬものなきバッカス祭の酩酊」の譬えも生まれるのである。そして,このような関係の全体が真理とされることによって,真なるもの(絶対者,精神)はそれ自身関係として,しかも自己自身への関係(die Beziehung auf sich selbst)として把握されることになる。

こうして,操作的な概念としての関係のより広い意味が与えられる。この意味の関係(Beziehung)の概念は,同一律に従って物事を固定的静止的に見る悟性的態度に対し,弁証法的思弁的思惟を表現するのに用いられる。実体論的要素主義に対し関係主義がヘーゲルの特徴をなす。

それによれば,「AはAである(A=A)」として規定Aの自己同一性を主張することがすでに,AをAならざるものとの否定的関係において,Aでないものでないものとして捉えているのである。「AはAであると同時に非Aであることはない」とする矛盾律がこの事態をより積極的に呈示する[『エンツュクロ

ペディー (第3版) 小論理学』115節]。こうして，Aは非Aとの相関関係の項として捉えられるのであり，その独立的実体性は廃棄される。この関係に対してAの自己同一性を固持しようとしても，非Aとの否定的緊張関係をより強く意識する結果となるだけである。

Aが非Aを離れてはありえず，逆もそうであるならば，Aを思惟する時には同時に非Aを思惟しているのであり，逆も成り立つ。したがって，Aは真相においてはAかつ非Aなのであり，矛盾に他ならない。また，Aと非Aが関係のうちにしかないとすれば，両者の間に第三者を許容しないとする排中律はこの関係を基底として妥当するにすぎない。かえって，これはこのような基底を第三者として前提せざるをえないのである。

弁証法は，このように関係のうちに，或いは関係としてあるものから反対規定を顕在化させることにあり，その意味で一規定の内在的超出のことを言う。また，思弁とはこのような対立的規定を総合し，関係を全体的統一的に把握する作用に他ならない。それは，伝統的論理学の限界を超えヘーゲル独自の論理を拓くことでもある [同81, 82節]。

絶対者の体系もこの論理によって構築される。絶対者を同一性命題で表現しようとするならば，それを抽象的同一性となし，他を捨象した否定的なものとすることになる。だが，この否定的なものは，それが否定した当のものの否定として，「規定された否定」であり，否定されたものとの関係を保持している。或いは，それはこの関係そのものに他ならない。これに対して，否定されたものが自己の同一性を保持しようとして一面的に反発するならば，それはそれ自体限定されたものとなり，対立の項となっている。対立が尖鋭化すれば，却って上述の矛盾が露呈し，対立者相互の相関性が顕在化する。それを通じて一切のものが関係しあうことが明らかになることによって，全体性が回復され，すべての有限者を包

摂する体系が成立するのである。→反省，弁証法，思弁，対立，矛盾

【参】 Wolff (1981) (山口祐弘)

観察 [Beobachtung]

「観察」は，普通には実証科学における基本的な研究方法の一つであり，現象がどのようであり，またどのように生成・変化するのかを事実に則して捉えようとすることである。『精神現象学』の「観察する理性」において，ヘーゲルは，かかる実証諸科学のありようを，精神史の現象の一段階，理性の最初の形態として位置づけている。ここでは，理性とは「全実在であるという意識の確信」[3. 181] であり，自己をそのようなものとして予感する「理性本能」[3. 190] である。したがってこの段階での主題は「この理性が自然と精神とを，そうして最後には両者の関係とを感覚的存在としてどのように受取るか，またこれらすべてにおいて存在する現実としての己れをどのように求めるか」[3. 187] ということである。

「観察」とは，ヘーゲルによれば，外的現実に対する理性の一つの態度，関わり方である。具体的には，それは，感性的対象を「記述」し，本質的なものを非本質的なものから区別するために「標識」を立て，現実の中ではたらく諸「法則」を探求し，後者をさらに「実験」によって純化する，という理論理性の一連の手続きである。これらのもののうちでヘーゲルは「法則」を最も重視する。それは，存在的対象的形態における概念，観察可能な二つの対立する実在の同一性という意義を有している。これが「有機的なもの」の観察に適用され，そこから「外なるものは内なるものの表現である」という基本法則が導き出される。次いでこの基本法則に基づいて，「観察」は，自己意識において「論理学的法則」，ならびに「心理学的法則」を最後に自己意識と自然との関係において「人相術の法

則」,「頭蓋論の法則」をそれぞれ検討し,批判する。対象的現実のなかに自己自身を見出さんとするものの,その努力の全てが失敗に帰してしまう理論理性の歩みの全体もまた「観察」として特徴づけられている。→理性

【参】Fink (1977)　　　　　　　　(藤田俊治)

感謝 [Dank, danken]

「感謝」の概念は,Ⅰ『精神現象学』においては(1)「不幸な意識」[3. 172ff.] および(2)「現実の,教養の国」[3. 382ff.] の両章において,意識自身が経験する形態のひとつとして,即事的かつ具体的に,Ⅱ『宗教哲学』においては [16. 127],ひとつの宗教的感情として,形式的かつ客観的に,それぞれ提示されている。

Ⅰ-(1) 彼岸への憧憬から我に帰ったとき,不幸な意識は,現実の中で生きようとする欲望を持ちそのため労働する自分と,無にも等しいこの自分に自らを割いて生の恵みを与える「世界」との,その相関関係を見出し,かくしてこの聖なる世界に感謝する。意識はしかし,恵みを享受する自分の個別的自己までは無化できないから,感謝する反面,自分を享受するという罪の意識に悩まざるをえない。

Ⅰ-(2) 「感謝」のそういう自己矛盾的構造は,高貴な意識(廷臣化した貴族)の,今や個別的意志となった国権(君主)に対しての感謝においても見出される。というのは,この意識は自分の対自存在を,追従の言葉とともに国権に奉献することにより君主から財富などの恩恵を受けるが,これは自分の人格が他者の意志の偶然性に依存するという屈辱的関係でもあるから,彼の言葉も姿勢もいずれも,感謝しつつ反抗するという分裂態とならざるをえないからである。

Ⅱ したがって形式的に言えば,「感謝」とは,自分の経験的現実が自分を遥かに超えた即かつ対自的普遍者により助成されている,と感ずる感情であるが,感情である限り,そ

れはつねにその否定に転化する可能性なのである。→不幸な意識,高貴な意識と下賤な意識

(酒井　修)

慣習 [Gebrauch]

一般的には「習俗」や「習慣」と同義に用いられるが[『法哲学』151節 7. 302],宗教的慣習の意味では「祭祀」とほぼ同義である。『国民宗教とキリスト教』によれば,慣習は「概念」(教義)と「儀式」(Zeremonie)とともに宗教の構成要素をなす。慣習と儀式との違いは,前者は我々に道徳的「義務」として課せられるとともに,それに「或る並はずれた善事や恩恵」が結び付けられるのに対し,後者は「敬虔な感情を喚起する」ための「手段」でしかないという点にある[1. 38]。そのような慣習に属するものとしては,「洗礼」や「晩餐」とともに「供犠」が挙げられる。供犠は,巡礼のように,罪を犯したと思ったときに主の恩寵を失うまいとして主に捧げる「贖罪の供犠」[1. 38] と,事を企てる際や,どんな喜びや幸福を得た時にも「人間よりも崇高な存在者」のことを思い,初穂や初花などを捧げる「感謝と好意に基づく」[1. 39]「いっそう根源的普遍的」な供犠とに分けられる。→習慣,祭祀(儀礼)　　　　　(久保陽一)

感受性 [Sensibilität]

興奮性,再生産とならんで,動物的有機体の概念を構成するとされる三契機の内の一つ。もともと A. v. ハラーが神経系に対応する能力として提起し,キールマイヤー,シェリングが感受性―興奮性―再生産の量的関係法則に発展させた。感受性は外的なもの,無機的な元素を自己内に溶かし込む「普遍的な流動性」[『精神現象学』3. 204]であって,「無限の規定可能な受容性」[『大論理学』6. 478]でありながら,多様なものとならずに己れの単純性へと反省しているものである。したがってそれは無機的な自然と有機的な生命とを媒

介するという生命的主体の普遍的原理たる意義を担っているが、この媒介過程は受動的なそれであり、理論的関係を予示する。ただし感受性と興奮性とは不可分なものとして考えられなければならず、しかもシェリングらの理解と異なり量的反比例関係においてではなく、質的・弁証法的関係において捉えられなければならない[『エンツュクロペディー（第3版）自然哲学』359節]。→興奮性　　（北澤恒人）

感情　[Gefühl, fühlen]

　感覚によって規定された自己の状態を感じること。感情は「自己性」に関わる[『エンツュクロペディー（第3版）精神哲学』402節注]。この感じられた状態が情感（Empfindsamkeit, これはまた感傷主義とも解される[『精神現象学』3. 75]）である。感覚は「精神の鈍感な営みの形式」[『エンツュクロペディー同上』400節]，「精神的なものの最も劣った形式」[同「補遺」]である。感情の段階にある自己は心のもつ自然性，肉体性に制約されている。例えば，犬の人形と無心に遊ぶ幼児の自己がこのような自己であり，子供はむしろ犬の中に自己を見出していて（finden）[同401節]，子供の自己は犬と一体になっている。このような「感情生活」[同406節]は子供にとっては必然的である[同405節「補遺」]。しかしこの感情の自己を抜け出て，人間には分別ある自覚的な自己が形成されてくる。心は自己自身の固有の世界を持っている[同402節「補遺」]が，同時に成長した人間が自己の心の中でこの感情の自己が支配することを許しているような感情生活は病的であって，このような病をヘーゲルは「精神の倒錯（Verrücktheit）」といっている[同408節]。ヘーゲルのこの分裂症的症状の考察はかなりの部分を同時代人である近代精神医学の創始者のピネル（Philippe Pinel 1745-1826）に負っているものとおもわれる[同408節注]。感情には自己に関わるものとして，精神的な内容をも含むことができる[同401節「補遺」]。欲望と衝動およびこれらの充足の感情に始まり，道徳感情，法感情，美的感情，宗教的感情という表現も与えられる。

　I　実践的感情　精神は「活動」[同378節「補遺」]であり，あるべき自己を目指す当為を含み，意志するものである[同469節]。意志として実践的精神の最初の段階にあるものが実践的感情である。実践的感情はまずあるべき自己といろいろの状態にある現実の自己との比較によって生じる一致・不一致に由来する「快・不快」の感情としてある。この感情はさらに満足，喜び，悲しみ，苦痛，怒り，希望，恐れ，不安，安心，驚きなどに区分される。実践的感情は本来の実践的内容を有することもできる。この内容に関して生じるのが「羞恥，後悔」の感情である。しかし感情はその自然的制約のゆえに実践的精神にとって必然的なものではなく，目的の実現にとってはむしろ抑制すべきものである[同472節「補遺」]。

　II　感情表現　感情は心に対する働きかけに反応し，この作用によって規定された心の内面を外部へ表現する「肉化（Verleiblichung）の働きを伴う。この表出が「態度」，青ざめるあるいは赤らむという血行の状態，笑う，泣く，叫ぶ，震えるという動作である。知性に最も近いものが「言葉」であり，感情の内容が美的であるときにはこの肉化は芸術である[同401節「補遺」]。→恥，感覚

（吉田六弥）

感情神学　[Gefühlstheologie]

　シュライエルマッハーの哲学は感情神学とよばれる。彼の『宗教論，宗教蔑視者中の教養ある者に与う』（1799）は，啓蒙の合理主義の側からの宗教批判に対して，「宗教の本質は思惟でも行為でもなく，直観と感情である」とする立場から，これを擁護しようとする試みであった。後に彼は『キリスト教信仰

論』(1821, 22) の中で，教団に共通な要素として敬虔心をとりだし，これを感情と自己意識とのある規定されたあり方とし，絶対的依存性 (schlechthinige Abhängigkeit) の感情と呼ぶ。

　ヘーゲルにも宗教が心胸 (Herz) と感覚 (Empfindung) の事柄であることを強調した時代があったが [『国民宗教とキリスト教』1. 14,17]，すでに『1800年体系断片』にはシュライエルマッハー批判がみえ [1. 423]，さらに『信と知』では，ヘーゲルは彼をヤコービ的プロテスタント的主観主義の「最高のもの」として位置づけるとともに，その普遍性と民衆性の欠如を批判するに至る。『キリスト教信仰論』と同年には，ヘーゲル学徒ヒンリッヒスの『学への内的関係における宗教』が出版されるが，ヘーゲルはこれに寄せた序文の中で激烈な感情神学批判を展開する。感情は人間が動物と共有するものであり，これのみが人間の規定とされるのであれば人間は動物に等しくなる。もし宗教が感情にのみ基づくのであり，そしてそれが依存感情という規定しか持たないのであれば，このような感情の中に生きている犬が最良のクリスチャンということになろう。また一本の骨で空腹が満たされた犬は救済感情を持つのだと。同様のことは『宗教哲学』[16. 117ff.] でも語られており，彼によれば，感情の形式は神的なものばかりでなく多様な内容を持ちえ，また神的な内容もこの形式のみをすみかとしてそこに留まるべきではなく，思惟の形式にまですすんでいくべきなのである。→神学，宗教，キリスト教，依存，シュライエルマッハー

【参】 Rosenkranz (1844), Barth (1947), 岩波哲男 (1984)　　　　　　　　　　(生方 卓)

関心（利害） [Interesse]

　或る主体にとって環境が客体として対立しているかに見える場合，主体をしてこの環境との統一を目的として立てさせ，この目的実現へと向かわせるもの。すなわち，それは「環境をもって個体がまさに自分のものとして，言い換えると，目的として定立することを示すもの」『精神現象学』3. 297] である。ここには，対立においても主体がすでに客体との間に在る Inter-esse という語源的意味が生きている。つまり，関心において，対立する両者の潜在的同一性が示されているのである。この語は，個々の個別的な主体の関心という実在哲学的意味においては，複数形で用いられることもある。その場合には，それは市民社会における諸個人の利害という意味をも持つことになる。

　個別的な主体の関心という意味においては，関心は，本来的な客体としての人倫的なものが主体を制約すること，また逆に主体が人倫的なものに働きかけること，という主体と客体との関係を示すものである。すなわち，「人倫的なものは，内容——それ自体普遍的なもの・非活動的なものであり，そして主体において自己を活動させるものを持つところの——に関わる」[『エンツュクロペディー（第3版）精神哲学』475節注解 10. 298] のであるが，この内容が主体に「内在的」[同上] であるということ，このことが関心なのである。ここに一方では，人倫的なものによって個別的な主体が制約されることが見出される。しかし他方では，個別的な主体は，人倫的なものが先の内容に関わるかぎり，逆にこの内容を「活動させるもの」として，関心において人倫的なものに働きかける。すなわち，関心は人倫的なものを形成する構成契機として不可欠の役割を果たすわけである。まさに「関心なしには，何ものも成就しない」[同上] のである。

　しかし，このような個別的な主体における意味においてのみならず，思弁的意味においても用いられることに注目する必要がある。すなわち，「哲学の欲求」の根源である生の分裂を止揚することが「理性の関心」[『差異

論文』2. 21］として捉えられる．かくて関心に見られる主体と客体との動的な構造はヘーゲルの哲学全体を貫いているのであり，それ故関心は主観性理論としての彼の哲学の性格を表現する一つの術語となっているのである．
【参】 Kozu (1988) 　　　　　　（幸津國生）

ガンス　[Eduard Gans 1797.3.22-1839.5.5]
法学面でのヘーゲルの愛弟子，その「てだれの剣士」．ハルデンベルクに信頼されたユダヤ人銀行家の息子，ベルリン生．ベルリン大学法学部 (1816/7)・ゲッティンゲン大学法学部 (17) に学び，ハイデルベルク大学法学部 (18/9) でティボーとヘーゲルに師事，ローマ債権法にかんする『全く無記名で公に交わした契約の解除権』で19年学位取得．20年ベルリンで教授資格取得．世界史的観点からヘーゲル的カテゴリーを法学分野に適用し，『ガイウス評注』(21)，主著『世界史的発展における相続権』(24-35) で，法学部を牛耳るサヴィニーら歴史法学派と対立しながら，哲学的法学を構築せんとする．その学説の特色は，法と制度の歴史的相対性，その改革の必然性の強調にあり，ローマ法をドグマ化する歴史法学流の慣習主義を厳しく却けるにある．市民・大学生活に入るため25年キリスト教に改宗し，26年5月ベルリン大学法学部員外教授，サヴィニーと皇太子に抵抗されつつもアルテンシュタインの助力により28年11月正教授．この間，『学的批判年報』の創刊 (27) に尽力．27/28年冬学期以来規則的に「自然法すなわち法哲学，一般法制史と関連させ」の題目で，ヘーゲルの『法哲学』を基礎に法の概念発展史を加え，自由・共和主義的に講義し，サン＝シモン主義にも関心を寄せる．そのため，反動派の憎悪の的となる．『ローマ市民法体系要綱』(27) でサヴィニーの占有理論を攻撃し対立激化．これは尾をひき，晩年にも『占有の基礎にかんして』(39) が著された．『プロイセン立法修正論』(30-32) では，歴史的契機は説明要素にすぎず，プロセインの立法の「使用可能性と不可能性」を哲学的に評価することが先決だと訴える．ヘーゲルと異なり七月革命に同情し，30年冬学期の現代史にかんする公開講義で1500名以上の聴講者を集め，警察に監視される．皇太子がガンスの講義の危険性をヘーゲルに訴えたというエピソードも残されている．記念版『ヘーゲル全集』では，講義録から取捨訂正した補遺をつけ第8巻『法哲学』(33) を，さらに第9巻『歴史哲学』(37) を編集．ガンスは，プロイセンの政治的自己意識を活性化した「人民の友」として賛えられた．→サヴィニー，アルテンシュタイン，ティボー，『学的批判年報』
【参】 Rosenkranz (1844), Reissner (1965), Riedel (1967), Meist (1979), Gans (1981)
　　　　　　（神山伸弘）

感性　[Sinnlichkeit]
感官 (Sinn) によって感覚や衝動を感受する能力．カントは感性を悟性ないし理性に対置し，その対立関係を軸に理想主義的な道徳理論を展開したが，「感性」をめぐるヘーゲルの了解には，そうしたカントの理論に対する彼の対決の姿勢が密接に関連している．カントに傾斜していた一時期，ヘーゲルは「感性的なものに対する抽象的理念の優位」［『国民宗教とキリスト教』1. 82］を説いているが，その後，彼は，特殊（感性，衝動）と普遍（理性，道徳法則）とを分離・対立させるカントの見地をきびしく批判して［『キリスト教の精神』1. 323］，この見地を人間の内部に自己分裂をもたらすものとし［同 1. 303］，さらにこの見地を，克服されるべき「悟性」的・「反省」的思考の必然的所産として特徴づける［『差異論文』2. 21；『信と知』2. 296］．さらに『精神現象学』では，「理性と感性との抗争」を前提とするこの「道徳的世界観」がもつ諸矛盾が指摘され［3. 441ff.］，『大論

理学』では，カントの理論が，感性と道徳性とを「闘争」の関係にあるものとして捉えるかぎり，「量的悪無限」に陥らざるをえないことが論じられている［5. 268f.］。

理論哲学の面では，カントは感性の受容能力を悟性の判断能力とともに認識成立の不可欠の要素と見なし，超感性的な理念についての形而上学的認識の可能性を否定したが，ヘーゲルはこのような考え方をとらない。ヘーゲルによれば，我々の意識はさしあたり感性的な経験の領野に制限されているとしても，しかし意識はそうした制限を乗り越える否定性を自己自身の内に有している。意識のこの自己超克のプロセスを叙述するのが，「意識の経験の学」としての『精神現象学』にほかならない。「感性的意識」を彼は「外的事物の現実存在についての直接的・無媒介的意識」［『エンツュクロペディー（第3版）小論理学』76節］として捉えなおし，意識の最も低次の段階に位置づけている。→カント，道徳性，感性的確信
(笹澤 豊)

慣性 ［Trägheit］
古典力学における「慣性」は，ヘーゲル自然哲学において「物質」そのものの概念から導出される。「物質」はさしあたり量的区別しか持たず，この「さまざまの（相互に異なった）定量」（verschiedene Quanta）として「質量」（Masse）に特殊化される。「質量」は，表面的に見ればそれ自身で一つの全体を成す限りで，「物体」（Körper）である。「物体」においては，本来の在り方における相互の内的関連が捨象されているので，「物体」相互の連関はただ外的な関係としてのみ現れることになる。「物体」のこの外的連関は，「物体」が「力学」（Mechanik）の領域に属する限りで，空間・時間的関係であり，つまり「物体」相互の運動状態である。こうして「物体」の運動・静止はそのつど他の「物体」との関係を基準にして規定され，この外的関係が「物体」に帰属させられることによって，通常，物体の「慣性」が語られるのである［『エンツュクロペディー（第3版）自然哲学』263-264節］。→物体

【参】 Wandschneider (1987) (松本正男)

慣性運動 ⇨慣性

感性（感覚）的確信 ［sinnliche Gewißheit］
『精神現象学』のいちばん最初の章の主題をなし，現象知の叙述（真理と確信との弁証法）の最初の例でもある。

この現象知の第一の形態は，当然なにものも前提してはならないから，直接的なもの（それをヘーゲルは「存在するもの」と等置する）についての知である。すなわち，意識の側には，多様な表象や思惟を意味せず，単に「わたし」という以上には出ない「このもの」（Dieser）があり，対象の側には，多様な性質を意味しない，単なる存在としての「これ」（Dieses）がある。ここにはおよそ多様性の媒介が，したがって思想への展開が欠けている。しかし〈我々〉の観望のもとで，この意識にも隠れた媒介性があることが，次の三つ段階を経て明らかになる。

第一に，この確信にとって，対象は本質的（知の対象にならなくても存在している）であり，知はそれに対して，対象の存在に依存するものとして非本質的である。対象（「これ」）は，「今」（das Jetzt）と「ここ」（das Hier）という二重の相をもつ。「今」が確信のとおりに「存在するもの」なら，それは保存しておいても不変でなければならない。しかるに「今は夜である」という命題は時間帯によってその価値を変じる。「今」そのものは，夜でも昼でもない，非存在のものとして保持される。つまり，「今」は一般的なものであり，これこそ感性的確信の真理である。「ここ」についても同様の吟味を経て，それが媒介された単純態であることが判明する。

第二段階では，最初とは逆に，知が一般的なもの，対象は知に依存して存在するものとなる。しかし，ここでも先ほどと同じ弁証法が成立する。「わたし」は木の前に立って，木を「ここ」と言うが，他の「わたし」は違うものを「ここ」と言う。個別の「ここ」の否定によって媒介された一般的な「わたし」が，その視（Sehen）が単純な視であるような「わたし」が残る。第三に，結局，対象でも意識でもなく，「全体」が，自己自身に同等であり続ける関係が，感性的確信の本質であることがわかる。さまざまな変化や多様性に頓着せず，自分の確信（たとえば「今は昼だ」）に執着するこの「純粋な直観」に，「今」を指示させる。示された「今」は，あっというまに過ぎ去る。存在する「今」ではなく，存在していた「今」が示されるのみである。これによって，「今」が一般的なもの，「ここ」も多くの「ここ」からなる単純な複合体であることが，経験される。自然的意識自身がこの経験をするのだが，そのつどそれを忘却してしまう。

懐疑論を含めた多くの哲学的立場が，「これ」としての外界の事物の存在が意識にとって絶対的真理を有しているとみなしているのは，したがっていぶかしいことである。感性的事物の存在に「絶望」しなければ，知恵には達しえない。

なお，啓蒙の一契機として，感性的確信は再登場してくる。→懐疑主義，存在(有)，確信
(中岡成文)

岩石 ［Gestein］
　ヘーゲルは1804年1月にイェーナ鉱物学会（Die Herzogliche Jenaische Mineralogische Sozietät）の補会員（Assessor）に選ばれた［『書簡集』（第4巻）90］。これはゲーテが友人のイェーナ大学教授レンツ（Johann Georg Lenz 1748-1832）とともに1796年に創設したもので，その創立はロンドンのイギリス地質学会に10年先立つ。レンツは後に鉱山監督官も兼ねた学者で，その著作『鉱物の体系』（System der Mineralkörper. 1800）はヘーゲルも持っていた。おそらく彼はこうした学者の主宰する会合に加わって，自分の自然哲学の構成に必要な鉱物学や地質学の最新の知識を得ようとしたのであろう。ヘーゲルのイェーナ時代の自然哲学の講義草案を見ると，そこには花崗岩（Granit），石灰岩（Kalk），雲母（Glimmer），長石（Feldspath），片麻岩（Gneuss 現在のつづりは Gneiss），硬砂岩（Grauwacke），角閃岩（Hornblende），斑岩（Porphyr），蛇紋岩（Serpentin），玄武岩（Basalt），礫岩（Konglomerate），角礫岩（Breccia）などの地殻を構成する主要な岩石の名と，金，銀，銅，硫黄，石綿，石炭，岩塩などの鉱物名が出現し，さながらこの時代に研究された岩石や鉱物のカタログを見る思いがする［『イェーナ体系』I. GW 6. 131 f.; II. GW 7. 304f.; III. GW 8. 114f. 参照］。

もちろんヘーゲルは単にこれらの名を列挙するだけではなく，彼のいうところの「地上の三位一体」，すなわち両極とその中項，およびそれらの相互移行という弁証法的図式に従って岩石や鉱物を分類する独自の体系と生成理論を造ろうと企てた。残念ながらこの試みは成功しなかったが，それは必ずしも彼の哲学が観念論だったせいではない。これらの地殻構成物の複雑な化学的組成，およびその生成と変成に必要な物理的諸条件と地質学的時間が判明し，造山運動のおぼろげな姿が明らかにされるのは，もっと先のことだからである。むしろわれわれは，不十分な経験的知識を依りどころにして，多様な化合物の複雑な混合から形成されるこの自然の局面にも理性と概念のおもかげを見ようとした彼の勇気に驚くべきだろう。だがヘーゲルがその自然哲学において単に思弁のみに頼っていたのでないことは，ホール（James Hall 1761-1832）による石炭や大理石の人工製造実験を伝

えるゼーベック（Thomas Johann Seebeck 1770-1831）の手紙（1808年1月29日）からも分かる［『書簡集』（第1巻）212-213］。彼はこうした知識に基づいてシュテッフェンスの自然哲学の思弁的行き過ぎを批判したのである。

【参】 Gillispie (1959), Kimmerle (1967), Levere (1986)
(渡辺祐邦)

完全性 ［Vollständigkeit］

ある概念の特殊的実例が，普遍的特徴を充分に現わし，どの実例も同じ特徴に残るくまなく取り尽くされるとき，その概念は完全である。類（Gattung）と種（Arten）の関係は，「類は変わることなく（unverändert）種の中にあるが，種は普遍（das Allgemeine）と異なるのではなく，ただ種相互の間で異なる」と表現される。さて，特殊は「それが関係する他の特殊とともに同じ一つの普遍性」を持つと同時に，「それらの種の差異性（Verschiedenheit）も，そのものとしては普遍的」であり，「この差異性が全体性である」とされる。そして，特殊の規定性が単なる〈差異性〉と見られる場合，この全体性が，完全性（Vollständigkeit）として現れることになる。しかし，この差異性は「まさに統一のない区別」であるから，この区別においては，普遍性も「単に外面的な反映」にすぎず，「偶然的な完全性」にすぎないものにとどまるのである［『大論理学』6. 280］。

(黒崎政男)

カント ［Immanuel Kant 1724.4.22-1804.2.12］

ドイツの哲学者。カントは従来の形而上学，とりわけライプニッツ・ヴォルフ派の形而上学がヒュームの批判に耐えられない独断論であることを認めつつ，他方では経験論も科学や道徳の客観性ないし普遍性必然性を基礎づけられない点を批判し，人間の主観性（認識能力と欲求能力）をもとに従来の哲学を学として全面的に建て直そうとした。彼は当初「批判」（『純粋理性批判』1781, 1788,『実践理性批判』1788）をもとに「自然の形而上学」と「道徳の形而上学」を構築しようとしたが，やがて『判断力批判』(1790)により「自然」と「自由」を媒介する「自然の合目的性」をも基礎づけようとした。ヘーゲルは，カント哲学が既にドイツで広範な影響を及ぼしており，「カント哲学の精神」の継承と完成が課題とされていた時期に思想形成を始め，とりわけベルン時代にはカントの道徳神学の影響を強く受けたが，やがてカント哲学の限界を批判し克服するようになる。概してヘーゲルはとりわけカントとの対決を通して自己の思想的立場を確立したと言える。彼の倫理学の基礎は，フランクフルト時代のカント『道徳の形而上学』(1797)との対決によって形成され，イェーナ時代に始まった思弁的形而上学は「反省哲学」批判を伴っていた。ただし後年においてもカント哲学は「思想の形式で表現された」「革命」［『哲学史』20. 314］の哲学として高く評価された。それは，カントがフランス革命と啓蒙思想とりわけルソーの「自由」を理論化し，「外面性の性格を有するものを自己の内に許容することを拒み」「絶対的内面性の意識をめざめさせた」［『エンツュクロペデイー（第3版）小論理学』60節］とされるからである。だが他面ではカント哲学は理論的には「方法的に遂行された啓蒙」，［『哲学史』20. 333］として「現象」のみを知るにすぎない「心理学的観念論」［『大論理学』6. 261］であり，実践的には世界との統一と現実性を求めつつ「統一と現実性そのものに到達しない」［『哲学史』20. 372］と批判された。このようなヘーゲルのカント評価がどの程度カント哲学に内在的であったかは問題だが，他面ではヘーゲルのカント評価は当時の種々のカント解釈に制約されていた。

Ⅰ カント哲学の受容　ヘーゲルはテュービンゲン時代末におそらくシュトールの影

響でカントの宗教論に関心を抱くようになり，『国民宗教とキリスト教』で既に「志操が道徳法則と一致する」[1. 97]というカント的意味での「道徳性」[1. 10]を「主体的宗教」の構成要素として擁護していた。だがそこでは「道徳性」は，「感性」と調和し，「国民精神」とともに変化しうるものとして，カント自身とは異なる意味で受け取られてもいた。しかし彼はやがて「道徳性の促進」[1. 71]に力点を置くようになる。カント研究の再開を告げたベルン時代半ば以後，シェリングのテュービンゲン神学批判からの影響もあって——だがむしろシェリング以上にカントの道徳神学に忠実に——「徳の宗教」[『キリスト教の実定性』1. 109]に傾き，この見地からイエス像を描くとともに既成のキリスト教の実定性を批判し，「カントの体系とその最高の完成からドイツにおける革命を期待」[『書簡集』(第1巻) 23]した。ベルン時代末には「道徳的信仰」を「理性が絶対的であり自己自身の内で完成されている，という意識の欠如」[『キリスト教の実定性』補稿 1. 196]を意味するものとして批判したが，この批判はカント自身よりもむしろ正統派神学の実践理性要請論に向けられていた。

Ⅱ　カント哲学の批判　だがヘーゲルはフランクフルト時代初めにカント的理性の立場からヘルダーリン的な愛の立場へ転換し，1798年夏からカントの『道徳の形而上学』に取り組んだ。そこで彼は「カントにおける自然の抑圧」や「義務概念の絶対主義により生じる教条性のなかへ人間を切り刻むこと」[『ローゼンクランツ』87]つまり「カント的徳の自己強制」[『キリスト教の精神』1. 359]を批判し，カントにおける適法性と道徳性との対立，また国家と教会との分裂を「生」「全体」によって克服しようとした。かくて「カントの実践理性」は「排除の能力」[同腹案 1. 301]であり，実践理性の自律によっては「実定性は部分的にとりのぞかれるにすぎず」[『キリスト教の精神』1. 323]，それ故「良心」は「偽善」[同 1. 333]である。しかしこれによってヘーゲルは「道徳性」一般を否定したのではなく，「個別的なものの普遍的なものへの高揚，合一」[同腹案 1. 299]，シラー的な「傾向と法則との一致」[『キリスト教の精神』1. 326]という利他的傾向の意味での「道徳性」(「志操」ないし「徳」)は是認した。

Ⅲ　カント哲学の両面評価　イェーナ時代以後ヘーゲルは思弁哲学の前提のもとでカント哲学を一面では称賛しつつ，他面では批判するようになる。その際カントの立場はおおむねフィヒテの立場つまり「主観的主観 - 客観」の意味で受け取られていた。ただし評価の基準は当初は「主観と客観との同一性」に置かれていたが，後には「自由」や「具体的普遍」に重点が移されるようになる。

(1)『純粋理性批判』　ヘーゲルは，絶対者を認識する前に認識能力を吟味するというカントの「批判」について，それはあたかも「水泳を学ぶ前には水に入ろうとしない，誤解」[『エンツュクロペディー (第3版) 小論理学』41節「補遺」]であり，この「批判」そのものが特定の認識であることを自覚しない「主観的独断論」[『哲学史』20. 333]だと批判した。むしろ思惟諸形式の「真の批判」[『大論理学』5. 62]は，思惟諸形式そのものの展開の内で示されるのでなければならない。それにもかかわらず彼は，カントが直観形式と悟性形式の演繹においてそれらを産出的構想力による統一に帰し，また悟性諸形式を「三一性」の形式で挙げている点に「思弁的理念」を認め，高く評価した[『信と知』2. 306,316]。だがカントが「思弁的理念」の実在性を認めず，その二元論の故に「現象」に固執し，それを絶対化している点を批判した。ヘーゲルによれば，カントの「物自体」は，実在論的要素でも限界概念でもなく，一切の感情や思惟の規定が捨象されている「全くの抽象物」[『エンツュクロペディー (第3版) 小論理学』44節]で

しかない。だが本来「現象」はそれを包み越えた無限者の内に止揚されるべきであり、逆に無限者は「現象」を含むものとして「具体的」でなければならない。カントによって初めて正しくも「悟性」と「理性」が区別されたが、「理性」はカントにおいては「抽象物」の「思惟」に貶められてしまっている。だがカントの弁証論、とりわけアンティノミー論は、「悟性諸規定によって理性的なものの内に定立される矛盾が本質的かつ必然的である」[同 48 節]ことを示した点で、エレア派とともにヘーゲルの弁証法思想に決定的な影響を及ぼした。ただしカントがアンティノミーを四つに限ったこと、また矛盾の主観的解決により「世界の事物に対する甘やかし」[同上]に陥った点が批判された。けだし、「アンティノミーはいたるところに存在する」[『哲学史』20.356]。さらにカントの神の存在論的証明批判は、「存在」の根拠を「感覚的知覚」に求め、「存在」と「概念」の区別を固執している点で問題があるとされる。なぜなら「精神は精神にとってのみ存在する」[同 20.353]のであり、「概念」は本来「自己を客観的なものとして示す」[同 20.362]からである。

(2)『実践理性批判』と『道徳の形而上学』
カントの『道徳の形而上学』は法論と徳論に区分されていたが、ヘーゲルはこの区分に沿って自然法講義さらに『法哲学』などで倫理学的思索を進めたと思われる。カント的「道徳性」はフランクフルト時代には「自己強制」の故に批判されたが、『精神現象学』では「すべての対象性と世界が意識の知らんとする意志の内に戻されてしまっている」[3.442]点で高く評価され、『法哲学』でもカントの「自律」の思想は「意志の認識の確固とした基礎と出発点」[135節]を与えたものとして称賛された。しかしカントの定言命法はいかなる行為の内容をも指図せず、ただ意志の形式の合法則性のみを求めるにすぎな

いため、互いに対立する行為がともに正当化されうることになる。したがって、「形式的主観性としての良心はそのまま悪へ転倒しようとしているようなものである」[139節]。さらに「魂の不滅の要請」と「神の要請」は、その目標が到達されることによって、自己の存立が無意味になるため、目標の到達をまじめには望まない「ずらかし」に陥る。かくて神の要請は、ちょうど子供が案山子を作って、それを怖がろうとしているようなものだ、とヘーゲルは言う。その意味でカントの実践理性要請論は「矛盾の巣窟」[『哲学史』20.371]と見られる。ところでカント的「道徳性」は、フランクフルト時代には「愛」さらに「生の意識」(「宗教」)によって克服されたが、この道徳性批判のモチーフはイェーナ時代以後主に社会哲学の場面に移され、「道徳性」は「人倫」によって克服されるようになる。このモチーフの連続性という点では、「人倫」を「道徳性」より高い位置に置いた『自然法論文』や『法哲学』の場合と、逆に「道徳性」を「人倫」より高い段階で述べた『精神現象学』の場合との間で、基本的には相違は無いと思われる。『精神現象学』の場合、「立法的理性」「査法的理性」および「道徳性」の二箇所で道徳性批判が展開されているが、いずれも、道徳性がまず主客の統一として容認され、次にその限界が批判され、最後にその限界が「生の意識」(「人倫的志操」、「宗教)により克服されるという展開になっている。だがその際「道徳性」は全く否定されるのではなく、「人倫」の「契機」として、すなわち「ブルジョワの人倫」[『自然法論文』2.506]として保持されもする。それ故「義務」や「当為」も全く否定されるのではなく、「徳」[『法哲学』150節]や「真の良心」[同137節]の意味で擁護される。

(3)『判断力批判』　ヘーゲルは、反省的判断力の対象としての美や有機体に関するカントの考察のうちに「理念」への接近を認め

る。とりわけ、「諸部分の可能性を（その性質や結合にかんして）全体に依存しているものとして表象する」「直観的な（原型的）悟性」[カント『判断力批判』B 349] ないし「内的合目的性」の原理は上述の産出的構想力の理念と同じ理念を表しているとされる。しかしカントにおいてはそれが再び主観的な考察様式と見做されている点に限界があると言う。
→超越論的，理性，要請，道徳性，物自体

【参】Görland (1966), Ritter (1966), Düsing (1973, 1983, 1986), Baumeister (1976), 金子武蔵 (1980), Wolff (1981), Wildt (1982), Henrich (1983b), 久保陽一 (1990)　　（久保陽一）

観念性 [Idealität]

観念性とは、「すべての現実的なものは理念である」[『ニュルンベルク著作集』4. 165] とする観念論的存在理解の根本原理であり，本質的には，一切の現実存在が理念のうちにその契機として止揚されていることを意味する。その構造的本質を成す止揚の二義性に対応して，この原理にも二つの含意が有る。すなわち，観念性は，まず，有限な存在者の自立性あるいは実在性の否定を意味する。つまり，それは，理念のみが，真に実在的で絶対的な者であることを意味する。しかし，それは同時に，有限的存在者の自立性を否定することで，これをむしろ理念に関係付け，そのことにより有限的存在者の存立を理念の立場からその契機として肯定することをも意味する。「観念性は実在的なものの否定である。しかし，実在的なものは，たとい現実存在しないとしても，同時に保存され，潜在的に維持されている。これが観念性の規定である」[『エンツュクロペディー（第3版）精神哲学』403節]。こうした観念性の原理に従って理念の裡にその契機として止揚された存在者の存在性格を決定するのは，「否定の否定」としての自己関係構造であり，その存在構造を端的に示すカテゴリーは，「対自存在」(Fürsichsein) である。この点については『大論理学』[5. 165, 172] の記述が有益である。（早瀬 明）

観念連合 [Ideenassoziation]

観念連合あるいは連想の概念はもとはイギリス経験論のものであるが，多くのドイツ啓蒙主義者が，哲学を心理学化ないしは人間学化するにあたって，認識能力の中心におくようになる。たとえばマース (Jean Gebhard Ehrenreich Maass 1766-1823) はその代表者である [『想像力試論』Versuch über die Einbildungskraft. 1792, 97]。ヘーゲルも「観念連合の法則」を精神哲学の体系のなかに位置づけている。それは心理学にふくまれ，想像力〔構想力〕の第二段階の働きである。つまり，現前していない対象を像〔心像〕として生み出す再生産的想像力が第一段階であり，第三段階が像に一般的表象を付与する象徴ないしは記号であるのにたいして，観念連合は像どうしの結合の働きとされる。しかし，ヘーゲルは観念連合の〈観念〉の意味するものはその語 (Idee) にふさわしくない像や表象にすぎず，また，〈連合〉という関係もまったく外面的偶然的で法則の名に値しないとして，その意義を認めない [『エンツュクロペディー（第3版）精神哲学』455節 10. 262]。→心像

（海老澤善一）

観念論 [Idealismus]

ヘーゲルの哲学的立場を示す概念である。もともと，18世紀に，ラテン語 idea に由来するドイツ語 Ideal（理想）から派生的に成立した。しかし，ヘーゲルの場合，「理想」は，ヴィンケルマン以来の用法に従って芸術美と等置され，「観念論」はむしろそれと同じ語源を有する「理念 (Idee)」と深い内容的連関を持つ。このことは，理念をプラトン的意味での普遍概念と理解するドイツの伝統の内にあって，ヘーゲルの哲学的観念論がイデア論の伝統を特に論理的な視点から継承し

ようとしていることを意味するであろう。ただ、この概念が特定の哲学理論ないし体系をその形而上学的・認識論的立場から分類する名称として使用され始めるのは、一般にカント以降のことに属し、その内容理解においてもカントの影響は決定的である。ヘーゲルの場合も「観念論とは、思惟的存在者以外に如何なる存在者も無いとする主張である」というカントの超越論的観念論の規定が出発点に在る。しかし、ヘーゲルの理解する思惟的存在者は、もはやカントにおけるが如き超越論的主観ではなく、絶対者としての理念あるいは精神である。ヘーゲルは、既に、カントが踏み止まった有限の立場を越え出たところで、絶対者の観念論的形而上学を構想しているのである。

I　観念論の本質　その語源的連関が既に示唆する如く、理念の絶対性の認識が観念論の本質を成す。すなわち、ヘーゲルの理解する観念論とは「普遍的にして一なる理念」[『エンツュクロペディー（第3版）小論理学』213節]を「絶対者」[同上]と捉え、それを根本原理として一切の現実を理解する立場に他ならぬ。したがって、観念論の立場よりするならば、「すべての現実は理念である」[『ニュルンベルク著作集』4. 165]。ところで、こうして一切の現実を絶対者＝理念の契機と見做すところに観念論が成立する限り、有限者の絶対性に対する否認はその本質的契機を成す。すなわち、「有限者は観念的である〔理念の裡でその絶対性を否定されている〕」という命題が観念論を構成する。哲学上の観念論とは、有限者を真なる存在者とは認めないところに成立する」[『大論理学』5. 172]。換言すれば、すべての存在者は、それが理念の裡にその契機として止揚されている限りでのみ、その積極的存立を獲得しうる、とするのが観念論である。

ヘーゲルによれば、哲学は本質的に観念論でなければならぬ。すなわち、彼においてこの概念は既に、単に哲学的諸立場を分類する原理であることをやめている。それはむしろ、哲学を哲学ならざるものから区別する原理である。その意味で、「いかなる哲学も、本質的に観念論であるか、または、少なくとも観念論をその原理とする」[同上]と、あるいは端的に「真の哲学は如何なるものも観念論である」[同上]と言われる。

II　観念論と実在論　物の理解が観念論の成否を決する。既にカントの超越論的観念論が現象と物自体の峻別を基礎として成立した如く、物の理解は観念論の基礎に関わる根本問題である。ヘーゲルもカントの問題意識を継承して、物の考察を通して観念論的立場の所在を明らかにせんとした。その考察の基礎を成すのが、観念論と実在論のカテゴリー的区別である。両者は、物の理解における根本的な態度の区別を示す。すなわち、物を一切の思惟的規定に先行する絶対的存在と捉える態度が実在論であるに対して、物を物たらしめている根源的思惟、すなわち概念の規定作用から物の存立を理解する態度が観念論である。ヘーゲルの立場は、もちろん、実在論を排し観念論を採るところに成立する。このことは、物を現象と見るカントの理解を、ヘーゲルが理念の絶対性の見地から独自の文脈において継承していることを示す。「哲学における真の観念論とは、物は実は仮象ないし現象に過ぎないという点に物の真相が在る、と規定することに他ならぬ」[『エンツュクロペディー（第3版）自然哲学』246節「補遺」9. 18f.]。

なお、観念論と実在論が対立的概念でない用例も有る。例えば、「自然全体のうちに理念を認識する観念論は同時に実在論である」[同353節「補遺」9. 438]。これは、理念が概念とその実在性の統一であるのに対応して、観念論が実在論的契機を有すること、すなわちそれが物の或る意味における実在性を主張するものであることを意味する。また、中世の

スコラ的実在論，すなわち実念論も，普遍的理念の絶対性を説く点で，観念論に算入される。

Ⅲ 「有限者の観念論」批判　ヘーゲルの哲学的観念論における根本問題の所在は，カント以降の諸観念論に対する批判のうちで鮮明になる。なかんずく，『信と知』においてカント・ヤコービ・フィヒテ哲学などのいわゆる「主観性の反省哲学」に向けられた「有限者の観念論」[2. 298] という批判は重要であり，観念論哲学の根本課題の所在が無限性の概念を軸に解明される。無限性が問題になるのは，それが，有限者との関係から絶対者の構造を規定するカテゴリーであり，その関係の，したがって有限者の理解が，絶対者の形而上学の成否を決するからである。ところで，ヘーゲルはそれらの哲学の裡に，「有限性の絶対性」「有限性と無限性の絶対的対立」「真に実在的で絶対的な者の彼岸性」という「共通の根本原理」[2. 295] を看て取るが，そこで彼が見ている根本的事態は次のようなものである。すなわち，現代の根本的問題状況が絶対者に対する関係性の喪失に在るということ，およびこの喪失状況は有限性の絶対化により齎されたということ。この状況分析に基づきヘーゲルは，絶対者に対する関係性の回復を，絶対者と有限者の関係の新たな捉え直しを可能にする無限性概念の思弁的理解の獲得を通して遂行しようとする。すなわち，無限性は，有限性をヘーゲルの意味で「止揚する」ものとして捉えられねばならず，絶対者は，その意味における無限者でなければならないのである。そして，この無限者としての絶対者が理念に他ならぬことを主張するところにヘーゲルの観念論は成立する。
→理念，観念性　　　　　　　　　（早瀬　明）

カンペ　[Joachim Heinrich Campe 1746.6.29-1818.10.22]

北ドイツのブラウンシュヴァイク出身の教育家で，ルソーの心酔者。フンボルト家の家庭教師，バゼドウ (Johann Bernhard Basedow 1723-90) のフィラントロピン校主事を経て，ハンブルクに自身の幼児教育施設を設立すると同時に，デフォーの小説をルソーの精神に基づいてリライトした『小ロビンソン』(Robinson der Jüngere. 1779)，『子供のための霊魂論』(1780)，『テオフロン』(1783) などを著わす。1786年故国に帰り，ブラウンシュヴァイクの教育顧問官になるとともに『ブラウンシュヴァイギッシャー・ジュルナル』を創刊して民衆の啓蒙と教育改革に力を尽くすがフランス革命勃発と同時にパリに赴いてその見聞を同誌に書き送った。その『パリからの手紙』(1790) は，フランス革命の最初の報告としてドイツ国内で広く読まれた。ヘーゲルがギムナジウム時代にカンペの著作を読んでいたことは抜粋などから明らかだが [『ドクメンテ』24, 101]，ベルン時代にはその啓蒙主義的道徳に飽き足らず批判に転じた [『初期神学論集』(ノール) 12, 15]。→教育

【参】Leyser (1896), Gooch (1920), Vieweg (1934), 渡辺祐邦 (1974), Hocks/Schmidt (1975), Laermann (1976), Jäger (1977)　　（渡辺祐邦）

官吏　⇨職業・身分

官僚（制）　[Beamte]

ヘーゲルが官僚に要求する根本的心情は「国家的感覚 (Sinn des Staates)」であり，それは「普遍的な事柄に絶えず繰り返してたずさわることによって得られる」[『ヴュルテンベルク民会討論』4. 475f.]。それで官僚の堕落は国家の存立を危うくする。官僚は「普遍的身分」に属するのであり，この身分は「社会状態の普遍的利益をその職務とする」[『法哲学』205節] のである。また官僚は統治権の代理者であって，国家の普遍的利益と市民社会の特殊的権利とを媒介する [同289節]。さらに諸官庁の各職務を担う政府構成員と官僚

は，国民大衆と君主とを公正に媒介する「中間身分」であるから，「教養ある知性と法律意識」が必要とされ，彼らの職権の濫用に対しては，上からは「主権の制度」が，下からは「団体権の制度」が有効に作用するのである［同297節］。→職業・身分
【参】 金子武蔵（1967），上妻精（1967b）

(小林靖昌)

キ

偽 ⇨真理

記憶・想起・内(面)化 ［Er(-)innerung］
　"Erinnerung" は通常，"Gedächtnis" とともに動詞などによって補われて〈記憶に保持する〉〈想い起こす〉という意味を表す言葉として用いられるが，ヘーゲルはこの二つの言葉を『エンツュクロペディー（第3版）精神哲学』では限定的に，それぞれ「表象(作用)」の諸段階のうちの第一，第三のもの——以下ではこれらをそれぞれ E., G. で表記する——を指示するものとして用いる。また，「表象」は「知性」の認識を「内(面)化 (Innerlichmachung)」という点で「直観」から「思惟」へと高める過程において媒介的な重要位置を占めるとされているが，"E." は他方では，この「内化」を一般的に意味する言葉としても用いられている。
　E. は，(1)「語の特有な (eigentümlich) 意味における E.」［同451節「補遺」］として，「直観」においては「知性」に対して外(面)的である内容を「像」として内化し（「知性自身のもの」［同451節］とし），(2)「本来の (eigentlich) いわゆる E.」［同454節］として，まだ外的直観をきっかけとして要するが，像を知性自身のものとして意識に呼び起こす。これに対して G. は特殊な限定のもとに，「言葉〔という特定のもの〕の直観」［同461節］に内化的に関わり，最終的には，言葉の表象的意味を廃棄することによって主観を純粋化し，そうすることによっていわば「概念」を意味内容とする「思惟」を準備するものとされる。
　『精神現象学』末尾では，連辞化した "Erinnerung" という言葉が，内化を，かつ精神の諸形態の全領域に関わるものとしての内化を指示するものとして用いられているが，「内化」は，自体的には精神自身の規定態でありながら意識に対しては外的であるものを，意識に対しても内的なものとするものとしてヘーゲル哲学のまさしく核心であるとみることができる。→知性，言語，心像，概念，意識，表象
【参】 Fetscher (1970), 加藤尚武 (1980), 出口純夫 (1980), Verene (1985), DeVries (1988)

(安彦一恵)

議会 ［Parlament, Stände］
　Stände（諸身分）という名称に示唆されるように，中世の身分制議会に由来する。「この代議制度・(System der Repräsentation) はあらゆる近代ヨーロッパ諸国家の制度である。それは既にゲルマニアの森の内にあったのではないにせよ，そこから生じたのである」［『ドイツ憲法論』1. 533］。しかしそのほとんどは絶対王制の確立とともに消滅し，パーラメントの名をもつ英国の身分制議会のみが近代的議会にまで発展する。ヘーゲルも

その認識に立ってヴュルテンベルクの民会を批判する。さて「議会固有の概念規定は，……〔市民社会という〕領域自身の洞察と意志がそこで国家と関係して顕現する，という点に求められるべきである」[『法哲学』301節]。すなわち統治者と一般市民とを媒介するところに，議会の使命があるのである。なお晩年のヘーゲルが注目した英国の選挙法改正を経て議会制度は確立してゆく。⇒イギリス

【参】金子武蔵 (1984)　　　　　　　(小林靖昌)

機械的連関　[Mechanismus]

「機械的連関」は『エンツュクロペディー』および『大論理学』において論理学の第三部「概念論」第二章「客観性」の冒頭に位置し，「化学的連関」，「目的論」とともに三部構成を成している。「客観」は論理学において「直接態」として語られるものの一つであるが，これはじつは第一章「主観性」で叙述されるような推論の形を自分の内に含み込んだ媒介された「事そのもの」(Sache selbst)に他ならない。「客観性」の章全体の役目は「事そのもの」におけるこの媒介の実状を十全に解明することにあるが，その出発点にあたる「機械的連関」において，「客観」は「充足的で自立的な客観で，それゆえまたそれらの関係においてはもっぱら自立的なものとして相互に振る舞い，どんな結合においても外的に止まるもの」[『大論理学』6. 409]として登場する。客観のこの在り方とそれらの関係の仕方が，「機械的連関」という在り方をとる対象世界の根本規定である。論理学における「機械的連関」の叙述は『エンツュクロペディー』「自然哲学」における「力学」(Mechanik)の叙述とかなり正確に対応するが，この機械的連関は自然の内に限定されるものではなく，「機械的な」(mechanisch)ものの見方に応じてさまざまな実在的領域において見出される。例えば，人間が身体と心という二つのものの結合物かのように考えられたり，心が個々別々の能力のたんなる複合物かのように考えられたりする場合，あるいはまた全体の連関を断ち切って自立しようとする個体に偶然的な相貌をとって降りかかる「盲目的な」「運命」においても，同様の「機械的連関」が見出される。「機械的連関」における「客観」の直接性はその裏に媒介を隠しているものなので，ヘーゲルの叙述はこの矛盾を原動力として媒介の仕組みを正確に顕在化させるという方向で，「客観」の単純な外的関係である「形式的機械的連関」から，「客観」相互の統一的連関を「機械的連関」の制限内で示す「絶対的機械的連関」へ向けて進められる。⇒事そのもの，化学・化学的連関

(松本正男)

幾何学　⇒数学

喜劇　[Komödie, Lustspiel]

人生の表面的価値や不完全性をあばき，人間の弱さを描いて，笑いを興じさせながら考えさせる演劇ジャンル。人間の不完全性を鋭くつく諷刺（サテュロス）劇，この不完全性にのって羽目をはずしてはしゃぐ狭義の喜劇あるいは遊興劇 (Lustspiel)，あるいは社会状況のうちに潜む不完全性をあばき出す狂言的な茶番劇 (Schwank) などがある。

ヨーロッパ喜劇の祖型は，古代ギリシアのディオニュソス祭に奉納されたものとされ，ギリシア語 $\kappa\hat{\omega}\mu o\varsigma$（どんちゃん騒ぎ）を語源とする。アリストテレスの『詩学』に残された短い言及以来，多くの喜劇論があり，とくに今世紀のフロイトやベルクソンらにより笑いの構造に潜む哲学的重大性がとりあげられた。喜劇の最盛期は，悲劇のそれと平行しており，紀元前5～4世紀のギリシア，16～17世紀のヨーロッパ諸国にあろう。

ヘーゲルは真理の発現という観点から芸術の諸ジャンル中言語芸術を最高位におくが，その中でも喜劇を悲劇と対比させ，主観性の

優越する，芸術の自己解消の極北にあるものと位置づける。

かれは，喜劇的なものを面白おかしさ，愚かさやナンセンス，嘲笑，哄笑から区別する。「喜劇的な人には，どこまでも陽気でありつづけ，自分自身の矛盾をこえてどこまでも崇高であろうとし，そこでつらく思ったり不幸をかこったりしない，確信が必要である」[『美学』15. 528]。

悲劇においては実体的客観性が地盤となるのに対して，喜劇の一般的地盤は「人間が本来は知行両面にわたる本質的内包としておのれにかかわってくるすべてのものを，主体的に完全に支配下においてしまうような世界」[同 15. 527]である。だがそのような世界の目的はそれ固有の本質の欠如のため自壊してしまう。そのときでも主観性そのものが滅んではならない。「たんに実体的なものに見えるもの，まったく卑小なものが現れるときにも，確固とした主観性の高次の原理が存続し，この主観性はみずから自由でありつつすべての有限性の没落を超脱し，自信に充ちよろこびにあふれている」[同 15. 531]。→ドラマ，悲劇，笑い

【参】Bergson (1924), Preisendanz/Warning (1976)　　　　　　　　　　　（金田 晋）

キケロ [Marcus Tullius Cicero 前 106-43]

ローマの政治家，哲学的著述家。早くから雄弁により成功し統領となる。共和政末期の政争の中で一時亡命するがカエサルの寛量によって政界に復帰。のちオクタヴィアヌスと争い，暗殺された。数多くの哲学的著作があるが，その立場は典型的な折衷主義であり，彼自身の独創になるものは少ないとされる。しかし，ギリシア哲学をローマに移入し，用語をラテン語に翻訳したことなどにより，後代に大きな影響を及ぼした。

ヘーゲルは，理性の現実的展開を政治家や将軍において見ようとするから，例えば，正しい知性によって決断を下し，私情を混じえず果敢に断行したカサエルを，世界的な役割を果たしたものとして賞揚する。けれども同時代の政治家にして哲学者であるキケロに対しては，ヘーゲルの評価は全般に低い。ヘーゲルが描き出すのは，「国家の本性について何の洞察も持たない」[『歴史哲学』12. 377]まま，危殆に瀕したローマ共和国を維持すべく「一時的な糊塗策を探し廻っている」キケロであり，また，いたるところで公正や礼節に関して立派な意見を述べながら，それに反する行為を合法的にもくろみ，それによって「法律による道徳の堕落への道」[『法哲学』180節]を拓いているようなキケロである。キケロによるギリシア哲学説の「報告」についても，そこには「哲学的精神」[『哲学史』18. 190]が欠けており，「思弁」ではなく理屈（Räsonieren）」の媒体を通じてなされていること，しかも彼の「反省」は主観的な力として，対象を疑わしく曖昧なものにしてしまう[『宗教哲学』17. 172]底のものであることが指摘される。つまりは，キケロの哲学は恣意にもとづく「通俗哲学」[『哲学史』18. 114]にすぎないというのである。キケロに対するこのような評価は14世紀中頃のペトラルカ（Francesco Petrarca 1304-74）以来一般的になったのと同列であり，とくに厳しいというわけではない。→通俗哲学，カエサル

　　　　　　　　　　　　　　　（岡崎英輔）

記号 [Zeichen]

ヘーゲルによれば，「〈記号〉とは，それ自身がもっている内容とは全く別な内容を表象するところの或る直接的直観である」[『エンツュクロペディー（第3版）精神哲学』458節]。このことを，ヘーゲルは記号と象徴とを対比させることで明らかにしている。「記号は象徴（Symbol）とは違っている。象徴も一つの直観であるが，象徴としての直観においては，直観自身の規定性が，象徴としての直観

が表現する内容である。それに反して記号そのものにおいては、直観自身の内容と、直観を記号として持っている内容とは、相互に無関係である。」つまり、象徴はいまだ感性的素材と有縁的であり、主観的な確証に留まるのに対して、記号は、「心像の内容から解放」されており、その意味で、記号化するもの(Bezeichnung) としての知性は、象徴化するとしての知性よりも、いっそう自由な恣意と支配とを有しているのである。だから、ヘーゲルは、記号が有するこの〈恣意性〉を「ある偉大なもの」として評価する。なぜなら、知性は、この〈恣意性〉によって、「象徴のなかに現存している主観的な確証」から「一般的表象の客観的確証」へと進展していくからである［同457節］。

ヘーゲルのこの記号に対する評価は、カントのそれとは正反対のものである。カントは、『人間学』において「物の形態（直観）(Gestalten der Dinge (Anschauungen)) が、概念による表象の手段としてのみ役立つ場合には、それは象徴 (Symbole) である。記号 (Charaktere) はいまだ象徴ではない。何故なら、記号はそれ自身ではなにも意味せず、直観に伴い、そしてこのことを通して概念に係わるような間接的記号 (mittelbare Zeichen) にすぎないからである」[38節］としている。カントは、〈記号〉を、「概念を時たま再生産するために、番人として概念に付き添っているにすぎない」ものと見なし、象徴の方を高く評価するが、これは、カントの〈われわれの概念の実在性を立証するためには、つねに直観が要求される〉という立場の帰結である。ヘーゲルにおいて記号は、「自分の独立的な諸表象に一定の現存在を自分の中から」与え、「直観の直接的な内容・直観に特有な内容」を亡ぼすことで、記号は「止揚された直観として存在するという本質的な規定」を得るのである［『エンツュクロペディー(第3版)精神哲学』458節以下]。→意味

【参】Bodammer (1969)　　　　　　　（黒崎政男）

儀式　⇨祭祀（儀礼）

喜捨　⇨不幸な意識

技術　[Technik]

人間は外的自然に関わるなかで、技術を通してそれから身を引き離し、かえってそれを制御し、みずからの自立性を獲得する［『歴史哲学』12. 295]。ヘーゲルは、技術を目的関係——とくに外的な目的関係——の視野からとらえる。技術は、主観的目的-手段-実現された目的という推論的関係に生まれる。主観的目的は、自分と客観との間に、他の客観つまり手段を挿入する。この手段のあり方にヘーゲルは注目する。主観的目的のなかにある知性は、目的の遂行-実現という外的な目的関係を通して、この手段においてこそ自分自身を保持するからである。目的が実現された後、「直接的な享受は消え去り忘れ去られるが、道具は残る。人間はその目的の点では外的自然に従属するにしても、道具によって外的自然への支配力をもつ」［『大論理学』6. 453]。そして、道具という手段における諸要素の関係、手段と外的自然との関係が、機械的ないし化学的関係に属しつつも、同時に外的であるにせよ目的関係に参与するという点に、技術の特性がある［『大論理学』6. 444f.]。この意味で、技術には手段性が刻印されている。

こうして技術の問題は多分に道具の問題に集約される。上述の内容的基礎を与えたイェーナ期の考察によれば、道具とは、労働における主体-対象関係のなかで、主体の能動性と受動性とが持続するものと化したものであり、「道具は伝統のうちに伝えられていく」「現存する理性的中間項」［『イェーナ体系I』GW 6. 300] という文化的意義をもつ。とはいえ、道具には人間の活動性が不可欠であり、

「私は手にたこをつくり」「推論の魂」[『イェーナ体系Ⅲ』GW 8. 206] であり続ける。ところが、道具に代わる機械は、人間が自分のために働かせるものではありながら、自然との関わりをもつ先の推論的関係を断ち切り、労働の細分化、空疎化、機械への従属 [同 GW 8. 243] をもたらす。ただし、手段の体系と化した技術が引き起こす社会的、文化的変化については予感的なものにとどまる。→労働

(滝口清栄)

基準　⇨真理

気象学的過程 [meteorologischer Prozeß]
　気象現象は「地球の物理学的な生命」[『エンツュクロペディー(第3版)自然哲学』286節]、すなわち地球が自らを生命の実在的な基礎として定立していく過程と捉えられる。それは根源的には、空気、火、水、土という物理学的諸元素が個体的総体としての地球の内で結合され展開してゆく生動的な過程を意味する。図式的にいえば、地球は太陽からの光によって絶えず駆り立てられて、大気を陸、海へ分裂させ、火山活動を通じてこの分裂を止揚するということになり、ここに地球の産出的な個体性が示されている。もちろん地球は「死んで横たわっている有機体」[同341節] であり、「気象学的過程は地球の生命過程ではない」[同節「補遺」]。しかし気象学的過程は地球を生気づけ、「生命的な主体」[同339節「補遺」] が受胎されるための土台とするものであるという点で、生命の普遍的な過程を予示しているから、この過程の主体である地球が最初の有機体となる。

(北澤恒人)

犠牲 [Aufopferung, Opfer]
　自己を進んで放棄することを通して、より大いなる普遍化された自己を獲得すること。自己否定を通しての自己実現を意味する。この言葉は青年期から晩年までほぼ同じ意味で用い続けられ、自由論・疎外論の原型をなす重要な基本概念である。献げる (opfern, hinopfern, widmen usw.) 差し出す (preisgeben, darbringen, hingeben usw.)、放棄する (aufgeben, überlassen, ablassen, entäußern usw.)、断念する (entsagen, absagen, versagen, Verzichttun usw.) などの一連の語群がこの概念にかかわる。実に多様な文脈で用いられるが、とりわけ重要なのは、国家への献身、神への奉仕(供犠)、絶対者の犠牲である。

　青年期には、古典古代の英雄たちの祖国愛が「献身」として讃えられる。「彼らは自らの大義のために財産や情熱を賭け (hingeben)、幾千人となく命を投げ打った (Leben opfern)」[『キリスト教の実定性』1. 205]。ここには個体が自我＝自我という無媒介の自己同一に固執することなく、〈自己〉を社会的共同性へと外化しつつ、そこに、より豊かにされた普遍的〈自己〉を享受する (「他在において自己自身のもとにある」) という自由論の基本がある。

　祖国への実際の献身は、祖国の守護神への共同の崇拝 (供犠という宗教的行為) によって補完される。両者が一つの国家論のなかに統合されるのは、『自然法論文』の「人倫の悲劇」論においてである。①個体が行う国家への献身。②国家が犠牲となって、個体の自由と権利を認め個体を養う。③両方向からの犠牲の出会いを確証する象徴的行為としての祭祀 (神への奉仕)。この三契機が統合されて犠牲論の基本がつくられる。

　その後はキリスト教の概念化にも使われ、三位一体と聖餐論がこの概念で捉えられる。神の犠牲を介しての神人一体の理念は、実体が自己を否定して主体化するということであり、「犠牲」は〈実体＝主体〉論の鍵概念でもある。→聖餐式

【参】 Trede (1973)

(山崎　純)

奇蹟 [Wunder]

ヘーゲルは奇蹟に対し初期から後期に至るまで一貫して批判的であった。それは，奇蹟は客観的にはありえないという，科学や「悟性の啓蒙」の立場からの批判ではなく，むしろ或る現象を奇蹟として見る態度そのもの，奇蹟信仰は真の信仰ではないという，信仰論の見地からの批判である。そもそも「客観的な奇蹟というものは一つの矛盾である」[『初期神学論集』(ノール) 364]。何故なら「客観的」とは「悟性の法則」に適っていることであり，奇蹟が奇蹟である所以は，「悟性の法則」に反している点にあるからである。それ故奇蹟については「主観的判断しか可能ではない」[同上]。これに反し，「悟性の法廷」で「経験や自然法則」[『キリスト教の実定性』補稿 1. 215]を武器にして奇蹟を批判しようとしても，かえって奇蹟擁護論者を利するだけになる。何故なら超自然主義者シュトールも言うように，「歴史的また釈義的な議論」[同 1. 216]を行うならば，聖書で記されている奇蹟は歴史的に一回だけ起きたこととして認められ，自然法則によってその可能性が廃棄されることはないからである。したがって，イエスの行為そのものではなく，その「主観的判断」，「イエスの行為が弟子や友人にとって奇蹟であった」[『キリスト教の実定性』1. 116]事態を問題にすべきである。そのためヘーゲルは『イエスの生涯』ではイエスの奇蹟について語らず，『キリスト教の実定性』で弟子らとの関連で奇蹟信仰を述べた。奇蹟信仰のこの主観性はベルン時代では「実践理性」と「想像力」の立場から捉えられた。即ち，奇蹟信仰は「実践理性」の見地からは「権威」[同 1. 117]への隷属として批判されたが，「想像力」の観点では，──ヘルダーの旧約解釈に見られるように──「主観的真理」[同・補稿 1. 202]が容認された。フランクフルト時代では，奇蹟信仰における「権威」への隷属は，愛の宗教における「客観的なもの」の契機（「形態化された愛」）[『キリスト教の精神』1. 409]のアポリアとして捉え直された。個体イエスが神的なものと無理に結び付けられ，そこから「精神と物体という最も頑なな対立」[同 1. 414]の不自然な合一すなわち奇蹟も信じられた。奇蹟においては「物体」が「精神」によって変化させられ，「悟性の領域が定立されると同時に廃棄される」[同 1. 413]という「不自然なこと」が生じるが，ここで「精神」は「物体」との「対立」を保持しているため，奇蹟は「最も非神的なものの表現」[同 1. 414]である。このような奇蹟信仰批判は後期においても基本的には保持されるが，批判の力点は「神的なものの分裂」よりも，「外面的なもの」[『宗教哲学』17. 196]への依拠という点に移され，批判の調子も緩和される。「自然的連関に対する精神の暴力による出来事」[同 17. 316]としての奇蹟への信仰は，「外面的なもの」「感覚的直接的現在」[同上]を「宗教の真理の根拠」[同 17. 196]とし，「精神的なものを自己の内で認め」[同上]ない限り，「信仰の最初の偶然的様式」[同 17. 316]でしかないという。

（久保陽一）

偽善 [Heuchelei]

人に見られようとして，自分の義行を人前で行うこと。「行為の思念のうちに──人に見られるためという──行為そのもののうちには存しない他のものを混入させる」ならば，それは偽善である[『キリスト教の精神』1. 331]。悪い意志を他の人たちにとっては善であると主張し，自分は総じて外面的には善であるふりをするならば，これは「自分にとって真実でないものをあえて真実であると言い表す真実でない偽り」[『精神現象学』3. 463f.]である。この場合，善として他人に差し出しているものとその内面とは異なっているから，それは偽善である。つまりそれは善をただ他者に対する存在としてのみ使用している。そ

こで偽善とは行為を他の人たちにとってのみ善であると主張することである［『法哲学』140節］。また、人が自分の行為を弁解するために、行為による代わりに卓越した心情を言い表すことによって善をなしたという場合、これは「内はすぐれているのだという意識によって自分を慰めているような偽りの自負」［『エンツュクロペディー（第3版）小論理学』140節「補遺」］である。↪良心　　　（寄川条路）

貴族政　⇨ **政体**

北アメリカ　⇨ **アメリカ**

機智　［Witz, Geistreiches］

機智は、既にアリストテレスの『修辞学』において老人に対する若者固有の性格としてとりあげられ、笑いをさそう「教養のある傲慢」と定義されたが、そのラテン語の対応語 ingenium は人間の器用さ、創意工夫の能力を意味し、ルネッサンス期においても基本的に継承された。17世紀後半以降18世紀前半にかけて、機智はあたらしい主題の発見、拡大の能力だけでなく、言語使用上の工夫をもさすようになり、文芸の本質的性質として重宝された。

ヘーゲルは機智を、意味と形態とが分離するところに登場する種々の芸術手法の一とする。つまり意味が自己に相即した形式を模索してなお得られない段階としての象徴芸術形式、意味が外面的形式を凌駕してしまう段階としてのロマン的芸術形式のいずれにおいても、機智は現れる。いずれにおいても、「異種の表象を意表をつく類似性において結合することが意識的に行われ」［『ニュルンベルク著作集』4. 55］、機智のはたらく余地が生まれる。

象徴芸術の最終段階である意識的象徴のうち、意味をあらかじめ知っていながら、それをおもてに見せず、外界に散在するふだん無縁と思われる個別的諸特徴を意表をつくしかたで結合してみせる。「この関係におけるなぞなぞが象徴法としての機智であり、そこでは洞察の才気と結合の即妙ぶりがためされており、かつ人をなぞときに向かわせることによって、機智はその表現法みずからに内在する力によって自壊してゆくのである」［『美学』13. 510］。

ロマン的芸術の最終段階、芸術形式の解消という局面において主観的内面性は内奥へと後退し、外面的形式とは偶然的にしか結合しなくなり、芸術は解消の過程にはいる。現実はもはや人倫性や神性を包含するものではなく、かりそめの「散文的客観性」となる。そのとき「主観性はその感情と見識でもって、おのれの才気（Witz）の権能と力にまかせて現実のすべてのことがらを支配する」［同 14. 222］にいたる。とりわけ「主観的フモール」において、自己を客観化して現実的形態たろうとする者を主観的な思いつきやひらめきで自壊させようとするとき、機知が登場し、一切の内容はこの機知を発揮させるための手段と化す。

機智あるいはフモールは、いわゆるエスプリに通じる。だが、ヘーゲルは一般に、フランス人はドイツ人にくらべて、内容から離れた形態面だけの、たんなる思いつきによるダジャレ、フザケに不寛容的である、と考える［同 14. 230］。したがって内容との関係を失うことのない機智はエスプリと言われるべきであろう。↪フモール、笑い

【参】Freud (1905), Brummarck (1979), Best (1989)
　　　　　　　　　　　　　　　　（金田 晉）

規定・規定性　［Bestimmung, Bestimmtheit］

「規定性」の範疇は、『大論理学』第1巻「存在論」、第1篇「質」論全体の課題であり、とりわけて第2章「定在」において詳細に展開されているものである。定在の「対他存在」と「即自存在」を両契機とする「自己内反省」から成立する「定在するもの」（Daseiendes)，「或るもの」(Etwas) それ自身の在り方が，「規定性」である。或るものが規定性を有するのは，それ自身の非存在の契機，他在の定在によってである。或るものが対他存在の契機をもつということは，他在が或るものに解消されてしまっていることを意味するものではない。それは歴然たる他者の現存を意味する。他者は或るものの外に存在している。この外なる他者に対して，或るものは即自存在の契機の故に無関心的である。しかし或るものの他者への無関心的な関係は，他者との相互的な非存在によって決定されている。「他者は或るもののなかで終わり，或るものはこの他者の非存在である」『大論理学（第1版）』GW 11. 67-8」。このように或るものの他者は，それ自身の非存在として，或るものの境域を形成する。「或るものは限界をもつ」[同 GW 11. 68]。限界は或るものの境域である。或るものは，限界によって他者を指し示すが，この指し示す限界は或るもの自身の内に根拠をもっている。限界は或るものが何であるかを指し示している。限界は或るものの本質である。或るものが或るものとしてあるのは，或るものの限界によってであり，また他者が他者であるのも，この同じ限界によってである。限界は，或るものの非存在，他者を指し示すが，同時に他者の非存在，或るもの自身を指し示す。したがって，限界によって或るものが或るものとして現れ，また他者が他者として現れる。「或るものはそれ自身の限界のなかでのみそれがそれであるところのものである」[同 GW 11. 69]。このようにして，或るものの境域，非存在との関係を示す限界が，或るものの固有の存在，自己内存在として積極的な意義をもつものとなるとき，それが「規定性」である。「規定性は，即自存在的な規定性としての規定（Bestimmung）と対他存在的な規定性としての性状（Beschaffenheit）とに区別される」[同 GW 11. 67]。或るもの自身の即自存在の

契機が規定であり，対他存在の契機が性状である。規定と性状の措定によって，或るもの自身の自己に対してある在り方と他者に対してある在り方とが現れている。或るもの自身の内に自己と他者とが止揚されたものとして措定されている。したがって，或るものの本質は自己と他者の統一である。或るものは性状において変化し，規定において変化しない。或るものは自己自身の不動の規定（使命）によって限界に立ち向い限界を乗り越えようとする。このとき限界は「制限」である。また他方で制限を突破しようとする或るものの内部の原動力は「当為」である。当為は制限の否定された在り方を指し示し，制限も当為が指し示す在り方を否定する。「規定性は否定一般である。だがこれをより厳密に言えば，否定は制限と当為という二重の契機である」[同 GW 11. 77]。→対他存在，限界，定在

【参】 Werder (1841), Radamaker (1979), Lakebrink (1979/1985)　　　　　（小坂田英之）

企図　⇨意図

帰納　[Induktion]

　帰納は，『大論理学』および『エンツュクロペディー（第3版）小論理学』の「概念論」，「反省の推論」において明確な意義付けが行われている。すなわち「反省の推論」の1．「全称的推論」（演繹的推論）は大前提が結論とされているものを前提するという意味で，2．「帰納的推論」に立脚し，さらに「帰納推論」も「完全枚挙」がありえないという意味で，3．「類比的推論」（類比推理）に立脚することでその欠陥を補うのである。ヘーゲルのこの洞察は，J．S．ミルの論理学を連想させて新たな「蓋然的推論」の可能性を示唆するに十分であるが，種々の「誤謬的推論」（誤謬推理）の形式の吟味にまでは至っていない。

　「帰納法はむしろまだ本質的には主観的推

論である。媒辞は，それぞれの直接性としてある個別であって，総体性によるこれらの個別の類への総合は外的反省である。各個別があくまでも直接性を失わずに保っていることと，それに基づく外面性のために，普遍性は単に完全性以上に出ることはなく，むしろそれはどこまでも一個の課題にとどまる。——だからこの普遍性の点で，ここに再び悪無限への累進が現れる。個別性は普遍性と同一のものとせられるべき（sollen）だが，しかし個別はやはりその直接的個別として立てられているから，その統一は依然として果てしなき当為（Sollen）であるにすぎない。すなわち，その統一は同等性の統一である。両項〔普遍と個別〕は同一のものであるべき（sollen）であるが，同時にまた同一のものであるべき（sollen）でない。a，b，c，d，eは，無限累進の形でのみ類を構成し，完全な経験を形成するにすぎない。帰納法の結論は，そのかぎりであくまでも蓋然的である」[『大論理学』6. 385-6]。→演繹，推論（推理）

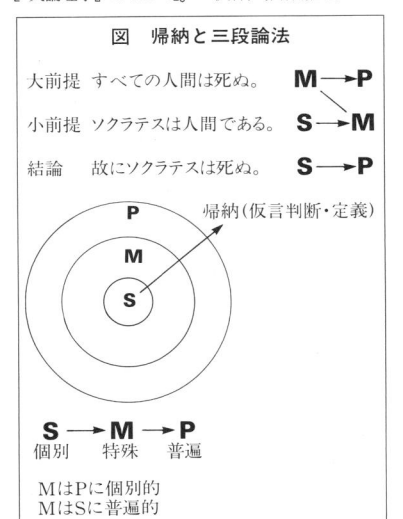

図　帰納と三段論法

大前提　すべての人間は死ぬ。　**M→P**

小前提　ソクラテスは人間である。　**S→M**

結論　故にソクラテスは死ぬ。　**S→P**

帰納（仮言判断・定義）

P
M
S

S—M—P
個別　特殊　普遍

MはPに個別的
MはSに普遍的

【参】 Düsing (1984)，山口祐弘（1988）

(小坂田英之)

紀平正美　[きひら・ただよし　1874（明治7）.4.30-1949（昭和24）.9.18]

三重県に生まれ，1900年東京帝国大学哲学科を卒業。19年学習院教授となり，東京帝大などの講師を兼任。05-6年『エンツュクロペディー』を『ヘーゲル氏哲学体系』として訳出し，05年「ヘーゲル哲学と其翻訳とに就いて」を発表。仏教とくに華厳にひきつけて解釈し，ヘーゲル哲学研究の先駆をなした。15年『認識論』を著す。その後，国家主義に移り東西哲学の融合を説き，日本精神の哲学を唱道。32-43年「国民精神文化研究所」の所員を勤める。→日本のヘーゲル研究（宮川　透）

気分　[Stimmung]

自然を通して感ずる一般的な感情であって，一面では内面的であり，他面では外面的である。また直接的で，まだ反省のないものであって，愉快なものでもあれば，不愉快なものでもある。精神の内面が外面の感覚と直接に——すなわち没意識的に——結合されるとき，外面的感覚によって作り出される心の動きであり，「外面的感覚が精神的内面に対して没意識的に関係させられているということ」[『エンツュクロペディー（第3版）精神哲学』401節「補遺」]である。外面的感覚によって引き起こされた気分は自然的心であり，自然と心との共感に基づく。人はそのような共感を，色・音・臭い・味および触覚に対して存在しているものから受け取る。内面的感覚によって引き起こされた気分は「ある特殊な関係または状態のなかに存在する私の直接的個別性に関係するような感覚」[同上]である。これには，例えば，怒り・復讐・嫉妬・羞恥・後悔が属する。これは一時的な特殊な感情であり，主観的な関心や心術である。一時的で偶然的なものとしては，単なる身勝手な考え

であり，その場その場の雰囲気である。→人間学
(寄川条路)

ギボン [Edward Gibbon 1737.5.8-94.1.16]

イギリスの哲学的な歴史家ギボンは，病弱のうちに生い立ち，1761年に処女作『文学研究論』をフランス語で公刊した。63年から2年間の予定でフランスやイタリアを遊歴し，64年カピトルの廃墟で「ローマ衰亡史」の研究を思い立った。その後下院議員を務めながらも，76年『ローマ帝国衰亡史』(*The History of the Decline and Fall of the Roman Empire*) 第1巻を刊行。83年以降ローザンヌで執筆に専念し，88年までに全6巻を上梓した。(すでにベルン時代にトゥキュディデスやモンテスキューに加えてギボンを研究していた) ヘーゲルは，ローマ共和制が崩壊して貴族と平民との区別がなくなり，両者が混合する中で前者が廃止されて後者が唯一の民衆になる有様について，ギボンの同書 (ib. 1787, Bd.I, p.74f.) から引用している。「ローマの長い平和と単調な支配は，帝国の生命力の内にゆっくりとひそかに効いてゆく毒を注入した。……諸州は私生活の生気のない無関心におちいった」[『自然法論文』2. 492]。
→ローマ時代
(小林靖昌)

義務 [Pflicht]

Ⅰ カント批判　ヘーゲルの義務論はカントの道徳哲学に対する深い洞察と鋭い批判を通して打ち立てられたものであった。すなわちカントは道徳法則が自然法則と同様に普遍的に妥当する客観的法則でありうるのは，それがアポステリオリな経験的質料に依存せず，アプリオリな純粋実践理性に基づくからであると考えたので，経験される主観的欲求や感性的動因を道徳的意志の規定根拠から一切排除してしまった。したがって道徳法則は，たとえば「もし幸福になりたければ，……せよ」というような条件付きの仮言命法ではなくて，「汝……すべし」と端的に無条件に命令する定言命法であった[『実践理性批判』原版 38f.]。要するにそれは「汝の意志の格率が常に同時に普遍的立法の原理として妥当しうるように行為せよ」[同54]ということであり，この命令に服従して一切の主観的・感性的な欲求を退けて，客観的・理性的な道徳法則に完全に一致した行為のみが「義務」と呼ばれた。「義務よ！　汝，崇高，偉大なる名よ」[同154]というカントの叫びはまさに彼の道徳哲学の極点を示すものであった。

しかし義務がこのように主観と客観，感性と理性の分離，対立を前提するということこそ，ヘーゲルにとって承服しがたいことであった。ヘーゲルはその若き日の草稿，いわゆる『初期神学論集』の中で，カントが「全てを超えて神を愛し，汝の隣人を汝自身として愛せよ」という命令を義務命令と見なしたことを「不当」であるとなじっている。なぜなら義務を喜んで行うということは，それ自体において矛盾しているからである。義務には愛が欠落しており，愛には義務という考えが欠落している。ヘーゲルはそのような義務は，真に生けるものとは無縁な，空虚な概念形式にすぎないと考え[『キリスト教の精神』1. 325]，「愛は他人の中に己自身を見出す」か，あるいはむしろ「いわば他人の中に生き，感覚し，そして働いている」[『国民宗教とキリスト教』1. 30]と記した。このように主観と客観，個別的意志と普遍的意志が対立しつつ結合していること，部分と全体の有機的統一に，真の生ける人間の本質を求めて，これを「人倫」として捉えた。人倫の本質的形態は家族と国家において現れているので，ヘーゲルの義務論もここに視点を据えて多様な義務を論ずることとなる。

Ⅱ 義務の衝突　人倫的意識は普遍から個別へ，また個別から普遍へと静かに生成しており，義務の意識は家族と国家へ単一に純粋に向かっているが，義務を現実に行為へ移

せば，行為は一方の義務しか実現できないので，義務と義務の悲劇的衝突が起こる。ヘーゲルはこのことを，ソフォクレスの悲劇『アンティゴネー』を下敷きに使って，「人間の掟」と「神々の掟」の衝突として呈示した。すなわちテーバイの王クレオンが国家に対する反逆者ボリュネイケスの屍体の埋葬を法令によって禁じたのは「人間の掟」の立場であり，ボリュネイケスの妹アンティゴネーが敢えて国法を破って兄の屍体を埋葬したのは「神々の掟」の立場であった。言い換えればクレオンは国家への義務を行い，アンティゴネーは家族への義務を行ったのである。しかしアンティゴネーは洞窟の中に幽閉され，悲嘆にくれて首を吊り，他方クレオンはその息子が洞窟の中で許嫁者アンティゴネーの後を追って己の脇腹に剣を突き立て，その悲報を聞いた王妃も館の中で自刃したことによって，絶望の淵に突き落とされる。こうして「人間の掟」に従うクレオンも，「神々の掟」に従うアンティゴネーもともに没落せざるを得なかったという悲劇を例に挙げて，ヘーゲルは，人倫における個別と普遍の美しい静かな無媒介的統一は，それを実際の行為によって実現しようとすれば，個別への義務と普遍への義務の衝突によって必然的に破綻し崩壊するということを示したのである〔『精神現象学』3. 328ff.〕。その崩壊によって現れ出るのが，普遍と個別を区別する道徳性の立場での義務である。

Ⅲ　道徳的義務　　ヘーゲルにとって道徳性の立場は，自己意識が己と，即自的に存在する普遍的意志とを区別しつつ，しかも己が普遍的意志と同一であることを対自的に意識する立場である。それは「孤立的」(対自的)な主観的意志であって，普遍的意志との同一性〈から引き離されている〉(abs-tractum) という意味で抽象的 (abstrakt) である。したがって「道徳的立場は〈相関関係〉および〈当為〉もしくは〈要求〉の立場である。」〔『法哲学』108節〕。そこでは善も単に普遍的抽象的な本質性であり，特殊的主観の意志にとって「義務」となる。義務の規定は，正義を為すこととか，他人の福祉のために尽くすこと，というような特殊的な規定をまだ含んでおらず，単に無内容な同一性，抽象的な無規定性が残るのみである。「〈義務〉は〈義務のために〉為さるべし」〔同133節〕というこの空虚な形式主義には，或る行為の内容が義務であるか否かの基準が存せず，むしろ一切の不法な非道徳的な行為が「義務」の名のもとで是認されることができる〔同135節〕。したがってこの主観性は内容が空虚であるという意味でやはり抽象的であり，善という抽象的普遍性と実際には同じものである。そして善と主観的意志とのこの同一性が両者の真相であるから，両者はその抽象的一面性を止揚して具体的統一を達成する。すなわち『精神現象学』において崩壊した「人倫」は後年の『法哲学』において再生する。それは国家を家族の展開し実現された完成態として捉え直すことによって可能になったのである。

Ⅳ　人倫的義務　　人倫の全体においては，客観的なものが主観性を以て満たされ，主観性のうちに客観的なものが現実化されている。それは個別と普遍が美しい統一を成している共同体であり，「家族」から「市民社会」を経て「国家」へと展開するのであるが，いずれにおいても人倫的実体が個人の現実の自己意識によって自覚され，人倫的諸規定は実体的諸規定として，個人の意志を拘束する諸種の義務となる。その義務が制限として現れるのは，単に無規定な主観性，抽象的自由に対して，また自然的意志の衝動，あるいは無規定な善を自己の恣意にまかせて規定する道徳的意志の衝動に対してのみである。かえって個人はこの義務によってむしろ，一面では，単なる自然の衝動に身を任せることから，また道徳的反省の中で抑圧されつつ迷うことから解放されるとともに，他面では，行為の具

現および客観的規定に至らないで自己のうちに，かつ何一つ為すことなくとどまる無規定的な主観性から解放される。それ故「義務によって個人は自己を実体的自由へと解放する」［同149節］のであり，「義務とは本質への到達であり，肯定的自由の獲得である」［同149節「補遺」］。ところで実体的意志が現実に現れたものは国家であるから，人間が履行するべき義務は，国家のうちで人間の属する諸関係において彼に示されていることにほかならない［同150節］。つまり「個人の〈最高の義務〉は，国家の成員であることにある」［同258節］。したがって国家が真に「人倫」の完成態であるか否かがヘーゲルの義務論にとって最も重要な問題となる。→徳と徳目，道徳性，人倫，『アンティゴネー』　　　　　　（松井良和）

客観　⇨主観と客観

客観的精神　［objektiver Geist］
　体系期のヘーゲル精神哲学において主観的精神と絶対的精神との間の第二段階をなすものであり，この期における彼の社会哲学を示している。それは，主観的精神における心理学によって基礎づけられた意志がまず客観的世界に現れ，次いで抽象法―道徳性―人倫という三つの段階において展開し，そして最後に神義論としての世界史において絶対的精神への道を切り開くまでを論究する。先の展開には，近代の自然法の立場とカントの道徳性の立場とを人倫という自己の立場から批判的に捉え直すヘーゲルの主張が表されている。或る意味で，この主張は，アリストテレスによって捉えられた古代ギリシアのポリスに見られる共同的精神への復帰とも見られうる。もちろん，主観性が主張される点では近代の立場が取られていることは言うまでもない。人倫の内部は，家族―市民社会―国家に分節される。従来，後二者の区別がヘーゲルの功績とされ，両者の間の関係が重要視されてきた。これは今後も探究されるべき大切な点である。さらに，古風な印象を与えるかもしれない古代世界への憧憬の中に，人類が理想としつつも未だ実現しえていない共同社会への洞察が示されていることが改めて注目されなければならない。現代においても社会についての構想の基本的な枠組みの源泉が依然として，ヘーゲルの客観的精神論のうちに見出されるのである。彼の理論のうちに単に記述的ではない規範的な理論が見出されるのかどうかは論議されるべき課題として研究史上提出されている。法哲学講義の出版などを契機として，この点の論議が再び盛んに行われている。→精神，絶対(的)精神

【参】　Ritter (1969a), Hösle (1987a)
　　　　　　　　　　　　　　　　（幸津國生）

究極の根拠　⇨根拠

窮迫（窮乏）　［Not］
　身体の物理的な生存の可能性の極限状態を示すもの。欲求との関係が問題となるが，欲求が精神的意味をも持つのに対して，身体的な意味に限定された欲求を示す。例えば，水は，「彼〔アブラハム〕と彼の家畜にとって窮迫の欲求」［Ham 351］とされる。
　この術語は，初期において，とりわけフランクフルト時代においてユダヤ精神の状態を示すのに用いられた。その取り扱い方には，この時代のうちで「生」の概念の形成との関連において，「生命あるもの」が対置されるものとして捉えられる段階から，この概念の一つの契機として位置づけられる段階へという変化が見られる。すなわち，当該の術語は，「生」の概念の形成をいわば裏側から示しているのである。というのは，それに対して「生命あるもの」が対置されるかぎりにおいて，「生」は自己の外に何物かを見出さざるをえないことになり，したがって，「生」は普遍的実体としてはまだ捉えられないからで

ある。窮迫が，先のように身体的意味であることには変わりはないとしても，「引き裂かれた状態」[『キリスト教の精神』1. 318]として捉えられ，この状態においても「共通の精神」における合一への可能性があるとされる「身体的窮迫の全範囲は，合一された活動の対象たりうる。この活動のうちには同等の精神が提示される」[同 1. 395]。すなわち，ここに「生」はこの状態をも一つの契機とするものとして成立したわけである。

イェーナ時代においては，窮迫は，或る個人の自由と他の個人の自由とが制限しあうという意味において，共同体と個人の自由とが対立させられるような共同体における悟性の支配を示す。フィヒテの自然法論に関連して，「共通意志による制限が法則に高められ，概念として固定される」状態が窮迫状態として捉えられる。そこでは，「窮迫状態と生のすべての動きへの無限の拡大とが絶対的な必然性（Notwendigkeit）と見做される」[『差異論文』2. 83f.]。後期においても，市民社会における自由の抽象性を示す。「窮迫は，法および福祉の——自由の抽象的定在の——有限性，したがって偶然性を露にする」[『法哲学』128節 7. 241]。かくて窮迫は，「生」の統一からの離反の極限として，それゆえ，この統一への転回点として，すなわち，必然性から自由への転回点として位置づけられるのである。→欲求・欲望，生（命），自由

【参】 Harris (1972), Jamme (1983)

(幸津國生)

境位 [（ギ）στοιχείον,（ラ）elementum,（独）Element]

境地，場，場面などとも訳される。元来は，ある系の一項である文字ないし音を意味したが，やがて「基礎」一般を意味するに至る。アリストテレスは『形而上学』において，「あるものがそれに基づいて合成され，その種類からして，それとは別に種別化される諸部分には分解不可能な第一の構成要素」と定義し，おと，根本素材（例えば，地，水，火，空気の四元素），証明の基礎，至高の普遍概念という四つの意義を区別している。

ヘーゲルもこの概念を，前ふたつの自然学的な意味で用いる[『大論理学』5. 138 ；『エンツュクロペディー（第3版）自然哲学』281節 9. 133f., 328節 9. 295f.]。一方，後ふたつの意味で，精神哲学的な独自の変容を加えて用いる場合が多い。「意識の経験の学」である『精神現象学』によれば，意識→自己意識→理性→精神→宗教→絶対知という，「真の知にまで進んでいく自然的意識」が辿る経験の道程のそのつどの「宿駅」が，その意識にとっての「境位」と捉えられる[3. 72]。懐疑・否定性を本質とする人間の精神は，ヘーゲルによれば本来「絶対的な他在における自己認識」，「普遍的な意味での知」を目指すのであるが，「この境位は，それ自身の生成という運動を通してのみ，その完成と透明性そのものを保持する」[同 3. 29]のである。つまり，意識は，自らの自己認識の境位に即してのみ，その場面に現れる対象を理解できるのである。例えば，「思想の境位」における「神の理念」の把握は，「思惟の抽象的な境位」から「概念的理解の境位」への展開運動として可能になる[『宗教哲学』17. 218ff.]が，ヘーゲルはこの運動を，有限な人間精神と無限で永遠な精神との，相関的展開過程における理解の在り方の問題として捉えている[同 16. 11ff.]。したがって，この過程の諸段階および，それぞれその段階における双方の精神の在り様が，ともにひとつの共通の「境位」にあるものとみなされる。

(座小田豊)

教育 [Erziehung]

いかなる教育観も根底には人間観が控えている。ヘーゲルにおいても例外ではない。そして彼の人間観は，「人間は精神である」[『宗教哲学』16. 11 ；『哲学史』18. 13]に尽き

る。このことは第一に，人間が自由，否定性を本質とするものであること，第二に人間は類的存在，別言すれば「我々なる我であり，我なる我々」[『精神現象学』3. 145]であること，第三に人間は理性的存在であると共に感性的存在でもあり，その意味で人間は全体的統一体であること，第四に人間は歴史的存在であることを意味する。これらを総括すれば，人間は人間として，いたずらに自然的な衝動や欲望に盲目的に支配されるのではなく，思惟を働かして自己が投げ出されて生きる歴史的世界を貫く理性的なもの，普遍的なものを認識し，それに従って行動するようにならなくてはならないという使命をもつということになる。これが人間の自己実現の意味である。そこにヘーゲルにとって教育の目標は要約すればつぎの二つとなる。第一は，自然性を脱却せしめることである。第二は，国家生活のうちに自己を客観化することができるように仕向けることである。すなわち，ここで注意すべきは，人間の自己実現は直ちに教育とは何かの規定ではなく，それはむしろ教養(Bildung)の概念であって，教育はこうした人間の自己実現を助ける活動であるということである。子どもは人間としての自己実現を目指さなくてはならない。教師，両親もこうした子どもの自己実現を助けるという役割を果たすことで，同時にみずからも人間としての自己実現を目指すのである。ところで，教養が人間一生の問題であると同様に，教育の場所は何も学校に限らない。しかし，ここに学校教育に視点を限定して，ヘーゲルの教育観をさらに見てみると，ヘーゲルは学校教育は一方では外との関係で国家，社会と学校と家庭，他方で内部においては学校の施設や制度，それに教師と生徒という三位一体の構造において成立すると見る。そして，上記の教育目標を達成するために，教育内容としては古典語，古典文学，それに社会生活に必要な資質とともに論理的思弁的思考を身につけさせるために，法論，義務論，宗教論など，具体的な問題に始まって抽象的な論理学に至る哲学教育を重視した。これらを通して，一般的知識を個別的事例に応用するとともに，具体的な事例から一般的知識を取り出す，つまり正しく判断し，推理する能力を涵養する理論的教養と，自由な個人としてみずからの主体性を確立するとともに，国家社会の共同生活に生きて良き一員として全体の福祉に役立つ人間を形成する道徳的教養との統一を目指したのである。ヘーゲルが古典語と古典文学を重視するのも，文法は単に古典読解の手段に止まらずに，判断，推理の論理的能力の涵養に資するからであり，また文学はそこに直観と悟性，自由と共同とが美しく調和した人間像が見出されるからである。ヘーゲルは教育方法としては，受容性と自発性との統一を原則に，具体的には授業においても，訓戒にしても，宿題にしても，生徒の精神の発展段階に応じて工夫して施すことで，生徒を学習(Lernen)より勉強(Studieren)へと導くことを説いた。この際，ヘーゲルがまだ一人前ではない生徒たちに対して，自発性の尊重とともに，共同生活においては否応なしに守らなければならないこと，しなければならないことのあることを教えるために，服従，訓育，労働(宿題)など，精神の発達における否定性の契機を重視していることは注目されてよいことであろう。ヘーゲルの教育観は，当時耳目を惹きつつあったルソーからバゼドゥ(Johann Bernhard Basedow 1723-90)などの啓蒙主義的教育観に批判的立場に立つもので，大きくはゲーテ，シラーなどの新人文主義に連なるものと言ってよいが，理論的教養と倫理的教養との統一，自発性と受容性の統一，否定性を媒介にしての精神の発展など，随所にヘーゲルの論理を見出すことができるのであり，この意味では弁証法的教育論と特色づけることも許されよう。→教養，学校

(上妻 精)

教会・教団 [Kirche]

　ヘーゲルにとって教会といえば，第一義的には，もちろんキリスト教のそれを意味する。自分がプロテスタントの，しかもルター派の信徒であることを，かれは強調していた。しかし「神の国」とは，そのような外面的な教会（宗派）である以前に，あらゆる地域と宗教をカバーする「不可視の教会」である。この点でかれの理解はキリスト教の伝統に従っている。信仰の共同体を示す言葉としては他にGemeindeということばもあり，若干のニュアンスの違いがある。「現実的な教団（Gemeinde）が，一般に我々が教会（Kirche）と呼ぶものである。それはもう教団の成立（Entstehen）のことではなく，存立し（bestehend）維持されてもいる教団のことである」[『宗教哲学』17. 320]。

　I 初期のキリスト教批判　青年ヘーゲルは制度として定着した（「実定的」な）キリスト教に対して，多くの点で批判的であった。たとえば，教会の宗教教育は，想像力を恐れで充たして，「悟性と理性」を抑圧し，自由な市民のかわりに奴隷を作り出しているように思われた。それぞれの宗派が自分たちの信仰を絶対視し，カテキズムを読んで暗記しさえすれば手に入る真理のごとくみなしているのも，気に入らなかった。啓蒙主義の影響を受けたこのような批判的見方は，微妙に修正されながら体系期にも保たれている。

　II 教会の発展　キリスト教団の基礎を据えたのは，いうまでもなくイエスであるが，「神的理念」を体現するこの個人が感覚から遠ざけられ，すぎさった歴史となってこそ，教団は「精神」の共同体（神の国）として本来の姿をとる。キリスト教の思想はおよそ三つの段階をふんで教会という具体的形態に移行する。第一に，キリスト教の創始。福音書に見るイエスは，精神の世界へ高まることのみを真実の生き方とみなし，世俗の絆を遠ざけた。これは現実を捨象した，抽象的な主張である。第二に，イエスの弟子たちによる教団の形成。イエスの死後はじめて，精神（聖霊）が弟子たちに到来し，真の神の理念が把握された。第三に，指導者に率いられる教会組織の形成。第二期の弟子たちはひとしく精神に充たされ，真理を認識していたが，いまや能力にすぐれた人が指導者として選ばれ，一般信徒から区別される。最初は民主的な選出であったものが，司祭の聖別による貴族制へと移行する。「精神」の（geistig）国は，「聖職者」の（geistlich）国に変貌する。

　III 教会の役割　かくして「存立する」ものとなった教会においては，真理はすでに現前するものとして前提されている。個人はそれを内面化するだけでよい。教会は，個人がそこで洗礼を受け，教説を伝えられ，真理に到達する教育機関として位置付けられる。別の面から言えば，自体的に存在している真理が，そこにおいて己れの「自己」（つまり人間の意志）と同一化する。真理が「権威」として個人に対することは，必然的契機であるが，「権威への隷属」となってしまうと，思惟と学の自由の抑圧にもつながる（ブルーノやガリレイに対する教会の態度）。教会共同体が存続するとは，それがたえず再生産されることを意味する。そのために，キリストの生涯，受苦，復活が（目に見える形では，聖餐として）教会のメンバーによって永遠に繰り返される。教会は，発展した精神にふさわしい発展した教説をつねに必要とするのであるから，原始教団に帰れというスローガンは誤りである。

　IV 世界史の中の教会　神的理念の保持者としての自負は，教会を世俗と対立させがちであり，場合によれば，宗教的ファナティズムに駆り立てる。しかし，社会的現実から遊離した信仰は，抽象的でしかない。キリスト教において自体的にはすでに生起した「和解」，すなわち自由の理念は，教会の枠をこえて，より大きな次元で実現される必要があ

る。宗教が内面性にとどまって，外の世界との対決姿勢をとるとすれば，それは力ではなく，弱さのあらわれである。真の宗教なら，儀式や教説，教会財産，教団奉仕者などの要因を通して，社会的・政治的現実（「国家」Staat）との交渉をいやでも持つことになる。国家は教養（Bildung）のプロセスをくぐりぬけて己れを自覚するにいたった精神，ひとつの世界を組織するべく展開する精神であり，その意味で現実的な理性の領域である。教会と国家との間に最初あった対立は，前者が有する自由の原理が（精神とは相容れぬ原理が支配しているように見えた）世俗的領域へと浸透する（それは教会の堕落と見えるものを契機とする）ことにより，和解にいたる。国家も教会も，おのおの改革されたかたちで，「まったく同じ理性の顕現形態」である。自由がこのような具体的形態をとることこそ，世界史の目的でもある。→キリスト教，宗教，カトリシズム，プロテスタンティズム，ファナティスムス　　　　　　　　　　（中岡成文）

狂気　[Wahnsinn]

『ニュルンベルク著作集』に，「精神障害（Verrücktheit）には，この他に愚行（Narrheit），狂気（Wahnsinn），狂暴（Raserei）等のような種々の変容がある。……狂気は精神的本性の一般的な錯乱（Zerstörung）である」[4. 49]とある。『ハイデルベルク・エンツュクロペディー』には，「精神障害のさまざまな相違――狂気，狂乱（Tollheit），狂暴，愚鈍（Blödsinn）といったものは陰影の差である」[321節]と記されている。

狂気の端初は，無知であることもあるが［『エンツュクロペディー（第3版）精神哲学』408節「補遺」］，より根本的には分離性ということである。「狂気は類（Geschlecht）からの個（単独者）の，完全な分離（Absonderung）にほかならない」［『ドイツ憲法論』1. 581］。このように個と類とが完全に分離してしまった場合，人は，およそ以下の三様の態度を示すことになる。(1)「安らかな苦痛」に耐えること［『エンツュクロペディー（第3版）精神哲学』408節「補遺」］。(2)狂気が憤怒や激怒にまで進んで狂乱や狂暴と結びつく，例のフランス革命に見られたような態度である。「狂気は本質的に反抗（Widerspruch）を含んでいる」［同408節］。(3)三番目に見られる態度は，分離の統一をめざすことによって徐々に世間に適応していくものである。『精神現象学』に，「心胸の法則と自負の狂気」という箇所がある。心胸（むね，こころ）の法則は無媒介に，訓練をへずに，ただ単に私念せられた主観的抽象的な法則である。それは，しかし，現実社会や他者といった客観性の中で具体的に現実化をはからなければならないのに，心胸の法則の実現は自負（うぬぼれ Eigendünkel）の狂気の中で浮遊するばかりである。すなわち，心胸の法則は個人意識の内部においても心胸（個）の法則（普遍）という内的分裂をきたし，世間に行われ実現している法則〔一般的な秩序〕にも反抗し，敵意をいだくに至る。だがしかし，「狂気に陥っている人々の悪意は道徳的および倫理的感情を排除しはしない」［同408節「補遺」］。転倒したうぬぼれの狂気を各人が自覚し，経験と訓練をつみながら，意識の個別状態を没落させることを通じてやがて世路にもとけ込んでいけるのである。→精神障害

【参】Gamm (1981)　　　　　　（中山　愈）

教義　[Dogma, Dogmatik]

『歴史哲学』の中でヘーゲルは，教義，すなわち理論を教父たちと公会議が打ちたてたと言っている[12. 398]。それに先だって哲学が重要な役割を果たしたと見る点で教義（信仰）と哲学（理性）の対立を克服しようというヘーゲルの意図を認めることができる。『宗教哲学』においても今や哲学者は教義が精神の深みから成立したことを洞察すべきで

あると言う。すなわち，キリスト教は外的歴史から始まったが，歴史を超えてキリストが神の子であるという思想，また三位一体の教義が成立したというのである。この考えは「思想の中で生じ，教義学（Dogmatik）すなわち教会の教えを生み出した」[『宗教哲学』16. 217]という。この教義は「概念的に把握することのない真理」[同 17. 222]とヘーゲルは理解している。この教義を「キリスト教の根本規定」[同 16. 46]と呼ぶのであるから，ヘーゲルはこの教義の意義を十分理解していたと言える。

(岩波哲男)

享受 [Genuß, genießen]

いったん外化したものを再び自己の内に取り込んで，我がものとし，深い充足を味わって，自己を確証すること。

Ⅰ 欲求-労働-享受の三肢構造　享受は労働の成果をたのしみ，欲求を充足させることであり，一般的には「消費」に近い。ヘーゲルが「享受」を好んで用いるのは，自己確証の契機を強調したいためである。たんなる物の消費ではなく，労働とその成果（Werk 仕事，作品）を介して自己を対象化し，その成果を内化することによって，自己直観＝自己確証を達成すること，これが享受であり，「享受の総体」は「幸福」と呼ばれる[『哲学史』18. 186 ；『精神現象学』3. 444, 454]。

Ⅱ 行為の享受　享受は狭義の生産労働にかぎらず，人間の行動全般の，外化をとおしての内化の局面を意味する。人間は行動とその結果をとおして，自分の何たるかを知り，自分を確認することができる。「行動は個体の現実態である。……一般に行動においては，行動する者は自分自身を対象性において直観するようになる。言い換えれば，自分を自分の定在において感じ取り，享受に達する」[同 3. 488f.]。

Ⅲ 「神の現在性の享受」　完全な自己享受は，自己と普遍的なものとの統一を確証することである。それは祭祀の共食（供犠，聖餐）のなかで実現する。日常の享受（消費）を断念して神に捧げる。そしてその捧げ物を一同で享受する。つまり神を象徴的に食する。そこに現前した和合の精神を絶対的なものの臨在として，自己と普遍的なものとの一体性を享受（確証）する。ここに「最高の絶対的享受」[『宗教哲学』16. 212]がある。

(山崎　純)

凝集 [Kohäsion]

物質の諸要素が集まり合って「空間的に相互に関係しあう特殊な仕方」[『エンツュクロペディー（第3版）自然哲学』294節]が，凝集である。凝集においては，物質の諸要素は相互に外在的に関係しあっているにすぎないのであって，いまだ内在的な関係には至っていない。しかし物質は，相互外在的な関係から内在的な関係へとその凝集力が高まるに従って，多様な形式を得ることになる。最初の形式は，自分のうちでは凝集力を持たないで他のものにくっつくだけの「付着（Adhäsion）」である。次に，重力に抗して集まったり，外からの圧力や衝撃に屈服して固まったりして凝集し，その凝集力に応じて物質は「脆弱性（Sprödigkeit）」や「剛性（Rigidität）」や「展性（Dehnbarkeit）」という固有性を示す。さらに物質は，外部からの圧力に対して屈服するだけではなくて，「受けた否定を自立的に止揚し，自己を回復する」[同297節]という凝集力，すなわち「弾性（Elastizität）」を主張するようになる。

物質が弾性を持つことによって，その物体は振動し，したがって「音（Klang）」を出すようになる。物体の発する音は，その物質の凝集力の程度に応じて，例えば凝集力の低い，「水」は響かないのに対して，ガラスは脆いながらも響きを発し，さらに金属は凝集が緊密なために純粋な響きを発するというよう

に変化する。物体を打ったり擦り合わせたりすると、その物体は音を発すると同時に「熱(Wärme)」をも発する。このような熱を伝導する程度は、その物体の凝集性の違いによる。例えば「羊毛」のように凝集力を持たないもの、あるいは空気や水のように凝集力の低いものは熱の伝導が悪いが、金属は凝集力が高いために熱の伝導性が高い。このようにヘーゲルは、物質から発する音とか熱の違いが、その物質の凝集力の違いに規定されていると考えるのである。　　　　　　　（伊坂青司）

狂信　[Schwärmerei]

有限者と無限者、自己意識と実体、現実と概念などの関係について、両者を概念的に把握するのではなく、空想によって主観的に関係付け理解する思考態度を指す言葉。『差異論文』において狂信は、全ての有限者を無限者の中に沈める「透明な光の直観に固執するので、そこに多様性があるとしても、それを排撃することによってだけである」[2. 95] から、知識にはならないとされる。また『精神現象学』では、「すべての現実存在を意識の立場からのみ精神的な実在とする」「空想(Einbilden)」[3. 550] が狂信とされる。この点で狂信は歴史的には新プラトン派の立場を予想させるが、『哲学史』でヘーゲルは狂信を「真理を現実と概念の間にある実在、空想された実在の中に置く」[19. 440] ものとし、プロティノスはこれと異なると述べている。しかし同時にまた、「有限な悟性の範疇に矛盾する思弁的な真理への高揚」[同 19. 442] を狂信と呼ぶなら、プロティノスだけではなくプラトンやアリストテレスも狂信ということになるだろうとも述べている。→新プラトン派　　　　　　　　　　　（菊地惠善）

強制　[Zwang]

強制は広義では制約一般である。人間は現存在としては外的対象に制約され、社会的存在としては習俗・法等の規範に制約される。「強制はその限り何か相対的なものであるにすぎない」[『ニュルンベルク著作集』4. 234f.]。しかし勝義の強制は自由の否定概念である。「人間は生物として確かに強制されうるが、……自由な意志は即自かつ対自的に強制されえない」[『法哲学』91節]。だから「暴力ないし強制は、抽象的に解すれば、不法である」[同92節]。それは第一の強制として犯罪であるが、それを止揚する第二の強制としての刑罰は、正義の回復として、正当である[同93節以下]。それで抽象法は〈強制法〉である。また教育上の強制は単に自然的な意志の専横を陶冶する強制として、さらに暴力の状態にすぎない自然状態を社会状態へと移行させる強制は〈英雄の権利〉として、積極的に肯定される。→抑制　　　　　　　（小林靖昌）

行政　⇨統治

共同社会　⇨市民社会

共同体　[Gemeinde, Gemeine, Gemeinschaft, Gemeinwesen]

「最高の共同 (Gemeinschaft) が最高の自由である」[『差異論文』2. 82]。ヘーゲル哲学はこの言葉に集約されると言っても過言ではない。ヘーゲル哲学は共同体論であると言える。バルト (Karl Barth 1886-1968) は「キリスト者共同体と市民共同体」について語っているが、ヘーゲルの場合はこの両者の統一体こそ真の共同体である。

若きヘーゲルにとって Gemeinde はキリスト教会や教団ではなく、イエスを中心とした愛のサークルだった。「小さな共同体、ちっぽけな村、小さな家族」[『国民宗教とキリスト教』1. 62] とヘーゲルはささやかな期待を込めて語っている。だが、その排他性によって愛のサークルは孤立せざるをえない。イエスが死に、感覚的定在からもともとであ

った（gewesen）自己反省的本質態としての精神となって甦るとき，共同体が確立する［『精神現象学』3. 566］。この共同体はもはやイエスを中心とした愛のサークルではなく「精神の国」である［『宗教哲学』17. 217］。内性への転換が共同体形成の鍵である［同 17. 302］。感覚的に見たり聞いたりできるイエスは対象意識の対象であるが，死によってイエスは普遍的自己意識の対象となる［『精神現象学』3. 572］。「この普遍的自己意識は，自分自身の実体の内に安らっているが，それと同様にこの実体もまた，この普遍的自己意識の中で普遍的主体となっている。この個別者は，自分だけでその完全なる全体であるのではなく，それが共同体の意識と一緒になったとき，またそれが共同体に対してしかじかのものであるとき，それはその完全なる全体なのである」［同 3. 556］。つまりキリスト教はイエスという個人の行為によってのみ成立するのではなく，共同体によって成立する，ということである。この考えはシュトラウスの『イエスの生涯』の神話学説と至近距離にある。「普遍的神人，すなわち共同体」［同 3. 574］というヘーゲルの言葉もシュトラウスによって〈誰でも神人〉と読み代えられる。だがヘーゲルによればこの共同体はまだ表象の段階にあり，自己自身が何であるかに無自覚である［同 3. 573］。したがって概念への移行が求められる。かくして共同体の第3段階は「哲学の共同体」［『宗教哲学講義（グリースハイム）』V5. 176］である。

『法哲学』での Gemeinde は職業団体と併記され，地方自治体という意味で使われる場合が多い［295，299，302節他］が，『法哲学講義』には「Gemeinde はより多くの仲間集団を包括する」［グリースハイム621］というように抽象的全体として語られている箇所もある。編集者のイルティングは「共同体（Gemeinde）の内部にある特殊な仲間集団としての職業団体」という表題を付けている。なお，Gemeinschaft は共同態，Gemeinwesen はその実体，Gemeinde ないし Gemeine が上述の共同体である。→教会・教団，キリスト教，コルポラツィオーン，イエス

【参】 Barth(1942), Scheit(1972), 大井正(1985), 柴田隆行（1986） （柴田隆行）

京都学派　⇨日本のヘーゲル研究

恐怖　⇨恐れ

教養　[Bildung]

　ヘーゲルにおいて Bildung という語は，相互に関連しながらもニュアンスを異にするいくつかの意味内容を含むから，これは「教養」という一語で対応させることにはいささか問題がある。（ただし本項目全体の記述から明らかなように，この語は「教養」という意味に用いられたとき，最もヘーゲル的な概念となることは言うまでもない。）この語はヘーゲルの著作において，大きく見て，②「形成」，③「教育」，④「教養」という三つの意味に区別され，さらにこれらの前提に，Bildung に関するヘーゲルの①一般的な概念的理解がある。

　①　Bildung とは一般に「個別が普遍となること，および普遍の生成——ただしこれは盲目的必然ではなくて，知によって媒介された必然である」［『イェーナ体系Ⅲ』GW 8. 255］，つまり「その出発点は普遍的な原則と視点に関する知識を獲得するところにあり」［『精神現象学』3. 14］それによって「直接的な自己からの離脱（Entäußerung）」［『イェーナ体系Ⅲ』GW 8. 254f.］が行われる。したがって「教養ある（gebildet）人物とは自分のあらゆる営みに普遍性の刻印が押されていることを知っており，自分の特殊性を放棄して普遍的な原則に従って行動する人である。教養とは思考の形式である」［『歴史における理性』PhB. 65］ということになる。このようにし

て、ヘーゲルの教養概念の基礎には、知による普遍の生成、普遍と特殊および個別との分離、分離における相関などの思想があり、このモティーフが肯定的・否定的なニュアンスとともに多様な変容をともなってさまざまな場面に出現する。例えば、初期の人倫では、個別性と平等性に基づく相互承認のなかでの人間形成として捉えられ［『人倫の体系』PhB. 16-18］、それが『法哲学』の市民社会論で継承される［20節，187節］。

② 「形成」という意味での Bildung は知的と物質的との両面に用いられる。前者の例として「意識がこの道程で遍歴する諸形態の系列は、むしろ意識そのものが学へと至る形成史（Geschichte der *Bildung*）」という『精神現象学』の定義［3. 73］や、市民社会における法律の成立について述べられた「ある内容の感覚的で直接的な形式から、長く厳しい労働によって、それの思想の形式と同時にそれにふさわしい単純な表現へと到達する形成過程（Gang der Bildung）」［『法哲学』217節］という文に見られるし、後者の例としては「労働は形成する」『精神現象学』3. 153］とか「奴僕の仕事は物の形成（製作）」［同 3. 154］であるという表現に見られる。そして「形成」が人間そのものを対象とするとき「教育」となるが、その過渡的な表現を「この点で Bildung は、個人の側から考察するならば、その個人が既存のものを獲得し、それの無機的な本性を自らのうちで食い尽して、自覚的に自分の所有とするところにある」［同 3. 33］という文に見ることができよう。

③ 周知のように、ヘーゲルはニュルンベルクでギムナジウムの校長になって以来とくに教育問題に深い関心を寄せ、それに関する論議や発言が多い。またドイツ語の Bildung は観念のレベルで一般的に教育とのつながりがきわめて強い。したがってヘーゲル自身が「教育」という意味で Bildung を用いたことは言うまでもないが、ヘーゲルの教育思想を扱う研究者たちもしばしばこの意味で Bildung を用いることが多い［例えば Pöggeler (1980)］。この方向に関してヘーゲルは当然ながらニュルンベルク時代の講話の中でしばしば言及している［例えば『ニュルンベルク著作集』4. 312ff., 344ff.］。しかしもっと基本的なレベルでヘーゲルは、人間は動物と異なって「自分自身の働きによってはじめて身体を支配する。初めのうち人間の心は全く無限定で一般的な仕方で肉体に浸透するだけであるが、この浸透がもっと限定されたものになるためには Bildung が必要だ」［『エンチュクロペディー（第3版）精神哲学』410節「補遺」10. 190］と言い、さらにそれの自然的な成長の側面について、「最初は完全に普遍的な心が自らを特殊化し、最後には個別性・個体性にまで自らを限定すると、心は内的な普遍性に、また自分の実体に対立するに至る。この矛盾が個人の心の生命過程の理由となる。この過程を通って、心の直接的な個別性が普遍者に合致するようになり、普遍者は心の中で現実化され、心の最初の単純な自己統一が対立によって媒介された統一へと高められ、心の最初の抽象的普遍が具体的普遍へと発展する。この発展過程が Bildung である」［同396節「補遺」10. 75f.］と論理的に説明する。これは「人間は an sich に理性的であるが、für sich にもそうであるために、自分自身から脱出しながら、しかも同時に自分の中へ入りこんで bilden することによる自己生産を完遂しなければならない」『法哲学』10節「補遺」］という思想と結びつくものであるから、この Bildung はヘーゲルの哲学的基本構想の凝縮的表現であると言えよう。

④ 「教養」としての Bildung もヘーゲルでは(a)一般的な意味のものと(b)精神史的もしくは世界史的な意味ないし象徴としての役割を担うものとの二つに分けられる。まず(a)の含意はわれわれが「教養」という語で一般

に理解しているものとほぼ同じであり，また「文化」とか「文明」という言葉の指示内容ともある程度重なり合っている。例えば文芸的ジャーナリズムの「一般的な目的は学術的および美的な Bildung の増進である」[『イェーナ著作集』2. 568]と記すとき，ヘーゲルは明らかに一般的な教養について語っている。しかし外国と自国の哲学を比較しながら「教養の西方的地域性」[同 2. 119]とか「ドイツ的教養」[『ニュルンベルク著作集』4. 431]と言うときは，むしろ文化や文明が含意されていると考えるべきであろう。またヘーゲルは「悟性一般の教養」であり，「言語の教養」である「理論的教養」と労働から得られる「習慣」としての「実践的教養」とを区別しているが[『法哲学』197節]，これについては『哲学的予備学』で詳しく論じられる[『ニュルンベルク著作集』4. 259f.]。また教養はヘーゲルにおいて必ずしも肯定的には評価されない。「教養は非文明的（ungebildet）な民族では単に外面的で堕落の種になるものとされ，文化的な市民社会では欲求の満足のための単なる手段と見なされている。両方の見方とも精神の本性と理性の目的を知らないという証拠である」[『法哲学』187節]。こういう否定的な評価は次の(b)とつながるものを含んでいる。

(b)ヘーゲルは「Bildung というカテゴリーを用いて近代精神の客観的なあり方の一面を哲学的に問い直そうとする試みを意識的に遂行する」[Pleines (1983) Ⅰ，Ⅶ]。この試みこそまさにヘーゲルが「教養」概念に託した最も重大な精神史的・世界史的な意味であり，それは『精神現象学』における「教養」の位置づけとして展開されている。すなわちそこで「教養」は「自己疎外的精神」として，「人倫」という「真なる精神」と「道徳性」という「自らを確信した精神」との中間的もしくは過渡的な段階としての位置を与えられている。こうして精神の自己疎外態と等置された教養は明らかに否定的な評価を受けており，

その面をいささか誇張すれば，「衰弱したエリート趣味」「技巧的な知的浮薄」[Solomon (1983) 554]を意味する。そしてこれを『精神現象学』に展開された限りでのヘーゲルの歴史哲学的構想に従って世界史に対応させれば，ギリシア的ポリスおよびローマ的法治国家とカントやゲーテによって代表される近代ドイツとの中間にある18世紀フランスの「哲学者たち」と革命の時期にあたる。しかしもっと重要なことは，教養がヘーゲルの思考の特徴である三段階発展図式の第2段階すなわち対自・反省・本質・外化・分裂・市民社会などに対応するものとして，否定性の契機であり否定の機能を果しながらも，積極的な意義を含んでいることである。→教育

【参】 Pöggeler (1980), Pleines (1983, 1986), Solomon (1983) （中埜 肇）

共和国 [Republik]

ベルン期のある断片のなかでヘーゲルは「共和国には人がそのために生きる理念がある」[1. 207]と書いている。このときヘーゲルが思い浮かべていたのは，古代ギリシアのポリス共和国であり，革命から生まれつつあったフランス共和国のことであり，ドイツにおけるきたるべき革命についてであった。だがまもなくヘーゲルはフランス革命への批判へとむかうことになる。イェーナ期の初めに書かれた『ドイツ憲法論』ではフランス共和国が全面的に批判されるにいたり，ヘーゲルは共和制にかわり立憲君主制を主張するようになる。そのときヘーゲルにとって共和国は，人がそのために生きる理念であることをやめた。ヘーゲルにとって古代ギリシア共和国は，なお憧れをのこしながらも，永久に取り戻すことのできない歴史の過去へとしだいに遠ざかってゆく。

ベルリン期の『歴史哲学』でヘーゲルはギリシア世界を「青年期」にたとえ，それを「肉体化した精神，精神化した肉体」と表現

している［**12**. 275］。精神と自然の調和がギリシアの精神であり，その調和こそが同時に個人と全体の調和をもたらしていた。そしてその調和を時代的背景として初めて，民主制をそなえた共和国（ヘーゲルはそれを「政治的芸術作品」とよぶ）が可能となった。共和国を可能にした具体的な歴史的条件としてさらにヘーゲルは，祭政一致・奴隷制・都市国家の３点をあげている［同 **12**. 310ff.］。ギリシアの共和国が崩壊したのは，精神の反省がふかまり，精神と自然の調和，個人と全体との調和が崩れ，その歴史的条件が失われたためである。歴史の不可逆的な展開によって共和国はもはや二度と不可能となった。共和国をめざしたフランス革命が混乱に陥ったのも，それが歴史の不可逆性にさからう試みだったからに他ならない。→ギリシア，政体，フランス革命

(原崎道彦)

極性　[Polarität]

極性は当時の自然哲学の基本用語であり，単純な対立を意味するのではなく，合一において現れる対立，対立と統一の相互前提，一にして同じ全体の統一における対立を意味する。当時の自然哲学では極性は二元論，二元性と区別されており，端的に電磁性がその原理をしめすとされる。しかし，さらにこの概念はリッター，ゲレス，オーケンなどの研究によって電磁気学的な分野の原理とされるだけではなく，有機体論の分野においても原理とされ，具体的な個々の現象の内までこのような現象が探究され，磁性現象，電気的現象，あるいは植物の場合には根と幹，上葉と下葉などまでがこの例であるとされた。オーケンは「植物的な諸機能」や「動物的生命一般の諸機能」の内にこの原理が証示できるとし，また植物と動物の領域が分極的な分裂にあり，しかも両領域での分極的現象が対応するとした。極性を原理とした人にはさらにシェリングがいるが，ヘーゲルもまた「この概念はその形而上学における自然学の大きな進歩である。なぜなら極性という思想は一の定立とともに他も定立される限り，各々一である二つの異なるものの必然性の関係を規定したものにほかならないから」『エンツュクロペディー（第３版）自然哲学』248節「補遺」と評価する。彼はこの概念について，光，電気，磁気などの現象に言及し，その概念的な曖昧さを指摘し，自然の普遍的な原理としては否定的である。例えば「光の極性という粗雑な表象」［同278節］と言われ，磁気に関しては磁石が極性を示すことを承認しつつ，「一つの概念形式〔極性〕を……規定性の内に普遍的に存在するように自然の内に現存することを示そうとするのは非哲学的な思想であろう」［同312節］と述べ，極性をシェリング，オーケンらのように自然の普遍的原理として理解することには反対し，一つの現象形態，統一と対立の契機の関係を示す現象と考える。

【参】Schneiter (1968), Hoppe (1967), 長島隆 (1989a)

(長島　隆)

清沢満之　[きよさわ・まんし　1863(文久3).6.26-1903(明治36).6.6]

尾張藩士の子として生まれ，東本願寺の育英教校を経て東京大学に入学。在学中，フェノロサ (Ernest Francisco Fenollosa 1853-1908) の講義を通してヘーゲル哲学から感化を受ける。87年哲学科を卒業。88年「現象即実在論」を説く「純正哲学」を著す。『宗教哲学骸骨』(92) は，ヘーゲル哲学に依拠して仏教の近代的解釈を試みたもの。96年東本願寺内で宗門革新運動を起こすが，失敗。1900年東京に「浩々洞」を設立し，01年雑誌『精神界』を創刊し，精神主義の名のもとに信仰革新運動を展開。→日本のヘーゲル研究

(宮川　透)

キリアン　[Konrad Joseph Kilian 1771-1811]

ドイツの医師。食事療法と民間薬による家

庭医術，救命術の普及に努めた。イェーナ大学医学講師（1801）。当地でシェリング，ヘーゲルと親交を結ぶ。1803年にレシュラウブの後継者としてバンベルクに招かれ，マルクス（Adalbert Friedrich Marcus 1753-1816）の同僚となる。ヴュルツブルク大学医学講師（1805）。バンベルク大学医学教授（1807）。1809年にはアレクサンダー一世（Alexander I 1775-1825）の侍医としてペテルスブルクに開業。その自然哲学思想に関してはシェリングおよびトロックスラーと対立していた。ヘーゲルは彼についてニートハンマーへの書簡（1804年12月19日，1808年3月28日）の中で言及しているが，それはマルクスとキリアンの論争など外的な事情に関してであるが，ヘーゲルが彼の著書『全医学の体系の草案』（*Entwurf eines Systems der Gesammten Medizin*. Jena 1802）をイェーナ時代の自然哲学の源泉の一つとしていることが推定されている。

(池田全之)

ギリシア [Griechen]

ヘーゲルのギリシアへの関心は，そのギムナジウム時代から，思想遍歴の終わりに至るまで，ヘーゲルの思想の核心を貫いているが，それは単に狭義の哲学理論だけではなく，広く政治，宗教，文化など全領域にわたった。しかし，そのギリシア観は，必ずしも一様ではなく，その思想形成過程において様々に変化している。その変化の過程は，とりもなおさずヘーゲルの思想発展の軌跡を示している。若きヘーゲルにとって，ギリシアは，まずは憧れの対象であった。その憧れが最初に思想として結実した『国民宗教とキリスト教』（1792/3-4）は，17 世紀以来の「古代近代論争」を引き継いだガルヴェ，特にヘルダーの影響の下に，ギリシア（古代）を範とし，キリスト教（近代）あるいは啓蒙的悟性への批判を通じて，ギリシア的な国民宗教の再興を構想したものである。それは，「ありとあらゆる面で人間の力と絡み合い，最も奥深いところで最も自主的な努力にも織り込まれている魂の習慣」[『キリスト教の実定性』1. 203] として，ギリシア人の中に「しっかり根を下ろしていた宗教」[同上] である。しかし，同時に，ヘーゲルは，早くも『キリスト教の実定性』（1795）において，最早このような「自由な民」のための宗教を取り戻すことは不可能であるという認識に達している。「ギリシアやローマの宗教は，ただ単に自由な民のための宗教でしかなかった」[同 1. 204]。そして，貴族階級の発生とともに富の不平等が起こり，自由な民の魂の中から，自分がそのために生き，そのために死んでもよいと思うような国家像が消え失せていき，国民の一切の目的，一切の働きが，個人的な事柄のみに向かい，一つの全体，一つの理念への関わりを失っていくとともに，民族が自由を喪失していき，自由な民のための宗教もその意味，力，妥当性を失い，キリスト教の侵入という「驚嘆すべき革命」[同上] を招くことになる。この認識は，ヘーゲルの歴史的なものへの認識を，画期的に深めることとなった。ヘーゲルは，『自然法論文』，『人倫の体系』あたりまでは，ギリシアの人倫的世界の崩壊を嘆き悲しんでいたが，「イェーナの精神哲学」（1805-06）になると，その崩壊は歴史的必然であり，より高次の原理の到来を告げる事態として受け取っている。ヘーゲルによると，「普遍と個別との直接的統一」[『イェーナ体系Ⅲ』GW 8. 263] であるギリシアの美しい幸福な人倫の国は，「絶対的個別性の原理」を欠いている。この原理こそ，「古代の人々が，プラトンが知らなかった近代のより高次の原理である」[同上]。

『精神現象学』においては，最早ギリシアのポリスは理想境ではなく，その美しい人倫も，「自然の無意識的な安らいでありながら，精神の自覚的な安らいのない安らいでもある」[『精神現象学』3. 354] という中間的なも

のであるゆえに，矛盾と破滅の萌芽を含んだものであり，必然的に没落してゆかざるをえないものである。「アンティゴネー」が決然として国法に背いて個別性（家族，女性）を選択したとき，美しいポリスは崩壊し，悲劇は喜劇となり，ローマの法的状態が間近いことをヘーゲルは予感したのである。『歴史哲学』，『哲学史』になると，それはもっとはっきり示される。ギリシア人は，外来のものに，ギリシア固有の自由，美，精神を注入することによって，まったく違ったものに作り上げたが，そのギリシア精神を，「美の中間（Mitte der Schönheit）」［『哲学史』18．176］とヘーゲルは特徴づけた。それは，精神が自然の中に没入し自然との実体的統一の中にある東洋の立場と純粋な自己確実性としての無限な主観性の立場の西洋近代との中間に位置するものである。ギリシア人は，自然から出発するが，東洋におけるように，自然に没入するのではなく，自然を精神によって立てられた存在とする。その限りにおいて，精神が第一のものであり，自然はその表現であるが，その精神は，未だ自然的なものから自由ではなく，制約されたものである。事に際して，彼らが伺いを立て，行動の指針としたデルフォイの神託も，神殿での巫女たちの霊感に満ちた振舞いをマンティス（解釈者）が意味付けしたもの（ギリシア人は，つねに自然的なものの解釈と解明を求めた）であった。そのギリシアの「麗わしき個性」［『歴史哲学』12．293］においては，人倫的なものがそのまま個人の感覚，存在，意欲となっていた。それが堕落，崩壊を始めるのは，道徳性，自己自身の反省，内面性，という主観性の要素が表面に現れることによってである。それに手を貸したのが，ソフィストであり，ソクラテスであった。特に，自らのダイモンの声に従うことを勧めたソクラテスはアテナイの国家にとっては，大罪人であったのである。それをローマ帝国に引き渡す役割を果たしたのは，アレクサンダ

一大王であった。→ソフィスト，ソクラテス，プラトン，『アンティゴネー』，ホメロス，アレクサンダー大王
　　　　　　　　　　　　　　　（武田趙二郎）

ギリシア悲劇　［griechische Tragödie, antike Tragödie］

　ギリシア悲劇は，ディオニュソスの祭礼において，野外の劇場で実演される仮面劇であった。登場人物は，人並はずれた能力をもつ英雄たちで，かれらがそれぞれに社会的な使命を負って互いにぶつかりあい，多くは悲惨な結末をもって終る演劇であった。また，個々の登場人物のほかに，コロス（合唱隊）が登場して，状況を説明したり，展開を暗示したり，観客の思いを代弁したりするのが，大きな特色であった。代表的な悲劇作者に，アイスキュロス，ソフォクレス，エウリピデスがいる。かれらはいずれも紀元前5世紀に活躍した作家で，時あたかもギリシアのポリスが文化的にもっとも成熟した時期にあたっていた。

　ヘーゲルは青年期から古代ギリシアに対して強い憧憬の念をいだきつづけたが，ヘーゲルをひきつけてやまぬ文芸が，ホメロスの二大叙事詩とギリシア悲劇であった。古代ギリシアの世界が精神的なものと物質的なもの，共同体的なものと個人的なもの，外的なものと内的なものの美しい融合のうちになりたつとするヘーゲルの歴史観は，古代の叙事詩や悲劇に親しむなかからおのずとうみだされたものであった。

　三大悲劇詩人のうち，ヘーゲルはとくにソフォクレスを高く評価した。『精神現象学』の「第6章．Ａ．真なる精神．人倫」は，もっぱらソフォクレスの『オイディプス王』と『アンティゴネー』の分析を通じて，ギリシアにおける法と正義と運命のありかたを明らかにするものだったし，『歴史哲学』や『美学』のなかでも，ソフォクレスのこの二作品はしばしば引き合いに出される。ヘーゲルの

考えでは，ソフォクレスの表現したオイディプスやアンティゴネーは，ポリスの要求する法と正義を一身に体現して果敢に行動し，共同体の矛盾をおのれの運命の悲劇として生きぬいたもっともギリシア的な英雄であった。

古代ギリシアにこのようなすぐれた悲劇作品が生まれたのは，詩人たちの力量もさることながら，時代が数々の政治的社会的な大人物の活躍するいわゆる英雄時代であることが大きかった。さきのオイディプスやアンティゴネーのみならず，アイスキュロスの悲劇に登場するアガメムノーンやカサンドラーやオレステースやプロメーテウスなども，ポリスの命運を象徴するような共同体的英雄であり，ディオニュソスの祭礼に集まったギリシアの市民たちは，これらの英雄たちのおりなす悲劇を自分たちのポリスの悲劇として深い共感をもって見ることができた。

ポリスの没落とともに英雄時代は終りを告げる。以後に現れる近代の悲劇を，ヘーゲル[『美学』]は，共同体との接点がいちじるしく制限された，個人的で主観的な悲劇ととらえた。→英雄(時代)，『アンティゴネー』

【参】 Lattimore (1958), Lucas (1960), 呉茂一他 (1960), 山内登美雄 (1969)　　　(長谷川宏)

キリスト　⇨イエス

キリスト教　[Christentum, christliche Religion]

「啓示宗教」，「絶対的宗教」とも呼ばれる。ヘーゲル哲学はその根底においてキリスト教の刻印を帯びている。「宗教はわれわれの生の最も重要な要件のひとつである」[1. 9]と冒頭に述べられている青年時代初期の『国民宗教とキリスト教』以来，ヘーゲルは常に，また繰り返し，キリスト教の理解を最重要な課題として取り上げ論じている。「神を概念的に理解できないとしたら，一体概念的に理解するに値するほかに何があるというのか」[16. 44]という『宗教哲学』の思想はヘーゲル哲学全体の基本的動機を端的に表わしている。つまり，キリスト教についての理解がこの哲学の根幹を成しているのである。しかし，そのキリスト教的性格の中身については様々に議論されてきた。ヘーゲル右派とヘーゲル左派との分裂の原因もこの点に発している。

Ⅰ　キリスト教と哲学——啓示・真理・和解　　ヘーゲルは，自らのキリスト教理解を主題的に論じた『宗教哲学』のなかで，キリスト教と哲学との関係について詳述している。彼によれば，両者は「永遠な真理，神および神の展開」を対象とするがゆえに，基本的に共通の目的と内容をもち，相補的な関係にある。「哲学は真理を認識するという，つまり，神を認識するという目的をもつ。というのも，神は絶対的な真理だからである。……宗教は哲学のうちに，思惟する意識に基づく自らの正当化を保持する。思惟が具体的なものと対立し始めるかぎりにおいて，思惟の過程は，和解に到達するまでこの対立を貫徹するということである。この和解が哲学である。そのかぎりで，哲学は神学である。哲学は神の，自分自身および自然との和解を叙述する」[17. 341f.; 参照 16. 28]。「真理」の認識を目的にし，それを諸々の対立の最高の綜合＝「和解」において獲得することを目指す哲学と，神の「啓示」に基づく信仰において，この真理を永遠なものとしてすでに確信しているキリスト教は，啓示・真理・和解というこの三点において一つに結びつく[『宗教哲学』草稿 GW 17. 207ff.]。此岸と彼岸の仲保者である神人イエス・キリストが，「精神」を介した神と人間の「共同性」[『宗教哲学』17. 480]の証とみなされるからである。

Ⅱ　青年時代のキリスト教研究　　テュービンゲン時代以来，青年時代のヘーゲルの関心はもっぱらキリスト教研究に向けられていた。しかし，それは特殊神学的興味に基づくものではなく，むしろ啓蒙の理性を原理とし

て近代世界の理解を目指す,幅広いパースペクティヴの下での人間探究という意味をもつ。「神の認識は,その本性からみて,死せるものではありえず,人間の道徳的本性のうちに,つまり実践的要求のうちに,その起源をもっている」『国民宗教とキリスト教』1. 70f.]。この問題意識ゆえに〈キリスト教の実定性〉批判が獲得され,道徳性,愛,美,生という重要な概念が形成されたのである。「人間の生に参入するいかなる帰路が見出されうるのか自問している」『書簡集』(第1巻)59f.]という1800年末の述懐は,ヘーゲル哲学の基本的動機を象徴的に表わしている。

Ⅲ　キリスト教の近代性——主観性の原理
ヘーゲル哲学におけるキリスト教の意義は,主観性と自由という二つの近代的概念の歴史的理解において鮮明になる。神を精神として認識することを説き[『エンツュクロペディー(第3版)精神哲学』384節,同節「補遺」10. 29f. 参照],「神の国」を「精神にとっての故郷」,「主観性の家郷」[『宗教哲学』草稿 GW 17. 256f.; 参照『宗教哲学』ズールカンプ版 17. 280]と見る「絶対的自由の宗教」[『エンツュクロペディー(第3版)小論理学』163節「補遺」]＝キリスト教の登場は,ヘーゲルによれば,全く新たな歴史的転換の準備であった。すなわち,キリスト教の説く「神の前での万人の自由」とは,「人間は本性からして自由である」という人間精神の自立性の原理にほかならず[『哲学史』18. 68f.],「認識作用それ自身の原理」である自由な主観性という「本質的目的」が,キリスト教において「個別者の救済」[『宗教哲学』16. 26]として実現されるからである。

Ⅳ　キリスト教と国家——宗教改革と啓蒙
キリスト教と二つの近代的概念との連関の歴史的必然性を,ヘーゲルは,宗教改革の目指す〈信仰する主体の自立性〉[『歴史哲学』12. 496]と啓蒙が主張する理性的自律性との同一性を体現したルター[同 12. 523f.]に見

ている。国家と宗教,理性と信仰が権威によって分離・対立させられている時代状況は,自由ならびに主観性の原理とキリスト教とを真に結合させることによってのみ克服可能とされる[特に『法哲学』270節参照]。これが現実における真の意味での和解である。それゆえ,この理解において,この哲学が根拠を目指す〈根源の哲学〉であると同時に,近代世界の桎梏から人間を解き放とうとする〈解放の哲学〉であることが明らかになるのである。
→宗教,イエス,ルター

【参】Henrich (1967), Theunissen (1970), Gadamer (1976), Pannenberg (1978), Jaeschke (1983)　　　　　　　　　　　　　　(座小田豊)

キルケゴール　[Sören Kierkegaard 1813.5.5-55.11.11]

キルケゴールの問題は,「いかにして主体的となるか」ということにあり,この問題を彼は「いかにしてひとは真のキリスト者となるか」という問題において具体化した。そして,この自己の実存に係わる思索を彼は当時支配的であったヘーゲル哲学との対決において成熟させていった。1846年に刊行された『哲学的断片への決算的非学問的後書』は,キルケゴールのヘーゲル批判を決算的に示したものであると言ってよい。「非学問的」という表題が「真理が実存する真実の形態は,真理の学問的体系をおいてほかにない」[『精神現象学』3. 14]というヘーゲルを目しているところに,その対決姿勢は明らかであろう。そして,そこでの批判を項目的に整理すれば,つぎのように言えよう。第一に,実存は主体的で,個別的なものとして,具体的なものである。したがって「実存することは思惟の対象にならない」。思惟の対象となる存在は,最早主体的な存在ではなく,客体的な存在であり,個別的な存在ではなく,普遍的な存在であり,現実的な存在ではなく,可能的存在である。ここに思惟と存在との一致に出発す

る論理学を中心とするヘーゲル哲学は実存の問題を回避するものだというのである。第二に，実存は運動であり，生命である。実存は身体と霊魂，有限性と無限性，必然性と可能性，時間と永遠との対立の間に立って，両者の総合を目指す運動において生成するものである。そして，このことは実存が将来に関わって脱自的な存在であることを意味する。そのとき，すべてを絶対的理念の展開として「永遠の相の下に」において理解し，そしてこの理念の展開を初めをもって終わりとする円環の中で閉じるヘーゲル哲学体系では「一切の生成が排除されてしまっている」と言わざるを得ない。第三は，実存は関心性である。実存は自己の内面性に生きる者を意味する。このとき，自分が実存から抜け出て全く純粋思惟に化したかのように論理学を語り，あたかも自分が人類そのものであるかのように世界史を語るヘーゲル哲学は，実存をかけて生きる者が出会う問題に対する「無関心」において成立するものと言わねばならない。第四に，関心と共に情熱が実存の現実性である。身体と霊魂，有限性と無限性，必然性と可能性，時間と永遠の対立を総合するものは情熱をおいてほかにないからである。「情熱なしにはひとは実存しえない」。これに対してヘーゲルもたしかに対立するものの総合を説きはするが，その総合は純粋思惟の働きによる対立する概念の総合である。この総合は理念の世界の上で語られるものにすぎず，実存に対応するものではない。第五に，実存は弁証法的である。しかし，実存が生きる対立が質的対立であり，その総合が実存することの無限の関心と情熱によって初めてなされるとき，この「実存弁証法」は飛躍による「質的弁証法」である。これは実存の生成が選択と決意という内面的行為に関わっていることを意味する。しかし，ヘーゲルの純粋思惟の弁証法は「量的弁証法」である。「あれか，これか」の弁証法ではなく，「あれも，これも」の弁証法である。ここでは真の意味での移行も生成もない。同じものが，単に形態を変えるに止まる。第六に，実存は選択とともに，反復において生成するものである。実存が生成であり，運動が一切であるならば，その根底に連続するものが存在しなくてはならず，それは実存する者によって反復的に捉えられる永遠なるものだからである。しかし，すべての運動を絶対的理念の世界に止揚してしまうヘーゲルの純粋思惟は，この生成における永遠なるものを捉えることができない。第七に，実存は逆説（パラドックス）に生きる者である。なぜなら実存は客観的に不確かなものに身を賭する冒険において初めて本来的になりうるのだからである。それはキリスト教の啓示の真理である。実存する者は内在から超越して神の存在に自己の存在を結び付ける信仰に生きて，はじめて自己が投げ出されて生きる身体と霊魂，有限性と無限性，必然性と可能性，時間と永遠の対立を総合しうるのである。これに対して，ヘーゲルはこの逆説を思弁をもって解明し，これにより信仰を知に，キリスト教を哲学に止揚してしまったのである。これらの批判を集約すれば，ヘーゲル哲学における「倫理的なもの」の欠如と言ってよいだろう。こうしたキルケゴールの批判に対してヘーゲル哲学の立場からの反論も可能であろう。そして，このことは例えばヴァール (Jean Wahl 1888-1974) の『ヘーゲル哲学における意識の不幸』(1929) が，初期ヘーゲルにキルケゴール的実存関心を見出すなど，多くの研究に窺われる通りである。ともあれ，いかにヘーゲル哲学を批判したにせよ，ヘーゲルの弁証法抜きにはキルケゴールの実存弁証法も考えられないという意味で，キルケゴールもヘーゲル哲学の振幅圏に属しているということだけは確かであろう。→あれかこれか，実存　　　　　　　　　（上妻　精）

キールマイヤー　　［Karl Friedrich Kielmeyer

1765.10.22-1844.9.24〕

ドイツの生理学者,比較解剖学者。シュトゥットガルトのカールスアカデミーの動物学,植物学,化学教授(1790)。テュービンゲン大学の化学,薬学,医学,植物学教授(1796)。シュトゥットガルトの科学,芸術学院院長(1816)。カント,ヘルダーの影響下に,万物の根拠を諸力の関係に求め,物理化学現象と生命現象の類観性に注目し,生物の種は外的原因と内的形成力の相互作用の中で発展段階を形成するという統一的な生物の起源史説を唱えた。なかんずく,その比較解剖学の成果としての,生命現象を形成力(感受性《Sensibilität》,反応性《Irritabilität》,再生《Reproduktion》)の相関関係の産物とみなす思想は,当時の生物学に多大な影響を与えた。このような自然哲学的色彩の濃い思想を,シェリングは『自然哲学第一草案』(1799)で受容し,またヘーゲルも,それを『精神現象学』理性の章で批判的に摂取している。

(池田全之)

金属性 [Metallität]

金属性は「形態化された物体性」である。無形態的でまだ展開されない物体の個体性が一面的に展開され,形態を獲得すると金属性と呼ばれる。この場合物体の個体性の根底である諸元素の否定的な統一の諸契機が展開されるのではなく,自己内に凝縮されることによって成立する。そのため金属性は受動的な凝集,抽象的な自己同一性(「流体的な自己同等性としての金属性」『エンツュクロペディー(第3版)自然哲学』280節「補遺」])であり,区別が措定されておらず,均質性と連続性を特徴としている。だから「形式上直接的な無差別な物体性」[同330節]と言われる。金属性が色彩の原因であると言われるのはこの金属性の最初の規定である自己同一性の抽象的な現示が光であり,他方で凝集は曇化作用であり,この光が闇を媒介して色彩を形成する

からである。また排他的で無関心な塩基と言われるのは金属性は区別を措定しておらず,差別があるだけだからである。→軽さ

(長島 隆)

筋組織 ⇨有機体

近代 [Modernes, moderne/neuere/unsere Zeit/Welt, Neuzeit]

一般的観念とほぼ同様であるがヘーゲルにとって「近代」とは,宗教改革,市民社会,啓蒙といったものによって特徴づけられる一つの時代・世界のことである。つまり,宗教改革によって思想的に,市民社会の成立によって社会的に自由となった諸個人が,それぞれの目的をまさに自由に追求し,かつ,そのことを相互に(調整しつつ)権利として保証し合うために,蒙を啓いて(「思想が精神的現実を支配する」[『歴史哲学』12. 529])という意味で)合理的に一つの関係=国家を形成・運営していく時代・世界のことである。

初期ヘーゲルはギリシア世界を理想としつつ近代に対して原則的には否定的であるが,イェーナ時代(後期)以降は,ギリシア的原理に対して近代の「主観性の原理」の方が「より高度である」とする。ここにおけるヘーゲルの近代に対する見方は,しかし理解に困難性の伴うものである。「近代国家の原理は,主観性の原理を人格的特殊性という自立的な極へと完成させるという……強さ・深さをもつ。と同時に,この原理を実体的統一性のうちに呼び戻し,そのようにしてこの原理そのもののうちに実体的統一性を維持する」[『法哲学』260節]。たとえばこの箇所に即して言うなら,近代のイデオロギーの主流はリベラリズムにあるとして,一方では,その前半部からこのリベラリズムを取り出すことができる。事実今日では——かつての全体主義者ヘーゲルという解釈に代わって——ヘーゲルの基本的立場はリベラリズムにあり,したが

って近代に対して肯定的であるという解釈が有力である。しかし他方、後半部から、表現としては「近代国家の」と言いつつもヘーゲルは、伝統的な共同善、およびそれに基づく「実体的統一性」を主張することによって結局は近代を否定している、とみることも可能である。実際、最近復権しつつある反リベラリズム的「共同体主義（communitarianism)」の多くが、このようなものとしてヘーゲルを評価している。

いまリベラリズムを個人主義的なものと限定するなら、ヘーゲルは明らかに反リベラリズム的である。全体主義とは言えないが明らかに共同善を主張しているからである。しかしながら、共同善そのものと個人の自由とは必ずしも矛盾するものではない。ポイントはむしろ伝統ということの評価にある。そしてこの点で言うなら、ヘーゲルは（上述の意味での）合理主義者であって伝統主義者ではないとみた方が妥当である。「実体的統一性」はあくまで「主観性の原理」に基づくものであり、そしてそれは明らかに合理性を含意しているからである。(Sitte の重視も、その真意は抽象的普遍に対する具体性の強調にあるのであって、伝統性の強調にではない。）このような意味でヘーゲルは基本的には近代肯定主義者であるとみなすべきであろう。しかし同時に、その〈肯定〉の意味が問題になってくる。「主観性」は裏面に「分裂」「物化」といったことを伴っているとされており、単純に肯定的であったとはみなせないからである。近代に対するヘーゲルの見方を適切に理解するためには最終的にはこの〈肯定の意味〉にまでつきつめて問題にすべきであろう。
⇨市民社会, 啓蒙, 自由, ハイム, 反省, ギリシア

【参】Marx (1843), Weil (1950), Ritter (1957), Rohrmoser (1961), Pelczynski (1971), Riedel (1974), Habermas (1985),安彦一恵(1986), Kuhlmann (1986)　　　　　　　　　（安彦一恵）

吟味　⇨真理

ク

空間　[Raum]

「空間」は『エンツュクロペディー』の中で「自然哲学」の冒頭に位置するカテゴリーであり、「自然」のもっとも基礎的な性格を表わすものである。「自然」は、『エンツュクロペディー』の三部構成の中で、第一部「論理学」の最終段階「絶対理念」の自己外化したものとして体系の第二部を形成し、この経緯からまず「自己外存在」(Außersichsein) と規定される。「絶対理念」がいわば思惟の思惟として、あらゆる知識・科学を貫く基本的諸概念の内的な連関、統一の自己論証という意味を持つのに対して、「自己外存在」とは、「絶対理念」のこの自覚的な統一が放棄されて概念相互の連関が見失われ、それらによって形を与えられてそれとして認識される存在者が相互に独立、無関係なものとして現れる、自然の在り方を意味する。この意味で「自然」は他ならぬ「絶対理念」の否定態なのである。「空間」は、自然としての存在者の持つこの「自己外存在」という規定から直ちに由来するそれら存在者たちの「相互外在」(Außereinandersein) という基本性格のうち、「時間」の「継起」に対立して、「併

存」(Nebeneinander) という論理規定を持つ。

　空間は二つの契機から成る。まず，空間はそのどの部分に関しても相互に差異をもたない「均等態」(Gleichgültigkeit) であり，その意味で「連続的」(kontinuierlich) である。空間の各部分はただ「相互外在」という空虚な区別以上のものを持たない。しかし連続性はあくまで何らかのものたちの連続性でしかないので，この契機はそれ自身，この複数性を支える，しかし自分に対立するもう一方の契機を要求する。すなわち「離散」(Diskretion) の契機である。この二契機は次のようにして，点，線，面という「次元」(Dimension) を経て「限定された空間」として統一される（「空間」は限定されることができて始めて「空間」としての実を持つのである）。点は連続態としての空間に亀裂を持ち込むものとして「離散」の契機を成す。しかし点はそれ自身で存在するものではなく，むしろ何ものかの「限界」(Grenze) として何ものかを何ものかとして形づくる存在の原理であって，この形成物に寄り添って自分を示すしかない。そこで点は線を待って，線の「限界」として線を形づくることで〈そこにある〉ものとなろうとする。しかし線も面の「限界」でしかなく，また同様に面も立体の「限界」でしかないので，二契機の統一は三次元的限定空間まで持ち越されるのである。ニュートンの「絶対空間」も本来この両契機の統一においてしか成立しない。しかしヘーゲルの見るところでは，神の感覚器官にも譬えられた（あたかも物質をいれる容器のように）独立自存する一様の空間という空間理解は，連続性の契機だけを一面的に取り上げている。しかしこの反対に，ライプニッツの事物間の秩序という空間理解は，ヘーゲルによれば，連続性の契機を不当に軽視している [『エンツュクロペディー（第3版）自然哲学』254-256節]。→自己外存在，相互外在，時間，限界

【参】Wandschneider (1982), Bonsiepen (1985), 松本正男 (1987)　　　　　（松本正男）

空気　[Luft]

　「空気」は「物理学」(Physik) の対象領域（質量 Materie が自分の内に自分自身の限定の原理を持つ自然領域）に属して，諸々のエレメントとして展開する対立を包み込む一全体である「個別態としての物体」，すなわち「地球あるいは惑星一般」の一構成契機を成す。「空気」は，「対立のエレメント」である「火」・「水」に対して「区別の無い単純態のエレメント」であり，これらエレメントを解消と産出の「過程」の中に維持する「土」のエレメントの支配下にある。この四元の考え方には，遠くはプラトン『ティマイオス』篇，近くはバーダーらの影響が見られる。ヘーゲルにおいて「空気」は，近代化学・力学の考え方と違って，他のエレメント同様，それ自身でそれとして存立するものではなく，対立するエレメントとの統一的過程のなかであくまで全体の一契機としてしか存在しない [『エンツュクロペディー（第3版）自然哲学』282節他]。　　　　　（松本正男）

偶然性　[Zufälligkeit]

　存在することもできれば存在しないこともでき，或る形で存在することもできれば他の形で存在することもできるもの，そしてこうした自己の存在の根拠を自己自身のうちにではなく，他のもののうちに持つものが，偶然的なものといわれる。偶然的なものは「単に可能的なものという意味における現実的なもの」[『エンツュクロペディー（第3版）小論理学』145節「補遺」] であり，偶然性とは「可能性と現実性との統一」[『大論理学』6. 205] であるとされる。存在者の全体を概念の展開の必然性において把握するヘーゲル哲学にとって，偶然的なものの存在をどのように規定するか

は重要な問題になるが、ヘーゲルは、偶然的なものの存在を否認せず、むしろ世界における偶然性の現象そのものが必然的であることを主張する。偶然性がとりわけ端的に現象するのは、「概念の自己の外にある在り方」[同 6. 282]とされる自然の領域であり、「自然の表面では、偶然性が自由に闊歩している」[『エンツュクロペディー（第3版）論理学』145節「補遺」]。また、精神的な実践の領域も——それが「自然的意志」である「恣意（選択意志）」を含むかぎり——偶然性を免れない。この偶然性は、現実性の契機として、その存在の正当な権利を認められねばならない。とはいえ、偶然性は「現実性の一面の契機」にすぎず、それを現実性そのものと同一視することは許されない[同上]。現実性そのものは、概念の展開の必然性に貫かれており、哲学が認識の対象とすべきものはこの必然性なのである。→必然性、現実性

【参】 Henrich (1967)　　　　　　（笹澤　豊）

偶有性　⇨実体(性)・属性・偶有性

クーザン　[Victor Cousin 1792.11.28-1867.1.12]

パリに生れ、メーヌ・ド・ビラン（François Pierre Maine de Biran 1792-1824）のもとで哲学を研究して優秀な成績をおさめ、23歳でロワイエ＝コラール（Pierre Paul Royer-Collard）の後を襲ってソルボンヌで哲学の教職に就く。弁舌さわやかなその講義は多数の聴講生を惹きつけたという。しかし過激な王党派の支配による反動の時代には彼のリベラリズムは告発を受け、1820年には教職を失い、デカルトやプロクロスの著作を編集したり、プラトンを翻訳する。その後の政情の変化を受けて彼はソルボンヌにおける地位を回復し、1830年以後はソルボンヌの正教授、エコール・ノルマルの校長、公教育に関する国家委員を歴任し、1840年には文部大臣となる。1847年以降は次第に勢威を失い、1852年のクーデタによってソルボンヌの教授その他の公職を去り、1867年カンヌで死ぬ。彼の思想は一種の折衷主義で、感覚論や観念論に加えて懐疑論や神秘主義などをフランスおよび英独の哲学から吸収している。また彼はフランスで最初の専門的な哲学史家として知られている。

クーザンは1817年に初めてドイツに研究旅行をして、ハイデルベルクにヘーゲルを訪れて以来、前後4回にわたってドイツに赴いた。2回目は1820年で、この時はミュンヘンでシェリングやヤコービに会う。3回目の1824年には、政治上の嫌疑を受けてドレスデンで逮捕され、ベルリンの刑務所に拘禁された。このことを聞くと、ヘーゲルはただちに内務大臣に親書を送り[『書簡集』（第3巻）75ff.]、クーザンの学問上の功績を縷述してそのすみやかな釈放を懇請した。この釈放が実現した後、クーザンはしばらくベルリンに滞在して、ヘーゲルの弟子（ガンス、ホト、ミシュレ、フォン・ヘニングら）と親交を結んだ。1826年ヘーゲルがパリに旅行した時には、クーザンが大いに歓待した。最後に1831年クーザンはベルリンにヘーゲルを訪れた。ローゼンクランツは『ヘーゲル伝』の中で「クーザンとヘーゲル」という章[『ローゼンクランツ』368-373]を設けているが、クーザンに対してむしろ冷い眼を向けている。

【参】 Rosenkranz (1844)　　　　　（中埜　肇）

具体的　[konkret]

抽象的に対していう。具体的なものとは、概念の一面的規定性にすぎない抽象を包括する全体的統一であり、弁証法の基本的構造を意味するいわゆる「対立物の統一」の思想の基になった。

Ⅰ　**具体的総体性**　抽象が『大論理学』、「概念論」の最初の章「概念」で扱われるのに対して具体的なものは最後の章「絶対理

念」の課題である。ここではまず「絶対的方法」の三契機のうちで,「始元」が具体的総体性の構造を有すとされている。「始元となる具体的総体性は,そのものとしてそれ自身の内に進展と展開との始元を持つ。この総体性は具体的なものとして自己の内で区別されている,しかし具体的総体性がもつ最初の直接性のために,最初に区別されたものどもは差し当たって差別されたものどもである。けれども直接的なものは,自己を自己へと関係づける普遍性として,主体としてまたこの差別されたものどもの統一である」[6. 556]。

Ⅱ より具体的になること 論理学の「進展」もまた具体化の過程である。「進展はまず第一に単純な規定性から始まって後続の規定性が次第に豊富に,またより具体的になる (konkreter werden) という形をとる」[同 6. 569]。

Ⅲ 成果としての具体的なもの 「終結」こそが最も具体的なものである。「始元をなすものは普遍であるが,成果は個別,具体的なもの,主体である」[同 6. 565-6]。→方法,始元,抽象

【参】 Meiners (1980), 大村晴雄 (1987)

(小坂田英之)

国 [Reich]

国家 (Staat) から区別された国とは,「神聖ローマ帝国 (Heiliges Römisches Reich Deutscher Nation, 962-1806)」を指す。青年ヘーゲルにとって,この意味での国は,ヴェストファーレンの和議で消滅したに等しかった。実在したのは分立した領邦国家 (Landstaaten) と等族 (Stände) のみであり,「ドイツはもはや国家ではない」[『ドイツ憲法論』1. 461] のである。この言葉は,ライヒに代わる近代国民国家へのヘーゲルの渇望を表現している。ヘーゲルが国に求める本質的特性は「あらゆる正義の根源としての力を有する普遍性」[同 1. 459] である。だが領邦国家が主張する正義は〈ドイツ的自由〉に由来する私権であるにすぎなかった。が,ドイツが国である可能性を断ち切ったのは,この封建制の原理そのものではなく,領邦の過度の強大化である。のちに国の理想は代議制度に基づく立憲君主制となる。なおキリスト教の「神の国」を,ヘーゲルは「父の国」と「子の国」と「霊(精神)の国」とに段階づけている[『宗教哲学』17. 218.f]。類の観点からあらゆる国家体制を規正する,ヘーゲルの「国家の理念」は,この Reich des Geistes の概念に裏付けられていると言えよう。→国家,ラント(領邦)

【参】 金子武蔵 (1967, 1984)

(小林靖昌)

クネーベル [Karl Ludwig von Knebel 1744.11.30-1834.2.23]

ドイツ(プロイセン)の士官・詩人・警句家。プロペルティウス,ルクレティウス,アルフィエーリの翻訳家としても知られる。シラーの出した文芸誌『ホーレン』の共同執筆者であり,またゲーテ,ヘルダーらの文筆活動をも支援した。1805年イェーナ定住後にヘーゲルと親交を結び,両者の往復書簡が残されている。1808年のヘーゲル宛書簡には,ナポレオンのイェーナ侵攻をめぐる状況が記されている。

【参】 Rosenkranz (1844), Hoffmeister (1952a)

(日暮雅夫)

苦悩 ⇨苦しみ

グノーシス [Gnosis]

哲学史上,またはキリスト教の教理史上,グノーシス説 (Gnostizismus) と呼ばれた学説(特に紀元2〜3世紀に有力であった)は,グノーシス (γνῶσις) なる概念によって,単に認識論的な意味での「認識」を理解していたのではない,むしろ神を瞑想することにより,また世界や人間をも神からの流出にお

いて思弁的に観照することにより，現世的な諸制限を超出するという，実践的宗教的解脱をも志向していたのである。——しかるに，ヘーゲルが注目するのは，この学派の思想がそれに則って展開するところの思弁的構造である。彼は『哲学史』において［19. 428ff.］，この学派に，新プラトン派（ヘーゲルによれば，これはギリシア哲学にその第三段階を画す立場である）の先駆という評価を与える。そしてこの派の思想が概ね，(1)始元（認識しえず命名しえざる純粋に抽象的な一アインス，絶対的深淵，創造以前の可能態等々）から，(2)流出または啓示（すなわち，精神，ロゴス，永遠体などへの分解，限定）を経て，(3)霊の浄化により始元に還帰する，というように展開することを提示して，そういう運動の全体の中に，即かつ対自存在を具体者として捉えようとする理性の深い要求を読み取るのである。——ヘーゲルのこの着手の仕方ならびに見解は，彼の哲学の全体的構造およびキリスト教神学との関係を考察する場合，特に念頭に置かれねばならない。→新プラトン派

【参】Vorländer (1927), Colpe (1958:RGG, Bd. 2.1648ff.)　　　　　　　　　（酒井　修）

区分　⇨分類・区分

区別　［Unterschied, Differenz］

「区別」という概念は，ヘーゲル哲学において特有の意味をもつ。というのも，ヘーゲルが術語として用いる「区別」とは，「絶対的区別」，「区別それ自体（der Unterschied an sich）」，もしくは，「内的区別」と表現される，ヘーゲル哲学独自の概念であるからである。すなわち，通常「区別」というと，それは，他のものとの区別である。Aは，Aならざる例えばBと「区別」される。だが，ヘーゲルのいう「区別」とは，こうした他のものとの区別ではない。そうではなく，それは，「自己自身との区別」なのであり，また，ヘーゲル特有の言い回しを再現しておけば，「区別」そのものが，自らを自らと区別するという，そうした「区別の，区別そのものとの区別」なのである［『大論理学』6. 46f.］。

「区別」が「区別」そのものと「区別」されるということ，このことの最も基本的な意味は，〈真なる存在〉（「無限性」）は，第一に，つねに「区別」，すなわち，〈真なる存在〉と「仮象」との「区別」において，存するということ，しかし，〈真なる存在〉は，第二に，こうした「区別」から「区別」される，すなわち，こうした「区別」を「廃棄」しているということ，つまり，〈真なる存在〉は，「仮象」との「同一性」もしくは「一体性」においてのみ，〈真なる存在〉として存立しうるということ，このことである。この意味で，ヘーゲルの言う「区別」とは，〈真なる存在〉のあり方そのものなのである。

こうした「区別」のあり方を，ヘーゲルは，『精神現象学』の「力と悟性」の章で端的に展開してみせている［3. 120 以下］。すなわち，〈真なる存在〉とは，まずは，「知覚された世界」としての〈仮象〉＝「現象」とは「区別」された，自然科学的な「諸法則」（「第一の超感性的なもの」，「諸法則の静止した王国」）である。しかし，第二に，この「諸法則」は，絶えず「転変する」「現象」の「模像」であるがゆえに，それ自体，絶えず（歴史的に）「転変する」のである。したがって，実に，〈真の存在〉とは，こうした転変する「現象」と「転変する」「諸法則」との「一体性」としての〈生きた自然そのもの〉，「世界の魂」（「第二の超感性的世界」，「転倒した世界」）なのである。→差異　　　（高山　守）

区別それ自体　⇨区別

クルーク　［Wilhelm Traugott Krug 1770.6.22-1842.1.13］

〈知の構成〉を認めず，第一の根本命題か

ら哲学を導出しようとした思想家。ヴィッテンベルクで生まれ、ヴィッテンベルク大学でシュルツェの後輩として学んだ。イェーナのラインホールトにも師事した。フランクフルト大学で教えた後に、1805年にはカントの後任としてケーニヒスベルクに招聘される。1809年以降はライプツィヒで講義を行う。ヘーゲルに批判された論著や、主著の『根源哲学』 (Fundamentalphilosophie. Züllichau und Freystadt, 1803) で、観念と実在の総合を示す意識の事実に認識の確実性を見出す一方、意識は説明されないものだとする「超越論的総合主義」を標榜した。それは、意識の事実を原理として哲学の基礎学を叙述しようとする限りで、ラインホールトの根元哲学の課題に通じるものであった。しかし、〈総合〉が説明されないまま前提されている点で、シュミット (C. C. E. Schmid 1761.4.24–1812.4.10) の思想の焼き直しだと『常識批判論』でヘーゲルは見ていた。→ラインホールト

【参】栗原隆 (1990)　　　　　　　　　（栗原　隆）

苦しみ [Qual, Leiden, Schmerz]

苦しみはヘーゲル論理学では一般に精神の否定性を指す。既に『キリスト教の精神』[1. 345]で他者との分離の「苦痛」(Schmerz) が再合一の前提とされたが、『精神現象学』の序文 [3. 24] は「否定的なものの真剣、苦痛、忍耐そして労苦」を語る。『大論理学』[5. 122] は「質」(Qualität) の注でベーメに関連して質の「否定的本性」を「苦悶」(Qual) と言いかえている。『哲学史』[20. 100]でも「苦悶はまさしく自己意識的な感知された否定性である」。もともとヘーゲル弁証法はフランクフルト時代に洞察された悲劇的生の行程の論理化であり、ヘーゲル美学は悲劇の本性を弁証法的に実体的なものの衝突 (Kollision) とその和解 (Versöhnung) として展開する。衝突における「苦悩」(Leiden) を通して、むしろ行為する個体を超え

て人倫的なものが回復される。苦悩に対する真の「同情」(Mitleid) もまた「苦悩する者に属すると同時に人倫的な権能への共感」である［『美学』15. 525f.］。　　　　　（四日谷敬子）

グレン [Friedrich Albrecht (Albert) Carl Gren 1760.5.1–98.11.26]

ドイツの化学者、物理学者。初めは薬剤師、1786年医学博士、87年哲学博士、88年よりハレ大学医学部の物理学・化学教授。化学、薬理学の講義のかたわら、『全化学体系便覧』(Systematisches Handbuch der gesammten Chemie. 3 Bde., 1787–90) など多くの教科書を執筆した。また90年に『物理学雑誌』(Journal der Physik)、後の『物理学年報』(Annalen der Physik) を創刊編集し、ドイツ有数の科学誌に高めた。理論的にはフロギストン説の支持者として、ドイツにおけるラヴォアジェ派と激しく論争したが、晩年にはラヴォアジェ説とさほど変わらない折衷フロギストン説を受け入れた。またカントの「力動的体系」にも好意を示し、ドイツの化学・物理学界へのその浸透を助けた。彼の教科書は広く普及したが、中でも『自然論綱要』(Grundriß der Naturlehre, 1788) はヘーゲルもしばしば当代の機械的・化学的な通説として利用し、また批判を加えている。

（北澤恒人）

クロイツァー [Georg Friedrich Creuzer 1771.3.10–1858.2.16]

言語学者、古典学者。マールブルク大学とイェーナ大学で哲学を学んだ後、古典学に向かう。マールブルク大学教授、後ハイデルベルク大学に赴任、言語学と古代史の講座を開設。同大学でのヘーゲルの同僚で、特に親しかった。精神的にも近かった。往復書簡も多い。『美学』『歴史哲学』『哲学史』『宗教哲学』のなかで、引用、言及も多い。『古代諸民族とくにギリシア人の象徴と神話』が代表

作。　　　　　　　　　　（伊藤一美）

グロックナー [Hermann Glockner 1896.7.23-1979.7.11]

　ドイツの哲学者。ヘーゲル没後100年を記念しグロックナーは1927年から30年にかけて全20巻の記念版全集を刊行した。ただし，それは旧ベルリン版全集の写真版であり，刊行の基本姿勢も，青年期の著作や草稿ではなく，作品という形で与えられている「ヘーゲル哲学」(Corpus philosophiae Hegelianae) [*Hegel-Lexikon* Vorwort VI] を提供することを目指したために，実質的には旧全集と同じであると言ってよい。したがって旧全集の欠点（ヘーゲルの思索の発展への無関心，それゆえイェーナ期以前の草稿の全くの無視）も殆んどそのままである。けれども，新全集に付せられた彼自身の手になる2巻の『ヘーゲル研究』(*Hegel*. 2Bde. 1929-40)および4巻からなる『ヘーゲル・レキシコン』(*Hegel-Lexikon*. 4 Bde. 1935-39, 2版 2Bde. 1957) は，ディルタイ以来のヘーゲル復興の潮流のなかにある。かくてグロックナーはその研究の中で，ヘーゲルの草稿に拠ってヘーゲルの思索の「発展と運命」の過程（第2巻）を辿る。そして，フランクフルト期がヘーゲルにとって決定的に重要な時期であり，しかもギリシア悲劇が大きな役割を演じていることから，この期の思索を「汎悲劇主義」(Pantragismus) と名づける。しかもヘーゲルの思索の発展を「汎悲劇主義」から「汎論理主義」への転向と捉えながらも，実は，悲劇的なものこそがヘーゲルの思索の全体を貫いているのだと見るのである。「悲劇とは，絶対者が自らと永遠に戯れることであるが，この悲劇の哲学こそヘーゲルがつねに思考した最も深いものである。悲劇こそ彼の汎悲劇的世界観の絶対的中心点をなしている。この汎悲劇的世界観が体系的に展開される場合にとる形式が論理的弁証法的なのであった。してみれば，汎論理主義 (Panlogismus) をヘーゲル哲学の運命と呼ぶことも許されよう」[*Hegel*. II. 333]。

【参】 Helferich (1979), 中埜肇 (1979)
　　　　　　　　　　　　　　　（岡崎英輔）

クロップシュトック [Friedrich Gottlieb Klopstock 1724-1803]

　18世紀中葉におけるドイツの詩人。ドイツ詩の改革者であり，力強い宗教的感情や熱狂的な予言者的性格をもりこんだ作品を通じて若き日のゲーテをはじめとしてドイツ文学界に深刻な影響を与えた。詩の形式に関しては初期においてはギリシア，ローマの韻律法のドイツ詩への導入をはかったが，やがて『エッダ』や『ニーベルンゲンの歌』のようなゲルマン文学への傾倒を通じ，自由韻律詩の創造へと向かった。代表作は『救世主』『頌歌と悲歌』などであるが，そのテーマは理想主義的な愛，自然，祖国，生と死，神による天地創造といったものに向けられ，それらを鋭い直観と深い感情を伴って歌った。ヘーゲルのクロップシュトックへの評価は，一方でクロップシュトックがドイツ民族の誇りによって霊感を与えられた詩人であることを認めつつ，その作品については内容と形式が分裂しているとして批判的に見るものとなっている [『美学』15. 346, 470]。
　　　　　　　　　　　　　　　（佐藤康邦）

グロティウス [Hugo Grotius 1583.4.50-1645.8.28]

　オランダの法学者。デルフトの名門の出身。11歳でライデン大学に入学し，14歳で卒業した。〈近代自然法学の父〉〈国際法の祖〉といわれている。主著は『戦争と平和の法』(1625)。ヘーゲルは『哲学史』の第3部「近世哲学」第2篇「思惟する悟性の時代」第1章「形而上学の時代」のなかで，グロティウスをロックとホッブズの間において簡単に論じている。グロティウスは戦時と平時の諸国民

のさまざまな相互関係について経験的な収集・編纂・推論を行った。証明や演繹は不十分であるとしても、彼はこうして対象自体のうちに根拠をもつ普遍的な原則、理論を打ち立てたのであって、これは「対外法〔国際法〕の哲学(Philosophie des äußeren Staatsrechts)」と呼ぶことができる［20. 224f.；『エンツュクロペディー（第3版）小論理学』第7節］。ただし、彼の教説には、ホッブズと同様に「思弁的なもの、本来哲学的なもの」は欠けていること、また彼は、プーフェンドルフ(Samuel Pufendorf 1632-94)と同様に国家の原理を人間の本能や社会衝動に求めたことが合わせて指摘されている［20. 226, 230］。

（高柳良治）

訓育 ⇨教育

君主・君主制 ［König, Königtum］

ヘーゲルは、立憲君主制度国家を近代国家の一つの理想的在り方であると評価する。この国家観において君主は独特の規定を与えられる。さて、政治的国家の権力はさしあたり三つの項に分割されることになるが、その中にあって君主権は、立法権、統治権に対して、「最終意志決定としての主体性の権力」［『法哲学』273節］と位置付けられる。つまり、他の二つの権力が客観性、普遍性と関わるのに対して、君主権力は著しく主観性に彩られたものであることが明らかにされる。ではなぜ、ヘーゲルの近代国家は君主権力を必要とするのであろうか。彼の近代国家観では、それを構成する個々人の主体性を縦横に発揮させる（市民社会の普遍的相互依存の体系）自由を許容しながらも、それらを国家の実体的統一へと還帰させる契機（統治権）が重視される。このうち前者の主体性は国民個々人に帰属するものであるが、後者の契機は一個の個体によって代表されねばならない。これが君主権なのである。

ところで、ヘーゲルにおいてはこの君主権を担う現実の主体は、あらゆる特殊性（君主個人の特性）を免れたものでなければならない。つまり、君主は個性としては「空虚」な点に他ならないのである。つまり、君主に付与される主体性は具体性を持ってはならず、抽象的なものでなければならない。そこから君主世襲制が主張される。選挙君主制が、選ばれた個人の特性が大きく意味を持つのに対し、世襲制はそうした偶然性を免れると考えられたのである。つまり、ここに込められたヘーゲルの含意は、国家権力を統率する主体が、最も自然の偶然性（古代ギリシアでは、最終的判断は、自然神に委ねられた）を免れたものでありながら、なお近代的主体という形式を持ち、かつ客観的諸制度によって形成される意志を個人の特殊性によって歪めずに表現できる抽象性を求めることにあったと言えよう。

1822-23年冬学期講義で、ヘーゲルの「君主の地位」に関する説明を伝え聞いたフリードリッヒ・ヴィルヘルムⅢ世は強い不快感を表明したと言われている。また、1830年にはシュタール(Friedrich Julius Stahl 1802-55)が君主権の絶対不可侵性を説いてヘーゲルの理性主義を厳しく批判している。これらのことから、君主権をはじめとするヘーゲルの主張はシュタイン＝ハルデンベルクによる近代的改革が進められつつあった当時のプロイセンにあっても、支配層からは君主権を換骨奪胎するものとして警戒の眼で見られていたことが分かる。事実、ヘーゲル哲学の忠実な継承者ガンスは、1840年ベルリン大学を追われ、かわってシュタールがその地位についたのである。⇨権力, 統治, 市民社会, プロイセン, シュタイン＝ハルデンベルクの改革

（森川孝吉）

軍人 ⇨職業・身分

ケ

契機 [Moment]

或るものがその対立者と統一され、これと不可分の関係にある時、それはこの統一ないし関係の契機であると言われる。このような関係のうちにあるということは、対立者へ移行しそこより自己に還帰するという反省の構造を有しているということであり、反省されたもの (ein Reflektiertes) であることを意味する。それによって、それはまた止揚されたものであることになる。それはその直接性を廃棄しており、しかも全面的に否定されているのではなく保存されているからである。

梃子においては、重さという実在的な面と中心からの距離ないし線分という観念的な面が結合されて一定の作用を生ずるが、それぞれの大きさは異なっていても両者の積が同じであれば同じ結果を生むという点で、両者は相補的かつ不可分の関係にあり、梃子を成り立たせている契機と呼ばれるのである[『大論理学』5. 114]。

(山口祐弘)

経験 [Erfahrung, Empirie]

Ⅰ 人間の認識の源泉は〈経験〉のうちにあるというのがベーコン (Francis Bacon 1561-1626) 以来の経験論の基本的な立場であった。ロックは『人間知性論』のなかで次のように記している。「心は理性的思惟と知識とのすべての材料をどこから手にいれるのか。この問いに私は一語で答える。経験から」[Locke (1690) p. 77]。この経験論の立場に対してヘーゲルは次のように主張する。知覚を通して「類、普遍的なもの、法則」が見出されるとき、そこに経験が生じる。しかし経験においてはただ現象の一般性が把握されるにすぎない。その連関の必然性は明らかにされない。「経験は対象が……いかにあらねばならないか、いかにあるべきであるかを教えない。この認識は、事柄の本質、あるいは事柄の概念からのみ生まれる。そしてこの認識のみが真なる認識である」[『ニュルンベルク著作集』4. 209f.;『哲学史』20. 79, 84 参照]。

しかし他面、哲学は経験と無縁ではありえない。哲学はただ「あるところのものだけを認識する」[『エンツュクロペディー (第3版) 小論理学』38節] のであり、「現実性 (Wirklichkeit) こそその内容であるからである。哲学は現実性についての最も卑近な意識である経験とともに始まる。しかし他方それを否定し、それを超えて高まらなければならない。経験諸科学 (empirische Wissenschaften) との関係で言えば、「哲学はその展開を経験諸科学に負う一方で、経験諸科学の内容に思惟の有する自由 (アプリオリなもの) という最も本質的な形態と必然性の確証とを与える」[同12節]。

Ⅱ この認識の源泉というコンテクストを離れてヘーゲルは『精神現象学』において「意識の経験」について語る。自己が実在的な知 (真実の知) であることを直接的に確信する「自然的な意識」が行う経験である。この経験は一面において意識の「自己喪失」[3. 72] を意味する。自己の直接的な確信を展開し、明るみに出すとき、意識はそこに自己の知の非実在性を見出す。自己への「絶望」[同上] を経験する。そのプロセスをヘーゲルは次のように記している。「意識のう

ちでは，一つのもの〔意識〕が，別の一つのもの〔対象〕に対している。言いかえれば，意識は一般に知の契機という規定を具えている。しかしこの別のものはただ単に意識に対してあるだけではなく，同時にこの関係の外にもある。つまり自体的にある。これが真の契機である。意識が自己自身の内部で自体として，あるいは真なるものとして言明するのを通してわれわれは尺度を得る。意識自身が尺度を設定し，それと自己の知とを比較吟味する」[3. 76]。意識が自ら自己に吟味のための尺度をあてがい，自己の知の矛盾を明らかにする。哲学的思索の立場に立つ「我々」は，意識が自ら行うこの比較吟味をただ「眺め」さえすればよい。

自己の知の非実在性が明らかになるとき，意識は自己自身を否定する。しかしそれは単なる否定には終わらない。意識の非実在性の自覚から結果するのは「純粋の無」ではなく，「限定された無」，つまり矛盾をはらむ意識の形態の無であるからである。この「限定された無」，一定の内容を含む無から意識の新しい形態が成立する。「意識において，すなわち，その知においても，またその対象においても，弁証法的な運動が成立する。そしてそこから新しい真の対象が生まれてくる限りにおいて，この運動は，まさに，経験と呼ばれるところのものにほかならない」[3. 78]。

このように意識の自己否定の運動は，新しい意識の形態への移行を結果する限りで〈経験〉と呼ばれる。この経験の理解は，通常の経験についての理解と必ずしも一致しない。通常の理解では経験とは，偶然出会われる別の対象において従来の知を越えた新しい知が獲得されることを意味する。ここでは意識は単に受動的なものとして理解されている。それに対してヘーゲルにおいては，「意識の転換」が成立するときに，そしてその転換とともに意識の新たな対象が生じるときに経験ということが言われる。

しかしこの意識の転換，そして意識の新たな対象の成立という事態，言いかえれば先行する意識の形態からの新しい意識の形態の「発生」は，意識それ自身には明らかとはならない。ただ「我々」のみがその必然的な連関を理解する。意識がその諸段階を経巡るのは，この「我々による付加」[3. 79] を介してである。この「我々」に対してのみ明らかになる移行の必然性に従って意識はその発展の道をたどり，そしてもはや自己自身を越えてゆく必要のないところに，すなわち「知」の契機と「真」の契機とが完全に一致する地点に到達する。「学（Wissenschaft）へのこの道程は，この〔移行の〕必然性の故に，それ自身すでに学であり，内容の上から言えば意識の経験の学である」[3. 80]。→ロック，精神(の)現象学，意識の経験の学，我々

【参】 Locke (1690), Heidegger (1950a), Adorno (1963), Marx, W. (1971), Görtz (1984)

（藤田正勝）

敬虔主義 ⇨プロテスタンティズム

経験論 ⇨ロック，ヒューム

傾向 ［Neigung］

人間を或る行動へと向かわせる動機となるもの。ヘーゲルは，この語を初期以来，欲望（および衝動）に並列されるものとして後者に近い意味で用いている。ただし，それは，後者が思弁的な意味をも持っているのとは異なって，主として感性的意味に限定されている。ただし，そのような限定の中においても行為の動機一般をも意味することがある。

それは，まずカント的規定を前提している。例えば，ベルン時代において，祈りと対置される。すなわち，祈りは，「傾向のすべての魅力によって損なわれないように，お前たちを法則への尊敬で満たす神聖なるものへの思いによって，人間をあちこちに駆り立てる欲

望を越えてお前たちの心情を高めるもの」[『イエスの生涯』――『初期神学論集』(ノール) 84] とされるのである。ここではヘーゲルは，明らかにカント的立場に立っている。このように，いわゆる「カント主義」のベルン時代からカントを前提している。

これに対して，それはカント的規定を越える規定をも持っている。例えば，フランクフルト時代においては，道徳的な掟に対置される志操 (Gesinnung) 或いは傾向性 (Geneigtheit) と同じものとして現れる。「イエスは掟に志操を対置する。すなわち，そのように行為するという傾向性である。傾向は，自己のうちに基礎づけられ，その理想的な客体を自己自身のうちに持つのであって，疎遠なもの (理性の道徳法則) のうちに持つのではない」[『キリスト教の精神』基本稿 1. 301]。ここでは，傾向の法則との合致が法則の「プレーローマ」となる [『キリスト教の精神』1. 326]。ここでは，カント的規定を越えた規定が示されている。確かに，これも愛によって補全されなければならない特殊なものではある。しかし，愛もパトス的に見れば，傾向であるともされるのである [同 1. 362]。すなわち，そこでは自己のうちに基礎づけられるというかぎりにおいて，行為の主体的側面としての動機一般が捉えられていると言えよう。多くの場合，「自然的な」と形容されるところに見られるように，あくまで感性的なものにとどまるものとしての限定は付けられているのではあるが。その点，体系期に至るまでその用法は基本的には変わっていない。ここにも情感性の理論に見られるようなシャフツベリー以来の感性重視の思潮の影響のもとにカント的な二元論を越えようとするヘーゲルの立場が現れていると言えよう。→欲求・欲望，衝動
(幸津國生)

経済学 [politische Oekonomie, Staatsökonomie]

ヘーゲルの経済学研究の出発点はジェームズ・ステュアートおよびアダム・スミスである。その時期はフランクフルト時代とも，それに先立つベルン時代とも推定されているが，その成果はイェーナ時代の『自然法論文』や『実在哲学』に明瞭に現れている。ヘーゲルは『差異論文』においてフィヒテを批判しながら人倫を悟性・必然性の圏と理性・自由の圏とに原理的に峻別するに到るが，これが後に市民社会と国家との区別として概念化されるようになる。さらに『自然法論文』[2. 432] によれば，市民社会の圏，とりわけ相対的に独立した総体としてとらえられた「物質的欲求と享受」の圏は，その無限の錯綜の中で「一つの必然性」に服し，欲求と労働に関しての「普遍的に相互的な依存性の体系」を形成し，この体系が学として把握されるときに「いわゆる政治経済学 (politische Oekonomie) の体系」が成立するのだとされる。このように，歴史的諸個人の特殊な欲求を前提にして生じながら，そこから独立して必然性によって支配された体系が形成されることが，学としての経済学体系の歴史的論理的成立根拠とされ，またこの必然性の認識がこの学の課題とされるのであるが，課題はそれに留まらない。なぜならこの必然性ないし法則は必ずしも予定調和的な帰結のみをもたらすものではなく，かえってますます大きな差別および不平等を形成して，遂には人倫の崩壊をもたらしかねないものであり，学はこれを所得の再分配等によって防がなければならないからである。ヘーゲルは『法哲学』189節において，諸個人の特殊な欲求の錯綜のうちに貫徹する法則を認識する国家経済学 (Staatsökonomie) を，近代を自己の地盤として成立した学の一つであるとし，スミス，セイ (Jean Baptiste Say 1767-1832)，リカード (David Ricardo 1772-1823) といった古典派経済学者の名前を挙げている。確かにヘーゲルの市民社会分析の中心に分業論がおかれ

ていることや、「神の見えざる手」とのつながりを予想させる叙述などから、ヘーゲルと古典派経済学との親近性は容易にみてとれる。しかし、精神の分節化された展開過程の全体のうちに、市民社会が歴史的構造的に位置づけられている点で、したがってまた経済学が精神哲学さらには哲学的諸学の体系全体のうちに弁証法的に組み込まれている点において、さらには市民社会の危機認識の深刻さ、先鋭さおよび問題解決策の点で、そして最後に価値論の異質性によって、経済学は彼において独自の境位に進められたとみるべきである。因みに彼の経済学的分析は、法哲学の講義筆記録の中でいっそう具体的に展開されている。

ヘーゲルの経済学研究が彼の社会哲学に大きな影響を及ぼしただけではない。彼の哲学はその後の経済学の展開にも重要な役割を果している。マルクスの経済学とのつながりはよく知られているが、それにとどまらず、その他のヘーゲル学徒たちの経済学、ドイツ歴史学派、およびその敵対者であったマンチェスター学派にも、その影響の跡をたどることができる。→市民社会, 労働, 価値・価格, 貨幣, 資本, 税, スミス, ステュアート

【参】Friedrichs (1913), Chamley (1963), Lukács (1967), Arthur (1987), Waszek (1988), Priddat (1990)　　　　　　　　　　　　（生方 卓）

啓示　[Offenbarung]

ヘーゲルの精神概念には絶対的精神の啓示が前提されている。「精神自身の本性は、自己を顕示すること、自己を対象化することである」[『宗教哲学』GW 17. 207]と言われるし、「自己を啓示することは精神一般に属する規定である」[『エンツュクロペディー(第3版)精神哲学』384節「補遺」]とも述べられている。ヘーゲルはキリスト教の啓示概念を用いて精神を論じているのである。「キリスト教において神は自己を啓示した。すなわち、神は人間に、神が何であるかを認識させた。それゆえ神はもはや閉ざされたもの、秘密のものではない」[『歴史哲学』12. 27]とか、「神的実在の啓示の基礎から出発した思考する精神の展開は、最初、感情的、表象的精神に委ねられたものを、結局、思想によって把握するにいたらなければならない」[同 12. 27f.]とヘーゲルは言う。そこで、「真の宗教、すなわち、絶対的精神をその内容とする宗教の概念のうちには、宗教が啓示されているということ、しかも神によって啓示されているということが本質にある」[『エンツュクロペディー(第3版)精神哲学』564節]と言われる。それゆえ、啓示宗教としてのキリスト教が問題となる。「啓示された宗教はそこにおいて神が徹底的に啓示的となったがゆえに、啓示宗教である」[『宗教哲学』16. 88]。啓示宗教が啓示された宗教であるというのは、啓示が外からすでに与えられている、その意味で既成的(positiv)であるということである。ところで啓示の問題はこれを受けとめる信仰の問題となる。「神が啓示したとき、我々はいあわせていたのでも、神を見たのでもない」[同 16. 148]。他者の証言によって神を認める。直接神を知るときも、それは「我々のうちなる一つの啓示」[同 16. 160]と言う。神が自己を啓示するとは自己を区別すること、自らを根源分割(判断)する(urteilen)ことに他ならず、「啓示しない精神は精神ではない」[『宗教哲学』17. 193]とヘーゲルは言う。→キリスト教　　　　　　　　　　　　（岩波哲男）

形式主義　[Formalismus]

ヘーゲルが当時の自然哲学およびシェリング哲学を批判する際の用語。感性的素材や一部領域における関係などから作った図式を次元の違いを無視し類推的に外面的に全体に押し付ける仕方を批判している。この場合質的な区別が無視され、区別が量的な区別に還元される。批判の対象は当時のブラウン理論、オーケン、トロックスラーなどだが、中心は

シェリングであった。「自然哲学の理念は……外面的な形式主義に変化させられ皮相な思想と空想的な構想力とのための概念なき道具に転倒させられた」[『エンツュクロペディー(第3版)自然哲学』緒論]。形式主義は「概念に対する無知と軽蔑」から生じ「没概念性」を特徴とするが、シェリング哲学に対してこの語を用い、「絶対的現実の認識が己の本性を完全に明晰に自覚するようになるまでは」[『精神現象学』3. 22]学から姿を消すことがないと指摘している。→ブラウン理論

(長島 隆)

形式と内容 [Form und Inhalt]

形式と質料（Materie）を、カントは経験の対象を可能にする反省概念と考える。前者は人間の認識能力が作り出す純粋直観と純粋悟性概念、後者は所与の印象であり、前者が後者を規定することによって現象が構成されるとする。ヘーゲルもやはり両者を規定者と被規定者の対立において考えるが、カントのように外面的で抽象的な関係においてではない。ヘーゲルはこの対立を本質論の〈根拠〉、つまり本質の自己媒介における、実在的な反省規定としてあつかう。質料は区別をもたぬ単純な自己同一性として根拠であり、形式は絶対的否定性〔関係性〕として質料によって根拠づけられるものである。しかし、この対立はたがいに他者を前提しあい、それぞれが他者を内にふくむことによってのみ成立している。形式と質料の反省規定は、両者がそれぞれ自分の他者に媒介されて同一の根拠にもどることを示しているのである。こうして両者の統一として絶対根拠が現れてくる。したがって、形式が質料を規定することは同時に質料が形式を規定することでもあり、真実には、絶対根拠としての本質が、形式と質料という自分の二契機を介して、自己否定的に自己と媒介されることにほかならない。

このようにして根拠の自己媒介によって定立された統一が内容である。質料は抽象的規定性であったが、内容はすでに形式と質料との統一であるから、それ自身が形式をもつ実在的な規定性である。一方、内容に対立する形式もやはりある内容を有している。形式と内容という相補的な反省規定において関係を表わす〈と〉は、〔形式規定としての〕両者を区別し対立させる契機すなわち形式であるとともに、〔実在的なものである〕両者を統一させ同一のものたらしめる契機すなわち内容でもある。そこで、この反省規定そのものが形式と内容の二規定を区別する形式でありつつ、実在的な形式と内容とを同一化する内容でもあり、勝義の形式と内容の一致を定立しているのである。

ヘーゲルは、形式と内容を抽象的に対立させまったく無規定で永久に不変である内容にたいして外部から形式が付け加わるとするカントや常識的考えをしりぞけ、形式と内容の相互媒介を明らかにして、内容が絶対的否定性としての形式自身の規定性にほかならないと主張するのである。内容は既存のもの、とくに宗教であり、形式は「思惟」である[『ヒンリッヒス宗教哲学の序文』11. 63]。このすぐれた意味での形式は「無限な形式」[『大論理学』6. 550 等]とよばれ、〈概念〉あるいは〈論理的理念〉と同一視される。近代ドイツの分裂は形式と内容の対立のうちに典型的に現れているが、ヘーゲルは「現実との和解」[『法哲学』序文]を求めて両者の一致をめざすのである。無限な形式は絶対的なものの現前であり、それは概念において把握されねばならない。→根拠

(海老澤善一)

啓示宗教 ⇨宗教

形而上学 [Metaphysik]

ヘーゲルは『エンツュクロペディー』を神における「思惟の思惟」を説くアリストテレスの『形而上学』からの引用で結んでいる。

アリストテレス以来，形而上学が「第一哲学」として「真の哲学」を意味するかぎり，ヘーゲルもこの伝統に生きていると言ってよい。しかし，ヘーゲル哲学の成立過程はさておいて，少なくとも体系展開を試みるヘーゲルに即するかぎり，基本的にはヘーゲルは形而上学という言葉を積極的には使用せず，従来の形而上学を指す場合か，ないしは自己の思想を旧来の哲学伝統との関係でもって表現する場合にかぎって使用すると言ってよい。イェーナ初期の最初の体系構想においては，論理学は主客対立に立つ悟性の思惟規定を取り扱うかぎりで，本来の哲学を導く「緒論」に留まるとされ，形而上学が「本来の哲学」とされて論理学から区別されている。しかし，やがて「緒論」の課題が「精神現象学」に譲られ，これに伴って論理学と形而上学とが一本化されるとき，この一本化された部門は「論理学」と名付けられ，そしてこの内の客観的論理学が「かつての形而上学に代わるものである」[『大論理学』5.61] と語られるのである。ここには，従来の形而上学に対するヘーゲルの批判が控えている。そして，この批判のいかなるものかは，『エンツュクロペディー』の「論理学」の「予備概念」のうちに集約的に見ることができる。そこでは「客観性に対する思想の第一の立場」として「客体が真実に有るがままに意識の前にもたらされ得る」という前提に立つ立場が挙げられ，これがカントに先立つ「形而上学」の立場であるとして総括されているからである。そして，この立場を「理性的諸対象の単なる悟性的見方」として批判するとき，ヘーゲルがカントの形而上学批判を追っていることは明らかである。しかし，ヘーゲルは「客観性に対する第二の立場」として経験論とともにカントの立場を挙げ，「経験をもって認識の唯一の地盤と見做すことで，真理そのものは認識できず，ただ現象だけが認識できる」とする立場であると批判するのである。『論理学』

序論においては，ヘーゲルは「批判哲学は通俗的な常識と結託して，形而上学の没落をもたらし，形而上学をもたぬ文明国民を見るという奇妙な光景を招来した」と批判，そして「この学を再び新たに始める必然性」を承認するのである。しかし，この新たな形而上学をヘーゲルは古い名称でもって名付けることは好まなかった。フィヒテが「知識学」をもって登場し，シェリングが「同一性の哲学」でもって自己の哲学を特色付けたように，ヘーゲルは今や「本来的な形而上学，ないしは純粋な思弁哲学を構成する論理学」[同 5.16] を語るのである。そして古い名称を忌避したのは決してためにするものではなかった。ここには事態的にヘーゲルにおける新しい形而上学は古い形而上学とは相違するものをもっていたからである。それは言うまでもなく，従来において形而上学が論理学から明確に区別されていたのに対して，ヘーゲルにおいて両者は概念と実在性との統一としての理念を発展させる思惟の学のうちに統合されてあるからである。「それ故に論理学は形而上学と，つまり諸事物を諸事物の本質態を表現すると目されてきた思想のうちに捉える学と合致するのである」[『エンツュクロペディー（第3版）小論理学』24節]。そして，この相違は，一見すると論理学が一般的形而上学としての存在論に対応するのに対して特殊的形而上学に対応するように見える自然哲学や精神哲学においても見られる。ヘーゲルは最早これらの部門に形而上学の名称は冠さないのである。この事情を端的に示すものはヘーゲルの神の取り扱いである。従来の形而上学では神は最高実在として自然神学の対象であったが，ヘーゲルにおいて神は精神であり，その宗教哲学は最早神そのものとして対象にすることはなく，精神としていかに教団のうちに働いているかを問うものとなっているからである。形而上学が理性的諸対象の「悟性的見方」を指すかぎり，ヘーゲルは断乎として形而上学を

否定する。しかし，形而上学が「理性的諸対象」を問うものであるかぎり，ヘーゲルはこれを悟性を超えた思弁的理性の立場から引き受けたのである。ヘーゲルが「客観性に対する思惟の第一の立場」を結ぶに際して「たとえ一般的にはこの逆が信じられているにしても，プラトンは決してこのような形而上学者ではなかった，ましてアリストテレスにおいてはなおさらであった」［同36節「補遺」］と語るとき，そこには形而上学の破壊を通して真の形而上学の伝統の再生を目指すこうしたヘーゲルの姿勢が端的に窺えるのである。因みにハイデガーはこうしたヘーゲル哲学にニーチェに至る形而上学の完成の歴史の始まりを見出すのである。→論理学　　　　（上妻　精）

芸術　⇨美学・芸術

芸術作品　[Kunstwerk]

ヘーゲルによれば，ほんとうの美（＝「理想」）は芸術美としてのみありえ，それは個別化されて，芸術作品という現実の存在となる［『美学』13. 202ff.］。芸術美は時代を超えた美ではなく，歴史の現実の中に現象する美である［同357］。ただし，ヘーゲルは，ほんとうの芸術作品は，それ自体で完結した全体性をもったものであり［『差異論文』2. 19］，永遠なるもの（即かつ対自的に真なるもの）が実在の現象と形態とにおいてわれわれの心情と表象に対して開示される，こうした精神によってもたらされた同一性がすべての芸術の目的である［『美学』15. 572f.］，という言い方もしている。芸術作品とその直接の享受は，これに接する一般のひとびとのためのものであり，女人や識者のためのものではない［同357］。なかみ（精神ないし理念）とかたち（感覚的形態）とがひとつになっているものがほんとうの芸術作品である［『エンツュクロペディー（第3版）小論理学』133節］。自然の所産より高次の，この人間の営みの所産は人間特有の感覚によって受け止められる［『美学』13. 44ff.］。芸術作品を産み出す芸術家が豊かな感情や想像（ないし霊感）を天賦の能力として備えていなければならないということは認めながらも，ヘーゲルは，表現に用いる題材を研究する知的な営みと技術・技巧の研鑽の重要性を強調している［同 46f.］。→霊感

（増成隆士）

芸術宗教　[Kunstreligion]

ギリシア宗教はシラーにとっても Fr. シュレーゲルにとっても自然の宗教であった。したがってヘーゲルも1803年まではギリシア宗教を「自然宗教」（Naturreligion）と看做していた［『ローゼンクランツ』135］。ところが新しく発見された1803年の草稿はそれを「芸術宗教」と捉え，既に芸術の過去性の思想を示唆している［同181］。そして『精神現象学』は，ギリシア芸術が一回的にして反復しえない過去の「思い出」となると断言する。「神々の諸々の永遠の掟に対する信頼は，特殊なものを教えてくれた神託と同じように黙り込んでいる。今や影像は生気づける魂の逃げ去った屍，讃歌も信仰の逃げ去ったただの言葉である」［3. 547］。『美学』においてもギリシア宗教は芸術宗教であり［14. 26］，「ホメロスとヘシオドスがギリシア人たちに彼らの神々を造った」と言われる［同 14. 34］。

【参】Schiller (1795), Schlegel, Fr.(1795/96), Baum/Meist (1977)　　　　（四日谷敬子）

芸術美　[Kunstschönes]

芸術美はヘーゲル美学の本来的対象であり，「イデーの感性的映現」を意味する［『美学』13. 151］。(1)まず芸術美が「感性的」ということは，芸術の感性的素材を指しているのではない。感性的素材は芸術作品においてはまさしく「単なる仮象」へと「精神化」されている［同 13. 48, 60f.］。(2)また芸術は人間精神の対自への「絶対的要求」から発しており

[同 13. 50f.]，イデーの感性的描出として反省的思惟と無縁ではない。(3)それゆえ芸術美は決して第一義的に「感性的な把捉」に対してではなく，「本質的に精神に対してある」[同 13. 57]．(4)しかし芸術のうちで現出するイデーは，個体的に形態化され，つまり制限されたイデーである。イデーと形態との完成した統一が「理想」(Ideal) であり [同 13. 105]，それはとりわけ古典的芸術を根本類型とするギリシア彫刻において実現され [同 13. 109,118]，「晴朗さ」(Heiterkeit) と「至福」(Seligkeit) を特徴とする [同 13. 208f.]．

(四日谷敬子)

刑場　[Schädelstätte]

エルサレム郊外でイエスが十字架において刑死した場所（マタイ伝27－33）であり，その地形からゴルゴタ（ヘブル語で頭蓋骨）と呼ばれる。(1)ヘーゲルにとってキリストの刑場における死は，神が特定の人間としての個別的実存を捨てることである。キリストの受肉において有限なものとなった神的本質は，その死において再び自分を外化して普遍的なものに還帰する。これは精神が否定の否定によって自己還帰することであるので，キリストの死は「精神の刑場」，『美学』14. 152] と言われる。(2)キリストの受難において神的本質が有限な現実となることは，絶対精神が偶然的な定在である歴史において現れることである。「概念把握された歴史は絶対精神の想起と刑場とを形づくる」『精神現象学』3. 591]．歴史は絶対精神の外化であり，絶対精神は歴史の全体を遍歴するという労苦を耐え忍んで初めて自分自身に帰る。もし歴史が無ければ，絶対精神は生命の無い孤独なものである。

→歴史　　　　　　　　　　　　（日暮雅夫）

形成　[Formierung]　⇨労働

形成　[Gestaltung]　⇨有機体

形態　[Gestalt]

形態は存在するものの外面的な形式であるが，しかしその形式は存在するものの内面的な固有性によって規定されて現れる。物質はそれ自身に固有の「個性」つまり特性を持っており，それによって物質の形態が規定される。例えばある物質はその特性によって，温度の変化に応じて溶解したものから固形のものにその形態が変化する。したがって「結晶 (Kristall)」は，外面的な形態であるだけでなくて，物質の内面的な形態でもある。化学的過程においても，物質は電気とか燃焼などによって，その特性に従って合一したり分離したりしてその形態を変化させる。

生命ある有機体もまたそれ自身の形態を有している。例えば植物は「幾何学的な形式と結晶の規則性」[『エンツュクロペディー（第3版）自然哲学』345節] に近い形態を備えているし，特に動物的有機体には曲線という形態が特徴的である。「有機的なものの形態は直線とか平面に基づいているのではなくて，……生ける形態のうちには曲線がある」[同310節「補遺」]．動物における内面的な流動的プロセスの在り方が，動物の外面をも規定するのである。すなわち，外部から受けた刺激に反応しながら生命を保持するという動物に固有の活動が，動物の感覚器官とか運動器官とか消化器官という形態を形作る。このようにヘーゲルは，形態を生命の流動性から分離するのではなく，むしろそれとの統一において捉えている。ヘーゲルのこのような発想は，有機体の形態を内面の反映として生きた姿で捉えるゲーテの形態学と軌を一にしている。

また「意識」のさまざまな形態の変化は，意識の実体をなす「精神」の現象過程に根底的に規定されている。また美の形式としての「規則性」「合目的性」「調和」というような形態は，内容をなす魂が吹き込まれているから美しく感じられるのである。「〔美の〕絶対的な形態は，内容と形式，魂と肉体の連関を，

具体的に魂を吹き込むようにして……両者を合一するようにして持っている」[『美学』13. 508]。→有機体

【参】 Claesges (1981), Bonsiepen (1986)

(伊坂青司)

形態変化　⇒メタモルフォーゼ

刑罰　[Strafe]

　刑罰は国家の法に違反する不法に対して下される罰である。その意味では刑罰は，侵害された当事者によって遂行される報復としての復讐とは区別される。ということは，特殊な人格相互の関係における侵害が国家の法の前では国家への侵害とみなされ，刑罰として国法という普遍的意志によって罰せられるということである。犯罪は害悪を惹起するからではなく法に対する侵害であるがゆえに廃棄されねばならないのである。ヘーゲルによれば犯罪行為は法の否定であり，したがって「刑罰は否定の否定である」[『法哲学』97節「補遺」]。犯罪は侵害される者の権利を無きものとして扱うが，刑罰の実行によってその権利の存在が明示され確立される。もし刑罰が実行されなければ侵害される者は権利をもたないということになる。したがって刑罰は法の回復であり，権利の確立である。このことは，法ないし権利は刑罰と不可分であり，例えば刑罰を伴わない人格的権利の抽象的主張はその権利の存在自体を危うくすることになるのであり，したがって刑罰を伴わない権利は権利ではないという意味をもっている。また「刑罰は犯罪者の権利を含む」[『法哲学』100節]。もし刑罰が犯罪防止のための威嚇や戒告であるならば，それは犬に鞭をふり上げるようなもので人間を自由な理性的存在者として扱っていないことになる。刑罰は犯罪者を責任を負いうる理性的存在者とみなし，また犯罪者は刑罰を承認することによって権利を回復するのである。だから刑罰は犯罪者の権利の回復でもある。なお死刑についてはヘーゲルは，生命は存在者の全範囲だから殺人に対しては必然的に死刑が科せられるとしつつ，死刑反対の努力は死刑に値する犯罪の慎重な見極めという点で有益な結果を生み出したと評価している。ところで，このような民事的刑罰に対して宗教的刑罰，例えば教会の懺悔はヘーゲルによれば「その本質的な目的は罰せられる者の改善と回心である」[『宗教哲学』16. 227]。→法，不法，責任，復讐

【参】 Cooper (1971)　　　　(水野建雄)

啓蒙　[Aufklärung]

　宗教的迷信や圧制によって引き起こされる民衆の無知蒙昧の状態を，理性の光によって追い払っていこうという運動だが，ヘーゲルの『精神現象学』においては，精神が自分に対立する現実を経験していく世界史的経験の一段階として位置づけられる[『精神現象学』3. 398ff.]。啓蒙に対立する信仰の段階においては，人間の自己意識は宗教的世界と直接に一致するものとして両者の同一が前提とされているのであるが，啓蒙の段階においては，純粋透見として自我の純粋な洞察からすれば，このような信仰のうちには迷信や先入見，誤謬が含まれており，それらが「誤謬の国」[3. 401]とされる。そこでは，専制君主が祭司と結託して民衆をだまし，無知蒙昧のうちにおいたままの信仰にとどめようとするのだが，純粋透見はこの民衆にたいして空気のように抵抗なく浸透普及していくものだとされる。とはいっても，現実には，この純粋透見という啓蒙の運動は信仰と対立し，戦うという側面を持ちながら進行していく。フランス啓蒙運動における無神論や唯物論の主張に象徴されるように，宗教的迷信や圧制への仮借のない戦いが展開したわけである。しかし，この啓蒙は自己意識として対象を否定する精神ではあるが，内容を何も持っていない。また，宗教の持つ積極的な内容自身を自分の側

に経験として取り入れることがなく，結局のところ，世界の現実に対してまったく否定的に振る舞うだけだから，肯定的な内容としては，自分の利害を基準に世界全体を捉えてしまう功利主義＝有用性の世界に向かうということになる。このように，ヘーゲルは啓蒙の運動が自己意識の現実世界への能動的な批判的活動であることを指摘し，近代の主体主義の必然的な運動として意味づけている。したがって，その延長上にあるカントはもちろんドイツ観念論全体の運動がこのような啓蒙の運動の必然的帰結でもあることを示している。
→フランス啓蒙思想，有用性，唯物論，洞察

(佐藤和夫)

契約 ［Vertrag］

自立的人格が，相互の人格を承認し，贈与・交換のかたちで〈同一的意志〉を定立し，外面的物件を媒介すること。約定に現れる同一的意志は，当事者の特殊意志によって恣意的に立てられた〈共通意志〉でしかなく，即かつ対自的な普遍意志ではない。それゆえ，結婚と国家は契約関係でない。また，人格性は，物件でないから，契約対象とならない。契約の過程には，「所有者をやめる限りで所有者でありつづける」［『法哲学』72節］という矛盾がある。このとき当事者が所有しつづけるのは，物件の普遍的な価値である。契約の本質的意義は，〈意志と物件〉の関係を超え，〈意志と意志〉の関係という人格間の実在的な相互承認の場を準備することである。「所有としての承認運動の概念は契約においてその実在性をもつ」［『法哲学講義（ホーマイヤー）』265］。だが，契約関係には，特殊意志と普遍意志との乖離があるため，不法関係が必然的に発生する。→法律，承認

【参】 Landau (1974), Ilting (1982), Siep (1982), Hösle (1987c) (神山伸弘)

下賤な意識 ⇨高貴な意識と下賤な意識

決意 ［Entschluß］

決意とは，主として概念ないし理念自身が，自己を規定し，自然や思考をみずからの考察の対象とする働きをいう。

Ⅰ 思考への決意 このような意味での決意は，『大論理学』第2版で『精神現象学』を前提する道を相対化する脈絡で登場する。「〔……〕もし，いかなる前提も許されるべきではなくて，端初そのものが直接に受け取られなければならないというのであれば，論理学の端初すなわち思考それ自体という端初があるとされることだけによって端初は規定される。そこでは，普通には恣意とも見られるような決意が，すなわち，思考をそのものとして考察しようとする決意があるのみである」［『大論理学』5. 68］。そして，この決意が純粋思考の自由によることについては，「一切のものにおける完全な無前提性が学に先行すべきであるという要求は，もともと純粋に思考しようとする決意において自由によって遂行されているのであり，その自由は一切のものを捨象し，自己の純粋な抽象態，思考の単純態をとらえる」［『ハイデルベルク・エンツュクロペディー』36節注］といわれている。

Ⅱ 自然への自己放棄の決意 ヘーゲルは，理念が自己を自然へと放棄することも，理念自身の決意によるものとしている。すなわち，理念の決意によって，直接的理念である自己が自然として，自己から自由に放免される［『エンツュクロペディー（第3版）小論理学』244節］。

Ⅲ 意志の決意 『法哲学』第12節では，行為を選別する意志のありかたとして何かを決意するということが挙げられている。しかも，その決意とは自分のうちにもろもろの規定と目的を含んでいる意志が，自己を自己の中からだけ生み出すことをいうのである。

(山口誠一)

血液循環 ［Blutumlauf, Zirkulation］

有機的個体の内で興奮性の契機を担う過程であり、有機体そのものの「生ける自己運動」、「脈動（Pulsieren）」として個体のさまざまな内的循環を促す普遍的な過程である。血液はまず筋肉組織の運動の成果であるが、またそれ自身が運動の原理である。心臓の筋肉は血液を動かすが、心臓の筋肉を動かすのはやはり血液の運動であって、この循環運動において血液こそがその運動原理、始動主体であると考えられる［『イェーナ体系Ⅲ』GW 8. 160；『エンツュクロペディー（第3版）自然哲学』354節「補遺」］。血液循環は心臓から出発し動脈と静脈、あるいは肺と肝臓という二重の過程に特殊化され、さらに体内の諸部分においてさまざまな形態をとって、自己還帰していく。この循環過程の本質は各部分を生気づけることにあるが、同時に各部分に栄養を付与してそれらの再生産を行わせる過程でもあるから、再生産の契機も含んでいる。→ハラー（A.）、興奮性　　　　　　　　（北澤恒人）

結果　[Resultat]

因果性における結果（Wirkung）とここに述べる〈結果〉は区別されなければならない。前者はカテゴリーの一つにすぎないが、後者は〈論理的なもの〉を明らかにするヘーゲルの方法概念である。この語は一般に計算の解や推論の結論を意味するが、ヘーゲルにおいては、概念のみにかかわる論理の必然的帰結ないしは成果の意味で使われる。彼は、なぜただちに具体的に真なるものから叙述を開始しないのか、という彼の方法に対する反論を予想して、次のように答えている。「われわれは真なるものを結果という形式において見ようと欲するからであり、そのためにはまず抽象概念そのものを概念的に理解することがどうしても必要だからである」［『法哲学』32節「補遺」］。彼は、いかなるものであれ、具体的に規定されたものを直接に受容することはせず、それを、抽象概念を対象とする純粋な論理の展開によってはじめて〈結果〉として定立されたものと考えるのである。『論理学』において、日常の感覚的存在である定在から出発せずに、純粋存在の論理を先行させるのもそのためであり、定在は純粋存在の論理的な〈結果〉と見られる。この世界には論理のかかわらぬ直接的なものは何ひとつ存在せず、すべては論理の〈結果〉である、つまり、論理によって媒介され浸透されている。このようにしてヘーゲルは現実を論理によってとらえかえすのである。一方、彼は、Resultat の原義、ラテン語の resultare（跳ね返る）の意味を生かして、〈結果〉のうちで論理は〈元に戻る〉（in sich zurückkehren）、ともいう。「結果のうちには本質的に、それがそこから結果した（resultieren）ところの元のものが含まれている」［『大論理学』5. 49］。「結果は、元に戻った自己同一的な全体であって、それには直接性の形式が再び与えられる。そこで、結果は始元がそうであったものとかわらない」［同 6. 566］。〈結果〉は始元であり、［論理によって］媒介されたものは直接的なものでもある。このように、〈結果〉は、直接性と媒介の同一性、現実的なものと概念との一致をしめすヘーゲルの論理にとって、もっとも重要な方法概念である。→因果性、直接性、媒介、始元　　　　（海老澤善一）

結婚　[Ehe]

ヘーゲルによれば、結婚は、人倫的関係である［『法哲学』161節「補遺」］。ここで人倫的関係という意味は、結婚が人類の種としての生命の維持保存のための性的関係としてのみ見られてはならないことを示す。また同時に、カントのように、結婚を市民社会のたんなる契約関係としてのみ捉えて、お互いの性器を相互に使用し合うといった関係として捉えるのも間違いである。さらに、愛という感情にのみ結婚の本質を置こうとするのも間違いである。以上のどの契機も含みつつも、愛と信

頼をもとに生活全体を共同で営む関係において成立する社会的に承認された関係なのである。ヘーゲルの結婚に対するこのような規定の特徴は、結婚をたんなる自然的な関係に還元することにも、また、たんなる市民的な契約関係に還元することにも反対していることであろう。結婚という社会的形態をとることは、恋愛至上主義や結婚制度を否定する同棲主義や内縁関係に対し、感情の気まぐれや偶然性を克服して法的な規定を伴った関係をとることであるとして、それをより高い人倫的関係とするのである。これは同時に、カント的な把握が持っている問題点、個人の存立を絶対化して社会的共同的関係を人間の本質にとって外的派生的な関係とする考え方を克服して、人倫的共同的関係の現実的形態の直接に形成された関係として結婚を捉える試みである。このように把握された結婚においては、個人がお互いに献身することによって一心同体になるのだから、そのことによって相手の中に自分を意識するという構造になる以上、それが本質的に一夫一婦制になる［『法哲学』167節］。ヘーゲルは、こうしてたんに財産関係に還元されるのではない共同のあり方の根源として一夫一婦制という結婚形態を位置づけたのである。そして、その上に、より大きな社会的規模での共同的関係を基礎づけようとした点で、ヘーゲルの結婚観はきわめて独創的だったということができる。→家族、愛

(佐藤和夫)

ゲッシェル [Karl Friedrich Göschell 1781.10.7-1861.9.22]

法律学者にして哲学者。ライプツィヒで学ぶ。ナウムブルク上級裁判所判事（1818-34）、マグデブルクの宗教局長（1845-48）。ヘーゲル哲学とキリスト教信仰との合一を説く。主論文は「キリスト教的信仰認識との関係における無知と絶対知についてのアフォリズム——現代哲学理解のための一寄与」（1829）。

ここでゲッシェルはいう。(1)「美しい魂」は信仰と無知とを結びつけている。(2)信仰と矛盾した絶対知は神の名のもとで自己を絶対化する立場で、汎神論であり、ヘーゲル哲学の立場ではない。(3)信仰を充実させる絶対知がヘーゲルの思弁哲学である。そこでは神への依存を感じているが、同時にそのことが自由を意味している状態である。そこに真理が認識され、その真理が信仰者を自由にし、信仰を充実させていく。ここに信仰と真理（知）との一致がある。自由とともに、「私が誰を信じているかを私は知る」（パウロ）。→美しい魂

(伊藤一美)

決定論 ⇨自由

ゲーテ [Johann Wolfgang von Goethe 1749.8.28-1832.3.22]

ヘーゲルとゲーテの個人的交流は、ヘーゲルがイェーナ大学哲学部の私講師に採用された直後の1801年10月21日にシェリングに伴われてゲーテを訪れた時に始まる。この時はヴァイマール公国宰相として間接的にイェーナ大学をも管轄する詩人へのいわばお目見得の訪問だったから特別な会話もなかったらしいが、その後イェーナ大学在職中にヘーゲルは鉱物学会その他の会合でその造詣を披瀝し、ゲーテもこの若い哲学講師の天分を見抜いて応接したので、1806年頃にはヘーゲルは再三ゲーテを訪れて鉱物学や自然哲学の問題を語り合ったり、友人の物理学者ゼーベック（Thomas Johann Seebeck 1770-1831）とともに暗室にこもってゲーテが行っていた光学実験を手伝ったりするまでになった。イェーナを去った後も、ヘーゲルが光学や植物学の問題に関するゲーテの見解をその著作で長々と紹介し弁護するのは、この時の巨匠との直接的交流の経験があったからである。他方ゲーテの方は、哲学の再興に賭けるヘーゲルの熱意と学殖に感嘆しながらも彼の難解な

話しぶりにはつくづく閉口したようで,弁証法的思考法にいたっては遂に好きになれなかったらしい。ゲーテ自身はもっと素直に事物を眺め,直観的に語るほうを好んだのである。

ヘーゲルがイェーナを去ってから数年後,ゲーテはある本の中にヘーゲルの『論理学』(実は『精神現象学』)序文からとして次の文章が引用されているのを見つけて激怒した。「つぼみは花の出現において消失する。……果実は,花を植物の偽なる生存なりと宣言する,云々。」これを読んだ彼はゼーベックにこう書き送った。「これ以上奇怪なことを言うことは不可能です。こういう悪いこじつけ的ジョークで自然の永遠の実在を否定しようとするのは,理性的な人の品を落とすものだと思います」[ゼーベックあて書簡1812年11月28日]。この件はゼーベックの必死の取りなしで比喩ということで一応収まり,ヘーゲルもその後『エンツュクロペディー』初版でゲーテの色彩論をフリースらの攻撃から弁護したので,ゲーテもそれを諒として彼を再び「優れた友人」として認めるようになった。けれども彼がヘーゲル流の概念弁証法に本心から同意していなかったことは,ずっと後に,ベルリン大学教授となったヘーゲルが訪れた時の有名な会話からも分かる。ヘーゲルが「弁証法の本質は反抗心です」と言うのに対して,ゲーテは自分は自然を研究しているからそういう病気にかからないと言い,「二三の弁証法的病人も自然を研究すれば治るかも知れない」と皮肉っぽく答えたのである[エッカーマン『ゲーテとの対話』1827年10月18日の項]。それでも最晩年に「自然が永遠に生き生きとぜいたくに働くとき,無限者が現前する」という直観に達した時,彼は「私を惹きつけるとともに突き放したヘーゲル哲学」に近づいたと感じたのだった[ツェルトナーあて書簡1831年8月13日]。→色彩論

【参】 Nicolin (1970), Bubner (1978), Schmidt (1984), Petry (1987), Amrine/Zücker/Wheeler (1987)　　　　　　　　　(渡辺祐邦)

ケプラー [Johannes Kepler 1576.12.27-1630.11.15]

南ドイツのシュヴァーベン地方生れのケプラーは,テュービンゲン大学で神学を修めた。彼はここでメストリン (Michael Mästlin 1550-1631) からコペルニクス地動説を教わった。1594年母校の数学教授に任じられるが,彼の数学の天才が花開き,天文学への志望が確立した。彼はコペルニクス説の背景に,太陽を「見える神」と敬い,「世界の光」と信ずる新プラトン主義的神秘思想を観たと思われる。ケプラーが師ティコ・ブラーエ (Tycho Brahe 1546-1601) から受けついだ占星術思想もこれに結びついた。しかし彼はブラーエの近代的な実証精神に基づいて,師の火星運行軌道に伴ったわずか8分の誤差の究明を志した。ついにギリシア天文学が墨守した円形而上学の残滓である惑星の円形軌道説を改めて楕円軌道説を採った。このケプラーの第一法則の勝利,また「惑星と太陽を結ぶ動径は等しい時間内に等しい面積を掃く」とする第二法則の樹立(ともにケプラー『新天文学』1609年に発表)は,科学的天文学の夜明けを齎した。ケプラーがもっとも誇りとした第三法則,すなわち「任意の二惑星が太陽の周囲を回転する周期(T, T')の二乗は,太陽からそれらの惑星への平均距離(S, S')の三乗に比例する」($\frac{T^2}{S^3} = \frac{T'^2}{S'^3}$)は,その10年後の著書『世界の調和』(1619)に発表された。この第三法則は,ニュートンの重力法則への手掛かりとなる重要な客観的意義をはらんでいた。

たしかにケプラーの第一,第二法則の発見までには,占星術者らしい神秘的直観に頼った時期があった。しかし第三法則の発見は忍耐強い試行錯誤の果ての結実であった。この困難は,なお重力の逆二乗の法則とニュート

ンの微積分学を欠いていた当時の科学の限界からみて避けられないものであったろう。ケストラーの評伝では、ニュートンの少なからぬ功績は、ケプラーの著書の中からこれら三法則を見出したことにあったとまで極言している。ヘーゲルは就職論文『惑星軌道論』において、ケプラーの天体力学上の諸業績の高い意義を賞賛した。しかし彼はそれに比してニュートンの『自然哲学の数学的原理』(1687)は、天体物理学の諸規定を単なる数学的諸規定と混同したにすぎないと非難している[『惑星軌道論』グロックナー版全集 1. 5]。つまりニュートンはケプラーの仮説をただ技術的に数学の公式に表したにすぎないと批判したのである。このヘーゲルのニュートン批判は、イギリス流の「実験哲学」に対するヘーゲルの宿年の非難の表明とみられる。ヘーゲルには既に「生成する物体は平方で、存在する物体はそれに反して立方である」[同 1. 25] との立場がある。それ故天体運行の理性的法則は、物体の立方体を止揚し、立方を平方に還元して初めて求められる。すなわちケプラーの第三法則 ($\frac{S^3}{S'^3} = \frac{T^2}{T'^2}$) の立方の平方化を表す概念的関係を根拠として成立すると考えられたのである。⇨ニュートン哲学・ニュートン力学, 惑星, 引力

【参】 Koestler (1960), Ihmig (1989)

(本多修郎)

ケプラーの法則 ⇨ケプラー

ゲルシュテッカー [Karl Friedrich Wilhelm Gerstäcker 生没年未詳]

ライプツィヒの弁護士。1826年にはライプツィヒ大学法学部の試補。1801年に出版されたゲルシュテッカーの著書『将来の法哲学の体系の基礎づけとしての、知の最高の根拠に基づく法概念の平易な演繹の試み』について、ヘーゲルは1802年に『エアランゲン文芸新聞』に小さな書評を載せている [2. 157-163]。それ以外、彼はこの書評に関連して書簡で一度言及されているだけ [『書簡集』(第1巻) 66]。評価はまったく否定的。この種の本は「平易さが根拠の高さよりも優位に立つ」と冒頭で揶揄し、著作の基本思想を、「卑俗な経験からその内容を、反省からその形式を受け取る諸学問の卑俗な方法」[2. 158]、「最も通俗的で最も形式的な二元論において成立する〈知の再興の根拠〉」、「事柄を見かけ上では一般化し平易にするという、空疎な長広舌風な飛躍」[2. 163] 等々と次々に痛罵する。批判の視点は、この時期の形式主義批判および常識批判と基本的に同じ。

(座小田豊)

ゲルマン ⇨ドイツ

ゲレス [Johann Joseph von Görres 1776.1.25-1848.1.29]

ドイツの作家、歴史学者。少年時代フランス革命に共鳴し、高校を出ると共和主義結社の活動家となる。その代表団の一人としてフランスに派遣されたが、ナポレオンの台頭に幻滅し、帰国後は生地コーブレンツの高校教師 (1801-06, 08-14)、ハイデルベルク大学私講師 (06-08) を勤めた。この間シェリングの自然哲学の影響を受けて、分極性の原理に基づいて宇宙の発展と人間の有機組織を説明するきわめて特異な「形式主義」的生理学を展開し [『アフォリズム』2. 542]、他方でロマン派詩人たちとの交流を通じてドイツの古代叙事詩・中世芸術の研究やイラン英雄叙事詩の翻訳に取り組んだ。反ナポレオン闘争の高まりとともに、『ラインシャー・メルクール』(*Rheinischer Merkur*, 1814-16) 誌を創刊しドイツ解放の論陣を張って注目を集めるが、その後のプロイセン政府の反動化を批判したために発行を禁ぜられた。19年カールスバート決議による言論統制が始まると『ドイツと革命』(*Teutschland und die Revolu-*

tion) でこれを非難し、そのためにストラスブールへの逃亡を余儀なくされる。ここでカトリック主義者として歴史研究に傾注し、27年バイエルン王ルートヴィヒ1世の招請を受けてミュンヒェン大学の歴史学教授になる。以後しだいに神秘主義的傾向を深め、『キリスト教神秘主義』(*Die christliche Mystik*. 4 Bde., 1836-42) ではさまざまな議論をよびおこした。また『世界史の基礎、区分および時代序列に関して』(*Ueber die Grundlagen, Gliederung und Zeitfolge der Weltgeschichte*, 1830) の中では、神による歴史支配が根本的原理であり善悪の対立図式に基づいて歴史が区分されるという歴史観を展開した。ヘーゲルはこの歴史観について、それは世界史を「数」によって規定する「外面的な図式化」であり、「退屈な単調さを歴史記述の内へ持ち込む」ものだと評している［『ベルリン著作集』11. 512］。 (北澤恒人)

原因 ⇨ 因果性

牽引力と反発力 [Anziehungskraft und Repulsivkraft]

カントは「引力だけでは物質は凝縮してしまう、それに見合う反発力があるべきだ」というヘールズ (Stephen Hales 1677-1761) の『植物静力学』の考えに基づいて、物質内に牽引力と反発力の二力の拮抗を想定し、それによって物質の比重の差を説明しようと考えた。シェリングはカントが『自然学の形而上学的原理』(1786) で述べたこの理論をフィヒテ風に改造して自然全体に拡大し、自然の根源には無限の発展に向かう動向とそれを阻止する動向の二つのファクターがあって、この根源的対立の解消と再生産から全自然をアプリオリに構成できると主張した。けれどもヘーゲルはカントの物質理論を近代自然哲学の出発点として一応評価しながらもその発想を分析的であるとして斥け、これらの力は自立的な力ではなく具体的な物質の概念に含意される同一性と差異性とが変形したものにすぎないと見た。この見地から、彼は〈牽引と反発〉をひと組のカテゴリーとして「イェーナ論理学」と『大論理学』でも詳しく考察している。→力

【参】 Schofield (1970), 山本義隆 (1987), Ihmig (1989), Stanguennec (1985) (渡辺祐邦)

限界 [Grenze]

あるものをあるものたらしめている、その境界のこと。類似の概念に制限 (Schranke, Beschränkung) がある。

ヘーゲルは、『大論理学』の存在論の「定在」のなかで、限界を論じている。初版では、限界—規定—性状と展開されるのにたいして、第二版では、規定—性状—限界となっており、展開の順序が異なっているが、限界の概念の意味が相違しているわけではない。

Ⅰ 或るものは、限界によって或るもの自身なのであり、限界を超えて或るものであることはできない。(1)或るものは、限界の内に自分の質（規定性）をもち、限界によって他のものとみずからを区別する。その意味では、限界は他のものの非存在である。(2)しかし、或るものはまた限界によって或るものであるとすれば、限界を超えて或るものではありえない。その点では、限界は或るものの非存在でもある。それゆえ、限界は、或るものと他のものとの非有として、両者の「他者」であり、「中間」にほかならない。

Ⅱ 限界が或るものを限界づけており、限界によってのみ或るものであるとすれば、限界は或るものの「要素」または「原理」でもある。点は、線が点で終わり、点の外にあるという意味で、たんに線の限界なのではなく、線の要素として線の絶対的始元（原理）なのであり、線は点の運動によって生じるのである。このように、或るものが限界のうちにありながら、限界を超え出ようとすることは

「矛盾」であり，そこには「弁証法」がある，とヘーゲルはみている。

限界を超え出ようとする運動は，『大論理学』ではまた，制限と当為（Sollen）の関係で分析され，制限は，或るものがみずから定立した境界を超え出ることにたいする限界として規定されている。しかし，『小論理学』では，限界と制限との区別立てはとりたててなされていない。　　　　　　　　　（岩佐　茂）

顕現　[Manifestation]

内的なもの，本質的なものが外的なものとしても定立され，その本来の姿が顕在化することであるが，現象よりも高次の意義を持つ。現象が根拠と実存との反省運動としてあるのに対して，顕現は己れの外面態においてある限りで己れ自身であるという自己規定の運動を表わしており，根拠と実存，内面と外面とが同一的であるような「現実性」の境位にある。いいかえれば，現象が本質的なものに還元され本質の自己規定となっているという場合の現象が本質の顕現といわれる。「顕現は己自身に等しい絶対的現実性である」[『大論理学』6. 218]。たとえば光の存在は光が輝く働きそのものであって，輝くという現象とは別に光があるわけではないから，光は自然の顕現であり，自然の諸規定を自己として開示する[『エンツュクロペディー（第3版）自然哲学』275節以下]。さらに精神の規定性は，自己に対して自己を規定しその外化において自己同一的であるものとして，すぐれて顕現と呼ばれる[『同・精神哲学』383節，564節]。→現実性，現象　　　　　　　　　　（北澤恒人）

言語　[Sprache]

Ⅰ　体系上の位置づけ　意識と心との統一である主観的精神が，己れに対象形式を与えるために実在態として生み出す存在の形式，すなわち観念的世界としての内面を普遍的形式において表出したものが，理論の面から考察されたとき言語と呼ばれる。精神が自らを精神として知るために自らを措定して，己れの存在形式として表出したものが言語である。この言語の産出は，『エンツュクロペディー（第3版）』の「精神哲学」第1部「主観的精神」C「心理学，精神」の，理論的精神の展開過程の一契機である「表象」がたどる展開形態，すなわち「構想力」および「記憶」の産物である。これが体系上の位置である。言語という存在者となってはじめて精神という観念的なものが実在しての現実，世界たりうるのであるが，同時にこの言語は精神の「対他存在」という形式でもある。この意味で言語は精神の記号（しるし）である。

Ⅱ　記号としての言語　記号とは，内なるものの外化（対他存在）のために構想され，一般化されたもの[『エンツュクロペディー（第3版）精神哲学』457節]であり，主観的なものの客観化の手段として恣意的に使用される道具であるが，心，感情という生命活動の外化としては，身振り，音声がその記号と考えられており，声は発せられるとともに消えて行くものとして「時間的存在」であるが，この声がさらに分節化し，精神という高度な「霊魂」の表現にふさわしい形態を得たとき，音声は「声として発せられる言語」（Tonsprache）[同459節]となる。これは精神という人間的内実あるいはロゴスを表出し，自己および他人に「分かりやすい」（verständlich）形で存在させるものである。これが，「語り」（Rede）としての言語である。これがやがて「命名」という精神の自己認識の開始を意味し，事物に名を与えることによって世界を自己のものとして創造することになる（この考え方は明らかにユダヤ－キリスト教の伝統に根ざしている）。この名が「語」（Wort），つまり表象としての表象を「言い表わす」ものとなる[『イェーナ体系Ⅲ』GW 8. 189以下]。この「知性によって生み出された直観とその意味との結合である名」[『エンツ

ュクロペディー(第3版)精神哲学』460節]において思惟が始まる。「われわれが思惟するのは名においてである」[同462節]。この語およびその組織としての言語体系において精神の自己認識としての「学」が始まる。したがって,本来語られ,発語されることが精神の自己認識の活動のエレメントとしての言語の本質であるが,これは時間的存在として消失してゆく。この精神の構想力に基づく言語に,記憶され,永続する対他存在の形式を与えたものが,「文字」(Schriftsprache)である。したがって,文字は精神の本来の記号としての語られる言語の記号,つまり「記号の記号」[同457節]である。ヘーゲルはこの観点から,語られる言語,表音文字,表意文字の順序でその記号性格および疎外態をみている。この文字の体系化が文法であり,その最も徹底化したものが悟性概念の体系としての論理記号である。ヘーゲルの場合,言語は精神の自己認識の記号としては,「対話」において,生きた歴史的な局面で理解され,了解されるものであって,単に意志伝達および情報交換のための手段・道具としての記号とは考えられていない。「はっきり規定されたもろもろの表象のために,さらに分節化して明確に発音される音,すなわち話(Rede)と,この話の体系である言語とは,感覚,直観,表象などにそれらの直接的な定在よりも高次の,第二の定在を与える」[同459節]。この定在の持つ「対他存在」という形式が,ヘーゲルの思弁哲学の一つの契機としての「否定の威力」である「悟性」の形式となったとき,いわゆる記号論の説く記号としての言語となる。

Ⅲ 精神の定在としての言語 ヘーゲルの場合この記号性格を,言語における精神の自己認識の必然的契機として自覚化しながら,この記号性格を乗り越えて,本来の自己へ帰る場としても言語が考えられている。これが「言語の思弁的本性」[『大論理学』5. 20]と呼ばれ,悟性カテゴリーとしては対立矛盾するようなことを同一の語が意味しうる(たとえば Aufheben)ことが言語の肯定的本質とされている。この思弁的本性が「語り出る」とき,啓蒙の説く記号言語は,自ら「分裂の言語」[『精神現象学』3. 354]として,また「良心の言語」[同 3. 478],己の確信を自己の行為の真実として,「演説」し,雄弁に語り出て,「精神の定在としての言語」[同上]となる。だから言語よりさきに精神が具体的なものとしてあって,それを言語によって表現すると言語になるというのではない。言語は道具・手段としての記号ではない。言語において,精神は自己を精神として知り,そして自らが即自的に精神であったことを知るのである。これを言い表わすのが「思弁的命題」[同 3. 61]である。言語はこの命題としてはじめて精神の定在である。→精神,悟性,声

【参】 出口純夫 (1980)　　　　　　(出口純夫)

原罪 [Erbsünde]

原罪説は,アダムが知恵の実を食べて犯した罪を人類が受け継ぎ,したがって人間は本来悪だ,というキリスト教の教義だが,原罪-贖罪説は既に18世紀半ば頃からテルナー (Johann Töllner 1724-74) らの新教義学によって批判され,正統派神学との論争が生じていた。ヘーゲルもこれを初期には「実定的信仰」の前提として批判したが,後期には「人間の使命」を表す教義として容認した。彼はテュービンゲン時代の『説教』ではまだ正統派神学の原罪-贖罪説を述べていたが,ベルン時代にはそれをカント的「理性信仰」の立場から実定的な「キリスト信仰」の前提として批判した。というのは「キリスト信仰」は,人間が道徳的に無能の故に自力では至福に至りえず,贖罪者キリストへの信仰によってのみ至福を期待しうるという考え方に基づくが,その前提となっている「人間の本性の堕落の命題」に対し理性は「吐き気をも

よおしかねない」[『国民宗教とキリスト教』1. 91]とされるからである。この堕罪の教義は, さらに, ローマ時代の「堕落した人間性」の「経験」[『キリスト教の実定性』補稿 1. 209]に合致しており, したがって逆に「悪い政治が人間性をおとしめてしまわない」[『国民宗教とキリスト教』1. 91]場合には, 「人間の堕落の教義は衰えるだろう」[同 1. 100]という。だが後期には原罪説は, 「人間は, 自然にあるがままでは, あるべきでないものであり, 即自的にあるにすぎないものに対自的になる使命を持っている」[『哲学史』19. 499]こと, つまり「人間の使命」[『宗教哲学』17. 251f.]を表す教義として容認された。人間は「認識」や「意識」によって自然から抜けだし, 潜在的には「精神」であり「善」であるが, まだ自然の衝動や利己心に捉われている限り, 「悪」である。それ故人間は潜在的な「善」を顕在化するべく, 自己形成をせねばならないが, それは「認識」によって行われる。このように原罪説が容認されるようになったのは, 「反省」や「分裂」がフランクフルト時代以来「生」の必然的契機と認められるようになったからであろう。→実定性, 悪

【参】 Hirsch (1952), Ringleben (1977)

(久保陽一)

現在 ⇨時間

原子 [Atom]

(1)原子の概念は, 論理規定の弁証法的展開を扱うヘーゲル論理学全体の構成から見ると, 第 1 部「客観的論理学」の第 1 巻「存在論」の中で, 第 1 篇「質」から第 2 篇「量」への移行を論じる箇所で取り上げられており, 普通の意識には相互に独立した規定と考えられている質と量の内容的な連関を考察するための素材として重要な位置を占めている。ヘーゲルにとって原子の概念は「対自存在（Fürsichsein)」という論理規定に対応する存在である。対自存在とは自己関係するものであるが, 「否定的なものの自己自身への関係としての対自存在」[『エンツュクロペディー（第 3 版）小論理学』96節]が「一者（das Eins)」であり, この一者は, 「自分自身の中に区別を持たないもの, したがって他者を自己から排除するもの」[同上]である。そして, 「定在（Dasein）の形式にある一者」[『大論理学』5. 184]が原子であり, 「否定の自己自身への抽象的な関係」[同上]が空虚である。原子と空虚はともに他者を排除する否定的な自己関係であるから, それらの間の関係は偶然的で外面的で[『エンツュクロペディー（第 3 版）小論理学』98節].ある。そこでヘーゲルは, 「一者と空虚は全くの外面性にまで引き下げられた対自存在である」[『大論理学』5. 185]と述べている。(2)しかし, 他者を排除する一者は, 排除によって他者と関係してもいるから, 排他的な対自存在は廃棄され, そこに廃棄された規定性としての量の存在が成立する[『エンツュクロペディー（第 3 版）小論理学』98節]とヘーゲルは考える。(3)また, 物質の可分性に関するアンティノミーも, 質から量への必然的な移行を認めるヘーゲルにとっては, 「量が分離性と連続性との単純な統一である」[『大論理学』5. 216, 6. 171]ことを認識すれば解決されるものとなる。つまり, 一者とは他者との関係の内に止揚されるべき存在であり, 分割は分割の可能性, すなわち可分性[同 5. 225]なのである。(4)原子が他者との関係を否定的にのみ理解する思考の産物であることからして当然, 原子論一般についてもヘーゲルは, 「原子論的な諸原理は, 学問におけると同様に, 政治的な領域においても, すべての理性的な概念, 組織, そして生命を殺すものである」[『ヴュルテンベルク民会討論』4. 483]と厳しく批判している。 (菊地惠善)

現実化 [Realisierung, Verwirklichung]

現実態になること, 実現, 実在化とも訳さ

れる。或るものないし事柄の本質が真に現実的なもの，すなわち，現実態として現成すること。アリストテレスのエネルゲイアと同じく，「目的」とも等置される［『ニュルンベルク著作集』4. 28, 156, 202］。弁証法的に展開する現実化の過程は，とりわけ精神にとっての目的の実現過程とみなされる。「理性の規定がそれ自身において何であるのかという問いは，……世界の究極目的は何かという問いと一致する。この究極目的という表現で当然考えられるのは，この目的が実現され，現実化されるべきである，ということである」［『歴史哲学』12. 29］。この目的は自由という普遍性であり，個々人が相互の普遍的媒辞を形成するという，無限の労苦を通して歴史のなかで現実化されていく［同 12. 32, 36, 76f.］。現実化とは「他者の自立性のうちに他者との完全な統一を直観」し，より高次の統一性を自覚することだからである［『精神現象学』3. 263f.］。
→目的論　　　　　　　　　　　（座小田豊）

現実性　［Wirklichkeit］

Ⅰ　ヘーゲルの『法哲学』序文には「理性的なものは現実的であり，現実的なものは理性的である」という有名な命題がある。この命題の後段は，一部の人々によって，当時急速に反動化しつつあったプロイセンの政治的現実を合理的なものとして聖化する思想として受けとめられた。しかし，この命題をもって，ヘーゲルを単純に保守反動と決めつけることはできない。「偶然的な現実存在は真の意味における現実的なものには値しない」［『エンツュクロペディー（第3版）緒論』6節］とヘーゲル自身が述べているように，現実性は一貫して定在・現象・現実存在などの諸カテゴリーとは区別されているからである。ゲルマン固有語に属する現実的 wirklich という形容詞は大別して，①現実の・実際の，②本当の・真の・まことの，という二義をもち，②はその限りで reell の意味に接近することになる。ヘーゲルの現実性の概念においてはこの②の含蓄が強調されている。したがって，現にあるもの，現在的なものがすべて現実的であるわけではなくて，理性的なものを真に実現したもののみが現実性の名に値し，それゆえに理性と現実とは同義的なのである。「哲学の対象は現実性である」［同上］といわれるのはまさしくこの意味においてである。

Ⅱ　現実性は，ヘーゲルの論理学では本質と現象の次に位置し，まず「本質と現実存在との統一，または内的なものと外的なものとの統一」［同142節］と定義される。現実性は内的なものとしての本質が外的なものとして現れ出たものであり，本質の発現そのものである。したがって，それは本質と関わりをもたない現象や現実存在一般ではなく，それの現象する外的側面が本質そのものであるようなものである。このような本質と現象との統一はひとつの過程であって，この諸契機が現実性の内容をなす。現実性はまず可能性である。可能性は現実性にとって本質的であるが，しかし「抽象的で非本質的な本質性」［同143節］にすぎない。条件が提示されなければ，あらゆるものは可能であるとともに不可能でもある。こうした抽象的可能性はたんなる偶然性である。偶然的なものは真の現実性ではなく，他のものの可能性の条件として止揚されるものである。諸条件との関係においてとらえられた可能性は実在的可能性であり，こうした連関は必然性でもある。可能性は，一定の諸事情と諸条件に媒介されれば，必然的に自己を貫徹し，現実化する。しかし，これは他のものによる媒介を必要とするから，外的必然性でしかない。この連関は，実体が自己の前提を自己自身から産出し，自己を自己自身と媒介して展開する絶対的必然性の段階へと止揚される。可能性が現実化してゆくなかで自己をより高次の必然性として展開するこうした過程は，現実性が自己自身へとなりゆく過程にほかならない。しかし，『大論理

学』(初版1816年)と『エンツュクロペディー』(第3版1830年)とでは現実性の展開と構成にかなりの差があり,ヘーゲルの現実性に関する教説はいまだ完成の途上にあったというべきであろう。⇨必然性,偶然性

【参】 Haym (1857), Lakebrink (1979)

(奥谷浩一)

現実存在 ⇨実存

現象 [Erscheinung]

ヘーゲルのいう現象とは,直接に知覚されていない本質内容が,具体的なかたちをとって存在するようになったものである。このような現象の理解は,現象が外面的なものであり,本質が内面的なものであると考えれば,〈外面的なものは内面的なものを表現する〉といいなおすことができる。

たとえば,或る子どもの内面にひそんでいる画家としての天分は,その子どもが描いた絵というかたちをとって表現される。つまり,内面にある天分は,その子どもが成長しながら描いてゆく作品群という具体的なかたちをとって外面に現れるのである。なるほど,ひとつひとつの絵をとってみれば,教師の教えかたがへたであったにもかかわらず,教えられるがままに描いたために,その子どもの天分が充分に絵に現れないこともある。あるいは,子ども自身がめざした絵の構想が,実際に絵筆をとって動かしてゆくうちに,なんらかの外部の事情でゆがめられて,失敗作ができあがってしまうこともある。しかし,その子どもがほんとうに天分に恵まれているならば,絵を何枚も描いてゆくうちに,かならず傑作が現れ,評価をされるようになる。逆に,ひとりの画家を,彼が描いた絵から切りはなして,内面にあるりっぱな絵を描こうとする意図だけから評価することは,まったくむなしい。

ヘーゲルによれば,一般に或るものの本質は,その現象から,まったくはなれたところにあるのではなくて,現象そのもののうちに内容としてふくまれている。その点については「超感性的なもの〔本質内容〕は現象としての現象である」『精神現象学』3.118]といわれている。しかも,逆に,本質は,かならず,その外に現れでてこそはじめて本来の本質であるがゆえに,「本質は現象しなければならない」『大論理学』6.124]ともいわれるのである。

さらにヘーゲルは,さまざまな面から現象ということを考察している。(1)『精神現象学』では,精神の現象が,知覚などの意識の形態や,人倫的世界などの世界の形態としてとらえられている。そして,そのような現象の理解は,とりわけ「悟性」の章で,諸力の遊戯という考えを中心にしてあきらかにされている。(2)『大論理学』や『小論理学』の現象の理解も,基本的には(1)とおなじであるが,実存 (Existenz) という考えからみちびきだされている点でちがいがある。このような現象の理解は,たとえば,或る建物の火事が,その建物に火をつけた落雷を根拠として,実際に存在するようになると考えるところからうまれてくる。(3)宗教の領域では,(2)の現象の理解を基準にして,さまざまな宗教の神が性格づけられている。とりわけ,キリスト教における神の啓示は,本質としての神が,イエスという人間の姿をとって現れるということになる。⇨内と外,本質,実存 (山口誠一)

原子論 ⇨原子,デモクリトス

元素 [Element]

ヘーゲルは近代原子論における元素と彼が考える元素とをまず区別する。前者が化学的元素であるとすれば,後者は物理学(自然学)的元素と言われる。物理学的元素は「一般的な,ただ概念の契機に従ってのみ特殊化された物質」[『エンツュクロペディー』(第3版)

自然哲学』281節「補遺」］であり，「もはや独立的ではないが，しかもなお個体化されない一般的自然実在」であるとされる。これは重力を概念とし，量的規定しか持たなかった力学的次元（時間的・空間的）の物体が，その諸契機を初めて実存させた物質の形態である。だから物理学的元素は「概念の契機に従って」と言われる。この概念の契機は天体という力学的物質の総体性の構成要素であることになり，統一の契機，対立の契機の両項，この区別を通じて回復された統一を示すことになる。その意味で元素は一切の物体の構成要素を意味しており，「要素」とも訳されるが，ヘーゲルはこの概念の契機に従って，元素が四つあるとし，しかもこの元素は古代ギリシアにまで遡ることができると考える。すなわち，空気，火，水，土である。ヘーゲルはこれらを万物の構成要素として初めて捉えたとしてエンペドクレスを評価する。「これら一般的な物理学的根本形式を最初に明確に把握し区別したことがエンペドクレスの偉大な意義である」［同上］。近世初頭パラケルススも異なった元素，すなわち水銀，硫黄，塩，土を物理学的元素として提起したが，これに関してもヘーゲルは「実在の物体が四つの契機を有するというのがより高次の意味」［同280節「補遺」］を持つと指摘している。これらの元素は重力から分離して自己自身において内在的に規定された物質であるが，これは天体の契機の抽象的な実存でしかなく，この元素の対立と統一の過程を通じて初めて具体的な物体の個体性に到達することになるのである。このように四元素の内に思想的な展開を見ようとするところにヘーゲルの元素理解の特徴があり，しかも，彼は古代ギリシア以来の自然学との結合において評価するのであり，また「四元」「四大」と訳す理由もある。

「化学的元素」は，ヘーゲルによれば，物理学的元素が「一般的な自然実在」であるとされるのに対して，個々の物体の個体性を前提し，その個体性を合成されたものとして捉えた「化学的単純性」，一般成分でしかなく，それは化学的抽象でしかない。そのため，ヘーゲルが当時の化学にみるのは過程性であり，そこでは再び，物理学的元素が過程として現れるとされる。当時近代化学の勃興期であり，一見するとその成果に背を向けたかのように見えるヘーゲルの元素観は，その限り，あくまでも「個体性の，しかもまず一般的個体，すなわち，地球の，生成のみを」［同281節「補遺」］視野にいれて捉えたものであり，ヘーゲル自身化学的見地からの区別を指摘しており，単に捨て去られるべきではない。

【参】山本光雄(1958), Engelhardt (1984), Moiso (1986), 化学史学会 (1989), 山口誠一 (1991)　　　　　　　　　　　　　　　（長島　隆）

現存　⇨**実存**

現存在　⇨**実存**

建築(術)　[Architektur, Baukunst]

　建築は，ヘーゲルによれば，二重の意味で，最初の芸術である。(1)芸術とは精神を一定の感覚的形態というかたちで現実の存在にするものであり，その最初の課題は自然の地盤とか精神の囲いというかたちで，それ自体としては内面性（精神的なもの）なきものと精神的意味とを同化させようとすることにあり，こうした課題を課せられるのはまず建築である。建築の任務は，外なる非有機的な自然を，精神そのものの中から技（芸術という技）によって美へと形成された囲いとして，人間のために（人間に対して），作り上げることにある。(2)そして，実際の芸術史においても，建築は，他の諸ジャンルに先行して，その最初の完成に達した芸術でもあった。

　芸術史の法則的展開を説明するのに用いた「象徴的，古典的，ロマン的」という類型を，ヘーゲルは芸術の諸ジャンルについても用い

ており，そこでは，建築は「象徴的」芸術とされた。建築の根本性格は，理念と感覚的形態との十全なる統一を未だ達成していないという意味で，「象徴的」である。

しかし，現実の個々の建築物の性格と実際の建築史の展開の法則性との両面に関して，「象徴的（あるいは，自立的）建築」「古典的建築」「ロマン的建築」という分類が設定できる。個体的精神がそれ自身として形態化され，建築から独立して実在化され（ギリシァ彫刻），建築の方はその自立性を奪われて，こうした彫刻のための単なる無機的な囲いになりさがっている建築，それが「古典的建築」である。「ロマン的建築」はムーア様式，ゴシック様式，ドイツ様式とか呼ばれる建築の場合で，この場合には，建物がその中での人間の精神的営みに役立つのではあるが，しかしこうした目的はともかくとして，自立的な形成物として建物がつくられている［『美学』14. 245f.］。→象徴芸術，彫刻 （増成隆士）

憲法 ［Verfassung］

Ⅰ 規定 ⑴ 固有の意味の憲法 学説上憲法は，国家存立の基本条件を定めた根本法であり，国家があるかぎり，統治者と被統治者の関係，支配の範囲，統治の仕方などに関するとりきめとして必ず存在する。ヘーゲルも憲法を「国家という抽象体がそれによってはじめて生命と規定性とを獲得する所以のもの」［『歴史哲学』12. 62］と規定し，成文憲法典をもたないイギリスにも憲法が存在することを確認している［『イギリス選挙法改正案』11. 89］。

⑵ 立憲的意味の憲法 近世になり，特に君主の専制を制約するために成文化された基礎法が憲法と称されるにいたった。ヘーゲルは成文憲法を国家に不可欠とみなす。「国家の立憲君主制への形成は，近代世界の業績である」［『法哲学』273節］。

Ⅱ 特質 憲法は特定の政治過程の反映としての政治性と根本法としての規範性とをもつ。『法哲学』は，前者に関して「特定の国民の憲法は，その国民の自己意識の様態と形成とに依拠する」［274節］，後者に関して「憲法は……元来立法権の直接的規定の圏外にある」［298節］と述べている。

Ⅲ 諸原則 ヘーゲルは，国家存立の条件を『ドイツ憲法論』では「一人の支配者と国会という普遍的中心点」［1. 469］があることに求めたが，『法哲学』では憲法が与える原則として以下の内容を挙げている。⑴国民の政治参加は，制度化された組合・地方自治団体・職業団体を基盤に代表を選出する間接的なものである［308節］。⑵権力機構については，司法権は統治権に吸収され［287節］，立法・統治・君主の三権のうち君主権が起点かつ頂点をなし，分立は否定される［273節］。⑶基本的人権として，職業選択の自由［206節］，生存権の保障［127, 270節］は肯定されるが，営業の自由は規制され［236節］，言論・出版の自由も無限制ではない［319節］。これらの内容に「人倫の喪失」を惹起する近代的憲法克服の志向性が窺われる。→権力，国家，政体

【参】 Marcic (1970), Lucas/Pöggeler (1986)
（竹村喜一郎）

権利 ⇨法

原理 ［Prinzip］

Grundsatz（原則・根本命題）も同類の用語である。思想や体系を展開するための端緒（始元）であり，体系はこの原理から演繹され，導出される。デカルトの場合，「我思う，故に我有り」がかれの哲学の第一原理であったし，Ch. ヴォルフは，A＝Aという同一律を原理として，そこからみずからの体系を演繹した。また，フィヒテは，あらゆる知識を体系的に導出し，根拠づけるものとして三つの根本命題をたて，「自我は根源的に

端的に自己自身の存在を定立する」という命題を第一最高の根本命題とみなした。

体系が学であるためには、体系の原理をどのように根拠づけるかということが問題とならざるをえないが、ヘーゲルの場合は、原理は最初のもの（始元）であるとともに、みずからによって根拠づけられるものであった。それは、もっとも単純なもの・直接的なものでありながら、体系の展開のなかでみずからを根拠づけるのである。体系の終わりにおいて、始元は十全に根拠づけられ、体系は閉じられ、終わりは始元に復帰する（終わり＝始元）。すなわち、ヘーゲルの学的体系の原理は、最初単純なもの・直接的なものでありながら、体系によって媒介され、証明されるのである。

ヘーゲルにとって、『精神現象学』も「意識の経験の学」として学である限り、始元をもっており、その始元は感性的確信であった。しかし、それは、学的体系そのものの原理というよりは、「意識の経験の学」という特殊な学を始める主観的な原理にすぎない。それにたいして、本来の学である「論理学」の始元こそが、ヘーゲルの体系そのものの客観的な原理である。ヘーゲルは、『大論理学』の冒頭において、「何をもって始元となすべきか」について一定の枚数をさいて論じており、直接的で単純な存在こそが哲学の原理としての絶対的始元であると主張している。⇒体系、始元　　　　　　　　　　　　　（岩佐　茂）

権利の章典　⇨イギリス

権力　[Gewalt, Macht]

政治の本質を権力とする観方は、どちらかというと近代のものであるといえる。そしてそれは近代市民社会の成立と無縁ではなかった。すなわち、封建的共同体が解体し、そこに析出された分散的個人が、相互に一定の秩序のもとに生きようとしたとき、そこにおけ

る政治の世界は何よりも権力として現れざるをえなかったのである。この点で象徴的なのはマキァヴェリであったが、ホッブズにとっても、国家は「万人に対する万人の戦争」の状態としての自然状態より各人の各人との契約を通じて設立されるものであり、不正に対する処罰の恐怖を通じて政治社会に一定の秩序を保障するものであった。そしてロックにとっても、政治権力とは「死刑およびそれ以下のあらゆる刑罰をともなう法をつくり執行する権利」を意味した。

このように考えたとき、ヘーゲルの市民社会論が、ホッブズ＝ロック的な政治理論と密接なかかわりをもっていることは明らかであろう。すなわち、ヘーゲルにとって市民社会は、「欲求の体系」（das System der Bedürfnisse）であった。そこでは各人は「欲求のかたまり」としてあり、おのれの欲求を満たすために労働を行い、その結果を資産として所有する。しかし市民社会においては、そのような労働生産物の交換を通じて一定の相互依存関係が成立しており、そこでは各人の欲求はむしろ他人の労働を通じて満たされ、各人の労働もまた他人の欲求を満たすものとしてある。にもかかわらず、市民社会がまさに「欲求の体系」としてあり、各人はおのれの欲求を第一義的として考える特殊的人格としてあるかぎり、市民社会は基本的には分裂と対立、相克の世界として現れざるをえない。そこで、そのような分裂を阻止し一定の秩序を保障するために、国家権力が要請されるわけであるが、その国家はヘーゲルのいう外的国家（der äußere Staat）、強制国家（der Notstaat）、悟性国家（der Verstandesstaat）でしかない。それはホッブズやロックにおけると同じように、個人にとって外的な物理的強制力の体系として現れざるをえない。

しかしヘーゲルはそのような市民社会像に満足することはできなかった。むしろヘーゲル国家論は、そのような対立と相克において

「放埓，貧困，およびその両者に共通する肉体的および人倫的頽廃の光景を呈する」[『法哲学』185節] 市民社会を克服するためにあるのであり，そこに現れるものがまさに「人倫的理念の現実性」[同257節] としての国家にほかならない。そこでは国家は，「その普遍性にまで高められた特殊的自己意識のうちにそれがもつ，実体的意志の現実性として，即自かつ対自的に理性的なもの」[同258節] としてある。そこではもはや国家は，個人に対立する外的普遍としてあるのではない。特殊的なものと普遍的なものの相互滲透のうえに成立する具体的普遍，人倫的共同体としてあるのである。その意味ではたしかにヘーゲルは，市民社会の成立とともに解放された個人の主観性と特殊性を媒介としつつ，ポリス的共同体を回復しようとしたとも言える。国家は既に私的にして公的なものとして存在する個人の内的意志に支えられたものとしてあり，国家の本質をなすものはもはや物理的強制力ではない。

ところで，ヘーゲルによれば，このような国家の理念を支えるものは，ひとつは愛国心という政治的心術 (politische Gesinnung) であり，いまひとつは国家の有機組織，すなわち国家体制 (Verfassung) である。このうち国家体制は，立法権，統治権，君主権という三つのものによって構成される。一見これは近代的な権力分立を表わしているようにみえるが必ずしもそうではない。いわゆる司法権 (それは内容的にはむしろ市民社会論の部分で論じられている) が統治権のなかに含まれていることは別としても，これら三つの権力のうちでは君主権が最高に位置し，しかもその君主制は立憲的ではあるが同時に世襲的である。上下両院よりなる議会のうち，下院は選挙によるが上院は世襲的であり，立法権に参加するものはこの議会と統治権の主体としての政府 (それ自身が君主に集中した集権型の組織構造を示している) とそして君主であるが，このなかで最高決定権は君主のうちにある。この意味において，ヘーゲル国家論を単純に近代の立憲主義的な自由主義の延長線上に捉えることはできないであろう。ヘーゲルにとっては，政治権力が特殊的利益の跳梁にさらされる市民社会的分裂を止揚することこそが問題であったのであり，上からの指導と下からの意志の吸収がみごとに調和し，まさに普遍と特殊が相互滲透しつつ，すべてが有機的連関のうちにある国家の組織と権力のあり方が問題になったのである。→国家，市民社会，マキャヴェリ，ホッブズ，ロック

【参】 Pelczynski (1971,1984), 藤原保信 (1982)

(藤原保信)

コ

語 (単語) ⇨言語

行為 [Handlung]

「行為」は，行為主体の意志の実現である限りで行為主体の自己実現であるとともに，その本質，つまり〈そもそも何が為されたのか〉が行為者を取り巻く共同体の中で限定されて始めて定着することができる点で，ヘーゲルの言う「実体」の自己実現でもあると言える。ここで「実体」とは学問・教養・宗教・経済・司法・芸術・家族生活などのさまざまな様式において示される，民族・時代の

本質を成す同一の精神的内実である。『法哲学』の記述に従って、「行為」のこの二側面は主観性の権利と客観性の権利という見地から並び立てることができる。前者は、「行為は目的を外的客観性に踏み入らせることであるので、行為が意志に帰責されるときには、それが客観性において持つ価値〔正一不正、善一悪、法一不法〕についての意志の知識に応ずること」という主張であり、後者は、「行為は変革（Veränderung）であり、変革は現実的世界において……承認さるべく為されるものであるから、行為は世界のうちで妥当しているものに、〔意志の知識の如何にかかわらず〕ともかく適合しなければならない」という主張である〔『法哲学』132節〕。しかしヘーゲルにとって心意主義も帰責主義もそれだけでは「抽象的」であり、「行為」はあくまでこの両側面の統一において理解されねばならない。「行為」の存在とは、何かが「変革」として精神的共同体のなかで為され、そこでその本質が承認され、また翻って行為者自身にも承認されることを通じて定着することでしかない。「出来事」（Tat）、すなわち〈為（Tun）されたこと〉はその存在そのものが既に社会的関係の所産である。

『美学』は、「変革」としての「行為」の悲劇的性質を、個体を包み込む全体の運動という側面から描いている。まとめて言えば、「行為」は、「時代精神」とも言える何らかの「世界状態」（Weltzustand）を前提して、「諸々の対立、阻害、錯綜、毀損」を内含する「衝突」（Kollision）の「状況」（Situation）の中で、もろもろの「関心、目的、固有性、性格的特徴」を統括する統一的全体である「性格」（Charakter）の担い手によって為される。「世界状態」の本質を構成する諸価値は、行為主体の「性格」において彼（女）の意志、欲求の照準の的として現実性を持つ。『精神現象学』は、客観性の権利と主観性の権利という行為の限定にかかわる二側面をそれぞれ、「精神」の章の「人倫性」（Sittlichkeit）、「道徳性」（Moralität）の節で取り扱っている。古代ギリシアの行為主体は、人倫的共同体を現実に構成している価値的諸要素の担い手としてもっぱら自分を見定め、行為の限定を自分の知・無知とかかわらせない。カント的道徳性の行為主体は意志の純粋で無条件の自己規定にのみ価値の根源を認め、行為の限定を共同体の裁定に委ねない。ヘーゲルはこの両面の統一を「赦し」（Verzeihung）に求め、ここに「絶対精神」への上昇の可能性を見出している。「行為」の定着は「絶対精神」への門である。→共同体、人倫、道徳性、赦し

【参】 中埜肇 (1958), Derbolav (1965)

(松本正男)

合一 [Vereinigung]

フランクフルト時代からイェーナ時代初期にかけて、ヘーゲルにはその思索の枢要を示す一つの定式があった。すなわち、「生は結合（Verbindung）と非結合（Nichtverbindung）との結合である」〔『1800年体系断片』1. 422〕、あるいは「〈絶対的なもの〉は、同一性と非同一性との同一性である」〔『差異論文』2. 96〕と語られる観点である。そうした一連の思索の端緒を、1798年頃の断片『信仰と存在』に見ることができる。

「二律背反を合一するのは、合一されたものであるが、この合一されたものが我々の表象において存するならば、信仰である。合一は活動性である。この活動性は、客体として反省されるならば信仰されたものである。合一するためには、二律背反の両項が抗争せるものとして、つまり、両項の相関関係が二律背反として感じられるか、あるいは認識されるかしなければならない。しかし、抗争せるものは、既に合一されていることによってのみ、抗争せるものとして認識されうるのである」〔『信仰と存在』1. 250f.〕。当時のヘーゲル

には、〈根源的に存在していた統一〉が分裂してしまったという〈感情〉があった。分裂が象徴しているのは、たとえば、実定宗教であり、機械国家であり、道徳律であり、反省哲学であった。そこでの分裂を分裂として受け止めることから、〈合一〉の、〈和解〉の可能性が生じるとヘーゲルは考えた。

合一にあたっては、〈分裂によって生じた対立〉の解消が求められる。ヘーゲル独特の論理は、〈対立するもの〉が、〈全体的なもの〉の内に包括されると自己否定をきたし、二律背反が解消される、というところにある。すなわち、〈個別的なもの〉の自己否定を通して〈合一〉が達成される、という論理である。「愛」、「生」、「理性」はそうした〈全体的なもの〉であった。この〈合一の論理〉は、ヘーゲルにあって、弁証法の論理のいわば初期形として構想されたものである。→分裂、統一、合一哲学

【参】 Düsing (1976)　　　　　　（栗原　隆）

合一哲学 [Vereinigungsphilosophie]

〈生けるものの和合〉や、〈愛における運命の和解〉など、フランクフルト時代のヘーゲルの思想の根底にあるのは、〈合一〉の論理である。言い換えるなら、〈制限されたもの〉が自らの制限性を脱却して、全一性を回復する論理であった。『キリスト教の精神』にはこうある。「信仰の完成は、人間がそこから生まれて来た神性への還帰であって、人間の発達という円環の完結である。あらゆるものが神性の内に生きている。生きとし生けるものは神性の子なのである。しかし子は、全一性、連関、全体の調和への同調を破壊していないとはいうものの未展開のまま内に蔵している。子は自らの外なる神々への信仰から始め、畏れを抱き、遂にはさまざまに行為して分裂を深めてしまうが、しかし、諸々の合一において、根源的な、とはいえ今や展開され、自らが産出して感得した全一性に還帰し、神性を認識するのである」[1. 389]。

〈分裂したもの〉を、対立構造を無化する契機として捉え、その自己否定を経て〈全一性〉に帰入することを論理付ける〈合一の論理〉に、フランクフルトでのヘルダーリンの思索の反照を見ることができる。1794年末からイェーナでフィヒテを聴講したヘルダーリンは、当地で執筆した『判断と存在』で、反省によって主体と客体との根源的な合一が失われるところに自我が存立し、知的直観において合一が回復される、とした。またシラーの『美的教育についての書簡』から強い影響を受け、1795年9月4日付のシラー宛書簡では、主観と客観との〈美的合一〉について思いをめぐらしていた。『ヒュペーリオン』の初期稿での「離心的人生行路」では、我々がその中にいる〈分離〉を前提し、〈知的直観〉や〈美〉において、「一つの無限な全体」[バイスナー編『ヘルダーリン全集』III. 236]を拓くべく、人生行路を歩むことを述べていた。この〈合一哲学〉はヘルダーリンにあっては未完に終ったが、ヘーゲルに波及し、思想的発展の土壌となった。→合一、ヘルダーリン

【参】 Henrich (1974a)、秋山卓也 (1975)
（栗原　隆）

行為的理性 [tätige Vernunft]

『精神現象学』の「V. 理性」章「B. 理性的な自己意識の自己自身による実現」[3. 263]に登場する理性。「A. 観察する理性」は、世界のなかに自分を見つけ出そう (finden) とする理論的立場に立つ。これが能動的な実践によって自分を世界のなかに産み出そう (hervorbringen) とすると、行為的理性となる。この理性はまず、快楽の追求に自己の実現を賭けて、一切を捨てて恋に身をやつす（a. 快楽と必然性）。次には、自分勝手な「法則」を掲げて、世間一般をこの法則に背いていると非難する（b. 心情の法則と自負の狂気）。あるいは、自分ひとり正義の

騎士を気取って，勧善懲悪めざして世間に挑戦する（c．徳と世路）。いずれも世間にやっと身を乗り出したばかりの未熟な意識で，社会を無視した一人よがりな生き方である。しかし，こうした生き方そのものが，実はきわめて社会的なのである。そのことを行為とその挫折の経験を通じて思い知らされ，より堅実な個人（V.C.）へと成長する。→快楽，世路
(山崎　純)

交換　［Tausch］

交換は，『法哲学』の「抽象法」において，はじめから「交換契約」であり，すでに共通の意志によって媒介され承認された関係である。「交換そのもの」は，総じて「ある特殊的物件を他の特殊的物件と交換すること」であるとともに，とくに「ある特殊的物件を，普遍的物件として規定されている物件，つまり，貨幣と交換すること」［80節］でもある。とくに後者の規定は，市民社会における労働の理解に関わっている。ヘーゲルは，近代世界における労働を，それ以前の経済外的強制に基づく労働などとは異なって，特定の欲求とその対象の生産という視点だけで理解されるものではなく，むしろ生産と消費の完全な相互依存の体系のなかで存立するものとして捉える。この生産と消費の両者を媒介する関係が交換である。社会的欲求は陶治され多様化し，これによって生産も分化して，分業を生み出す。しかし，そうなれば，労働における生産物は，当の主体にとってはもはや，「純粋な量」となる。「これをもっていることは，主体にとっての実践的意義を喪失してしまっており，それは，もはや主体にとっての欲求ではなく，むしろ過剰である」［『人倫の体系』PhB. 26］。このため，近代における社会的労働は，自分の欲求充足のための労働ではなく，はじめからこの交換を目的とする労働となる。ヘーゲルは，こうした理解をステュアートやスミスから受け継ぎ，その評価はイェーナ時代以来おおむね一貫している。

もっとも，交換によって，予定調和的な配分が実現されるわけではない。しかも，このような主体にとって欲望一般の抽象である過剰は，交換を媒介にする限り，「一方では生産量が有り余り，他方ではこれに釣りあった消費者が不足する」［『法哲学』245節］という災厄を回避できない。→貨幣，市民社会，労働，分業，スミス，ステュアート

【参】 Waszek (1988), Priddat (1990)

(岩崎　稔)

槓杆　［Hebel］

梃子ともいう。滑車などとともに，一般に，単一機械といわれ，古代から利用されていた。単一機械とは，長い距離にわたって小さな力を作用させ，その力を，短い距離にわたって大きな力を作用させるように伝達させる装置である。ヘーゲルは，距離によって重いもの，質量の大きいものを動かせるようになる点に注目して，距離が質量に代わりうるし，またその逆も可能であるとし，これの原理を観念性の実在性への移行と捉える。ここで観念性といわれるのは，距離，空間であり，それが実在的な質量に転化するとみるのである。同じく，運動量も，空間と時間の比関係である速度が実在的な質量に代わりうるとしている［『エンツュクロペディー（第3版）自然哲学261節］。これらは，ヘーゲルがニュートンの絶対時間や絶対空間のような空間と時間をたんなる抽象物とすることに反対し，あくまでも運動や物質とのかかわりで捉えようとしていたことの現れである。

(稲生　勝)

高貴な意識と下賤な意識　［Edelmütiges und niederträchtiges Bewußtsein］

ヘーゲルは『精神現象学』のなかでヨーロッパの中世から近世にかけての封建制ないし君主制国家の時代を，個と全体とが調和した古代ギリシアの人倫の世界に対比し，「自己

に疎遠になった精神（自己疎外的精神）の世界」として描く［3. 362-398］。そこでは本来人間の所産であるはずの社会が人間に疎遠なよそよそしい現実として立ち現れる。この疎遠な現実のなかで「ひとかどのもの」となるために人間は自分の自然なあり方を，つまり個としての自己を否定（疎外）し，普遍的な存在へと自己を形成しなければならない（「教養（Bildung）」をつまなければならない）。しかし他方では人間はどこまでも個として私的な生活を営む。ヘーゲルはこの両面をあわせもつ人間が国家権力と富とにたいしてとる態度のうちに二つの類型を見出す。一つは，普遍性を原理として国家権力を善とみなすとともに，他方個別性を原理として富をも肯定的に評価する意識であり，他の一つは，個別性を原理として国家権力のうちに個人への抑圧と束縛とを見，また普遍性を原理として富への執着を蔑視する意識である。前者が高貴な意識であり，後者が下賤な意識である。念頭におかれているのは中世の封建貴族と，ヒエラルキーの社会をななめはすかいに見ていた庶民とであろう。

さて高貴な意識は献身的な奉公によって国家権力を支え，維持するのであるが，しかしそこではまだその内面の意志は放棄（外化）されていない。謀叛の可能性が残されている。異心のなさを示すために高貴な意識は国家に対して「特別な名前」で呼びかけ，この「決断する主体」としての国家権力に「へつらいの言葉」を呈する。君主制への移行である。そこでは権力は，本来それとは逆のものに，つまり貴族たちへの恩賞としての富に変わってゆく。同時に高貴な意識もまた普遍的な権力を個別性に従属させる下賤な意識に転換してゆく。国家権力が富，富が国家権力であり，また高貴な意識が下賤な意識，下賤な意識が高貴な意識であるというこの絶対的な転倒のうちにヘーゲルは教養の世界の本質を見出す。
→教養，へつらい，権力，国家，転倒

【参】 Marx, K.(1844a), Hyppolite (1955), 稲葉稔 (1991)　　　　　　　　　　（藤田正勝）

交互作用　［Wechselwirkung］

二者が，互いに互いの原因であると同時に結果でもあるような関係。実体性，因果性を止揚する規定として，『論理学』「本質論」の最終段階をなし，「概念論」の境地を切り開く鍵概念である。

因果性という考え方は，原因の原因，結果の結果という具合につきつめていくと，事物の無限の連鎖関係ということになり，十分な説明となりえない。そこで，交互作用という観点がもちだされる。例えば，古代ギリシアのスパルタ人の国民性・風習と，スパルタの政体・法律とは，互いが互いの原因でもあれば結果でもある，交互作用の関係にある，と言ったりする［『エンツュクロペディー（第3版）小論理学』156節「補遺」］。しかし，ヘーゲルによれば，こうした「交互作用」の考え方は，まだ相関する両者を別々のものとして切り離して理解しており，「より高次の第三のものの契機として認識」していない，という点で不十分である。

「本質論」の論理の流れの中で，因果性が問題となったのは，あくまで実体と偶有性，つまり全体的なものと個別的なものとの真の連関をつきとめるためであった。「概念論」の境地に連なる「交互作用」とは，「全体があるがゆえに個があり，個があるがゆえに全体がある」という事態の顕現に他ならない。ヘーゲルは，「有徳な（sittlich）人の行為」を例としてあげる［同158節「補遺」］。「有徳な人」とは，いわば〈己の欲するところに従って矩を越えない〉人である。有徳な人の行為は共同体の人倫を体現しており，そこでは，全体者の作用と個別者の作用が一体化している。あるいは，個別者の行為＝作用（Wirkung）が全体者の行為を反作用（Gegenwirkung）として内含している（その逆の言い

方も可能）とも言える。こうした行為のあり方に，ヘーゲルは「自由と必然のアンティノミー」の解決をも見ている［同159節；『ニュルンベルク著作集』4. 190 ；『大論理学』6. 239］。
→因果性　　　　　　　　　　　　（門倉正美）

孔子　［Konfuzius］

中国の宗教は度量の宗教である。そのため国や個人の安寧は度量規定の遵守にかかっている。ヘーゲルによれば，このような度量規定を道徳的法則として挙げたのが孔子である。孔子は度量規定としての道徳を次の五つにまとめている。度量規定の最高の関係は，子の親に対する関係であり，第二の規定は祖先および死者への崇敬，第三は皇帝に対する恭順，第四は兄弟の相互関係，第五は他人に対する関係である。そのために国や個人の安定は，この五つの義務の履行にある。このような国全体における度量規定の秩序そのものが祭祀である。したがって臣民にとって道徳的生活をおくることは神事なのである。そのため「中国の宗教は道徳的宗教と名付けるべきである。（この意味において中国人に無神論の名を冠することもできたのだ。）こうした度量規定と義務の列挙は大部分が孔子に由来する」，『宗教哲学』16. 323］。孔子はあくまでも道徳的であり，思弁哲学者ではない。→中国
（八田隆司）

向自　⇨対自

工匠　⇨神像

工場　［Fabrik］

ヘーゲルは，工場内分業にもとづくマニュファクチュア段階の工場工業さらには機械制工業を念頭においている。工場についての比較的まとまった描写は，公刊された著作よりも『イェーナ体系Ⅰ』，『イェーナ体系Ⅲ』，法哲学講義に見受けられる［17/18ヴァンネンマン，22/23ホト，24/25グリースハイムの各筆記録］。分業は「近代の工場の偉大な原理である」［ホト609］。ヘーゲルは，近代の工場をみる上で，Ａ．スミスを念頭において，工場内分業とそれがもたらす生産量の飛躍的増大に着目する。そして，工場の基礎を道具と道具労働にではなく，機械と機械労働にみる。分業によって労働が単純で抽象的なものになると，労働は機械的となり，「人間は自分のいたところに機械を登場させる。そこでは人間は自分の運動原理ではなく自然の運動原理を働かせ，その原理をむらなく自分の目的のために制御する」［ヴァンネンマン101節］。ヘーゲルは，この機械制工業のもとで労働から人間が解除される可能性をみる半面［『法哲学』198節］，そのネガティブな面に多大な関心をよせる。「労働はますます絶対的な死せるものとなり，機械的労働になる。個別者の技能はいよいよかぎりなく融通のきかないものになり，工場労働者の意識は極端に鈍麻させられる」［『イェーナ体系Ⅰ』GW 6. 323］。機械の導入の結果として生じる労働の価値低下，失業，さらにホトの講義録［ホト609］ではラダイト運動（1811年開始）にも言及が進む。ただし，産業革命，機械生産による大工業の歴史的意義への関心は表立たない。またこうしたネガティブな面への関心は，Ａ．ミューラー，F.v.バーダーなど，レセ-フェール的自由主義に対して論陣を張った保守的ロマン派の──対応の視角に違いがあるが──指摘するところでもあった。なお，ヘーゲルは産業（Industrie）活動一般の意義を，人間の自然からの自立と自然の人間への服属に見出している［『歴史哲学』12. 237］。→労働，分業

【参】　Müller (1965)　　　　　　（滝口清栄）

構成　［Konstruktion］

「構成」に対するヘーゲルの考えは，イェーナ前期とその後期以後とでは，大きな変化

を見せる。それは、この時期におけるシェリングとの影響関係、また彼自身の「弁証法」の成立と、密接に関わっていよう。

まず、イェーナ前期の『差異論文』(1801)においては、彼は「構成」という言葉をきわめて多様な場面で用いる。しかもその際、彼はそれをつねに積極的に、また肯定的に理解している。その理解を最もよく示すものが、「絶対者は意識に対して構成されねばならない。これが哲学の課題である」[2. 25]という彼の有名な文である。——しかし、この積極的な理解は、シェリング執筆と推定される論文『哲学における構成について』(1802)との関連で、考察される必要がある。シェリングはそこで、カントが「概念の構成」を数学のみに許し哲学には認めないことを批判し、むしろ知的直観における「構成」こそが哲学の真の方法である、と主張しているからである。両者の影響関係が窺われよう。

ところが、学の方法としての「弁証法」が成立し始めるイェーナ後期の『イェーナ体系Ⅱ』(1804/05)では、「構成」は、一転して批判されている。「構成」とは、ちょうど幾何学における「作図」がそうであるように、「構成」(作図)それ自身の必然性を示すことができない。また「構成」とは、「無関心な全体を、当座は無関心な諸部分にバラバラにすること」[GW 7. 117]なのである。しかし、「絶対者」は本来「無関心な全体」ではないし、また、学は「絶対者」を「無関心な諸部分にバラバラにすること」ではないであろう。こうして、「絶対者の構成」というイェーナ前期の自らの立場とシェリングの立場とが、ここで批判される。——それのみならず、この「構成」批判は、そのまま「数学的認識」一般の批判ともなり、またそれゆえスピノザ、ヴォルフ批判とも重なり、これ以後ヘーゲルにより一貫して主張される。　　　(杉田広和)

合成　⇨化学・化学的連関

構想力　⇨想像力

皇帝　[Kaiser]

(1) 中国の皇帝　直接一個の主観となった実体、「一切が回転し帰一する中心」[『歴史哲学』12. 160]。法律や自然法則をも定立する皇帝は、家族原理で非自立的な臣民(子)を支配する。

(2) 古代ローマ皇帝　ローマの「無政府状態を終結させ」[『ドイツ憲法論』1. 525]、元老院筆頭(princeps senatus)として共和政時代の諸制度を一身に統合する。『精神現象学』の「法的状態」でいう「世界の主」[3. 358]にあたる。皇帝は、「支配という運命(Fatum)、抽象的普遍性」[『歴史哲学』12. 384]であり、一切の上に君臨する恣意をもつ「無限性へと高揚した有限性・特異な主観性」[同12. 386]である。他方、諸個人は、自立的な抽象的人格として平等だが、実際は無権利で没人格な「自己疎外した実在性」[『精神現象学』3. 359]でしかない。そこで皇帝と諸個人の関係は、「無制約な支配と隷属の関係」[『歴史哲学』12. 382]となる。

(3) 神聖ローマ皇帝　表向き「全キリスト教徒の世俗的元首」[同12. 447]だが、民族・個人・教会の反動により無政府状態となり、現実には「空虚な名誉」[同12. 459]にすぎなくなる。ヘーゲルは『ドイツ憲法論』で、ドイツの統一手段は「人民が再び皇帝および帝国との関係にたつこと」[1. 577]だとした。⇨中国、法的状態　　　(神山伸弘)

肯定　⇨否定

幸福(幸福説)　[Eudämonie, Glück (Eudämonismus, Glückseligkeitslehre)]

幸福とは、一般には、ある主体にとってその要求が充たされた状態をいう。それは、人間が各自の特殊な性格や意欲や恣意に適合したありかたで生きているとき、その現実存在

のなかで自己自身を享受するところに成立するものであり [『歴史哲学』12.4]，したがってその意欲やその主体がどのようなものであるかによって，種々な幸福がありうる。この幸福の中に人間の行為の最高の価値基準，究極の目的を認め，道徳をしてこれを獲得する手段と見る立場が幸福主義（Eudämonismus）および幸福説（Glückseligkeitslehre）にほかならない。それは，幸福の概念が多義的であるのに応じて多義的である。ヘーゲルによれば「カント哲学以前には道徳は幸福説であり，幸福という規定の上に立てられていた」[『哲学史』18.186]。この道徳説としての幸福説を幸福が経験的概念であり道徳の原理たりえないとして否定したのがカントである。ヘーゲルも，幸福主義を，それが日常的現実の中での経験的幸福や感覚の享受のみを目指す限りでは否定するが [『信と知』2.292f.]，全体としては肯定する。なぜならヘーゲルは，幸福を，カントのように単なる欲望や傾向性の充足とか，道徳から峻別される否定的なものと見るのではなく，社会生活での調和に係わる積極的なものとして見ようとするからである。かくてヘーゲルにおいては道徳的意識と幸福とは分離されることなく，「道徳と幸福との調和が要請される」ことになる [『精神現象学』3.444]。

ここで調和が「要請」されるのは，幸福が自己意識の生成という相において見られているからである。すなわち，幸福とは，直接的には行為そのものの中における「精神の現実と対象的な実在との統一」[3.268] なのであるが，その統一は，即目的にはすでに出来上がって現にあるにしても，自分にとっては自分自身を介して生成する必要があるということなのである。それは，つまりは，自己の目的を遂げること，したがってまた自己を実現して自己がいかなるものであるかを対象的に直観すること，すなわち自己を享受することにほかならない。してみれば，自我を実現することが幸福なのである。

なお，幸福が自我の生成にかかわる以上，それが実際得られるか否か，上記の統一や調和が得られるかどうかは偶然的であり，したがって幸福ということには幸運の概念が含まれている。これに反して「浄福」(Seligkeit) にはそのような偶然的なものは一切含まれない。浄福とはただ神についてのみ言われうるだけである [『ニュルンベルク著作集』4.231]。
→調和　　　　　　　　　　　　（岡崎英輔）

鉱物　⇨地質学，岩石

興奮性　[Irritabilität]

感受性，再生産とともに，有機体，ことに動物的主体の概念を構成する三契機の内の一つ。外的刺激に対する有機体の反作用・対立の面を表わしているが，外的なものを受容する感受性が受動的，理論的関係を示唆するように，興奮性は他者に向かう能動性として実践的過程を予示している。元来はハラー (Albrecht von Haller 1708-77)，さらにハーヴィ (William Harvey 1578-1657) に遡る術語であるが，ヘーゲルは当時ブラウン理論が興奮性の説明原理として外的刺激を直接前提していた点を批判して，興奮性の契機を有機体の内部で基礎づけた。刺激は生命の内に受容されなければ刺激でありえないから，動物的主体は感受性を介して興奮しうるのであり，このような興奮性が生命的個体の他者に対する否定的な関係性を成すのである。興奮性は有機体内に筋肉・血液系として存在するが，同時にその内には三契機の総体が包含されている。→ブラウン理論，感受性

【参】Breidbach (1982), Engelhardt (1985)
　　　　　　　　　　　　　　（北澤恒人）

合目的性　⇨目的論

高山岩男　[こうやま・いわお　1905（明治38）.4.18 - 1993（平成5）.7.7]

1928(昭3)年に23歳で第三高等学校講師に就職した高山岩男は、その同じ年に「ヘーゲル研究会」と「華厳経輪読研究会」とを組織した。「種の論理と呼応の原理」を核とする後年の高山の哲学は、ヘーゲル哲学受容をひとつの構成要素とするが、その受容はさらに華厳哲学をはじめとする仏教の理解を下地として含んでいたのである。その後毎年のように発表された彼のヘーゲル論は、1936(昭和11)年に「西哲叢書」の一巻『ヘーゲル』となって出た。西哲叢書は西洋哲学の受容のレヴェルを一気に高めた企画であったが、高山の『ヘーゲル』はその冒頭を飾る書となった。彼の師のひとりでもある田辺元は、カント主義からヘーゲル主義に転じて『ヘーゲル哲学と弁証法』(1932)を著したとき、自分の考えが高山との討論にも負うていると述べている。高山のヘーゲル論は西田幾多郎を中心とする当時の京都での哲学的活況の中の出来事でもあった。⇨田辺元, 西田幾多郎, 日本のヘーゲル研究　　　　　　　　　　(大橋良介)

高揚　⇨熱狂

声　[Stimme]

「声は〔有機体としての〕動物の高次の特権」[『エンツュクロペディー(第3版)自然哲学』351節「補遺」]であり、動物が有機的自己(主観性)を全体として表現するものである。「声は(中略)純粋自己であって、己れを普遍的なものとして措定し、苦痛、欲望、喜び、満足を表現する」[同358節「補遺」]。人間の場合にはこれが特に顕著である。「なぜなら人間の声は内心を知らせる主たる仕方であり、人間は己れが何者であるかを、その声に表わすからである」[『同・精神哲学』401節「補遺」]。声は音楽との関連では、あらゆる楽器の音色を総合した「観念的総体性」を持っている[『美学』15. 175；『歴史哲学』12. 298]。人間において声こそその人間の本性を自他にありのままに示す境位(Element)であり、ヘーゲルの「実体を主観(体)としても捉える」という立場からすれば、最も重要な思考の基盤の一つである。この声が分節して体系化(論理化)すれば言語になる。声は人間の言語の即自態である。⇨言語, 身振り

(出口純夫)

コギト・エルゴ・スム　⇨デカルト

故郷　[Heimat]

自己の出生地である故郷が懐かしく意識に上るのは、それから離れていながら、なおそれへの思いが生きているときであろう。人間を精神性において捉えるヘーゲルにおいては、この精神が出生したギリシアは人間精神の「故郷」であり、したがって、「ギリシア人のところに来ると故郷に帰ったような気がする」[『歴史哲学』12. 275；『哲学史』18. 173]ことになる。いかなる点においてギリシア人が懐かしく感ぜられるのか。それは、「彼らが自分の世界を自分の故郷とした点にある」。すなわち「故郷性」という共通の精神による。それはギリシア人にあっては文化的精神的発展の中で彼らが獲得した生き方、すなわち自分の処に安住し、自分の中に満足を見出し、外部や自分を越えたところにそれを求めない生き方であり、それを善しとする精神にほかならない。そこには表象的にであれ「自己のもとにある存在」(Bei-sich-selbst-sein)が、したがって思惟的自由の萌芽が存在し、そこにおいてこそ哲学は発生したのであった。してみれば、同じように、故郷性の精神に生き、自由すなわち「自己のもとにある存在」を自らの境位とする哲学にとっては、ギリシアは故郷として懐かしく感ぜられざるをえない。たしかにその精神は感性的な姿をとって登場し[『歴史哲学』12. 275]、その世界も「発展と完成の低次の段階」[『美学』15. 336]であって、高次の段階において止揚されるものであ

ったにしても、それゆえにこそ失われた歴史の青年期への思いと人倫世界への郷愁とが重なり、精神の故郷への懐かしさと憧れはいやますことになる。しかし、人間は精神の故郷をギリシアにおいてのみ持つのではない。キリスト教的「超感性的世界、無限の内面性」も人間にとってひとつの故郷なのである[『歴史哲学』12. 403]。というのも、人間はこのような内面性を精神の本性としてもっているからである。故郷とは、かくて精神性の別名にほかならない。父の国としての「祖国」も同じような在り方をとると考えられる。
→ギリシア　　　　　　　　　　　　（岡崎英輔）

国際法　[Völkerrecht]

自立的な国家の相関関係に由来する国際公法のひとつ。諸国家の特殊意志により締結される条約にたいし、国際法は「国家間に即かつ対自的に妥当すべき普遍的な法」[『法哲学』333節]のことをいう。国際法の原則は〈条約の遵守〉にあるが、これは当為でしかない。なぜなら、国際法は国家主権の相互承認を前提とするので、国際紛争を解決する実効力ある超国家的制度がありえないからである。したがって永久平和を築く国家連合（カント）の真の姿は、「諸国民の個体性を抹殺した」「一国民の支配」[『イェーナ体系Ⅲ』GW 8. 275]と考えられる。むしろ、国際関係は国民国家相互の自然状態なのであり、国際法の実態は条約の締結と破棄という「永遠の欺瞞」[同上]にほかならない。自国の権利は戦争で救済せざるをえないので、平和の可能性を維持し、非軍事的部門の攻撃を禁止することが、国際法では当為となる。国際法が解消したとき、諸国民の習俗が国際関係で作用することになる。→戦争

【参】Saint-Pierre (1713), Rousseau (1761), Kant (1795)　　　　　　（神山伸弘）

黒人　[Negar, Schwarzer]

ヘーゲルにとって「黒人」とは自然状態にある人間である。「黒人は全くの野望と奔放のうちにある自然人を表している。彼らを正しく理解しようとするならば、あらゆる品位や人倫を捨て、感情を意味するものを捨てなければならない。この性格のうちには人間性のひびきのあるものは何も見出されないのである」。アフリカの黒人社会は、アメリカに奴隷として売られていった黒人たちの生活よりもはるかにひどい奴隷社会であり、むしろ「[ヨーロッパ人がもたらした]奴隷制度は黒人たちのもとに人間的なものをよびさました」くらいだという。アフリカは「全くの自然的精神にとらわれたままの没歴史的で未開発のもの」であり、永久に自然状態にとどまっているため、「人間の本質は自由なのだから、奴隷制は即かつ対自的に不当である」ということは黒人たちには妥当しないとヘーゲルは考えた[『歴史哲学』12. 122-129]。→アフリカ，人種　　　　　　　　　（原崎道彦）

国内法　⇨国家

国民（民族）　[Nation, Volk]

ヘーゲルにおいて国民・民族と家族や国家との関連は複雑であり、やや不明瞭な点を残しているようである。例えば、家族は国民（Nation）へと拡大されるといわれたあと、家族は民族（Volk）へと拡大されるといわれたりするのである[『宗教哲学』17. 52f., 72]。だがほぼつぎのように考えてよいであろう。家族は民族へと拡大されるが、民族はまだ国家ではない。「民族は最初のうちはまだ国家ではない。家族……などの国家状態への移行は、理念一般が形式を備えたものとして民族のうちで実現されることである」[『法哲学』349節]。これが実現されることによって、国家の構成員が国民と呼ばれるのであろう（対内的には Volk、対外的には Nation の語が用いられることが多いようである）。だがこ

の国民には厳しい注文がつけられる。「国民なるものが、自分たちの君主やまさにこれと必然的かつ直接に関連する全体の分節的組織なしに考えられるとすれば、それは形をなさない群集であって、もはや国家ではない」[同279節]。国民は全面的には信頼されていない。「人が何を意志するか、ましてや……理性が何を意志するかを知ることは、深い認識と洞察の所産であって、必ずしも国民のあずかり知ることではない」[同301節]。ここから、国家の最高官僚の認識と洞察への強い期待と、それに対応する議会の軽視とがでてくるのであろう。

ただし、国家の形成が「民族のうちで」実現されるといっても、ヘーゲルの国家がただちに民族国家だということにはならない。『ドイツ憲法論』は、「一つの人間集団」が国家であるための必然的な条件は「所有物全体の共同防衛」の意欲であって、その他の事柄、例えば国家の構成員の間に、習俗・教養・言語に関する連関があるかないか、宗教の同一性があるかないかは、近代国家の形成のためにどうでもよい要因であるとしている[1. 472 ff.]。ここでは民族的なものとは切れたところで国家が考えられているのであって、この点への十分な注意が必要である。⇒国家, 家族
(高柳良治)

国民宗教　[Volksreligion]

若きヘーゲルが自らの思想の礎石を据えるために苦闘していた時、その最大の関心事は、ドイツ国民を真に生き生きと統一する国民宗教はどのようにしてもたらされるかという問題であった。彼が求める宗教は私的宗教 (Privatreligion) ではなく公的宗教 (Öffentliche Religion) として、民族の信念を形成し、その精神を高揚し純化すべきものであった。さらに頭の中で整理され、体系化された客体的宗教 (objektive Religion) ではなく感情と行為のうちでのみ表現される主体的宗教 (subjektive Religion) でなければならなかった。こうした基準に照らしてドイツの現実であったキリスト教、殊にその実定性が厳しく批判され、その実定性の起源を求めて原始キリスト教の精神も批判的に検討されてゆく。若きヘーゲルによって真の国民宗教の再建として追求された課題は形をかえて、他を自らの内に含み、共同体的地平をもった「精神」の自覚と展開の問題として、生涯にわたり追求されてゆく。⇒ルソー

【参】 Lukács (1948a), Peperzak (1960), Harris (1972)
(片柳榮一)

国民精神　⇨民族精神（国民精神）

心　⇨霊魂

コジェーヴ　⇨フランスのヘーゲル研究

個人　[Individuum]

私という普遍性は、赤ちゃん、学生、東京都民、父親、会社員というさまざまな特殊性の中に現実化される。個体性 (Individualität) とは普遍的なものを実在化させる原理であり、この実在化の運動を遂行するのが個体・個人 (Individuum, Individuelles) である。実在化とは普遍的なものを個体・個人の対他存在となすこと、個体・個人が普遍的なものと対立するに至ることである。例えば生命においては、初めに在るのは普遍も個別もない流動態、いわば生態系である。流動態を普遍とし類とし個体に対してある対他存在とし、他方自らをこの普遍に対する個別的な個体として実在化させるのは、個体の生命活動である[『精神現象学』3. 139ff.]。

現実の外界に能動的・自覚的に対処しないと個体は世界に埋没してしまう。埋没を避けるために個体は自らの活動によって実在化させた類と個体とを再度媒介する。この時、個体は意識であり個人である。個体は「他在を

廃棄することで独立存在する」[『精神現象学』3. 229]ような行為する理性である。行為する理性は、己の純粋な個体性のみを主張したり（快楽と必然性），個人が胸の内に抱く法則を普遍的な法則だと主張して，世間という普遍に対決したり（心胸の法則と自負の錯乱），あるいは，個体性こそ撤廃さるべき諸悪の根源であるとして，自らの個体性を犠牲にして世にはびこる個体性を殲滅しようと試みたり（徳と世路）する。この結果，行為した個人がみるのは，世間が実は「普遍的なものと個体性との自己運動する相互浸透」[同3. 292]であり，当の自分も世間に通用する個人となったということである。

しかし，実在化＝対他存在化をもって成立する個体・個人は，普遍とは対立する「個」に留まらざるをえない。個人の本質はつねに当の個人の外にある他者＝普遍者である。媒介は個体性の側からは成立しない。『精神現象学』の「精神」の章以降で「個人」に代って「自己」の概念が重要度を増すのはこのためである。個体・個人が全体や外部をはなれてひとり立ちできるアトムであるという考え方をヘーゲルは根本からしりぞけた。→自己（性）　　　　　　　　　　　　　　（石川伊織）

悟性　[Verstand]

事物は，他のものから区別され分別されることにより，我々にとって「分かりやすい（verständlich）」ものになる。この分別の能力が悟性である。区別し分別すること，それは事物を他のものとの対立関係において捉えることであり，換言すれば，事物を規定し制限することにほかならない。したがって悟性は「制限の力」[『差異論文』2. 20]とも呼ばれ，また次のようにも述べられる。「悟性としての思考は，固定した規定性と，この規定性の他の規定性に対する区別とを固執する。そのような制限された抽象的なものが，悟性にとっては，それだけで独立に成立し存在するものと見なされる」[『エンツュクロペディー（第3版）小論理学』80節]。

ヘーゲル哲学の特徴の一つは，悟性を否定的なものとして捉える点にある。「真なるものは全体である」[『精神現象学』3. 24]。ところが悟性は，全体を部分へと分断し，分裂を固定化するから，真理を捉えることができない。プラトン哲学における感性界とイデア界との区別，近代的自然科学における現象と法則との区別，近代哲学における主観と客観との区別，――これらはすべてそうした悟性的思考の所産にほかならない。『精神現象学』では，物を「内なるもの」である「力」の「外化」ないし「現象」として捉え，この「内なるもの」を物の「本質」として探求しようとする思考態度が「悟性」の章のもとに主題化され，その問題点が指摘されている。

だが，ヘーゲルが悟性を哲学的思考の領域から全面的に退けるかといえば，そうではない。むしろ，悟性というこの「否定的なもの」にそれ独自の肯定的な意義を見るところにヘーゲル哲学の特徴はある。いわゆる弁証法的思考は，この意義を見出してゆく彼の思想形成の過程のなかで確立されたと言ってもよい。悟性的なもの（das Verständige）を肯定的に評価する彼の姿勢は，まず第一に，哲学を若干の個人の秘教的な所有物としてではなく，公教的な「学」として樹立しようとする彼の態度と結びついている。学は，その普遍性・客観性・確実性を保持するために，悟性による明確な規定を必要とする。

悟性に対するヘーゲルの評価は，第二に，「絶対者」に関する彼独自の了解と結びついている。「全体」である絶対者は，むろん悟性によっては表現されない。悟性がその固有の表現形式である判断の形式において絶対者に関する立言をなそうとすれば，絶対者はアンティノミーすなわち自己矛盾となって現れざるをえない。だが，この自己矛盾こそは絶対者の一局面の正当な，そしてまた不可避的

で不可欠の表現である、とヘーゲルは考える。というのも、絶対者は、自己の否定性によって自己を自己自身に対立させ、この対立を再び否定して自己を回復する、という生動的な「主体」の運動そのものだからである。悟性は、「主体」としての絶対者の自己展開にとって必然的な分裂の契機を表現する。もっとも、悟性の分離・対立は、思弁的な「理性」によって統合されねばならない。そのようにして止揚されるべき「否定的なもの」であるかぎりで、悟性は肯定的なものとして学の体系のうちに受容されねばならない。哲学的思考の領域から退けられねばならないのは、悟性の諸規定を絶対視して「分裂の絶対的固定化」[『差異論文』2. 22]を行うような——悪い意味での——悟性的思考である。

悟性は理性とともに思考の一機能または能力であるが、ヘーゲルでは思考が単に主観的なものではなく、同時に客観的でもあるものと考えられるため、悟性に関する彼の把握にもさらに特徴的な独自の見地が示される。「定在は質であり、自己同一的な規定性あるいは規定された単純態であり、特定の思想(Gedanke)である。これが定在の悟性である」[『精神現象学』3. 54]。或る事物AがAとして存在すること、それは、この事物がAとしての自己同一性をもつことであり、それは言い換えれば、この事物が他の事物から区別された特定の〈質〉であるということにほかならない。だがこの区別とはひとつの抽象である。そしてこの抽象は、思考の——特に悟性の——所産にほかならない。事物を理解する(verstehen)主観的な思考の能力は、また、事物それ自身が存立する(bestehen)客観的な能力、「存在の能力」[『差異論文』2. 26]でもある。

したがって悟性は、絶対者の自己展開における分裂の契機を単に表現するだけのものではなく、分裂へと自己を展開する絶対者の力そのものと解される。本質的に「主体」である絶対者は、自己の「悟性という驚嘆すべき偉大な威力」[『精神現象学』3. 36]によって自己を分裂させ、有限な特殊的諸存在を措定する。しかしまたこの分裂態からも自己を分離して、再び自己を回復する。この分離の働きは、それ自身が悟性の働きである。「悟性的であること(Verständigkeit)はひとつの生成であり、このような生成としてそれは理性的であること(Vernünftigkeit)である」[『精神現象学』3. 54]というヘーゲルの言葉は、絶対者を「主体」として捉える彼の見地と密接に関連している。➡反省, 超感性的世界, 絶対者・絶対的なるもの, 実体と主体, 分裂

(笹澤　豊)

悟性宗教　[Verstandesreligion]

悟性もその超感覚的なものにおいて宗教をもつが、それはなお未展開の普遍であるにすぎない、[『精神現象学』3. 495f.]。自然宗教におけるピラミッドやオベリスクは悟性の抽象的な形式をもつが、まだ精神を含んでいない[同508]。また悟性宗教は合目的性の宗教である[『宗教哲学』17. 155f.]。この目的はなお直接的・形式的・有限的であるにすぎないし、「この関係は悟性関係であり、このような基礎をもつ宗教は悟性宗教である」。そして唯一者が目的としてあらゆる実在に対立する限り、「ユダヤの宗教は最も頑固で最も生気のない悟性の宗教である」[同 17. 159]。だが「この宗教は外的な現れにおいてはローマの宗教である。……〔ここでは〕国家や国家体制や一国民の政治的運命はその宗教に依存するということが、一般に認められている」[同 17. 163]。それゆえローマ人の信仰対象は実践的・散文的な神々である。　(小林靖昌)

悟性推理　➡推論 (推理)

ゴータマ　➡インド・仏教

コツェブー　[August von Kotzebue 1761.5.3-1819.3.23]

ドイツの劇作家。彼の『パリへの私の逃亡』(1791)が立憲議会よりもパレ－ロワイヤルの貴婦人たちに興味を示しているように、その時流に乗った機才によって彼の喜劇は一時評判となった。ヘーゲルは、彼の作品がその表現の主観性のゆえに真の芸術的価値を欠いている、と厳しく批判した［『美学』13.347］。ロシアの官職に就いていたが、自由主義とナショナリズムを非難したため、ロシアのスパイとしてブルシェンシャフトの一員である学生ザント (Karl Ludwig Sand 1795-1820) によって暗殺された。メッテルニヒはその事件を機に反動的弾圧を強化した。ヘーゲルはザントの個人主義的で無分別な行動を非難したが、それは当時の一般的判断でもあった。ヘーゲルの弟子でブルシェンシャフトの創設者の一人でもあるカローヴェは、師の思想から着想を得てその殺害に関する小論文を発表したが、そのために官憲によって執拗に攻撃された。→ブルシェンシャフト, カールスバート決議, カローヴェ

【参】　D'Hondt (1968b)　　　　（杉山吉弘）

国家　[Staat]

国家は、家族・市民社会につづく人倫の第3の、そして最後の段階であって、ここにおいて人倫的理念の二つの契機、特殊性と普遍性との真の、即かつ対自的な統一が実現される。「国家は人倫的理念の現実態である」［『法哲学』257節］。

Ⅰ　ヘーゲルは国家論の冒頭で、国家は市民社会と混同されてはならないと力説している。国家の使命が自然法思想におけるように、所有や人格の安全や保護であるとすれば、個人の利益だけが諸個人の合一の目的となり、国家の構成員であることは個人の随意のことになってしまう。だが所有・人格の安全・保護は市民社会の使命であって、個人と国家の関係は個人と市民社会のそれとはまったく別である。「国家は客観的精神であるから、個人自身が客観性・真理性・人倫性をもつのは、かれが国家の一員であるときだけである。合一 (Vereinigung) そのものが諸個人の真実の内容であり目的であって、かれらの使命は普遍的生活を営むことにある」［同258節］。合一そのもの、つまり連帯と共同が人間の本質であり、国家はそれを実現すると見られている。だがこのことは、個人が主体性・自立性を放棄して全体のなかに埋没することを意味しているのではない。近代国家は、「人格的個別性とその特殊的利益とが余すところなく発展している」こと、あるいはまた、「そのなかで家族と市民社会が発展させられていること」を前提している［同260, 263節「補遺」］。しかもヘーゲルのいう合一とは弁証法的なそれであって、各部分の最大の緊張と対立とを許容するだけでなく、それを要求してさえいる。だから、各個人が主体性・自立性を最大限に追求しながらも、同時に普遍的なもの・公共的なものへの関心を十分に育て十分に意識した生活を営むことが考えられているのである。これは個と全体の関係の、家族や市民社会の場合に比べてより高いあり方である。

Ⅱ　ヘーゲルはこのように、近代国家が特殊性と普遍性の統一を実現しうると考えるのであるが、ただしそれは、国家体制の政治的な領域、即ち政治的国家が、分節化されているとともに真に組織されているとき、つまり「媒介の体系 (System der Vermittlung)」［同302節「補遺」］をなしているときのことである。第一にヘーゲルは、政治的国家が君主権・統治権・立法権の三権から構成される立権君主制であることが望ましいと考えているのであるが、かれは三権が相互に密接な関連をもつべきことを強調してやまない。モンテスキューやカントにみられる三権分立論は、自由を保証しうる重要な原理であるが、三権が絶対的な自立性をもっているとされたり、

三権相互の関係がたんなる否定的な関係と解されたりしてはならない。ヘーゲルは相互的制限の働きが結合の働きを減殺することのない、真に有機的な相互依存を求めるのである。執行権と立法権とがそれぞれ自立して対抗しあった大事件がフランス革命であった。

Ⅲ 第二にヘーゲルは、職業団体などの中間団体が統治権・立法権に関連して大きな役割を果たすことを期待している。例えば、(1)統治は諸団体を基礎として行われる、(2)官庁・官吏による権力の乱用を防ぐ機能が諸団体に期待されている、(3)諸団体は市民社会の商工業身分が代議士を選出する際の基礎となる、などである。団体のうちには、特殊的なものを普遍的なもののうちに根づかせる働き（例えば個人を社会化する働き）が含まれているから、多数の団体が存在することは国家にとってマイナスではない。それどころか、諸団体のなかにこそ「国家の深さと強さ」［同289節］は存するのである。この点は、中間団体を排除して、諸個人と集権的国家とをストレートに向かい合わせるホッブズ＝ルソー的な、またジャコバン的な二極構造モデルと顕著に異なる点である。しかも、官僚・官吏層の恣意に対抗すべく「下から上に向かう団体権（Korporationsrechte）」の制度が考えられている。ヘーゲルが最高官僚と官僚制度に対して強い期待を寄せていることは確かである。しかしかれは官僚制度の弊害も十分に知っていた。相対的に自立的な種々の団体が中央の権力と釣り合いを保っている、分化した社会構造こそかれが求めたものであったといえよう。

ヘーゲルによれば、主体的自由の原理こそは近代のものであって、これを否定したり抑圧したりすることはできない。しかしこれを全く放任することも不可能である。なぜならば、市民社会のまさしく〈順調な〉発展が、労働の疎外、失業そして貧困問題を生み出さざるをえないからである。ここに、主体的自由の原理を最大限に保障しつつも、それをどう全体の維持に結びつけていくかという問いが成立してくる。「媒介の体系」としての国家論は、この問いに対するヘーゲルの解答なのである。なお、『法哲学』の国家の章は、A国内法（das innere Staatsrecht）、B対外法（das aüßere Staatsrecht）、C世界史に区分される。上にみてきたのは、Aの内容である。Bでは個々の国家と他の諸国家との関係が扱われ、内容的に別項「国際法」にほぼ同じ、Cについては別項「歴史」を参照されたい。→合一，権力，政体，ポリツァイ，国際法，歴史

【参】Marcuse (1954), Riedel (1969), Avineri (1972), 金子武蔵 (1984)　　　　（高柳良治）

国家体制　⇨国家

国権　⇨高貴な意識と下賤な意識

骨相学　⇨頭蓋骨論

コッタ　［Johann Friedrich Freiherr Cotta von Cottendorf 1764-1832］

1787年、家業の出版業を受け継ぎ、これをシラー、ゲーテらの作品の出版を通じてドイツにおける主要な出版業者のひとつに作り上げた。『ホーレン』誌、『一般新聞』など多くの定期刊行物をも発行した。1811年シュトゥットガルトに移転。ヘーゲルやガンスらによる『学的批判年報』の発刊（1827年）およびその継続的な発行は、コッタの協力があってはじめて可能であった。→『学的批判年報』

（岡崎英輔）

古典芸術　［klassische Kunst］

ヘーゲルは『美学』において、芸術の歴史を大きく三つに区分する。第一が象徴芸術、第二が古典芸術、第三がロマン的芸術で、これは『歴史哲学』における、東洋世界、ギリ

シア世界、ゲルマン世界という三区分に大きく対応している。つまり、古典芸術とはギリシア芸術の別名である。

時代が進むとともに、よりすぐれたもの、より高度なものが現れるとするのが、ヘーゲルの進歩主義的歴史観なのだが、芸術に限っていえば、古典芸術は、そのあとにくるロマン的芸術よりも完成度が高いとされた。「古典的な芸術形式は、芸術による感性表現のなしうる最高のものを達成した。そこになにか欠けたものがあるとすれば、それは芸術そのものの欠点であり、芸術という領域の限界である。この限界とは、そもそも芸術が無限にして具体的な普遍者たる精神を感性的に具体的な形式のもとに対象化する点にあるが、古典芸術では、精神的なものと感性的なものとの完全な融合が、両者の相即としてうちたてられている」[『美学』13. 111]。古典芸術は芸術の理想を実現するものであった。

理想の実現を可能にした最大の要因を、ヘーゲルは、古代ギリシアにおいて個人と共同体が美しき統一のうちにあるという社会状況にもとめた。「古代ギリシア人は自己を意識する主観的自由と人倫的共同体とのしあわせな中間に生きていた。ギリシアの人倫的生活においては、個人は自立し自由であったが、だからといって現実の国家の直面する一般的な利害と無関係に生きているわけではなかった」[『美学』14. 25]。もっとも自立し自由であり、しかも共同体の利害にもっとも深くかかわった人物こそ英雄と呼ばれる人間たちで、古代ギリシア時代は、かれらがもっとも華々しく活躍し、また、叙事詩、悲劇、彫刻、絵画にその雄姿がくりかえし表現されたという意味で、英雄時代と名づけられるにふさわしい時代であった。その力強さにおいて、またその徳において、神々と肩をならべて遜色のない英雄たちを主人公とし、その言動を主題とすることで、古典芸術は内容と形式が過不足なく即応する堂々とした作品を生みだすことができた。

芸術のジャンルからすると、彫刻がもっとも古典芸術的なジャンルとされるが、古典的な彫刻についてヘーゲルはこう述べている。「古典本来の理想形態において、神々の精神的個性は、他との関係で捉えられたり、特殊なものとしてたがいに相剋闘争に陥ったりするものではなく、永遠に自足するものと捉えられる。……この上なくきびしいこの安定は、硬く冷たく死んだ安定ではなく、思慮深い不動の安定であって、古典的な神々にとって最高最適な表現形式である」[『美学』14. 87]。
→英雄(時代)、彫刻、象徴芸術、ロマン的芸術

【参】Schefold (1967), Robertson (1975), 村田潔 (1984)　　　　　　　　　　(長谷川宏)

事そのもの [Sache selbst]

「理性」の展開のなかで、対象的現実とは個々人の活動の総体にほかならないことが明らかになると、全体と個の有機的一体性が自覚的にとらえられるようになり、個人は自己を「全く実在的であると思う」[『精神現象学』3. 292]。こうして近代市民社会(私的商品生産社会)における、対自存在＝即自存在の究明が絶対知の主題となる。鍵は個人の活動が「仕事」(作品)としてあり、商品として自己実現をはたさなければならないところにある。前近代的共同体規制がくずれ、個人は自らの思うままに実現をはかる(個人として権利能力をもつ)。だがそうした自由な個人の成立は、商品生産によって可能になったのであり、「仕事」は市場で売れねばならない。そうなると、仕事についての個人的意識だけでは不十分である。「仕事は存在する。すなわち仕事は他の諸個人にたいしてある」[同 3. 301]。仕事は、活動の主観的意識の面だけでなく、その客観的存在の面をもつ。これが「事そのもの」である。個人は自己実現をはたすために、誠実に仕事をし(商品を生産し)、これを市場に出す。そこで個人は、まず社会的有

コドモ

用労働一般を基準とする検証をうける。さらに市場価格の決定は，個々人のもくろみの総体として形作られる，需要と供給のバランスによっている。すなわち社会的分業の有用な一齣と承認されるところに，仕事の実現があるのだが，個々人の仕事の社会的連関である「事そのもの」は，競りあう個々人の意図や思惑をこえた，一つの物の運動としてしか現れない。「現実と個人性の浸透」[同 3. 304]は，ただ結果として，対象的にしかとらえられない。「事そのもの」は個々人の活動の連関なのであるが，個々人の意識的統御の外にある。それは抽象的な一般者として，種々の活動の各々に即して見出され，各々を有用な「仕事」たらしめるという形で，それらの述語たりうるだけである（社会的分業の自然成長性）。→精神的な動物(の)国　　　（粂　康弘）

子ども　[Kind]

ヘーゲルは，胎児を含めて子どもについて，詳細な記述を残している。主たるテキストは『エンツュクロペディー（第3版）精神哲学』396節の「補遺」，405節の全体であるが，『法哲学』の家族の章[173-175節]にも子ども論がある。『エンツュクロペディー（第3版）自然哲学』には，「補遺」の中にも，子どもについての記述がない。しかし，ヘーゲルが子どもについて述べた全テキストを観察すると，胎児期の器官の発達，母乳の消化しやすさなどについて，当時のもっとも発達した科学的な知見をもっていたことが分かる。子どもをとらえるヘーゲルの視点で独創的なのは，胎児の精神について，母体と未分化の段階にある意識であると規定した点である。自我はアトムとしてはじめから独立しているのではなくて，母の自我との共有結合の状態から，自立が形成される。自立した後にも自我には「自分を守る精神」という普遍性が植え付けられているが，それは同時に狂気の原因にもなる。ローマ法で否認されていた子どもの権利がキリスト教社会で承認されるにいたったというヘーゲルの記述は，啓蒙時代の進歩的子ども観に共通だが，今日ではアリエスによって訂正されている。→大人，教育

【参】Ariès (1960), 加藤尚武 (1990a)

（加藤尚武）

このもの　⇨感性（感覚）的確信

誤謬　⇨真理

誤謬の国　⇨啓蒙

コプラ　⇨「である」

個別性　[Einzelheit, Einzelnes]

「概念」の三契機の一つとされる個別性は，「普遍と特殊性とをその生成の契機」としており，「規定された普遍」としての「特殊性」すなわち「概念の他在」が自らを再び「他者」となす「否定の否定」によって，自己同等的なものとして回復された「概念」である。それゆえこれは「自分に関係する否定または規定性」つまり「規定された規定的なもの」としての「具体的なもの」[『大論理学』6. 253, 288, 296-297, 299, 566]であり，「類と種を自分のうちに含み，それ自身実体的であるような主体，根底である」という意味をもつ[『エンツュクロペディー（第3版）小論理学』164節]。この場合の個別は「絶対者」の規定に他ならず，普遍（無限者としての自己同一性）と特殊（有限者の諸規定）との力動的総合・統一すなわちすべてを包括しそれ自身発展する全体性としての（いわば大きな）個別である。この「概念の個別性」はまた「個体性と人格性の原理」ともいわれる[『大論理学』6. 297]。

個別性という規定はところで，このような「概念」の自己自身への還帰（としてその都度の弁証法的展開における具体的段階）とい

う意味だけではなく，ヘーゲルによれば，「概念」の喪失という意味をももっている。すなわち個別性は，「規定された普遍」そのものを，他の同様な「特殊」と対立する一つの「特殊」としての個別的なものとなす「区別」そのものでもある。この意味では個別は通常個々の人とか個々の物といわれる場合の単に直接的な個別，「質的な一(ein qualitatives Eins)あるいはこのもの(Dieses)」である。この互いに「無関心な」一としての多くの個別にとっては，「普遍」はそれらの単なる共通項にすぎない。一般に経験論ないし唯名論は個別と「普遍」をこのように理解する。だがヘーゲルによれば，この個別も実は複合的「媒介から回復された直接的なもの」であり，「普遍」を宿す「具体的なもの」なのである［『大論理学』6. 299-300;『精神現象学』3. 85-86］。→普遍，特殊性，概念

(山田忠彰)

小山鞆絵　［おやま・ともえ　1884(明治17).10.14-1976(昭和51).12.3］

栃木県に生まれ，1909年東京帝国大学哲学科を卒業。慶応大学教授などを経て，20年東北帝国大学理学部講師として科学概論を担当。21年ドイツ，フランスに留学。22年法文学部の開設にともない哲学講座の教授となり西洋近世哲学史を担当。46年退官するまで東北帝大哲学科の中心人物として活躍。ヨーロッパのヘーゲル研究をわが国に紹介し，ヘーゲル哲学研究に業績があった。寡作で知られ，著書は『自覚と弁証法』(49)のみ。

(宮川　透)

雇傭契約　［Lohnvertrag］

ヘーゲルは，自己活動を〈時間ぎめ〉という制限つきで譲渡するという点に雇傭労働ならびに雇傭契約の特質をみる。「私の生産行為ないし用役行為をそれが譲渡しうるものである限り，ある制限された時間ぎめで，ないしはその他なんらかの制限にしたがって，外に譲渡する」［『法哲学』80節］という特質である。カントが雇傭労働と奴隷労働との区別を契約にみたのに対して，ヘーゲルはさらに自由時間の有無という区別を取り入れた。〈私の全体性〉はこのように制限された譲渡のもとではこの譲渡に対して外面的な関係をもつ，と考えたからである。ヘーゲルが視野に収めていたのは，近代イギリスのマニュファクチュア段階の工場労働であった。なお，K. マルクスは，労働力の商品化とその所有者の問題を考察する際に，ヘーゲルのこうした区別立てを踏まえている［『資本論』第1巻第2編4章3節注40］。→工場

(滝口清栄)

コーラス　⇨悲劇

コーラン　⇨イスラーム

コルポラツィオーン　［Korporation］

コルポラツィオーンは，特殊利害の衝突によって支配されている市民社会において，内発的かつ自己否定的に形成されて現存するに到るべき共同性であり，しかも市民社会と国家との媒介項でもある。それはこの内在性によってポリツァイから区別され，さらにその同輩関係(Genossenschaft)としての性格，非閉鎖的非特権的性格，およびそれが公権力による監督を受けている点で，封建的ツンフトやギルドから峻別され［『法哲学』250－256, 262, 278, 288, 290節］，ヘーゲルはこれを中世的特権的経済体制と，英仏的原子論的自由放任経済体制およびその帰結(階級対立や独占など)との両面批判の立場から構想したのである。現在のドイツにおける共同決定法は，その理念の一つの具体化とみなされることもある。→ポリツァイ

【参】 Müller (1965), Riedal (1970), Heiman (1971), Hočevar (1973), Gans (1981), 神山伸弘 (1989), Harada (1989)　(生方　卓)

根拠 [Grund]

ヘーゲルは、「根拠」に関する考察を『大論理学』「本質論」の「根拠」の章で詳しく展開しているが、そこでの基本となる論点は、一般に、「根拠」によって説明されるもの＝「根拠づけられたもの」と、「根拠」それ自身との間に成り立つ関係（「根拠関係」）は、彼の言う意味での「反省（Reflexion）」の関係の一事例となっている、ということである。

すなわちヘーゲルによれば、「根拠」と「根拠づけられたもの」は、(1)互いに対立し合いながら、(2)しかも、いずれも他者を前提とすることで初めて存立しうるものであり、(3)さらにはむしろ、各々は自己自身のうちに他者を備えており、それ自体、対立し合う両項の「総体性」として成り立っている、とされる。「根拠づけられたものは……①一方で自らを定立されたもの〔＝根拠づけられたもの〕とするが、②同時に、根拠を定立するものでもある。根拠それ自身もまた、以上と同一の運動である。すなわちそれは……或るものの根拠となるが、このことにおいてそれは、③定立されたものとして存在し、④同時にまた、初めて根拠として現存するようになる」〔『大論理学』6. 97〕。このような構造を持つ「根拠関係」の見やすい一例としては、例えば、何らかの薬品によって睡眠が生じる場合に、この現象（「根拠づけられるの」）を、薬品の持つ「眠らせる力」（「根拠」）の発現として説明するような場合を挙げることができよう（これはもちろん空疎なものであるが、ヘーゲルは、一般に「根拠」による説明は、或る程度までこうした同語反復的な性格を免れえないと見なしている）。

以上のような考察を基礎としつつ、具体的にはヘーゲルは、「本質（essentia）」を始めとする伝統的な形而上学の基本カテゴリーの内容を、このような「反省」の関係としての「根拠関係」という観点から分析し直そうとしている。すなわち、「根拠」の章の冒頭にある「本質は自己自身を根拠として規定する」〔同 6. 80〕という一文に集約的に示されている通り、まず彼は、一般に「本質」と、それを具現する対象の「現存在（Dasein）」との間の関係を、「根拠」と「根拠づけられたもの」との間の「反省」関係として捉えている〔同 6. 97 参照〕。さらにまた、「根拠」の章——これは「A．絶対的根拠」「B．規定された根拠」「C．制約」という三節から成る——のうち、Aにおいてヘーゲルは、「形相（形式）－資料」「形式－内容」という、「本質」と連携した伝統的形而上学の基本的カテゴリーを取り上げ、これらにおける両項間の関係もまた、「反省」としての「根拠関係」であるとして、実際に、これらのカテゴリー自身が、「根拠関係」の論理的内容そのものから導き出されることになる過程を叙述している。他方 B では、「根拠関係」の種類がより詳細に区別され、①「根拠づけられるもの」と「根拠」とが空疎な同一性を形作る場合としての「形式的根拠」、②後者が前者にとっての一面的で不十分な「根拠」でしかありえない場合としての「実在的根拠」、③さらに以上の二つの型の「根拠」の統一である「完全な根拠」、という三者が区別されるが、その場合、例えば①の例としては物理学に現れる「引力」の概念が、また②の例としては法哲学的な「刑罰」の概念が、それぞれ取り上げられており、これらのいずれもが、やはり上記のような「反省」の関係を体現するものとして考察されている。

ヘーゲルによれば、「根拠関係」においては、対立する両項の各々が他者のうちに現れる（「仮現する（scheinen）」）という、先に見たような運動が繰り返されるのみであって、両項の同一性は、それ自体ではこの運動のうちに実現されず、むしろそれは、この運動の彼岸に、或いは、両項の対立そのものの根底に、そのいっそう基礎的な「根拠」として——「基底（Grundlage」としての「本質」

そのものとして——現前するにすぎない。こうした意味で、「根拠関係」は未だ有限で不完全なものであり、本来それは、「概念」の立場において実現されるような真の媒介関係（推論的連結）へと向けて、のり超えられるべきものであるとされる。このような点を踏まえると、「本質」を始めとする形而上学的なカテゴリーを「根拠関係」として解釈するというヘーゲルの試みは、同時にまた、これらのカテゴリーの内容的な限界を指摘し、それらが、彼の言う意味での「概念」として捉え直されるべきであることを証示するという目的を持っている、と言えよう。哲学史的に見れば、「根拠－根拠づけられたもの」という対概念は、ライプニッツ以来ヴォルフ派において重要な役割を演じた「理由（ratio）－理由づけられたもの（rationatum）」を踏まえたものであるが（この関係は、世界の内部で時間的に継起し合い、或いは並存し合うような諸事象の間に成り立つ、広い意味での理由づけの関係〔因果関係や論理的帰結関係〕であるが、その場合、ひとつの事象の生起を理由づける諸事象の総体が、いわゆる「十分な理由＝充足根拠」と見なされることになる）、しかし「本質」や「形相－資料」といったカテゴリーの内容をこの関係によって説明するという観点はそこには見られず[Baumgarten 1779参照]、この点にヘーゲルの独自の着想を認めることができる。→反省、本質

【参】 Baumgarten (1779) 　　　（岡本賢吾）

根拠律　⇨根拠

根源　⇨根拠

根源的に限定された自然　⇨自然哲学

根元哲学　⇨クルーク、ラインホールト

サ

差異 [Verschiedenheit]

「差異」——もしくは、「直接的な区別」[『エンツュクロペディー(第3版)小論理学』117節]——とは、ヘーゲルの規定によれば、「もっぱら自己自身に関係する」「同一性」、もしくは、「区別に関係することのない」「同一性」である[『大論理学』6. 48]。

あれこれのもの、〈家〉や〈樹木〉、そして、〈白さ〉、〈辛さ〉といった〈物〉の諸性質、また、ものの「本質」に関する我々の諸見解、さらには、〈私〉や〈あなた〉等々は、さしあたり、〈他のもの〉との関係なしに、〈家〉は〈家〉、〈白さ〉は〈白さ〉、〈私〉は〈私〉というように、それ自体において、自らの「同一性」を保っている。かくして、我々のあらゆる領域において、実に多様な「差異」が存立する。

こうした「差異」の概念が、ヘーゲル哲学においてとりわけ意味をもつのは、この「差異」が「自己同一性」自体における「差異」である場合、すなわち、あるものの内的な「差異」が問題となる場合——例えば、〈私〉は〈私〉であるが、しかし同時にいつでも〈私〉自身にとっても不可解な、その意味で〈私〉ならざるものをもつ、というように——である。ヘーゲルは、こうした〈内在的な〉「差異」が、ものの「本質」を規定する場合の不可欠な一階梯であると、考える。というのも、ヘーゲルによれば、「本質」とは、何であれ、こうした〈内在的な〉「差異」として存在するから、換言すれば、「本質」とは、原理的に〈自己分裂的〉存在であり、この〈自己分裂的な〉「対立」（=「矛盾」、「アンティノミー」）を通して、「弁証法的に」〈設定されるもの〉だからである。→同一性, 区別, 対立, 矛盾, アンティノミー　　(高山　守)

三枝博音 [さいぐさ・ひろと　1892(明治25).5.20-1963(昭和38).11.9]

広島県に生まれ、1922年東京帝国大学哲学科を卒業。23年以後、東洋大学などの教授、法政大学などの講師を勤める。28年永田広志(1904-47)らと無神論運動を起こす。29-33年頃、ヘーゲル研究に従事。29年雑誌『ヘーゲル及弁証法研究』を責任編集、ヘーゲル研究の論文を多数発表。31年『ヘーゲル・論理の科学』、『ヘーゲルの観念論的・マルクスの唯物論的弁証法』を刊行。ヘーゲル復興の機運にアカデミーとは違った対応を示す。31年ドイツに留学、帰途モスクワに立ち寄り世界観の変革を体験。32年戸坂潤、岡邦雄(1890-1971)らと「唯物論研究会」を創設。翌33年当局の思想弾圧で検挙され転向。以後、日本思想史の本格的な研究を開始。34年『日本に於ける哲学的観念論の発達史』。日本における唯物論思想はじめ思想的遺産の発掘の仕事に従事し、『日本哲学全書』、『日本科学古典全書』、『日本哲学思想全書』の編纂事業に携わる。また科学史・技術史の分野で先駆的な業績をのこす。いわゆる「鶴見事故」で死去。→日本のヘーゲル研究, 戸坂潤

(宮川　透)

最高善 [Höchstes Gut]

カントは(主要には)、徳に幸福が内属すると考えるストア派を批判しつつ、徳(「道

徳性」),厳密に言うなら完全な徳(「最上善」)にさらに「幸福」が付け加わった状態を「最高善」とし,その状態を幸福に関して実現するものとして神の存在を要請した。

これに対してドイツ観念論は一般に,カントの言う幸福は「経験的幸福」に過ぎないとして,それに対して「純粋な幸福」の存在を主張し,そのような「純粋な幸福」と徳とから成る「最高善」の実現は人間自身の事柄であると主張する。

ヘーゲルも同様であるが,初期においては他方では,(経験的)幸福を断念して徳だけに自足するという在り方をも一つの理想としている。また『精神現象学』『哲学史』などでは,より一般的に,「最高善」の実現のために神を要請する,つまり「最高善」の彼岸性を言うカントは単なる「当為」の立場に留まるという批判がなされている。→要請,シュトール,幸福(幸福説)

【参】 Kant (1788), Schelling (1795), Peperzak (1960), Düsing (1971, 1973), Klein(1972), 安彦一恵 (1978)　　　　　　　　　(安彦一恵)

最高存在　⇨理神論

『最古の体系プログラム』 [*Ältestes Systemprogramm*]

Ⅰ　テキスト・クリティーク　(1) テキストの来歴　ローゼンツヴァイク (Franz Rosenzweig 1886-1929) によって『ドイツ観念論最古の体系プログラム』という題目を付されたヘーゲルの草稿が,1917年に『ハイデルベルク・アカデミー会報』に掲載された。彼はこの草稿の写真版を作成しており,現在この写真版はベルリン国立図書館に保管されている。原文は,第2次大戦中ベルリン国立図書館の全蔵書が戦禍を免れるため疎開させられた際に,今日ポーランド領に属するグリュサウに移された。この原文は戦後1946年にグリュサウから再び運び出され,現在クラクフのヤギェウォ図書館にあることが判明している。

(2) 著者問題　テキストはヘーゲルの自筆草稿という形で残されているものの,草稿の原著者が誰であるのかということは長い間問題となってきた。1917年にローゼンツヴァイクが『最古の体系プログラム』のテキストを公表した際,彼はこの草稿の原著者をヘーゲルではなくシェリングとみなした。シェリング著者説に対して,テキストの思想内容および文献学的考証から,ヘルダーリン著者説(ベーム)が反論として提出された。1920年代に入ると両者の間で論争(第一次著者論争)が行われた。1930年代には著者問題は一応の解決をみる。シェリングがヘルダーリンの思想内容を移しかえたものであり,ヘーゲルはそれを書き写したにすぎない(L. シュトラウス),というのであった。1960年代に入ると,原著者をその筆跡の通りヘーゲル自身とする説(ペゲラー)が提出され,ヘーゲル著者説をめぐって論争(第二次著者論争)が行われた。

(3) 執筆時期　ヘーゲルの字体を検証した結果,ローゼンツヴァイクやシューラーは執筆時期を1796年初夏にした。しかしヤメとシュナイダーは『エレウシス』[1796年8月]とエンデル宛書簡[1797年2月9日]との間とする。『最古の体系プログラム』が書き留められている用紙は,1796年から1797年はじめにかけて製造されたことが明らかになっているから,ヘーゲルはこの用紙をベルンからの帰りに,あるいはフランクフルトではじめて入手したことになる。したがって,1796年のクリスマスにシュトゥットガルトに到着してから,1797年2月9日に書簡を書くまでに,『最古の体系プログラム』は書かれたことになる。

Ⅱ　内容の概観　『最古の体系プログラム』[1. 234-236]は内容上二つの部分からなり,第一部と第二部との間には内容上の大き

な切れ目がある。

(1) 理性の要請論　本文はいきなり「一つの倫理学」という言葉で始まる。それ以前の部分はすべて欠落し、現存していないと考えられる。この倫理学は「あらゆる理念の完全な体系」「あらゆる実践的要請の完全な体系」である。実践的要請のうち第一の理念は「自由な自己意識的存在者」である。次にこの倫理学は「自然学」へと移行する。自己意識的存在者と同時に、第二の理念として全世界が無から登場してくる。これこそが「無からの創造」である。さらに自然学は「人造物」へと移行する。まず「国家の理念」は存在しないことが明示される。というのも、国家とは「機械的なもの」だからであり、自由な人間を「機械的な歯車装置」として取り扱うからである。ただ「自由の対象」であるもののみが「理念」と呼ばれるのである。あらゆる人造物に代わって「道徳的世界、神性、不死の理念」が登場する。

(2) 理性の美的観念論　第一部では、あらゆる理念は「自由」という理念の特殊的な規定にすぎなかった。それに対して第二部では「美の理念」がこれらの理念の統一体とされる。「最後に、あらゆる理念を合一する理念、すなわち美の理念〔が登場する〕」。「自由」ではなく、「美」があらゆる理念を基礎づけると同時にそれらを包括する理念である。ここでは次のことが確認される。一つは、美の理念はあらゆる理念を合一するのであるから、「真と善とは美においてのみ結合される」ということである。もう一つは、「理性はあらゆる理念を包括する」のであるから、「理性の最高の行為は美的行為である」ということである。

(3) 理性の神話論　第二部は美から「詩」へと、さらに「新しい宗教」の創設へと展開する。新しい宗教とは、一方では、「理性と心胸の一神論」であり、他方では「想像力と芸術の多神論」である。前者は、純粋な理性理念に従った自律的な道徳性を意味する。後者は、自らの想像力によって神話を吸収する優れた感覚を意味する。一方で、理念が美的・神話的にならなければならず、他方で、神話が理性的・哲学的にならなければならない。神話が理念の担い手である理性に奉仕するものであるならば、それは「理性の神話」でなければならない。『最古の体系プログラム』全体は理性の神話による新しい宗教の創設という構想を結論とする。

『最古の体系プログラム』の一枚の紙片には、歴史的・体系的にきわめて広範な射程をもつ諸々の思想が凝縮されている。確かにそれは完全な学的形式を備えた一つの「体系」であるということはできない。しかしそれは倫理学、実践的要請の体系、美的観念論、新しい宗教、理性の神話論、これらすべてを含む規模雄大な計画であり、ドイツ観念論の展開における萌芽をことごとく含んだ体系の「プログラム」である。⇒体系

【参】Bubner (1973c), 茅野良男 (1975), Jamme/Schneider (1984), 高橋昭二 (1984), 寄川条路 (1988 a,b), Hansen (1989)　　　(寄川条路)

最後の晩餐　⇨イエス

財産共同体　[Gütergemeinschaft]

ヘーゲルは、財産共同体の存立可能性について折りにふれて言及している。しかし、その基調は終始否定的であった。

青年期には、生き生きとした共同性のあり方をめぐる思索のなかで、財の共有に基づく共同体が取り上げられる。ヘーゲルによれば、それはつかのま小さな宗派にのみ成立するにしても、いったんそれが制度化されると抑圧的なものに転じてしまう〔『国民宗教とキリスト教』1. 62;『キリスト教の実定性』1. 126〕。青年期断片『愛』〔1. 250〕では、愛がかたちづくる共同性と財の共有がかたちづくる共同性との相違に焦点があてられる。愛の関係はつ

ねに所有（物）との関係に巻き込まれ、そこには絶えず分離の感情が入り込んでくる。財の共有ははたしてこの問題を克服しうるかどうかが問いただされる。財の共有は分配を必然的に伴う。それゆえ、分配が平等の外観をとるとしても、排他的な〈権利〉の思想が財の共有にこびりついている。財の共有は先の問題に応えきることができない。

所有（財産）の力が近代社会の動向を規定するものになっている。ヘーゲルの思索は、それを克服するかにみえる財の共有の原理的あり方の検討へと向かう。『精神現象学』〔3. 317-8〕では、財の共有は、個々人の欲求－充足との関連で取り上げられる。ヘーゲルによれば、財産共同体が存続するに際して、①各人に自分が必要とするだけのものが配分される場合——この欲求に応じた分配は、しかし諸個人の平等との間に矛盾を生む。②諸個人の平等という原理に従って分配される場合——しかし形式的平等に即すると、分配は欲求との関連を持たなくなる。とはいえ、この関連こそ分配の概念なのである。こうしてみると、財の共有は〈個別性と普遍性という対立し相矛盾する契機をそなえている〉ことが判明する。ヘーゲルは、この問題を、抽象的法的普遍性と欲求－充足の特殊性に分岐した市民社会に解き放つことで解消しようとした。ただし、財産共有のモチーフは、〈家族〉論に名残りをとどめている。　　　　（滝口清栄）

祭祀（儀礼）〔Kultus〕

ヘーゲルの宗教思想の根底に、祭祀としての宗教の再建というモチーフがある。テュービン時代におけるギリシアの祭りへの素朴な共鳴は、ベルン時代にカントの『単なる理性の限界内における宗教』の影響を受けて、祭祀を物神奉仕として拒否する姿勢に転じる。しかし、わずか1～2年のこの時期をのぞけば、祭祀という行為（Tun）を宗教の本質として積極的に意義づけようとする姿勢は終生かわらなかった。宗教を理性的教義に還元しようとする啓蒙の時代にあっては、際立った特徴である。祭祀論には、啓蒙の悟性が非合理として切り捨てたものをもう一度理性に取り込もうとするヘーゲルの努力がある。イェーナ期に、ギリシアの祝祭の理念を引き継ぐものとしてキリスト教の聖餐が正当化され、そこに祭祀論の基本がつくられる。受肉→受難→復活という「キリストの事跡（Geschichte）」を、根源的同一→分裂→再和合という人類史（Geschichte）の象徴として捉え、キリストの「身体を食しその血をするという合一のもっとも内的な仕方で」分裂の苦痛と和解への確信を固める儀式として意義づけられる（『自然法講義草稿』〔『ローゼンクランツ』133-141〕）。キリスト教の聖餐のなかに犠牲と共食というギリシア的供犠と共通の要素を読み込み、ギリシア的なものの理念的再建としてこれを承認した。

祭祀は三位一体論のなかに位置づけられる。実体的統一（父）の表象（子）を具体的に享受する自己意識のエレメント（霊＝教団の精神）が、聖餐という祭祀である。それは「神の現在性の享受」として、「キリスト教教義の中心点」とされる〔『宗教哲学』17. 327f.〕。そこに〈絶対的なものの現在性の把握〉というヘーゲルの哲学の根本動機がある。

ヘーゲルは宗教の奥義である祭祀までも理性化したという点で、宗教を全面的な解体に追い込んだ、ということができる。反対に、行為としての祭祀を宗教の本質としたことで、哲学理論へと止揚しきれない宗教固有の領域を守り抜いたと見ることもできる。祭祀論は「宗教の哲学」の宗教性が問われる場面でもある。→祭り（祝祭）、聖餐式

【参】 Scheit (1972)　　　　（山崎　純）

再生産　⇨生殖

罪責　⇨罪

サヴィニー [Friedrich Carl von Savigny 1779. 2.21-1816.10.25]

1806年のイェーナ戦役での敗北以降、ナポレオン支配下におかれた少なからぬライン諸邦がナポレオン法典を採用し、それに倣おうとする諸邦が続出しようといている中、ドイツ諸邦を包括する統一的民法典の制定を求める声がドイツ法学会を中心に高まっていた。1814年ティボーは、ドイツ諸邦の統一を進める前提条件として民法典編纂の要求を『ドイツにおける一般的民法の必要性』に著した。これに対して、サヴィニーはナポレオン法典に対する批判的立場を共有しながらも同じ年、『立法、および法学のための現代的使命』を著し、ティボーらによる法典編纂の要求をドイツ語が法学的には未成熟であり相応しい法典編纂の準備が欠けている、といって否定した。彼は、ヨーロッパにおけるローマ法の歴史を追跡することが法一般の進化の秘密を探ることに繋がると考えたのである。法の内容は「フォルクスガイスト」、つまり、民族の精神に合致しなければならない。慣習こそがこの法の主要な発現に外ならないとされる。つまり、法は制定されるものであるより以前に「生成するもの」であるとされたのである。こうした立場は、一方でそれまで流布していた自然法学派に対する反動として、ドイツ法学会に形成される歴史法学派の特質を端的に表現するものとなった。

ヘーゲルは、法と人々の精神的生活とが一つの有機的統一を成していなければならないという点では歴史法学派以上に関心を払ったが、その統一のあり方について方向性を異にした。ヘーゲルによれば、法が「生きている」のはその諸規定とそれを担う主体とのあいだに統一があるということであるが、その一方で、法的諸規定はそれ自身のうちで「体系化された普遍性」[『法哲学』211節「補遺」]を求められる。なぜなら、そうした境位において初めて法は諸個人の「思惟と意欲」によって支えられる近代国家において効力を有するものとなりうるからである。だが、サヴィニーらに欠けていたのはまさにこの点であった。ヘーゲルの歴史法学批判は、法とともに歴史の歩みを進める人間観をも表現していると言えよう。主著に *Vom Beruf unserer Zeit für Gesetzgebung und Rechtswissenschaft.* Heidelberg 1814. *System des heütigen römischen Rechts.* 8 Bände, Berlin 1840-49 がある。→法, 自然法, ティボー

(森川孝吉)

作品（仕事） [Werk]

意識が行為を通して自らの本質・目的を対象として現実化したもの。「作品は、意識が自分に与える実在性である。つまり、作品は、個体が即自的にそうであるものが個体にとって存在しているようなものである」[『精神現象学』3. 300]。「真の作品とは、行為と存在との、意欲と実現との統一である」[同 3. 303]。ただし、ある個人の作品は、さしあたっては他者にとっては疎遠なものである。作品が「事そのもの」として、種を包摂する類という普遍的な性格をもつとき、個々人の行為の目的が普遍的なもの・共同性として具現される[同 304f.]。それゆえ作品は個々人の媒辞であり、その最高形態が国民における人倫、あるいは人倫的な本質を媒介する普遍的精神とみなされる。「国民の人倫的な作品は普遍的精神の生ける現在である。普遍的精神は、精神としては諸個人の観念的な〈一たること〉であり、作品としては彼らの媒辞であり循環である」[『イェーナ体系Ⅰ』GW 6. 316f.]。

(座小田豊)

錯覚 [Täuschung]

『精神現象学』の「知覚、または物と錯覚」の章でヘーゲルは、知覚する意識が陥る錯覚の経験を叙述している。塩を例にとると、いま「この塩は白い」と言ったとすると、「こ

の塩は辛い」という別の知覚がこれに矛盾する。「白くもあり辛くもある」と折衷すれば「この塩は一つのものだ」という根本規定に矛盾する。以下同じようにどんな説明を試みても、知覚はいつも自分の物の把握が誤っているのを知る。こうした知覚の陥る錯覚は、実は物そのものが多にして一、普遍にして個、対他存在にして対自存在という矛盾した規定をもつところに原因がある。それを物そのものはあくまで同一だという観念に固執する時、意識はつねに自分の知覚が誤っているという堂々廻りに陥るのである。『精神現象学』全体を通じて、現実の自己否定的な構造全体を見ないで、その一面だけに固執する態度をとる限り、錯覚は繰り返し生じてくる。⇒知覚、物、「もまた」

(上村芳郎)

査法的理性 ⇨理性

作用 ⇨交互作用

作用因 ⇨ライプニッツ、アリストテレス

サルトル [Jean-Paul Sartre 1905.6.21–80.4.16]

サルトルは若い頃からヘーゲルの弁証法哲学に関心を寄せてきた。初期の代表作『存在と無』には二箇所、ヘーゲルと批判的に対決する場面がある。一つは、存在と無がどのようなちがいをもち、どう関係するかを問う場面で、サルトルは存在と無が同位同格に並び立ち、過不足なく総合される『論理学』の論理を強く批判し、存在と無の間には存在論的な優劣が消し難くあり、両者の関係は跛行的たらざるをえないと主張した。もう一つは、自己と他者との関係を問う場面で、ここでも、自己と他者が互いに相手を承認することによって自分もまた相手から承認されるという『精神現象学』の調和的安定的な論理展開を批判して、自己と他者の間には乗りこえ難い溝があり、両者の関係はどちらがどちらを支配するかという観点のたえずつきまとう永遠の敵対関係だと主張した。

人間の不安、不条理、偶然性を根拠に、ヘーゲルの楽天的な体系構成を批判するというやりかたは、19世紀の実存哲学者キルケゴールのヘーゲル批判と軌を一にするものだが、そう批判しつつサルトルはヘーゲルの視野の広さと論理展開のゆたかさは十分に認め、そこから多くを学ぼうとした。ヘーゲルとキルケゴールを比較して、サルトルはこう言っている。「ヘーゲルの正しさは次の点にある。彼はキルケゴールのように、結局は空虚な主観に還っていく硬直した貧弱な逆説に固執することなく、真の具体を概念によってとらえようとしたので、その媒介過程はつねに内容ゆたかなものとして示されるのだ。キルケゴールの正しさは次の点にある。人間の苦痛や欲求や情熱や苦悩は、知によって超越することも変更することもできないむきだしの現実なのだ」[『弁証法的理性批判』Gallimard, p.19-20]。⇒フランスのヘーゲル研究、キルケゴール

(長谷川宏)

酸 ⇨酸素

三一性 ⇨「正・反・合」(三肢性)

讃歌 ⇨芸術宗教

サンキュロット ⇨フランス革命

懺悔 ⇨赦し

三権分立 ⇨権力

参事会 ⇨マギストラート

算術 ⇨数学

酸素 [Sauerstoff, Oxygen]

現代的に言えば，元素記号O，原子番号8の元素。また物の燃焼や生物の呼吸にきわめて重要な役割をになう。こうした酸素の性質にヘーゲルも注目している。しかし，ヘーゲルは，いわゆる化学的元素を抽象的であるとみなし，地・水・火・空気の4元素こそが具体的な元素（Element）であるとする［『エンツュクロペディー（第3版）自然哲学』328節］。この観点は，古典的な自然哲学を踏まえているとともに，現代の生態系や環境概念にもつらなる興味深いものであるといえよう。地・水・火・空気の4元素が抽象的に分離された場合，抽象的な化学的契機として窒素，酸素，水素，炭素となる［同上］。酸素は，この四つの化学的な契機のなかで，水素との対立関係において捉えられ，水素をはじめ物を燃やす（酸化させる）ものとされている。当時，燃焼とは物体のなかの燃素（フロギストン）が物体から出ていくこととされる燃素説をフランスの化学者ラヴォワジェ（Antoine-Laurent Lavoisier 1743-94）が批判し，ラヴォワジェは，酸素ガスを酸のもととなる酸素と熱素の化合物とした。酸素は，その名のとおり酸との連関で考えられていた。ヘーゲルも，熱素は否定したが，酸素を酸との連関で考えている。⇨熱，水素，炭素，窒素

(稲生　勝)

三段論法　⇨推論（推理）

散文　⇨詩，世界の散文

三分法　⇨「正・反・合」（三肢性）

三位一体　［Dreieinigkeit］

　I　三性と一性　「三位一体」は，もともと『新約聖書』に「我父に在り，父我に在す」［「ヨハネ伝」第14章10節］，「父の我名に由りて遣はし給ふべき弁護者たる聖霊」［同第14章26節］などと記されていた信仰に由来する。それがヘレニズム時代に新プラトン主義の強い影響の下で徐々に概念化されるのであるが，グノーシス派はキリストの人格性を否定し，オリゲネス（Origenes 185/6-254）はキリストをロゴスの受肉とし，またアレイオス（Areios 250頃-336）はキリストを父の被造物の地位に降ろした。いずれもプロティノス的「流出」（emanatio）の色合いが濃かったので，何故に「父」と「子」が「一」であるかを説明し難かった。このような諸説乱立のうちに世上に拡がった人心不安を除くために，ニカイア公会議（325年）は父と子が「同質」（ὁμοούσιος）であることを決定したが，もちろんこれは哲学的解決ではなく，その後も論争は収束しなかった。そこでアウグスティヌスは『三位一体論』を著し，「流出」を「派遣」（missio）という人格的関係に置き換えて，父が子を派遣し，父と子から聖霊が派遣され，これら三つの「位格」（persona）はいずれも完全，無限であるから，「不可分」であり，唯一の神は三位において不可分に働くと説いたが，この真理は啓示によってのみ認識される玄義であるとした。これらの説に比べてヘーゲルの三位一体論は，三性と一性の両立問題を「理念」（Idee）の必然的展開によって合理的に解明する点で異彩を放っている。

　II　理念の自己展開　ヘーゲルはそもそも宗教を絶対的理念の一形態として捉え，しかも諸宗教の究極に位置する「絶対的宗教」の原理が三位一体であると考えるので，そこでは「父」も「子」も「聖霊」も理念にほかならなかった。すなわち「永遠の理念自体における神」は，自己同一のうちにとどまって主観と客観が分かたれていない「思惟の抽象的境位」であり，「父の国」と呼ばれる［『宗教哲学』17. 218］。しかし抽象的なものは具体的なものを捨象した結果であるから，具体的なものを前提しており，他者へ己を開いている。理念から独立的なものとして解き放たれ

るこの他者が「世界一般」であり，「子の国」と呼ばれる［同 17. 241, 243］。それは自然と有限精神の世界であるが，真相においては「理念性〔観念性〕」(Idealität)にほかならない。有限精神としての人間の本性が「神の子」(神の否定)としてのキリストの死という「否定の否定」によって神の本性と和解していることを確信するのが「信徒集団」(Gemeinde)であり，「霊(Geist)の国」と呼ばれる［同 17. 300］。ヘーゲルから見れば，キリスト教における「聖三位一体」は，永遠の理念から有限の実在世界が別れ出て，両者の対立の和解が精神(Geist)によって自覚されるという理念の形式を「父」，「子」，「霊」という「子どもらしい自然な形式」で「比喩的」に表現したものにすぎず［同 17. 234］，古人は三位一体の真相を知らなかったのである［同 17. 236］。→キリスト教，「正・反・合」(三肢性)，新プラトン派，流出(説)　（松井良和）

シ

死　[Tod]

　イエスの死がキリスト教における「最重要のもの，中心」であるということは，既に『国民宗教とキリスト教』以来ヘーゲルが繰り返し述べていることである［『国民宗教とキリスト教』1．85 等］。しかし死がイエスの死という特別の事例としてでなくて，宗教の普遍的意味を構成するものとして捉えられるのは，『1800年体系断片』あたりからである。そこではこう語られる。「生ける全体においては死，対立，悟性，は同時に定立される。すなわち多様なるものとしてである。これは生けるものであり，生けるものとして自らを全体として定立することのできるものである。このゆえに多様なるものは，同時に部分でもあり，言い換えると死を免れないもの，それ自身が他者にとっては死んでいるものでもある」［『1800年体系断片』1．422］。このように個体として生けるものが，その死を越えて生ける全体としての無限の生へと高まる究極の立場が，ここでは「宗教」とされる。

　イェーナ時代以降のヘーゲルにおいては，究極の立場は宗教ではなくて哲学となる。そこでは死は論理的意味では否定の否定として捉えられるが，しかし死というリアルな出来事の意味は論理によって汲み尽くされるわけではない。『精神現象学』では，死の威力は，たとえば主人と奴隷の関係のなかでは「絶対的主人」［『精神現象学』3．153］として現れる。また「人倫」の段階では，死は個人が個人として到達するところの普遍態にして純粋存在［同 3．332］とされる。その死は，個人と共同体との関係次第では自然的否定態もしくは分裂という意味にとどまるが，個人にとって絶対的主人の威力であることには変わりない。『精神現象学』の「宗教」の段階になると，精神の生が「死に耐え死のただなかに己を保つ生」［同 3．36］となり，死が精神の生の一契機にとどまるということが凝縮して現れる。そこではイエスの死が神的存在と自然的存在との対立を解除する出来事となり，精霊(Geist)の現れにして教団の成立につながるものとなる。しかしその場合でも，精霊となる以前では，イエスの死は痛切な感情を伴うリアルな出来事である。その感情は，イェーナ時代にも語られた［『信と知』2．432］「神

そのものが死んだ」という不幸な意識の感情[『精神的現象学』3. 572]である。

神の死については、『宗教哲学』の中でもう一度語られる[『宗教哲学』17. 291f.]。それは神のうちにすら否定態があるという最も恐ろしい考え、最高の痛み、救いが全く無いという感情、最高存在者の放棄、であるともいわれる。しかしそこに蘇りという逆転が生じる。これにより神の死は「死の死」となり、「否定の否定」となり「無限の愛」となる。この『宗教哲学』の叙述のうちに、ヘーゲルにおける哲学と宗教との融合された究極の立場が現れるとも言える。→生(命)、主人と奴隷、聖金曜日、墓、イエス

【参】 Kojève (1947:chap.9) （大橋良介）

詩 [Poesie, Gedicht]

ヘーゲルによれば、広義の詩は散文(Prosa)に対立し、文芸全般と対応する。詩は二重の意味で諸芸術の最高位にあり、それらを統合する。第一にそれは、建築、彫刻、絵画などの造形諸芸術と音楽との両極を、より高い段階で、精神的内面性そのものの領域において統合する。第二にそれは、象徴芸術（建築）、古典的芸術（彫刻）よりも高次の段階の芸術ジャンルとして、絵画、音楽とともに、かつこの両者を統合しながら、ロマン的芸術の最後の部門をかたちづくる。

造形諸芸術や音楽が感覚的材料をそのまま精神的内包を盛る形態とするのに対して、詩はそれ自身理念的でもある言語を外的形態とすることによって、精神的内容を感覚的材料からひきはなす。語音は物理的実在相に担われているが、人により発語の条件がちがい、また発語と書字とは物理的に異なるのにそれらの間に等価関係を成立させるという点で、既に理念的である。

この語音を外的形態とし、語義に媒介されながら、思想内容は伝達されるが、その一方、表象や直観像や感情のような内的状態相も外化されてゆくのである。

詩は本来韻文であることを必要としない。古代の諸言語にはリズムが自然にそなわっていた。それは音節の自然な長短に基礎をおき、そのために詩は語義あるいは意味内包のちがいによって動揺することがなかった。だが近代の諸国語は自然的なリズムを失い、意義を重視する。それを明示するためアクセントが優位することになり、散文化に向かう。脚韻や頭韻などの押韻は、ロマン的文芸の形式に固有のものである。主観的精神が音の物質性のうちに自己自身を聴取しようとするとき、各自の形成する外的音響を脚韻によっていっそう強く制御することが要求されるのである。

広義の詩は叙事詩、叙情詩、劇詩からなる。叙事詩においては事件、事象が客観的に自己完結した全体性において主観に対立するものとして描写される。だが狭義の詩は叙情詩である。ここでは叙事詩とは逆に「自分を語り出し、心情をそれ自身の外化において聴きとろうとする」[『美学』15. 418]という要求がみたされる。劇詩については、「ドラマ」の項参照。→ドラマ

【参】 Kayser (1948)、竹内敏雄 (1952)、新田博衞 (1980a) （金田 晉）

恣意 [(独) Willkür,(ラ) arbitrium]

もともとは意志の「選択能力」「選択の自由」を意味した。カントによれば「人間の恣意は、たしかに感性的ではあるが、動物的ではなく、自由な恣意 (arbitrium liberum)である」。つまり「任意に行為するか、あるいは任意に行為しない能力」である。ヘーゲルにとっては、恣意は対自的に自由であるにすぎない意志であって、任意に「選択する可能性」であり、「意志として有るような偶然性である」[『法哲学』14, 15節]。それは「ただ自然的衝動によって規定されたものとしての意志と、即かつ対自的に自由な意志との間の反省〔的意志〕という中間」である[同15

節］．さらに良心の自由において「自己意識は……〔善の〕可能性であるのと全く同様に，普遍的なものをおいて自己の特殊性を原理にし，それを行為によって実現しようとする——悪であろうとする——恣意でもある」［同139節］．→意志

【参】 上妻精ほか（1980） （小林靖昌）

思惟 ⇨思考（思惟）

シェイクスピア [William Shakespeare 1564.4.26-1616.4.23]

イギリスの劇作家，詩人．人間世界のさまざまな悲劇・喜劇を描き，三十数篇の戯曲を後世に残した．ヘーゲルが言及するものに，『ハムレット』『マクベス』『オセロ』『リア王』の四大悲劇のほかに，『リチャード三世』『ロミオとジュリエット』『リチャード二世』『ヘンリー四世』『ジュリアス・シーザー』『ヘンリー八世』などがある．

近代ヨーロッパの文学者のうち，シェイクスピアは，ゲーテやシラーとならんで『美学』のなかでもっとも多く引きあいに出される作家で，ヘーゲルは近代芸術（ロマン的芸術）を代表する典型的な文学者ととらえていた．ヘーゲルはシェイクスピアの劇作のうちにゆたかな抒情性と独創的なユーモア感覚を認めるとともに，「シェイクスピアの悲劇と喜劇がたえず読者をふやしていくのは，その作品が，イギリスの国民性を存分にもちながらも，にもかかわらず普遍人間的なものが圧倒的に優位をしめているからである」［『美学』15. 498］と，その内容の普遍性を称揚した．

しかし，シェイクスピアが近代のロマン的芸術を代表する作家である以上，彼が近代の時代的制約をもまた一身に体現する作家であることはまぬかれず，その悲劇や喜劇は，共同体と個人が美しい統一のうちにある古代ギリシアの理想的な悲劇と比較すれば，主観に重きがおかれすぎ，また，卑俗な人物や言動の混入をふせぎきれぬ，不完全な芸術たらざるをえなかった．シェイクスピアの登場人物たちは，「自分だけをたよりにし，自分だけの特殊な目的をもつ個人だ」［同 14. 200］とヘーゲルは言っている．

シェイクスピアは，ヘーゲルにとって，その長所をも短所をもふくめて，まさしく近代を代表する偉大な劇作家であった．→ロマン的芸術

【参】 Gundolf (1911) （長谷川宏）

シェリング [Friedrich Wilhelm Joseph von Schelling 1775.1.21-1854.8.20]

フィヒテ，ヘーゲルとともにドイツ観念論を代表する哲学者．1790年にテュービンゲン大学のシュティフト（神学院）に入学，二年上級にいたヘーゲルやヘルダーリンと親交を結んだ．フランス革命への熱狂から彼らがテュービンゲンの町の郊外に「自由の木」を植樹したことが伝えられている．在学中にすでに『哲学の原理としての自我について』（1795）などの著作を発表，哲学者としての道を歩みはじめた．それらは，フィヒテの「知識学」の構想に触発されたものであったが，しかしその枠内にとどまるものではなかった．シェリングにとって「絶対的な自我」は，「すべてがそれにかかっている実在性の究極的な一点」であり，「唯一の実体」であった［Schelling (1856-61) Bd. I, S. 162, 192］．シェリングの著作は，家庭教師としてベルンにいたヘーゲルに大きな刺激を与えた．とりわけそのカントの実践哲学に対する批判［同 S. 196ff., 285ff. etc.］は，ヘーゲルがそれまで思索の拠りどころとしてきたカントの思想を批判的に見直すきっかけをつくった．

学業を終えた後シェリングは家庭教師として教え子とともにライプツィヒに赴き，自らも大学で物理学，化学，医学などの講義を聞くことができた．この自然科学の諸知識の吸

収が「自然哲学」を構想する基盤となった。『自然哲学体系草案序論』(1799)によれば自然は元来，根源的な産出のはたらきとして，つまり「能産的自然 (natura naturans)」としてある。いわゆる自然は，この産出するはたらきの制約から生じる個別的存在の総体にほかならない。自然哲学の課題は，この所産としての自然を，それを生み出したものとのつながりにおいて，言いかえれば自然を，無制約な産出能力と産出物との同一性としてとらえる点に存する［同 Bd. III, S. 283f.］。この間ヘーゲルとの接触はとだえていた。しかしヘーゲルがシェリングの著作活動に大きな関心を寄せていたであろうことは疑いがない。『1800年体系断片』の「生」の概念とシェリングの「生」の理解との近似性が注目される。

自然哲学はまず超越論的哲学の一部として，そしてやがてそれに対置されるものとして構想された。それに対して1801年の『私の哲学体系の叙述』においてはシェリングは，哲学体系を自然哲学として，あるいは超越論的哲学として「一面的に」叙述するのではなく，「それ自身の固有の形態において」［同 Bd. IV, S. 108］叙述する必要性を語っている。シェリングの思索は，主観的なものと客観的なものとの絶対的な無差別としての「絶対的同一性」をめぐって展開された。シェリングによれば絶対的同一性は端的にある。この有には同時にそれの「いかに」が伴う。A＝Aという命題を通して思惟されることによってそれはある。絶対的同一性の有とその自己認識とが同時に成立する。絶対的同一性以外には何物も存在しない。それはあるものの全体，万有 (Universum) を意味する［同 Bd. IV, S. 118ff., 129］。

1801年ヘーゲルは，1798年来すでにイェーナ大学に職を得ていたシェリングの尽力によって教授資格を獲得することができた。イェーナでのヘーゲルの最初の成果が『フィヒテとシェリングの哲学体系の差異』(1801) であった。そこで意図されたのはフィヒテの思想からシェリングの思想を区別し，後者の優位性を示すことであったと考えられる。しかし絶対者を「同一性と非同一性との同一性」［2. 96］としてとらえるヘーゲルの立場はすでにシェリングのそれと同じではなかった。ヘーゲルのシェリングに対する批判は『精神現象学』(1807) において明瞭な仕方で語られた。「絶対者，すなわちA＝Aのうちではすべてが一である」と言明し，すべての区別と限定とを「空虚な深淵のうちに投げ込む」同一哲学の認識の空虚さと，単調な形式主義とをヘーゲルはきびしく批判した［3. 22］。

シェリングの思想は同一哲学の構想以後もさまざまな展開を遂げた。1809年の『人間の自由の本質について』においては，神および神の存在の根拠（「神の内なる自然」）との関わりにおいて人間の自由，そして悪の問題が問われた。1827年以降のミュンヘン大学での，そして1841年以降のヘーゲルなきあとのベルリン大学での講義では，事物の〈本質〉のみを認識の対象とする「消極哲学」に対して，事物の〈現実存在〉(Existenz) の把握をめざす「積極哲学」が構想された。理性によってではなく，経験を通して知られる思惟以前の現実がその対象であった。この積極哲学の構想には消極哲学の頂点に立つと考えられたヘーゲルへの批判が込められていた。ミュンヘン時代の講義『近代哲学の歴史について』のなかでシェリングはヘーゲルの哲学を，「対象が単なる思惟のなかでとる関係のみを論ずる学」として，それ故「現実存在について，現実に存在するものについて，したがってまたこの意味での認識について一切論ずることのない学」[Schelling (1856-61) Bd. X, S. 125] として退けている。→同一哲学，同一性，自然哲学，生（命）

【参】 Zeltner (1954), 西川富雄 (1960), Fuhrmans (1962), Baumgartner (1975), 藤田正勝

(1986) (藤田正勝)

シェリング [Karl Eberhard Schelling 1783-1854]

ドイツの医師。哲学者シェリングの弟。イェーナ大学で医学を学び，1801/02年のヘーゲルの最初の講義（『論理学・形而上学』）の聴講生。1802年にテュービンゲン大学に移り，医学の学位を取得（1803）。ヴィーンのシュミット（Johann Adam Schmidt 1759-1809）のもとで眼科の修行。当初，F. W. J. シェリングによる大学招聘（イェーナ，ラントシュタット，バンベルク，ハイデルベルク）の計画があったが，1805年にシュトゥットガルトで開業するや計画は挫折。この間の経緯に関する1804-09年にかけての兄弟間の多くの書簡が残っている。後に同地で参事官。ヘーゲルの妹クリスティアーネ（Christiane Luise Hegel 1773-1832）の主治医を勤め，ヘーゲルとは終生親交を結んでいた。ヘーゲルは『エンツュクロペディー（第3版）精神哲学』で言及し，動物の磁気との関連で「哲学者の弟のカール・シェリングもまた彼の磁気的経験の一部を公にした」[406節「補遺」]と述べている。
(池田全之)

自我 [Ich]

I 自我とその自己意識は近代哲学の最も根本的な概念である。「デカルトとともに近世の教養・思考が始まる」とされるのは[『哲学史』20. 120]，彼が「純粋思考」としての自我を確立したからにほかならない，[同20. 127ff.]。この自我を原理として洗練したのがカントであった。自我は，私のあらゆる表象にともなう「私は考える」という「超越論的統覚」であり，表象の多様・経験的素材を結合して統一へもたらす「総合的機能」を果たす。それは経験を可能にする働きであり，経験の主体であるから，それ自身は実体として現象のうちに現れるわけではない（主体と実体との分裂）。

II カントでは不問にされていた統覚的意識の可能性を問題にしたフィヒテは，自我はいかなる基体にも属さない純粋な働きであり，それが「自己内還帰」することによって同時に自己自身を働きの産物として措定するような「事行」である，とした。『全知識学の基礎』で彼はこの事行的自我を，意識の不可疑の事実である「A＝A」の可能性の究明を通じて，「自我は根源的に端的に自己自身の存在を措定する」という命題（「知識学の第一原則」）で表現した。それは形式的同一性であるので，捨象された内容を回復するためには，また自己意識における差異的構造を説明するためには，質料的なものとの対立が必要となる。それが「A ≠ nicht A」の分析から得られる命題，「自我に対して非我が端的に反措定される」（「第二原則」）である。非我は思考される自我としての自己意識の成分であるとともに，意識から独立した客観的実在という性格をもち，やがて自然界へと具体化されるべきものである。さらにフィヒテは，自我の同一性と対立というこの矛盾を解決するために，自我内での「可分的自我」と「可分的非我」との対立と総合を考える（「第三原則」）。

こうして主体と実体との分裂がカント以上に尖鋭化されるとともに，統一の回復が両者の交互作用（可分性の総合）によってはかられる。この交互作用の方向に応じて，自我は，非我によって規定されると考えられるときには理論的であり，逆に非我に働きを及ぼすと考えられるときは，それは実践的自我である。カントの理論理性と実践理性は同じ自我の異なる側面にほかならない。自我と非我はそのつど特殊な規定において対立し，両者を媒介する第三のもの（自我）のうちで総合されるが，この総合はまたしても新しい規定をまった対立を産み出す，という総合の過程的進行は，ヘーゲルの弁証法の形成に大きな影響

を与えた。——しかしフィヒテはこの総合を終わりまで完遂することができず、統一は自我による非我の滅却（人間の自然支配）の「無限の努力」という要請に置き換えられる。ヘーゲルは『差異論文』や『信と知』でこの点を厳しく批判したが、もとよりフィヒテ自身がこの結果に満足しておらず、『基礎』以後ただちに、知識学の改訂をたびたび試みるようになる。だが彼はそれを公刊しなかったために、ヘーゲルの気づくところとならなかった。

Ⅲ　イェーナ『実在哲学』でヘーゲルは、言語・労働・家族という枠組で自我の独自の構成を試みたが、『精神現象学』とそれ以後はこれを放棄して、主観-客観モデルに復帰し、前期フィヒテの自己措定的自我や相互承認論を継承・発展させる。——①自我は純粋な自己内反省・自己意識であり、論理的に言えば「単純な対自存在」[『精神現象学』3. 147]、「自己自身に関する否定性」[『大論理学』6. 253]である。自己関係的否定性の振る舞い方は、『大論理学』本質論の「仮象」の章で究明される。だが、②自己に関する否定は自己自身と反撥して自己内に区別を産み出す。即ち自意識としての自我は、一方では感性的確信や知覚の対象、他方では自己自身という「二重の対象」をもつ。「自己意識は、そこにおいてこの対立が止揚され、自分にとって自己自身との同等性が生ずるような運動として現れる」[『精神現象学』3. 139]。この運動は実体と主体との統一を確立する「意識の経験」の旅の一部であるが、最終的統一はフィヒテと同様に相互媒介によって果たされることはなく、「自我は物である」「物は自我である」「自我は自我である」という三つの「無限判断」（主語と述語の無媒介的・無思想的結合）を立て、「絶対知」の章でそれらを回顧的に正当化する、という仕方で達成される。③自我は普遍性と個別性の統一であり、主観的精神である。普遍性としての自我はあらゆる規定性と内容を捨象した「関係一般」であり、個別性としての自我は他者に対立し他者を排除するような「絶対に規定されたあり方」をする個体的人格性である。自我の普遍性と個別性の関連は『大論理学』概念論の序論と「概念」の章で論じられる。また、相互承認による相互人格性の理論としては『精神現象学』の主奴の弁証法が有名である。主観的精神は『エンツュクロペディー』の第3部「精神哲学」第1編の主題である。→自己意識, 自己関係, 無限判断, 知識学, カント, フィヒテ

（藤澤賢一郎）

然り　⇨和解

此岸　⇨彼岸・此岸

時間　[Zeit]

ヘーゲルの時間論はさしあたり、伝統的な時間論の枠組に従って「自然哲学」の中でなされる。しかしヘーゲルのいう「自然」は、「精神」が自己自身を把握するにいたる前の外面的形態であり、逆にいえば「自然」の真実態は「精神」である。だから時間論もまた自然哲学の枠組のみならず、精神哲学の枠組からも見られなければならない。

『エンツュクロペディー・自然哲学』の冒頭で、空間と時間との規定が展開される。空間とは自然の最初の直接的な規定であり、その内で区別可能な「点」の抽象的多性である。点は排他的であるから、連続的であるべき空間の否定でもある。しかし点はそれ自身が空間的でもある。だから点において現れた空間の否定はさらに否定されていることになる。空間はそれ自身において否定の否定である。こうして点において空間の諸契機が止揚され、空間の真実態が時間として現れる。止揚された空間すなわち時間は、おなじく点であっても、今という点である。今・点は、有るというときはもはや無く、絶えず「もはや無い」

と「まだ無い」とのあいだにあり，有から無への絶えざる移行もしくは生成である。だから「時間は次のような有である。すなわちこの有は，それが有るということにおいて有ることは無く，有ることが無いということにおいて有る。それは直観された生成である」[『エンツュクロペディー（第3版）自然哲学』258節]。

ところで冒頭に述べたように，このような時間は，「自然」の規定の一部であるとともに「精神」の規定の一部でもなければならない。後者の視野からは，精神と時間との関係が問題になる。この関係は『精神現象学』の中で，ある凝縮した表現にもたらされている。「それゆえ精神は必然的に時間のうちに現象する。精神は自らの純粋な概念を把握しないあいだは，つまり時間を滅ぼさないあいだは，時間のうちに現象する」[『精神現象学』3. 584-5]。「精神」からすれば，時間は「自然」に属するかぎりはまだ外面的な自己，自己によって把握されていない自己であり，自然の領域に属するかぎりのものの存在形式である。しかし精神がみずからを把握（begreifen）し，概念（Begriff）としての有り方にいたるなら，精神は自然の領域の時間形式を止揚する。このことが「時間を滅ぼす」という表現の意味である。それは，精神が時間を越えた空想とか神話とかの領域に属すということではなくて，時間の中にあってこの時間の不可逆性に支配されず，むしろこの時間を自由に使いこなし，時間の主となることを意味する。「それゆえ時間が概念の威力なのではなく，概念が時間のうちにあるのでもない。概念は時間的なものではない。むしろ概念が時間の威力である」[『エンツュクロペディー・同前』258節]。ちなみにこのことは，精神の次元としての「永遠」が超時間とか無時間とかではなくて，「時間性」という次元として理解され得ることをも示唆するであろう。→空間，生成，運命，場所

【参】 Heidegger (1927:§82)　　　（大橋良介）

時間性　⇨時間

色彩論　[Farbenlehre]

ヘーゲルの色彩論は基本的に，ニュートン光学を批判したゲーテの色彩論を援護するという立場で形成され展開された。ニュートン光学は，色彩を白と黒との混合によって説明するアリストテレス以来の伝統的な色彩論を覆して，白色光は原色の混合によって成り立つとした。ニュートンは，暗室に射し込んだ太陽光線をプリズムによってスペクトル分解し，それをもう一度プリズムによって元の白色光に合成できることを実験によって物理学的に確認した。これに対してゲーテは，自然の中で眼によって直接知覚される色彩を基礎にして，本来色彩は自然（客観）と肉眼（主観）との相互関係において，すなわち外部からの光の刺激によって眼の内部に宿っていた光が目を覚ますというようにして生じる生理学的現象であると考えた。このような根本的な発想からゲーテは，ニュートン光学は人為的に作られた暗室の中でプリズムを通して現れる物理学的色彩しか対象にしていない，というように批判するのである。

ゲーテによると色彩は，〈光と闇との分極性〉という根源現象から両極の相互作用によって生じ，それが目を通して知覚されるのである。彼の行ったプリズム実験は，ニュートンのそれとは異なって，自然光のもとでプリズムを通して見られた光（白）と影（黒）との境界に，光に最も近い黄色から闇に最も近い青色まで色彩が現象するというものである。

ヘーゲルの色彩論はこのようなゲーテの色彩論の影響を受けながら形成された。彼はすでに『イェーナ体系』の「自然哲学」で色彩論を論じ始めてから『エンツュクロペディー』第3版に至るまで，ニュートン光学批判で孤軍奮闘するゲーテを擁護し続けている。

しかしヘーゲルの色彩論は,ゲーテに豊かに見られる生理学的色彩についての経験的記述よりも,色彩現象を生み出す根本原理の哲学的考察によってむしろ形而上学的内容を豊富に含んでいる。その基本的観点は,色彩を「光と闇との単一態」[『イェーナ体系Ⅱ』GW 7. 292]というように,〈光と闇との統一〉として捉えるというものである。すなわち,地上を超えた「観念的な」光が,もう一方の極である「地上的な」闇によって地上的世界につなぎとめられ,この両者が合一することによって色彩が生み出される。「色彩は光と闇のこの二つの規定の結合である。この結合では,両規定は区別されていながら,同時に一つにされている」[『エンツュクロペディー(第3版)自然哲学』320節 9. 245]。ヘーゲルは闇を光の欠如態とみるのではなく,むしろその実在性を認め,光との対立と合一によって色彩が生み出されると考えた。ヘーゲルがゲーテ色彩論の経験的理論を背景に展開したこのような〈光と闇との弁証法的統一〉とでもいうべき哲学的理論は,逆にゲーテ色彩論に明確な理論的枠組みを与えることになり,ニュートン光学に対する共同の闘いを可能にしたのである。→ゲーテ,光,闇

【参】Falkenheim (1934), Beyer (1985), Petry (1987)

(伊坂青司)

軸回転 [Achsendrehung]

軸を中心にして回転する運動,たとえば,地球の自転のような運動のこと。ヘーゲルによれば,地球をはじめとする諸惑星は,地軸を中心に自転する,すなわち,軸回転の運動をするという意味で自分の中心を自分の中にもつが,これは相対的中心であり,太陽を中心に公転するという意味で,太陽を自分の中心としており,これは絶対的中心である。そのかぎり,惑星運動は,独立性と非独立性の統一であり,惑星的自然は,総体性を示し,だからこそ,惑星のひとつである地球にのみ生命が存する。ヘーゲルは,軸回転運動(自転)するだけの,あるいは自分のなかにだけ軸の中心のある天体として太陽があり,これを独立的な天体とし,公転するだけの,あるいは自分の外に中心をもつだけの天体として月と彗星があり,これを非独立的な天体といっている(もちろん,月も自転するし,太陽も銀河系におけるその位置を変えている)。この問題は,現代では,ヘーゲルの論理を生かすためにも,諸科学の成果をふまえてさらに展開される必要があろう。軸回転の運動は,場所の変化のない運動であり,ヘーゲルは,静止した運動と呼んでいる[『エンツュクロペディー(第3版)自然哲学』270節,同節「補遺」]。→天体,惑星

(稲生 勝)

刺激 ⇨有機体

始元 [Anfang]

Ⅰ 一種のホーリズムとしての始元論
何をもって哲学の始元,第一のもの(Erstes)とすべきか,とヘーゲルは問う[『大論理学』5. 65]。我々が唯名論的反省に立ち,我々に「直接的」に与えられる個物こそそれだと答えるならば,普遍は構成的主観による「媒介」として,実在からそぎ落とされる。しかしその際,そのような個物の「直接性」を検証する基準は何であろうか。眼前の〈このもの〉といえども,やはり現実的な物として,物理の普遍を排除しえないのではないか。普遍的法則による「媒介性」を単純に排除して実在に残るのは,むしろ何か抽象的に実在の「存在」としか呼べないもの,実在の消極的な普遍性ではないであろうか。『精神現象学』の始元である「感性的確信」の章が与えるのは,感性の求める個別がいつしか抽象的な普遍に転倒してしまっている戯画であり,「知覚」の章の中では,逆に意識的検証が加わって初めて実在の抽象的普遍性が個別へ構成される場面(しかしこれもまた転倒する)であ

る。それゆえ、『大論理学』の始元論が説くのは、直接的なもの媒介されたものといっても、その内容は理論の「全体」の中で決まるとする一種のホーリズムであり、哲学の始元が、何か特定の直接的なものではなく「直接性」という純粋な形式として、また媒介は媒介で「媒介性」という純粋な形式として語られる純粋学の立場である。ヘーゲルの用語法で直接性は無規定性と、また媒介性は規定性と言い換えられる。その際強調されるのは、哲学の「始元」の直接性無規定性、並びに「結果」として得られる認識の媒介性規定性という「両規定は不可分であり、両者の対立が無的として示される」［同 5. 66］ことである。ここに検討されているのは、この対立をディレンマと見て楯にとり、哲学の始元を不可解とする懐疑主義的異論（『懐疑主義論文』によればこれは懐疑論が哲学に対して敵対的となる古代後期以後のものである）の解消である。そして、それは同時に、「必然的存在者」という観念の無規定さを批判し、このような観念から哲学を開始する不可能を説くカントへの回答ともなる。始源の存在の無規定性は、カントが無条件的必然性の深淵と呼んだものである。全体を見据えたホーリズムの中では、無規定性と規定性との断絶的二分法は許されず、無規定性は「無規定という規定性」であり、その直接性は「媒介された直接性」である。それゆえ、ヘーゲルによれば、直接的な「始元は〔結果から〕媒介されたものとなり、学の前進運動の線は円環（Kreis）となる」［同 5. 71］。

Ⅱ デュナミスとしての始元論　今見た最後の点からすると、「始元をなすものは未だ未展開の無内容なもの」［同上］であり、したがって「始元の直接的なものはそれ自身に即して欠陥あるものであり、自己をさらに展開しようという衝動（Trieb）をもっていなければならない」［同 6. 555］。注目すべきは、この衝動が、実在それ自身の可能態とされ、単に人間主観のそれではない点である。これは、実在それ自身が、自己をその可能態から現実化するとする実在の「生成」説である。→神の存在証明，円環　　　（大西正人）

四元　⇨元素

次元　⇨時間，空間

自己(性)　[Selbst, Selbstheit, Selbstischkeit, selbstisch]

通常「自己自身を／に」（sich selbst）というように sich を強調して用いられる副詞の selbst をヘーゲルは大文字化して、①変化を通しての物事の同一性の中心、②自発性の源泉、という意味で、人格的なものにも自然物にも〈自己〉という言葉を用いる。『精神現象学』の「観察する理性」の末尾で、「自己とは物である」［『精神現象学』3. 260］とされるのが自己の初出。個体（個体性）と普遍との統一を、それ自身が個体性である理性が遂行するのは、原理的に無理がある。己の本質を己から区別して普遍として己の外に立てざるをえない個体性に代って「精神」の章以降でこの統一を遂行するのが、自己本質・自己原因者としての自己である。

自己は、まず個別者を個別者たらしめる普遍的なもの、個人の外にある本質、人倫的実体である。しかし個別者は実際に普遍を担いこれを実現化している。これが個別者を普遍化する。個別性を普遍的に承認し合う個々人、すなわち人格性という第一の自己が成立する。しかし、自己本質である個別者は自己原因者でなくてはならない。第二の自己である教養と啓蒙の自己は、教養形成の運動によって自らの内容を自ら作り出す。だがさらに、産出された自己は個別者自身の自己確信に留まってはならない。道徳的意識という第三の自己は、自己を自己から独立した定在、すなわち世界として産出し、しかもこの定在が自己と

同一であることを知る［同 3. 324-494］。

自己（Selbst）の用例が496例あるにもかかわらず、自己性（Selbstheit）は4例、しかも「理性」の章ではむしろ利己性に近い意味で用いられる［同 3. 271f.］、道徳的意識においては万人に承認された端的に義務にかなった行動を指す［同 3. 476］。このことも、自己が「精神」の章以降で初めて概念化されたことを裏付けよう。「自己（Selbst）」を形容詞化した「自己的な（selbstisch）」は、「宗教」の章以降を中心に7例ある。これは、自己の自発性としてのあり方、行為するものとしての自己を形容する。

一方、自然哲学での「物質の自己」とは光である。自己性（Selbstischkeit）とは、光の持つ直接的抽象的自己同一態を指す［『エンツュクロペディー（第3版）自然哲学』276節］。もう一つの自己性（Selbstheit）は生命の自己運動を指し［同359節］、『現象学』の「生ける個体」［『精神現象学』3. 223］に等しい。ただし『現象学』には Selbstischkeit の用例はない。

【参】 石川伊織（1988）　　　（石川伊織）

自己維持（自己保存）　［(ラ) conservatio sui, (独) Selbsterhaltung］

ホッブズ、ライプニッツらによって呈示された近代の個体性の原理。イェーナ期以後の著作では、例えば「すでに現存しているものを自らただ生み出すだけ」の自己産出作用［『ニュルンベルク著作集』4. 157］といった軽い意味で散見されるだけであるが、『イェーナ体系Ⅱ』では、個体（モナド）と普遍（類）とを結ぶ中心的な概念のひとつとして頻出する。「単一なものとして現れる自分自身のうちへの反省作用である」［GW 7. 147f.］自己保存は、もろもろのモナドにおいて「一にして同一の普遍的なもの」、すなわち「類」として現れる［同 7. 170］のであって、「モナドの自己保存はむしろモナドの止揚」なのである［同 7. 148］。モナドの自己保存は他者の否定であり認識作用であるが、他者もまた同じ作用を行うがゆえに、互いに止揚される［同 7. 169］。ゆえに自己保存は、類を通した「個別性の救済」であり、「個別性を不死なるものとして……保存することを目指す憧憬」だと言われる［同 7. 170］。

【参】 Henrich（1976）　　　（座小田豊）

自己意識　［Selbstbewußtsein］

ヘーゲルは「自己意識」を「意識」の〈真理〉としてとらえる［『精神現象学』3. 135］。「意識」にとって真なるものはどこまでも自己ではない他者である。確信は意識の側に、真理は対象の側に帰せられる。両者の不一致がつねに意識に帰属する。それに対して「自己意識」においては確信と真理とは一つである。確信それ自身が対象であり、真理であるからである。このことは自己意識が単に「自我＝自我」という同語反復であるということを意味しない。自己意識は自己と対象との区別を保持する。しかしこの区別がただちに廃棄される。他者が真実には自己自身であることが自覚される。この運動を通して自己意識ははじめて自己意識となる。言いかえれば自己意識とはこの運動のことにほかならない。

ヘーゲルは自己意識のもっとも単純な形態を「欲望」［同 3. 143］のうちに見出す。欲望は自立的な対象を否定し、自己自身を確信する。しかしそこで欲望は同時に対象の自立性を経験する。対象が存在しつづけてはじめて自己自身の確信ということが可能となるからである。自己意識が真に自己自身を確信するためには、対象自身が自己を否定するということが必須の契機となる。自ら自己を否定しながら、しかし同時にその自立性を保持し、自己意識が自己自身を確信するのを可能にするもの、それ自身もまた自己意識であろう。「一つの自己意識が一つの自己意識に対して有る。このことを通してはじめて自己意識は

実際に有る。なぜならここにおいてはじめて自己意識に対して，他在（Anderssein）における自己自身の統一が生じるからである」[同 3. 144f.]。

自由で自立的な存在としての対象が，相手（自己意識）もまた自分と同様に自由な存在であることを直観し，自ら自己の直接性（欲望）を否定すること，この否定を通して自己意識が，他者によって自分が自由な存在として認められるのを直観すること，しかも以上のことが一方的にではなく，両方の側において（しかもそのことが意識されつつ）なされること，このことをヘーゲルは「承認」あるいは「相互承認」ということばで呼ぶ。この「承認」が成立するところで，言いかえれば人倫的な共同体が——「我々である我と，我である我々」[同 3. 145]が——成立するところで自己意識ははじめて自己意識（『ニュルンベルク著作集』[4. 82]，『エンツュクロペディー（第3版）精神哲学』[436節]によれば「普遍的自己意識」）としてある。

また絶対者についても，自ら自己に対して他となるとともに，同時に他であることのうちに自己自身を認識する運動であることが，言いかえれば自己が〈精神〉であることを知る知であることが言われる[『精神現象学』3. 22f., 28f.]。『エンツュクロペディー』の「絶対的精神B．啓示宗教」の章では次のように言われている。「神は自己自身を知る限りでのみ神である。神の自己知はさらに人間における神の自己意識であり，神についての人間の知である。この知は神のなかでの人間の自己知へと進んでゆく」[564節注；『宗教哲学』17. 187 参照]。→承認，欲求・欲望

【参】Pöggeler (1973a)，稲葉稔 (1977)，Heidegger (1980)，Marx, W. (1986) （藤田正勝）

思考（思惟）[Denken]

ヘーゲルは，思考を，実にさまざまな論脈で用いている。ここでは，(1)概念的思考と(2)純粋思考とに大別して説明する。

(1) 概念的思考　概念的思考とは，思考対象のうちに沈潜することによって，対象の普遍的本質を，対象自身の運動として明らかにしてゆく働きである。ヘーゲルは，静止した表象としての主語に外から述語を付け加える論弁的思考との対比で概念的思考では，「概念が対象の自己であり，この自己は対象の生成として現れる。したがって，自己は，動かないでさまざまな偶有性を担っている静止した主語ではなく，自ら運動していて自分の諸規定を自分に取り戻す概念なのである」[『精神現象学』3. 57]と述べている。

ここで言われている「対象の自己」としての概念とは，個々の現象の普遍的本質として思考される。たとえば，我々は稲妻を見たり，雷鳴を耳にしたりすることがある。それらの現象は我々にはよく知られており，我々はそれらをたびたび知覚する。しかし，我々はたんになじみのある現象やたんなる感覚印象だけでは満足しないで，その奥に探りを入れ，それが何であるかを知ろうとする。そこで現象について思考し，現象そのものとは異なった内側の本質を知ろうとする。だが，つぎにヘーゲルのいう概念的思考では，この本質は我々が主観的に作り出したものではなくて，対象の内側に客観的にあるものである。思考は，事象のうちに沈潜し，その普遍的客観的構造に従いながら進められてゆく。したがって，思考そのものが普遍的でなければならない。ヘーゲルは，このような思考を「精神哲学」の「心理学」では，名称の域を越えることができない表象に対して，記憶を媒介として，名称の意味である事象に係わる知性の働きとして考察している。

(2) 純粋思考の自由　ヘーゲルは，上記の概念的思考がとくに当の思考自身に関係するときには，純粋思考と呼ぶ場合がある[『ハイデルベルク・エンツュクロペディー』36節注]が，人間の意識や意志が個別的ありかた

を抜け出て，普遍的で自由な境地になった場合でも，それを純粋思考と呼ぶ。①『精神現象学』では，自己意識の自由の一つの形態として，ストア主義による純粋思考の自由に言及されている。ストア主義は，内面の自己同一的な普遍性を「正しき理性」，自分の本分として確立する。そして，そのために外面の個々のものに本気で関係することを放棄する。②『法哲学』でも，自由な意志の最初の契機として「自己自身についての純粋思考」が挙げられている。その点については「意志は一切を度外視する純粋な抽象ないし絶対的な普遍という無制限な無限性であり，自己自身の純粋思考である」[『法哲学』5 節]といわれている。→本質，自由，理屈　　　　　　(山口誠一)

至高存在　⇨理神論

自己外存在　[Außersichsein]

「自己内存在」の対概念。原義は「我を忘れてあること」。一方で或るものの本質・概念が，現象・感性的存在等々として抽象的に現れることを指す。空間が「自然の自己外存在の抽象的普遍性」とされる場合 [『エンツュクロペディー』自然哲学254節 **9. 41**] がそれにあたる。また他方では，『精神現象学』によれば，承認の運動の，また精神的存在者の展開の第一の契機である。「自己意識にとって自分の本質が他者として現れ，自分の外に存在している」[**3. 149**] こと。自己意識にとってのこの他者とは，これまた自己意識であり，この他者において自己外存在が成り立つ。自己と他者の「並存」とは違い，他者における自己喪失およびこの他者の廃棄として現れる。自己意識は「自分を他の存在者として見出」し，「他者を存在者とは見ずに，他者のうちに自分自身を見る」からである [同 **3. 146**]。承認の媒介運動は双方の自己意識がこの自己外存在を廃棄するところに始まる [同 **3. 146 f.**]。「自らの自己外存在においてありながら，自分自身のうちに留まるもの」であるとき，精神は「現実的なもの」である [同 **3. 28**] がゆえに，「感性的なものは一般に外面性を示し，したがって自己意識の自己外存在を示す」[『法哲学』21節] とされる。→自己内存在
(座小田豊)

自己関係　[Beziehung auf sich, Verhältnis zu sich selbst]

事象やカテゴリーのあり方を論理的に規定し，その弁証法的運動を推進し導く概念装置の一つ。──自己関係には相反しながら関連する二つの主要な意味がある。第一に，あるものが，他のものに対して無関心的であり，またそれ自身のうちに区別を含まないなら，それは単純で抽象的な肯定的自己関係，自己同等性と形容される。これは没関係性としての直接性と内包的には異なるが共外延的であり，カテゴリーとしてはまず存在あるいは定在である。しかし第二に，否定的な自己関係ないし否定的なものの自己関係は，関係として媒介であり，それ自身のうちに区別もしくは分裂を含みながら統一を保持するものについて言われる。有論では対自存在や無限性，本質論では反省と反省規定，概念論では個別性や生命が，否定的自己関係のカテゴリーとして重要である。その運動様式は反省論で究明される。すなわち，ひたすら自己にだけ関係する否定は，(1)否定（媒介）であり，(2)他在への関係を欠くものとして直接性であり，(3)否定がそれ自身に働くことによって否定された否定となる。(2)と(3)は第一の意味につながり，(1)と対立する。これらが複雑に絡まって放縦とも言える運動を展開するなかで弁証法の論理規則が確立される。──思弁哲学において再構成される自己関係の経験的-日常的事例は，無機的自然では時間・光・水・物体（のとりわけ形態）などが典型であり，生物現象としては自己保存・消化・自己再生産などがある。生物の個体性・主体性・自己性

は否定的自己関係による。国家も否定的に自己関係する有機的組織と特徴づけられる。しかし自己関係のモデルケースであり，最も多様に分節されるのは，自己意識ないし自我とその自由あるいは意志である。「精神は自由において無限に否定的な自己関係である」[『法哲学』321節]。——自己関係という概念は，フィヒテの影響を受けてイェーナの体系構想以来ひんぱんに用いられるようになり，例えば『大論理学』有論の第1版と第2版，『エンツュクロペディー』の第1版と第3版を比較すれば分かるように，後になるほど広汎に適用される。⇒反省，否定，自我　　（藤澤賢一郎）

自己感情　[Selbstgefühl]

　心情が「自分自身のうちに還帰」し，「それだけで存在する現実的なもの」として「満ち足りている」状態を意味する[『精神現象学』3. 170]。人間にとっては，この自己感情からさらに「欲望と労働」という関係が生起してくる[同上]。「動物は自己感情でもって終わるのに対して，[人間の]理性本能は同時に自己意識である」[同 3. 200]からである。『エンツュクロペディー（第3版）精神哲学』では，自らの感情の特殊性を理解することを通して，「主体が主観的一としての自分」に気づいている在り様が自己感情と呼ばれ[407節]，それが外的世界との連関をうまくつけられない形態が，「狂気」とされている[同上]。『精神現象学』の主人と奴隷の弁証法において，「対象の純粋な否定……，純粋な自己感情を自分のために取っている」自己充足的な主人よりも，「妨げられた欲望」である「労働」を介して世界との媒介関係を形成する奴隷が肯定される[3. 153]のも，同じ論旨である。
（座小田豊）

自己原因　⇒実体（性）・属性・偶有性

自己内存在　[Insichsein]

　「重さは未規定な外面性における自己内存在である」[『エンツュクロペディー（第3版）自然哲学』334節「補遺」9. 332]と言われるように，一般に「あるもの」が「他者との関係をいったん切断」し，それ自身の本質的在り方で「自らのうちに静止」している状態[『宗教哲学』16. 374]を意味する。何らの区別ももたない「即自」とは違い，自らの「自己外存在」との区別をもち，その上で「区別の止揚によって再び自分自身に等しく」なって「現存している」[『大論理学』5. 123]ことを指す。「ただし，自己内存在は最初はまったく未規定であり，これがさらに，先ず自分を対自的に存在するものとして規定し，概念においてはじめて主体の具体的な強さを保持するまでになる」[同上]とされる。「自己内存在の本質性は思惟それ自身」であって，人間の自己意識において初めてこの本質性が，対象として意識され具体的な生動性を得るに至るからである[『宗教哲学』16. 375]。仏教は「自己内存在の宗教」とされる[同 16. 374ff.]。
⇒自己外存在，インド・仏教　　　（座小田豊）

自己内反省　⇒反省

自己のもとにある存在　⇒他者

自己目的　⇒目的論

自殺　[Selbstmord]

　ヘーゲルは生涯にわたって何度も自殺について考察を加えている。(1)小カトーの自殺については，『キリスト教の実定性』以来，晩年にいたっても，宗教哲学，歴史哲学，精神哲学などで考察を重ねている。「祖国，国家の理念が，彼［カトー］の世界の究極目的であった。……カトーは，彼にとってそれまで事物の最高の次元であったもの，彼の世界，彼の共和国が破壊されたとき，初めて，プラトンの『ファイドン』の方を向いた。このよ

うにして彼はもっと気高い次元へと逃れていった」[『キリスト教の実定性』補稿 1. 205]。青年ヘーゲルの共和国主義は、個人の献身の対象（国家＝究極目的）という意味をもつもので、晩年の国家主義（国家＝実体）と必ずしも対立するものではない。(2)『法哲学』で人間は自己の生命・財産を含めて外部世界のものを自ら断念することによって、内へと向き直り自由になると論じて、自殺に言及している。「人間だけがあらゆるものを、自分の生命をも放棄することができる。人間は自殺を行うことができる。動物にはできない」[『法哲学』5節「補遺」]。(3)しかし、自殺の権利は、自己決定（譲渡・放棄）の範囲は外的な事物と、時間的に限定された労働に限られるという理由で、「権利としての自殺」を否認する[同70節]。カントにおける自殺の禁止とは違う論理で、キリスト教の正統的格律を支持している。(4)アフリカ人や中国人の場合には、超越者への信仰がないために生命尊重の思想が不在である。「より高い存在者への意識をもって初めて人間は、人間に本当の尊敬をはらう立場に到達する」[『歴史哲学』12. 125]。そのために非キリスト教世界では自殺や献身が容易に行われる[同 12. 161, 164]。これは現代にいたるまで西欧人が非西欧人に抱いている偏見の一つの典型である。西欧人の献身には最高の精神的価値を与え、非西欧人の献身は自己喪失にすぎないと蔑視する。

（加藤尚武）

資産 [Vermögen]

ヘーゲルは家族を構成する三つの契機の一つとして「家族の所有と財、およびそれに対する配慮」[『法哲学』160節]を挙げている。所有は、個人 - 人格が外面的実在性をもつ際に、必要不可欠のものであるが、個人 - 人格ではなく家族の場面で、その共同性を外面的に保障するものが、資産である。その特質は「共同の所有」[同171節]にあり、私的所有の面が影をひそめる。さらに、市民社会の場面では、万人の依存関係つまり社会的分業に基づく労働の体系そのものが「普遍的資産」[同199節]である。各人は、自分の技能と元手とに応じて、この資産に参与して自分の生計を立てていくことになる。しかし、各人の技能と元手は、多種多様な（自然的および社会的）偶然的事情に左右されており、諸個人の資産ならびに技能には、必然的に不平等が生じざるをえない。この点が市民社会の解放的面に対する裏面をかたちづくる。なお、この普遍的資産が階層的 - 身分的な区別の基盤となる。→財産共同体、職業・身分、家族、市民社会

（金谷佳一）

事実 [Tatsache]

いわゆる「事実」とは、時として「動かしがたい事実」などとも言われ、我々にとってそれ自体重要な意味をもつポジティヴなことがらである。だが、これに対してヘーゲルが「事実」という表現を使う場合には、それは、きわめてネガティヴな意味合いで使われる。すなわち、「事実」とは、「必然性」を欠いた、単なる「知覚」の対象としての、「継起する諸変化」であり、「併存する諸対象」なのである。[『エンツュクロペディー（第3版）小論理学』39節]。また、さらにはヘーゲルは、「信仰や直接知」をも「事実」、とりわけ、「意識の事実」もしくは「意識における事実」とよぶ[同63-66節;『懐疑主義論文』2. 220, 228, 240 f. 等参照]。「信仰」とは、言うまでもなく「神への信仰」であり、また、「直接知」とは、この「神への信仰」――「無限なもの、永遠なもの、神が、存在する」――をも含めて、「思いつき、心の啓示、自然によって人間のうちに植え付けられた内容と、さらにまたとりわけ常識と、〔一般に〕名付けられているもの」[『小論理学』同63節]などであり、総じて、「直接、意識のうちに呈示される」[同66節]知識である。

ヘーゲルが，こうした諸「事実」を，総じてネガティヴなものと捉えるのは，「知覚」の対象も，「信仰」も，「直接知」も，本当は，それだけで単独に存するものではなく，〈他の事柄や他の知識との（媒介）関係〉において，「必然的に」そうしたものとして存する，とヘーゲルは考えるからである。そこにある物は，多くの他の物との関係において，まさにそうしたものとしていまそこにあるのであり，「無限なもの」は「有限なもの」との関係において，また，「常識」も，本当は，必ずしも「常識」ではない多くの諸「知識」との関係において，まさに「無限なもの」であり，「常識」なのである。→直接性，媒介

(高山　守)

自然　⇨自然哲学

自然史　⇨自然哲学

自然宗教　[naturliche Religion, Naturreligion]

自然的宗教とは，人間が直接的状態であるときの宗教意識である。「神は自然的なものとして定立され，意識は自然的規定性に囚われている」[『宗教哲学』**16**. 274]。しかしこの自然の暴力への恐怖の克服は，「精神的なものが自然を支配する力」でもある[同 **16**. 278]。そこでは人間の誰かが自分の自然的意志だけで自然現象を制御できると見なされている。この呪術が客観化され呪物崇拝となり，さらに自然的事物一切を包括する神の力として考えられると，自然と主観とが区別され，自然の宗教が現れる。ヘーゲルによれば，この段階の最後に万物の感性的表象に基礎をおく中国の宗教がある。その本質は天であり，天の現れが度量である。これを地上において支配する唯一の者が皇帝である。全一者としてのこの原理が，一人の個別的人格においてではなく，すべての純粋思惟に展開されたとき，インドの宗教となる。さらにこの原理が自己内において抽象化され無とされ，それと人間が一体となったとき，仏教の涅槃の境地に到達する。仏教では究極原理が自己外から遮断されたのに対し，ペルシアの宗教ではこの原理が世界の力として，世界の目的として発現する。それは世界の目的としての善であり，世界の力としての光である。この光がすべてを開示し，生命と発展に役立つ。そのためペルシアの宗教は光の宗教とも呼ばれる。このとき宗教意識は自然宗教から脱し，自由の宗教への移行が始まっている。→宗教，ペルシア

【参】 Leuze (1975), 岩波哲男 (1984)

(八田隆司)

自然衝動　⇨衝動

自然神学　⇨神

自然精神　⇨霊魂

自然的意識　⇨意識の経験の学

自然哲学　[Naturphilosophie]

I　歴史の中の自然哲学　自然哲学は，プラトンの『ティマイオス』やアリストテレスの『フュシカ』に始まる長い歴史をもった学問である。近世にいたってデカルトとライプニッツがそれに新しい章を書き加え，18世紀末にはカントが理性批判の立場から観念論的自然哲学の可能性を示唆した。シェリングとヘーゲルの自然哲学がこれらの哲学的伝統を継承発展させたものであることは言うまでもない。しかしドイツ観念論の哲学者たちは単に伝統を継承するだけでなく，同時代の自然科学の経験を土台として従来にない体系的な自然哲学を構想した。シェリングはこの体系の基礎として自然のうちのアンタゴニズムに着目し，自己のうちでこの矛盾を解消し，かつ再生産する過程として全自然を見ようと

した。またヘーゲルは，同様な弁証法的構造を自然のうちに見ながら，それを純粋な理念が具体的現実性を獲得する最初の段階として把握した。こうしたまなざしの下ではじめて，自然を神の造った精巧な機械ではなく，自己のうちに発展と形態化の原理をもつ生きた全体として捉え，またそれ自身が体系を構築するものとして考察することが可能になった。ドイツ観念論の哲学者は，またこの観点から同時代の科学の中になお残っている古い形而上学的思考法を現実に適合しないものとして攻撃し，それに代わる思考形式を見出そうと努めた。彼らの用語はかならずしも一般の科学者の採用するところとはならなかったが，しかし，その考え方には現代でも通用する重要な内容が含まれている。

Ⅱ 体系の中の自然哲学　ヘーゲルの場合，自然哲学は彼の思弁的哲学体系あるいは絶対的観念論の一部であり，この部分を抜きにした彼の哲学は考えられない。ヘーゲルによれば，体系の三つの部分〈論理学〉〈自然哲学〉〈精神哲学〉はいわば理念自身の発展段階を反映するものであり，その全体が理念の現実性をなしている。このうち自然哲学は，最初，論理的カテゴリーとして純粋な姿で現れた理念が客観的世界としても現実化されようとする中間的段階である。そこでは理念はまだ完全に自由な発展を遂げることができず，物質的に束縛された不完全な姿で精神の本質を映し出す。その限りで，自然は精神の「他在」(das Anderssein)，もしくは「相互外在」(das Aussereinanderseinと呼ばれる。ただ人間のみがその精神的営みである労働と文化とによってこの制限を突破して，精神の実質である自由を客観的世界としても実現しうる。——こうした形而上学的ないし神学的な図式によってヘーゲルは自然をいわば精神に従属するものとして捉え，それに基づいて人間の自然支配を正当化した。けれどもこの絶対的観念論こそ，自然を発展と自己組織化の原理を自己の内に内蔵する統一的全体として考察し，かつ悟性と区別された意味での理性的なものとして把握することを可能にしたものだったのである。

Ⅲ ヘーゲル自然哲学の視点と構造　ヘーゲルは，すでにイェーナ時代の講義草案の中で〈自然の哲学的考察〉と〈ありきたりの考察〉とをはっきりと区別している。後者にとっては，自然は単に量的差異における全体と部分から成り，因果関係においても単純な〈このもの〉の集りである。[『イェーナ体系Ⅱ』GW 7. 180]。この区別は，後の『エンツュクロペディー』第3版（1830）では，もっと分かりやすくこう言われている。「自然哲学は概念的に把握する考察であるから，それは同じ普遍者を，それ自身の内在的必然性において，概念の自己規定に従って考察する」[『同・自然哲学』246節]。言い換えると，自然哲学も理論的自然科学と同様に「自然経験」を前提して，そこから抽出された同じ「力や法則や類」のような普遍者を主題的に考察するものであるが，その考察法は一般の自然科学の考察法とはすこし違うというのである。

この考察法の相違は，ヘーゲルの自然哲学の実際の構造を研究してみればすぐ分かる。彼は自然哲学をふたたび〈力学〉〈物理学〉〈有機的自然学〉の三部分に区分するが，これはそれ自体が，おのれの現実態へと向かってみずからの力で発展する理念の自己具現化過程の見取り図である。その導入部で彼は言う。「自然はさまざまな段階の体系として考察されなければならない。[同249節]。この段階的進行を導くものは，ただ「自然の内奥」(das Innere der Natur)ともいうべき「弁証法的概念」だけである。自然哲学全体の構造も，その個々の段階の内容も，この概念の弁証法的運動に厳密に従っている。それはまず単純な質点としてのみ考えられた物質の系，すなわち力学系から始まって，次に質的多様性をもった物質の複雑な相互作用へと移る。

そこから最後に，こうした相互作用を自己の内で一つにまとめて他の物質系から独立した存在を保っている物質系，すなわち生物へと進んでゆく。

ヘーゲルはこの理念の進行過程に，ルネッサンス以来の伝統的科学と18世紀に著しい発展を遂げた新しい科学の諸分野を割り当てた。第1部「力学」は，さしずめガリレオに代表される地表の物体の運動学（有限的力学）とケプラーおよびニュートンに代表される自由空間内の物体の運動学すなわち天体力学（絶対的力学）である。それに続く第2部「物理学」には，主として18世紀後半に発展した新しい自然科学の諸部門，すなわち光学，熱学，音響学，化学，電気磁気学などが対応する。ヘーゲルはこの部門を「もっとも難しい部門」と呼んでいるが，当時の未発達な化学や電気磁気学の状態を考えれば，それは当然であろう。最後の「有機的自然学」の中心は言うまでもなく植物学と動物学であるが，今日の常識に反して鉱物学と地質学もここに加えられる。これは当時の博物学の常識に従ったもので，おそらく結晶の形成のような自己形態化能力と自己組織性が鉱物や岩石を単なる元素の集合と区別して有機体と呼ばせたのであろう。

Ⅳ 「自然の無力」あるいは根源的に限定された自然　　上記のようにヘーゲルは，自然を次第に個体化の度合いと環境からの自由度を増してゆく物質系の段階として考察するが，しかしそれを，いわゆる〈存在の大連鎖〉のように微妙なニュアンスを通して移行するものとは考えなかった。彼はむしろ「自然は飛躍しない」という18世紀の変遷論者とは違った目でこの問題を眺めていた。この点でヘーゲルの自然哲学は，自然のあらゆる階層に同一のアンタゴニズムと分極構造を見ようとしたシェリングのそれとも一線を画している。ヘーゲルがこうした〈自然哲学的形式主義〉を厳しく批判したことは，『精神現象学』序文にも見られる通りである。その主な理由は，そういう形式主義もまた機械論的自然解釈に劣らず，自然の生きた具体的関連を見誤るものだからである。

シェリングと違って，ヘーゲルは自然の内にどうしようもなく無力なもの，根源的に限定されたものを感じ取っていた。たとえば生物は環境因子の攪乱を受けてさまざまな変異型や奇形を生じ，分類学者の努力をあざ笑うような移行型や中間種を生み出す。18世紀の後半までにヨーロッパの自然研究者たちがさまざまな観察と実験を通じて見出したこの事実を，ヘーゲルは「自然の無力」（Ohnmacht der Natur）と呼んだ。彼が，生物体の内部で対立する二つの生物学的機能（感受性と被刺激性）の比率からあらゆる生物の種をアプリオリに導出しようというシェリングの〈真の自然史〉のアイデア，もしくは先験主義的進化論に反対したのも，こういう自然経験の重視の現れである。彼によれば，生物の種の多様性は級数の公式に自然数を代入するような手続きによって生れるのではない。それはむしろ「諸条件の不完全さと混乱に抗して，概念によって定められた形式を守りえない自然における概念の弱さ」を表わしている。彼はこの観点から自然に歴史を否定するが，これは多くの不評にもかかわらず，むしろ観察と経験を通して自然の真の姿に接近しようとした二三の自然研究者たち，たとえばジュッシュー（Antoine Laurent Jussieu 1748-1836），ラマルク（Jean Baptiste Lamarck 1744-1829），ケールロイター（Joseph Gottlieb Koelreuter 1733-1806），キュヴィエ（Georges Léopold Cuvier 1769-1832）などの研究をヘーゲルが読んでいた証拠なのである。

Ⅴ ヘーゲルと自然科学　　ヘーゲルは，これらのナチュラリストの観察だけでなく，自然科学の他の分野の実験報告も異常な熱心さで研究した。従来，自然科学はヘーゲルの

得意な分野ではなく，彼はここではつねにシェリングのエピゴーネンだったと言われてきたが，この不当な判決は今日では破棄されねばならない。若いヘーゲルがその哲学体系の建設過程で考察した自然科学の文献は広い範囲に及び，テーマも多岐にわたっている。その主なものを挙げただけでも，ラプラス（Pierre Simon Laplace 1749-1827）の天体力学（とくに多体問題と摂動の研究），ベルトレ（Claude Louis Berthollet 1748-1822）の化学的親和力研究，ラムフォード（Benjamin Thompson Rumford 1753-1814）の熱学的実験，ガルヴァーニ（Luigi Galvani 1737-98）とヴォルタ（Alessandro Giuseppe Volta 1745-1827）による動電気的実験，スパランツァーニ（Lazzaro Spallanzani 1729-99）の消化に関する実験などがある。ヘーゲルは，当時ようやくドイツでも発行され始めた各種の科学雑誌やハンドブック類からそれらの情報を得たのだが，その目的はまず弁証法をより現実に適合した思考形式に鍛え上げることにあった。

ヘーゲルは，自然科学がゲーテを模範として「素直な直観と経験」を取り戻すべきだと主張した［『エンツュクロペディー（第3版）小論理学』126節「補遺」］。そして「科学がいま自分の使っている形而上学的カテゴリーを意識して，その代りに事物の概念を基礎におくようになる」ことを願い，さらに「専門家はそのことを反省しないが，この学問に対しても理性概念が要求される日がきっと来るだろう」と述べた［『同・自然哲学』270節注および「補遺」］。この「事物の概念」や「理性概念」という言葉を〈相互作用しあう物体の系〉というほどの広い意味にとれば，彼の言葉は科学の歴史に照らしても正しかったと言えよう。
→理念，概念，弁証法，力学，シェリング，ゲーテ

【参】Hörz/Löther/Wollgast(1969), Engelhardt (1976), Breidbach (1982), Gies (1982), Cohen/Wartofsky (1984), Horstmann/Petry (1986), Neuser (1987), Petry (1988), 渡辺祐邦（1990）
（渡辺祐邦）

自然の無力 ⇨ **自然哲学**

自然美 ⇨ **美**

自然法 ［Naturrecht］

ヘーゲルによれば，歴史的に見て，近代国家が構想される17世紀以降，自然法は相対立する二つの学問的扱い方を完成させられてきた。17世紀のイギリス哲学（ホッブズ，ロック）による「経験的」取扱い方と，18世紀後半のドイツ批判哲学（カント，フィヒテ）による「形式的」取り扱い方とがそれである。しかし，これらの体系ではいずれも，人倫的全体は両極に分裂したまま和解されることはないのである。二つの立場に共通に見られる人倫的法則と経験的自然との分裂を越えるものとして，ヘーゲルは「人倫的自然がいかにして真正の法（Recht）に到達するかという過程を構成するもの」［『自然法論文』2. 505］として自然法を構想することを課題として立てるのである。こうした課題を背負って，ヘーゲルはイェーナ時代にはより本格的に近代自然法（『イェーナ体系Ⅰ，Ⅲ』におけるホッブズ，ルソー，フィヒテらへの直接，あるいは間接的な言及がその事を裏付ける）と対決する。そこから「個別者の自覚された自由な意志という原理」［『哲学史』19. 129］によって定立される法，つまり，近代自然法が課題として立てたのと同じ地平から近代法と人倫のあり方を探ろうとし始める。ここでは，始元として立てられた人倫的自然（肯定的普遍）が，否定的なものとしての個と関わりそれを融合していくという形においてではなく，逆に始元としておかれる個別者が他の個別者との相互承認の運動を介して己のうちに形成される普遍的意思（全体）を自覚していくと

いう構成がとられる。かくて，ヘーゲルは自然法概念のうちに「直接的自然によって………植え込まれた」法ではなく，「事柄の本性，つまり概念によって己を規定する法」[『ハイデルベルク・エンツュクロペディー』415節］という意味を読み取ることによって「自己規定する」自由な意思を自然と法との真の媒介者と見なすに至るのである。にもかかわらず，ヘーゲルの著作には『法哲学』，ベルリン時代の『エンツュクロペディー』と，晩年に至るまで近代自然法の原理に対する根強い批判が見られる。その主眼は，社会状態に先行する自然状態における各個人への自然権の付与という考え方と，そうした個人相互の契約に基づく国家の設立という命題に向けられる。ヘーゲルによれば，一切の権利は国家の法的秩序の中で初めて成立するものでなければならず，また社会契約というほんらい私法制度に属する観念を公法のうちに持ち込むことは，国家を個人の意思ではなく，恣意に基づかせることになるとみられる。

このようなヘーゲルの徹底した近代自然法批判は，近代国家の構想に当たって，一方でカントにおいても未だ残存していた構成員の一切の前国家的特権を排斥するという立場を徹底させたこと，他方で市民社会そのものが産み落とす矛盾（貧富の差等々）の解決の場を，その只中にある諸個人の意思によって生成し運動する政治的共同体，国家のうちに留保したことに求められる。このことはまた，ヘーゲルを近代自然法の止揚者として同時代の種々の批判者から区別するものとなっているのである。

【参】 Welzel (1951), Riedel (1969), 上妻精ほか (1980)　　　　　　　　　　（森川孝吉）

思想　[Gedanke]

理性的思考によって，表象からつかみとられた普遍的内容のこと。思想は，表象と概念の中間に位置を占める。概念はまた純粋思想とも呼ばれる。

たとえば，『法哲学』の内容は「世界の思想」であり，論理学の思考規定や，落下法則の内容も思想である。また，『哲学史』では，アリストテレスのいうヌースを思想と言い換えている。その点については，「思想（ヌース）は，思考されたものを受け入れることによって自分自身を思考する」[『哲学史』12. 162］といわれている。したがって，ヘーゲルは，思想ということで，たんに主観によって産出された観念だけではなくて，思考の働きと，それによって産出された客観的内容の両方を意味しているのである。→思考（思惟），ヌース　　　　　　　　　　　　（山口誠一）

志操（心術）　[Gesinnung]

志操は，単なる「心情」とは区別される。「志操はエーテル的な存在である」[『キリスト教の実定性』1. 182］とか，また「志操，すなわちそのように行為しようとする志向（Geneigtheit）」[『キリスト教の精神』1. 301］という表現にみられるように，志操は行動に方向性を与える限りの，人間のうちにある根本的な心的傾向・心構えを表わす。この意味で，道徳の立場にあっては志操はその本質的な契機であるが，しかしそこでは道徳的行為の主観的側面，すなわち形式であり自己確信であるにすぎず，現実的な行為にとって本質的要素である内容はまだない。カントにおける「法則に対する尊敬の感情」がこれにあたる。しかし道徳的志操（良心）は具体的な内容をもたないならば空虚である。「真実の良心は即かつ対自的に善であるところのものを意志する志操」[『法哲学』137節］であり，主観と客観の両側面が合一したところである人倫の立場においてはじめて成立する。ヘーゲルが積極的意味を与えているのはこの人倫の志操である。政治的志操すなわち愛国心はこのような志操であるが，それは共同体において存立している諸制度の成果としての働きであっ

て，日常の生活関係の中で共同体を自分の実体的な基礎であると心得ている志操である［同268節］。このことは，志操が国家およびその諸制度と相関関係にあることを表わしている。ヘーゲルは志操を主観的な私念とははっきりと区別するのである。だからヘーゲルはより一般的な意味で次のように述べている。「個人の志操は実体の知であり，個人の全関心と全体との同一性の知である。そして別々の個人が，この同一性においてのみ互いに知り合いしかも現実的であるということ，これが信頼である。つまり真の人倫的志操である」［『エンツュクロペディー（第3版）精神哲学』515節］。ヘーゲルは志操に，近代的道徳の根拠とフランス革命後の恐怖政治に表現を見るような政治的熱狂を視野におさめて独自の思想的意味を与えているのである。⇒心情，制度，道徳性，国家　　　　　　　　　（水野建雄）

持続　⇨運動

時代　[Zeit]
　ヘーゲルにとって時代は，哲学を成り立たしめる〈基盤〉とも言うべきものであった。「時代の精神」という概念がある。用語としては，ベルン時代［『国民宗教とキリスト教』1. 85；『キリスト教の実定性』1. 104, 110］から既にある。シラーの『美的教育についての書簡』の影響を受けつつ書かれた断片では，「注目すべき大いなる革命が生じるには，前もって，あらかじめ静かなる密やかな革命が時代の精神の中で生じていなければならない」［『キリスト教の実定性・補遺』1. 203］と語られた。この「時代の精神」にヘーゲルは，〈時代の現象〉の根拠，内的な原因を見た。この時代原理を把握してこそ，事件の歴史的な必然性が明らかになる。哲学する態度とされた「在るところのものの了解」［『ドイツ憲法論』1. 463］とは，個々の出来事を偶然的な事象と見做さず，「一つの精神に支配された出来事の体系」として，「内面的な連関」のうちに把握することを意味していた。
　時代は，その精神によって時期が画される。例えば，代議制をめぐってこうある。「この制度が世界史に一時期（Epoche）を画する。世界の文化・教養上の連関は，東洋的な専制主義と共和国の世界支配の後に，後者の堕落を通して両者の中間へと人類を導いた。そしてドイツ人は，世界精神のこの第三の普遍的な形態を生み出した国民である」［『ドイツ憲法論』1. 533］。〈専制主義→古代の共和国→代議制〉という政体上の区分と，〈東洋→ギリシア・ローマ→ドイツ〉という風土的な区分が重なり合って，世界史は三段階に区分される。つまり，世界史は，その必然的な契機を実現することで世界史に一時期（Epoche）を画することになる世界史的国民が政体と風土との座標軸上に上演する三幕劇となる。また，この時代の要求を最初に実現するなら，世界史的英雄としての役割を担う，という［『法哲学』347節，348節］。各人は「時代の子」［『歴史哲学』12. 72］として，その時代に規定されて出現するのである。時代原理を，歴史の舞台の背後で狡智を働かして演出している理性に見るなら，歴史は摂理の実現だと，見做されもしよう。だが，それは果たして三段階に区分されるものであろうか。
　確かに，弁証法的な発展段階を〈統一，対立，再合一〉などと三段階に図式化するなら，世界史の順序が理念の概念規定の順序と重なることにもなろう。しかし，弁証法はまた，植物のメタファーを借りて，茎，若葉，萌芽，花，果実を経巡る発展の論理として説明されてもいる。そうであるなら，歴史における理性の発展を，ことさら三段階に区分する合理的な理由はなくなる。事実，「世界史的国政は四つ，すなわち(1)東洋的国政，(2)ギリシア的国政，(3)ローマ的国政，(4)ゲルマン的国政である」［『法哲学講義（ヴァンネンマン）』165節］と見る四段階構成と，〈東洋の専制では

一人の者が、ギリシア・ローマの民主制と貴族制とでは若干の者が、ゲルマンの君主制ではすべての者が自由である〉とする周知の三段階構成とが、体系期の思索の中に混在している。『哲学史』では、三段階構成もあるが、〈ギリシア・ローマの哲学〉と〈ゲルマン哲学〉との二段階構成さえある。ヘーゲルによる時代区分はかなり曖昧なものと言わざるをえないのである。ベルリンのヘーゲルに、ゲレス (Jakob Görres) の論著、『世界史の基礎、組成そして時代順について』への批評がある。徹底して〈歴史の図式化〉を斥けている。ヘーゲル哲学の論理でもって実際の世界史の時期を規定しようとするのは、むしろ誤解に通じるものと言えよう。

さまざまな時代を通して哲学は一つ、というのが一貫したヘーゲルの観点であった。「自らを認識した理性はどれも、真なる哲学を産出し、あらゆる時代にわたって同一の課題を解決してきた」[『差異論文』2. 17]。哲学の歴史は、単に、諸々の哲学的成果の〈集積〉ではない。〈変化〉から成るものでもない。哲学の歴史の中で、さまざまな哲学は自己知に到る理性の発展過程の契機だという。そして世界史も、精神の自己知の、自由の理念の実現過程である [『歴史哲学』12. 32, 96]。「どんな国民も、世界の普遍的な連関に参入するに先立って、それぞれ独自の文化の段階を独立的に遍歴しなければならなかった」[『ドイツ憲法論』1. 533]。ここには、個人の自然的な意識の道程から、世界史的な精神の道程へ移行して〈哲学知〉に到るという『精神現象学』の構造に似た、二重の歴史構造が窺える。「精神は世界史である」[『イェーナ体系Ⅲ』GW 8. 287]という観点の許で、世界史も哲学史も精神史の内に包括される。精神は自己実現の途上で、時代精神となり、哲学として具体化される。ここに哲学は、ヘーゲルにとって「思想のうちに捉えられたその時代」[『法哲学』序文 7. 26]となる。それは、時代の知的所産としての哲学が、自らの時代の制約や歴史的な必然性を、概念的に把握するという、「在るところのものの了解」という形での〈自己知〉のありようを語っている。
→歴史、哲学、世界、弁証法、理性の狡智

【参】加藤尚武 (1978) (栗原 隆)

時代原理 ⇨時代

七月革命 [Juli Revolution, (仏) Révolution de Juillet]

ナポレオン失脚後、フランスではブルボン王朝が復活したが、反政府派に対抗して国王は1830年7月26日に四つの反動的勅令を公布した(七月勅令)。経済不況下のパリで直ちにバリケードが築かれて民衆が蜂起した。3日間にわたる激しい市街戦の結果、国王は亡命し復古王制は崩壊する(栄光の三日間)。七月革命の電撃はヨーロッパ各国に反乱と動揺を惹き起こした。ヘーゲルの弟子の法哲学者ガンスは熱狂する。前年にベルリン大学総長に就任し、1830年6月、アウクスブルク信仰告白記念式典で式辞を述べたばかりのヘーゲルは、七月革命の報に困惑する。その困惑は、ローゼンクランツの述べるように、晩年のヘーゲルの保守性を示すものであろうか。友人への手紙の中でヘーゲルは、「危機」の中でこれまで通用してきたことのすべてが「疑わしく」なってしまったように見える、と語る [『書簡集』(第3巻) 323]。だが『歴史哲学』では七月革命の必然性を理解しようと努め、フランス革命の提起した問題を再度確認する。すでにフランス的中央集権化が、特殊的利益と普遍的利益の一致を実現する「職業団体と自治組織」を欠くがゆえに、原子の原理という欠陥を有することが指摘されていたが [『法哲学』290節「補遺」]、今やヘーゲルが力説するのは、カトリック教をもってしてはいかなる理性的国家組織も不可能であり、宗教改革なしには革命はありえない、という

ことである。革命が結実するためには宗教と心術の支持が必要なのである。そうした支持を欠くフランス復古王制は「15年間の茶番劇」[『歴史哲学』12. 534] でしかない。そもそも革命とは「神的なものと世界との現実的宥和」[同 12. 529] にほかならない。だがカトリック的原理と自由の啓蒙的形式主義・抽象性のゆえに問題は依然として未解決であり，それを歴史が解決していかなければならない。「こうして動揺と不安は続いていく」[同 12. 535]。精神の途はつねに媒介・迂路であり，歴史は開かれたままである。→革命, フランス革命

【参】 Rosenkranz (1844), Ritter (1957), Droz (1966)　　　　　　　　　　　　(杉山吉弘)

質　[Qualität]

赤いものはその質〈赤い〉を欠けば，赤いものでなくなる。質は〈或るもの〉(Etwas, aliquid) を或るもの〈である〉(定在) とするものであり，質を欠けば或るものはその定在を失う。したがって，質は或るものの存在と切り離すことができず，単純で直接的な規定性である。これに対して，量や度量も規定性ではあるが，或るものの存在に無関心であり，反省された規定性である。そこで，ヘーゲルは，カントと反対に，質を量の前におき，存在についての第一のカテゴリーとする。質が直接的で，或るものの存在と一つであることから，さらに，或るものが，自分と区別された質を〈持つ〉という表現が不可能であることもわかる。〈赤い〉という語があるからといって，質として〈赤そのもの〉とか〈赤色素〉のような自立的な存在を仮定することは誤りである。ヘーゲルは『大論理学』[5. 123] において，古い形而上学がそのように質を実在性 (Realität) としてとらえたことを批判している。→量,「である」,「持つ」

(海老澤善一)

実在　⇨本質

実在性　[Realität]

実在性とは観念性 (Idealität) の対概念であり，独語の real と仏語から独語に帰化した reell の二つの形容詞の名詞化である。これら両者はラテン語の res (物), realis (物的) を同一の語源としながらも，言語的変遷とそれの歴史的交叉の故に微妙な意味内容の差異をもつが，この両者を統一した実在性もまた，ヘーゲル哲学において多様な意味で論じられる。

実在性のカテゴリーが『論理学』体系の中で最初に登場するのは，存在の定在，すなわち，質としてあるような規定性をもつ存在においてである。「区別されて存在するものとみなされるような質は実在性である」[『大論理学』5. 118]。ここではあるものが特定の質をもつことの肯定的側面が実在的とされている。しかし，実在性もまた孤立しては存在しえない。質は可変的であって，他の質を否定的に排除するとともに，それ自身のうちに限界をもつが，この限界を超え出て他者へと移行する。したがって，実在性は否定性および有限性とも関係せざるをえない。また，質が他者へと移行しあうことによって質そのものが止揚され，ここに否定の否定としての自己関係，対自存在が生ずる。これは有限者の否定としての無限者，実在性の止揚としての観念性であり，この意味で実在性の真理が観念性であるとされるのである。

だが，実在性のカテゴリーはこれで消失したわけではなく，現象・現実存在・現実性などと関連しつつ純化されてゆき，体系末尾の理念論の中に概念と不可分の高次のものとして再び姿を現わす。「理念は自己自身を規定して実在性となる自由な概念である」[『エンツュクロペディー (第3版) 小論理学』213節]。ここでは実在性は，主体であり観念的なものである概念自身の活動によって自己の外に客

体として産出されたものであり、産出者としての概念の内容そのものにほかならない。概念の自己実現ともいうべきこの実在化は同時に弁証法的過程でもある。この観点から概念と実在性との一致というヘーゲルの実在的真理観が語られるのである。 →質, 否定, 有限性, 観念性
(奥谷浩一)

実在哲学 [Realphilosophie]
イェーナ大学でのヘーゲルの「自然哲学と精神哲学」講義のうち、1803/4年の草稿群と1805/6年の講義草稿とを、ホッフマイスター (Johannes Hoffmeister, 1907-55) がラッソン版の全集に組み込む形で、『実在哲学Ⅰ』および『実在哲学Ⅱ』として編集して刊行した（1931/2年）。以来、当該のテクストは「実在哲学」と称されてきたが、現行の決定版全集では『イェーナ時代の体系草案Ⅰ・Ⅲ』とされている。確かに、二つの体系草案に共通して〈現象学的構造〉が見られる。イェーナ大学での1805/6年の講義公告にも、「実在哲学 (philosophia realis)、すなわち自然哲学および精神哲学」とある。だが、1803/4年には「自然哲学と精神哲学とを含む思弁哲学の体系」とされていた。『体系草案Ⅰ』では〈意識〉が、『体系草案Ⅲ』では〈意志〉が展開され、その背景にある論理学も異なる。したがって、それぞれ体系を試行錯誤する過程の所産だと見るべきである。 (栗原 隆)

実在論（実念論） ⇨観念論

実在論と唯名論 ⇨スコラ学

実践 [Praxis]
ヘーゲルにおいて「実践」という用語は、実在的世界に何らかの変革をもたらす事柄という点を大枠として、基本的に少なくとも二つの意味合いを持つ。一つは、客観に対する主観の二つの正反対のかかわり方として「理論」(Theorie) と並べ挙げられて、「理論」と同様に一面的な在り方としてより高次の統一形態（すなわち「理念」）へ向けて廃棄されるべきものとして考えられる場合のそれである。もう一つは、特に「自由」や「意志」との関係において、（目的の定立がただちに行為へ結びつくものであることを議論の前提として、）主体の、何か他のものからでなく、自分自身のうちから自分を限定すること、つまり自律的な目的定立という意味合いである。実践哲学におけるヘーゲルとカントの基本的な考え方の相違のゆえに単純な対応づけはできないが、ここにカントの「技術的-実践的」(technisch-praktisch) と「道徳的-実践的」(moralisch-praktisch) の区別[『判断力批判』緒論Ⅰなど]の影響があることは明らかである。最初の意味合いの「実践」においては、「実践」主体は、「理論」(Theoria 観照) の場合のように対象を自立的・不可侵なものとは考えずに、これをもっぱら有用性の観点から眺め、加工・消費し、いわば漁夫の利を得るべく、自然の構成員を相互にかかわらせ、戦わせつつ、それを通してこの相克の外に保たれた自分の目的を達成しようとする。この姿勢は、目的が感性的欲求にまだ委ねられており、それと連関して、対象がそれ自身においてよりも、一面的にただ主観的要求の面からのみ見られているという限界性を持ち、この限界の克服のために「理論」との統一を待たねばならない[『美学』13. 153-155；『エンツュクロペディー（第3版）自然哲学』245, 246節]。第二の意味合いの「実践」、つまり目的定立の自律性あるいは意志の自由の件は、カントの「道徳性」論に対する批判をバネとして、「意志」、「法」、「国家」等、法哲学の問題として展開されていく[4. 57-65]。 →理論, 自由, 意志, 有用性, 道徳性

【参】Riedel (1965)　　(松本正男)

実然的 ⇨判断

実践的感情　⇨感情

実践的自我　⇨自我

実践的精神　⇨心理学

実存（現実存在，現存，現存在）［Existenz］

　実存とは，個々の事物存在同士を，根拠と根拠づけられるものという関係でとらえるとき，後者の根拠づけられるものにあたる。つまり，根拠から現れ出たものを指す。

　たとえば，或る民族の風習や生活状態が根拠となって，その民族の特定の政治体制が実存するということになる。ヘーゲルによれば，我々がさしあたって目にする世界とは，実存するものの総括である。つまり，根拠も根拠づけられるものも，ともに世界の事物であり，同じ事物が，或る事物との関係では根拠となり，別の事物との関係では根拠づけられて実存する。

　ヘーゲルは実存を精確には，一方で「媒介の止揚によって媒介されている」［『エンチュクロペディー（第3版）小論理学』122節］存在といい，他方で「自己のうちへの反省と他者のうちへの反省との直接的統一」［同123節］とも規定している。実存とは，根拠自身がみずから設定した存在という媒介関係が消えているところで成り立つ。そして，一つ一つの実存は，一方では，根拠として他の存在を根拠づけることによって自分へと反省する。しかし，同時に他方では根拠づけられるものとしては，自分の存在基盤を，他のものとしての根拠のうちに持つことによって，他者へ反省する。このようにして事物の相対性が実存によって表現されている。→根拠（山口誠一）

実体(性)・**属性**・**偶有性**　［Substanz, Attribut, Akzidenz］

　ヘーゲルの哲学においては，「実体」の概念は，他の多くの伝統的な哲学・形而上学の諸概念のうちでも，とりわけ重要な位置を占めていると言うことができる。例えばヘーゲルは，『精神現象学』「序文」で，自らの哲学の課題を，「真なるものを，単なる実体としてではなく，同時にまた主体として把捉し，表現すること」［3. 23］にあるとしているが，実は，この発言の前提を成しているのは，彼が「主体」——或いは，彼の論理学の用語で言えば「概念」——として把握しようとするものが，その内容的な面においては，彼以前の段階で（とりわけスピノザおよびライプニッツにおいて）「実体」として捉えられていた事柄に基本的に一致する，という見方である。

　こうした「実体」と「主体／概念」の密接な関係は，『大論理学』においていっそう明確化されている。すなわちこの著作では，「実体」は「本質論」の最終部門を成す「現実性」の篇で取り上げられるが，この篇は，まず構成上でも次の「概念論」への連結点となっており，さらに内容的にも，既に本来の意味での「概念」に相当するもの——「普遍性」「個別性」「特殊性」という三契機の統一——が，「実体」間の「交互作用」という形で実現される箇所となっている［6. 240参照］。こうした点に基づいてヘーゲルは，続く「概念論」の冒頭部で「実体の解明は，概念へと導くものであり，……実体〔の隠された内容〕の露呈は，概念の生成である」としている［同 6. 251］。

　具体的には，「現実性」の篇は，「絶対者」「現実性」「絶対的連関」と題された三つの章から成るが，そのうち第1章「絶対者」では，（「実体」の語は表立って用いられてはいないが）スピノザの実体概念を基本的な参照対象としながら，その批判的な分析に基づく再構成が行われている。すなわち，スピノザにおいては，(1)唯一つ無限な「神」的存在のみが実体として認められ（この実体は，他のすべての存在者の「原因」でありつつ，それ自身

はもはやいかなる「原因」も持たないという意味で,「自己原因 (causa sui)」と言われる),(2)この実体の本質を成す無限に多くの「属性」のうち,我々の「知性」によって認識されうるただ二つのものとして「思惟」および「延長」が位置づけられ,(3)さらに,世界のうちに存在する多様な有限的個物は,一なる「実体」が自己を有限化することによって帰結するところの,「実体」自身の単なる「様態 (Modus)」として捉えられる。ヘーゲルは,最も基本的には,こうしたスピノザ的な無限の全一的実体を彼の主体概念の原型的な在り方を示すものとして受容しており,また(3)のように,個物を,実体から生成し再び実体へと消失すべき必然性を持った様態として捉える見方を,有限者が「即かつ対自的に存在するもの」ではありえないことを洞察していることの現れであるとして,高く評価している。だがまた他方では,彼は,スピノザにおいては「実体-属性-様態」という展開が,当の展開の外部に立つ我々の「知性」によって定立されるものにすぎず,実体自身の「自己内反省」として捉えられていないとして批判しており,この点に基づいてヘーゲルは自ら「絶対者」の章のうちで,実際にこの展開を,実体自身がその内容を属性および様態を通じて「開示する (auslegen)」に到る過程そのものとして,論述し直そうとしている。ここには,実体を認識の彼岸にある深淵にとどめずに,その内容を十全に顕現させる存在として——つまり,いっそうヘーゲル的に言えば,自己自身を認識する主体として——把握しようとする,彼の一貫した観点が認められる。

第2章では,一旦問題が「可能性」「偶然性」「必然性」といった様相概念へと転じられるが,実はここでは,間接的にライブニッツのモナド (=「個体的実体」) 概念が取り扱われていると解される [Kusch/Manninen 1988参照]。モナドはスピノザ的実体とは異なり,無限に多く存在するとされる有限実体であるが,ヘーゲルはこのモナドのうちに,(スピノザの場合と対比させながら)「自己内反省」の原理——すなわち「表象」と「欲求」——の存在を認め,これを積極的に評価している。そしてさらに,第3章に到って初めて明示的に「実体」の語が導入され,「実体-偶有性」という対概念 (「実体性の連関」) が取り上げられることになる。「偶有性」は,元来「様態」の語とほぼ同義のものとして用いられるが,ここではヘーゲルは,ライブニッツ的なモナドと,スピノザ的な全一的な実体との統一を図るために,有限な実体が,自己自身を廃棄して無限実体のうちに (その偶有性として) 回帰することになる過程を叙述しようとしていると言えよう。具体的にはこの課題は,「実体-偶有性」の連関を超えて,「原因」となる実体と「結果」となる実体の関連 (「因果性連関」) を経て,既に触れたような実体間の「交互作用」にまで到ることによって,初めて実現されるとされている。

以上のようにヘーゲルが実体概念から汲み取ろうとしているものは多様であるが,同時にまた,ライブニッツ的モナドとスピノザ的実体を統一しようと試みている点に最も明瞭に現れている通り,彼の捉える限りでの実体が,元来の実体の理念——それは「自己自身によって存在するもの (ens per se)」であって,決して他のいっそう高次の実体に対する様態となることを許すものではない——を,一定の仕方で決定的に変容させるものとなっていることも,おそらく確かである。その上でなおも,ヘーゲルが「実体」の概念から明確に受容しているものが残るとすれば,それは例えば,以上に見てきた篇の表題となっている「現実性」の概念そのものに求めることができよう。この概念は,アリストテレスの「エネルゲイア=現実活動態」の概念の継承として,まさに実体の重要な本質としての

「活動性」を表すものであるが，ヘーゲルによってそれは，「概念／主体」の本質としての「否定性」として捉え返されたと解されるからである。→実体と主体，概念，スピノザ，ライプニッツ　　　　　　　　　　（岡本賢吾）

実体と主体　[Substanz und Subjekt]

I　この事典には，Substanz に関しては「実体(性)・属性・偶有性」という項目が，また Subjekt に関しては「主観と客観」，「主語と述語」という項目が別に設けられている。したがって Substanz と Subjekt のそれぞれについては，上記の別項目を参照されたい。ただしとくに Subjekt について一言するならば，もともと原語では多様な意味を歴史的に分化させながらもそれらを意識的・無意識的に含んだ一語であり，ヘーゲル自身もそういう意味論的前提に立って使用していることが彼自身の文章から明らかに読みとられる [例えば Henrich (1978) 210-11を参照]。この語を，「主体」と「主語」と「主観」とに訳し分けなければならないというところに問題があるが，これについては，別途に考慮されなければならないことであろう。

そこで本項目ではもっぱら Substanz と Subjekt という二つの概念の関連についてのみ記述されることになるが，周知のように，この関連は「実体・主体説」などという名称のもとに，ヘーゲル哲学体系の基本に関わる問題として，いやしくもヘーゲル哲学の研究に携わる者ならば必ず何らかの形で扱わざるをえなかったものであり，したがってさまざまな議論を呼んできた。しかしこの関連を考察する場合にも，ヘーゲルがこれらの概念の内包として上記の別項目において記されたものを充分に踏まえているという明白な事実を常に念頭に置かなければならないし，さらに重要なこととして銘記しなければならないのは，両概念とも哲学そのものの基礎概念としてギリシア以来の伝統に深く根を下ろしたものであるから，ヘーゲルがこれらを用いる場合には，その背後にある思索の歴史（特にそれらの概念を定礎したアリストテレス哲学と，17世紀の哲学におけるそれらの再確認に始まり，啓蒙思想と英国経験論によって示されたそれらの有効性に対する懐疑を経て，カントからヘーゲルと同時代の哲学者たちによるそれらの反省的究明にいたる近世哲学史のなかでの実体論と主体論）を深く意識し，かつそれをインプリシットに素材としているという事実である。そしてこのことはとくに本項目の主題である実体と主体との関連を考える場合に重要であると思われる。

II　実体と主体との関連に関する言及は，当然のことながら，ヘーゲルの著作の随所に現れるが，両者の関連を端的に明示しているという点でも，彼の体系構想がほぼ完成した時期に書かれ，この両概念と彼の体系との関わりを強く示唆しているという点でも最も重要であり，かつ「有名になった」[Glockner (1968) 431]のは次の文章である。① [Es kommt nach meiner Einsicht, welche sich nur durch die Darstellung des Systems selbst rechtfertigen-muß, alles darauf an,] das Wahre nicht als *Substanz,* sondern ebensosehr als *Subjekt* aufzufassen und auszudrücken.［『精神現象学』3. 22-23］そしてこれを補足する一文が数ページ後に見られる。② [Daß das Wahre nur als System wirklich oder] daß die Substanz wesentlich Subjekt ist, [ist in der Vorstellung ausgedrückt, welche das Absolute als *Geist* ausspricht, —— der erhabenste Begriff und der der neueren Zeit und ihrer Religion angehört.]［同 3. 28］ヘーゲルが実体と主体との関連について考えかつ主張しようとしたことは，含蓄的には，この二文によってほぼ尽きていると見ることもできるから，その関連を追求しようとすれば，この二文の含意を捜ることが重要だと言える。そし

てその探究の過程で，①の文の文章論的な不完全を指摘する研究者もある（例えば「nicht は nicht nur でなければならない。さもなければ次の ebenso は理解できない」という主張［Röttges (1976) 29］や nur を括弧づきで挿入した文を掲げた例［Glockner (1968) 431］もある）。そしてこのような事情と関わって，この部分の外国語訳には若干の相違が見られる (Baillie: …… *not* as Substance *but as Subject as well;* Miller …… *not only* as *Substance, but equally* as *Subject;* Hyppolyte: …… *non comme substance, mais précisément aussi comme sujet;* 金子：単に実体として……だけでなく，全く同様に主体としても……)。しかしこのような文章論的究明は問題の本質的な理解にとってあまりにも瑣末的であるとしてこれを度外視してもよいであろう。要するに，ここでは真理の把握と表現に関して実体と主体とは等置されているのである。あるいは両者が同一化されているとも言えよう。そしてこのような実体と主体との同一化こそヘーゲルの哲学体系と弁証法的思考の核心をなすものであるから，①の文は「彼の哲学上のプログラムをすっかり包みこんだ……最高度に圧縮された抽象的説明」［Henrich (1978a) 204］とか「全著作の要」［Heinrichs (1974) 49］と評価されるのである。しかし実体と主体との等値もしくは同一化ということについて言えば，これは必ずしもヘーゲルの哲学に特有のものではなくて，実体を最初に概念的に定式化したアリストテレスにおいて既に実体と主体の同一化が行われていたことは，実体に関するアリストテレスの定義［例えば『形而上学』1017b, 1029a など］からも明らかに知られる。そこでいま問題になるのは，実体と主体との同一化にこめられたヘーゲル独自の思考内容でなければならない。

Ⅲ　ここで考えてみなくてはならないのは，同一化と同一性は同じではないということである。ヘーゲルは無条件に「実体が主体である」（同一性）と言っているのではない。（②にはそのように書かれているが，これは副文章であって Vorstellung の内容である。ただし「実体と主体との統一」［Röttges (1976) 29］とか「実体は主体である」「主体は実体である」［Henrich (1978) 206, 212］という表現を用いて説明することもあるが，これらが簡略表現であることはその文脈に注意すれば明らかである。）ヘーゲルが主張するのは，真理（これは絶対者・精神・神・普遍と置き換えてもよい）の把握・表現と関わって実体と主体とが同じ意味を持つということである。換言すれば，この同一化はヘーゲルの哲学的思考というフレームワークの中で，真理（絶対者など）を媒介にして初めて可能となるのである。この点から考えて，実体と主体の同一化は実体の主体化と主体の実体化であり，その結果として生ずるものを「実体の主体性と主体の実体性」［Glockner (1968) 434］と呼ぶこともできよう。

とはいうものの，実体と主体との同一化において，両者が等しい重みを持っていると解する研究者もいるが，ヘーゲル的思考の枠組ではむしろ主体に重点が置かれていたと考えるべきであろう。したがって「主体の実体化」よりも「実体の主体化」が重要視されなければならないであろう。というのは，ヘーゲルの弁証法的思考の基礎には「いかなるものをも否定によって流動化する」という働きがあり，この働きが媒介にほかならないから，「いかなるものをも媒介されないまま（直接的）に放置すまい」とする強い意志が働いている［参照『精神現象学』3. 36ff.］。そしてこういう否定的媒介を行う作用者が主体である。したがって主体はすべてを流動化する（それゆえに自らも動く）運動体にほかならない。これに反して，実体とはもともと「それ自体としてある不動体」であるから，この実体を主体に転化するところにこそヘーゲルの弁証

法的思考(思弁)の本質があると言えるのである。しかもヘーゲルの体系において、真なるもの(絶対者・精神・神など)はまさに自らを否定して他者となり、他者であることにおいて(それを否定して)自らである運動体であるから、真なるものは当然のこととして主体として把えられなければならない。とはいうものの、そういう運動体そのものとしてそれは実体でもある(ヘーゲルはこれを「生きた実体」[『精神現象学』3. 23]と呼ぶ)。以上のように考えるならば、①の文章の Substanz を Ansichsein に、Subjekt を Fürsichsein に読み換えることも可能であろう[Heinrichs (1974) 50]。しかも「生きた実体」として実体が主体性を獲得するならば、逆に主体に実体性が与えられることにもなり、主体が実体化(実体として把握)されるのである[Henrich (1978a) 217f.]。

Ⅳ 以上が「実体・主体説」に対するいわば体系的な理解である。しかしこれと並んで忘れてはならないのが、これについての歴史的理解であろう。言うまでもなく、ヘーゲルは若い頃から哲学史を重要視したばかりでなく、とくに自分の哲学体系を構想するにあたって、古代と近世の哲学史を踏まえたうえで、カント以降の同時代の哲学説に対して受容と批判の両面で対応しつつ自らの独自性を構築しようと努力したことは、イェーナ初期の彼の諸著作において明らかに読みとられるところである。そしてこのような彼の学問的態度が「実体・主体説」にも反映しているのは当然であり、この説の根底にはデカルトに始まってカントを経て自分自身に至る哲学的思索の歴史に対するヘーゲルの総括と対決が働いていると見ることができよう。このことを概観するならば、デカルト・スピノザ・ライプニッツによって代表される17世紀の哲学の基底に実体概念があったことは周知の事実である。(もっとも「何を実体とするか」という点では多様に考えられたし、またそこには主体がさまざまに隠見し、さらにスピノザに対するヘーゲルの複雑な視線にも注目すべきである。)そしてこの実体概念は18世紀英国の経験論において強く批判され、ヒュームに至って消滅する。この後を受けてカントは超越論的(ヘーゲル流に言えば、反省的)哲学の地平で主体を確立し、この超越論的主体(観)にカテゴリーとして内在化するというかたちで実体の復権を試みた。しかもカントは超越論的統覚において、デカルトにもつながるような仕方で、主体を実体化してもいたのである。そしてこの傾向はカント以降の哲学者たちによって、基本的には、増幅されるばかりでなく、17世紀の哲学とは異なったかたちで実体化の動きが進む。このような哲学史を視野に入れつつ、それを根底的に批判するという方向で弁証法的思弁による体系構築に専念し、その過程におけるひとつの、しかし基本的な主題として実体と主体との関連に着目したのである。以上のような哲学史的文脈の中に置いてみるとき、ヘーゲルの「実体・主体説」は興味ある相貌を示すであろう。
→実体(性)・属性・偶有性, 主観と客観, 主語と述語, 即かつ対自

【参】 Glockner (1968), Heinrichs (1974), Röttges (1976), Henrich (1978a), Solomon (1983), 山口誠一 (1989)　　　　　　(中埜　肇)

実定性 [Positivität]

若きヘーゲルの思想形成は、実定性の克服と重なり合っている。ヘーゲルの実定性理解の変化は大きく三つに分けることができる。(1)はギムナジウム時代からベルン期まで、(2)はベルン期からフランクフルト期にかけて、(3)はフランクフルト期からイェーナ期にかけてである。(1)の時期は自然法と実定法との対立を、またキリスト教の空疎化と形式化を問題にしていた。この時の実定性の理解は、自らの心情や行為を自分の主体に基づけるのではなく、自分の外の「権威」に依拠させる点

にある。実定性とは、自律ではなく他律であり、「権威」という他者に依存する関係である。ヘーゲルは『初期神学論集』においてこのような他律の関係形式をユダヤ教に重ね合わせて見ている。自己の外の「権威」への服従こそが、人間の主体を貶め隷属させた原因であった。こうしたユダヤ民族の実定的状況を解放し、民族に自由をもたらすために登場したのがイエスであるとヘーゲルは解釈する。その際ヘーゲルは「イエスの教え」の中にカントの道徳律を読み込み、「理性の自由」を強調する。だが(2)の時期にかけてヘーゲルは、「理性の自由」では実定性を克服できないことを自覚する。『実定性論文』で述べられているように、イエスは「主体の自由」を説いたにもかかわらず、「奇蹟」が信仰され「イエスの教え」が実定化されたのは、われわれが「理性の自由」を普遍的なものとして受容する際、「感覚」と結びつかない限り、その自由の教えは普遍化されないからである。キリスト教の実定化からヘーゲルは、主体の自由と客体的現象の結合の必然性を読み取り、その視点を『実定性論文改稿』で明確にしている。そしてさらに『宗教と愛』草稿では、主-客の服従・排除の関係である実定性の根底には、主-客の統一的な関係である「愛」の働きがなければならないと主張する。(3)こうした実定性の克服過程からヘーゲルは、ヘルダーリンの影響を受けながら「生」を揚げる。そこでは主-客の「分離」は「同一」と同じ関係として捉えられることになる。このように「分離する」悟性が働いている実定性の中に、理性が内在していることを確認することで、実定性は克服される。

【参】 Henrich (1967), Kondylis (1979)

(八田隆司)

質料　⇨物質

質量　⇨物質

私的(なるもの)　[privat]

　私的なものとは総じて普遍的なもの、客観的なものとの対照において、特殊的なもの、主観的なものを意味する。歴史的には、ギリシアのポリス的公共性の解体後のローマにおいて私的なものが支配的になり、以後私的利害関心が全面的に拡張していくとされる。初期においては、私的なものは公的なものに対する鋭い対照において描きだされる。政治的活動に対する経済的行動、シトワイヤンに対するブルジョワ、共通善に対する自己の善(私的利害)といった含意をもち、古代ギリシアへの憧憬から、私的なものが公的なものに取って代ってしまった世界を慨嘆し、もう一度公的世界を私的世界から純化して再建しようとする姿勢が強い、[『自然法論文』2. 491 ff.]。だがその後、近代への評価、特殊性・主観性の原理への評価が高まっていくにつれ、私的なものにも一定の意義が与えられるようになっていく。たとえば私的所有を排除したプラトンへの痛烈な批判、信仰・良心などに関する私的生活の一定の自律の承認など。『法哲学』においては、ひとが私的であるということは、かれが市民社会の成員であるということ、「欲求の体系」の内部で「自ら自身の利益を目的とする私的人格」[『法哲学』187節]であるということを意味する。それとともに「私的権利」つまり私的所有の権利(抽象法)と、「私的福祉」つまり自らが善とするものへの配慮(道徳)が承認されており、特殊性の原理に従ってそれらが貫徹されることも要求されている。しかし、その貫徹がやがて自らを普遍的なもの、公的なものへと連れ戻すことになるというのがヘーゲルの議論である。市民社会の私的人格が「国家的心術」をそなえた公的人格へと最終的に教養形成されることが国家の存立にとって不可欠の前提となるが、ブルジョワとシトワイヤンとの架橋しがたい落差に直面し挫折したルソーの問題をヘーゲルが克服しえているかいない

かが問題となろう。→所有, 市民社会, ルソー
(斎藤純一)

使徒 ⇨イエス

自独 ⇨対自

私念 ⇨思い込み（私念）

支配 [Herrschaft, Beherrschung]

若きヘーゲルは, ユダヤ教の精神の根底に支配という形の関わりの形態があるのを見出す。自然との分裂状態に陥った人間は, 敵対的なものとして現れる自然に対して, 支配-被支配という形でしか関わりえない。「敵対するものは, 支配という関係に入るほかないからである『キリスト教の精神』1. 278]。ここでは自然の支配は思想のうちに, 理想の存在者（神）のうちにのみ認められ, この神に絶対服従する限りで人間は他のものを支配しうるのである。ヘーゲルはこうした関係が自由と相容れないものであることを見てとっている。ヘーゲルはカントの義務の考えのうちにも支配関係を見出す。ユダヤ教などの実定的宗教が自分の外に主人を持つのに対し, 義務は自分のうちに主人を持ち, しかも同時に自分自身の奴隷なのである。普遍者としての理性の命令が特殊者としての衝動, 感性を支配する構造にあることを看取している。

イェーナ時代の「実在哲学」における承認理論を経て, 『精神現象学』の「自己意識」の章では支配-被支配の関係がいっそう動的に捉えられている。自己意識は対自として一切の他なるものを否定しようとする。しかし自己意識の場は生命であり, また他の自己意識との関わりのうちにある。自己意識はこれらを他なるものとして否定しようとする。生命を賭して争い, その結果他の自己意識を支配し, これを奴隷とし, 自らは主人となる。しかしこの支配の関係は矛盾を含んでいる。

主人が奴隷に関わるのは生命を通してである。奴隷は死を恐れて奴隷となったのである。また主人が事物に関わるのは奴隷の労働を通してである。これらの媒介によって主人は自らの対自としての自立性を保っている。主人の自立性の根拠はこの媒介であるが, 主人自身はこの媒介を自らなさず, 奴隷がなしている。主人は支配者のみならず, 奴隷をも自己自身として本来認めねばならず, 主人-奴隷の支配関係でなく, 相互的な承認関係に入らねばならないのである。→主人と奴隷, 承認

【参】 Hyppolite (1946) (片柳榮一)

思弁 [Spekulation]

Spekulation という語は, ラテン語の speculatio, ギリシア語の θεωρία に対応し, ともに「見る」を意味する動詞 specto, θεωρέω に由来する。ここから派生して, 現在日常語としては, 非現実的な思考や, 経済的な投機・思惑の意味で用いられるが, 中世哲学においては「観照(contemplatio, theoria)」と同義に用いられ, 積極的な意味を持っていた（例えばボエティウス Boethius 470-524）。また, スコラ哲学においては, speculum（鏡）と関係づけられ, 神への, 間接的な認識能力と考えられていた。思弁は, 感性的・事実的な所与を超えて, その超感性的な最終根拠へと上昇する認識能力を意味していた（トマス・アクィナス Thomas v. Aquinas）。思弁のこのような「形而上学」的用法は, アリストテレスに遡ることができる[『形而上学』Ⅵ巻1章]。

Ⅰ **特徴**　ヘーゲルにおいても,「思弁」は, 基本的には「見る」ことを意味し, かつ最終的に絶対者の認識に関係している。この点において, 思弁は「理性」や「哲学」とほぼ同義であり, 一面的で固定的な「悟性」や「常識」に対立する。しかも「思弁」は「常識」を理解しうるが, 逆は成り立たないとされている[『差異論文』2. 31]。

思弁の特徴は，形式的に言えば，対立するところのもののうちに，その対立を可能にする統一を見ること，ということができる。「思弁的なもの，あるいは肯定的・理性的なものは，対立している〔二つの〕規定の統一を，すなわち，それらの〔相互の〕解消や移行のうちに含まれている肯定的なものを把握する」[『エンツュクロペディー(第3版)小論理学』82節]。
　こうして得られた「思弁的なもの」は，単に主観的なものでも，否定的なものでもなく，ヘーゲルの意味で「具体的なもの」，「全体的なもの」[同節「補遺」]である。この「思弁的なもの」は，二つの特性がある。一つは，それが「命題」によって表現することができない，とヘーゲルが考える点であり[同上]，あえて表現するとすれば，「単にAでもなく非Aでもなく，いずれでもあり，いずれでもない」ということになる[同32節「補遺」参照]。したがってそれは，「方法」としての「弁証法」と不可分である。もう一つは，「思弁的なもの」は，経験的なものと無関係にあるのではなく，後者のうちにあり，それを通してのみ得られるが，しかしそれを超えたものでもある，という点である。ここにヘーゲルの，「経験論」を包摂しつつ「止揚」した「絶対的観念論」の立場を見ることができる[同6,7,8,9節]。
　Ⅱ　ヘーゲルにおける「思弁哲学」の形成
　ヘーゲルにおける「思弁」の考え方はフランクフルト時代の「生」や「愛」の概念に遡ることができるが，古代懐疑論，カントのアンティノミー論，ヘルダーリンの「判断」論や「同一哲学」の影響のもとに，イェーナ時代に哲学的な形式にもたらされた。「思弁」の立場の成立はヘーゲルの体系構想とも相互に関連する。例えばデュージング(Klaus Düsing 1940-)は，「論理学」が「形而上学」とまだ分離され，後者への「導入(Einleitung)」とみなされている1804/05年段階はまだ過渡期であり，「論理学」自体が「形而上学」となるとされる1805/06年に思弁哲学が達成されたと考えているが，これに対してバウム(Manfred Baum 1939-)は，「論理学」を「形而上学」への「導入」とする1801/02年の段階で，すでに思弁的立場が成立していると見る。というのも，「導入」でありうるためには，「論理学」はすでに「形而上学」(特にスピノザの実体の形而上学)から「知的直観」を基礎にして由来していなければならないはずだと考えるからである。→弁証法

【参】　Düsing (1976), Horstmann (1977), Baum (1980)　　　　　　　　　　　(杉田正樹)

思弁的叙述　[spekulative Darstellung]

　ヘーゲルのいう思弁的叙述とは，思弁的真理を表現する新たな弁証法的論証方式である。通常の論証においては，大前提ないし根本命題という形で，それ自体明証な真理を表現する命題が最初に前提されている。ところが，ヘーゲルによれば，そのような命題によって思弁的真理を表現することはできない。なぜならば，真理内容は弁証法的運動であるのに，通常の命題では，内容は主語として固定されてしまうからである。さらに，思弁的命題においても，概念の自己還帰が命題の形式によって阻止されるので，命題を要素としながら思弁的真理を表現する別の方式が必要となってくる。すなわち，「命題自身の弁証法的運動」[『精神現象学』3. 61]としての思弁の叙述が，新たな論証方式となり，それは，学的体系として完成する。→弁証法，思弁，思弁的命題，概念　　　　　　　　　　(山口誠一)

思弁的命題　[spekulativer Satz]

　思弁的真理を「SはPである」という命題によって表現したもの。ところが，思弁的真理は本来，動的なものであり，こうした命題という断定の形では，その一面しか表現でき

ない。また、命題表現では、ふつう主語で表されているものが独立して存在し、それが述語で表される事態を性質・状態としてもっている、というように受け取られがちである。しかし、真に哲学的な内容をもつ事態の命題表現である思弁的命題は、そうした常識的な理解の枠組みを拒み、「破壊する」。ヘーゲルは「神は存在である」という、伝統的な形而上学的命題を例としてあげる。そこでは、「神」は「存在」を一性質としてもっているのではなく、「存在」そのものなのである。こうした把握にたつと、「（神である）存在とは何か」という問いに突き動かされて、ヘーゲルの『論理学』のような「概念の自己運動」の総体に立ち会わざるをえなくなる。『精神現象学』序文でなされる、この議論は、思弁的真理はいかに叙述されるべきか、というヘーゲル哲学の根本問題を照射している。
→思弁的叙述

【参】 Wohlfart (1981)　　　　　（門倉正美）

司法 [Rechtspflege]

市民社会における欲求と労働の普遍的相互依存の体系は、各成員にそこに成立するルールについての意識を発達させる。その主要な内容は、各成員の人格権とそれを支えるとされる所有権とを承認しあうことである。市民社会は、こうして特殊性の原理を体現する欲求の体系、つまり経済社会であるとともに、人格や所有の権利 (Recht) を保護する (pflegen) 活動＝司法活動を展開することによって普遍性の原理を体現する法律社会となるのである。殊にヘーゲルは市民社会におけるこうした活動が、人々に初めて人種的差異や身分的差異を越えた普遍的人格という見方を定着させるとする。司法活動は(1)法律としての法、(2)法律の現存在、(3)裁判とに三区分される。まず、法は実定法として成文化されることにより、その諸原理は普遍的規定性において、つまり思惟によって万人に把握されるのである。その点で慣習法は特殊性を免れず、少数の人々の偶然的所有物に止まらざる得ない。こうした視角から歴史法学派が批判される。定立された法はその適用に当たって市民社会における様々な素材と関係することになるが、「意志の最も固有な主体性と特殊性」が問題となる誠実や正直といった個人の内面的事項には関与しない。また、市民社会において、人格といった抽象的な形でしか存在していない各人の個別的権利は、法がこのように法律として社会一般に公示され執行されることによって、現実に顕現する普遍的意思によって承認され、その現実的意義を獲得するのである。

さて、裁判において判決を下すということは、事件の性質を個別的に直接、認識するとともに法律の侵犯者に対して刑罰を課すことによって普遍的なものとしての法の威力を示すことにもなる。その際問題は、法についての知識が「生計のために自分の活動と自分自身の知と意思の働きだけが頼りである」[『法哲学』228節] 市民社会の成員に広く開かれていなければならないことである。法律が特殊な身分の専有物にとどまり、市民社会の成員が法廷に立つ「権利」は持っていても、「精神的に、自分自身の知の働きを持って」参加できないとすれば、その権利はどこまでも彼らにとって「外面的な運命」にとどまらざるをえないからである。→市民社会，法，刑罰，サヴィニー　　　　　　　　（森川孝吉）

侍僕　⇨英雄（時代）

資本 [Kapital]

『法哲学』によれば、市民社会の「普遍的資産」の配分に与る可能性は「資本」と「技能」(Geschicklichkeit) によって制約されており、しかも両者の間の不平等は必然的であるという [200節]。このような資本と技能（労働）の相関的把握は、すでに『人倫の体

系』[PhB 85] にも見いだすことができる。しかし資本概念が積極的に展開されるのは法哲学の講義においてであって、たとえばヘーゲルは自己労働による所有を近代の原則として掲げながら、生産せずにもっぱら消費する「資本家」を「社会の丸花蜂やどり」(これは他の類の丸花蜂に寄生して自分では食物を集めない)ときめつける[『法哲学講義(グリースハイム)』499]。とはいえすべての資本家が「不生産的」とみなされているわけでもないようである。また大資本と小資本の競争の結果としての資本の集中および賃金の低落も[同609ff.]、また過剰な資本の国外への進出も[『法哲学』246-8節]彼は看過していない。
→市民社会, 所有

【参】 Priddat (1990) （生方　卓）

市民　⇨職業・身分

市民社会　[bürgerliche Gesellschaft]

Ⅰ　近代の総括をかけて　『法哲学』が、時代の変転のなかで、つねにその性格を問われてきたのに対して、市民社会論には相変わらぬ賞賛が寄せられてきた。あるところのものの概念把握というモチーフの結晶を、ポジとネガへの透徹した眼を市民社会論に見出せるからである。「市民社会」という語は青年期草稿にもあるが、それは国家と同義であり、当時の用法にならうものであった。イェーナ期に入ると、市民社会領域は人倫の思索を左右する重要テーマとなる。しかし、人倫論のなかで「市民社会」概念が確立するには、ハイデルベルク期を待たねばならなかった([『法哲学講義』(ヴァンネンマン)])。「市民社会」という語はこの講義に向けた『エンツュクロペディー(第1版)』437-39節へのノートにもある。人倫は、個別と普遍がそれぞれ独自の領域をなしつつ相互に媒介された一体性として、具体的には市民社会 - 国家体制として成立する。人倫は制度の体系であり、それには自覚的な担い手と心性が欠かせない。ヘーゲルの「市民社会」は近代の成果を集約して、個別に固有の活動領域を保障しつつ、それを普遍へと〈教養形成〉するという課題を背負う。その機軸は〈労働〉とそれに基づく〈欲求と労働の体系〉にある。市民社会こそは、近代の主体的自由をなす抽象法 - 所有主体、道徳性 - 内面的主体性が本来働く場であり、さらに市民社会の諸制度において普遍を知へともたらす場面なのである。この意味で市民社会は国家の条件であり、半面で市民社会は国家を前提する。さらにヘーゲルは、市民社会それ自身を解体しかねない問題性を、ひいては市民社会 - 国家体制を突き崩しかねない問題性を指摘するに及ぶ。ここに時代に先駆けるヘーゲルがいる。

Ⅱ　青年期　(伝統的用法にならって)
「市民社会」という語は、『国民宗教とキリスト教』[1. 61,63,66]、『キリスト教の実定性』[1. 160]にあるが、その領域は、「市民社会において個々人の権利が国家の権利になったということは、市民社会の本性に属している」[同上]とあるように、国家の領域に重なる。この用法は、市民が即政治的意義をもち、国家と市民社会が同質の統治機構をかたちづくる市民社会(ソキエタス・キヴィタス)という、当時なお残存していた伝統的用法に沿っている。のちにヘーゲルは、こうした伝統と断絶した地点で、また近世自然法においてなお重なっていた市民社会 - 国家を分離し、近代の境位にたつ両者の関係を確立しようとする。ただし、市民社会領域は、青年期の思索に絶えず影を落としていた。それは所有と権利の問題として、愛の共同性に疎隔をもたらし(断片『愛』、参考「財産共同体」)、またユダヤ的立法を超えて〈生〉の和合をもたらすはずの〈愛と赦し〉(イエス)を、区別 - 対立を先鋭化する所有の運命に引き込むものであった。「所有(財産)の運命はわれわれにはあまりに強力になってしまっ

た」[『キリスト教の精神とその運命』l. 335]。J.ステュアート『政治経済学原理』(1767, 独訳1772) の詳しいノート (1799.2.19-5.16) は, こうしたさなかにとられた。

Ⅲ イェーナ期 (1) 人倫を解体するもの
市民社会領域の問題は, 人倫の思索のなかで重要な構成要素として取り上げられる。ヘーゲルの最初の体系構想を伝える断片 (1801-02) には,「理念は自然を離れて精神として高まり, ……欲求と法の領域を支配のもとにおきながら, 自由な民族として実在的になる」とある。古典的実践哲学の枠組を踏む『自然法論文』の人倫構想は,「欲求と法の領域」を古典的身分論の枠内におき, 古代のポリス的人倫を崩壊させたものという視野から, 徹頭徹尾否定的に取り扱う。先の領域にあたる「占有の体系」は,「物的欲求とそのための労働および蓄積にかかわる普遍的な相互依存の体系」[2.482] であり, 形式的法・権利を伴う。それは個別性を原理とするために, 否定的な取り扱いがゆるむと, たちまち私人 (ブルジョワ) の利害関心を蔓延させ, 不平等を拡大させ, ひいては人倫を浸食して独自の威力に転じる。そうして第一−第二の身分間区別は廃棄され, 人倫は崩壊する。なお先の否定的な取り扱いを正当化する論理は「抑制」に求められた。『ドイツ憲法論』清書断片「国家の概念」(1802.11以降) では, 先の領域のために「社会」が使用される。それは国民の自由な活動と自治の領域とされる。この観点には, 社会の細目まで統括しようとするフランス革命下の国家論とフィヒテの自然法論への批判意識が働いている。

Ⅳ イェーナ期 (2) 普遍化の運動 先の領域は『人倫の体系』では「欲求の体系」として, 人倫の肯定的な構成要素へと一変する。ヘーゲルは, A. スミスの自然的自由の体系を視野に収め, 分業に支えられそれに見合う広がりをもつ市場とそこで不断に生成する均衡の確立に注目する。それはたしかに個別性が織りなす合成体ではあるが, たんなる総和ではない。「余剰はいかなるものであれすべて全体において無差別化される」[『人倫の体系』PhB 80]。全体である市場は個別的なものを普遍的なものとして受容し, 普遍的なものに即して余剰の交換を成立させる。ここには普遍への信頼が生じる。「欲求の体系」に固有の徳, 実直 (Rechtschaffenheit) は, 文字どおり法形成 (Rechtschaffen) に通じている。分業, 欲求の多様化, 余剰, 価値, 貨幣, 交換, 契約という実在的関係の到達点は, 商業活動 (Handel) におかれる。ヘーゲルはこの体系の変動−攪乱の諸相 (富と貧困への両極分解も含む) を検討しつつも, その自己統合力に期待を寄せ, 人倫の身分間関係と全体を維持する上で枢要な位置価を与える。しかし, この体系はなお古典的ポリス論の身分論の枠内にあり, 労働には, 客体への形態付与−占有の意義が与えられるにとどまる。『イェーナ体系Ⅰ』では, 市民社会領域を指す表現は「共同性と相互依存の巨大な体系」[GW 6. 324] 以外にとりたててないが, この領域は「人倫的精神」「国民精神」における普遍的な境位という位置価をもつにいたり, その帰趨が後者の存立を決定的に左右する。「個人の欲求の範囲とそのための活動との間に, 国民全体の労働が現れる」[同 GW 6. 322]。ヘーゲルは, 分業と欲求の多様化のもとで, 個別的労働がそのまま万人の欲求に適合する「普遍的な観念的な労働」[同 GW 6. 321] の意義をもつこと, そして個人の欲求充足が「国民全体の労働」を介すること, こうした境位で占有が所有の意義をもつことに注目する。労働の価値はこの普遍性に即して定立される。ここには労働にそって普遍性の覚醒を説く姿勢がある。しかし, ヘーゲルは分業に画期的意義を認めながらも (A. スミスの名は GW 6. 323 欄外にある), 労働の一面化, 機械への従属, 労働価値の下落さらに恐慌にまで説き及ぶ。この体系に対する

断固とした制御の必要さえ叫ばれる。人倫的精神がこの体系の有機的構成にいかに関わるかを示さないまま、この草稿は跡絶える。

V　イェーナ期（3）　教養形成の階梯
『イェーナ体系Ⅲ』では「現実的精神」[GW 8. 222] が市民社会領域をカバーする。「万人の、万人のための労働と享受」[同 GW 8. 223] という普遍性の境位で、個別者は不特定多数の〈抽象的〉欲求に応じた〈抽象的〉労働を担う。不特定多数のためという意味で〈抽象的な加工物〉が相対するところに交換価値（物としては貨幣）が成立する。交換はこうした加工物を個別者の具体的な欲求 - 充足にもたらすだけにとどまらない。〈物と化した自己（加工物）〉の交換そのものが、抽象的労働の担い手としての、また人格＝所有主体としての承認の意義をもつ。ヘーゲルは〈承認された状態〉の境位に生じる「善悪の知、人格的な正と不正」[同上] を介して法的カテゴリーが登場し働く場面を設定する。犯罪に対する法の発動には、承認された状態からの特殊意志の離反を原状に戻すという意義があり、普遍意志（法）は個別意志の知へともたらされて、現実に知られ妥当するものとなる。現実的精神はこうした教養形成によって〈法の支配〉たる憲法体制（普遍意志の具体化）の礎柱となる。ただし、万人の労働の成果である「普遍的富」は個々人の生活の依り所、実体ではあるが、前の諸草稿にみたように富と貧困への両極分解にいたるネガティブな様相を呈する。とはいえ、この普遍的富の領域には固有の位置価がある以上、国家権力の「干渉はできるだけ控え目なものでなければならない」[同 GW 8. 244]。介入は累進課税、救貧税などの財政、司法、内務行政（ポリツァイ）などにわたるが、それらは統治の契機に属している。このように「現実的精神」が教養形成 - 知の運動であることによって憲法体制 - 国家権力との媒介を扱うことができるようになった。ここに市民社会 - 国家体制の原型が誕生する。ただし「知に基づく共同体（共同社会 Gemeinwesen）」[同 GW 8. 237] は個別意志に発する疎外化 - 教養形成の諸階梯として示されるために、その構成契機は必ずしも整序されていない。なお、『精神現象学』「理性」章では、〈人倫的意識の生成〉が労働と欲求の体系の肯定的な面に即して取り上げられ、「精神」章「自己疎外的精神」では、財富は国権に浸透しそれを財富の運動に飲み込む威力として取り上げられる。

Ⅵ　教養形成としての制度の体系　のちにこうした〈知に基づく共同体〉は確固とした制度の体系として提示される。「市民社会」は、そうしたときに概念化された。市民社会の基底をなす欲求と労働の相関的秩序そのものに、労働に基づく教養形成の作用が働くために、そこには「即自的に法であるところのもの」[『法哲学』211節] が懐胎している。かくして、人格と所有の侵害に対する司法制度の活動は、潜在的なものの定立という意義をもつことになる。しかし、市民社会は普遍と特殊とが分裂する「人倫の喪失態」[同181節] でもあるために、権利の保障にとどまらず「個々人の生計と福祉の保障」に関わる内務 - 福祉行政（ポリツァイ）、職業団体（コルポラツィオーン）が定立される。とくに同市民的関係に根ざし自治能力をそなえた職業団体において、国家との「共同統治」[『法哲学講義（ヴァンネンマン）』141節] が成立する。市民社会の諸制度（地域自治団体も含めて）は、普遍 - 特殊の一体化に関わる理性的なものの映現として「公共の自由の礎柱である」[『法哲学』265節]。市民社会における制度化を通して初めて、国家の制度的統合が成立するといってよい。しかし、諸制度は、市民社会のうちに発生しそれを解体しかねない問題に対応して定立されているために、不備を露呈する。富が増大する一方、「特殊的労働の個別化と制限性とが増大するとともに、この労

働に縛りつけられた階級の隷属と窮乏とが増大する」[同243節]。市民社会からは貧困、賤民問題が不可避的に生じる。職業団体は、特に商工業階層のなかで人倫的契機を回復するという課題を背負うにしても、技能と実直さという加入要件が必要であり、先の問題にトータルには対処できない。しかし、国家が直接対処すると、人格的自由の安全と保護という市民社会の使命を引き受けることになり、国家（理性国家）と市民社会（悟性国家）との原理的区別が解消されてしまう。市民社会は人倫的理念の支柱でありながら、その意味が問い返される場でもある。→人倫、国家、制度、法、労働、欲求・欲望、コルポラツィオーン

【参】Riedel (1969, 1975a), Avineri (1972)

(滝口清栄)

社会契約 [gesellschaftlicher Vertrag]

人倫的世界をいかに体系的に把握するか、がヘーゲルの若い時からの一貫した問題意識である。その際の理論的前提としてヘーゲルの前にあったのはアリストテレスの古典政治学と、社会契約論を主張したホッブズ、ロック、ルソーらの近代自然法論であったといえる。ベルン時代において、教会契約は否定しつつも、ルソー的立場から市民契約を認めたことはある[**1**. 161]が、イェーナ時代になると「自然」はスピノザ的な「神即自然」の意味での全体性の意味と、アリストテレス的な、ポリスは個人に対し「本性上より先なるもの」の、本性としてとらえられ、その立場から近代の自然法が批判される[リーデル(Manfred Riedel 1936-), 1969]。そこでは、「社会や国家の名の下に、無形式で外的調和という空虚な名前」しか措定されないからである[**2**. 447]。しかしイェーナ時代末期には古代ポリスの実体的人倫の立場に対し、近代自然法論の個別性の自由意志、人格の立場が、「近代のより高次の原理」[『イェーナ体系Ⅲ』GW 8. 263]として再評価される。しかし、これは社会契約論を肯定することを意味せず、意志や人格の自己立法として法の世界を展開するという、ヘーゲル独自の方法の開始を意味する。このような理論的変遷を経て最終的に確立される人倫的世界が『法哲学』の世界である。

『法哲学』において、社会契約論は根本的に否定される。一般に契約は〈恣意〉を出発点としており、そこから出てくるのは単なる「共通な意志」にすぎず、「即かつ対自的に普遍的な意志」ではない。またその対象も個別の外面的物件であり、結婚や国家は契約関係に含ませるべきでない。国家を契約によって捉えることは、「国法と現実における最大の諸々の混乱をひきおこした」のである[『法哲学』75節]。つまり、国家を契約によって捉えることには、「即かつ対自的に存在する神的なものとその絶対的権威と尊厳」[同258節]を破壊する危険性が存在するのである。主観性を原理とする社会契約論は倫理的なものを扱う正しい方法ではない。その方法によって考えられているのは、原子論の体系としての市民社会の規定なのである。社会契約論や歴史的起源の観点に代わってヘーゲルが主張するのは、法の世界を、意志の本性（自然）である自由が実現した世界ととらえ[同4節]、その世界の最高の段階として国家を概念的に把握することである。ルソーも意志を国家の原理にし、かつその一般意志論において単なる共通性（全体意志）と真の普遍性（一般意志）を区別したという重要な功績を有する[『エンツュクロペディー（第3版）小論理学』163節「補遺」]。しかし、国家論においてはその立場を徹底しえず、基本的にはフィヒテと同様、普遍的意志を即かつ対自的に理性的なものとしてでなく、個別的意志から出てくる共同的なものとしてしか捉えられなかった、とルソーを批判する（この点に関してはヘーゲルの誤解であるとする、C. テイラー、アヴィネリ、柴田高好ら多くの意見がある）。

したがって，国家の実体も社会契約論の主張する如く，生命や財産の保護，といった外面性から捉えられてはならない。ヘーゲルにおいて国家は「人間世界における神の歩み」[『法哲学』258節「補遺」]であり，国家における主体性の原理と倫理的実体性との統一の完成，即ち具体的自由の実現は「理性の絶対的目的」[同上]である。このようにヘーゲルにおいて国家は，社会契約によってでなく，「自由な意志に内在する目的論」[M. リーデル，1970，S. 32，訳書43頁参照]によって基礎づけられるのである。→自然法

【参】 Riedel (1969, 1970), Avineri (1972), 金子武蔵 (1984)　　　　　　　　　　(米永政彦)

シャフツベリ [Third Earl of Shaftesbury, Anthony Ashley Cooper 1671.2.26-1713.2.15]

イギリスの道徳思想家。人間の本性を利己的なものとみなすホッブズの見解を退け，人間のうちに，道徳的な価値についての直覚的な感覚（「道徳感覚（moral sense)」）と，公共の善へと向かう自然的な傾向とを認めた。その背景には，宇宙を神的な力が遍在する調和に満ちた統一体とみなす汎神論的な世界観があった。宇宙を貫く〈調和〉は，同時にその一部である人間のものでもあった。人間性を積極的に肯定するシャフツベリの道徳観・人間観は，カントやヘルダー，ゲーテなどの18世紀のドイツの思想家，文芸家に大きな影響を与えた。ヘーゲルもまたその思想の形成の過程において少なからぬ影響を受けた。

ベルン時代の草稿においてヘーゲルは，「道徳性の理念を純粋に自分の心から紡ぎだした人々」，「その魂が徳への尊敬でいっぱいに満たされた人々」としてスピノザ，ルソー，カントとならんでシャフツベリの名を挙げている[『国民宗教とキリスト教』1. 74]。初期のヘーゲルの思想に決定的な影響を与えたのはカントの実践哲学であったが，ヘーゲルはカントと異なり，感性もまた人間の行為の主要な要素であることを認めた。善き衝動や感覚，すなわち「道徳的な感情」を理性の諸理念によって鼓舞し，そのことを通して道徳的な動機（「道徳法則に対する尊敬」）を強固なものにする必要性を主張した。このような形でのカントの実践哲学の受容，そしてその上に立っての「ファンタジーと心胸（Herz）」に依拠した「国民宗教」の構想は，シャフツベリの思想の影響のもとではじめて可能であったと考えられる。フランクフルト時代のヘーゲルはカントから離れ，一切の支配－被支配の関係から自由な，同じものの同じものに対する関係としての〈愛〉に基礎づけられた宗教を構想した。そのような構想を可能にしたのは，ヘルダーリンとの思想的な交流であったが，その背後に，シャフツベリやヘムステルホイスによって展開された合一哲学（Vereinigungsphilosophie）の思想の存在を見のがすことができないであろう。→合一哲学，国民宗教

【参】 Weiser (1916), Henrich (1967), Jamme (1983), 藤田正勝 (1986)　　　　　(藤田正勝)

ジャン・パウル [Jean Paul 1763.3.21-1825.11.14]

ドイツロマン主義文学を代表する作家。とりわけ小説(ロマン)の分野で画期的な作品を残した。彼自身，ゲーテがあらゆるものを整然と把握したのに対し自分はすべてのものをロマン主義的に溶解させると語ってることに示されるように，その作品は空想と卑俗な現実，清らかなものとグロテスクなものとの意表をつくとり合わせ，フモール，イロニーに満ちたものとなっている。その代表作『巨人（Titan)』は，ゲーテをはじめとした同時代の巨人的精神に戦いをいどんだ教養小説であり，19世紀を通じてドイツ文学界に大きな影響を与えた（マーラー Gustav Mahler に交響曲の題名を提供するまでに）。ヘーゲルは『美学』の中で，ジャン・パウルについて，想像

力と機智および雑多な知識によって人を驚かせはするが，その実，外面的で「バロック的寄せ集め」[『美学』13. 382]であるに過ぎないと，いつもながらのことであるが同時代の作家に厳しい評価を下している。（佐藤康邦）

自由 [Freiheit, frei]

ヘーゲル哲学は根本的に自由の哲学である。自由な精神である理性が，この現実の世界に〈自由〉という理念が実現されるのを見届けることが，哲学の本当のありかたである。それは人間精神のいちばん深い本質が〈自由〉であるからである。「物質の実体が重さであるのにたいして，精神の実体，精神の本質は自由である。精神のあらゆる属性は自由によってのみ成り立つのであり，一切が自由のための手段にすぎない」[『歴史哲学』12. 30]。人間は自由になることのできる存在である。自由は特定の状態ではなくて，解放の過程を含んでいる。

自由とは，自分の本質を自覚して，本当の自分に従って生き，他のいかなるものにも左右されないことである。自分の本質を見失えば，自由を失い（非自由，不自由），自立性を失ってしまう。この自由の概念を，ヘーゲルは『法哲学』で，第一に内面的な自由，第二に自分の欲望を実現する行動的な自由，第三に他の人間との共同生活のなかに自分の本当のあり方を見出す社会的な自由という三つの側面に従って考察している。

Ⅰ　内面的な自由　牢獄に居ても人間は精神の自由を保つことができる。それは自分の生命，身体，財産を度外視することができる限りでの内面的な自由である。決定論の鎖から人間を解放するのは，この内面的な自由である。生命を失うことを恐れる者は，生命と引き換えに他人の奴隷となるかもしれない。身体の苦痛に耐えられずに仲間を裏切る者は，同時に自分自身を裏切っている。財産につまずいて自由を失う者の数は知れない。

私は生命，身体，財産をもつ。しかし他人から見たとき，私とは私の身体に他ならない。生命も財産も，私の存在を支える私の実体である。財産（Eigentum）とは，私に固有の（eigen）ものという意味である。生命，身体，財産を度外視して私が自由になるとき，私はまったくの空白の場所に自分の精神を移す。その時「何物でもないがゆえに何物にもなりうる」という意味で，私は「普遍的」である。

「意志には，純粋な無規定性，自我の自己内への純粋な反省という境地がある。その境地に入れば，いかなる制約も解消されている。自然本性すなわち欲求・欲望・衝動と密着してそのお蔭で存在するようなもの，そのお蔭になるものが何であれ，与えられ定めとなった内容は解消している。これすなわち絶対的な抽象・普遍性の無制約の無限性であり，自己自身の純粋な思惟である」[『法哲学』5節]。

Ⅱ　行動的な自由　内面的な自由によって，私は，私の生命，身体，財産を，あたかも存在しないかのように度外視した。私の実質となる「私のもの」（所有）は解消して，私は純粋な「私であるもの」（存在）となったが，この純粋自我とは所有対象を捨象された所有主体である。私は，いわば存在する純粋な欠乏，飢餓，空腹である。

私が何かを欲する。何かを欲望の対象とする。空白の自我に欲望の内容がどっと流れ込んでくる。「自我は，区別のない無規定性から区別し・規定し・規定性をある内容と対象として設定することへの移行である。この内容は，自然によって与えられるものであろうと，精神の概念から生み出されるものであろうとかまわない。自我は，自分自身をある特定のものとして設定することによって，現存在一般のなかに歩み入る」[同6節]。

自我はこのようにして，自分を特殊化する。自分の現実を否定して普遍という空白に達した自我が，今度はその空白を否定して，自分を特殊化する。自由とはこのような否定作用

の往復なのである。

　　Ⅲ　社会的な自由　　自我は，自分を普遍化して内面的な自由を達成すると同時に行為的な自由において自分を特殊化して現実世界に身を置くことになる。特殊化したとたんに内面化以前のとらわれた状態に戻ってしまうなら，自由が消えてしまう。自分を特殊な境涯に置いてなおかつ自由であるためには，「規定性のなかで自由である」というあり方をしなければならない。

　「自我は否定性の自分自身への関係である限りで，自分を規定する。このような自分との関係として自我は自分が規定されていることに平然としていられる。自分が規定されていることを，自分の持つ側面，観念的な，ひとつの単なる可能性にすぎないと弁えている。自我はそれにとらわれているわけではないし，そういう規定性に身を置くのも，自分からそのなかに自分を設定したからだと分かっている。これこそが意志の自由なのである。この自由が意志の概念と実体であり，意志の重さなのである。これはちょうど重さが物体の実体性をなすのと同様である」［同7節］。

　具体的な状況のなかで自分を特殊化していながら，その状況から自由であるような境地が本当の自由である。空虚な自分をそのまま押し通すのでもないし，特殊な欲望に沈み込んでしまうのでもない。「規定性のなかで自由である」ことの具体的なありかたとしてヘーゲルは友情と愛という例をだす。「自我は他のものの内にありながら自分のもとにいる。このような自由をわれわれはすでに情感の形で持っている。たとえば友情や愛において」［同7節「補遺」］。

　私が他人のために尽くしながら，それによって自分を失ってしまうのではなくて，かえって本来の自分をますます充実させているようなあり方が，友情であり愛である。このなかに自分が特殊な状況に参加しながら，自由であることが実現している。真の自由は連帯のなかにある。

　「人格の他の人格との共同は，個人の真の自由を制約するものとみなしてはならない。共同の自由の拡張と見なされなければならない。最高の共同こそが最高の自由である」［『差異論文』2. 82］。

　　Ⅳ　国家こそ自由の現実態　　自分の本質を知って，本当の自分に従うことを，ヘーゲルは自分の本質を理性として知り，他人との共同のなかにある自分こそが本当の自分だと解する。社会的な共同生活のなかで理性的に生きることこそ自由な生き方になる。人間は普遍的な法則に従う理性的な態度をとることによって，主観的な自由と客観的な自由とを一致させる。「理性的であるということは，客観的自由（普遍的な実体的な意志）と主観的な自由との統一である。すなわち思想に基づく普遍的な法則・原則にそって行動が規定されることである」［『法哲学』258節］。現実の国家を離れたところに客観的な理性が存在するわけはない。理性と現実は国家という形でひとつになる。「国家は自由の実現された姿である。自由を実現することこそ理性の絶対的な目的である」［同258節「補遺」］。個人が国家のもとに服従せず，自分勝手にふるまっていた粗野な時代をなつかしんで「ドイツ的自由」と呼ぶのは時代錯誤であると，ヘーゲルは言う。

　　Ⅴ　歴史における自由の発展　　たとえ現存する国家が自由の現実態として，多少不備であったとしても歴史の趨勢は政治的な自由の拡大という方向にあるとヘーゲルは信じた。民主主義政体ではなくて，立憲君主政体にこそ自由の完全な実現がみられるという主張をヘーゲルは押し通した。「世界史は自由の精神という意識の展開過程を描き出す。この展開過程は自由のさまざまな規定がだんだんに高まっていく系列というありかたで進む」［『歴史哲学』12. 86］。

　歴史の理性はさまざまな国民を時代毎の歴

史の主役に定めて，それらの主役の交代を通じて自由の理念の完成を実現する。「世界史は勝手きままな自然的な意志を訓練して，普遍的なもの・主体的な自由に仕上げる訓育である。東洋は一人の者が自由であることしか知らなかったし，今もそうである。ギリシア・ローマの世界は若干の者が自由であることを知り，ゲルマン世界は全ての者が自由であることを知っている。それゆえ世界史の第一の形態は専制政体であり，第二の形態は民主政体や貴族政体であり，第三の形態が君主政体である」[同 12. 134]。

Ⅵ 用例研究 「理性的な存在との一致」というヘーゲルの自由概念は，「選択における強制の欠如」という普通の自由概念と一致しないことが多い。この点がバーリン (Isaiah Berlin) などから鋭く批判されている。しかし青年期の用法では「市民的政治的自由を教会は天国の富に対する汚辱だと教えてきた」[『キリスト教の実定性』1. 182] のように普通の自由概念が用いられている。「自己意識の自由」『精神現象学』3. 155] では「自覚に基づく自立」という意味が強く，「個人の自由の根底は法にある」[『ニュルンベルク著作集』4. 232] では「法と権利を媒介する相互尊重による自立」という意味である。他者とのかかわりから自分を取り戻し，内的核心に集約して（自己内反省），自己の本質を自覚して自立するという意味の用法が多い。「本領を発揮して自己の実体を実現している・実質がある」という意味でも「自由」が用いられ，それが「全体と個との一致」を含意している場合，自由主義者から反発を買うことになる。
→精神，歴史，自我，理性，国家，法

【参】 Berlin (1969), O'connor (1971), Pothast (1980)　　　　　　　　　　（加藤尚武）

自由運動 [freie Bewegung]

自由運動はヘーゲルによれば物体の概念によって指定された，物体に内在的な運動である。落下が物体の概念を量規定においてしか実現せず，抽象的であったのに対して，自由運動は物体の概念すなわち重力の完全な実現である。したがって，自由運動は物体の諸契機を展開し，中心を自分の内に持っているとともに他のものの内にも持っている。そのため「中心の実在性と観念性のこの矛盾の現象が運動，しかも絶対的に自由な運動である」[『エンツュクロペディー（第3版）自然哲学』268節]。この運動が実在性を持つのは天体のみであり，それ以外の物質においては実現できないとヘーゲルは言う。だからケプラーの法則は「絶対自由な運動の法則」[同270節] である。この運動は運動一般の自己還帰の運動であり，運動の契機を展開し，総体性に達している。そのため時間の契機と空間の契機は質的差別を持って現象し楕円運動を描くとされる。→落下，天体

【参】 Hösle (1987d)　　　　　　　　（長島　隆）

習慣 [Gewohnheit]

古代ギリシアにおいてはノモス ($\nu\acute{o}\mu o\varsigma$)，ヘクシス ($\acute{\varepsilon}\xi\iota\varsigma$) あるいはエートス ($\mathring{\eta}\vartheta o\varsigma$) という語で表された習慣は近代になっても哲学の中心課題の一つである。ヘーゲルによれば，習慣は精神の自由な活動のための自然的な基盤，「機構」である。心と身体の自然的素質は意志の一貫した統制によって精神の活動に相応しい機構に育成されねばならない。したがって習慣は古くは第二の自然（キケロの言葉である）ともいわれたのである。ヘーゲルは自然からの精神の解放としてのこの心と身体の陶冶を第一に感覚や感情に対する，第二に欲望や衝動の充足に対する無関心 (Gleichgültigkeit)，第三に精神とその対象とを媒介する道具として身体を形成する練達性 (Geschicklichkeit) の三つの段階に区分する。第一の無関心はいろいろの感覚や感情が「心の存在」の中へ止揚されることによって，また充足に対する無関心は禁欲によるの

ではなく，充足の体験によって得られるとされる。こうして子供は日常生活に必要な習慣を身につける。また寒さに負けず，空腹のときでも目的地に向かってしっかり歩むことのできる，おかしいことにも笑い転げず幸運にあっても有頂点にならない人間が育てられる。自然的な機能でも特に習慣化の必要が生じることがある。人間は出生の瞬間から呼吸をしているが，声優や管楽器の奏者には特別の呼吸法の体得が要求されるのである。

さらに精神の高次の内容に対する習慣も生じてくる。この場合には逆に知性や意志が含む働きが肉化されて，この機構と一体化される。ヘーゲルは記憶を分節された音の系列を淀みなく発することのできる知性の機構として理解している。次には自由を内容とする意志や法，人倫に関する習慣が挙げられる［『エンツュクロペディー（第3版）精神哲学』410節および同注］。→霊魂

【参】 Ravaisson (1927), Funke (1958)

(吉田六弥)

宗教 ［Religion］

I　宗教の概念　宗教とは，人間が絶対者（精神）を意識すると同時に，それを通して絶対者（精神）が自己を意識するという出来事であり，絶対的精神，すなわち，自己が何であるかを知っている精神の一形態である。これは，人間の世俗的有限的領域からの超出によって生じるが，それにより世俗的有限的領域が全く否定されてしまうのではない。宗教は，自然と有限な精神の諸領域，とりわけ人倫を前提とし，それらの有限性を克服するとともに，それら「全体の再総括（Resumption des Ganzen in Eins）」［『ドクメンテ』335］としてそれらの真の存立基盤（絶対者）を開示するものである。ただし，宗教は絶対者を「表象」の形式で開示するにすぎず，哲学のように，絶対者の内容に相応しく思惟の形式で把握するものではない。

ヘーゲルのこのような宗教観はフランクフルト時代末に芽生え，イェーナ時代後期に確立し，『精神現象学』やベルリン時代の宗教哲学講義（1821年，1824年，1827年，1831年）などで展開された。ただし，既にテュービンゲン時代に「宗教は我々の生活の最も重要な関心事の一つである」［『国民宗教とキリスト教』1.9］と言われたように，宗教への関心は彼の生涯のほとんどすべての時期に認められる。だが初期の宗教論では，まだ哲学体系への取り組みがなされないままに，既成のキリスト教が批判され，その歴史的再建がもくろまれていたのに対し，イェーナ時代以後宗教は哲学体系の一部に組み込まれるとともに，キリスト教が真の宗教として是認されるようになる。それにもかかわらず，後期の宗教概念におけるいくつかの思想的内容は，――宗教的感情が宗教的意識の土台をなし，儀式が宗教の不可欠の要素をなし，宗教が国民精神を基盤に成立し，国家との緊密な関係にあることなど――テュービンゲン～ベルン時代の『国民宗教とキリスト教』にまで遡ることができる。この論稿で彼は，単なる悟性や記憶力による「客観的宗教」ないし「神学」に対し，実践理性と感性・心胸・想像力との調和した「主体的宗教」を対置するとともに，「私的宗教」に対し国民精神の一契機としての「公共的宗教」を唱えた。彼はこの主体的かつ公共的宗教すなわち「国民宗教」の模範をギリシア人の宗教に認め，そこから既成のキリスト教の教義，儀式，国家との関係を批判し，カント的「普遍的精神的教会」と共和制とからなる対案の構想を歴史の地平で示した。ベルン時代中期には実践理性の「徳の宗教」に重点が置かれ，その観点からいかにキリスト教が「実定的宗教」に変貌したかが問われたが，ベルン時代末には再びヘルダー的な「想像力の宗教」に関心が移された。フランクフルト時代ではヘルダーリンの合一哲学の影響のもとで「美的宗教」として

のキリスト教の構想が生じた。それは実定性・道徳性・愛の「プレーローマ」の階梯の頂点に「愛と反省とが結合されている」「愛のプレーローマ」[『キリスト教の精神』1. 370]、さらに「精神による精神の認識」としての「信仰」[同 1. 354]の「完成」として成立するとともに、それが同時に「生」ないし「自然」の根源的合一の回復としての「純粋な生の意識」[同 1. 370]すなわち「精神」を意味した。ここに三位一体説が容認されるようになるが、イエスと教団の運命においてキリスト教の実定性の問題が残された。この問題の解決はイェーナ時代以後哲学に委ねられるとともに、フランクフルト時代末に獲得されたキリスト教の理念が、その後自然に対する精神の優位、近代の自己認識の原理の承認にともなって、イェーナ時代後期に「自己を絶対的精神として知る精神」[『イェーナ体系Ⅲ』GW 8. 265]に展開する。『精神現象学』では宗教は意識の形態として「不幸な意識」や「啓蒙の迷信との戦い」などで扱われるのみならず、「良心」の後で、「良心」の「自己意識」の対象化による絶対者の意識であると同時に、絶対者の自己意識でもある絶対的精神として捉えられ、それが宗教史的に叙述される。それとともに、キリスト教の実定性の問題（宗教と世界との対立）が宗教の表象性に帰せられ、「絶対知」により克服されようとする。さらに宗教哲学講義で初めて「宗教の概念」が宗教史に先立って主題とされ、それは——1827年以後の講義によれば——(1)神、(2)神にかんする知、(3)祭祀からなっている。(1)神そのものは「一者」（「一般者」、「実体」）として規定される。(2)神にかんする人間の意識は、「直接知」から始まり、「感情」「表象」「思惟」へと高められる。その際ヘーゲルは特にヤコービの「直接知」やシュライエルマッハーの感情神学を批判するとともに、カントにより批判された神の存在証明に新たな意味を見出そうとする（神の存在証明にかんする特別の講義を1829年に行っている）。(3)神と人間の対立は祭祀によって克服されるが、祭祀はたんに外面的所作ではなく、「信仰」を基にしており、神の人間への恩寵（とりわけ受肉）と人間の神への供御という、二つの側面から成っている。

Ⅱ　宗教史　　ヘーゲルはこの「宗教の概念」をもとに世界史における「特定の諸宗教」を考察する。彼は既にイェーナ時代の『自然法講義』で、自然宗教からキリスト教の神話論的段階を介して、哲学によって媒介されるキリスト教にいたる宗教史を素描していたが、『精神現象学』では宗教以前の意識諸形態（意識、自己意識、理性）の再現として宗教史を自然宗教、芸術宗教、絶対宗教の三段階で再構成した。自然宗教では、オリエントの光の宗教、インドの植物と動物の宗教、エジプトの工作者の宗教が、芸術宗教ではギリシアの古典芸術が、絶対宗教では啓示宗教としてのキリスト教が叙述される。このうち芸術宗教はやがて「芸術」として宗教から独立せられ、またここでは欠けていた中国の宗教、インド仏教、ユダヤ教などが宗教哲学講義で補足される。結局1831年の宗教哲学講義では、——聴講者D．シュトラウスの梗概によれば——(1)「自然宗教」として呪術の宗教、(2)「意識の分裂」ないし本来の宗教として、中国の度量の宗教、インドの抽象的統一の宗教、ラマ教と仏教、(3)「自由の宗教」として、①「移行形態」である善の宗教（ペルシアの光の宗教とユダヤ教）、シリアの苦の宗教、エジプトの謎の宗教、②ギリシアの美の宗教、③ローマの合目的性の宗教、(4)「絶対宗教」として啓示宗教（キリスト教）が配される。これらの宗教の特性はそれぞれ三通りの仕方で、第一に形而上学的概念によって（神の存在証明）、第二に表象にかんして、第三に祭祀について考察される。これらすべての段階に共通の概念（とりわけ「受肉」）が認められるとともに、(1)〜(3)の諸宗教はキリスト教

の内に止揚されたものとみなされる。その際諸宗教の展開において、「神とは何か」ということの意識が発達するが、同時に人間の自己意識が自然への拘束から精神の自由へと進歩する。なぜなら人間が神について持つ表象は、彼が自己自身について、自己の自由について持つ表象に照応するからである。

　Ⅲ　啓示宗教としてのキリスト教　キリスト教は、ヘーゲルによれば、ギリシア芸術で認められた神の人間化、人間の自由がローマ帝政時代に喪われてしまった状況において、神と人間の和解を齎すべく興された。この和解は三つの境地ないし段階、(1)純粋思考ないし父の国（三位一体の理念）、(2)表象ないし子の国（世界の創造、堕罪、受肉）、(3)自己意識ないし霊の国（教団における復活、洗礼と聖餐）を通して——これらの点についてヘーゲルはペトルス・ロンバルドゥス(Petrus Lombardus ?～1160頃)の『命題集』に依拠していたという——実現されるべきである。ただし教団は神と人間との和解を、かつて起こったが、いまだ実現されていないものと見做し、それを将来に委ねるのでしかない。

　Ⅳ　宗教と哲学　宗教ではその表象性の故に完全には実現されなかった和解は、哲学の思惟によって成就される。『1800年体系断片』では宗教は「有限な生から無限な生への高揚」[1. 421]としてまだ哲学（理性）の上位に置かれていたが、既に『キリスト教の精神』の宗教論を通して人間と自然との連関にかんする根源的洞察が生じており、それが「概念」による「有限者の無限者との連関の形而上学的考察」[『キリスト教の実定性』改稿 1. 225]に高められた。イェーナ時代以後宗教はこの形而上学に基づく哲学体系の最後の部分に、——当初は「精神の哲学」の後の第四の部分に、やがて精神哲学のなかの「絶対精神」に——芸術とともに位置付けられるようになる。だが逆に言えば、宗教は哲学の真理へ至る通路の機能を有している。哲学（思弁）は本質的に「神への奉仕」[『差異論文』2. 113]であり、必ずしも万人のものではない哲学的真理は宗教において「すべての人々にとって」[『エンツュクロペデイー（第3版）精神哲学』573節 10. 379]存在するものとなる。哲学と宗教との間の形式上の相違にもかかわらず認められるかかる内容上の共通性の故に、ヘーゲルは『信と知』以来、両者を分離する当時の通念を批判した。

　Ⅴ　宗教と国家　哲学と宗教との関係と似たものが宗教と人倫とりわけ国家との間にも認められる。宗教は志操の内面的領域に属し、国家は法律の外面的世界に属しそれぞれ領域を異にするが、「対自的に存在する主観性が実体的な普遍性と絶対的に同一である」[『エンツュクロペデイー（第3版）精神哲学』552節 10. 364]という点で両者は共通している。この共通性の故に一方で「真の宗教や真の宗教性はもっぱら人倫の中から現れてくる」[同 10. 354]が、他方では宗教は「人倫や国家の基礎」[同 10. 356]である。また宗教による和解の困難は国家との対立において生じ、それ故宗教と国家との同時的改革が求められる。ただし、宗教と国家との結合と分離のいずれに重点が置かれるか、また共通性がいかなるものかについて、時期や論争の相手に応じてヘーゲルの考え方に変化が認められる。『国民宗教とキリスト教』では、一方で宗教が「道徳性」を促進することから、「宗教は国家の立法者と統治者の目的となりうる」[1. 88]というように結合が認められていたが、他方では国家の宗教への働きかけは、「志操の自由」[同 1. 71]を損なわない範囲内で行われるべきだという。やがてベルン時代では政教分離の面が強調されるが、フランクフルト時代では逆に結合の面が——但し共通原理は「道徳性」ではなく「全体的なもの」[『ドクメンテ』281]となるが——カントに対して力説された。しかし『ドイツ憲法論』では「宗教上の統一」[1. 478]はもはや

近代統一国家の根本条件と見做されず、むしろ政教分離の必要性が説かれたが、『自然法講義草案』では「自由な民族」のもとでの「新たな宗教」[『ドクメンテ』324] が構想された。さらに『法哲学』270節では宗教と国家との内容上の同一という前提のもとで政教分離が、神聖政治の復活を望むロマン派の主張に対して強調されたが、『エンツュクロペディー (第3版) 精神哲学』552節では逆に宗教と国家との結合が力説され、そこから両者の分裂が「我々の時代の巨大な誤謬」[10. 356] として批判された。→キリスト教、神、和解

【参】 Henrich (1960), Splett (1965), Marsch (1965), Theunissen (1970), Leuze (1975), Kimmerle (1977), 金子武蔵 (1979), Jaeschke (1983), 岩波哲男 (1984)

(久保陽一)

宗教改革 [Reformation]

世界史において、精神という太陽は東洋からのぼり、ゲルマンの森に沈むものとされる。しかし歴史をさらによく見ると、人類は少なくともさらに二度、「日の出」を迎えていることがわかる。崇高な感激によって迎えられた最後の日の出はフランス革命であり、そこにおいて抽象的で形式的な主観的自由が実現されたのであり、残されているのは実在的自由の獲得だけであるとヘーゲルは語る。もう一つの日の出が宗教改革であって、それは「すべてのものの上に照り輝き、すべてのものを浄化するところの太陽」[『歴史哲学』12. 491] そのものである。実は神的なものと世界との和解、精神の自由の実現は、宗教改革においてなしとげられていたのであり、革命がフランスに起き、ドイツで起きなかったことの主な理由は、この宗教改革経験の有無に帰着するのである。宗教改革の欠如は政治革命をひき起こす。他方で彼は、宗教改革を成し遂げることなしに革命を起こそうとするのは近代における愚行であるとも繰り返し述べ

ている [『エンツュクロペディー』10. 360;『歴史哲学』12. 535;『美学』15. 128, 413;『宗教哲学』16. 535f.;『哲学史』19. 502]。宗教という精神の内奥における革命なしには、自由を実現するはずの革命は無秩序と専制を帰結せずにいないからである。

「宗教改革の原理」つまりプロテスタンティズムの原理は、「精神が自らのうちにあること、自由であること、自己のもとに至るという契機」[『哲学史』20. 57]、つまり神的精神と人間的精神の同一性であるとヘーゲルは考える。彼はルターとともにカトリックの聖餅を批判するのであるが、それは、そこでは神と人間との統一が、精神においてでなく物性においてなされているからである。聖餅はさらに僧侶と俗人の区別、聖書と真理との階級的所有、精神に対する侮蔑、聖俗二元論、結婚と労働と主体的従順とに対する軽視、総じて精神の絶対的不自由と人倫的退廃をもたらしたのであり、宗教改革はそれら諸帰結の全体をくつがえしたのだった [『歴史哲学』12. 491ff.]。しかしそれとともに和解、平和、信頼、および愛が失われてしまったことも、ヘーゲルは看過していない。彼がプロテスタンティズムとカトリシズムの対立を超えた地平に「新しい宗教」を展望したことの理由はそこにあった [『ローゼンクランツ』139ff.]。→プロテスタンティズム、カトリシズム、キリスト教、自由、精神、聖餐、ルター

【参】 Hirsch (1930), Ritter (1969c)

(生方 卓)

十字軍 [Kreuzzüge]

ヘーゲルは『歴史哲学』で、十字軍によって近代的な自我意識の原型が作られたと論じている。この考え方は『精神現象学』では、彼岸にあるはずのものを個体に求める「不幸な意識」(自己意識) から「観念論」(理性) に移行する過程に対応する。キリストの墓を守ろうとする十字軍は「個体性の頂点である

このもの」としての神をもとめる。ところが墓の中にキリストの骨があるはずはない。彼は昇天したのだ。「墓にはまことに本来の転回点がある。あらゆる感性的なものの空しさが滅びる。……こうして世界は、人間は神的なものとしての個体を自分の内面に求めなければならないという意識を獲得した。これによって主観性が絶対的に正当化され、……自己信頼と自己活動の時代がはじまる」[『歴史哲学』12. 471f.]。個体的なものが同時に絶対的であるというあり方は、これ以降、内面に求められる。⇒墓　　　　　　　　（加藤尚武）

『就職テーゼ』　[Habilitationsthesen]

　俗にこう呼ばれているが、正しくは「公開討論用テーゼ」(Disputationsthesen)と呼ぶべきであろう。これは、ヘーゲルが1801年夏にイェーナ大学哲学部に私講師として哲学の講義を出願したとき、規則によって行われる公開討論（disputatio）の資料として本来提出すべき教授資格審査請求論文（dissertatio）がまだ出来上がらないので、その代りとして教授会の許しを得急遽提出した「立言」のことである。それはラテン語で書かれた12個の命題から成り、5ページの印刷物として8月23日に関係者に配布された。
　その内容は今日ズーアカンプ版著作集第2巻の付録に見ることができるが、最近の研究によって明らかにされた公開討論前後の事情[Kimmerle (1967) 参照]や討論自体の性格から見て、これらの命題が従来考えられたように『惑星軌道論』の内容や今後講義されるはずの思弁哲学体系の要約であるかどうかは怪しくなった。個々の命題にヘーゲル独自の精神が刻印されていることは疑いを容れないが、次の事実も考慮されねばならないからである。(1)『惑星軌道論』はまだ完成していなかった。(2)公開討論は大学側が指定した反論者に対してテーゼを擁護して弁論の冴えを見せるものなので、テーゼはわざとパラドキシカルに作

られた。これらの点を考慮すると、ローゼンクランツのようにこれを彼の思弁哲学体系の原理の予告と見るよりも、むしろ酒井修が見るように、倉皇のうちに慌しくまとめられたものと見る方が真実に近いであろう。ともあれ短いものなので、以下にその全文を訳出しておく。
　「1．矛盾は真にとっての、非矛盾は偽にとっての規則である。2．三段論法は観念論の原理である。3．四角形は自然の法則、三角形は精神の法則である。4．真の算術には、1から2に進む加法も2から3に行く減法もない。3は和とは見なせず、1も差とは見なせない。5．磁石は自然の矢であり、太陽に向かう惑星の重力は自然の振り子である。6．理念は無限と有限の総合であり、すべての哲学は理念のうちにある。7．批判哲学には理念がない。それは懐疑論の不完全な形態である。8．批判哲学の言う理性の要請は素材を必要とするが、まさにそれがこの哲学を破壊する。これがスピノザ主義の原理である。9．自然状態は不正ではない。だからこそ、われわれはこの状態から脱出しなければならない。10．道徳学の原理は、運命に対して畏怖の念を持つということだ。11．徳は行為の無垢も受苦の無垢も排除する。12．絶対的道徳はあらゆる点で徳と矛盾する。」[2. 533]
　当日これらのテーゼに対して誰がどのような反論を加え、彼がそれにどう答えたかについては、シェリングが書いた短いラテン語のメモ以外何も伝わっていない[Neuser (1986 a,b) 参照]。
【参】　Rosenkrnaz (1844:S.156-159), Haering (1929:S.759-762), Kimmerle (1967), 酒井修 (1984), Neuser (1986a,b)　　　（渡辺祐邦）

充足　⇒享受

充足理由律　⇒根拠

集団(社会) [Gesellschaft]

社会という語は、術語として確立されたものではないが、ヘーゲルの思索のたゆたいを折りにふれ映し出す言葉である。青年期の草稿では、小さな集団の意味で登場する。「市民一人一人に成員になるかならないかの自由が帰属する小さな集団の制度、法律は、……そのような集団そのものが成長して国家になりでもしたら、それは、その原理をそのまま保持することはできない」[『国民宗教とキリスト教』1. 66]。この位相差と変容の問題は、キリスト教の客体のあり方が問われるなかで、さらに『キリスト教の実定性』では、原始キリスト教団としての集団が変貌して実定的・抑圧的なものとなる経緯の考察のなかで取り上げられる [1. 124-165]。イェーナ期では、後の市民社会を含意して、『ドイツ憲法論』「国家の概念」清書稿、『イェーナ体系Ⅲ』(一ヵ所のみ)に現れる。前者で、ヘーゲルは、末端まで統括しようとするフランス革命下の国家理論ならびにフィヒテの自然法論を念頭におき、本来の国家権力から「社会のうちに発生する諸関係」[1. 480]を区別しその自由な活動を許容しようとする。後者では、「普遍的なものが個々の労働するものにおける純粋な必然性である。……社会が彼にとっての自然である」[GW 8. 243]とある。ニュルンベルクのギムナジウム講義草稿では、家族をさす「自然的社会」、国家をさす「国家社会 (Staatsgesellschaft)」[『ニュルンベルク著作集』4. 62]という語法が見られる。国家社会は、国家と市民社会(ソキエタス・キヴィタス)とが政治的に結合して重なり合い一つの社会的全体をかたちづくるとする古典的伝統を踏まえて、後者の訳語としてとられた。後の「市民社会」は市民の享受、権利が保護されるという場面に潜んでいる。『法哲学』『歴史哲学』では、近世自然法の自然状態に対する社会状態という意味での用法が見られる [『法哲学』102節「補遺」; 『歴史哲学』12. 42, 59]。→市民社会, 国家, 家族

【参】 Riedel (1969) 　　　　　　　(滝口清栄)

自由な精神 ⇨心理学

自由な民 ⇨ギリシア

重力 ⇨重さ

主観的精神 ⇨精神

主観と客観 [Subjekt und Objekt]

Ⅰ 一般的特徴　ヘーゲルが Subjekt と Objekt という語をそのまま対照させて使用することは少なく、また、Subjektivität と Objektivität であれ、subjektiv と objektiv であれ、いずれも多義的である。これは、桂(桂寿一 1902-85)も指摘するごとくこの語義の逆転という歴史的背景のためであるとともに、ヘーゲル自身の意識するところであったのかもしれない。例えば、次のように述べられている。「客観性とは三つの意味をもつ。第一に単に主観的なもの、考えられたもの、夢想されたもの等々と区別された外に現存するものの意味、第二にカントの確立したような意味、すなわち我々の感覚に属する偶然的で特殊的で主観的であるものと区別された普遍的で必然的であるものという意味、第三に思惟によって捉えられた、現に存在するものの自体(Ansich)……という意味である」[『エンツュクロペディー(第3版)小論理学』41節「補遺2」]。ここでは「客観性」ということで強調されているのは第三のもの、すなわちすぐれた意味での「概念」であり、それに対して「主観的なもの」とは、いわば頭のなかで考えられた真実でないものという意味をもたされている。ところが、Subjekt は実体に対する主体、述語に対する主語の意味でも用いられ、他方、Objektivität は「概念」に対する対語としても用いられるの

である。しかし，それにしても一般的には少なくとも次の二点だけは指摘することができる。第一に，ヘーゲルにとって重要なことは Subjekt と Objekt との区別ではなく，両者の総合であるということ，第二に，Subjekt は「主語となって述語とはならないもの」ということから，特に，個体ないし個人を指し，「主体」あるいは「主体性」ということから，自己と他者を区別し，他者と関わるなかで自己へと帰る「否定性」（Negativität）を根本的性格としているということ，そして，Objekt ないし Objektivität とは Subjekt の相手となるもの，あるいは，その否定性によって媒介されるべきないしはされた事態であるということである。

Ⅱ 主観という言葉の用例と客観　ヘーゲルは『エンツュクロペディー 精神哲学』，『法哲学』そして『大論理学』を中心にして，さまざまのものに主観という言葉をあてている。

第一に，広く「生命をもつ個体」(das lebendige Individuum) すなわち生命活動の作用中心ともいうべきものが主観とされ，その有機的組織（Organismus）が客観性，そしてそれをとりまく世界が客観的世界といわれる。個体としての生物は己れの組織を手段＝媒介（Mittel）として客観的世界を己れのうちに取り込んでいく「欲求」（Bedürfnis）の活動を営む[『大論理学』6. 480]。この個体の生命過程（Lebensprozeß）においては，個体自身が自己目的（Selbstzweck）であり，客観的世界に対して否定的態度をとることによって己れを現実化しているにもかかわらず，個体にはその自覚はない。

第二に，「自然的な心」が「個人的主観」（das individuelle Subjekt）という形態をとった場合である。この主観は成長という自然的経過のなかで他の個体と交わりつつ，己れ自身に目覚めて，己れの内的・外的状態について感覚し，ある特定の心理的，精神的感情のなかで生きる個人である。ここでも，自己と自己の身体性を区別したり，自己を主観とし他者を客観として対象化してそれに関わるという事態は，即自的に存在するにすぎず，対自化されてはいない[『エンツュクロペディー（第3版）精神哲学』395節以下]。

第三に，この個人的主観は「意識」の段階に至ってはじめて，己れではないものを己れの対象（客観）として己れから区別し，それに関係する。自然的心の内容も意識の対象となり，意識のほうは「自我」として「自然的生命」を「独立した客観」とする[同413節]。しかし，この主観も「自己意識」として，客観のうちに己れを見，また，己れを客観として現実化することを通して，意識の段階における限りでの主観と客観との対立を止揚する。

第四に主観は認識作用の中心ともいうべき「知性」（Intelligenz）である。「知性は第一に，ある直接的な客観をもつ。第二に，ある自己の内に反省し，内化された素材をもつ。第三に，ある主観的でもあり客観的でもある対象（Gegenstand）をもつ。こうして三つの段階が成立する。……直観の段階……表象の段階……そして思惟の段階すなわち我々の思惟するものが存在もする，つまり客観性をももっているという特定の意味における思惟の段階である」[同445節「補遺」]。

第五に，主観は実践的な主観を意味する。しかし，この主観は単なる「快，喜び，苦痛」等々の感情，「法，道徳，宗教」への感情という主観性をもつ段階からはじまり，「衝動」や「恣意」や「情熱」等々の担い手としての主観，そして，「抽象法」にかかわる「人格」，「道徳性」における主観，客観的な実体的意志と合致した意志としての主観へと分類されるのである。→否定，生(命)，欲求・欲望，個人，意識，自己意識，知性

【参】桂寿一（1974） 　　　　　（戸田洋樹）

熟知　⇨認識，経験

主権 [Souveränität]

政治的存在としての国家の権力や職務は,全体から分離した独立の権限をもつわけではなく,この全体の流動的な分肢 (Glied) であるにすぎない。またそれらは,実際には個人によって担われるほかはないが,中世の国家においてしばしばそうであったように決して個人の私有物ではありえず,国家の本質的な som契約として国家のものである。つまり,権力や職務は自立的固定的なものではなく,それらの単一な自己としての国家の一体性のうちに究極の根をもつのであって,これが国家の主権を構成する規定である。「主権とは一切の特殊的な権限の観念性 (Idealität) である」[『法哲学』278節]。そしてこの主権の主体性・人格性の規定によって,ヘーゲルは君主を導く。以上は対内主権であるが,国家はまた「一個の個体性として排他的な一者(Eins)」[同271節] であり,この一者として他の諸国家との関係に入っていく。この面は対外主権と呼ばれる。→国家 （高柳良治）

手工業身分　⇨職業・身分

守護神 [Genius]

古代ローマ人の信仰で,男に誕生とともに注ぎ込まれ,生存中生き続ける生殖力を神格化したもの。家長の心身を支え家族の連続性を維持する神秘的な活力と考えられた。ヘーゲルはこれを一般化して,まだ自立的でない受動的な個体と,それを守護する〈自己〉的な個体との関係に用いる。例えば,母と子の関係では,「母は子の守護神である」[『エンシュクロペディー (第3版) 精神哲学』405節]。また,「自分の守護神に対する個体の関係」[同節「補遺」10. 131] は,ちょうど「ソクラテスの守護神 Genius ($\delta\alpha\iota\mu\acute{o}\nu\iota o\nu$)」[『哲学史』18. 490] のようなもので,個人の内に住みついた守護神が「神託」を介して或る行動を決意させる。しかし,人間の行動と運命を決するものは,まわりの状況と個人の特殊性との結びつきである。個人に具体的に帰属する社会的「諸関係の総体」,これが「その個体の守護神」だとヘーゲルは言う [『エンシュクロペディー (第3版) 精神哲学』406節]。なお青年期の草稿では,Genius は Geist とほとんど同義に使われている [1. 44]。『宗教哲学』では,東洋の宗教の記述において,自然に宿る霊的力という一般的意味で使われている [16. 292, 296 他]。→天才 （山崎 純）

主語と述語 [Subjekt und Prädikat]

一般に判断（或いは文）は,「SはPである」という形で示されるような,主語Sと述語Pのコプラ (=「である」) による結合という形式（構文論的構造）を持つ。そしてその場合,例えば「ソクラテスは人間である」という判断に見られるように,通常は,主語は個体的対象を表し（指示し）,述語はこの対象を一定の普遍的概念の下に属させる（この対象を或る一般原理に従って分類する）という仕方で,それぞれの意味論的機能を果たすとされる。

ヘーゲルもまた,主語は最も直接的には個別者（「概念」の一契機としての「個別性」）を表し,述語は普遍的な規定性（「普遍性」）を表すとしている点では,上記のような標準的見方からそれほど離れていない [『大論理学』6. 306f. 参照]。しかし他方で彼は,第一に,一般に判断による述語づけは,「頭の外に自存する対象に対して,頭の中にあるあれやこれやの述語を付加する」[同 6. 304] ような主観的な表象上の操作ではなく,むしろ,主語の表す対象がそれ自身の存在において「区別化と規定性を受け取る」ことになるような [同 6. 307],事象そのものにおける現実的な規定の進展としての意義を持つ,と主張する。こうした見方を採ることを通じてヘーゲルが意図しているのは,事象が判断作用（ひいては認識全般）の到達範囲を超越して,

その彼岸にある「物自体」的な存在に陥ってしまうのを避けることである［同上参照］。

第二にヘーゲルは、以上のような規定の進展は、具体的には(1)主語によって表された個別者が、それ自身で、述語によって表された普遍者のうちへと「自己内反省」するとともに、(2)逆にまた、普遍者が個別者へと自己を外化するという、個別者と普遍者の間の相互的な回帰の運動として生起する、と主張する。「個別者は、判断によって普遍性へと高められ、逆にまた、単に即自的〔＝潜在的〕にすぎない普遍者は、個別者という形で現存在へと引き下げられる」［同 6. 307］。

一般に、主語によって表される個別者と述語によって表される普遍者との関係が、通常言われるように、単に前者が後者の「事例 (instance, example)」となっている——ソクラテスが人間という普遍者の一事例であるように——というスタティックな事態に尽きるとするならば (Strawson (1974) 参照)、このヘーゲルの主張はかなり特異なものに映る。しかしこの場合、こうしたソクラテスと人間の間に見られるような、個別者と普遍者の間の関係は、ヘーゲルにおいては、単に以上のような〈普遍者の事例化〉といった無性格で抽象的な関係として捉えられているのではなく、むしろ伝統的な形而上学の観点にしたがって、例えば、種としての人間＝「本質」と、個体としてのソクラテス＝「現実存在」の間の関係として理解されているという点に留意する必要がある。すなわち、彼によれば、判断における個別者と普遍者の間の関係は、最も基本的には、こうした「本質－現実存在」の関係として、或いはまた「実体－偶有性」の関係として（この場合は、個別者が実体に、普遍者が偶有性に相当する）捉えられるべきものであるが［同 6. 307, 313 参照］、しかし同時にまた、まさに『大論理学』の「本質論」を通じて展開されている通り、これらの二元的に構成された関係においては、その一方の項（例えば「本質」）は〈時空を超えた普遍者〉、もう一方の項（「現実存在」）は〈時空内に実現された個別者〉という仕方で区別され、対立し合いつつ、しかも同時に、互いに他を通じてのみ存立を維持しうるという性格を持つため、互いの間で外化－回帰の運動を繰り返さざるをえないとされるのである。

ヘーゲルは、「本質論」で既に扱われたこの運動を判断論の段階で再び取り上げつつ、それが〈主語と述語のコプラによる結合〉という判断の形式によって表現され、規定されることを通じて、その根底に、より基礎的な同一性——コプラによって表されるような——が生成することになる事情を叙述しようとしている、と言うことができる（なお、こうした叙述の進展に伴って、主語は個別性を表わし、述語は普遍性を表わすという上記のような関係も、もはや固定されることはなくなり、むしろ主語と述語のいずれもが、「概念」の三契機の各々を交替に表わしてゆくようになるとされる）。このような同一性の生成は、実は、判断論そのものの最も基本的な目的（「概念の同一性を定立すること」）とされている点であるのに他ならず、こうした意味で、主語と述語、およびコプラに関するヘーゲルの議論は、彼の論理学の全体的構成を踏まえた上で理解されるべきものだと言えよう。→判断、根拠、「である」

【参】 Strawson (1974) （岡本賢吾）

主人と奴隷 ［Herrschaft und Knechtschaft］

啓蒙の時代ひとびとは、社会を形成する以前の人間の状態をめぐってさまざまに議論した。このいわゆる自然状態のなかにヘーゲルは人間の「生死を賭した戦い」を見出す［『精神現象学』3. 149；『エンツュクロペディー（第3版）精神哲学』433節；『イェーナ体系Ⅲ』GW 8. 221 参照］。自然状態にある人間にとって絶対的な対象であるのはどこまでも自己で

あり，他者は非本質的なものにとどまる。この確信を単なる確信にとどめず，他者に対して貫こうとするとき，人は他者の生命の否定にまで向かわざるをえない。またそのために自己の生命を賭さざるをえない。ここに生じる戦いは人間を二つの種類に分ける。自己の確信をどこまでも貫く人間と，死におののく人間とである。「一方は自立的な意識であり，それにとっては対自存在（自分だけであること）が本質である。他方は非自立的な意識であり，それにとっては生命，あるいは対他存在（他者に対してあること）が本質である。前者は主人であり，後者は奴隷である」[『精神現象学』3. 150；『人倫の体系』PhB 34f., 46f. 参照]。

対自存在（自分だけであること）が主人の本質である。しかし直接自己を意識することによってではなく，他の意識（奴隷）との関わりのなかで主人は自己に対する（自分だけである）。死におののく奴隷を自己に隷属させる。そして奴隷に労働を強い，奴隷が産み出す物を純粋に——自らは生産に携わることなく——享受する。ここに成立する奴隷からの一方的な「承認」を媒介として主人は自己を確信する（自分だけである）。しかしこの対自存在，あるいは自立性が，実際にはそれ自身と逆のものであることをヘーゲルは主張する。奴隷の労働と，その労働によって産み出される物なしに主人は自らの自立性を支えることができないからである。依存こそむしろ主人の自立性の真相である。

この自立性の非自立性への転倒とちょうど逆の転倒が奴隷において生起する。奴隷とは何よりもまず死におののき，その「恐怖」にとらえられた意識である。死を前にして奴隷のなかのすべてのものが揺れ動き，解体する。この解体，あるいは欲望の断念は，主人への「奉仕」においてさらに個別的な仕方で生じる。この奉仕に加えて「労働」が奴隷に強制される。ヘーゲルはまさにこの労働の強制のなかで，つまりただ単に他者（主人）の意に従っているにすぎないように見えるところで奴隷が「我が意」そのままにあることを見てとる[『精神現象学』3. 154]。労働とは物を産み出すこと，持続的なものを形成することにほかならないが，まさにこの自らが産み出す持続的なもののうちに奴隷は自己自身を直観するからである。つまり労働し，物を形成するなかで奴隷は，自己こそがまさに対自存在であり，自立的な存在であることを自覚する。

この主人と奴隷の弁証法は多くの思想家によって注目されてきた。なかでもマルクスへの影響が知られている。パリ時代の草稿（1844）のなかでマルクスは次のように記している。「ヘーゲルの『現象学』とその最終成果のなかで偉大なのは，まず第一に，ヘーゲルが人間の自己産出を一つのプロセスとしてとらえている点である。つまり〔自己の〕対象化を，自己から離れ自己に対することとして，外化として，そしてこの外化の止揚としてとらえている点である。要するに労働の本質をとらえている点である」[Marx, K. (1932) S. 156]。⇨承認，労働，恐れ

【参】Marx, K.(1844a), Marcuse (1932), Sartre (1943), Kojève (1947), Becker (1970)

(藤田正勝)

主体性 ⇨実体と主体，主観と客観

シュタイン゠ハルデンベルクの改革 [Reformen von Stein-Hardenberg]

1806年ナポレオンに敗れたプロイセンは，エルベ以西の工業地帯を失い，巨額の賠償金を支払うまではフランス軍の占領を認めねばならなかった（07年ティルジット条約）。この壊滅的打撃から立ち直るためには，旧体制の全面的刷新が不可欠であり，側近政治の改革をとなえて失脚させられていたシュタイン (Karl Stein, Freiherr vom und zum 1757-1831) が07年10月事実上は首相の役をする

閣僚として登用された。

彼のねらいはナポレオンからのドイツ解放のために、「公共精神と市民感覚をめざめさせ」、国民的総力を結集することであった。改革のプランは、(1)宮中内局（Kabinett）の廃止と、内閣制度を軸とする近代的行政機構の確立、(2)国民の基幹となる独立自営農民の創出、(3)ギルドや国内関税を廃止し、租税制度を改めて商工業の近代化をはかる、(4)都市自治制度と国民的代表機関の設置、(5)軍制改革、(6)教育改革、におよぶものであった。

シュタインは占領軍への武力反抗計画の発覚から08年11月に解任されたが、ハルデンベルク（Karl August Hardenberg, Fürst von 1750-1822）が10年から22年まで5次にわたって組閣して改革を継承した。改革は行政機構・軍制・教育や商工業では実現されたが、農村領域ではすすまなかった。「農民解放」は、フランスのように賦課の無償廃棄ではなく、土地所有権取得のために農民は保有地の三分の一ないし二分の一を割譲せねばならなかったから、上層農民しか独立自営は望めず、逆に領主が零細地農民を雇用するユンカー経営が発展した。

だが、ともかくも改革がすすめられたのは、敗戦による国家的危機の重圧からであった。ヘーゲルはこれを特殊状況下での歴史的必然性の貫徹と洞察し、ここにドイツ近代化をたくしている。15年ナポレオンの没落後は旧勢力が有利となり、国王の憲法公約もすてられ、ウィーン体制のもとに改革は終息した。→対仏大同盟戦争（解放戦争）

【参】 石川澄雄（1972） （粂 康弘）

手段 ⇨**目的論**

出版の自由 ［Preßfreiheit］
意見公表の衝動を満たす〈言論の自由〉のひとつ［『法哲学』319節］。世論に直接関係する出版の自由は［『法哲学講義（ホーマイヤー）』337］、万人が議会に参加できないことに対する「本質的な補完」であり、憲法体制の「不可欠な構成分肢」でもある［『法哲学講義（ヴァンネンマン）』238f.］。言論の自由を直接保証するのは、逸脱を規制する法律と命令である。いかなる言論も自由だと主張するのは、無教養な形式主義の発想である。名誉の毀損、政府・君主への誹謗、法律の嘲笑、暴動の扇動などは犯罪となる。だが、言論の素材と形式が多様で、その意図が主観的なため、違反は、法律では定めえず、陪審裁判で主観的に裁かれるほかはない。他方、理性的な憲法体制で堅固な政府と公開の議会があり、とりわけ、浅薄で悪意の意見が軽蔑される気風があると、言論の自由の意義が低下するから、かえってこれを間接的に保証する。なお、理性を率直にのべる学問は、その素材と内容に権利と保証があるから、「無制限の表現の自由を享受する」［『法哲学講義（ホト）』825］。→世論

【参】 Welcker（1830） （神山伸弘）

シュティルナー ［Max Stirner 本名 Johann Kasper Schmidt 1806.10.25-56.6.26］
ヘーゲル左派の思想家。主著『唯一者とその所有』（*Der Einzige und sein Eigentum,* 1844.10.）は、一大センセーションを引き起こした。シュティルナーの思想は、通常、個人主義的無政府主義と解されやすいが、その思想的本領は、ヘーゲル-ヘーゲル左派思想圏の克服にある。シュティルナーによれば、ヘーゲルの観念論、フォイエルバッハの人間主義も、イデア的なものを真実在とみて、個別なものをそれと統一されるべきものとみる点では一貫しており、社会主義もこれを免れない。個的なものは空疎化される。シュティルナーは、前者を後者の疎外態とし、後者が前者の本来の姿であることを説く。この自覚に立てば、前者は抽象的なものにすぎないことが判明する。こうして、ヘーゲル思想圏の用語とは異質の唯一無二の「唯一者」、人倫

にせよ類的本質にせよ本質なる第三者を介した共同形式とは異質の直接的共同形式「連合」の思想が表明される。彼の思想は誤解と曲解にさらされながらも、ヘーゲル左派の思想的総括を促した。→ヘーゲル学派、フォイエルバッハ　　　　　　　　　　　　（滝口清栄）

シュテッフェンス　[Henrich Steffens 1773.5.2-1845.2.13]

ノルウェー・スタバンゲル生まれの自然哲学者。ハレ、ブレスラウ、ベルリン各大学で物理学を教えるかたわら、政論家・小説家としても活躍。『地球の内的自然史への寄与』(*Beyträge zur innern Naturgeschichte der Erde.* Freiberg 1801)『哲学的自然学綱要』(*Grundzüge der philosophischen Naturwissenschaft.* Berlin 1806)、『人間学』(*Anthropologie.* 2 Bde., Breslau 1822) において、シェリングの影響をうけて世界の化学的かつ地質学的形成の理念的歴史を提示した。もっともヘーゲルによれば、シュテッフェンスはシェリングに先立って密度と凝集との反比例関係を主張したとされ［『エンツュクロペディー（第3版）自然哲学』330節「補遺」**9**. 311］、実際ヘーゲルも上掲『寄与』を詳細に学んでいた［『イェーナ体系Ⅰ』GW **6**. 61, 122-5］。ただし、ヘーゲル自身の思想の成熟にともないシュテッフェンスの直覚的アプローチへの関心は次第に消失した［『ベルリン著作集』**11**. 523］。なお、シェリングの他にフィヒテ、ゲーテ、ノヴァーリス、シュレーゲル兄弟、シラーらとの出会いをつづった自伝『私の経験』(*Was ich erlebte.* 10 Bde., Breslau 1840-44) は、ドイツ・ロマン主義の歴史を知るうえで貴重な文献である。→メラー

【参】Petry (1970a), 渡辺祐邦 (1991b)
（木村　博）

シュトラウス　[David Friedrich Strauß 1808.1.27-74.2.8]

ヘーゲル左派の汎神論的神学者で、後に政治家としても活躍する。シュトゥットガルトに近いルートヴィヒスブルクに生まれ、テュービンゲン大学の課程を終了後、ベルリン大学に死の直前のヘーゲルを訪問し、講義を聴講する。彼の『イエスの生涯』(*Das leben Jesu.* 1835,36) はドイツの神学界に大反響をひき起し、その評価をめぐる論争はヘーゲル学派分裂のきっかけになった。彼はここでこれまでの聖書解釈を(1)超自然的、(2)自然主義的＝合理主義的、(3)神話的解釈の三種に整理し、前二者をしりぞけた。彼によれば、福音書にはほとんど史実性がなく、奇蹟やメシヤの物語は、キリスト教団の中で無意識的に成長・形成された「神話」に他ならないとされる。他方神性またはキリストは、イエスという個人の中にではなく、人類または「類」(Gattung) の中に実現されるものだと解された。→ヘーゲル学派

【参】Müller (1968), Sandberger (1972), Harris (1973), 大井正 (1985)　　（生方　卓）

シュトール　[Gottlob Christian Storr 1746-1805]

ヘーゲル在学時のテュービンゲン神学校教授。合理主義神学に対して、カント哲学を援用して正統派神学の正当性を主張した。すなわち、カントの「実践理性の優位」を〈有効性の優位〉として改釈しつつ、(1)有効性をもつためには道徳は人間本性にふさわしいものでなければならない、(2)そのためには人間の幸福への要求を重視しなければならないが、ここに、そのような幸福あるいは「最高善」を実現するものとしての神が（理論）理性を越えて要請されなければならない、(3)したがって、そのような神への信仰を強める伝統的教義は正当である、と説いた。併せて(4)宗教は、それもまた人間本性にふさわしいものとして同時に、感性的なものを重視する「主体的宗教」でもなければならない、と説いた。

ヘーゲルは「主体的宗教」の考えを受容した。しかし他方、特にベルン時代において、最高善実現のために神を要請することに対して、そこから「実定性」が生じるとして批判を加えた。→最高善, 実定性, 要請, 神学, カント, フラット
　【参】　Storr (1794), Henrich (1967), Harris (1972), 速水敬二 (1974), Kondylis (1979)
(安彦一恵)

受肉　⇨三位一体

シューバルト　[Karl Ernst Schubarth 1796-1860]
　古典学者、ヘーゲルの敵対者。ゲーテの依頼により、ヘーゲルは彼の就職の斡旋をした。しかし後に彼はヘーゲルに公然と挑戦し、敵対的な論文を発表した。これは『哲学一般、とくにヘーゲルのエンツュクロペディーについて、後者の評価のための一寄与』(1829年刊) である。ヘーゲルには死と不死に関する理論ならびに魂の不死の信仰が欠けているとする悪意あるこの非難に対して、ヘーゲルはその不条理を指摘する。　(石橋とし江)

シュライエルマッハー　[Friedrich Ernst Daniel Schleiermacher 1768.11.21-1834.2.12]
　ナポレオンのドイツ侵入のためにハレ大学を退いた後、ベルリンで三一教会の牧師となり、自らその創設に尽力したベルリン大学の神学正教授を兼ねた神学者、哲学者、古典学者。彼はヘルンフート派敬虔主義の影響下に育ち、またスピノザの汎神論的傾向を継承して、当時ベルリンの知識人の間で支配的だった啓蒙思潮に反対しつつ、宗教感情を尊重する立場を貫いた。
　『宗教講話』(*Reden über die Religion*, 1799) で宗教の本質を信仰者の体験、その直観と感情に求める基本的姿勢を示した彼は、『福音主義教会の原則によるキリスト教信仰』(*Die christliche Glaube nach den Grundsätzen der evangelischen Kirche*, 1821) において、神に絶対的に依存する存在として自己を意識する感情が宗教心であると規定した。
　「美しき宗教」[『キリスト教の精神』1. 299]の樹立によってこそ自由の現実性が可能になるとするヘーゲルの主張には『宗教講話』と類似の性格も認められ、『差異論文』『信と知』に言及がある。しかし晩年のヘーゲルは『ヒンリッヒスの宗教哲学への序文』などでは、宗教をもっぱら絶対的依存の感情のみによって基礎づけようとするシュライエルマッハーの立場を批判している。
　ヘーゲルの眼にあまりに文献主義的と映じた彼のプラトン研究やプラトンのほとんどの著作のドイツ語訳は、アリストテレス的であるよりはプラトン的であった彼の資質を示しているが、その資質においても、また思想においても、シュライエルマッハーとヘーゲルはかなり対蹠的であった。前者が主観性を原理にまで高め、思惟を感情表現の道具たらしめる傾向を示したのに対して、後者は客観性を重視し、思惟を一切の学問の原理と見なした。前者がその個性を失うことなく外面的に活動する融通性を見事に示したのに対して、後者は Fr. シュレーゲル流のロマン派のサークルの雰囲気には、むしろ一種の嫌悪感を抱いていたのであろう。→解釈, 学的批判協会, デ・ヴェッテ, 依存
　【参】　Dilthey (1870)　　(久野 昭)

シュルツェ　[Gottlob Ernst Schulze 1761-1833.1.14]
　ヴィッテンベルク大学の助手当時から、批判哲学を攻撃。ヘルムシュタットの哲学教授になって匿名で出版した『エーネジデムス』(*Aenesidemus oder über die Fundamente der von dem Herrn Prof. Reinhold in Jena gelieferten Elementarphilosophie*. 1792) では、人間の表象の外部に物自体や表象能力を

想定したとしてカントやラインホールトを攻撃した。〈客観的な真理の推論〉に疑いを向けた彼は，懐疑主義を標榜したが，その実，〈意識の事実〉に認識の確実性を求める常識哲学的な考えに立脚していた。確かに彼の意識批判は，フィヒテに自我論を成立させる一つの契機ともなり，1790年代の哲学の主要なテーマであった。しかし，『理論哲学の批判(全2巻)』(*Kritik der theoretischen Philosophie*. 1801) は，〈意識の事実論〉を批判するヘーゲルの『懐疑主義論文』によって，懐疑主義としての矛盾が剔抉され，また経験的心理学への傾向も指摘された。→懐疑主義，ラインホールト

【参】Krug (1833)　　　　　　(栗原　隆)

シュルツェ [Johannes Schulze 1786.1.15.-1869]

ベルリンのプロイセン文部省枢密顧問官。ヘーゲルの死に立ち合った唯一の友人。ベルリン版『ヘーゲル全集・精神現象学』を担当。ヘーゲル右派。ハレで大学教育を受け，のち各地で教育，教育行政に参画。1818年32歳でプロイセン枢密顧問官となり，1859年まで在職。1818年から21年までヘーゲルの講義を聴講。ヘーゲルが「プロイセン国家の高等教育制度への態度について，常に私に忠実な洞察に富む無私な忠告を与えてくれた」，という。

(伊藤一美)

シュレーゲル兄弟 [August Wilhelm von Schlegel 1767.9.5-1845.5.12; Friedrich von Schlegel 1772.3.10-1829.1.12]

I　A. W. シュレーゲル　初期ロマン派の機関誌『アテネーウム』(Athenäum) を弟とともに創刊し，『文芸と芸術についての講義』(*Vorlesungen über schöne Literatur und Kunst*, 1801-04) や『劇芸術と文学についての講義』(*Vorlesungen über dramatische Kunst und Literatur*, 1809-11) によってロマン主義の普及に貢献した評論家，詩人，言語学者。

彼はシェイクスピアの戯曲17篇のドイツ語訳でも知られる。また，インドの仏典や叙事詩をラテン語訳により紹介してヘーゲルのインド理解にも影響を与えたが，東方の神話を自然と精神との合一の最低次の段階と見たヘーゲルは，インド神話を高く評価する彼の立場には批判的だった [『歴史哲学』12. 199]。

II　Fr. シュレーゲル　ロマン主義を代表する文芸理論家たるにとどまらず，小説『ルツィンデ』(*Lucinde*, 1799) で理論の実践をも試み，また言語学や東洋学の領域にも業績を残した。特に文芸の発展を歴史の発展段階と必然的に関連する有機的全体と見る『ギリシア文芸の研究について』(*Über das Studium der griechischen Poesie*, 1794-95) の立場には，ある意味ですでにヘーゲルの歴史理解を先取りするものがあった。

『詩についての談話』(*Gespräch über die Poesie*, 1800) などでは，有限な自我が無限な目標に迫ろうとする憧憬と愛にロマン的な詩の理想が求められ，いかなる形式にも安住しない主観が有限な現実に対して自由で創造的である超越的な態度がイロニーとして特徴づけられる。イロニーによって詩は作品であると同時に，詩人が自分の超越的態度を詩作に反映する「詩の詩」となる。しかし，Fr. シュレーゲルの思想の中心にあったと言ってよいこのイロニーの発想に対して，一切の客観的なものを虚無たらしめようとするその否定的性格ゆえに，イロニーの態度を取る主観それ自体も空虚であると見たヘーゲルは，『美学』その他において批判を繰り返している。→ロマン主義，インド・仏教

【参】Pöggeler (1983)　　　　　　(久野　昭)

循環　⇨円環

純粋意識と現実意識　⇨不幸な意識

純粋透見　⇨洞察

止揚（揚棄）　[Aufheben]
　「止揚（Aufheben）」とは、「廃棄する」と同時に「保存する」ことである。それは、ヘーゲル哲学にとって、「最も重要な概念のひとつであり、端的に至る所で繰り返される根本規定」[『大論理学』5. 113] である。
　ラテン語の tollere に対するドイツ語の Aufheben という語は、「持ち上げる」ということを意味するが、この語が、さらに、「廃棄する」と「保存する」という相互に相反する二つの意味を合わせてもっているのである。ヘーゲルは、これを、「廃棄する」という意味で頻繁に用いるのだが、同時に、この語のこの「二重の意味」に注意を促す。ヘーゲルは、自らがこの語を使用する際には、この語は、同時に、この「保存する」という意味をも含意しているのだということを強調するのである [『精神現象学』3. 94 ；『大論理学』5. 114 ；『エンツュクロペディー（第3版）小論理学』96節「補遺」]。
　ヘーゲルは、こうした「肯定的な意味と否定的な意味と」を合わせもつ語を有する、ドイツ語の「思弁的な精神」を誇るが、それは、そこにおいて、まさに、ヘーゲル哲学にとって最も重要な概念のひとつ、すなわち、「単なる悟性的なあれかこれかを越え出る」[『エンツュクロペディー』同上] ヘーゲルの方法論、つまり、「弁証法」の原理を見出すからなのである。
　さて、「止揚」、すなわち「廃棄する」と同時に「保存する」こととは、ある「概念」の「限界」や「欠陥」を明示し、その「概念」を、まさにその「限界」や「欠陥」のゆえに「廃棄する」と同時にその「概念」を、その「限界」や「欠陥」を取り除いた形で「保存する」こと、換言すれば、ある「概念」を基礎に、その「概念」の「限界」や「欠陥」を除去して、いっそう高次の「概念」を提示することである。それゆえに、ハルトマン (Nicolai Hartmann 1882-1950) は、Aufheben のそもそもの意味、すなわち、「持ち上げる」「上に上げる」を、ヘーゲルの「止揚」の第三の意味と考えるのである [N. Hartmann (1957) 224. 訳書30頁参照]。
　具体的には、例えば、「同一性」という「概念」は、その何であるかが十全に検討されることによって、その限界が明らかにされる。つまり、「同一性」とは、いかなる場合でも、それとは異なる「区別」という「概念」を前提せざるをえないのである。例えば、(今の私) ＝ (昨日の私) という「同一性」は、(今の私) と (昨日の私) との「区別」を前提としてはじめて成立するのである。これによって、「区別」を含まない「直接的な」「同一性」は「廃棄される」。しかし、それは、全て棄て去られるのではなく、「区別」という「概念」を包摂した「同一性」、すなわち、「根拠」(今の私と昨日の私という「区別」を含む「同一」の「私自身」) という高次の「概念」において、同時に「保存される」のである。
　こうした「止揚」の思想は、原理的にはすでにイェーナ初期の『差異論文』や『信仰と知』における「矛盾」論、「アンティノミー」論そしていわゆる「反省哲学」批判において見出されるものである。⇨弁証法
　【参】Hartmann (1923)　　　　　　（高山　守）

消化　⇨栄養過程

情感　⇨感情

商業　[Handel]
　商業は、「普遍的交換手段によって、すなわちすべての商品の抽象的価値が現実に存在しているところの貨幣によって、離れ離れになっている諸手段を相互に交換する仕事」[『法哲学』204節] である。これは、商工業身

分のなかでも，商業身分によって担われている。とくに，ヘーゲルは，市民社会の諸矛盾のはけ口として，海外の市場と開拓地を取りあげる際に，第一身分（農業身分）の実体的な心術に対して，第二身分（とくに海外貿易に従事する人々）の持つ反省的な心術の解放性を評価する。つまり，市民社会では，富の過剰にもかかわらず，貧困の過剰と賤民の出現を招いてしまうが，この中で「自分よりも遅れている国外の他民族のなかに，購買者を求めるとともに，必要な生計の資を求める」[同246節]ものとして商業が重要になるのである。この場合に，商業は，大地を条件とする家族生活の原理とは異なって，海外へと飛躍させる要素としての海を条件にする。「産業は営利欲を持っていながら，営利を見下し，土塊や市民生活の限られた諸範囲に執着して市民生活を享受し熱望する態度のなかへ，流動，危険，破滅の要素を注入する。こうして産業はさらに，海という結合の最大の媒体によって，遠く隔たった国々に取引上のつながりを，すなわち契約を始める法的関係のつながりを，結ばせる。こうした取引関係のうちには同時に，教養形成の最大の手段があるのであり，商業がおのれの世界史的意義を見出すのも，この取引関係においてである」[同247節]。⇒貨幣，市民社会，職業・身分

(岩崎　稔)

状況　[Situation]
　ヘーゲル美学は，「理想」（Ideal）つまりイデーと形態との完成した統一としての芸術作品の根本諸特徴として行為を重視するが，状況とは芸術の「生きた諸個体」(die lebendigen Individuen) がそこに登場する地盤としての普遍的な「世界状態」(Weltzustand) からその個体の個別的な「行為」(Handlung) へと特殊化する「中間段階」であり，「普遍的な世界状態のうちではさしあたってまだ展開されないままに隠されているもののすべ

てを本来的に表現し働かすための種別的な前提」を意味する[『美学』13. 260f.]。興味深い状況を見出すことが芸術の課題であるが，その多様性は個別的な芸術によって異なる。彫刻では状況の多様性は制限されているが，絵画や音楽ではより広くなり，ポエジーにおいて最も豊かになる[同 13. 261]。(1)状況は規定性に進む以前に，エジプトや最古のギリシアの不動の影像に見られるように，「没状況性」(Situationslosigkeit) とも言うべき「無規定性」の形式をとる[同 13. 261f.]。(2)次に状況は初めの静けさから特殊化へ歩み出るが，さしあたってはピンダロス（Pindaros 前522(-18)-442(-58)）やゲーテなどの折りに触れて作られた抒情詩に見出されるような未だ他者への対立を喚び起こさない「無害(harmlos)な規定性」をもつ[同 13. 261,265f.]。(3)しかし状況の本質は，自然的諸状態，自然的素質，精神的差異の「損傷」(Verletzung) にその根拠をもつ分裂(Entzweiung)，対立(Gegensatz)，衝突(Kollision)であって，それが行為の前提となる。それはとりわけ劇詩(Dramen)の対象である。というのは理想の美はイデーと形態との統一に存するが，衝突はこの統一つまり理想そのものを損うので，芸術の課題は分裂と闘争のうちにも美を没落させずに調和的な結果に導くこととなるが，それは醜を固定せず，単に瞬間的に現象させるポエジーが最もよく為しうるからである[同 13. 267-269]。

【参】Wiehl (1971)

(四日谷敬子)

商業身分　⇨職業・身分

常識　[Menschenverstand]
　直訳すれば「人間悟性」。時代の文化において一般化している「世界精神の偉大な形態」としての反省的主観性の意識のこと[『信と知』2. 289f.; 参照 6. 38]。主観と客観の対立・制限・分離をこととする悟性的思惟に

基づいて自己確信に固執し，とりわけ直接的な知や感情によって現象を捉えるために，真の同一性を再興しようとする哲学を「憎み，忌み嫌い迫害せざるをえない」[『差異論文』2.32]とされる。したがって常識は，絶対的なもの・聖なるものさえも自らの客体として捉え[同 2.33]，「有限なものを前にして逃走し，主観性が確固としていることによって，美しいものを物一般と，森を木材と」見るという転倒を犯すことになる[『信と知』2.290]。「常識は一般に自分が最も豊かであると思っているそのときに，いつも最も貧しい」[『精神現象学』3.105]からである。ちなみにカント，フィヒテ，ヤコービの主観性の反省哲学も「日常的常識の文化」と言われる[『信と知』2.298]。

(座小田豊)

消失　⇨生成

象徴芸術　[symbolische Kunst]
　クロイツァーの「記号寓意」を頂点にするバロック的芸術表現法に対して，ゲーテは古典主義を範とし，普遍を説明するために特殊を例示する「寓意」を排して，特殊のうちに普遍を直観する「象徴」を芸術本来の手法とする。ヘーゲルは古典芸術を芸術形式の範（理想）としつつも，ゲーテとはちがって，「象徴」を芸術の前段階の手法と規定し，「東洋」の芸術に属するとした。
　かれによれば，芸術は既に理念と形態の合一する理想として現象するが，これが特殊形式として規定を深めるにつれて，順次象徴的，古典的，ロマン的芸術形式を獲得するにいたる。内的意味と外的形態の関係に関して，古典芸術は，前者を後者の実体的個体性において表現することによって両者の統一を見出し（finden），ロマン的芸術は前者の精神性が後者の感覚性を凌駕することによって，この統一を踏み越える（überschreiten）のであるが，象徴芸術はいわば芸術の前段階にあたり，完全な統一をいまだ模索する（suchen）段階である。
　象徴芸術は三段階において展開する。第一段階「無意識的象徴」では，意味と形態の差異をいまだ知らず，両者の乖離が自覚されていない。自然のうちに実存する光を神的絶対者に見立てるゾロアスター教，インドのブラフマン観にある浄化と贖罪の意識，エジプトの死者観，スフィンクスなどがこれにあたる。第二段階「崇高の象徴」ではこの直接的同一態は超克され，抽象的であるが，普遍的精神が具体的定在から分離し，内面性として自立してくる。だが精神は表現のために，外的な感覚的形態に依拠せざるをえず，必然的に自己止揚が要求されることになる。第三段階「比較による意識的象徴」では以上の乖離が自覚的に芸術意識へと利用される。寓話，寓意，比喩などがここに位置づけられる。
　芸術ジャンルとしては，建築が象徴芸術形式に照応する。そこではいまだ自己意識が成熟しておらず，その内容は個々人や諸民族の内なる支え，意識結合の拠点となる普遍的観念であり，外形はそれと別個に，重い質料のまま力の法則に従って形成され，ただ規則的，シンメトリックに組みあわされてゆくのである。→古典芸術，ロマン的芸術，比喩，建築（術）
【参】新規矩男 (1975), 杉勇 (1977), Orthmann (1975), Vandersleyn (1975)

(金田　晋)

譲渡　[Veräußerung]
　人格が，所有する外面的物件を放棄し（entäußern），無主物とするか他人の占有に委ねること。譲渡は，〈この物件≠私の意志〉という否定的「無限判断」によって「意志を物件から自己内反省」[『法哲学』53節]させる。これにより，意志は，「私の自己意識の普遍的本質」[同66節]，具体的には人格性・意志自由・道徳性・人倫・宗教・理性などを占有する。これらは，物件ではなく，譲渡不能で時効にかからぬ「人権」[『法哲学講義（ホーマ

イヤー)』264]である。これが即自のとき，奴隷・農奴，所有の不自由，精神的従属などの人権放棄が生じうるが，教養をつんで意志が人権を対自化するとかかる不法は即時に廃棄できる[『法哲学』66節]。肉体的・精神的な能力や活動は，生産量・使用時間を制限すれば譲渡可能だが，その総体の譲渡は人格性の放棄となる[同67節]。私には自分の生命を放棄する（自殺する）権利がなく，私に死を命じうるのは，自然か理念以外にはない[同70節]。→交換

【参】 Ritter (1969b), Theunissen (1982)

(神山伸弘)

衝動 [Trieb]

何かが欠乏していると感じられるとき，この何かを求め欠乏感を満たそうとする主体の働きを起こすもの。例えば自己意識は，欠乏している対象を自己のうちの他在として感じる「欠乏の感情」[『ニュルンベルク著作集』4. 118]としての欲求によって喚起され，欠乏している対象との対立を止揚しようとする衝動を持つ。「それ[自己意識]の他在というこの感情は，それの自己自身との同等性と矛盾する。この対立を止揚するという感じられた必然性が衝動である」[同上]。この働きは，対象との対立を越えた総体性を回復する活動である。

衝動は，総体性の内容によって自然から精神に及ぶ諸段階に区別される。有機体の活動がそのモデルとなっている。しかし，自然の中で植物の形態変化，動物の形成衝動・芸術衝動に見られるような有機体の衝動が捉えられるばかりではなく，物体の力学的・物理的・化学的運動において非有機体も衝動を持つとされる。衝動は，さらに精神の中でも，直接的な形態である欲望や，より普遍的だが意志に対立する衝動に見られるような単に自然衝動であるだけではない。それは，これら全てを貫く「自由な精神の絶対的衝動」[『法哲学』27節]として意志に合致するものでもある。すなわち，ヘーゲルは自然および精神における（自然に囚われた）衝動の中にもエンテレヒーとしての意志の作用を可能にする理念の普遍的な活動を見出した。こうして彼は，衝動の諸形態を体系的に把握した。この把握の根底には，彼の思弁哲学の原理として「哲学の欲求」[『差異論文』2. 20]を満足させる理念の働きである「[主観性と客観性との]分離を止揚する衝動」[『大論理学』6. 467]という見解がある。

衝動概念は，彼が青年時代以来先行思想と対決して自己の立場を確立しようとするとき，彼の根本的関心事であった。概念史において宗教的道徳的価値判断に基づいて衝動を悪とする見解を別にすれば，彼以前の思想家たちが既に衝動を道徳的中立性の枠の中で否定的にせよ肯定的にせよ人間にとって不可欠なものとして捉えていた。それ故，否定的理解は，衝動が当時能力心理学やカントにおいて低次の欲求能力として高次の欲求能力である意志に対置されていた限りで，彼にとっても自明であったし，またカントを批判するシラー，ヤコービらの肯定的理解からも彼は学んだ。しかし彼は，彼らの大部分に欠けていた衝動を発展において捉えるという洞察を獲得した。

彼らとの対決の中で最大のものは，イェーナ時代初期におけるフィヒテ批判および目立たない形でのシェリング批判である。彼は，衝動を理性的と悟性的との二つの意味に区別し，フィヒテの立場をその悟性的な衝動理解の故に批判する。すなわち，彼は理性的な「総体性への衝動」が生の分裂において悟性的な「知識の完全性への衝動」に変質しているとし[『差異論文』2. 15]，絶対者の本質的契機としての前者という彼独自の立場から時代の教養を示す後者に対応するものとしてフィヒテの衝動概念を批判するのである。当時彼は，共通のスピノザ主義的立場に基づいてシェリングの近くにいたが，目立たない形で

シェリングとは異なった見解を持っていた。シェリングは、衝動を絶対者との関連においては言わば例外的に「芸術的衝動」として認めたが、結局絶対者から切り離して悟性的にのみ理解した。これに対して彼は、これら二つの意味を明確に捉え、この時期にはこれらを端的に対立させていたものの、イェーナ時代後期の『精神現象学』に至る諸研究を踏まえてニュルンベルク時代の理念の目的論的把握を示す「理念の衝動」において統一的に把握した。規定性そのものの自己発展を衝動の発展として捉えるこの見解は、スピノザ主義的実体観を越えて実体を主体として把握する彼の立場を表現する。それは、能力心理学の二分法を越えてライプニッツやさらにアリストテレスの影響を受けており、また、使用術語は異なるが、『自由論』のシェリングの立場との類似を示している。→欲求・欲望、イゼリン、ブルーメンバッハ

【参】 Riedel (1965), Wildt (1982), Kozu (1988)　　　　　　　　　　　　　　　　　（幸津國生）

衝突　[Kollision]

ある「状況（Situation）」の中で人間が障害にぶつかり、相克とか葛藤という事態が生じることである。ヘーゲルは『美学』の中で、病気や死などの肉体的不幸による衝突にも言及しているが、主に精神的・人倫的な場面における物語を題材にして、衝突の諸相を考察している。例えば、複数の子供の間の王位継承争いとか領地争いによる相克、あるいは持って生まれた個人の精神的資質とその個人がある特定の階級に生まれたことによる差別との間の葛藤などである。また恋愛において、二人の愛にたいして家柄や家族の体面などが障害になる場合、そこに衝突が起こる。これらを題材にして描かれる劇（Drama）のストーリーは、ある状況においてまず障害が発生し、それから諸個人の利害の対立や闘争があらわになり、そしてこのような衝突が「矛盾の極に達して必然的に解消する」[『美学』15.489] というように、矛盾の発生と激化、そしてその止揚という一連の全体的な運動として捉えられている。　　　　（伊坂青司）

承認　[Anerkennung, Anerkennen]

Ⅰ　承認の弁証法的構造　「承認」は、人間の共同的、相互的存在を特徴づける概念であり、イェーナ後期（『イェーナ体系Ⅲ』と『精神現象学』）に重要な役割をはたす。

ヘーゲルによれば、自由は、「他在のもとにありながら、自分のもとにある（bei-sich-sein）」ことにあるが、とくにこのばあいの他在は他人である。個人は他人のなかに自分を直観することによって自由であって、このばあい個人は他人から承認されるといわれる。

『精神現象学』では自己意識の二重性からその共同存在（我＝我々）と相互承認が導出される。個人は自己意識をもつとき、自分を意識の対象とするのであり、自分を自分と対象とに二重化する。そのさい対象はもはや事物ではなく、他の個人でなければならない [3.144]。ところで、一方の個人が他方の個人のなかで自立性を見出すことができるのは、他方が一方のためにその自立性を否定してやるばあいである。この行為は自他のあいだで相互的に行われるのであって、これが相互承認である。この運動は「両者の自己意識の二重の運動である。各々は、自分がするのと同じことを他方がするのをみる」[『精神現象学』3.146]。

Ⅱ　承認の闘争　『精神現象学』の承認論において有名なのは「承認の闘争」の分析である。個人のあいだで、一方が他方にたいして自立性を主張し、他方から承認を獲得しようとするとき、闘争が生じる。承認の闘争は最初は個人の個別的あり方（欲求や所有）をめぐるものであるが（『イェーナ体系Ⅰ』『イェーナ体系Ⅲ』では占有をめぐる闘争が重視される）、やがて個人の全存在、生命を

めぐるもの（生死を賭けた闘争）となる。ところで，この闘争においていずれかが死にいたれば，求められた承認は不可能となる。承認の闘争の分析をつうじて明らかになることは，個人は自立的なものとして承認されるためには，狭い個別的あり方（利己的，排他的な欲求や占有）への執着をやめ，自分を普遍的あり方へ形成・陶冶しなければならないということである。このことは具体的には，個人が共同体における自分の存在を自覚することを意味する。

Ⅲ　共同体と承認　『精神現象学』においては，承認の闘争に引き続いて扱われるのは不平等な承認の関係としての「主人と奴隷」であるが，のちの箇所（「理性」の節）では，自由かつ対等な承認は，個人の相互に有機的に結合した民族の「人倫的共同体」において実現されると想定されている。真の承認は，個人が相互に協力し，生活を支えあうことにある。人倫的共同体においては，「相互的でないものはなにもなく，個人の自立性が孤立的あり方を否定しながらも……，対自的であるという肯定的あり方をしないものはなにもない」。そこには，「他人の自立性のなかに他人との完全な統一を直観するという自己意識的理性の実現がある」[『精神現象学』3.265f.]。

相互承認の原型はフィヒテの『自然法の基礎』（1796）にあるが，そこでは承認は法的なもの（権利の保証）にすぎず，形式的，消極的である。カントにおいては承認は道徳的人格の尊重であり，形式的，抽象的であった。人倫における承認は法的承認と道徳的承認とを止揚するものといえる。『精神現象学』では共同体のモデルは古代ギリシアのポリスに求められるが，『イェーナ体系Ⅲ』では新しい近代の共同体が構想される。後期ヘーゲルでは承認概念の役割は後退しているが，『法哲学』における〈法 - 道徳 - 人倫（家族 - 市民社会 - 国家）〉は承認の実現の段階をなすといえる。家族における愛のなかには，個人が他人のために献身しながらも他人のなかに自分を見出すという承認の関係があるが，このような愛の承認は感情的なものであり，客観性を欠く。市民社会の経済活動においては個人は社会的分業体制に組み込まれており，個人の労働が他人の労働と相互依存し，個人は相互に生活を支えあうが，そこでは個人の利益の獲得は不確実であって，承認は不完全である。このような欠陥を除去するのが国家であって，そこでは，個人は利己性を放棄して国家に奉仕することによって承認される。

承認には，その運動と実現の過程（承認行為 Anerkennen）という面と，共同体においてそれが実現されたあり方（承認態 Aner-kanntsein）という面とがある。また，共同体における承認には，全体による個人の承認というタテの関係と，個人のあいだの相互承認というヨコの関係とがある。

Ⅳ　相互承認とコミュニケーション
『精神現象学』においては，承認がより広くコミュニケーション関係の原理としても理解されている。異なる型の人物（例えば観想型の良心と行動型の良心）が各自の欠陥を認知しあい，より高次の次元へ高まる（止揚，和解）という関係が相互承認といわれる [3.490ff.]。また，キリスト教における神と個人との関係も相互承認として説明される。神は有限な人間のなかで自分を認識する（人間にたいする愛と赦し）が，他方で人間も神のなかで自分の無限性を自覚するといわれる [3.552ff.]。➡労働，市民社会，人倫，主人と奴隷，闘争

【参】Siep (1979), Wildt (1982)　　（高田　純）

承認のための（生死を賭しての）戦い　➡承認

情熱　[Leidenschaft]

人倫的なものが主体に内在的であり，後者が前者を動かすものであるとき，主体が部分

的にではなくて，全面的に自己を働かせること。情熱とは，一方ではカント的に言えば，義務のための義務がこれに対置されるものであり，道徳的に批判されるものである。他方では，情熱は「自然の恵み」という夢想に対置されるものであり，欲求は情熱のような主体の活動によってではなくて，「自然の恵み」によって満足させられるはずだとされる［『エンツュクロペディー（第3版）精神哲学』475節注解 10. 298］。これに対して，情熱は，ヘーゲルにとって単に道徳的に批判されるべきではないものであり，また現実の欲求を満足させるものである。ここにヘーゲルの現実的な態度が示されている。その主要な活動の場面は，歴史である。それは，歴史の主体的契機をなし，歴史における自由の実現の手段であり，現実の欲求を満足させるものである。すなわち，「世界におけるどんな偉大なことも情熱なしには成就されなかった」［『歴史哲学』12. 38］のである。情熱が否定的な意味を持つことがあるのに対して，これと区別してアンティゴネーの兄への愛に見られるように普遍的なものが個別的な主体に内在するとき，パトス（Pathos）として捉えられる［『精神現象学』3. 352；『美学』13. 301］。⇨理性の狡智　　　　　　　　　　　　　（幸津國生）

浄福　⇨幸福（幸福説）

証明　[Beweis]
　ヘーゲル哲学では証明は，主観に基づく有限的認識の最終成果と位置付けられるが，いまだ主観性を免れない認識のあり方とされる。ヘーゲルは幾何学に証明の典型的なあり方を見て，その欠点・限界を論ずる。そこでは，証明は「総合的認識」のなかに位置付けられ，「定理」を前提として成り立つ認識とされる。そして，定理のもつ内容の諸関係のなかから自分の目的に適った必要なものだけを取り出して，「定理のなかで結合されたものとして言い表されているものを媒介すること」［『大論理学』6. 534］にその本質があると言われる。だから，ここでこの結合について必然性が現れるのではあるが，それは定理の内容に言及するものではない。証明の目的は定理とは無関係に立てられ，定理はその目的を達するために必要に応じて材料にされるわけである。つまり，「必然性は〔定理に対して外在的な〕洞察に対してのみ存在し，全証明は認識の主観的目的のためにある」［同上］ということになる。例えば，或る二つの角度が等しいことを証明する際に，錯角に関する定理を使ったとする。この場合，目的である〈二つの角度の等しさ〉の証明は，この定理に無関係に存在していて，証明が終了しても定理の正しさがさらに確証されるという関係にあるわけではない。つまり，証明による認識は，定理を手段材料とするだけで，自分の主観的目的に係わるだけであって，定理に基づく認識の真理性を確証するものではない［同上，また『精神現象学』3. 43；『エンツュクロペディー（第3版）小論理学』231節も参照］。その点で，ヘーゲルは，証明による認識をもって〈自分で自分の真理性を明らかにしていく絶対的認識を標榜する哲学の認識のあり方〉とすることはできないと考え，幾何学的方法を誇るスピノザやヴォルフを批判する［『大論理学』6. 534］。⇨総合

【参】Fischer (1911)　　　　　　　　（徳増多加志）

職業・身分　[Beruf, Stände]
　Ⅰ　職業の意味　(1)欲求充足の手段
人間は生存を維持するために，食・衣・住に関する基本的欲求を充たさなければならない。ヘーゲルは，自然との関係において自己のこうした有限な欲求を充足するためにとる人間の実践的態度を一般的に「産業活動（Gewerbfleiß）」［『歴史における理性』PhB. 135］と名づける。しかし，彼は『法哲学』では，人間は「（ブルジョワ bourgeois としての）市民

(Bürger)」[190節] あるいは「市民社会の息子」[238節] として, 分業体系の中で直接的に自分の欲求を充たすことはできず, 万人の依存関係のうちに存する必然性としての「普遍的で持続的な資産 (Vermögen)」[199節] に自分の教養と技能によって参与し, それに応じた配分にあずかること, すなわち取得 (Erwerb) によってしか自分の生計を確保しえない, という。ヘーゲルは人間であるかぎり誰もが市民権を有する市民であることを認めるが [209,270節], 職業はまず「欲求と充足という二つの面を媒介するものとしての活動と労働」[189節] であり, 生業 (Erwerb) である。

(2) 自由の実現の場　職業は単なる生存の手段ではない。「職業 (Beruf) は一種の運命のように見えるが, 特定の職業に関しては, 一般にそれに付着した [運命という] 外的必然性の形式は廃絶されなければならない。職業は自由に選び, 自由に続け, また遂行されなければならない」[『ニュルンベルク著作集』4. 262]。職業は各人がそれへと召されたものとして外部から襲いかかる運命のように見えようとも (職業召命観), ヘーゲルは職業を人間がその使命を達成するための素材あるいは材料とみる。「私がそれ [素材] を完全に自分のものとするかぎり, 私はその中にあって自由である」[同上]。職業は各自の使命が達成される素材として自由に選択されるべきものであるだけでなく, 自由が実現される境位そのものなのである。

(3) 共同生活への貢献　個人が遂行する職業は制限されたものであるにせよ, ヘーゲルはそこに積極的意義を見出す。「職業は普遍的かつ必然的なものであって, 人間の共同生活の一側面をなしている。したがってそれは人間の全事業の一部分である。(中略) 人間は職業をもつとき, 普遍的なものに参与し, 協働することになる」[同 4. 263]。それぞれの職業は個別的な限られた領域であるが, 社会全体の必要不可欠な一項であり, 人はそれを介して全体に貢献することができる。この意味で職業は社会を維持するためのさまざまな機能の自存態である。したがって人間が何かどのものになるためには, 自分を制限し, 自分の職業を自分の事柄 (Sache) にし, 共同生活に寄与しなければならないのである。

Ⅱ 欲求充足の体系としての身分　(1) 職業と身分　ヘーゲルは『法哲学』で, 公民 (citoyen) から区別された私人 (bourgeois) としての市民を, 欲求やその充足手段としての労働の, そして欲求を充足させる仕方・方法の, また理論的および実践的教養の, 特殊的諸体系に割り当てられるものと捉え, この諸体系を「身分 (Stände)」と規定する [201節]。身分に属することにより市民の生計の維持が可能になる限り, 身分は職業と同じものといってよい。このような職業と身分を等置する姿勢は, 完成した国家を「一つの有機的全体」と規定し, その内部で宗教, 法, 国制, 学問といった諸領域が特殊な分限 (身分) として分立し, その各々に諸々の個人が割り当てられ, 「この特殊な身分が個人の職業 (Beruf) を成す」[『歴史における理性』PhB. 137] といわれるところからも窺われる。

(2) 身分の区分　『法哲学』において身分は「概念」にしたがって, 実体的ないし直接的身分・反省的ないし形式的身分・普遍的身分に分たれる。①実体的身分 (der substantielle Stand) は, 自分が耕す土地の自然的産物を自らの資産とする。この身分は「農業身分 (der ackerbauende Stand)」[250節] とも言いかえられるが, 土地を排他的私的所有物とする。ヘーゲルはこの身分が有する心術を「家族関係と信頼に基づく直接的人倫の実体的心術」とする [203節]。ただしこの身分には一般農民に加えて長子相続権 (Majorat) を背負う「教養ある部分」(土地貴族) が含まれることは, 後者が政治的制度に配置されることから明らかである [305- 7節]。②

反省的ないし形式的身分，つまり商工業身分 (der Stand des Gewerbes) は，自然の産物を形成・加工することを仕事 (Geschäft) とし，生計の手段は労働，反省，悟性であり，また本質的に自分の欲求および労働を他人の欲求および労働と媒介することである。これはさらに次のように細分される。(a)手工業者身分 (Handwerkerssstand) は，個々の欲求をかなり具体的な仕方で，個々人の要望に応じて充たす労働を行う。(b)工業家身分 (Fabrikantenstand) は，個々の欲求を充たすにせよ，いっそう普遍的な需要に応ずる，いっそう抽象的な大量生産の労働に従事する。(c)商業身分 (Handelsstand) は，主として貨幣という一般的交換手段を用いて，相互に分離している個別化された諸手段を交換する仕事に携わる［204節］。③普遍的身分 (der allgemeine Stand) は，社会状態の普遍的利益の実現を自己の仕事とする。だからこの身分は私有の資産によってか，活動を国家によって補償されるかして，自分の欲求を充たすための直接的労働から解放されていなければならない［205節］。私有の資産に基づいて公務を遂行する者としてヘーゲルは主として国会議員を想定し［310節］，国家によって活動が補償される者としては，各種官吏・公務員［294節］および勇気の身分としての軍人［325-7節］を挙げている。

なおヘーゲルは『イェーナ体系III』では，国家のために働く公共的身分を役人 (Geschäftsmann) と規定し，学者 (Gelehrter) もこれに含めている［GW 8. 273］。宗教家も『人倫の体系』では絶対統治との関連から普遍性の身分に帰属させられ［PhB. 75］，既にみたように『歴史における理性』でも国家を構成する一領域として宗教が挙げられている限り，他の領域にかかわる人間同様普遍的身分に算入されているといえる。だが，「諸個人の宗教的連帯性が高まって一つの教団がつくられる限り，総じてそれは上級福祉行政によって国家の総監督を受ける」［『法哲学』270節］と明言されているように，ヘーゲルは宗派を問わず宗教家を普遍的身分の中でも被監視的位置に置いている。ヘーゲルが近代世界の芸術家をどの身分に編入しようとしたかは，言及が見当らず不明である。ともかくヘーゲルは，職業を社会維持に要する役割分掌という観点から身分として統握している。

III 身分論の射程　(1)階級対立の克服

ヘーゲルが職業活動を身分のうちに枠づけするのは，近代における産業活動の問題性を対自化したからであった。『人倫の体系』によれば，私益追求を目的とする営利身分は，富の不均衡を通じてその内部に「支配関係」を生み出し，「個別的な巨富の持主は一個の威力となる。(中略)［その結果］あらゆる高次なものを蔑視するという獣性が入り込む。(中略) そして民族の絶対的紐帯，人倫的なものは消失し，民族は解体されている」［PhB. 83f.］。こうした共同生活の破壊を克服するためにヘーゲルが構想するのは，この身分内部において無限な富への衝動が根絶されるような機構を樹立することとこの身分全体を「政治的無」［『自然法論文』2. 494］として政治的領域から排除することであった。それゆえこの身分は統治・軍事にかかわる「自由な人々の身分」に対して「自由でない人々の身分」と規定されるのである［同 2. 489］。こうした構想が後期の『法哲学』にそのまま再現されるのではないが，市民社会が「人倫の喪失」［181節］と規定されながら，その展開が自由の実現の過程とされ，その一段階に身分が組込まれている限り，身分は人倫の喪失を克服する制度の一つとして位置付けられている。だがヘーゲルが身分の制度化のみで問題が解決されないことを自覚していたことも確かである。なぜなら彼は，同一身分内部で労働を通じて富の蓄積が増大しながら，一方で「この労働に縛りつけられた階級 (Klasse) の隷属と窮乏が増大」［243節］するのに対応

して，もう一方で均衡を失した富を手中に集める少数の「富んでいる方の階級」[245節]が支配を強めるという階級対立の激化により人倫の喪失が深化されることを描破しているからである。この同一身分内の階級対立の制度的解決策として提起されているのが「職業団体」の設立である。つまり他の二身分がともに普遍的なものを地盤・目的とするのと同じく，「特殊的なもの」を目ざす商工業身分も職業団体を通じて富の不均衡を是正することによって「普遍的目的」を実現でき，人倫的なものが市民社会に回復されることが見込まれているのである [249-252節]。

(2)市民生活と政治生活との統合　ヘーゲルは身分に政治的意味をも付与している。普遍的身分，特に統治の仕事に従事する身分は，使命からして普遍的なものを活動の目的とするが，立法権の中の議会という場面においては，私的身分が政治的意義とはたらきを与えられる。つまり実体の関係を基礎とする身分と，特殊的欲求とこれを媒介する労働とを基礎とする身分とが，各自議会を構成する（二院制）。このように身分は市民生活と政治生活を統合する機能を担い，市民社会の身分と政治的意義における身分，すなわち議会（Stände）とは元来の意義を回復する[303節]。だがこれによってヘーゲルが意図したのは，市民の概念からして封建的身分制議会ではなく，ブルジョワとシトワイアンの分裂，国民がアトムとして抽象的に政治過程に登場することの克服であった。→人倫，国家，市民社会

【参】 Haller (1981), Pelczynski (1984), Giusti (1987)　　　　　　　　　　　　（竹村喜一郎）

職業団体　⇨コルポラツィオーン

贖罪　⇨赦し

植物　[Pflanze]

生命のない力学的・物理学的自然と異なって，「主体的な生命性，つまり生命あるものは植物的自然において始まる」[『エンツュクロペディー（第3版）自然哲学』337節]。このように植物は，非有機的自然から区別されて生命力を有する有機体として考えられている。しかし植物の生命性はいまだ直接的な段階にあって，動物のような独立に存在する主体性を持つには至っておらず，したがってみずからその場所を決定することも移動することもできない。また植物の形態は，動物のような流動性を持つには至っておらず同質的であり，「幾何学的形式と結晶の規則性に近い段階にとどまっている」[同345節]。

しかしヘーゲルは，ゲーテの説いた「植物のメタモルフォーゼ」の考え方に「植物の本性についての理性的な思想の端緒」[同345節]を見ているように，植物を生命力ある形成過程として，一つの全体的な統一性において考察している。ヘーゲルの描く植物の形成過程は，次のようである。すなわち，種子がまず根と葉に分化し，外部から養分（非有機的原素）を取り入れながらそれぞれに細胞組織を分裂させて成長してゆく。根は水と土の方向に形成されて木質繊維となり，葉は光と空気を求めて成長して，こうして植物は光から活力や色彩の輝き，そして形態の緻密さと力強さを自分の内に取り込む。その過程のなかから，つぼみが産出され，特有の色をもった花が開き，その結果個体の生命力を保存するものとしての種子が生み出される。このように植物は，さまざまに分化してゆく諸形態の一つの統一的全体として捉えられる。「植物はその形成作用においてただ自らを生み出し，あるいは形態の諸部分を有機的統一の中に保持することができるので，植物はこれら諸部分を定在する全体となすのである」[『イェーナ体系III』GW 8. 139]。

ヘーゲルは『精神現象学』の序文において，真理の弁証法的発展のメタファーとしてこの

ような植物の統一的全体としての形成過程を用いている。「つぼみは開花によって消滅し」,「花は実によって偽りの定在として説明される」というように見えるけれども,「〔植物の〕これらの諸形態の流動的本性はこれらを同時に有機的統一の契機にするのであり,この統一においては,これら諸形態は矛盾しないだけではなくて,一方は他方と同じほど必然的であり,そうしてこのような同等の必然性が初めて全体の生命を形づくる」[『精神現象学』3. 12]。哲学においても,一方の真理が他方の真理を論駁し排除するように見えるけれども,しかし植物のそれぞれの形態が契機となって植物の生命全体を成り立たせるのと同じように,矛盾しあうそれぞれの真理もまた哲学全体にとっての必然的な契機をなして,真理の弁証法的発展の過程を構成してゆくと考えられるのである。→有機体, 地質学

【参】Engelhardt (1986), Hösle (1987b)

(伊坂青司)

植民地 [Kolonie]

ポリツァイのもとで人口増加・過剰生産から貧困が生ずると,「姑息的解決手段」[『歴史哲学』12. 287]として植民地を建設する衝動が高まる[『法哲学』248節]。植民には,(1)植民者が家族原理に戻り農業を営む効果, (2)母国がここを新市場として労働意欲を生む効果がある。その種類に,①生活資料の獲得のため植民者が母国と無関係に行う散発的なもの(近代植民), ②公民的自由の確保のため国家が独立植民地を組織的に建設するもの(古代ギリシア・ローマ)がある。①の場合,ドイツ人の植民には(2)の効果がなく,支配・搾取欲によってできたスペイン征服地,先住民を駆逐してできたイギリス植民地は,本国に政治的・経済的に従属する。これに対し,先住民との混血は,ギリシアでは〈美しく自由なギリシア的精神〉を生んだ[『歴史哲学』12. 278]。他民族との接触は承認を求める闘争をもたらすが,新大陸の先住民は精神と道具が無力なため敗北した。なお,植民地解放こそが,本国にとって真の利益となる。→ポリツァイ, アメリカ

【参】Smith (1776), Marx (1867), Avineri (1972), Walton (1984)

(神山伸弘)

叙事詩 ⇨詩

叙情詩 ⇨詩

女性というもの ⇨男と女

ショーペンハウアー [Arthur Schopenhauer 1788.2.22–1860.9.21]

ショーペンハウアーはヘーゲルより18歳年下であった。ショーペンハウアーとヘーゲルが直接にどのような対話と問答をくり返したのかを知る資料は少ない。たとえば1820年3月にベック (August Böckh 1785–1867) の司会のもとで両者が論争したことが,ベール (Karl Wilhelm Christian Bähr 1801–74) の記録として残っている。そこには因果性に関する両者の見解の相違の一端が示されていて,哲学界の最高位置にあったヘーゲルも,ショーペンハウアーを前に困惑して自然科学の知識不足をさらけ出し,若い彼から〈知恵のない氏〉と皮肉られている。前年の1819年12月には,ベルリンに1000～1100人の学生が学んでいたことや,ヘーゲルがベルリンに移ってからますます哲学の受講者が増えている状況が,リヒテンシュタイン (Martin Heinrich Karl Lichtenstein 1780–1857) からショーペンハウアー宛に連絡されている。

ショーペンハウアーの『余録と補遺』[Parerga und Paralipomena, 1851]を通して見るかぎり,ヘーゲルとショーペンハウアーの相違点は,前者に見られる歴史ならびに国家への関心とイデアリスムス,精神哲学,普遍概念,体系への志向ということに対応して,ショー

ペンハウアーの反歴史主義と，国家への無関心，リアリズム，意志哲学，経験的・現実的世界，体系への疑念といった諸点であろう。他面また，執拗なまでのショーペンハウアーのヘーゲル批判には，ショーペンハウアーにおけるヘーゲルとの共通性をうかがわせるものがある。たとえば両者ともにカント哲学から出発している点，理性主義への抵抗を示している点，ある時期に別々にゲーテとの交游があったこと，あるいは生(生命)の哲学を根本に有していること，——などは，ショーペンハウアーとヘーゲルとの距離の近さを物語る側面である。「人間の生 (Leben) は一般に，争いと戦いと苦しみの人生である」[ヘーゲル『美学』13. 234]。「人間の現存在 (Dasein) は窮迫と辛苦と苦しみと不安に満ちている」[ショーペンハウアー『意志と表象としての世界』]。

【参】 Schopenhauer (1851, 1966), Treher (1969b), Nicolin (1970)　　　　(中山　愈)

所有 [Besitz, Eigentum, Privateigentum]

主体が生産の条件および生産物（客体）に対して「自分のもの (eigen)」として関係すること。ヘーゲルの規定では，「人格が自らの自由に与える現存在 (Dasein)」[『エンツュクロペディー (第3版) 精神哲学』487節]。或る外面的な物件に個別者としての私の自由意志が投入されることにより，それは「私に固有のもの (eigen)」すなわち所有となり，それによって始めて他ならぬ私の自由意志も客観的な形態をとることになる。

私が客体を持続的に支配しているとき，それは事実上の所有としての「占有 (Besitz)」である[『法哲学』45節]。私は「占有」を取得することによってそこから他者の意志を排除するのであるが，この「占有」が一定の経過（たとえば『イェーナ体系Ⅰ，Ⅲ』では「承認をめぐる闘争」）を経ることによって，他者に，そして最終的には共同体（国家）に承認されるとき，「占有」は本来の意味での「所有 (Eigentum)」へと移行する。「所有」をもつことにおいて，私は他に対しても妥当する「現実的な意志」として承認され，第三者に対して自らの所有の絶対性を主張できるようになる。それとともに所有物は抽象的・一般的な物件として主体に観念的に帰属するようになり，ここから交換や契約が始まり，商品経済やそれに対応した法関係が成立していく。

このように私は所有によって自らの自由意志を現実的なものとなしうるのであるから，「所有もまた，このもの，私のものであるという規定をもたずにはいない」[『法哲学』46節「補遺」]。したがって「私的所有 (Privateigentum)」は必然的であり，プラトンを始めとする共同(体的)所有はこの点で否定される。土地も必然的に「排他的私的所有」をともない，また私的所有であるときにのみ有効に形成されるものであって，そうでないときは疲弊せざるをえないとされる。ヘーゲルにおいても法の普遍的な原理を構成するのは近代的な私的所有の権利であり，この権利は司法活動によって保障される。

排他的で包括的な権利としての所有権という観点から見るかぎり，ヘーゲルの議論はロックに代表される「所有的個人主義」の系譜と一定の親縁性をもつが，ヘーゲルは所有の維持を人間の結合の最終的な目的と見なす考え方を厳しく退ける。「国家の使命が所有と人格的自由の安全と保護にあるときめられるならば，個々人としての個々人の利益がかれらの合一の究極目的であるということになり，このことからまた，国家の成員であることはなにか随意のことであるという結論が出てくる」[『法哲学』258節]。究極的には私的所有や私的行為の主体であることを自ら克服することが，自由な意志の証として，国家の成員に要求されるのである。→私的（なるもの），交換，財産共同体

【参】 Macpherson (1962)　　　　（斎藤純一）

シラー　[Johann Christoph Friedrich von Schiller 1759.11.10-1805.5.9]

　「ゲーテ時代」のドイツの詩人，劇作家。哲学的にはカントとドイツ観念論とを媒介する位置を占める。
　カントは『判断力批判』において美を，対象そのもののではなく，その対象を直観する主観が快の感情のうちにもつ「主観的合目的性」と規定した。これに対してシラーは『カリアス書簡』で自然的対象について，「現象における自由」，つまり感性的なものの「自己規定」として美を対象そのものの客観的属性として考えた。また同時に，カント的な厳粛主義的自由に対して，「自己規定」の概念を展開して，理性と感性の調和した美的自由の考えを提示した。（シラーはすでに初期において，ファーガソン（Adam Ferguson 1723-1816），シャフツベリ等から影響を受けつつ調和ということを主張していた。）そして，これを受けて次いで『優美と尊厳について』で，道徳的主体の美として，「美しい魂」の「義務が自然になった」状態を「人間性の理念」として主張した。さらに『人間の美的教育について』で，美を対象として理性的なものと感性的なものとを統一して「遊戯」するときにのみ「人間は完全に人間として存在する」と主張した。
　美学そのものとしては，上述の客観的・統一的（総体的）なものとしての美の規定がヘーゲル自身言うように［『美学』13. 89ff.］ヘーゲル美学の先駆を成すとして一般的に評価されている。美的自由の考えが——すでにベルン時代に『人間の美的教育について』への称賛がみられるが［『書簡集』（第1巻）25］——特にフランクフルト期のヘーゲルに影響を与えたということもほぼ確実であろう。また，ヘーゲルは初期において，まさしくシラーの理想を（シラーが美的社会実現のための，それに先行すべき美的教育を言うに留まったのに対して）美的社会として構想した，というように決定的影響を言う者もいる。→美しい魂，美，自由，調和

【参】 Kant (1790), Schiller (1943-), Wiese (1959), 金田民男 (1968), Leuze (1975), Gethmann-Siefert (1984), Dickey (1987)　　　（安彦一恵）

自立性　[Selbständigkeit]

　一般的には，他在を否定し，「自己自身において実体的なもの」や「主観的な特質の強さをもって自分に基づく個体性」のことを意味するが，真実には，他者との媒介性・相互性を踏まえ，「個体性と普遍性とが統一し浸透している」状態を指す。「なぜなら，普遍的なものが個別的なものを通して初めて具体的な実在性を獲得するのと同様に，個別的で特殊な主体もまた普遍的なもののうちに初めて自らの現実性の揺るぎのない基盤と真正の内実を見出すからである」［『美学』13. 236f.］。『精神現象学』の「自己意識の自立性と非自立性」において，非自立的と見られていた奴隷が「承認をめぐる闘争」の果てに真の自立性として証示されるのも，奴隷が「死の恐怖」と「労働」を介して他在・他者と普遍的関係を認識し樹立するからである［3. 148f.］。事物の場合も，個別性と他者，そして普遍性との必然的連関において初めて自立性は成り立つとされる［『宗教哲学』17. 453］。→主人と奴隷
　　　　　　　　　　　　　　　（座小田豊）

磁力　[Magnetismus]

　思弁的思惟の主要理念の一つはクザーヌス（Nicolaus Cusanus 1401-64）以来の「対立の統一」の原理である。磁力の実験的研究はギルバート（William Gilbert 1544-1603）によって創められ，「同名の極は斥け合い，異名の極は牽き合う」との磁力の法則は自然哲学でも有力となった。シェリングはこれを

極性（Polarität）の法則とし，磁気・電気・化学的連関（磁気と電気の総合）を物理学の諸カテゴリーと称した。ヘーゲルもこれらを「総体的な個体性の物理学」（Physik der totalen Individualität）のカテゴリーとした。ヘーゲルもこれら諸作用の同一性を認めるに傾いた。しかし当時有力だったベルセリウス（Jöns Jacob Berzelius 1779-1848）の電気化学的二元仮説に対しては批判的であった。ヘーゲルはむしろ諸化学元素の化学的親和性（chemische Verwandtschaft, Affinität）を質と量との度量関係の弁証法に基づけようと試みている［『エンツュクロペディー（第3版）自然哲学』309-315節］。→化学・化学的連関

(本多修郎)

信（仰） ［Glaube］

ヘーゲルの信仰理解は，基本的にこれを神の認識としてみることにおいて一貫しているといえる。また，当然そこに予想されているのはキリスト教信仰であるが，それを無条件に前提とするわけではなく，必要に応じて用語法に関する注意を喚起している。「信仰という言葉は大層重宝なもので，信仰と聞けばキリスト教信仰のことを思い浮べ，キリスト教信仰をそこに含めたり，ややもすれば全く同じものだとさえ見てしまう。それがこの［ヤコービの］信仰哲学を本質的に敬虔なもの，キリスト教として敬虔なもののように見せているのである。……しかし，ただ言葉が同じであることに付け込んだ見せかけにごまかされることなく，その違いをしっかりと心に留めておかねばならない」［『エンツュクロペディー（第3版）小論理学』63節］として，キリスト教信仰と信仰一般，ことに直接知と同義にまで拡大解釈されたヤコービの信仰理解とを峻別している。さらに一層踏み込んだ形では，「信仰という言葉からしてすでにキリスト教信仰のために取っておかれたものであり，ギリシア人の信仰エジプト人の信仰などとは言わず，ゼウスへの信仰アピスへの信仰などとは言わぬものなのである。信仰とは確信に備わる内面性を言うのであり，しかも意見や表象や信念や意欲といったその他一切に対立するものとしての，最も深く最も集中した内面性を言い表わすのである」［『神の存在証明に関する講義』17. 349］として，キリスト教信仰にのみ，この語を留保する。とはいえ，信仰と知との対立あるいは隔絶を否定する立場から，「反省や論弁あるいは思惟一般をそのうちに含まぬ信仰はないのと同様，たとえ一瞬のことであれ信仰をそこに含まぬ思惟は存在しない。それを信仰と呼ぶのは，そもそも信仰が何らかの前提の形式であって，その由来はどうであれ，強固な基礎となる仮定の形式だからである」［同 17. 352］というように，信仰の境位の非宗教的なものへの広がりをも留保する。要するに「信仰が一種の知であり，知の特殊な一形態である［『エンツュクロペディー（第3版）精神哲学』554節］と見る立場である。これらの用語法は信仰を神の認識として理解するところに収斂し，キリスト教信仰の核心を哲学的に把握し直したという自負に裏打ちされたヘーゲル宗教哲学においては，認識の側面から見る限り，信仰は概念的思惟の下位に列するものとされる。

「［神学者達が］絶対的内容を有限的に思惟したことで，キリスト教の根本教義は殆ど教義学から消え失せてしまった。哲学だけが，とは言わぬまでも，哲学は今や抜きんでて本質的に正統的であり，永久に廃れることのない信条，キリスト教の根本真理は哲学によって護持されるのである」［『宗教哲学』17. 202］とすれば，教会の権威に立脚する実定的信仰がその位置を回復するはずもない。信仰を神の認識と見る論理構造を『精神現象学』の叙述に即していえば，絶対宗教ないし啓示宗教（すなわち哲学的に把握されたキリスト教）が絶対実在（神）の自己意識として現成してゆく過程において，絶対実在の対象意識とい

う主観性の面を担いつつ,その完結において宗教そのものに帰入するのが信仰である。これは信仰を自己意識的構造の中に絡め取るヘーゲルの強引な論理展開とも見えはするが,信仰そのものにその存立からして一種時限的な(もちろんこれは救済論的な意味での「時」であるが)性格があり,神の国の実現を見ることは,信仰の本来的な完結としてその終息を意味するものである,と考え合わせるべきであろう。

神の認識としての信仰を根底において支えている,その存在論的性格もまたヘーゲル宗教哲学にあっては特に強調されなければならない。フランクフルト期の「神的なものへの信仰は,信ずる者自身のうちに神的なものが存在することによってのみ可能となる」[『キリスト教の精神』1. 382]という洞察から始まり,ヘーゲル宗教哲学の基本命題としての「精神は精神に対して存在する限りにおいてのみ精神である」[『エンツュクロペディー(第3版)精神哲学』564節]の浩瀚にして精緻な展開である『宗教哲学』に至るまで,本来的に等しい者の対応と,矛盾を媒介とする合一のモチーフは,信仰を論ずることにおいて十分に具現されてきたとも言える。『宗教哲学』第一部「祭祀論」はその一つの証左である。

しかし,ここに至ってなお歴史的現実が宗教哲学的真実を裏切り続けていることは,ヘーゲルの恨みとするところである。「信仰は何ものをも義とすることなく,……貧しき者に福音は説かれず,塩は味を失っている」[『宗教哲学』17. 343]というのが彼の同時代認識である。ヘーゲルのいわゆる僧職身分としての哲学者によるこの事態の自閉的傍観はなおも継続していると言わねばならない。 キリスト教,神,宗教,精神,ヤコービ

(米沢穂積)

神学 [Theologie]

テュービンゲンでまず哲学を学び,20歳で哲学修士となったヘーゲルは,それから3年後の1793年神学博士候補生となった。1804年の履歴書草案で彼は「私は両親の要望に従って,説教師の身分を得た。そして神学の研究に,それが古典文学と哲学とに結びついているがゆえに,心底から忠実に従事し続けた」[『初期神学論集』(ノール)Ⅳ]と書いている。「ヘーゲルは初めから哲学のために——神学者であった」というレーヴィット(Karl Löwith 1897-1973)の指摘は適切である。ヘーゲルは最高の学問を「理性によって神を認識することである」[『エンツュクロペディー(第3版)小論理学』36節「補遺」]と考え,神学を「信仰の学」[同上]であると述べた上で,神学を単に歴史的に取り扱うのではなく,真に概念把握する思考にまで展開させなければならないと考えた[同上]。

哲学と神学の関係がヘーゲルの思索にとって一つの重要なテーマであったことを示す著作は『宗教哲学』であった。ヘーゲルは,神学が神を対象として認識するものであるという。そして,哲学が行う概念による宗教認識は三つの段階をふむ。(1)直接的で無邪気な宗教,信仰の立場,(2)悟性の立場,(3)哲学の立場[『宗教哲学』17. 342]。哲学は,キリスト教のうちに理性を指摘し,精神の証言,真理の証言がこの宗教の根底にあるとする。哲学は概念把握するものであって,そのかぎりでは神を概念において認識しようとする。「神学である哲学においては,宗教の理性を示すことのみが問題である」[同 17. 341]。ヘーゲルは同時代の神学が感情のみを拠り所としていることを批判する。むしろ感情の内容が真理であるかどうかが思考によって吟味される。具体的感情の内容と思考との対立が和解される。「この和解が哲学であり,そのかぎりで哲学は神学である」[同 17. 342]とヘーゲルは言う。

ところが宗教哲学が論理学と切り離すことができないということがヘーゲル哲学の一つ

の特徴である。「論理学は純粋思想のエーテルのうちにおける神の理念の展開を考察する形而上学的神学である」[同 17. 419] とヘーゲルは述べる。ヘーゲルの論理学は全体としては「キリスト教教義学が《内在的三一論》と呼ぶところのものの思弁的真理の叙述である」と述べているのはシュプレット（Jörg Splett）であるが、論理学が絶対者にいたる自己運動であるとすれば、一つの神学であるとも言える。

哲学は近代神学におけるいわゆる合理主義に反対する。合理主義は理性を口にしてもひからびた悟性にすぎない、[『哲学史』18. 101] とヘーゲルは考える。レーヴィットはヘーゲルを評して「ヘーゲルは理性のバラを十字架のなかへ移し、哲学的思想は神学のドグマ的表象と合体すべきものと考える」とうまく言い当てている。

【参】Löwith (1941), Schmidt (1974), Splett (1965) （岩波哲男）

人格（性）［Person, Persönlichkeit］

ヘーゲルにおける人格概念の特徴は、ロックおよびカントに代表されるような、近代の自立した自由な主体としての〈人格〉という思想を基本的には受け入れつつも、さらにその概念の個別化された抽象性を「人倫」の立場から止揚していこうとするところにあるといえる。つまりヘーゲルにとって人格とは本質的に「法的かつ道徳的な人格」『法哲学』66節「注解」]に他ならず、「所有において初めて人格は理性としてある」[同41節「補遺」]といわれ、また「契約は契約に入るもの同士が互いに人格および所有者として承認し合うことを前提としている」[同71節]という表現から明らかなように、人格は抽象的なレベルでの〈承認〉行為と関わっている。そして「人倫」の段階とは、そのような形式的な相互関係においてある「私的人格」[同187節] あるいは「人格的自由」[同261節「注解」] が、「家族」および「市民社会」における「労働」などを媒介として現実的に陶冶されていく過程であり、またそれは「国家」における相互承認の成立を促す具体的な「信頼」関係が形成されていく過程を展開したものということができる [同268節、279節「注解」；『エンツュクロペディー（第3版）精神哲学』515節、518節]。

ヘーゲルは「個々人の、自らのうちでの無限な人格性という原理、つまり主体的自由の原理は、内面的にはキリスト教において出現し、外面的には、したがって抽象的普遍性と結びついたかたちでは、ローマ世界において出現した」[『法哲学』185節「注解」] と述べている。この点に関して、『精神現象学』ではさらに歴史的な観点から、「人格」は古代ギリシアにおける個別と普遍の即自的な一体性が崩壊し、諸個人がアトム化していく「法的状態」において出現したとされ[3. 355]、そしてその延長線上で近代という時代が、「人格性の疎外」とその止揚の時代としてとらえられている[同 3. 360]。したがって、一面ではヘーゲルは、〈承認のための闘争〉において真の自由を獲得することを自ら断念した個人に対して、彼らは「人格として承認されうるが、しかし自立的自己意識として承認されるという真理には到達していない」[同 3. 149] と述べ、さらにそのような、実質的には空虚で、ただ単に形式的な権利が普遍的に認められるにすぎない人格という概念を皮肉って、「ある個人を人格と呼ぶのは軽蔑の表現である」[同 3. 357] とさえ表現している。しかしながら、他面ではまた、その人格における〈自己性〉は近代の「絶対的自由」に否定的に媒介されることによって、「道徳性」の段階において「第三の自己」としての「良心」の成立を促すものとしても位置づけられている [同 3. 465f.]。いずれにせよ、ヘーゲルの「人倫的自由」論は、〈人格としての個人〉という地平で立論される近代的「自由」論の問題点を鋭く抉り出し、その克服をめざ

したものということができる。→承認

(南條文雄)

進化論 [Evolutionslehre, Evolutionstheorie]

ヘーゲルと進化論との関係を論じた論文は内外でも数篇しかない。ダーウィンの『種の起源』はヘーゲルの死の18年後でありラマルクの『動物哲学』は書庫目録にない。Evolutionの前成説の使用例がある。「各々は全く一度にそれ自体である。その個体にも進化があり、生まれたばかりではまだ完全ではないが、それが成るだろう全ての実在的可能性でそれはある」『エンツュクロペディー(第3版)自然哲学』339節「補遺」8. 349——引用①。ハラー(Albrecht von Haller)によって提唱された前成説を支持している。誕生時にこの実在性を認め後に自己形成(進化)するとする点でボネ(Charles Bonnet)による入れ子説に反対している。英語のevolutionは始め前成の意味で1820年代に後成的意味を持ってきた[Gould]。後成的の使用例もある。「進化の行程は不完全なもの、没形式的なものから始まるが、最初に湿り気と水構成体があり、水から植物、ポリプ、軟体動物が発生し、次に魚類が発生し、やがて陸生動物が発生し、最後に動物から人が生まれた。このような漸次的変化を人は説明とか解説と呼び、自然哲学から引き起こされたこの表象は荒れ狂っている。しかし、これは量的区別であって、たとえそれが最も理解し易いものであっても、この区別はなにも説明しないのだ」[同249節「補遺」8. 32f.——引用②]。種の漸次的変化という思想をヘーゲルは知っていた。種の変化は否定される。「種(=類)が時間において進化するevolvierendと表象するのは全く空虚である。思想には時間の区別は全然空虚である」[同249節「補遺」8. 32——引用③]。用不用説は『精神現象学』では「大いなる影響がある」程度で法則ではないと批判された[3. 152f.]。かくして論者はヘーゲルはいかなる意味でも進化論を拒絶したと解釈した[Petry, Hösle, Breidbach, Bonsiepen]。しかし気になるのはヘーゲルの自然哲学で「段階の体系」としての自然は単純なものから複雑なものへと概念的に発展すると叙述され進化論的であることだ。引用①は個体レベルの前成の承認であり、引用②③は種に関する量的・時間的進化の否定であっても概念内の質的飛躍はヘーゲルは認めるとも読める。環境からの影響を認め奇形を「概念の徽力さ」によって説明している[星 1993]。未刊の講義ノートでの進化論への言及を検討するまでは断定はできない。生物学という言葉ができたのが1802年で生物学の黎明期であった。比較解剖学の力による動物学の成果をヘーゲルは近代の経験科学の最大の進展と誉め讃えている。ギリスピーによるとヘーゲルの弟子のネーゲリ(Karl Wilhelm von Nägeli 1817-91)が植物学者となり観念的進化論を展開したという。カッシーラーはダーウィンがヘーゲルの発展の思想を科学の境界内に持ち込んだと解釈している。→自然哲学, 類

【参】 Gillispie (1960), Petry (1970b), Goudge (1973), Gould (1977), Breidbach (1982), Bonsiepen (1986), Neuser (1987), Hösle (1988), Mayr (1988), 加藤尚武 (1991), 星敏雄 (1993)

(星 敏雄)

ジンギスカン [Dschingis-Khan, Cingiskan 1167-1227]

ヘーゲルにとってジンギスカンは破壊のシンボルである。「蹂躙がその最大の壮麗さで出現したのは東洋においてであり、ジンギスカンとティムールは神の箒として全大陸を掃き清めた」『人倫の体系』PhB 43]。高原で遊牧による放浪生活をおくるモンゴル民族には安定した社会関係が存在しない。彼らは自然の破壊力を体現した民族なのである。「彼らが大集団を形成し、何らかの衝動によって外部に向かう運動へ駆られるということが、し

ばしば生じる。いままで平穏に暮らしていたかとおもうと、洪水のように文明諸国に侵入を始める。この突発的な革命は破壊と荒廃という結果しかもたらさない。かつてジンギスカンとティムールに率いられた民族はそうした運動に駆られたのである。彼らは奔流する山津波のように、あらゆるものを蹂躙し、やがて再び去っていったが、それは彼らが固有の生活の原理をもたないからなのである」[『歴史哲学』12. 117]。→略奪　　（原崎道彦）

心胸　[Herz]

心胸とは、各種の権利関係を超越した、いかなる客体にもとらわれることのない心情である。あらゆる特殊的なものに関する権利を放棄し、律法や運命に人間の主体性全体を対置するイエスの態度と考えられている。「イエスは、無規定な主体性、性格というものを、客体的な命令を寸分たがわず守ることとは全く関係ない全く別個の領域のものとした」[『キリスト教の精神』1. 321]。このような心情は意識の個別性が同時に普遍的であることを主張するから、心胸とは「無媒介に普遍的であろうと意志する意識の個別性」を意味する[『精神現象学』3. 281]。しかし、個別性と普遍性との統一は無媒介であるので、両者の統一も両者を媒介する運動によって実現されているのではない。むしろ普遍性が個別性に触れ、これを感ずる「純粋な内面的な感情」にすぎない[同 3. 169]。心胸とはこのように普遍性が個別性に触れること、個別性が己れを普遍的であると感ずることである。

心胸は己れを感ずるにしても、対象はよそよそしいものとして歩みこんでくるがゆえに、対象を概念的に把握したのではなくして、ただそれに触れ感ずるだけである。行為において現実的であるのではないこの内面的な感情は、ただ単に「私念されたもの」にすぎず、しかもこの感情は非常に貧しく空虚な実質しか示さない。したがってそれは意識の最も低い段階にすぎない[『エンツュクロペディー（第2版）序文』]。このような自然的な心情の直接の欲求や傾向は、ある内容あるいは事実が意識のうちに直接的に見出されるということをその原理としているから、満足および浄福という内面的な本性を備えていても、それは素朴な信仰および心情にとどまっている。それは豊かな内容を単に直接的なもの、したがって偶然的なものとして示しているにすぎず、一面的な悟性から生じた結論にほかならない。純粋で素朴な宗教心としては、神への信仰を単に呼び起こすにすぎないヤコービの信仰哲学を指す[同上]。→ヤコービ　　（寄川条路）

ジンクレア　[Isaak von Sinclair 1775.10.3-1815.4.19]

ヘッセン＝ホンブルク宮廷の皇太子教育係の息子。宮廷の高官となる。1792年秋から（まだヘーゲル、ヘルダーリンのいた）テュービンゲン大学に、また1794年春から1795年秋までイェーナ大学に学び、フィヒテを聴く。ヘルダーリンと親しく交わり、暫く同じ東屋にともに住んだ。ツヴィリング、ヘーゲルをも含めて「精神の盟約」を結ぶ。当時の草稿『哲学的論究』[*Philosophische Raisonnements.* 1795/96]は、スピノザ的な一なる存在の原分割から反省が生ずるというヘルダーリンの『判断と存在』の根本思想から出発するが、反省の否定を通して根源的一性へ到達しようとする点でヘルダーリンを超える。彼は根源的一性の状態たる「無定立」(Athesis)とそこから生ずる反省の状態たる「定立」(Thesis)とのそれぞれの絶対的妥当性を否認して両者を合一する「非定立」(Aesthesis)の視点に立ち、分離を放棄して自他に定在を賦与する「自己否認的」反省によってその視点を遂行しようとする。そして最後に彼はフィヒテが彼の思想に徹底していたならば、必然的に自分の「非定立」の視点に到達したはずであるとフィヒテの反省哲学を批判する。こ

の後ジンクレアは政治的に活躍し，1798年のラシュタット会議には，ゴンタルト家を去ってホンブルクに滞在していたヘルダーリンを伴う。またボルドーにいた彼に書簡［1802.6.30］でディオティーマの死を知らせ，狂気の彼を1804-06年再びホンブルクに引き取った。しかし1806年ライン同盟法令によってホンブルクはヘッセン＝ダルムシュタットに従属，ジンクレアの政治的活動は不可能となり，著作活動に専心する。ユグノー派の戦争（1702-04）をテーマとする三部作のドラマ（1805-07）の他に，根本において初期の構想を保持する『真理と確信』(*Wahrheit und Gewißheit*. 1807-09) 3巻を書き，ヘーゲルの『精神現象学』に匹敵すると自負した［『書簡集』(第1巻) 394］。

【参】Hegel, H. (1971), Pöggeler (1973b), 四日谷敬子 (1986) 　　　　　　（四日谷敬子）

神経組織　［Nervensystem］

神経とは脳から分かれかつ脳のうちへ集中する一つの系であり，「自己のうちへ反省している存在 (Reflectirtseyn in sich)」［『イェーナ体系Ⅲ』GW 8. 165］に他ならない。なるほど，神経は「感覚しやすいもの，すなわち骨組織」［同 GW 8. 151］に関係するとしても，しかしこれにのみ限定されるわけではない。むしろ，反対の側面である「興奮しやすいもの，すなわち筋肉組織」［同上］，換言すれば「骨という死せる統一に対する生ける統一としての筋肉」［『イェーナ体系Ⅰ』GW 6. 227］にもまた関係する。この意味で神経こそ「分解しえない流動性」［同上］ないしは「普遍性の形式のうちにある絶対的概念」［同 GW 6. 229］といいうる。こうした神経のもつ形態としての神経組織は，他の血液組織や消化組織と別々にあるのではなく，むしろ各々が「概念の総体性をその規定性において」提示する［『エンツュクロペディー（第3版）自然哲学』354節「補遺」］不可分の統一を成し

ているのである。　　　　　　（木村　博）

信仰　⇨**信**（仰）

人種　［Rassen］

人種は人間の内なる自然環境であり，地理的環境とふかくかかわっている。「人種の区別はなお自然的な区別，すなわちさしあたり自然的心にかかわる区別である。そうしたものとして人種の区別は，人間が大集団をなして集まっている大地の地理学的区別と関連する。黒人・モンゴル人種・コーカサス人種が区別されるが，ヨーロッパ人をふくむコーカサス人種が最高度の精神性をそなえる。「精神はコーカサス人種において初めて自分自身との絶対的な統一にいたる」精神の自己規定・自立性はコーカサス人種においてのみ可能なのであり，「世界史の歩みはコーカサス人種によって初めて登場した」とされる［『エンツュクロペディー（第3版）精神哲学』393節「補遺」］。こうしたヘーゲルの主張は，ヨーロッパによる世界支配を合理化する人種差別イデオロギーにつながるものとみなすこともできるだろう。

（原崎道彦）

心術　⇨**志操**（心術）

心情　［Gemüt, Gemütlichkeit］

経験能力の一つの独特の形式で，精神一般，精神の深さ，内面性（エックハルト，ベーメ），思惟能力，感情と意志の統一（ライプニッツ）など多様な意味に用いられている。カントはアニムス (animus)，つまりゼーレ (Seele) という意味に用い，フィヒテはフランス人のエスプリ（精神）に対し，ドイツ人の特性としてガイスト（精神）に加えてさらにゲミュート（心情）を挙げた。ヘーゲルは『美学』で「精神の内面性」と規定したが，レッシングやヘルダーなど後期啓蒙主義の影響の下にある初期には，情感主義的解釈が勝

っている。そこではヘーゲルが構想している「主観的宗教」の入口，「宗教の芽生える胚種」[『国民宗教とキリスト教』1. 17] として受け取られている。『精神現象学』でも，対象を概念把握としてではなく，無限に純粋に内面的にただ感じている純粋意識の一様態として現れる。即自的にはそれ自身不変者であるが，対自的にはそうでなく，常に「自己自身の分裂した現実」を見出す「不幸な意識」[『精神現象学』3. 169] である。⇒不幸な意識

【参】 Hoffmeister (1955) （武田趙二郎）

信心 [Erbauung]

Erbauung とはもともと家を erbauen (建てる) ことである。それが転用されて，中世以来，キリスト教徒としての徳を養うことは，己れを「神の神殿」[コリント第二 6 : 16]，「聖霊の住まい」[コリント第一 6 : 19] として建てることであるとされ，建徳の意味に使われるようになった。冷ややかな概念思考を旨とするヘーゲルにとって，信心は，単なる「有難い」(erbaulich) お説教というぐらいの意味しか持たないものであるゆえに，「透見をではなく，むしろ信心を与うべきだ」[『精神現象学』3. 16] とするロマンティカーの感傷的な態度を，「哲学は，信心深くあろうとすることを戒めなければならない」[同 3. 17] と徹底的に批判した。「ひとは，哲学に対して，宗教が失われたのだから，Erbauen に身をいれ，牧師の代わりをすべきだと要求している」[『ドクメンテ』371] というアフォリスメン66の言葉も同じ趣旨の批判である。

【参】 金子武蔵 (1979) （武田趙二郎）

神人 ⇨神と人

神性 [Gottheit, Göttlichkeit]

「神性」という語は，啓蒙や理神論により「神」という語の代わりに用いられるようになり，18〜19世紀のドイツにおいて，一般に，人間の感情や思惟によって接近しうる，包括的で彼岸的ないっそう高い存在者という意味で用いられていた。ヘーゲルも「神性」という語を一方では「神」と殆ど同じ意味で用いたが，それはキリスト教以外の神をも指した。他方では彼は「神性」を神の神たる所以や「神的なもの」一般を指すのに用い，その際「神」と区別する場合もあった。後者の意味の神性は，当初は主に人間の感情や理性の立場から規定されたが，後には次第に人間を包み越えた絶対者の立場から捉えられるようになる。彼はベルン時代に，「神に近づくとは何を意味しうるか」[『書簡集』（第1巻）29] という問題をカント的な道徳神学の見地から考察し，「神性」を，「理性が分与した〔最高善への〕権利を遂行し，認めさせる力」[『実践理性の断片』1. 103] とか「一切の制約に適しない純粋な理性」[『イエスの生涯』GW 1. 207] というように，人間に内在的な力と捉えた。同時にこのカント的人間学的規定は神秘主義的な意味（「神的火花」）を含み，「人間が神性そのものの崇高な心に由来しているという証拠を与える，神的火花の形成」[同上] が求められた。フランクフルト時代初めに「理性」は「愛」に転換したため，「神性」は「想像力によって存在者にされた愛」[『道徳・愛・宗教』1. 242] と捉え直された。だがフランクフルト時代末には人間学的規定は乗り越えられ，「神性」は，ヘルダーリンと同様に，人間を包み越えた「自然」や「生」と同義と見られるようになった。むしろこの「神性」が人間によって反省された状態，すなわち「精神」が「想像力によって存在者にされた愛」を意味した。「全ては神性の中に生きる，……子供は……やがて根源的な，だが今では展開され，自ら産出され，感じられた合一へ戻っていき，神性を認識する」[『キリスト教の精神』1. 389]，「この心の友情が反省にとって存在者として……表されると，神的な精神，教団を統治する神である」[同 1.

394]。後期では，この「精神」が「自然」に優位するものとみなされ，それが「神性」や「神的なもの」を意味する。だが，むしろ「精神」の「自然」に対する優位の故に，「自然は生もしくは神性を証明するにすぎず」，「神的だからといって，神ではない」[『ニュルンベルク著作集』4. 289] というように，「生」と同義な「神性」が「神」と区別される場合も見られる。→神

【参】 Horstmann (1974) (久保陽一)

神聖(性) [Heiligkeit, heilig]

最も一般には，「俗」に対して宗教現象の非日常性・非自然性等を意味する。ユダヤ・キリスト教では，神の神性，および神の被造物に対する関係性を意味する。後者の側面から，神と (肯定的) 関係にあるものについて広くその神聖が言われることになったが，これに対して，物質的なものを排して精神的なものについてのみ神聖を言う傾向もみられる。カントは後者の線で，道徳の主体として「我々の人格における人間性は……神聖でなければならない」とした。しかし同時に，「道徳法則に完全に適合した心情」としての「神聖性」は人間には不可能であると語っている。

初期のヘーゲルは，このカント的な線で「神聖性」について語り，かつ，(グノーシス的，ストア的，ドイツ神秘主義的等，様々に解釈できるが) 人間に対する肯定的 (理想主義的) 見方に立って，人間にも神聖性が可能であるとする。カントの「根本悪」という見方を否定しながら，「人間本性そのものの堕落という命題は……経験に反するものである」としつつ，「我々の内なる神的火花」といったことを語っている [『国民宗教とキリスト教』1. 91,96]。そして特にベルン時代では，神聖性は共和主義的徳の状態として，祖国のために犠牲になれるということとして考えられている。

これに対して体系期においては，上述のキリスト教に一般的な意味での「神聖性」概念の (記述的) 使用が主体となっている。しかし同時にそこには，「結び合わせるもの」を神聖とするゲーテ的用語法 [『美学』14. 276など] とともに，「理性の自分自身に対して存在する統一性は真なる主観性，自分のうちで自分を規定する主観性である。これは知恵，神聖性である」[『宗教哲学』17. 51] という，ヘーゲル独自の思想からする概念規定も行われている。→道徳性，共和国

【参】 Kant (1788), Lukács (1948a), Baumeister (1976), Busche (1987) (安彦一恵)

神聖政治 ⇨宗教

神聖同盟 [Heilige Allianz]

ウィーン会議直後の1815年に，ロシア皇帝アレクサンドル1世の提唱で，イギリス・トルコ・ローマ教皇を除く欧州全君主を結集した同盟。諸君主は，キリスト教的友愛で一家的に結合し，王権神授説で臣民を支配し，永久平和を維持せんと宣言。メッテルニヒは，これを「無意味な声高の饒舌」と嘲笑しつつ自由主義・国民主義の弾圧機関として利用した。ヘーゲルは，これを，「ヨーロッパの均衡」を正式表明し [『法哲学講義 (ホト)』835]，国際紛争を調停するカント的な「君主同盟」[『同 (グリースハイム)』734] として評価するが，デマゴーグ・無神論者の弾圧機関とも理解し，弟子に注意を促している [『書簡集』(第2巻) 268]。一般的にいえば，諸国家は同盟を「自分の上にたつ裁判官」[『法哲学講義 (ホト)』835] として形成すべきだが，主権国家には離脱権があるため同盟は「当為」[同上] にすぎず，「一家」的な国家結合は個体性として必然的に「対立物」・「敵」(神聖同盟の場合，トルコ・アメリカ) を生む [『同 (グリースハイム)』735]。諸国家を超える真の「絶対的審判官」は，「世界史で現実性が与え

られる精神」[同634]以外にない。

【参】Fleischmann (1905), Windelband (1936)
(神山伸弘)

心像 [Bild]

Bild という語は,多くの場合(ヘーゲルの場合も含めて),「心の中の像」(今のわれわれが日本語で言うところの「イメージ」にほぼ相当するもの)あるいは絵などのようなかたちで表現された「形象」の意である。ヘーゲル『美学』の中の文芸論のうちには,それらとは異なる意味の Bild も登場する。

I 心像 ヘーゲルによれば,「理論的(観照的)精神」は「直観する→表象する→思考する」というふうに弁証法的に展開する。これを「見る→イメージする→考える」というふうにわれわれなりに言い換えることは,ある程度は許されるであろう。そのうちの「表象する」は,心の中の感じの内容を内面化するという営みから始まる。感じの内容を,知性はまずは直観として心にとめながら内面性の固有の空間,固有の時間の中へと入れる。かくて,それは,まず(a)恣意的で偶然的な心像であり,こうした対自的な心像は暫定的なものである。しかし,(b)知性は,単に意識なのではなく,主観であり,規定する力をそれ自体に(即自的に)もっている。それゆえ,心像は知性の中に内面化されて(記憶されて),意識されることなく保存されているという状態で存在する。(c)かかる抽象的な状態で保存された心像が,今現に存在しているという状態になるのが想起ということであり,それには,直観が発動する必要がある。想起とは,心像をある直観へと関係づけることである。それは無媒介的な個々の直観を形(形式)の面で一般的な(共通な)もののもとへ分類すること,つまり内容(内包)が同じである表象のもとへ分類することである。知性のいわば縦坑の中に知性の単なる所有物として貯蔵されていた心像は,しかし,自立し,心像と直観とは分けられる。知性は,潜在している己の所有物を顕在させる力を持った権力である。知性の内に潜在している心像を,知性の内に,しかし顕在させるというかたちで存在させる営みが,表象するということであり,この段階では,内なるものは知性の前へと立てられうる状態にある[『エンツュクロペディー(第3版)精神哲学』452節-454節]。

II 比喩としてのビルト (Bild) 『美学』の「理想」が芸術美の特殊諸形式へと展開することを論じている部門の内の一章で,Metapher (隠喩)と Gleichnis (直喩)との中間に,比喩の一形態として Bild が位置づけられ,これらの異同が論じられている。Bild は,一方では,隠喩を詳細にしたような比喩である。他方では,直喩とはちがい,Bild では,ある意味を比喩的に意味する具体的な外的形象ないし事象は,それとして明確に切り離して取り出すことのできるようなものではない。この外的形象がこの内的意味に対応している,というふうに明確に対照してみることはできない,そういう種類の比喩である[『美学』13. 516-539]。→表象,比喩

(増成隆士)

神像 [Götterbild]

精神の展開途上の一段階たる芸術(『精神現象学』の言い方では「芸術宗教」)において,たとえば或る種の動物が神聖視されて像としてつくられ,神ないし神々が擬人化されてその像がつくられるというふうに,神的なるものが像というかたちをとる[『精神現象学』3. 512-529;『美学』13. 177f.]。

彫刻の史的展開について考察した箇所で,ヘーゲルは,エジプトの巨大な神像に注目している。それらは,「古典的」彫刻の頂点をなすギリシア彫刻の源泉であるという歴史的な意義を有するのみならず,それ自身として独自の芸術様式をもって,しかもきわめてすぐれたできばえを示しているからである。そ

の特徴として，ヘーゲルは，まず，技巧が完成の域に達しているにもかかわらず，一定の型を固守していて，内面の創造的な自由が欠けていることを挙げる。その理由として，ブラトンの言を援用して，エジプトでは芸術表現は古来神官たちによって決められていて，画家や工匠が新しいものをつくることは許されなかったからである，と述べている。ヘロドトスを援用して，そもそも芸術家は一般のひとびとよりも下賤な人間と見られるほど，その社会的地位は低かった，とも述べている。エジプト彫刻の特徴については，さらに，ヴィンケルマンの洞察を高く評価し，それを参考にしながら，神像の不動性，その他の特徴の理由をエジプト人の考え方の面から説明している［『美学』14. 447-453］。→エジプト

(増成隆士)

身体 [Körper, Leib]

身体は，ヘーゲルにとって個人の本質の表現であり，また，個人の自由の定在でもある。

身体の哲学的考察は，現代になって，たとえば，メルロ-ポンティ (Maurice Merleau-Ponty 1908-61) らによって精力的になされるようになった。その動機は，内面的な心と外面的な物体という両者を，二元論的に分断する道を断つことにあったといえよう。その点で，ヘーゲルの身体論は，たしかにまとまったかたちで論じられていないとはいえ，先駆的な観点をもっている。

Ⅰ　個人の本質の表現　『精神現象学』「理性」の章では，人相学を題材にして身体の考察がなされている。すなわち，人相学では，個人の本質を「意識」「意図」「性格」などの内面的なものに置き，これらを個人固有の外面化と考える。たとえば，だれかが善人にふさわしくふるまっていたとしても，人相学者は，その人の人相から，その人の内面の本性は邪悪であるから，その人は悪人であると判定するという具合である。

このような場合，つぎのことが前提されている。それは，身体はたんに生まれつきのものであるばかりではなくて，個人によって生み出された本人自身の表現であり，記号だということである。この前提は，『エンツュクロペディー』「人間学」の「c. 現実的心」の箇所で，より精確に考察されている。それによれば，個人の心は身体性 (Leiblichkeit) において自由な形態を持つ。この場合にも，心と身体性との関係は意味と記号の関係に類似している。そして，とくに注目すべきは，個人の表現としては，容姿一般と並んで，心の全体に基づいて注ぎ出された精神の音声が挙げられていることである。この音声は，容姿などが精神にとって不完全な記号であるのに対して，より完全な記号であると考えられている。

Ⅱ　自由の定在としての身体　ヘーゲルによれば，いま述べたような心の表現といったことが成り立つためには，身体が当の人格によって所有されていなければならないし，そのことによって，身体が私の自由の定在となっていなければならない。すなわち，私自身は，たしかに，自分の意志と身体を分けて考えることができる。しかし，他人から見れば，相手である私とその身体とを分けて識別することはできない。「私は，他人にとっては，私の身体というかたちで存在するのである。私が他人に対して自由であるのは，私がもっぱら定在において自由であるものとしてだけなのであるということは同語反復命題である」［『法哲学』48節］。→霊魂

(山口誠一)

神秘 [Geheimnis]

若きヘーゲルはユダヤ教の神秘を「徹底的に人間を離れたものであって，いかなる人間もそこに参入することを許されず，ただそれによりすがることのできるだけ」［『キリスト教の精神』1. 285］のものとして，この神秘の自己閉鎖性を強調し，誰もが斥けられること

なく，ただ黙することが要求されるエレウシスの神々の神秘と対照させた。宗教哲学講義では啓示宗教としてのキリスト教の三一性の教義を「神秘」（不可解なもの）とするが，その核心は無限なるものと有限なるものは区別されながら一つであるということである。この神秘は感性と悟性には不可解である。これらは区別に固執するからである。しかし啓示宗教の神秘の本性は無限と有限のこの区別を止揚することであり，そのようなものとして自己をあらわにする啓示である。この神秘は通常の神秘の自己閉鎖性とは対極をなすものである。この意味で若きヘーゲルのエレウシスにこめた「神秘」理解は後年にも引つがれている。→生(命)，エレウシス（片柳榮一）

神秘主義 [Mystizismus, Mystik]

感覚的な世界にいわば背を向けることで超感覚的な神的存在を体験したり，それと合一することを求める立場。この光明存在と自己が一つであると知る点，したがってこの存在が自己に開示されている点において，神秘的なるものが成立する［『精神現象学』3. 526］。

この立場の，まだ思想にまでは発展していないが精神的なものと自然的なものとの直接的統一に基づく原初的象徴的な儀礼形態である密儀（Mysterien）では，霊魂が浄化を通じて一つの目的に高められる反面，いっそう抽象的自立的に考察されることで，霊魂の不死という表象が出てくる［『宗教哲学』17. 151］。

ヘーゲルによれば，全一なるものとしての実体が一定の現象を生成せしめ生気づける魂として，それらの現象に内在している状態で肯定的に観得されるところに生じた汎神論的芸術は，インドに源を発し，マホメット教とその神秘的芸術において完成し，キリスト教神秘主義のいくつかの現象のうちにいっそう深化した主観性をもって再現される［『美学』13. 416］。すなわち，自分が神的存在と合一していると感じ，その主観的意識のうちに神的存在の現存を感じる主観の側に重点を置いた形で汎神論的統一が強調されるところに，ヘーゲルは神秘主義の展開を見た［同 13. 478］。

青年期ヘーゲルには確かに敬虔主義的神秘主義の影響があり，たとえばイェーナ期の断片「神的な三角形について」が示すように，彼の哲学体系の三部門構成にはキリスト教的三位一体論がドイツ神秘主義の系譜を通じて影響を与えたと見てよい。また，「神的なものに対する信仰は，信仰者自身のうちに神的なものがあることで初めて可能になる」［『キリスト教の精神』1. 382］とする発想においては神の超越性よりも内在性が問題であり，その点で神秘主義的と評することもできよう。しかし，彼が青年期に神秘主義の影響を強く受けたことは，ただちに彼の思想的立場が神秘主義的であることを意味するものではない。→エックハルト，バーダー

【参】 Dilthey (1906), Haering (1929)

（久野 昭）

新プラトン派 [Neuplatoniker]

ヘーゲルは古代ギリシア哲学の発展のうちに三つの時期を区別した。第一期はタレスからアリストテレスにいたる（前6世紀から前4世紀末までの）時期であり，哲学は統一性のある学知としてそれ自身のなかで形成されていった。しかし第二期は，哲学じたいが独断論（ストア主義，エピクロス派など）や懐疑論のような特殊な体系に分裂して互いに対立した段階であり，この趨勢は前3世紀以降顕著となった。そしてヘーゲルは第三期の動向を総括するのに新プラトン派なる名称を以てするが，それによって彼はこの概念に通常よりはずっと広い外延を与えることになる。すなわちこの概念は内容的には(1)フィロン（Philōn 前30？ー後40？），(2)カバラ思想およびグノーシス派（後2〜3世紀ごろ盛行）から，(3)アレクサンドリア哲学（プロティノ

ス〔205-270〕やプロクロス〔412-485〕も含まれる)までも，そして時間的には1世紀から6世紀前半(ユスティニアヌス帝による異教哲学禁止)までも，包摂するものとなるのである〔『哲学史』18. 188ff. および特に 19. 403 ff.〕。

彼のこのような捉え方の根底にあるのは，世界史上の大転換は思想の領域においてもそれに対応する革命的変動を生起せしめねばならぬ，という確信である。それ故，新プラトン派の思想は決して前代の諸哲学の亜流でも折衷でもなく，いわんや退廃でもない，ヘレニズム世界の全面的変動により必然的に形成された立場である。それは，すべての神々がひとつの万神廟(パンテオン)に合祀され凡ゆる宗教がひとつの宗教の中に吸収されてゆこうとする世界史的潮流に対応して，有限な原理や規定の一切を超越した言詮不及の一者に向う哲学となるのである。すなわち，絶対的実在(精神)の，〔自ら自分の他者となることによって永遠に自分に等しくあるという〕その無限なる本質(具体性)は，世界史の現実においては既に，宗教として，この一個の自己意識(キリスト)のうちに表象されているが，この本質を概念的に把握する思惟運動が思想の国においても発起しなければならない。

しかしこの運動を遂行するにあたり，種々な宗教的神話的表象から一段と自由であったのはアレクサンドリア哲学であった。すなわち，プロティノスの根本主題は，一者(ヘン)および，この一者とそれより発現したものとの関係である。(1)しかるに一者とはいかなる多性も限定的述語も持たぬ純粋に一なる一者であり，一切において自己同一的な一者である。それはその完全無欠性の故に漲り溢れ，そこから自己へ向かい，この自己還帰を通じて自分を直観する。この還源の運動が悟性である。(2)悟性には，自己の一者性を対象とする限りでは叡智界が，自分とは異なった差異や多や変化が対象である限りでは感性界が，それぞれ思惟対象として成立するが，概念的原型にでなく感性的模像に向かう場合の悟性は，(3)むしろ霊魂(プシュケー)である。それは流出や模像の無数の連鎖を経て，質料という極限に接している。(4)質料は単に可能的にしか存在しないところの，真の非存在であり全く否定的なものであるが，また悪の起源でもあるのである。——

プロクロスはプロティノスが提示したこれらの主題を継承するが，しかし彼は，一者が溢出して現実を産出してゆく秩序の詳細をさらに明確かつ整合的に叙述するばかりでなく，ある独自な論述方式 ―― 一者の溢出の各段階の中に，またその全体の中に，努めて三一性的秩序を見出してゆこうとする態度 ―― のその汎用により，一段と体系的に思想を表現するにいたっている。したがって彼もまた，一者の自己外発出または自己分裂を「流出」とか「産出」という言葉によって表現しているが，これは「唯一の三一性が同時に三つの三一性である」という概念的三一性のその一契機を指示しているのである。これに対し，そこまでの思弁的把握の見あたらぬプロティノスでは，「流出」などによって実は何も語られていないばかりでなく，しばしば恣意的表象が混入してしまっている。——このような見地に立って，ヘーゲルは，プロティノス思想の不透明さに比べれば，プロクロスの中には新プラトン派の中でも最も完成し最も卓越した思想が含まれており，それはこの学派の哲学の頂点に立つものである，という評価を与えている。→流出(説)，「正・反・合」(三肢性)　　　　　　　　　　　　　(酒井　修)

新ヘーゲル主義〔ドイツ〕

19世紀後半より20世紀初頭にかけてドイツ，オランダ，イタリア，フランス，イギリスなどにおいて，さまざまなかたちで観念論哲学，そしてヘーゲル哲学復興の動きが見られ，この運動が新ヘーゲル主義と総称されるが，しかし他の諸国とドイツとではいささか趣を異

にしていた。というのは、他の諸国では、ヘーゲル哲学は差し当たっては外来の思想としてあるまとまりの中で受け取られたためもあり、影響史は、この哲学を理解し、その意味を明らかにするという姿勢で、比較的安定したかたちで推移していたのに対して、ドイツでは1840年代に始まる絶対的観念論の解体過程を通して、ヘーゲル哲学の影響史は深刻な断絶を示しているからである。これを促したものとしては、第一には、ヘーゲル左派に代表される、三月革命を前にして哲学の実践化、現実化をもとめる立場からの批判、第二には、自然科学の進歩、これに伴う産業社会の発展を背景に、実証主義、唯物論、実用主義などが台頭したこと、第三には歴史主義の相対主義が観念論の基盤を掘り崩したことなどが挙げられよう。しかし、1860年代に入ると、こうした趨勢に対して、18世紀にカントがニュートン物理学に代表される近代科学に対して登場したように、認識論的方法論的検討を加えることによって、その客観性と精密性に自足する科学を独断の仮睡から覚醒させようという運動が起こった。ランゲ（Friedrich Albert Lange 1828-75）、コーヘン（Hermann Cohen 1842-1918）、リープマン（Otto Liebmann 1840-1912）、リール（Alois Riehl 1844-1924）、そしてヴィンデルバント（Wilhelm Windelband 1848-1915）といった人々による、所謂新カント主義の運動である。そしてカントに始まるかつてのドイツ観念論運動がやがてヘーゲルを引き出したように、この新カント主義の運動はやがてヘーゲル哲学への関心を喚起することになったのである。すでにハルトマン（Karl Robert Eduard von Hartmann 1842-1906）は1877年に『現代の哲学的課題に対する新カント主義、ショーペンハウアー主義、ヘーゲル主義の姿勢』の書物で、この動向を予告しているが、ヘーゲル哲学復興に直接的な機縁を与えたものは、ヘーゲル学徒の哲学史家であるフィッシャー（Kuno Fischer 1824-1907）の『ヘーゲルの生涯と著作と教説』（1897）の刊行に際して、ディルタイが1900年に書評し、そこにおいてヘーゲル哲学の発展史的研究の必要を訴えたことである。ディルタイ自身、この課題を引き受けて『若きヘーゲル』（1905）を著すのであり、続いて彼の示唆にもとづいて彼の弟子ノール（Herman Nohl 1879-1960）は当時ベルリン王立図書館に所蔵されていたヘーゲルの遺稿のうち初期草稿を『初期ヘーゲル神学論文集』（1907）として刊行、その後の若きヘーゲル研究に決定的な貢献を果たしたのである。自ら新カント主義運動に棹差すヴィンデルバントは1910年、彼のハイデルベルク大学総長就任演説を『ヘーゲル主義の復興』と題して行っているが、これはこうしたヘーゲル哲学見直しの気運をはっきりと哲学運動の中に導入し、位置づけたものと言ってよいのである。そして、この運動はヘーゲル死後100年に相当する1930年代初頭まで続き、ナチス台頭とともに変質化すると言ってよいのである。

こうしてドイツの新ヘーゲル主義の特色は、決定的に新カント主義の運動とディルタイの生の哲学によって開かれた地平に立っているということである。そして、このために新ヘーゲル主義の運動は、全般としてヘーゲル哲学にあって絶対精神の形而上学の再生には関心を寄せず、むしろ関心はカントや新カント主義運動が自然科学の方法論的基礎付けに向うのを承けて、歴史的世界の総体的把握に向ったヘーゲルの思索を追試することで、精神科学の方法や、これを基礎付ける論理を獲得することに向ったのである。そして、この意味では新ヘーゲル主義のヘーゲル解釈は『大論理学』『エンツュクロペディー』よりは、むしろ『精神現象学』や「客観的精神の学」に向ったのであり、ヘーゲルの弁証法論理もこうしたヘーゲルの歴史的生の理解との結びつきで理解されたのである。それ故に、新ヘ

ーゲル主義の運動からは，ヘーゲル哲学を全体的に体系的に発展させたり，構築し直したりする端緒が生まれることはなかった．新カント主義がマールブルクとハイデルベルクを拠点に学派を形成したのと対比的に，新ヘーゲル主義運動は何ら学派を形成することはなかったが，このことはこうした事情と無縁ではないであろう．さらにわれわれは，新ヘーゲル主義の特色として，この哲学運動がもったヘーゲル著作の新しい刊行という文献学的運動との深い結びつきについて語らなければならない．ディルタイの提唱，アカデミーによるカント全集刊行にも刺激を受けて，ノールを追ってヘーゲルの未刊の草稿を中心に新しいヘーゲル著作刊行の運動が推進されたのであり，その成果はラッソン（Georg Lasson 1862-1932）による哲学叢書版のヘーゲル全集の刊行，グロックナー（Hermann Glockner 1896-1979）による旧ヘーゲル全集の改訂復刻，ホフマイスター（J. Hoffmeister）による『ヘーゲル発展のドキュメンテ』（1936）などに見るとおりである．さらにヘーゲル復興の波はドイツからヨーロッパに広く伝播したが，この気運を受けて1930年にヘーゲル国際連盟（Internationaler Hegel-Bund）が結成されたことも見逃せない．これにドイツからもグロックナー，ヘリング（Theodor Haering 1884-1964），ラッソンなどをはじめ多くの哲学者が参加したが，彼らはいずれもドイツにおける新ヘーゲル主義運動を代表する人々だったのである． （上妻　精）

新ヘーゲル主義〔イタリア〕　〔neo-hegelianismo〕

イタリアで19世紀の末から起こったヘーゲル主義を指す．それに先だって，すでにヘーゲル右派に共感したヴェーラ（Augusto Vera 1813-85）が，ナポリに歴史哲学や法哲学，神の摂理の問題を導入していたが，新ヘーゲル主義は，これらの客観主義に対する反動でもある．また，イタリアでは，独特の実証主義的な思考風土や，早い時期から受容されていた近代的な実証主義思想との関係で，ヘーゲルの受容が同時に「ヘーゲルの改革」（riforma di Hegel）として主張されざるをえないという事情があった．新ヘーゲル主義の源流は，『精神現象学』に注目し，同一性を同一化として捉え，客観主義的なヘーゲル理解をフィヒテ的な立場で転倒したスパヴェンタ（Bertrando Spaventa 1817-83）に見られるが，この学派を代表するとされるのは，クローチェとジェンティーレの二人である．まずクローチェ（Benedetto Croce 1866-1952）は，彼の哲学の核心部分をつくりあげた後にヘーゲルに出会い，ヘルバルトの影響下で構成された（ヘーゲルの哲学には異質といえる）「区別」（distinzione）の論理を持ちこんで，ヘーゲル論理学の立場を批判的に評価した．しかし，かれがヘーゲルから継承したものは，歴史の問題への生き生きとした関心など個別的問題に過ぎなかった．それに対してジェンティーレ（Giovanni Gentile 1875-1944）は，ヤーヤ（Donato Jaja 1839-1914）やスパヴェンタらのヘーゲル学派のなかで思想形成をとげ，「純粋行為としての精神」の思想（attualismo）によって，存在と無の統一と差異という弁証法的生成の始源の問題に取り組んだ．これはスパヴェンタの企ての継承である．かれは，ヘーゲルが厳密に内在的立場で出発していながら，体系の叙述のなかで再びプラトン的二元論に巻き込まれている点を首尾一貫していないと見た．さまざまなヘーゲル学派のなかでも，イタリアの新ヘーゲル主義は，ヘーゲル哲学そのものからもっとも遠ざかった試みであった．

【参】Spaventa (1864), Croce (1906), Gentile (1913), 近藤恒一 (1985), 上村忠男 (1986, 1989)
（岩崎　稔）

進歩　〔Fortschritt, Fortgang, Fortschreiten〕

進歩は単なる移行ではなく，不完全なものから完全なものへの進展である。カントの場合にはそれは，道徳的当為に方向づけられた倫理的完成にいたる可能性という意味であるが，しかしヘーゲルはそう考えない。というのは，当為は道徳性と感性との対立・戦いにおいて完成に向かって進むべきであるという未完成の中間状態ではじめて存在しうることであり，したがって完成を無限の彼方に置き換えるがゆえに「完成は決して完成されることはなく」，また「完成においては道徳性は自己を廃棄してしまう」［『精神現象学』3.458］からである。当為に基づく進歩のこの矛盾は，純粋な道徳性が現実性に対立させられてどこまでも抽象的なものにとどまる点にある。しかし，抽象的形式は自分自身だけで存立するのではない。ヘーゲルのこの批判には，「現実」は単なる事実の総体ではなくて成長しつつある理念の可能性を含み，また理念はつねに現実において自己を表現するという，理念と現実の相互浸透性が前提されている。したがって進歩とは，当為を自己のうちに含む現実そのものの展開であり，同時に理念の自己表現である。胚がそのうちに植物全体を含んでいるように，不完全なものは完全なものを萌芽としてもち，「不完全なものが自然性と自分自身の外在性の殻を打破して自分自身に到達しようとする衝動」［『歴史哲学』12. 78］である。そしてそれは「より後のものがより先のものを止揚されたものとして自己のうちに含むという関係」［『エンツュクロペディー（第3版）小論理学』86節「補遺」］をなして抽象的なものから具体的なものへと進み行く進展である。進歩はまた歴史的原理でもある。歴史を「自由の意識の進歩」としゲルマンの世界において万人の自由が実現されるにいたったという構図は，単に進歩の終結を表わすのではなく，人間が人間として自由であることはもはや揺るがすことはできないこと，自由の実現という使命を自覚し全うすること自体が自由の完成態でもあるということであり，したがって過去への執着や当為は現実への盲目を表わすことになる。→カント，理念，自由

（水野建雄）

信頼 ［Vertrauen, Zutrauen］

私がある他者を信頼するということは，「私の私にとっての存在が，彼が承認しかつその存在が彼にとって目的と本質であるというように，私が彼のうちに認識する」［『精神現象学』3. 406］ということである。すなわち，彼が私の存在を承認してくれていることを私自身の確信としているということである。信頼の最も素朴な在り方が「信仰」である。信仰する意識は，信仰対象のうちで自分が肯定されていると感じ，それと一体になる。ヘーゲルはまた，「愛国心」［『法哲学』268節］のうちに信頼の典型的な在り方を見ている。すなわちその心情においては，私は国家において私の利益が守られるとき国家の利益がそのまま個別的な私の利益でもあると感じるのである。しかし信頼は，意識がそこに属する人倫的精神と一体のものであるかぎり生き生きと息づくのであって，意識が孤立化し単なる個別性になったとき人倫的精神との統一は失われ，堅固な信頼は消え失せて単なる建前になりさがる。→信(仰)

（伊坂青司）

真理 ［Wahrheit, das Wahre］

Ⅰ　ヘーゲルは哲学的真理を歴史的・数学的真理から区別する。歴史的事実への問いは，一定の探究に基づき明確な答えを得ることができるが，個別的な存在ないし内容に偶然性や恣意性，必然的でない諸規定の面から関わるにすぎない。また，数学の学たる所以は厳密な証明にあるが，証明の営みは，作図の恣意性に認められるように，事柄そのものには属さず，結果が得られれば廃棄される外的な働きにとどまる。のみならず，数学が素材とする時間，空間は，量という没概念的で非本

質的な区別と等しさという抽象的で生命のない統一を原理として取り扱われるにすぎない。空間は動きのない死物とされ，時間もまた無関心で外的で生気のない内容とされている。これに対して，哲学の考察すべきものは現実的なものであり，自己自身を措定する働きを有し自己のうちで生きているものに他ならない。このような現実的なものが自らの契機を生みだし，それを辿って行く内的必然性を注視し言表することが哲学の課題である。したがって，哲学においては，対象の生命に自らを委ねる内在的な態度が求められるのである[『精神現象学』3. 52]。

Ⅱ　哲学において与えられる真理（Wahrheit）の定義は，概念と実在の一致（die Übereinstimmung des Begriffs und der Realität）である。ただし，それは，思惟ないし認識と存在の一致としての正しさ（Richtigkeit），形式的真理（die formelle Wahrheit）と同じではない。概念を主観的なものと見，実在を客観的なものとすることも適切でない。むしろ概念が普遍的なものとされ，実在が個別的なものとされており，後者が前者に合致することが真理と見なされているのである[『大論理学』6. 311]。

それゆえ，普遍は諸個物の比較・抽象によって得られた経験的普遍ではなく，個物に先行し，個物の存立根拠として個物のうちで具体化し顕現するものに他ならない。個物もまた抽象的な個物ではなく，普遍性に高められたものとしてあることになる。したがって，両者が一致するということは，普遍が個物のうちに顕現し，個物が普遍を具現しているという具体的普遍ないし真無限の成立を意味する。一致しているか否かという意味で真偽が問われる時には，個物がその基準である概念に相応しいか否か，その概念の完全な表現であるか否かが問われているのである。そして，この吟味に基づいて，概念との一致を求める努力も生まれるのである。偽なるものは単に廃棄されるべきものではなく，発展を促す積極的な契機とみなされる。

『精神現象学』における意識の経験が三つの命題，「意識は自己自身に対して自らの概念である」，「意識はそれ自身において自らの尺度を与える」，「意識は自己自身を吟味する」によって説明される時，意識は自らの体現すべき概念を自覚的に把握しており，それを尺度ないし基準として自己吟味をなすことができると考えられているわけである。吟味とは，自らの概念と自己との比較に他ならない[『精神現象学』3. 74-77]。

Ⅲ　このような観点からする時，判断のうちに真理の表現を求めることは困難である。なぜならば，判断は主語と述語の区別を含み，繋辞によってそれを結合するとしても，前提されている不一致を完全になくすことは不可能だからである。特に，判断の主語-述語構造が事物の実体-属性構造に対応させられる場合，属性の枚挙によって実体の完全な捕捉が可能か否かは疑問である。その意味で，判断は真理の表現形式としては不十分であると言わなければならない。少くとも，「このバラは赤い」と言う時，「このバラは赤くない」という否定が続かねばならないことになる。より適切な表現形式が求められるのである。そして，それは真理観の根本的な転換を促すことにもなる[『エンツュクロペディー（第3版）小論理学』28節]。

Ⅳ　真理の表現問題をめぐって，ヘーゲルは，「真なるものを実体（Substanz）としてではなく，主体（Subjekt）としても捉え表現することが肝要である」と指示する。実体性とは存在ならびに知の直接性（無媒介性）を意味し，そのもとでは真理（das Wahre）は運動を含まない静止態として捉えられることになる。これに対して，主体とは生きて運動する実体であり，「他在のうちで自己に反省する運動」に他ならない。その意味で，それは「絶対の他在のうちで自己自身を知って

いる」[『精神現象学』3.29]。換言すれば，主体としての真なるものは自己を他在にもたらし外化しながら，自己を見失うことなく，外化し展開して多様となったものを自己のうちに捉え返す内化の働きとしてあるのである。精神，絶対者とも名づけられる真なるもののこのあり方はキリスト教の神観念と符合する。

もとより，このような主体的真理観の確立にあたって，実体を遺棄するわけにはゆかず，属性の基底に置かれた不動の実体の内的矛盾を明らかにするという形で実体を主体に止揚することが肝要である。そして，それは判断形式の止揚を通して真理の表現形式を求めることと並行する。

V 判断の主語に対応する実体は諸属性の担い手と見なされる。だが，これらの属性を取り除いて実体それ自身を注視しようとすれば，それ自身は何の規定もなく，空虚なものとして思念せざるをえない。主語の位置に置かれた時，それは判断の起点という意味しか持たず，その規定は述語を通してしか与えられない。判断者は主語から述語に移行し，そこより主語に還帰するという反射運動を遂行することになる。判断において，比重はむしろ述語の側にあるのである。そして，このことは，真理が反省の運動を含むことを予料させる。

とはいえ，述語を実体の偶有性と見なすかぎり，実体は一つの述語によって完全に規定されることはなく，判断者は実体の充実を目ざして一の述語から他の述語へと移行せざるをえず，また容易に移行することができる。実体に対して思惟は外在的であり，外的反省として自由な彷徨をなすのである。ヘーゲルはそれを論弁的思惟 (das räsonnierende Denken) と名づける。

だが，この彷徨は実体との一致を果たしえない限り，誤謬のうちをさ迷い歩く (herum-irren) こととみなされかねない。そして，それは思弁的命題 (der spekulative Satz) によって阻止される。「絶対者は存在である」といった命題においては，述語は主語の全体を吸収し，主語は述語のうちに融解しているのであって，判断者は述語を離れて他の規定に移行することはできず，述語のもとにとどまりそれを熟慮することを求められるのである。そこにおいて把握された内容とともに主語のもとに還帰する時，命題の理解は成立したこととなる。

だが，一つの規定（存在）を熟慮するならば，それが反対規定（無）との相関においてあることが明らかとなる。したがって，主語への還帰はこの対立を伴っての還帰である。その時，主語は相対立する規定を含む総合者であり，分析的に呈示するならば二律背反を生ずる（「絶対者は存在である」，「絶対者は無である」) [『エンツュクロペディー（第3版）小論理学』86, 87節]。二律背反を真理の最高の形式的表現とした『差異論文』の主張が顧慮されるべきである。

そして，対立の総合は一定の関係を示すのであり，この関係そのものの規定を捉えることが求められる。しかも一切の規定は否定なのであるから，関係の規定自体が対立する規定との相関においてでなければ捉えられない。こうして新たな総合が要求され，発展を生ずるのである。そして，この総合の系列が全体に達した時，真理は現実的となる。「真理は全体である」。一切の規定はこの系列のうちに位置づけられ，結合（推論 Zusammenschließen）されており，孤立した規定は存しない。この意味で，全体は「酔わぬものなきバッカス祭の酩酊」に譬えられる。しかも，それは全体として「透明で単純な静止」に他ならないのである [『精神現象学』3.46]。

このような全体の視点に立つ時，真なるものは自己自身を規定し，自己の規定性，限界を自己自身のうちに持ち，有限なもののようにその規定のために他者を必要とし他者によって限定されることはなく，かえって他者を

自己のうちに含むものとして捉えられる。それはスピノザの実体の生動的な把握と言えるが、それこそは思弁 (Spekulation) の目標であり成果である。

Ⅵ 以上のように，主体としての真理の成立を表現形式に即して考察するならば，その根底に真理に迫り把捉しようとする主観の働きがありその制約をなしていると言うことができる。有限な思惟形式に拘束されながらこの限界を超えようとする努力によって，運動としての真理観は成立するのである。その意味で，ヘーゲルの主体主義は近代的主観主義と分かちがたく結びついており，そこにおいて成立しえたと言わなければならない。反省 (Reflexion) の機能がヘーゲルの真理観と方法思想を論じる上で重視されるのもこのような理由による。→概念，判断，推論（推理），アンティノミー，思弁的命題，反省，実体と主体

【参】 Röttges (1976), 山口祐弘 (1988)

(山口祐弘)

心理学 [Psychologie]

心（プシケー）を考察する仕方の古くからある形態は，ヘーゲルによれば，「霊魂論 (Seelenlehre)」あるいは「心霊学 (Pneumatologie)」とも呼ばれる「合理的心理学 (rationelle Psychologie)」である。これは，悪い意味で形而上学的ではあったが，「単純」「不滅」といった心の本質を考察しようとした。近代になって興ったもう一つの形態が「経験的心理学 (empirische Ps.)」である。これはヴォルフ流の能力心理学を指すと思われるが，感覚のうちに与えられたままに個々の能力を記述するものである。これらのうち前者は，心を物的なものとみなし，「単純」「複合」といった余りに単純な悟性規定の適用にとどまっている［『エンツュクロペディー（第3版）小論理学』34節および「補遺」］という点で，また後者は，精神を独立な個々の能力の雑多な集合体に引き下げてしまう［『エンツュクロペディー（第3版）精神哲学』378節および「補遺」］という点で，その考察方法には欠陥がある。ヘーゲルの提示する心理学は，これに対して，精神をその本質である活動のうちで，内在的な発展に即して叙述しようとするものであり，ヘーゲルによれば，アリストテレス以来再び「精神の認識のうちに概念を導入」［同378節］しようとする試みである。

『エンツュクロペディー　精神哲学』においては，精神を扱う心理学は，心を扱う人間学，意識を扱う精神現象学の後に位置し，伝統的な知情意の区分に対応して三つに分かれる。最初の「理論的精神」は，感覚的素材が言語化され思惟にまで高まる過程を，直観，構想力（想起，構想力，記憶），思惟という段階に即して考察する。これは所与の感性的素材が内面化され精神の所有となる過程であるとともに，知性が自己を外面化して言語や機械的記憶を生み出す過程でもある。次に「実践的精神」は，直接的な意志の形態として，実践的感情，衝動，幸福という主観的目的が客観化される過程を考察し，最後に両段階の統一である「自由な精神」は，自己を知る意志，すなわち自由意志の生成を論じる。

(上村芳郎)

人倫 [Sittlichkeit]

ヘーゲルは『法哲学』において，道徳から人倫に移行するにあたって人倫を定義して次のように言っている。「人倫とは，生ける善としての自由の理念であり，かかる生ける善は，自己意識のうちにおのれの知と意志の働きをもち，自己意識の行動を通じておのれの現実性をもつが，他方同様に，自己意識も人倫的存在のうちにおのれの即自かつ対自的に存在する基盤と運動せる目的をもつ，――つまりそれは現存世界となるとともに自己意識の本性となった自由の概念である」［『法哲学』142節］。

ヘーゲルは，人倫は抽象法の外面性と道徳

の内面性とをひとつに総合したものであると言う。ヘーゲルは，近代啓蒙期の自然法論者（たとえばホッブズやロック）のように，社会的諸制度を人間の内面から切り離された外的な法の体系とはみない。むしろそれは，善の理念が自由なる意志を通じて歴史のなかで具体化され，蓄積され，発展してきたものと見る。それゆえにまた個人が道徳的たりうるのは，そのような社会的諸連関のなかで，そのようにして具体化されている善の理念をみずからのものとすることによってである。それゆえにまたカントのように，法と道徳を二元的に分離するのも間違いである。むしろ人倫としての社会的諸制度は，制度という客観的契機と自己意識という主観的契機との統一のうえに成立しているのであり，それらの相互滲透のうちに発展してゆく。

ヘーゲルが人倫の主観的契機を強調するとき，たしかに一面において近代において解放された個人の主体性を重視してはいる。しかしヘーゲルが，あえて人倫ないし人倫的共同体というとき，それがギリシアのポリス的共同体をひとつのモデルとしていることは疑いえない。もともと人倫（Sittlichkeit）は語源的にも習俗を意味する"Sitte"に由来している（倫理 Ethik ももともと習俗を意味するギリシア語の ἔθος に由来している）。そしてポリス的共同体への憧憬は，すでにテュービンゲンおよびベルン時代の初期ヘーゲルに存在していた。しかしそこでは，古代の人倫の世界は，現実の市民社会に対置された理想としてあった。しかしイェーナ時代においては，それは市民社会の外にそれと対置されたものとしてではなく，市民社会の連関，つまり解放された個人の欲望，それを満たすための労働，労働生産物の所有，および契約によるそれらの交換という新しい相互依存の連関を通じて実現されてゆくべきものとなる。それゆえにまた市民社会の分裂を止揚し，有機的統一を可能にするものとして，民族（Volk）が絶対的人倫の位置を占めるようにもなる。

人倫のこのような位置づけとそれを示す論理は，『精神現象学』や『法哲学』においても繰り返し現れてくる。『精神現象学』においては，それは何よりも「精神」の章に現れてくるが，それに先立つ「理性」の章においても，まず目標としての「人倫の王国」（das Reich der Sittlichkeit）が先取り的に示され，快楽に出発した自己意識が，自己を実現しようとして他者や社会と衝突し，衝突することを通じて自己否定をし自己克服を遂げつつ，ついに社会的連関のうちに身をおき，人倫の世界を自分のものとしてゆく過程がたどられている。そして「精神」の章においては，まずギリシアのポリスに，歴史的実体としての人倫的世界が示されながら，ポリスの解体ののち，共同体から疎外された精神が，ふたたび人倫の世界をとりもどしてゆく過程が，壮大なヨーロッパ精神史の過程においてたどられているのである。いな「偉大なる教養の書」としての『精神現象学』そのものを，特殊的なるものから出発した自己意識が，自己否定の旅を重ね，教養＝自己形成（Bildung）を重ねながら，まさしく特殊的なるものと普遍的なるもの，私的なるものと公的なるものとが相互浸透し，みごとな調和のうえにある人倫の世界をわが物としてゆく精神の歩みを述べているものとみることもできるのである。

『法哲学』もまた，既に述べたように，抽象法，道徳，人倫という全体の構成そのものが，社会的諸制度を人倫の体系として概念的に把握しわが物としてゆく精神の歩みを示しているが，さらにこの「人倫」の部分における「家族」「市民社会」「国家」という構成もまた，家族にあった人倫的一体性が解体しつつ，やがて市民社会を媒介として，国家において回復されてゆく過程を示しているのである。

このようにみてきたとき，ヘーゲル政治哲

学において「人倫」ということのもつ重さがおのずから明らかになるであろう。もちろん回復された人倫の世界はもはやポリスのそれではなく，近代において析出された個人の特殊性と主観（主体）性を介したそれであり，市民社会を介したそれであった。→市民社会，家族，国家，法，制度，労働
　【参】　Taylor（1975, 1979），藤原保信（1982）
（藤原保信）

人倫的世界　[sittliche Welt]
　『精神現象学』の「理性」の章において，ヘーゲルは「人倫の王国」を定義して，「人倫とは，諸個人が自立的な現実性をもちながら，彼らの本質の絶対的・精神的統一を得ていることにほかならない」という。「自己意識」の章における表現を用いるならば，そこでは自己意識は「我々なる我，我なる我々」として存在している。ヘーゲルがこのような人倫的世界の原型を古代ギリシアのポリスにみていたことは疑いない。そこでは，ポリスの法に示される「人間の掟」と自然的にして普遍的な「神々の掟」が対立しつつも調和を保っている。そしてこの対立が顕になったとき，ポリスの人倫的世界の崩壊も明らかとなるのであり，ヘーゲルはその後のヨーロッパの精神史をこのように共同体から疎外された自己意識が人倫的世界をとり戻してゆく過程として描き出す。しかし先の引用にも明らかなように，そこに再興される人倫共同体は，個人の自立を前提にするものであることに注意しなければならない。　　　　　（藤原保信）

心霊学　⇨心理学

神話・神話学　[Mythen, Mythologie]
　各民族はそれぞれに固有の神話をもっている。神話は民族の世界観を物語の形式で表現したものであり，民族の宗教意識の核をなすものである。

　ヘーゲルは『宗教哲学』においてインド，ペルシア，エジプト，ギリシアなどの神話を分析し，それぞれの民族宗教の性質を明らかにしようとした。古代の宗教を扱うさいには，神話がもっとも有力な資料となった。神話の哲学的な意味を明らかにすることが，宗教哲学のもっとも重要な課題の一つだった。

　とはいえ，理性を絶対のよりどころとするヘーゲルにとって，神話はつねに二面性をもつものとして現れざるをえなかった。「民族の宗教は，したがってまた神話は，普遍的な規定を，真理を，含んでいる。神話の根底には合理性の本能がある。同時にしかし，神話は感性的なものの見方をとるものだから，そこにはさまざまな偶然的で外的な材料が混入する。というのも，概念を感性的に表現しようとすると，かならずどこかに無理が生じ，幻想という土台の上では理念をただしくあらわすことができないからである」［『哲学史』18. 103］。

　神話が普遍的な真理を含む例としてヘーゲルがもっともよく引き合いに出すものが，旧約の楽園追放の神話である。知恵の木の実を食べることは，人間が無垢な自然態（即自態）に安住できなくなることであり，そこを出て自分のありかたに反省を加える心境（対自態）に至ることによって人類の精神的発展が可能になる。楽園追放の神話を，人間における知のそうした逆説的なありかたを暗示するものとヘーゲルはとらえた。

　神話と哲学的理念の齟齬に触れたものとしては，プラトンの対話篇に挿入される文学性ゆたかな神話（ないし寓話）への批判がある。こういう神話（寓話）の挿入は，論理の必然的な展開を中断するもので，哲学書にはふさわしくないとヘーゲルは考えた［『哲学史』］。

　【参】　Cassirer（1925），Bacherard（1957），Durand（1968）
（長谷川宏）

親和性　[Affinität, Verwandtschaft]

親和性とは化学的過程におけるある成分と他の成分とが互いに引きあう特殊な性質に他ならない。例えば、空気が酸化させるものとして金属に関係する場合、「金属が空気の酸素に対して、あるいは酸素が金属に対して親和性をもつ」[『イェーナ体系Ⅰ』GW 6. 154]と言われる。さらに、「ある酸がカリウムと金属の結合を分離し、金属をおさえてカリウムと結びつくならば、酸はカリウムと緊密な選択親和性（Wahlverwandtschaft）をもつ」[同 GW 6. 155]と表現される。ヘーゲルによれば、選択親和性の解明に重大な貢献をなしたのはリヒター（Jeremias Benjamin Richter 1762-1807）とモルヴォー（Louis Bernard Guyton de Morveau 1736-1816）、そして特にベルトレ（Claude Louis Berthollet 1748-1822）である[『エンツュクロペディー（第3版）自然哲学』333節］。ベルトレは「化学的質量（chemische Masse）」という概念を新しく提示することによって、化合物の生成のための条件が作用因子に内在する選択親和性のみではなくさらに凝集度・溶解度・温度などの外的事情によっても規定されていることを示した。しかしヘーゲルはこれに反対する。何故なら、ベルトレのこの「修正」では、「排他的な選択親和性そのものの質的契機が弱められるだけでなく、むしろ廃棄されて」[『大論理学（第2版）』5. 425]、「選択親和性が単なる外的変容のうちに存するにすぎない」[同 5. 426]ことになるからである。結局、ヘーゲルにとって親和性と選択親和性との区別が重要な意味をもっているのは、前者が総じて「量的比例の系列」[同 5. 430]に基づくのに対し、後者は量的連続的比例関係と質的排他的比例関係の「二重の関係」[『大論理学（初版）』GW 11. 211]の「絶対的統一」[同 GW 11. 210]を体現している「排他的な対自存在（das ausschließende Fürsichsein）」[『大論理学（第2版）』5. 414]だからである。

【参】渡辺祐邦（1991） (木村 博)

ス

水銀　[Merkur, Quecksilber]

常温で液体に留まる性質をもつ唯一の金属元素（-38.85℃で固化、356.7℃で沸騰。元素記号 Hg）。水銀は、古代より、毒あるいは薬として注目され、また、錬金術などで利用されてきた。ローマ神話でメルクリウスが水銀に配されたことがこの語源となっている。このことから水星と水銀の関係がいわれ、ヘーゲルもこれに否定的に触れている［『エンツュクロペディー（第3版）自然哲学』280節「補遺」］。また、ヘーゲルは、常温で液体に留まり比重が大きいという性質を利用して、大気圧の測定などがなされること、他金属と容易に合金を作ることができ、水銀にさまざまな金属をとかし、水銀を蒸発させることで鍍金（メッキ）や金の精錬などに用いることなどにも触れている［同330節等］。 (稲生 勝)

彗星　[Komet]

ヘーゲルの自然哲学では、太陽系は、絶対的な力学を例示している。力学が絶対的力学として一応の完成をみると、たとえば、太陽系のように必然的な軌道を描いた運動の系となるのである。しかし、太陽系にも、偶然的なものがあり、それが彗星だとヘーゲルはいう。彗星は、一応、太陽を中心とする旋回運

動をするが，回帰するかどうかも分からない軌道を持つとヘーゲルは考えていたからである。こうした偶然的な物体，天体が彗星と言われる。彗星は，月とともに自分の外にのみ中心（太陽）をもつ天体であり，非独立的な天体である。また，ヘーゲルは，彗星そのものは単なるガス体と考えており，月が大気を持たないこととあわせて，ともに一面的な天体とみなしている。逆にいえば，地球は，固体と気体，大気をあわせもつので，彗星的なものと月的なものをも合わせもっているとされる［『エンツュクロペディー（第3版）自然哲学』279節］。→月　　　　　　　　　　（稲生　勝）

水素　［Wasserstoff］
　元素記号H，原子番号1の元素。水素を燃焼させると，淡青色の炎で燃え，酸素と結合して水を生じる。ヘーゲルは，水素を含めていわゆる化学的元素を抽象的であるとみなし，地・水・火・空気の4元素こそが具体的な元素（Element）であるとする［『エンツュクロペディー（第3版）自然哲学』328節］。この観点は，古典的な自然哲学を踏まえているとともに，現代の生態系や環境概念にもつらなる興味深いものであるといえよう。地・水・火・空気の4元素が抽象的に分離された場合，抽象的な化学的契機として窒素，酸素，水素，炭素となる［同上］。水素は，この四つの化学的契機のなかで，酸素との対立関係において捉えられる。これは，中和している水を分解すると酸素と水素となることにもよっている。酸素が燃焼させるものなのにたいして，水素は，燃えうるものである。つまり，水素は，他の物質を燃やすこともできないし，生物を生かすこともできない。あくまで，みずから燃えうるもの，燃やされうるものである［同上，同節「補遺」］。→酸素，炭素，窒素
　　　　　　　　　　　　　　　　　（稲生　勝）

推論（推理）　［Schluß］

「あらゆる理性的なものは推理である」［『大論理学』6. 352］。ヘーゲルにおいて推理とは理性の行う論理操作ではない。むしろ理性そのものである。イェーナ大学就任に当たって提出した『就職テーゼ』の中に既に「推論は観念論（イデアリスムス）の原理である」とあり，自己の哲学体系の大要を形成したとみられる『エンツュクロペディー』の末尾［第1版474-7節，第3版574-7節］には，「論理」「自然」「精神」という体系の三つの部門が，それぞれがそれぞれを媒介項として持つ三重の推理であると位置づけられている。ヘーゲルが啓蒙的悟性の立場を超える理性の立場に立ったと言われる時，その理性の論理的構造を示すものが，推理なのである。

伝統的論理学で推論と呼ばれるものは，三段論法（Syllogismus）である。

　　　　MはBである。（大前提）
　　　AはM　　である。（小前提）
　ゆえにAは　　Bである。（結論）

これは逆から見れば，「AはBである」という結論命題がMという媒概念によって根拠づけられる過程と見ることができる。その意味で推理とは媒概念を根拠とする主概念（主語）と賓概念（述語）の結合だということができる。この点がヘーゲルの場合にも推理の本質である。しかしそれによって表現される内容は全くと言っていいほど異なっている。伝統的な三段論法をヘーゲルは「悟性推理（Verstandesschluß）」と呼び，本来の推理のもつ理性的な内容が捨象され，形式だけが残ったものにすぎないと看做している。たとえば，「バラは赤い，赤は色である，ゆえにバラには色がある」といった悟性的推理では，その無内容さが既に示しているように，「バラ」と「色」という両端項の間に本質的な関係は存せず，「赤い」という中間項も両端項に対して偶然的であり，したがって両者の結合も外面的である。「この推理においては主語は他の規定と結合される。」「これに反して

理性的な推理とは，主語が媒介によって自己を自己自身と結合する，ということである」[『エンツュクロペディー(第3版)小論理学』182節)]。

　ヘーゲルが本来の推理と言うものは，結合される三項が同一の本質をもち，それらが互に他を根拠づける働きをしているという関係のことなのである。これを形式的に見ると，AMBという三概念のうち，「AはB」という判断をMが媒介するだけでなく，「AはM」という判断をBが媒介し「MはB」という判断をAが媒介することによって，全ての「ある」という直接的前提が止揚される「三重の推理」という形をとる。さらにヘーゲルの場合，結合される「概念」とは，それ自体が，普遍，特殊，個別という三つの契機をもつが，これらは普遍が特殊化し個として持続するという同一の構造の三つの様相であると考えられている。推理はこの概念のもつ構造を，三つの概念の関係として顕在化する。したがって推理の三項はそれぞれが個別，特殊，普遍と位置づけられるが，内的には各項が同一の概念なのである。したがって，「三つの同じ項から成る三重の推理」[同198節]になることが理性推理の形式的特徴である。そしてそれによって表現される内容は，同一なるものが，外面的には相対立する三項の本質的同一性のうちで，自己を持続し発展させてゆく過程なのである。

　ヘーゲルでは概念の構造は存在者の内的ロゴスを意味するから，三つの概念の関係である推理も，しばしば，太陽系や生命や国家や宗教といった，現実そのものの関係であると考えられる。このうち国家を例に考えてみる。「国家は三つの推理から成る体系である」[同上]。個別とは個人である。特殊とは諸個人の精神的肉体的欲求であり，これがそれだけで組織されたものが市民社会である。普遍とは，国家，法，政府などである。これら三つの形態を詳しく見てみると，それぞれが他の二つに依存しており，それぞれが他の二つを結びつける働きをしていることが判明する。そこから各項が他の二項を内的本質として自己内に含んでおり，それぞれが媒介項となる三重の推理を形成していることが判る。「これら三つの規定の各々は，媒介によって他の端項と連絡されることによって，自己自身と連結される」[同上]。この推理によって，三つの形態が同一であり，自己自身を生産する有機的統一のうちにあることが顕在化するのである。

　既に述べたように，ヘーゲルは早くから推理形式に注目しているが，『イェーナ体系Ⅰ』(1803/4)の時期までは，推理はこれまで述べたような同一者の自己内での発展を示す形式ではない。『イェーナ体系Ⅲ』(1805/6)においてはじめて，〈他のものへと自己を外化することによって自己に帰る〉という「精神」ないしは「主体」と呼ばれる同一者の円環構造が，推理形式によって表現されるようになる。それによって推理は主体(主語)の否定的な自己実現の運動という意味を獲得し，単に論理的な形式にとどまらず，実在そのもののロゴスを開示する構造としてとらえられるようになる。こうして「すべてのものは推理である」[同181節]という汎論理主義の立場が表面化してくるのである。→類推

【参】 Mure (1950), Schmitz (1957) (多くの個々の論点は修正を要す), Düsing (1976)

(上村芳郎)

数　[Zahl]

　ヘーゲルは『大論理学』の「定量」の節で数の概念を主題的に論じているが，その際に基本に置かれているのは，一般に数を〈多くの一者から成る集まり〉として捉えるギリシア(アリストテレス，ユークリッド等)以来の見方である。だが同時に彼は，数が，(1)単に諸々の一者 (Eins) の集まり(「集まりの数 (Anzahl)」)であるのみならず，(2)それ

自身一つの統一的・単一的存在(「統一性」(Einheit))でもあるという、二重の論理的契機を備えている点を強調する。「集まりの数と統一性とが、数の契機を形造っている」[『大論理学』5. 232 ——強調は原典]。

このような指摘を通じてヘーゲルが意図している点は、「数」に続いて展開される「外延量／内包量」についての彼の叙述を併せて参照することで明確になってくる。すなわち、一般に外延量とは、一つの物体を形作る諸部分の数や、或いは空間的な延長の大きさ、時間的な持続の長さ等のように、互いに外在し合う諸部分(単位)が、どれだけ多く集まって一つの全体を成しているかを表わす量である。他方、内包量とは、そうした相互外在的な諸部分から成る全体ではなく、それ自体で一定の内的(非 - 延長的)な統一性を成している対象について、その統一性がどれほどの強度や力を持つかを表わす量であり、具体的には運動エネルギーや圧力といった物理量、或いは音・色彩等の感覚の強さ、高さ、明るさといったものである[同 5. 255ff. 参照]。

一般に種々の対象が量的な観点から規定されるとき、当の対象は、もっぱら単なる相互外在的な諸部分の多様性へと還元されるように見なされがちであるが、しかし以上のような区別を踏まえるならば、それはあくまで外延量の場合のことであり、むしろ、対象が一つの内的統一性を形作るものとして捉えられ、そのような統一性自体についての尺度を設定することが問題となる場合(内包量)もある、ということが理解される。こうした事情は、与えられた多様な対象の根底に「概念」の内的統一性を見出そうとするヘーゲルの基本的な立場にとって、それ自体一つの重要な意義を持つことになる。だがそれだけではなく、同時に彼は、このような量についての区別が、元来、数の概念自身の二契機のうちにその根を持っているということ(つまり、外延量は「集まりの数」の、また内包量は「統一性」の、それぞれ展開形態であること)を主張している。「数は集まりの数であり、その限り外延量であるが、しかしそれはまた一者であり、例えば一者としての10 (ein Zehn)、一者としての100であって、この限りでは内包量への移行の途上にある」[同 5. 256]。このような観点のうちには、〈相互外在的な多様性と、その根底に存する内的統一性〉という構造が、外延量 - 内包量の場合のみならず、それよりもいっそう基本的な「数」のカテゴリーのうちに、そしてひいては、論理学的なカテゴリー全般の最も基礎的な内容のレベルに、共通して見出されるものであることを主張しようとするヘーゲルの立場が現われている。

ではさらに、このような「統一性」の契機は、「数」の場合には具体的にどのような形で現われてくるのだろうか。ヘーゲルは、「数」の「一者」としての性格をいわゆる「序数」の概念に関連づけて説明している。「数とは10, 100であると同時に、数体系における第10番目のもの、第100番目のものである」[同 5. 260]。この場合、内包量に見られる「統一性」と、数に見られる「序数」の性格とがどのように対応するのかという問題は、それ自体いっそうの検討を要するが(こうした点は、例えば Deleuze (1968) で詳しく論じられている)、いずれにせよ、ヘーゲルが数を一つの「体系」という観点から捉え、個々の数の定義の基礎を、その「集まりの数」としての側面よりも、むしろ、当の数が「体系」内でどのような位置(順序)を占めているかという側面に求めようとしていることは、それ自体注目に値する点である(例えば、現在の標準的な自然数論——デデキント・ペアノの公理系——で考えても、個々の自然数は、0を起点とする「後続者 (successor)」として、まさに相互の順序関係に基づいて定義されており、「集まりの数」としての側面はこの順序関係から派生させられてい

る。この点は，Russell (1903, 1919) 等を参照）。一般に，種々の論理的概念のうちに多様性と統一性という対立的な両契機の所在を認め，統一性の側に比重を置く形で当の概念の内容を捉え直そうとする，ヘーゲルのいわゆる「思弁的」な把握は，数概念の考察において，実際に一つの興味ある洞察を生んでいると言えよう。→数学，微分

【参】 Russell (1903, 1919), Deleuze (1968)
(岡本賢吾)

数学 [Mathematik]

ヘーゲルが，数学の原理や方法について，最も詳しく，系統立った考察を展開しているのは，『大論理学』の「理念」の篇（その第2章「真なものの理念」）に見られるように，彼の論理学体系のほぼ終結部に近い箇所——つまり，最も本来的な意味での「真理」の認識が達成されるはずの段階——においてである。その場合，彼の基本的な主張は，数学的な原理や方法は「必然的な限界」[『大論理学』6. 535] を持つものであって，とりわけ，それらを哲学にまで適用する（例えばスピノザのように）のは不適切である，ということにある。しかしまた，こうした数学に関する叙述の，上記のような体系内における高い位置づけにも現れている通り，ヘーゲルが数学に対して哲学に準ずる重要な認識論的意義を与え，その主題的な解明を行う必要性を認めていることも確かである。具体的にはヘーゲルは，数学の原理や方法を，彼に特有の意味での「概念」との関連で説明し，位置づけ直そうと試みており，彼の議論の最も興味ある点は，まさに，こうした「概念」と数学との関連づけにあると言えよう。

すなわち，まず第一にヘーゲルは，認識一般を「分析的認識」と「総合的認識」へと区別し，算術を前者に，幾何学を後者に属させている（代数は，基本的には算術の発展形態として捉えられているが，しかしそこには「総合」的な性格も見られるとされている [同 6. 509参照]）。分析的認識とは，「概念」の諸契機の間に見られるような「他者への移行」を含まず，もっぱら「相等 (gleich)」な契機の「反復」的な継起としてのみ成り立つものであるが [同 6. 507参照]，ヘーゲルは，算術における演算のプロセス（或いは，いっそう一般的に言えば，定まった手順に従った諸演算の組合せとしての「アルゴリズム」）は，まさに，抽象的で一様な諸単位の間の機械的な結合と分離の手続きとして，こうした分析的認識としての性格を持つとしている（彼は，このような演算手続きの内容を詳細に分析しているわけではないが，しかし，種々の演算様式が一つの単純な原理——すなわち「数え合わせること (zusammezählen)」——に帰着するという主張を行っている [同 5. 235 参照]）。

他方，総合的認識とは，普遍性・特殊性・個別性という「概念」の諸契機間の，一定の統一を含むものであるが，実は幾何学におけるような，「証明」を媒介とする「定義」と「定理」の間の結びつきのうちには，まさにそのような「概念」的統一の実現（＝「理念」）が見出されるとされる。「定理は，〔証明を介して〕定義と結合されることで，概念と実在性との統一である理念を表現する」[同 6. 527]。このようにヘーゲルが述べるのは，(1)定理においては，対象（個別性）が，十全にその本質的な内容において（普遍性および特殊性として）規定されており，(2)しかもこれらの契機の結合が，単に対象のうちに直観や知覚によって見出されるのではなく，証明を介して，「概念の内的同一性」に基づく「必然性」として示されている，と考えられるからである [同 6. 527]。この場合，具体的にはヘーゲルは，「定理」ということで，とりわけピュタゴラスの定理のようなものを念頭に置いている。実際この定理は，個々の直角三角形が，その三辺（特殊性）の間に成

り立つ一般的な法則的関係（普遍性）を通じて，まさに一個の対象（個別性）として規定されることになる事情を述べたものとして，以上のような意味での「定理」の一例と見ることができよう。さらに言えば，それは，（三角関数へと一般化されることによって）任意の三角形の規定のためにも適用されることになり，或いはまた，円の幾何学的構成をも示す（直径の両端と，円周上の一点とを結んだ三角形は常に直角三角形となる）といったように，多様な図形の間の有機的な連関を明らかにする基礎となるような，一つの結節点的な性格のものである。ほぼ以上のような意味において，ヘーゲルはこの定理を「三角形の完全な，実在的＝事象的な定義（reele Definition）」であると呼び，この定理のうちには「普遍性」から「個別性」への「真の総合的な進展」が見出されるとしている［同 6. 532］（なお，直角三角形を，「最も規定された三角形」とする見方は，既にライプニッツにも見られる）。

以上のように算術と幾何学の説明を行いつつ，しかしさらにヘーゲルは，数学そのものの内容的な進展に伴って，分析的／総合的方法のいずれもがその限界を露呈するに到る，と主張する。すなわち，そのような限界とは，第一には「通約不可能性」つまり無理数の登場［同 6. 536参照］，そして第二には，これと連関した解析学（微積分学）という形での「無限」の登場［同 6. 509f. 参照］，において明らかとなるものである。ヘーゲルによれば，これら両者は，単なる「量そのもの」から「質的な量規定」への移行を意味しており，したがってまた，そこでの同一性は，もはや算術的演算におけるような単なる「相等性」ではなく，或いはまた，幾何学的定理におけるような諸契機の肯定的総合でもなく，むしろ，本来的に異質（通約不可能）な量的規定と質的規定との間の「否定的同一性」として捉えられねばならない。そして，このような把握を行いうるのは，本来の意味での「概念」の立場に立つ哲学によってである，とされることになる。

以上のように，数学についてのヘーゲルの議論は，彼の論理学体系のうちで一つの重要な位置を占めているというだけではなく，彼の言う意味での「概念」がいかなるものであるのかを理解する上で，種々の示唆を与えるものとなっていると言うことができる。→数，微分，概念　　　　　　　　　　　　（岡本賢吾）

崇高(性)　［Erhaben, Erhabenheit］
カントが『判断力批判』において，美を「優美」（Schönheit）と「崇高」とに分けたのを受けて，若きヘーゲルは「ギリシア人の精神は優美であり，東方人の精神は崇高であり偉大である」［『ユダヤ精神予稿』，『初期神学論文集』368］と書き，崇高を東方人の精神の特性とした。これは，『宗教哲学』においても引き継がれて，崇高性の宗教をユダヤ教の，美の宗教をギリシアの宗教のものとした。崇高性とは，神が彼岸として把握される在り方であるが，イポリットは，ユダヤ教はまさに崇高なるものの宗教であり，人間と神との分離の宗教であるゆえに，ユダヤ民族は不幸な民族である，しかしまさにそれゆえに，ギリシア人よりもいっそう深い主観性を見出し，キリスト教を準備するとともに，その和解をも準備したとし，「ヘーゲル哲学はこの和解の註釈に他ならない」［Hyppolite 1, p. 186. 訳書上256］とみなした。→ユダヤ教

【参】 Hyppolite (1946)　　　　　　（武田趙二郎）

数多性　⇨一と多

頭蓋骨論　［Schädellehre］
(1)精神の能力は相互に独立な多数（27個）の個々の能力に分解できる。(2)おのおのの能力は脳の表面の一定の部位に存し（大脳局在説），さらに頭蓋骨の表面にも対応する。(3)

頭蓋骨の各部分の大きさからその個人の各能力の発達具合を推定することができる。ガル(Franz Joseph Gall 1758-1828)のこうした頭蓋骨論に対して、ヘーゲルは『精神現象学』の「観察する理性」の章の中で[3. 233-262]その非科学性を批判している。ヘーゲルによれば、(1)精神は流動的な統一であり、能力とはそこからの抽象にすぎない。(2)精神と脳と頭蓋の間に想定されている因果関係には根拠がない。(3)脳や頭蓋の形状は精神にとっては偶然的なものにすぎない。しかしこう批判する一方で、「精神の存在は骨である」[同 3. 260]という頭蓋骨論から導き出される唯物論的結論は、「精神」をその正反対の「物」と同一視する端的に矛盾した判断(無限判断)であるがゆえに、これは全くのナンセンスであると同時に、自然を観察し自然の中に理性的法則を見出そうとする「観察する理性」が行きつく頂点、それゆえ転換点であるという重要な意味がこれに与えられている。

(上村芳郎)

スコラ学 [Scholastik]

スコラ学とは非常に曖昧な名前であって、体系というよりも一般的な様式である。それはキリスト教の哲学的努力を指す言葉である。スコラという名前は、カール大帝の時代に大司教座聖堂と大修道院の附属の大きな学校で教師たちを監督する監督官(聖職者、司教座聖堂参事会員)をスコラスティクスと呼んだことに由来する[『哲学史』19. 540-542]。

スコラ哲学は本質的に神学だった。そしてこの神学がそのまま哲学でもあった[同 19. 543]。それは、神学と哲学との結合であり混合であった[同 18. 84]。スコラ学者の努力は、キリスト教会の教理学を形而上学的な根拠の上に打ち立てることに向けられた[同 19. 533]。スコラ哲学は超自然主義の立場に立つのではなく、教会教義を、思考し概念的に把握することによって認識したのである[同 18. 101]。ところがそれは、抽象的な悟性諸規定に固執したために、かえって具体的なもの、現実的なものへの関心を全く持たず、純粋なる形式主義にとどまった。スコラ学者というと、果てしなくこと細かに区別立てすることで悪名が高い[同 19. 545]。この形式主義は、杓子定規の三段論法的屁理屈[同 19. 546]、自然的な事物についてのアプリオリな屁理屈[同 18. 79]である。それは実在する内容を持たない全く野蛮な悟性哲学である[同 19. 587]。だが、スコラ哲学はまさにヨーロッパ中世のヨーロッパ的哲学[同 19. 530]だと言え、北ゲルマンの自然の中で育ったものであった。スコラ学者をアリストテレス派と呼ぶのは間違っている[同 20. 14]。スコラ哲学はアリストテレスの教説の伝統から生じたにすぎない[同 19. 144]。スコラ哲学は普通エリウゲナ(Johannes Scotus Eriugena 810頃-877)から始まったとされているが、かれは本当はスコラ学者ではない。なお、スコラ学者固有の課題は、唯名論と実念論との普遍論争と神の存在証明である[同 19. 553]。
⇨中世哲学, 神学, 神の存在証明, ヨーロッパ

(柴田隆行)

図式 ⇨**範疇**

ステュアート [James Denham Steuart 1712.10.21-80.11.20]

『ローゼンクランツ』によれば、「市民社会の本質、欲求と労働、諸身分の分業と資産の配分、救貧制度とポリツァイ、租税などに関するヘーゲルのあらゆる思想は、結局のところ、彼が1799年2月19日から5月16日までに書き、今も完全に残っているステュアート『経済学』のドイツ語訳に対する批評的注解のうちに最終的に凝集された。その中に現れているのは政治と経済に対する多くの優れた眼識と多くの微に入った見解とである。ステュアートはまだ重商主義制度の支持者であっ

た。ヘーゲルは競争の真只中で，そして労働と流通の機構の中で人間の心情を救おうと努めながら，高貴な情熱をこめ，興味深い実例を豊富に用いて，重商制度という死者を打倒したのである」[86]。このヘーゲルの注解が散失してしまった以上，ローゼンクランツの報告は，ルカーチの批判にもかかわらず，ヘーゲル‐ステュアート関係についての基本資料であらざるをえない。この報告が伝えているのは，(1)注解の執筆時期（シャムリーによれば，最初の読書は1797年の初めとされる），(2)注解のテーマの概観，(3)ヘーゲルの用いたテキストがドイツ語訳のものであったこと，(4)市民社会の非人間性と重商主義（またはステュアート）とに対してヘーゲルが批判的立場をとったことである。

ヘーゲルのステュアート批判は，彼のイギリスおよび市民社会的現実に対するこの時期の関心の中から生まれたものであるが，ステュアートとテュービンゲンとの関係の深さ（ステュアートは1757年から61年にかけてテュービンゲンに滞在し，ヴュルテンベルク公の厚遇を得，貨幣論をドイツ語で出版し，公に献上している。彼の『経済学原理』も初版発行の2年後に，ドイツ語訳がこの地で出版されている）もその背景の一つであったと思われる。しかし彼のステュアートに対する姿勢が批判的であったことは，既にこの時期にヘーゲルが別の経済学的立場に立っていたことをうかがわせよう。たとえばルカーチは，ヘーゲルの経済学研究の出発点をステュアート研究に求めているが，ハリスはヘーゲルがすでにベルン時代にアダム・スミスにとりくんでいたと推測している。にもかかわらず，欲求論からポリツァイ論さらには歴史観にいたるまで，ヘーゲルへのステュアートの影響を無視することは不可能である。→ポリツァイ，スミス

【参】Chamley (1963, 1965), Lukács (1967), Harris (1972, 1983), Plant (1980), Waszek (1988)

(生方 卓)

ストア主義 [Stoizismus]

ストア主義とは古代ギリシア哲学の一派であるストア派の学説，その原理をさす。ストア派のひとびとの関心はとりわけ実践の問題に向けられていた。その理想とするところは，自分の力の範囲外にあるもの，本来善でも悪でもないもの（$\alpha\delta\iota\acute{\alpha}\phi o\rho\alpha$）によって心を動かされないこと，言いかえれば情念のない心の状態（$\alpha\pi\acute{\alpha}\theta\epsilon\iota\alpha$）を保つことであった。

ヘーゲルは『精神現象学』においてストア主義を，「無限性（絶対的な区別における自己同一）」を実現した自己意識，つまり「自由な自己意識」[3. 156]の一つの形態として叙述する。それが〈自由〉であるのは，「思惟」をその本質とするからである。ストア主義によれば，自己の外にある事物がたとえば真であり，善であるのは，それ自体が真であり，善であるからではなく，ただそのように思惟されるからである。確かに思惟する意識と真なるもの（あるいは善なるもの）との区別が立てられる。しかしこの区別はただちに廃棄される。区別されたものは真実には自己（思惟）から区別されるものでないことを，思惟する意識がただちに認めるからである。この運動のなかで思惟する意識は「他者のうちにあるのではなく，ただ自己自身のもとにありつづける」。そしてまさにその故に「自由である」[3. 156]。

しかしこの自由は一面的な，あるいは抽象的な自由である。「生き生きとした世界」から「思想の純粋な普遍性」へと退くことによって成立した自由だからである。言いかえれば生命を失った心のあり方――ヘーゲルは $\alpha\pi\acute{\alpha}\theta\epsilon\iota\alpha$ を Leblosigkeit として解釈する――の上に成り立つ自由だからである。この抽象性の故にストア主義は，何が真であり，何が善であるかという問いに対して内容を欠いた一般的なことばをしか語ることができな

い。それらはもちろん「崇高ではある。しかしいかにせん内容の広がりを持つことができないためにすぐに倦怠を買いはじめる」[『精神現象学』3. 159；『哲学史』19. 280 参照]。→自己意識
　　　　　　　　　　　　　　　(藤田正勝)

スピノザ [Baruch de Spinoza 1632.11.24–77.2.21]

オランダの哲学者。主著『エティカ』において、幾何学的論証の方法により体系的に汎神論の思想を展開した。1780年代の「汎神論論争」が引き起こしたスピノザ・ルネサンスの動向のなかでヘーゲルはこの思想に出会い、大きな影響を受けた。この動向に端緒を開いたヤコービの『スピノザの学説に関するモーゼス・メンデルスゾーン氏宛の書簡』をヘーゲルは20歳の時に読み、学友ヘルダーリンたちと徹底的な議論を交わしたとされる。

「スピノザは近代哲学の主眼点である。スピノザ主義者であるか、そうでなければ哲学でないかである」[『哲学史』20. 163f.]という言葉が示すように、ヘーゲルはスピノザ哲学にきわめて高い評価を与えている。高く評価されるのはスピノザの無限実体の思想であり、こうした観点からの評価はとりわけイェーナ初期に顕著に見られる。ヘーゲルによれば、スピノザの体系においては無限実体と有限者との関係が、肯定と否定、全体と部分の関係として捉えられ、無限実体は、否定的存在である有限者を己れの部分として含む絶対肯定的全体として捉えられている[『信と知』2. 345]。こうした把握こそ、真の無限者としての絶対者と、これに対する有限者の関係についての正しい認識を提示するものにほかならない。「制限されたものは、絶対者のうちにおいて、すなわち同一性として措定されているかぎりにおいてのみ、存立する」[『差異論文』2. 27]というのがヘーゲルの基本的な考え方であり、彼はこうした同一性の認識を「思弁」と名づけるが、スピノザの体系に彼が見出したのはまさしくそのような「思弁」の観点であった。「思弁」の観点からすれば、有限的諸存在はそれ自体としての実在性をもたない、「絶対者の（単なる）現象」として捉えられるが、このような把握は、有限的諸存在を——したがって世界を——表象知（imaginatio）の所産として捉え、肯定に対する否定として捉えるスピノザの見地において明確に示されている。「実体性の連関」こそ「思弁の真の連関」にほかならない。[『差異論文』2. 49]。ヘーゲルは、こうしたスピノザ理解の視点から、スピノザの体系を「無宇宙論」として特徴づけている[『エンツュクロペディー（第3版）小論理学』50節；『エンツュクロペディー（第3版）精神哲学』573節；『哲学史』20. 177,191,195]。

しかし、スピノザの無限実体と自らの「絶対者」とを等置し、この点からスピノザ哲学を評価する見解は、ヘーゲルの「絶対者」に関する思想の進展にともない、やがて彼自身によって放棄される。『精神現象学』の序文において明示されるように、絶対者は「実体」として把握されるだけでなく、さらに進んで「精神」として、ないしは「主体」として把握されねばならない、とするのが後のヘーゲルの見地であるが、この見地からすれば、スピノザの無限実体の思想は、もはや絶対者の完全な把握とは見なされない。スピノザの立場は絶対者を実体として捉えるかぎり「あらゆる哲学的思考の本質的な始元」[『哲学史』20. 165]を提示するものであるが、しかしまだそれは始元の段階にとどまっている。「絶対的実体は真なるものであるが、まだ完全に真なるものではない。それは自己内に活動、生動性をもつものとしても考えられねばならず、まさにこのことによって精神として規定されねばならない」[同 20. 166]。絶対者を「精神」ないし「主体」として捉えること、それは、絶対者を「否定の否定」というプロセスを通して成立する肯定として捉えること、

すなわち，単純な無限者が自己自身を否定して有限者となり，さらにこの有限者としての自己を否定して自己自身に復帰するという無限者の「自己自身を措定する運動」として捉えることを意味する。しかしスピノザの無限実体は，そうした否定の契機を含まぬ単純な肯定であるにすぎない。

もっともヘーゲルによれば，実体を「主体」として捉える観点は，スピノザにまったく欠けていたわけではない。ヘーゲルが評価するのは，実体を「自己原因（causa sui）」であるとするスピノザの観点である。「自己原因とは，重要な表現である。〔…〕これはまったく思弁的な概念である。〔…〕もしスピノザが，自己原因のうちに存するものによりいっそう詳細な展開を与えていたら，彼の実体は硬直したものではなくなっていたであろう」『哲学史』20. 168]。しかしスピノザは，「自己原因」という「思弁的な概念」に真に思弁的な展開を与えることができなかった。このことは，彼の用いた方法――幾何学的方法――にも起因している。絶対者を「主体」として提示すること，それは絶対者を自己媒介運動の成果として提示することであるが，このことは「学の最初から直接的・無媒介的に仮定される」ような「定義」という「断言の形式」においてはそもそも果たされないのである［『大論理学』6. 196；『エンツュクロペディー（第3版）小論理学』229節「補遺」]。→シェリング，ヤコービ，思弁，実体と主体，精神

（笹澤　豊）

スフィンクス　⇨エジプト

スミス　[Adam Smith 1723.6.5-90.7.17]

イギリスの道徳哲学者，経済学者アダム・スミスの主作品のうち，『グラスゴー大学講義』（*Lectures on Justice, Police, Revenue and Armies,* 1896）の公刊はヘーゲルの死後であり，また『道徳情操論』（*The Theory of Moral Sentiments,* 1759）にヘーゲルがとりくんだという証拠はなく，そこにおける中心概念である sympathy は，ヘーゲルの精神哲学において何らの役割も果たしていない。ヘーゲルが正面から対決したのは『国富論』（*An Inquiry into the Nature and Causes of the Wealth of Nations,* 1776）のみであり，とりわけそこにおける分業論である。ヘーゲルが『国富論』を読んだ時期についてはフランクフルト時代説，さらにはベルン時代にさかのぼるという説もあるが，その影響を明瞭に読みとれるのはイェーナ時代の草稿とりわけ『イェーナ体系Ｉ，Ⅲ』[ＧＷ 6. 323; 8. 224] である。そこで彼はスミスのピン製造における分業の実例を引用しながら，分業による生産力の発展，人間の普遍的関連の形成を説くのである。同様の叙述は後の法哲学の講義筆記録にも見出される［『法哲学講義（ヴァンネンマン）』101節；『同（ホト）』198節；『同（グリースハイム）』198節]。しかし，分業の発展の帰結としては，スミスにおいては社会の下層にいたるまでの富の浸透が強調されていたのに対し，ヘーゲルにおいては労働の価値の低落，労働者の失業と愚鈍化，さらにはこのような否定的媒介を経ての労働からの解放の可能性に眼がむけられていた。

またコーポレーションの廃止と自由競争の貫徹が見えざる手による調和をもたらすとしたスミスに対し，ヘーゲルによれば自由競争はむしろ独占および絶えざる経済変動と，富と貧困への両極分解をもたらし，その矛盾の解決のためにはコルポラツィオーンの再建が時代の課題であるとされるのである。両者の眼に映った近代市民社会は，明らかにその発展段階を異にしている。→分業，コルポラツィオーン

【参】Lukács (1948a), Waszek (1988), Priddat (1990)

（生方　卓）

ずらかし　[Verstellung]

『精神現象学』の中でヘーゲルが、「道徳的世界観」の自己矛盾を批判する時の言葉。「道徳的世界観」とは、人倫的な世界の実在性を自己自身の内に意識する自己確信的な精神の立場であり、歴史的にはカントの実践哲学の立場を指している。この立場は、一方では自己確信的な能動的意識でありながら、他方では対象的な世界についての意識でもあることから、その両者の関係についていくつも矛盾を持っている。その矛盾の表現が、ヘーゲルによればカントの要請論である。神の現存在の要請には道徳と自然の不一致が、霊魂の不死の要請には理性と感性の対立が、そして同じく神の現存在の要請にはまた、道徳的義務の絶対性と相対性の対立が潜んでいる。つまり、「道徳的世界観とは、無思想な諸矛盾の全巣窟なのである」[3.453]。そこで、この意識は、そこに含まれる契機を総合することなく勝手に「ずらかし」ながら主張することになる。例えば、道徳と現実が一致していないことを行動の動機としながら、最高善を要請する時には両者の一致を認めるのである。→要請, 最高善　　　　　　　　(菊地恵善)

セ

生(命) [Leben]

根源的実在に関するヘーゲルの直観の内容をなすもの。すなわち、個別的なものが機械的に集合して全体を構成するのではなくて、それらの有機的結合によって全体が構成され、またこの全体によって個別的なものは、自己の存立を得るという直観である。有機体がモデルとして考えられるが、その背後には、当時、機械論的自然観を越える有機体的自然観が登場してきたことを見なければならない。しかし、有機体のみならず、そこでの把握が専門分野としての生物学的領域を越えて、精神的世界全体に拡大適用されている。とりわけ初期のフランクフルト時代においては、彼の思想の中心的位置を占めている。体系期においては、この位置を「精神」にとって替わられることとなり、「精神」を根源的実在とする彼の体系の一項目(例えば、自然哲学における有機体)をなすにすぎないとも言いうる。しかし、「精神」を形容する際にも、この語をもってなされることがある。例えば、「絶対的精神の生命」は、「現実的自己になること、自己において自己を反省すること、そして主体であることである」[『精神現象学』3.557]とされる。この点から見ると、先の直観はイェーナ時代以降においても貫かれている。

この直観は、初期のフランクフルト時代に獲得された。有限なものと無限なものとの連関の捉え方として「哲学」における「反省」の立場に対置されるのが「宗教」における「生」の立場である。「反省」は「生あるもの」の多様性を統一と対立との二つの部分において捉える。ここでは統一とは有機組織(Organisation)と呼ばれるものであり、多様なものを有機化することによって、対立を排除する。しかし、「反省」は統一の外に排除された対立を見出さざるをえない。というのは、かかる統一自体が対立するものとして、有限なものにすぎないからである。それ故、「反省」は自己の外の対立を統一しようとする。そして新たな統一はまた対立を見出すが

故に，この過程は次々と進められる。それは，有限なものから無限なものへの上昇（Erhebung）である。このような過程は，有限なものと無限なものとが絶対的な対立にとどまるが故に，悪無限に陥らざるをえない。かかる悪無限は，多様性の根底に「生」の「外化」（Äußerung）としての性格を見出すことによってのみ，すなわち，「有限な生から無限な生への上昇」[『1800年の体系断片』――『初期神学論集』（ノール）347]においてのみ廃棄される。この立場が「宗教」に他ならない。「宗教」において捉えられた「生」は「無限な生」として「精神」と呼ばれる。この「精神」の立場において，「生とは結合と非結合の結合」[同 348]と定式化され，全ての個体の多様性を包括し，あらゆる固定された対立を流動化させ，この対立の根底にあって個体の存立基盤であり続けるところの根源的統一を見出すヘーゲルの立場が示されている。

この立場は，イェーナ時代以降においても，ヘーゲルの哲学の個々の部分をなすのではなくて，その哲学の全体の構造そのものを示す。すなわち，有限なものを越えつつ，これに内在する無限性の立場である。この立場において，個別的なものが全体に呑み込まれてしまうというように解釈されるならば，この解釈は誤っている。生においては，有限な個別的なものと全体としての絶対者との分裂が必然的であり，この分裂を通じてのみ全体が形成されるということが捉えられなければならない。「必然的な分裂は，永遠に対立させつつ自己を形成するところの生の一つの構成要素である。総体性は，最高の生命性において最高の分離からの再興によってのみ可能なのである」[『差異論文』2. 21f.]。ここに対立を克服し，総体性を再生させようとする「哲学の欲求」が生ずる。生とは，この欲求を満足させる哲学を形成しようとするヘーゲルの営みの基盤となっているのである。

総体性を再生させるということは，それが有限なものにとっては，あらかじめ与えられたものではないということを意味する。すなわち，有限なものにとって，固定された自己を流動化させる実践が不可避的なものとなる。有限なものの実践が総体性に向かうものであるか否かが問題になる。ヘーゲルは，それらの実践の結果が「外的な合目的性」であるか，「内的な合目的性」であるかを区別している。前者は「死んだもの」であり，後者は「生きたもの」である[『大論理学』6. 476]。前者においては，或る有限なものにとっては，他者は単なる手段にすぎないのに対して，後者においては，それらは相互に前提し合うことによって，総体性実現に向かう。ここに単なる主観性を越えたそれらの相互主観性が現れていることに注目しなければならない。すなわち，この相互主観性によって「生きた」精神的世界が構成されるところに，ヘーゲルの彼の時代との対決の方向があり，現代にも通ずる点があるのである。→有機体，目的論，精神，欲求・欲望

【参】 Dilthey (1906), Marcuse (1932), Lukács (1948a), Kozu (1988)　　　　　（幸津國生）

セイ　⇨経済学

性（別）　⇨生殖

税　[Steuer, Abgabe, Auflage]

『ドイツ憲法論』において，ヘーゲルは一つの集団が国家であるために必然的なものを，偶然的なものから区別している。それによれば，政体の相違や世襲制と選挙制の違いと並んで，税の徴収方法や税源の求め方も，そればかりか税の存在そのものさえ偶然事に属するものとされていた。他方では課税上の不平等は，富の不平等にその正当化の根拠をもつとされた。しかし近代国家においては，税は国民自身の意識を通して徴収される。諸個人は，国家にたいして己れ自身の務めを果さな

ければならない。そしてこの務めが量的に規定され，平等という正義が実現されるためには，それは普遍的価値の現存である貨幣によって履行されなければならない。これが税であるとされる［『法哲学』299節］。ここでのヘーゲルの関心事は，公平のためには税は物品や労役といった特殊的なもので課せられてはならないということである。しかしより本質的には，貨幣による納税が主張されるのは，近代の主観的自由の権利が貫徹されるための条件としてなのである。それによって諸個人は，恣意的な活動を通して国家に貢献することができるからである。

具体的な課税方法としてヘーゲルが考えているのは，地租と間接的消費税であり，資本と労働に対する所得税には否定的であった［『人倫の体系』PhB 85f.；『法哲学講義（グリースハイム）』703］。この点では，彼はアダム・スミスとほぼ同じ立場に立っていると考えられる。また彼はイギリスの救貧税に早くから注目していたが，結局はその効果を認めるにいたらず［『法哲学』245節］，教会の十分の一税は，イギリスに今なお残る封建時代の遺物と決めつけられた［『イギリス選挙法改正法案について』11. 94ff.］。最後に，ヘーゲルは私的所有の承認を法哲学の根底に据えるのであるが，国家が要求せざるをえない課税は早くから所有権の止揚［『ドイツ憲法論』1. 538；『人倫の体系』PhB 85］としてとらえられている。
→国家，平等，所有

【参】Priddat (1990)　　　　　　　　(生方 卓)

性格 ［Charakter］

人間を個人としてとらえたとき，その個人の情念や情熱のありかたを核にした全体像をヘーゲルは性格と呼ぶ。「具体的な活動における情熱（パトス）が人間の性格である」［『美学』13. 306］。ヘーゲルの哲学体系からすれば，『精神哲学』の「第1部，主観的精神」で論じられるのがもっともふさわしく思える

が，実際にはそこではほとんど言及されず，むしろ『美学』において，文学の登場人物の芸術性をあきらかにするために，性格にかんして詳しい論述がなされる。

その『美学』で，ホメロスやシェイクスピアの登場人物たちのことを念頭に置きつつ，ヘーゲルは性格に三つの側面があると言う。(1)一個人はさまざまな性格的特徴をあわせもつ統一体であること。(2)性格はそれぞれの個性を反映して特定のかたちをとること。(3)自立した個人を特徴づける性格は，持続的なものであること［『美学』13. 306-7］。情熱（パトス）が個人のなかに，複合的に個性的に持続的に生かされたものが性格にほかならないとすれば，その性格に基づいて，あるいは，その性格につきうごかされて，個人はさまざまな状況と人間関係のなかでおのれにふさわしい行動へとむかう。そして，その行動のぶつかりあいが，文学においても実社会においても，一つの具体的な世界を形成する。逆に言えば，個々人の行動の場面でこそ，その人の性格はもっともよく表出されるのである。

そのように，行動や外界ときわめて具体的なかかわりをもつ性格が，近代芸術や近代社会にあっては，しだいに行動や外界から切りはなされて，もっぱら個人の内面に位置づけられる傾向にある。それは，主観性の深化が必然的に生みだした事態だが，芸術に限って言えば，それは，性格のあいまいさや弱さ，行動の恣意性や偶然性をもたらすという否定的側面をもつものであった。　　(長谷川宏)

生起 ［Geschehen］

生起とは，『精神現象学』の意識経験の運動を説明する言葉である。むろん，『精神現象学』では，たんなるできごとという意味で用いられている場合もあるが，術語としては意識にとって現象であるがゆえに，その必然性が見通されることなく生じてくることを意味している。

たとえば、無限性は、同名のものの自己反発として悟性的意識に生じてくるが、これはあくまでもどうして生じてくるかは自覚されていない。その点については「経験されるがままの運動は悟性にとっては生起である」[『精神現象学』3. 134] といわれている。また、たとえば、感性的確信から、新しい対象として数多の性質から成る物が登場するが、これとても、なぜ登場してくるかは、知覚にはわからないままなのである。このようにして、まさにヘーゲルのいう経験は、通常の経験と同じように、経験対象を見出す際の偶然性を伴っているのである。→経験　　（山口誠一）

正義　[Gerechtigkeit]

一般には、事柄の必然的な展開にかなっていること。特殊への普遍の優位を維持し、特殊が普遍を脅かす場合にはそれを元通りに戻し、正しい秩序を回復すること。より特殊な意味では、人間の行動や社会制度の正‐不正を区別する原理。ヘーゲルにおいて正義が特殊な意味で用いられる場合には、もっぱら市民社会における所有と交換に関する原理として、法（Recht）の侵害すなわち不法に対する法の回復を意味する。市民間の権利の衝突を調整する民事的正義。さらに詐欺や犯罪という法そのものの侵害に対する刑罰としての刑事的正義。この場合、法の回復は「主観的な利害関心」や「権力の偶然性」から解放され、「復讐的な正義」ではなく「刑罰的な正義」に基づいていることが要求される[『法哲学』103節]。

これらは法律（実定法）の適正かつ確実な遵守と適用を求める形式的な正義を意味するが、『法哲学』には交換というよりも配分に関わる実質的な正義の要求が見出される。「たしかに正義は市民社会における一つの偉大なものである。善い法律は国家を栄えさすであろうし、自由な所有は国家の栄光の根本条件である。しかし私が〔市民社会の中で〕特殊性に巻き込まれている以上は、私は、この連関の中で私の特殊的な福祉もやはり促進されることを要求する権利をもつ」『法哲学』229節「補遺」。司法活動による所有と人格の安全の保障を越えて、さらに「個々人の生計と福祉の保障」[同230節]を権利として実現すること、市民社会が自由な所有と交換の結果としてもたらす貧困の問題に対応すること、これはポリツァイに課される使命である。ポリツァイについての記述には、市場の正義かそれとも福祉の正義かといった、正義概念をめぐる今日の議論と突き合わせてみても興味深い問題が含まれている。→法、不法

【参】 Rawls (1971)　　（斎藤純一）

生業　⇨職業・身分

聖金曜日　[Karfreitag]

聖金曜日は「悲嘆」という意味の古高ドイツ語 chara に「金曜日」をつけた言葉で、キリスト受難の日を指すが、ヘーゲルはそれに「思弁的」な意味を認めた。というのは、神のイエスにおける受肉、さらにイエスの受難と死の運命を介してはじめて神と人間との合一、真の自由が生じうる、あるいは一般に絶対者は分裂とその否定の「苦悩」を介してのみ現れると考えられるからである。したがって「聖金曜日」によって象徴される「神の死」や「苦悩」は、絶対者の認識にとって必然的な契機を意味する。「純粋概念あるいは無限性は……無限な苦悩を……純粋に契機として示さねばならない。この苦悩は……近代の宗教が基づいている感情としてあったが、その感情とは『神自身が死んだ』というものである。……それは哲学に絶対的自由の理念とともに絶対的な受苦を、あるいは思弁的な聖金曜日（それはかつて歴史的に存在した）を与え、そして聖金曜日そのものを全く真なるがままに、神を喪失したという過酷さのなかで、再興しなければならない」[『信と知』

2. 432]。　　　　　　　　　　　　（久保陽一）

制限　⇨限界

生産　⇨労働

聖餐式　[（ラ）communio,（独）Abendmahl]

キリスト教会の聖礼典の一つ。キリストが最後の晩餐のときに，弟子たちに自分を想い出すために，このような晩餐を継続して行うように命じたことに由来する［マタイ伝26：26-29, コリント第一10：16-17］。それは聖別されたパンと葡萄酒にあずかることからなるが，パンはキリストの体を，葡萄酒は彼の流された血を意味するゆえに，それを飲み食いすることは，キリストと血肉を同じうすること，聖体拝領を意味する。ヘーゲルは，聖餐式の意味を「不変者が自分で自分の形態を犠牲として差し出し，意識の享受に委ねること」［『精神現象学』3. 175］と解した。『宗教哲学』では，この秘蹟を「キリストの生涯と受難と復活の永遠の反復」［17. 327］の儀式とし，その意味を「主観と絶対的客観との統一が個人の直接的享受に供されること」［同上］と受取り，キリスト教の教義の中心点をなすものであるゆえに，各教派の分岐点であるとした。⇨祭祀（儀礼），享受　　　　　　（武田趙二郎）

性質　[Beschaffenheit, Eigenschaft]

いずれのドイツ語も，ラテン語の qualitas（質）を意味するものとして，16, 17世紀に作られた。一般には，Beschaffenheit が事物の非本質的な性質を表すのにたいして，Eigenschaft は本質的な性質を表すのにもちいられる。そこで，前者は〈性状〉，後者は〈特性〉とも訳される。たとえば，丸いという性質は，ボールの特性であるが，テーブルにとっては性状である，というように。この常識的な区別はヘーゲルにおいても保持されているが，彼は特に，事物とその性質との関係を，存在論理・本質論理・概念論理の三論理に分けて考えている。存在論理において〈或るもの〉（Etwas）の性質とされるのが性状である。「或るものが他のものにたいしていかにあるか，他のものといかに結びついているか，これが或るものの性状である」［『ニュルンベルク著作集』4. 167］。このように，性状は他のものと比較された或るものの性質であるが，それが或るもの自体の規定とされるとき，〔或るものの〕限界とよばれる。一方，特性は本質論理において〈物〉（Ding）との関係によって考えられている。「物は特性をもつ」［『大論理学』6. 133］といわれるとき，特性とは，性状のように物に直接に依存するのではなく，それ自身で存在する自己同一的なものとされる。特性は「物の個別性から解放され，対自的に存在する」［『ニュルンベルク著作集』4. 76］のであり，赤いや臭いは赤色素・臭素のような元素の性質とみなされる。したがって，自立的であるのは物ではなく特性の方であって，物は特性を受けいれる無規定的な基体，物自体にすぎず，複数の特性の合成体にすぎない。また，ヘーゲルは薬草を例にとって，特性が他者のうちでも自立的でありつづけることを説明している。薬草の特性〔効能〕は，ただそれがその薬草にとって特徴的だというだけでなく，人体のうちで自己を保存しつつその効果を発揮する点にある，という［『大論理学』5. 122］。しかし，これら性状と特性という二つの性質は，「私は考える」における〈私〉と〈思惟〉との関係に見られるような規定根拠とその展開の関係にはいたっていない。この最後の関係は概念論理における事物と性質との関係である。

（海老澤善一）

青春　[Jüngling]

青春の特徴は理想主義的反抗である。「青春とは，対立が発達し，理想，想像，当為，希望というような，それ自体としてはまだ主観的な普遍性が，直接的な個別性，理想に一

致しない現存世界と緊張する段階である」[『エンツュクロペディー（第3版）精神哲学』396節]。青春は，自然的な一体（子ども）から分裂し，再統一（大人）にいたる中間段階である。「大人は現実の理性のなかに沈み込み，世界のために役立つ働きを示している。この目標に若者は必ず到達する。若者の直接の目的は，自分の理想を実現できるように自分を形成する（bilden）ことである。この実現の試みのなかで若者は大人になる」[同「補遺」10. 83]。その移行の時期にヒポコンドリーになるものもある。若者は大人になる最後の段階で「他人のために働く」ことと「自分の生計を立てる」ことが一致することを身につける[同「補遺」10. 85]。これで「他者のもとで，自己自身を保つ」という理性的態度ができる。→精神障害，理性　　　　　　　　（加藤尚武）

聖書　[Bibel]

青年時代のヘーゲルは，イエスの中に一人の道徳的に卓越した生身の人間しかみなかったことがある。生前に公けにされることのなかった『イエスの生涯』(1795)は，福音書にもとづきながら，しかも現代の教養が受け容れることができるようなかたちでイエスを描きだそうとしたのであるが，そこでは聖書の中の全ての奇蹟物語が無視されていた。彼は聖書を字句通りに受けとる超自然的解釈にも，悟性の基準に合うように奇蹟に解釈をほどこす合理的解釈にも，また史実的イエスの再構成にも向かわず，後にヘーゲル学徒の一人であるシュトラウスがしたように聖書は神話でしかないという判決も敢えて下さず，むしろ崇高な道徳人イエスについての新しい神話を「創作」しようと試みたようである。この時期に主として利用されたのは共観福音書であるが，イエスにおける愛による運命との和解が主題となるフランクフルト期において重要な位置を占めるのは『ヨハネ福音書』である。後になってヘーゲルは，キリストの神人性を承認するようになり，神の本性と人間の本性との一致（両者がともに精神であること）を認識するに至るが，青年時代における と同様に，「心胸と悟性との躓きのもとになる外面的な物語」[『歴史哲学』12. 498]を批判することにも，キリストの生涯や奇蹟の史実性を穿鑿することにも，重要な意義を認めることはなかった。奇蹟がキリスト教の真理性の標識になりえないのは，イエス自身の証言によって明らかなのだった[『宗教哲学』17. 197]。彼の関心事は，聖書の中の真なるものを認識すること，宗教に対する「精神の最後の要求」つまり「人間が精神の思弁的概念をその表象の中に表わすということ」を聖書の中に見出すことである。そして聖書のうちに見出すべき「キリスト教の原理」は，一言で尽せば「精神の無限性」であるとされる[『歴史哲学』12. 394]。この原理を認識する仕事を引き受けるのは思惟または精神である。「精神は精神にのみ啓示される」[『宗教哲学』16. 211]からである。最高の思惟は神学ではなくて哲学とされる[17. 201]が，思惟による解釈は「時代」と「教養」によって異なり，全ての人に哲学を要求することは哲学の独善であるという[同17. 197f.]。→イエス，キリスト教，宗教改革　　　　　　　　（生方　卓）

性状　⇨性質

生殖　[Zeugung]

有機体において個体は死滅するが，子という新たな個体を産み出すことによって〈類〉の保持，再生産が行われる。生殖とは，このような〈類〉の再生産過程であり，生命の本源的な過程である。「存在するものとしてではなく，このように自らを再生産するものとしてのみ存在し，自らを保持するのが生命的なものである」[『エンツュクロペディー（第3版）自然哲学』352節]。それは同時に個体が〈類〉へと高まる跳躍点でもあるが，その基

礎は個体そのものの内にある。

(1) 有機的個体内における再生産は個体の感受性と興奮性との基底であり, 栄養摂取・消化, 呼吸, 排泄など外的な諸元素を自らに同化し, さらに外的自然に対して自らを客観化するという欲求充足の過程である。このような過程を通じて個体はつねに己れを維持し再生産する。

(2) 「性別」(Geschlechtsdifferenz)は〈類〉の再生産を担うものであるが,〈類〉の特殊化されたものとして規定され, 主体と, 同じ〈類〉に属する他の主体との関係を意味する[『同・小論理学』220節]。植物の性関係は個体内部の消化過程から未分化である。本来の性関係は動物的有機体の中に現れており, その形態上の性別の内には〈類〉としての同一性もまた示されている。「男性器および女性器の根底には, 同じ原型がある」[『イェーナ体系Ⅲ』GW 8. 172]。たとえば睾丸には卵巣が, 子宮には前立腺が対応する。しかし性別における個体はなお個別的なものとして, これに内在する〈類〉に適合しておらず,〈類〉の普遍性と個体の個別性との矛盾を抱えているから,「欠陥の感情」[『エンツュクロペディー(第3版)自然哲学』369節]を抱えざるをえず,〈類〉としての己れを他の個体の内に求めようとする。

(3) 己れに内在する〈類〉との不適合性は一方で個体にとって否定的に, 病気や死の脅威として現れる。他方で内在的な〈類〉は, 同じ〈類〉に属する他者と合一することによって〈類〉を実存させようとする〈類〉の衝動になって, 諸個体を「性交」(類化 Begattung)へと駆り立てる。両性の合一である受胎は「両性の消失」であり, 子という「単純な類」の生成である[同節「補遺」]。諸個体の自立性が否定され類の統一が肯定されるこの感覚が「愛」[同370節「補遺」]であって, このような愛観の原型は初期断片の内にも見られる[『愛』1. 246]。だが子自身はその親と同じく直接的個別態であるから死を免れず, 動物の繁殖過程は悪無限的な反復による〈類〉の再生産となる。「類は個体の没落によってのみ己れを保持する」[『エンツュクロペディー(第3版)自然哲学』370節]。しかし人間の生殖は自然的生命の最高の完成として,〈類〉の自立態である「精神」を準備する。「性交において生命的個体性の直接態は死滅するが, この生命の死は精神の出現である」[『大論理学』6. 486]。こうして性関係は「家族」の内でその精神的・人倫的な意義と規定を獲得し,「愛と信頼の心術による合一」[『エンツュクロペディー(第3版)精神哲学』518節]に高まるのである。→類, 生(命), 死, 家族

(北澤恒人)

精神 [Geist]

Ⅰ 体系期における精神概念　ヘーゲル哲学の中心概念。精神が自己に還帰したとされる狭義の精神のみならず, 論理—自然—精神の体系全体を貫く根源的実在。それは, 我々人間と無縁の神秘的なものではない。世界のうちに自己を現すとされるのだから, 我々人間の生み出すものと内容的には合致する。それは, 個人的なものではなくて, 共同的なものである。これを人類の経験の蓄積と理解することもできよう。この概念は一般に, 個々のものを越えてこれらをつなぐものとして, 元来のギリシア語 $\pi\nu\varepsilon\tilde{u}\mu\alpha$ (プネウマ)の意味である「気息」の転化したものであるが, ヘーゲルの精神概念はこの事情をよく表していると言いうる。

(1) 精神の本質　精神の本質は,「他在において自己自身のもとにある」[『哲学史』18. 41]こと, すなわち「自由, 自己との同一性としての概念の絶対的否定性」[『エンツュクロペディー(第3版)精神哲学』382節]と規定される。これは, そこにおいては概念が「自己の完全に外的な客観性」[同381節]を持つとされる自然との対比における規定である。

したがって、自然との関係の在り方が精神の本質規定にとって問題となる。「精神一般の規定性には、さしあたり自然の規定性が対立している。それ故、前者はただ後者と同時にのみ捉えられる」[同381節「補遺」10. 18]。しかし、それは単に自然に対立しているのではない。それは、「観念性、理念の他在を止揚すること、理念が自己の他者から自己へと還帰すること、および還帰していること」[同上]として表示され、「理念の他在」としての自然を止揚する運動である。したがって精神が自然によって媒介されているというのは、仮象にすぎず、精神は自己がそれによって媒介されているように見えるものを止揚してしまい、自己によって存立するものに貶めてしまう。だから、「自然から精神への移行も、或るものの他のものへの移行ではなくて、自然において自己の外に在る精神が自己自身へと還帰することにすぎない」[同上 10. 25]。したがって、精神は自然と区別されるところのより高次の段階であるばかりでなく、これらを含む絶対者そのものとして捉えられている。すなわち、精神は、最高の段階として体系の一部分であるばかりではなく、この体系全体を貫く根源的実在なのである。

(2) 精神の歴史性　自然からの精神の解放は歴史を構成する。すなわち、精神は歴史において自己を現す。「世界史は、いかに精神がそれ自体であるところのものの知をそれが自ら獲得するかという叙述である」[『歴史哲学』12. 31]。ここに精神は、自己のもとに達する運動として、諸国民精神を契機とする世界精神となる。それは、自己の概念を実在化させるという目的論的な過程において現れる。この過程は、歴史を閉じさせるものだと批判されるかもしれない。しかし、歴史において、すべての人間が自由の意識を獲得し、歴史の過程を自己自身の外化とその取り戻しとして捉えるということは、何ら神秘的なことではない。このことは、すべての人間が歴史の主体として登場することを意味する。自己が生みだしつつあるものを意識にもたらしうるということは、歴史形成の意識が深まっていくことと理解される。歴史、あるいは世界史の考察は、精神の実在化の認識を目指すかぎりにおいて、「神義論」[同 12. 28]であるとされる。

(3) 絶対者・神としての精神　「絶対者は精神である」というのが「絶対者の最高の定義」[『エンツュクロペディー (第3版) 精神哲学』384節]であるとされるように、精神はヘーゲルにおける絶対者を表す。それは、キリスト教の神を表すものである。「神は精神である」[『宗教哲学』16. 38]。父なる神は、自然を創造し、彼の他我なる子を生み出し、この他者のうちに無限の愛をもって自己自身を直観し、自己との統一に還帰する。この統一が、父と子とから出て、教団において完全な現実性と真理とに達する聖霊 (Heiliger Geist) である[『エンツュクロペディー (第3版) 精神哲学』381節「補遺」10. 23]。この三位一体の規定においてヘーゲルによるキリスト教理解が現れている。ヘーゲルの神学的表象は、精神という術語を介して、その哲学全体に及ぶ。キリスト教においては表象として与えられたものを概念において捉えるのが哲学の課題であるとされる。

Ⅱ　精神概念の発展史　この概念の成立を捉えることは、彼の哲学の固有の立場を捉えることである。そのためには、とりわけイェーナ時代において生じたスピノザ主義的立場から主観性理論への移行を明らかにすることが重要である。

(1) 初期　この時期においては、精神概念は体系期におけるような彼の哲学の中核をなす概念としての特別の意味を持っていなかった。この概念は、ベルン時代までは啓蒙主義的歴史研究においてはモンテスキューやヘルダー的な用法に従って用いられた。これに対して彼の哲学の中核をなす概念としての意

味を持っていたのは、とりわけフランクフルト時代において根源的実在としての「生」であった。「無限な生を抽象的な数多性とは反対に人は精神と呼ぶことができる。というのは、精神はそれの形態としての多様なものとは反対に多様なものの生きた合一だからである」『1800年体系断片』——『初期神学論集』（ノール）347］とされるとき、人間の宗教への高揚をめぐって当時の中心的な術語である「生」にいわば神学的な説明を与えたとも言いうるのであり、精神概念それ自身が主役を果たしているわけではない。しかしそこでも既に、精神が多様なものの合一であるという規定のうちに、共同的なものとしての精神の本質が示されている。

(2) イェーナ時代前期　『差異論文』において「哲学の欲求」の主体として、「引き裂かれた調和を哲学のうちにみずからの手によって作り出し、自己活動的に形づくったところの」［2. 20］精神が捉えられる。しかし、ここではまだ術語化しているとは言えない。というのは、「人間の生からの結合の力が消えたとき」［2. 22］「哲学の欲求」が生まれるとされるように、これはなお「生」としても言われうるからである。

自然と精神とを並行するものと捉える『超越論的観念論の体系』のシェリングの立場から受容した『差異論文』における自己の立場に対して、1801/02年冬学期の講義において既に方向としてはヘーゲルはこの立場を離れ始めている。そして『自然法論文』においては、この並行論を止め自然に対する精神の優位を主張するようになる。この主張において彼の主観性理論への方向が成立している。だが『差異論文』における、「同一性と非同一性との同一性」［2. 96］と定式化される絶対者が非同一性の契機である意識にとって構成されなければならないという立場には、シェリングの同一哲学に対する批判が隠されていた。スピノザ主義的立場に立つかぎり、精神

を自己の立場の表現とする必然性はない。「生」のままでもよかったかも知れない。かつて「生」と呼ばれたものの構造が精神と呼ばれるようになるのは、自然との対比において人間の自己意識の構造が捉えられることによってである。だが、そのように自己意識が捉えられたのは、「主観性の反省哲学」［『信と知』2. 287］への批判を通じてである。同一哲学の立場からなされたこの批判、とりわけフィヒテ批判はかえって、同一哲学の制限を自覚させることになった。主観－客観の対立そのものが両者の絶対的同一のうちに見出されるのである。対立のうちにありながら、同一性を生み出す自己意識の働きがいわば換骨奪胎されて取り入れられるのである。自我＝自我という命題において捉えられるフィヒテ的自我においては、その外側に非‐我を前提せざるをえないがゆえに、同一性は主観と客観との二元論を越えた「主観‐客観」［『差異論文』2. 100］、すなわち主観的かつ客観的同一性ではなくて、「主観的同一性」［『信と知』2. 296］にとどまるとされる。しかしながら、主観的かつ客観的同一性が非同一性を含むものとして捉えられるならば、この非同一性とは先の自己意識の運動に他ならないであろう。自己意識の運動が非‐我たる対象との同一性を確立する運動であるならば、それは絶対者の運動を示すものであるはずである。このような運動を生みだすものは非‐我の側にはありえないのだから、自我の運動が主観的かつ客観的同一性を生みだすものとして捉えられる。あるいは少なくともこの同一性は自己意識と同じ構造を持ったものとして捉えられる。ここに絶対者を意識にとって構成するという課題が新たな形で立てられる。この課題を果たすものがイェーナ時代後期の『精神現象学』である。

(3) イェーナ時代後期　この著作において問題となるのは、精神がいかにして成立するのかということである。この成立の場面は、

近代哲学の主観－客観という問題構成を示す意識である。精神は意識によって媒介されないかぎり、実体にとどまる。意識は実体を対象とする。意識の対象になる実体とは「実体の自己の対象」[『精神現像学』3. 38] あるいは、実体の他在である。これが意識の「経験」のうちにある。実体は実体自体の他在として、意識の経験のうちに現れる。とすれば、意識の諸形態とは、実体の他在化の諸形態と言いうる。つまり、意識とその運動とは実体の他在である。実体の自己外化と自己還帰、すなわち「実体が自らに自己意識を与え、自己の生成と、自己への反省（還帰）をもたらす」[同 3. 33] ということは、実体にすぎないものが、自己を外化することによって意識となり、そしてそこから自己に還帰して精神になることを意味する。そこでは意識は精神としての意識になる。かくて「意識の経験」は精神にとって不可欠なのである。このようにして精神の側からも意識が位置づけられる。ここに実体＝主観（体）とする主観性理論が確立している。

精神は自己意識においてその概念を見出す。自己意識は他の自己意識に対してあるとき、現実に存在する。これらの自己意識は相互に対象であることを通じて自己の他在において自己自身との統一を得る。これは精神の本質であるところの自由の規定に他ならない。精神とはこれらの自己意識の統一、すなわち「我々なる我、我なる我々」[同 3. 145] と捉えられる。これは、主観－客観という問題構成からの転換を示している。すなわち、この問題構成において自我の立場が自然を対象として人間－自然関係における学的認識の根拠をなすとされるのに対して、ここではこの自我がいかにして学的普遍性を主張しうるのかが問題にされる。というのは、デカルトにおいてみられるように最初は個体的自我の認識能力の吟味である筈の方法的懐疑が結果においては普遍的性格をもつものとみなされており、個体的自我と学的認識との結合の根拠は示されないのに対して、「意識の共同」[同 3. 65] としての精神の立場が主張されるのだからである。すなわち、この立場において個体的自我は普遍性を獲得しうるのであって、カント的自我も、ヘーゲル的に見ればまだ自己意識ではなく、対象意識の段階にある。自己意識の段階に至って初めて、意識が前提していた精神という基盤が意識自身にとって他の自己意識との関係として現れてくる。この精神は、単に対象意識から自己意識を経て理性に至る「意識の諸形態」において現象するばかりではなく、世界そのものに内在化するようになる。すなわち「世界の諸形態」あるいは歴史的に継起する共同的精神として現実化される。前者から後者への移行は「精神的実在性」を基盤にして行われる。行為的理性において個体性が即かつ対自的に存在することが「精神的実在性」とされる。これは、行為において個体性が自己を客観化し、「事そのもの」すなわち世界そのものとなるという確信であるが、これはなお「意識の形態」にとどまる。これが真理となるのは、「事そのもの」のもとで述語とされた事態が「良心」においてそれ自身主語あるいは主体として登場し、「世界の形態」となることによってである。そこでは、あらゆるものが精神的なものとして捉えられ、「精神的実在性」において意識の自己性と世界性とが浸透しあうのである。そして、精神は両形態の統一としての宗教を経て、絶対知において自己に還帰する。かくて意識という自己の現象によって先行されつつ、この現象の根拠となるのは精神である。しかし、『精神現象学』を前提として精神そのものの学が展開されうる。『精神現象学』に対して『論理学』が「精神の本来の学」[『精神現象学』3. 81] と解釈されるのはこの意味においてである。『精神現象学』の位置づけについては議論があるが、それはさておき、ここに成立するのが精神の学としての

「学の体系」である。

Ⅲ 体系における精神哲学の位置　体系構想はなお発展するが、最終的にはエンツュクロペディーの第三部門として精神哲学が位置づけられる。そこでは精神が理念の他在から自己へと還帰するとされる。それは、さらに主観的精神—客観的精神—絶対的精神の三部から成る。主観的精神は、心—意識—精神あるいは人間学—精神現象学—心理学に分かたれる。自然のうちにある心の状態から、意識において外界を対象にする段階を経て、人間の主観的能力の展開としての理論的精神および実践的精神が捉えられ、客観的精神のいわば主観的前提がどのように自然の中から生成してくるのかが述べられる。主観的精神は、往々にして個人的精神と理解されがちだが、人間学において人種論などを含んでいて当時の民族学的知見が盛り込まれていることに見られるように、個人的な次元にはとどまらないものである。→客観的精神, 絶対(的)精神, 精神(の)現象学

【参】Lukács (1948a), Fulda (1965), Fetscher (1970), Pöggeler (1973a), Düsing (1976), Peperzak (1987)　　　　　　　　　　（幸津國生）

精神(の)現象学　[Phänomenologie des Geistes]
生前に『精神(の)現象学』という題名の著作をヘーゲルは一冊も書いていない。(1)1807年に出版された『学の体系』をヘーゲルの改訂2版（結局生前には未刊）出版への遺志を継承した編集者 J. シュルツが最初の全集で『精神現象学』と題名を付け今日に至っている。従来の翻訳等はこの版を踏襲してきたが1980年のアカデミー版や1988年の哲学文庫版は初版中心の編集方針となってきた。1960年代からフィロロギー面での基礎研究が進展し解釈の実質内容にも影響を与えている。(2)1807年の『学の体系』は「第1部、精神現象学」のみで、第2部「論理学‐自然哲学‐精神哲学」は結局後に『エンツュクロペディー』として出版され1, 2という区分は1831年に廃棄された。この後者の精神哲学の一部等が精神現象学という題名を持っていることやヘーゲル自身の自己言及から前者（我が国での俗称『大現象学』）は後者（『小現象学』）に矮小化され押しつぶされたという解釈を取る研究者は多い。外見的には小現象学は約90分の1の量で精神の章以下が欠如している。フルダ [H. F. Fulda 1965] の整理を利用して言えば、精神現象学はまず、Ⅰ「体系の部分」だという解釈者があり、その中で①体系の第一部とする解釈者 [Fichte, Gabler, Erdmann, Rosenkranz, Baillie] と体系の第一部でなく主観的精神の部分 [K. Ph. Fischer], 哲学史の結論部分 [Michlet], 理念における反省の推理 [Lasson, van der Meulen],「もう一つの体系」[上妻, 原崎], 精神とは何かの探究 [山口] とする解釈者、②数を打てない体系分肢とする者 [Croce, Glockner] がおり、次にⅡ「体系部分」ではなく学への「導入 Einleitung」とする解釈者があり、その中で「体系への予備学」[Haering, 加藤1990],「体系への生成的前段階」[Fichte, Weisse],「体系の特定贈与分 Voraus」[1831年の Hegel, 星1981],「学への予備学」[星1981] に分かれる。さらに、Ⅲ「体系序論にして体系総論」[金子1962, 1971] と双方を含ませる解釈もある。Ⅳ 晩年のヘーゲル思想とは一致していないとして体系枠から理解することを禁じる解釈 [加藤1983] もある。(3)成立史の事情（「二重題名問題」, 二重の目次）等から『精神現象学』の体系的統一性を否定する解釈が多数派である。([Pöggeler 1961],「永遠に未完の書である。」[加藤1983]) 体系的統一性を主張する論者もいる [Fulda 1966, Bubner, 星1981]。(4)現象学という語はランペルトによって初めて使用された [星1987]。1764年の著書で彼は"真理を探究する手段の研究の結論部を形成する仮象の学"の意味で使用し、カントは主著『純粋理性批判』を"感性的知識

の原則の妥当性と限界を境界づけ，形而上学に先行しそれを準備する否定的学"＝一般現象学 phaenomenologia generalis のもとで構想し，一般現象学＋形而上学を理論的部門とした。ヘーゲルにあっても現象学は形而上学に先行し準備する否定的学であり，現象学は偽なるものに関わり，学の仮象［『精神現象学』3.71］に向かうことにより学を仮象から解放し，現象知の非本来性を暴き自然的意識を徹底的絶望に陥れそこから真なる知へと導くものである。精神の現象は意識であり，意識は精神に到る前段階として非本来的在り方をしている。意識のそのような「意識の立場」を意識の各段階（意識，自己意識，観察的理性，行為的理性，人倫精神，教養，道徳，宗教）で批判してやり，ヘーゲル本来の精神の高みつまり絶対知（＝概念把握的思考）の必然性を証すのが現象学の本来の役割である。『精神現象学』に含まれる感性的知の普遍性の指摘や主奴の逆転，科学の正体が頭蓋骨論であることの指摘と道徳の不道徳性の暴露，自己知の破綻を示す良心論等鋭い分析は人を本来の哲学的思索へと誘って止まない。フルダはヘーゲルにはアリストテレスやカントの注釈書のようなものが無いと嘆いたが，わが国には金子武蔵による詳細な註のついた訳が存在する。→精神，意識，意識の経験の学

【参】 Haering (1929/38), Hyppolite (1946), Pöggeler (1961, 1966, 1989), 金子武蔵 (1962, 1971, 1991), Fulda (1965, 1966), Bubner (1969), Marx, W. (1971), Bonsiepen (1979, 1988), 加藤尚武 (1980a, 1983b, 1990b), 星敏雄 (1981, 1984, 1987), 上妻精 (1983), 藤田正勝 (1983b), 原崎道彦 (1987), 山口誠一 (1989)

(星　敏雄)

精神錯乱　[Verrücktheit]

精神錯乱は，心（Seele）の発展過程における必然的な一段階，形式とされる。すなわち心は，自然的心（natürliche Seele）から感ずる心（fühlende Seele）を経て，現実的心（wirkliche Seele）へと展開するが，その過程は心が自らの持つ自然的直接性，実体性を解き放ち，自我が意識的に自己を支配していく過程である。精神錯乱は，第二の感ずる心の段階において現れるのであるが，それは自由な自己意識の全体性と，その中で支配され流動化されない自然性，肉体性の原理との矛盾の現れである。理性的精神が自然的衝動や地下的威力に対する支配力を喪失するところに精神錯乱の現象が現れるのである。ヘーゲルはその三つの主要な形式を次のように分類している［『エンツュクロペディー』（第3版）精神哲学』408節「補遺」10.172］。(1)精神が閉鎖され，自己内に沈潜している状態。——白痴，放心，たわごと。(2)自己をある主観的表象と固定的に結びつけ，それを客観的なものとする状態。たとえば，「私は王である」とか「自分は犬である」とする錯乱。これは人間は王になりうる，という無規定的一般的可能性のみを根拠にしているが，この抽象のレベルで考えうるのは人間のみであるという点では，「人間は愚行，狂気の特権をもつ」［同10.168］。(3)客観性にたいし，自己の単に主観的表象を現実化しようとする狂気，凶行。それは暴力的な現実の転倒，殺人欲にまでいたる場合がある。(2)では自己の表象と客観性との矛盾は気づかれていないが，(3)ではそれを明確に意識しつつ現実を否定しようとする。『精神現象学』の「心の法則と自負の狂気」において自己意識が陥る狂気も，この段階における狂気性をラディカルな形態において捉えたものと考えられる。[3.275-283] →霊魂，狂気，精神障害

(米永政彦)

精神障害

ヘーゲルの邦訳文献では Verrücktheit は「精神錯乱」と訳されることが多く，「狂い」「意識の狂い」「狂乱」の訳語もあるが，ここでは「精神障害」の対応語を Verrücktheit

としておく。『ニュルンベルク著作集』[4. 49]では、「精神障害は一般的にいえば、覚醒時において空想の諸表象が直観や悟性的諸表象よりも優勢であること」と定義される。『エンツュクロペディー（第3版）精神哲学』によれば、精神障害は「精神自身の中における精神の錯乱（Zerrüttung）および不幸」[408節]であり、「有機体の分解」[401節「補遺」]である。しかもそれは、「心理的なものの一つの病気」[同408節]、「本質的に、精神的でありかつ肉体的であるような一つの病気」[同節「補遺」]である。

精神障害の起こる原因として、ヘーゲルは、『ニュルンベルク著作集』[4. 49]においては（α）身体的原因と、（β）精神的原因を取り上げるが、さらに詳細に『エンツュクロペディー』でそのことを述べている[401節「補遺」、408節とその「補遺」]。結論的には、精神が障害を起こすのは、思惟する悟性的で健全なる人間主体が、——身体的精神的な諸原因のために、個人の特殊な諸感情や空想との間に分裂や矛盾をきたしてしまうからである。一個人が二つの主体に引き裂かれて「内面の分裂」を生じ、精神の自由を確保しえていない状態が、精神障害である。それは、「人の心の発展において必然的に現れる一つの形式または段階」[同408節「補遺」]とされ、さまざまな種類の精神障害がある[同上]。

ヘーゲルが問題にしている精神障害として、二つだけを取り上げよう。一つは、夢遊病（Somnambulismus）である。これは、目ざめていながら夢をみたり、夢遊歩行したりする病的状態である。一個の人間精神が特殊な表象や感覚にしばられているために、それらが悟性的・理性的意識と結合されず両者が分裂している状態、いわば二種類の人格性の状態が夢遊病である。もう一つはヒポコンドリー（Hypochondrie）である。これは、心気症とか憂鬱症と訳される。ヘーゲル自身も、この病的状態にイェーナ時代から晩年のベルリン時代に至るまで悩まされ続けたのである。ヒポコンドリーは、精神的身体的かつ全身的な「病気」[『書簡集』(第3巻) 127]である。それは卒中性の発作を起こしそうな、半ば麻酔をうけたような無力感にとりつかれた心情状態、「相対的無力の状態」[『エンツュクロペディー』396節「補遺」]を示すと、ヘーゲルは記している。その実像は気分、心情、感情である。心情と自己との不一致、心情と境遇との不一致[『書簡集』(第2巻) 326-327]、あるいは「これまでの世界と非有機的自然とが不和である（決裂している）有り様」が、心気症の状態である。「私は数年間、無気力になるまでにヒポコンドリーに悩まされた。実際、人は誰しも人生のそのような転換点、つまり自分の存在の萎縮という暗闇の時点をもっているし、その窮境をくぐりぬけて自分自身の確信へと深まり、……内面的な、よりいっそう高貴な実存が保証されるのである」[『書簡集』(第1巻) 314]。→狂気、精神錯乱、病気

【参】 Treher (1969a), Nicolin (1970), 中山愈 (1978)

(中山 愈)

精神的な動物（の）国 [das geistige Tierreich]

「理性」の展開のなかで、対象的現実といわれるものは個々人の活動の総体にほかならないことが明らかになる。これが「自分では全く実在的と思う個人」[『精神現象学』3. 292]である。そこでは個人の活動と社会全体とのつながりは自覚された有機的一体性であり、この「即自存在と対自存在との相互浸透」[同上]のなかで絶対知が成立する。それは具体的には、小規模な独立した私的商品生産者から成る、近代市民社会であった。個人は自分を実現するには、自分のもつ特殊な内容を「仕事」（作品）とし、ひとつの商品として市場で売らなければならない。個人は自らの意図とできるかぎりの見通しをもって誠実に仕事をするのだが、商品の価格の決定は、個人のもくろみをこえた、社会全体での需要

と供給のバランスによっている。市場は個人がその一員として形作るものでありながら、それらがうみだす決定はつねに事後的に、個人の力をこえたものとして現れる。個人は自らをも他人をも欺すつもりは全くないのだが、もくろみの総体は個人の手の及ばぬ別個の自動的な働きとして、個人をのみこみ支配する。「この遊戯において、個人は自らをも相手をも欺くと同時に、また欺かれているのを見出す」[同 3. 308]。社会的分業の自然成長性という近代社会の根本現象の主観的側面を、ヘーゲルは「相互欺瞞」あるいは「精神的な動物（の）国」とよんだ（それの客観的側面が「事そのもの」である）。対象的現実が個々人の自由な活動の総体であることを認識している点で、自由の自覚である「精神」という、人類史の分水嶺をなす新しい発展段階が始まっている。しかしそうした活動の実現形態である商品生産（交換）が、個人の力ではコントロールできない、ひとつの物としての自動的な働きに支配されているという点で、人間ならぬ動物の国と表現されるのである。→事そのもの　　　　　　　　　　　（粂 康弘）

精神の盟約　⇨ヘルダーリン，ジンクレア，ツヴィリング

生成　[Werden, Entstehen]

Ⅰ　ヘーゲル哲学成立の地　　1801年の『差異論文』は、哲学が、知的並びに実在的世界を「生成」として概念把握すべきことを宣言した[2. 22]。後になってヘーゲルは、この思想において、自分と、自分以前の体系（批判哲学および古い形而上学）とを決定的に画定する機縁となった洞見を述べる[『エンツュクロペディー（第3版）小論理学』27-32節]。即ち古い形而上学は、その素朴実在論的な前提によるとはいえ、思惟規定を事物の根本規定と見なす限りにおいては、むしろ後の批判哲学よりも高い立場にあったが、決して「自由」な思惟ではなかった。この思惟は、事物をして自分自身のうちから自由に規定せず、客観をできあがったものとして前提していたために、「絶えず変容するプロテウス」のような事物の姿を前にして、二つの対立する主張の一方にのみ固執するドグマティズムに捕われた、と。つまり、客観的実在それ自身を生成の相の下にとらえる「実在生成説」は、ヘーゲルに、思惟規定を事物の根本規定と見なす実在論的回帰をもたらしながらも、古い形而上学とは一線を画し、自由な自己規定を実在の原理となす近代自我の見地を可能とした。

Ⅱ　生成の体系的位置付け　(1)『大論理学』の基本規定：「運動、即ちその中で存在と無とが区別されるが、しかしこの区別がまたただちに止揚されてしまっている運動」[5. 83]。この区別の止揚において、直接的な無と直接的な存在とが止揚されることが、それぞれ生起（Entstehen）であり消失（Vergehen）である[5. 112]。こうした区別の止揚として生成は、より大きく存在と本質との統一である概念の予示であるが、しかしまたこの概念の統一が単なる生起と消失という存在の領域に現れたものとして、概念の外化形態である。(2)そして生成は、論理学の内部における概念のこうした外化形態として、やがて論理学そのものの外化形態を意味するものとなり、「自己によって把握されない自己」[『精神現象学』3. 584]である時間、自然となる。→宇宙論　　　　　　　　　　（大西正人）

政体　[Verfassung]

Ⅰ　政体観の変遷　政体は国家の組織形態であるが、青年期のヘーゲルは、「共和国では人がそのために生きるものは理念である」[『1795年の断片』1. 207]と言うように、国民が国事に直接関わる共和政の信奉者であった。イェーナ期前半の『ドイツ憲法論』では、現代国家の規模から古代共和政の再現不

可能性を明言するにせよ［1. 479f.］, 同じ頃書かれた『人倫の体系』でヘーゲルは長老および祭司が絶対統治として頂点に立つ国家構想を前提に政体の分類を行い, 民主政を選取している。「自由な統治の可能的諸形式。Ⅰ民主政（Demokratie）, Ⅱ貴族政（Aristokratie）, Ⅲ君主政（Monarchie）。各々は不自由であることができる。Ⅰ衆愚政（Ochlokratie）, Ⅱ寡頭政（Oligarchie）, Ⅲ専制政（Despotie）」［PhB 91］。人倫の絶対的実在性の現示〔権力〕がすべての人たちにある場合が民主政, 多数者にある場合が貴族政, 一個体にある場合が君主政である。これらが機構上同一である不自由な形式に転化するのは,「統治するもの自身が統治されるものでなければならないという自由」である「有機的原理」［同82］が廃棄される場合であるが, 最終的には「絶対的政体は諸身分における民主政でもある」［同90］として民主政が志向される。政体区分の術語は以後も変わらないが, イェーナ期後半には民主政における多数意志による少数意志の抑圧という問題との連関で, 君主政の意義が顕揚されるにいたる。「世襲君主は全体の確固たる, 直接的な結節点である」『イェーナ体系Ⅲ』GW 8. 263］。これ以後ヘーゲルは表向き立憲君主制を標榜する。

Ⅱ　後期の政体の区分　(1)共時的区分

「政体を民主政・貴族政・君主政に区分することによって, 依然として国家権力との関係における諸政体の区別が最も明確に与えられる」［『エンツュクロペディー（第3版）精神哲学』544節］。ただしこの区分は形式上ヘーゲル流にまとめられた古代のそれ（実際にはプラトンの『ポリティコス』, アリストテレスの『政治学』における分類とは合致しない）と同じであるが, 後者が実体的同一性を前提とした「外面的区別」［『法哲学』273節］でしかなかった点で概念的に異別なものとされている。ヘーゲルが各政体に与えた規定は, 『ニュルンベルク著作集』にある。①民主政は, 全市民が市民であるかぎり政治に参与する政体である。これの堕落形態が衆愚政または賤民支配（Herrschaft des Pöbels）で, 民衆のうちの財産を所有しない部分が不正な心術から実直な市民を暴力的に国事から排除するものである。ヘーゲルによれば, 民主政は習俗が単純で腐敗していない領土の小さな国にのみ起こり, 存続できる。②貴族政は, 少数の特権を有する家柄だけが政権を独占する政体である。その堕落形態が寡頭政で, 政権を握る家族数がごく少数である場合に生じ, 個々の権力がすべて一つの評議会によって行使される。③君主政は, 政治が一個人の手中にあり, しかも世襲的に一つの家柄に握られている政体である。だが君主は全権力を直接に行使できず, 特殊な権力の行使を公務員や国会議員に委ねねばならない。その堕落形態は, 君主が恣意的に政治を行う専制政体である［4. 249f.］。ヘーゲルのいう君主政は, 東洋的専制主義や封建君主制ではなく, 成文憲法をもつ「真実の君主政」［『エンツュクロペディー（第3版）精神哲学』544節］であり, また専制政治は君主政の変種に限られない。専制政治は, 一般に法律のない状態であり, そこでは「君主の意志であれ, 人民の意志（衆愚政）であれ, 特殊意志としての特殊意志が……法律にかわって力をふるう」［『法哲学』278節］。

(2)通時的区分　「同時に民主政・貴族政・君主政は, 国家の発展行程における, したがって国家の歴史におけるもろもろの必然的な形成とみなされなければならない」［『エンツュクロペディー（第3版）精神哲学』544節］。この行程は, 『歴史哲学』では①普遍的な意志だけに基づく第一の君主政, ②特殊性および個別性の現われとしての貴族政と民主政, ③特殊性を服属させながら自分の外側に特殊的各領域の独立性を認めるような権力としての第二の君主政に段階化され, 政体は勝手に選択されるのではなく, 民族精神に適合的に

形成されるものとされる [12. 65]。なお，共和政（Republik）が「その他の雑多な経験的混合」[『法哲学』279節] とされるのは，民主政だけでなく，ローマにおけるように貴族政もそれに含まれるからである [『歴史哲学』12. 363f. 参照]。

(3)立憲君主制の含意　ヘーゲルは立憲君主制一般を是認したのではない。『法哲学』で彼は君主に「徳」を義務づけながら [同273節]，「Ｉの上に点を打つ」[同280節「補遺」] 役割しか与えず，憲法の内容を有機的な諸制度の確立に求めている [同286節]。こうした心術と制度を前提とする国民の政治参加により「主権が人民に属する」[同279節] 政体の実現が見込まれているのである。→国家，主権

【参】 Albrecht (1978), Hanisch (1981), Henrich/Horstmann (1982)　　　　　　　　（竹村喜一郎）

聖体拝領　⇨聖餐式

制度　[Insititution, Einrichtung]

制度は，人倫論のなかできわだつものではないが，人倫の理念を具体的に分節化して展開する上で不可欠の概念である。人倫は制度の体系として示される。制度は，個々人の知と活動を離れて成り立つものではなく，それにふさわしい担い手を必要とする。個々人が制度のうちにみずからの拠り所を見出せるかどうかは，制度が人倫の理念にかなっているかどうかによる。制度のあり方が問われる所以である。ヘーゲルにとって制度とは，理性的なものが社会的客観性を獲得し，そうして個々人の第二の本性となる場なのである [参照『法哲学』263-8, 286節]。このような意味を含んだ制度の用例は，『イェーナ体系Ⅲ』での人倫構想を踏まえた『精神現象学』「絶対自由と恐怖」にみえる（「自覚に基づく自由の法律と普遍的制度（Einrichtung）」[3. 434]) 制度とそれに見合う個々人の気構えの形成は，ヘーゲルにとって重大な問題となる。ヘーゲルは，ドイツ諸邦がナポレオンに敗北し，諸改革が導入される様を見つつ，折々，制度への関心を表明し（1813, 1815年ギムナジウム終業式での式辞），講義でも言明している（例えば，1817/18年の『法哲学講義（ヴァンネンマン）』146節)。

『法哲学』の市民社会－国家体制は，かくして制度の体系として示される。人倫に堅固な内容を与え「主観的な意見や気ままな意向を越えて存立するもの」，それが「即自かつ対自的に存在する制定法と制度」[144節] に他ならない。ただし，国家の場面では，制度に権力の分立を防ぐ「客観的保障」つまり「有機的に組み合わされて相互に制約し合う諸契機」[同286節] という意味が強いのに対して，市民社会の諸制度（司法制度，福祉行政，職業団体－地域自治団体）には，個々人から恣意を除去し，普遍的なものを個々人の公共的な意欲へと形成する機能が負わされている。それらは，この機能のゆえに「国家の，そして国家への諸個人の信頼と志操の堅固な土台，公共的自由の礎柱」[同265節] といわれる。

（滝口清栄）

「正・反・合」（三肢性）　[（独）These/Antithese/Synthese (Dreiheit)，（英）thesis/antithesis/synthesis (threeness)]

正・反・合は〈定立－反定立－総合〉の略称であり，ヘーゲル弁証法の特徴づけとして広く流布してきたが，ヘーゲル自身はこの表現を用いない。彼自身の言葉でいえば，弁証法は〈即自－対自－即かつ対自〉，〈肯定－否定－否定の否定〉などと表現される。「正」は断定的に主張される基本命題であり，「反」はそれに対立する命題であり，「合」は正と反を高次元で総合した命題である。正・反・合の図式では，合は正と反の外的統一ないし折衷とみられやすく，また，これでは複雑で多義的な弁証法がきわめて図式的・形式的に

考えられてしまう危険性がある。ヘーゲル弁証法では，正が自らの矛盾によって反を呼び起こすのであり，したがって，合もまた正と反の内部から導出される。

いずれにせよ，弁証法は「三肢性（Dreiheit）」をもち，ヘーゲル自身はその他，同様の表現として，「三つ組（Triplizität）」，「三分法（Trichotomie）」，「三複対（Triade）」などを用いる。宗教的にいうと，これら三段階的表現は，父と子と聖霊というキリスト教の三位一体（Dreieinigkeit, Trinität）に由来する。哲学史的には，カントが『純粋理性批判』でカテゴリーについて，三分法的な表現を不可避なものとしたことが挙げられ，また，彼のアンティノミー論も正・反・合の原型となる。とくにフィヒテ『全知識学の基礎』では，正・反・合が明確に学的原理とされる。

ヘーゲル弁証法が「正・反・合」と定式化された最初の例は，シャリベウス（Heinrich Moritz Chalybäus 1796–1862）によるとされる。シャリベウスによれば，論理学の最初のカテゴリー展開である有・無・成は，最初の正・反・合の弁証法の現れであり，「有，無，および定有または成は，それ自身すべての以下の正・反・合のなかで再び出現するが，ただ，より規定された表現において出現する」［Chalybäus (1837) S.300］とされる。またさらに，この定式化に関しては，マルクス（Karl Heinrich Marx 1818–83）が経済学者プルードン（Pierre Joseph Proudhon 1809–65）を批判するさいに，ヘーゲル弁証法を「正・反・合」，「定立（Position）・対立（Opposition）・合成（Komposition）」などと表現したことも無視しえない［Marx (1847年，仏語にて出版) S.127］。

こうしてヘーゲル弁証法を正・反・合と定式化することが一般化し，たとえば，キルヒナー（Friedrich Kirchner 1848–1900）は「ヘーゲルの弁証法的方法によれば，進展する概念は正と反から合へと高められる」［Kirchner (1897) S.451］と説明し，クローナー（Richard Kroner 1884–1974）も「思弁的思考の基本細胞は命題ではなく，〔正・反・合という〕三命題の体系である」［Kroner (1924) S.283］という。

日本でとくに，「正・反・合」と呼びならわされた背景には，日本で初めてヘーゲル哲学を紹介した，セントルイス学派のフェノロサ（Ernest Francisco Fenollosa 1853–1908）の図式的・形式主義的な弁証法解釈が存在したといわれる［酒井修（1990）］。→矛盾，弁証法

【参】Mueller (1958), Chalybäus (1837), Marx (1847), Kirchner (1897), Kroner (1924), 武市健人 (1950b), 酒井修 (1990)　　　　　（島崎　隆）

政府　⇨統治

生命　⇨生(命)

生命過程　⇨有機体

生命体　⇨有機体

制約・無制約　［Bedingung, das Unbedingte］

ヘーゲルは，『精神現象学』の「知覚」および「力と悟性」の節で，「物（Ding）」を構成する普遍的な諸契機を「制約された」普遍性と呼び，さらにそれらが「物」の契機という限定から解放され，「物」の内的な本質としての「力」へと展開された状態を，「無制約的」な普遍者と表現している。このような「制約」の語の用法の背景には，「Bedingung」というドイツ語のうちに「物化する（bedingen）」という意義を読み込み，一般に「制約」を「物化すること（もの）」として捉える観点がある（これはヘーゲル以前に既にシェリングに見られる）。この見方はさらに，「無制約なもの」を，それ自身では

「事物」へと規定されておらず，むしろ他者を「制約する＝物化する」ような，或る種の絶対的存在として捉える見方をも伴っている。

『大論理学』では，「本質論」の「根拠」の最後の項「C．制約」において，「根拠」と，「根拠」に付随する要因（部分的根拠）としての「制約」との関係が論じられ，さらに，この両者の統一である「無制約者」として，「事象（Sache）」の概念が導入されている。「絶対的な無制約者〔＝事象〕は，制約と根拠という両側面を自らの契機として含んでおり，それは，これら両契機が回帰してゆく統一である」［『大論理学』6. 118］。「C．制約」の論述の主題は，その最後の一文に「根拠と制約とによって媒介され，しかもこの媒介の廃棄によって自己と同一となっているような無媒介性〔＝無制約者としての事象〕は，現実存在である」［同 6. 123］と述べられている通り，最も基本的には，「根拠 - 制約 - 事象」の相互関係を考察することを通じて，「本質」から「現実存在」への進展を実現することにある。そして「事象」の概念は，続く『現実存在』の章のうちで，改めて「物」として規定し直されることになる。

以上を踏まえると，『大論理学』においては，『精神現象学』とは異なり，「制約 - 無制約」は「物」の概念が現れるより以前の段階で取り扱われており，むしろこの出現を準備する契機として捉えられていることがわかる。これに伴って，「制約」の語を〈物化するもの〉と解釈する観点は背景に退き，むしろこの語は，それに対応するラテン語の「条件（conditio）」或いは「要件（requisitum）」の元来の用法に近づいて，事象が現実化されるための要因という意味を強めている。既にライプニッツにおいて，「根拠＝（十分な）理由」を「要件」の総体として捉える観点が見られるが，ヘーゲルによる「根拠」と「制約」の関係に関する論述も，この点との関連で読み直す余地がある。→物，事そのもの，根拠

(岡本賢吾)

西洋 ⇨ヨーロッパ

聖霊 ⇨三位一体，精神

世界 [Welt]

ヘーゲルにおいて世界は何よりも自然界ではなく，風俗，習慣，言語，物の考え方などを紐帯として成立する人倫的世界を意味した。このことは，例えば若きヘーゲルが新約聖書ヨハネ伝のコスモス概念を解釈して「人間的諸関係と人間的生の全体」［『キリスト教の精神』1. 374］と語っているところに，或いは『精神現象学』「精神」の段階以降において「意識の諸形態」とともに「世界の諸形態」が辿られるとき，これが歴史的人倫的世界を指すところに端的に示されるところである。もとより，『精神現象学』などを見ても，自然界，さらには感覚的世界を超えた超感覚的世界，冥府の世界などを指す用例も見出される。しかし，これも基本的にはこれらが人間的生が営まれる場面であるかぎりで転義されているにすぎないと言える。ところで，世界が人倫的世界であるとき，世界は間主体的関係として，単に個々の主体と対立するものに留まらず，個々の主体から成るものでもある。ヘーゲルはカントが弁証論で霊魂，世界，神の三者を無制約的理念として問題にしたのを承けて，霊魂である主体の意識において世界は映し出されるとともに，世界は多数の意識的主体から成り立つのであれば，霊魂は世界に，世界は霊魂に相互に転換するとし，そこに両者を統一するものとして絶対実在である神を見守っている。この神を概念的に捉えたものがヘーゲルの精神に他ならない。ここには，カントとともに，デカルトの思惟主体，ライプニッツの単子論，スピノザの神概念を批判的に自己同化したヘーゲルの姿が見出される。そして，カントにおける超越論的主体

としての自我が時空世界の外に立つものであるのに対して，ヘーゲルにおいて意識がこのように世界と結びつくことで，自我は対象意識と自己意識との相即のうちに見守られ，これにより自我は世界の中に埋没する世界との直接的な結びつきから自己を解放して，世界との対決を通して，反対に世界を自己のものにするという仕方で自己を実現してゆくものとなる。こうした世界との結びつきに生きる意識の在り方をヘーゲルは『精神現象学』では「意識の世界性」［3. 38］と語っている。この観点からすれば現象学は，意識が外化と還帰を通して，自己の世界化と世界の自己化をはかることで，世界性において自己を本来的に確保しようとする意識の運動を叙述するものといえよう。→人倫　　　　　　（上妻　精）

世界史　⇨歴史

世界史的個人　⇨英雄（時代）

世界性　⇨世界

世界精神　⇨精神

世界の散文　[Prosa der Welt]

ローマ時代以降の私生活化し卑俗化した世界状況のこと。ギリシアの人倫世界では，各人は互いに独立自存しつつ自由な「詩的関係を保っていた」［『美学』15. 366］。これに対してローマ以降，個人は自立性を失い，全体性を奪われた「断片」になりさがる。すべての者が他者に依存し，他者によって制約され，他者のために手段化される。諸個人は偶然的な諸事情に翻弄される。法や国家秩序〔普遍〕が，私的な主観〔個別〕と対立するかたちで，苛酷な必然性として立ち現れる。普遍と個別とが支配－服従という外在的で抽象的な悟性的関係しかもてなくなる。個々人は「それ自身だけで完結した一者でありながら，同時に他者に依存するという矛盾にとらわれており，この矛盾を解消しようとする」不断の闘争を強いられる［同 13. 197ff.］。メルロ＝ポンティはこの「散文」概念に学んで，『世界の散文への序説』という草稿をのこしている。→詩，物語，ローマ時代

【参】Merleau-Ponty (1969)　　　（山崎　純）

世界法廷　⇨歴史

世界霊　[Weltseele]

世界霊は当時ロマン主義的自然哲学のうちで使用された概念であり，シェリングはこの概念を人間と自然の同一性を示す言葉として使用している。『世界霊について』(1798) では次のように定義している。「この二つの抗争する力が，統一と衝突において表象されれば，有機化する原理，世界をシステムにまで形成する原理の理念に到達する。このような原理をおそらく古代人は世界霊によって示唆しようとしたのであろう」［オリジナル版『シェリング全集』2. 381］。この場合全体と個別の直接的な同一性，一体性を示しており，個体の内に内在しながら，世界全体をシステムとして統一体として形成する原理であるが，彼は自然の全体を有機体として構想し，個別的有機体（人間）と自然全体をともに形成する同一的な原理を考えている。この考えは古代以来の考え方とされるが，スピノザの影響もあり，ともにスピノザの影響を受けたゲーテもシェリングのこの著作を念頭において「世界霊」に関する詩を書いている。

ヘーゲルは世界霊を「一般的心」と比較し前者を一つの主体，能動的なものと捉えるが，彼によれば，一般的心が単なる一般的基体であり，世界霊から区別されるが，世界霊は個体に内在する主体化している実体であることになる。しかしいずれの場合も自然規定に捕われたものと考え，精神とは区別されるとする。ヘーゲルはこの語の源泉をやはりシェリ

ングと同様古代にまで遡り特にグノーシス主義に起源を見，この語を『哲学史』でグノーシス主義の受容に関わるスコラ哲学の部，あるいはクザーヌス，ブルーノの項で言及し，世界霊とは質料によって絡み合った霊魂で，全創造の根底にあり，このような霊魂がいるところで働き個体の内にも世界の内にも共存して働いていると説明している［**19**．528］。さらにこれをミクロコスモスとマクロコスモスの関係によって説明し，この考え方がマニ教にまで遡るとしている。

【参】Bayle (1697), Schelling (1798), Goethe (1890)　　　　　　　　　　　　　（長島　隆）

責任　［Schuld］

Schuld は sollen と同じ語源の言葉であり，道徳的なものにかぎらず人間が負っている責任と同時に罪を意味していて，罪責とも訳される。責任は行為とその結果にかかわるものであるが，しかし結果は多種多様な偶然的な要素を含み「どれが偶然的な結果であり，どれが必然的な結果であるかは不規定性を含んでいる」［『法哲学』118節］から，責任のおよぶ範囲の確定は容易ではない。ヘーゲルは，古代ギリシアの悲劇と近代的主観性とにみられる責任概念の違いを対比させている。古代においては，為された行為全体は行為者の行為とみなされ，また責任がその狂気といったものに帰せられることもない。行為は自己を外的現実に対抗させるということであり，この現実の事実は行為が生み出したものである以上，所行（Tat）の全範囲に対して責務をもたねばならない。だから「石が存在するような何一つ行為しないということだけが罪責から自由なのであって，子供の存在さえもすでにそうではない」［『精神現象学』3. 346；『ニュルンベルク著作集』4. 223f.］。これに対して近代においては，責任は意志ないし知の権利の問題として立てられる。「たとい主観の所行であっても，それだからといって主観はこの所行を自分の行為として承認しないで，所行における現存在のうち，ただ自分の意志のなかに含まれていた現存在，すなわち自分の企図（Vorsatz）であった現存在だけを，自分自身のもの・自分の責任として承認する［『エンツュクロペディー（第3版）精神哲学』504節；『法哲学』117節］。ヘーゲルはこれを「知の権利」と呼び，この知の権利を帰責根拠とみなすのであるが，さらに，例えば放火犯が欲した以上に火が燃え広がるという不運も「意欲の一つの現存在」［『法哲学』119節「補遺」］であって，その権利は現実的関連において行為の帰趨を洞見する能力をも含むと考えている。この点で小児や狂人，白痴は引責能力はないとされる。→罪，意図，刑罰

（水野建雄）

積分　⇨微分

斥力　⇨牽引力と反発力

セクストゥス・エンピリクス　⇨懐疑主義

石灰　⇨岩石

接触　［Berührung］

物体や質量などの外的表面的触れ合いを示す。しかし外的接触は個別的なもの自身の内的関係をもたらす。つまり二つの個別的なものが接触し関係しあうことで，それぞれの諸特性，諸規定は明らかになる。そして「個別的なもの相互の接触において，これら個別的なものが本質的に何であるかが示される」［『イェーナ体系Ⅱ』GW 7. 246］。これら諸規定性の総体性，一者としてのあり方が「無限性」［同 GW 7. 314］とされる。例えば静止と運動という規定性は個別的なもの相互の接触によって規定される。またこれらの規定性のもとで個別的なものは相互に対立的に措定される。この両規定性は絶対的でなく，とも

に静止でも運動でもあり，静止も運動も個別的なものにおいて措定されている。このような無限性は「矛盾である，無限なもの」[『大論理学』6. 75]とされるように，『大論理学』において矛盾となる。こうして接触は矛盾へと進展する。
(石橋とし江)

絶対者・絶対的なるもの [Absolutes]

絶対者・絶対的なるものとは，「神」という宗教的表象に対してヘーゲルが与えた哲学的表現である。ヘーゲル哲学の主要テーマの一つは，神の宗教的表象をいかにして概念的に把握し表現するか，という点にあったが，この問題はヘーゲルにおいては，絶対者をいかにして規定するか，という問いの形において考究された。その集約的な論述は「論理学」においてなされ，「論理的諸規定は総じて絶対者の諸定義，神の形而上学的諸定義と見なすことができる」[『エンツュクロペディー(第3版)小論理学』85節]と言われるが，しかしこのテーマは決して彼の哲学体系の局部的な問題にとどまるものではなく，むしろ彼の体系の全体が絶対者の叙述と見られねばならない。絶対者は体系の全体においてこそ真に絶対者として表現される，とするのがヘーゲルの絶対者に対する基本的な見解である。「真なるものは全体である。だが全体とは，ただ自己を展開することによって己れを完成してゆく実在にほかならない。絶対者については，それは本質的に成果であり，終りにおいて初めてそれが真にあるところのものになる，と言われねばならない」[『精神現象学』3. 24]。

ヘーゲルの体系形成の努力は，この絶対者への問いによって主導されていたといってもよい。その思索の開始期に彼がまず対決しなければならなかったのは，カント，フィヒテに代表される「反省哲学」の思考様式である。カントは神という「超越論的理念」が人間の認識能力の限界外にあることを説き，フィヒテは「絶対的自我」の理念が我々の意識の到達できない彼岸にあることを説いたが，これは，絶対者の哲学的構成の不可能性を主張することにほかならない。しかしヘーゲルによれば，こうした主張が妥当するのはただ悟性的な反省に対してのことであって，それは，悟性ないし反省が事物を区別と対立の相において捉え固定する「制限の力」[『差異論文』2. 20]であるからにほかならない。悟性的反省は，絶対者を有限者（非同一性）に対する無限者（同一性）として捉え，この対立を固定化することによって絶対者をそれ自体有限なものへと引き下げてしまうから，真の無限者としての絶対者を捉えることができない。求められるのは，「同一性と非同一性との同一性」[『差異論文』2. 96]としての絶対者を現前化することである。それを可能にするものは，有限的諸存在をそれ自体として自立しては存在しない「絶対者の現象」として捉える「思弁」の見地であるとするヘーゲルは，スピノザの無限実体の思想に着目し，これを「思弁」の観点の端的な表明と見なした。スピノザの体系においては，無限実体が，否定的存在である有限者を己れの部分として含む絶対肯定的全体として捉えられている。こうした把握こそ，真の無限者としての絶対者と，これに対する有限者の関係とについての正しい認識を提示するものにほかならない。

しかしこのようにスピノザの無限実体と自らの「絶対者」とを等置する見解は，ヘーゲルの「絶対者」に関する思索の深化にともなって放棄され，やがて，ヤコービのスピノザ批判におけるのと同様に，無限実体が人格性，自己意識を欠いている点が批判されるようになる。『精神現象学』の序文において明示されるように，絶対者は「実体」として把握されるだけでなく，さらに進んで「精神」として，ないしは「主体」として把握されねばならない，とするのが後のヘーゲルの見地であるが，この見地には，スピノザの無限実体の

思想をもはや絶対者の完全な把握とは認めない，という彼の態度表明が含まれている。絶対者を「精神」ないし「主体」として把握すること，それは，絶対者を「否定の否定」というプロセスを通して成立する肯定として捉えること，すなわち，単純な無限者が自己自身を否定して有限者となり，さらにこの有限者としての自己を否定して自己自身に復帰する，という無限者の「自己自身を措定する運動」として捉えることを意味する。しかしスピノザの無限実体は，そうした自己否定の動性を内に含まぬ単純な肯定であるにすぎない。このことは，スピノザが体系構成の方法として幾何学的方法をとったこととも関連している。絶対者を自己媒介運動の成果として提示すること，それは，「学の最初から直接的・無媒介的に仮定される」ような「定義」という「断言の形式」においてはそもそも果たされない，[『大論理学』6. 196;『エンツュクロペディー（第3版）小論理学』229節「補遺」]。これに対してヘーゲルはいま，分離・分裂の能力としての悟性を，絶対者そのものの持つ自己否定の力として捉え直し[『精神現象学』3. 36]，絶対者が自己のこの否定の力によって自己自身を完成させてゆく自己生成のプロセスを，独自の弁証法論理によって叙述しようとする。
→理念，全体，精神，否定　　　　　（笹澤　豊）

絶対(的)精神　[absoluter Geist]

ヘーゲルの精神哲学において主観的精神―客観的精神について精神が自己に還帰する最高の段階を占める。したがって，それは，精神哲学の体系的位置からみて，精神哲学のみならず，論理学・自然哲学をも含んだ彼の全哲学体系の最高の段階である。それは，芸術・宗教・哲学の三段階から構成される。すなわち，具体的形態における実体的内容の感性的直観の形式としての芸術，この直観が反省規定へともたらされた実体的内容の「顕現」の表象の形式としての（啓示）宗教，そして両者の統一としての自己意識的思考或いは概念の形式としての哲学である。かくて芸術と宗教とは，彼の哲学体系構想のうちにもたらされることになる。この絶対的精神をもって体系を閉じるというこの構想は，自己完結的なものとして，全世界を自己の知のうちに閉じ込めるものとして解釈されるかもしれない。確かにヘーゲルの立論には，そのように受け取られかねないところがある。しかし，必ずしもそのような解釈があたっているわけではない。というのは，とりわけ絶対的精神の中でも最高の位置を占める学ないし哲学は，精神の自己目的的活動を示すものとして，知の無限の蓄積を意味し，そのかぎりにおいては新しい認識が付け加えられるであろうからである。すなわち，「事柄の本性，概念は運動し続け発展するものであり，この運動は同じく認識の運動であり，永遠に即かつ対自的に存在する理念は自己を永遠に絶対的精神として確証し，産み出し，そして享受する」[『エンツュクロペディー（第3版）精神哲学』577節 10. 394]。この体系は閉じられたものではなくて，常に新しい内容への発展が精神の自己目的的活動によって行われ，その意味で体系は開かれていると考えられるのである。哲学より低い位置に置かれる芸術の位置づけについては，認識至上主義であるという批判がなされうるであろう。また宗教に関しては，哲学との同一性の主張がヘーゲル自身のプロテスタントとしての確信にもかかわらず，宗教上の正統派の不信を拭い去ることはできなかったし，彼以後の学派解体をもたらす論争点となったことが注目される。これら二つを哲学よりも低次のものとしてではなく，哲学と同等に並ぶ人間の活動の構成契機として捉え直していくことも考慮されなければならないであろう。→精神，客観的精神

【参】Fulda (1965), Bubner (1973a), Kimmerle (1977), Peperzak (1987)
（幸津國生）

絶対知 [absolutes Wissen]

ヘーゲルは『精神現象学』序文において,「学の土台であり,地盤」として絶対知を語り,その在り方を「絶対の他的存在のうちに純粋に自己を認識すること (das reine Selbsterkennen im absoluten Anderssein)」[『精神現象学』3. 29] として示している。絶対の他的存在をもって存在とし,認識するものをもって思惟とすれば,絶対知は思惟と存在との一致において成立する知であり,このかぎりで物と知性との一致という伝統的な真理概念を追うものであると言ってよい。問題は,ヘーゲルにおいて,この一致を保証するものは何か,ということである。伝統的形而上学は,この際の物をもって自体的に存在する実体とし,そして知性を人間の有限的知性を超えて究極的には自足的に存在する神の知性に帰せしめることによって,物自体の認識の可能性を説いた。これに対して,カントはこの伝統的形而上学の独断性を暴露して,存在する物は主観の認識形式の制約の下に与えられると説いて,物自体の認識の不可能性を明らかにした。思惟と存在との一致という真理概念は,カントにおいても維持されたが,それは「経験一般の可能性の諸制約は,同時に経験の諸対象の可能性の諸制約である」というかぎりにおいてであって,そこに物自体と現象との二元的対立は免れなかった。このときヘーゲルの自己関係と他者関係とを併せもつ絶対知の定式は,まさにカントの超越論的立場を生かしながら,伝統的形而上学の要求を充たすことを目指すものとして,それぞれがもつアポリアを一挙に解決する構造をもつものである。というのは,ここで物と知性とをそれぞれ独立なものとして区別し,認識をもって或いは実体に外から属性を付与したり(客体的形而上学),或いは感性的資料に認識形式を付与すること(カント超越論的哲学)と捉える立場を批判して,ヘーゲルは両者を一つの認識過程を形づくる二つの契機として,そして主体の主体性をこの過程そのものの主体に見出したのだからである。これが精神にほかならない。今や,物と知性,ヘーゲル的に表現すれば実体と主体,即自存在と対自存在,意識と自己意識との対立は精神のうちに止揚されたのである。ところで,こうしてヘーゲルにおいて絶対知は精神の自己知 (der sich als Geist wissende Geist) [同 3. 591] として成立するのであるが,このとき絶対知が単に認識論的な問題地平において成立する理論知ではなく,何よりも歴史的世界に生きる人間の倫理的生を地盤に成立する実践知であることに留意しなければならない。そのことはヘーゲルによって「実体は主体である」[同 3. 28] と語られるとき,実体が何よりも共通の言語,風俗,習慣,環境,宗教などを紐帯として成立している「人倫的実体」[同 3. 311] であるところに端的に窺えることである。このとき,実体を主体としても把握するとは,自らが生きる歴史的世界をただ単に所与の存在として固定することなく,間主体的な行為連関のなかで生成発展するものとして把握すること,しかもこのように認識するだけでなく,この認識に基づいて自己を実体の普遍性に即して形成するとともに,世界を普遍性に即して形成することを意味する。ヘーゲルの言葉をもってすれば「我々である我と我である我々」[同 3. 145] の立場に自覚的に高まることを意味する。この意味では絶対知 (das absolute Wissen) は,また自由と共同との統一に向かって人間を解放する知 (das absolvierende Wissen) でもあるのである。ヘーゲルが絶対知の絶対知である所以を,ここにおいて「自我は自分の他的存在において自己自身の許にある」(daß ich in seinem Anderssein bei sich selbst ist) [同 3. 583] と語り出すとき,この定式が同時にヘーゲルにおいて共同生活における自由の在り方を示す定式でもあることに注意すべきであろう。→真理,精神 (上妻 精)

絶対的自由と恐怖　⇨フランス革命

絶望　[Verzweiflung]

ヘーゲルにとって絶望とは，意識が当初真理であると思い込んでいたものが，実は「無に等しいものであると完全に確信すること」[『精神現象学』3. 91]である。『精神現象学』において絶望は，「意識の経験の学」の方法の重要な一契機をなす。真実な知に至る自然的意識の道程において，意識が当初実在とするものが実は実在でないことが明らかとなる。その時自分が実在的な知であると思い込んでいた意識は自己喪失をきたし絶望に至る。「この道程は懐疑の道程と見なされるが，より厳密には絶望の道程である」[3. 72]。絶望は懐疑の一形態であるが，「徹底的に完遂される懐疑主義」[同上]として，個々の真理をゆさぶりながらもやがて消えてもとの真理に帰る一般的な懐疑とは区別される。また絶望は単なる否定的な運動ではなく，新しい真なる対象を生起させるという積極的意義をも持っている。その点で絶望は，結果のうちに純粋な無しか見ない単に否定的な懐疑主義とも区別される。→懐疑主義，意識の経験の学，否定

（日暮雅夫）

説明　[Erklärung, Erklären]

「一般にある現象を，仮定され熟知された悟性諸規定に還元すること」[『エンツュクロペディー（第1版）自然哲学』（グロックナー版）236節]。悟性がある事象そのものにおいてではなく，「自分自身の必然性」に基づいてその事象の諸契機を区分して自己充足的に説明するやり方[『精神現象学』3. 124ff.]。「説明においてかくも多くの満足が存在するのは，意識がその際……ただ自分自身を享受するだけだからであり，……実際はただ自分自身に関わっているにすぎないからである」[同 3. 134]。それゆえ「説明」は「同語反復」に終わる[同 3. 126]。感覚を介さない対象の根拠を明示せず，法則，力，電気，磁気等々といった表象に基づいて説明を与える「近代の自然科学」の態度が「説明」である[『大論理学』6. 98f. および『哲学史』19. 314f.]。これが「同語反復」である所以は，例えば，太陽と地球の関係を引力という概念で「説明」し，引力の根拠を明らかにできないからである[『大論理学』同上]。

（座小田豊）

摂理　[Vorsehung]

Ⅰ　神と人間　摂理は本来，宗教，特にキリスト教において，慈愛に満ちた全智全能の神が世界の出来事を「つかさどっている」（vorsehen）こと，神が世界を人類の救済へ向けて人間に摂って整然と埋めていることを意味する。この場合，第一に何故に世界のうちに悪が存在するかということ，また第二に神の世界支配は人間の自由と矛盾するということがしばしば問題にされた。しかしヘーゲルにとって特に不満であったのは，このような神と人間の対置によってキリスト教が単なる「知識」としての「客観的宗教」に堕してしまったことであった。そこで彼はギリシアにおける「運命」への服従のような，個人の「心情」において神を見る「主観的宗教」[『国民宗教とキリスト教』1. 13f.,36]を「摂理」のうちに蘇らせるとともに，上記の二問題をも解消させたのである。

Ⅱ　神の自己否定　ヘーゲルにおいては「摂理」とは，超越的な神が高所から世界を支配することではなく，世界に内在する神が世界史の中で己を実現することであった。何故なら世界を超越しているものは，世界と対立関係にあり，それ故相対者であって絶対者ではないからである。真の絶対者は己を否定して世界の内にあらねばならず，したがってその自己実現も己の否定を介して行われる。すなわち神，理性，精神はそれ自体ではまだ抽象的であって，現実性をもたず，人間の行動によって初めて現実性を得る。しかし人間

は欲望, 衝動, 傾向や情熱に駆り立てられ, 己の満足を求めて行動するが, 「これら無数の意欲, 関心, 活動は世界精神がその目的を達成するための道具であり, 手段である」[『歴史哲学』12. 40]。たとえ「世界が狂える愚かな出来事であるかのように」[同 12. 53] 見えようとも, 哲学はそこに「神の統治の内容, 神の計画の遂行」[同上] を洞察するのであり, こうしてヘーゲルの歴史哲学は神 ($\theta\varepsilon\delta\varsigma$) を義 ($\delta\iota\kappa\eta$) とする「神義論」(Theodizee) となる [同 12. 28]。

Ⅲ 憑自としての自由　前述のように人間は世界精神の道具にすぎないが, 自由なき単なる操り人形ではない。何故なら精神とは己の否定において己を知ること,「己自身についての意識」であり,「己自身のもとにある」(Bei-sich-selbst-Sein) という「憑自」の在り方をしていて他者に依存せず, その意味で「精神の本質は自由 (Freiheit) である」からである [同 12. 30]。そして世界史はこの精神の本質が人間を通して己を実現して行く過程であるから,「自由の意識における進歩」にほかならない。すなわち〈唯一人〉が自由である」東洋の専制政治から,〈少数の人〉が自由である」ギリシア・ローマ的奴隷制を経て, 遂に「〈万人〉がそれ自体において自由である」ゲルマン民族の時代に到達したとされる [同 12. 32]。しかしこの「憑自」としての「自由」はもはや進歩の余地をもたず,〈開けて〉(frei) いないことが問題である。→運命　　　　　　　　　(松井良和)

ゼノン〔エレアの〕〔Zēnōn 前490頃-430頃〕

ゼノンはエレアの国政に参加した哲学者であり, また最初, ピュタゴラスの徒であったといわれる。「ゼノンのパラドックス」で知られる。パラドックスは「逆理」,「逆説」などと訳され, 正当と思える推論によって, 最初に想定されていた考えとは反対の結論が導き出される現象であり, また一般的には, 矛盾または不合理のようで, そこに深い真理を含んでいる考えを意味する。古代では「嘘つきのパラドックス」が, 現在ではラッセル (Bertrand Russell 1872-1970) の発見した「集合論のパラドックス」が有名である。

ゼノンは四つのパラドックスを残した。それは,〈人は競技場を渡り切ることはできない〉,〈飛ぶ矢は飛んではいない〉,〈俊足のアキレスは亀を追い抜くことはできない〉,〈半分の時間はその倍の時間に等しい〉というものである。これらはいずれも, 運動・変化という自明の現象を一定の推論によって否定するものであり, 真の実在は変化を免れていると考える師パルメニデスを弁護する意図をもつ。ヘーゲルは「ゼノンの特性は弁証法である」,「ゼノンは弁証法の創始者である」[『哲学史』18. 295] と称賛する。というのは, 彼は純粋な思考の運動によって, 感性に惑わされずに, 独断的な想定を論駁したからである。だが, 運動を単純に否定してしまったゼノンの弁証法は, やはり「主観的弁証法」[同 18. 319] にとどまり, ヘラクレイトスの客観的な弁証法にまで至っていない。ゼノンのパラドックスは, 時空の分割の無限性の問題に関連して, 現代数学にまで影を投げかけている。またヘーゲルが, 運動とは, 或るものが「同一のいまの瞬間においてここに存在するとともに, またここに存在しない」[『大論理学』6. 76] という意味で, それは「定在する矛盾」であると主張するとき, この議論はゼノンの運動否定論を逆手にとったものである。→弁証法, 矛盾, 運動, パルメニデス

【参】Diels/Kranz (1951)　　　(島崎 隆)

世路　[Weltlauf]

『精神現象学』の「Ⅴ. 理性」章の「行為的理性」の第三段階は,「c. 徳と世路」である。第二段階の「心情の法則」がたんなる主観的な法則であった点が反省され,「普遍的なもの」が徳として掲げられる。意識は

「もはや個別性への執着が残っていないことの証として，全人格を犠牲にすること」をめざす［3. 283］。ひとり「徳の騎士（Ritter der Tugend）」を気取って，世間一般をむこうにまわして闘いを挑む。それは所詮ドン・キホーテ的な妄想にすぎず，結果は世路の手ごわさを思い知らされる。彼が掲げた徳は，「国民という実体において内容豊かな基盤をもつものではなく，「そのような実体から抜け出た実質のない徳であり，……世間（世路）と戦う空しい演説」にすぎないからだ［3. 290］。「世路」とは，そのような妄想を超えて持続する「公共の秩序」［3. 282］である。それは，各人が自分自身を妥当させようとしながら，「ひとしく抵抗をこうむり，互いに他人によって解体させられる」ような「万人の万人に対する遍ねき抵抗である」［同上］。不安定のように見えるが，そこにこそ人々が生きる現実的な基盤がある。

「徳の騎士」は「世路」を「さかしま」と見て，「これをもう一度さかしまにして」正義を実現しようとする［3. 285］。しかし，世間というものは自分が思っていたほど悪くないことに気づく。「万人の万人に対する戦い」において私利私欲のみが追求されているように見えるが，実は私益を追求することが同時に他人にも恩恵をもたらし，公共の福祉に貢献している。そこには「もちつもたれつ」の関係（スミス的相互依存関係）がある。徳の騎士が世路に挑んだ戦いを通じて，「事そのもの」という相互依存のシステムが自覚され，意識は堅実な市民（V.C.）へと成長する。
→徳と徳目，事そのもの　　　　　　　（山崎 純）

線　⇨空間

善 ［das Gute］

『法哲学』において，善は「意志の概念と特殊意志との統一としての理念である」『法哲学』129節］と定義される。それは，したがって，抽象的な善さではなく，権利をも善行（福祉）をも内実とする，実現された具体的な善さなのである。

ところが，ヘーゲルによれば，道徳性の立場では，カント倫理学に見られるように，善と主観的意志とが切り離され，その結果善は義務のための義務という抽象的な普遍性の規定にとどまっている。確かに，意志の純粋で無条件的な自己規定が義務の根源であるという認識は，カントの意志の自律という思想によってはじめて獲得された。これをヘーゲルは高く評価する。それだけに，義務（抽象的な善さの理念）と特殊な主観的意志との分離に固執し，カントがこの獲得したものを義務のための義務のお説教に引き下げてしまったことを，ヘーゲルは惜しむ。

ところで，義務と特殊意志とが分離している場合には，「自体的にも自覚的にも善であるところのものを意志する心術」［同137節］である良心でさえも，原則と義務の具体的で客観的な体系を欠き，形式的な自己確信にとどまる。この場合には，ある一定の個人の良心が善（普遍的な義務と特殊意志との同）であると思い，そう称するところのものが，現実にもまた善であるかどうかの保証はなく，悪（両者の不同）である可能性もある。つまり，善と悪とは共通の根を持ち，相互に転換し得る。『精神現象学』の「VI. B 自己疎外的精神　教養」の章では，この善と悪（das Gute und Böse）の相互転換と同じ事態が，事柄それ自体における同と不同に即して，また対象と自己意識とのあいだの同と不同に即して，可と不可（das Gute und Schlechte），すなわち国権と財富，高貴な意識と下賤な意識の相互転換としても論じられている。→善行，道徳性，良心，高貴な意識と下賤な意識

（星野 勉）

選挙 ［Wahl］

選挙（選択）は，自我が意志の特殊的内容

を偶然的・恣意的に規定することだから[『法哲学』14-15節]、市民的な「主観的自由の原理」[同185節]としては必要だが、それゆえに選挙対象たりえないものもある。(1)君主は出生による。「選挙君主国」は、国家権力を特殊意志に屈服させる最悪の制度である[同281節]。(2)君主権が公務員を任免するが[同292節]、地域・身分・職業などの市民団体は国家に従属する特殊利益団体なので、その長は普通選挙で選出され、国家が認証する[同288節]。(3)実体的身分から出生で就任する上院議員[同307節]と異なり、商工業身分代表の下院議員は、特殊利益を熟知しかつ国家的センスのある者を団体的に選出する[同308-11節]。この選挙権は、資産で制限されず[『法哲学講義(ヴァンネンマン)』234f.]、どの市民も団体に所属することによってこれを獲得する[同236]。市民秩序や国家組織と無関係な選挙人を登場させる近代の「民主的」選挙は、むしろ「アナーキズムの原理」[『ヴュルテンベルク民会討論』4. 482]に基づいており、必然的に、政治的無関心と、特殊的偶然的利益に左右された結果を生む。→議会

【参】Lübbe-Wolff (1981)　　　　　(神山伸弘)

選挙権 ⇨選挙

選挙法改正 ⇨イギリス

選言 ⇨判断

先験的 ⇨超越論的

善行 [Wohl]

行為が道徳的に意味ある行為として成立するのは、行為が直接関わる現実の一齣においてではなく、それが現実の部分としてすでに潜在的に含んでいるところの現実の全体的、普遍的な連関においてである。『法哲学』でのヘーゲルによれば、意図(Absicht)においては、企図(Vorsatz)においてとは異なり、この行為の普遍的性格が、自体的に存在するばかりでなく、行為者によって知られ、意図されてもいる。

このように、意図において、行為は自体的にも対自的にも普遍的性格をもつわけである。しかし、行為は、この普遍的性格をだけではなく、また行為を規定する主体固有の特殊な内容すなわち主観的な動機をもその構成要素としている。しかも、この後者によってこそ、主体は行為のうちに自己の満足を見出し、またその限り行為が主体にとっての関心事となる。そして、行為主体に固有の特殊な「内容の満足が、特殊的に規定され、しかも普遍的なものでもある善行(Wohl)あるいは幸福であり、有限なもの一般の目的である」[『法哲学』123節]、とされる。つまり、個人は、行為を通じて、客体的な目的(普遍的なもの)を実現しつつ、しかもそのことにおいて自分の主観的な満足(特殊性の権利)を見出すのである。

特殊な内容をもつ限り主観的なものである善行も、それがもう一方でもつ普遍的性格が反省されることによって、普遍的なものに関わりうる。この特殊性自身に即して定立された普遍的なものが、他人の福祉(Wohl)、さらには万人の福祉にほかならない。

ところで、このヘーゲルの善行、福祉という概念のうちには、シラーによって「義務の命ずるところをば、嫌悪に耐えて為そうとする」と揶揄されたカント倫理学批判が認められるばかりか、ヘーゲルの人倫についての基本的な発想もまた認められる。→意図, 幸福(幸福説)

(星野　勉)

潜在・顕在 [Dynamis, Energie (Entelechie)]

アリストテレスは、彼以前の哲学者たちの原因に関する教説を仔細に検討し、彼らによって言及された事物の四原因(質料因・形相因・目的因・動力因)を最終的には質料因と

形相因とのふたつの原因を軸として理解しようとした。この観点から個物は，静的には質料と形相との結合体として，動的には可能態としての質料に形相が与えられて現実化してゆく過程として，すなわち可能態（デュナミス）から現実態（エネルゲイア）への転化として把握される。また完全現実態（エンテレケイア）は，現実態と同義で用いられる場合もあるが，後者が活動としての現実態を指すのに対し，どちらかといえば結果としての完成された現実態を意味し，霊魂や第一の動者を表現する場合もある。

　ヘーゲルの潜在（Dynamis）と顕在（Energie または Entelechie）の概念は，上述のアリストテレスの可能態，現実態または完全現実態に直接に由来する。ヘーゲルは，例えば事物の発展の二契機について「第一の状態は素質，能力，私の言葉でいえば，即自存在（das Ansichsein, potentia, δύναμις）として知られているものである。第二の状態は対自存在（das Fürsichsein），現実性（actus, ἐνέργεια）である」[『哲学史』**18**. 39] と述べ，彼自身の基本概念とアリストテレスのそれとが内容からして同等であると考え，デュナミスが彼の即自または可能性，エネルゲイアが対自または現実性に相当するものとみなした。しかし，アリストテレスがこれらの二つの規定を類比の関係において考察しているのに対し，ヘーゲルがこれらを事物の萌芽からの発展一般を把握する概念装置へと拡大し，しかも三重性の図式へと組み込んでいること，エネルゲイアを「自己を自己へと関係づける否定性」[同 **19**. 154]，エンテレケイアを「自己のうちへと還帰する理性の円環」[同 **19**. 161] などと自らの観点に引きよせて理解していることは，アリストテレスの客観的な理解の点で一定の問題をはらんでいることを忘れてはならない。

（奥谷浩一）

占星術　［Astrologie］

　「占星術は人類および個人の運命を遊星の形状および位置に結びつける」[『エンツュクロペディー（第3版）精神哲学』392節「補遺」。以下同じ]。これに対するヘーゲルの見解は，「占星術は迷信として拒絶すべし」というものである。もちろん，自然存在としてみれば天体は人間に関係する。動物や植物の場合は天体や気象との共感が明瞭に現れるし，狂人や弱い精神はより強く自然の影響を受ける。しかし，時間と空間によって規定される遊星の運動法則と，自立的な個体である動植物の行う運動とは，別種のものであり，また人間は身体上は一定の時空内に限定されているが，「それにもかかわらず精神は空間と時間を超越している」から，天体の運動は精神にとっては無意義である。まして黄道十二宮と地上の出来事とを結びつけようとする試みなど空疎な考えである，とヘーゲルは占星術が不合理である理由を説明している。⇒占い，人相術

（上村芳郎）

専制政治　⇨政体

戦争　［Krieg］

　戦争は普通は平和からの逸脱であると考えられている。しかしヘーゲルは戦争を，特に国家の独立にとっての重要な契機であるとみなしている。ヘーゲルによれば，国家は私有権や人格の自立という個別的な諸領域を自己の分肢として含みつつ，同時に国家は一つの統一態として，これら諸領域の孤立化を否定するところの存在でもある。戦争は，この後者すなわち人倫的全体性の自立にとって不可欠の契機である。「戦争によって，諸国民の人倫的健全性は，もろもろの有限な規定されたものが不動のものになることに対して彼らが執着をもたなくなるために，維持されるのである。これは風の運動が海を腐敗から防ぐのと同様である」[『法哲学』324節；『自然法論文』**2**. 481f.]。戦争は，個々人が没頭してい

る個々の規定されたもの（私的世界）だけでなく，それらの全体の生命を破壊する危険性をはらむものである。この戦争の脅威を前にして，個々人は自分の現実存在の安定を震撼させられて，自分自身が有限ではかない存在であることを理解すると同時に，自分の個的世界が本質的に国家という全体的世界の存在のゆえにこそ存立していることを自覚するのである。ヘーゲルにとって戦争は，市民は国家の一員であることによってはじめて市民たりうるということを個々人に理解させる国家活動の一つの形態である。有機体のような個と全体の生動的な調和と統一のうちに「国家の健康」［『ドイツ憲法論』1. 462］があり，戦争はその契機であるとすれば，逆に「平和は人間の沈滞」であり「永久平和はもとより持続的な平和でさえも諸国民を腐敗させるであろう」［『法哲学』324節および同節「補遺」］。ヘーゲルは，国家連合による永久平和というカントの構想も結局は特殊な主権意志の偶然性に委ねられるとして批判するが［『法哲学』333節］，それは，平和のための諸規範も国家にとっての戦争の意義の分析がなければ幻想にすぎないとみなすからである。⇨国際法

（水野建雄）

全体 ［Allheit, Ganzes］

　一般には個別あるいは部分に対置して用いられる概念である。ただし，ヘーゲルにおいては，究極的には個別や部分との対立・二者択一において捉えられるのではなく，これらと相互に結合・浸透しあって一体化したものであるとされる。部分と全体との一体性についてのヘーゲルの思索の基軸は，比喩的な形においてではあるが，フランクフルト時代の手稿において既に明白に示されている。「生命体においては部分はまさしく全体であり，全体と同じ一者なのである。……三本の枝をもった一本の樹は，枝ともども一体となって一本の樹木を形づくっている。しかし，この樹のひとりびとりの息子である一本一本の枝それ自身が（またその樹の別個の子供ともいうべき葉や花たちもそうであるが），そのまま一本の樹木なのである」［『キリスト教の精神』1. 376］。この考え方はやがて「真理とは全体である」［『精神現象学』3. 24］という言葉として結実する。これは，ヘーゲル哲学の基本命題ともいうべきものであるが，ヘーゲルはまた真理を「だれひとり参じて酔わぬ者とてなきバッカス踊りの陶酔」［同 3. 46］の全体的一体性に譬えている。また，「全体は，ただ自己展開によってのみ己れを完成する実在である」［同 3. 24］ともされ，その展開には独自のリズムが備わっているとされる。このリズムが論理的必然性といわれるものであり，それを純粋な形で抽出したのが方法であり，論理である。「真理は，ただ体系［的全体］としてのみ現実的である」［同 3. 28］とか，「知はただ学（Wissenschaft＝全体知）としてのみ，あるいは体系［的全体］としてのみ現実的である」［同 3. 27］という言葉にも，全体という概念の占める意義が端的に示されている。⇨生（命），体系，個別性，学（問），真理

（谷嶋喬四郎）

前提　⇨推論（推理）

賤民　⇨貧困

占有　⇨所有

占有の体系　⇨市民社会

旋律　⇨音楽

洗礼　［(ギ) βαπτισμα, (ラ) baptism, (独) Taufe］

　バプテスマとは，古代では，洗礼は浸礼であったところから，「浸す」というギリシア語の名詞形から由来する言葉である。一般的

には，キリスト教会が，入信者に教会の一員として信仰生活に入ることができるように施す聖なる儀式で，頭上に水（聖霊を表す）を注いだり，身体を水に浸したりすることによって行われる。その宗教的意義は，人間の罪のために，人々に代わって，十字架上に死したイエスに倣って，身を完全に水に浸すことによって，キリストの死に与り，古き自分が死し，水から離れるとともに，新しき自分として，キリストとともに復活するというところにある。

ヘーゲルはベルン期においては，そのカント的な道徳の立場ゆえに，儀式としての洗礼には積極的な意味を見出していない，むしろ，それにイエスの宗教の既成化の由来を見ている。フランクフルト期になって，洗礼を「父と子と聖霊との関係」[『キリスト教の精神』1. 392]に入るための精神の受洗とみなすようになる。『精神現象学』では，聖書と関連して，洗礼は「罪に死すること」[『精神現象学』3. 570]と解されている。人間は自然的である限り罪を負ったものであることを「知る」ことによって，その特殊性において死に，普遍性と調和し一体化することを意味しているが，それは即自的には，実在が自分と和らぎを得ることでもある。『宗教哲学』においては，洗礼はその本来の宗教的意義を取り戻している。「キリストの神秘体」としての教会の教義には，既に真理は現存している。つまり，神は即かつ対自的に和解に達している。小児はそのような「教会の共同体」のうちに生まれ，その真理に関与するように予定されている。それを教会が表明するのが「洗礼の秘蹟」である。それは再生の儀式である。「人間は，二度生まれなければならない。初めは自然的に，次に精神的に」[『宗教哲学』17. 323]。➡祭祀（儀礼），教会・教団

【参】 岩波哲男（1984） 　　　（武田趙二郎）

ソ

像　➡心像

相関性　➡関係

想起　➡記憶・想起・内（面）化

総合　[Synthese]

ヘーゲルにおいては，一般に総合という概念には，それだけで用いられる場合，「表象」の立場に特徴的な，外的に別々に存在しているものの外面的な寄せ集め，混合，ごっちゃまぜ，折衷といった消極的ニュアンスが強い[『大論理学』5. 100；『エンツュクロペディー（第3版）精神哲学』451，456節]。例えば，カントの「純粋実践理性の要請」論における二律背反の「総合的統一（die synthetische Einheit）」は，「ずらかし」という「総合的表象（das synthetische Vorstellen）」ないし諸矛盾の「混合（Synkretismus）」にすぎないとヘーゲルは批判する[『精神現象学』3. 452, 462f.]。またヘーゲルによれば，「自然宗教」において「工匠」が思想と自然的なものという互いに異質な形式を「総合する労働（das synthetische Arbeiten）」すなわち「混合すること（das Vermischen）」[3. 512]をやめ，それによって「精神」は次の段階へと移行する。しかし次の段階である「芸術宗教」の「精神的芸術品」も，「表象性」を脱却しえな

い。「叙事詩」は自己意識的定在と外的定在とを，あるいは「普遍的なものと個別的なものとを総合する結合 (die synthetische Verknüpfung〔Verbindung〕)」である「表象」の所産なのである［3. 531f.］。このような「総合的表象 (das synthesierende Vorstellen)」はエンペドクレス哲学の原理でもある［『哲学史』18. 346, 351, 353］。ところで，ヘーゲルによれば，有限な認識活動というものは，「個別」から出発して「普遍」へ進む「分析」的方法と「普遍〔定義〕」から「特殊化〔分類〕」を通じて「個別〔定理〕」へ至る総合的方法との二つの過程を辿らねばならない［『エンチュクロペディー（第3版）小論理学』228節，同節「補遺」］。「分析」が所与の経験的に具体的な材料を普遍的な抽象の形式へと高め，これが総合的方法において（近接の類と種差による）定義として冒頭におかれる。前者は「事実〔態〕」から「概念」へ，後者は「概念」から「事実」へ至る道程だといってよいが，この「事実」たる「具体的個別性」は「異なった諸規定の総合的関係」として把握される。この関係の媒介項を「構成」が提出し，関係の必然性が「証明」される［同231節］。だが，この関係は量的な「形式的同一性」に，必然性は「外的必然性」に留まる。それゆえ分析的方法も総合的方法（とくに幾何学的方法）も哲学には不適である［同229節「補遺」；『精神現象学』3. 42-43；『大論理学』5. 48-49, 6. 511-541;『哲学史』20. 163, 167, 187 f.］。とはいえ，「分析」と同様この総合も，区別されたものの「内在的総合」すなわち「即かつ対自的に存在する統一」の条件である「他者」への進展［『大論理学』5. 100］を踏まえたヘーゲル固有の方法の中に止揚されている。「対象を概念的に把握するという真理の方法は，それがどこまでも概念を出ないものである以上，分析的であるが，しかしそれはまた総合的でもある。というのは，対象は概念によって弁証法的に規定されるのであり，

他の対象として規定されるからである」［『大論理学』6. 566, 557, 560, 563］。→分析，ずらかし，芸術宗教　　　　　　　　　　（山田忠彰）

相互外在 〔Außereinander〕

本来ほかの存在者との有機的連関の中でのみそれとして成立する存在者がこの連関を離れて相互に独立であるかの相貌をとるとき，これら存在者相互の関係としては，それらの本質になんの影響も与えない，後から偶有的に付け加わるような外的関係しかありえない。ヘーゲルはこうした存在者相互の関係を，それらの持つ本来的な統一的連関を考慮しつつ「相互外在」と呼ぶ。論理学の「機械的連関」(Mechanismus) は「相互外在」する存在者たちの存在様式であり，『エンチュクロペディー』の体系において論理学最終段階の「理念」がその有機的統一という自分の居場所を離れて「自己外存在」(Außersichsein) する場所は，さしあたり，存在者たちが「相互に並んで」(Nebeneinander) ——空間——，「相互に続いて」(Nacheinander) ——時間——という「相互外在」の仕方をとる力学的 (mechanisch) 自然である［『大論理学』6. 409-410 ；『エンチュクロペディー（第3版）自然哲学』253節他］。→機械的連関，自己外存在，空間，時間　　　　　　　　　　（松本正男）

相互承認　⇨承認

創造 〔Schöpfung, Erschaffen〕

ユダヤ教・キリスト教における創造物語は，旧約の創世記に描かれているが，ヘーゲルはそれを思弁的に解釈することによって，自らの哲学体系の表象 (Vorstellung) による説明の手段となす。〈真なるもの〉は哲学の概念からみればロゴスであるが，宗教的表象からみれば神である。それで，「論理学」の世界は，「宗教的表象」を用いれば「天地創造以前の神の似姿」ということになる。それに

対して論理から自然への移行は，まさしく「創造」としてわれわれは表象することができる。創造物語は三位一体論と結合されて絶対理念の運動の説明に利用される。(1)「世界の創造以前」の「即かつ対自的神」が父なる神であり，(2)世界の創造は物的自然と有限な精神に分裂するが，これが子なる神である。(3)和解の過程は「教団の精神（Geist）」であり，これはとりもなおさず「聖霊」(Geist) である［『宗教哲学』17. 213ff.］。同様のことは，既に『精神現象学』でも述べられている［3. 561］。→キリスト教，ユダヤ教，神，三位一体

(生方　卓)

想像　⇨想像力

創造者　⇨創造

想像力　[Einbildungskraft]

想像力は人間の自由の現れであるが，またそのゆえに人間を現実から疎外するという二面性を持つ。そこで想像力は，市民的自由が確立する18世紀以降，その顕揚と否定の間を揺れながら，哲学的考察の焦点となる。『エンツュクロペディー』で，理論的精神を直観-表象-思惟の三段階に区分し，表象の中心に想像力を位置付けたヘーゲルは，それまでの感性と理性の二元論を超えて想像力の独自性を定着させた。そこに至る彼の軌跡の中には，想像力の近代的問題性が現れている。

最初期の宗教論は既に，生命のない客体的宗教を生み出す啓蒙的悟性に対して，主体的な国民宗教における空想（Phantasie）の意義を強調して，「道を誤りやすい空想が良い進路をとること」の重要性を指摘し［『国民宗教とキリスト教』1. 30f.］，ヘーゲルの思索の出発点に想像力の問題があったことを告げている。この国民宗教の理想は，青年期を通じて，詩作的神話的想像力である空想に基づいたギリシアのそれに求められた。芸術的想像力を国民宗教の特性と考え，ロマン派のように天才的芸術家の個人的特権とはしないところに，ヘーゲルの特徴がある。

シェリングの同一哲学にさしあたり拠り所を求めつつ，先行の哲学と対決したイェーナ初期には，想像力（構想力）についての対立的な把握が見られる。カントの『純粋理性批判』が示した，感性と悟性を媒介する「超越論的」構想力は，主観と客観の同一性，思弁的理念を内に含むものとして評価するが，他方，フィヒテの知識学が捉えた，自我と非我，有限性と無限性の間を「揺動する」(schweben) 構想力は，真の統一に至りえない無限進行に陥るものとして否定するのである。すなわち，「直観的悟性」に通じる真無限的な構想力と，悪無限的な構想力が存在するのである。この両面評価は想像力の近代的問題性の露呈という点でも，ヘーゲル特有の無限論の形成という点でも重要である。ここでは，スピノザの imaginatio 論の影響も無視できない。これに基づいて，抽象的なもの，有限者を絶対的なものとみなす想像や反省が批判されているからである。

イェーナ期の途中で，以前の直観主義的立場を放棄し，思惟による概念的把握を最高の境位とするようになった後，想像力は，精神哲学の中で直観から思惟への移行を担う表象の一段階として把握され始める。その内容は時期によって変動するが，最終的な形である『エンツュクロペディー（第3版）精神哲学』455-460節では，(1)想起された心像を結合する再生産的想像力，(2)象徴化する想像力である空想，(3)記号を作る空想に三分され，順次高度化することになっている。ただニュルンベルク期には，精神錯乱・狂気など想像力のもたらす否定的現象が大きく取り扱われているのに対して，『エンツュクロペディー』では，それらが消えて，むしろ想像力の働きの背後に知性が存在することが強調されていることが注目される。ヘーゲルは，取り扱いに

くい想像力をなんとか知性の枠内に収めようとしたのである。→心像, ヘルダー

【参】Sallis (1987)　　　　　　　　　　（池田成一）

相続 [Erbschaft]

ヘーゲルでは相続は、精神の直接的実体性である「家族」が両親の自然的死によって解体したのち、家族の同一性を持続的に保証していた共同の資産を子供が継承することと理解されている。これによって子供は、独立した所有を獲得し、再び家族を形成する［『法哲学』178節］。家族は自然的人倫として人倫の生成の基礎をなすものであり、そこに偶然性や恣意が入り込むのを防ぐためには相続は恣意的に行われてはならないから、かれは法定相続の立場を採る。また、ヘーゲルの相続論は、とくにローマ法に見られるような同族や家族の名誉の使命のための家族資産にも反対している。家族はすでに、市民社会における自由な人格に基づく共同体であるため、資産の自由や相続権の平等が保証されなくてはならないからである［同180節］。→家族

（岩崎　稔）

総体性 [Totalität]

統体性、全体性とも訳される。「真理とは全体である」［『精神現象学』3. 24］という言葉にも示されるように、総体性、全体性と言う概念は、ヘーゲル哲学において重要な地位を占める。ただし、ヘーゲルにおいては「すべての牛が黒くみえる」［同 3. 22］暗闇としての全体ではなく、あくまでも「区別」を内包した全体（「具体的全体」とも名づけられる［『大論理学』6. 555］）を意味するところにその特徴がある。

もともと総体的とか、総体性というとき、ヘーゲルは、とりあえず、部分・個別に対する全体、矛盾・対立に対する統一、という意味をもたせるが、もともとヘーゲルの考え方によれば、あらゆる矛盾や対立の両項は実は「ひとつのもの」の異なった姿での現れであり、あるいは個々の部分の一見無秩序な集合体とみえる現実も、ほんとうは大きな秩序をもった「ひとつのもの」の、たまたまの姿であるとされる。ここにいう「ひとつのもの」（統一性、統体性）にあたるのが、総体性である。ヘーゲルのこのような基本的な思想はすでにベルン時代末（1796年）ごろから萌してより、やがて「愛」とか「生」とか「存在」という言葉で表現されるに到るものである。ヘーゲルによれば、この総体性は、客観的な対象世界に厳然として存在しているにもかかわらず、それを把握できるのは、ただ、人間の理性の働きだけであるとされる。したがってヘーゲルにおいては、人間の理性の営みである哲学の使命と目標とは、実はこの、真理でもあり絶対者でもあるところの総体性の把握にあるといっても過言ではない。さればこそこの概念は、ヘーゲル哲学のあらゆる分野、すなわち、論理学（ヘーゲルではこれが認識論と形而上学的存在論とを兼ねる）、自然哲学、精神哲学（広義の社会哲学、歴史哲学）等の領域においてつねに中心的な役割を果たすこととなる。

まず、認識論、存在論の領域においては、総体性とは、絶対者であり、知や認識の有機的統一体であるとされる。「絶対者は、ひとつの客観的総体性、知の全体的統合体、諸々の認識の有機的統一体となる。この有機的統一体においては、各部分それぞれが同時に全体でもある。部分が絶対者との関わりにおいて存立しているからである」［『差異論文』2. 30］。次いで、自然哲学においては、「総体的個体性」［『エンツュクロペディー（第 3 版）自然哲学』309節］とか「特殊的個体性における総体性」［同323節］というような表現を用いて、磁力の南北両極や電気のプラス・マイナスが、それぞれ総体を蔵した個体であることを例示して自然界の基本構造を説明している。また生物の両性についても同様だとしている［同

369節]．さらに，社会哲学的には，国家が人倫の理念の実現態であるという見解を打ち出しているが［『法哲学』257節］，それは，人倫の真理としての総体性は，市民社会によっては担われないから国家によって実現されるべきだ，というヘーゲルの形而上学的所信の現れとみてよい。「区別を内包した全体」という基本的視点を考慮するならば，ヘーゲルをいわゆる政治的全体主義の唱導者と見做すのはゆきすぎであろう。→全体，矛盾，対立，弁証法

【参】 Henrich (1966), Avineri (1976)

(谷嶋喬四郎)

疎外 [Entfremdung]

この言葉はもともと ent-fremd-en という動詞を名詞化したものであるが，この動詞は，分離・離脱・異質化を意味する接頭語 ent と，異質・無縁・無関係を意味する形容詞 fremd とが結び付いて出来たものである。fremd というドイツ語の形容詞は，英語の alien，フランス語の étranger にあたることばで，一般的には，見知らぬ人や物，異邦人や異形のものについて用いられる。したがって entfremden という動詞の最も日常的な用い方は，人間どうしが何らかの形で互いに疎遠になる，という用い方である。日本語の疎外という言葉にも，もともと他人を疎んじる，という単純な用い方しかなかったが，今日では，洋の東西を問わず人間の自己疎外とか，疎外的状況というような形で，高度に抽象化された哲学的タームとして用いられるほうがむしろ多くなっている。「疎外」概念のこのような哲学的ターム化の背景には，(1)マルクスの『経済学・哲学草稿』(1844年)において，ヘーゲルの疎外概念が重要な役割を負うものとして援用され，(2)さらにこの草稿がいわゆる MEGA（マルクス・エンゲルス全集）の刊行（1920年代末以降）によって広く知られるようになって疎外のタームそのものへの先駆的着目が行われ，(3)第2次世界大戦後，とくに50年代後半以降，この疎外概念が，「近代」一般の構造解明のキー・コンセプトとして，急浮上するに到った，という歴史的経緯がある。

哲学的タームとしての Entfremdung の日本語訳はもっぱら「疎外」であるが，現代中国語では「異化」である。英語ではもっぱら alienation が用いられている。フランス語ではやや事情がこみ入っており，イポリット (Jean Hyppolite 1902-68) は rendre étranger, devenir étranger という動詞形を用いたり，ラテン語からの造語 extranéation を用いたりしているが，場合によっては aliénation と訳している。ただし，イポリットは，この aliénation (aliéner) は，本来 Entäußerung (entäußern) への対応語だといっている。なお，マルクスでは，Entfremdung と Entäußerung は殆ど区別されていないが，ヘーゲルではこの両者の間には微妙なニュアンスの違いがある。

ヘーゲルの形而上学的思考によれば，すべての存在者はその本性上，おのれ自らを否定して，おのれの他者 (Anderssein) となり，異質化する (sich entfremden)，という必然性を内包するとされる。さらに，この考え方によれば，ひとたび否定されたものも，さらにその内在的否定性によって再度否定され，もとのものへと還帰することになる。ただしその還帰は，単なる旧態への復帰ではなく，「否定の否定」ないし「他者の他者」という媒介を経て，より豊かな内容を獲得した復元であるとされる。ヘーゲルによればこのような躍動的な構造が，あらゆる存在の，そして世界全体の構造の基本の形であるとされる。ヘーゲルの疎外概念は，もともとこのような「他者化」(Anderswerden)，ないし「自己異化」(Sich-entfremden) の思想の上に成り立ったものである。その意味では，ヘーゲルのいう疎外 (Entfremdung) とは，基本

的には自己疎外（Selbstentfremdung）なのである。

ヘーゲルの体系全体についていえば、自然界は精神が己れの外に出て（すなわち他者化し、外化して）、もの（Dingheit）の世界に立ち現れた姿として把握されている。ここでは、いわば自然は精神の外化（Entäußerung）としての疎外（Entfremdung）形態だとされる。「自己意識の外化こそ、物たること（Dingheit）を定立する」［『精神現象学』3. 575］、「フィジカルな自然は精神の他者である」［『大論理学』5. 127］。ヘーゲルではこのように、精神の他者化が物的世界にかかわる現象であるときには、外化というニュアンスの強い Entäußerung というタームがもっぱら用いられている。

他方、精神は、ものとの関わりにおいてではなく、それ自体として、そのもっとも高度の形態である絶対精神に到るまでの展開の途上において、ひとたびは本来的本質から脱落した形態をとらざるを得ないとされる。『精神現象学』において、「自己疎外的精神―教養」と名づけられている精神がそれである。『精神現象学』のⅥ.「精神」の項は、人間の間主体性の世界（すなわち共同体）ないしその思想の諸形態を段階づけて叙述したものと解してよいが、その一段階である教養の世界は、アトム的な自我の集合体であって、個別と全体とのあいだには内面的・必然的な統合の基盤がないため、そこでの対人関係においては、一方では分裂や対立が、他方では強制的で外面的な結合が特性となっている、とされる。ヘーゲルによれば、精神のこのような疎外態（脱本質形態）は、他者のうちに己れを、己れのうちに他者をみる、という、精神の本来的な本質形態、すなわち「最高の共同が最高の自由である」［『差異論文』2. 82］ような形態に到るために経過せざるを得ない一つの迂回段階であるとされる。この疎外態として、具体的には、アンシャン・レジームから啓蒙の時代を経てフランス革命に到るフランスの歴史が念頭におかれている。Entäußerung にたいして、Entfremdung は、このようにもっぱら対人関係にかかわる疎外現象一般を論じる時に用いられるタームと見るのが妥当である。→精神、自然、他者、教養、『ラモーの甥』、マルクスとマルクス主義、ディドロ

【参】Hyppolite（1941 : p.49, 279), Lukács (1948b), Schacht (1970), Schaff (1977), 金子武蔵 (1979 : p.1500-02)　　　　（谷嶋喬四郎）

即かつ対自　［An-und-Fürsich］

「即かつ対自」は、発展する存在や認識におけるその都度の最高の段階であり、対立の排除や隠蔽ではなく、対立を「契機」として保存したままでの統一である。その都度のというのは、この過程が重層的なものだからであり、最終的には「全体性」「統体性」として示される「体系」全体を意味している。言い換えれば、「即かつ対自」は、「最初のもの（始元）」が、「自己自身によって、自己自身と媒介されたものとして、またそれによって同時に、真に直接的なものとして自己を示す」［『エンツュクロペディー（第3版）小論理学』83節「補遺」］全過程のことであり、この意味で、「前進」は「始元」の実現でもあり、それへの「帰還」でもあるのである［同244節「補遺」］。

例えば『論理学』は「存在論（有論）」、「本質論」、「概念論」の三部からなるが、それぞれ、「即自的概念についての論」、「対自的に存在する概念についての論」、「即かつ対自的概念についての論」と特徴づけられている［同上］。しかしそれにとどまらず、さらにその内部においてこのトリアーデ構造は重層化されている。例えば「存在論」の最初のよく知られた「存在－無－成」もこの図式をなしており、その最終段階としての「成」はまた「定在（Dasein）」として「定在－有限性－無限性」のトリアーデの最初の項となる。

さらに「存在」「定在」は、「対自存在」とトリアーデをなしている。『論理学』の最終段階は「絶対理念」であるが、これはまたそれに続く『自然哲学』の「始元」(「即自」)でもあり、『論理学』への「導入」としての『精神現象学』の、その最終項たる「絶対精神」は『論理学』の「始元」をなす「純粋存在」でもある、といった具合である。

従来の論理学や形而上学で扱われてきた諸カテゴリーを、こうした図式によって完全に関連づけ、「概念の自己運動」として叙述することには当然無理があり、辻褄をあわせるための繰り返しやぎこちなさを指摘することは容易であるが、一つの原理(「主観性」)とそれに基づく方法概念(「弁証法」)によってカテゴリーを相互に関連づけるという発想と、その実現はヘーゲルにおいて初めてなされた偉業である。→体系, 弁証法, 即自, 対自

(杉田正樹)

即自 [Ansich]

「即自」は、「他なるもの」との関係なしに、単にそれ自身において(ansich)主題とされていることを、またされているものを意味し、「対自」と対になって、認識のあり方や、事物のあり方の段階ないしは、その本性を示す。「自分が自分に密着している」という意味があり、「自分の本性をぴったり身につけているが無自覚的」という意味になる。例えば認識は、「即自」の段階から「対自」の段階へと高まり、その即自と対自の対立を超えて、さらに「即かつ対自」へと高まる、と考えられている。例えば、子ども、青年、大人がそれぞれの段階に対応する。こうして得られた「即かつ対自」は、最初の「即自」への単なる復帰・再現ではなく、そこへ潜在的に含まれていたものの「展開」、「実現」とみなされるが、しかし、その新たな次元においては、再びそれは「即自」となって、さらに展開して行くことになる。

認識の対象も、その認識のレベルに応じて、「即自」から順次、高次化してゆくが、他方、時間のうちで生成・変化するものについても、この図式を当てはめて考えられている。例えば種子が大木になる過程がそれである。ここには明らかに、「運動($\kappa\acute{\iota}\nu\eta\sigma\iota\varsigma$)」を「可能態($\delta\acute{\upsilon}\nu\alpha\mu\iota\varsigma$)」から「現実態($\mathrm{\dot{\epsilon}}\nu\acute{\epsilon}\rho\gamma\epsilon\iota\alpha$)」として説明するアリストテレスの影響を見ることができる[『哲学史』18. 39 参照]。

このような図式の実例を、ヘーゲルの著作のあらゆるところに見出すことができる。こうした考え方の背後には、一切は単独にあるのではなく、相互に、しかも重層的に媒介されている、という了解がひかえている。ここからすれば、「即自」は実は、「媒介」関係を捨象して得られた「抽象的なもの」、ないしは「媒介」の「止揚」されたもの、にすぎない。例えばカントの「物自体 (Ding an sich)」に対する批判はその典型的な一例である。→媒介

(杉田正樹)

属性　⇨実体(性)・属性・偶有性

ソクラテス　[Sōkratēs 前470頃-399]

『哲学史』の中でヘーゲルはソクラテスについて「哲学史の中で最も重要な人物、古代における最も興味深い人物であるばかりではなく、世界史的人格である」[18. 441] と述べ、その哲学と生涯について詳細に論じている。ソクラテスは「精神が自己自身の内に向かう重要な転換点であり」、「ソクラテスにおいて思考の主観性が明確な、はるかに徹底した仕方で意識されるにいたった」[同上] と見る。思考の主観性の働きはソフィストにも知られていたが、その思考は規定されたものや存立するものを破壊するだけの不安定なものであり、その主観性も否定的にのみ意識される個別的な主観のことであった。これに対してソクラテスは、思考の主観性の中に客観的で普遍的なものを見出そうとしたのであり、

人間の精神にそうした真理を認識する能力を認めたのである。善は実体的なもの普遍的なものであるが、それは同時に私によって認識されなければならないのである。「ソクラテスにおいて無限な主観性、自己意識の自由が生まれた」［同 18. 442］とヘーゲルは言う。有名なソクラテスのダイモーンも人間の意志の自己決定を意味するものとし、ヘーゲルはそこに人間の自己認識の開始、「おのれを知る自由のはじまり」［『法哲学』第279節］を見る。「ソクラテスの原理が起こした全世界史的転換の核心は、個人の精神の証明が神託に取って代わったこと、主観が決定を引き受けたことにある」［18. 495f.］。思考の主観性、主観の自己決定を原理とするソクラテスが、アテネ国家から死刑の宣告を受けなければならなかったのは当然の結果である。実体的なものも主観の認識に基付けられなければならないという思想にはもともと、人倫的実体と主観的認識との間の深刻な対立が孕まれているからである。ソクラテスの死において共に正当なこれら両契機が対立し消失したのであるから、ヘーゲルはそれを「普遍的な、人倫の悲劇的な運命」と見て、「ソクラテスの運命は真に悲劇的である」［18. 514］と述べている。⇨ソフィスト，弁証法，人倫　（菊地惠善）

祖国　⇨故郷

措定　⇨定立（措定）

「その限りで」　⇨知覚

ソフィスト　［(独) Sophisten, (ギ) σοφιστης］

σοφιστης とは、知恵の教師、人々を賢明にならしめうる者のこと。特に紀元前5世紀に、アテネに現れ町から町へと彷徨い歩きながら、知識や哲学を教授し、青年を能弁な者（能弁は当時のアテネの民主制においては、必須の能力であった）に育成することに携わった教師たちのこと。彼らがそれを金儲けの手段とし、雄弁術の形式的なテクニックのみに走るに及び、人々の反対を招くことになった。アリストファネスの嘲り、ソクラテス、プラトンの彼らに対する戦いを通じて、ソフィストという言葉は、偽学者、詭弁の徒という忌まわしい意味を持つようになった。しかし、ヘーゲルは彼らが概念を思想として現実に適用したこと、それを以て、ギリシアに初めて「教養」［『哲学史』18. 409］なるものを存在せしめ、その普及を通じて、青年たちの精神陶冶に多大な貢献をなしたその啓蒙的功績を高く評価した。代表的人物はプロタゴラス（Prōtagoras 前500-400頃）、ゴルギアス（Gorgias 前500(484) - 391(371)頃）である。
⇨ソクラテス　　　　　　　　（武田趙二郎）

ソフォクレス　⇨ギリシア悲劇

ゾルガー　［Karl Wilhelm Ferdinand Solger 1780.11.28-1819.10.20］

ヘーゲルと同じくベルリン大学の教授、ロマン主義の時代における美学者として知られている。彼のよく知られた著書である『エルヴィン——美と芸術についての四つの対話』(1815)、『美学講義』(1829遺稿)に見られるように、美と芸術についての思想のみがゾルガーの哲学の中心をなしているように思われがちであるが、しかしそれは、あくまでもフィヒテ、シェリングの影響下に出発し、ヘーゲルの弁証法と深く関わりながら、彼らの体系的哲学を越えキルケゴールの思想を先取りするに至るまで進んだ哲学的・宗教的思索に裏付けられたものであった。彼は「否定の否定」というような弁証法の図式を問題とはするが、しかしヘーゲルのように思惟と存在との一致としての「絶対精神」を想定するのではなく、神的理念と現実的世界の和解しがたい分裂を鋭く意識しており、自己意識をその両極に引き裂かれたものとして捉えている。

そしてこのような哲学的内容を端的に伝えるものが芸術であるとされる。ゾルガーの芸術哲学において中心に捉えられるものが「イロニー」の概念である。これは Fr. シュレーゲルをはじめとするロマン主義者たちによって，一切の世俗的有限性を越える主観性の自由を示すものとしてもてはやされた概念であった。それが，ゾルガーにおいては，むしろ真のイロニーは，人間が現実の世界に生きている限りは自己の使命を，それがどんな高いものであろうともこの有限な世界で果たすしかないことに由来するものであると考えられている。有限性を脱した神的なものも我々のもとにある時には卑賤なものと同様に空無なものであり，われわれ同様に没落せざるをえない。しかしこの没落の際にはじめて神的なものとして光明に満たされ，啓示が行われる。したがってイロニーは喜劇的なものではなく悲劇的なものである。ヘーゲルの彼に対する評価は，そのロマン主義に通じるものを批判し，弁証法的性格を評価するものとなっている［『法哲学』7. 277］。→イロニー　（佐藤康邦）

ソ連・東欧のヘーゲル研究

ソビエトにおけるヘーゲル研究を方向づけたのは，弁証法の唯物論的展開というマルクス・エンゲルスのモチーフである。マルクスはヘーゲル弁証法の「神秘的外被」をはぎとって「合理的核心」を摘出し，ヘーゲルの観念論的弁証法を唯物論的に「逆転」しなければならないと主張した［『資本論』第 2 版，後書］。エンゲルスは，ヘーゲル哲学における「歴史的センス」を高く評価し，すべてのものを生成と消滅の過程においてとらえるその弁証法は革命的であり，ヘーゲル哲学の閉鎖的体系と矛盾すると指摘した［『フォイエルバッハ論』］。レーニン（Vladimir Iliich Lenin 1870-1924）は『哲学ノート』（1914-16）で，当時の西欧における弁証法軽視（とくに新カント派）と唯物論内部における弁証法軽視の風潮とを念頭において，マルクス主義の弁証法を仕上げ，展開させるためには，ヘーゲル論理学の批判的研究が必要であると強調した。また，ヘーゲルの弁証法論理学は認識論と深く結合していることを明らかにし，マルクスにあっては弁証法・論理学・認識論の統一は『資本論』において具体化されていると指摘した。

以後ソビエトでは，ヘーゲル論理学を念頭においたヘーゲルの観念論的弁証法とマルクスの唯物論的弁証法との比較研究が重視された。1930年代のこの傾向の代表者としてはミーチン（M. B. Mitin『ヘーゲルと唯物論的弁証法』1934），アクセリロド（L. I. Akselrod『ヘーゲルの観念論的弁証法とマルクスの唯物論的弁証法』1934）がいる。スターリン時代になると，弁証法の通俗化が横行し，ヘーゲルについてもステレオタイプ的理解が支配的となったが，スターリン批判（1955）以降，ヘーゲル研究の意義が再認されるようになった。とくに，レーニンの指示に立ち返って，ヘーゲルの論理学とマルクスの資本論との比較検討，唯物論的立場からの弁証法的論理学の確立が重視された。この方向での研究としてはローゼンターリ（M. M. Rozental）の『マルクス「資本論」における弁証法の問題』，イリエンコフ（E. V. Ilyenkof）の『「資本論」における具体的なものと抽象的なものの弁証法』（1960），『弁証法論理学』（1984），ナルスキー（I. S. Narski）の『弁証法的矛盾と認識論理』（1969），コプニン（P. V. Kopnin）の『レーニンの哲学観と論理学』（1969），チェコのゼレニー（Jindrich Zelený）の『マルクスの「資本論」の論理構成について』（1962）がある。なお，マルクスは市民社会と国家の矛盾についてのヘーゲルの指摘を批判的に摂取し（『ヘーゲル国法論批判』，『ユダヤ人問題』），『精神現象学』における人間の活動の弁証法を評価したが（『経済学・哲学手稿』），1960年代前半までは

この面での研究は、論理学研究に比べて立ち遅れがみられた。

戦後のヘーゲル研究に国際的影響を及ぼしたのはハンガリーのルカーチ（György Lukács 1885-1971）の『若きヘーゲル——弁証法と経済学の関係について』（1948）である。彼は、『精神現象学』を頂点とする若きヘーゲルの弁証法の形成を、近代社会の経済の批判的分析との連関で考察した。これは、若きヘーゲルにおける社会批判の傾向を重視するもので、それまで主として保守的と特徴づけられてきたヘーゲルの社会観にたいする新たな評価を促し、またヘーゲルとマルクスとの関係の把握にも新たな光を投じた。ルカーチの問題意識に沿った研究としてはルーマニアのグリアン（Constantin I. Gulian）のものがある（『ヘーゲルの方法と体系』1957, 『ヘーゲルと危機の哲学』1970）。旧東ドイツではルカーチの著作を契機にマルクス主義によるヘーゲル評価をめぐって論争が生じた。60年代に入って、ドイツ観念論の母国として、ヘーゲルを含めてその遺産を継承する志向が強まった。ヘーゲルにかんしては、ソビエトにおいてとはやや異なって、『精神現象学』や歴史哲学をも対象として、人間の活動と歴史法則との関係に関心が集中した。ブーア（Manfred Buhr）の『理性の要求』（1968）、『ドイツ古典的哲学の歴史について』（1972）やシュティーラー（Gottfried Stiehler）の『ヘーゲル「精神現象学」における弁証法』（1964）、『カントからヘーゲルにいたる観念論』（1970）がこの方向での研究を進めた。

ソビエトでも60年代以降、オフシャニコフ（M. F. Ofsyannikof）の『ヘーゲル哲学』（1959）、バクラッゼ（K. S. Bakradze）の『ヘーゲル哲学の体系と方法』（1958）を先駆として、ヘーゲルの全体像の解明への取組みが進み、60年代後半以降、ヘーゲルの社会論や、活動の弁証法の把握にたいする積極的評価が行われるようになった。伝統的な型のヘーゲル解釈を行ってきたオイゼルマン（T. I. Oizerman）の『マルクス主義哲学の形成』（1962）、『哲学と哲学史の諸問題』（1969）にも、この方向での変化がみられる（「ヘーゲル法哲学の矛盾の積極的評価の問題について」ヘンリッヒ、ホルストマン『ヘーゲル法哲学』1982所収）。70年代になると西欧におけるヘーゲルの文献的研究の成果をふまえた新しい型の研究も登場する。グリガ（A. V. Guliga）の『ヘーゲル』（1970）、マトロシローヴァ（N. V. Motroshilova）の「ヘーゲル哲学の新研究」（『哲学の諸問題』7/1984）、『「論理学」へのヘーゲルの道』（1984）がその代表である。→マルクスとマルクス主義

【参】 Lukács (1948a), Dietl (1987) （高田 純）

ゾロアスター　[Zoroaster 前1500-1200 推定]

ヘーゲルがゾロアスターを評価するのは、彼の教えが歴史性を包含し、世界史の始源として東洋と西洋とを架橋したからである。

ゾロアスターは、抽象的普遍者であるインド人の梵を対象化し、それを善として肯定する。それがオルムズドであり、光はその自然的姿である［『宗教哲学』16. 397f. 参照］。このオルムズドはあらゆる光の中に現在することから、拝火の信仰を生む。だがオルムズドは太陽や月といった個々の自然物ではないから、礼拝されるのは、個別者ではなく、個別者の中の光だけである。個々の自然物は、普遍者である光に与かることで、発展し恵みと繁栄を享受する。光はすべての自然の生命の源泉である。このようにオルムズドが光として自然の中で意識されるとき、それと対立する闇、アーリマンもまた意識される。そのため善には悪が、光には闇が対抗し、未来において闇は善に一元化されることになる。その結果、終末を説くゾロアスターの教えには、歴史性という新しい考えが示される。

ヘーゲルのこうしたゾロアスター理解の背景には、当時のヨーロッパのゾロアスター研

究の影響がある。1700年に神学者トマス・ハイド（Thomas Hyde）は『古代ペルシア・パンルティア・メディアの宗教史』の中で，彼のキリスト教信仰との類似点を求め，ゾロアスターは厳密な一神教徒で，アブラハムの仕事を昔のイラン人に再び行わせるために，神に遣わされた者だと述べた。またこのゾロアスターの教えを多神教徒のギリシア人が誤って解釈し，さらにマニ教などの二元論を知った人々が，これをイラン人古来の宗教だと誤解したとも述べた。彼のユダヤ・キリスト教的解釈がその後のゾロアスター教理解の定説となった。アンクティル・デュペロン（Anquetil du Perron 1731-1805）の『アヴェスタ』仏訳は，これに大きな衝撃を与えた。それはハイドの再構成したものとは全く異なって，明らかに多神教的で祭儀的信仰を示していたからである。そのためこの原文の内容が正しいかどうかの議論が起きた。イギリス人のジョーンズ（Willam Jones 1746-94）らは，彼の『アヴェスタ』テキストは正しくないことを実証しようとしたのに対し，クロイカー（Johann Friedrich Kleuker）はアンクティル・デュペロンを弁護し，彼の『アヴェスタ』翻訳を1776年に独訳し，パルシー主義の論文を付けて出版した。ヘーゲルのゾロアスター教に関する資料の多くは，このクロイカーに依存している。そのためヘーゲルの光についての解釈は，クロイカーのそれと共通している。ヘーゲルのゾロアスター理解はユダヤ・キリスト教的終末観を示しながらも，ギリシア的色彩の濃いものとなっている。

→ペルシア

【参】 Leuze (1975), Boyce (1979) （八田隆司）

存在（有）[Sein]

ヘーゲルにおいて存在とは「無規定的直接性」（unbestimmte Unmittelbarkeit）を意味する［『大論理学』5. 82］。フランクフルト時代の「主語と述語との合一」としての「反省の外なる」存在は［『信仰と存在』1. 251；『1800年体系断片』1. 422］，イェーナ初期には主観に対立する客観的なものを意味するようになり，悟性に現れるこの「絶対的存在」［『イェーナ体系Ⅲ』GW 8. 286］が真実のところは絶対者の存在たることを証示することがヘーゲル論理学の一課題である。

『精神現象学』の終りに到達される「絶対知」から論理学の始元を成す存在への転換について，ヘーゲルは1807年の講義で述べている。「存在における意識自身のこの確信のゆえに，または自己意識は自己自身を学の境地と実体へと形成した点において，自己意識の特別の自己内反省は余計である。〔……〕普遍的自己意識と個別的自己意識との統一としての知にとっては，まさにこの自らの境地と本質そのものが自らの学の対象にして内容であり，それゆえこの境地は対象的な仕方で言表されねばならない。こうして対象は存在である」［『ローゼンクランツ』212f.］。また『大論理学』[5. 68] は同じ事態について言う，「純粋知は，このような統一へ合致していったものとして，他への，そして媒介へのすべての関係を止揚した。それは区別なきものである。こうしてこの区別なきものはそれ自身知であることを止める。したがって単に単純な直接性が現存している」が，直接性つまり非媒介性という「反省表現」を改めて端的に表現すると，「純粋存在」であると。

この構想にしたがえば，存在論理学はその根底に反省を有しながらも，それが殊更には主題化されない論理学ということになる。「存在の領域では，概念そのものの自己規定作用はかろうじて即自的であるにすぎない」［『大論理学』5. 131］。その意味で存在論理学は「存在する概念」，「単に即自的な概念」を主題とするのである［同 5. 58］。なおヘーゲル論理学においては，「存在者（Seiendes）とは，「ひとつの独自の存在する規定」を，つまり「それだけで単独に存立する」（für sich bestehend）質的な規定性を意味する［同 5. 183,182,131］。ヘーゲルはこの存在論理学に種別的な弁証法の形式を「他への移行」と定式化している［『エンツュクロペディー（第3版）小論理学』84節］。

概念の規定作用が即自的な存在論理学にも否定が導入されうるのは、ヘンリッヒ（Dieter Henrich 1927-）が指摘したように、「無規定的直接性」（規定性と媒介性の否定）のような「否定の道」（via negationis）を経た反省表現による。この手続きによって存在は無へと「移行してしまって」おり、生成としてのみ思惟されうる［『大論理学』5. 83］。ガーダマー（Hans-Georg Gadamer 1900-）は、ヘーゲルが存在と無とを区別する立場を単なる「私念」としていることに着目し［同 5. 95］、論理学では問題となりえないはずの現象学的な私念がここで言及されるのは、思惟の始元としてその規定作用が未だ生じていないためであると解釈している。

【参】 Henrich (1963), Gadamer (1971c), Shikaya (1978), 四日谷敬子 (1991a) (四日谷敬子)

存在論 ［Ontologie］

存在を付帯的・特殊的にではなく、自体的・普遍的に、すなわち存在を存在そのものとして探究したアリストテレスの「第一の哲学」は、その後の西欧の存在論と形而上学の伝統をなしている。ヘーゲルの論理学の体系では、存在（ens）の普遍的本性を探究する存在論を形而上学の第一部門とみなしたヴォルフらの伝統を受けつつも、これに代わるものとして、事物の存在と本質に関する諸カテゴリーの学を「客観的論理学」として位置づける。この論理学の第一分野は同時にカントの先験的論理学に相当するものをも含む。しかしこれは概念の即自を扱うにすぎず、この後により高次の分野として、思惟が主体として自己規定してゆくという概念の即自・対自態を考察する「主観（主体）的論理学」が続く。この意味でヘーゲルの論理学体系は、アリストテレスに始まる伝統的な存在論と形而上学を総括的に批判し、概念の立場からそれらをより高次の段階へと止揚することを意図して構想されたものといえる。 (奥谷浩一)

タ

対外法　⇨国家

代議制度　⇨議会

体系　[System]
　Ⅰ　〈体系〉の構造　　ヘーゲルは体系哲学者だと言われる。『エンツュクロペディー』の掉尾で、アリストテレスの『形而上学』から〈神的理性の自己観想〉をめぐる叙述を引用することをもって、〈汝自身を知れ〉という人類2500年の哲学知の営みを完結した、と。また、その歴史哲学は壮大な弁神論であり、哲学史は、哲学の歴史を完成し総括する最後の花冠であり、これによってヘーゲル哲学の体系は、自らで自らを基礎付け、自己完結したと見做されもする。確かに「知は学としてのみ、言いかえると体系としてのみ現実的であり、また叙述されうる」[『精神現象学』3.27]という叙述から〈体系〉への意志を読み取ることができる。しかし、その行文の本義は、〈学の真理性を還元しうる根本命題〉を前提し、これに基づいて体系を演繹しようとした超越論的哲学の循環を批判するところにあった。むしろヘーゲルは、〈知の原理が自己展開して自己実現する体系〉においてこそ哲学知が成立すると考えていた。
　『精神現象学』を執筆した当時、〈体系〉はまだ構想段階にあった。『精神現象学』は、「学の体系第一部」であり、「第二部」としての〈論理学・自然哲学・精神哲学〉を予想する〈学に到る階梯〉に他ならなかった。したがって、〈体系〉の生成とともに『精神現象学』はその位置付けをめぐって転変を蒙る。

1812年の『大論理学（初版）』においても、『精神現象学』は「学の体系第一部」に留まっていた。しかし、1817年の『ハイデルベルク・エンツュクロペディー』では、『精神現象学』が講述した「意識の学的な歴史」は、「絶対的な端緒ではなく、哲学という円環のうちの一項」[36節「補遺」]だと言明され、1831年の『大論理学（第2版）』では、「学の体系第一部」としての位置付けが撤回される。いわば〈学に到る階梯〉を体系から切り離すことで、〈体系の自己完結〉が図られたわけである。

　ヘーゲルにとって〈体系〉は、彼自身の〈体系〉がそうであったように、〈生成する動的なもの〉であった。哲学体系と言うと、哲学を論理学と自然学と倫理学とに三分する古来からの〈体系区分〉が想起されるかもしれない。しかし、ヘーゲルの〈体系〉は、〈学の区分〉でも〈知識の網羅〉でもなかった。カントは、〈原理に従って秩序づけられた認識の全体〉に学の体系を見ていた。しかし、そうした〈原理的な統一性〉だけで、ヘーゲルの〈生成する体系〉を割り切ることはできない。「〈絶対的なもの〉の学は必然的に体系でなければならない。なぜなら、具体的なものとしての真なるものは自らの内で自らを展開しつつ統一へと収斂し、（略）統体性としてのみ存立するからである」[『エンツュクロペディー』14節]。確かに哲学史上には幾つもの体系が登場したかもしれない。しかしヘーゲルにしてみれば、「真なる体系は、より高次のものとして、下位のものを自らの内に包括しなければならない」[『大論理学』6. 250]。

〈体系〉は，完成度に応じて，真なる体系の契機として位置づけられるものであった。こうした体系の真理性が，〈根本命題に還元されうるもの〉でなかったことは明らかである。

Ⅱ　〈体系〉の意味　主体的に信仰される国民宗教を模索していた青年ヘーゲルには，『ドイツ観念論最古の体系プログラム』と称される謎めいた断片を除くなら，〈哲学体系〉への憧れを見出すことはむずかしい。「理性の神話」の創出を求め，「精神の普遍的な自由と平等」[『最古の体系プログラム』1. 236]の実現を目指すところに，青年時代の理想はあった。1800年11月2日付の書簡で「青年時代の理想は反省形式に，同時に一つの体系へと変化せざるをえませんでした」[『書簡集』(第1巻) 59]とヘーゲルは，人間の〈生〉を解明するべく学問に向かう決意を表明した。理想が化した体系とは，『差異論文』で，「理性の純粋な自己認識」にして「思弁の完全な自己構成」としての「学の体系」として語られている。「〈絶対的なもの〉は理性のこうした自己産出において，客観的な統体性へと自らを形態化する。この客観的な統体性は〈それ自身の内で担われ，完成された全体的なもの〉であって，自らの外にいかなる根拠をも持たず，自分の端緒，中間，結びを通して自己自身によって基礎付けられている」[『差異論文』2. 46]。

ヘーゲルが〈体系〉を〈自己完結したもの〉として捉える背景には，フィヒテのように〈自我＝自我〉を〈絶対的なもの〉として捉えても，根本命題に基づいて体系を演繹せんとした結果，根本命題とは違う結論，すなわち自我の努力を求めざるをえなかったことに対する批判的観点があった。これを，シェリング的な同一哲学の構想と重ねて，理論哲学と実践哲学との両極が合一する「無差別点」において，〈絶対的なもの〉を芸術・宗教・思弁という形で，思想の内で実現しようとしたのである [『差異論文』2. 112]。

Ⅲ　〈体系〉への旅立ち　イェーナ時代初期のヘーゲルには，いわゆる「初期論理学構想」なるものがある。『1801/02年の《論理学・形而上学》講義草稿』では，哲学に到る〈予備学〉の役割が論理学に求められている。論理学は〈〈有限なもの〉から端を発し，それがあらかじめ無化された限りで〈無限なもの〉に移行する」[Fr.3, 17a]という手筈を取る。そして「論理学の第三部，つまり無化作用を有する理性の否定的側面から，本来の哲学もしくは形而上学への移行が為されることになる」[Fr.3, 19-20a]。それに対し，「哲学はいわば真理の学として，無限な認識もしくは〈絶対的なもの〉の認識を対象としている」[Fr.3, 17a]。この構想によると，論理学は，有限な認識を無化して理性的認識を拓く準備段階である点で，懐疑主義と哲学的な意義をともにする。この点で，シェリングの『学問論』にも影響を与え，また，『精神現象学』の「絶望の道程」にも通じている。だがそれゆえにこそ，同一哲学の体系に一致するものでないとも言える。事実「フィヒテの知識学もシェリングの超越論的観念論も，両方とも，論理学もしくは思弁哲学を純粋にそれだけで叙述せんとする試み以外の何ものでもない」[『ローゼンクランツ』188]とヘーゲルは1801年の冬学期に語ったという。ここから，ヘーゲルは既にシェリングと異なる体系構想を抱いていたことが窺える。哲学は，主観的なものと客観的なものの同一性を知として構成する。その準備として，有限な認識を，知の展開の中で否定する過程が必要となる。だが「シェリングは，その後の哲学観のなかで，思弁的な理念を，展開を欠いたまま一般的な形で樹立している」[同189]。ヘーゲルが論理学に求めた〈有限な認識に対する無化作用〉は，「学的進展を動かす魂」としての弁証法の根幹をなすものであった。

「論理学および形而上学」を予備門とする「理論哲学」「実践哲学」「無差別の哲学」の

四部門から成る体系構想は,『1801年秋の哲学入門講義』でも明らかである。そこでは,理念そのものの学としての「観念論もしくは論理学,すなわち形而上学」,物体として実在する理念を扱う「自然哲学」,理念が自由な国民として実在的になる「精神哲学」,自由な国民が理念に還帰する「宗教と芸術の哲学」という四部門にわたる体系構成が,理念の展開過程として語られる。すなわち,知の理念が自らを実現しつつ展開する全体が,〈体系〉として構成されたのである。

『哲学批判雑誌』所収の論稿で〈無化の論理〉が確立される。『人倫の体系』,『イェーナ体系Ⅰ』に見られるのは,〈初期論理学構想〉に基づく思索を体系化する試みである。しかし,その後,論理学と形而上学が体系の内部に組み込まれ,『イェーナ体系Ⅲ』において,〈理念の展開〉を〈哲学の統一性〉と捉え,さらに〈歴史的な脈絡〉の中に位置付けようとする。こうして『精神現象学』が〈体系への予備学〉としての役割を担って登場するに到る。体系を模索していたヘーゲルの当時の軌跡は,イェーナ大学の「講義公告」からも窺い知ることができる。

Ⅳ 体系の構築　ニュルンベルクで〈哲学への緒論としての精神論〉と論理学が,『哲学予備学』として講じられた。「学問の全体は,〔1.〕論理学,2.自然の学,3.精神の学という三つの主要部門に分かれる」[『ニュルンベルク著作集』4. 11]という。また,『大論理学(初版)』からは,体系の第1部門としての〈精神現象学〉と,体系の第2部門としての〈論理学,ならびに自然哲学と精神哲学とを含む実質哲学〉とから成る体系構想を知ることができる。しかし,講義は改訂を重ね,体系は生成途上にあった,と言える。

「哲学は本質的な意味でもエンツュクロペディーである」[7節]と宣せられる『ハイデルベルク・エンツュクロペディー』で,「1)論理学,即かつ対自的な理念の学。2)理念の他在における学としての自然哲学。3)自分の他在から自らの内に還帰した理念としての精神の哲学」[11節]から成る体系が実現される。エンツュクロペディーの本義は,「諸部門の区分と連関とが概念の必然性に従って叙述される」[6節]点にあり,諸学の〈寄せ集め〉ではなく,〈自己内で完結した円環を成す統体性〉を呈示することを意味するものであった。

『エンツュクロペディー(第2版・3版)』(1827年・1830年)で示されたベルリン体系は,ハイデルベルク体系の構造と同一と言ってよいが,内容に関しては大幅に増補された。『精神現象学』を内部に組み込む形で,体系は自己完結する。この時期の著作こそが,ヘーゲル哲学の真の形だと見做されがちであった。例えば『大論理学』は,第2版が初版に優先された。しかし『哲学史』などは,イェーナ時代のノートに基づいて講義されていた。ヘーゲルの〈体系〉は,知の原理が自己否定を通して自らを実現したものだというところに,他の〈体系〉と際立った違いがあった。それを弁証法の体系だと呼ぶなら,まさに,ヘーゲル哲学を観望する際に必要なのは,最後に遺された形だけで見るのではなく,生成の相において捉えることだ,と言える。

⇒『最古の体系プログラム』,弁証法,学(問)

【参】Trede (1972),中埜肇 (1978),Harris (1983)　　　　　　　　　　　　　(栗原　隆)

『体系計画』　⇨『最古の体系プログラム』

対自　[Fürsich]

「向自」「自独」などとも訳される。「即自」が「他者」との関係を持たず,ないしは持ったとしても「我々」から見てのことであり,外的な・無関心な(indifferent)ものにとどまっているのに対し,「対自」は「他」との関係を可能にし,また「他」との関係を内面化したところの,「否定的な自己関係」

317

[『エンツュクロペディー(第3版)小論理学』96節「補遺」]である。より正確に言えば、「即自」がそれとして「他」と関係しているように見えるのは、事態的にはそれに先行する「対自」において、「他」と区別された「自己」が成立しているからであり、かつそれを可能にしている「対自」の関係が捨象されているからである。「対自」なしでは、分節化されない、無差別の多様・混沌があるだけである。逆に言えば、「対自」においてはじめて「観念性(Idealität)という規定が入ってくる。……有限なものの真理はむしろその観念性にある」[同95節]。分節化された世界としての世界は、対自の地平の上に成り立つのである。

この「対自存在」の端的な例として、ヘーゲルは「自我」をあげている。「我々が私(Ich, 自我)というとき、それは無限であると同時に否定的な自己関係の表現である」[同96節「補遺」]。無限であるのは、他という限界を持たない自己関係だからであり、否定的であるのは、自己を限定・規定するからである(スピノザ)。「対自存在は、自己自身への関係としては、直接性〔無媒介性〕であり、否定的なものの自己自身への関係としては対自存在は、一者(das Eins)である。一者は自己自身のうちに区別を持たぬものであり、したがって自己から他者を排除するものである」[同96節]。自我は自己の自己自身に対する関係であり、むしろこの関係においてはじめて、一つのまとまりとしての(一者)「自己」となり、「他者」との関係が生じる。その内実をなすのが、「真の無限性」であり、それは「移行および他者のうちで自分自身と関係すること」[同95節]を意味している。
→自我　　　　　　　　　　　　　(杉田正樹)

大衆　[Masse]

完全な相互依存の体系としての市民社会は、人間の連関も労働の様式も普遍化し、これによって飛躍的に富の蓄積を増大させる。しかし他面では、「特殊的労働の個別化と融通のきかなさとが増大するとともに、この労働に縛りつけられた階級の隷属と窮乏とが増大し、これと連関してこの階級はもろもろの能力、とくに市民社会の精神的な便益を、感受し享受する能力を失う」[『法哲学』243節]。こうした階級が大衆である。大衆が、「一定の生計規模の水準以下に零落」し、権利感情、遵法感情、おのれの活動と労働によって生活を維持するという誇りを失うまでに転落する」と、「賤民」の出現をまねく[同244節]。しかし、貧困に陥ろうとしている大衆を、公的所有が持つ手段によって救済することは、市民社会の諸個人の独立と誇りの感情という原理に反するために、つまるところ不可能になる。
→労働, 市民社会, 商業　　　　　(岩崎　稔)

対象　[Gegenstand]

意識に表象される事柄一般を意味する〈対象〉は本来、「意識に対するもの」、もしくは「意識とは異なる実在」という構造を持つが、ヘーゲル哲学において、それは『エンツュクロペディー』に象徴される体系の境位における場合と、その境位に到達する過程としての『精神現象学』における場合とに分けて理解される。両者の相違の要点は構造的に次のように示される。

Ⅰ　体系の境位において〈対象〉は、表向き本来の構造を持つように記されたとしても、基底的にはその構造を消失している。例えば『エンツュクロペディー』の「精神の現象学」の節では[『(第3版)精神哲学』413節]、「心(Seele)の内容はここでは自立的に(für sich)存在する反省にとっての対象となっている」と述べられはするが、この叙述すべてが、絶対的なものの学の体系つまり、「自己(絶対者)を自己のうちで展開し、自己を統一へと集約し、自己を統一へと保持し、すなわち総体性(Totalität)としてのみ存在す

る」［同，緒論 14 節］ような真理の叙述であるという前提に基づく。〈精神 Geist〉（もしくは〈絶対的精神〉）と呼ばれ，意識と対象との完全な合一という絶対的意味において，唯一の実体としての全体の自己展開においては，一般的な意識と対象の区別は構造的に成立しない。したがって，学の体系内部で述べられる意識と対象との区別は，体系自身でもある自己展開の契機（Moment）である。

Ⅱ 『精神現象学』における〈対象〉は，上記の本来の構造をつねに保持しつつ展開する。イポリット（Jean Hyppolite）の指摘では『精神現象学』「緒論（Einleitung）」［3.68ff.］におけるヘーゲルの叙述意図は次の3点であるとされる［『ヘーゲル精神現象学の生成と構造』第1巻 p.10, 訳書上巻 4-5 頁］。(1)絶対者についての現象知の叙述。(2)自然的認識が学へと到達する過程の叙述。(3)現象学的発展の手法の叙述。これらの指摘のすべては〈意識の経験の学〉とされる『精神現象学』が，連続する展開の最後の学的境位たる〈絶対知〉を除いて，どこを輪切りにしても，意識とそれに対する絶対者の存在様態との対象的構造を示すことを意味している。『精神現象学』はこの対象的関係を一元的な体系的境位へと統合する過程にほかならない。また，この対象的関係は，意識との関係の仕方において，〈即自 an sich〉〈対自 für sich〉〈即かつ対自 an und für sich〉という3種の関係として示される。→契機，即自，対自，即かつ対自

【参】 Hyppolite (1946) （荒木正見）

代数学 ⇨数学

対仏大同盟戦争（解放戦争）［Koalitionskrieg (Befreiungskrieg)］

1793年から1815年にかけ，フランス革命政権とそれにつづくナポレオンに対抗するために，イギリスを主導者として，7回にわたってヨーロッパ諸国間に結ばれた同盟。それは(1)フランス革命への干渉，(2)植民地をふくめた世界制覇をめぐる英仏の抗争，(3)ナポレオンの征服下にある諸国民（民族）の解放戦争，という三つの側面をもつ。ルイ16世の処刑を契機とする第1次同盟は，革命をおしつぶそうとした諸王国のフランス包囲戦であったが，革命政権はいっそうの急進化による国民総動員でのりきった。2次から5次までは，ナポレオンによる対外進出をおさえるためであった。海軍力に劣るフランスはイギリス本土を攻撃できなかったが，大陸で諸王国軍を打ち破り，ついに大陸封鎖令によってイギリスを制圧しようとした。そしてナポレオンの支配下におかれることで，ようやく目ざめたナショナルな動き，独立した近代的な国民国家をつくりあげようとする改革が，「解放戦争」を準備した。1812年ナポレオンのロシア遠征は失敗し，これを追ってロシア軍は西進する。ロシアと同盟を結んだプロイセンは，13年2月対仏宣戦し，国王は「ドイツの統一と自由」を約束し，解放戦争であることを強調した。これは戦争を梃子に，新しい国民的基盤をつくろうとする，シュタインらの愛国的改革派の路線であった。だが旧い宮廷勢力は革命への危険性をおそれ，オーストリアの同盟参加をねがった。ここに第6次同盟が成立した。13年10月ライプツィヒで諸国民戦争が行われ，ナポレオンは敗退した。メッテルニヒ嚮導下のウィーン会議は「ドイツの統一と自由」の実現をおさえ，戦勝にもかかわらず，解放戦争たる実を結ばなかった。15年2月ナポレオンがエルバ島を脱出しパリに帰還すると，第7次同盟ができ，6月ワーテルローの戦いでナポレオンは敗れた。

ヘーゲルはこの戦争について，(1)封建制の打破という点で，革命政権＝ナポレオン勝利の歴史的必然性を承認するとともに，それがフランスのための搾取に転じた時点で，(2)その世界史的使命の終焉と，解放戦争の改革路

線に新しい優位をみとめた。だから(3)ウィーン会議は歴史の動向をゆがめる、許しがたい逸脱であった。→ナポレオン、シュタイン＝ハルデンベルクの改革　　　　　　（粂 康弘）

太陽（系） [Sonne (Sonnensystem)]

物体の概念は重力であるが、この重力が理念に到達しているのは、天体である。だから天体は「その区別された本性の契機として天体の概念の諸契機を有する」[『エンツュクロペディー（第3版）自然哲学』270節]。この天体は自分の契機を総体性にまで展開し、実在性を与えるが、その統一の契機は中心を措定する。この中心が太陽であり、諸物体がこの太陽を中心にして、相互関係をもち自分の統一を自分の外、つまり太陽において持つ「独立の諸天体の集合」が太陽系である。だから太陽系は「理性的天体性の完成的な体系」[同「補遺」]とも言われる。太陽はその天体の統一の契機を示すものであり、自己関係する天体であるが、それだけでは未展開で抽象的な同一性であり、太陽系として総体性であり、具体的なものである。そのため太陽はまだ自己還帰しておらず、対他的である。だから、自己発光体でもある。太陽は自らを発光によって消尽するが、惑星によって措定された中心としてつねに活性化させられ、かつ惑星の過程を引き起こす。→天体、惑星、地、月

（長島 隆）

対立 [Entgegensetzung, Gegensatz]

「対立とは、同一性と差異との統一である」[『大論理学』6. 55]——これが、ヘーゲルの「対立」の定義である。

相異なる（差異ある）多様なものは、それが「同一」の事柄に係わるのではない限り、どんなに多様であっても「対立」することはない。例えば、多様な植物が、実に、様々に異なった形や色や薫りをもって存在している。が、（「差異（多様性）」に関する限り）、ここに「対立」はない。しかし、「同一」のバラの花が、〈赤い〉と同時に〈青い〉と〈捉えられた〉とするならば、これは「矛盾」であり「対立」である。「対立」とは、いつでも、こうした意味での「同一性と差異との統一」であり、さらに言えば、そうしたものとしての〈捉え方〉の「対立」なのである。

こうした「対立」が、ヘーゲル哲学においては特有の意味をもっている。というのも、ヘーゲルは、とりわけ、ものの「本質」に関して、こうした「対立」が必然的である、と考えるからである。すなわち、ヘーゲルによれば、「自己同一的」な「本質」に関しては、つねに、それぞれが一面の正しさをもった〈相異なる捉え方〉が成立しうる。つまり、つねに、「対立」が生じうるのである。この「対立」は、「同一の」事柄に関する、二つのともに正しい〈捉え方〉の両立とみなされる限り、「アンチノミー」であり、「矛盾」である。そして、実に、「本質」とは、この「対立」を介して、すなわち、「対立」する〈相異なる捉え方〉のそれぞれなりの〈正しさ〉を総合することによって（「アンチノミー」もしくは「矛盾」の解消）、それ自体「弁証法的に」〈設定される〉ものなのである。さらに一般化して述べておけば、こうして「対立」を介して「真理」を捉えるものこそが、「哲学」であり「理性」であり[『差異論文』2. 20 以下]、また、この「真理」こそが、「精神」であり、「絶対者」である。「対立」とは、こうして、ヘーゲル哲学の最重要な諸概念の不可欠の契機なのである。→アンチノミー、矛盾、排中律　　　　　（高山 守）

対話 ⇨弁証法

ダウブ [Karl Daub 1763.3.20–1836.11.22]

ドイツの神学者。ハイデルベルク大学教授。はじめカント哲学の学的で道徳的な厳格さにひかれ、続いてシェリング哲学のロマン的で

思弁的な方向に影響を受けた。やがてヘーゲル哲学に全面的に傾倒するようになる。ヘーゲルの『精神現象学』は，人間の意識が神の意識へと上昇する道を論理的方法によって明らかにするものである，と理解した。1816年にヘーゲルのハイデルベルク大学への転任を促し，その後も個人的にヘーゲルと深い関係を保った。主著：*Theologumena* (1806), *Einleitung in das Studium der christlichen Dogmatik* (1810), *Die dogmatische Theologie jetziger Zeit* (1833)。　　　　　(寄川条路)

道（タオ）　⇨中国，老子

多孔性　[Porosität]

多孔性または有孔性とは，異種のガス体どうしが混合して相互拡散しつつも化学的に結合することなく，自立的に存在するという現象を説明するために，近代原子論の提唱者，ドルトン（John Dalton 1766-1844）が提起した仮説に由来するものである。この仮説は，それぞれの物質が自立的でありながら，それ自身のうちに無数の微小で空虚な間隙，すなわち孔（穴）をもち，この孔を出入りすることによって相互に循環・滲透しあうと考えるものである。ヘーゲルは，一方ではこの仮説が我々の知覚と経験によって立証しえない悟性の作りものであると考える。しかし，他方ではこの仮説が，ひとつの物質が同一の孔を通じて他の物質に滲透しながら同時に他の物質によって滲透されるという矛盾をはらんだ「純粋な多孔性」［『精神現象学』3. 110］もしくは「絶対的多孔性」［『大論理学』6. 142］として示されるがゆえに，多くの自立的物質を外面的に結合している物が自己を解消して現象に至らざるをえないという移行の必然性を実質的に表現するものとみなしている。⇨物　　　　　　　　　(奥谷浩一)

他在　⇨他者

堕罪　⇨原罪

他者　[Anderes]

ヘーゲル弁証法の基本構造［『大論理学』6. 561 以下］からすれば，「始元」の「普遍」がまず「それ自身の他者（das Andere seiner selbst）」として措定される。この他者は「第二のもの」として「第一のものの否定者」であるが，「空虚な否定者，通常弁証法の結果とされるような無ではなくて，第一のものの他者，直接的なものの否定者である。それ故この他者は媒介されたものとして規定されており，一般に第一のものの規定をその中に含んでいる」。だが同時にこの他者は媒介するものであり，「自分が無関心でいられるようなものの他者ではなくて，それ自身における他者，他者の他者（das Andere eines Anderen）である」。それ故にそれは「それ自身の他者」を自己内に含む「矛盾としてそれ自身の措定された弁証法」であり，「概念の運動の転換点」をなすのである。

ヘーゲルにとって，他者は「有限なもの」の根本規定をなしている。「定在するもの」はすべて他者に対する「或るもの（Etwas）」としてあり，それ故有限である。だが他者もそれ自身「或るもの」，「他の或るもの（etwas Anderes）」であり，これに対しては「或るもの」はそれ自身他者に他ならない。「或るものであること」と「他者であること」つまり「他在（das Anderssein）」とは第三者的な外的比較を超えた密接な「関係」にある。すなわち「或るもの」は他者なしに考えられるようなものではなくて，「対他存在（Sein-für-Anderes）」ないし自己否定の契機をもち，内在的にそれ自身において（an sich）「それ自身の他者」である（プラトンの『ソフィステス』のヘーゲルなりの解釈）。「有限なもの」は「或るもの」であるとともにその他者であるという矛盾として「変化するもの（das sich Verändernde）」に他なら

ない。「有限なもの」はその死,滅亡の萌芽をそれ自身のうちに宿している。その生誕の時はその死の時である[『大論理学』5. 125f., 140；『エンツュクロペディー(第3版)小論理学』92節「補遺」]。ヘーゲルによれば,自然は,先の弁証法の構造から解されねばならない「理念」の「他在」[同244節,『同前自然哲学』247節],「精神の他者」[『大論理学』5. 127;『宗教哲学』17. 245f.]としてのこのような「有限なもの」の世界である。しかるに「精神」はその他者において自己自身との同等性を保持する,つまり「自己自身のもとにある(憑自的)存在(das Bei-sich-selbst-Sein)」であり[『精神現象学』3. 552；『歴史哲学』12. 30, 391f.;『同前小論理学』94節「補遺」],これが「神の本性」をなす。神が「精神」であるのは,自己自身の分離,永遠の創造であって,しかも他者のこの創造が自己への還帰,自己自身の知への還帰であることを知る限りにおいてである。「絶対の他在における純粋な自己認識」といわれる知の構造もまずはこの意味において解されねばならない[『宗教哲学』17. 94f.;『精神現象学』3. 29]。他者において「自己のもとにある」ことはまた人間的「自己意識」の真のあり方(自由)である。人格的他者を反照的に経由することは,自己同一性を獲得し,それを不断に確証する基盤であり,社会的に「承認」された自己存在の可能性の条件なのである。

【参】 山田忠彰(1986), Hackenesch (1987)

(山田忠彰)

多神教 [Polytheismus]

絶対者が,自然の力から解放された自由な理性的精神として捉えられる場合,まず,崇高なものとして捉えられ(崇高の宗教……ユダヤ教),次に,この精神は特殊化され分割され,美しい諸個人,理想,芸術作品というかたちで捉えられ(美の宗教……ギリシアの宗教),さらに,合目的性として捉えられる(合目的性の宗教……ローマの宗教)。かくして,ギリシアの宗教は多神教(多神論)である。そこでは,自然と生命の諸現象は「神々」によって成されたものとして見られ,しかも,それらの「神々」は人間の心の中でイメージされるのみならず,眼の前に具体的な像として現前せしめられた[『宗教哲学』17. 96f. ほか;『美学』14. 89]。ギリシアの宗教が多神論であるということは,芸術史の展開のうちの「古典的芸術」たるギリシア芸術(美術)の原理にとって本質的なことである[同14. 88]。こうした「精神的個性の宗教」の三段階は,これらに先行した「自然宗教」の三段階とは,その性格に関して,平行的に類似した面があり,たとえばギリシアの宗教とインドの宗教とに関して言えば,後者は,最初の自己同一的実体たるブラーフマンから一切が生じ流れ出てくるとする一元論的汎神論であり(ヘーゲルは,インドの宗教を一神教(Monotheismus 一神論)であるとする見方を紹介した上で,これを批判している[『エンツュクロペディー(第3版)精神哲学』573節]),そこでは一切が擬人化され神格化され,つまり数多くの多種多様な神々が想像された。この面においては,インドの宗教は多神教の性格を持ち,ギリシアの宗教に類似する,と言う。

(増成隆士)

多数性 ⇨一と多

田辺 元 [たなべ・はじめ 1885.2.3-1962.4.29]

田辺哲学の「種の論理」が生成発展するのは1934年から1940年にかけてであるが,それに先立って田辺元は,1927年から1932年の5年間にわたって,きわめて精力的な仕方でヘーゲル哲学と取り組んだ。その成果を論文集としてまとめたものが『ヘーゲル哲学と弁証法』(1932)である。この論文集は田辺の「種の論理」を理解する上でも重要であるが,ヘーゲル研究としても,強力な哲学的思索力

に基づくものとして際立った位置を占めるといえる。このころ田辺を動かしていた哲学上の問題は，ひとつにはマルクス主義との対決であり，もうひとつは西田哲学との対決である。前者における，無産階級独裁のための闘争を必然とする主張に対して，田辺はここで「歴史を支配する見えざる全体に対する目的論的道徳的実践を強調する絶対観念論」［田辺元全集 3. 79］を提出する。また後者の西田哲学に関しては，田辺は1930年にまず「西田先生の教を仰ぐ」を発表して批判を開始したが，やがて自分の批判の至らざるところを反省し，むしろ「永遠の今に於ける絶対無の弁証法といふ先生の思想は，私をしてヘーゲルの絶対知を新しき立場に於て理解する途を開かしめた」［同80］と告白する。

上に「道徳的実践を強調する絶対観念論」といわれているものは，思弁的なヘーゲルの絶対知を「実践の自覚」として理解しなおす立場である。ヘーゲル弁証法はここで実践的性格をもつ「絶対弁証法」として徹底化することが試みられた。絶対弁証法という表現はヘーゲルの『精神現象学』にも出てくるが，田辺においてはそれはとりわけ，普遍と特殊と個別との「絶対媒介」という論理構造をもつものとなり，これがそのまま田辺の「種の論理」の論理構造となった。この「種の論理」から，田辺はあらためて西田哲学に対しても，これが非実践的な場所的論理にとどまるという，はげしい批判を再開するようになる。→西田幾多郎，日本のヘーゲル研究

（大橋良介）

食べる ［essen］

「誰も他人の代わりに考えることはできないがそれは他人の代わりに食べたり飲んだりできないのと同様である」［『エンツュクロペディー（第3版）小論理学』23節］というヘーゲルは飲食という行為を他者によって代替不可能な事実として認めており，①20世紀になって展開した代替不可能な実存の思想を既にヘーゲルは充分知っていた。個体が絶対精神に吸収されており個別的人間が無視され，上空飛行的だと安易に解釈すれば間違いであろう。飲食は民族の慣習によって規定されてはいるが［『キリスト教の実定性』1. 106］，飲食行為自体は個別的欲望における行為である［『精神現象学』3. 489］。自然哲学では栄養過程の一部として宗教哲学では教会儀式として扱われているがこの場合も普遍との結合という契機はあるものの個体的である。「自然は実となり調理され消化され飲食されうる有用性で最高の完成に到達する」［同 3. 526］。②重要なのはカントの物自体の論を「食べる」によって論駁できると考えたことである。物自体の論を物と我々の相互的他存在として把握し，我々は現象に接近できるのみで，物自体を知ることも物自体に接触もできないという主張とヘーゲルは了解している。ところが犬さえも物自体を捉えかじり食べることができるのであって，犬は反カント論者であるとヘーゲルは言う。興味深いことにこの表現はかなり初期から晩年まで一貫してヘーゲルに見られる。「物が自体的に何であるか知りえぬと断言する哲学はこれらの物に対する自由な意志の振舞いによって直接反駁される」［『法哲学』44節］。「かの哲学者（＝カント）より愚かな者はいない。空腹になれば人は御馳走を表象するのでなく御馳走を作り満腹となるのである」［『哲学史』20. 361］。神の存在証明をめぐるカント批判や「思考と存在の一致」の思想にはヘーゲルのこのような欲望・「食べる」行為・実践的態度に基づく独特の着想がある。とはいえカント的総合は〈線を引く〉という実践的行為によって成立しているなど，事情は単純ではない。→欲求・欲望，栄養過程

（星 敏雄）

多様性　⇨一と多

ダライ・ラマ ⇨インド・仏教

タレス ⇨イオニア派

断言 [Versicherung]

神或いは絶対者という超感覚的な実在についての知は、経験的データによる悟性的認識とは言えない。だからと言ってこの知は、単に「私の意識の中の」信仰とか妄想とかではない。この知は「一つの真理の確信を伴い、したがってこの確信は特殊な主観としての私にではなく、精神そのものの本性に属しているのだ」[『エンツュクロペディー（第3版）小論理学』71節] というイデー的なものについての「直接的知（知的直観）」であると説くロマーンティクの立場を指す。この立場は、悟性による反省により基盤をゆるがされた形而上学の基礎づけを求め、さらにそれを確立しえたと考えたカントおよびドイツ観念論者たちの正当な主張でもあるが、その直接性のために「主張する教条論」、単なる「実体的生」の断言となってしまう。ヘーゲルの目指したのは、この主張を悟性の否定を介して自己に帰った「思弁的概念」にもたらすことであった [『エンツュクロペディー（第3版）小論理学』26節-78節、『精神現象学』3. 15, 53]。→知的直観

【参】 出口純夫 (1980)　　　　　　（出口純夫）

単純体 [(das) Einfache]

特に術語として用いられる場合は、カントの第二〔宇宙論的〕アンティノミーの「すべての実体は単純な部分をもつ」と「世界のうちには単純体は一つとして存在しない」において使われ、複合体（das Zusammengesetzte）に対立し、不可分割体・アトムを意味する [『ニュルンベルク著作集』4. 188]。一般的には、〈単純（einfach）〉とは、制約されていない事物やその境地、制約の系列における最初の事物を形容する語であり、論理学の始元 [『大論理学』5. 79] や判断を成立させるコプラ [『ニュルンベルク著作集』4. 196 等] が単純体である。この意味では、それは、空虚（leer）、無内容（inhaltlos）、直接的（unmittelbar）と同義である。しかし、複合体が「ものを考えるにあたって、ありうるかぎり最悪の形式であるところの外的関係」[『大論理学』6. 291] とされるときは、単純体は内的区別のはたらきを有する自己否定的な主観として積極的にとらえられる。（海老澤善一）

単称判断 ⇨判断

弾性 ⇨物理学

炭素 [Kohlenstoff]

元素記号C、原子番号6の元素。遊離状態としてダイヤモンド、石炭などがあり、無機化合物としては、二酸化炭素（炭酸ガス）、炭酸塩などがあり、有機化合物をつくる。ヘーゲルは、炭素を含めていわゆる化学的元素を抽象的であるとみなし、地・水・火・空気の4元素こそが具体的な元素（Element）であるとする [『エンツュクロペディー（第3版）自然哲学』328節]。地・水・火・空気の4元素が抽象的に分離された場合、抽象的な化学的契機として窒素、酸素、水素、炭素となる [同上]。炭素は、この四つの化学的な契機のなかで総体性の契機とされ、個体的な元素の抽象的契機とされる。それは、この4元素のなかで、炭素だけが単体で、つまり、他の元素と化合しているのではない状態で、通常の状態でも存在しつつ、また、他の元素と化合しうることによっている。また、その結晶として、ダイヤモンドなどにも触れている。しかし、炭素の個体性は、化学的な元素であるかぎり抽象的であるがゆえに、「死んだ個体性」にすぎない [同上、同節「補遺」]。→酸素、水素、窒素

（稲生　勝）

チ

知 [Wissen]

Ⅰ ヘーゲル哲学に一貫して言えることは、〈知〉は、真理として無限なるもの、絶対的なるものを把握しうるもの、もしくは、把握したものでなければならないということである。初期論文『信と知』では既に、カント、ヤコービ、フィヒテ哲学に対し、それらを「ただ有限なものをのみ思惟する理性」[2. 297]であるとし、さらに「有限者の観念論」[同 2. 298]であるとして批判している。

Ⅱ 絶対者を把握する〈知〉は、体系的叙述によって、「学 Wissenschaft」[『精神現象学』3. 14]であるべきだとされる。これは論理的叙述を以って真理の表現であると見なす近世の合理的理性主義の流れに、カント以降のドイツ観念論の理念が付加されて到達したひとつの結実である。

Ⅲ 絶対者を把握できる〈知〉とは、方法として現象についての学に基づく。すなわち、体系における知が、『精神現象学』において獲得された、意識と対象との完全な合一という〈精神 Geist〉の境位に成立するものである以上、認識する意識の立場からはすべての〈知〉は〈現象知〉である。『精神現象学』の展開の一過程における〈知〉の状態をモデル化すれば次のようになる。(1)はじめ意識には先立つ展開で得られた真理としての知が成立している。(2)次に意識には直観的に新たな認識が生じている。これは真理性の吟味、つまり論理的必然性に基づく裏付けが未だ為されていないので、正確な意味での知ではない。(3)したがってさらに、当初の知と、後に生じてきた新たな認識との相違を、論理的必然性に従って関連付ける。この場合、論理的必然性を形成する前提もしくは始元（Anfang）は、グロックナーによれば①歴史、②現象学、③論理学、④自由、であるとされる [『ヘーゲル』S.15ff.]。(4)ヘーゲルにとってはすべてが〈知〉であるから、当初の知は当初の存在様態、もしくは存在位相における真理としての〈知〉であり、その後論理付けられた知は、より発展的段階における真理としての〈知〉である。

Ⅳ この〈現象知〉としての〈知〉は、構造的にみれば巧妙に絶対的なものの把握を可能にする。上記のモデルが重層的に関連するのが実際の叙述であるから、意識には可能的にすべての事柄が立ち現れるし、目的論的に考えれば当然絶対的なるものが生じることになる。しかも、この動的構造は、後のフッサール（Edmund Husserl 1859–1938）の構成理論と類比を為すような [『デカルト的省察』第5省察第59節]、現象知の本性に従って、認識主観自身が認識表象の発展とともにその姿を変化させる仕方をとることでいっそう効果的に絶対的なるもの、もしくは、意識と対象の区別の消滅という意味での無限なるものの認識を可能にしている。すなわち、現象知の概念においては可能的には意識と対象の区別は無いのであるし、また、それに動的要因を加えることでそれを現実化するのである。

【参】 Glockner (1929), Husserl (1931)

(荒木正見)

地 [Erde]

地球は天体の契機の対立から自己還帰した

統一である。この自己還帰した統一である具体的な総体性に到達した物体をヘーゲルは一般に「惑星一般」あるいは地球と呼んでいる。ヘーゲルは「力学」から「物理学」への移行を物体の抽象的な諸契機の運動から具体的な個体性への移行と捉えるが，具体的個体性の直接性が天体であるとするが，天体は自分の中心を自分の外に措定し（太陽），そこから自分に還帰したものが地球であると捉える。だから地球は天体の「個体的総体性」[『エンツュクロペディー（第3版）自然哲学』280節]である。一切の物体の運動はこの地球において再び再現され，物体は諸契機を十分に展開し，地球はそれらの物体とその運動を統一するそれらの諸物体の「芯的な（selbstisch）統一点」[同上]である。地球はそのためそれ自身自立的な物体であり，したがって自立的運動を行う。つまり自転を行い，太陽という自ら措定した中心の周りを公転する。だから「惑星の運動は自軸回転運動並びに同時に一中心天体を回る運動として最も具体的な運動である」[同上]。したがって，ヘーゲルにとっては地球は天体の諸契機が実在性を持ち，しかも有機的な統一を形作っている。地球はまず初めは抽象的な個体性であり，地球的な過程を通じてその内で凝結されることになる。だからこの地球的過程を通じて明るみに出されるのはその契機をなす物体の四つの構成要素であり，地球はこの契機を元素として独立化し実在化させながらこれらを否定的に統一し，独立した個体性として実在することになる。しかもこの過程においては「地上的なものは過程の根底として残存するからここでは一切の元素が現れる」[同283節「補遺」]。だから地球は個体性の根拠であり，ヘーゲルは次のように言っている。「物質の概念，重力がその諸契機をまず独立的であるが，しかし元素的な実在性として展開することによって，地球は個体性の抽象的な根底である。地球はその過程において自らを，相互外的に存在する抽象的な諸元素の否定的な統一として，したがって実在的な個体性として措定する」[同289節]。ヘーゲルによれば，この諸元素を否定的に統一する芯性が地球という物体の次元を重力としての物体の次元から区別している。

地球はこの過程を通じて「土」として物体の構成要素となる。「四元」の一つとしての「土」は第四の契機を示す元素であるが，これは地球の個体性の根底という性格を継承し，「それらの諸契機をかきたてて過程とし，過程を維持する威力である」[同285節]。そして他の元素，空気，火，水が統一と対立の契機を示すのに対して「土」は，やはり，これらの契機を統一して個体性にする総体性であるとされ，地球と同じ性格を持っている。けれども，他の三元素に対してそれらから区別された元素としてはまず，無規定的なものを示し，その限り「土性一般（Erdigkeit überhaupt）」と表現される。→太陽（系），惑星

【参】 Levere (1986)

(長島　隆)

知覚　[Wahrnehmung]

陳述の主語と述語を結合する繋辞の客観的根拠が知覚に求められる時，知覚は哲学的主題となる。この主題は『精神現象学』の「知覚，或は物と錯覚」の章で，対象と意識の関係として論じられる。これによると，知覚の対象は，「感覚的確信」の意識が自己に現前する感覚内容を対象自体として指示する運動を介して生成した対象，この運動に由来する他者への関係およびその否定としての自己への関係という契機を備えた「種々の性質を持つ物」である。他方，知覚する意識は，対象自体と自己の知との区別を知っていて錯覚の可能性を意識しているが，感覚内容を媒介とする対象自体の把捉（Auffassen）を真理とする主体である。ところが，この真理の成立しえないことが，以下の三つの段階を踏んで展開される。――意識はまず，性質を感覚内

容と同一視し，その規定を対象規定と見なす態度をとる。その場合，意識は対象を一者として見出すが，陳述の述語には他の物にも共通な内容をたてざるをえない。すると，物は，諸性質が個別的に取り上げられると共通性一般となり，諸性質が相互に没交渉で自立し物において結合されたものと見なされれば，これらの媒体すなわち「もまた」ということになる。いずれの場合も，対象自体と知の一致は得られない。特に後者では，他の性質を排除して成立するはずの内容が物の存在と同一視されており，意識は「感覚的確信」に戻ることになる。そこで，意識は対象を一者として把捉するため，そこに見出される内容とこれに由来する「もまた」を錯覚として自分で引き受ける態度をとる。しかし，性質を捨象した純粋な一者としては，物は他の物と区別されない。逆に，物相互の区別は性質に基づいており，「もまた」こそ物の客観的規定であって，一者は意識の主観的規定と見なすべきである。「物はAである限りで，BでもCでもなく，AでもありBでもある限りで，Cではない，……」というように，「限りで」を導入して性質をおのおの自立的存在とし，物はそれらを囲む表面と見なすのである。しかし，それは再び意識の「感覚的確信」への後退を意味する。この段階で物と意識双方が「もまた」と一者の規定を備えていることが示されているが，物の二重な現れは意識にとって真理の喪失である。そこで，意識は最後に，二つの規定を物相互の関係に割り当て，物はその本質的な性質に基づく限りで自立的に存在（対自存在）し，他の多様な性質は他の物との関係（対他存在）によって変化する非本質的なものと見なす態度をとる。しかし，この態度も破綻する。本質的な性質は他の性質したがって他の物との対立関係によって限定され，非本質的性質も物から分離しえない以上，物の存立にとって本質的となるからである。結局，物は一者と「もまた」との，対自存在と対他存在との相互否定的統一であるとの観点がここに成立し，この統一を対象としない意識は真理を確立できないことになる。
→物，「もまた」，錯覚　　　　　　　（北川浩治）

力［Kraft］

　ヘーゲルは体系のあちこちで〈力〉という力学の基本的カテゴリーを問題にしているが，その真の意味はシェリングに始まる力の概念の解体の歴史を考察することによってのみ理解される。シェリングはヘーゲルに先立って力の概念を検討し，それが全体的な相互作用の連関の一契機にすぎないことをすでに洞察していた。彼は『イデーン』（1797）の中でこう主張する。「力とは，総じて単なる悟性概念である。……物質の基本的諸力は，あの根源的活動性の悟性にとっての表現以外の何物でもない」［シュレーター版全集 Erg. Bd. I, 235］。翌年の『宇宙霊魂』（1798）でも彼は〈生命力〉を空虚な概念と呼び，「生命の本質はひとつの力の内にではなく，諸力の自由な戯れの内にある」［同全集 Bd. II, 634］と書いている。

　ヘーゲルはシェリングからこれらの観点を受け取ったが，単に自然哲学の分野で力学的思考形式や力学のカテゴリーの他の領域への適用を批判するに留まらず，さらに〈力〉というカテゴリーそのものの論理的本性の解明へと向った。力の概念に関する考察はすでに「イェーナ論理学」の中にも見られるが，この考察は力というカテゴリーが見えなくしている相関関係の真の構造を発見するという重要な目的をもっていた［『イェーナ体系Ⅱ』GW 7. 51f.］。また『精神現象学』の「力と悟性」の章は，この相関関係の一方の項を〈力〉として固定する悟性的意識がそれ自身の弁証法によって動く運動として，力の概念の解体を描いている。これらの考察は『論理学』において〈力とその発現とは同じものである〉というテーゼに仕上げられるが，相互作用の連

関から切り離された孤立的な力をいっさい容認しないこの視点は、ヘーゲルの存在論と自然哲学の根底に置かれているきわめて重要な視点なのである。『エンツュクロペディー』の自然哲学の部では、彼は次のように書いている。「力という反省規定は、いったん悟性に対して固定されると窮極的なものとして立ちはだかり、その諸規定の関係をさらに問うことを妨げる」[261節]。「[ニュートン力学では]自立的な遠心力と求心力という形而上学的デタラメ〈Unding〉が前提され、しかもこの悟性のフィクションにはもうこれ以上悟性を適用してはならない……と言われている。」[270節]

これらの記述が重要なのは、それがエンゲルス（Friedrich Engels 1820-95）の『自然弁証法』を先取りしているからでも、電磁気場に関するファラデー（Michael Faraday 1791-1867）の理論を予感させるからでもない。ヘーゲルによる力の概念の批判は、たしかに直接には何らの物理学的発見も呼び起こさなかった。それでも力のカテゴリーの論理的本性に関する彼の研究は、力を根源的なものとして前提することを自明と考えるわれわれの意識につねに反省を強いている。それゆえに重要なのである。→牽引力と反発力

【参】 Treder (1981), Paolucci (1984), Neuser (1986a), Shea (1986), Lunteren (1986), Ihmig (1989)
(渡辺祐邦)

力の遊戯 [Spiel der Kräfte]

『精神現象学』は感性的確信、知覚に続いて、意識の第三の形態として悟性を取り扱う。悟性の対象は「力」である。力は例えばポテンシャルな内なる力と考えられる。しかし力は本来外に発現して（「外化」して）はじめて力であろう。しかしこの展開した力もまた内なる力、「押し戻された力」の外化であるにすぎない。この両者の相互移行は、一方のみが力なのではなく、二つの自立的な力があ

ることを示している。押し戻された力を外化へと「誘発する力」と、外化としての力によって発現へと「誘発される力」とである。しかし誘発するということは、「誘発される力」によってそうするように誘発されることによってはじめて成り立つ。「誘発される力」こそ誘発するものである。そしてさらにこの逆が成り立つ。この両者の規定の相互への即座の転換が「力の遊戯」[3. 113]である。「遊戯」と呼ばれるのは、両方の力が自立的であるように見えながら、実際には戯れるようにすぐさまその規定を交換し、他者に転換するからであろう。→力、外化

【参】 Heidegger (1980), 渡辺二郎 (1978)
(藤田正勝)

地球（大地） ⇨地

知識学 [Wissenschaftslehre]

フィヒテが「哲学」に代わるものとして『知識学の概念』(1794) で提唱した言葉であり、彼自身の哲学説を指すのにも用いられる。フィヒテによれば哲学は、経験（知一般および知の体系としての学）をその可能性の面から基礎づけ、しかもそれ自身が学であるべきである。一般に承認されているにもかかわらずいまなお果たされていないこの要求を充足（しようと）する哲学は、特に、学についての学（説）として、「知識学」と呼ばれるべきである。知識学はカントの批判主義の精神を継承すると同時に理論理性と実践理性の分裂を克服し、もって批判主義を叙述のうえでも完成させるであろう。その理論部門は自我の事行を表わす絶対に確実な根本命題から出発して表象・知一般のあらゆる可能な形式を導出し、実践部門は美学・宗教論・常識・自然法論・人倫論を含むはずである。フィヒテはこの計画を公表すると同時に『全知識学の基礎』(94/95) でその実行に着手したが、不首尾に気づいて実践部門の中途で打ち切った。

直ちに改作にとりかかり、イェーナ大学で『新しい方法による知識学』を講義、その一部を二つの序論を含む『知識学の新叙述の試み』(97)として発表したが、これもまた本論の冒頭部分だけで終わっている。1800年以後は、自我をそれ自体では不可知な絶対者の現象ないし像として捉えるという新しい発想にもとづいて、私的サークルや大学で何度か知識学を講義した。それらはいずれも同じ根本思想を全く違った様式で叙述するものであった。しかし生前に公表されたのはパンフレット程度の『知識学概要』(1810/11)だけである。——『基礎』はその斬新な着想のゆえにドイツ思想界におおきな衝撃を与え、ラインホールトや若きシェリングなど多くの追随者を産み出すとともに無理解に基づく反対や嘲笑を買った。ヘーゲルは『常識論文』でクルークの浅薄なフィヒテ批判を一蹴して超越論的観念論の立場を擁護し、『差異論文』と『信と知』ではフィヒテを悟性的有限性の立場にとどまるために絶対者を把握できず空虚な形式主義に陥ったと批判する。⇒フィヒテ

(藤澤賢一郎)

地質学 [Geologie]

ヘーゲルは自然哲学の第3篇「有機的自然学」において、有機体を地質学的有機体・植物的有機体・動物的有機体の三つに区分した。この区分は今日の科学の常識から見ると奇妙だが、当時の博物学ではむしろ普通のことで、たとえばヘーゲルが1804年8月にヴェストファル自然研究者協会に加入した際の会員証には鉱物界、動物界、植物界を表わすシンボルが描かれていたと言う[『書簡集』(第4巻)171]。したがってヘーゲルの自然哲学の構成は、自然界をこれらの三領域に区分する当時の科学の常識に従ったものであって、実際にイェーナ時代の手稿では第一の領域はまだ「鉱物学的有機体」と呼ばれていた。

けれどもヘーゲルが岩石や鉱物を有機体の一部として論じたことは、同時にこの観点が彼の自然哲学の動力学的な視点に合致していたからでもある。彼はその自然哲学全体を通じて、自然を形態化と個体化の原理を自己の内に内蔵する能動的過程として捉えようとした。この見地から、彼は自然哲学の最後の段階で地球を一個の力学的質点や物理化学的相互作用の場として考察する力学や無機的自然学の立場を離れて、高等動物(人間)の発生にいたる個体化過程の一契機として考察したのである。彼の考えでは、地殻の形成そのものがすでに内在的な理性に支配された自己形態化過程である。この考えを経験によって支持するために、ヘーゲルは同時代の科学者のさまざまな観察とそれに基づいて提起された種々の地殻成因論(水成説と火成説)を研究し、利用した。当時のドイツの地質学はフライベルク鉱山大学のヴェルナーの影響下にあり、ヴェルナーとその門下生は経験的観察を重視して地殻を研究する学問に Geognosie の語を当てた。これに対してヘーゲルは古い Geologie の語を復活させたが、それはこの学問が観察とともに理論的推論に依存することを強調したかったからである[『ニュルンベルク著作集 上級用哲学エンツュクロペディー』121節 4. 39 参照]。⇒岩石、有機体、ヴェルナー

【参】 Gillispie (1959), Petry (1970c), Levere (1986).

(渡辺祐邦)

地質学的自然 ⇨地質学

知性 [Intelligenz]

理論的精神のこと。知性は「自己を自己の中で規定する精神」[『エンツュクロペディー』(第3版)精神哲学』387節]であって、心と意識の働きを精神自身のものとして規定する。知性のこの働きによって知覚の内容は「理性の形式」を与えられ、知性自身の内容として「理性の内容」に昇められる[同445節]。

知性は直観、表象、思考の三段階の構成を

有し，さらに直観は感覚，注意，直観に，表象は想起，想像力，記憶に，思考は悟性，判断，理性にそれぞれ区分される。知性は内に向かっては「観念的な世界」を，外に向かっては「言葉」を産出する［同444節］。知性は次に記憶を通してこの内と外との区別を止揚して主客の同一性が成立する思考の段階へ進み，自己を完成する［同467節］。カントが知性を直観を欠いた空虚な名称であるとする［『純粋理性批判』B 158注］のに対して，ヘーゲルは『精神現象学』によって知性の根拠づけを行っている。

(吉田六弥)

窒素 [Stickstoff]

元素記号N，原子番号7の元素。一般に他の元素とは化合しにくい性質をもっている。ヘーゲルは，窒素も含めていわゆる化学的元素を抽象的であるとみなし，地・水・火・空気の4元素こそが具体的な元素（Element）であるとする［『エンツュクロペディー（第3版）328節］。この観点は，古典的な自然哲学を踏まえているとともに，現代の生態系や環境概念にもつらなる興味深いものであるといえよう。地・水・火・空気の4元素が抽象的に分離された場合，抽象的な化学的契機として窒素，酸素，水素，炭素となる［同上］。窒素は，この四つの化学的な契機のなかで無差別の抽象とされる。これは，窒素が燃えもしないし，生物の呼吸にも利用されない，ほかのものと無関与である性質からいわれている。そのことをヘーゲルは，「死んだ残存物」と表現している［同上，同節「補遺」］。→酸素，水素，炭素

(稲生 勝)

知的直観 [intellektuelle Anschauung]

叡智的直観，超越論的直観とも呼ばれる。伝統的にはニコラウス・クザーヌスの「知的観視 visio intellectualis」に見られるように，有限な人間が無限な神を捉える非感性的，直接的な能力とみなされる。カントも『純粋理性批判』において，「われわれの感性的直観の対象ではない」，「非感性的対象」，つまり「ヌーメナ」に関わる「特殊な直観の一種」をそう呼んでいる。彼によれば，この直観は「それについてわれわれが可能性すら洞察できない，われわれのものではないもの」である。

フィヒテとシェリングによって，知的直観は絶対的なものを理解する能力として位置づけられる。フィヒテによれば，知的直観は自我の自己措定の究極の原理であり，それ自身は概念的に理解できないものである。また同一哲学期のシェリングによれば，芸術における「美的直観」に示されるように，思惟と存在，主観と客観の「無差別」である絶対的なものを，「直接的に直観する認識」能力であり，「一切の超越論的思惟の器官」である。

ヘーゲルはすでにイェーナ期初期に，「哲学の絶対的原理，その唯一の実在根拠にして確乎たる立場は，フィヒテ哲学においてもシェリング哲学においても知的直観である」と述べ，それが「経験的意識の一切の多様性を自由に抽象することによって意識されるものであるかぎり，主観的なものである」と指摘し，この主観的なものが克服されるところに，「自我と自然，……有限性と無限性とが，それを通して……措定されるとともに無化されているような，どちらでもないと同時にどちらでもあるような真理」を見ようとしていた［『差異論文』2. 114f.］。知的直観が主観的である所以は，「意識における異質なもの一切を度外視し，自分自身のことを考える」からであり，かくして「人は，……知的直観を生み出すという企てにかまけて，迷妄に陥ってしまう」のである［『信と知』2. 398］。

ヘーゲルのこの控え目な批判は，思惟の自由な飛翔を確保せんとして世界を否定するがゆえに，ジャン・パウルが「詩的ニヒリストたち」と呼んだロマン派の人々に，そして，彼らの理論的指導者であり，知的直観を，

「何らの客体も，抵抗も存在しない」「死の状態」に擬え，「非存在への移行，無化の契機」を「存在の最高の契機」と述べていたシェリングに向けられている。

体系期においては，知的直観はとりわけシェリング批判の文脈で否定的に語られる。シェリング哲学が「端緒にしている直接知，つまり知的直観」は，「芸術のとある人や天才や，あたかも幸運児のみ」がもちうるものでしかない『哲学史』20. 428]。「絶対的なもの」の「直接的な認識」である知的直観は，「前提されたものであって，このものの必然性が叙述されていないということ，このことは欠陥なのであって，この欠陥によってこそ，知的直観は内実をもつ」[同 20. 439f.]。ヘーゲルは，絶対的なものを「自己止揚の運動」[同 20. 440]と捉え，「哲学は，その本性からして，普遍的でありうるもの」[同 20. 428]という考え方を，シェリングに対置する。「理念が真理であり，真なるものはすべて理念である」ということも，媒介の運動を通して証明されなければならない[同 20. 454]。人間の「思惟」は，「媒介の働きや，証明を行う外的反省を暴力的に斥ける」知的直観ではなく，「ひとつの規定から別の規定へと進展していく媒介の運動」なのである[『大論理学』5. 78]。→直接知，シェリング

【参】 Dierse/Kuhlen (1971), Bonsiepen (1977)

(座小田豊)

中項（媒辞）　[Mitte, Mittel]

中項または媒辞とは，形式論理学の三段論法的推論において，小前提と大前提とを結合・媒介し，結論を導出するだけではなくて，格式の区分においても重要な役割をはたす，中間項または媒概念のことである。しかし，ヘーゲルにおいては，論理的なものが一般にそうであるように，推論も人間のたんなる主観的な思考活動ではなくて，主観・客観を貫通する理性的な構造形式であり，したがって中項もまた個別と普遍との中間にあって，両者を連結して関係させる実在的な媒介の働きそのものである。例えば世界史においては，理念と客観を両極とし，自らの利害・関心・情熱に基づいて理念を客観のうちへと移し入れる個人の活動，また目的論的関係においては，目的を達成するために主観的な目的と目的の実現との間に挿入される手段（Mittel），さらに機械的関係においては，互いに機械的に作用しあう客観どうしを自己のうちに結合する中心点（Mittelpunkt）などは実在的な推論の中項にほかならない。→推論（推理），個別性，普遍

(奥谷浩一)

中国　[China]

ヘーゲルによると，中国の原理は天であり，それが人間に体験的に直観されたものが道（理性）である。道は万物の生成の本であり，本質である。この道が具体的な諸規定をとると，度量となる。道は天の諸規定であるため，抽象的存在もしくは抽象的実体ではなく，実体の諸形象である。天が自然や人間に現れると，天命や天性という度量として現れる。中国の学問はこの度量の詳細な表示と展開であり，この度量を現実において支配するのが皇帝である『宗教哲学』16. 319f. 参照]。

度量は全く単純な諸範疇，存在と非存在，一と二であり，これらは罫線で示される。これらが多様に結合し，根源的諸規定の具体的意味を示す。この意味の中には四つの方位と中央，それに対応する五つの山，五元素（土，火，水，木，金），五原色がある。さらに人間関係においても五つ（五倫）がある。このように度量規定は自然にも人間にも道として妥当されているため，人間はそれに適うように行為しなければならない。道が遵守されれば，自然においても国においても万事秩序が保たれる。国も個人も安泰である[同 16. 322 参照]。だがヘーゲルによると，自然と人間，実体と精神とのこのような関係は未分化

であるため，人格や自由は現れない。実体に対立する主観的対自性の欠如のために，自分の内面性の中に自由をみるのではなく，自分の外に自由を実体化することになる。それが独裁者としての皇帝である。臣民は皇帝を尊敬しさえすれば，皇帝を介して法則を尊敬することになる。中国人は自分の内面ではなく，自分の外に実体として立てられた自立性つまり皇帝だけを支えとしている。中国人にとって道徳上の規則は自然法則と同じであり，皇帝という外からの命令であり，強制的権利と義務である。そのためこの自立的精神性が直観されるとき，皇帝崇拝，個人崇拝が生ずる。崇拝されているのは個人であっても，皇帝には中国人の精神一般が照射されている。→皇帝，孔子，老子

【参】 Leuze (1975), 岩波哲男 (1984)

(八田隆司)

抽象 [Abstraktion, Abstraktes, Abstrahieren]

具体に対していう概念であるが，ヘーゲルにおいては通常と意味が逆転している。全体的統一である具体的概念に対して，抽象とは全体の限定されたもの，具体的統一の一面性を意味する。

Ⅰ 抽象的（一面的） 抽象はまず一面的なものとして概念の規定性，特殊性およびこれと対立する抽象的普遍の意味で用いられる。「規定性は確かに他の規定性に対する抽象的（一面的）なもの〔das Abstrakte〕であるが，しかしこの他の規定性は単に普遍性自身にすぎない。その限りで，この普遍性もまた抽象的な普遍性であり，概念の規定性，言い換えれば特殊性は，かえって規定された普遍性に他ならない」『大論理学』6. 283]。

Ⅱ 抽象 (1)だから抽象は空虚なものでなく規定性としての内容を意味する。「普通に抽象 (die Abstraktion) といわれているものは，空虚ではない。それは規定された概念であり，何らかの規定性を内容としてもっている。純粋な抽象である最高の存在者といえども無規定性という規定性を内容としてもっている」[同 6. 285]。(2)しかし抽象は突き詰められるならば，それ自身の対立物である具体的なものと一致する。「抽象は個別性の魂として，否定の否定への関係であるが，この抽象は普遍と特殊にとって外面的なものではなくて，それらに内在する。だから普遍性と特殊性は抽象によって具体的なもの，内容，個別である」〔同 6. 299]。

Ⅲ 捨象〔度外視〕 抽象そのものは結果であるから，その働きの面に注目するならば，度外視すること，捨象作用である。「個別はそれ自身，反発しつつある分離であり，措定された抽象であるが，まさにその分離のなかで肯定的関係である。個別のこの捨象作用 (Abstrahieren) は区別の自己内反省として，第一に諸々の区別を自立し，自己内反省されたものとして措定する働きである」〔同 6. 300–1]。→具体的

【参】 大村晴雄 (1961), Meiners (1980)

(小坂田英之)

抽象法 ⇨法

中世 [Mittelalter]

中世はゲルマン世界の第2期，カール大帝 (Karl Ⅰ 742-814) の治世からカール5世 (Karl Ⅴ 1500-58) まで，つまり9世紀から16世紀にかけての時代を指す。この時期の特徴は従属状態（封建制度）と，教会と国家との対立の二つである〔『歴史哲学』12. 416]。

中世を支配し，その生活と精神となっているのは果てしない虚偽の矛盾に由来する反動であり，これは3種に分けられる〔同 12. 441]。①フランク王国の普遍的支配に対する各民族の反動。その結果は大帝国の分裂。②法律的な力と国家権力に対する諸個人の反動。その結果は個人の孤立無援とそれによる封建制度の出現。③現実世界に対する精神世界の

反動としての教会の反動。その結果は教会の世俗化。

宗教生活と外的な世俗生活とがたがいに無関心で,分裂するようになったのは中世から［『哲学史』20. 61］だが,それは教会が自分だけで神聖政治を,また国家が自分だけで封建制度を形成する［『歴史哲学』12. 416］という形で始まった。中世の封建制度においては諸個人は一定の身分に結び付けられていたが,さらに高次な存在がすべての者の上に君臨しており,聖職者の身分になれる自由がすべての者に与えられていた。宗教は万人に平等だからである［同 12. 184］。しかしその後キリスト教的自由は世俗的にも宗教的にもその反対物へと転化し,きわめて厳格な隷従状態と不道徳な放埒や情欲にみちた粗暴が登場した［同 12. 416］。中世は多くの矛盾を抱えていた。主観的精神の矛盾,教会そのものの矛盾,帝政の矛盾,忠誠の矛盾,個人の矛盾などである。中世はかくも矛盾し,欺瞞に満ちており,その気後れのない野蛮や野卑な道徳,幼稚な空想などを見るとけしからんというよりも気の毒に思われる。それにもかかわらず中世の卓越さを標語にしようとするのは現代の味気なさを示すものではある［同 12. 460］。いずれにせよ精神はこのような疎外を経験してはじめてその真の和解に至るのである。→封建制　　　　　　　　　　　　　　　　　（柴田隆行）

中世哲学　［mittelalterliche Philosophie］

哲学史は大きく3期に分けられる。(1)ギリシア哲学。タレスの時代から新プラトン主義哲学,さらには哲学一切の消滅までの1000年間。(2)中世哲学。スコラ学者がこれに属し,同じく1000年続く。(3)近世哲学。30年戦争後,つまりベーコン,ベーメ,デカルトから今日まで［『哲学史』18. 132］。

中世哲学においてようやく哲学は異教の世界からキリスト教世界へとその座を移し変えることができた。キリスト教の理念は新プラトン主義哲学を通して知られていたが,新プラトン主義哲学はキリスト教の真実である三位一体を知らなかった。具体的なものとして捉えられた絶対者こそ真実の神であるのに。このことは北方の蛮族たるゲルマン人によって初めて正しく理解された。しかしかれらは最初,哲学や学問芸術を沈黙させたので,それらはアラビア人の下に逃れ,そこで栄えることになった。したがって,中世哲学というとき,まずは東洋における哲学としてのアラビア哲学を考察し,そしてその後で西洋の哲学であるスコラ哲学を考察しなければならない。「アラビア人の哲学は哲学史の中で言及しなければならない」とヘーゲルは強調するが,実際にはかれはマイモニデス（Moses Maimonides 1135-1204）の哲学史的知識を適宜引用しただけである。

中世哲学の中心はスコラ哲学である。その本質は神学であり,しかも同時に哲学であるような神学である。すなわち宗教的内容を思考と理性の面から構築するものである。だがスコラ哲学の特徴はその非自立性にある［『哲学史』19. 524］。それは思考し,概念把握し,哲学するが,つねに一つの前提を伴っている［同 19. 542］。あるいは実定的な権威が根底にあると言ってもよい。

スコラ学者固有の課題は,唯名論と実念論との論争と神の存在証明であるが,前者こそスコラ哲学が数世紀間関わってきた形而上学的対象である［同 19. 570］。最初の唯名論者はロスケリヌス（Roscelinus 1050-1123/25）だと言われているが,オッカム（William Ockham 1300頃-49）によって初めてこの普遍論争は広まった。この論争は個と普遍との対立であるが,個の原理はスコラ学者を大いに悩ませた問題だった。スコラの普遍は一者であるが,それは抽象的なものではなく,一切を自己の中に包含するものと考えられている。しかしスコラ学者は現実的なものを軽蔑し,それに何の関心も示さず,具体的なもの

ぬきで哲学した［同 **19**. 593］ので，個と普遍との関係を正しく理解することができなかった。

ヘーゲルにとって中世哲学は，スコラ哲学の解体期までを含む。すなわち中世哲学第3篇は「学の復興」であり，それはさらに古代研究，哲学本来の動向，宗教改革の3期に分けられる。中世哲学は没精神的な内容に興味を抱いたり反省の度が過ぎてバラバラになったりという疎外状態に陥ったが，精神はいまや自己自身の中で自己を把握し，その自己性に目覚めることとなった［同 **20**. 11］。→スコラ学，神学，神の存在証明　　　（柴田隆行）

仲保者　［Mittler］

「神と人との間の仲保者」イエス［Ⅱテモテ 2：5］というキリスト教の思想をヘーゲルは有限者と無限者との間の仲保者という形に転化する。有限者は無限者を直接認識することはできない。絶対的精神は直接的な形で歴史の中に現れるのではなく，媒介を必要とする。それが具体的にはイエスの受肉という出来事であり，この仲保者イエスを通じて，即かつ対自的に存在する真理が明らかとなる。この神の子は「否定性の苦しみの中で死ぬ」［『エンツュクロペディー（第3版）精神哲学』569節］。その苦しみにおいて，普遍と特殊とが媒介され，教団のうちに復活する。すなわち，仲保者のこの死を媒介として，和解が自らの意識に入り込み，この特殊な対自存在が教団の普遍的自己意識となる［『精神現象学』**3**. 573］。なお青年時代の断片の中には，神的三角形という概念との関係で，精神（霊）を仲保者と呼んでいるところもある［『神的三角形の断片』**2**. 537］。→三位一体　　　（岩波哲男）

中和　［Neutralisation］

中和とは，今日，一般には，酸と塩基（アルカリ）が混合されると，酸から水素イオンが塩基に渡され，酸の性質も塩基の性質もどちらもが失われることを意味しているが，ヘーゲルにおいては，そのような酸と塩基の合一をモデルとしつつ，あるものが自分に固有の他者をもち，両者が相互に補完し合い，相互に他を求め，一つになり，一つの全体を形づくる関係，過程をさす［『大論理学』**6**. 428-436；『エンツュクロペディー（第3版）小論理学』201節］。中和は，酸と塩基のほか，南極と北極，電気の正と負，生物の雄と雌など，民族の交流による文化，思想の混合など広く自然や社会にみられる。

固有の他者をもつということは，その事物の内的な本性となっており，それによって他者と関係する性質である。ベルトレの影響を受けて，このような性質を化学的な親和性（Verwandtschaft）という。化学的な親和性をもった両者が一つになったとき，一つの中和的全体となる。中和が生じるような関係，つまり，化学論の関係では，事物は，ふたつに別れて相互に引き合う親和的な関係にあるか，一つとなって中和的全体としてあるかどちらかの形態で存在する。しかし，一度中和したもの（塩）は，外的な刺激なしには，ふたたびみずから親和的なものに分化することはできないとみなされており，そのかぎり，分化しつつ統一し，統一しつつ分化する有機的なもの・発展的なものを，化学論はとり扱えない［『大論理学』同上；『エンツュクロペディー・同前』202節，203節］。

ヘーゲルは，中和を量と質の統一である度量でも考察している。酸と塩基が中和するとき，特定の質量の比で中和するからである。それは，一方の化学的物質の単位が他方のうちにあり，他者のうちに自分の即自存在があることを意味する［『大論理学』**5**. 413ff.］。

ヘーゲルの時代は，化学が化学現象を定量的に取り扱うことが可能となってきていたが，まだ，化学平衡の概念などは確立していない。
→親和性，化学・化学的連関

【参】Engelhart（1976）　　　（稲生　勝）

超越論的 [transzendental]

一・真・善など,事物の,カテゴリーを超えたもっとも一般的な属性を超越的(transzendent)とよぶが,カントは,これを,対象との関係においてではなく,経験的認識の可能性という認識批判の意味において用い,超越論的と称した。これは先験的とも訳される。ヘーゲルはこのカントの態度を主観的・心理的であると批判するが,イェーナ初期に一度,その意味を拡張して,シェリングの知的直観に等しい超越論的直観の存在を主張している。「超越論的直観は哲学的反省〔にすぎないのみならず,そ〕の対象,つまり,絶対者・根源的同一性そのものでもある」〔『差異論文』2. 53〕。超越論的直観のうちで,反省〔知〕と直観,存在と概念,主観と客観など,一切の対立が止揚されるというのである。しかし,これ以後,ヘーゲルは超越論的直観の語を用いることはない。認識批判を課題としたはずの『精神現象学』にも超越論的の語は一度も出てこない。むしろ,彼はカントの超越論的哲学は思惟規定そのものの考察をないがしろにしたといい,『大論理学』では,思惟規定の本性を,その制限を超えてゆくという本来の〈超越的〉の語に接近した意味で理解し,認識批判としてではなく,また対象との関係においてでもなく,自己超越的な思惟規定どうしの関係のうちに,〈概念〉の無限性をみてゆこうとしている。→直観

(海老澤善一)

超越論的直観 ⇨直観

超感性的世界 [übersinnliche Welt]

カントにおいては,超感性的なものは感性的なもの・現象を可能にする根拠であり,それは思惟されるが知覚されないとされた。近代の懐疑主義者は経験的認識を重視し,感性的なものの真理性を認め,超感性的なものの認識の可能性を否定した。近代におけるこの感性的なものと超感性的なものとの分離にたいして,ヘーゲルは『精神現象学』において,両者の連結と超感性的世界の認識可能性を主張している。「超感性的なものとは,〈真理〉の内にあるものとして定立された,感性的なもの・知覚されたもののことであるが,〈感性的なもの〉・知覚されたものの〈真理〉とは〈現象〉であることにほかならない。したがって〈超感性的なもの〉は〈現象〉としての〈現象〉である」〔3. 118〕。つまり,超感性的世界とは,変化と交替の知覚世界に対して,その一般性としての「法則の安らかな国」〔3. 120〕と考えられる。これが第一の超感性的世界であるが,この法則による説明が同語反覆的であることから,自体〔法則〕と現象〔知覚〕とが相互に転倒しあう第二の超感性的世界が考えられる。これが「無限性」の世界である。→転倒,無限

【参】 Gadamer (1971b) (海老澤善一)

彫刻 [Skulptur, Plastik]

彫刻はヘーゲル美学では古典的芸術を根本類型にもつ芸術である。この芸術様式は「美の王国の完成」であり,「より美しいものはありえず,また生じえない」〔『美学』14. 127f.〕。したがって美を尺度としたとき彫刻は最高の芸術である。その本質を成すのは「実体的な個体性」(die substantielle Individualität)であるが,ヘーゲルは彫刻に単に「人間の身体形式における留まるもの,普遍的なもの,法則に適ったもの」だけを描出することを要求する〔同 14. 370,372〕。この古典主義的な規範的な見方による個体性概念の希薄化は,アドルノ(Theodor Wiesengrund Adorno 1903-69)の『美学理論』で批判される。しかし美の尺度のもとでは最高の芸術も,精神性を尺度としたとき欠陥を示し,ギリシアの神々の影像には眼つまり精神の主体性が欠けており,また神々は不死なため死の苦しみ(否定性)を知らないとされる〔同 14. 131,134〕。

【参】 Wölfflin (1915), Adorno (1970), Schüttauf (1984)　　　　　　　　　　　　　（四日谷敬子）

調和 [Harmonie]

Ⅰ　矛盾とその止揚という、いわば闘争的な性格を帯びた動的なものによって貫かれたヘーゲルの哲学体系では、調和は、限られた役割しか担っていない。プラトンとライプニッツに見られる「調和」に言及しているが [『哲学史』**19**. 54, **20**. 240, 250f., 254]、これを特に評価しているわけではない。ヘーゲルは調和ではなく和解に重要な役割を担わせた。

Ⅱ　美と調和　美の根本原理を、対立する諸契機の調和というところに見る説は少なくない。カント美学も、その一種とみなされよう。美の調和説は、必然的に、美を究極的価値（少なくとも、その一つ）と位置づけるものとなるが、ヘーゲルによれば、美は、精神の歩みの或段階で意義を有するのであって、究極的価値ではない。

ただし、美という現象に即して見れば、調和という形式関係が美を構成しているように思われる場合がある。ヘーゲルは、規則性、法則性、調和の三つを挙げ、これらは抽象的外面的な美であり、低級な美としての単なる自然美と高級な美としての芸術美（ないしは「理想」）との中間に位置する、という限定された地位をのみ認めている。このうち、調和は、形や色や音などについて言われる（音の場合は、日本語では「和音」あるいは「和声」という言い方にもなる）。それは、単なる規則性ではなく、質を異にしたもののあいだに存する或関係であり、そこでは、本質的な、しかも相異なる諸側面が一つの総体をなすと同時に、他方では、それら諸側面の単なる対立が解消されている。調和は、抽象的外面的な美のひとつとはいっても、単に外面的なものを超え始めており、より精神的な内容を含むものとなりうる位置にある [『美学』**13**. 187f.]。→美　　　　　　　（増成隆士）

直接性 [Unmittelbarkeit]

文字通りの意味は「中間の媒介物（Mittel）を介さない（un）で」という意味で、「事柄がじかに、まの当たりに、ありのままに、心にとらえられるさま」を表わす。「間を置かないで」という意味では、「瞬間的な即座の了解」という意味になる。歴史的にはヤコービが、概念の媒介を排した「直接知」を重視し、シュライエルマッハーが「ひたむきな帰依の感情」を宗教の本質とみなしたのに対して、概念を重視するカントやヘーゲルなどが対立した。しかし、カントもヘーゲルも直観の重要さを否定した訳ではない。

ヘーゲルの場合に、直接性がなりたつ場合は二つある。①認識の始まりの場合には、「真理は直接性を否定して自分自身にもどってくることである」[『大論理学』**6**. 571] と言われる。直観によってありのままにとらえたものが真実だと主張する人は、実は自分が真実だと信じるものを「絶対的なものだ」と一面的に主張する結果になる。「絶対的なものは認識の媒介によってのみとらえられる」[同上]。②認識の結果の場合には、「反省が直接的なものを眼前に見いだす」[同 **6**. 27] と言われる。ちょうど碁の名人が熟考を重ねて盤面を見たとき一瞬にして五十手先が見えてくるように、反省の結果が直接性の形をとる。すると本質がありのままに見えてくる。その仕組みは「本質は自己自身を前もって立てておく。この前提の止揚こそまさに本質そのものなのである」[同上]、と言われる。プラトン的に言えば、本質を前の世で知っていたという前提があるが、その前提を止揚して、ひょっこり眼前に言霊として姿を現わすのが、本質の本質だというのである。

ヘーゲルが直接知を批判したのは、直接知には本当は媒介が含まれているのに、ヤコービらが、直接に絶対的な真理をとらえられると主張したからである。同時にヘーゲルは、感覚・知覚の次元だけに直接性がなりたつの

ではなくて、概念の最高の次元でも直接性がなりたつと主張した。真理の認識で直観的な要素が重要でないと言ったのではない。→媒介, 直接知, ヤコービ

【参】加藤尚武 (1980b) （加藤尚武）

直接知 [unmittelbares Wissen]

信仰、霊感 (Eingebung)、心情の啓示 (Offenbarung des Herzens)、自然によって人間に植え付けられた内容、良識 (gesunder Menschenverstand)、常識 (common sense, Gemeinsinn) のように「内容が意識のなかに見出され、意識のなかの事実をなす直接性を原理とする」知のあり方[『エンツュクロペディー (第3版) 予備概念』63節]。ヤコービは『スピノザ書簡』補遺第7で、制約されたものから制約されたものへ進む論証体系では無制約者・神はとらえられないと主張して、スピノザを批判し、直接知による神の把握を唱えた。ヘーゲルは直接知と媒介知の「あれかこれか」をヤコービも、彼が敵視する悟性主義者も、ひそかに想定しているとして、両者を止揚する。「最も複雑な最高度に媒介を受けた考察の結果であることがよく分かっているような真理でも、その知識に通じた人には直接的に意識に現前する」[同66節]。スピノザの「直観的知識」[『エチカ』] でも媒介知が同時に直接知となる。→ヤコービ, 媒介, 事実, あれかこれか

【参】Jacobi (1785) （加藤尚武）

直観 [Anschauen, Anschauung]

感性的直観は、対象の内容をその諸契機に分離したり概念的に結合したりすることなく、諸契機を錯綜したままの有り様で一つの全体として直接的に受け取る働きを指す。直観はこの働きを意味するだけでなく、直観された状態、その状態にある対象をも意味する。

イェーナ前期のヘーゲルは、反省的思惟による諸契機の分離, 結合と直観による無差別的・総体的把捉とを対比し、両者の相互補完的関係を強調している。反省は「同じ一つの直観のさまざまな側面を絶対的に区別し、ただ一つの質によって諸側面の全体を規定すること」[『自然法論文』2. 452] で抽象的・概念的統一を作りだすのに対し、「直観の統一は全体を形成している諸規定性の無差別であり」「諸規定を一緒につかむこと」である[同 2. 467]。反省の統一が「[他の] 諸規定を単に廃棄するという全く否定的意義しかもたぬ」[同 2. 466] のに対し、直観の統一は諸規定の「生きた関係と絶対的現存を含んでいる」「肯定的統一」である[同 2. 468]。

『人倫の体系』では直観は概念と対比され、両者の相互補完的関係が体系の諸契機の配列を規定している。絶対的人倫の理念は直観と概念の「同一性に他ならない」ゆえに、それは両者の究極的な「適合的一致態」としてのみ認識される。よって人倫の理念の諸契機は、〈直観と概念の重層的な相互包摂〉の諸展相の下に配列されることになる。この場合も、諸規定の無差別と肯定的統一が〈直観の下への包摂〉を特質づけているが、ただしこの統一は内的で未展開なままにとどまっている静態的統一にすぎない。〈概念の下への包摂〉は同様に、抽象的・否定的統一の位相を指示しているが、ここでは、未展開な内的統一をなしている諸規定を互いに分離し、流動化させ、交替させる運動の原理としての概念の特性が、直観の静態的特性と対照化されている。

『差異論文』での「超越的直観」という特異な用語法も、直観と反省（概念）との究極的な「適合的一致態」を呈示しようとする志向に起因している。「超越論的直観」とは反省的思惟と直観との、また反省的に概念把握されたものと直観されたものとの、つまり「概念」と「存在」との同一性の直観に他ならない。それゆえ「超越論的直観においては一切の反定立は止揚されており」、この同一性という点で直観は思弁に等しい。[2. 42f.]。

反省や概念の一面性を補完する直観のこうした機能は，体系期のヘーゲルでは消失する。直観の働きは，「精神哲学」中の「理論的精神」を構成するトリアーデ（直観，表象，思惟）の第一項に位置づけられ，「直接的に個別的な客観に関係づけられた，素材的な知」[『エンツュクロペディー（第 3 版）精神哲学』445 節「補遺」]と定義づけられるにすぎない。イェーナ前期の「直観」への高い価値査定が「反省哲学」の支配の超克というモチーフに発源していると解しうるのに対し，その価値低減は概念の自己運動，絶対的反省などの方法論の成熟に起因する。

【参】 Göhler (1974), Zimmerli (1974)

(田端信広)

地理学　⇨風土

ツ

ツヴィリング　[Jacob Zwilling 1776.9.12–1809.7.6]

ヘッセン＝ホンブルク宮廷の宮廷牧師の息子で，後にホンブルク皇太子指揮下の軍人として生涯を送る。1794年秋から1796年春までイェーナ大学に学び，ジンクレアやヘルダーリン，そして1797年フランクフルトへ移住してきたヘーゲルと「精神の盟約」を結ぶ。1796年 4 月にイェーナの或る教授に宛てた書簡の草稿では，彼はヘルダーリンの『判断と存在』(1795) のようにフィヒテの絶対的自我を批判し，構想力を重んじる美的な視点を最高のものと看做していた。しかしやはり1796年中に成立したと推定される論文『一切について』(*Über das Alles*) は，イェーナ以後のヘーゲルを先取して，フィヒテの綜合的方法に似た構想を展開している。つまりツヴィリングもヘルダーリンのスピノザ的な一なる存在に相当する「一切」（無限性，合一，根源，絶対者）を意識の可能根拠として前提し，その原分割によって反省を説明するが，ヘルダーリンたちのように根源的な一切のイデーを反省の外に残るものとしてではなく，むしろ反省に内在するものと想定し，そのイデーを汲み出す「反省の累進的な交替」の過程を構想する。その際の方法は，分離によって生じた対概念を構想力によって「互いへの関係」にもたらして合一すると同時に，さらにそれに対概念を反定立してこれらを再合一するという行程の反復である。すると遂にこの行程の終極で，反省そのものに「反省を飛び越えるイデー」が反定立され，これが「否定的な仕方で」達成される「絶対者のイデー」に他ならないと思惟される。「関係の考察は，その最高の段階では無関係を伴う関係であり，それゆえに〔……〕関係一般のカテゴリーは〔……〕我々がいたずらに否定と要請を通して何か絶対的なものとして探し求めてきた無限性そのものである」。この反省諸規定のアンティノミーとその解消による絶対者の認識という構想によって，彼は観念論を用意する。

【参】 Strauß (1928), Henrich (1981), 四日谷敬子 (1986)

(四日谷敬子)

通俗哲学　[Populärphilosophie]

ヴォルフからメンデルスゾーンに至るドイツ啓蒙哲学を特に指すが，広義には哲学史に

満ちている。通俗哲学の源泉は心や衝動，素質など我々の自然的存在であり，正義や神についての私的心情である[『哲学史』18. 115]。通俗哲学は我々の日常意識で語り，それを究極の尺度とする[同 20. 264]。それは思弁的な価値を持たないが，一般教養という点では重要である。すなわち一つの全体からというよりも自己から，自分の経験，自分の対象から発言する。それは健全なる人間悟性に属する[同 20. 17]。霊魂の不滅を語るソクラテスの最後の言葉は一種の通俗哲学である[同 18. 511]。後期ペリパトス哲学はアリストテレス哲学ではなく通俗哲学であり[同 19. 253]，特にキケロの時代にはそうである。エラスムス (Desiderius Erasmus 1466-1536)，ペトラルカ (Francesco Petrarca 1304-74)，メランヒトン (Philipp Melanchton 1497-1560)，モンテスキューなどもそうだし，ヴォルフ哲学はまさにそうである。メンデルスゾーンはさらに通俗的に哲学した。通俗哲学はヘーゲルにとって学としての哲学ではない。

(柴田隆行)

月 [Mond]

月は一つの太陽系の対立の契機を現す「非独立的な天体」[『エンツュクロペディー（第3版）自然哲学』270節「補遺」]である。そのため月は天体が措定する中心の統一からはずれ，対立に捕われた独立性である。だから，第一に対自存在性と質量が分離して現れ，特殊性の面の現示である。普遍的中心を欠き，自己還帰的な自由運動を行うことができず，自分を排除した他の個体的天体すなわち地球の廻りを「惰性的にして麻痺した運動」を行う。第二に，形式的な対自存在であることによって，月は「硬化した内的なものとしての地球」「死せる本質」[同279節「補遺」]であり，そのため大気を有せず，生命を生み出す運動，気象学的過程を欠いている。しかも月が対自存在であるために自己関係的な否定性である火の過程を端的に示すことになるが，あくまでもそれは可能性としてでしかなく，現存しない。→天体，太陽(系)，地

(長島 隆)

土 ⇨地

罪 [Sünde, Schuld]

宗教上，一般に神の命令への違反が罪であるが，キリスト教的には一切の罪の起点としての原罪がすべての人間に罪責（Schuld）として伝えられる。この罪の問題をヘーゲルは，その「精神の発展は外に出ることであり，自己分離であり，そして同時に自己還帰である」[『哲学史』18. 41]との基本的発想から，精神における自然性と内面性との対立を軸に考察している。

ギリシア的な自然性に対立するものとしての内面性の契機が強く出てきたのは，ローマ的世界においてであった。人間は自分を自らの否定者と感じ，自分が神から分離され分裂した存在であることを知るが，この内面の苦悩の中でユダヤ的な意味での罪が問題になる。光と闇という東洋的対立が精神の中に移され闇が罪となるが，ここで「罪とは善悪の分裂としての善悪の認識」で，その「認識とはまさに意識にとって外面的なもの，異質なものを消滅させることを意味し，だから主観性の自己回帰である」[『歴史哲学』12. 391]。

原罪により善悪を知った人間は他の動物から区別されるにいたったが，この区別は人間がその意志の自然性を対象的に捉え，それに対立しうる意志の内面性を持つことで成立する。かく「意志の自然性から離脱し，しかもこの自然性に対して内面的たろうとする自由の必然性」[『法哲学』139節]が悪の源であり，だからもし人間がこの区別を成立させる自然性と内面性との分裂の立場に留まって普遍に対して特殊を本質的なものとして固執するならば，主観性は対自的存在として個別的にふるまわざるをえず，その限り個々の主体は悪

の罪責を負うことになる［同上］。

「罪の認識に到達した精神」は、ヘーゲルによれば「統一に対して無限に分離しているという対自性の認識に到達した精神、そしてこの分離から再び統一と和解に戻った精神」［『宗教哲学』16. 271-2］ではあるが、闇が罪となった段階での和解への通路は、かつてユダヤ的感情が重視していた実在性が否定された後それに取って代わった主観性そのもの、人間の意志以外にはありえない［『歴史哲学』12. 391］。そこに、自分が自分のあるべきものでない可能性の一つとしての罪［『宗教哲学』16. 172］を、他者への関係の可能性として後来的なもの、外面的に偶有的なものとしながら、ヘーゲルが罪の問題をとりわけ意志との関連で考えた理由もあろう。

罪責が問われるのもまた意志との関連においてであって、人間はその意図的な行為の結果に対して罪責を持つとされる。「所業はただ意志の罪責としてのみ、その責めを帰せられうる。——これが知の権利である」［『法哲学』117節］。その行為の諸前提や状況などについて知っていてこそ、意志は権利を持ちうる。結果よりは意図を重視するいわば心情倫理的立場に立ちつつも、ここでもヘーゲルは、原罪と善悪についての知との結び付きの投影を見ていたのではないか。→原罪、責任

(久野　昭)

罪に死すること　⇨洗礼

ツンフト　⇨コルポラツィオーン

テ

「である」 [Ist]

ist（である）は、ドイツ語の動詞 sein の三人称単数の現在形であり、ヘーゲルの著作のなかでもっとも頻度数の多い用語のひとつである。

「である」には、「Aが存在する（A ist）」という意味で用いられる場合と、「AはBである（A ist B）」の意味で用いられる場合とがある。前者が、端的にAが存在することを主張している（存在としての「である」）のにたいして、後者は、主語Aと述語Bとを結びつけている繋辞である（繋辞としての「である」）。

ヨーロッパ語では両者を区別することができないために、哲学史上、両者がしばしば混同される場合もあったが、すでにアリストテレスは、存在の諸義を考察するなかで、両者を区別していた。ヘーゲルにおいても、「である」は、これら両方の意味で重要な用語として用いられている。

(1)「である」は、存在するという意味で用いられている。たとえば、der an sich seiende Begriff（即自的に存在する概念）という表現の seiende は繋辞の意味ではなく、存在するという意味である。動詞 sein の名詞化によって表現される Sein（存在〔有〕）は、ヘーゲル哲学のもっとも基本的なカテゴリーのひとつであり、『論理学』の始元をなすものであるが、ヘーゲルにおいては、思惟との直接的同一性（存在＝思惟）において把握されている。

(2)「である」は、A ist B という判断の繋辞（Kopula）の意味をもつ。繋辞としての「である」は、主語と述語とを結びつける

ものであり，存在するという意味はない。ヘーゲルは，判断を概念そのものの根源的分割 (Ur-teil) としてとらえるとともに，分割された項（主語と述語）が概念としての同一性を回復していくことを「繫辞の充実」としてとらえたのである。→「持つ」　　　（岩佐　茂）

定義　[Definition]

一般に定義は，伝統的な観点に従えば，例えば「人間」の定義である「理性的動物」に見られるように，定義される概念（人間）について，(1)その最も近い類（動物）と，(2)種差（理性的）とを挙げることから成っている。ヘーゲルは，こうした〈最近類＋種差〉という定義の構造を，彼の言う意味での「概念」に次のように関連づけている。「定義は，それ自身概念の三契機を，すなわち①最も近い類 (genus proximum ＝最近類) としての普遍者，②類の規定 (qualitas specifica ＝種差的な質) としての特殊者，③そして，定義される対象そのものとしての個別者を含んでいる」[『エンツュクロペディー（第3版）小論理学』229節「補遺」8. 381]。

この場合，普遍者と類（最近類），特殊者と種（種差）が対応させられる理由は，各々の語義からしても明らかである。ヘーゲルに特徴的なのは，通常個体への言及を含まない一般的な形で与えられる定義のうちに，併せて個別性の契機をも含ませている点である。このことの背景には，彼が定義を，単なる一般的「徴標」の提示としてではなく，個別的対象に関する十全な規定へと向けた進展の出発点として捉えようとしている，という事情があろう。すなわち，例えば『大論理学』の「理念」の篇での定義概念の取り扱いにおいて，彼は定義を単に「分類」（類‐種の体系）の概念へと関係づけるだけでなく，さらに「定理」や「証明」といった概念にまで展開させている。その場合，定義は「最初の，未だ展開されていない概念」として，対象の持つ諸性質のわずか一つを利用する（規定する）にすぎないが，これに対して，そうした抽象性・一面性を超えて，対象の「多様な種規定」を「単純な概念」へと「関係」づけることを可能にさせるのは，「証明」を介して成立する「定理」であるとされている [『大論理学』6. 516]。つまり，ここでは定義は，個別的対象がその普遍性と特殊性とにおいて十全に規定されるようになる段階としての「定理」へと向けた，最初の一歩として捉えられていることがわかる。

以上のようなヘーゲルの定義の捉え方は，定義の内容のうちに，当の定義を満たす事象そのものの生成の条件や道筋を求めようとする観点——このような観点は，例えばライプニッツの「因果的定義」「実在的＝事象的定義」（この後者の語はヘーゲル自身 [『大論理学』6. 532] で用いている）の概念に見られる——に連なるものを含んでいると言えよう。
→概念，類，証明　　　　　　（岡本賢吾）

定在　[Dasein]

定有とも訳される。

Ⅰ　定在の成立　定在は「規定された存在」であり，ヘーゲル論理学の始元である「純粋存在」の限定された在り方として理解される。この限定の構造は「純粋存在」と「純粋無」の統一である「生成」の運動において示される。「生成そのものの内では存在も無も，それぞれが等しい仕方でむしろそれ自身の無としてのみある。生成は消滅としての統一であり，言い換えれば無の規定における統一である。だがこの無は，存在への本質的移行であり，したがって生成は，存在と無の統一への移行である。そしてこの統一は存在するものとしてあり，言い換えればこれら両契機の直接的統一という形態をもっている。すなわちこの形態が定在である」[『大論理学（第1版）』GW 11. 57]。このような定在の成立は，ヘーゲル論理学における最初のカテゴ

リーの演繹を意味する。定在は、始元の生成が担う創造の活動の成果である。定在においては、生成の契機としてある純粋存在と純粋無とが「静止的単純性」という在り方でもって現れている。定在は「そこ」（da）にある在り方であり、日常の表象に与えられる存在の直接性である。実に定在とは感覚にまで至った始元の本質である。

Ⅱ　定在の存立構造　定在は生成から導き出された。すなわち定在は生成に媒介されている。生成の構造は、存在と無とを契機として成立していた。この生成の構造を止揚した定在の在り方が「実在性」（Realität）である。実在性の在り方は、さしあたって不完全な統一である。このような統一の性格が定在の運動の原因となる。定在が存在の契機の面からなされた存在と無との統一であるとすれば、この統一と同等の権利をもって無の契機においてなされる存在と無の統一がなくてはならない。すなわち、規定された存在だけでなくて、規定された無がなくてはならない。このような無の側面において定在の意義をもつものが「非定在」（Nichtdasein）である。これは「第二の定在」、「非定在としての定在」、「それ自身の無としての定在」とも表現される。このように非定在が定在と対等の価値を有することによって、定在の根本的な在り方は、定在の非定在への関係、すなわち「他在」である。定在は非定在でないことにおいて非定在の規定をそれ自身の内に含んでいる。非定在の規定の在り方は、定在自身の映現である。しかし非定在は定在自身の他者である。他者が定在の本質的関係としてあるとき、つまり他者の在り方がそれ自身の内面的な規定となっているとき、非定在に対する定在の在り方は「対他存在」（Sein-für-Anderes）である。そしてさらに定在が「他在」、「対他存在」に媒介されることによって自覚されるそれ自体の構造契機は「即自存在」（Ansichsein）である。→生成, 実在性

【参】　Werder (1841), Radamaker (1979), Lakebrink(1979/1985)　　　　　　　　（小坂田英之）

ティーデマン　[Dietrich Tiedemann 1748.4.3-1803.5.24]

『思弁哲学の精神』全7巻を著す。ヘーゲルによる評価は「言葉が生硬で気取っており、一生を思弁哲学の研究に捧げながら、思弁について何もわかっていない学者の哀れな見本である」『哲学史』18. 134]と厳しい。唯一の功績は中世の稀書からの引用がある点であると言う。文化史や政治史を多く採用している点がこの本の独自性だが、ヘーゲルは「没精神的に扱われている」とそっけない。

【参】　Tiedemann (1791-97), 柴田隆行（1988）
　　　　　　　　　　　　　　　　（柴田隆行）

ディドロ　[Denis Diderot 1713.10.5-84.7.31]

18世紀フランス啓蒙思想運動のリーダーの一人であり、もっとも独創的な「哲学者」であった。ダランベールと一緒に『百科全書』の編集に携わり、ドルバック、ルソーをはじめとする広範な思想家や科学者たちを組織したが、同時に、文学、芸術論、哲学などの広範な領域にわたって独創的な著作を残している。ヘーゲルは、少なくとも、『精神現象学』の執筆の頃には、ディドロの弁証法的な思考方法に深く影響されており、「疎外」とか「弁証法」といった中心的思想の形成にディドロとりわけて彼の『ラモーの甥』が決定的ともいえる影響を与えた。同じ頃に書かれた「抽象的に考えるのは誰か」という小論（この著作のスタイル自体が特異である）においても、ディドロの『運命論ジャックとその主人』が書名と共に引用されており、弁証法的相互転化の思想がディドロの深い影響のもとに成立したことをうかがわせる。→疎外,『ラモーの甥』, 教養, フランス啓蒙思想　（佐藤和夫）

ティボー　[Anton Friedrich Justus Thibaut 17

72.1.4-1840.3.28]

ハイデルベルク大学教授。ベルリン大学教授サヴィニーとの民法典論争で知られる。1814年ティボーは，『一般的ドイツ民法の必要について』を著して，ドイツ法の分立・不統一を除き国民の統一を促進するために，私法・刑法・訴訟法の統一的法典制定を主張した。これに対してサヴィニーは，法は言語と同様に，作られるべきものではなく，おのずと成るものであるという立場から，時期尚早であるとして反対した。ヘーゲルは，「彼にしては珍しく，加担の情熱をもって」(リッター) ティボーとその民法典制定の要求に味方した。「一文明国民ないしはそのうちの法律家身分に法典作成の能力を認めないというのは，一国民ないしはその法律家身分に加えられうる最大の侮辱の一であろう」『法哲学』211節。「体系化することは……現代の限りない渇望である」[同上「補遺」]。なお『法哲学』79節への「覚え書」にも，ローマ法に関してティボーへの言及が見られる [7. 165]。
⇒サヴィニー

【参】 Ritter (1969b) (高柳良治)

『ティマイオス』 [Timaios]

イデアの分化に基づいて論理，自然，精神という三部門に大別されるプラトン哲学の中で，『ティマイオス』は，自然哲学に属し，ヘーゲルの自然哲学にも深い影響を与えた。イデア論的思想を前提としたその自然の総体的説明の中に，ヘーゲルは思弁的なものを読み取った。『惑星軌道論』の付論では，惑星間の距離の問題を論ずる際に，当時の天文学界において支配的であった「ティティウス＝ボーデの法則」の無概念性を批判して，自然の理性的秩序は，単なる算術的級数ではなくて，プラトンがピュタゴラスに倣って『ティマイオス』で示した数列をモデルとする累乗に進む数列において正しく表現されるとしたが，この立論は，結果的には事実によって反駁され，ローゼンクランツが伝えているように，当時極めて悪評で，以後のヘーゲルの自然哲学への評価を決定づけることになった。しかし『哲学史』でも，ヘーゲルはこの晦渋な対話篇における概念的認識と表象的意識との外面的混合に惑わされなければ，そこには最高に思弁的なものがあると評価している。
⇒プラトン

【参】 Rosenkranz (1844) (武田趙二郎)

定有 ⇨定在

定立（措定） [Setzen]

一般には，ある事柄を内容によって規定すること (Bestimmen)，また，それを命題 (Satz) によって表現すること (Position) をいう。しかし，フィヒテが，定立を，自己自身とその客観をうち立てる自我の活動と理解したのをうけて，ヘーゲルにおいてもより限定された意味で使われる。AがBにおいてCを定立するというとき，A〔定立者〕とB〔定立によって止揚されるもの〕は同一物であり，C〔被定立有 (Gesetztsein)〕は媒介されており，その存在を他者の内にのみもっている。もしAとBが異なっていれば，それはたんなる Bestimmen にすぎない。したがって，定立は，狭義には，自己関係・自己規定の活動を表し，論理学では本来「本質論」に属するものである。たとえば，原因が結果を定立するというのは，原因がそれ自身の内から結果を生み出す (hervorbringen) の意味である。一方，「存在論」では，有限が無限を定立するとはいわない。有限からは無限が出てくる (hervorgehen) だけだからである。「概念論」では Position の意味における用法が多い。⇒反省 (海老澤善一)

定量 ⇨量

ディルタイ [Wilhelm Dilthey 1833.11.19-1911.

ドイツの哲学者。ディルタイの生涯の思索を動かした課題とは，すべてを有限的と見て相対化する歴史意識と，普遍妥当的認識をめざす哲学との間の対立を融和することにあった。彼の生の解釈学は，この対立が「生」において，発展史的に，融和しうることを明らかにするものであった。この見方を獲得したディルタイは，若きヘーゲルも彼と同じく「生」の概念のうえに立って対立の融和をめざした者と見て，これを歴史的に跡づけ認識しようとしたのである。そのためには，それまで未刊行の，特に初期の草稿についての文献学的歴史的考察が必要と考えられた。かくて，その必要を自ら提唱し，率先して研究しそれを公表し刊行したのが『ヘーゲルの青年時代』(*Die Jugendgeschichte Hegels*. 1906.[in:Diltheys Gesammelte Schriften. Bd. IV. 1921])なのである。これは，ヘーゲルの思索を「発展」において見たはじめてのものであり，「若きヘーゲル」にはじめて独自の価値と意義を認め，かくてヘーゲル復興の口火を切ったものとして研究史上画期的な意義をもつ。ディルタイは，若きヘーゲルの思索の基調を「神秘的汎神論」と捉え——これが全篇のキーワードとなる——，生の分裂と対立とは生が侵害されたことに基づく運命の反作用にほかならず，そしてそれが「愛」によって和解される次第（「愛による運命との和解」）をヘーゲルの草稿に拠って辿り，そこにヘーゲル弁証法の原形を見ようとしたのである。ディルタイによれば，このような若きヘーゲルは「人間精神の内面性の歴史の創始者」［前出『ディルタイ全集』IV. 157］であり，あらゆる時代の最大の形而上学者のひとりなのである。

ディルタイのヘーゲル解釈は神学的に傾いており，それはさらにノール (Herman Nohl 1879-1960) に引き継がれたが，同時にこれに対立するルカーチ (György Lukács 1885-1971) らの政治経済学的研究を呼び起こすことにもなった。　　　　　（岡崎英輔）

デ・ヴェッテ [Wilhelm Martin Leberecht De Wette 1780.1.14-1849.6.16]

ドイツのプロテスタント神学者。1810年にベルリン大学神学教授であったが，フリースの影響を受けて，哲学的にはヘーゲルに敵対していた。コツェブーの殺害者ザント (Karl Ludwig Sand 1795-1820) の母親に同情的な手紙を書いたために，勅令によって罷免された。ヘーゲルはその処遇をめぐってシュライエルマッハーと見解を異にしたが，デ・ヴェッテのための秘密の募金に加わり，政府の制裁を批判する姿勢を示した。

【参】 Wiedmann (1965), D'Hondt (1968b)
　　　　　（杉山吉弘）

デカルト [René Descartes 1596.3.31-1650.2.11]

フランスの哲学者・数学者。フランシス・ベーコン (Francis Bacon 1561-1626) とともに近代哲学の祖と言われる。ベーコンがイギリス経験論の源に位置するとすれば，デカルトは大陸合理論の源に位置すると言える。一切をあえて疑ってみるという方法的懐疑の立場に立ち，その疑っている自分だけは疑いえないとして，「われ思う，故にわれあり」という原理を打ちたてた。また，世界は精神と物体とによって構成されるという二元論を主張した。主著に『方法叙説』『省察』『情念論』がある。

ヘーゲルはデカルトの近代性をつぎのようにとらえた。「近代哲学が思考を原理とする限りで，デカルトは事実上，近代哲学の真の創始者である。自立した思考は，ここで哲学的神学から区別されて，あらたな土台となる。同時代および近代へのデカルトの影響は，そのひろがりたるや測りがたいものがある。かれはものごとをもう一度まったく初めからや

り直し,哲学の土台をまったく新たに築きあげた英雄である。デカルトが同時代および哲学的教養一般に及ぼした偉大な影響は,自由で単純で通俗的なやりかたで,通俗的な思考のすべての前提を無視したこと〔方法的懐疑〕,まったく単純な命題〔「われ思う,故にわれあり (cogito ergo sum)」〕からはじめたこと,内容の一切を思考と延長(ないし存在)に還元したこと,主としてこの三つの点にあった」『哲学史』20. 123]。

このようにデカルトの偉大さを認める一方,ヘーゲルは上にのべた三点にまつわる問題点や論理的不整合も鋭く指摘した。

方法的懐疑について言えば,すべてを疑って思考そのものを絶対のはじまりとする考えは,まさしく近代をつらぬく一大原理となるような普遍性を備えていたけれども,なぜすべてが疑わしいかについてデカルトの提示する理由づけ(「われわれの知覚は誤りやすいから」「夢と覚醒の区別すらはっきりしないから」「神が人間を不完全なものに作ったから」など)は,無邪気な思いつきというに近く,哲学的な吟味に耐ええないものであった。また,「われ思う,故にわれあり」の命題にしても,自我の絶対的自立を宣言するすぐれて近代的な命題である一方,それがあまりに主観性を強調するものであるがゆえに,そこから客観的な存在に橋をかけることができず,客観性にいたるには神を媒介とせざるをえないのであった。精神と物体の二元論も,それぞれが相手なしに独立に存在するものとして定立されたがゆえに,両者の関係は外面的偶然的なものたらざるをえなかった。

こうして,ヘーゲルによれば,デカルトの哲学は近代的な思考の土台をつくりだすと同時に,近代哲学がかかえこまざるをえぬ難問をおのずと提起するものであった。

(長谷川宏)

出来事 ⇨行為

敵対 ⇨運命

哲学 [Philosophie]

Ⅰ 哲学の根源　アリストテレスは哲学は世界への驚異から始まると語り,近代哲学に基礎を拓いたデカルトは懐疑に出発した。これに対してヘーゲルは彼の最初の哲学的著作である『差異論文』において「分裂こそ哲学の必需 (das Bedürfnis der Philosophie) の源泉である」[2. 20]と語り,そして近代的生の分裂を「理性と感性,知性と自然,そして一般的概念で言えば絶対的主観性と絶対的客観性との対立」[2. 21],或いは「存在と無,概念と存在,有限性と無限性への分裂」[2. 24]として描き出している。ヘーゲルにとって哲学は何よりも時代の窮乏に身を向けるところに必然性を有したのである。ところで人間的生の分裂が分裂として知られるのは,その根底に統一が潜んでいるからである。分裂し対立しているものの統一を絶対者とすれば,ここに生の分裂と共に,唯一の絶対者が存在するということが,哲学の前提でなくてはならない。哲学は強制約から意識を解放することで,前提されている絶対者を認識することを,よってもって生の統一を回復することを使命にするのである。そして,この哲学の目標が人間的生の統一の回復,ヘーゲル自身の言葉をもってすれば,自己疎外の克服にあることは渝らないヘーゲルの認識であり,このことは,晩年『法哲学』序文において哲学を「個人について言えば,もともと各人は時代の子であるが,哲学もまた然りであって,思想のうちに把握されたそれの時代である」[7. 26]と語られるうちに窺える通りである。

Ⅱ 哲学の立場と方法　ところで,このように哲学の課題が分裂対立を克服して絶対者を認識することにあるとき,哲学には分裂し対立しているものをそれとして捉える悟性と,分裂し対立しているものを統一する理性,それに分裂が分裂として,対立が対立として

345

知られるのはその根底に統一が潜んでいるかぎりで、この根源的な統一を捉える直観、これらが不可欠なものと言えよう。ヘーゲルは哲学は学として飽くまで公衆に理解される公教哲学でなくてはならないと主張、この立場から徒らに直観や感情に頼る直接知の立場を、人々の心胸に高揚を与えても洞察を与えない秘教哲学であると批判、このかぎりで反省を欠かせないとした。しかし悟性による反省は分裂し対立しているものを固定するかぎりで、これは理性によって否定されなければならない。ここに悟性的反省に固執して、統一を彼岸に見出すに留まったカントなどの反省哲学の欠陥がある。ヘーゲルの思弁的理性の立場はいわば直観と反省とを総合する立場に立つものである。それは一言で尽くせば、相対的なもののうちに、絶対的なものを見守る立場であると言ってよい。ここにヘーゲルにおいて哲学は始まりをもって終わりとする円環を完結させることで、愛知の学の名を脱ぎ捨て、現実的な知として基礎付けられることになるのである [『精神現象学』 3. 14]。

Ⅲ 哲学と芸術と宗教　ヘーゲルによれば、哲学は絶対者を認識することを目指すが、芸術も、また宗教も絶対者を捉えることをもって課題とするものである。したがって、これら三者の相違は、向かう内容にではなく、同じ内容をいかなる形式で捉えるかに存する。つまり、芸術が直観で捉え、宗教が表象で捉えるものを、哲学は概念でもって捉えるのである。「哲学は芸術や宗教と同一の内容、同一の目的をもつ。しかし、哲学は絶対理念を把握する最高の様式である。なぜなら、哲学の様式、最高の様式は概念だからである」[6. 549]。概念が絶対理念を捉える最高の形式であるという認識の背後には、古代ギリシアは芸術で、キリスト教は表象で絶対者を捉えているが、古代ギリシアの時代はすでに去り、キリスト教も宗教改革を潜り抜けた現代においては、哲学が絶対者を捉えるに最も適した形式となっているという、ヘーゲルの精神史的認識が控えていると言って間違いないであろう。

Ⅳ 哲学と哲学史　哲学が絶対者の認識であるとき、哲学の理念に即すれば、哲学は唯一つの哲学しかない。絶対者も、これを認識する理性も、唯一つのはずだからである。しかし、いつ、どこで、いかなる形式で、絶対者が哲学のうちに示されるかは、時間的には時代の制約の下、空間的には風土的制約の下で、偶然的である。そこに歴史的にはさまざまな哲学が現れ、哲学史を形づくることになる。そして哲学の理念に照らすとき、相互に相違する多数の哲学が見出される哲学史は「阿呆の画廊」であると言うこともできる。しかし、絶対者が相対的なものと対立しては絶対者ではなく、相対的なもののうちに現れて存在するものであるとき、唯一つの絶対者の認識が哲学であると同時に、哲学は固有の歴史をもつことを不可避にすると言わなければならない。ヘーゲルにおいて絶対精神の学としての哲学が哲学史として展開されるのも、これがためである。絶対者がまさに絶対者として、その発展が始まりをもって終わりとする自己還帰の運動であるとき、ヘーゲルはこの絶対理念の自己還帰する場所に身を置くことで、哲学史を己れの哲学のうちに止揚し、これによって己れの哲学の必然性と真理性を保証したのである。→絶対者・絶対的なるもの、芸術、宗教、体系、哲学史　　　　　（上妻 精）

哲学教育 ⇨ **教育**

哲学史 [Geschichte der Philosophie]

(1)哲学史の全体は一つのそれ自身必然的な首尾一貫した進行過程であり、それを導くのは諸々の形態の内的弁証法である。たんなる意見の羅列にすぎない哲学史は「阿呆の画廊」である [『哲学史』 18. 29]。(2)いかなる哲学もかつて必然的に存在したし、いまもなお

存在する。すべては一つの全体のモメントとして哲学の中に肯定的に保持されている。発展過程は規定作用の進展であり理念の自己内化であるので、最新最後の哲学はもっとも発展しもっとも深く、全哲学の鏡である［同18. 61］。(3)原理を持つ哲学とその原理そのものとの矛盾が哲学史を推進する。(4)個々の哲学との関係を言えば、哲学史は多くの円環をその円周として持つような円環である［同18. 46］。ヘーゲルの哲学史の講義は1805年イェーナ大学冬学期からベルリン大学での没年まで続けられた。哲学史はヘーゲルによって学として確立したと言っても過言ではない。

【参】 Lenin (1929), Düsing (1983), 柴田隆行 (1990)　　　　　　　　　　　　　　(柴田隆行)

哲学の欲求　⇨欲求・欲望

『哲学批判雑誌』［*Kritisches Journal der Philosophie*］

1802-03年にかけて、シェリングとヘーゲルとの共同編集によって刊行された雑誌。テュービンゲンのコッタから2巻6分冊まで発行された。「非哲学的混乱状態に目標と節度とを与える」ために、多様な「武器」を用いて「焼灼」をなすことが必要だというのが、当時のヘーゲルの意気込みであった［『書簡集』（第1巻）65］。第1巻第1冊には、「序論」としての『哲学的批判一般の本質』（ヘーゲル）、『絶対的同一性の体系』（シェリング）、『常識は哲学をどのように解するか』（ヘーゲル）、第2冊には、『懐疑主義論文』（ヘーゲル）、『リュッケルトとヴァイス』（シェリング）、第3冊には、『自然哲学と哲学一般との関係』（シェリング）、『哲学における構成』（シェリング）、第2巻第1冊には、『信と知』（ヘーゲル）、第2冊には、『自然法論文』（ヘーゲル）、第3冊には、これの続きおよび『哲学的関係におけるダンテ』（シェリング）の各論文が掲載された。

【参】 Buchner (1965)　　　　　　(山田忠彰)

デモクリトス　［Dēmokritos,（独）Demokrit 前460頃-370頃］

レウキッポスによって創始され、デモクリトスによって完成されたといわれる古代原子論は、原子と空虚の二つの原理からすべての自然現象を首尾一貫して合理的に説明しうる点で、イオニア派以来の自然哲学の発展の頂点を究めたものと言ってよい。しかし、ヘーゲルはこの二人を区別せずに論じており、その教説の解釈は独得である。

ヘーゲルはまず、原子論へと至る哲学史の流れを、エレア派の原理である存在と、ヘラクレイトスによる存在と非存在の、生成における統一の思想とが、原子論の段階で物体性・対象性を獲得して豊富化されたと特徴づけたうえで、原子が不可視の非感性的なものであり、したがってそれ自体思想の産物であることを根拠に、唯物論的であるはずのこの教説が逆に観念的原理を表現するものとみなす。そしてこの見地から、哲学史上初めて原子論によって、すべての質的区別を自己のうちで止揚し、自己から他者を排除しつつも自己自身に否定的に関係する「一」と「対自存在」のカテゴリーが見出されたとし、これを「偉大な原理」［『哲学史』18. 357］、「一層高い意味での観念論」［同 18. 359］として評価する。

しかし、ヘーゲルは他方では全く逆に、無からの創造と霊魂不滅説の拒否、原子から切り離された運動原因の否定、形態・配列・位置だけによる原子の区別、感覚の差異の説明、原子の原初的旋回運動と反撥・牽引による世界形成などの原子論の核心的諸思想を「全体的に未熟で何の満足をも与えない」［同 18. 354］ものとして退ける。こうした自己矛盾的評価は、ヘーゲル特有の観念論的視座、近代科学の機械論的・原子論的自然観および社会契約説に代表される社会と個人の原子論的

把握への反対などがその背景にあったとしても，デモクリトスの原子論哲学の客観的理解としては多くの問題点をはらんでいると言わなければならないであろう。→原子, エピクロス

【参】 Guthrie (1965), 西川亮 (1971)

(奥谷浩一)

デューラー ［Albrecht Dürer 1471.5.21-1528.4.6］

ドイツ・ルネサンス最大の画家。ヘーゲルは，すぐれた肖像画を真に芸術的な才能を備えた史家の歴史記述になぞらえている。すなわち，現実の世界に関して，われわれは往々にして樹を見て森を見ずであるのに対して，すぐれた歴史記述は現実に内在する意味と精神をわれわれに示してくれる。同様に，すぐれた肖像画は，われわれが実際に見たのでは分からないような像主の精神をわれわれに感得させる。そうした種類の肖像を制作した画家として，ヘーゲルはティツィアーノ (Vecelli(o) Tiziano 1476-1576) とデューラーを高く評価している［『美学』15. 104］。

【参】 増成隆士 (1987)　　　　　(増成隆士)

デルフォイ　⇨ギリシア

点　⇨空間

転換　⇨変化

電気 ［Elektrizität］

ヘーゲルは電気を物理学的過程と化学的過程の境界に成立する現象として捉える。「物体はその特殊性という点では，元素と関係している。しかし，形態化された全体としては物体はまた物理学的個体として相互に関係しあう。まだ化学的過程に入らない特殊性としては物体は自立的なものであって，相互に無関心なままで，全く力学的な関係の中で自己を保持している」［『エンツュクロペディー（第3版）自然哲学』323節］。これがヘーゲルが規定する電気の位置する場面である。第一に，このレベルの物体が元素を構成要素とし，その一つの総体性として独立的に存在すること，第二に，この物体が独立して存在しながらも他者への関係として相互の物体の差異性を伝えようとして働くこと，第三に，しかもこの働きが，依然として独立した物体間の力学的な運動として働くということ。以上が電気の現象が生じる場面と言うことになる。だからヘーゲルはさらにこの場面の物体の根本性格を「物理的であるとともに力学的」［同324節］と言っている。

ヘーゲルによれば物理学的な過程は空間的な過程にある物体が独立した存在として自らの規定性を実在化していく過程であるが，諸元素の否定的統一としての物体の個体性ははじめ磁性として一つの磁石の中に対立として現象する。電気においてはこの対立がそれぞれの物体間の対立として実在化している。つまりプラスとマイナスの電気が独立した物体の形態を取って現れている。ヘーゲルはこれを「形態の純粋な目的」であるが，「形態がその無関心性を廃棄し始める形態である」［同上「補遺」］と言う。電気では個体性の個々の規定性が全体として実在し，全体として化学的過程の中に入って行くからである。なお彼はそれまでの磁性，電気，化学的過程の同一視に対して，同一性を見るとともにその名称は固有の現象規定として残しておくべきであるとしている［同上313節「補遺」］。→ガルヴァーニズム

(長島　隆)

天才 ［Genie］

ふつう個人の非凡な才能を意味するが，ヘーゲルにおいては「個体的精神が生来獲得している一定の方向」［『エンツュクロペディー（第3版）精神哲学』395節「補遺」］，つまり個人の特性の内の天性 (Naturell)，自然的・生

得的な素質を表現し，また同時に社会的な普遍性をもつように形成されるべきものである。天才が自然のものでありながら，社会的な評価の対象になるのは，社会そのものが分業と交換，作品発表と批判との無差別的な評価のシステムを含んでいるからである。この事情をヘーゲルは次のように表現している。「天才……が現実の世界に属するのは現実の世界が精神的な動物の国であるという側面を持っている限りにおいてのことである」[『精神現象学』3. 397f.]。それゆえその意義が認められるのは，精神性と自然性とが合一されている芸術的の創作に関してであって，概念的思惟に依拠する学問や一般に個人が自らの内に形成すべき倫理的な徳に関してではない。「才能」(Talent)もまた自然的素質に属するが，才能が特殊な面で発揮される芸術的形態化の能力，外的技巧を指すのに対して，天才はその形態化に精神性を付与しそれを完成する普遍的な創造力を意味する。しかし両者は対立するものではなく，真の芸術家においては形態化の才能と，形態化への「自然的な衝動と直接的な欲求」[『美学』13. 369]とが結合されており，両者が相俟って真に生命的な作品を産み出すのである。天才性の原理を称揚した立場としてはシェリングの観念論や Fr. シュレーゲルのイロニー論が知られるが，ヘーゲルはその淵源をフィヒテの自我の原理に見ている。それは，一切を自我によって定立されたものとする自我の能動性も芸術家の天才による制作活動もともに己れの所産の中に己れ自身を見出すだけだからである。しかし文芸上の天才期（疾風怒濤時代）に続いた「哲学者の天才期」[『アフォリズム』2. 542]に対してはヘーゲルは否定的であった。なお天才と語源的に関連する「守護神」(Genius)もまた，ソクラテスのダイモニオンに見られるように外面的な託宣でありながら主体的，内面的なものであるという二重の仕方で個人の行動に関与する。→守護神　　　（北澤恒人）

電磁性　⇨極性

天体　[Himmlischer Körper]

「天体」とは，ヘーゲルにおいては，「地上の物体」(Irdischer Körper)すなわち地球の大気圏内の物質系と区別された，太陽とその引力圏内を運動する物体（惑星，月，彗星など）を意味する。この区別とともにヘーゲルは力学を有限的力学と絶対的力学とに区分するが，このために彼の自然哲学はしばしば，天体の運動と地上の物体の運動とを同一の原理によって統一的に把握したニュートンの偉大な業績に反して，天界と地上の世界にそれぞれ別な原理を想定したアリストテレスの視点へと逆行するものと解釈された。しかし詳細に調べると，この解釈は正当でない。ヘーゲルが宇宙空間を「抵抗も摩擦もなく」運動する天体の振舞いと地球の大気圏内の物質の振舞いとを区別した真の目的は，古代自然哲学のアナクロニズム的復活ではなく，静止する慣性系に〈最初の衝撃〉が加わって運動が生じるというニュートンの天体力学の暗黙の前提を批判して，自己運動する力学系として太陽系の構造を動的に把握することであった。この問題はすでに就職論文『惑星軌道論』でも簡単に触れられているが，イェーナ期の各種の自然哲学草案でさらに詳しく展開されている。そこで彼は「天体は動かされるものではなく，絶対的に自立的な運動である」と書いている[『イェーナ体系I』GW 6. 28]。あるいは「天体そのものは，静止と運動が分離しているような個々の物体ではない」から，〈衝撃〉や〈牽引〉のような静力学的カテゴリーをこの領域で使用すべきではない，と述べる[『イェーナ体系II』GW7. 204,および『同・III』GW8. 24]。この考えが『エンツュクロペディー』において有限的力学と絶対的力学の区別となり，中心天体と周辺の惑星の相互作用に基づいて自由運動する力学系の構造を記述しうるものは「有限な関係」で

はなくて、「理性概念」のみであると主張されるに至るのである[『同・自然哲学』264節参照]。→太陽(系)、惑星

【参】 Paolucci (1984), Shea (1986), Lunteren (1986), Neuser (1986a), Ihmig (1989)

(渡辺祐邦)

転倒 [Verkehrung]

語義的には、ある状態や規定を逆転させること、もしくは逆転された状態のことである。早くは、「……哲学は悟性さらには健全な常識……の正反対であることによってのみ哲学である。それらに対して哲学の世界は即かつ対自的に一つの転倒した世界であるのだ」[2. 182]という例が見られる。しかし、哲学的な概念として重要な位置を与えられるのは『精神現象学』においてである。

まず「力と悟性」の章で「転倒した世界」が論じられる。悟性には、現象する感性的世界をこえた「内なるもの」、「超感性的世界」が対象として開けてくる。ここでヘーゲルはプラトン的イデア、カント的物自体、近代科学の「諸法則の静かな国」などの問題性を対象にしていると考えられるが、この第一次の超感性的世界は、感性的世界の転倒ではあるが、区別と変化の原理を持つ現象を全体的に止揚したものではない。この転倒が「説明」を媒介にさらに転倒され、現象のもつそれらの原理を自己のものとし、「不同であることの自同性、常住でないことの常住性」[『精神現象学』3. 127]の性格を持つとき、第二次の超感性的世界、すなわち「転倒した世界」が成立する。この世界は現象と超感性的世界の二元論が止揚され、各契機が直接に自らの否定の契機を含みつつ統一されている「内的区別」の世界、すなわち無限性の世界であり、「絶対的概念」、「生命の単純な本質」、「世界の魂」[同 3. 132]とも言われる。さらにこの無限性を通じて対象意識から自己意識への転換がなされることを考えると、「転倒した世界」はヘーゲル哲学の鍵概念の一つといえる。

さらに「自己疎外的精神、教養」においてもディドロの『ラモーの甥』を手がかりに、転倒の意識の重要性が指摘される。誠実な意識のもつ、教養に欠けた没思想的な自同性の原理を破壊、転倒することにより、「絶対の分裂のただ中における自己同一」[同 3. 385]が可能になる。転倒の意識はエスプリ（精神）に富んでおり、そこにおいて支配的なのは「概念」であるとされる[同 3. 386]。→超感性的世界、無限

【参】 Gadamer (1971b), Rosen (1974)

(米永政彦)

伝統 [Tradition]

初期ヘーゲルにとって、伝統は習俗としての国民宗教において問題となる。それは実践的かつ共同的なものである。それを担う国民精神は歴史を父とし政治を母とし宗教を乳母として生み出されるが、逆にこれら三者を生産的に規定する。しかしこれらは歴史的・社会的現実として個人の自由を拘束する。そこでヘーゲルは「実定性」の問題と対決することになる。まずユダヤの律法はイエスの徳によって補全されるとするが、両者の主客対立は彼の愛によって、その愛はさらに構想力の宗教によって補全されると変更する。だが宗教が存続するためには実定性が必要である。かくてヘーゲルはその歴史性を承認する。つまり実定的なものは、永遠的なものを担う限り権威であるが、そうでない限り改革されるべきである[『国民宗教とキリスト教』、『キリスト教の実定性』1. 9-229]。この歴史意識の内には、たんに客体的・悟性的な神学や啓蒙主義に抗して、理性と感性との欲求をともに満たし、時代に即した国民の要求に応答する、主体的宗教の精神がなお脈うっているのであって、それは後期のヘーゲルにおいても躍動している。すなわち「伝統は不動の石像ではな

く，生きており，強大な嵐として伝播する」[『哲学史』**18**. 21]のである。→実定性

【参】金子武蔵（1984） （小林靖昌）

転倒した世界 ⇨転倒

テンネマン ［Wilhelm Gottlieb Tennemann 1761.12.7-1819.10.1］

明確な方法意識をもった『哲学史』全12巻を著した。ヘーゲルによる評価は「詳細に書かれており，古代より近代の方が良くできている」。「古代哲学についてはほとんど使いものにならない」［『哲学史』**18**. 135］。哲学史家は哲学を持たないと自慢気に言っているが，かれは「批判哲学者」である。ヘーゲルの哲学史はテンネマンからの引用がもっとも多く，しかも皮肉にも古代哲学で目立つ。

【参】Tennemann (1798-1819)，柴田隆行（1987） （柴田隆行）

天文学 ⇨天体

ト

度 ⇨量，内包量

ドイツ ［Deutschland］

ドイツ（deutsch）とは，もともとローマ風に古代ラテン語をではなく，民族古来の言語を話す人々を意味し，国境とは関係のない概念であった。ゲルマン民族とは，ドイツ語に類する言語を話す民族，現在のドイツ，イギリス，スカンディナヴィア諸国の人々のことである。ヘーゲルの生きた18世紀末から19世紀初頭は，領邦諸国家に分裂していたドイツを国民国家として統一しようとの気運が高まった時代であった。

このような状況で執筆された『ドイツ憲法論』で，ヘーゲルは，対仏戦争敗北後のドイツの現状を「ドイツはもはや国家ではない」［『ドイツ憲法論』**1**. 461］と表現している。それは，かつてゲルマニアの森で「項の強き民」ドイツ人が行使していた不羈独立の「ドイツ的自由」が鉄のごとき必然性をもってドイツ人の運命を決定したからである，とされる。そこで，オーストリア皇室を中心に中央集権を強化するとともに，これまでの諸侯の自由に基づく封建的帝国議会を身分制的代議制度に改変することによる，ドイツの国民国家としての再生を提案する。

長年にわたってヘーゲルの嫌悪の的であったプロイセンも，やがてシュタイン＝ハルデンベルクの改革によって，ドイツの未来を託しうる改革的で，近代的な国家へと変貌する。ヘーゲルもこれを認め，1818年には文相アルテンシュタインの意向をうけてプロイセンのベルリン大学の教授に就任する。その後のドイツの歴史は，19世紀後半にこのプロシアを中心に国民国家としての統一を実現する。

『歴史哲学』においてヘーゲルは世界史を自由の発展過程として捉えるが，この自由が達成されるのは，キリスト教が示した精神的和解の可能性が世俗的秩序にまで拡大されるゲルマン世界においてである。ゲルマン世界とは，中世から近代に至るキリスト教的ヨーロッパ全体を言い当てる概念ではあるが，また，宗教改革を経た限りでの狭い意味でのゲルマン諸民族の世界でもある。

ヘーゲルは、この『歴史哲学』でも、「粗野にして好戦的であり、同時に率直かつ正直である」というタキトゥスの『ゲルマニア』以来のゲルマン人像を採用する。そして、彼らの形成する民族共同体において、自由を愛する古代ドイツ人は、共同体の全体に隷属せず、構成員として同時に自由人であった、とする。ここでは『ドイツ憲法論』においてとは異なり、「ドイツ的自由」が肯定的に評価されている。続いて、彼はゲルマン人の第二の特性として誠実（Treue）を挙げる。誠実とは、個人が将軍や君侯に自由意志に基づいて加担しながら、自発的にこの関係を破りえないものとする精神的態度のことである。

ヘーゲルは、共同体（Genossenschaft）における個人の自由と、支配者への帰属を基礎づける誠実とにより、ゲルマン人像、ゲルマン社会像を描き出すことによって、反ローマ主義的なゲルマン・イデオロギーを定着させた、とも言われている。→歴史，自由，プロイセン，シュタイン＝ハルデンベルクの改革

【参】村上淳一（1980）　　　　　（星野 勉）

ドイツ啓蒙思想　[deutsche Aufklärung]

啓蒙主義者を自認するカントは、『啓蒙とは何か』（1784）と題された小論で、「啓蒙とは人間が自分自身に責任のある未成年状態から抜け出ることである。〔……〕知ることを敢えてせよ！，自分自身の悟性を使用する勇気を持て！，というのが、したがって、啓蒙の標語である」[Kant, *Werkausgabe* Bd.XI, hrsg. v. W. Weischedel. Frankfurt/M. 1977, S.53] と、啓蒙を定義している。イギリス、フランスに比べて近代市民社会の形成に遅れをとったドイツにおいて、他人の指導の下にある未成年状態からの脱出という啓蒙の過程は、先進国イギリス、フランスの啓蒙思想というもう一つの他人の指導の下で、しかも前近代的な宗教的権威の下からの観念的な脱出という形を取らざるをえなかった。

ドイツ啓蒙思想は、キリスト教そのものに理性の立場から批判的な検討を向け、敢えてドイツ語で哲学することを試みたトマジウス（Christian Thomasius 1655-1728）に始まる。トマジウスは、イギリスの経験論の影響下に、生活の理性的な制御による幸福の増進という、世俗化された市民的生活理想を説く。理性、進歩、幸福という啓蒙主義の理想は、ヴォルフに引き継がれる。ライプニッツを承けて合理的形而上学を樹立した彼は、理性と啓示との間に矛盾のないことを説き、メンデルスゾーンらの啓蒙思想家に多大の影響を与えた。

カントと並んでドイツ啓蒙思想の頂点に立つのは、レッシングである。彼は、啓示の内容を理性によって解明しようとする、当時の啓蒙主義の考え方を一歩推し進めて、特定の宗派や教義にとらわれない理性宗教という考え方に到達した。

テュービンゲン神学校時代にシェリングから「レッシングの腹心」と呼ばれていたヘーゲルにとって、ドイツ啓蒙思想は彼の思索の出発点をなすものであった。だが、フランクフルト時代にはレッシング、カントの啓蒙思想から離れる。ヘーゲルのドイツ啓蒙思想全体に対する最初の批判は、イェーナ時代の論文『信と知』（1802）に認められるが、啓蒙思想に対する彼の評価はその後終生変らなかった。

ヘーゲルによれば、ドイツ啓蒙思想は、干からびたヴォルフ流の悟性と、健全な良識に理解される限りでの真理すなわち有用性（世俗的な幸福主義）とを原理とし、これでもって宗教的権威に戦いを挑んだ。それは、やがて、ヴォルフ流の形而上学を脱ぎ捨てはしたが、結局は通俗的で平板な哲学研究に堕してしまった。というのも、やしろの杜を薪としてしか認識することのできない啓蒙の悟性は、肯定的な内容としては有限なものと経験的なものとを有するにすぎないからである。ドイ

ツ啓蒙思想を超えるかに見えたカント，ヤコービ，フィヒテの哲学も，彼らの理性が悟性でしかないため，無限なものを彼岸に信仰の対象として措定し，理性を再び信仰の侍女にしてしまうが，その限り啓蒙と信仰との戦いの勝利者は啓蒙であるとばかりは言えないというのが，ヘーゲルの主張である。→啓蒙，悟性，フランス啓蒙思想　　　　　　（星野　勉）

ドイツ的自由　⇨ドイツ，自由

ドイツのヘーゲル研究

Ⅰ　概観　20世紀初頭の新ヘーゲル主義が，なお哲学的伝統の力，哲学的認識の真理請求への信頼に出発しているとき，第二次世界大戦後のヘーゲル哲学研究を特色づけるものは，こうした哲学的意識がハイデガーに代表される形而上学批判や，分析哲学からの批判，或いはマルクス主義によるイデオロギー批判などによってその内実が奪われてしまったのを承けて，一方では乗り越えられるべきヨーロッパ哲学伝統の完成者として，他方では，それにもまして実存哲学やマルクス主義の現代思想が，今日の時代状況との対決の中で逢着したアポリアの解決をもとめて，これら現代思想の再検討，破壊された哲学伝統の見直し，それを否定することによって現代思想が生まれた源泉への遡源というかたちで，ヘーゲル哲学への接近が試みられていることである。ここに，第二次世界大戦後のヘーゲル研究は，方向としてはおよそつぎの五つの流れに大別できよう。第一は，ヨーロッパ形而上学の破壊という観点で，ニーチェとともに形而上学の完成者としてヘーゲル哲学を解釈する，ハイデガーとその影響圏によって代表されるもの，第二は，ヘーゲル哲学をまだ乗り越えられていない，この意味でこれまでで最も適合した近代世界の理論として理解するもので，マルクス主義の再検討というかたちで，マルクスやフロイトとの結びつきでヘーゲル哲学を解釈するマルクーゼ，そしてホルクハイマーやアドルノといった所謂フランクフルト学派によって代表されるもの，第三は，フランスのJ．ヴァールによって準備された，ヘーゲル哲学を実存哲学の方向で理解するもの，そして第四は，これらのヘーゲル理解には共通して，ヘーゲル哲学をもって近代哲学を完結するとともに，19世紀そして現代を決定するマルクスの革命理論やキルケゴールやニーチェの危機理論を準備したとする理解が控えているが，このときこうした画期的位置に立つヘーゲル哲学を歴史的に把握しようとするK．レーヴィットに代表される精神史的研究，さらに第五は分析哲学との結びつきでヘーゲルの言語論や論理学をはじめ，その論理に支えられたヘーゲルの社会観，国家観，歴史観を批判的に見直そうとする方向である。もとより，こうした特色はドイツに限ったことではないが，ヘーゲルの祖国ドイツにおいてはっきりと看取できることは言うまでもない。今日においてもヘーゲル研究に関するかぎり，当然のことながらドイツのヘーゲル研究が指導的役割を果たしているのである。つぎにこれを問題別に見てみよう。

Ⅱ　ヘーゲルとマルクス　ヘーゲル哲学を革命的実践の理論として解釈したマルクスの試みを追試する，そしてこれとの関連でヘーゲルの法哲学，社会哲学，国家哲学を論じるという傾向は，第二次世界大戦後の東西ドイツの分裂をはじめ，国際マルクス主義運動の動向とも結びついて，インターナショナルな規模で関心の寄せられた問題であった。ドイツにおけるこの動きとしては，つぎのものを挙げることができよう。第一はカトリック，プロテスタントの両陣営からの接近である。カトリックの陣営の代表者はJ．ホメスやラーケブリンクであり，プロテスタントの陣営の代表者は『マルクス主義研究』に拠ったI．フェッチャー，L．ラントグレーベ，E．メッケ，H．ポピッツらである。彼らはそれぞ

れの立場からキリスト教とマルクス主義との対話を試み、そしてことに初期マルクスとの連関でヘーゲル研究を遂行しているのである。第二は、1950年代に入ると『ヘーゲルとフランス革命』を発表したJ．リッターを中心にG．ロールモーゼル、H．リュッペ、M．リーデルなどが、いわゆるミュンスター学派を形成した。分裂を近代社会を解釈する鍵概念として見る彼らは、ヘーゲルの法哲学のうちに、近代の最も重要な政治理論の展開を読み取ろうとした。第三に、こうした動向は、なお哲学専門の分野に限られたものであったが、60年代に入るとヘーゲル哲学との対決と受容は当時の学生運動と結びついて広範な高揚の時期を迎えた。この指導的役割を果たしたのは、ホルクハイマー、アドルノ、マルクーゼ、ハーバーマスなどの人々によって代表される、いわゆるフランクフルト学派である。彼らの問題意識が近代的思惟を批判し、理性、社会、歴史の批判理論として弁証法を改革しようとするところにある時、彼らにとって、ヘーゲル哲学は決定的な要石であったのである。なお、これらの人々と並んで、ここにブロッホの名前も挙げることが許されるであろう。しかし、第四として、ここに東ドイツの動向を看過してはならない。西ドイツで、フランクフルト学派などがスターリン体制に表現される東欧マルクス主義を批判するとき、東ドイツのヘーゲル研究は、単に学問的関心に支えられたものであるに止まらず、同時にイデオロギー闘争上の不可避の問題であった。これを集約的に示すものは1954年から56年にかけて『ドイツ哲学雑誌』誌上で行われたヘーゲルとマルクスとの関係をめぐる論争である。そして、そこでマルクスの哲学的先駆者はヘーゲルであるよりはフランス唯物論であり、ヘーゲル哲学はむしろフランス革命の反動であると主張したR．O．グルッペなどは、この時期のスターリン主義的立場を代表するものであろう。しかし、スターリン批判が行わ

れた以後、改めてヘーゲル哲学をこの哲学のもつ革命的進歩的傾向において積極的に取り上げ、これを正しく継承発展せしめたものこそマルクス、エンゲルスであり、レーニンであるという路線が有力となった。例えば、G．シュティーラーなどは、この時期を代表する研究者と言えよう。なお、最後に、分析哲学の立場からのものとして、ヘーゲルとマルクスをともに「開かれた社会の敵」と批判したポッパーと結びついたトービッチュの一連の研究も忘れてはならないであろう。

Ⅲ　ヘーゲル哲学の成立史的研究　第二次世界大戦後のヘーゲル哲学の文献学的研究の著しい進歩は、初期ヘーゲル、イェーナ期ヘーゲルなど『精神現象学』に至るヘーゲル哲学の形成過程の諸側面に新たな光を当てるに至った。そのうち、特記すべき動向について一瞥すれば、まず初期ヘーゲルについて見れば、第一に今世紀初頭のディルタイの『青年時代のヘーゲル』、そして彼の徒であるノールの『初期神学論集』と、第二次世界大戦後のルカーチの『若きヘーゲル』を比較すれば判然とするように、今日では初期ヘーゲルの草稿、そこに示されるヘーゲルの思索を単に神学的宗教的問題を取り扱ったものとして見る見方は一面的なものとなり、そこに控える社会的政治的問題意識との絡み合いで見守ることが支配的になっている。G．ロールモーゼルの『主観性と物化』はこの方向での初期ヘーゲルの研究を代表するものと言ってよい。第二に、ヘーゲルの手になる断片「ドイツ観念論の最古の体系プログラム」を中心に、フランクフルト時代のヘーゲルを取り囲んだヘルダーリン、ジンクレアなどのホンブルク・クライスの研究が初期ヘーゲル理解の鍵として注目を集めるに至っている。ペゲラー、ヘンリッヒをはじめ、ヤメ、コンディーリスら若手研究者の諸研究がある。イェーナ時代の研究については、ペゲラー、キンマーレ、ホルストマンらによる『精神現象学』に至る

イェーナ期体系構想の復元作業をはじめ，イルティング，リーデル，ジープ，ゲーラーらによるヘーゲル社会倫理の発展史的研究，ペゲラー，フルダ，デュージング，トレーデ，バウム，マイスト，H. シュミット，R. シャハトらによる論理学，そして『精神現象学』の成立と機能，両者の関係などをめぐる諸研究などを挙げることができよう。これまで研究の空隙であった，『哲学批判雑誌』を中心にシェリングと協同したイェーナ初期と，『精神現象学』緒論でシェリングを批判するに至るこの期間が，今日に至って急速に埋められようとしているのである。さらに，『精神現象学』研究について一言すれば，新ヘーゲル主義運動を背景に『精神現象学』研究が緒についたのであるが，このときヘリングらによって主張された，ヘーゲルはもともとは理性の章から論理学に直行しようとした，結果的には『精神現象学』は認識論序説と歴史哲学の合体として成立した，といったテーゼは，今日大勢として消失し，むしろ現象学全体を統一的に理解しようとする試みが支配的になっている。W. ベッカー，フルダ，ペゲラー，W. マルクス，E. フィンクなどの諸研究を代表的なものとして挙げることができよう。

Ⅳ 哲学体系に関する研究 『エンツュクロペディー』に即するとき，周知のようにヘーゲル哲学体系は論理学，自然哲学，精神哲学の三部門からなる。ここで，これら部門に関する研究動向を一瞥してみよう。ドイツでは19世紀を通してヘーゲル論理学は，マルクスによって観念論の体系から方法として分離され，弁証法として唯物論の土壌の上に移植され，独自の発展を見せたほかは，人々の関心を集めることはなかった。むしろアングロサクソン文化圏で研究された。そして，この傾向は今世紀初頭の新ヘーゲル主義運動においては基本的に変わらなかった。しかし，今日においてヘーゲル論理学はそれに相応しい取り扱いを受けるようになった。これまでの研究が主として1831年改訂版に置かれていたのに対して，他の一連の論理学に関するテキスト，例えばイェーナ時代の論理学，形而上学の草稿，ニュルンベルク哲学予備学的エンツュクロペディーの論理学，『論理学』初版なども取り上げられるに至り，厳密に分析されて，そこに一方ではヘーゲル論理学前史，カントをはじめスピノザなど先行哲学者との関係などが辿られるとともに，他方では精神現象学との関係，論理学の学的性格と内容構成，さらに始元，否定性など特有の方法や原理が論じられるに至った。また，非古典的な現代論理学との対比による研究なども活発になっている。H・G. ガダマー，D. ヘンリッヒ，フルダ，デュージング，さらにトイニッセン，ホルストマン，さらにモイレン，ラーケブリンクなどの諸研究が挙げられよう。自然哲学に関して言えば，この部門は従来は自然弁証法との関連で一部の人々の関心を惹いたほかは，発達する自然科学の前に時代遅れのものとして従来最も蔑ろにされてきた部門であったと言ってよい。しかし，科学が技術と結びついて自然破壊を招来し，これが地球的規模で問題となるに至った今日，この部門も改めて見直されるに至っている。そして，自然の中に見出されるものも思想であるとするヘーゲルの基本的テーゼは，むしろニュートン以後の物理学の発展等に示される近代自然科学の学的性格を射当てるものとされ，反科学的と見る従来のヘーゲル自然哲学像は急速に改められつつある。精神哲学に関して言えば，法哲学について，一方ではプロイセン国家を権威づけた保守反動の国家哲学と批判するイデオロギー的批判が，マルクス主義や批判的合理主義などの立場に依然見られるものの，他方では厳密な実証的研究に基づいて，その進歩的合理的側面が取り出されるに至っている。ドイツで注目すべき研究としては，R. K. ホチェヴァールやM. リーデル，そし

てイルティングなどのものが挙げられよう。また，ヘーゲルの社会倫理との関連で付言すれば，L．ジープに代表されるヘーゲルの相互承認論，主体性に対するヘーゲル哲学における間主体性の原理をめぐる諸研究も注目すべき動向として忘れてはなるまい。美学に関しては，理念の感覚的仮象としての芸術という規定，それに芸術の終焉，芸術の過去性というヘーゲル美学の結論をめぐって，これが意味するところを追って，体系的研究のほか，初期ヘーゲルに遡っての発展史的研究，さらにカント，シラー，シェリングや，またシュレーゲル兄弟などロマン主義者たちの芸術観の比較研究が行われる。そして，こうした今日のドイツのヘーゲルの美学研究に先鞭をつけたのは，ルカーチであり，アドルノであろう。さらにガダマー，H．クーン，ペゲラー，D．ヘンリッヒ，A．ゲルトマン-ジーフェルトなどの諸研究を代表的なものとして挙げられよう。宗教哲学の今日の研究動向について言えば，第一に，初期ヘーゲルの場合と同様に，社会・政治問題との絡み合いでヘーゲルにおける神学的・宗教哲学的問題を取り扱う動向を挙げることができよう。トイニッセンの『ヘーゲルの神学政治論としての絶対精神の教説』などは，その代表的なものであろう。第二の動向としては，論理学との関係での宗教哲学解釈を挙げることができよう。また，D．ヘンリッヒの『神の存在論的証明』なども，ここに挙げることができよう。なお，カトリック側ではJ．シュプレットやH．キュング，プロテスタント側ではG．ロールモーゼルやW．D．マルシュやパンネンベルクやモルトマンなど，ヘーゲル宗教哲学の自己同化に立つ今日の神学運動の動向も見逃せない。また，こうした今日のヘーゲル宗教哲学研究の水準を集約的に示すものとしてW．イェシュケの『ヘーゲル宗教哲学入門』がある。

V　文献学的研究　今日のヘーゲル哲学研究を特色づけるものとして，文献学的研究の著しい発展を逸することはできない。ことにラッソン亡き後，ヘーゲル著作刊行の事業を継いだホッフマイスターが1955年に他界したのを契機に，これまで刊行された諸テキストも一旦解体すると共に，旧プロシア国立図書館蔵のヘーゲルの草稿を中心に，さらに散逸したり，埋もれている草稿を広く蒐集し，しかもこれらのすべてを厳密な文献学的考証にもとづいて整理し，すでにヘーゲル自身によって公刊された著作も併せて，完璧なヘーゲル全集を刊行しようという方針が立てられ，この事業を推進する機関としてボンにF．ニコリンやO．ペゲラーを中心とするヘーゲル・アルヒーフが創設された。その後，アルヒーフはボンからボーフムに移り，今日ペゲラーの指導下に，全集を編纂しているほか，機関誌『ヘーゲル研究』(*Hegel-Studien*)に未発表のヘーゲル草稿など，その成果を発表している。さらに，こうした全集刊行の気運と呼応して，ヘーゲルの諸講義がヘーゲル自身の覚書，筆記ノートの蒐集に立って年次毎の姿で全貌を示すに至っている。例えば法哲学をめぐる諸講義がK．H．イルティングや，D．ヘンリッヒらによって刊行されるほか，宗教哲学講義がW．イェシュケによって刊行されるに至っているのである。こうした今日の文献学的研究の目立つ成果としては，筆跡はヘーゲルではあるが，それは筆写であって，原作者はシェリング，あるいはヘルダーリンではないかと言われてきた「ドイツ観念論最古の体系プログラム」がペゲラーによってヘーゲル自身のものであると言われ，その説が大方の支持を得るようになったことをはじめ，G．シューラーやキンマーレによる初期ヘーゲル草稿やイェーナ時代の諸草稿の年代決定などを挙げることができよう。ヘーゲル研究は，今日に至って，ようやく哲学研究と文献学的研究が跛行状態から脱して平行するに至ったと言えるのである。

Ⅵ　学会活動　第二次世界大戦後, ドイツで最初に呱々の声を上げたヘーゲル学会は, 1955年に, ニュルンベルクでW．R．バイヤーを会長に反ファシスト知識人を中心に結成された「ドイツ・ヘーゲル学会」(Deutsche Hegel-Gesellschaft) であり, そしてこの学会は1958年以来, ザルツブルクに本部を置く「国際ヘーゲル学会」(Internationale Hegel-Gesellschaft=IHG) と発展した。これに遅れて, 1962年にH．G．ガダマーの指導の下にハイデルベルクを本部に「国際ヘーゲル協会」(Internationale Hegel-Vereinigung=IHV) が設立された。二つのヘーゲル学会が並存するに至ったのは, バイヤー, ガダマー両人の間の確執があったにせよ, 根本的には戦後の東西ドイツの分裂に象徴されるイデオロギー対立と無縁ではない。IHG が多くの会議を通して, ヘーゲル哲学研究をめぐって精力的にマルクス主義哲学と非マルクス主義哲学との間の対話を促進するところに特色があったとすれば, IHV はボーフムにあるヘーゲル・アルヒーフと結びついて厳密な文献学的研究にもとづくヘーゲル解釈をもって特色とすると言えよう。ヘーゲル生誕200年に当たる1970年, IHG が東ベルリンで, IHV がシュトゥットガルトで開催した会議は両学会の対立を最も鮮明にしたものであった。その後, 両者の関係は改善に向かったが, こうした動向を背景にして IHG の方は1982年に分裂し, そこから「国際弁証法哲学学会」(Internationale Gesellschaft für dialektische Philosophie=Societas Hegeliana) が独立した。IHG の方は, バイヤーは名誉会長に退き, 実質的にはルフェーブルやキンマーレなどが指導するものとなっている。Societas Hegeliana の方は, ホルツをはじめ, ブールやサンドキューラーなどが主宰するところとなった。IHV の方は, 1970年秋, D．ヘンリッヒが会長となり, さらに1982年来はH．F．フルダが会長となっている。機関誌として, それぞれ IHG は『ヘーゲル年報』(Hegel-Jahrbuch) を, IHV はヘーゲル・アルヒーフと共同して『ヘーゲル研究』を, そして Societas Hegeliana は『国際弁証法哲学学会年報』(Annalen der Internationalen Gesellschaft für Dialektische Philosophie) を出している。→新ヘーゲル主義, ヘーゲル学会, フランクフルト学派　　　　　　　　(上妻　精)

当為　[Sollen]

ヘーゲルは「当為」の概念をカントの「汝……す〈べし〉(sollen)」という定言命法[『実践理性批判』原版 36f.]から継承し, 「当為の立場」は「道徳的立場」であるとしたが, その主観的意志は客観性と一致していないので, 「抽象的で, 制限され (beschränkt) ていて形式的である」と考えた[『法哲学』108節]。そしてこの意志を客観性と一致させるための手掛かりをヘーゲルはフィヒテの知識学から得た。すなわち『全知識学の基礎』の第三根本命題においては, 自我は非我を制限すると共に, 自我は非我によって制限されており, したがって「自我は己自身に等しくある〈べき〉である」が, それにもかかわらず非我として「己自身に対措定されてある〈べき〉である。」[『全知識学の基礎』原版30]。「当為」のこの相反する要求がフィヒテにおいては「真正の綜合のうちへ解消されない」[『差異論文』2. 68]が, ヘーゲルはまさにかかる「制限」(Schranke) のうちに綜合への始動を見出したのである。

ヘーゲルによれば, 制限された有限者は当然〈一定の (bestimmt) もの〉として性質を〈定められて〉(bestimmt) おり, この「定め[規定]」(Bestimmung) は有限者の外部に存するのではなく, 「有限者は〈無〉限者では〈ない〉。」という「否定の否定」によって有限者に内在する。それは有限者にとっては「定められていること[規定性]」(Bestimmtheit) であるから, 「制限」であるが,

「定め」が制限であるのは，それを越え出ようとする働きがあるからこそである。すなわち有限者は己自身において制限を越え出て行かねばならず，定められてあるがままの己を否定して越え出る〈べき〉ものという意味で「当為」である［『大論理学』5. 143］。こうして「当為において，有限者を越え出ること，無限性が始まり」［同 5. 145］，道徳性のうちにある当為は人倫的なものにおいて達成される［『法哲学』108節「補遺」］のである。→義務，規定・規定性　　　　　　　　　　　　　（松井良和）

統一　[Einheit, Einigung]

ヘーゲルにおいては，統一は，合一，総体性，全体などの概念とほぼ等価的であり，彼の思索の基底を示す重要な概念となっている。ドイツ語の原語でいう Einheit は，もともと「一つであること」「一つになったもの」を意味し，Einigung は「一つになること」を意味する。したがってこの言葉は，(1)一方では数多性にたいする「単一性」を意味すると同時に，(2)他方，多様性にたいする「統一性」，区別にたいする「同一性」という意味合いも含んでいる。カントはその範疇（カテゴリー）論においては，カテゴリー（純粋悟性概念）としての Einheit にたいしてはもっぱら「単一性」ないし「一者性」としての特性を与え，数多性（Vielheit）や総体性（Allheit）の範疇に対立させている。しかし同時にカントは，その純粋統覚論において，人間の統覚には根源的に多様性を統一する機能がそなわっていると考え，悟性とは「直観における多様表象を統覚によって統一する能力」であり，この「統覚による統一という原則こそ，人間の認識全体の最高の原理である」と述べている。カントは，もっぱら悟性によってもたらされる認識上のこのような統一を「悟性統一」（Verstandeseinheit）と名づけ，さらに悟性の多様な認識に統一を与えるものとしての統制的原理としての「理性統一」（Vernunfteinheit）を想定している。ヘーゲルにおける統一の概念は，カントにおけるこの多様性の統一という考え方の系譜をひくものと言える。さればこそヘーゲル自身も，カントにおける統覚の統一機能をきわめて高く評価してこう述べている。「カントにおいては，かの（統覚の）統一が，自己意識の絶対的かつ根源的な同一性であることは疑うべくもない。この同一性こそア・プリオリな絶対性をもってそれ自身のうちから判断を生み出すのである。より適切にいうならば，この自己意識の同一性こそ意識における主観と客観との同一性であり，それが判断という形でたち現れてくるのだ。統覚のこの根源的統一が総合的と名付けられるのは，まさに，そこにおいてこそ対立するものが絶対的に一であるという，この統一の二面性の故である」［『信と知』2. 306］。ここからも明らかなように，ヘーゲルのいう統一（性）とは，数多性や総体性に対立する単一性ではなく，数多性を内包した総体性としての一者を意味する。さらに統一はまったく矛盾する存在と無についてさえ成り立つという。「この存在と無との統一ということこそまさに根底的な第一の真理であり，今後のすべての叙述の基盤となるものである」［『大論理学』5. 86］。そして，このような統一の把握を目指すのが真の哲学の営為としての思弁の課題であり，弁証法的思考の特性もここにあるとされる。→一と多，合一

【参】Henrich (1966), Avineri (1976), Düsing (1976)　　　　　　　　　　　　　（谷嶋喬四郎）

同一性　[Identität]

ヘーゲルによれば，同一性は他の「反省諸規定」と同様に単なる思惟法則ではなくて，存在論的規定であり，「存在」の「本質」規定に他ならない。「自己自身に関係する単純な否定性であるという同一性の概念は，外的反省の所産ではなくて，存在そのものにおい

て生じているものである」[『大論理学』6. 40]。
ところで「自己関係的否定性」としての「本質」のこの自己同一性とは，それ自身において「区別〔差異性〕」ないし「非同一性」に他ならない「具体的」同一性のことであり，このように「区別」との関係ないし統一として成立する同一性とは，それ自身「全体」であるとともに，その「契機」でもあることになる。そしてこれが，「同一性と非同一性との同一性〔区別と無区別との統一〕」[『大論理学』5. 74 ;『差異論文』2. 96]と定義される「絶対者」の基本的構造である。この構造の先駆的把握は，フランクフルト期における，「合一性と分離との合一」[『初期神学論集』(ノール) 379 〔b〕]および「有限な諸対立」を自らのうちに含みつつ，それらを関係づける統一としての，関係と対立との結合すなわち「結合と非結合との結合」[『1800年体系断片』1. 422]という「無限」なる「生命」の定式化に見出される。

このような同一性の理解と対立するのが，ヘーゲルが「抽象〔悟性〕的」同一性と呼ぶ，「区別」を捨象した同一性という通常の見方である。思惟法則とされるいわゆる同一性命題〔同一律，A＝A〕およびその否定的把握である矛盾命題〔矛盾律，A≠A〕はこの同一性に基づいている。だが，両命題は無意味であるばかりか，自己矛盾している。命題である以上主語と術語の「区別」が含まれていなければならないからである[『エンツュクロペディー（第3版）小論理学』115節]。同一性は「区別」からの分離として，本質的に同一性であるということは，実は同一性が「区別」との差異をそれ自身において有するまさしく「区別」そのものであり，区別が同一性の本質をなしていることを表しているのである[『大論理学』6. 40, 42]。→区別，矛盾

(山田忠彰)

同一哲学 [Identitätsphilosophie]

1801-3年のシェリングの哲学的立場を特徴づけて，ふつう同一哲学という。シェリングの思想形成は，フィヒテ的な自我哲学の立場から出発しながらも，自然哲学の立場，超越論的観念論の立場を経て，有限者の根底に，主観的なものと客観的なものとの絶対的同一性をみる同一哲学の立場にたどりついた。このようなシェリングの同一哲学を，ヘーゲルは，同一性の体系（Identitätssystem）としても特徴づけた。

Ⅰ　シェリングが同一哲学の立場を明確に打ち出したのは，『私の哲学体系の叙述』においてである。そこでは，事物を自体的にとらえる絶対的理性の立場が宣揚され，有限者たる事物を根拠づける絶対的同一性の存在とその本質とが区別されている。絶対的同一性の本質は，主観的なものと客観的なものとの対立を根絶する絶対的無差別であるのにたいして，この絶対的無差別の外部に定立される主観的なものと客観的なものとの量的差別（ポテンツ）が，絶対的同一性の存在の形式なのである。

シェリングは，無限者である絶対的無差別にたいして，主観的なものと客観的なものとの量的差別が有限者の存立する根拠であるとみなし，客観的なものより主観的なものが量的に優位していく各ポテンツのうちに，自然から精神への発展をみていた。このようなシェリングの体系的試みは，有限者の根底に絶対的同一性をみることによって，有限者の因果連鎖の無限背進を克服しようとするものであった。しかし，その反面，絶対的同一性の本質である無限者は，有限者の差別を根絶する絶対的無差別として，有限者から切り離されてしまうことにもなった。

Ⅱ　シェリングがみずからの同一哲学を展開した1801-3年はまた，イェーナでシェリングがヘーゲルと共同研究を進めた時期であり，この主観的なものと客観的なものとの絶対的同一性の立場は，思弁の立場・絶対的理性の

立場としてヘーゲルにも共有されるところとなった。二人はこの客観的観念論の立場から、『哲学批判雑誌』において当時の通俗哲学や反省哲学にたいして思想闘争を行ったのである。もちろん、当時のシェリングとヘーゲルとのあいだには、客観的観念論の立場という共通の思想的基盤がみられるものの、完全に思想が一致していたわけではなく、ニュアンスの相違や思想的差異も当然あった。それらが二人のあいだで日常的に討論されていたことは、この期間における二人の著作に思想の相互影響の痕跡がみられることからも窺い知ることができる。

ヘーゲルはのちに、『精神現象学』の「序文」において、この時期のみずからの思想的歩みに自己決算をし、暗にシェリングを批判するとともに、『大論理学』においては、有限者を絶対者（無限者）の契機としてとらえるみずからの立場を絶対的観念論と呼んだのである。→シェリング　　　　　　　（岩佐　茂）

同化　[Assimilation]

有機体が自己を保持するために非有機的自然を自己のうちに取り込み同一化するプロセスのことである。すなわち有機体は「合目的的なものとして、非有機的なものを漸次的に自己との同一性にもたらす」[『イェーナ体系Ⅲ』GW 8. 125]。植物的有機体は、非有機的自然を吸収して成長する。また動物的有機体は、外部から刺激されることによって欠乏の感情を持ち、その欠乏を解消しようという欲求・衝動を持って非有機的自然を自己内に摂取する。それは生命維持という合目的的な活動である。この活動をより具体的にみると、動物はまず第一に、外在的な自然を自己のうちに「摂取」し、次に、摂取された自然物を胃液とか膵液あるいは胆汁などによって「消化」し、そして消化した非有機的自然を自己内に吸収して「満足」に至る。こうして動物は、このような同化のプロセスを絶えず繰り返して「自己自身を再生産」[『エンツュクロペディー』（第3版）365節]するのである。→衝動、欲求・欲望　　　　　　　　（伊坂青司）

道具　⇨技術

同語反復　⇨説明

洞察　[Einsicht]

洞察とは、あるものを単にそれ自身にとどまらず、同時に、他に対してもあるものと見て取ることであるが、ヘーゲルの『精神現象学』においては、精神が自ら分裂して疎外されていく経験、教育を積んでいく経験の中で、まず、信仰と啓蒙の分裂と対立のなかで啓蒙の本質をなすものとして純粋透見が現れる[3. 391ff.]。信仰が絶対的自己同一を表し、絶対的なものの内容をそのままに受け入れてしまい、静止的であるのに対し、純粋な自己としての純粋透見の場合、自己によって立てられたものでないものはどれも否定していくという運動として存在する。ここで純粋とつくのは、この洞察が現実世界の経験へと突き進むのではなく純粋な自己意識の否定的活動にあくまでとどまることを意味している。信仰において内容があるにしても、それは結局自己の活動を経たものではないから疎遠なままにとどまる。それに対して、純粋透見としての啓蒙の運動の場合には、自我の活動が軸にあるために、他者に否定的に係わるという過程において積極的な内容を得る可能性を持つ。とはいっても、純粋透見である限りにおいてはそこにたてられるものは内容のあるものではなく、せいぜいのところ、唯物論における物質や理神論における神の如く内容をまったく持たないままにとどまる。すなわち、物質といい神といおうとも、それらは内容はないままに自我の対象として立てられたにすぎない。しかし、世界のあらゆるものを自己意識とは無縁の世界に放置することを認めな

い洞察の運動は，まさしくそのために，理性の運動といってよい。そのことによって，世界は自我に疎遠なものではなくなるからである。こうして純粋透見は悟性的な自我の活動のように見えるが，それはより高い精神の次元をすでに想定しているものである。

(佐藤和夫)

闘争 [Kampf]

ヘーゲルはイェーナ期に，近代的な主観性の問題を主題的に論じるに至るが，その際，ヘーゲルがこうした主観性の確立の不可欠の契機と見なしたのが，「闘争」である。「闘争」を経て，はじめて，近代的な主観性が確立する。ここにおいて，モデルとなったものは，ホッブズの「闘争」の概念であった。ただ，この概念は，ヘーゲルによって解釈しなおされ，ヘーゲル独自の概念へと変容した。というのも，ヘーゲルは，近代的な主観性の確立の契機としての「闘争」を，ホッブズ的な，「自然状態」における「暴力的な」闘争ではなく，「名誉」をかけた〈知的〉〈人格的〉闘争と捉えたからである。

こうした独自の「闘争」の概念がはじめて論じられるのは，『人倫の体系』第2部においてである[PhB 144a-41以下]。ここにおいて，すでに「闘争」は，「犯罪者」が，自らの「名誉」のために自らの〈全存在〉をかけて，自らに向けられる「復讐する正義」と戦う，「全人格の全人格に対する闘争」として描かれている[Siep (1974) 参照]。『イェーナ体系Ⅰ』においては，さらに，「普遍的なもの」である「物」を「個別的なもの」が支配するという，「占有」の「矛盾」ゆえに，万人が〈犯罪者〉であり，したがって，万人が，自らの「名誉」のために自らの〈全存在〉をかけて，万人と，「全人格」的な「闘争」を戦わなければならないこと，このことが説かれる[GW 6. 307以下]。そして，『イェーナ体系Ⅲ』において，この「闘争」が，結局は，「物」の奪い合いとしての「闘争」ではなく，自己自身を，相手に「承認」させる「知」的な「闘争」であること，すなわち，〈相互承認〉をめぐる「闘争」であるということ，このことが明らかにされる[GW 8. 214以下，Wildt (1982) 参照]。こうした「闘争」を経てはじめて，近代的な真の「自己意識」が成立するという思想，この思想が，『精神現象学』の「生死をかけた闘争」へと引き継がれ，ここでその全面的な展開が行われるのである。
→承認，ホッブズ

【参】 Siep (1974), Wildt (1982)　　(高山　守)

統体性　⇨総体性

統治 [Regierung]

近代国家における意思決定の機構としての政府の活動全体を指す。ドイツ系の国家では，Regierung は立法および司法と区別される行政府固有の活動を意味することが多いが，ヘーゲルの場合には，司法活動も Regierung の中に含められる。『法哲学』によれば，統治とは「特殊的な諸圏域と個別的な出来事」すなわち市民社会を，「普遍的なもの」すなわち国家へと「包摂する」活動，特殊性の原理が貫徹する市民社会において普遍性を維持しつつ特殊性を普遍性へと不断に連れ戻す活動を意味する[『法哲学』273節]。こうした活動を遂行する権力が「統治権 (Regierungsgewalt)」と呼ばれ，立法権および君主権とともに国内体制を構成する。市民社会への「配慮と管理」を使命とする権力として，統治権は司法権とともに福祉行政（ポリツァイ）権を包含する。統治権は最終的には君主に帰属するが，それを代理するのが「執行する官吏」と「審議する上級諸官庁」[同289節]である。ヘーゲルはこれらの代理者の専横を防ぐために，位階制や責任制と並んで，地方自治体や職業団体による下からのチェックを重視しており，ここにフランス的な中央集権制

361

に対する批判と中間団体に対する高い評価が見られる。また官吏は君主によって任命されるが、その資格は「能力の識別と証明」に基づくものであって、原則的には万人に開かれている。初期の『人倫の体系』では、統治の意味は両義的であって、「欲求の体系」が（市場機構を通じて）自らを統治するという観点および「欲求の体系」の破綻を狭義の意味での統治すなわち国家が上から統治するという観点が見られるが、『法哲学』が示すように、最終的には、国家が市民社会を上から統治するという意味に収斂していった。これは、ロック、アダム・スミスに見られる「夜警国家」的な政府観から国家が市民社会に強く関与する「社会（福祉）国家」的な政府観への移行過程の一環としてもとらえられる。
→権力、官僚(制)、君主・君主制、ポリツァイ、司法
(斎藤純一)

道徳性 [Moralität]

ヘーゲルが道徳性という概念を用いる場合は、基本的にはカントの道徳論が批判的に含意されている。すなわちそれは「対自存在と個別性を原理とする」近代に特有の立場であり［『自然法論文』2. 504］、「市民あるいは私人の人倫」にすぎないとされる［同 2. 506］。それは同語反復的な無矛盾性において成立する形式的普遍性を「道徳法則」として定立するだけであるから、つねに諸個人の特殊性と対立せざるをえず、その結果「強制、つまり普遍的自由という概念による個別者の自由の制限」［同 2. 505］という形で共同性を維持することがめざされ、それによってカントの道徳論は彼の意に反して人々に不自由を強いるだけの内容に成り下がってしまうというのである。したがってヘーゲルは、「カント哲学の実践的諸原理はまったくこの道徳性だけに限定され、それどころか人倫の立場を不可能にした」［『法哲学』33節「注解」］とも述べている。

カントの道徳論は行為の動機あるいは意志の形式を重視する義務論であり、「理性の事実」としての道徳法則にただ尊敬の念をもって従うというところに積極的な理性的自由、つまり「自律」があるとされるが、彼はそのような自由論をさらに整合化するために「実践理性の要請」論を展開している。ヘーゲルはそれを「道徳的世界観」として把握し次のように批判する。カントの要請論、つまり道徳と幸福（自然）との調和の要請、理性と感性との調和のための霊魂不滅の要請、そしてそれらの調和の実現のための神の存在の要請は、これらの三つの要請は「道徳的意識」の分裂に起因するものであり、要請された二項の統一を彼岸的な神によって統一されるものと「表象」することで事態を「ずらかし（verstellen）」、行為による両者の現実的な統一を不可能にしてしまうものに他ならない。つまりカント的な「道徳的世界観」は、その要請における二律背反的な事態を概念的に把握せず、このような「道徳的世界表象」においてあたかも解決されたかのように見せ掛けるという「偽善」に陥っていると指摘するのである［『精神現象学』3. 441-463］。

なお、倫理学（Ethik）についてはヘーゲルは、「諸徳の自然記述」［『自然法論文』2. 507］を行うものと規定している。「ソクラテスが、それ以前にはただ自然を観察するにすぎなかった哲学に倫理学を加えた」のであるが、「倫理的なもの（das Ethische）」とは、もともとは「人倫性」のことであって、「ソクラテス以前のアテナイ人は、人倫的ではあったが道徳的人間ではなかった」のであり、その意味ではソクラテスの倫理学は、それまでの人倫に主体的反省に媒介された「道徳性」の契機を含めたといえるが、近代に至ってカント倫理学がこの両者を分断してしまった、とヘーゲルは述べている［『哲学史』18. 444f. 『自然法論文』2. 504;『法哲学』138節「注解」］。
→カント、人倫
(南條文雄)

道徳的世界観　⇨道徳性

道徳的世界表象　⇨道徳性

党派　[Partei]

　互いに一面的な観点から批判抗争し合う集団が党派である[『哲学的批判の本質』2. 186]。党派は普遍的真理を自認しつつ、他の党派を真理でないものとして無化しようとする。しかし抗争する相手をもつことによって、初めて党派は党派として存立し合う。反対党が没落したときには、勝利党そのものが二つの党派に分裂して新たな抗争を開始する。

　『精神現象学』の「啓蒙と信仰の争い」では、啓蒙が信仰に勝利したとき、啓蒙自身が信仰の契機を自分のうちに取り込んで、理神論と唯物論とに分裂して争う。「一つの党派が勝利党だと確証されるのは、それが二つの党派に分裂することによってである。というのは、勝利党は戦う相手の原理を自分のうちに所有し、そのことによってこれまで陥っていた一面性を廃棄したことを示すからである」『精神現象学』3. 425]。内部分裂によってしか一面性を克服しえない。つまりは永遠に一面性を脱しえない。これが党派の本質である。
　　　　　　　　　　　　　　　　（山崎　純）

動物　[Tier]

　動物は、「自己の無い生命」である植物にたいして、「個別性の自己が自己の中に反省したもの」[『エンツュクロペディー（第3版）自然哲学』350節]と特徴づけられるように、独立した「主体性」を有する有機体として考えられている。すなわち動物は、個体性として自立していて、外面性から解放され「自らの内発的な偶然に従って自己自身から場所を決める」[同351節]ことができる。動物はそのような自己運動する主体として、(1)神経と脳によって自己の内部に向かって反省し（感受性）、(2)筋肉と脈動によって外部に向かって反作用し（興奮性）、そして(3)内臓の消化系によって個体としての自己を保持する（再生産）。このような形態をもった個体は、その他者である非有機的な自然と関係してそれを自己の中へと「同化」し、また他の個体と関係すること（「生殖」）によって、個体の没落（「病気」と「死」）を超えた「類的過程」へと自分自身を止揚する。

【参】Engelhardt (1986), Hösle (1987b)
　　　　　　　　　　　　　　　　（伊坂青司）

動物電気　⇨ガルヴァーニズム

東洋　⇨アジア

特殊性　[Besonderheit]

　論理的にみれば、「概念」の三契機の一つである特殊性は、「普遍」が自己自身から自己を区別し、自己自身を特殊化して、相関的であるという意味での「概念の規定性」、「普遍の内在的契機」であり、「類」に対する「種」であり、「判断」の境位を形作り[『大論理学』6. 280-281, 301-302;『エンツュクロペディー（第3版）小論理学』165, 166節]、「普遍」から「個別性」（ないし逆）への弁証法的展開における媒介の役割を果たす。「特殊は個別に対しては普遍であるが、普遍に対しては規定されたものである。特殊は個別性と普遍性との両項を自分の中に含み、それゆえに両者を結合する中項である」[『ニュルンベルク著作集』4. 56]。このカテゴリーは哲学体系のその都度の段階で具体的内実を与えられている。体系全体との関連においては、これは「自然」の段階をさす。自然は「特殊性における理念」である[『エンツュクロペディー（第3版）自然哲学』247節「補遺」]（「論理」には「普遍」が、「精神」には「個別性」が対応する）。「客観的精神」の段階においては、特殊性は、「市民社会」の一つの原理をなす、もっぱら「自分自身を目的とする」主体、利己的な

「私的人格」を意味する。この「自らのうちでの無限な人格性」は，内面的にはキリスト教，外面的にはローマ世界において出現し，古代から近代への転換点をなす。特殊性の自立的発展は古代では社会の自己解体の原理であるが，近代では特殊性は自立しつつも，自らを普遍〔国家・社会‐経済的連関〕へと高めざるをえない。普遍と特殊性とのこの弁証法的関係が近代国家の「現実性」である。〔『法哲学』182‐186節，185節「補遺」，270節「補遺」〕。総じて特殊性は普遍のとる実在・事実的形態として「歴史に属し」〔同259節「補遺」〕，特殊相互の闘争と没落のうちに〔新しい〕「普遍」が結果的に実現される。これが歴史の論理に他ならない〔『歴史哲学』12. 40, 49〕。→普遍，個別性，類，自然，市民社会，歴史

【参】 Lukács (1967)　　　　　　　(山田忠彰)

特性　⇨性質

独断論　[Dogmatismus]

　独断論は元来は何らかの定説や教義を（しばしば十分な根拠なしに）主張する態度を指し，懐疑論の対概念をなす。カントはアプリオリな原理から推論・証明するやりかたを独断的と呼び，認識批判を経ずにこのやり方を濫用するものが独断論である，とした。合理主義とりわけヴォルフ学派の形而上学がそれに当たる。独断論と懐疑論はともに批判主義によって乗り越えられるべきものである。フィヒテは，直観のなかで証示される自我から出発する概念論に対し，虚構にすぎない物自体を原理として経験を説明しようとする超越的な実在論を独断論と呼び，徹底すれば唯物論になるとした。彼によれば最も整合的な独断論者はスピノザである。同一哲学期のシェリングは，カントの観念論とスピノザの実在論を総合する自己の立場を表わす積極的名称として"Dogmatismus"を用い，悪しき態度としての"Dogmatizismus"から区別する。——ヘーゲルは，被制約者（対立に巻き込まれた有限なもの）の一方に固執し，絶対的なものに仕立てあげる「あれかこれか」の悟性的思考様式を独断論と呼ぶ。例えば物自体‐自我という対立において，実在論者が物自体を，観念論者が自我を原理にし，そこから他方を因果関係によって導きだそうとすると，両者はともに独断論になる〔『差異論文』2. 47-50〕。思考法としての独断論は，思弁的真理が単一の命題で表現されるという思いこみにある〔『精神現象学』3. 41〕。独断論は広い意味では定説を主張する態度を指し，古代の真正な懐疑論に対立する〔『哲学史』19. 249ff.〕。近代の独断論の典型はカント以前の古い形而上学（「客観性に対する第一の態度」）であり〔『エンツュクロペディー（第3版）』32節「補遺」〕，幸福主義や啓蒙主義である〔『信と知』2. 292〕。しかし例えばシュルツェが標榜する懐疑論は独断論的であり〔『懐疑主義論文』2. 226, 257〕，クルークの常識の独断論も懐疑論を含んでいる〔同2. 238〕。独断論と懐疑論の対立を超えた第三のものが真の哲学（「思弁哲学」）である〔同2. 227, 230ff.〕。ただしその精神において思弁的なカント，ヤコービ，フィヒテの超越論哲学も，主観性を一面的に原理に仕立て，絶対的なものへの到達不能性を主張することで，体系としては「存在の独断論」に代わる「思考の独断論」に転落する〔『差異論文』2. 49f；『信と知』2. 313, 341, 391, 430〕。→懐疑主義，あれかこれか

(藤澤賢一郎)

徳と徳目　[Tugend]

　I　徳とは，人倫的諸義務を遂行する個々人の性格的特性を意味する。個人は，諸々の徳を身につけることによって，人倫的普遍者へと身を開く。有徳な人間は，人倫的義務を，自己に対して否定的な「強制」としては受けとらず，むしろ自己の個別性こそが否定されるべきものであると考える。「個別的存在を

普遍的なもののために犠牲にし，それによって普遍的なものを定在にもたらす」[『精神現象学』3.373]のが徳の働きである。

こうした了解を踏まえて，ヘーゲルは，徳を「人倫の現象」[『人倫の体系』PhB. 57]，あるいは人倫的なものの「反映」[『法哲学』150節]として規定する。人倫的普遍者が各人の徳によって定在にもたらされるということは，徳において人倫的普遍者が個々人に「浸透し」[『エンツュクロペディー（第3版）精神哲学』516節]，「反映する」，ということにほかならない。「人倫的なものは，自然によって規定されている個人的性格そのものに反映する。そのかぎり人倫的なものは，徳である。徳は，個人の所属する諸関係の諸々の義務への単純な適合性以外の何ものをも示さない〔…〕」[『法哲学』150節]。

II 個々人の徳において人倫的普遍者は定在の場をもつ，というヘーゲルの了解からすれば，彼は徳を人倫の実現の原理として積極的に唱道するようにも思われるが，しかし実情はそうではない。徳を唱道することに関しては，彼はむしろ否定的な見解を示している。『精神現象学』の「理性」の章における「徳と世路」の一節は，こうした見解の端的な表明である。ここでは，普遍的な〈善〉を本質的なものと見なし，個別的な人格性を放棄することによってこの〈善〉を実現しようとする「徳の意識」が，逆に個別的な人格性を本質的なものと見る「世路（世の習い）」に対して戦いを挑む，という設定のなかで，「徳の敗北」の論理が示されている。「徳の意識」は各人が個別性を放棄すべきだと説くが，個別性を放棄して普遍的な〈善〉を実現するこの能力（すなわち徳）それ自体が各人の個別性に基づいている。「徳の意識」は，自らが否定しようとするその当のものを自らの存立の原理にしており，したがってここで実現が企図される〈善〉なるものも，「世路」を前にして空しくくずおれてゆく「抽象的・非現実的な本質」でしかないということになる。

III 徳に対するヘーゲルのこうしたいわばアンビヴァレントな態度は，「道徳性」の立場——特にカントのそれ——に対する彼の批判の観点と密接な関わりをもっている。思想形成の過程で，ヘーゲルの立場はカントの道徳思想の積極的受容から厳しい批判へ，というプロセスを辿るが，徳に対する彼の態度もこれに伴って変化している。ヘーゲルの「徳」概念の内実を理解するうえで，この変化のプロセスを知ることは有意義である。

(1) 思索の出発点にあたるテュービンゲン期—ベルン期，カントの道徳思想から大きな影響を受けたヘーゲルは，「意志の自律」の思想に立脚して人間の「道徳性」の自覚を説く「道徳的宗教」を新たな国民宗教として確立するという企図を抱いていた。この宗教の唱道者に擬せられたイエスは，道徳性の理念の体現者として捉えられ，「徳の理想」，「徳そのもの」の具現として特徴づけられる。こうした把握にも示されるように，この時期には「徳」と「道徳性」とは相即不離のものと考えられており，そのため，ここで確立されるべき宗教にも「徳の宗教」[1.121]という規定が与えられている。

(2) フランクフルト期になると，ヘーゲルのカントに対する批判の観点が顕在化し，「道徳性」ないし「道徳法則」は人間の生に普遍と特殊との対立をもち込み，生を破壊するものとして捉えられるが，こうした見解の変化にともなって，徳は，カント的な道徳法則を「補全」するものとして捉えなおされる。徳とは，己れの傾向性を排して道徳法則に従う道徳的心情ではなく，むしろ傾向性と道徳法則との対立を廃棄するものであり，両者の綜合の形態にほかならない，というのがこの時期のヘーゲルの了解である。しかし，彼が徳に対して全面的に肯定的な見解を示すかといえば，そうではない。ヘーゲルは，カント的な道徳法則に徳を対置することで「補全」

が完成するとは考えない。個別的な諸々の徳は，人間関係の多様性が増すにつれ，必然的に衝突せざるをえない。そこで個別的な諸徳の統一原理が求められることになる。ヘーゲルは，諸々の徳が「一なる生ける精神」の諸様態として相対化されることによってこそ真の補全は成立すると考え，この「生ける紐帯」を「愛」に求める。「徳は法則に対する服従の補全であるが，同じく愛は徳の補全である。徳のあらゆる一面性，あらゆる排除，あらゆる制限は愛によって廃棄されている」[1. 362]。

(3) ヘーゲルが道徳性および徳に対して否定的な見解を抱くようになった理由の一つとして，フランス革命の推移に対する彼の認識が挙げられる。革命が恐怖政治に陥り，破綻してゆくという事態を，ヘーゲルは，「自由と徳」という二つの「抽象的原理」が絶対化されたことの必然的帰結として捉えた[『歴史哲学』12. 532f.]。こうした認識とともに，「愛」という主観的原理のアポリアも自覚され，新たな思考が模索されるのがイェーナ期である。この時期のヘーゲルは，「全体（民族）は部分（個人）に先立つ」というアリストテレス的発想に基づいて，個の原理である道徳性や徳の絶対視を退ける。「人倫は，個人そのものにおいて自己を表現するかぎりでは，或る否定的なものである。〔…〕個人に属する人倫的諸特性——勇気（Mut），節制，倹約，気前よさなど——は，否定的人倫である〔…〕。即自的な可能態であり，否定的な意味をもつこれらの徳が，道徳の対象である」[『自然法論文』2. 505]。求められるのは，特定の徳を原理にして「在るべき」人倫の確立を唱えることではなく，また徳の意義を全面否定することでもなく，諸々の徳を人倫的全体のなかに位置づけ「人倫の現象」として提示することである。『人倫の体系』では，ヘーゲルは時代の実情に即した人倫のあり方として，(a)統治者，戦士，(b)商工業者，(c)農民，という三つの身分組織を構成の核とする有機的国家を構想し，その各々に (a′) 勇気（Tapferkeit），(b′) 実直・正直（Rechtschaffenheit），(c′) 信頼（Zutrauen）——および勇気——，という心的特性を対応させている。彼はここでは商工業者の実直・正直を本来の「徳」とは見なさず，これに対して戦士の勇気を「徳自体」として評価しているが，後の手稿『イェーナ体系Ⅲ』GW 8. 266ff.]では，これらそれぞれの身分に対応する「心情」として (a″) 義務を履行する道徳的心情 (b″) 実直・正直 (c″) 信頼を並列的に提示している。

個々の徳に対するヘーゲルの意義づけは，後の時期においても定まってはいない。ニュルンベルク期には，「秩序あるすべての国家の市民の徳」として「政府の命令に対する服従の心情，君主の人格と憲法に対する愛着・忠誠の心情，国民の名誉の感情」が挙げられ[4. 266]，『法哲学』では，実直・正直が「法的に，また人倫的に人間に要求される普遍的なもの」とされる[150節]。『エンツュクロペディー（第3版）精神哲学』では，信頼が「人倫的現実性の全体への関係における徳」とされ，「正義（Gerechtigkeit）」と「好意的傾向性」が「他人との関わりにおける偶然性への関係における徳」とされている[516節]。→職業・身分，愛　　　　　　（笹澤 豊）

徳の騎士　⇨世路

戸坂 潤　[とさか・じゅん　1900(明治33). 9.27-1945(昭和20).8.9]

東京に生まれ，24年京都帝国大学を卒業。カント哲学から出発した空間論の研究に打ち込み，空間の存在論的把握に努め，唯物論に傾く。29年の処女作『科学方法論』は学問・実人生の全領域を方法的に統轄する新しい理論の樹立を目指したもの。31年法政大学講師となる(34年免職)。32年岡邦雄（1890-1971），

三枝博音らと「唯物論研究会」を創設し、機関誌『唯物論研究』を発行。33年よりその中心人物として唯物論の理論的研究と普及に努力し、『唯物論全書』（第1-3次）を企画・刊行し、名指導者ぶりを発揮。クリティシズムの哲学、イデオロギーの論理学、技術論、統一的科学論（自然的世界と歴史的社会的世界を統一的に把握する）の確立を目指す。また広範・多岐にわたり批評活動を精力的に行い、日本を世界の一環として捉える視点から反戦反ファッショの論陣を張る。37年執筆禁止を命じられる。38年「唯研」の解散を余儀なくされ、他のメンバーとともに検挙される。44年大審院で上告を棄却され下獄、敗戦直前に獄死。→日本のヘーゲル研究、三枝博音

（宮川　透）

都市　[Stadt]

ヘーゲルによれば、多くの都市は教会と同様、封建制度の圧迫に対する「反動」、「合法的に組織された権力」として出現した。中核となったのはブルク、教会、修道院であり、そこに保護をもとめた者は市民と呼ばれた。市民たちが団結するにつれ、「自由な所有の原理」、「市場の自由」が確立されてゆくが、富裕な市民は都市貴族化して門閥貴族と対立し、またそれぞれの内部においても党派闘争が生じ、かくて都市は波瀾の歴史をもつにいたる。しかも民衆はつねに権利を奪われている。それにもかかわらず商工業の繁栄がみられるのは、波瀾と繁栄がともに生命の原理の帰結だからなのである［『歴史哲学』12. 461ff.］。また都市は田舎（農業、実体性、家族）に対して商工業、反省、諸個人という観念的契機をなし、この両契機の真の基礎が国家とされる［『法哲学』256節］。そして都市の編成原理は、地区ではなくてコルポラツィオーンであるべきだという［『法哲学講義（ヴァンネンマン）』121節］。→コルポラツィオーン、国家、市民社会

（生方　卓）

土地所有　⇨所有

特権　[Privilegien]

ヘーゲルにおいては、特権という語義の持つ二つの意味が区別して使われている。語源上本来の意味は、「普遍的法律の偶然的な例外」と見做されるもので、これには国家の法律によって各成員に付与される諸権利（人権、所有権等々）と独立に各人が保有する前国家的権利が含まれる。こうした諸「権利」に対して、ヘーゲルは終始批判的であった。『ドイツ憲法論』では、こうした前国家的特権を基礎として主張される「ドイツ的自由」が、いかに近代的自由の概念と相いれないものであるかが説かれている。また、『ヴュルテンベルク民会討論』でも、国王の憲法案に対していかに議会側が彼らの既得権を楯に反動的抵抗を試みているかが描かれている。ヘーゲルが近代自然法の主張する自然権に対して批判的スタンスを崩さなかったのも、国家の外にある権利を承認しない彼の堅持したこうした立場と関係がある。

一方、これらと区別されて社会のある階層に排他的に認められる「法律にしたがって作られる」［『法哲学』252節］特権がある。ヘーゲルはこうした特権が承認されることの根拠をその社会で当該部門が有する「特殊性の本性」に起因すると見る。ヘーゲル自身の近代国家の構想において、そうした特権が付与されるのは、職業団体（コルポラツィオーン）に対してである。ところで、この意味での特権は国家の法律によって規定されたものであり、必然的に制限されたものとなる。そうすることによって、職業団体は、他から閉ざされた中世的特権集団に陥ることなく、各人が自己のために配慮しながら他人のためにも行動するという、市民社会で個々人に課せられた課題を「没意識的必然性」から思惟によって「自覚された倫理性」［同255節「補遺」］へと高める場となるのである。→自然法、コルポ

ラツィオーン　　　　　　　　　（森川孝吉）

富　⇨貧困，高貴な意識と下賤な意識

ドラマ　[Drama]

　広義のドラマ，「詩的芸術作品」としてのドラマは文芸の三大ジャンルの一。「内容的にも形式的にももっとも完成された総体性」の芸術であり，「詩と芸術一般の最高段階」[『美学』15. 474]である。ヘーゲルにとって，ことばは他の諸芸術の感覚素材，石材，木材，顔料，音に比して精神の開顕にふさわしい要素であり，かつ叙事詩の客観性と叙情詩の主観性を統合，止揚したところに成立する芸術形式である。

　ドラマは「現前の人間の諸行為，諸関係を，事件展開を演ずる登場人物の言語表現というしかたで描写することによって，表象意識に訴え」[同 15. 475]ようとするとき，必要になる。そのばあい，「一定の目的にそって遂行される単線的な事件展開ではなく，衝突する事態，情念，性格に基礎をおき，その結果作用と反作用をひきおこし，そのことがまたあらたに闘争と軋轢の調停を必要」[同 15. 475]にするような展開が要求される。

　ヘーゲルにとり，フランス古典主義の三一致の法則「所と時と筋の統一」のうち，筋の一貫性は絶対の法則である。具体的な筋の展開法としては，軋轢のおこる原因を提示する第一幕，衝突と紛糾の第二幕，矛盾の極からその解消に向かう第三幕というふうに，幕（Akte）や場（Scenen）の活用がすすめられる。

　ドラマの韻律については，事件展開の前進的リズムにふさわしいイアンボス（短長格）を基準にしたディアボディア，トリメトロン（セナリウス）が適切とされる[同 15. 494f.]。

　一方，狭義のドラマ（シャウシュピール）は，悲劇と喜劇の中間的種類に位置し，「悲喜劇（Tragi-komödie）」となる。既に古代ギリシアのサテュロス劇において，事件展開は厳粛，合唱は喜劇的という，混合形態が見られた。だが近代劇において，本来喜劇の原理である，自由な主観性という原理が優勢を占めるようになり，悲劇的主題すら，その人倫的内容の実体性が後退し，強固な意欲や深刻な葛藤も緩和される結果，悲喜劇となる[同 15. 532f.]。

　この中間的ジャンルの限界は，悲劇や喜劇よりも浮動的であることをまぬがれず，また真にドラマ的な類型から離脱したり散文的なものに堕する危険があるという点にある。すなわち葛藤がそれ自身の分裂を通じて平和な結末に達することになっているので，悲劇の場合のように鋭い対立となって現れることはない。➡悲劇，喜劇

【参】Freitag (1863), Bray (1963), Gouhier (1968), Elan (1980)　　　　　　　　（金田 晋）

トリアーデ　⇨「正・反・合」（三肢性）

度量　[Maß]

　節度とも訳される。質において確立した規定性は，止揚されて量に移行するが，再び質が回復されることによって成立する「全体性」が，「度量」である。度量は「質と量の統一」[『大論理学』5. 387]であり，まず第一には，「規準すなわち尺度」[同 5. 399]という意味をもつ。これは定量（等質的量）を計量する規準であり，「特殊化する度量」の規定である。第二には度量は「比」[同 5. 412]を意味し，異なったものの間の量的比率である。これは「質としての二項の相関」[同 5. 402ff.]および「度量における自立存在」[同 5. 408ff.]として示される規定である。第三にそれは一定の量が限度を越えると別の質に転化するという限界点の意味である。これは二つの度量が一定の比において結合し，新たな質を織り成す「度量の諸相関の結節線（Knotenlinie von Maßverhältnissen）」[同

5. 435ff.]の世界として示される規定である。度量の最後の段階は「没度量(das Maßlose)[同 5. 442ff.]である。没度量は度量を越えたものであるが、度量の比の系列の根底に現れた「無限性」であり、質と量を真に包括する「基体」[同 5. 445]である。

【参】 Pechmann (1980)　　(小坂田英之)

度量関係　⇨度量

努力　[(Be-)Streben]

主体にとって客体との統一が欠けているときに、この統一を目的として実現しようとする活動。この概念は、従来のヘーゲル研究では取り上げられてこなかったが、先行思想との区別によって、その独自性と彼の哲学全体における位置とが明らかにされなければならない。カントにおいては、人間の活動一般を意味しており、術語として確定されていなかった。これが術語として確定されたのは、フィヒテにおいてである。ヘーゲルは、ベルン時代にはカントの意味で用いている。しかし、彼はヘルダーリンとシェリングを通じてフィヒテの立場を知り、フランクフルト時代を経てイェーナ時代においてこれと対決することになる。フィヒテにおいては、努力とは、自我が非-我に対して因果関係に立って同一性を実現しようとするが、非-我を同一化しないことを意味する。自我は、自己の外部に非-我を見出し、かえって非-我によって条件づけられる。そこでは努力が自我の同一性から分離されたままである。このようなものとしての努力は、ヘーゲルから見れば非同一性、すなわち「反省哲学」の立場を示すものである。これに対してヘーゲルは、努力を絶対者の運動を示すものとしても捉え直す。そのかぎりにおいて、努力は「理念の衝動」と共通の意味を持っている。この語の使用に際して、イェーナ時代初期においては、Bestreben と Streben とが区別されている。Bestreben は、自己の総体性への「生」の方向として登場し、悟性に対置される。「悟性の建造物が確固に、そして輝くようになればなるほど、そのうちに部分として囚われている生がそこから自己を脱出させ自由へと向かうという努力が働きだすようになる」[『差異論文』2. 20]。すなわち、それは総体性としての部分存在にとどまりえない生の性格を示し、総体性を再興する理性の活動の根拠をなす。この意味における努力は、思弁的欲求としての「哲学の欲求」に対応する。これに対して、Streben は、そのうちで「無限なものへと分散する多様性」が絶対者との無意識的な関連を提示するところの「無限の集合への努力」[同 2. 136]として用いられる。この努力は、悟性の意味において理解されるものである。すなわち、ヘーゲルにおいては、努力は理性の意味と悟性の意味との二つの意味を持っている。そして体系期には後者の意味を自己の契機とするように前者の意味が捉え直されることによって、両者が統一的に把握されるのである。→衝動、欲求・欲望

【参】 Höffe (1974), Kozu (1988)　　(幸津國生)

ドルバック　⇨フランス啓蒙思想

奴隷制　[Sklaverei]

ヘーゲルは、人間を単に「即自的に自由なもの」とするところから奴隷制が不当であると主張する立場に批判を加えている。人間は自らの自然的直接性を陶冶することによって自己を自由の主体へと形成していく存在であり、その「概念」においてではなく「理念」において自由でなければならない、というヘーゲル哲学の基本的立場がここにも見出せる[『法哲学』57節「注解」]。つまり「人間の本質が自由にある以上は、奴隷制は絶対的に不法である」が、しかしまたその制度は、歴史哲学的な観点からは「より高次の人倫と、この人倫に結びつく教養形成とに参与するための

一つの様態」でもあるととらえているのである[『歴史哲学』12. 129]。「あらゆる民族は、自由になるためには、つまり自己支配の能力を獲得するためには、最初は主人に服従するという厳しい訓練を潜り抜けなければならない」のであり、したがって「自由の端緒」として「隷属と専制政治とは、民族の歴史において一つの必然的な段階である」とされる[『エンツュクロペディー（第3版）精神哲学』435節「補遺」]。その意味では「奴隷制は、人間の自然性から真に人倫的な状態への移行に属する」[『法哲学』57節「補遺」]ことになるのである。

しかし奴隷が陶冶され、彼らが自由の意識に達したために奴隷制が廃棄されたわけではない。ヘーゲルはその廃止の根拠を「キリスト教の原理」のうちに求めるべきであると述べている[『エンツュクロペディー（第3版）小論理学』163節「補遺」]。近代のヨーロッパにおいて、「困難な長年月にわたる教養形成の労苦」を経てようやく奴隷制が消滅したのは、「ゲルマン諸国民に至って初めて、キリスト教の下で人間が人間として自由であり、精神の自由が人間の最も固有の本性をなすものであるという意識に達した」からに他ならないとされる[『歴史哲学』12. 31, 403]。→自由

（南條文雄）

トレヴィラーヌス [Gottfried Reinhold Treviranus 1776.2.4-1837.2.16]

ドイツの動物学者、生理学者。ゲッティンゲン大学で医学、数学を学ぶ（1793-96）。後に、ブレーメンで医師として生理学および、とりわけ無脊椎動物を材料とした比較解剖学の研究に従事し、環境の変化と生物の変化は相関するという進化論的思想に到達した。この思想は『生物学』（Biologie oder Philosophie der lebenden Natur. 6 Bde. 1802-22）において浩瀚に展開された。この著作によって、生物学という概念がドイツに初めて導入された。ヘーゲルは『エンツュクロペディー（第3版）精神哲学』で、人種の起源を考察するにあたり、その第2巻に言及している[393節]。彼の思想は、自然現象の根拠としての統一的な原理の存在を信じる点で、自然哲学の制約に囚われているが、ヘッケル（Ernst Heinrich Haeckel 1834-1919）らの進化論思想の先駆としての意味も持っている。なお、弟の Rudolph Christian Treviranus (1779-1864) は植物学者として知られている。

（池田全之）

トロックスラー [Ignanz Paul Vital Troxler 1780.8.17-1866.3.6]

スイスの医学者、哲学者。1800年にイェーナで医学と哲学の研究を始め、シェリングの講義を聴き、またヘーゲルの最初の聴講生となった（1801）。彼の聴講ノートはデュージング（Klaus Düsing）によって公刊されている。初期の医学哲学の著作はシェリングの影響と賛同を受けており、『疾病分類学のための基礎理念』（Ideen der Grundlage zur Nosologie. Jena1803）、『有機物理学試論』（Versuch in der organischen Physik. Jena 1804）、『医学理論綱要』（Grundriss der Theorie der Medicin. Vienna 1805）などにヘーゲルは自然哲学の中で言及しているが、「空虚な形式主義に陥っている」[『エンツュクロペディー（第3版）自然哲学』359節「補遺」]と述べてもいる。1808年に帰郷してからはシェリングから離れて自己の見解を発展させ、政治家としても活躍。1830年にバーゼルで哲学教授、1834年に新ベルン大学教授。シェリングとの交際は続いたが、晩年には主にヤコービの影響を受けつつ独自の哲学的人間学（Anthroposophie）を構想した。『論理学。思惟およびあらゆる認識批判の学』（Logik; Die Wissenschaft des Denkens und Kritik aller Erkenntnis. Stuttgart-Tübingen 1829-30）ではヘーゲル論理学を評価している。

【参】 Düsing (1988)　　　（黒崎　剛）　　トロポス　⇨**懐疑主義**

ナ

内(面)化 ⇨記憶・想起・内(面)化

内属 ⇨判断

内的区別 ⇨区別

内包量 [Intensität]

〈どれくらいの(大きさ・長さなど)〉のような定量の規定性を外延量(extensive Größe)というのに対して,〈何度〉とか〈何番目〉のような規定性を内包量という。たとえば,水温10度の水20ℓの外延量は20ℓ,内包量は10度である。ヘーゲルによると,外延量とは「限界がそれ自身において多である場合」[『エンツュクロペディー(第3版)小論理学』103節]の定量の規定性である。限界が多であるとは,その内部に多数性の契機をもつこと,言いかえれば,その量が同一の単位によって合成された集合数であることを意味する。したがって,外延量には加減乗除がなりたつ。水20ℓに30ℓを加えれば50ℓになり,二つに分ければ10ℓずつになる。これに対して,「定量と一致する限界が単純なものとして定立されている」[『大論理学』5. 251]ものが内包量であり,度(Grad)である。内包量はその値が可算的に規定される単純なもの[分割されぬもの]であり,定量の全体と分かつことができない。10度の水を二つに分けても,また10度の水を加えても,全体は10度で変わることがない。

このように,外延量と内包量の相違を,定量の限界(規定性)が多であるか単純であるかによって理解するヘーゲルの考え方は必ずしもわかりやすいとはいえない。むしろ一般には,内包量は,密度のように異質の,また濃度のように同質の,いずれにしろ二つの外延量の比と考えられる。しかし,ヘーゲルは,10度の水温は単純な主観的知覚であるとともに水銀柱の長さによっても表示されることから,内包量と外延量を同一の規定性の現れとし,その対立を止揚しようとするのである。彼は内包量をあくまで単純な力と考えるが,ここには,度を「質的な量(quantitas qualitatum)」とするヴォルフやカントからの影響,また,自我を内包量とみなし,それの現れとして客観の外延性を考えるシェリングからの影響がみられる。さらに,物質の規定性を外延量においてのみ理解しようとする近代の自然科学的思考にたいする反撥もみられるであろう。→量　　　　　　　　　　(海老澤善一)

内容 ⇨形式と内容

ナータン ⇨レッシング

ナポレオン [Napoléon Bonaparte 1769.8.15 -1821.5.5]

フランスの皇帝。コルシカ島に生まれた。フランス革命の激動期後の安定への動向に乗じて第一帝政を打ちたて(在位1804-14,1815年),全ヨーロッパに支配権を及ぼした。1806年には神聖ローマ帝国を崩壊させた。ヘーゲルは,自分より1歳年上のこの軍事的政治的天才に対して生涯強い関心を寄せ,著作・書簡のなかでしばしば言及している。1806年10月,ナポレオンはプロイセン軍を圧倒

しイェーナを占領する。イェーナで『精神現象学』を執筆中のヘーゲルは、ニートハンマーにあてて書く。「私は皇帝が、この世界霊（Weltseele）が馬に乗り街を通って巡察に出ていくのをみました。……馬に跨り、世界に君臨し、世界を支配するこのような個人を目撃することはじつに不思議な気持です。……この並外れた人を賛嘆しないではいられません」『書簡集』（第1巻）120]。

ナポレオンはヘーゲルにとって、ドイツとヨーロッパの自由化・近代化の偉大な推進者であった。ナポレオンはドイツの諸侯に「自由な君主制の概念」を教える、パリに住む「偉大な国法学者」であったばかりでなく[同185]、かれはまた「その巨大な個性の力をもって国外に向かい、全ヨーロッパを席巻し、いたる所に自由の制度を広めた」のであった[『歴史哲学』12. 533]。こうした評価は、『歴史哲学』において典型的な表現を獲得する。つまりナポレオンは、カエサルやアレクサンダー大王と並ぶ「世界史的個人」——それもまさしく同時代の——に列せられるのである[同 12. 47]。「もしわれわれが、世界史的時代を体験したと誇らしく思うとすれば、ナポレオンこそは、この時代の思想を一身に現実化した個人であるといわれるべきであろう」[『法哲学講義（1819/20年）』285]。

それではヘーゲルはナポレオンを無条件に支持したのかといえば、必ずしもそうではない。ナポレオンがスペインで犯した誤りは繰り返し批判されている。ナポレオンは1808年、自分の兄ジョゼフをスペイン王に任じ、バイヨンヌ憲法を押しつけて、スペインを従属国とした。だが民衆の意向を無視して行われたこの措置は、スペイン各地方でゲリラ戦による激しい反撃を受けた。「ナポレオンがスペイン人に与えたものは、かれらの以前にもっていたものよりも理性的ではあったが、それでもやはりかれらはそれを性に合わないものとして突き返した」[『法哲学』274節「補遺」]。国家体制や憲法は、その国民の自己意識の状態と形成とに依存するのである。『法哲学講義（ヴァンネンマン）』では、ナポレオンが国家の頂点に立つことによって、国家体制の「理性的な面」を傷つけたことが指摘されている[133節]。

なお、独自のヘーゲル解釈を展開したコジェーヴによれば、ナポレオンは「用語本来の意味での人間的個体」であるが、ナポレオンにはこの自己意識が欠けている。そしてナポレオンの自己意識がヘーゲルである。ヘーゲルは『精神現象学』で、ナポレオンの概念的把握を通して人間の本質についての問に答えようとしたのである。→フランス革命，英雄（時代）

【参】 Kojève (1947), Avineri (1972), Waszek (1985b)　　　　　　　　　　　　（高柳良治）

名前（命名）　⇨言語

に

におい　[Geruch]

ヘーゲルによれば、においは物体的なものにおける空気の過程である。だからにおいは物体的なものを解消する過程であり、一切が気化し、微粒子になる見えない過程である。「単純な観想的な過程としての特殊な個体性

であり，空気による物体の眼に見えない発散である——これがにおいである」[『エンツュクロペディー (第3版) 自然哲学』321節]。またにおいは個体的な物体の対立の現示であるとされるが，これは物体的なものが自己同一的なものとして自己内存在を持つとともに他者から自分を区別することによって成立するのに対して，においがこの自己内存在を解消して気化することだからである。そのため「においは凝集されたものとして差別における物体の特殊的個体性である」[同節「補遺」]と言われる。それで，火が物体を燃やし尽くすために，物体の解消としてのにおいは火との関係で物体の一契機であるとされる。→火

(長島 隆)

二元論 [Dualismus]

ヘーゲルが二元論という言葉を使用するとき，過去の哲学者の基本思想を評する場合と論究されるべき事柄について語る場合との二つある。前者については，例えばフィヒテとヤコービにあっては二元論は絶対的なそれとして原理である，[『信と知』2. 411 参照]，カントの「形式的観念論は二元論である」[同 2. 314]というもの，後者については，「定在は差異の領域，二元論の領域である」[『大論理学』5. 174]，「意識は現象する，あるいは二元論である」[同 5. 175]，「有限者と無限者との二元論」[『宗教哲学』17. 474]というものである。しかし，いずれの場合にもヘーゲルの最大の関心はこの二元論を克服することにあった。例えば，イェーナ初期の「同一性と非同一性との同一性」という絶対者観，『精神現象学』における「意識と対象性との」，「個別性と普遍性との」，「自己と存在との」統一という課題，「論理学」における「存在」と「本質」との「概念」への止揚等々と，これはヘーゲル哲学に一貫している。

この二元論の克服について，ヘーゲルは対立するものの一方を切り捨てたり，両者の対立を単純に否定して，両者をそのまま統一するというやり方はとらない。イェーナ初期にすでにヘーゲルは次のように述べている。「同一性が認められるのと同様に分離も認められるのでなければならない。……絶対者においては，対立措定の働きと同一であることが同時に存在している」[『差異論文』2. 96]。「哲学の課題は……存在を無のなかに生成として，分離を絶対者のなかにその現象として，有限なものを無限なもののなかに生命として措定することである」[同 2. 25]。「知」とは分離する働きとしての「反省」(Reflexion)によってのみ可能である以上，単純な (無媒介的) 統一によっては知の可能性が排除されてしまうからである。このような考え方が『精神現象学』における「実体＝主体説」，そして「弁証法」へと発展していくのである。

→哲学，絶対者・絶対的なるもの，弁証法

【参】 Fischer (1973)

(戸田洋樹)

西 ⇨ヨーロッパ

西田幾多郎 [にしだ・きたろう 1870.5.19 - 1945.6.7]

西田幾多郎においては，主題的にヘーゲルと取り組んだという時期ないし仕事はない。1931年に「私の立場から見たヘーゲルの弁証法」なる短い論文が書かれたが，それとても西田の仕事の中で特に高い比重を占めることはない。しかしこのことは，西田にとってヘーゲル哲学が意味をもたなかったということではない。現に上記の論文を『続思索と体験』に収めたとき，西田は次のようなあとがきを添えた。「私は今日の考が多くのものをヘーゲルから教へられ，又何人よりもヘーゲルに最も近いと考へると共に，私はヘーゲルに対して多くの云ふべきものを有つて居るのである。私から云へば，ヘーゲルの弁証法は尚主語的である。ノエマ的である。少くともその方向に重点を置いて居ると云はざるを得

ない。然るに私は之に反し，真の弁証法は，一旦さういふ立場を断ち切つた所から，出て来なければならぬと思ふのである」[西田幾多郎全集 12. 84]。

西田が自分をヘーゲルに最も近いと考えるのは，西田自身もまた実在それ自身の運動としての「弁証法」的思弁を思索の根本的性格とするからである。しかしまさにそのおなじ点で，彼はヘーゲルに対して言うべきものをもつ。すなわちヘーゲルの弁証法は彼からするとなお「ノエマ的」であり，いいかえると，合理的限定の「有」の立場に立つものである。すなわちこの「有」の立場の根底には，これを見ている非合理的なノエシス的自己，言いかえるとどこまでも対象化することのできない，その限りで「無」ともいうべき自己が，ある。この自己の自覚から成り立つ論理が，西田のいう真の弁証法である。ヘーゲル弁証法がノエマ的な有の立場になりたつ連続的な「過程的弁証法」だとすれば，西田の論理はその一歩一歩に絶対のノエシス的無に接する「場所的弁証法」である。西田のこのような「絶対無」の立場は，ヘーゲル理解という点でこれまでになかった視点を開くものであり，緻密で精力的なヘーゲル研究を行った田辺元さえも，西田から新たなヘーゲルの見方を学んだことを告白する。西田とヘーゲルとのあいだには，遠いがゆえの近さと近いがゆえの遠さとがある。→田辺元，日本のヘーゲル研究

(大橋良介)

二重化 [Verdopplung]

ヘーゲルの哲学には，独特の二重構造が根づいている。というのも，ヘーゲルは，それ自体でそのものとして存在しているという，そうした絶対的な自体存在を，総じて認めないからである。すなわち，ヘーゲルによれば，存在するものは，総じて，そのものならざる〈他のもの〉との媒介によって，換言すれば，〈自〉〈他〉の〈二重化〉において，はじめてそのものとして存在するのである。例えば，〈赤〉は〈赤〉ならざる〈他の色〉によって(同次元での二重化)，「本質」は，我々に直接与えられる，「本質」ならざる諸データすなわち「現象」によって(次元の異なる二重化)，「主観」は「客観」によって，「客観」は「主観」によって(作用を介した二重化)，それぞれ媒介されて。

こうした〈二重化〉の思想が，ヘーゲル哲学における最も重要な諸概念，例えば，「矛盾」とか「絶対的否定性」とかと，直接関係する。というのも，一切のものが，そのもの自体において当のものではないのだとするならば，一切のものは，そのもの自体のうちに，当のそのものであることの「否定性」を，そのものの「死」を，宿しているからである。すなわち，あるものがAであるとすれば，そのもの自体において，すでに同時に，非Aでもあるのである。

こうした〈二重化〉に関して，ヘーゲル自身の叙述を垣間見るならば，次のようである。すなわち，「自然法則」や「法律」という，総じて「形式」は，それ自体において，そのものとして存在する訳ではない。そうではなく，それらは，〈自然〉や〈社会〉そのものという「内容」との関係において，これらに媒介されて，そのものとして存在する。だが，他方，〈自然〉や〈社会〉そのものも，それ自体においてそのものとして存在するかというと，そうではなく，これらも，「自然法則」や「法律」という「形式」によって媒介されて，そのものとして存在する。こうして〈自然〉や〈社会〉は，それ自体において，「二重化」されている。〈自然〉や〈社会〉は，こうした「二重化(されたもの)」の絶えざる「転倒」(媒介)において，「絶対的な相互関係」として存在するのである，と[『エンツュクロペディー(第3版)小論理学』133節]。

(高山 守)

二重の映現 ⇨ 反省

ニーチェ [Friedrich Nietzsche 1844.10.15-1900.8.25]

Ⅰ　ニーチェによれば,「ヘーゲルは至る所で理性を探し求め」[『権力への意志』95番],事実を「確認して公式の中に押し込め」[『善悪の彼岸』211番],「現実的なものを理性的なものとして崇拝し」「成果を神格化する」[『反時代的考察』第1篇7節]。ドイツの「歴史的楽天観」の責任はヘーゲルにある[『われら文献学者』155番]。「歴史的感覚」に基づいて「現存在の神性」を説くヘーゲル[『悦ばしい知識』357番]の哲学は「汎神論」であり,総じて「ドイツ哲学全体」は「ロマン主義であり郷愁である」[『権力への意志』416, 419番]。これに対しニーチェは,ヘーゲル哲学よりも「ペシミズム」を「思想のより高次の力の徴候」と見る[『ニーチェ対ヴァーグナー』「私たち対蹠者」]。

Ⅱ　しかし他方でニーチェは,「ヘーゲルの革新」を,「"発展"という決定的概念を初めて学の中に持ち込んだ」点に認め,「存在」よりも「生成,発展」に「より深い意味」を付与する「我々ドイツ人は,ヘーゲルがいなかったとしても,ヘーゲル主義者である」と言う[『悦ばしい知識』357番]。「発展」こそは「真にドイツ的発見」であり,ヘーゲルは「ドイツ的魂の根底に存する矛盾という本性」を「体系化し」[『善悪の彼岸』244番],「矛盾が世界を動かす」という「根本命題」を樹てた[『曙光』序3節]。

Ⅲ　とはいえ,ニーチェによればヘーゲルは,「最も冷静かつ冷徹な事柄について,まるで泥酔者のように語る」[『生成の無垢』443番]。ヘーゲル哲学の「核心」には「機智に富んだ」思い付きが溢れており,ヘーゲルほど「エスプリ」に満ちたドイツ人もいないが,しかしその核心の周りには幾重にも糸が「巻き付き」,核心が見通せなくなっており,この「ヘーゲル特有の悪文」のゆえに,結局その「難解深遠な学」は「極度に道徳的な退屈物」に堕していると,ニーチェは酷評している[『曙光』193番]。

（渡辺二郎）

ニートハンマー [Friedrich Immanuel Niethammer 1766.3.6-1848.4.1]

ヴュルテンベルクのバイルシュタインに生れ,テュービンゲン,ゴータを経てイェーナで神学を学び,啓示に関する労作によって1792年にマギステルの学位と教授資格を得た後,イェーナ大学でカントに関する講義を行い,翌年神学部で員外教授となる。この頃ゲーテと親しく交り,その関心を哲学に向けたという。さらにフィヒテに接近し,その立場から数篇の論文を書く。1796年 *Philosophisches Journal einer Gesellschaft teutscher Gelehrten* という雑誌を刊行し,翌年にはフィヒテもその編集に加わる。1798年イェーナで神学教授に任命されるが,1803年シェリングとともにヴュルツブルク大学に教授兼聖職者として招かれる。1805年プレスブルクの和議の結果,ヴュルツブルクがバイエルンから離れたため,ヴュルツブルク大学を去って学務・宗務顧問としてバンベルクに移り,1806年ミュンヘンに赴いて学務・宗務関係の高級官僚となる。1808年「現代の教育理論における友愛主義と人文主義との抗争」という文書を草して,教育におけるいわゆる「バイエルン新人文主義」を提言し,これに基づいて「(バイエルン)王国における公教育機関設置のための一般規準」を定める。1848年ミュンヘンで死ぬ。

ニートハンマーはヘーゲルと同郷同学であったばかりでなく,グロックナーによれば[Glockner (1964) 383f.],地味な人柄という点でヘーゲルと似ていたためか,生涯にわたって親しく交わり,ヘーゲルの人生における重大な転機には細かい配慮のこもった救いの手を伸べた。両人は家族ぐるみで親しい交際を続けたことは往復書簡（これはいま残されて

いるヘーゲルの往復書簡全体の約三分の一にも及ぶ[『書簡集』第1巻〜4巻参照])からも鮮かに読みとれる。ニートハンマーは財政状態がはなはだ不如意であったイェーナ時代のヘーゲルに金子を融通して急場を凌がせたり、『精神現象学』の出版にあたっては、焦慮しながらも筆の進まないヘーゲルに、督促を続け契約破棄をほのめかす出版者との間を斡旋して、自らの責任で両者の妥協に漕ぎつけたり、イェーナを去らざるをえなくなったヘーゲルにバンベルクにおける新聞編集の仕事を紹介した。

しかし私たちにとってニートハンマーとヘーゲルとの交際から生ずる最大の意義はニュルンベルク時代に関わる。上に記したように、ミュンヘンに移ったニートハンマーは当時のドイツの混乱した状況にあって、幾多の難問や反対を排除しながら、初中等教育の刷新に関する理念的な思想とそれを実施するための具体的な規準を定め、この規準に従って自分の教育理念を実行してくれる人物としてヘーゲルを選び、彼をニュルンベルクにあるギムナジウムの校長に推した。これに応えてヘーゲルは校長の職に就くとともに、基準に示されているように「生徒たちを思弁的な思索に導く」[Neithammer (1968) 65]ために哲学の授業を担当した。その大要は『哲学的予備学』として知られているが、実はここに後の『エンツュクロペディー』の原型(あるいは「ニュルンベルク体系」と言うべきもの)が示されている。

【参】 Glockner (1964), Niethammer (1968)

(中埜 肇)

ニヒリズム [Nihilismus]

ヘーゲルはその青年時代にすでに、モスハイム (Johann Lorenz von Mosheim 1693-1755) の教会史から「被造物が「無」(nihil) である」という文を抜き書きしており[『初期神学論集』(ノール) 367]、また特にイェーナ時代には「絶対無」を語っている[『信と知』2. 295, 352, 410]。絶対無の認識は哲学の第一の事柄とされ、それは「ニヒリズムの課題」とも言われる。ヤコービのフィヒテ宛書簡[1799.3.21]においては、ニヒリズムという語はフィヒテの観念論を非難する語として用いられるが、その真意は、自分のいう非‐知あるいは信仰の立場が、フィヒテの観念論よりもさらに高次の「無の知」であるという主張にあった。ヘーゲルからすれば、フィヒテの観念論は主観性の立場に制約されるから絶対無の認識(=ニヒリズム)に届かないが、ヤコービの哲学もまた、哲学に対置された無しか知らない。もっともベルリン時代の或る共著書評では、ヘーゲルはかつての自らの表現に触れることなしに、ニヒリズムという非難をヤコービに突き返している。→ヤコービ、無

【参】 Pöggeler (1970 [1974:304-349])

(大橋良介)

日本 [Japan]

現存する資料を見る限り、ヘーゲルが「日本」に触れている箇所は、ベルン期の終りからフランクフルト期にかけて書かれたと考えられる『歴史研究断片』のなかにただ一箇所しか見つからない。しかもそれは、日本について論じているというよりも、モンテスキューがその『法の精神』で日本に触れている箇所(第1部第6編13章「日本の法の無力」)を参照しているにすぎない。「死刑の公開。モンテスキューは日本人に触れながら、公開でなされる多くの残忍な処刑が、民族の性格を粗野にし、刑罰そのものや犯罪への無関心をつくりだしたと語っている」[1. 440]。のちの『歴史哲学』にも日本を論じた箇所は存在しない。ヘーゲルの歴史意識からは「日本」は完全に脱落していたのである。

(原崎道彦)

日本のヘーゲル研究

日本におけるヘーゲル研究は現今，ドイツやフランスにおける研究に伍して活況を呈し，国際的現象としてのヘーゲル研究の一翼を担っている。しかし第二次世界大戦前の時期には，日本におけるヘーゲル研究はドイツやフランスにおけるそれと著しい相違を呈していた。前者を後者から分かつものは，ヘーゲル哲学の生成基盤と受容主体である日本の文化的基盤との異質性，すなわち超越的な一神教としてのユダヤ＝キリスト教の伝統に棹さすヨーロッパの精神風土と，非超越的な多神教としての神道アニミズムの伝統に浸潤された日本の精神風土との構造的異質性にあった。ありしヘーゲル哲学は超越的な一神教としてのユダヤ＝キリスト教の教義内容を，表象を概念に組み換える方向で哲学へと組織した「弁神論」の体系であり，勝義における神学であった。このようなものとしてヘーゲル哲学は，日本の精神風土にとって本質的に「他者」としての性格を担うものである。だが他者を他者として正当に評価するには，明治維新以後，西欧文化の受容方式として採用されてきた「和魂洋才」方式からの否定的な転換が不可欠であり，「和魂」という名の日本文化の原体質の自己否定的な自己止揚なしには，異文化を他者として評価する眼を養いえない。日本におけるヘーゲル研究は，原理的にいえば，このような自己否定的な自己止揚を日本文化に促す意義を担っている。

日本におけるヘーゲル研究を歴史的に回顧する場合，Ⅰ　1880年代前半～1920年代中葉（明治10年代後半～大正期），Ⅱ　1920年代後半～45（昭和初期～敗戦），Ⅲ　45年以降（戦後）の三つの時期に分けることができる。

Ⅰ　この時期にドイツ哲学の受容が本格的に開始され，「講壇哲学」が確立されることになる。1880年代の前半，イギリス・フランス系の哲学思想は自由民権思想・革命思想の温床であることが明治政権にとって自覚され，これに思想的に対抗するため，儒教倫理（封建的教学イデオロギー）の復活が画策されるとともに，ドイツ哲学の積極的な導入が勧奨された。この頃から90年代前半にかけての時期がドイツ哲学受容の創始期にあたる。90年代中葉から1900年代前半にかけてがその第二期にあたり，帝国大学を拠点とした講壇哲学が確立されるに至った。第三期，特に1910年代には，新カント学派の哲学の研究が盛んになった。ドイツ哲学の研究はカント哲学の研究が主流で，ヘーゲル哲学に関する研究はごく僅少であった。

ヘーゲル哲学が学ばれるようになるのは，フェノロサ（Ernest Francisco Fenollosa 1853-1908; 1878-86 東京大学に在職）がスペンサー（Herbert Spencer 1820-1903）流の進化論にひきつけて，ヘーゲルについて講義をして以降のことである。80年代末から90年代にかけて，ヘーゲル哲学についての知識も次第に普及していったが，進化論，あるいは仏教的形而上学にひきつけた理解であることがこの段階の特徴であった。『哲学涓滴』における三宅雪嶺（雄二郎）の理解は前者の，清沢満之の「現象即実在論」は後者の，それぞれ代表的な例である。Ⅰの時期の研究成果を挙げれば，中島力造『ヘーゲル氏弁証法』（91），無署名の論文「ヘーゲルの弁証法と東洋哲学」（92,『哲学会雑誌』），元良勇次郎『ヘーゲルの存在論に就て』（1909），紀平正美「ヘーゲル哲学と其の翻訳とに就て」（05,『哲学雑誌』）。翻訳としては，渋江保訳『歴史研究法』（1894），紀平・小田切良太郎訳「ヘーゲル氏哲学体系」（『小論理学』の中途まで。05,『哲学雑誌』）。他に法学者・国家学者による研究として，『法学協会雑誌』に掲載された上杉慎吉「国家学史に於けるヘーゲルの地位」（04），吉野作造「ヘーゲル法律哲学の基礎」（05），戸水寛人「Hegel の学説」（08）などがある。

Ⅱ　カント哲学に代ってヘーゲル哲学の研

究が哲学界の主要動向となるのは、20年代後半から30年代にかけての昭和の初期である。ヘーゲル研究が急激に活況を呈するようになった背景には、つぎの二つの事情があった。一つは、1931年がヘーゲル没後100年にあたり、没後100年祭の挙行をひかえたドイツ、ヨーロッパの哲学界における「ヘーゲル復興」の趨勢であった。30年ハーグに本部を置く「国際ヘーゲル連盟」が結成され、31年日本支部も設置され、同支部から『ヘーゲルとヘーゲル主義』(31)、『スピノーザとヘーゲル』(32)、『ヘーゲル哲学解説』(31)が刊行された。こうして、日本におけるヘーゲル研究は国際的現象としてのヘーゲル復興の一翼を担う形で本格的にその緒に着くことになった。もう一つは、ヨーロッパにおけるヘーゲル復興がマルクス主義との対決の志向を秘めていたことと関連するが、昭和初期の日本におけるマルクス主義の台頭であった。日本の哲学界はマルクス主義に世界観的に同調するか、あるいは対決するかの選択を迫られ、アカデミー哲学界はマルクス主義と対決する方向でヘーゲル哲学の研究に進んだ。西田幾多郎は「夜ふけまで又マルクスを論じたりマルクスゆゑにいねがてにする」と詠み(29)、田辺元はマルクス主義と対決するための「無比の強力なる武器」として「弁証法」を自己のものにするため、ヘーゲル研究に向かった。この時期、批判的弁証法、唯物的弁証法、存在論的弁証法、思弁的弁証法、即物弁証法、無の弁証法等々、数多くの弁証法理論が提唱されたが、これらはヘーゲル弁証法の体系的解釈から産み出されたものであり、それぞれの提唱者の体系的立場を言表していた。

ヘーゲル研究がいかに活況を呈したかは、ヘーゲル哲学に関する雑誌論文が25(大正14)年以降急増し、30-31の両年だけで約70篇に達していることからもうかがえる。29年と31年に雑誌『理想』と『思想』が、それぞれヘーゲル特集を組んでいる。29年は「ヘーゲル研究」(4月、『理想』)、「弁証法研究」(10月、『思想』)、31年は「ヘーゲル復興」第一冊(4月、『理想』)、「ヘーゲル復興」第二冊(9月、同)、「ヘーゲル研究」(10月、『思想』)。また29年以降、三枝博音編集の専門誌『ヘーゲル及弁証法研究』が刊行された。

以下に、「京都学派」の代表的な哲学者、西田、田辺、三木清、高山岩男、務台理作のヘーゲル研究ないしヘーゲル解釈を瞥見してみよう。

西田の解釈は前掲『ヘーゲルとヘーゲル主義』所収の「私の立場から見たヘーゲル弁証法」にみることができる。彼は個物がそこにおいてある「無の場所」的存在論の立場から、ヘーゲル(およびマルクス)の「過程的弁証法」に対して「場所的弁証法」を提唱し、ヘーゲルが弁証法的矛盾をノエマ的主語的対象面でしか捉えず、ノエシス的述語面への洞察が欠如しているという一面性をつく方向でヘーゲル批判を展開した。田辺の論文集『ヘーゲル哲学と弁証法』(32)は、西田の「絶対無」の立場を継承し、後期シェリングの「神における自然」の立場を手懸りとしながら、ヘーゲルにおける「絶対的」の意味を解明することによって、「観念弁証法」と「唯物弁証法」をともども包摂する「絶対弁証法」を提唱したものである。三木の「弁証法の存在論的解明」(前掲『ヘーゲル主義』所収)は、ヘーゲル弁証法そのものの研究というよりはむしろ、ヘーゲル、マルクスを手懸りに三木独自の「弁証法」を構築しようとする試みであり、「存在」(現実存在)とその「根拠」(理由)たる「事実」とのダイナミズムにたつ「秩序の弁証法」の方向へみずからの弁証法を具体化しようとするものであった。

高山の『ヘーゲル』(35、西哲叢書)は、ヘーゲルの青年期における「学の生成」から没後のヘーゲル学派の解体までを叙述したものであって、この時代のものとしては包括的な研究であった。ヘーゲル哲学をキリスト教

の真理を「論理を以て概念的に組織する学」として捉え，初期神学論集，『精神現象学』，『論理学』，『エンツュクロペディー』，『法哲学』，『歴史哲学』，『芸術哲学』，『宗教哲学』，『哲学史』など，ヘーゲル哲学のほぼ全領域を概観している。それはヘーゲル復興にあたって，ヘーゲル哲学の遺産を西田や田辺の弁証法の地平で継承しようとするモティーフを秘めたものであった。務台の『ヘーゲル研究』(35) は独自の体系的な研究である。精神の純粋「概念」とその「表現」たる「世界」との連関構造を機軸として，『精神現象学』，『論理学』，『歴史哲学』，『哲学史』を批判的に分析し，ヘーゲル哲学の秘鑰は『精神現象学』にあるとの視点を打ち出している。

Ⅲ　戦後期の初期の段階では，マルクス主義の観点からヘーゲル哲学を「弁証法」に照準して研究しようとする傾向が顕著であった。しかし，50年代後半から60年代にかけて，社会主義の品位を疑わしめるような事態が既存の社会主義諸国で相次いで発生し，マルクス主義が衰退する兆しをみせはじめた。このような潮流のなかで，ヒューマニストとしての若き日のマルクスの思想に着目し，そこからマルクスの思想像を再構築し賦活しようとする初期マルクス研究が興隆した。それに応じて，初期マルクスとの関連においてヘーゲルを捉えかえそうとする新たな研究動向が現れた。しかし，70年が生誕200年にあたるという事情も手伝って，70年代以降，ヘーゲル哲学を初期マルクスとの関連という観点を離れて，ヘーゲル哲学そのものに即して，その統体において把握しようとする動向が台頭し，今日に至っている。それは，言葉の厳密な意味で，「近代の止揚」という課題の前に立たされている「現代」にとって，マルクス主義よりもヘーゲル哲学の方が示唆に富むという人類の予感に基づくものといえようか。

以上，概観したごとく，歿後150年を経過した今日の時点で，ヘーゲル哲学は国際的な規模での二度の，いわば「復興」を経験している。この二度の「復興」には，いずれも国際的な現象としてのマルクス主義の動向が深く関わっている。1930年代の「復興」には国際的なマルクス主義の「台頭」が，現今の1970年代以降の「復興」にはマルクス主義の「衰退」が，いずれも深く関わっているように思われる。→清沢満之，紀平正美，西田幾多郎，田辺元，三木清，高山岩男，三枝博音，戸坂潤，甘粕（見田）石介，小山鞆絵，マルクスとマルクス主義，弁証法　　　　　　　　　　（宮川　透）

ニュートン哲学・ニュートン力学　[Newtonische Philosophie, Newtonische Mechanik]

ニュートン時代のイギリスでは，諸実験科学は「ニュートン哲学」とも呼ばれた。ことにヘーゲルはイギリス経験論の実験主義に，機械論的な思想を認めていた。彼はフランシス・ベーコン（Francis Bacon 1561-1626）やロックやニュートンらの「実験哲学」（philosophia experimentalis）の学風に，一貫して批判的であった。

ヘーゲル自然哲学は絶対観念論の形而上学に基づいている。したがってニュートンがその著『自然哲学の数学的原理』(1687) への「一般的注解」に付け加えた「私は仮説を立てない……」との主張，また形而上学的なものは物理学の中に場所を持たないとの宣言は，ヘーゲル哲学体系に容れられるはずはなかった。ヘーゲルは確かに物理学における知覚と経験の価値は認めている。しかしそれは経験的物理学が自然のカテゴリーや法則に従って思惟するという正当な権利までは侵さない限りでのことである。なぜなら物理学は「その諸カテゴリーや法則をただ思惟によってのみ獲得できる」からである。

カントはその『純粋理性批判』において，反省概念の二義性（die Amphibolie der Reflexionsbegriffe）を論じ，そういう概念の対として同一と差異や一致と反対などの対立

を挙げた。ヘーゲルは進んで本質の諸概念を
すべて反省概念とみなし、二概念が相互に他
の規定を反照（反省）し合う関係にあるとき
にはそれら諸概念を反省諸規定（Reflexionsbestimmungen）あるいは諸反省概念
(Reflexionsbegriffe) と呼んだ。ヘーゲル
は物理学（力学）がその諸概念を端初の根拠
として呈示する前に、それら諸概念の呈示に
至る反省と推論こそ問題であると説く。彼は
ニュートン物理学の功績を反省概念としての
諸力（引力・斥力・求心力・遠心力など）に
認める。「ニュートンは諸現象の法則の代り
に諸力の法則を据えることで、科学を反省の
立場に進めた」点で賞讃されるというのであ
る（パオルッツィ Henry Paulucci）。→物理
学，力学，本質，反省

【参】 Paulucci (1984) 　　　　（本多修郎）

二律背反　⇨アンティノミー

人間学　[Anthropologie]

　人間とはその本質においては精神である，
というのがヘーゲルの人間観である。「人間」
という言い方をヘーゲルは好んでは用いない。
『エンツュクロペディー　精神哲学』の第1
部「人間学」が考察するのは，「心 (Seele)」
という，自然の中にすなわち自己の身体にと
らわれている段階の精神である。その最初の
段階は，精神が自然との共感のうちに生きて
いる「自然的心」の段階である。人種や民族
精神等々の自然的質，年齢変化と性関係，睡
眠と覚醒および感覚作用がここで取り扱われ
る。次に，こうした自然との合一から脱け出
して自己の自然性に闘争をいどむ「感ずる
心」の段階が来る。これは，透視と動物磁気，
精神錯乱，夢遊病といった病気の状態に即し
て個体の自己感情の目覚めを考察する。「習
慣」という人間の「第二の自然（本性）」の
形成がこの段階の成果である。そして最後に，
心が身体を支配し自己の表現へと転化する

「現実的心」の段階が簡単に考察される。

　　　　　　　　　　　　　　（上村芳郎）

人間悟性　⇨常識

人間性　[Humanität, Menschlichkeit]

　すべての人間に内在し，人間を人間たらし
めている当のもの，人間の本質，本性。ヘー
ゲルの人間性に対する見解は，宇宙の究極目
的を個人の形成におくドイツ・ロマン派の人
間観に近い。しかし，この形成（教養）を抽
象的個別的な人間ではなく，具体的な人間に
おいて見ようとするヘーゲルは，人間性を，
まずギリシア民族という「最も人間的な民
族」[『宗教哲学』17. 126]における「具体的人
間」の宗教を考察しつつ浮び上がらせる。と
いうのも，ギリシアの宗教においては神的な
ものと人間的なものが宥和しており，かくて
具体的人間は自らの神々において自己を表わ
しており，つまり，「人間性は神自身の内に
ある」[同 17. 95]からである。ここでは，
人間は一面では自己の自然性を否定し，他面
では自己を神的なものにかかわらせている。
かくてこのような人間の人間性とは「具体的
人間が現にあるところのもの，彼の欲望，傾
向性，激情，習性，彼の人倫的ポリス的諸規
定，およそ価値があり本質的であるところの
一切のもの」[同 17. 126f.]，つまり具体的人
間に関するあらゆる規定にほかならない。ヘ
ーゲルがギリシア世界において見る人間性の
規定は，かれのギリシアへの愛好から，特に
美と自由とにかかわるものである。ところで，
この人間性についての意識は，いつの時代に
も変ることなく存在するような固定したもの
ではない。それは形成され，しかも向上しえ
て具体的現実的なものにまで成りうるし成っ
たものである。人間の本性は「他の人びとと
の一致にまで向上しようと迫っていくことに
あり，諸々の意識の共同性が成就せられたと
きにのみ，現実に存在する」[『精神現象学』3.

65]のである。つまりは「人間とはその為すところのものなのである」[『エンツュクロペディー(第3版)小論理学』140節「補遺」]。→ギリシア

(岡崎英輔)

人間の掟と神々の掟　⇨人倫的世界

認識　[Erkennen, Erkenntnis]

ヘーゲルは有限な認識と絶対的認識を区別している。「認識の有限性は、目の前にある世界を前提することにあり、その際に認識主観はタブラ・ラサとして現れる」[『エンツュクロペディー(第3版)小論理学』226節「補遺」]。このように主客分離の立場に立つ有限な認識も、即自的には対象の概念の活動性なのであるが、対自的には対象に対して外面的な認識と考えられている認識である。有限な認識は、分析的認識と綜合的認識に分かれる。

分析的認識は、所与の具体的対象を抽象的普遍性という形式でとらえ、「抽象的要素へ分けること」[同227節「補遺」]である。分析的認識は「ロックおよびすべての経験論者の立場である」[同上]。ちなみに「熟知されていること (das Bekannte) は、それが熟知されているからといって、まだ認識されているわけではない」[『精神現象学』3. 35；参照『エンツュクロペディー(第3版)予備概念』19節、24節「補遺」；『大論理学』5. 22]。また、確かに「認識はつねに熟知されていることから未知のことへ進む」[『大論理学』6. 502]が、しかし熟知されていることの妥当性が是認されるわけではない。「表象を分析することが既に、熟知されているという形式の止揚に他ならない」[『精神現象学』3. 35]。

綜合的認識の「綜合的方法の運動は、分析的方法の逆である。後者が個別から出発して普遍へ進むのに対して、前者では、(定義としての)普遍が出発点をなし、そこから(区分における)特殊化を通って、個別(理論)へ進む。これによって、綜合的方法は対象における概念の諸契機の発展として示される」[『エンツュクロペディー(第3版)小論理学』228節「補遺」]。

これらに対して絶対的認識の絶対的方法は、分析的でありかつ綜合的である[『大論理学』6. 557]。絶対的認識は主客の対立を止揚することによって成立する。このような認識についての理論的考察は、カントのような認識論つまり認識に対して終始一貫メタレベルに立ち続けるような認識論にはなりえない。ヘーゲルは、カント的認識論を認識の道具説、認識の媒体説として批判したり[『精神現象学』緒論]、水にはいらずに水泳の練習をするようなものであると批判している[『エンツュクロペディー(第3版)』序文10節、予備概念41節「補遺」]。認識について語るためには確かにメタレベルに立たなければならないのであるが、しかしそのメタレベルの認識自身がつねに対象レベルに転倒するような仕方で認識を考察しようとするのが、ヘーゲルの認識論であると同時にまた絶対的認識そのものである。その方法について一般的な形式で述べられることは少ないが、『精神現象学』「緒論」、『大論理学』「絶対理念」の章などが参考になる。

(入江幸男)

人相術　[Physiognomie]

観相学(時には骨相学)とも訳される。歴史的には古くから、特に動物の容貌との類似ならびに大宇宙(天体)と小宇宙(人体)との照応という二つの方法で行われてきたが、ルネサンス以降では18世紀末、ラーヴァーターの『人相術断章』(1775-78)によって、ヨーロッパ中で一時大きな関心を呼んだ。ラーヴァーターによれば、「人相術とは、最も広い意味で人間の(偶然的な運命ではなく)性格を、外面から見分ける学問」[『人相術について』第1章]である。『精神現象学』の「観察する理性」の章の中で[3. 233-262]、ヘーゲルはこれをかなり詳しく論じている。

人相術の原理は内面と外面の対応という思想にあるが，その対応関係自体をヘーゲルは否定している訳ではない。感情や内面はしばしば顔や手という器官を介して，つまり顔の表情や身ぶりによって，表現される。さらに永く持続する情熱や傾向は顔や姿勢に刻み込まれることがある〔『美学』14. 369-70〕。それゆえ，外面から人の性格を推察することは日常行われているし，絵画や彫刻もそうした表現を利用している。しかしこうした経験的な人間知を，ラーヴァターは，人間の顔つきから「あらゆる面における全ての性格を」解明できると言い，「科学的人相術」にまで高めようとした。これに対してヘーゲルは，それは恣意的に選ばれた顔の特徴を，恣意的に想定された何らかの性質に結びつけているだけであり，したがって両者の関係も恣意的なものにすぎない，と批判し，人相術の「法則」なるものは「私が洗濯物を干す時にはいつも雨がふる」という主婦の愚痴と変わらない，というリヒテンベルクの評語を引用して皮肉っている。なお，ラーヴァターの人相術は個人の運命を占うものではないが，手や顔の相と運命とを結びつける古いタイプの手相術や人相術についても，ヘーゲルは，二つのものの関係はさらに外面的であると述べている。→ラーヴァター，リヒテンベルク

【参】 MacIntyre (1972) （上村芳郎）

ヌ

ヌース　[Nus, Nous]

心またはその本質としての精神，理性。ヘーゲルは時に応じて悟性，思想，精神，理性などと訳している。ヌースを始めて諸物の原理という意味に捉えた人は，アナクサゴラス（Anaxagoras 前500頃-428頃）である。彼のヌースは魂という生命原理をさすが，同時にその普遍的原理としての「悟性」〔『哲学史』18. 379〕という意味にも用いられている。この「悟性」としての規定こそ，アナクサゴラスをもって嚆矢とする。万物の種子，存在の根本元素であるホモイオメレー（Spermata種子）の集団である存在するものすべては，本来は，混合した，同等なる部分からなる無規定的なものであるが，それに運動をもたらし，形態と秩序を与えるものこそ，世界の形成者たるヌースである。しかし，彼においては，それは物質的規定からまだ自由ではなかった。ヌースの本性がより限定されるのは，プラトン，アリストテレスにおいてである。ヘーゲルはさらにそれを「概念」として捉えようとしている。→悟性，概念　（武田趙二郎）

盗み　⇨犯罪

熱 [Wärme]

熱の本性にかんして、それを特別の物質的実体とする熱物質説と熱を物質の運動と捉える熱運動説があり、また、その中間の学説もあった。熱運動説は、17世紀、F. ベーコン、ボイル (Robert Boyle 1627-91)、ニュートンらによって展開され、18世紀になると、ダニエル・ベルヌイ (Daniel Bernoullis I 1700-82) によって熱運動説の数学的理論が提唱される。しかし、18世紀から19世紀の前半にかけて、化学者を中心に熱物質説の一形態である熱素説が影響力をもっていた。ヘーゲルを含め、熱素説に対する批判も存在したが、熱物質説が滅ぶのは、19世紀後半である。

18世紀、燃焼を、物体中に含まれている燃素（フロギストン）が物体から出ていくこととするフロギストン説が有力であったが、フランスの化学者ラヴォワジェ (Antoine-Laurent Lavoisier 1743-94) は、このフロギストン説を批判して新たな燃焼理論を打ち立て、プリーストリ (Joseph Priestley 1733-1804) によって発見された脱フロギストンガスつまり酸素ガスを酸素と熱素（カロリック）の化合物とし、燃焼の際でる炎と熱は空気中の酸素と結びついた熱素が放出されることとして、熱素を化学元素の一つと考えていた。熱素説は、熱容量、比熱、潜熱の概念と結びついた熱量の保存の考え方とともに広い影響力をもった。つまり、熱素は、熱量をになう実体であり、他の物質と結合して潜在化したり、物体から離れて熱として現れ、温度上昇をもたらしたり移動したりするとされた。光や電気とともに、不可量流体と考えられていたが、放射熱や光波動説を介して、熱素は、エーテルの振動であるという熱振動説が19世紀になると出てくる。

ヘーゲルは、熱素説に批判的である。熱素説が比熱や熱容量から導かれたものであることは認めるが、熱素説は、経験的にも論理的にも根拠がないとして批判している。ヘーゲルは、熱を比重や凝集性が現象において現れたものと捉えようとしている[『エンツュクロペディー（第3版）自然哲学』305節]。これは、たとえば、溶解熱や気化熱のように凝集性の変化に熱がかかわっていたり、熱による膨張などのように体積の変化から比重が変化したりする現象に依拠しているといえよう。→酸素

(稲生 勝)

熱狂 [Enthusiasmus]

「病気」において「個人は、自分自身の具体的な内容に対して無媒介的に関係し、自己自身と悟性的な世界連関についての健全な意識を感情生活から区別された状態として持っている」[『エンツュクロペディー（第3版）精神哲学』406節]とするヘーゲルは、悟性的な現実性として健全な意識に対して客観的に存在すべき内容を無媒介に知るこの直観を「透視 (Hellsehen)」と呼んでいる。しかし透視は、悟性的な媒介を欠く点で、感情や空想などのあらゆる偶然性に委ねられている。そこでヘーゲルは、この透視を精神の一つの「高揚 (Erhebung)」と考えたり、それ自身の中で一般的な認識に与れるよりいっそう真実な状態と思ったりするのは下らないとしている。病気や熱狂によって自己を失った時にこそ人

間は本当の「天眼（Gesichte）」に与れることを認めているプラトンは、しかし、それが理性的な意識に従属することも正しく知っていたとヘーゲルは付け加えている。

(菊地惠善)

熱素　⇨熱

粘着　⇨物理学

ノ

ノヴァーリス　[Novalis 1772.5.2-1801.3.25]

ドイツ初期ロマン主義の詩人・思想家で、本名 Friedrich von Hardenberg。イェーナ大学とライプツィヒ大学で法律・哲学を修めたあと、フライベルクの鉱山専門学校で鉱物学や地質学を学ぶ。鉱山監督官という職業につく一方、鉱山から得たイメージで、ファンタジーに満ちた詩的世界を作り上げた。彼の詩は、ゾフィー・フォン・キューンという少女との恋愛体験によって根底的に動機づけられている。婚約後間もなく彼女は結核性の病気で死ぬが、彼は失意の中から彼女を精神的憧憬の対象として結晶化し、その理想化された形象が彼の詩の中には生きている。その代表作は、『夜の賛歌』や『青い花（ハインリヒ・フォン・オフターディンゲン）』である。そのような創作活動と同時に、彼は無二の親友 Fr. シュレーゲルらと文芸・思想サークルを作り、その機関紙『アテネウム』を舞台に、イェーナにおけるドイツ初期ロマン主義の運動の思想的中心をもなした。彼はフィヒテやシェリングの観念論哲学から影響を受けながらも、それを「魔術的観念論」として詩的に変容し、ポエジーの力によって宇宙の体系を統合する「普遍的学」の構築を目指したが、それを体系化するまでには至らなかった。

彼は啓蒙思想が生みだした俗物的な近代市民社会を忌避するあまり、現実には果たしえない神聖ローマ帝国の復活やカトリシズムへの回心による神との神秘的合一、さらには東洋的世界への回帰を夢想することになった。ヘーゲルはノヴァーリスの現実を忌避するロマン的精神の結末を、「美しい魂」として描いている。すなわち「自分の心の純潔を保とうとして現実との接触を忌避」する「美しい魂」は、憧憬の中に自己を求めながら結局は自己を喪失してしまい、「空中に溶解する形態のない霞のように消滅する」[『精神現象学』3. 483f.]。ここには、現実世界にこそ精神の実現をみようとするヘーゲルの批判が込められている。→ロマン主義、美しい魂、シュレーゲル兄弟

【参】Haym (1920), Malsch (1965), Frank (1989)

(伊坂青司)

農奴制　[Leibeigenschaft]

ヘーゲルは、封建制度の弱体化とともに国王の権力が次第に強大になっていく時代の推移にふれて、農奴制が、個々人の意志を国家という共通の目的の前に連れ出すための一つの「訓練」であったとして、その精神的意味を語っている。ヘーゲルは農奴制を、それは人間がその身体を自分のものとすることを許さず、他人のものとするものであって、人間性を隷属と情欲と野蛮の中に投げ込んで破壊してしまうものとみなす。ところがヘーゲル

によれば、「自分の個別性を固執する我欲的な心情の頑固一徹」[『歴史哲学』12. 486] なゲルマン的心情は、この農奴性の苛酷きわまりない訓練を経験することによって打ち砕かれ、みずからの野蛮な暴虐そのものから人間性を救いだしたのである。「人間性は奴隷状態から解放されたのではなく、むしろ奴隷状態を通して解放されたのである」[同 12. 487]。もちろんヘーゲルは、これを教育という形をとりえない前近代的な訓練とみなしている。
→奴隷制　　　　　　　　　　　　（水野建雄）

農民　⇨職業・身分

ハ

把握 [Begreifen, Auffassen]

Ⅰ **概念把握（Begreifen）** この表現は，思弁的思考を，思考内容との関係で特徴づける場合に用いられる。すなわち，思考主体が，思考内容とは関係のない認識形式を外から押しつけるのではないことを特徴づけようとしている。

ところで，ここで思弁的思考の内容といっているのは，とりわけ論理学の思考規定である。たとえば，自体存在，対自存在，自己同一性などがそれに当たる。表象的思考は，一方では自体存在の内容を，その事例をつぎつぎに挙げることによって説明しようとするし，他方では，自体存在の性質を外から付け加えて説明しようとする。しかし，いずれも自体存在の内容を内在的に明らかにしてはいない。それを明らかにするためには，思考主体が自体存在そのものの運動を，外から妨害することなく，進展させてゆく境地に到達しなくてはならないのである。

ヘーゲルはいっている。「自分の思いつきで勝手に諸概念に内在するリズムに侵入するのをさしひかえること，気紛れや他の場合に得られた知恵によって，このリズムに介入しないようにすること，こういう抑制がそれ自身概念に対して注意を集中することの本質的な契機である」[『精神現象学』3. 56] と。すなわち，「内容としての内容自身の本性によって，すなわち内容自身のものとしての自己によって内容を運動させること」[同上] が，概念把握の核心なのである。このことは，命題論の論脈ではつぎのように説明されている。すなわち，固定した表象基体としての主語に中心を置くのではなくて，そういう主語を否定したところに成り立つ命題内容の運動に中心を置くことが概念把握の始まりだというのである。

Ⅱ **把握（Anffassen）** この表現は，さまざまな論脈でさまざまな意味で用いられているが，主として，意識が，経験の運動を観望したり，また，知覚が事物を真なるものとして受け取ったりする際の受動的な理解のありかたを言い表そうとしている。前者については「意識は〔……〕概念の実現をただ観望し，それを純粋に把握する」[同 3. 108] といわれている。また，後者については，「意識は自分の対象をただ受け取り，純粋な把握としてふるまわなければならない」[同 3. 96] といわれている。→思考（思惟），思弁，知覚　　　　　　　　　　　　（山口誠一）

媒介 [Vermittlung]

「媒介」は「直接性（Unmittelbarkeit）」と対で使われる概念である。「媒介とは，第一のものから出て，第二のものへ移っていることである」[『エンツュクロペディー（第3版）小論理学』86節] といわれるが，ここには，A（第一のもの）とB（第二のもの）の二項があり，Aの方が直接的なもので，BがAによって媒介されている（制約されている）ことが意味される。いわばAが原因で，Bが結果である。たとえば，子どもの存在は両親に媒介されている。これに対し，「直接性」は「無媒介性」とも訳され，他のものに媒介されず，それ自身で自立していることを意味する。直接的なものは，我々に直観的に与えら

れる。媒介するものは「媒体（Medium）」といわれるが、それはさらに、当該領域の諸事物の間を伝達して接合するという意味で、普遍的な性格をもつ。ヘーゲルによれば、媒体は物質界では水であり、精神界では記号、とくに言語である。このとき、水も言語も伝達手段の意味をもつ［『大論理学』6. 431］。

すべての客観的実在とその認識とは、或る意味で、他のものによって媒介されているといえる。こうして、世界は無限の媒介・被媒介の連鎖である。両親もまた、その両親に各々、媒介されている。そして普通、学的究明とは、この連鎖をたどることなのである。

だが、ヘーゲルは「天上であれ、自然のなかであれ、精神のなかであれ、あるいは他のどこであれ、直接性とともに媒介を含まないものはまったく存在しない」［同 5. 66］と述べ、直接性と媒介が合致することを指摘する。たとえば、私が或る宗教や道徳を自明で直接的な所与とみなすのは、子どもの頃からの教育という媒介の結果に他ならない。こうして、直接性は「媒介の止揚を通して」［同 6. 565］成立する。さらに真の媒介とは、他のものによる「偶然的な媒介」、「自らに外的な媒介」［同 6. 368］ではなく、「自己自身のなかで自己を完結するものとして」［『エンツュクロペディー（第3版）小論理学』69節］、自己媒介なのである。たとえば、生命はさしあたり各器官に制約され、媒介されているが、より深く見ると、全体的生命が各器官を再生産し、それらを統合し、同時に生命自身を再生産している。そこでは、「媒介するものと媒介されるものの同一性」［『大論理学』6. 397］があり、「媒介を止揚されたものとして自己のなかに含む」［『エンツュクロペディー（第3版）小論理学』147節「補遺」］という生き生きした運動がある。もし事物が媒介を克服して直接的自立性を獲得する運動体であるならば、そうした事物を認識する活動も同様の構造をもたざるをえない。つまり直接的な自明性や確信は、媒介的な論証によって根拠づけられ、さらにそれを克服する結果、成立するといえる。ヘーゲルでは、直観知や信仰と媒介的な知識とは統一されている。こうして、「直接知は媒介知の所産であり、結果ですらある」［同66節］。媒介理論は、媒辞（Mitte）によって主語と述語を結合する推理論で体系化される。
→ヤコービ，直接性，推論（推理）　　（島崎 隆）

媒辞　⇨中項（媒辞）

媒体　⇨媒介，「もまた」

排中律　［Satz vom ausgeschlossenen Dritten］

p∨～pはつねに真である、と一般的に表現される「排中律」に関しても、ヘーゲルは、独特の見解を披瀝する。というのも、ここにおける二命題p、～pとの関係∨（または）を、ヘーゲルは、単なる〈並立〉ではなく、「対立」と解そうとするからである。「対立」を⇔と表記すれば、p⇔～pはつねに真である、がヘーゲルの言う「排中律」の意味である。

相互否定的な二命題が対立するということ、このことがつねに真であるとは、既に、ヘーゲル独自の哲学の表明である。というのも、ヘーゲルは、とりわけ、ものの「本質」に関して次のように考えるからである。すなわち、「本質」とは、原理的に、いずれも一面の正しさをもつ〈相対立する〉二命題の両立において、換言すれば、「矛盾」もしくは「アンティノミー」において、存立しているのだ、と。もちろん、この「対立」、「矛盾」は、「矛盾」であるがゆえに、解消する。すなわち、両命題の〈正しさ〉を包摂した、いわゆる、より高次の命題、つまり、より高次の〈本質規定〉へと展開する。だが、この高次の命題も、原理的には、その否定命題との「対立」関係にあるのである。

ヘーゲルの叙述に即せば、こうである。す

なわち，相対立する両命題 p および ~ p のいずれにも共通の主題 E が存する。この E の「本質」に関して，一方は＋Ａと言い，他方は，－Ａと言う。この「対立」は必然的である。Ｅの「本質」は，この「対立」を介して，＋Ａと－Ａとの「統一」として，一層真なるものとして捉えられる。「排中律」とは，すなわち，かの「対立」の必然性の表現である，と［『大論理学』6. 73f.］。→矛盾，アンティノミー，対立

(高山　守)

ハイデガー [Martin Heidegger 1889.9.26-1976.5.26]

Ⅰ　若いハイデガーは教授資格論文『ドゥンス・スコトゥスの範疇論と意義論』の末尾で，「生ける精神の哲学」を標榜し，それは「充実と深さ，体験の豊かさと概念構成の点で，この上なく強靱な歴史的世界観の体系」である「ヘーゲル」と対決しなければならないと謳っていた［『ハイデガー全集』1. 411］。そのヘーゲル対決の成果は，彼の著作の様々な箇所にちりばめられている。

Ⅱ　そもそも上記教授資格論文がすでにその劈頭から，理性の自己自身とのかかわりのうちでのみ成り立つ「哲学の内的本質を顧慮すれば，先行者も後行者もない」という若いヘーゲルの一句［『差異論文』2. 17］をモットーに掲げていた。ハイデガーは最晩年の「1968年のル・トールでの演習」でも『差異論文』を手掛りにヘーゲルを解明している。興味深いことに彼はそこで，ヘーゲルのイェーナ期のアフォリズムの一つを，通常とは逆に読み変え，「引き裂かれた靴下の方が，繕われた靴下よりも，より良い」と解し［『ドクメンテ』370；『ローゼンクランツ』552］，分裂から回復しようとする哲学の要求に光を当てている［『四つの演習』25以下］。『現象学の根本問題』では，常識にとって哲学の世界は「転倒した世界」であるとするヘーゲルの名言［『卑俗な人間悟性は哲学をいかに解するか』2. 188］を巧みに援用する。それどころか，ヘーゲルの諧謔に充ちた小論『抽象的に思考するのは誰か』［2. 575以下］を，ハイデガーは「ドイツ観念論哲学への最良の入門書」と評している［『シェリングの論文「人間的自由の本質について」』96］。『形而上学とは何か』では，存在と無を「同じ」と見たヘーゲル論理学を，無にさしかけられた現存在の中での存在の開示の意と解釈している［『ハイデガー全集』9. 120］。「ヘーゲルの経験の概念」では，『精神現象学』緒論を詳論し，意識の「逆転」の経験を，存在者から「存在」へと身を向け変える働きと捉え直す［『ハイデガー全集』5. 180, 188, 206］。1930/31年の講義でハイデガーは，『精神現象学』の意識から自己意識までの歩みを詳密に解明している［『ハイデガー全集』32］。

Ⅲ　さりながらハイデガーは最終的にはヘーゲルに批判的である。すでに『存在と時間』はその末尾82節でヘーゲルの時間論を批判していた。『同一性と差異性』では，存在を思惟の中に吸収し，他説の止揚のみを狙うヘーゲルと違って，ハイデガーは，存在への還帰をひたすらおのれの立場とする［同37以下］。ヘーゲルは，ハイデガーによれば，西洋「形而上学の完成の開始」である［『講演論文集』76］。「ヘーゲルとギリシア人たち」の論文が明示するように［『ハイデガー全集』9. 427以下］，全西洋哲学の弁証法的歩みを「自己を知る絶対的な主体の絶対的確実性」の展開と見たヘーゲルと違って，ハイデガーによれば，ギリシアにおいては，主体によって思惟的に定立される存在の根底に，「アレーテイア（顕現）」の構造が看取されていたのである［同 9. 439以下］。

(渡辺二郎)

『ハイデルベルガー・ヤールビュッヒャー』
[*Heidelberger Jahrbücher der Literatur*]

ハイデルベルク大学で教鞭をとっていた間ヘーゲルはこの年報の哲学と古典文献学の部

門の編集を担当した。彼自ら1817年の第1号と2号にヤコービ全集第3巻（1816）への批評を掲載した［『ヤコービ書評』］。『信と知』におけるヤコービ批評の手厳しさとは打って変わって、穏やかで好意的なこの批評には、シェリングに対するヘーゲルの距離が暗示されている。同年の66-69号と73-77号にヘーゲルは、『ヴュルテンベルク民会討論』の議事録に関する批評を掲載した。フリードリッヒ王の立憲体制原案に基本的賛成（選挙法には変更あり）を表し、常任委員会と書記制度の特権的「ブルジョワ貴族政治」［『ハイデルベルク著作集』4. 574, 576］による弊害を痛罵したこの批評には、フランス革命への若かりし日の共感が窺える。なおヘーゲルはこの年報に、1819/20年の文部省宛書簡でも言及している［『ベルリン著作集』11. 9, 22］。

【参】 金子武蔵（1967） （山田忠彰）

ハイネ ［Heinrich Heine 1797.12.13-1856.2.17］

抒情詩人。デュッセルドルフ出身。ベルリンで、1821年復活祭から23年復活祭までヘーゲルの熱心な聴講者の一人であった。この間、しばしば夜、ヘーゲル家を訪問してもいる。ある夜の情景が、ハイネをして「この人物（ヘーゲル）において世紀の脈搏が波打っていたのだ」［クーノ・フィッシャー『ヘーゲルの生涯』訳書352頁］と語らしめている。次のようにもいう。「この思想家［ヘーゲル］が自然哲学を一個の完成された体系にしあげ、その総合から全現象世界を明らかにし、その先人たちの偉大な理念をいっそう偉大な理念によって補った」［Heine (1834) S.633 訳書230頁］。ハイネもフランス革命の申し子。パリ七月革命（1830）勝利後、パリに亡命。ヘーゲル弁証法とサン・シモンの思想を一つにする歴史観を展開した。晩年は望郷の念にかられた。

【参】 Heine（1834） （伊藤一美）

ハイム ［Rudolf Haym 1821.10.5-1901.8.27］

ドイツの文学史家、哲学者であり、ハレ大学教授。ヘーゲル左派のルーゲ（Arnold Ruge 1802-80）のヘーゲル批判を継承しつつ、豊富な資料や、同時代人の証言に基づいて、ローゼンクランツについで、ヘーゲルについての二番目の伝記、『ヘーゲルとその時代』（*Hegel und seine Zeit*, 1857）を著し、後のヘーゲル観に大きな影響を与えた。彼によればヘーゲルは、「反扇動的、反主観主義的激情から、復古精神の典型的な言葉を、つまり政治的な保守主義と静観主義、楽天主義の絶対的な決まり文句」［『ヘーゲルとその時代』365］を述べたのであって、ヘーゲルはこの点で「公認の王政復古論者、プロイセンの国家哲学者」にすぎない。「ヘーゲルの［『法哲学』］の序文にいう、現実的なものの理性性についてのあの悪名高い言葉に比べれば、かつてホッブズやフィルマー……が教えたことの一切の方がより自由な思想である。神の恩寵理論と絶対的従順の理論は、在るところのものが在るところのものとして［そのまま］聖なるものである、とする［ヘーゲルの］恐るべき教義に比べれば、罪がなく危険がない」［同 367f.］。ハイムはヘーゲルにおける、「実践的なものに対する理論的なものの優位、……思惟する精神による意志する精神の吸収」を説いて、その静観主義を次のように指摘している。「ヘーゲルにおいては、意志と自由とは思惟と知のうちに蒸発してしまっている。……正確に言えば、意志は、何も意志しないような意志である」［同 370］。このような解釈の背後には、ヘーゲルの哲学形成にアリストテレスの強い影響を見ようとするハイムの理解がひかえている。他の著作に『フォイエルバッハとその哲学』（*Feuerbach und die Philosophie*, 1847）、『ショーペンハウアー』（*A. Schopenhauer*, 1864）、『ロマン派』（*Die romantische Schule*, 1870）がある。

（杉田正樹）

バウアー兄弟　[Bruno Bauer 1809.9.6-82.4.13; Edger Bauer 1820-86]

ともにヘーゲル左派の中心人物。兄バウアーの自己意識の哲学は，一時期のマルクスに多大な影響を与える。ブルーノ・バウアーはベルリン大学で神学を学び，カント美学に関する論文（1829）で賞を得たが，それはヘーゲルの強い推薦によるものであった。彼はシュトラウスの『イエスの生涯』（1835,36）に対し，ヘーゲル学派を代表するかたちで批判的論評を下し，シュトラウスによってヘーゲル右派として位置づけられた［『論争集』1837］。ヘーゲル学派の神学者マールハイネッケの後継者と目され，ヘーゲル『宗教哲学』第2版の実質的編集者となったが（1839），もう一人の恩師であるヘングステンベルク（Ernst Wilhelm Hengstenberg 1802-69）批判をきっかけにボン大学に移り，そこで一転して福音書，教会，神学に対する徹底的批判を展開するに至る。この時期の作品である『共観福音書物語の批判』（1841,42）によれば，福音書の物語は史実ではなく，人類史における自己意識の特定の発展段階の所産でしかない。それはシュトラウスが言うような，「教団」の中で「無意識的」に成立した「神話」ではなく，「福音書記者」による「故意の作成」であり，自己意識の「疎外」の完成なのである。この無神論的・反プロイセン国家的著作がきっかけになり，彼はボン大学を解雇されるが（1842），弟のエドガーは『ブルーノ・バウアーとその敵』（1842）でこれに抗議し，さらに『批判と教会および国家との戦い』（1844）で革命を呼びかけて政府と衝突する。今やシュトラウス以上に急進的左派として登場した兄バウアーは，『無神論者にして反キリスト者であるヘーゲルを裁く最後の審判ラッパ』（1841）ではヘーゲル哲学を「無神論と革命と共和主義」と決めつけ，『暴かれたキリスト教』（1843）でも激しくキリスト教を攻撃するのである。キリスト教批判はその後も続行されるが，後に彼は大衆蔑視論，反社会主義，反ユダヤ，反スラブの立場をとる中で政治的には保守化してゆく。→ヘーゲル学派，キリスト教，自己意識

【参】Bauer, B. (1968), Barnikol (1972), 良知力 (1974), Lämmermann (1979), Garmby (1985), 大井正 (1985), 良知力・廣松渉 (1986-87)

(生方　卓)

パウルス　[Heinrich Eberhard Gottlob Paulus 1761.9.1-1851.8.10]

ドイツのプロテスタント神学者。ヘーゲルと同郷人で，彼の先輩として同じくテュービンゲン神学校を卒業し，イェーナ大学，ヴュルツブルク大学教授，バンベルクの視学官をへて，1807年ニュルンベルクの視学官となり，ヘーゲルがニュルンベルクのギュムナジウム校長に就任するのを助けた。1810年にハイデルベルク大学に移り，ヘーゲルの同大学への招聘に協力した。パウルスは主著『新訳聖書注解』（4巻，1800-04，1804-08）において新訳聖書の詳細な文献学的考証を行うと同時に，合理主義の立場から奇跡を自然現象として説明しようとした。ヘーゲルが「合理的神学」について語るとき，ドイツにおいてはパウルスの説をも念頭においていると考えられる。ヘーゲルはイェーナ期にシェリングを介してパウルスとの面識を得て，以後長年，彼とその家族との親交を続けた。パウルスがスピノザ全集を刊行したさいには（1802），ヘーゲルは仏語訳を校閲し，協力した。だが，ヘーゲルはハイデルベルクに滞在した期に，故郷ヴュルテンベルクの憲法改正にたいする評価をめぐってパウルスと対立した。ヘーゲルが同国の憲法改正にさいして国王の側に立ち，議会を批判したのに対して，パウルスは議会の立場を支持した。もっとも，このことによって両人の関係は全く断絶したのではなく，ヘーゲルはベルリンに移るためにパウルスに援助の依頼を行ったりもした。しかし，

両人の政治的立場の相違は解消されず、ヘーゲルの『法哲学』が公刊されたとき、パウルスは匿名で批判を行った。

【参】D'Hondt (1968)　　　　　　　　(高田　純)

墓 [Grab]

ヘーゲルにおける「墓」の観念は、ほとんどの場合精神の蘇生という問題と何らかの連関をもっている。墓が死者の眠る永遠の闇の世界であるのか、あるいは生者が永遠の生へ到るプロセスの通過点であるのかという問題は、最終的には神の子イエスの復活の問題に帰着する。「ヘラクレスが火刑の薪をくぐったように、神となりし者もまた墓をくぐってのみ神人へと高まった。」[『キリスト教の精神』1. 408f.]。ヘーゲルのキリスト教に対する態度はベルン時代、フランクフルト時代、イェーナ時代とそれぞれに変わっていくが、それは墓から蘇る精神の生をどう捉えるかという問題でもある。上の句でもこのあと、イエスの復活がヘラクレスとの対比で論じられている。ヘーゲルにおいて墓は、概念としては重く用いられていないが、事柄としてはそれは「死」や「永遠」の問題、あるいは「否定性」の問題とつながるものといってよいであろう。
→死　　　　　　　　　　　　　(大橋良介)

破壊 [Zerstören]

こわすこと。ヘーゲルにおいては、無化 (Vernichten) や廃棄 (Aufheben) と関連する語として用いられている。

破壊および無化、廃棄が、悟性と理性との関係を理解するうえで重要な用語として登場するのは、イェーナ初期においてである。規定を与える働きである悟性は、規定に固執し、その結果アンティノミーに陥らざるをえないのにたいして、理性は、悟性が固定した規定性を無化し、廃棄することによって、アンティノミーを総合する働きであり、そのために、理性の前では悟性は自己自身を破壊せざるをえないことになる。その意味では、ヘーゲルにおいては、破壊は自己破壊にほかならない。

例えば、『差異論文』のなかでは、「悟性は、有限者と無限者といった対立したものを相互に対立させたまま固定化するならば、自己を破壊してしまう」[2. 27]と言われ、それと対応するかたちで、「固定化された諸対立を廃棄することが理性の唯一の関心事である」[2. 21]、あるいは「理性は、分裂をアンティノミーにおいて総合し、そのことによってそれを無化する」[2. 98]と言われており、悟性と理性との関係は、まだ内在的超出として弁証法的にとらえられてはいない。理性も、悟性の規定を止揚するのではなく、外部から無化し、廃棄する否定的活動であるとともに、悟性の陥るアンティノミーを総合においてとらえる思弁的直観でもあった。

イェーナ初期においては、Aufheben という用語も、まだ廃棄の意味で用いられているにすぎない。体系期においては、Aufheben が廃棄の意味で使用される用例がなくなったわけではないが、主として弁証法的止揚の意味を有するようになる。そのことに対応して、「創造は破壊的であり、破壊 (Zerstörung) は創造的である」[『大論理学』6. 221]と語られているように、Zerstören も弁証法的なニュアンスをおびるようになる。
→悟性、理性、止揚 (揚棄)、アンティノミー

(岩佐　茂)

恥 [Scham]

ヘーゲルにおいて、恥は人間が自然のままの感性的な存在のあり方を乗り越えて人間固有の段階に達する際に生まれてくるものである。人間と動物を分けるのがこの恥の意識なのであって、裸の自然な状態を恥じて衣装を身につけるのもその一例である。ヘーゲルは、そのような例として聖書のアダムとイヴの恥じらいの感覚をあげて人間の感情の始まりとしている。しかし、ヘーゲルの場合、単に動

物的自然性から人間が抜け出るという意味だけではなく，社会の中で人間が連帯や共同の関係を持たないで，社会性をなくして私的利害にのみ走る状況についても自然という言葉が用いられているので，恥という観念も社会におけるそのような自然的ふるまいへの批判のために使われてもいる。たとえば，『愛』という断片においては，恥がもっと愛と結びついた次元で使われていて興味深い [1. 247]。死んだもの，単なる自然的なものにあっては，それらがバラバラであって対立が支配的であり結合や統一の契機を見いだすことができないが，愛においては統一が生きたものとして存在し有機的結合が見られる。そのため，愛は「所有」にとらわれた「個体性」の状態にたいして死んだ，分離の関係を感じ，それを怒るが，それが恥の感覚である。この場合，愛はまだ対立の状態をなくしてしまったわけではなく，対立や分離の状態が並存したまま，いいかえれば，身体的で個別的な敵対状態が並存して残っているのだから，そのことにたいして，恥の感覚が生まれてくるのである。その意味で，恥は愛と結びついており，自然状態や我欲を愛が克服しようとする際に生まれてくるのである。独裁者や売春婦の場合には，愛の感情が欠けているから，その場合には，「恥知らず」ということになるわけである。→愛

(佐藤和夫)

場所〔自然哲学〕[Ort]

「場所」は，空間と時間の統一態，空間‐時間点であり，単なる時間点，単なる空間点という抽象的な点と違って，自然的世界における始めての「具体的な点」である。空間は「離散」かつ「連続」という矛盾的統一態であるが，この「離散」の側面（つまり「点」どうしの間の差異の側面）は空間の原理だけからは説明されえない。この空間の欠陥を救うものは時間であって，時間は，時間点の差異を空間の内に刻み付けることによって空間点の差異を可能にする。しかし一方時間の方にも空間によって救われるという側面がある。時間は永遠の消滅であり永遠の無であるので，時間点の差異は時間の原理だけからは成り立たず，時間点の差異は（したがって時間自身も）空間において存続する痕跡，空間点としてのみ可能となる。この「場所」理解は，異なった「場所」たちと同一の「場所」の統一の問題であるゼノンの「運動」（否定）論とただちに連関する[『エンツュクロペディー（第3版）自然哲学』260-261節]。→空間，時間

(松本正男)

場所〔宗教哲学〕[Ort]

自然哲学とは異なった文脈で，いわば宗教哲学的な意味でヘーゲルの用いる「場所」がある。それは固有性ないし本質が成り立つところという意味である。たとえば『キリスト教の実定性』論文では，キリスト教が民族に固有の宗教的空想を根こそぎにしてしまったことをヘーゲルは述べるが，その場合，この固有な宗教的空想が特定のよく知られた「場所」にむすびついていること，また民族がこの「場所」を知っているがゆえに民族は語られた空想の真実性を信ずるということを，彼は指摘している[『キリスト教の実定性』補稿 1. 200]。また『宗教哲学』においては，我々が神を認識するというときの我々とは誰のことか，という問いが立てられる。その問いによって最も深い意味での人間本質が問われることになるが，ヘーゲルはこの問いに対して，まず「我々」の内容の成立する「場所」を問題にする。そしてその場所が「思惟」であることを述べる[『宗教哲学』16. 95f.]。

(大橋良介)

バーダー [(Benedikt) Franz Xaver von Baader 1765.3.27-1841.5.23]

ベーメやシェリングなどの影響の下に神秘主義思想を展開したカトリックの神学者，哲

学者，ミュンヘン大学名誉教授。1822年ロシア旅行の際，ベルリンのヘーゲルを訪ねた。イェーナ期に書かれた「神的三角形の断片」[2. 534]においてヘーゲルは，三位一体性を幾何学的な表象に基づいて解明しようとしているが，ローゼンクランツは，この幾何学的な表象の仕方が，バーダーの著作『自然におけるピュタゴラス四角形について』(*Über das pythagoreische Quadrat in der Natur*, 1798)の影響によることを指摘している。幾何学的な表象形式が純粋思考の形式に適さないとする点ではバーダーと一線を画しながらも，ヘーゲルはバーダーの神秘的知識（グノーシス）を『エンツュクロペディー』第2版への序文（1827年）の中で高く評価している。この序文の中でヘーゲルは神学と哲学との関係を取り上げ，心情的な信仰を強調し哲学を批判する偏狭な宗教に対して，真の宗教も客観的な内容を持つ点では哲学と共通であると弁明し，宗教も理性的な理論が必要だと語るバーダーの文章 [8. 27] を引用している。バーダーの特別な功績としてヘーゲルが認めるのは，過去の宗教や哲学や芸術の内に示されている最も崇高なもの，深いもの，内面的なものについて，「それらの形態を単に思い出させるだけではなく，それらの哲学的理念を提示し確証することによって，深い思弁的な精神をもってそれらの内容に明確な学問的な名誉を与えることを続けている」[同 8. 28] 点である。ベーメの神秘思想の影響を受けたバーダーのグノーシスは，「哲学的関心を点火し促進する独特な仕方であり，無内容で空虚な啓蒙思想に満足することにも，単に集中的であろうとする信仰心にも断固反対するものである」[同 8. 29] とヘーゲルは述べ，宗教的内容の理性的理解への強い関心を認めると同時に，バーダー自身がそのグノーシスを「認識の唯一の方法とは決して考えていない」[同上] 点に見識の高さを認めてもいる。ヘーゲルはグノーシスに深い内容を認めながらも，学問はあくまで概念に基づくべきものと主張するのである。→グノーシス　　　　（菊地惠善）

バッカス　⇨真理

醱酵　［Gärung］

　植物のなかに流れる「火」の成分が，植物の死による〈自己〉喪失にともなって，熱となり，アルコールとなって泡立つ。それは精神的な飲物であって人間を陶酔させる［『イェーナ体系Ⅲ』GW 8. 145f.］。醱酵をイェーナ期のヘーゲルは「火」の成分で説明するが，ベルリン時代になると「微生物による分解」という理解［『エンツュクロペディー』（第3版）自然哲学』349節「補遺」9. 429］が生まれてくる。この概念は同時に根源的な生成を表わす比喩としても用いられている。「夜には溶解する醱酵とあらゆる力を錯乱させる闘争，あらゆるものの絶対的な可能性，カオス——それは存在する資料を含むのではなくて，その無化のなかで万物を含む——，が含まれる。夜は母であり，存立であり，あらゆるものの養いである」［『イェーナ体系Ⅲ』GW 8. 83］根源的なものが「泡立つ」という表現が，たとえば『精神現象学』の末尾に使われるのは，このためである。
　　　　　　　　　　　　　　　　（加藤尚武）

発展　［Entwicklung］

　〈無機的自然には「発展」はない。生命体には「発展」の萌芽形態がみられるが，本来の意味で「発展」と言えるのは，精神の世界においてのみである〉とヘーゲルは言う［『歴史哲学』12. 74f.］。「発展」が単なる生成・変化と異なるのは，より高次のものに向かうという方向性をもっている点である。「発展」には「目標・目的」がある。自然の変化はたしかに無限に多様だが，原理的には単調な反復・循環にすぎない。そこには，「目的」を目指しての高まりは見られない。では，「発展」という高次の運動を始動させ

る「目的」とは何だろうか。

Ⅰ 自己実現　ヘーゲルは、アリストテレスの「デュナミス(潜勢態)」と「エネルゲイア(完現態)」という表現を用いて、「発展」の概念を説明する[『哲学史』18. 39]。植物の胚には、枝、葉、花、実など、後に現れる形態のすべてが、可能性として含まれている。たしかに植物の成長とは、そうした可能性の自己実現である。つまり、「発展」の「目的」とは、どこか外部に空想的な理想として輝いているものではなく、自らの内に潜在しているもの(デュナミス)、つまり類的本質・普遍性であり、「発展」とは、その十全たる実現(エネルゲイア)を目指す動的なプロセスである。自分とは別のものになるのではなく、自己実現という「自己」の境地での活動である点が重要である。『論理学』で、概念の運動が、「精神」の境地である「概念」論にして初めて「発展」と呼ばれるのは、このためである[『エンツュクロペディー(第3版)小論理学』161節]。

Ⅱ 対立と普遍性　ヘーゲルによれば、生命体の活動は二つの点で、精神の活動のゆたかさに達しえない。生命体の成長は、精神の「発展」のような「対立、闘争」[『歴史哲学』12. 76]を含んでいない。対立・闘争こそが、精神の力の偉大さ・深さを養う。「〔精神の〕力は自らを否定するものにおいて自身を保つところにのみ存在する」[『美学』13. 234]のである。また、生命体の成長の成果である普遍性は他の個体(子供)の産出であり、当の個体にうけつがれない。それに対して、精神の世界では、個別者の活動が共同体の成果としてそのまま普遍性を獲得しうる。

Ⅲ 認識の発展、世界史の発展　『精神現象学』序文が、諸哲学の歴史を単なる論駁史ではなく、「真理の発展」として「蕾→花→実」という植物の成長になぞらえている[3. 12]のは、単なる思いつきの比喩ではなく、上述の「発展」概念をふまえている

(『哲学史』[18. 38,41]でも、同じ脈絡で同様の比喩が用いられている)。また、ヘーゲルは、世界史の進展を、人間の「本来のあり方」である「自由」の実現過程として捉える[『歴史哲学』12. 32]。「世界史は自由の意識を内実とする原理の発展の段階的進行を現している」[同 12. 77]のである。⇨歴史、進歩、メタモルフォーゼ、植物、過程　　(門倉正美)

パトス　⇨情熱

ハーマン　[Johann Georg Hamann 1730.8.27-88.6.21]

カントと同郷の、ドイツにおけるキリスト教の感情哲学、体験哲学、信仰哲学の代表者。ジョルダーノ・ブルーノの影響を強く受け、知性を制限し、経験・体験を重視することを説く。「北方の偉人」と呼ばれる。カント、ヘルダー、ヤコービらと親交を持つ。

ヘーゲルはベルリン時代の1828年『学的批判年報』に、彼の生涯と交友関係を扱った第1部と、著作の内容を論じた第2部から成る、ハーマン著作集の長大かつ詳細な書評を6回にわたって載せている[『ベルリン著作集』11. 275-352]。特にハーマンの特性描写に重点が置かれ、時折言及される思想的意義評価は一般に否定的である。「謎に満ちたものがハーマンの文筆活動および個性の本質的特質」[同 11. 276]を成していて、「自分の特殊性」に固執するところに独創性を見出している[同 11. 280]からである。ゆえに、「自らの有限な内容の特殊性と偶然性をもってする主観的信仰」[同 11. 302]の代表的人物と目される。

[参] Jørgensen (1988)　　(座小田豊)

ハラー　[(Victor) Albrecht von Haller 1708.10.16(.8)-77.12.12]

スイスの解剖学・生理学・植物学者、詩人。テュービンゲン、ライデンで医学、解剖学、

植物学を学び，医学博士号を取得。1736年ゲッティンゲン大学教授。53年以後ベルンの官吏，製塩所長などを勤めながら研究著述に取り組んだ。解剖学的な実験観察を生理学的機能の研究と統一させて，心臓の筋肉運動や，脳と呼吸，神経との関係に関して成果を挙げ，実験生理学，神経生理学を基礎づけた。特に多くの動物実験に基づいて神経の感受性と筋肉の興奮性の原理を定式化した『人体生理学の基礎』(*Elementa physiologiae corporis humani*. 8 vols., 1757-66) は広く影響を与えた。青年期の詩集『アルプス』(*Die Alpen*, 1732) はしばしばカントにとり上げられたが，ヘーゲルは彼の作品中に，悪無限を放棄して真無限に至ることが示唆されていると見る[『大論理学』5. 265f.]。また自然哲学においては，血液循環に対する心臓の役割についてのハラーの説を援用している[『エンツュクロペディー（第3版）自然哲学』356節「補遺」]。→血液循環　　　　　　　　　　　　　　　（北澤恒人）

ハラー [Karl Ludwig von Haller 1768.8.1-1854.5.21]

フランス革命に敵意を示し，それを支える近代自然法と啓蒙哲学に対する闘争を自己の使命としたハラーは自然状態における人間個人の本性から社会状態を導出する点では近代自然法政治理論と同一の方法を採用する。しかし，ハラーによると，自然状態においては人間間の力の不平等が基本的テーゼとして立てられる。快適に暮らしたいと欲求を持つ人間相互の必要によって，弱者，困窮者は，彼らの保護と援助とをより強いものに求めることから，自然に大小様々な社交的関係が生じるとされる。したがって，国家は社会契約論者の言うように人民の同意に基づくのではなく，強者の力に基づくことになる。これがハラーの言う一般法則の一つである。一方，治者と被治者との間には「自然の法則」である「義務の法則」が支配するとされる。これが第二の一般法則であるが，その内容は，「悪を避け，善を行え」という正義の法則と，「できるかぎり誰をも侮辱せず，その役に立て」という愛の法則とが，あらゆる人間に生得的に備わり弱者のみならず強者をも拘束するというものである。つまり，力の法則によって成立する全ての社交的関係は，義務の法則によって適法的に道徳的秩序にまで高められ各人の自由と並んで，全体の秩序が確保されるわけである。政治的支配を，土地のうえに成立する私的権利と私的契約関係との総括と規定するハラーは，国家をもこうした支配の延長線上におく。それ故，国家には例えば「各個人の安全で快適な生活」といった種々の私的契約から生ずるもの以外，何ら固有の目的は与えられない。

ヘーゲルはハラーのこうした復古主義思想に厳しい批判を浴びせている。彼の『法哲学』で見られるハラー批判の核心は，現象の外面性を国家の実体と取り違えているということと，ようやくルソーが到達した認識原理としての個別性の思想が，再び，それも「力の強さと弱さ」といった粗野な「経験的個別性」[『法哲学』258節] のレベルに引き落とされていることに対するものであった。つまり，国家における「即かつ対自的に無限に理性的なもの」を見落とし，国家の内的本性の把握から「思想を追放する思いつき」こそが，ハラーの国家思想の本質に他ならないとされる。主著に *Restauration der Staatswissenschaft oder Theorie des natürichgesellen Zustands, der Chimäre des Künstlich-Bürgerlichen entgegengesetzt*. 6 Bde, Winterhur 1816ff. (Neudruck Aalen 1964) がある。→自然法　　　　　　　　　　　　　　　（森川孝吉）

パラケルスス [Paracelsus 1493.12.10-1541.9.24]

本名はテオフラストゥス・フォン・ホーエンハイム (Theophrastus von Hohenheim)。

スイスに生れ，ヨーロッパ各地で医学を学んだのちザルツブルクで開業。晩年はバーゼル大学医学部教授。一般には医化学派の開祖として知られるが，思想的には人文主義者で，そのヘルメス学的色彩の濃い神智学上の著作はヤーコプ・ベーメに強い影響を与えた。ヘーゲルも『エンツュクロペディー（第3版）自然哲学』316節注において，水銀，イオウ，塩を原質とするパラケルススの考えに触れている［9. 222］。だがそれを根拠に，ヘーゲルの自然哲学は全体として神秘主義の伝統に由来すると主張することはできない。ヘーゲル自身はこの個所でも，また『哲学史』のベーメの項でも，これらの原質を実在の元素とはみなさず，ただそれらが流動性や固さといった物体性の概念の諸規定を表わす限りにおいてのみ，「単なる探索」よりも高度なものとしてこの種の思弁を容認したからである［20. 95参照］。

【参】 Löther (1969), Schipperges (1974), Debus (1977), 大橋博司 (1988)　　　（渡辺祐邦）

バルディリ ［Christoph Gottfried Bardili 1761.5.28-1808.6.5］

ヘーゲルがテュービンゲン神学校に在学中補習教師をつとめたこともあるバルディリは『第一論理学綱要』（*Grundriß der ersten Logik*, 1800; 実際の出版年は1799年）で，カント以降の超越論哲学を辛辣な口調で論難した。彼によれば「従来の論理学一般，とりわけカントの〔超越論的〕論理学の誤謬」は，純粋思惟，「思惟としての思惟」を「単なる主観性」の形式のもとに捉え，そのことによって論理学を主観的なものにしてしまった点にある。それに対し彼は純粋に論理的なものの超主観的自在性・自律性を主張する（「論理的実在論」）。論理的なものの唯一本来的圏域を形成している「思惟としての思惟」の内的特性は，「AをAのうちでAによってAとして」無限に反復可能であるという意味での純粋な同一性にある。思惟の純粋形式としてのこの同一性にはいかなる区別も対立も含まれていない。

この純粋思惟と「素材への思惟の適用」とは厳密に区別されねばならない。「適用」とは純粋思惟Aに，これに外在的な素材Cが「プラス」されることである。その際「素材としての素材」（質量としての質量）は「思惟のうちで思惟によって廃無され」，廃無されえない「素材の形式」だけが思惟の形式と結合される。素材の形式が「現実性＝B」，思惟の形式が「可能性＝－B」と表記され，かくして「適用」の成果たる認識において，「(A＋C) によって対象B－Bが生じる」。

論理的なものの存在論化を志向し，純粋思惟の自足・自在性を説くバルディリの理論は，「適用」に認められるような，思惟と素材の二元論にまとわりつかれている。『差異論文』は，バルディリ――および彼を支持したラインホールト――による「哲学の論理学的還元」の企て，特にその前提としての思惟（単一性）と素材（多様性）の「克服不可能な」二元論，および「適用という貧弱な綜合」の仕方［2. 40, 131］を批判している。

【参】 Karsch (1925), Zahn (1965)

（田端信広）

ハルデンベルク ⇨シュタイン＝ハルデンベルクの改革

パルメニデス ［Parmenidēs　前500頃－?］

ヘーゲルは「本来的な〈哲学すること〉はパルメニデスから始まった」［『哲学史』18. 290］と言った。それはパルメニデスが「存在のみが存在し，非存在は存在しない」という提説によって，あらゆる表象や臆見を除去して，理念的なものへ哲学を高めたことに対する賛辞であった。すなわちヘーゲルにとってパルメニデスの「存在」は，「思惟がその絶対的抽象において初めて己を捉える」とい

う点で,「学の始元」としての「純粋存在」にほかならなかった[『大論理学』5.84]。ただしパルメニデスが「無」を全く否定したために,そこから先へ進展しなかったのに対して[同5.98],ヘーゲルはパルメニデスの「存在」の内実は「純粋存在と純粋無が同じものである」[同5.83]ことだとして,そこから存在と無の統一,「生成」を導出した。したがって「純粋存在」を「第二の絶対的始元」[同5.98]と呼び,自らパルメニデスの後裔を以て任じたのである。　(松井良和)

犯罪　[Verbrechen]

ヘーゲルによれば,「犯罪」とは,「法そのものを毀損すること」である[『法哲学』95節]。すなわち,単に,物を奪うことや,人々の行動を拘束することなどは,それ自体としてはいまだ「犯罪」ではない。なぜなら,そうしたことは,犬や猫でもすることだし,諸々の自然的な災害によっても,我々にもたらされうるからである。それは,「法」を部分的に否定し,その改変を促すことはあっても,それによって,「法」の存在そのものが否定されるということはない。そうである限り,それは,いまだ「犯罪」ではなく,単なる「害悪」なのである。これに対して,「自由な」「法的」存在である我々人間が,物を盗み,人を拘束するとすれば,それは「犯罪」である。なぜなら,それは,意識するとしないとにかかわらず,自らの恣意的欺瞞的な「法」の承認を迫るものだからである。それは,つまり,「自由」の具体化としての「法」そのものを根底から破壊するものなのである。それ故に,ヘーゲルは,「犯罪」を「否定的無限判断」だという[同上]。それは,個々の法を否定するのではなく,「法」の存在そのものを否定するからである。また,「犯罪」とは,こうして,「自由」で「法的」であることを生命とする人間が,「法」そのものを否定することであることから,ヘーゲルは,初期,『キリスト教の精神』においては,「犯罪」を「自分自身の生命の破壊」[1.344]とよぶ。

さて,ヘーゲルは,こうした「法」の〈全面的否定〉としての「犯罪」を,『法哲学』において[82節以下]「邪気のない不法」と「詐欺」とから区別して「本来の不法」と名指すことによって,次のように特徴づけている。すなわち,「民事訴訟」における「権利の衝突」においては,当事者はいずれも,自らの主張を本来の「法」と考えている。ここにおいては,本来の「法」が,〈主観的には〉確立されているが,〈客観的には〉確立されてはいない。それは,〈客観的には〉「不法」であるが,「邪気のない不法」なのである。また,「詐欺」は,〈客観的な〉「法」を「不法」に利用しようとする限り,「法」そのものに関して,〈主観的に〉「不法」である。これに対して,「本来の不法」としての「犯罪」とは,「邪気のない不法」の〈客観性〉と「詐欺」の〈主観性〉との結合なのであり,「客観性と主観性との両面」において全的に「不法」なのである。→法,不法　(高山　守)

反作用　⇨交互作用

反照　⇨反省

汎神論　[Pantheismus]

汎神論は一般には,神と世界との間に質的な対立を認めず,世界の一切は神であると考える立場とされ,神を超越的な人格的存在と考える有神論の立場からは一種の無神論として非難される。1780年代に起こった「汎神論論争」から大きな影響を受けたヘーゲルは,スピノザの思想を汎神論の典型として捉えるが,インドのバラモン教やエレア派,ストア派,ブルーノの思想も汎神論の立場として取り上げている。

汎神論に対するヘーゲルの見解は,「思弁

哲学は汎神論である」とする非難の声に対して彼が行った以下のような反論のなかに明確に示されている[『宗教哲学』16. 97ff.;『エンツュクロペディー（第3版）精神哲学』573節]。すなわち，汎神論が非難の対象とされる場合，ここでは汎神論が「一切は神である」と主張する立場と解され，しかもこの「一切」という言葉で，有限な諸事物の集合としての世界が考えられている。しかしそのような意味での「汎神論」など，これまでどんな宗教においてもまた哲学においても主張されたことなどなかった。インドの宗教においても，エレア派やスピノザの思想においても，有限な諸事物の一切は，むしろ真の実在性をもたず，自己の真理性を一者である実体においてもつような偶有的なものとして捉えられている。これらの思想は，神と世界との同一性を主張するものではなく，したがって非難されるような意味での「汎神論」ではないのである。だが，それではこれらの思想には批判されるべき点がないのかといえば，そうではない。一般に汎神論とされるこれらの思想は，神を単に実体としてだけ捉える「実体性の見地」にとどまっている。しかし，神はさらに「主体」としても規定され，「精神」として捉えられねばならない。この立場を展開するものが思弁哲学である。思弁哲学を「汎神論」と決めつけて非難する者は，精神と実体との区別を知らない者なのである。→一にして全，スピノザ，精神，実体と主体

【参】 Goedewaagen (1971)　　　（笹澤　豊）

反省　[Reflexion]

I　反省の語源にあたる"reflexio"は光の反射（反照）を意味した。一点から発した光線が鏡面に当たって戻って来る運動をモデルとして，相関関係にあるものの関係構造が捉えられる時，反省の概念が適用される。父は子との関係を離れてはありえず，その概念は子の概念に向かいそこから還帰するという形でしか捉えられない。この意味で，反省は関係と同義に用いられることがある[『エンツュクロペディー（第1版）小論理学』65節]。

それはまた，意識に適用されて，意識の志向性が自己自身に向かう作用を表わすものとなる。対象に向かう直志向（intentio recta）が自己に反転する（sich zurückbeugen）曲志向（intentio obliqua）を示すのである。それによって広義の心的体験，意識の活動，体験し思惟する主観，自我，主観の思惟形式，主観・客観の関係，主観の理論的実践的振舞いの法則，主観の活動の目標と規範等が対象化されることになる。それとともに意識は自己意識となる。

反省が直志向の反転を意味する以上，それによって生じる自己意識は当初の対象に対して対立することになる。また，心的体験を自覚的に対象化しようとすれば，体験内容を区別し分離しつつ注視することを必要とする。こうして，反省は対立，区別，分離の作用を含んでいる。だが，そのような注視は，区別の前提として区別されるべきものの比較を含んでおり，比較の視点の設定を要するのみならず，対象の総覧という総合的な機能をも果たさねばならない。カントがヴォルフ学派より継承した反省の概念が，比較（Comparation）や捨象（Abstraktion）と結合した論理的機能の一とされ，また比較と同義に用いられるのはそのためである[『純粋理性批判』A 262，B 318]。

II　初期ヘーゲルにおいては，反省はもっぱら区別し分離し，区別されたものを固定する機能として捉えられる。また，自己内反省（die Reflexion in sich）と言えば，抽象的孤立的主観に引き籠ることを意味する。その意味で，それは悟性（Verstand）と同義的に用いられる。そして，直観や感情の総合的な働きに劣るものとされ，これらによって克服されるべきものとみなされるのである。

だが，1800年を境に宗教中心の研究から哲

学に転じたヘーゲルにおいては，反省を方法とする哲学体系の構築が課題となり，それに応じて直観と反省の関係は変化する。それとともに，また，反省は従来の区別の機能にとどまることはできず，区別そのものの根拠を超出することを求められる。反省に支配され，有限性と無限性を対立させ，有限なものの世界に沈潜しつつ真の絶対者を彼岸に仰ぐという姿勢を共有する反省哲学 (Reflexionsphilosophie) を批判し超克するという課題が生まれるのである。こうして，反省は自己がいったん定立したものを否定するという自己否定ないし自己破壊の掟を課せられることとなる。

だが，この課題の遂行は，当初は，定立に対して反定立を並置するという二律背反の措定にとどまり，真の総合は直観による補完を必要とした［『差異論文』2. 41］。これに対して，反省を真に方法の地位に高めようとすれば，反射ないし自己内還帰としての反省の総合的な意味を積極的に活かし，対立しあう両極を結合する運動として捉えることが必要である。それによって，反省は，一の規定がそれに対立する規定を含んでおり，「それ自身の反対」であるという構造を表現するものとなる［『イェーナ体系Ⅱ』GW 7. 34］。そして，「他在のうちにありながら自己自身のもとにある」とされる絶対者が反省の概念によって記述されるようになるのである。すなわち，絶対者は「他在のうちで自己自身に反省すること (die Reflexion im Anderssein in sich selbst)」「自己を自己自身のうちに反省する運動 (die Bewegung des sich in sich selbst Reflektierens)」に他ならないのである［『精神現象学』3. 23, 26］。

Ⅲ 反省が絶対者の運動構造を表現するべきだとするならば，それの方法的・体系的意義を主題的に考察することが求められる。『論理学』において，反省は存在論の移行 (Übergang)，概念論の発展 (Entwicklung) と並んで，上述の関係 (Verhältnis) の意味を摂取しつつ本質論の原理とされるが，また論理学全体を貫く方法的概念としても評価される。

無媒介かつ無規定な始元の存在は規定（限定）に陥り，この規定は再び止揚されて単純無差別態に還帰するが，このような存在の運動を自己措定とその止揚として示すものが本質に他ならない。本質はこの意味で存在の真理である。それは直接的存在に対して内的存在 (das innerliche Sein) とも称される［『哲学的予備学』4. 165］。そして，この運動が自己内還帰としての反省なのである。それはまた外化 (Entäußerung) と内化 (Erinnerung) の二重の映現としても解される。

したがって，反省はまず自己を措定しようとする「措定的反省 (die setzende Reflexion)」である。だが，措定作用は被措定存在を生むばかりであって，本質をその直接性において捉えることにはならない。それは，措定したものをその都度止揚しなければならない。だが，止揚によって到達されるものも被措定存在である以上，反省は止揚されるべきもの，回帰がそこから開始されるべき起点を前もって措定しているにすぎない，（「前提的反省 die voraussetzende Reflexion」）。したがって，反省はその措定作用そのものを否定せざるをえない。しかるに，反省が停止するならば，措定されたものは直接的な所与という外見を持つこととなり，反省はそれに対して「外的反省 (die äußere Reflexion)」となる。とはいえ，直接的所与と見えているものは本来措定作用によって生じたものであり，反省の諸規定 (die Reflexionsbestimmungen) ないし本質規定性 (die Wesenheiten) に他ならない。反省は直接的なものに対して内在的であり，諸規定を自己の規定として捉え返す「規定的反省 (die bestimmende Reflexion)」としてあることになる［『大論理学』6. 25-35］。

Ⅳ　さて，存在の一切の規定を止揚した本質は単純な自己同一性（Identität）である。だが，それを A＝A という形式における同一的言明によって表現しようとするならば，それは差異や区別を捨象した抽象的同一性へと規定され，それ自身区別されたものとなる。こうして，先の同一性からの区別（Unterschied）が生ずるのである。

だが，区別は，本来，それがそこから区別されたものとの相関においてしか意味を有しない。その意味で区別は自己を止揚しており，同一性に還帰すべきものとしてある。このような自己止揚的な区別が絶対的区別（der absolute Unterschied）である。しかるに，この相関性が見失われるならば，区別されたものは互いに無関心となり，単に異なっているだけである（「差異性 Verschiedenheit」）。それらは，等（Gleichheit），不等（Ungleichheit）の視点によって外在的に比較されるにすぎない。とはいえ，等しいものどもは何らかの意味で不等であり，不等なものどもは何らかの意味で等しいのであって，等と不等とは対立しながら他方を自己の契機としている。このように，対立者がその反対者と不可分の関係においてあるあり方が「対立（Gegensatz）」である。

対立の項は，反対者を自己の契機としているかぎり，それ自身全体である。そこから各々が自立的であるという見かけが生じる。だが，各々が他者を排斥し抹消するならば，自己自身の存立を否定することとなる。各々は自立的であろうとすることによって自立性を失うという「矛盾（Widerspruch）」を露呈するのである。そして，この矛盾の故に没落して（zu Grunde gehen）零（Null）に帰する。とはいえ，この零は対立項の完全な消滅を意味するのではなく，対立項が他との関係を根拠（Grund）として成立するということの開示に他ならない。区別に発する対立は，否定的過程を経て根拠たる同一性に回帰するわけである［同 6. 38-80］。

Ⅴ　同一性―区別―矛盾―根拠という反省諸規定の展開には，自己を否定にもたらし，この否定を否定して自己を回復する絶対的理念の運動が対応する。後者は反省諸規定の展開を通して理解されるのである。そして，絶対者が自己を分裂させ，そこから自己を回復する過程を捉える働きが思弁（Spekulation）に他ならないとすれば，思弁の内実をなすものは反省であると言うことができ，反省は本質論の枠を超えて『論理学』全体の原理であり，体系形成の原理とみなされることになる。

反省は自己措定をめぐって分裂に陥るが，この分裂を克服して自己を回復する運動である。その意味で，それは分析（対立）と総合（統一）という両面を備えているのであって，ヘーゲル以前の反省概念のうちに見られた両機能が活かされているのを認めることができよう。まさしく，このような反省の働きによって，ヘーゲルはカント以来のドイツ哲学の課題を達成し，分裂的・一面的な哲学体系に対し，これを克服する包括的な哲学を構想することができたのである。→関係，自己意識，悟性，直観，思弁

【参】　Henrich (1967,1978b)，山口祐弘（1991）

(山口祐弘)

反省哲学　[Reflexionsphilosophie]

ヘーゲルは『信と知』（1802）の論文においてカント，ヤコービ，フィヒテの哲学を一括して「主観性の反省哲学」ということばで呼んでいる。その特徴は，(1)悟性的思惟ないし反省の立場に立ち，有限なもの，経験的なものを絶対的なものとする点，(2)そしてそれに直接対立するものとして，したがってそれ自身制約されたものとして無限なものを立てる点，(3)さらにこの対立を超えて絶対的なもの，永遠なものを彼岸に定立し，その空虚なひろがりを憧憬と予感の主観性でみたす点にある［2. 289, 294f.］。ヘーゲルによればカン

ト，ヤコービ，フィヒテの哲学は，以上の共通の特徴を有する反省哲学の，原理的に可能な全形式を尽くしている。すなわちカントの哲学は反省哲学の客観的側面を，ヤコービの哲学はその主観的側面を代表しており，フィヒテの哲学は両側面の総合と考えられる[2. 296]。→カント，ヤコービ，フィヒテ

(藤田正勝)

判断 [Urteil]

判断に関するヘーゲルの考察は，一般に判断が概念と推論という他の二つの論理的形式にとっての中間段階を成す，という点を基礎としている。とはいえ，(1)概念から，(2)判断を経て，(3)推論に到るという構成自体は，既にカントやバウムガルテンの論理学にも見られる，比較的標準的なものにすぎない［参照 Kant 1800, Baumgarten 1761］。ヘーゲルに特徴的なのは，この伝統的な構成のうちに，単に(1)から(3)へと向けて論理的な言明形式が徐々に複雑化するという過程を見るのみではなく，同時にむしろ，ヘーゲルに固有の意味での「概念」が実現されてゆく過程そのものを見出そうとしている点である。これは次のようなことを意味している。

ヘーゲルの議論の前提を成しているのは，(1)から(3)へと論理的な言明形式が進展し，言わばその表現力を高めてゆくのに応じて，それらによって表現される事象そのものも，次第にその内容的規定を展開・深化させてゆき，最終的には「概念」としての本質を顕現させ，現実化するようになる，とする見方である。すなわち，例えば(1)概念と(2)判断とを論理的な形式として比較した場合，前者は単純な項（名辞）にすぎないが，後者は主語項と述語項とのコプラ（＝「である」）による結合である，という相違がある。したがって「概念」が判断の形式において表現されるならば，「概念」自身に孕まれた対立的な諸契機（普遍性・特殊性・個別性）が，主語と述語という形でそのつど明別され，さらにこれらの契機相互の関係（同一性）もコプラによって示されるようになる。そしてより根本的には，こうした判断による表現を介して，「概念」の存在そのものが，(1)の段階における未分化な統一体から脱却して，対立的な諸契機へと現実的に分化を遂げた仕方で現れるようになる，とされる。「判断とは，概念のそれ自身による分割であり……始原的な一者の始原的な分化である」『大論理学』6. 304］。

他方また，(2)判断と(3)推論とを比較すると，前者では，「概念」の諸契機相互は，コプラによって表された無規定な仕方で関係づけられるにすぎず，このため「概念」自身の同一性は，先のような分化のうちで背景に退く（潜在的にとどまる）とされる。これに対して，推論，すなわち「中項（Mitte）」を介して各項が交互的に連結されるという論理形式に到るならば，「概念」の各契機の区別が保存されつつ，しかも全体としての「概念」の同一性が回復されるような，いわゆる相互媒介的な統一が実現されることになる。こうした意味では，判断は推論へとのり超えられるべき有限な形式であり，「概念の同一性をふたたび確立すること，或いはむしろ定立することが，判断の運動の目標である」［同 6. 309］ことになる。

こうした「目標」に向けた判断の形式の進展過程を，具体的にはヘーゲルは，伝統的に認められてきた判断の諸形態を順次分析するという仕方で行っている。例えば『大論理学』の場合，判断の形態は「A．定在の判断」「B．反省の判断」「C．必然性の判断」「D．概念の判断」へと大きく四分されているが，これらは『純粋理性批判』におけるカントの判断表の基本区分，すなわち「質」「量」「関係」「様相」にそのまま対応するものであって，実際に，Aでは肯定／否定／無限判断，Bでは単称／特称／全称判断，Cでは定言／仮言／選言判断，Dでは実然的／蓋

然的／必当然的判断が扱われており，カントの分類の細目と一致している。これらについてヘーゲルは，まずAで，一般に主語と述語の関係が，本来的に同一性と非同一性を併せ含むことを確認し，次いでBでは，主語の範囲が単称から全称へと拡張されるのに応じて，述語の内容が主語の普遍的本質へと深化されてゆく過程を辿り，さらにCでは，こうした普遍的本質を，「または」のような論理的関係の導入を介して，類-種(-数)の体系全般にまで展開させている。そして最終的にDでは，「かくかくの性質を持った家は善い」のように，主語のうちに，述語との一致の根拠（「かくかくの性質を持った」という規定性）が明示されているような型の判断を取り上げ，ここには既に推論の場合に準ずる連結が実現されているという点を指摘することで，判断論全体を締め括っている。このDにおけるヘーゲルの考察は，上記のような判断の具体例の独自性やその論理形式の興味深さも含めて，とりわけ注目に値するものである（例えば「かくかくの性質を持った」という限定句は，中世以来重要な意味を持っていた「かぎりにおいて（quatenus）」という論理結合子と内容的に関連していると考えられる）。

なお，以上のように判断を推論の下位に位置づける標準的観点とは別に，『精神現象学』における「無限判断」や「思弁的命題」のように，判断に対して推論以上の重要性が与えられる場合もあり，ヘーゲル論理思想の確立過程で，判断と推論の関係がどのように変化したのかという点に関しても，未だ検討されるべき問題がある［Schmitz 1957参照］。→概念，推論（推理），無限判断，「である」，思弁的叙述，主語と述語　　　　　　　　　　　（岡本賢吾）

【参】 Baumgarten (1761), Kant (1800), Schmitz (1957)

判断力　［Urteilskraft］

ニュルンベルク・ギムナジウムの『下級用論理学（1809/10）』においてのみ，形式論理学で一般に〈判断〉とよばれるものを判断力と称しているが［『ニュルンベルク著作集』4. 131］，ヘーゲル固有の判断力の概念はない。カントは判断力を悟性と理性との中間にある認識能力と考え，そのはたらきを次のように定義している。「判断力一般は特殊を普遍のもとに含まれているものと考える能力である。もし普遍が与えられていれば，判断力は特殊をこの普遍のもとに包摂する。この場合の判断力は〈規定的〉判断力である。しかし特殊だけが与えられていて，判断力がこの特殊に対して普遍を見出すということになると，この場合の判断力はたんなる〈反省的〉判断力である」［『判断力批判』XXVf.］。ヘーゲルはこのカントの反省的判断力の概念を高く評価しながらも，それが与えられたものとしての特殊にかかわるだけで，普遍それ自体の反省的な自己還帰としてとらえられていない点に，つまり，ヘーゲルの言う理性の自己同一性の運動としてとらえられていない点に不満を表明している。→理性，反省，カント

（海老澤善一）

範疇　［Kategorie］

アリストテレスのように範疇を対象の客観的な規定性と見なすのでもなく，逆にカントのように範疇を主観的なものと捉えるのでもなく，ヘーゲルは範疇を「自我と存在の同一性」［『精神現象学』3. 260］と考える。「かつては存在するものの本質性であるという意味を持っていた範疇はいまや……自己意識と存在が同じ実在であるということである。同じと言うのは，比較においてではなく，むしろ即かつ対自的にである。一面的な悪しき観念論のみがこの統一を再び意識として一方の側におき，それに対立して即自を登場させるのである」［同 3. 181］。「絶対的概念は範疇であり，絶対的概念は知と知の対象が同じであるということである」［同 3. 404］。

ヘーゲルは、フィヒテが諸々の範疇を演繹しようとしたことを高く評価し［『エンツュクロペディー(第3版)予備概念』42節；『哲学史』20.393］、彼自身も論理学においてそれを試みる。「諸範疇を純化し、それによって諸範疇の中で精神を自由と真理へ高めること、このことが論理学のより高次の仕事である」［『大論理学』5.27］。その際に、カントの範疇論の三重性（Triplizität）を評価していたヘーゲルは、論理学を（論理学を含む哲学体系全体をも）三分法で構成することになる。また『精神現象学』でも範疇を三重性において、つまり「観察する理性」に対しては、存在の形式で、「理性的自己意識」に対しては、対自存在の形式で、「即かつ対自的に実在的な個体性」に対しては、即かつ対自的な実在として、考察している。

ちなみにヘーゲルはカントの範疇論よりもむしろ先験的構想力による図式論を高く評価している［『信と知』2.316；『哲学史』20.347］のだが、若干の例外［『精神現象学』3.183］を除いては、彼自身の立場を積極的に述べる際には「図式」という語を用いない。

(入江幸男)

反発力 ⇨牽引力と反発力

汎悲劇主義 ⇨グロックナー

反復可能性 ［Wiederholbarkeit］

「思考の絶対的な可能性は、我々が、全く同一のものとしてのひとつのものを、多くのものにおいて無限回反復可能であることに存する」［『第一論理学要綱』4節］と述べたのはバルディリである。すなわち、バルディリによれば、「単位（もしくは統一）としてのAをA、A、A、…」というようにして、「多くのものにおいて」、「無限回反復可能であるということ」あるいは〈限りなく反復するということ〉、このことこそが「思考するということ」なのであり［同7節］、また、「Aが無限に反復可能であるということにおいて、AをCのうちにも設定できるということ」このことが、「AによってCを把握するということ、もしくは、認識するということ」なのである［同8節］。

だが、ヘーゲルは、「思考」や「認識」を、このように「同一のもの」の「反復可能性」と捉えるバルディリの見解に対して根本的な異を唱える。すなわち、ヘーゲルによれば、「単なる悟性にとっては、A＝Bは、第一命題〔A＝A〕以上の何ものをも言表しない。するとすなわち悟性は、AがBとして設定されることを、単にAの反復としてしか捉えない訳なのである。つまり、悟性は、もっぱら同一性のみを固持し、AがBとして、もしくは、Bのうちに、設定され反復されることによって、別のもの、非Aが設定されているのだということ、しかも、これがAとして、すなわち、非AとしてのAとして、設定されているのだということ、このことを捨象するのである」［『差異論文』2.39］。

ヘーゲルにとって決定的に重要であったことは、「同一性」はいつでもそのうちに「非同一性」を含んでいるのだということ、したがって、「悟性」の思考ではなく、真の思考である「理性」の思考とは、「同一のもの」の「反復可能性」においてではなく、「同一性」と「非同一性」との統一、つまり、「同一性と非同一性との同一性」［同2.96］において行われるのだということ、このことなのである。→同一性、バルディリ

(高山 守)

万有引力 ⇨引力

ヒ

火 [Feuer]

火は物理学的元素の一つであり、同じ元素の一つである水とともに対立の契機を表す。「対立の元素は第一に対自存在、……個体性の内に契機として措定され、個体性の対自的に存する不安定としての対自存在である。——火。……火は物質化された時間あるいは芯性であり、端的に不安定にして焼尽するものである」[『エンツュクロペディー(第3版)自然哲学』283節]。火は実在化した物体の概念を前提しており、その最初の実在である普遍者の空気に対立して実在している物体の契機である。無差別的な同等性である空気が「対自存在」となり、特殊者として対立すると、それが火として現象する。だから火はこの物体の概念が対立において実在する最初の形式であるが、火の存立は個体性として確実でなく、対立の解消の可能性を含む活動性である。だから「不安定としての対自存在」と言われ、対立を解消しようとする過程が現れる。この過程が火であり、「火は過程そのものである」[同281節「補遺」]。この火はつねに対立を前提し対立する特殊者を焼き尽くし、対立を解消し普遍性に到達しようとする。しかも、火は精神と異なり、自ら対立物を生み出すことなく、対立を前提し、対立する特殊者との関係においてのみ、それを焼き尽くし否定する過程としてのみ実在することになる。だから火は「自己関係的否定性」[同283節]であり、「否定性そのもの」[同節「補遺」]である。

またガルヴァーニ電気の過程でも火はその活動性として現れる。「ガルヴァーニ電気の過程では活動は関係させられた金属の差別された規定態の内に単に自体的に存在しているに過ぎないが、この活動が対自的に現存するものとして措定されると、それは火である」[同331節]。この場合も火は活動の実在性であり、実在することによって、存在している対立物を焼き尽くそうとするのである。→水, ガルヴァーニズム

(長島 隆)

美 [Schönes, Schönheit]

バウムガルテン (Alexander Gottlieb Baumgarten 1714-62) が美を「感覚的認識の完全性」と規定して以来、近世哲学は美を主観的な方向に探求し、カントも美の客観的原理を呈示することを不可能とし、それを美的判断の可能性として問い、美的判断においては認識諸能力は「自由な遊戯」(freies Spiel) のうちにあると思惟した。しかしシラーは美を客観的に呈示しようとして、それを「現象における自由」(Freiheit in der Erscheinung) と規定した。

ヘーゲルは『最古の体系プログラム』でヘルダーリンとともにプラトン的な「美のイデー」に体系の最高点を求め [1. 235]、フランクフルト時代には美は真理に等しいとした [『キリスト教の精神』1. 288]。しかし彼はイェーナ時代から美の問題を芸術の問題として扱うようになり、1805/06年の『精神哲学』では芸術の要素としての直観は「真理を蔽うヴェール」に貶められる [『イェーナ体系Ⅲ』GW 8. 279]。しかしヘーゲルにとって美がイデーの一つ、つまり概念と実在性との統一の直接的な仕方であることには変わりない [『美学』13. 157]。確かに『大論理学』は美のイデー

405

を挙げていない。しかしニュルンベルク時代の「中級のための論理学」(1810/11) が生のイデーの項で美のイデーに言及しており [『ニュルンベルク著作集』4. 202]、またもしも美のイデーが採り上げられるとすれば、このように生のイデーと認識のイデーとの中間に位置すべきはずであることは『美学』[13. 167] からも推測できる。しかし美はイデーそのものではなく、「イデーの感性的映現 (das sinnliche *Scheinen* der Idee)」であり、この「自らの定在における概念の自己自身との一致」の「結合の威力」は主体性にして個体性である [同 13. 151,52]。「美しい対象はその現実存在においてそれ自身の概念を実現されたものとして現象させ、それ自身において主体的な統一と生命性を示す」[同 13. 155]。

ヘーゲルはその美学の本来的な対象を芸術美に制限し、自然美を排除する。その根拠は彼にとって自然は精神によってその他者として定立されたものであり、精神とその所産の方が自然とその現象よりも高いからである [同 13. 14,128f.]。しかしイデーのさしあたっての定在は自然の「生命」(Leben) である [同 13. 160]。「自然は既に生命として観念論的哲学がその精神的領野で成就していることを事実的に行っており」、生命過程は区別と統一という二重の観念化の活動性を自己目的として包括しているが [同 13. 162f., 165]、このように身体(感性)のうちに魂(イデー)が現れてくる限りにおいて生命は美である [同 13. 166f.]。しかし自然美は単に他者にとってのみ美しく、対自的に美しいわけではない [同 13. 157]。自然美の根本的欠陥はヘーゲルにとって魂と主体性が完全な仕方で現象しない点にある [同 13. 193ff.]。→仮象

【参】Baumgarten (1750/58), Kant (1790), Schiller (1793), Kuhn (1931)　　(四日谷敬子)

非-我 ⇨自我

比較 ⇨比喩

美学・芸術 [Ästhetik, Kunst]

ヘーゲル美学は「美しい芸術の哲学」を意味する [『美学』13. 13]。(1)それはバウムガルテン (Alexander Gottlieb Baumgarten 1714-62) の「感覚の学」ではなく、芸術の形而上学である。(2)またフィッシャー (Friedrich Theodor Vischer 1807.6.30-87.9.14) が後に是正したが、伝統的な美学の主要対象であった自然美をその考察から排除した。(3)そして芸術を「美しい」と限定することによって美の領域を制限するとともに、弟子のローゼンクランツが仕上げたように、美の概念を醜なども含むものに拡大している。その際芸術は自己意識を本質とする人間が一切を対自的にしようとする「絶対的要求」から発するとされ [同 13. 50f.]、その内容、課題は宗教や哲学と共通で、イデー(絶対者、真理)を意識にもたらす。しかしそのための形式、手段として芸術は、宗教の表象、哲学の概念に対して「感性的直観」を用いる [同 13. 20f., 139f.]。こうして芸術は「絶対者〔イデー〕そのものの感性的描出」である [同 13. 100]。

ヘーゲルは(1)まずイデーと形態との完成した統一を「理想」(Ideal) として考察する [同 13. 105]。(2)次に芸術史を理想達成以前のオリエントの象徴的芸術からその達成としてのギリシアの古典的芸術、そしてその達成以後のキリスト教のロマン的芸術という「世界観の歴史」[Gadamer (1960)] として構成する [同 13. 107ff.]。(3)そして最後に感性的素材の精神化を原理として個別的諸芸術の体系を企投する。その際ヘーゲルは、建築には象徴的芸術を、彫刻には古典的芸術を、絵画、音楽、ポエジーにはロマン的芸術をその根本類型として呼応させる [同 13. 114ff.]。こうしてヘーゲル美学は芸術の形而上学と芸術の歴史性とを体系的に綜合し、芸術を歴史的な真理経

験の一仕方として把握する。

しかし彼の美学はその芸術の規定に基づいて同時に芸術の終末（過去性）のテーゼを掲げ，芸術そのものを止揚する。「芸術制作とその作品の固有の仕方は我々の最高の要求をもはや満たさない」，「これらのあらゆる関係において，芸術はその最高の使命の側面にしたがえば，我々にとって過去のものである」［同 13. 24f.］。つまりヘーゲルは，イデーの描出という芸術の「最高の使命」が，感性的描出という「固有の仕方」のために，自己意識と反省の時代にある「我々にとって」過去のものとなったと主張する。芸術の解消は「芸術の完成」に達した古典的芸術を超えたロマン的芸術に既に始まっているが，特にその崩壊現象と看做されるのは，17世紀オランダの絵画や当時のドイツのフモールの芸術，また近代的エポスとしてのロマーンや近代悲劇における実体的世界観の欠如である。しかし他方ヘーゲルは，一定の世界観から解放された現代に芸術の無限の可能性を認め，「フマーヌス」がその芸術の「新しい聖なるもの」となるであろうと予言する［同 14. 127, 237］。

【参】Baumgarten (1750/58), Vischer (1846-57), Rosenkranz (1853), Gadamer (1960)

（四日谷敬子）

光　［Licht］

光は，「非物質的物質」として，他のすべての物質を現出させる。ただし，物質が輪郭を得るのは，光のみの働きではなく，物質に内在している闇の契機によって光が限定されるためである［『エンツュクロペディー（第3版）自然哲学』275-277節］。

Ⅰ　「非物質的物質」　光は，(1)「絶対的軽さ」，(2)「絶対的速さ」，(3)遍在性，(4)不可分性という点で，他の物質とは異なる。(1)すべての物質は重さをもち，重力という自己の外にあるものに本質的に規定されているのに対して，重さをもたない光は「重力から解き放たれた観念性」［同351節］であり，自己の内に存在根拠をもつ「自己内存在」である。18世紀の科学者は，ニュートンのいう光粒子の物質性を証明するために，光の重さを測ろうとした。レンズで集めた光を秤皿に載せて測られた「光の重さ」は，実は光の熱や空気の流れによるものにすぎない，とヘーゲルは反論する。(2)木星の衛星の観測による光の速度の測定は，「光の伝播」という経験的な「仮説」に依拠している。光は，時間・空間という測定系を越えた存在として「絶対的速度」をもっているのである。(3)物質が不可入性をもつのに対して，光はすべての物質を透過させつつ，あまねく現前する。(4)物質が重さをもつがゆえに質量によって分割されうるのに対して，光は不可分な単純なものである。この点で，ヘーゲルは，「白色光は七色の光が合成されたものである」というニュートン光学の基本観念を「野蛮なカテゴリー」「粗野な形而上学」として激しく批判する。暗室とプリズムという人工的装置によって解体された光は，既に闇との関わりにたっているのであって光そのものではない。こうしたニュートン批判や，色彩を光と闇の対立の所産と見ていく点で，ヘーゲルはゲーテと共鳴する。なお，ニュートンの粒子説のみでなく，波動説もヘーゲルの槍玉にあがっている。いずれも，光を他の物質と同様なものとみなしている，というのである。

Ⅱ　すべての物質を現出させる　光は「非物質的」なるがゆえに，すべての物質を無差別に照らしだす。他者を明るみにだしながら，自己自身でありつづける。光は，他者を個体化させる普遍者，多様を生みだす一者なのである。こうして見ると，光にはなにやら絶対者＝神のおもかげがある。実際，光は「絶対者を意識する最初の対象のひとつ」だった。光をいくつかの要素の合成と見るニュートン説を「野蛮」とした心意には，一なる

神の現前という「光の形而上学」の系譜がひそんでいるようだ。また，光を「自己」と類比している点にも，認識を「内なる光」と捉える光のメタファーの伝統がうかがえる。

Ⅲ 光と闇　ただし，ヘーゲルは光の神の静態的ないし流出論的一元論をとらない。世界が現象するためには，光と闇との対立という二元的葛藤が必要なのである［『大論理学』5. 108］。ペルシアのゾロアスター教に，ヘーゲルは「光の宗教」を見る。→色彩論，ニュートン哲学・ニュートン力学，闇，ゲーテ

(門倉正美)

光の宗教　⇨自然宗教

彼岸・此岸　［Jenseits, Diesseits］

一般に，彼岸とは，苦悩多き現世・地上の国である此岸に対して，幸せあふれるあの世・黄泉の国，キリスト教の概念では〈天〉を指す。しかし，ヘーゲルにおいては，彼岸は，有限なものを実在するものとして固定したうえでそれを否定してとらえられた無限〔悪無限〕や，対立するものをそのままにして理解される抽象的統一についての空間的で表象的な表現にすぎない。そのような彼岸の本性は〈到達不可能（unreichbar）〉ということにあり，それがあやまって崇高さと考えられているのである。したがって，ヘーゲルの意味では，彼岸（jenseits）には，現在的で完結的（gegenwärtig und vollständig）つまり現実的（wirklich）の語が対立する［『大論理学』5. 292］。彼岸を渇望する意識は当為や憧憬であるが，その形態として，『精神現象学』では，感性的世界を超えてイデア界〔超感性的世界〕を追求するプラトニズムの意識［3. 117］，不変なものに個別的形態を与えてしまう原始キリスト教の不幸な意識［3. 169］，現実の一切を全否定して空虚な最高存在を崇めるフランス革命の意識［3. 434］があげられている。また，カント哲学においては実践的なものと自然との統一が彼岸にとどまっていると批判している［『ヤコービ書評』4. 440］。

(海老澤善一)

悲劇　［Tragödie］

アリストテレスの『詩学』以来，悲劇はヨーロッパ文芸におけるもっとも重要視されるジャンル。古代ギリシア以来いくつかの興隆期を経て，17世紀以後，新古典主義，ロマン主義など全ヨーロッパ規模での展開があり，対応して理論的考察も行われた。

ヘーゲルによれば悲劇は喜劇，狭義のドラマとならぶ広義のドラマの下位分類の一。個々の人物がその目的と内容に対してどのような関係をとるかに従って，ドラマ的文芸の区別原理がたてられ，悲劇ではその関係が実体（Substanz）の側面から規定される。個人の意志よりも家族愛，国家的生活，公民の愛国心，支配者の意志，教会的権力などが悲劇の内容として優越する。悲劇の人物も個別的偶然的な主観性を脱し，それ自体生き生きと個性的でありつつも，実体としての生の内容に従う。

悲劇は，神的存在の現世的実在相に現れる特殊化の原理としての，人倫性を本来のテーマとする。これは個人の行為のうちに参入しつつ，この現実の中でその実体的な性格を失うこともその反対のものに転じることもないような，神的なものである。

人倫的諸力や行為する登場人物は実体的客観性をまず特殊化の原理に従わせることによって，内容的にも外見的にも個別として現象するが，こんどはその客観性が個々の人間的パトスの目的として規定されるとき，パトスは悲劇的行為へ移行する。そのあいだに調和はなく，排斥と乖離だけが現れる。「本来の悲劇的なものは，このような葛藤の内部で対立する双方ともがそれぞれ正当化の理由をもちつつ，他面において己れの目的と性格の真実の積極的内包は，同様に正当化の理由をも

つ相手の力の否定や侵害としてしか実現されえず，それゆえ人倫的であり，しかもそうならばこそ罪過におちいるのである」[『美学』15. 523]。

悲劇，とくにギリシア悲劇は，本来実体性をその普遍性のまま肯定するコーラス（合唱団）と個別的パトスの実現に向けて行動する英雄との両契機から構成されたが，前者は次第にその本来の自立的意義を失い，筋展開の繋ぎ役と化し，やがて脱落していった。→ギリシア悲劇

【参】 Kommerell (1940), Mann (1958), 竹内敏雄 (1959), Schadewaldt (1966), 金田晉 (1978)

（金田 晉）

比重 [spezifische Schwere]

比重は力学的関係における個体化，つまり，空間規定における個体のあり方から対自存在として個体がそれ自身において自己同一性に到達した段階で，最初に現れる単純な規定態である。この段階では物質が個体性として措定され自己存在となりそのことによって重力から解放されるが，直接的なあり方しかしていないためにまだ自分の規定を自分自身において措定していない。そのため他者との比較で表現されることになる。これを「体積に対する重さの比」であり，比重であるとヘーゲルは呼んでいる。「この密度によって物質的なものは，自己的なものとして，中心天体に対する抽象的な関係，すなわち万有引力から解放され，空間の一様な充実たることをやめ，抽象的な相互外在に対し特殊な自己内存在を対置する」[『エンツュクロペディー（第3版）自然哲学』293節］。だから比重は力学的な相互外在的なあり方から抽象的ではあるにしろ重力に対して物体がその個体性として自分の規定に到達しており，そこで最初に現れる関係だということになる。「個体性の最初の徴表が比重である」[同節「補遺」]。

この比重は地球の比重に関係している。それは対自存在の開始として万有引力から解放されるにしろ重力に対する関係が他の物体との関係で現象しているからである。また比重はそれまで通常の物理学では牽引と反発の対立に還元されているが，それは牽引が存すれば物体は凝縮され，比重は大きくなり，反発が強ければ物体は膨張し，比重は軽くなるという現象からである。けれども，ヘーゲルによれば，このような物理学的理解は独立した二力を前提した悟性的理解でしかない。むしろこの点では比重の変化を地球の比重との関連で理解するゲーテの見解を評価している[同上]。

だから比重はヘーゲルにとって，物体の抽象的な元素的な存在に対してその否定的な統一として実在的な個体性として措定される物体の最初の個体化の形式，特殊な個体性の物理学の最初の形式であるとともに，凝集力とともにこの全体の過程を貫通している。というのも，比重は自己内存在の最初のあり方だから，この自己内存在の諸規定を措定して全体として実在化する物理学の過程そのものの実在的な最初のあり方ということになり，むしろこの過程は比重を実現する過程と言うことさえできよう。比重という物体のあり方の特徴は第一に，力学的あり方の特徴である重力をその概念とする均質性を前提するあり方から，差別を措定することを意味している。第二に，比重は普遍的な重さ，すなわち，重力から個体性によって引き離されていると言うことである。第三に比重は結局他の物体と区別されるのは密度の相違によってでしかないから，比重は「場所を質的に規定する密度」[同318節] として働く。だから質的規定性という点で個体性の領域の基盤になっている。→重さ，軽さ，引力，牽引力と反発力

（長島 隆）

必然性 [Notwendigkeit]

必然性とは，必ずそうなること，他ではあ

りえないことを意味する。確然的（apodiktisch）は，類似の用語である。カントは，「Aは必ずBである」という確然的判断から必然性のカテゴリーを導出したが，ヘーゲルは，判断論においては，定言的判断・仮言的判断・選言的判断の総称である「必然性の判断」と「概念の判断」の一つである確然的判断とを区別している。

Ⅰ　ヘーゲルは，必然性を偶然性との弁証法的統一において考察した。『論理学』の「本質論」の「現実性」の章において，必然性と偶然性は現実性の契機として，可能性と現実性との連関のなかで，形式的必然性，実在的必然性，絶対的必然性の三つのレベルで論じられている。

形式的必然性は，抽象的可能性がたまたま実現したものとして，存在するための根拠を自己のうちに有していない必然性である。これは，人間であるかぎりあらゆる職種につきうるといったたぐいの必然性であり，偶然性にまで引き下げられた必然性にほかならない。しかし，このような必然性は，他ではありえないという必然性の語意からすれば，けっして十分なものとはいえない。必然性は，必ずそうなるという意味では，諸々の条件のもとにあっても実現されうる可能性でなければならない。例えば，紙を屋上から落とせば，どのような軌跡を描いて落下するかは，風向きや風の強さによって異なるとしても紙が落下することは必然的である。このような必然性を，ヘーゲルは実在的必然性（または相対的必然性）と呼んだ。これは，偶然性に媒介された必然性である。それにたいして，条件や根拠を自己のうちに有する現実性が，絶対的必然性といわれる。これは，人間活動の条件・総体・所産である社会的現実のように，現実性の過程それ自身がみずからの諸条件を産出しつつ，それによって媒介されるところの必然性である。絶対的必然性は，現実性と可能性との絶対的な統一として絶対的現実性そのものにほかならない。

Ⅱ　ヘーゲルは必然性と自由とを相容れないものとして抽象的に対立させることに反対し，自由を必然性の真理としてとらえた。必然性に対立した自由は，内容を欠いており，形式的・抽象的・主観的自由にすぎない。真の自由は，内容と統一された自由としての客観的自由である。必然性の真理としての自由とは，このような客観的自由を表現するものである。しかし，必然性そのものは暗闇の世界であり，まだ自由ではない。自由であるためには，主観性の契機が不可欠である。主観性を表明するものは，普・特・個の統一された透明な概念であり，この概念こそが自由の世界なのである。ヘーゲルは，自由を，普・特・個の有機的な統一のうちに，個別的なものが総体性のなかでその契機として位置づけられることのうちにみていたのである。→現実性，偶然性，可能性，自由　　　　　（岩佐　茂）

否定　[Negation]

否定あるいは否定性（Negativität）についての独特の解釈を抜きにして，ヘーゲル哲学とくに論理学の特徴と方法を理解することはできない。彼にとって，否定は言明形式において肯定（Affirmation）と対立している形式論理的な否定にすぎないのではない。また，われわれの経験的認識の条件として，実在性（Realität）に対立させられるカントの超越論的な否定でもない。彼は否定概念に考えうるかぎり最大の重要性をあたえ，そこに時代の分裂と抽象的無を克服する途をさぐっている。否定は「すべての哲学理念と思弁的思惟一般の抽象的基礎」であるが，近代までその真のすがたが知られることはなかった。否定こそ「真に実在するもの，即自存在」であり，これまで確固不動と考えられてきたカテゴリーに代って，〈存在〉の原理の位置をしめなければならない［以上，『大論理学（初版）』GW 11. 77］。ヘーゲルの否定概念はさま

ざまな意味を有するが，おおよそ二つに分けることができる。「最初の，否定一般としての否定は，第二の否定の否定と区別されなければならない。後者が具体的で絶対的な否定性であるのに対して，前者は抽象的な否定性である」[『大論理学』5. 124]。

Ⅰ　規定性としての否定　ヘーゲル論理学はまず〈規定性〉を問題にするが，スピノザの「すべての規定性は否定である」の命題を引いて，規定性そのものが否定であると主張する。規定性とは或るものの存在を意味するから，否定は或るものを存在せしめる原理であって，抽象的な無ではない。あるいは，否定は或るものの制限とされるが，制限はたんなる無ではなく或るものの即自存在との関連における欠如のことであるから，否定は〈即自存在〉を指示している。さらに，否定は（全く否定をふくまぬ）実在性と（全く実在性をふくまぬ）否定との対立カテゴリーにおける否定でないことにも注意しなければならない。両者はいずれも抽象的な無であって，実際は，否定はすでに実在性のうちに契機としてふくまれているのである。

Ⅱ　否定の否定　第二の否定は規定性としての否定を否定するもの，〈否定の否定〉である。それは，或るものの制限の否定であるから，その即自存在が定立されること，〈当為〉のはたらきである。ヘーゲルは否定の否定を〈自己関係的否定性〉と考える。ヘンリッヒ（Dieter Henrich）によれば，否定の否定は実在の世界には存在せず，言明に特有な二重否定の形式〜〜pからとられているが，言明の否定は自己関係的ではありえないから，それに，それ自身の他者という他在の思想が結びついたものだ，とされる。この自己関係的否定性は，「すべての活動性，生命的・精神的な自己運動の最内奥にある源泉」「主観を人格・自由なものとなすところの生命と精神の客観的な契機」[同 6. 563] と称揚され，ヘーゲルの論理的方法と世界観の基礎をなしている。→無

【参】Henrich (1974b)　　　　（海老澤善一）

非同一性　⇨同一性

火花　[Blitz, Funken]

火はすべての関係するものを焼き尽して個別的なものを無化する。自らをも含めて焼き尽す〈火〉についてヘーゲルは，たとえば「あらゆる主観性という蚊は，〔信仰という――訳者〕この焼き尽す火（Feuer）の中で燃え尽る。そしてこの献身や無化の意識さえも無化されている」[『信と知』2. 382] などと語ってもいる。制約されたものが自己否定を通して普遍性へ突破する契機として，ヘーゲルは知が成り立つ無差別点を，「シェリングが〔『我が哲学体系の叙述』で〕述べているように，観念的なものが実在的なものの内へと打ち入る火花（Blitz）であり，点としての自己構成である」[『差異論文』2. 111] と語った。「火花（Funken）」は，『イェーナ体系Ⅲ』の「自然哲学」では，個体に内面化された火，すなわち，個体から普遍への移行を生じる原理のメタファーとして語られている。『エンツュクロペディー・自然哲学』での「火（Feuer）」や「炎（Flamme）」の意味に通じる用例である。こうした〈高次のものを生み出す突破点〉のメタファーとしての〈火花〉には，M. エックハルトや J. ベーメからの影響を見ることができる。

ところで，ベルン時代の草稿では，キリストが「若干の新たな理念，すなわち火花（Funken）」[『国民宗教とキリスト教』1. 51] を弟子たちの心に投げ込むだけでは満足しなかった旨が語られている。「火花」は，〈神的なもの〉と人間との間の制約を否定して，関連づけるところに飛ぶ。「我々の内なる神々しい火花」[同 1. 96] という用例からも分かるように，〈神的なもの〉を感受する能力として，「火花」が〈精神〉の内に捉えられてい

る。そこにエックハルトの影響だけでなく，プラトンが『第七書簡』で述べているような，〈学ぶ者の魂のうちに生じ，以後は生じたそれ自身がそれ自体を養い育ててゆく思想の飛び火〉に似た考え方を見ることもできよう。

(栗原　隆)

批判　[Kritik]

イェーナで1802年初頭から1803年初夏まで，ヘーゲルは，シェリングとともに『哲学批判雑誌』を編集発行する中で，当時の思想家たちに対する批判活動を行った。すなわち，〈意識の事実〉に認識の確実性を見出す哲学者たち，クルーク，シュルツェ，ラインホルトらを批判する中で，〈有限で制限された認識が自己否定をきたし，そこに理性的な認識が拓かれる〉という論理を確立し，その論理で，〈主観性〉に立脚するカント，ヤコービ，フィヒテらを批判したのである。

ヘーゲルは，「文芸や学問のどんな部門で行われるにせよ，批判は一つの尺度を必要とする」[『哲学的批判一般の本質』2. 171]とした上で，「哲学的批判においても，哲学そのものの理念が，条件にして前提である」とした。確かにここには，Fr. シュレーゲルの『リュツェウム断章』の「117」——「文芸は文芸によってのみ批判されうる」——の反映を見ることもできよう。しかし，それに留まらず，〈哲学は一つである〉という，ヘーゲルに一貫して流れる〈哲学の普遍的な理念〉の表現を見なければならない。

「哲学が唯一つであり，また唯一つでしかありえない，ということは，理性が唯一つであるということに基づいている」[同 2. 172]。〈絶対的な知〉の理念を前提してこそ，ヘーゲルにとって批判は，客観的な評価としての批判たりえた。批判は，一面的な観点を押し付けるものでなければ，否定的な粉砕でも，拒絶でもない。むしろ〈批判〉は，「真の哲学に入門する道を準備する」[同 2. 185]ことを課題とするものであった。そのためには，哲学の理念を具現する〈哲学体系〉があらかじめ想定されていなければならない。その許でこそ，制限性を担った思想が自己否定をきたして哲学知が拓かれる過程が証される。『精神現象学』で見られるような，〈哲学が自らを吟味し，自らを準備する〉原型は，ここにある。

【参】　Bubner (1973b)

(栗原　隆)

批判哲学　⇨カント

微分　[Differentialkalkül]

ヘーゲルは『大論理学』で詳細に微分論を展開している（「定量の無限性」への註）が，これは，ヘーゲルにとって微積分（ニュートン，ライプニッツ以来の解析学）が，数学で使用される無限（「数学的無限」）の，哲学的に最も意義深い事例を提供していたためと言うことができる。実際，彼は，解析学的な無限の用法が，彼自身の哲学的・思弁的な「無限性」概念を一定の仕方で具現するものだと主張している。「数学的無限の規定，とりわけ高等解析学で用いられるものは，真無限の概念に合致する」[『大論理学』5. 284]。

解析学における無限としてヘーゲルが想定しているのは，基本的には，〈微分可能な一変数関数 $f(x)$ の）導関数 $f'(x)$ に関わるものである。すなわち，$f'(x)$ は例えば，

$$f'(x) = \lim_{\Delta x \to 0} \frac{f(x + \Delta x) - f(x)}{(x + \Delta x) - x}$$

といった式で与えられるが，この右辺のような極限値は，「Δx が0に無限に近づく」等と表現されるように（つまり，Δx の値の変域は0を除く実数連続体である），一定の数学的な無限構造を前提している。

ヘーゲル以前に常套化していた見方によれば，以上のような導関数（またはその特定の値としての微分係数）は，「x の値の微小差異(dx)と，y の値の微小差異(dy)との間の，

終極的な比 (dy/dx)」であるとして説明された。だが, $f'(x)$ を文字通りに〈dx と dy の比〉と見なしてしまうと, 種々の困難が生じることになる。実際 dx と dy が, 0以外の一定の有限値を取る限り, dy/dx は意図された値に到達できず, また dx の値を0と見なすと, 比の分母が0となって除法の一般原理に反するし, 極限値が存在する場合には dy の値も0になるため, dy/dx は 0／0 に帰着してしまう。

こうした困難は, 現代的な論理的・数学的取り扱い (ほぼコーシーに遡るとされる) では, 極限値自体を厳密に定義し直すことで解決される (これによれば, 上式の Δx が 0 となる必要なしに, $f'(x)$ は意図された値を取ることができる)。他方, 同じ問題に対してヘーゲルは (彼はコーシーの著作には接していた), 一般的な「比＝連関 (Verhältnis)」の概念 (ほぼ関数に相当する) の段階的進展を考察することで答えようとしている。すなわち彼は, まず最も単純な形態 (一次関数) から出発して, 徐々にそれが複雑化する (高次の関数) 過程を辿ってゆくが, その際, 最初の段階で比の関係に立つのが x と y の直接的な値であるのに対し, その後これらに代わって当の値の逆数や二乗数といったものがこの関係に立つことになる, という点が重視される。これはすなわち, 関数が x と y の値の間の直接的な比例関係を超えて, 抽象的な相関関係へと一般化され, その対象的自立性を強めるということであり, ヘーゲル的に言えば, 「比＝連関」が, x と y の直接的な値という「定量」への依存から脱却し, 独自の「質」的存在としての自由な顕現を獲得する, ということである。

このような観点の帰結として, ヘーゲルは dy/dx を「比＝連関」の究極的展開形態として位置づける。というのは, ここではもはや通常の比の場合と異なり, 比の両項の値＝「定量」が完全に消滅するにもかかわらず, むしろそのこと自身によって「比＝連関」の値が確立されることとなっている, と考えられるからである。「[dy/dx においては] 定量は消失しており, これによって比＝連関は, もっぱら質的であるような量的比＝連関としてのみ存在している」[同 5. 299]。このヘーゲルの主張の眼目は, dx と dy を, 各々に0という値を取る独立した変項としてではなく, (0とはそれ自身「定量」の一形態である), むしろ dy/dx という関係的統一のうちで「定量」の「否定」そのものを表現するものとして捉えねばならない, という点にある。「dx, dy は, もはや何ら定量ではなく, ……もっぱら両者の関係のうちでのみ意味を持つものであり, 単なる契機としてのみ意義を有する」[同 5. 295]。したがってまた, 同じ理由からヘーゲルは, dx や dy を「無限小」(それはあくまで「定量」である) として解釈する立場をも退ける。かくして, 微分係数ないし導関数のうちにヘーゲルは, 「定量」がその量的外面性・有限性のゆえに自らの自立性を廃棄し, その真理態としての純粋に質的な「比＝連関」へ還帰するという, イデアリスムス的な「無限性」の構造の実現例を見出すこととなっている。

このようなヘーゲルの議論にいかなる意義を認めうるかは単純ではない (実際, それは先のような困難の数学的解決に直ちに資するような性格のものではない)。だが, 解析学の意義を「比＝連関」(関数) の概念そのものの進展という一貫した観点から位置づけようとする彼の試みは, 関数概念の成立過程を理解するために参考になる種々の示唆を含んでおり, また, 極限値の概念と無限概念との結びつきが, 独特のイデアリスムス的な「無限性」という観点から説明されていることの意義は, 現代の厳密な形式的取り扱いとも突き合わせた上で, 改めてその真価を問うに値するものであろう。→比例, 無限, ライプニッツ

【参】 Boyer (1959), Moretto (1986), Wolff (1986) (岡本賢吾)

ヒポコンドリー ⇨精神障害

比喩 [Gleichnis]

ヘーゲルにあって,象徴とは象徴芸術の根本形式であって,無意識的と意識的の二種からなる。後者は比較 (Vergleichung) とよばれ,最広義の比喩にあたる。これは外面から出発する寓話,譬え話,ことわざ,教訓詩,変身譚と,内面から出発する謎,寓意(アレゴリー)および広義の比喩(像的表現),つまり隠喩,像,狭義の比喩(直喩 Gleichnis)へと差異化してゆく。

内面から出発する比較は,意味と形態の分離を意識的に使用することを本質とする。謎は表面的形態のうちに意外な意味を推知させておもしろがらせるものであり,寓意は外的装いをまとわせながらも,はじめから明瞭な意味に貫かれているところに本領がある。広義の比喩はこの二者を統合し,意味と形態の関係を直接的,必然的なものとすることによって成立する。

隠喩では意味は形態との差異をいまだ顕在化せず,後者と一体となって直接的にあたえられ,詩的表現においていきいきした効果を出すのに使用される。「涙の湖」「怒れる大河」「麦を打って脱穀の場は苦しくうめくとき」など。像は精細な隠喩ともいわれ,一方の状態に存する意味を他方の状態の形態を通じてわかりやすく表現するのに使用される。たとえばゲーテはマホメットの存在の意味を,岩間に湧き出る泉水がやがて流域を広げ町を作り富を増やし,すべてのひとを豊饒の歓喜にひたらせる,河にたとえた。だがここでは主体そのものが像化されることはなく,ただかれの所為所産,その経験する出来事が像的に表現されるだけである。

狭義の比喩,直喩は意味とその形態の両面をそれぞれにおいて独立して表示し,同時に両者の関係を「のように」や「に類似して」などによって明示する。したがって論理的には直喩は同一の内容を二重の形式で反復することになり,一種の重畳法である。だが,意味はさまざまな表象をひきよせる実体的中心ともなり,世界を重層的にとらえることに役立つ。

直喩の意味対象が感情である場合,これが自然界の他の諸対象と比較されることによって,逆に自分の痛苦や苦悩,さらには自己破滅までもが客体視され,自己を超越的存在へと高めるのに効果を発揮する。比喩が文芸において,とくに近代になって多用されるようになる所以である[『美学』第2部第1章参照]。

【参】 Richards (1936), Black (1962), Ricoeur (1975), Eco (1984), Sapir (1977) (金田 晉)

非有機的自然 ⇨有機体

非有機的なもの ⇨有機体

ビュザンティウム [Byzanz]

ヘーゲルの『歴史哲学』でローマ帝政期の第3章に位置づけられる時代。コンスタンティヌス大帝(Constantinus I)が第2の居城を古いビザンツに構え,コンスタンティノープルと名づけた時から始まる。この帝国は,国家や法律といった組織全体がキリスト教の原理に基づいて再編されないなら,教養ある民族においてもキリスト教がいかに抽象的なものでしかないかの良い例である[『歴史哲学』12. 409]。だが,ここではキリスト教自体が賤民と無軌道な貧民の手に落ちており,キリスト教徒と言えども迷信の夢に耽り,主教や僧侶に服従するだけである。帝国はあらゆる情欲によって引き裂かれ,未開人が侵略してきても皇帝はそれを迎え討つことができなかった。帝国は絶えず不安定な状態にあり,それはまったく吐き気を催すような軟弱な光

景だった。無惨な，というよりばかばかしい情欲の世界であった［同411-412］。こうして帝国は陰謀や反逆といった内部の荒廃と外敵によって1453年に崩壊した。　　　（柴田隆行）

ピュタゴラス　［Pythagoras　前582頃-497/96］

ピュタゴラスと彼の学派の思想は多くの伝説と粉飾によって伝えられていて，歴史上の確実性を追求することは困難である。ピュタゴラス派を論ずるにあたってヘーゲルが主としてアリストテレスとセクストゥス・エンピリコスを資料上の典拠としていることは特徴的である。

ヘーゲルはまず，イオニア派から古代イタリアのピュタゴラス派への哲学史の流れを，実在哲学から観念の哲学への発展として，すなわち思想が自然的・感性的なものを脱して知的・観念的なものへと移行する過程として位置づける。そして，彼らが感性的・物体的なものを一切捨て去った数の原理を自然の根源においたこと，絶対的なものを思想の規定において把握しようと試みたことを「イデアの徴候」，『哲学史』18. 239］とみなす。また，彼らが数を単位（一元），対立（二元），両契機の統一（三元）と関連づけて自然の無限の多様性をこれらの単純な原理へと還元し，思弁的なものへと迫ったこと，無秩序で不完全ながらも対立的諸概念を考察してカテゴリー表の先駆をなしたことを論理学上の貢献としてたたえている。さらに，一種の宗教的・政治的結社として知・情・意の全領域にわたって学問的・倫理的な教育を行おうとしたこの学派の中に人倫的生活の原理に関わる実践哲学があることを認め，これを高く評価する。

しかし，ヘーゲルは他方では，ピュタゴラス派が陥った，数と数的比例とを事物の本質と取り違える悪しき数学主義への批判を忘れてはいない。東洋起源の霊魂輪廻説とともに，彼らが「死に切った，概念を欠き，無差別で，対立のない連続性」［同 18. 237］である数を概念そのものと混同し，数の原理を空間や音楽上の関係を超えて，天体や精神の諸領域へも拡張し適用したことを，「後期ピュタゴラス派の思想の混乱と惨めさ」［同 18. 260］として退けるのである。

【参】　Heath (1931), Guthrie (1962), O'meara (1989)　　　　　　　　　（奥谷浩一）

ビュフォン　［Georges-Louis Leclerc, Comte de Buffon 1707.9.7-88.4.16］

フランスの博物学者，哲学者。植物学・数学を学びニュートンの著作などを仏訳。王立植物園園長を勤めたが，『博物誌』（*Histoire naturelle,* 36vol. 1749-88）によって各国に知られるようになった。その仕事は数学，天文学，物理学（光学），林学，生理学など多岐にわたるが，科学を宗教から分離する啓蒙的視点に立って，自然における神の直接的介在を否定した。リンネ（Carl von Linne 1707-78）の生物分類に対して，自然を人為的な体系に閉じこめるものとして批判し，進化論的見解を唱えた。また動植物の研究にとって地球の研究が不可欠の前提条件になると考え，地質学と生物学とを結びつける博物学を提唱して化石や鉱物学にも関心を向けた。はじめは岩石水成論者であったが，後に地球が太陽の一部から生じたとする宇宙生成論に立脚して火成論に転じ，地球の年齢を推定した。ヘーゲルは彼の宇宙生成論にアナクシマンドロスの宇宙論との類似を見ている［『哲学史』18. 213］。　　　　　　　　　　　（北澤恒人）

ヒューム　［David Hume 1711.4.26 - 76.8.25］

イギリスの哲学者。歴史家としても知られる。主著は『人性論』（*A Treatise of Human Nature,* 1739-40），『人間知性の探求（*An Enquiry concerning Human Understanding,* 1748）。ロック，バークリ（George Berkeley 1685 - 1753）以来のイギリス経験論の立場を推し進め，大成した。とりわけ，

(1)観念はすべて印象に起源を持っており、ただその「力と生気」の程度によってのみ印象と区別されるものであり、(2)観念相互は一定の連想の法則によって結び付けられるが、その際、原因-結果のような、一見対象の間の客観的関係に思えるものも、実は単に印象間の「恒常的な接続」によって動機づけられた、我々の心の習慣の所産であって、(3)心そのものも、何ら実体ではなく、単に次々と継起する「知覚の束」であるにすぎない、とする彼の所説は、カントを初め、その後の哲学に大きな影響を与えた。その他にも、道徳哲学を重要な主題として取り上げ、「共感」の概念を基礎に据えつつ多様な社会的・制度的事象の分析を行い、現在でも広い角度から関心が寄せられている。

ヘーゲルは『哲学史』において、ヒュームをルソーと並ぶ「ドイツ哲学の二つの出発点」[20. 311]と呼び、彼のカントへの影響関係を強調するなど、ヒュームに重要な位置を与えているが、特に「ヒュームは、思惟規定が経験のうちには存在しないことを示している」[同 20. 337]として、ヒューム哲学の懐疑主義的帰結を、ヘーゲル自身の思弁的立場へと導く論拠の一つとして捉えようとしているのが注目される。→ロック　　(岡本賢吾)

ピュロン　⇨懐疑主義

病気　[Krankheit]

身体の一部が全体の流動的な過程から孤立して独自の活動を持続すると病気になる。薬は有機体が本来は同化できないものであるが、同化の機能を刺激して回復させるので効果がある。「有機体は、その内に設定されている力（ポテンツ）が有機体によって支配されず、そのためにそのポテンツが孤立したシステムの中に固着して独自の活動をし続け、全体の流動的な活動に移行しなくなって、有機的な過程を中断させてしまうと、病気の状態におちいる。病気とその治療の学問は医学である」[『ニュルンベルク著作集』4. 41]。有機的な全体には、自分を回復する力があるから、本来は病気が自動的に予防される体制のはずである。個体である有機体になぜ病気が発生するかは、国家有機体になぜ犯罪が発生するか、神の有機体である自然世界になぜ自由と悪が発生するかという問いと同じ構造になっている。

【参】　Brown (1780), Eschenmayer (1797), Röschlaub (1798), 加藤尚武 (1983a)　　(加藤尚武)

憑自　⇨他者

表象　[Vorstellung, Vorstellen]

ヘーゲル哲学は、「表象を思想に変え、さらに、ただの思想を概念に変えること」[『エンツュクロペディー（第3版）小論理学』20節]を主眼としている。一般に表象とは、意識が自分の前に（vor）立てる（stellen）心像（Bild）を意味するが、ヘーゲルはこれを、感性的直観と思想との中間の段階に位置するものとして捉え、「表象と思想との区別」に留意することの重要性を強調している。我々の意識の内容は、直観される場合でも、表象される場合でも、思考される場合でも、同一であり続ける。しかしこの内容が意識の対象としてとる形態は、直観、表象、思想という意識の形式に応じて、それぞれ異なったものになる（対象の形態の異なりの構造を意識の発展に即して叙述しようとするのが『精神現象学』である）。意識の内容は、それに最もふさわしい形式において現前化されねばならない。この形式は思想であり、さらには概念であって、表象ではない。表象には(1)感性的素材を内容とする表象（怒りやバラの表象）のほかに、(2)思考に由来する素材をもつ表象（人倫や神についての表象）があり、いずれも感性的な直観とは違って、普遍性の形式をもっている。だがこの普遍性は、まだ抽象的

なものにすぎない。またこれらの表象は，意識にとって外在的であり，したがって外から「与えられたもの」という特徴をもつ点でも，意識本来の内容にふさわしい現前化の形式とは見なされない。

ヘーゲルの哲学体系においては，表象は「精神の哲学」の「第一篇　主観的精神　C．心理学。精神　a．理論的精神」のなかに位置づけられ，ここでは表象作用（Vorstellen）は，知性が客観の個別性に関わる「直観」の段階から出て，自己を自己内に取り戻し，客観を普遍者に関係させるようになる段階として論じられる。表象は「内化された直観」であるとされ，表象作用の三つの段階として「想起」，「想像力」，「記憶」が取り上げられている。

表象の境位を止揚する，というテーマがヘーゲル哲学において局部的な問題でなかったことは，このテーマが彼の思弁的思考の頂点において再度取り上げられることにも示されている。『エンツュクロペディー』における「哲学」の境位も『精神現象学』における「絶対知」の境位も「啓示宗教」をその成立の前段階としているが，啓示宗教からこれらの境位への移行が果たされるのは，この宗教の精神に固有の「表象作用の形式」が止揚されることによってであるとされる。キリスト教の精神は「真の内容」をもつが，教団の意識は表象の境位にあるために，イエスの死と復活を遠い過去の出来事として受け取り，神的実在との和解を遥かな将来の「彼岸」の出来事として理解するだけで，この出来事の連関の必然性を把握することができない。ヘーゲル哲学の眼目は，表象作用に固有のそうした「対象性の形式」を止揚し，キリスト教がもつ「真の内容」を，それにふさわしい概念的思考の形式において捉えることにある。

→心像，記憶・想起・内(面)化，想像力

（笹澤　豊）

平等　[Gleichheit]

ヘーゲルは近代社会において現れてきた平等の要求が，法による抽象的な人格の設定によって行われる形式的なものであることを見抜いており，そのために，そのような平等概念が悟性によって立てられた抽象性に留まることを指摘している。この近代の平等概念は，一方では，それまでの社会において存在していた身分差別を廃棄してしまうことができたが，他方では，その平等は形式的にとどまるために，実際には，不平等を内包せざるをえない。平等を想定するには，もともと異なったものが同等であると宣言するのだから不等ないし差異を自分の外側に前提としている。また，逆に言えば，不等なものであるからこそ，同等（平等）を議論できる。こうして，平等と不等はいつでも相互に転化してしまう構造を持っているのだから，形式的な平等を立てても，それを立てる精神自身が自分で勤勉に努力して働けば，自ずとそこに結果において不平等が生まれてくるのは避けられない。したがって，たとえば，財産の共有だけによって平等を保証しようという発想は，精神がそのような運動においてあることを見過ごしている。最初に，前提としての平等が立てられても，個人個人の勤勉さの違いが結局ふたたびそこに差異を作ることになる。商品と貨幣を媒介とする近代社会は，そのことによってあらゆる関係を量として比較できるものとして，これまでの制約を克服するが，そこから同時にあらゆるものとの不等な関係すら生まれることになる。こうして平等は抽象的に立てられたものではあるが，まさにそれが理由で平等が矛盾に陥る。このように近代市民社会における平等概念の矛盾すらヘーゲルはみごとに捉えているが，同じ限界は古代ギリシアにおける平等においても現れていると見ている。ヘーゲルは，さらにそれがたんに社会関係だけではなく自然においても同じことが生まれることを指摘して，平等と不平等の

論理的矛盾関係を普遍化して考えている。

(佐藤和夫)

ピラミッド [Pyramiden]

内部に或るものが存在し，それを大切に包み囲むものとして建造物がある。それがピラミッドである。内なるものは，王あるいは当時神聖視されていた動物（今日の言い方をすれば，その屍）であり，それは，当時の考え方からすれば，…そして，ヘーゲルの言い方をすれば，単なる自然性を脱却した精神的なものである（不滅の霊魂，聖なるもの）。それを，技（ないし芸術）によってつくりだされた外面形態が囲み秘蔵している。内に秘蔵されているものは，しかし，精神それ自身として完全に自由に生動しているような精神の域には未だ達してはいない。それゆえ，ピラミッドという形態は，その内なるものの内容にとって全く外的な外皮であるにとどまっている。このような意味で，ピラミッドはヘーゲル言うところの「象徴的芸術」の端的な例である『美学』13. 458-460]。→エジプト, 内と外, 象徴芸術

【参】 増成隆士 (1987)　　　　(増成隆士)

比例 [Proportion]

ニュルンベルク・ギムナジウム着任早々の1808/09の冬学期に，ヘーゲルは生涯でただ一度，数学の授業を担当している。その詳細は資料が散逸してわからないが，講義報告によると，「代数は一般的算法［四則計算と累乗］から始め，比例，数列，対数に進み，二次方程式まで教え，また練習した」[『ニュルンベルク著作集』4. 294]という。その数学知識は『大論理学』の「量論」における無限や微分の説明に見ることができる。そこではヘーゲルは，比例を，外来語ではない比（Verhältnis）とほとんど同じ意味に用いているが，厳密には，二つの比の等しいことあるいはその表現である等式の意味に用いる。たとえば「方程式の開平によって見出された比と，縦座標と接線影の比との比例［式］」[5. 338 f.]のように。

ヘーゲルはまた，イェーナ時代に比例を数学的意味を離れて論理学の原理として扱ったことがあった。その論理学は単一関係（einfache Beziehung）・比・比例の三部から成り，後の論理学と対照すれば，単一関係は「存在論」，比は「本質論」と「概念論」の概念の章，比例は理念の章に対応する。比は「その両項が相互の関係のうちでのみ意味をもつ」『イェーナ体系Ⅱ』GW 7. 38]ものであり，存在の比（実体：偶有，原因：結果，成果：成果）と思惟の比（規定的概念，判断，推論）の二つから成る。そして，この二つの比の等しいことが比例である［同 GW 7. 105]。つまり，ヘーゲルは存在と思惟の同一性を，ロゴスの意味をもつ Proportion によって考えようとしたのである。比例は定義・分割・認識から成る。「定義とは命題形式によって表現された知であり，「(人間) = (動物)：(哺乳)」のように，定義すべきもの（〈このもの〉）を普遍〔類〕と特殊〔種差〕の比によって規定することである。しかし「定義においては［左辺が比になっていないので］比例が完璧に表現されているとは言えない」[同 GW 7. 108]。そこで逆に普遍を比で表すことが必要になる。これが次の「分割」であり，普遍の分割によって〈このもの〉に達することである。そして最後の「認識」は幾何の作図と証明を模範にしたもので，比例の完璧な表現とされる。作図は全体を要素に分割し要素間に見出される比を指摘することであり，証明はその比の間に等しさを見出し全体を再興することであるからである。しかし，ヘーゲルはこれ以後，数学概念である比例を論理学の原理とすることは放棄した。比例〔式〕に見られる同等性はたしかにたんなる質や量の等しさではなく，関係の等しさではあるが，あくまで形式的な同一性にすぎ

ないからである。つまり，比例によれば存在と思惟との類比はあきらかにされるが，存在と思惟が一つであることはあきらかにされないのである。

【参】海老澤善一 (1980)　　　（海老澤善一）

貧困 [Armut]

貧困の問題は，富，奢侈，欲求，利己心，所有およびその不平等といった問題関連の中でヘーゲルの思想的営為の出発点より，彼の切実な関心の対象の一つであり続けた。このことは『国民宗教とキリスト教』以来の共同所有や慈善をめぐる論議，フランクフルト時代におけるイギリスの救貧税問題への注目，さらにはイェーナ草稿における経済分析などからも容易にみてとれる。「貧困 (Armut) の生成は総じて市民社会の一帰結であって，それは全体としてみれば市民社会から必然的に生ずる。一方の側に際限のない富 (Reichtum) が，他方の側に窮迫 (Not) と悲惨 (Elend) が蓄積される。富と貧困の増大は同一歩調で進行する」[『法哲学講義 (19/20年)』193]。「窮乏（必要）」を生みだすものは，本源的には欲求自身であり，この窮乏は，欲求充足の手段としての労働によって克服される。ところが，この労働が細分化，抽象化されると，一方において生産力が増大するとともに，他方において逆に窮乏がますます増大せざるをえないのである。ヘーゲルはこの労働者階級の貧困化の原因を，具体的には分業の帰結としての労働の単純化がもたらす労働の価値の下落，機械による労働の排除，抽象的労働による職人労働の没落，大資本による小資本の駆逐，国際的需給変動による特定産業部門全体の没落，総需要に対する総供給の過剰等によって説明している。

貧困は自らの労働によって自立しているという誇りばかりか，物質的・宗教的・法律的・医療的な権利の一切を奪われ，遂には市民社会に対する「内心の反逆」を抱くにいたる。これが賤民 (Pöbel) であり，賤民の反逆は危急権 (Notrecht) としてとらえられる。しかし，賤民性は貧困の対極である富の中にも現れる。なぜなら富者は金権万能の思想に支配されているからである。従って富と貧困の両側面が市民社会を破滅させるのである。富者と賤民の関係は主人と奴隷の関係であり，両者の心術 (Gesinnung) は無恥という点では同一であるが，自己を自由・理念の実現主体と自覚しているのは貧民の側である[同196]。

貧困あるいは不平等は，結局は市民社会の，さらには近代の原理の必然的産物なのであるが，この問題を解決するには市民社会はあまりに貧しすぎるし，かつあまりに豊かすぎる。といってルソーのように欲求の少ない自然状態を憧憬することも，プラトンのように利己心や私有を排除した共産主義国家を構想することも，近代の高みからの後退でしかない。他方，市民社会内部における救貧税，雇用政策，慈善といった対策も少しも問題を解決せず，市民社会はそれ自身の弁証法に駆り立てられて国外に進出してゆくが，帝国主義的植民地主義にも解決手段は見出されない。しかしこの国際化こそが闘争と承認の過程の中で単なる利得衝動を反対物に転化させ，普遍的なものへの関心を覚醒させてコルポラツィオーンの形成を促すのであり，ヘーゲルはこの組織に貧困問題の解決を託すのである。→コルポラツィオーン，主人と奴隷，窮迫，市民社会，労働，分業

【参】生方卓 (1976), Plant (1980), Henrich (1983a)　　　（生方　卓）

ヒンリッヒス [Hermann Friedrich Wilhelm Hinrichs 1794.4.22–1861.9.17]

ヘーゲル右派の哲学者。ハイデルベルクでヘーゲルの学生。ハイデルベルクで私講師となり，後にブレスラウを経てハレの大学教授となる。ヘーゲルが彼の著作『学問との内面

的な関係における宗教について』(*Die Religion im inneren Verhältnisse zur Wissenschaft*, Heidelberg 1822) に対して書いた序文は、感情を原理とする宗教を批判する内容で、ヘーゲルが汎神論者として攻撃されるきっかけとなった。ヘーゲルが感情を宗教の原理とすることに反対する理由は、「感情がそれ自体では単なる形式であり、未規定であり、どんな内容でも内に含みうるものであり」[『ベルリン著作集』11. 59]、結局「どんな感情を持つかを主観に任せることになる」[同上] からである。これに対してヘーゲルは、「時代の要求に関して言えば、宗教と哲学は、真理の実体的で客観的な内容を目指すべく共に要求している」[同 11. 61] と主張し批判している。→ヘーゲル学派　　　　　　　　(菊地惠善)

フ

ファウスト ⇨**快楽**

ファナティスムス [Fanatismus]

　ファナティスムスはもともと宗教的儀式ないし行為と結びついていた語で、神的狂乱に襲われている狂信的状態を示すものであった。ヘーゲルの用法においても政治的意味のみならず宗教的な狂信の意味が含意されている。ヘーゲルは『法哲学』の序文において、敵対者であるフリースを「浅薄さの将帥」と呼び、彼の考えは「国家というこの形成された建築物を『心情、友情、感激』という粥みたいなもののなかへ融かしてしまう」ものだと非難したが、それはフリースのうちに、学問を思想と概念によって基礎づけずに直接的で偶然的な思いつきの上に立てようとするファナティスムスの危険な兆候を見てとったからである。ヘーゲルにとって、ファナティスムスとは抽象的自由の現れ方である。普遍的なものはこれを実現しようとすれば、必ず特殊な現実的規定を導かざるをえないが、しかし抽象的自由は、この特殊な現実性を絶滅するところにこそ自由の意識を感じ、おのれの存在を感じているのだから、それはどこまでも抽象的な表象でしかなく、その現実化はどこまでも破壊的狂暴である。「ファナティスムスは具体的存在に対して狂暴な態度をとり、破壊のかぎりを尽くすところにその本質がある」[『歴史哲学』12. 431]。分節されたいかなる現実とも結びつくこともない「心情、友情、感激」は、現実の否定ということによってしか自分の現実性をもつことができないのである。「ファナティスムスはひとつの抽象的なものを欲するのであって、どんな分節・編成 (Gliederung) をも欲しない」[『法哲学』5節「補遺」]。ヘーゲルはこれの最も具体的な現象をフランス革命の恐怖時代にみている。また、宗教が国家や法的秩序を内面的心情の抑圧だと考えてこれに否定的態度をとり、それが政治的狂信と同様に現実世界で力を発揮して国家や市民社会の諸関係を廃絶しようとするとき、それは「宗教的ファナティスムス」[『法哲学』270節] である。→狂信, フランス革命

(水野建雄)

不安 [Unruhe]

　酸性になったとたんにアルカリ性になり、また逆転するというように、対立する性質の間でつねに逆転している状態である。例えば、無限になったとたんに有限になる悪無限では

次のように言われる。「限界を超えて無限の方へすすむと、その無限の中に新しい限界が見つかる。この限界の上にいつづけることも、無限の中にいつづけることもできず、同じことをいつまでもくりかえす」[『大論理学』5. 156]。有限を否定して無限になったとたんに再びその無限が有限に転化している。「無限＝有限」という反対規定の頂点での移行が示されている。

エーテルの規定には「不安」の用例が多い。「エーテルが全てのものに浸透するのではない。エーテルそれ自身が全てのものなのである。存在、存立そのものがこの絶対的な醗酵過程、存在するとともに存在しないという絶対的な不安 (die absolute Unruhe ebenso nicht zu sein, als zu sein) にほかならない」[『イェーナ体系Ⅱ』GW 7. 189]。エーテルはいわば絶えず煮えたぎっている。不安なまで定常的な状態を保っている。「生ける神は単純なものと無限なものとの統一として、その安定と至福のさなかで、絶対的な概念の絶対的な不安、絶対的否定的統一、〈自己にとって絶対的に他なるもの〉である」[同 GW 7. 188]。この流動的存在はあらゆるものに浸透、侵入する。「絶対的質料［エーテル］は、絶対的に永遠なるものとして他者を食い尽くしている絶対的な不安である」[同 GW 7. 189]。そのように絶えず変動するくせに自己同一である。「絶対的質料は普遍性と無限性のこのような合一であり、その絶対的な不安において自己自身にのみ関係し、ひたすら自己同一である」[同上]。すなわち「エーテルの自己同一性は、絶対的な不安において、生成し存在する」[同 GW 7. 190]。

これらの用語例は、いずれも「自己が端的に他者である」あり方を示しており、その概念的な規定は「自己自身の反対物」である。この概念的な意味を、しっかり確認しておけば、その概念的意味での「不安」が、そのまま実存主義哲学における「不安」概念と重な
りあってしまう用例をも正しく理解することができる。

例えば個別的な自我というものを考えてみる。彼は「自分は単独者だ」と言う。かれは本当は愛のなかでこそ自己を見出すのに、愛のなかには自己否定があると思い込んでいる。「彼は彼の実存にではなく、実存の無に向かっている。彼の実存は、精神としての自己が見出されていることなのであるが、精神としての彼が獲得するものは無である。……それは自己自身の絶対的な反対物として存在する。そしてこの自己自身の反対物として、再び反対物であり、絶対的な不安である」[同 GW 7. 173]。「不安」とは、自己であろうとすることによって、自己でありえないという矛盾であり、一般化すれば「Aであることによって、Aでありえないこと」と表現できる。ヘーゲルはまるで「主語Xには述語Aという側面と述語非Aという側面がある」というように解釈して矛盾を回避しようとする試みを故意に遮断するかのように、「自己自身への反対物」という表現を選んでいる。→エーテル，無限判断　　　　　　　　　　　　（加藤尚武）

ファン・ゲールト　[Peter Gabriel van Ghert 1782-1852]

オランダの哲学者・政治家。イェーナ大学に学んで以来、ヘーゲルと親交をもつ。オランダに帰ってライデンで教え、1809年にオランダの大学にヘーゲルを招こうとした。その後、公務によってパリへ派遣され、ギゾー、クーザンらと親交をもつ。晩年にはヘーゲル哲学に関する公開講義を行い、ヘーゲル哲学をオランダに移入するのに功績があった。動物磁気に関して多くの研究を行い、彼の磁気療法が日誌の形でヘーゲルに報告されている[『エンツュクロペディー（第3版）精神哲学』406節「補遺」]。　　　　　　　　　　　　　（寄川条路）

ファン・ダイク　[Anthonius van Dyck 1599.

3.22–1641.12.9]

フランドルの画家。世俗画ないし風俗画を低く見る絵画観をヘーゲルは批判し、世俗画には、宗教画とはまたちがった世俗画としての固有の芸術的意義、そして精神的意義があると論じ、特にファン・ダイク、レンブラント（Rembrandt Harmensz van Rijn（またはRyn）1606–69）を含むネーデルランド（オランダ）の世俗画を高く評価した。そこには、つまらなくつかの間のもののように見える事象に向けられた愛情とみずみずしく鋭敏な視覚、そしてこれを芸術的に構成する自由の極致、あるいはこの特定の人間とは何かについての深い観取などがある、とヘーゲルは分析している［『美学』15. 129f., 13. 223］。
→オランダ

【参】 増成隆士（1987），岩城見一（1989）

(増成隆士)

フィッシャー夫人　⇨ブルックハルト夫人

フィヒテ　[Johann Gottlieb Fichte 1762.5.19–1814.1.29]

Ⅰ　生涯と著作　　ドイツの哲学者。イェーナ、ライプツィヒ大学で、神学・哲学・法律・言語学などを学ぶ。イェーナ大学教授（1794）となり、精力的な著作活動を展開するが、無神論論争に敗れてベルリンへ去り（99）、私的講義や公開講演を主たる活動の場とする。ベルリン大学創設に関与し、開校（1810）と同時に就任、翌年総長となる。志願看護婦となった妻ヨハンナのチブスを看護するうちに自らも感染し、志を果さぬまま急逝。――本来的哲学（『知識学』）で比較的まとまった公刊書としては『全知識学の基礎』（94/5）があるだけであり、しかもそれすら未完であったが、ドイツ哲学界に与えた影響は決定的であった。だが洞察の深さ、展開の首尾一貫性、思想としての纒まりという点からすると、遺稿として残された中・後期の講義類の方がはるかに優れている。『人間の使命』（1800）や『日のごとく明らかな報告』（01）は知識学の通俗版である。社会哲学には『フランス革命論』（93），『自然法の基礎』（96/7），『人倫論の体系』（98）が，宗教哲学にはデビュー作の『あらゆる啓示批判の試み』（92），無神論論争の引き金となった『神的世界統治に対する我々の信仰の根拠』（98），『浄福なる生への指教』（06）が，歴史哲学には『現代の特徴』（1806）がある。国民教育に基づくドイツの再建を説いた『ドイツ国民に告ぐ』の連続講演（07/8）はとりわけ有名である。――これらのうちでヘーゲル哲学の形成に影響を与えたのはイェーナ時代の著作、それもほとんど『基礎』に限られる。そしてそれがそのまま〈フィヒテ本来の思弁哲学はイェーナ期の著作にある〉とする評価につながった［『哲学史』20. 387f.］。

Ⅱ　前期の思想　　『基礎』を書いた頃のフィヒテは、カント哲学の「精神」を生かし批判主義を叙述の上でも完成させることを自己の使命と見なした。主要な考え方は次の通り。①超越論的統覚と定言命法は同じ事柄の異なる側面、理論理性と実践理性は一つの自我の異なる観方である。②自己意識の可能性を説明するために、自我の自己措定という考え方を導入する。③哲学は根本命題から始めねばならないが、それは意識の事実ではなく自我の事行を表わすものでなければならない。④カテゴリーは経験的に寄せ集められるべきではなく、自我の活動と自我に対する非我の反措定から導出されるべきである。⑤独断論的に想定された物自体は清算されるべきである、など。

Ⅲ　ヘーゲルの評価　　ヘーゲルは早くからフィヒテに注目していたが、本格的に取り組んだのはフランクフルト時代においてであり、イェーナ時代初期に『差異論文』[2. 9–137]・『信と知』[2. 287–433]・『自然法論』[2. 434–529] などで全面的に対決する。これ

らの論文でのフィヒテ哲学に対する評価はおよそ次の通り。——フィヒテは学としての哲学の理念を樹立した［176］。彼の哲学は思弁の真の所産である［115］。けれども，①フィヒテはカント，ヤコービとともに，有限性の立場を越えることのできない「反省哲学」である。総じて反省哲学は幸福主義・啓蒙主義の完成形態であり，有限性とそこから生ずる対立（有限と無限，実在性と観念性，感性と超感性，一と多など）を絶対化し，真に絶対的で実在的なものは彼岸に存するとする［294 ff., 470］②フィヒテ哲学の原理は主観＝客観，知的直観，自我＝自我であるが［50-52, 114, 397］，内容的・実在的なものとの対立において形式的で空虚な知として立てられているために［79, 96f., 399ff.］，欠陥あるものであり［403］，③空虚な同一性から特殊的なものへ到るためには，捨象された多様つまり非我との対置が必要となる［412, 455］。④しかし両者の総合は不完全であり［60］，無際限の有限性の進行にならざるを得ない［67, 84ff.］。⑤それ故，原理としては自我＝自我であったのに，体系的結果としては「自我は自我に等しかるべし」という無限の努力・当為・要請に終わってしまう［61, 296, 394］。⑥つまりフィヒテは真の具体的な同一性に到達することができず，彼の主観＝客観は主観的なものにとどまる［94］。形式的統一が支配的であるべきだとする思い上がりによって，非我・多様性・実在的な客観的世界は死せるもの・概念に隷属するもの・欠陥あるもの・根絶されるべきもの・無にとどまるべきものとされ［79, 84, 88, 418ff.］，解明されないまま取り残される［395］。⑤他方，真に絶対的なもの・道徳的世界秩序・神は自我の外にあり［411］，信仰によってしか届かないものとなる［109, 288, 332, 396f.］。⑥全体としてフィヒテの哲学は形式主義的であり［312, 395, 430］，カントと同様に概念にまで高まったが，理性理念にまでは達していない［296, 429f.］。——こうした欠陥にもかかわらず，フィヒテを含めた反省哲学は近代文化の分裂を最高度に尖鋭に表現するものとして，新しい哲学の準備となるのである［432］。

以上のフィヒテ評価は後年の著述でも変わらない。ただし，フィヒテはカントの不整合性を克服し［『哲学史』20. 390, 413］，知の知を主題化する，思考規定をその必然性において導出しようとするなどの新しい試みをした［同 392f., 401］，といった積極的評価も目立つようになる。カント，フィヒテ，シェリング以外にはいかなる哲学もない［同387］，として自己の哲学をこれらの先行哲学の必然的結果・完成と見なす図式は，その後の哲学史の常識にまでなった。→自我，知識学

【参】 Siep (1970)　　　　　　　　（藤澤賢一郎）

諷刺　⇨イロニー

風土　[Klima]

「風土は最後には有機物の核心にまで侵入して，変化させる」というヘルダーの歴史哲学で，風土論が始まった。ヘーゲルの歴史哲学もこの風土論を背景にしているが，ヘルダーほどは風土を重視していない。ヘーゲルの歴史哲学は，それぞれの時代ごとにある民族が主役として登場し，やがて没落していくというようにして進む。では，ある民族がある時代に活躍することになる必然性はどこから生じるのか。ヘーゲルによればそれを決定するのは，その民族が住む風土的環境なのである。つまり風土的自然環境は民族の活躍の舞台であるだけでなく，その民族の自然的素質（人種）を決定するものでもある。地理的環境によって，世界史に現れるそれぞれの民族にはそれぞれひとつの原理がわりふられ，世界史の舞台でただ一度だけ主役を演じることが許されている［『法哲学』346-347節］。

『歴史哲学』の「緒論」で「世界史の地理的基礎」が詳しく語られている。まず世界は

新世界と旧世界に区別される。新世界（南北アメリカとオーストラリア）には未熟な自然にみあった未熟な精神しか存在せず，そのため旧世界のヨーロッパ人によって簡単に征服された。新世界はアフリカ，アジア，ヨーロッパからなるのだが，アフリカの自然環境は世界史に登場する資格をもつ精神を生み出すことができない。したがって世界史の舞台となるのはアジアとヨーロッパだけなのである。人類の文明は，高原における牧畜と大河周辺の農業というかたちでアジアにおいて生まれた。その歴史の歩みが終結の地を見出すのは，ヨーロッパのおだやかな自然においてである。「世界史は東から西に向かう。ヨーロッパはまさに世界史の終結であり，アジアは端初だからである」[『歴史哲学』12. 134]。したがって，歴史が「自由の意識の進歩」を描くものであるとしても，ゲルマン民族が実現したような自由は，ヨーロッパの自然環境においてゲルマン民族のもとでしか実現しえないということになるのである。文明の進歩によって自然の完全なコントロールが可能となるという考えはヘーゲルには存在しなかった。

(原崎道彦)

フェニックス　[Phönix]

500年毎に自らを焼いて，その灰の中から蘇えるといわれる東洋起源の伝説の不死鳥。ヘーゲルは精神の概念を説明するのに際してたびたびこのフェニックスを引き合いに出す。精神は「自己の他在およびこの他在の克服から否定の否定によって自己自身へ到来するものである。……それは自己自身の疎外を経歴する」[『宗教哲学』16. 407]。自己の疎外と復活，死から生が生じるという思想はフェニックスの比喩が示すように，すでに古くからフェニキア，小アジア，インドなどにおいて捉えられていた。この疎外が自然的な否定として捉えられるならば死である。フェニックスの比喩はその意味でまだ直接的で自然的規定性にとらわれていて，真の精神にまで達していない。精神の変化・展開は単なる若返りとしての推移ではなく，以前の文化や教養を糧として高次の形態にいたる精神自身の自己陶冶として捉えられねばならない[『歴史哲学』12. 98]。→復活

【参】 O'Brien (1975)　　　　　　　(平野英一)

フェルスター　[Friedrich Christoph Förster 1791.9.24–1868.11.8]

ベルリン時代のヘーゲルから非常に愛された高弟子。教え子の中の最年長者としてヘーゲルの葬儀の時（1831年11月16日）に墓地で式辞を述べた。ヘーゲル全集（1832以降）の編集者の一人。詩人で牧師であった父の影響で子どものときから異常な才能を示し，ギムナジウム時代にギリシア語を学び，ギリシア文学と彫刻に傾倒する。イェーナ大学を卒業（1811）後，大学の教師の職には就かず，宮廷顧問官の地位を得て著述家としての生涯を送った。

【参】 Nicolin (1970), Rosenkranz (1844)

(加藤尚武)

フォイエルバッハ　[Ludwig Andreas Feuerbach 1804.7.28–72.9.13]

ヘーゲル左派に属する哲学者。『ヘーゲル哲学批判のために』(1837)を機にヘーゲル批判に転じた。彼は『キリスト教の本質』(1841)における徹底したキリスト教批判によってドイツ思想界で有名となった。それによれば，キリスト教において神の本質とされる無限性や完全性は，人間自身の本質が人間からきり離されて，外部の超越的存在に投影されたものにほかならない。人間は個人としては有限で不完全であるが，類（人類）としては無限で完全である。「神の本質は人間の本質が疎外されたものである。」フォイエルバッハは，人間がもはや神という回り道を経ることなく直接に自分の本質を自覚し，「人間が

人間にとっての神である」ことを自覚する方向をめざす。

フォイエルバッハは『将来の哲学の根本命題』(1843)において，ヘーゲル哲学が逆立ちしたものであることを批判する。ヘーゲルは理性（思考）や精神を感性（感覚）や自然からきり離して自立化させる。だが，理性や精神は感性や自然を基礎とすることによってその固有の役割をはたす。キリスト教も，感性をもつ現実的人間から精神を自立化させ，超越的存在（神）へ高めており，精神を現実的人間から疎外する点では，ヘーゲル哲学を頂点とする観念論（唯心論）と共通性をもつ。神学と結合した観念論に対抗してフォイエルバッハは，自然を基礎とした現実的，全体的人間の理解をめざす「人間学」を構想する。また，ヘーゲルが人間を普遍的実体，国家に解消するのに対して，フォイエルバッハは人間の感性的，個別的あり方を強調しつつ，このような個人相互の結合（我と汝の弁証法）として類や共同体をとらえようとする。以上のような思想は若きマルクスに大きな影響を及ぼした。⇒ヘーゲル学派，マルクスとマルクス主義

【参】 Bolin (1904), Rawidowicz (1931), Wartofsky (1977)

(高田 純)

フォルスター [(Johann) Georg Adam Forster 1754.11.27-94.1.10]

ドイツの自然哲学者・地理学者。早くからロシアのヴォルガ地域を始め，父とともに各地を旅行。クックの世界一周航海に同伴した経験を著した旅行記『世界周遊航海記』(*Voyage Round the World*, London 1777)は，文学的科学物語という新しいジャンルを創始し，A. フンボルトに影響を与えた。後にゲッティンゲン，ヴィルナで博物学の講義を行い，ヨーロッパ各地の学者と交わり，『ゲッティンゲン・マガジン』，『ゲッティンゲン・アンツァイゲン』を刊行。植物学で学位取得し，大西洋，オーストラリアの植物分布に関する著述を刊行。当時のドイツの地理学，生物学に大きな影響を与え，ドイツの科学を世界的な水準にまで引き上げた。1786年カントと人間の起源に関して論争。ヘーゲルは『エンツュクロペディー（第3版）自然哲学』[362節「補遺」]でゲーテのフォルスター言及部分を引用し，動物の色彩と光の関係を論じている。前掲以外の主著として，*De plantis esculentis insularum Oceani Australis commentatio botanica.* Berlin-Halle 1786, がある。

【参】 Haare (1971), 佐藤和夫 (1990)

(長島 隆)

深み [Tiefe]

「深み」は，「夜」(Nacht) や「深淵」(Abgrund) と並んで，否定性と関連した根源性のメタファーといえる。深みは顕現への方向を持つ。『精神現象学』の宗教の章では，それまでの意識諸形態の系列が回顧され，それらを支えてきた「認識」が「深み」としての精神であったこと，いまやその精神が前面に出てきたことが明らかにされる [3. 500]。深みに自己意識的精神が対応するのは近代の特徴である。ギリシア宗教には「徹底性と深み」が欠けており，深いものはせいぜい，人には知られない「運命」として登場するだけである [『イェーナ体系Ⅲ』GW 8. 281]。規定性を嫌い，外化を拒絶する反学的立場は「空虚な深み」として批判される [『精神現象学』3. 17]。スピノザ的実体が「絶対者の空虚な深淵」と名付けられるのも，それと同一線上にある。絶対概念の深みも止揚され，「開示」される。それこそが，歴史にあいついで登場する諸精神の「目標」である [同 3. 591]。
⇒夜

(中岡成文)

福音 ⇨プロテスタンティズム

福音書 ⇨聖書

福祉 ⇨善行

福祉行政 ⇨ポリツァイ

復讐 [Rache]

　犯罪は復讐と結びついている。ヘーゲルにとって犯罪は，直接には個々の人間に加えられる不正義でありながら，同時に人倫的連関全体に対する侵害でもある。このため復讐も個々の出来事ではなく，傷つけられた人倫とその回復の過程として理解されなくてはならない。しかし，復讐はそのつどの特殊的意志にかかわるために，さらなる復讐による無限の連鎖を生み出してしまう。法的権利として理解した場合には，復讐という形式で犯罪に立ち向かう権利は，即自的なものにすぎず，合法的権利としては正当化されない。このため，侵害された当事者の代わりに，普遍者が裁判においてこの意志を引き受ける。これによって，「犯罪の追跡と処罰は，復讐によるたんに主観的で偶然的な報復であることをやめ，権利の自分自身との真実の和解，すなわち刑罰に変じる」[『法哲学』220節]。→犯罪，刑罰

(岩崎　稔)

不幸な意識 [Unglückliches Bewußtsein]

　「不幸な意識」が主題として本格的に論述されている場所は，『精神現象学』における「自己意識」の第2部だけであるが，しかしこの意識形態は，同書の「精神」（「美しき魂」の項）および「宗教」（「啓示宗教」の項）においても，意識の運動の本質的契機として現出している。——この形態においては，意識は(1)両立することのできないふたつの契機（「移ろわぬもの」と「移ろうもの」）が，ひとつの個別的意識である自分自身の中で不可分に結合していること，しかも(2)自分はその一極たる「移ろうもの」に位置して，もう一方の極「移ろわざるもの」に関係せねばならぬこと，を知っているのである。したがって，(3)それはその両契機が矛盾的対立と結合とのあいだを絶えず往還しているような運動になるほかはない。この意識にとっては，自分が何かである，という意識はそのままそれの空しさの意識であるが故に，それは不幸なのである。

　しかしこの意識は同時に，それとの和解が成就すれば現在のこの不幸から脱却しうべき「移ろわざるもの」を，それの三一性という構造においてすでに経験して（啓示されて）もいる。したがって不幸な意識の運動は，「移ろいゆく現実形態を具えた移ろわざるもの」との和解を，それの感覚的現実性を止揚しつつ霊的な仕方で，成就する運動，とならねばならない。——

　すなわち，この意識はまず，(1)「現実の永遠者」を無限の彼岸として感じ，これに内面的心情によって触れようとする果てしなき憧憬となり，信心し帰依しようとする純粋な意識となる。しかし(2)意識はやがて，そういう現実の永遠者を，個人的救世主としてよりはむしろ神聖な世界として経験するにいたる。つまり無限の彼岸は，いまや意識を超えた自存的他者であるのみでなく，自分を部分的にせよ放棄して意識に恵むところの世界である。意識の方も，欲望を持ち労働しその結果を享受する能動的活動であるとともに，そういう活動を恵与した世界とその自己放棄とに感謝するのであり，かくて世界と意識とはそれぞれに二重化される。——しかるに(3)恵みへの感謝とは，自分の能力と活動とは無に等しいにもかかわらず，世界を享受するのはこの個人的自己である，という意識であるから，そこに最も深刻な不幸の形態，すなわち罪の意識が現れる。意識がこの不幸から解放されるのは，彼と移ろわざるものとの両極を媒介することに奉仕する第三者，聖職者階級に，自己を滅却して従うことによってである，つま

り，自分の判断を捨てて媒介者の決定と勧告に従い，自分の欲望を断って断食や苦行をし，財産への執着を抑えて喜捨や寄進をし，はては理解不可能な内容や言葉を読誦しつつ練り歩く，といった仕方で，我性を放棄することによってである。しかし意識は，自分の我性をこのようにして内的にも外的にも滅することにより，不幸から免罪され，既に自体的には自分と和解を遂げている。

ヘーゲルのこうした一般的記述に前提されているのは，(1)ヘレニズム的ローマ的世界がキリスト教的ヨーロッパ的世界へ転換する運動，(2)積極的世俗的宗教としての中近世キリスト教の思惟形態，(3)ロマンティーク運動の最終形態，等々であるが，それらのあいだに，特に歴史的キリスト教に対するヘーゲルの態度のなかに，整合的解釈を樹立することは，決して容易なことではない。

【参】 Wahl (1929)　　　　　　　　（酒井　修）

不自由　⇨**自由**

ブーターヴェク　[Friedrich Bouterwek 1766.4.15–1828.8.9]

ドイツの哲学者。ゲッティンゲン大学教授。彼の思想は絶対的潜勢力説（absoluter Virtualismus）と呼ばれる。それによれば，絶対的実在は主観的な力と客観的な力との，つまり力とその抵抗力との統一としての絶対的潜勢力（Virtualität）であると考えられた。ヘーゲルは彼の絶対的潜勢力説を，主観的なものと客観的なものとの統一を根本事実として主張する方向だと指摘している。後年ヤコービの信仰哲学の立場を取るようになる。ヘーゲルの批評「ブーターヴェクの『思弁哲学の始元根拠』」(1801) がある。主著：*Ideen zu einer allgemeinen Apodiktik* (1799), *Anfangsgründe der spekulativen Philosophie, Versuch eines Lehrbuches* (1800), *Religion der Vernunft* (1824)。　　　（寄川条路）

復活　[Auferstehung]

Ⅰ　**信仰としての復活**　「キリストの復活と昇天は信仰にとってのみ存在する」[『ニュルンベルク著作集』4. 68; 参照 17. 291]。この信仰は神人キリストへの信仰，絶対的宗教としてのキリスト教の信仰である。「異教の聖なる神々は彼岸にあるものとして表象された。キリストによって，世俗の現実が，軽蔑すべきものではないこの低劣さが，それ自身聖化される」[同上]。「人の子として神の子である」キリストにおいてのみ「〔此岸と彼岸の〕同一性が直観される」[同 4. 67] からである（「神人にとってはいかなる彼岸も存在しない」[同上]）。復活を，「神の永遠の生」の「自己への還帰」と見るのも信仰である[同 4. 68]。

Ⅱ　**否定の否定としての復活**　復活は否定的な死を肯定的なものに転じる。「キリストの死は，この死そのものの死であり，否定の否定である」[『宗教哲学』17. 292]。「最高の苦痛，全く救いがないという感情」を引き起こす神の死という，この「最も恐るべき思想」[同 17. 291] が，復活によって「否定的なものに対する勝利」へと反転する[同 17. 291 原注]。

Ⅲ　**精神の本性としての復活**　復活とは精神の復活のことであって，「肉体の復活はさして大きな道徳的重要性をもっていない」[『国民宗教とキリスト教』2. 80]。「否定的なものの克服は人間の本性を脱ぎ捨てることではなく，むしろ死と最高の愛とにおけるその確証である。精神は，否定的なものを否定するものとしてのみ精神である」[『宗教哲学』17. 291 原注]。精神としてのキリストの死と復活は人間精神それ自身にとっての目標・モデルでもある[『美学』14. 47ff. 参照]。「精神の生は，死を恐れ，荒廃から純粋に身を守る生のことではなく，死に耐え，死のなかで自らを保持する生のことである。精神がその真実を得るのは，絶対的な分裂状態のなかに自分自

身を見出すことによってのみである」[『精神現象学』3. 36; 参照 2. 21f., 479] という際に問われているのは、むしろ有限な人間精神の本質である。『エンツュクロペディー』のフェニックス（不死鳥）の比喩 [『（第3版）自然哲学』376節「補遺」9. 538] に倣って言えば、復活とは、否定的なものを内に包摂した精神の新たな蘇りのことである。→死, 彼岸・此岸, フェニックス

(座小田豊)

物質 [Materie]

古来人々は感覚的にその存在を知られる実質的なものを漠然と物質とよんできた。ヘーゲルも初めは万物に滲透するエーテル（$\alpha i\theta\eta\rho$）或いはアエール（$\dot{\alpha}\eta\rho$ 気）を認め、これを万象の始めをなす絶対的質料とした。これはギリシア自然哲学の原質に当る。ヘーゲルでは自然の理念はまず空間と時間の普遍的規定のもとにあるが、この両者の相互否定と相互移行が運動とされた。運動における両者の矛盾の同一が物質である。「成（運動）そのものがまさにその矛盾の自らへの合一であり、空間と時間の直接に同一な、定在する統一であり、物質である」[『エンツュクロペディー（第3版）自然哲学』261節]。「物質は単に普遍的直接的なものとして量的区別しか持たず、諸定量に特殊化されている。これが質量（Masse）である。質量が一全体、つまり一という外面的規定のもとに在るとき物体（Körper）である」[『エンツュクロペディー（第3版）自然哲学』263節]。物体は惰性的とされる。

ギリシアでは物質を一定の形相（存在）と、形相を具えない質料（無）に分けて、物質は存在と無の相互媒介に成り立つ概念とされた。しかしヘーゲルはエーテルはほんらい絶対的精神に他ならないとも言う [『イェーナ体系Ⅱ』GW 7. 188]。カントは自然の根源を引力と斥力に分割し、両方をモメントとして物質の概念を構成しようとした。しかしヘーゲルは牽いたり斥けたりされるものがすでに物質であるとして、カントの誤謬を指摘する。ヘーゲルは自然諸力からの機械論的構成ではなく、空間を充実する運動力を根本とする形而上学的運動論をとった。ヘーゲルによるとまず物質の重さ（Schwere）あるいは重力（Gravitation）は、その牽引の作用と区別されねばならない。牽引は一般に「相互外在」（das Außereinander）の止揚と連続化にすぎない。重さは相互外在的な特殊性を否定的な自己関係としての統一、すなわち抽象的な主体性である個別性へ還元する働きである。重さ（重力）は、物質が自らの外に中心点を措定する傾動（Streben）であり、物質の実体性・自己内存在である。ヘーゲルはこの中心を物質的なものと考えないようにと注意する。自然の理念は相互外在の規定において無限な個別性をなし、その統一が観念的、即自存在的であるときは、力学（Mechanik）を成立させる。その理念が特殊性の規定にあり、実在性が内在的に措定されるときは、その自己内存在が自然的個体性をなして、物理学（Physik）を成立させる [『エンツュクロペディー（第3版）自然哲学』252節]。

ヘーゲルは原子論をも含めて、機械論的な粒子哲学を退けた。しかし近代化学では化学変化の過程を経ても保存される物質粒子の概念が立てられ、分子・原子の概念が導入された。そして原子物理学の進歩は、原子の構造を究めて、これは電子・陽子・中性子から成ることを明らかにした。そして量子力学は場と粒子の相補性関係の思想に到達している。→エーテル, 時間, 空間, 運動, 物体, 重さ, 相互外在, 原子

【参】 Ihmig (1989)

(本多修郎)

物象化 [Verdinglichung]

物象化という概念はヘーゲル自身によって使用されていないが、主体の活動・作用が物（Ding）という対象的形式をとることが次の

ように展開されている。

(1) 人間活動の客観化　一般的に人間の活動が外化（Entäußerung）により対象的になることで，労働は「此岸的な自己を物となすこと」[『イェーナ体系Ⅲ』GW 8. 205] であり，掟や法，宗教といった実体も諸個人の活動の所産として「普遍的作品（Werk）[『精神現象学』3. 325] である。こうした把握は，「自己は物である」[同 3. 260] という無限判断が示しているように，主観‐客観二元論の超克をモチーフとしている。

(2) 自己還帰の不在　『精神現象学』では，近代以前において支配の介在により，主体が外化のうちで自己喪失に陥ることが汎通的とされている。主人と奴隷の関係において，奴隷は労働を通じても「普遍的威力と対象的実在とを支配するのではない」[同 3. 155]。またそれ以後の世界でも，世界の現存在は「自己意識の作品」でありながら，「この現実のうちに自己意識は自分を認識しない」[同 3. 360]。こうした場合自由は不在であり，自己と対象との関係そのものが「物の形式となる」[『ニュルンベルク著作集』4. 82]。

(3) 人間的活動・能力の「物件」化　『法哲学』によれば，近代市民社会では，諸個人は相互に欲求充足の手段となる。その際あらゆる人間の活動・能力が，量的価値のみを規準とした「物件（Sache）」として譲渡・交換の対象となることによって，「欲求と〔充足の〕手段は実在的〔物的〕定在（reelles Dasein）として他人に対する存在となる」[『法哲学』192節]。ここには人間と人間との関係が物と物との関係として現出するというマルクスの物象化概念が先取りされている。

(4) 理性の有限化　固定化の作用である悟性は，理性の有限化により生ずるが，それ自身「物とされた理性（die zu Dingen gemachte Vernunft）」[『懐疑主義論文』2. 236] である。ヘーゲルはこうした意識の物象化だけでなく(2)(3)の克服をも，理性の実現，すなわち相互承認的自由の実現に求めたのである。
→労働，市民社会，マルクスとマルクス主義

(竹村喜一郎)

物神（呪物）[Fetisch]

物神，呪物を意味する Fetisch はポルトガル語 feitiço（呪術，魔術の意，ラテン語 facticius〔人造の，模造の〕に由来）から転じた語で，原語は，15世紀後半西アフリカの黒人が自然物，人工物，動物などを尊崇するのを見たポルトガル人が，それを聖者の遺物，呪符，護符などを崇めるカトリックのフェイティソ（「つくられたもの」「呪文をかけられたもの」の意）の崇拝と連結することによって成立した。Fetisch という語は，ド・ブロース（Charles de Brosses 1709-77）の『呪物神の礼拝について』（*Du Culte des dieux Fétiches,* 1760. 独訳1785）以来一般に流布するようになったといわれる。

青年期のヘーゲルが物神を問題にするのは，カントの宗教論の構図を受容して，徳行のみを神への礼拝とする「理性宗教」の立場から善意志以外のものによって神の意志にかなおうとする信仰を「呪物信仰（Fetischglaube）」として排撃する視角からである [『国民宗教とキリスト教』1. 28]。しかし，後期のヘーゲルは，物神を即事象的に多様な観点から俎上にのぼす。(1)『歴史哲学』では，ポルトガル語の原語との関連を踏まえて，黒人によって守護神にされるものが物神とされ，それ自身黒人の「超自然的力が直観の形で対象化」されたものと規定される [12. 123]。(2)『宗教哲学』においては，黒人の宗教を含む自然宗教の最初の形態において神とされるあらゆるものが物神と把握される [16. 294]。(3)さらに物神は，ド・ブロース的に宗教に限局されることなく，普遍的社会現象としても捉え返される。「物神はすべての民族にとって存在し，またいかなる個人にも存在する」

[16. 295]。ヘーゲルの黒人の宗教に関する情報源はコンゴで宣教したカヴァツィ (Giovanni Antonio Cavazzi ?-1692) だが [16. 298]、究極的にヘーゲルは物神を欲望、願望などによる人間の自己呪縛の徴表と捉え、それからの解放を哲学を通じて試みた。

【参】 Kant (1793), Erckenbrecht (1976)

(竹村喜一郎)

物体 [Körper, Körperlichkeit]

『エンツュクロペディー (第3版) 自然哲学』[263節以下] によれば、物体は、重さを述語とする物質が定量へ特殊化されて一つの全体或は一者という規定を受け、主語の形式をとったものである。それは力学的には空間・時間の契機を含み、空間規定としては持続性をもち、時間規定としては変易性を持つ。他方、空間・時間の形式、それらの関係である運動および静止に対しては没交渉であり、「慣性的」である。この抽象的物体は、他者に対する量的関係が集められた点 (重心) を自己の内に持つ存在と見られると、現実的な物理学的物体となる。それは、自己に内在する形式の展開によって得られる諸規定の個体的結合点であり、それらの静止的総体性として「形態」を得る。こうして成立する個体的物体は力学的・化学的特殊化の過程を経て、有機的自然へと展開される。なお、『美学』の「自然美」の章では、客観性に埋没した概念の実存形態として、特殊物体のあり方が叙述される。→物質

(北川浩治)

物理学 [Physik]

ヘーゲルは物理学の語を自然哲学の概念として用いる。それで近世自然科学の一部門としての物理学は経験的物理学あるいは合理的物理学と呼ぶ。ヘーゲルの自然哲学はシェリングの思弁的物理学の概念に影響されていた。Physik の語源はギリシア語のフュシス ($\varphi\acute{\upsilon}\sigma\iota\varsigma$) であるが、この語のほんらいの意味は、「事物そのものに内属する永遠の実体」を指した。さらにアリストテレスは自然を「ほんらいそのものの内に運動の原理をもつ実体」と規定し、けっきょくそれは運動変化の原理を意味すると説いた。ヘーゲルによれば「まずわれわれが自然哲学を自然科学一般、物理学、自然誌、自然学 (Physiologie 生理学) に対する特有の関係において見ると、自然哲学はそれそのものが物理学、しかし合理的物理学である。例えばアリストテレスの物理学は、いったい物理学であるよりは遙か自然哲学であるほどである」『エンツュクロペディー (第3版) 自然哲学』緒論の「補遺」]。ヘーゲルは自然哲学は経験的物理学と不離の関係にあるべきだと言う。「哲学は自然経験と一致しなければならないというだけではない。哲学的学問の成立と形成には経験的物理学が前提となり条件となるのである」[同246節]。

物理学は中世ごろまでは自然現象の質的研究を行い、近世には化学・宇宙論・気象学などを加えて広義に解された。17世紀ごろ変革が起こって、物理学も数量化できる現象の数学的記述に向い、実験物理学に並んで理論物理学も発展した。しかしヘーゲルにとっては「自然に関する理論的、しかも思惟的考察である」その本性は同じである。「普遍的なものを概念の自己規定に則って、それ固有の内在的必然性において考察する」からである。「言うところの普遍的なものとは、諸々の力や法則や類であって、これらの内容はまた単なる寄せ集めであってはならず、整序され、分類されて、一つの有機的組織体として際立てられねばならない」[同上]。例えば物質の諸部分の空間的な相互外在は、特殊な凝集 (Kohäsion) の仕方で質量に対抗する。この相互外在の多様な統一には、i) 他者への粘着 (Adhäsion)、ii) 重さに対抗する単に量的な凝集、iii) 形態の自立性を表す質的な凝集 (点的な脆弱 Sprödigkeit、線的な強靱 Zähigkeit、面的な Hämmerbarkeit など)

がある。さらに外的な暴力に対する内面的屈伏と自己維持とは弾性（Elastizität）と呼ばれる。なお物質の部分である原子や分子は空間に存立するとも存立しないとも考えられ，二重否定の弁証法を例示していると言える。ヘーゲルは経験的物理学は普通予想される以上に豊かな思想を含むと説く。物理学と自然哲学の区別は知覚と思惟との区別ではなく，ただ思惟の本性と方式とによる区別に過ぎないとみる。両者とも自然についての思惟的認識である点は同じだからである［同緒論「補遺」］。⇨自然哲学，力学　　　　　（本多修郎）

不平等　⇨**平等**

部分　⇨**全体**

普遍　［Allgemeinheit］

　対象的事物や状態や出来事などにおける「真なるもの，本質的なもの，内面的なもの」は思惟によってのみ把握されうる普遍的なものである。例えば，法ならびに規則や法則一般，正義，義務および権利などは個別的な諸状況，諸形態，諸現象，諸関係を貫く普遍的なものであるが，そのものとして空間のうちで感覚的に現存在しているわけではない。「諸事物の普遍的なものは，我々に属するような主観的なものではなくて，むしろ一時的な現象に対立したヌーメノンとして，事物そのものの真なるもの，客観的なもの，現実的なものであり，プラトン的なイデアのようなものであるが，しかし，どこか遠くにあるのではなくて，個々の事物の中に実体的類として存在するのである」［『エンツュクロペディー（第3版）自然哲学』246節「補遺」］。我々は特定の動物を指して，「これは動物である」と言うが，動物そのものを示すことはできず，つねに特定の動物を示すことができるだけである。動物なるものは現存しない。現実に存在するすべての動物は特殊なものであるが，動物であるということ，すなわち普遍的なものとしての「類」は，これら特定の動物に属し，その特定のものの本質をなしている。犬から動物であるということを取去ったならば，それが何であるかを言うことはできない。動物であるということは単に共通な，悟性的に同一な事柄，外的な紐帯のごとき「抽象的なもの」ではなくて，「類」として個別的諸動物を貫き，それらを自己のうちに含み，それらの「根拠，根柢，実体」をなしているのである［『エンツュクロペディー（第3版）小論理学』24節「補遺」，175節「補遺」；『大論理学』5. 26, 6. 300］。いわゆる普遍論争における実念論的－トマス的発想を再興しつつも，それを弁証法的に再構成してヘーゲルは，「すべての存在者が特殊な性状をもつ個別的現実性のうちに存する普遍的類である」ないし「普遍的なものとして自己を個別的なものと連結する特殊なものである」所以（論理的には「推理の形式」）を喝破するのである［『同前小論理学』24節「補遺」，179節；『大論理学』6. 352, 359］。

　そもそもヘーゲルによれば，「真なるもの，理念が空虚な普遍性の中にあるのではなくて，それ自身において特殊なもの，規定されたものである普遍的なものの中にあることを明らかにするのが，悟性に対立する哲学の仕事」に他ならない［『哲学史』18. 43］。普遍および特殊性と個別性とを外延の広狭ないし量の関係および従属関係で捉えるような悟性的把握は「合理的なものの非合理的認識」にすぎないものとして退けられる［『大論理学』6. 289, 295］。これらはまずは「絶対者」それ自身から出発する媒介運動の契機ないし自己区別的に自己同一的である弁証法的活動性としての「概念」の三契機と見られなければならず，この「概念」は，「無規定性」としての普遍とその自己「規定（否定）性」たる特殊との統一として個別であり，自己の規定性を貫通していく「主体」たる「具体的普遍」に他な

らない[『同前小論理学』164節；『法哲学』24節]。

この「即かつ対自的に存在する普遍」は「理性的なもの」ないし「自己を知る理性」とも呼ばれ[『法哲学』同上；『エンツュクロペディー（第3版）精神哲学』577節]、体系的には、「論理学」の領域において普遍、特殊、個別のその完全な媒介関係が示される。それに対して「自然」においては、普遍は自らに適合しておらず（このことが生命的なものの根源的病気と、持って生まれた死の萌芽をなす）、「概念」はその定在の外面性と有限性とを克服しえない。だが動物的個体のもつ自然性ないしその実在性の直接性の止揚によって、自然の中では単に即自的に存在しているにすぎない普遍が対自的になる。ここに「概念」の「主体性」すなわち「具体的普遍」が措定されることになる。「普遍が普遍に対してあることによって、概念は対自的に存在するのであるが、これは精神においてはじめて出現することである。ここで概念は自らを対象化する。だがそれによって概念としての概念の現存在が措定されるのである」[『同前自然哲学』375節、376節「補遺」]。「精神」においてかかる普遍はその規定性の諸段階を経ていく。「精神は心としては抽象的普遍の形態をもち、意識としては特殊化の形態をもち、それだけで存在している精神としては個別性の形態をもっている」[『同前精神哲学』387節「補遺」]。この「主観的精神」と「客観的精神」そのものとの真実態である「人倫」から、世界歴史における「思惟する精神〔理性〕」は特殊な民族精神のもつ被制限性ないし自らの世界性をはぎ取ることによって自分の「具体的普遍」を捉え、「絶対的精神」の知へと高まる[同513、552節]。「自己を精神として知る精神」[『精神現象学』3.591]の自己知に、言うなれば自然および文化の総体が、その一切の歴史的・社会的諸段階が止揚されることになる。これらを自ら（自己の「他者」として）産出しつつ、自己へ還帰する（「他者」をübergreifenすることによって、「他者」において自己自身のもとにある）「精神」として、この「精神」は「絶対的普遍」なのである[『大論理学』6.277、279；『同前精神哲学』577節]。この「真の包括的な意味における普遍は、人間の意識にはいるまでには数千年を要し、キリスト教によって始めて完全に承認されるようになった思想」だとヘーゲルは見ている[『同前小論理学』163節「補遺」]。→特殊性、個別性、類、概念、精神　　　　　（山田忠彰）

普遍的個体　〔allgemeines Individuum〕

「普遍性が〔普遍性であるがままに〕外的な現実性を持つ」[『精神現象学』3.223]ことを意味するが、この場合この個体は否定的統一としての媒辞でもある[『大論理学』6.425；『エンツュクロペディー（第3版）自然哲学』228節以下]。個別的用例では、自然哲学における地（Erde）が地水火風という四大の一つでありながら、これを否定的に統一して、普遍的基体としての主体となっていることを指す[『精神現象学』3.223；『エンツュクロペディー（第3版）自然哲学』289節]。さらにこれはヘーゲル哲学の根幹である「主観（体）でもある実体」と関連して、「自覚的精神」或いは歴史哲学的に言い直せば「世界精神」として理解することもできる[『精神現象学』3.31]。この場合は、絶対者ないし世界精神が特定の個人に体現されて定在していることを意味する。イェーナ入城のナポレオンの例は有名。ギリシアの人倫の悲劇性の体現者としてのアンティゴネーもその一例。→ナポレオン、『アンティゴネー』　　　　　　　　　（出口純夫）

普遍的自己意識　⇨自己意識

不変なもの　⇨不幸な意識

不法　〔Unrecht〕

即自的な正ないし法は，なるほど共通な意志ではあるが，あくまで特殊意志（恣意）の共通性にすぎず依然として特殊意志に対立している。特殊意志はなおこの共通意志の否定，「即自的にある正ないし法に違反した行為」［『法哲学』81節「補遺」］をなしうるのであり，共通意志に含まれているこうした否定の現れが不法ないし不正にほかならない。即自的な普遍的意志に対する特殊意志の反抗はあくまで仮象にすぎず，法はこのような反抗を否定することによって自らを回復し，それによって現実的なもの，妥当するものとなる。『法哲学』では，「無邪気な不法」（市民どうしの権利の衝突），「詐欺」，「犯罪」が不法として挙げられているが，とくに本来の意味での不法である犯罪が刑罰的正義によって否定されることによって，法は自らを回復する。このことは同時に法の普遍性が対自化される契機でもあり，「抽象法」の外面性は「道徳」の内面性へと移行する。→犯罪，法，正義

(斎藤純一)

フモール ［Humor］

フモールは，シラー的な素朴的（naiv）な詩と情感的（sentimentalisch）な詩との対立が問題となる美学において重要となる。ジャン゠パウルの『美学入門』では「フモールは逆さの崇高として，〔……〕有限なものをイデーとの対比によって殲滅する」。またゾルガーの『美学講義』でもフモールの本質は，「イデーが全く現象の多様性のうちに溢れ出たにもかかわらず，本質として認識されるような状態」に明らかとなる。しかしヘーゲルは色々な内容を単に主観的な「機智」（Witz）を示すためだけに用いる「主観的フモール」をロマン的芸術の，そして芸術一般の解消現象の一つに数え入れる。確かに彼は主観的な反射のうちにも客観を形態化する「客観的フモール」に「精神の多くの深みと富」を認める（ゲーテの『西東詩集』など）。しかしそこでの内面性と客観性の呼応は単に「部分的」（partiell）でしかないのである［『美学』14. 231,240］。

【参】 Jean Paul (1804), Solger (1829), Strohschneider-Kohrs (1960)

(四日谷敬子)

ブラウン理論 ［Brownianismus］

スコットランドの医師ブラウン（John Brown 1735-88）の提起した「興奮説」。彼は痛風体験に基づき，「興奮性」という生命原理から生命─健康─病気─治療法を統一的に説明する体系を1780年に呈示した。彼によれば生命は興奮性と外的刺激の均衡において成立し，両者の不均衡が病気であり，そのため生命は不断の外的刺激に依存するとされ，病気の治療は自然治癒力よりもこの両者の均衡を人工的に回復することとした。興奮性と外的刺激の関係は数量的に計算可能であり，反比例する（両者の総和が80）。治療法もあへん，アルコールなどを使用する極端なものであった。当時ブラウン理論はドイツ，イタリアで議論を巻き起こし，ドイツでは1790-1806年に掛けて医学上の中心問題となった。ドイツではギルタンナー（Christoph Girtanner 1760-1800），レシュラウブ（Andreas Röschlaub 1768-1835）らがブラウン理論を代表する。この理論をヘーゲルは有機体論において受け止めたが，彼の受容の仕方は初めから批判的であり，「形式主義」という批判をイェーナ時代から与えている。彼は当時の「生命原理」を中心とする受容の仕方と異なって，病気観においてブラウン理論を取り上げ，「量的不均衡」というブラウンの病気観を批判し，「質的不均衡」を重視，ブラウンの人工的な治療法には否定的である。またヘーゲルの証言からも当時ブラウン説が医学の全体系であるような影響力を持ったことが知られる。ブラウン説を真向から問題にしたのはシェリングであり，彼の批判点はブラウンが「興奮性」をカント的なそれ以上遡及しえ

ない「先験的原理」とする点であり，次第に「興奮性」が生命原理を「量的差異」へ還元することになることをも批判するようになった。なおカントもブラウン説については知っている。→医学

【参】 Brown (1780), Weikard (1796), Pfaff (1796), Girtanner (1797-8), Röschlaub (1798), Schelling (1799, 1806), Schwanitz (1983), 長島隆 (1990)　　　　　　　　　　　(長島 隆)

フラット [Johann Fridrich Flatt 1759-1821]

テュービンゲン大学神学部の哲学教師。シュトールの弟子で神学者であるが，カント哲学に関心を寄せ，大学ではその権威と目されていた。ヘーゲルのカント思想の影響には，シュトールとともにフラットも役割を果したと言えよう。またヘーゲルは彼の講義「経験心理学とカントの批判」のノート[GW 1. 167-192] をもとに，宗教を心理学的に考察する努力を重ねている。宗教と社会を革新するためには，まず個人の心理を熟知する必要を感じたからである。→シュトール

【参】 Harris (1972)　　　　　　　(片柳榮一)

プラトン [Platōn 前427-347]

プラトンの哲学は，イデアや弁証法の考えを中心にして，ヘーゲルの哲学全体に深く刻みつけられている。むろん，青年期における美的プラトン主義や，イェーナ期における「真正の懐疑主義」としての『パルメニデス』篇などに見られるように，ヘーゲルは実にさまざまな観点からプラトンに言及している。しかし，何といっても，独自のテキスト読解に基づいて，おそらくアリストテレスや新プラトン派を受け入れながら，まとめ上げられた『哲学史』のプラトン解釈がもっとも充実したものといえる。

ヘーゲルは，フィチーノ (Marsilio Ficino 1433.10.19-1499.10.1) によるラテン語訳のついたツヴァイブリュッケン版『プラトン全集』をテキストにしながら，『国家』『パルメニデス』『ソピステス』『ピレボス』『ティマイオス』などの中期以降の対話篇を解釈している。これは，なるほどイデア論の成立をもってプラトン哲学の成立と見なし，初期の対話篇はソクラテスの哲学を記録したものであるとするアリストテレス以来の解釈に基本的には従っている。しかし，18世紀から19世紀にかけて，いま挙げた対話篇は偽書と見なされ軽視されていたことを思えば，ヘーゲルのプラトン理解はきわめて先駆的なものであった。

(1) イデア　　ヘーゲルは，「プラトンは普遍的なものをイデア（エイドス）と呼んでおり，我々はそれをさしあたって類ないし種と翻訳する」[Vieillard-Baron (1976) S. 86] と述べている。エイドスという言葉は実はイデアという言葉よりも頻繁に用いられており，しかも類ないし種という意味を持つ点ではヘーゲルの理解は適切である。しかし，神話的表象をよけいな混入物と見るヘーゲルの立場からも当然のことであるが，イデアは，個々の不完全な物に対する完全な典型という面を否定されている。このような観点からヘーゲルは，存在と非存在，有限と無限，同と異，一と多などのカテゴリーを引き継いでいる。

(2) 弁証法　　ヘーゲルは，プラトンの対話篇のうちに，思弁的な学への道を切り開いてゆく否定的な弁証法と，本来の思弁的証法の二面を見ている。前者については，「プラトンの弁証法の目的は，人間の有限な表象を混乱させ，解体して，学の要求，存在するもの〔真理〕への道筋を人間に自覚させることである」[同87] といわれている。また，後者については，「さらに進んだ弁証法の現実は，特殊的なものを混乱させることによって現れてくる普遍的なものをそれ自身のうちで規定し，そのうちで対立項を解消することである。したがって，矛盾のこのような解消は肯定的なものなのである」[同88] といわ

れている。

(3) 自然哲学　ヘーゲルが、自然世界に、精神の世界とは異なった四項（たとえば、土水火空気）からなる推論を認めるようになった機縁は、ピュタゴラス派の比例調和の考えに色濃く染めぬかれた『ティマイオス』理解にある。プラトンは、世界霊魂の身体である物質の世界が美しくしかも立体的であるためには、比例調和に支えられた土水火空気の四つの元素が必要であるといっている。この点について、ヘーゲルは、「ここにでてくる四という数は自然において一つの重要な基数である」[同104]と述べている。

(4) 精神哲学　ヘーゲルによれば、プラトンは『国家』で一方では古代ギリシアの都市国家の真実を表現し、国家が個人の第二の本性であるとした。しかし、他方で良心の自由ないし主観的自由の原理を排除した。→理念, 弁証法, 新プラトン派

【参】Gadamer (1971d), Vieillard-Baron (1976), Riedel (1990)　　　　　　　　　　（山口誠一）

ブラフマン　⇨インド・仏教

フランクフルト学派

フランクフルト学派とは、狭義には、フランクフルト大学の社会研究所 (Institut für Sozialforschung, 1923 年創設) の所長に1930年6月ホルクハイマー (Max Horkheimer 1895-1973) が就任して以来、彼を中心に結集したポロック (Friedrich Pollock 1894-1970)、フロム (Erich Fromm 1900-80)、マルクーゼ (Herbert Marcuse 1898-1979)、レーヴェンタール (Leo Löwenthal 1900-)、アドルノ (Theodor W. Adorno 1903-69)、ベンヤミン (Walter Benjamin 1892-1940) らの研究所のメンバーの呼称であり、広義にはこれらを含む、1932年から41年まで刊行された研究所の機関誌『社会研究誌 (Zeitschrift für Sozialforschung)』（アメリカに移ってから40年以後 Studies in Philosophy and Social Science と改題）を拠点に活動した人々を指す。最広義には、上記の人間に、1951年ドイツに再建された社会研究所に集まった人々を加えた総称である。

この学派が掲げた「社会の批判的理論」の基調は、前期の場合、ホルクハイマーが提起した「総体としての現代社会の理論の究明」である。具体的には彼の「伝統理論と批判理論」(1937) が表明しているように、現代の社会と文化とを、既成マルクス主義をも含めて、批判的に克服することをめざす「社会化された主体-客体の弁証法」の構築・実現である。1933年のナチスの政権奪取後研究所のメンバーがアメリカに亡命してからは、高度に発達した資本主義がファシズムという野蛮状態を生み出す理由が共同的研究の中心に据えられた。そこから個人の意識や性格の解明に照準が合わせられ、フロイト (Sigmund Freud 1856-1939) の本能説が再評価されるとともに、フロムは修正説と批判され、研究所から離れた。『社会研究誌』は廃刊、所員は四散する中で、ホルクハイマーとアドルノは『啓蒙の弁証法 (Dialektik der Aufklärung)』(Amsterdam 1947) をまとめ、人類の歴史を魔術からの解放としての啓蒙の進展であるとともに神話への逆行でもある弁証法的過程と総括した。そこでアドルノが主導する形で定式化された「自然支配的合理性と自然との宥和というユートピアとの弁証法」が後期フランクフルト学派の基礎理論となる。戦後50年に帰国したホルクハイマーとアドルノにより再建された社会研究所は、ハーバーマス (Jürgen Habermas 1929-) をはじめすぐれた研究者を生み出し、アメリカに残ったマルクーゼとともに、先進諸国の知識人に多大な影響を与えた。

この学派の代表的理論家が、批判を前提とするにせよ、ヘーゲルから多くを学んでいることは、ホルクハイマーの合理性の擁護ある

いは道具的理性批判における理性概念，マルクーゼの「偉大な拒絶」の原型としての「否定性」，アドルノの否定的弁証法の鍵概念としての「非同一性」，ハーバーマスのコミュニケーション的行為理論の着想源としての「承認をめぐる闘争」から明らかである。

【参】Rohrmoser (1970), Jay (1973), Schmidt (1974), 徳永恂 (1974) 　　　　(竹村喜一郎)

フランス革命　[französische Revolution]

フランス革命は，絶対王制の旧体制(アンシャン・レジーム)を一挙に倒して，民主的議会政治，私有制と特権廃止，国民国家等を特徴とする近代社会への道を切り拓いた大政治変動である。フランスは1789年から10年間にわたって民衆を巻き込む激動の歴史的転換期を経験しただけではなく，近隣諸国との戦争を通して全ヨーロッパの社会的根底を揺り動かした。革命の進展は全体として新たに顕現した「政治文化」のフランス的特性によって規定されていた。1807年にヘーゲルは，彼の時代が「誕生の時代」，「新しい時期への移行期」であり，旧世界を没落させて精神が自己を再創造しつつある「前進する運動」の時代である，と述べていた [『精神現象学』3. 18]。ヘーゲルにとって哲学の課題とは時代の現在を思想として概念的に把握することであるが，その時代とはフランス革命とその継続としてのナポレオン戦争で顕現した新しい時代への転換期にほかならなかった。ヘーゲルは封建的特権の廃棄と近代的統一国家へと導く新精神を撤回不可能なものとして理解した。テュービンゲンで若きヘーゲルがヘルダーリンやシェリングとともに革命を祝って自由の樹を植えたという挿話は，世界にはじめて登場した新精神への彼の熱狂を示している。ヘーゲルはすでにモンテスキューやルソーなどの啓蒙思想を知り，革命の進展を熱心に見守り続けていた。ドント (Jacques D'Hondt 1920-) が明らかにしたように，ヘーゲルは国境を越えて活動していた人物や出版物をよく知っていたし，多くのフランス人思想家・作家の読者であった。ヘーゲルはイェーナでフランス軍との戦争に遭遇したが，フランスを支持し，ヨーロッパの近代化を推進する「パリの偉大な国法学者」ナポレオンを讃美する。だが彼はフランス革命が陥った恐怖政治(テロル)を嫌悪し批判した。

1793年パリの民衆蜂起によってジロンド派が追放され，モンターニュ派を中心にした政権は国内外の非常事態に対して強硬策をとることを強いられた（ジャコバン独裁）。議会は機能を停止して公安委員会が行政権を掌握し，ソブール (Albert Soboul 1914-82) が詳細に明らかにしたように，サンキュロット指導層はルソーの人民主権論の影響を受けて直接民主主義と平等主義の実現を要求した。かくして戦時非常体制下で直接民主主義の名の下に恐怖政治が出現する。1794年のクリスマス・イヴにヘーゲルはシェリング宛書簡で，ロベスピエールの醜行について書く [『書簡集』(第1巻) 12]。『精神現象学』ではフランス革命を「絶対的自由と恐怖」という表題の下で論じている。純粋に自己自身に等しい一般意志である絶対的自由を実現しようとする革命は，否定的な狂乱であり，死の恐怖を出現させる。「だからその死はこの上なく冷たい平板な死であり，キャベツの頭を断ち割るとか，水を一飲みするとかいう以上の意味をもっていない」[『精神現象学』3.436]。啓蒙思想に由来するそうした自由はいまだ抽象的自由であり，その自由とそれの主観的意志の形態である徳という両抽象的原理が支配することになる。それは「徳と恐怖」の支配である [『歴史哲学』12. 533]。ジロンド派の追放と恐怖政治は，多くのドイツの進歩的知識人にとって希望の消滅であり，革命思想からの離反も生じた。

だがヴィーン体制下のドイツ復古体制にあっても，フランス革命に対するヘーゲルの肯定的姿勢は変わらなかった。むしろ恐怖政治

に対する深刻な反省のなかで、激動する現実と思想的に対決しつつフランス革命の理念の真の現実化を自己の哲学的課題とする。ヘーゲルは排外的ナショナリズムに反対し、死者を生き返らせようとする復古の潮流を嫌悪した。ヘーゲルは反動的哲学者としてベルリン大学に招かれたのではない。ベルリン時代のヘーゲルは弟子たちとともに革命記念日に祝杯をあげる。ヘーゲルは明確に革命の世界史的意義を認めており、世界史とは「精神の自己意識と自由との必然的発展」であるとき、また自由が「精神の唯一の目的」であるとき、フランス革命はまさに権利としての普遍的自由を原理にまで高め、「人間は今やはじめて、思想が精神的現実性を支配すべきであることを認識する段階に達したのである」［同 12. 529］。その「輝かしい日の出」とともに現れた課題、すなわち自由の原理の実現、神的なものと世界との和解という課題にこそ、ヘーゲル哲学は応えなければならない。それゆえにリッター（Joachim Ritter 1903-74）はヘーゲル哲学のうちに「フランス革命の哲学」を見出すのである。一般的に言って、多くの同時代のドイツ人にとって革命の国フランスが人権宣言・憲法の国であり、革命が法学的・哲学的にのみ理解される傾向があったのに対して、ヘーゲルは加えて革命の課題を市民社会の具体的現実と宗教改革の必要性の観点から捉え直そうと努めた。かくしてヘーゲル哲学は、同じくフランス革命と対決したフィヒテらを越えて、現代の問題編成にかかわるものとなった。→革命、自由、七月革命、ナポレオン

【参】 Droz (1949), Ritter (1957), D'Hondt (1968a, 1968b), Soboul (1968), Furet (1978)

(杉山吉弘)

フランス啓蒙思想 ［französische Aufklärung］
フランス啓蒙思想は、18世紀フランスにおいて伝統的宗教観や支配秩序にたいして激しい批判を行い、それらが人間の「自然」に反するとして、人間の「自然の光」である理性に基づく知識と文化の改革を企てた運動であるが、一般には、その過激な主張が唯物論あるいは無神論と結びつけられてきた。そして、ヘーゲルを頂点とするドイツ観念論が観念論の故に唯物論と対立するものとして理解されてきたため、ヘーゲルとはあまり縁のない思想と考えられがちであるが、実際には、ヘーゲルとフランス啓蒙思想とは深い関連を持っている。それは、ヘーゲルがフランス啓蒙思想の運動をイギリスの経験主義と区別して批判的で観念論的活動として特徴づけているからである。ヘーゲルによれば、あらゆる人間の活動や思考、制度は、フランス思想の「観念論的」活動［『哲学史』20. 287］によって、固定したあり方をやめ、一切が活動化され、それらが「自己意識」の活動を離れたところでは存在するものではなくなるとされる。つまり、ヘーゲルはフランス啓蒙思想が現実のフランス社会で行った仮借のない既存の制度や思想への批判を、あらゆる現実を自由な精神によって貫こうとする運動と捉えたのである。その意味では、フランス啓蒙思想は、デカルトからカント、フィヒテにいたる理性主義的（合理主義的）哲学の正統な流れにある思想と位置づけられている。

ただし、この活動は純粋な否定的活動にすぎないから、そこに立てられる内容は空虚なものに留まらざるをえない。それは、一方では、抽象的な物質を自己意識の彼岸に立てるという形で唯物論あるいは無神論という形態をとる。他方では、それは、まったく反対に神が立てられることも可能であるが、その神はいかなる内容も拒否されているので理神論の神として無内容になる。積極的な形で提起されるときには、自然というものがあるが、これも媒介されたものではないので、規定された豊かなものではない。

こうして、フランス啓蒙思想への高い評価

は権威や信仰に対する驚嘆すべき批判の精神に向けられるものである。ヘーゲルは，このような批判的否定的活動の側面を評価し，内容を肯定的にみるときにはドルバック (Paul Henri Thiry, baron d'Holbach 1723-89) の『自然の体系』やロビネ (Jean-Baptiste Robinet 1735-1820) の『自然について』などの自然観に注目する。また，そのような自然の中には同時に人間自身が入っており，この人間を中心として，人間の自由や欲求，さらには利己心を承認することから，徹底した現世主義と，抽象を拒否して具体に留まろうとする姿勢がみられる。そのような思想の代表者としてエルヴェシウス (Claude-Adrien Helvétius 1715-71) がとりあげられる。興味深いのは，『精神現象学』において啓蒙が扱われた際，その頂点として，エルヴェシウスに代表される有用性の思想（功利主義）が取り上げられることだろう［『精神現象学』3. 415ff.］。→啓蒙，唯物論，無神論，有用性
　　　　　　　　　　　　　　　　　（佐藤和夫）

フランスのヘーゲル研究

Ⅰ　ヘーゲルとの出会い——1920年代まで

1817年ハイデルベルクでヘーゲルと出会ったクーザンによって，ヘーゲル哲学は初めてフランスに紹介された。その後1840-52年の『美学』の翻訳に始まり，とくにイタリア人ヴェラ (Vera Auguste 1813-85) によって1863-78年に『自然哲学』『精神哲学』『論理学』『宗教哲学』があいついで仏訳された。しかしヴェラはヘーゲルの翻訳者として十分な資格を具えているとは言えなかった。不十分な翻訳，ヘーゲルの難解な用語，そしてフランス的な科学的実証精神とカトリシズムの風土がヘーゲルをなおも馴染みがたいものにしていた。

Ⅱ　人間主義的読解——1930年代の変化

こうした状況は1930年代から20年間で変化する。ヴァール (Jean Wahl 1888-1974)，コジェーヴ (Alexandre Kojève 1902-68)，イポリット (Jean Hyppolite 1907-68) らの活躍によって，ヘーゲルは実存主義と出会い，一躍思想界の中心的存在となる。

ヴァールはディルタイとノールによって初めて明らかにされた初期の宗教思想からヘーゲルを理解し直そうとした。とりわけ，「不幸な意識」というキリスト教の意識形態のなかに，実存的な矛盾の経験をみて，これを『精神現象学』全体の弁証法的展開を解く鍵とした。

コジェーヴは1933-39年に高等研究院で『精神現象学』をテクストに講義を行った。アラン，コイレ，ヴァール，クロソウスキー，ラカン，メルロ＝ポンティ，ヴェーユ，イポリットなどの錚々たるメンバーがこれを聴講していた。コジェーヴは『精神現象学』に，公刊されたばかりのマルクスの『経済学・哲学草稿』（1932年刊）と，ハイデガーの『存在と時間』（1927年刊）を調合して，独特なヘーゲル像を描いてみせた。それは，人間を歴史の主体として神の座におし上げる無神論的－ヒューマニズム的ヘーゲルであった。彼はヘーゲルの自己意識にならって，人間を〈欲望し行動する自由な主体〉として捉え，自然的存在(物＝存在)／歴史的存在(意識＝無＝自由) という二元論を立てた。これは，サルトルの『存在と無』のタイトルと内容にそっくり再現されている。コジェーヴはさらに，「主人と奴隷の闘争」をヘーゲル哲学の鍵概念にまで押し上げて，それをモデルに歴史を，戦う主人と労働する奴隷との階級闘争として捉えた。コジェーヴの影響を絶大なものにしたのは，マルクス主義とヘーゲルを結びつけたこの解釈にあった。彼は絶対者から人間の労働と歴史へと重点をずらした。彼の人間主義的読解は一世を風靡し，マルクス，フッサール，ハイデガー（現象学・実存主義）などの現代的なものの源としてヘーゲルがもてはやされた。しかし，それはヘーゲル

の理解というよりもヘーゲルの恣意的な現代化というべきものであった。

Ⅲ　存在論的読解——1950年代以降

イポリットは『精神現象学』の精確な翻訳（1939, 46年）と浩瀚な注解（1946年）をもって，初めてヘーゲルをドイツ観念論のコンテクストのなかで内在的に理解しようとする学問的な方向づけを行った。彼も当初はコジェーヴの影響のもとで，『精神現象学』の自己意識論からヘーゲルを理解しようとしていた。ところが，ハイデガーの転回を契機に，イポリット自身も人間主義的読解から存在論的読解へと転回する。彼は『精神現象学』よりも『論理学』を重視するようになる。前者は，人間の意識に定位して，意識（知）と存在（真）の区別から出発する。この区別は「絶対知」において止揚されるが，『精神現象学』はそこへ至る途上の記述である。『精神現象学』にとどまるかぎり，「人間主義すなわち人間による存在の解釈を超える」ことはできない。これに対して『論理学』は意識と存在との統一という『精神現象学』の結論を受けて，言語による存在の自己開示にほかならない。もはや「人間が存在を解釈するのではない。存在が人間において語られるのである。この存在の開示，この絶対的な論理が人間を突き抜けるのである。人間は絶対者でも最上の究極目的でもない」。「人間は存在のロゴスであるあの知的な言葉のなかで息を引き取るためにしか現存しない」［「ヘーゲルにおける理性の狡智と歴史」（1952）］。ここには語る主体の消滅，人間の解体・終焉という60年代以降のスローガンが先取りされている。事実，彼のゼミナールには，デリダやアルチュセールなどが参加していた。イポリットの新解釈は，ロゴスという神が世界と歴史を支配し個々人はその世界計画実現の道具となる，という悪しきヘーゲル像を強化した。イポリットは一方でこの古いヘーゲル像を描き，他方でこれから脱する必要を説いた。フーコーやデリダらの脱ヘーゲル戦略はここに発している。サルトルらの世代にとっては，ヘーゲルは新しいもの・現代的なものの中心にいた。ところが60年代以降の脱戦後世代にとっては，新しいものはあげてヘーゲルから遠ざかりつつある。

しかし，地道な文献学的研究はフランスにおいても着実な成果をあげつつある。近年の新しい翻訳。コンピューターを用いた『精神現象学』の索引（独仏共同『ヘーゲル研究』別冊14巻）。なかでもペペルザック（Adrient B. Peperzak）の若きヘーゲルの研究，"反動的な御用学者"という汚名からヘーゲルを救ったヴェーユ（Eric Weil 1904–77）の国家論研究，ドント（Jacques D'Hondt 1920–）によるヘーゲルの隠された一面の発掘，ドントが初代会長をつとめた「ヘーゲル＝マルクス研究・資料センター」の活動などが注目を引く。→ハイデガー，サルトル，マルクスとマルクス主義，クーザン

【参】Wahl (1929), Sartre (1943), Hyppolite (1946, 1953, 1955, 1971), Kojève (1947), Weil (1950), Peperzak (1960), Foucault (1966), Merleau-Ponty (1966), D'Hondt (1968a, b), Derrida (1970), Göhler (1973), Asveld (1974), Biemel (1974), Descombes (1979), Helferich (1979)

（山崎　純）

フリース　[Jakob Friedrich Fries 1773.8.23–1843.8.10]

ドイツの哲学者，ヘーゲルの敵対者。1797年までライプツィヒ，イェーナで学び，1801年に教授資格を取得しイェーナ大学哲学の私講師となり，1805年にヘーゲルとともに員外教授となったが，同年ハイデルベルク大学に移った。1816年には正教授として再びイェーナ大学に来任したが，1817年のヴァルトブルク祭参加の廉で同年教授職を剥奪された。その後政治活動から引退し，1824年に物理学と数学の教授として復職し，翌年再び哲学教授

となった。フリースはとくにカント哲学の影響を受け、人格の尊厳と自由意志に基づく社会の道徳的形成をめざしたが、その自由主義的傾向はブルシェンシャフトに大きな影響を与えた。しかし、カント哲学を心理学的に解釈するその非合理主義のゆえに、ヘーゲルから「カント哲学の完璧な浅薄化」[『法哲学』15節]、「恣意と無知の主観性」[『哲学史』20. 419] などと痛烈に批判された。『哲学の体系』『倫理学の体系』などの著作がある。
→ブルシェンシャフト

【参】 D'Hondt (1968b) (水野建雄)

プリズム ⇨色彩論

フリードリッヒⅠ [Friedrich Ⅰ, Barbarossa 1123-90.6.10]

ドイツ王（在位1152-90）。通称赤髭王。神聖ローマ帝国における王権の拡大をめざして5度のイタリア遠征を行い、この間にローマ皇帝に任じられる。地方貴族を支配下におき、中央集権制度を確立し、封建制度の基礎を築いた。後世のドイツ人のあいだでは、神聖ローマ帝国の全盛をもたらした王としてあがめられた。 (高田 純)

フリードリッヒ大王 [Friedrich Ⅱ, der Grosse 1712.1.24-86.8.17]

プロイセン王（在位1740-86）。父、フリードリッヒ＝ヴィルヘルムⅠが創設した常備軍、官僚制を強化し、農民保護や重商主義の政策の実施、法典の整備などによってプロイセンの繁栄を導いた。七年戦争でオーストリア、フランス、ロシア連合軍を破り、世界にその名を知らせた。啓蒙君主としても有名であり、ヴォルテールと親交を結び、学芸を奨励し、自らも学術的才能を発揮した。ヘーゲルは、七年戦争をカトリックに対するプロテスタントの戦いとみなし、大王の政策をプロテスタントの原理の世俗化ととらえる。また、大王が国家の目的を、諸個人の利益の総和をこえる普遍的なものに見出したことを評価する [『歴史哲学』12. 519, 523]。 (高田 純)

フリードリッヒ・ヴィルヘルムⅡ [Friedrich Wilhelm Ⅱ 1744.9.25-97.11.16]

プロイセン王（在位1786-97）。放蕩生活におぼれ、指導力に乏しく、側近政治を行った。在位中にフランス革命があったが（1789）、これに反感をいだき、叔父のフリードリッヒ大王と異なって反啓蒙的な保守的政治を行った。信仰や出版の自由を厳しく制限し、カントの『宗教論』の出版を禁止した。フリードリッヒ大王が準備した法典を仕上げ、「一般ラント法」を布告した。フランス革命軍に屈服して、ライン左岸のフランスへの割譲を容認したが、ロシアとのあいだでポーランド分割を行い、領土を拡大した。 (高田 純)

フリードリッヒ・ヴィルヘルムⅢ [Friedrich Wilhelm Ⅲ 1770.8.3-1840.6.7]

プロイセン王（在位1797-1840）。フリードリッヒ・ヴィルヘルムⅡの子。ナポレオン軍に敗北し（イェーナ会戦——これを『精神現象学』執筆中のヘーゲルは体験）、ポーランドやザクセンなどの領土を失ったが、ヴィーン会議（1814）でその一部を回復した。シュタイン、ハルデンベルクなどの啓蒙的な官僚を登用し、改革を進めたが、優柔不断であり、保守的な宮廷勢力の抵抗に出会って、しばしば動揺した。学生組合（「ブルシェンシャフト」）の弾圧をねらったカールスバート決議にみられるように、オーストリアのメッテルニッヒの強い影響も受けた。ヘーゲルの主要な活動期はこの王の治世に当たる。彼はプロイセンの改革に期待したが、同王への評価は低い。彼が君主制を強調しながらも、君主の役割を「形式的決定を行う頂点」に限定したのは [『法哲学』279節「補遺」、280節「補遺」]、同王や先王のような君主のもとでも君主個人

の力量に左右されない確固たる国家をめざしたためと思われる。→シュタイン゠ハルデンベルクの改革, カールスバート決議　　（高田 純）

フリーメーソン ［Freimaurer］

ヘーゲルがフリーメーソンであったとする決定的確証はない。唯一『ブロックハウス大百科辞典』がその会員リストにヘーゲルの名を挙げているだけである。確かに奇妙な儀式や奥儀が問題なのではなく、ヘーゲルによれば、その結社の象徴は特に秘義的なものではない、［『哲学史』20. 499］。また哲学とは内なる工匠による「自覚的理性の殿堂」とみなされるとしても、それはもちろんソロモン式の秘義的建築によるのではない［同 18. 54］。だがヘーゲルはフリーメーソンの象徴を利用し続ける。ヘーゲルを当時のフリーメーソン的世界にはじめて明確に結びつけたのは、ドント (Jacques D'Hondt 1920–) の決定的研究である。ドントによれば、若きヘーゲルの作品『エレウシス』や十字架の中のバラといった数多くの象徴・イメージがフリーメーソン的背景なしには理解しえないのみならず、親交のあったほとんどすべての者がフリーメーソンか啓明結社員か彼らと関係のあった者であった。発祥の地イギリスのフリーメーソン運動は、18世紀に急速にヨーロッパやアメリカに浸透していった。そのロッジ（集会所）はブルジョワ国際主義の情報網の拠点となった。その結社は自由主義的貴族や上層市民のエリート層を集め、世界市民的共同体の理想を唱えて、啓蒙主義・理神論などの18世紀時代精神を体現していた。モンテスキューやレッシングをはじめとする多くの啓蒙思想家や作家、ジロンド派を中心とする幾多の革命指導者や活動家がフリーメーソンであった。バイエルンの急進的「啓明結社」もフリーメーソン化された。ドントによれば、ヘーゲルがフランスに関する知識を得るために読んでいた『ミネルヴァ』などの出版物、その創刊者や寄稿家は、ほとんどすべてフリーメーソン的思潮に結びついていた。国境を越えて活動するフリーメーソン、ジロンド派、啓明主義者の影響下で、また彼らの友愛による人的支持の下で、ヘーゲルの活動が展開していたことは明らかである。→エレウシス,『ミネルヴァ』

【参】D'Hondt (1968a, b), Huttin (1969)
（杉山吉弘）

ブルシェンシャフト ［Burschenschaft］

対仏解放戦争後に結成された愛国主義的な学生の団体。まず1815年6月にイェーナ大学で結成され、1817年10月にはイェーナ大学の発起によりルターの宗教改革300年記念とライプツィヒ会戦の戦勝記念とをかねてヴァルトブルク祝祭が催されたが、これを機に各大学にブルシェンシャフトが成立し、そして翌18年「全ドイツ・ブルシェンシャフト」(Allgemeine Deutsche Burschenschaft) が設立された。ドイツ民族の自由と統一を旗印にその憲章では全学生相互間の統一と自由・平等、すべての権利・義務の平等がうたわれた。この成立については「体操の父」ヤーン (Friedrich Ludwig Jahn 1778–1852) やフィヒテの理念が大きな影響を及ぼしたが、とくにヤーンは指導的役割を果たした。その後フォレン (Karl Follen 1794–1855) を中心とする急進的グループ「絶対派」(Unbedingte) の台頭など、次第に内部対立が顕わになっていった。この急進派の一員であったザント (Karl Ludwig Sand 1795–1820) によるコツェブー殺害事件（19年3月）などを契機に当局によって反動政策が進められ、19年8月のカールスバート決議によって厳しく弾圧されるに至った。ブルシェンシャフトに対するヘーゲルの関係は、例えば、1819年5月のブルシェンシャフト主催のビヒェルスブルクの祝典にヘーゲルが同僚教授とともに招待されたこと、また19年の弾圧の際にはヘニング,

カローヴェ，アスヴェルス（Gustav Asverus 1798-1843）などが逮捕，追放されたが，これらヘーゲルの弟子，学生などの多くがブルシェンシャフトに所属し，あるいは積極的役割を演じていたことなどから考えると，ヘーゲルはたしかにフリースを指導者とする急進的な運動に対しては厳しい判断を下して一線を画してはいたが，しかしブルシェンシャフトの運動そのものには親密に結びついていたのであり [Ilting]，また，ブルシェンシャフト内部の直接の詳細な情報を受け取り，この運動そのものを身近に感じていた [D'Hondt]。
→カールスバート決議，コツェブー，フリース，カローヴェ，ヘニング

【参】 D'Hondt (1968b), Ilting (1973), 村岡哲 (1981) （水野建雄）

ブルッカー [Johann Jakob Brucker 1696-1770]

ヘーゲル以前の近代の哲学史の代表作『人類の始め以来の批判的哲学史』全5巻の著者。ヘーゲルによる評価は，「広範な寄せ集めだが原典からは全く採らず，当時の流行に合わせた反省を混ぜている。叙述は最高に不純で，方法は至るところ非歴史的である」，つまりこれは「一つの偉大なガラクタ」である [『哲学史』18. 134] と厳しいが，ヘーゲルが古代ローマの哲学や中世哲学を論じる際にはかなり頻繁に本書を参照している。

【参】 Brucker (1742-44), 加藤尚武 (1987) （柴田隆行）

ブルックハルト夫人（クリスティアナ・シャルロッテ・ヨハナ・ブルックハルト，旧姓フィッシャー） [Christiana Charlotte Johanna Burkhardt, geb. Fischer 1778.5.8-1817 頃]

1807年にヘーゲルの庶子ルートヴィヒ（Georg Ludwig "Louis" Friedrich Fischer 1807.2.5-1831.8.28）を生んだ女性。当時29で8歳年下。下宿の家政婦で既に他の男の私生児を2人生んで夫に捨てられた状態であった。ルートヴィヒの存在は友人達に知られていてゲーテがルートヴィヒに与えた詩もある [『書簡集』（第4巻 -1）233頁]。11年からボーン夫人らに養育され，17年ヘーゲル家に引き取られ，5年後父と進路で衝突し家を追われ，書籍業見習いの後，25年オランダ軍に入隊，26年歩兵伍長としてジャカルタに赴任，31年6月の退役予定を過ぎて8月熱病で現地で死去。享年24歳 [『書簡集』（第4巻 -1）246]。詳細の公表は1960年の『書簡集』第4巻。
→ヘーゲル家

【参】 Goethe (1817), Laube (1847), Lasson (1911), Kaufmann (1965), Wiedmann (1965), Harris (1983) （星 敏雄）

ブルーノ [Giordano Bruno 1548-1600.2.17]

イタリアの南部ナポリ近郊のノラに生まれ，終生「ノラびと」と称す。初めドミニコ会の修道僧。アリストテレス，トマス・アクィナスを学び，当時の幾何学，天文学にも通じる。1576年アリウス説を支持した疑いで告発され，修道院を脱出し，ローマ，ドイツへと放浪し，フランクフルトで講義を行い，著書をラテン語で出版。1592年2月異端審判所に逮捕され，7年に亘る拷問と訊問の末，1600年2月異端の判決を受け火刑死。彼の学説は中世のクザーヌスの影響を承け，スピノザらにも影響を与えたが，またドイツ観念論にはヤコービの『スピノザ書簡』に抜粋集が掲載され，大きな影響を与えることになった。彼の学説は神を一切の差別，対立，矛盾を一に帰する無限な一者であるとし，この神の無限な展開として，宇宙の無限性を主張する。そのため我々の遊星系に関してはコペルニクス説を支持し，さらに宇宙の中には太陽系と同様の世界が無数に存在するとして，コペルニクスを乗り越えている。この宇宙をブルーノはアリストテレス的な形相と質料から説明し，両原理の一致としてのクザーヌス的な「反対の一致」に

原理的な統一を見るが、形相の頂点としての世界霊と第一資料の働きによって、万物を説明する。すなわち、世界霊は「生む自然」であり、万物は「生まれた自然」であるということになる。主著として『無限、宇宙および諸世界について』がある。

ヘーゲルはヤコービの紹介を介してブルーノを理解しこう言っている。「彼の諸論文の主要性格は、本来、精神が自己に内在すると感じ自己の本質と一切の本質との一であることを知っている自己意識の麗しい霊感である」[『哲学史』20. 24]。そして、彼の哲学をスピノザ主義、汎神論と規定している。「このブルーノの体系はこうして全く客観的なスピノザ主義であり、彼がどんなに深いところまで至っているかは人の見るごとくである」[同 20. 28]。

【参】 野田又夫（1963）、速水敬二（1967）、清水純一（1970）

(長島 隆)

ブルーメンバッハ [Johann Friedrich Blumenbach 1752.5.11-1840.1.22]

ドイツの自然研究者。とりわけ比較解剖学および人類学の研究を推し進めた。その著『形成衝動について』(*Über den Bildungstrieb.* 1789) の表題となった「形成衝動」概念によって、当時のほとんどの思想家たち（例えばシェリングはこの概念を「哲学的思考法の全面的な革命」の例として見ている）に影響を与えた。この概念は、生命の続くかぎり、或る特定の形態をとり、この形態を維持し、この形態が損なわれる場合には、これを回復する有機体の衝動を意味している。同様の捉え方は、ヘルダーなどにおいても見られるが、ブルーメンバッハは衝動概念を自然の形成に関して、初めて専門科学的（生物学的）な意味において使用した。この術語は当時の能力心理学における低次の欲求能力としての衝動という捉え方の外で用いられており、そこには道徳的評価は全く見られない。この捉え方は、有機的身体の部分的ではない全面的な力を把握しており、能力心理学の見解の克服に一定の役割を果たした。ヘーゲルは、体系期には動物の「形成衝動」に言及している[『エンツュクロペディー（第3版）自然哲学』365節「補遺」9. 494]。しかし、少なくとも初期においては、たとえ「形成される衝動」[『初期神学論集』(ノール) 325] というように形成と衝動とを結びつけて用いているとしても、この概念を文字通りには用いなかった唯一の思想家であったかもしれない。このことは、他の思想家たち（例えばヘルダーリン、シュライエルマッハー）がこの概念を確かに生物学的な意味においてではなく、それとの類推において捉えられたにすぎない意味においてであるけれども、彼ら自身の術語として用いているのと対照的である。→衝動　(幸津國生)

ブーレ [Johann Gottlieb Buhle 1763.9.29-18 21.8.11]

大きな哲学史2篇を著したが、ヘーゲルが原典として挙げているのは『哲学史教本』全8巻である。ヘーゲルによる評価は「古代哲学は極端に手短かにしか扱われていず、時代が進むにつれて詳しくなっている。ゲッティンゲン図書館にあるジョルダーノ・ブルーノの著作など、稀書からの引用が多い」[『哲学史』18. 135] ので、「利用価値がある」[同ホフマイスター版258] というものである。

【参】 Buhle (1796-1804, 1800-04)

(柴田隆行)

プレーローマ [(ギ) $\pi\lambda\acute{\eta}\rho\omega\mu\alpha$, (ラ) complementum, (独) Komplement]

プレーローマは一般に「満たし、補うもの（こと）」を意味するが、ヘーゲルはこの語を青年時代に、イエスの山上の垂訓の中の言葉（「私が来たのは律法や預言者を廃止するためではなく、完成する ($\pi\lambda\eta\rho\tilde{\omega}\sigma\alpha\iota$) ためである」[マタイ伝5-17]) をもとに、とりわけ

「徳」ないし「志操」による「律法の補全」の意味で用いた。既にベルン時代に「律法の補全（complementum）——道徳的志操」[『キリスト教の実定性』1. 139] と述べられていたが，そこでは「道徳的志操」はカント的道徳性を表していた。フランクフルト時代後期には，徳（志操）は，（傾向と道徳法則との対立を前提する）カント的道徳性とは異なり，「傾向の法則との合一性」[『キリスト教の精神』1. 326] を意味するようになる。かくて徳（志操）による「律法の補全（$\pi\lambda\eta\rho\omega\mu\alpha$）」[同上] は，適法性における人間と法との対立を，人間と法との一層完全な合一の形態（徳，志操）によって克服し補充することを意味する。同時にヘーゲルは，徳（志操）による律法の補全を，「存在〔現実性〔初稿〕〕は可能性の補全（Komplement）である」[同上；『初期神学論集』（ノール）286〔b〕] というヴォルフ派の存在（現実性）概念と重ねあわせている。それ故プレーローマは可能性と現実性との連関として一般的意味を持つ。かくて徳（志操）が律法の補全であるように，「愛」が「有徳的なものの補全（Komplement）」[『キリスト教の精神』1. 362] であり，「宗教的なもの」が「愛の補全（$\pi\lambda\eta\rho\omega\mu\alpha$）」[同 1. 370] だとされる。一般にプレーローマは，不完全な合一の形態がいっそう完全な合一の形態によって克服されるとともに，前者が後者の可能性ないし条件として保持されるという連関を意味し，それにより種々の合一の形態の階梯が形成される。これは後の「止揚」の原型をなすものと考えられる。ただしイェーナ期以後，プレーローマはヘーゲル独自の用語としては殆ど用いられなくなる。
→止揚

【参】 Peperzak (1960), Hamacher (1978)

（久保陽一）

プロイセン　[Preußen]

プロイセンは，もともとはバルト海に面するヴァイクセル河の西方からメーメル河に至る地方を指した。そして，この地方は13世紀以降ドイツ騎士団によって征服され，その所領となった。しかし，16世紀初頭，ドイツ騎士団はポーランドと戦って敗れ，この結果西プロイセンはポーランドの領有するところとなるとともに，東プロイセンはポーランドの宗主権の下に立つプロイセン公国となった。そしてブランデンブルク辺境伯であったホーエンツォレルン家の支流が代々プロイセン公として，ケーニヒスベルクに居館を置いてこの地方を治めた。いわゆるプロイセン国家の基礎は，1618年ホーエンツォレルン家のブランデンブルク選帝侯が，代々プロイセン公としてこの地方を支配していた同家の支流の断絶によって，プロイセン公国を相続し，以後プロイセン公国とブランデンブルク侯国とがホーエンツォレルン家の同君連合のかたちで統治されるようになったことに始まる。そして17世紀を通して，一方ではポーランドの宗主権からのプロイセンの独立と，他方ではブランデンブルク侯国自身の拡大と強化とを基礎にして，1701年選帝侯フリードリヒ3世が皇帝より王位を得てプロイセン王国が成立するのである。そして，このことは決してプロイセン公国がのちのプロイセン国家の母胎であることを意味するものではない。プロイセン王国の中心は，呼称とは反対にあくまでベルリンを中心とするブランデンブルク侯国にあり，従来のプロイセンはなおポーランド領であった西プロイセンによって本国から隔離され，飛び地に留まったのである。ただ，プロイセン国王となったホーエンツォレルン家の当主が同時にブランデンブルク辺境伯でもあるという事情で，その所領の全体が一般にプロイセン王国と呼ばれたにすぎない。ヘーゲルのプロイセンに対する姿勢は，最初の忌避，批判の姿勢からやがて共鳴，支持の姿勢に転換している。すなわち，1800年前後に書かれた『ドイツ憲法論』では，プロイセン

は「一切が上から下に向かって統制せられていて，普遍的な側面をもつもののうちで，これに利害関係をもつ国民の部分にその官吏と執行とに委ねられるものがひとつとしてない近代国家」[**1**. 484]であり，「政治的技術が全く打算的で，その軍事力がその国土の広さに比して不均衡に強大であり」「君主的な威厳のある原理に由来するものではなく，町人根性から発生した」国家[同 **1**. 566]であると厳しく批判されているが，1816年10月のハイデルベルク大学就任演説では「プロイセン国家は知性の上に建てられた国家である」[18. 12]と賛美されている。しかし，この転換は，決してヘーゲルの保守化，反動化を意味するものではない。厳密に言えば，変ったのはヘーゲルではなく，プロイセンである。『ドイツ憲法論』でヘーゲルが批判したプロイセンは，専制絶対主義国家のプロイセンであり，対仏同盟戦争に加わりながら，オーストリアを初め多くのドイツ諸侯を裏切って1795年4月バーゼルでフランスと単独講和を締結して兵力を引き上げてしまったプロイセンである。しかし，プロイセンは1807年から1815年にかけて，シュタインおよびハルデンベルクによって指導された一連の改革によって，農奴制の廃止，居住の自由，土地売買の自由，職業選択の自由，ツンフト規制の廃止，営業の自由，内閣制度の改革，土地の自治などがはかられた。また，これらと並んで，シャルンホルスト，グナイゼナウによる軍制改革，W. フンボルトによる教育制度の改革などが行われた。ヘーゲルが支持したのは，この改革の路線を進むプロイセンである。ヘーゲルが1818年にアルテンシュタインの招聘に応じてベルリン大学教授となるのも，このプロイセンに対する期待からであった。→対仏大同盟戦争，シュタイン＝ハルデンベルクの改革，フンボルト（W.），アルテンシュタイン

（上妻　精）

フロギストン　⇨**熱**

プロクロス　⇨**新プラトン派**

プロティノス　⇨**新プラトン派**

プロテスタンティズム　[Protestantismus]

　プロテスタンティズム（福音主義）は，ルターやカルヴァン（Jean Calvin 1509-64）らによる宗教改革によって成立したキリスト諸教派の総称である。1826年にヘーゲルは，カトリックの聖餅についての講義中の発言で告発を受けた際，文相アルテンシュタイン宛の手紙で，「ルター派として洗礼と教育を受けたことを誇りにしており，今も将来にわたってもルター派である」人間として自分を特徴づけている[『ベルリン著作集』11. 70; ハイム『ヘーゲルとその時代』509ff.]。また1820年のアウグスブルク信仰告白記念式典における彼の演説は，「生粋のプロテスタント的心術の美しい記念碑」[『ローゼンクランツ』411]と賛えられている。彼がルター派を自認していたことは確かである。しかしルターが提唱し，その後プロテスタンティズムの原理とされたのは，(1)人は善行によってではなく信仰によってのみ義とされるのだという信仰義人説，(2)信仰の根拠を伝承などにではなく，聖書のみに求める福音主義，(3)聖職者制を廃止し，神の前で平等を唱える万人司祭主義とされている。ヘーゲルもこれらの原理の歴史的意義を認めるのであるが[『歴史哲学』]，しかしヘーゲルにおいては(1)信仰（宗教）は理性（哲学）に包摂されるべきものとされ，われわれが「神に近づく」ことができるのは理性によってであるとされていた。また，(2)聖書の文字や叙述は宗教的「表象」でしかなく，それらは哲学によって概念にまで高められねばならぬとされていた。「神の似姿」は聖書よりもむしろ論理学のうちに観ることができるのだった。さらに，(3)彼の神人説は，万人司祭

説を超え，神の絶対的超越性を否定する側面を持っていた。この面からみれば，ヘーゲルの立場が正統派から斥けられたことにも一理あったのである。そればかりでなく，ルター派の家庭で育ち，福音教会の牧師を養成するためのテュービンゲン神学校に入学したヘーゲルではあったが，牧師の道にすすむ意志は彼には少しもなかった。それどころか，この時代からベルン時代にかけて彼が書いた草稿は，既成のキリスト教に対する批判を基調にしていた。ルター主義ばかりか，キリスト教そのものが批判の対象とされ，かわりに古代ギリシアの国民宗教への憧憬と，新しい宗教の創設への希望がそこにはみられる。

その後カトリシズムへの微妙な心のゆれを含む幾度かの思想的転変を経ながら，彼は再びキリスト教とプロテスタンティズムに帰郷するのであるが，その時期は，彼が古代共和制とフランス革命を重ねあわせたルソー的夢想から醒め，近代の進行を歴史的運命として受け容れ，いなむしろその近代の原理である主体的自由の原理を，世界史的観点からみた自由の実現過程の一段階として位置づけるようになった時期でもあった。その時彼が，自分の哲学と世界史的現在とプロテスタンティズムの三者の共通の原理としてとらえたのは，主体的自由の原理であった。プロテスタンティズムは，この原理をフランス革命よりも精神のもっと深いところで打ちたてたものとされる。「思想によって正当とされていないものは，どんなものでも，心術の中で認めまいとすること，これは一つの偉大な我意，人間の名誉とされる我意である。そしてこの我意こそ近代の性格の特徴をなすものであり，もともとプロテスタンティズムの特有の原理である。ルターが感情とそして精神の証とにおける信仰としてはじめたもの，それは，さらに成熟した精神が概念においてとらえようとし，そうして現在の中でおのれを解放しようとし，これによって現在の中におのれを見出そうとつとめているものと，同一のものである」[『法哲学』序文］。〈精神の主体的自由〉をプロテスタンティズムの原理としてとらえることによってこそ，ヘーゲルは青年時代のキリスト教批判にもかかわらず，また通常プロテスタンティズムの三原理とされるものとの一定の距離にもかかわらず，ヘーゲルはキリスト教との「和解」を実現しえたのである。

ヘーゲルが生を享けたヴュルテンベルクには，シュヴァーベン・ピエティスムスとよばれる，ベンゲル（Johann Albrecht Bengel 1687-1752）やエーティンガーに代表される敬虔主義の流れがあり，その民主主義的な「神の国」（Gottes Reich）の思想がヘーゲルの教養に大きな影響を与えたとする主張があり[Schneider 1938]，一定の支持を得ている。しかしこれに対しては，当時のピエティスムスの影響力，ヘーゲルの交友関係，テュービンゲン・シュティフトの講義内容及びテュービンゲン時代のヘーゲルの宗教観からその可能性を否定する見解もだされている [Brecht u. Sandberger 1969]。なお，近年，プロテスタント神学の側からのヘーゲル再評価の動きも顕著になってきている。→ルター，キリスト教，宗教改革，聖書，近代，自由

【参】Haym (1857), Schneider (1938), Rohrmoser (1961), 上妻精 (1967a), Ritter (1969a), Brecht/Sandberger (1969), 佐藤敏雄 (1970), 中埜肇 (1974), Jaescke(1983)　　　（生方　卓）

フロムマン　[Karl Friedrich Ernst Frommann 1765-1837]

ドイツの出版業者。1786年に書店を父親（Siegismund Frommann）から受け継ぎ，1798年にはこれをイェーナに移した。イェーナの彼の家ではゲーテ，ラインハルト（Karl Friedrich Reinhardt 1761-1837），クネーベルら当代の著名な人物が交わった。ヘーゲルと親交を結び，イェーナにおけるヘーゲルの最良の友人であった。彼はヘーゲルの

庶子（Ludwig Fischer）の代父となり，ヘーゲルがイェーナを去った後はその子供の養育に当った［『書簡集』（第4巻‐2）174f.］。

(岡崎英輔)

文化 ⇨教養

分解 ⇨化学・化学的連関

文学 ［Literatur］

ヘーゲルにとって文学とは最も精神的な芸術としてのポエジーであり，(1)造形美術のように客観的な叙事詩（Epos）と(2)音楽のように内面的な抒情詩（Lyrik），(3)そして両者を綜合する劇詩（Drama）に区分される［『美学』15. 321ff.］。しかしこれらのポエジーの評価には芸術の終末のテーゼが反映し，ヘーゲルにとって叙事詩は既にホメロスにおいて完成しており，ロマン派的な近代のエポスとしてのロマーンにはホメロスの実体的世界状態が欠けている［同 15. 392］。また抒情詩はその「個体性の原理」によって叙事詩が内容とする「民族精神の全体性」を包括しえない［同 15. 419,431f.］。そしてすべての悲劇のなかで最も優れているのはソフォクレスの『アンティゴネー』であり［同 15. 550］，近代悲劇はギリシア悲劇のような実体的な和解を達成しえない。ヘーゲルにとってロマン派が目指した「普遍的エポス」はただ哲学によってのみ可能である。→詩，ギリシア悲劇，『アンティゴネー』

【参】 Gethmann-Siefert (1984), Pöggeler (1987), 四日谷敬子 (1989)　　(四日谷敬子)

分業 ［Teil der Arbeit, Arbeitsteilung］

市民社会の基底をなす〈欲求と労働の体系〉の内部では，欲求ならびにその充足手段が多様化され，特殊化される。それとともに，労働もこの多様な目的のために，多種多様な過程へと種別化され，それとともに労働工程は部分化‐細分化される（労働の分割）。それに従事する個々人の技能は容易に高められ，分業による生産量の飛躍的増大が生じる。ヘーゲルは，工程全体の部分化‐分節化とその総合に注目する。「10人からなるどちらかといえば小さな工場でも，一日に4800本のピンを生産するが，個々人がみなひとりひとりですべてをやったとしたら，せいぜい20本を作れるにすぎない」［『法哲学講義』（ヴァンネンマン）』101節］（この種の叙述は『イェーナ体系Ⅰ』『イェーナ体系Ⅲ』にもみえる）。またヘーゲルは分業の意義を社会的相互依存の関係を確固としたものとする点にみるが，さらに分業の弊害，つまり個人の活動が一面化され特定の部署に固定される面にも目を向ける。それは労働の場面に顕著に現れる［『イェーナ体系Ⅰ』GW 6. 323］。→市民社会，労働，工場

(金谷佳一)

分析 ［Analyse, Analysis］

分析は認識作用の第一（悟性的）段階である。これは外的に前提された個別具体的な対象（表象的に既知のものあるい所与の一課題など）から出発し，それを抽象的諸要素に「たまねぎの皮をはぐように」分解して，あるいはそれから非本質的な特殊なものを捨象することによって，対象の中に直接含まれている形式的に同一で，抽象的に普遍的な（単に共通な）諸規定を把握する方法である。分析的認識は一般にかかる同一性を原理としており，それ故「他者への推移，差異的なものの結合」ということは，この認識からは排除されている［『エンツュクロペディー』（第3版）小論理学』38節「補遺」，227節，同節「補遺」，228節「補遺」，231節；『大論理学』6. 502-503］。この認識によって事物をあるがままに把握すると考える経験論は，実は事物を変化させている。肉片を分析し，それが窒素，炭素，水素などから成っていることを発見したとしても，しかしこれら抽象的素材はもはや肉では

ない。同様に，実在論も，それとは正反対の立場の主観的観念論も，ヘーゲルからすれば，分析の見方としては一面的である。分析的認識には，「措定〔認識活動〕」は即「前提」に他ならず，諸規定は主観的活動の所産であるとともに，すでに対象の中にある既成のものでもあるという循環的構造が存するのである［6. 503-504］。この分析的方法はヘーゲルの弁証法の中に止揚されている。体系の論理的展開において定立されるものは「始元」の「普遍」〔直接的概念〕に即自的にも含まれているのである［『大論理学』5. 74, 6. 557, 563］。ところでヘーゲルによれば，分離量を扱う算術学および解析学（Analysis）の認識方法・演算は分析的である。カントはこれを総合的だと考えたが，5＋7＝12のような算術的命題においては主語［5＋7］からの「他者への推移」は存在せず，5と7とを生みだした単位の加算と「同一の演算の単なる続行，繰り返し」によって，述語［12］も成立するのである［同 6. 507］。→方法，総合　　　（山田忠彰）

フンボルト　[Karl Wilhelm von Humboldt 1767.6.22-1835.4.8]

ポツダム生まれ。早くから全世界の言語研究を始める。ドイツ言語哲学の中心人物であり，言語をエルゴンではなく，エネルゲイアとして捉え，「内的言語形式（innere Sprachform）」という考えを明らかにした。主著に『カヴィ語序論』（1836）がある。ヘーゲルは，「人々は近世において始めて，根源的状態のままに止まっていた諸言語を学び始めた」が，この研究は，これらの古い言語が「いっそう発達した言語では欠けているところの諸区別を表現している」という発見をしたとして，フンボルトを評価している［『エンツュクロペディー（第3版）精神哲学』459節］。また，ヘーゲルは，フンボルトの『マハーバーラタ論』についても論じている［『ベルリン著作集』11. 131f.］。

【参】　Steinthal (1848), Cassirer (1923)
（黒崎政男）

フンボルト　[Friedirch Wilhelm Heinrich Alexander von Humboldt 1769.9.14-1859.5.6]

ドイツの博物学者で，W. フンボルトの弟。1792-96年プロイセンの鉱山官吏を勤めるかたわら，ガルヴァーニ電気の実験を通じて生命の化学的過程の解明に取り組み，またヨーロッパ各地を旅行して地理学や地磁気の研究にも携わった。一時イェーナに滞在したが，1799-1804年には中南米を旅行し，磁気，気象学，地質学，動物学など多彩な分野の資料を収集し，帰国後パリで（1807-27）旅行記を整理公刊するとともに，気候学，植物地理学，山岳学を確立した。29年のシベリア旅行以後は，ベルリン，パリで自然地理学の講義，著書の公刊に努め，晩年には地磁気の観測所の世界的な設置を提唱した。『エンツュクロペディー』では気象学，ガルヴァーニ電気などに関する彼の見解への言及がなされているが，フンボルト自身は啓蒙的経験論者として，ヘーゲルやシェリングの自然哲学に対しては否定的であり，その講義の中でヘーゲルを批判した［『書簡集』（第3巻）注 424ff.］。→ガルヴァーニズム
（北澤恒人）

文明　⇨教養

分類・区分　[Einteilung]

分類は総合的認識のなかの第二の契機である〈普遍に対する特殊化〉として位置付けられるが，一般にひとが認識する際に，単純で抽象的なものから始め，これを前提としてこれに基づいて規定化・特殊化に進むのが本来の道筋だとヘーゲルは考える［『大論理学』6. 520］。ここで，分類・区分ないし分割（Division）が問題になる。言うまでもなく，分類には分類原理が必要であるが，これが一体どこから獲られるのかを考えると困難に陥る。

恣意的に勝手気ままな分類原理を持ち出すのなら別であるが,「分類の原理は分類されるべき対象そのものの本性から取り出されなければならない」[『エンツュクロペディー(第3版)小論理学』230節「補遺」]と考えれば,経験的素材のなかから取り出さなくてはならない。そこで実行されるのは,「経験的素材のなかに見出される特殊なものの秩序づけ,この特殊なものの普遍的諸規定の比較による発見」[『大論理学』6.523]ということになろうが,ここで守られるべき規則は〈完全枚挙〉といった一般的規則である。だが,これは適切な分類をする際の助けにはならない「何ら成果を生まない形式的な空虚な諸規則」[同6.524]である。「具体的なものの如何なる部分または如何なる側面を固定し,秩序づけをなそうとするかは恣意に委ねられている」[同6.525]のであって,分類原理の確定の根拠は客観性をもたず,分類されるべき対象にとって外在的な観点によるものとなるのである。総合的認識の一部分としての〈分類による認識〉の有限性はここにある。しかし,適切な分類が存在しないというのではない。動物を歯や爪によって分類するとすれば,それは適切な分類の一例である。なぜなら,それらの徴表は外面的なものであるだけでなく,動物自身の個別性を画然と打ち立てる「生命点」[同6.526]だからである。もちろん,これが偶然なされる場合もあるが,それは「理性の本能」[同上]によるのである。

【参】 廣松渉(1982)　　　　　　(德増多加志)

分裂 [Zerrissenheit, Diremtion]

ヘーゲルは,近代と古代を区別するものとして,近代においては個別性の原理が登場して,もはや古代の歴史段階のように普遍と個別,思考と存在,即自と対自といった対立する規定が単に直接的に統一していて,これらの絶対的な対立を仮象とするのではなく,むしろこのような分裂の経験そのものを精神が自己の教養の経験としていくことを強調した。これは,シェリングらの同一哲学を克服して弁証法的な思考を形成していく際の決定的な転換となる認識であった。彼はこれらの論理を,一方では宗教的な三位一体についての思考を深めつつ,他方では,市民社会と国家の分裂,市民と公民の対立をどう捉えていくかを通じて形成していった。とりわけ,『精神現象学』においては,自己が疎外を経験して対立する規定にぶつかり,しかも,善と悪,国家権力と富という規定が相互に転化し合うという経験を行っていく。そうした分裂自身が現実的なものとして同一的規定と対立して存在することによって,精神は一切の対立する規定を自分のものとして受けとめ,それらの相互に転倒していく姿(それは現実のフランス革命における進展においても見られたことだった)を自分の経験としていったのである。ヘーゲルは『精神現象学』においては,ディドロの『ラモーの甥』の哲学者を誠実な意識に,また,ラモーの甥を分裂した意識に対応づけ,その対立の経験からむしろ新たな同一性が生まれることを指摘した[3.386f.]。

なお,ヘーゲルはこうした対立する規定が生まれることを積極的に承認し,たとえば,宗教においても,神が自己同一のままにとどまる段階から絶対的な分裂対立を経験することをより積極的な段階と考えるようになっている。こうして一切の対立する規定を自分のものとして経験していくという過程が積極的なものとされることによって,弁証法的な哲学観が形成されたのである。→『ラモーの甥』

(佐藤和夫)

分裂した意識　⇨分裂,『ラモーの甥』

へ

並存 ⇨自己外存在

平和 ⇨戦争

ヘーゲル学派 [Hegelianer, Hegelsche Schule]

ヘーゲル学派とは，狭義にはヘーゲルに直接に師事し，その哲学体系を基本的に受容し，その学説の流布・発展に努めた人々をさすが，広義には間接的に強い影響を受けた人々，さらにはヘーゲル批判家に転じた人々の一部（たとえばK.マルクスやキルケゴール）までこの名称で呼ぶことがある。

大学におけるヘーゲルの教授活動はイェーナ（1801-06）で開始されたが，そこで既に熱心な信奉者が彼のもとに集った。そのうちの一人がA．ガブラーであり，この最初のヘーゲル学徒はヘーゲルの死後，その後継者としてベルリン大学の哲学教授に招聘されることになる。ハイデルベルク大学（1816-17）ではF．W．カローヴェ，H．ヒンリッヒス，E．ガンス，そしてこの大学へヘーゲルを招いた神学者K．ダウブがヘーゲル哲学の支持者となった。とはいえ，学派の本格的な形成は彼がベルリン大学（1818-31）に転任してからのことであり，とりわけその画期をなすのは，ヘーゲル学派の機関誌的性格をもった『学的批判年報』（ベルリン年誌）の発刊（1827）であった。彼の講義を聴くことは流行になり，今やヘーゲル学徒であることがプロイセンで教職を得る条件とみなされるほどになった。ヘーゲル学派の形成をもたらした要因は，一つにはこの哲学がプロイセン政府，とりわけ文相アルテンシュタインに支持されていたという外的状況に，しかしより本質的にはこの哲学そのものの性質のうちに求められる。ヘーゲル哲学は「論理学」によって基礎づけられているという強みを持ち，その「哲学史」によってこれまでの全ての立場を自己のうちにとりこんでいるとされ，さらにそのエンツュクロペディー的全体性によって，個々の学問領域を完成させるという仕事の余地を学徒達に残しているからである。かくしてガブラー，ヒンリッヒス，ヴェルダー，J．E．エルトマンらが論理学を，シャラー，メンツァーらが自然哲学を，K．ローゼンクランツとK．L．ミシュレが心理学を，H．G．ホト，H．T．レッチャーらが美学を，ダウブ，P．K．マールハイネッケ，K．ゲッシェル，C．H．ヴァイセ，ローゼンクランツ，コンラッディ，W．ファトケらが神学を，ガンス，ミシュレ，ヒンリッヒスらが法哲学を，それぞれさらに発展させる役割を引き受けた。『学的批判年報』をはじめとする機関誌活動が団結と学派の拡大を後押しした。ローゼンクランツは1861年に，彼の蔵書をもとにしてヘーゲル学派の文献目録を作成しているが，そこに挙げられた学派人は74名におよぶ。

ところがヘーゲル学派の興隆をもたらした要因は同時にその分裂と崩壊をもたらすものでもあった。すでにカールスバート決議の時期より始まった反動化の傾向は，アルテンシュタインが死に，プロイセンの新国王が登場する40年代にさらに加速された。もともとヘーゲルの〈学派〉形成に対する批判の声は当初から聞かれ，くわえてD．シュトラウスの『イエスの生涯』（1835,36）をきっかけとし

たヘーゲル学派の分裂と左派の急進化は，政府とヘーゲル学派の関係を急激に悪化させ，それがまた学派の分裂を促進したのである。ヘーゲル哲学という「不和の種」を一掃するために老シェリングがベルリンに迎えられた。しかし学派分裂の要因は，むしろヘーゲル哲学自身の内にあった。対立を自己の外にもたない普遍性は自己分裂によってしか発展しないからである。ヘーゲル哲学の原理の貫徹という名のもとで，発展と一面化と後退が進行した。ヘーゲルにおいて統一され，あるいは関連づけられていた哲学と宗教，哲学（ロゴス）と自然および人間，哲学（理論）と実践，哲学（理性）と現実，自由と共同性，個人と社会，哲学と経験科学，哲学と実存は全て引き裂かれ，一面化された。この一面化はしばしばスピノザ，あるいはフィヒテ，あるいは青年時代のヘーゲルへの回帰の姿をとった。そして初めに宗教と教会が，次に国家が，さらに哲学そのものが否定され，時には否定の立場さえも否定されるに至った。

対立は初めに哲学と宗教の関係をめぐって生じたが，シュトラウスの著作がそれを分裂に転化させた。彼は初めて学派を分類し，神的本性と人間的本性の合一という理念によって，福音書の全歴史（Geschichte）を(1)史実的（historisch）なものとして受けいれるべきだとする立場を右派，(2)部分的に受けいれる立場を中央派，(3)そして全体をも部分をも受けいれるべきでないとする立場を左派とよんだ。彼は右派に属する人物としてゲッシェル，ガブラー，そして同世代のB．バウアー，中央派としてローゼンクランツ，左派としてシュトラウス自身の名を挙げた［*Streitschriften*, Heft3, 95ff.］。宗教上の対立は直ちに政治的対立にまで拡大された。そして対立は学派内部の対立から学派と政府の対立，左派内部の対立に進んでいった。それとともに学派の分類も政治的性格を強めてゆくとともに，左派と右派はそれぞれ青年ヘーゲル派と老ヘーゲル派という名称と重ねられた。社会的・政治的批判のこのような出自は，その後における政治的・社会的批判と宗教との結合を困難にした。シュトラウスに続いてバウアー，フォイエルバッハ，シュティルナーらが宗教批判を汎神論から無神論，唯物論にまでおし進め，チェシコフスキやヘスは「未来」とそれに向けての「実践」を歴史哲学に導入することを試み，バウアー兄弟，ルーゲ，ヘス，マルクス，エンゲルス，バクーニン，ラサールらの政治批判は立憲君主主義，民主主義，社会主義，無政府主義にわかれていった。左派は派としての統一性を喪失した。中央派，右派とみなされた人々は基本的には政治的自由主義の立場にたち，学問的には哲学史の研究とヘーゲル体系の改訂に従事した。19世紀後半において，彼らは雑誌『思想』（*Gedanke*）に足場を求めてヘルバルト主義と対決するが，昔日の勢いはもはやなかった。しかしマルクスはヘーゲルが「死せる犬」として扱われていたこの時代に，自らヘーゲル学徒であることを公言してはばからなかった。

シュトラウス以降，ヘーゲル学派の再分類の試みが幾度もなされた（ミシュレ，レーヴィット，リュッペ）。オットマンはこれまでの分裂に検討を加え，現在に到るまでの思想の流れを(1)反個人主義的体系を批判するヘーゲル左派（ルーゲ，フォイルバッハ，マルクスからブロッホ，マルクーゼ，アドルノまで），(2)普遍主義に賛同するヘーゲル右派（J．E．エルトマン，C．レスラー，A．ラッソンからE．シュプランガーを経てJ．ビンダー，O．シュパンらに到る），(3)近代自由主義的法治国家を弁護するヘーゲル中央派（ローゼンクランツ，ミシュレ，Fr．ローゼンツヴァイクからJ．ドント，Sh．アヴィネリ，さらにJ．リッターとその学派のロールモーゼル，H．リュッペら）に分類している。しかしこのような分類になじまない自然哲学や美学，主観的精神論のような分野も

あり，ヘーゲル学派をこのような単純な分類法で整理することには限界がある。→学的批判協会，『学的批判年報』，哲学，宗教，新ヘーゲル主義，ドイツのヘーゲル研究，マルクスとマルクス主義

【参】Strauß (1837), Erdmann (1896), Moog (1930), Löwith (1941), Löwith (1962), Lübbe (1962), 良知力 (1974), 大井正 (1975), Ottmann (1977), 廣松渉 (1980), Toews (1980), 良知・廣松 (1986, 87), Hegel-Studien (1961-)。

(生方 卓)

ヘーゲル学会

歴史的にいえば，1831年のヘーゲルの死後間もなく，その全集の刊行を目的として結成され，最初のヘーゲル全集を刊行した「故人の友人有志の会」(Verein von Freunden des Verewigten) というのがあるが，これがヘーゲル学会といわれるものの嚆矢といえよう。ここでは故人の直接の弟子たちがその主要メンバーであった。19世紀中にはヘーゲル学派といわれるものは存在したが，それらは学会ではない。20世紀にはいってから，いわゆる新カント派の退潮が兆しはじめた10年代からにわかにヘーゲル哲学復興の声が高まってきた。そのような趨勢のなかで，新ヘーゲル学派の人々によってヘーゲル生誕100年 (1931年) の記念をめざして「国際ヘーゲル連盟」(Internationaler Hegel-Bund) が設立されたが，国際情勢の逼迫などのためその活動には限界があった。本格的に国際的なヘーゲル学会が組織されるようになったのは，第二次大戦後である。その一つは W.R. バイアーを会長として設立された「国際ヘーゲル学会」(Internationale Hegel-Gesellschaft) であり，もう一つはH.-G.ガーダマーを会長として設立された「国際ヘーゲル学会」(Internationale Hegel-Vereinigung) である。前者は1981年に分裂し，あらたに「国際弁証法哲学会—ソキエタス・ヘーゲリアーナ」(Societas-Hegeliana) がそこから分離独立して生まれた。それぞれ *Hegel-Jahrbuch, Hegel-Studien, Hegel-Annalen* を機関誌とし，定期的に国際会議の開催も行っている。このほか，「アメリカ・ヘーゲル学会」をはじめ世界各国にヘーゲル研究の学術団体がある。→ドイツのヘーゲル研究，新ヘーゲル主義

【参】谷嶋喬四郎 (1984)　　　(谷嶋喬四郎)

ヘーゲル家

ゲオルク・ヴィルヘルム・フリードリヒ・ヘーゲル (家族の中ではヴィルヘルムと呼ばれた) は1770年8月27日ヴュルテンベルク公国の首都シュトゥットガルトで生まれ，1831年11月14日プロイセンの首都ベルリンで死んだ。①ヘーゲルの祖先は16世紀のヨハネス・ヘーゲル (Johannes Hegel 1550頃-?) まで遡る。彼は信仰上の理由でケルンテンからヴュルテンベルク公国のグロース・ボッテヴァーにプロテスタントの人達と集団移住 (もともとヴュルテンベルクの人でケルンテンに少し滞在しただけという異論もある)。錫工である彼は町長にまでなった。家系図を辿るとその後3代は牧師，その後で曾祖父はシュトゥットガルトで財務局派遣顧問官，祖父は同地で参事官書記の後にアルテンシュタイクで郡長。母方の家系では，シュヴァーベン地方の宗教改革者E.シュネップ (1495-1558) やJ.ブレンツ (1499-1570)，16世紀の高名なテュービンゲン大学教授達，神学のD.シュネップや法律のN.ヴァルンビューラー，医学のD.ミュークリンク，天文学者M.メストリン，神学者で名誉総長J.ヘーブラントと繋がり，曾祖父はシュトゥットガルトで登記官，祖父は同地で官房および高級裁判所法律顧問であった。②父のゲオルク・ルートヴィヒ・ヘーゲル (Georg Ludwig Hegel 1733.12.11-1799.1.14) はシュトゥットガルトで財務局書記官で後に派遣顧問官，母はマリ

ア・マグダレーナ・ルイーザ・ヘーゲル，旧姓フロム(Maria Magdalena Louisa Hegel, geb. Fromm 1741.11.14–1783.9.20)。2人は7人の子供をもうけたが育ったのは3人。母はヘーゲルが13の秋に胆汁熱で死去。弟のゲオルク・ルートヴィヒ・ヘーゲル(Georg Ludwig Hegel 1776.5.24–1812)は軍人で生涯独身。ナポレオンのロシア戦役で戦死。妹のクリスティアーネ(Christiane Luise Hegel 1773.4.7–1832.2.2)は生涯独身。1807年から伯爵家で家庭教師。14年以降神経を病み親戚の許で静養，20年には入院，最後は独居。ヘーゲルの死の翌年温泉場タイナッハで入水自殺。③ヘーゲル自身は41歳の時にニュルンベルク市議会議員の娘で21年下のマリア・フォン・トゥヒャー(Maria Helene Susanne von Tucher 1791.3.19–1855.6.7) と結婚。第一子である娘(Susanna Maria Louisa Wilhelmina Hegel 1812.6.27–8.8)は誕生後すぐ死去。息子のカール(Karl Friedrich Wilhelm von Hegel 1813.6.7–1901)は高名な歴史学者・政治評論家でエアランゲン大学教授となり，イマヌエル(Immanuel Thomas Christian Hegel 1814.9.25–1891)は保守政党の中心的指導者でブランデンブルク州の宗務局長官となった。庶子ルートヴィヒがいる。一族は始祖ヨハネス以来プロテスタントで，深いシュヴァーベン気質が指摘される。④なお哲学者シェリングの曾祖父が始祖ヨハネスの孫の娘と結婚。実は両者は家系図では繋がっている［『書簡集』(第4巻 -1，2)]。→ブルックハルト夫人

【参】 Rosenkranz (1844), Fischer (1911), Wiedmann (1965), Nicolin (1970), Harris (1972)

(星 敏雄)

ベッティガー ［Karl August Böttiger 1760.6.8–1835.11.17]

ドイツの古典文献学者・考古学者。文献学・考古学・美術史に関する多数の著述がある。ゲーテ，シラー，ヴィーラントらの文人と親交をもつ。ドレスデンの古代美術館長をつとめ，ギリシア彫刻の様式に関する研究を行う。ヘーゲルの『美学』に言及あり。「ベッティガーが女らしい女神の大理石像の柔らかそうな諸部分を撫でまわすのは，芸術観照や芸術享受には無縁である」［『美学』14. 255]，芸術作品の歴史的研究に携わり，『絵画の考古学の構想』(1811)，『芸術・神話の構想』(1826, 1836) を著す。個々の芸術作品を統一的な観点から体系的に区分して，芸術作品の歴史的発展・体系的展開を強調した。主著： *Andeutungen zu 24 Vorträgen über die Archäologie* (1806), *Ideen zur Archäologie der Malerei* (1811), *Ideen zur Kunst=Mythologie* (1826, 1836)。

(寄川条路)

へつらい ［Schmeichelei]

ヘーゲルは『精神現象学』において中世から近世にかけてのヨーロッパの歴史を「高貴な意識」と「下賤な意識」との関係を軸に描く。「高貴な意識」と考えられているのは，個としての自己を犠牲にし，公を奉ずる封建貴族であるが，その献身によって「国家権力」は支えられ，維持される。しかし高貴な意識の内面の自己，内面の意志までが放棄され，否定されたわけではない。謀叛の可能性が残されている。高貴な意識は「言葉」を通して内面の意志を外化（放棄）する。国家に対して「特別な名前」で呼びかけ，賛美し，そして「へつらいの言葉」を呈する。絶対君主の誕生であり，高貴な意識による献身的奉公の「へつらいのヒロイズム」［3. 378]への転換である。もはや純粋な名誉ではなく，恩賞としての富が求められる。高貴な意識は，普遍性を個別性に従属させる下賤な意識に転換する。→高貴な意識と下賤な意識，言語

【参】 稲葉稔 (1991)

(藤田正勝)

ヘニング ［Leopold Dorotheus Henning 1791.

10.4–1866.10.5]

ドイツの哲学者。ベルリン大学教授。ヘーゲル右派。はじめヘーゲルの助手・復習講師をつとめる。ブルシェンシャフトのメンバーであり，カローヴェ事件の際に逮捕され投獄された。やがてベルリン大学教授となり，ヘーゲルの法哲学・国家哲学を継承発展させた。いかなるときにもナポレオンの理念の情熱的な代弁家であった。「ゲーテの色彩論について」という公開講義を行い，ヘーゲル自然哲学とゲーテ色彩論との一致を証明した。ベルリン版ヘーゲル全集の『大論理学』と『エンツュクロペディー』の編集を行う。主著: *Das Verhältnis der Philosophie zu den exakten Wissenschaften* (1821), *Einleitung zu öffentlichen Vorlesungen über Goethes Farbenlehre* (1822), *Zur Verständigung über die preußische Verfassungsfrage* (1845)。 ⇨ヘーゲル学派，ブルシェンシャフト　　　（寄川条路）

ヘブライ人　⇨ユダヤ教

ベーメ　[Jacob Böhme 1575–1624.11.17]

ゲルリッツの靴屋で，「ドイツの哲学者」と称された神智学者。1600年霊的体験に襲われ，1612年処女作『黎明』を執筆，同市のルター派牧師長リヒター（Gregor Richter）の迫害に遭う。1620年の『六つの神智学的要点』など晩年に多くの著作が成立。「無からの創造」を信じえず，またこの世の悪を神から引き離すために，まず神の自然の産出を思惟する点に特徴がある。つまり神性の本質は根底をもたない無底（Ungrund）であるが，それは同時に眼(まなこ)のように一切を包蔵し，自らの渇望（Hunger）によって根底（Grund）を産出する。それは牽引（Anziehen）を本質とする闇とそれを顕示へと促す光という二意志に分開して働き，「第一意志は神とは呼ばれず自然（Natura）と呼ばれる」。ヘーゲルはイェーナ時代にベーメ的な直観に留まる

ことを批判し［『ドクメンテ』363f.］，その非概念的な叙述形式を「野蛮」と評した［『哲学史』20. 97］。

【参】Franckenberg (1730), 四日谷敬子 (1985, 1991b), Garewicz (1988)　　　（四日谷敬子）

ヘラクレイトス　[Hērakleitos 前540頃–?]

古代ギリシアの哲学者で，エフェソスの王家出身。彼の著作については，わずか断片が残っているのみ。晦渋な文体で知られ，「暗い人」と渾名される。だが，その晦渋さは弁証法的な深みに通ずる。ヘーゲルは，「ここで我々は〔弁証法の〕祖国を見出す。ヘラクレイトスの命題で，私の論理学に取り入れられなかったものはない」［『哲学史』18. 320］と強調する。また，ヘラクレイトスはその孤高でニヒリスティックな思想のせいか，「泣く哲学者」とも称される。

ヘラクレイトスは世界の原理を「永遠に生きている火」とみなし，この世界を，その内部で絶えず上昇し下降する運動体と考える。彼は万物流転の思想を説いており，「万物は流転する」の命題をヘーゲルも引用している。だが，現代の文献学的成果からすると，彼自身がこの命題を実際に述べたかどうかは疑わしい。いずれにせよ，「病気は健康を，飢餓は飽食を……よいものにする」〔対立物の相関関係〕，「円周では，初めと終わりは共通である」〔対立物の合致〕，「戦いは万物の父である」〔対立物の闘争〕などの命題に明示されるように，彼の思想には，ヘーゲルの指摘通り，弁証法が横溢している。また，「人は同じ河に二度とはいることはできない」などの命題は，多くの哲学者を悩ませてきた。

ヘーゲルは論理学の〈有-無-成〉の一連の展開のなかで，「成（Werden）」にヘラクレイトスの思想を対応させる［『大論理学』5. 84–5;『小論理学』88節「補遺」］。ヘーゲルは「有（存在 Sein）」にエレア派（パルメニデス，ゼノンら）を対応させるが，万物流転を

説くヘラクレイトスと運動・変化しないものを真実在とみるエレア派とは対照的である。
→弁証法, 過程, 生成

【参】 Diels/Kranz (1951), Kahn (1983)

(島崎　隆)

ペリクレス　[Periklēs　前495頃-429]

古代アテナイ最大の政治家。古典古代文化の最盛期である「ペリクレス時代」を現出した。ヘーゲルによれば, ペリクレスは国家生活のために身を捧げ尽すような「彫塑的な古代的性格をもった政治家」[『歴史哲学』12. 317]である。その彼が長期に亘ってアテナイを統治しえたのは, 彼の「人格」とその「確信」, すなわち自ら「高潔」にして「国家の安泰」のみを念願し, しかも精神と見識とにおいて他の何人をも凌駕しているとの自信があったからである。ヘーゲルは, 彼のうちに比肩するもののない個性の偉大さを認め, 最大級の讃辞を呈している。彼は「もっとも教養あり, もっとも公正で, もっとも高貴な政治家」[同上]であり, 「アテナイの民衆のパンテオンの中でのゼウス」[同 12. 319]なのである。このような評価のうちに真理を単に抽象的な理論理性にとどまらず, 具体的な世界理性において見ようとするヘーゲルの意図が窺われる。→政体

(岡崎英輔)

ペルシア　[Persien]

ペルシアの原理は, 自らが世界に働きかける力であると同時に, 世界の目的でもある神にある。つまり神は実体であると同時に主体でもある。世界の目的として神は善であり, 世界の力として光である。この光は喜ばしい, 生気を与える, すべてを開示する光であり, あらゆる生命と発展に役立つ光である。だが神の目的活動はつねに障害と抵抗に出会う。善には悪が, 光には闇が抵抗する。これがオルムズドとアーリマンとの闘争である。したがってペルシアの原理は二元論である[『宗教哲学』16. 398 参照]。善の勝利は存在するのではなく, 存在すべきなのであり, 未来において善の国に一元化されるべきなのである。そのためペルシアの原理には終末観という新たな考えが包含されている。

このようなペルシアの原理に従うと, 生物, 存在者, 霊のすべて, 有限者の行為, 成長, すべてが光, オルムズドである。オルムズドの伴侶は精霊として人格化された星辰, 7人のアムシャ゠スペンタであり, これがオルムズドを囲んでいる。これはペルシア帝国で7人の高官がペルシア王を取り囲んでいることと対応している。ペルシアは光と善が現実化された国家であり, 国王はオルムズドの代表である。パルシー教徒は全生活をオルムズドに捧げなければならない。「パルシー教徒はいつも生活を促進し, 豊饒にし, 愉快にし, 言葉においても行為においても善を実行すべきであり, いたる所で人々の間にあって人々がするのと同じようにあらゆる善を促進すべきである。すなわち運河を掘り, 樹木を育て, 旅人に宿を貸し, 荒野を拓き, 飢えた者に食を与え, 土地を灌漑すべきである」[『宗教哲学』16. 406]。この宗教においては光が一切の特殊なものを自由に自分の中から放出し, 繁殖させ成長させる。そのためペルシアでは敵対しあう諸民族が連合しあっている。種々様々の原理が自由に割拠するとともに, 共存共栄を祝っている。ペルシア人は, 帝国内のそれぞれの国家や民族のもつそれぞれの特殊性, つまり言語, 慣習, 宗教を, 広く許容したのである。→自然宗教, ゾロアスター

【参】 Schulin (1958), Leuze (1975), Boyce (1979)

(八田隆司)

ヘルダー　[Johann Gottfried von Herder 1744.8.25-1803.12.18]

「シュトゥルム・ウント・ドランク」の理論家でヴァイマールの宮廷牧師。ヘルダーは民族の風土, 言語, 芸術, 宗教, 歴史などに

関し「悟性の啓蒙」の抽象性を廃し，各民族の特性を感情や想像力の立場から解釈し，具象的に表現した。『言語起源論』『ドイツの特性と芸術について』『人間性形成のための歴史哲学異説』『人類歴史哲学考』『人間性促進のための書簡』などの著作がある。ヘーゲルは初期の宗教論で特に想像力の宗教や歴史哲学的考察の面で多くをヘルダーに負っていた。既にシュトゥットガルト時代末の古代詩人に関する論文で，ヘルダーの論文「我々は今日まだ古代の聴衆と祖国を持っているか」に，ガルヴェを介して間接的ながら影響を受けていた。『国民宗教とキリスト教』で神への畏敬の念やギリシアの美しい「国民の精神」[1. 42]を近代ヨーロッパ人の冷やかな「悟性の啓蒙」[同 1. 21]に対置し高く評価したのは，ヘルダーの影響によるだろう。ベルン時代末の『キリスト教の実定性』補稿ではヘーゲルはヘルダーとともにドイツ固有の想像の喪失を嘆き，奇蹟の「主観的真理」を容認した。「モーセにとって神が真に現前していたのは，我々にとって或感じが真実であるのと同様であり」『キリスト教の実定性』補稿 1. 201]，そのように奇蹟が「想像力」にとって「真理」だという意味で，「旧約聖書を論じた最初の人物，おそらく唯一の人物はヘルダーである」[同 1. 215]。ヘーゲルはこの聖書解釈の方法を『キリスト教の精神』で適用するが，さらに『最古の体系プログラム』の「新しい神話論」にもヘルダーの影響が認められる。イェーナ時代の『信と知』では，神を「根源力」と解するヘルダーの「神」の思想をヤコービに比して高く評価するが，『エンツュクロペディー（第3版）小論理学』136節ではこれを逆に「力」と「発現」との非同一性の故に批判する。だが『美学』では，彼はヘルダーが諸民族の「民謡」を収集し，「すべての民族の特性を知り，同感し，追体験する」[15. 432]のに寄与した点を評価している。

【参】 Ripalda (1977), Jamme (1983)

(久保陽一)

ヘルダーリン [Johann Christian Friedrich Hölderlin 1770.3.20-1843.6.7]

シュヴァーベン出身の詩人，ヘーゲルのテュービンゲン時代以来の友人。

Ⅰ 生涯　2歳の時に父を，やがて義父をも失ったが，敬虔な母の希望により聖職者になるべく，領邦の修道院学校を卒業後，1788年テュービンゲンのシュティフトに入学した。彼はそこでノイファー（Christian Ludwig Neuffer 1769-1839）やマーゲナウ（Rudolf Friedrich Heinrich Magenau 1767-1846）と詩人の結社を作り，ヘーゲルやシェリングらとともにフランス革命の理念を賛美し，シュティフトの神学と制度に反抗した。1793年卒業後，ヴァルタースハウゼンで家庭教師になるが，1794年11月にイェーナでフィヒテの講義を聴き，シラー，ジンクレアらと交わり，ゲーテ，ヘルダー，ノヴァーリスとも面識を得た。1796年フランクフルトのゴンタルト家の家庭教師になり，ズゼッテ夫人（Susette Gontard 1767-1802）を愛するようになるとともに，1797年初めにヘーゲルと再会し，ヘーゲル，ジンクレア，ツヴィリングと「精神の盟約」を結んだ。1798-1800年ホンブルクのジンクレアの許で過ごし，1801-2年にスイスのハウプトヴィル，ボルドーで家庭教師をした後，異常な精神状態で帰郷した。1804-6年ジンクレアの世話でホンブルクで司書に就くが，1806年テュービンゲンの病院に入院し，1807年以後死ぬまでテュービンゲンの指物師ツィマー（Ernst Zimmer 1772-1838）の許で精神的薄明の生活を送った。

Ⅱ 思索と詩作　少年時代の叙情詩には人間の堕落を嘆く敬虔主義的傾向が強かった。やがてクロップシュトックやシラーの影響の下に人間性の抑圧への反感が生じ，テュービ

ンゲン時代には自由や愛を高調する多くの讃歌が作られた。その際自由は自然と調和し、愛は既に一種の宇宙的原理をなし、合一哲学の萌芽が形成されていた。彼の合一哲学は、当初「イェーナの魂」と称賛されたフィヒテとの対決を通して1795年春頃生じた。人間の二つの対立しあう衝動（無限への衝動と被限定への衝動）は「愛」において結び付けられる。この「愛」は差し当たり人間学的な原理に止まっていたが、『判断と存在』では「自己意識」の根底に「主観と客観との結合」としての「存在」が示された。「存在」は、『ヒュペリオーン』最終予稿によれば、「一にして全」であり、それは人間によって見失われているが、既に「美」として「現存している」ため、理論や実践によってでなく美的態度によって回復される。ここにはプラトンの影響が認められるが、この「美」は、『ヒュペリオーン』では、「自然」、「生」、「神性」とも呼ばれ、さらに「自己自身の内で区別されている一者」（ヘラクレイトス）とも規定される。彼はそれを古代ギリシアの芸術、宗教、国家、哲学に見出し、エジプト人の専制や北方人の悟性に対置するとともに、現代におけるその再生の試みをヒュペリオーンの愛と闘争と挫折を通して描いた。だがホンブルク時代の『エンペドクレスの死』諸草稿や詩論では芸術が「神事」として反省され、「美」よりも「悲劇的なもの」に力点が置かれる。エンペドクレスは神と余りに緊密になり、自己を神と見做した倨傲の故に死なねばならず、それによって初めて人間と人間を包み越えた神との合一が「感じられる」ようになる。この悲劇論は後のソフォクレスの訳注にも認められるが、「生」の合一・分裂・再合一の存在論は「悲劇の形式」や音調論だけでなく、個人の形成や歴史の転換の理論にも適用され、1800年頃から「ドイツへの回帰」とキリストの救済への新たな期待が生じた。後期にはピンダロス（Pindaros 前522(-18)-442(-38)）を範とした讃歌や悲歌など、多くの傑作が書かれたが、病状の悪化とともに詩人は次第に言葉への支配力を失っていった。

Ⅲ　ヘーゲルとの関係　ヘルダーリンはヘーゲルを「落ち着いた分別のある人間」といって信頼を寄せたが、ヘーゲルも初期、特にフランクフルト時代にヘルダーリンから多大な影響を受け、それ故「ヘーゲルの哲学的思索の実存的根拠はただヘルダーリンとの交際からのみ捉えられねばならない」［『ドクメンテ』455-6］。両者はテュービンゲン・シュティフトで知り合い、ともにヤコービやプラトンを読み、「神の国」を合言葉に友情で結ばれ、「民衆の教育という理想」を分かちあった。卒業後の往復書簡の中でも、ヘルダーリンはフィヒテ批判を論じたり、ヘーゲルからパウロ書簡の釈義を期待したりし、ヘーゲルも自己の宗教論の構想を伝え、『エレウシス』で再会の期待を述べていた。フランクフルトで再会後、ヘーゲルは『道徳性・愛・宗教』の後半で、従前の想像力の宗教というモチーフの下でヘルダーリンの「愛」を受け入れて、カント的道徳宗教から合一哲学に視点を転換した。また『最古の体系プログラム』の、特に後半の「美の理念」にかんする部分にはヘルダーリンの「美的プラトン主義」の影響が認められる。さらに『信仰と存在』ではヘーゲルはヘルダーリンの『判断と存在』と同様に「存在」と「合一」を同義と解し、『キリスト教の精神』ではヘルダーリンの「自然」（「生」）の三段階論や「運命」の思想を「美的宗教」の見地から受け入れた。その際「美しき魂」ないしイエスの死にかんする『キリスト教の精神』の初稿から改稿への展開とエンペドクレスの死にかんするヘルダーリンのフランクフルト時代からホンブルク時代への思想の展開との間には並行性が認められる。さらにヘーゲルはドイツ現状批判や芸術・宗教・哲学観に関してもヘルダーリンから影響を受けただろう。逆に後者のキリスト

教化は前者の影響によると思われる。だがヘーゲルは1803-4年頃かつて『最古の体系プログラム』で共有していた「新しい神話」の構想から訣別していった。→合一哲学, エレウシス, 『最古の体系プログラム』

【参】 Dilthey (1905), Hoffmeister (1931), Henrich (1974a), Kurz (1975), Kondylis (1979), 手塚富雄 (1981), Düsing (1981), Jamme (1983)

(久保陽一)

ベルトレ [Claude Louis Berthollet 1748.12.9-1822.11.6]

フランスの医学者・化学者。サヴォア出の法服貴族の家柄で、フランス革命、ナポレオン時代と続く激動の時代を一貫してフランス・アカデミーの指導的な地位にいた。彼はラヴォアジェ (Antoine-Laurent Lavoisier 1743-94) の酸素一元論を承認し、そのフロギストン説に対する本質的な修正を承認したが、彼の立場は伝統的化学の原理をラヴォアジェの新しい原理と総合しようとする立場であり、ラヴォアジェの原理を承認するのは1785年以後のことである。ベルトレのラヴォアジェ説への貢献は化学反応の問題にあり、酸の構成要素間の関係、すなわち、化学化合物を親和性の概念から説明することを提案した。けれども彼は定比例の法則を承認することができず、プルースト (Joseph Louis Proust 1754-1826) と論争した。また彼は塩素の漂白性を発見したことが知られている。

ベルトレが化学的親和性について論文を発表したのは1799年であるが、ヘーゲルは早くもイェーナ時代に言及し、「ベルトレはベリマンによって立てられた、化学において一般に支配的な概念である親和性の概念を攻撃し一方の単なる活動性と他方の完全な不活動化の代わりに第三者の内における両方の活動性を主張し、二つの産物における両者の混合を主張する人である」[『イェーナ体系 I』GW 6. 151] と述べ、ベルトレに賛成している。またこの点で酸とアルカリの化学反応に関してさらに言及している。「ベルトレは……親和性の系列を完全に承認することによって、化学的作用の諸結果の内に変化をもたらす諸状態を配列し、探求した」[『エンツュクロペディー（第3版）自然哲学』333節]。この点でベルトレが親和性の強さが反応する元素の質料に依存すると考えたのに対して、ヘーゲルは質的であると同時に量的でもある本性と考えている。→親和性, 熱

【参】 Kapoor (1970), Snelders (1986), 大野誠 (1989), 渡辺祐邦 (1990, 1991a) (長島 隆)

ヘルバルト [Johann Friedrich Herbart 1776.5.4-1841.8.4]

ドイツの哲学者、教育学者。その多元的実在論の立場や矛盾律を遵守する分析的思考法のゆえに、彼の哲学面での学説は——特にヘーゲル死後——反ヘーゲル的潮流の有力な核を形成した。彼は経験的世界の根底に、それぞれ異なった単純な質を有して自存する多数の真実在を想定し、経験的事物の生成・変化を、この真実在相互の「関係」の変化として説明する。生成・変化の経験的概念に含まれている諸矛盾はそのことによって解除されるとする。形而上学の職務はこうした矛盾の解除にある。その都度の「関係」は、真実在の本質に無関係なわれわれの思惟の「偶然の見地 (zufällige Ansichten)」の産物であり、よって生成・変化は「仮象」にすぎず、真実在は生成も変化もしない。彼によればエレア派やプラトンによって着手されたこの実在論を完成させることが哲学の課題である。ヘーゲルへの直接的論評として、『法哲学』への匿名書評 (1822) がある。

【参】 Häntsch (1912) (田端信広)

変化 [Veränderung]

ヘーゲルは変化を、ある質から他の質への、ある定在から非定在への、或るものから他の

ものへの移行と定義し，これを基本的に存在論の段階における運動とみなす。変化とは或るものが特定の質をもつことに伴う運動であり，有限なものの本性である。「我々は……すべての有限なもの……が変化を免れないことを知っている」[『エンツュクロペディー（第3版）小論理学』92節補遺]。また変化は，生成（Werden）が定在において具体化されたものであり，有限なものが即自的には自己の他者であるという，定在一般がもつ内的矛盾・不等性・否定性の現れでもある。他方ではヘーゲルは，ものの質的変化と量的増減に関わる変化とを区別し，定在の量的増減が一定の限度を超えて変化するとこの定在自身の質的変化が引き起こされるという，質的変化と量的変化との相互規定関係にも着目する。したがって変化は，ヘーゲルにおいては，現象の世界における対立物への反省の運動としての転換（Wechsel）とも，また，同一のものが萌芽的な形態から自己自身を産出しつつ展開する，概念の運動としての発展またはメタモルフォーゼ（変身譚はこれとの関連で言及される）とも区別される。→有限性，他者，定在

(奥谷浩一)

ヘン・カイ・パーン　⇨一にして全

弁証法　[（ギ）$\delta\iota\alpha\lambda\varepsilon\kappa\tau\iota\kappa\acute{\eta}$，（独）Dialektik]

Ⅰ　弁証法の起源　「弁証法的なものの正しい理解と認識はもっとも重要である。それはそもそも，現実の世界のあらゆる運動，生命，活動の原理である」[『エンツュクロペディー（第3版）小論理学』81節「補遺」]。こうして，ヘーゲル的な意味での弁証法とは，実在する対立・矛盾を原動力として変化・発展する事物の論理であり，またそういった事物を認識するための学的方法のことである。この意味で，ヘーゲル弁証法は形式論理学の（無）矛盾律に真っ向から反対する。ところで，古代ギリシアで「対話・問答法」（$\delta\iota\alpha$-$\lambda\varepsilon\kappa\tau\iota\kappa\acute{\eta}$）といわれるときは，むしろソクラテスやプラトンに示されるように，一つのテーマについて，対話・問答を通して共同的に真理を探求する方法という意味である。哲学史をたどると，「弁証法」はまず対話・問答法の意味で成立したが，中世で形式論理学とほぼ同義に用いられた段階を経て，ヘーゲルでは，「弁証法」は事物そのものの運動という意味や，広く学問的認識方法という意味を担わされた。現代においても，弁証法を，①ヘーゲル的な意味での学的方法とみるか，②対話や論戦の方法とみるかで二分される。①はおもにマルクス，エンゲルス，レーニンらの唯物弁証法へ継承される。「新レトリック」の提唱者ペレルマン（Chaïm Perelman 1912-）が弁証法というとき，これは②の意味である。アリストテレスやカントが「弁証法」というとき，これは主観的な議論に関わり，②の方に近い。

ヘーゲルは弁証法の始祖にあたる哲学者として，生成流転を説くヘラクレイトス，文字通り「弁証法の創始者」とされるエレアのゼノン，イデアの探究において弁証法的体系展開を行ったプラトン，の三者を挙げている[『哲学史』18. 295,320, 19. 64ff.]。ヘーゲル弁証法形成の契機となった過去の哲学はさらにいくつも指摘されるが，とりわけ，古代ではアリストテレス（とくにその『形而上学』），近代ではカント（その二律背反論，超越論的統覚，生命的有機体の思想など）が決定的であろう。さらに，古代の新プラトン派とのつながりは興味深く，近代のフィヒテ，シェリングの直接的な影響は大きい。

さらにまた，ステュアート（James Steuart 1712-80），スミス（Adam Smith 1723-90）のイギリス政治経済学の研究も近代市民社会の矛盾と総体性の把握という点できわめて重要である。だが，ヘーゲル弁証法に決定的な影響を与えたのは，フランス革命，それに比しての母国ドイツの後進性という歴史的現実

そのものであり、ここに当時のヨーロッパ社会を思想史的に総括しようとするヘーゲルの巨大な歴史感覚が働いている。

Ⅱ 弁証法の概念規定　イェーナ初期のヘーゲルでは、弁証法は本来の哲学への導入という低い役割を与えられていた。そして、体系期のヘーゲルの弁証法には、広狭両義の用法がある。これは「論理的なものの三側面」[『エンツュクロペディー（第3版）小論理学』79-82節] でいえば、〈悟性的側面→弁証法的側面（否定的理性の側面）→思弁的側面（肯定的理性の側面）〉のうち、まず第二の側面が狭義の弁証法に該当する。これは事物とその認識のあり方が一面性や限界を内部から露呈して、滅亡したり分裂したり、あるいは他のものへと変化したり、さらに果てしない悪循環に陥る状況を意味する。これはいまだ肯定的成果を産まない否定的弁証法である。この点では、我々の周囲にある事物はすべていつかは変化し滅亡するものであり、弁証法の実例である。ヘーゲルはこれを「有限者の弁証法」[同81節「補遺」1] と呼ぶが、重要なことは、事物が滅亡したりするのはそれ自身の本性から発することをしっかり捉えることである。生きているものが死ぬのは病気や事故にあったからでなく、生命そのものの内部にもともと死の萌芽が存在するからである。

狭義の弁証法だけなら、そこに何の成果もみられないことになる。だが、「弁証法は肯定的成果をもつ」[同82節]。そこに、「対立した二つの規定の統一」[同上] を目指す「肯定的理性」が働く。矛盾・対立が容易に解消しがたいとすれば、そこに事実上、両者の結合ないし統一があるとみなされ、理性はその統一を自覚的・積極的に捉えようとする。広義の弁証法は「論理的なものの三側面」の最終段階で成立する。この側面はヘーゲルによって「思弁的 (spekulativ)」と正式に呼ばれるが、彼は事実上、この意味で「弁証法（的）」という用語を使っている。彼には「思弁的弁証法 (spekulative Dialektik)」[『哲学史』19. 65] という表現もある。

肯定的理性が認識する事物の統一はけっして固定的なものでなく、分裂を産出しながら、同時に解消するなかでダイナミックに成立するものである。「精神は絶対的分裂のなかにあってこそ、その真理を獲得する」[『精神現象学』3. 36] とまでいわれる。生命的有機体の生き生きした統一もまた、生きているために自ら誘発する死への要因（病原菌や外傷）を排除・克服するなかで初めて成立する。ヘーゲルの弁証法で特徴的なのは、事物とその認識が、その本質において、一度分裂や否定の状況に置かれ、そこから一定の労苦をへて高次元で自己統一を回復するという思想である。

Ⅲ 弁証法の構造と例証　弁証法とは、ヘーゲルでは基本的に一つの（学問的）方法であるが、方法といっても、対象に外的に適用される形式的なものでなく、対象である事物の「魂」[『大論理学』5. 551] であり、「あらゆる事物そのものの方法」[同 5. 552] である。したがって、弁証法が一般的に何であるかは論理学の最終成果として、「絶対理念」の項目で説明される。だから、弁証法はけっして、ポッパー (Karl Raimund Popper 1902-) が考えるような、単純な試行錯誤の方法ではない。弁証法の一般的構造は、〈端緒（始元 Anfang）→進展（Fortgang）→終局 (Ende)〉、〈第一のもの→第一のものの否定→第二の否定〉、〈直接性→媒介性→直接性の回復〉、〈即自→対自→即かつ対自〉、〈普遍→特殊→個別〉などと多種多様に定式化されるが、基本的に三分法のスタイルをとる。

この三段階的弁証法のポイントは、第二項が第一項の否定であるとともに、第三項への橋渡しをするということである。「第二の規定、つまり否定的なまたは媒介された規定は、さらに同時に〔第三項へと〕媒介する規定でもある」[『大論理学』6. 562]。また、第三項

は第一項への高次元での復帰になっており，そこに円環が描かれる。第一項の「端緒」はいまだ未発展のものであるが，それ以後の展開を可能性としてすべて含んでいる。そして早晩，事物はその可能性を多様に現実化せざるをえない。こうして第二項の「進展」は，「端緒」にあったものの多様な局面における自己分化，自己分裂である。第三項はまた，未分化状態の第一項と分裂状態の第二項との統一とも考えられる。

たとえば，「端緒」的段階にある「赤ん坊」は人間の諸能力を可能性としてのみもっている。「青年」は自分の能力を開花させながらも，理想と現実との間で悩み，分裂的になる。だが，理性の力で現実を洞察し，それと和解する「大人」は，第三項の立場に立つ。大人は赤ん坊のもつ統一に帰るが，彼は世界を否定や矛盾を含んで生き生きと統一を保持するものと，はるかに具体的に洞察する。また，論理学の体系認識でいうと，有［存在］論は世界の直接的な認識であり（第一項），本質論は世界を矛盾と相関の世界とみ（第二項），概念論は，分裂を含みつつもダイナミックに統一を保持する，自由な世界を描く（第三項）。そして，人間の実践活動でいうと，単に目的を頭のなかで抽象的に保持しているのは第一項にあたり，目的からさしあたり離れ，道具やその他の手段へ向かうのは第二項であり，手段という他者を介してもとの目的を実現するのは第三項を意味する。認識過程でいうと，直観的に対象の全体を見ているのは第一項にあたり，対象を悟性の力で分析（分解）するのは第二項，さらにバラバラになった対象を総合的に捉え，直観的全体性を再構成するのは第三項に該当する。

ヘーゲル自身は唯一の弁証法的論理が事物とその認識過程を貫くと考える。だがそのことは，彼の用語法がきわめて多義的になることを意味する。そして，ヘーゲルの目指したものは，運動や変化の結果の記述ではなく，運動それ自身の論理，生き生きとした直観を学的に説明する論理であった。こうして，ヘーゲル弁証法は形式論理学を超える矛盾の論理を要請したが，弁証法的論理をヘーゲルの観念論や神秘主義から払拭し，科学的で可能なかぎり明晰な論理として再構成する必要があろう。⇨矛盾，理性，思弁，歴史

【参】 Marx (1844b), Hartmann (1868), Lenin (1929), Popper (1963), Gadamer (1971b), Sarlemijn (1971), 許萬元 (1972), Diemer (1976), Fink-Eitel (1978)　　　　　　　（島崎　隆）

変身譚　⇨変化

弁神論　[Theodizee]

ヘーゲルの全思考を貫く神学的傾向の一つは，歴史に注目することである。もし神が自然の中に神の知恵を示したと言いうるなら，なおさら世界史の中に自らを示したというのである。この考えはライプニッツが彼なりの仕方で試みた「世界の禍が包み込まれ，思考する精神が悪と和解させられるはずの弁神論」［『歴史哲学』12. 28］を思い浮かべさせる。これこそ「世界が理性的に運行していることを示す」［『哲学史』19. 497］ことである。信仰と理性との結合を認める立場からは，キリスト教すなわち哲学という形をとるが，宗教哲学の側面では，儀式の形態において，統一と分離が取り上げられる。分離の面では否定性，悪が，この分離の克服という点では統一，すなわち悪の克服，和解が考えられている。この点からヘーゲルの根本主張を一言で述べるなら，「哲学は真の弁神論である」［『哲学史』20. 455］と言えるであろう。　（岩波哲男）

変態　⇨メタモルフォーゼ

ホ

ボアスレ兄弟 ［Sulpitz Boisserée 1783.8.2–1854.5.2; Melchior Boisserée 1786.4.23–1851.5.14］

ドイツにおける古ドイツ・ネーデルラント美術の受容は，美術研究家であり収集家でもあるボアスレ兄弟とロマン派 Fr. シュレーゲルによる収集展示活動によって広まった。この活動は，フランス軍の侵攻によって散逸した自国の宗教芸術の救出を意味し，敗戦の屈辱から生じた民族意識を高める役割を果たした。1803年パリで私的な講義をシュレーゲルから受けたボアスレ兄弟は，彼らの中世芸術の知識をシュレーゲルに披瀝し，以後の収集の旅をともにする。この収集はケルン，ハイデルベルク，シュトゥットガルトで展示され大きな反響を呼ぶ。彼らの活動による中世ドイツ芸術の意義づけは，従来の古典主義的芸術観に対する芸術の民族的地方的意義の強調という，「美術史のパラダイムの変換」（A. ゲートマン＝ジーフェルト）をも意味する。

ヘーゲルは，ニュルンベルク時代からハイデルベルク時代にかけて，友人パウルスの紹介によりボアスレ兄弟と交わる。ヘーゲルのハイデルベルク大学就任にも S. ボアスレは尽力した。1816年ヘーゲルはハイデルベルクで彼らの収集品に接しドイツ・ネーデルラント絵画の意義を知る。『美学』におけるイタリア絵画に関するヘーゲルの知識が主としてフォン・ルーモール（Karl Friedrich von Rumohr 1785.1.6–1843.7.25）の『イタリア研究』に負っているのに対し，ドイツ・ネーデルラント絵画に関する知識の多くはボアスレ兄弟との親交を通して得られたものなのである。しかしそれにもかかわらずヘーゲルは，ドイツ中世芸術を生の根源とみなすロマン主義的な民族主義的情熱をシュレーゲルやボアスレ兄弟と共有することはなかった。彼らが中世宗教芸術を重視するのに対し，ヘーゲルはむしろ17世紀ネーデルラント世俗画に注目している。熱狂への距離の点ではヘーゲルはボアスレや後期ロマン派に対するゲーテの立場に近いのである。→シュレーゲル兄弟，パウルス

【参】 Nicolin (1970), Pöggeler (1971), Strack (1982), Gethmann-Siefert (1987), 岩城見一 (1989)　　　　　　　　　　　　　（岩城見一）

法 ［Recht］

(1)『法哲学』の構成は第1部「抽象法」第2部「道徳性」第3部「人倫」となっている。(2)ドイツ語の Recht は，法・権利・正義という三つの意味をもつ言葉であるが，ヘーゲルも『法哲学』の中でこの三つの意味を生かしている。(3)『法哲学』はその序文に述べられているように，『エンツュクロペディー』の第3篇「精神哲学」のうちの第2部「客観的精神」をより詳しくより体系的に論じたものである。以上の3点から容易に推察されるように，ヘーゲルのいう法は，例えば〈権力による紛争解決の規準〉というような通常の用法に較べてはるかに広い内容をもっている。「我々が本書において法というとき，通常，法という語によって理解されている市民法［抽象法］を意味するのみでなく，道徳性，人倫および世界史をも意味するのである。これらが同様法に属するのは，概念とは思想を真理に則って総括するものだからである」

[『法哲学』33節「補遺」］。ちなみに，『法哲学』は「自然法と国家学」という副題をもつ。これはヴォルフ以来の実践哲学の伝統に即した表現であって，当時，哲学は理論哲学と実践哲学とに分けられ，後者には自然法・政治学・倫理学が含められていた。このことからも，『法哲学』がたんなる法論に尽きるものではなく，法論と倫理学を含んだ社会‐政治哲学であることが明らかであろう。

ヘーゲルによれば，法の地盤は「精神的なもの」であって，その出発点は意志である。これは自由な意志である。なぜなら，自由でない意志とは空語にすぎないからである。したがって自由ということが法の実体と規定とをなすのであり，法の体系とは「実現された自由の王国」，精神が自分自身から生み出した「第二の自然」にほかならない［同4節］。「法とは絶対的な概念の現存在，自己意識的な自由の現存在である」[同30節]。こうしたヘーゲルの把握の背後に，自由がすでに社会の諸制度の原理として根づきつつあるという認識を読み取ることができる。そしてこの自由な意志が発展していく諸段階が，抽象法・道徳性・人倫の各段階なのである。ここに抽象法とは，所有，契約および不法（に対する法）という，近代市民社会を基礎づける法的関係，市民法を意味するが，それが抽象的だというのは，ここでは人間が人権という形式的な権利の担い手として見られるだけで，個人としてもつ特殊性や法的関係の背後にある共同体のあり方などが捨象されているからである。

ヘーゲルは法（哲学的的）と実定法との区別を承認し，市民社会論の中で「法が実定的とならざるをえない場所」［同3節］について論じている［同211-4節］。なお，法哲学は，法的関係の担い手から見るときには権利（と義務）の哲学であろう。Philosophie des Rechts の訳語としてわが国では〈法哲学〉が定着しているが，T. M. ノックスの英訳では〈権利の哲学（Philosophy of Right)〉である。→道徳性，人倫，自由，意志，法律

【参】 上妻精ほか (1980)　　（高柳良治）

忘却 [Vergessenheit]

用例としては，ギリシア語 $\varLambda\eta\theta\eta$ の訳語で，悲劇的人倫の帰結としての，二つの人倫的確信，例えば「神々の掟」と「人間の掟」という対立矛盾して相ゆずらない主張が相共に没落して統一されるという和解を指す語。上例のように両当事者の死による和解，つまり「冥界のレーテー」とオレステースやオイディプースの例のように「罪の赦し」とが区別されるが，眼目は実体の二つの威力とそれを体現する二つの個体性とが消失してしまっていることであり，また善と悪との抽象的思想という両方の威力が消失してしまっているということである［『精神現象学』3. 540］。さらにこれを意識の経験という体系上の一般構造から言えば，あらゆる意識形態が直接的確信としてその抽象性が自覚されて，真実態が明らかになる過程が説かれるが，この経験が新たな意識形態において前提され，直接的に断言される場合の意識が，この過程（経験）を忘却していることになる［同 3. 344, 351, 401, 540;『美学』14. 555-558]。

【参】 Heidegger (1950a)　　（出口純夫）

封建制 [Feudalsystem, Lehensverfassung, Lehenssystem]

ゲルマン世界の第2期に登場した3種の反動のうち，法律的な力と国家権力に対する諸個人の反動は，個人の孤立無援を招いた。諸個人は他の権力に庇護を求め，結局一般的従属状態に陥った。その体制が封建制度である［『歴史哲学』12. 441］。諸個人は団結と社会性を求めて，かつては普遍的たる国家権力に属していた権威を身にまとい私有財産と私的支配を手にした少数の権力者に服従することになった。この権力者は国家権力そのものを手

にし，国家から貸与されていた権力を世襲財産にしてしまった。かつては国王や他の高官が臣下に報賞として封土（Lehen）を与えたが，いまや弱者や貧民が権力者に自分の財産を与え，それによって強力な庇護を得ることになった。かれらは主人に財産を提供し（feudal oblatum），債務の履行を主人に約束してふたたびそれを手にしたが，これは貸与という形をとった。つまり，かれらは自由民から封臣（Vasall, Lehnleute）になったのである。これが封建体制であり，封土（Feudum）は忠誠（fides）と血縁になった。だがこの忠誠は不正による拘束である。封臣の忠誠は普遍者に対する義務ではなく，偶然性や恣意，暴力行為に委ねられた私的な義務でしかない。こうして普遍的な不正や不法が私的な従属関係や義務関係の体制に組み込まれた［同 12. 445-446］。

封臣が封主から独立し，君主の人格ではなく普遍的な国家権力に従うようになって封建制度は崩壊した［『ドイツ憲法論』1. 600］。とくにドイツの場合は代議制が成立し，封主は個人ではなく代表者として存在するようになり，かくして封建制度から君主政が現れた。封建制度は多頭政治（Polyarchie）であり，主人と奴隷の関係であるが，君主政（Monarchie）では主人はいても奴隷はいず［『歴史哲学』12. 478］，権力は国家に帰属する。封建制度は国家を知らないのである。→中世

（柴田隆行）

奉仕 ⇨犠牲

包摂 ［Subsumtion］

一般的に「包摂」とは，種概念を類概念のもとに，より狭い外延の概念をより広い外延の概念のもとに包括することであるが，ヘーゲルはこの語を多少異なる意味で使用する。

(1) 初期の『人倫の体系』では，直観により全体の普遍として与えられる民族を，概念的思惟を通して，民族の構成要素である特殊的なもの，さらに「諸個人の絶対的存在」として定立することを「直観の概念のもとへの包摂」という。反対に，孤立した諸個人を全体へと取り込み，普遍的なものを再構成すること，特殊的なものの実在性を観念性へと転化することを「概念の直観のもとへの包摂」という。ここでは直観が普遍であり，概念が特殊である。直観と概念という異質の認識内容を相互に関連づけるのが二つの「包摂」であり，これにより「絶対的人倫の理念」の体系的認識が可能となるとされた。

(2) 形式論理でいう判断は，思惟する主観が主語と述語とを特殊と普遍の外延的包摂関係に基づいて結合するとされるが，ヘーゲルはこれを「外的で主観的な包摂作用」［『エンツュクロペディー（第3版）小論理学』166節］であるといい，次のように批判する。形式論理の下では，主語と述語はそれぞれ自立した規定を持ち，両者はただ「外的」に「結合」される。その場合の普遍は，特殊性を除去することによって獲得されたものであり，「単なる共通者」，即ち「抽象的普遍」である［同163節「補遺」］。それ故「包摂」は「特殊ないし個別への普遍の適用［『大論理学』6. 309］にすぎないと。それに対して，「具体的普遍」を主張するヘーゲルの立場では，個別は普遍から演繹されるのであり，判断は「根源的に一なるものの根源的分割」である。そこでは，主語と述語は「内的」に関係する。つまり，普遍は特殊・個別を「包摂する」のであるがまた多くの個別に「内属する（inhärieren）」［同 6. 308］のでなければならない。ヘーゲルでは，「包摂」は，内包的帰属関係をも含むものとされる。→直観，概念，判断，特殊性，個別性，普遍

【参】 Düsing (1976), 大村晴雄 (1961), 金子武蔵 (1984)

（藤田俊治）

法則　[Gesetz]

自然法則の意味における〈法則〉について，ヘーゲルは『精神現象学』と『大論理学』とで詳しく論じている。これは，言うまでもなく〈悟性は法則を自然から導出するのではなく，自然に法則を規定するのである〉というカントの考えを念頭に置いたもので，ヘーゲルは基本的にはカントの超越論的立場を承認しながら，自然に法則を設定する悟性の操作が現象のうちから非同一的成分をあらかじめ排除してしまう点に注意を喚起している。例えば『精神現象学』ではガリレイの落下運動の法則やニュートンの天体力学の法則を例として，次のように言われる。「法則においては，普遍的区別が非恒常的現象の恒常的像として表現される。超感覚的世界は法則の静かな国である」[3. 120]。「法則の国はたしかに悟性の真理だが，それは最初の真理にすぎない。……法則は現象のうちに現前するが，しかしそれは現象の全現在ではない」[3. 120-121]。「悟性は〔万有引力の内に〕普遍的法則を発見したと思う。それは実は法則の概念の発見にすぎないのに，それでも悟性は全現実がそれ自体において合法則的であると言い立てている」[3. 121-122]。

これは例えば落下運動の法則 $S = at^2$ において，Sおよびtという関数の二つの項がどの場所でどの物体についても同じように観測できる量であると前提されている事情を指している。自然の内に法則を発見する科学者の意識は，対象をあらかじめ計量可能な等質的世界に整除している。そしてその結果見出された量的関係を，移ろいやすい感覚的世界の背後にある恒常的本質ないし超感覚的世界と思い込む。だが，こうした本質性は悟性によって措定（setzen）されたものにすぎない。『大論理学』の「本質論」第2章「現象」において彼は言う。「ドイツ語の法則（Gesetz）という言葉もこの〔setzen という〕規定を含んでいる。区別の両項の本質的関係はこの措定されていること（Gesetztsein）の中にある」[6. 152]。

『大論理学』は，さらに法則の〈欠陥〉をこう指摘する。「法則は現象の自己同一性への反省である」[6. 153]。「法則の国は現象の静止的内容である。法則は不安定な形式ないし否定性の側面を含まない」[6. 154]。「法則の国は，実存する世界の単純な変化なき内容のみを含んでいる」[6. 158]。――これらの考察は難解だが，非常に含蓄の深いもので，今日の物理学や経済学の法則にもそのまま当てはまるものである。ヘーゲルは〈法則〉に関するこれらの考察において，世界を計測可能な量に還元し，その量的関係を数式の形で記述することが客観的世界の認識に至る唯一の道であるとする実証主義に抗議している。彼によれば，そういう操作は現象のうちの不安定な要素や非同一的成分を非本質的なものとして最初から排除し，その結果として，真に現実を動かしている否定的契機を永久に取り逃がしてしまうのである。→超感性的世界

【参】Beyer (1968), Buckley (1971), Vadée (1972), Wiehl (1986)　　　　（渡辺祐邦）

法的状態　[Rechtszustand]

がんらい法的状態とは自然状態に対立するものであり，その限りでは社会状態に等しい。だが法的状態で平等に承認されている人格権・所有権は形式的・抽象的なものでしかない。「だから法の意識は……むしろ自分が実在性を喪失していることを経験する」[『精神現象学』3. 357]。かくて法的状態は幸福の状態ではなく不幸の状態であり，平和よりは隷属の状態であるから，実質的にはむしろホッブズの自然状態である。なお法的状態は歴史的にはヘレニズム時代のギリシアとローマに関わり，意識としてはストア主義・懐疑主義・不幸の意識を含んでいる。しかし法の形式性というその特徴は，近代ヨーロッパの資本主義社会にそのまま適合する。法的状態の

肯否両面の意義は『法哲学』では「抽象法」として展開され，その欠陥の克服は司法・行政・職業団体および国家の監督に委ねられる。
→法

【参】　金子武蔵（1979）　　　　（小林靖昌）

方法　[Methode]

ヘーゲルにおいて「方法」の概念は，論理学の全内容を総括する箇所，「絶対理念」の章で初めて主題的となる。絶対理念は「理論的理念と実践的理念の同一性」［『大論理学』6. 548］として最も充実した具体的内容を含むが，この段階ではもはや内容という形態を持たず，もっぱら「形式規定」，「普遍的理念」［同 6. 550］としてある。だからこの高所から鳥瞰されるのは，「内容そのものではなくて，内容の形式という普遍的なもの」［同上］であり，これが「方法」の定義である。「方法」は「認識」の在り方であるだけでなく，同時に「存在」そのものの様式であり，「認識論」と「存在論」の統一を果たす論理学の「叙述」の原理である。それは「概念そのものの運動」［同 6. 551］であり，「概念論」の「発展」の論理規定である〈普遍・特殊・個別〉が論理学全体の叙述の形式を決定している。〈普遍・特殊・個別〉が「叙述」の原理として全体に適用された「方法」の契機が，〈始元・進展・終結〉である。

Ⅰ　始元　「始元は始元であるがゆえに，その内容は直接的なものであるが，しかし抽象的普遍性の意味と形式を持つような直接的なものである。……始元は……単純なものであるとともに普遍である」［同 6. 553］。

「絶対理念の方法」すなわち「思弁的方法」［『エンチュクロペディー（第3版）小論理学』238節］の第一の契機である「始元」は二重の性格を有する。「純粋存在」の性格としても明らかにされたように，「直接的」であると同時に「媒介されたもの」であり，概念の規定に即して言えば，「個別」であると同時に「普遍」である。個別は「分析的方法」の始元であり，普遍は「総合的方法」の始元であるから，「具体的全体性」［『大論理学』6. 556］としての始元の二重性格は，進展の二重性格をも決定する。

Ⅱ　進展　「絶対的方法」の第三の契機である進展は，「分析的認識」と「総合的認識」の統一として次のように述べられる。「絶対的認識の方法は分析的である。この方法が始元をなす普遍のさらに進展した規定を全く普遍の中にだけ見出すということこそ概念の絶対的客観性であり，この概念の絶対的客観性の確知が絶対的認識の方法である。——絶対的認識の方法は総合的でもある。というのは，この方法の対象は直接的に単純な普遍として規定されているが，対象がその直接性および普遍性そのものの中でもつところの規定性によって他者として自己を示すからである［同 6. 557］。分析的であると同時に総合的であるという「進展」の二重性格は，「弁証法」の基本構造を構成する。進展は絶対者の「流出」［同 6. 555］ではなくて，自己実現として，「普遍が自己規定して，対自的に普遍であること言い換えれば普遍であると同時に個別であり，主体であること」［同 6. 555-6］とされる。「弁証法」とは進展が「還帰」となることを体系的に可能にする論理である。それゆえに「弁証法」の体系的構造は，「三肢組織」ないしは「四肢組織」を構成するのである。この組織は外面的，形式的な「推論」すなわち「三段論法」と異なり，「否定」の内在的な自己超出の運動である。この論理によって始元の「直接性」ないし「普遍性」が「否定の否定」として「回復される」［同 6. 564］。この回復された始元，第二の直接性，普遍性が「終結」ないし「成果」である。

Ⅲ　終結　「方法」の第三の契機である終結，成果は，第一の契機，始元との関係において次のように述べられる。「始元を成す

ものは普遍であるが，成果は個別であり，具体的なものであり，主体である。前者が即自的にあるところのものに，今やまた後者も対自的な仕方でなっている。すなわち普遍は主体の中で措定されている。三肢組織の最初の二契機は抽象的な，真でない契機であるが，しかしまさにそれゆえに弁証法的であり，またこの自己の否定性を通じて自己を主体となす。概念そのものは差し当たって我々にとって即自的にある普遍であるとともにまた対自的にある否定的なものであり，さらにまた第三の即かつ対自的にあるものであり，すなわち推論の全契機を貫く普遍である。しかしながら第三のものが結論であり，結論の中でこそ概念は，自己の否定性を通じて自己自身と媒介されるのであり，したがって概念は対自的に普遍として措定され，その両契機の同一的なものとして措定されるのである」[同 6. 565-6]。終結は，このように自己の否定を通じての主体の即かつ対自的な自己実現であり，個別を意味する。弁証法としての絶対的方法は，体系的全体に裏付けられた個別を確証する論理なのである。

IV 円環　この方法は「絶対弁証法によって一切を自己の内に保持する純粋な人格性」[同 6. 570]を基礎づけるものであり，これを可能にする論理が，前進即背進の運動，円環の構造なのである。「無規定な始元から遠ざかり行く進展のそれぞれの歩みは，またこの始元への漸次的な遡行でもあり，したがって最初は異なるように見える始元の後退的な基礎付けと，その前進的な規定の進行とはお互いに合致し，同一のものであることになるといってよい。それ故に方法は円環をなす」[同 6. 570]。→始元，弁証法，円環

【参】Michelet/Haring (1888), Röttges (1976), Hösle (1987a)　　　　　　　（小坂田英之）

法律　[Gesetz]

　市民社会においては欲求もそれを満たすための労働も相互依存的であって，そこには「相関的な秩序」，つまり一定のルールが成立している。経済活動が営まれるためには，人格権や所有権が尊重されなければならないであろう。この「相関的な秩序」が普遍的に知られ効力をもつところに法律が生まれる。「即自的に法であるところのもの〔＝相関的な秩序〕が，その客観的現存性において定立される（gesetzt）と，すなわち思想によって意識に対して規定され，法であるとともに効力をもつものとして周知されると，それが法律（Gesetz）である。そして法はこうした規定によって実定法（positives Recht）一般である」[『法哲学』211節]。

　法律といってもヘーゲルが考えているのは成文法であって，慣習法や不文法に対してかれはきわめて批判的である。慣習法は成文法に較べて無規定的であり，普遍性に欠けるだけでなく，慣習法に関する知識が少数の人々，とくに法律家の所有物となりがちだからである。ヘーゲルは，慣習法には生活のなかに融け込んでいるという長所があるとする歴史法学派の考え方に対し，「一国民の現行の諸法律は，成文化され収集されているからといって，その国民の慣習であることをやめるわけではない」と反論している。またイギリスの国法の一部をなす不文法に対するヘーゲルの批判は，不文法においては結局裁判官が立法者の役割をも演じることになり，法律の普遍性が損なわれるということであろう。体系化すること，普遍的なものへと高めることは，「現代の限りない渇望」[同上「補遺」]である。

　こうして定立された法律は，適用されることによって様々な素材と関係することになるが，その素材の範囲はどうあるべきか。それは市民社会における所有や契約のもろもろの関係と種類，心情や愛や信頼にもとづく人倫的関係などであるが，この場合，「道徳的側面や道徳的命令は，自分の最も固有の主体性と特殊性とに従って意志にかかわるものであ

るから，実定的な立法の対象とはなりえない」［同213節］。婚姻，愛，宗教，国家といった諸関係においては，その本性上外面性を備えることのできる面だけが立法の対象となりうるのであって，立法は，例えば誠実や正直といった「内面的な事柄」に立ち入ってはならない。『ドイツ憲法論』において，「外面的な事柄に関する外面的な結合」が近代国家の原理であると述べられていることに対応するであろう［1. 521］。

ヘーゲルは，法律に対する義務を市民に負わせるためには，「自己意識の権利の面からいって」法律が社会に公示されていることが必要であるとして，法典刊行の必要性を強調する。また法律の知識を自分たちの独占物と考えがちな法律家に対して強い不信の念を表明している［『法哲学』215節］。ヘーゲルの法律論には，デモクラティックな感覚が横溢しているといってよい。→法，所有，契約

【参】v. Bogdandy (1989)　　　　　（高柳良治）

暴力　⇨権力

星　⇨天体，惑星，彗星

没度量（的なもの）　⇨度量

ホッブズ　[Thomas Hobbes 1588.4.5–1679.12.4]

ホッブズはいわゆる社会契約説の代表者のひとりである。しかし同時にホッブズは近代自然科学の原理と方法を積極的に摂取し自然像の完全な機械論化をなしとげていった。人間もまたそのような自然との代謝過程において，欲求を追求しながら嫌悪を逃れ，そのことを通じて自己保存をはかってゆく，そしてそのための手段としての力の追求において飽くことを知らない，徹底的に自己中心的なものとして捉えられていったのである。しかしそれゆえにそのような個人の自然状態は，まさに「万人に対する万人の戦争」の状態であった。そこで各人は理性の推論を通じて平和のための戒律としての自然法を発見し，契約によって国家を設立したとしたのである。もちろんホッブズは，そのようにして設立された国家が解体し，ふたたび自然状態に回帰することを避けるために，国家の主権を絶対的なものとした。

そのようなホッブズの哲学に対するヘーゲルの最初の論理的な批判は『自然法論文』(1802) にみられる。そこでヘーゲルが経験的自然法として批判しているひとつは，明らかにホッブズのそれである。そこにおいてヘーゲルは，ホッブズ的なるものにおいては，個と全体が分離対立し，秩序は外的強制を通じて保障されざるをえないと批判した。既にヘーゲルにとって，存在するすべてのものは分裂しつつも根底において統一され，「同一と非同一の同一性」としてあるのであり，このような存在を概念的に把握するのが哲学の課題であった。政治的にいうならば，それが個人の自主性を介した人倫的共同体の回復となるのである。このようなホッブズ的なるものに対するヘーゲルの視点は，その後の著作においても繰り返し現れるところであり，例えば『法哲学』において「抽象法」や「市民社会」として描き出すところは，明らかにホッブズ的な政治哲学の世界であった。なお，ヘーゲルは，『哲学史』においては，ホッブズははじめて国家権力を人間の経験的自然，傾向性より導出したものとして一定の評価を与えている。→自然法，権力　　　　　（藤原保信）

没落　[Untergang, Zugrundegehen]

没落は，単に生成の否定ではなく，生成に不可欠なものとしての否定性という意味をもっている。例えばヘーゲルはギリシア悲劇におけるアンティゴネーとクレオンの没落を，その没落において両者の根底である真の人倫，真の普遍が開示されてくるものとして描いている。それは主体の側からいえば，おのれの根底，すなわち自己の根拠としての本来的にあったところへ還っていくことである。「最

初のもの，直接的なものという規定から出発して根拠（Grunde）に進んでいくかぎり（自分で zugrunde gehen する〔根拠にまで進んでいく〕）という規定そのものの本性によって〕，根拠はまずさしあたってその最初のものによって規定されたものである」『大論理学』6. 81]。没落はこのような意味で「根底に還ること（Zu-Grunde-Gehen）」である。真の普遍にいたる発展は，没落を経験することによってはじめてその具体的で豊かな内容を獲得していくのである。→根拠

(水野建雄)

ポテンツ ［Potenz］

ポテンツは本来力を意味する言葉であり，力のレベルを示すという意味で「勢位」と訳される。しかも数学用語としては同一操作の繰り返しを意味しており，「冪（べき）」という用語が当てられるが，この語は当時のロマン主義的自然哲学の内でシェリング，ノヴァーリス，エッシェンマイヤーなどの共通用語である。シェリングの場合，ポテンツは方法的および存在論的な概念として使用される。その含意は，物質という実体性を力に還元すること（産出性），自然諸現象を階層化し，それぞれの階層の基体を力の二重化，三重化として示すことである。そのためそれぞれのポテンツで力の充実がそのポテンツの運動を構成し，各ポテンツは主観的なものと客観的なものの一定の量的差異を示すとされる。この意味で「展相」とも訳される。シェリングはポテンツを自然哲学だけでなく，後期に至るまで使うが，それは絶対者が自己を展示するイデー（形相）を意味し個々の現象の原像とされる。ヘーゲルはシェリングの影響を承けてイェーナ初期にはポテンツ論に基づいて自然，精神を階層的に展開しようとしたが，この場合のポテンツの理解は自然哲学から同一哲学の時期のポテンツの把握に基づいている（特に1803年の『哲学体系からの詳述』）。

しかしヘーゲルは「数学から借用するのは不手際である」[『エンツュクロペディー（第3版）自然哲学』259節］と述べ，さらに量規定であり，質的規定が無視されることを批判し，原理的な扱いをしない。ヘーゲルはこの用語を原義に近い形で使用し，「円の場合には第二ポテンツにおける線〔二乗で表わされる線〕が存する」[同256節「補遺」]と言っている。そしてこの本質を「一段階は他の段階の力でありかつ相互的である。ここにポテンツの真の意味がある」[同252節「補遺」]と言い，理念が有限性において現示するとともに有限性を打破する概念の弁証法にその本質があるとする。

【参】 Zimmerli (1986), 長島隆 (1989b), 松山寿一 (1989)

(長島　隆)

ホト（ホトー） ［Heinrich Gustav Hotho 1802. 5.22-73.12.24］

ドイツの美術史家。ベルリン大学教授。王室博物館銅版画陳列室長。ヴォルフ以後の美学体系の歴史，詩学などについて講義を行う。後にはドイツ・オランダの絵画を研究し，作品の個性を一般的な時代様式に還元して，美術史の総体的把握に努めた。生と芸術との和解，現実と詩との和解をヘーゲル哲学のなかに見出し，『生と芸術のための予備的研究』(1835) を著す。ヘーゲル哲学の歴史においても芸術史においても重要な役割をつとめる。ヘーゲル『美学』の編集を行う。主著：*Vorstudien für Leben und Kunst* (1835), *Geschichte der deutschen und niederländischen Malerei* (1842 f.)。

(寄川条路)

ホメロス ［Homēros 生没年不詳］

古代ギリシア最古最大の叙事詩『イリアス』と『オデュッセイア』の作者と伝えられる人。前8世紀ごろ活躍した吟唱詩人という。その二大叙事詩は，古代ギリシア人の教養の基本をなすものとなった。

ホメロスの二作を，ヘーゲルは古今東西を通じて最高の叙事詩と考えた。「そもそも叙事詩というものの真の基本的性格とはなにか，それを確定するための典拠となる作品を数ある叙事詩的著作のなかから一つだけとりだすことができる。ホメロスの詩がそれだ」[『美学』15. 339]。ホメロスの叙事詩は，一人一人の人間が共同体の課す使命をしっかりと担って自由闊達にふるまう英雄時代にはぐくまれ，なかでも並はずれた力を発揮する英雄たちの言動を生き生きとしたことばのうちに定着したものであった。逆に言えば，ホメロスの叙事詩は，アイスキュロス，ソフォクレスの悲劇とともに，ヘーゲルがギリシアの共同体精神を捉える上で，もっともゆたかな資料を提供するものであった。→英雄(時代)，ギリシア悲劇，詩

【参】 高津春繁 (1966)，Latacz (1979)

(長谷川宏)

ポリツァイ ［Polizei］

ポリツァイという概念は，通常の意味では日本語の「警察」に対応するが，ヘーゲルにおいては，一方では古代政治学における Polis, Politia とのつながりが意識されているとともに，他方ではフィヒテの国家概念が，理性国家と区別された悟性国家として，ここに位置づけられており，わが国では「行政」または「福祉行政」と訳されている（英語圏では public authority）。ポリツァイが，国家の機関であるにもかかわらず，市民社会の圏に定位されるのは，それが「市民社会に関して活動している普遍者」[『法哲学講義（グリースハイム）』230節]であり，つまり普遍的利益自体ではなくて，特殊利益（人格，所有，生計，福祉）に対する共同の配慮を目的としているにすぎないからである。

ポリツァイの活動は，(1)治安政策，(2)経済政策，(3)社会政策，(4)貿易および植民政策に大別することができる[『法哲学』231-249節——ただし詳細に展開されるのは講義筆記録の該当箇所においてである]。さらに(2)は公共的事業への介入，消費者保護行政，需給調整政策として，また(3)は教育政策，医療政策，浪費者の後見・更生策，救貧政策として，それぞれ具体化されている。

市民社会の各成員が，己れの特殊利益を追求する過程において，自然的な不平等は解消されずに逆に拡大され，強者と弱者の差はますます顕著にならざるをえない。弱者とは生産者に対する消費者であり，大資本に対する小資本であり，資本をもった富んでいる階級に対する労働にしばりつけられた貧しい階級であり，市民社会において解体傾向にある家族の中の子供である。とりわけ貧しい階級が賤民化していけば人倫は崩壊し，国家は転覆しかねない。そこでヘーゲルは，消費者第一主義の立場から，営業の自由やその帰結としての独占に対するポリツァイによる規制を「課題」としてうちだす。また経済変動の緩和や貧困化防止のための需給調整策や救貧対策，植民政策が，市民社会の内在的論理の帰結として展開されるが，彼はポリツァイが不平等や貧困の問題を解決できるとは思っていない。そこにポリツァイ論が，市民社会の内在的統合としてのコルポラツィオーンの提唱に移行せざるをえない根拠の一つがある。また義務教育制の主張の根拠は，コルポラツィオーンとならんでポリツァイも第二の家族としての役割を引き受けざるをえない点に求められる。

ポリツァイによって市民社会を統合しようとする試みは，『イェーナ体系Ⅲ』[GW 8. 273]においても，また『人倫の体系』[PhB 90]においても見ることができるが，『ローゼンクランツ』[86]によれば，さらにフランクフルト時代におけるステュアート経済学に対する批評的注解の中にもポリツァイの思想が登場していたという。この時期にヘーゲルはプロシア一般ラント法 (1794) を研究し

ているが，同法とヘーゲルのポリツァイ論とのつながり，およびその福祉国家的性格を指摘するのはホッチェヴァール (Ralf K. Hočevar) である。→コルポラツィオーン，市民社会，貧困

【参】 Riedel (1970), Hočevar (1973), 生方卓 (1976), Waszek (1988), 川本隆史 (1989)

(生方 卓)

本質 [Wesen]

ヘーゲルのいう本質とは，変化する有限な事物を通して自己に関係する存在であり，最終的には，絶対者の否定的な運動である。その際，絶対者は，仮象としての直接的な存在から内面的な自己としての概念へ還帰しようとするのである。

たとえば，人間の直接的存在には，男性と女性，若者と老人，有色人種と白色人種などの多様な区別がある。そして，同じ男性でも若者から老人へと変化してゆく。しかし，通常，人間は，男性であろうと女性であろうと，また，若者であろうと老人であろうと，とにかく，直立二足歩行する動物ないし理性的動物であるという本質においてはすべて同一であるとされる。ところが，ヘーゲルによれば，今述べたようなさまざまな存在の区別は，その多様性のゆえに，真理の統一性を備えていないものとして否定され，かつ，それらを媒介とすることによって，人間の本質が，さまざまな区別を総括する内面的なものとして明らかになる。また，逆にそのような内面的なものは，外面へ現象し，現実化しなければならないことにもなる。さらに，ヘーゲルのいう本質は，本来的には以上のような有限な存在事物の本質を創り出す源となる絶対者の本質なのである。この点については「絶対者は最初は存在として規定されたが，今や本質として規定されている」[『大論理学』6. 13] といわれている。

本質は，「おのれ固有の否定性」つまり「存在の無限な運動」によって生成するのであり，それは，「存在がおのれの内へ完全に還帰すること」である。したがって，「本質の否定性とは反省なのである」[同 6. 15]。ただし，本質の段階では，絶対者の自己の内実たる概念が明らかにされていない。ただ，自己といったものが存在していることが明らかになり，その内実へ向かうのが媒介の運動なのである。ヘーゲルは，このような本質を「自己自身に係わる否定性を通して自己を自己と媒介する存在」[『エンツュクロペディー (第3版) 小論理学』112節] と規定している。また，その存在を，他者へ関係することによって「自己自身への関係」[同上] となる当のものとも規定している。

『大論理学』では，本質はつぎの三つの段階を通して叙述されている。本質は，まず自己自身の内で映現する。換言すれば，本質は仮象である。第二に，本質は現象し，第三に，現実性として定立され，自己を開示する [『大論理学』6. 16]。→存在，概念，否定，仮象，現象，現実性

【参】 Eley (1976), 大村晴雄 (1976)

(山口誠一)

本質性 [Wesenheit]

この言葉は複数形で用いられることが多い。物事の形而上学的な本質を指し，ラテン語の essentia の訳語でもある。単純に物の名前や本質が，物から離れて観念として本質性となることもある。「反省の諸規定は，自由な，相互に牽引も反発もしないで空虚の中を漂う本質性 (Wesenheiten) となって現象する」[『大論理学』6. 34]。このように，普通の事物の不変の本質という意味で使った時でも，「同一性の根拠となる本質」という意味がある。「自己同一も，差異も，あるものの真の本質性ではない。それは，或るものAが自己の存在を他者Bの内にもつことである。その他者Bが，或るものAの自己同一として，或

るものAの本質である。この他者Bもまた同じく、自己内への抽象的反省ではなくて、他者Aへと反省している。根拠は、ただ、或るもの・或る他者の根拠である限りで、自己内に存在する本質である」[『エンツュクロペディー（第3版）小論理学』121節]。他者Bを基礎づける本質こそが、そのものA自体の内在的本質性になる。→本質, 範疇　　　（加藤尚武）

本能　[Instinkt]

内面から規定されているという生物の最も原初的な特質[『エンツュクロペディー（第3版）精神哲学』381節「補遺」]。多くの能力を有し、自己を知り、自由を本質とする人間は本能に従って生きるということに止まることができない。特定の能力によって確実に生きていると思われる動物も容易に欺かれうるものであり、人間もその多くの能力のゆえにいろいろに騙されうる。しかし人間は理性によってこの誤謬を正すことができる。したがってヘーゲルはヒュームの哲学に対し、それが理性と本能とを対立させて人間的なものを本能に帰着させるものであるとして否定的な評価を与えることになる[『哲学史』20. 280]。

他方で「理性の本能」という表現が比喩的に用いられる[『精神現象学』3. 190, 192 ;『大論理学』6. 526]。この場合でもそれが本能である限り、自己を認識することには到らないのである[『精神現象学』3. 560]。　　（吉田六弥）

マ

マギストラート　[Magistrat]

参事会。中世以降発達した都市の市政運営機関。本来選挙制と任期制に基づく市民自治のための合議機関であったが、当時のドイツでは公金の不正使用、選挙制の形骸化など極度に腐敗していた。ヘーゲルは故国ヴュルテンベルク公国における政治状況に関心をもちつづけ、『ヴュルテンベルクの内情』(1798)では、フランス革命の精神から政治的革新を要求し、参事会が市民の選挙によって選出されることを理想として掲げながらも、市民が「共同精神」を獲得しえていない現状を危惧せざるをえなかった。その後『ヴュルテンベルク市民討議』(1817)でも選挙法改革の問題を取り上げ、従来参事会を牛耳っていた「ブルジョワ貴族」の特権を奪うべく選挙権を拡大すること、他方で同時に選挙 – 被選挙権を官吏、各種団体の役員など公職に従事する者に制限してアトム化の弊害を避けることを主張した。

【参】金子武蔵 (1967)　　　　　　(斎藤純一)

マキャヴェリ　[Niccolò di Bernardo Machiavelli 1469-1527]

『ドイツ憲法論』で「ドイツはもはや国家ではない」と慨嘆したヘーゲルにとって、同じように全土にわたる対立と混乱という政治的激動のなかで、かつてイタリアの統一を説いた政治哲学者マキャヴェリは、ドイツの分裂した現状を克服するうえで、学ぶべき範型となった。ヘーゲルは、フリードリッヒ大王の『反マキャヴェリ論』(*Anti-Machiavelli*, 1739) に代表されるようなマキャヴェリの政治的教説にたいする道徳的非難を退け、『君主論』はイタリア史の文脈のなかで理解するかぎり、「きわめて偉大で高潔な心情を備えた真に政治的な頭脳の、この上もなく偉大で真実に満ちた着想」[1. 555] と評価する。マキャヴェリは、「冷静なる思慮をもってイタリアを救うにはそれを結集してひとつの国家にするほかはないという必然的なイデーを把握した」[1. 553] のである。　　(岩崎　稔)

マグナ・カルタ　⇨イギリス

マグネティスムス　⇨磁力

魔術　[Magie]

ヘーゲルは、悪魔とは悪の観念が実体化されたものだと考えるので、その実在を認めない [『歴史哲学』12. 506-8]。したがって中世の黒魔術も単なる迷信以上のものとは看做しておらず、ほとんど言及していない。一方、呪物を用いて自然を支配しようとする古代の魔法（呪術 Zauberei）についても、その効果を否定し、「人間より高次の存在を認めず」「人間が自然の力に命令を下すことができる」[『歴史哲学』12. 122] という考えに基づく、信仰や宗教以前の段階と看做している。これに対してヘーゲルが真の魔術であるというのは、魔術とは精神の他者への媒介を欠いた関係を意味するのだから、精神そのものの力である [『エンツュクロペディー（第3版）精神哲学』405節「補遺」]。その身近な現れの例としては、（不幸なリア王に忠臣ケントがどうしても引きつけられてしまうように）強い精神が直接

他者に及ぼす影響力，心が直接に身体を意のままに支配する力などが挙げられている。

(上村芳郎)

祭り（祝祭）　[Fest]

青年時代のヘーゲルはギリシア人の祭りを宗教の理想としてきた。啓蒙の風潮は宗教を理性的教義に還元し，供犠を中心とした祭りを非合理なものとして排除しようとした。ヘーゲルはこれに反対し，宗教を習俗生活に根ざした全人格的な国民的な営み（行為）として再建しようとした。「ギリシアの国民的祝祭（Volksfeste）」がそのモデルとなった［『国民宗教とキリスト教』1. 41］。ギリシア人の祭りは，祖国の守護神への共同の崇拝の中に地上に現在する和合を象徴的に体現する。この「共同の喜び」［『キリスト教の実定性』1. 203］こそ〈絶対的なもの〉の現在である。これを基礎に，全人格的な生の充溢を享受すること，これが若きヘーゲルが祭りに期待したものであった。

ギリシア人は「公的神事（öffentlicher Gottesdienst）を執り行う際に，感官（Sinn）と想像力（Phantasie）と心（Herz）が感激させられるように心掛けた。しかもその場合にも，けっして理性が忘れ去られてうつろになることがなく，魂のすべての諸力がひとつに合一してはたらき昂揚するところから，国民の敬虔な気持ちが発揚し，厳格な義務の観念が美と快活さを通じてなごやかなものにされて，いっそう近づきやすいものになるよう心掛けた。……国民固有の祭式の準備に国民の心（Sinn）が没頭し，構想力が揺り動かされ，胸（Herz）打たれ，理性も満足させられるならば，国民の精神はもはや何の不足も感じることなく」十全なる自足性を享受するであろう［『国民宗教とキリスト教』1. 58］。

この期待は，イェーナ期にギリシア的宗教の再興を断念しキリスト教と和解するに及んで，キリスト教の祭祀（Kultus 聖餐）論へと引き継がれる。それとともに Fest という語は重要性を失い，Kultus にとってかわられる。けれども若き日の祝祭論はヘーゲルの宗教思想の出発点にして根底をなすものとして，重要な意味をもつ。→祭祀（儀礼）

(山崎　純)

マニュファクチュア　⇨工場

魔法　⇨魔術

マルクスとマルクス主義

Ⅰ　マルクス［Karl Heinrich Marx 1818.5.5-83.3.14］　マルクスがヘーゲル哲学を研究するようになったのは，B. バウアーを中心とする学外グループでの交わりからのようである。1837年11月10日付の父への手紙で「私はヘーゲル哲学の断片を読みましたが，そのグロテスクな岩塊のような旋律は気に入りませんでした」と書いたマルクスではあったが，37年夏に病気療養のため訪れたシュトラーロウでヘーゲル学派の集まりである「ドクトル・クラブ」に加盟し，そこでヘーゲル哲学に親しく触れ，まずその法哲学と精神現象学を研究。39年からはバウアーの強い影響下で学位論文の執筆に専念し，41年4月『デモクリトスとエピクロスとの自然哲学の差異』という題でイェーナ大学に提出，受理された。新たな序文草案に「いまようやくエピクロス派，ストア派，懐疑派の体系を理解する時が来た。それは自己意識の哲学である」［ディーツ版『マルクス・エンゲルス全集』(MEW.) 補巻 (EG.) 1. 309］とあるように，一言でいえばこれはバウアー的色彩を帯びた自己意識論であった。本論文の意義について廣松渉は，「エピクロス派とストア派との対立を止揚した立場，つまり，『抽象的・個別的な自己意識を原理とする』エピクロスの立場と『抽象的・普遍的な自己意識を原理』とするストア派の立場とを止揚した『具体的な

個別性・普遍性』における自己意識の立場」[『マルクスの思想圏』245頁]を確立することをマルクスは目指した、と述べている。その後マルクスは、40年2月に刊行されたヘーゲルの『宗教哲学』第2版の書評を計画したり、41年11月刊のバウアー『無神論者にして反キリストたるヘーゲルを審く最後の審判ラッパ』の第2部『信仰の立場から判定したヘーゲルの宗教論と芸術論』をバウアーと共著で出そうとしたり、さらにはヘーゲルの法哲学はプロイセン国家の容認でしかないと批判したルーゲ（Arnold Ruge 1802-80）の影響を受け、ヘーゲルの自然法、とくにその立憲君主制の批判を準備しようともしていた。だが『ライン新聞』編集者となったマルクスは時事論文の執筆に専念する。これは一見ヘーゲルから離れたように見えるが、その内容はきわめてヘーゲル的色彩の濃いものであった。例えば42年5月5日付『第6回ライン州議会の議事』では、「法典は一国民の自由のバイブル」であるとし、「法律は、自由という無意識的な自然法則が意識的な国法となったときにのみ真の法律である」[MEW 1. 58]と、ヘーゲルを思わせる筆致で書いている。しかしまた、ヘーゲルとは異なり、議会は「個人ではなく身分が論戦する」[MEW 1. 34]場であり、「特殊的利害の代表機関」[MEW 1. 147]でしかない現実を直視している。その後、43年3月に出た『アネクドータ』で、フォイエルバッハの「哲学改革のための暫定的提題」を読み、大きな衝撃を受けたマルクスは、『ヘーゲル国法論（第261節-第313節）の批判』をまとめる。「実際のところヘーゲルは、『政治体制』を『有機体』という普遍的抽象理念へ解消することしかしなかった。かれは、理念の主語であるものをその所産、述語にしてしまった」[MEW 1. 213]とし、フォイエルバッハがしたように、ヘーゲルにおける主語と述語の転倒を告発する。またヘーゲルの君主制に対置して人間主義の立場からの民主制を提唱、またヘーゲルが普遍的存在とした官僚について、官僚制は想像上の国家であり、国家の精神主義であるとし[MEW 1. 249]、その身分的被制約性（階級性）を指摘する。「ヘーゲルの主な誤りは、かれが現象の矛盾を本質における、理念における統一として捉えるところにある。だが、現象の矛盾はもっと深いもの、本質的な矛盾をその本質に持っている」[MEW 1. 295f.]と批判しつつ、自らの課題を「ヘーゲルが思うように至る所で論理的概念の諸規定を再認識することではなく、独自の対象の独自の論理を把握すること」[MEW 1. 296]として、疎外された労働の実態の解明に着手する。43年に書かれた『ユダヤ人問題によせて』では、市民社会と国家との分裂に焦点を合わせる。「政治的国家が真に成熟を遂げたところでは、人間はただ思想や意識の中だけでなく、現実の中、生活の中で、天上と地上との二重の生活を営む。天上の生活とは政治的共同体における生活であって、その中で人間は自分を共同的存在と考える。地上の生活とは市民社会における生活であって、その中で人間は私人として活動し、他の人間を手段とみなし、自分自身をも手段に落とし、疎遠な諸力の遊び道具となっている」[MEW 1. 354f.]。人間は政治的共同体の成員としての公民という立場で抽象的な天上の生活を営む一方、市民社会の成員としての私人という立場で現実の地上の生活を営む。しかし人間の類的存在は国家の中で抽象化され、現実の人間はアトム的に孤立し、「モナドとしての自由」を手にするだけである。いま必要なのは、政治的な革命ではなく市民社会そのものの変革である。『ヘーゲル法哲学批判序説』では、この市民社会変革の担い手を明らかに示すことが課題とされ、マルクスはそれをプロレタリアートに求めた。44年パリで書かれた『経済学哲学草稿』ではヘーゲル国法論批判で明らかにした問題を課題別に整理し直して提示すること

が目的とされ、「ヘーゲルの『現象学』とその最終的成果——すなわち運動し産出する原理としての否定性の弁証法——において偉大なことは、とりわけ、ヘーゲルが人間の自己産出を一つの過程として捉え、対象化を脱対象化として、外化として、およびこの外化の止揚として捉えていること、それゆえかれが労働の本質を捉え、対象的な人間を、現実的であるが故に真なる人間を、人間自身の労働の成果として概念的に把握していることである」[MEW. EG 1. 574]と讃える一方、「かれは労働の肯定的な側面を見るだけで、その否定的な側面を見ない」とし、「ヘーゲルがそれだけを知り承認している労働は、抽象的に精神的な労働である」と批判する。45年2月の『聖家族』ではヘーゲルの「思弁的構成の秘密」を暴くことが目指され、「ヘーゲルは自己意識を人間の自己意識に、すなわち現実的な、したがってまた現実的・対象的世界に住み、これに制約される人間の自己意識とする代わりに、人間を自己意識の人間とする。かれは世界を頭で立たせ、それゆえ頭の中ですべての制限を解消させることができる」[MEW 2. 204]と批判する。

後期マルクスとヘーゲルとの関わりは『資本論』第2版の後書きにある言葉に象徴されている。「私の弁証法的方法は、その根本において、ヘーゲルの方法と違っているのみならず、その正反対である。ヘーゲルにとっては、思惟過程が現実的なものの造物主であって、現実的なものは思惟過程の外的現象にすぎない。しかもかれは、思惟過程を理念という名の下に独立の主体に転化する。私の場合は逆に、理念的なものは人間の頭脳に転移し翻訳された物質的なものに他ならない」。自ら「かの偉大なる思想家の弟子であることを公然と告白」するマルクスは、「弁証法はヘーゲルによって神秘化されはしたが、しかしそのことは決して、かれがその一般的運動諸形態をまず包括的で意識的な仕方で説明した

ということを妨げない。弁証法はかれの場合頭で立っている。神秘の殻に包まれている合理的な中核を見出すためには、これをひっくり返さなければならない」と書いている。のちにレーニンが「マルクスは『論理学』に関する著書をこそ書き残さなかったけれども、『資本論』という論理学を遺した」と書いているように、マルクスとヘーゲルとの関係は生涯にわたりきわめて密接なものがあった。

Ⅱ　エンゲルス [Friedrich Engels 1820.11.28-95.8.5]　「宗教は心胸の問題だ」とし、シュライエルマッハーに共鳴した若きエンゲルスは、1839年11月のグレーバー (Friedrich Graeber 1822-95) 宛書簡で「ぼくはまさにヘーゲル主義者になるところだ。そうなるかどうか、もちろんまだわからないが、シュトラウスがぼくにヘーゲルへの明かりを灯してくれた。〔中略〕ヘーゲルの歴史哲学はぼくの思っているとおりのことを書いている」と記している。当時は「2、3日前ぼくは新聞で、ヘーゲル哲学がプロイセンで禁じられ、さる有名なハレ大学のヘーゲル派の講師が大臣布告によって講義を停止させられたという記事を読んだ」という時代であった。ベルリンへ移ったエンゲルスがまず取り組んだのはヘーゲルの立場に立ったシェリング批判であり、41年12月には『シェリングのヘーゲル論』、42年には『シェリングと啓示　自由な哲学に対する最近の反動的企図への批判』を書く。ここでエンゲルスは、「理性的なものは明らかに必然的であり、必然的なものは現実的でなければならないか現実的にならなければならない。これが最近の哲学の偉大なる実践的成果への架橋である」[MEW. EG 2. 180] が、シェリングは理性的＝本質的＝消極的、現実的＝現実存在的＝積極的と考えて、両者の弁証法的関係を理解せず、反動的役割を演じている、と批判する。エンゲルスのこの考えは晩年も変わらず、86年の『ルートヴィヒ・フォイエルバッハとドイツ古典哲学の

終結』でも「ヘーゲルの場合，現存するものすべてが現実的であるのではけっしてない。［中略］この国家が理性的であり，理性にかなっているのは，それが必然的である限りにおいてである」［MEW 21. 266］と述べる。もちろんエンゲルスは無条件にヘーゲルを讃えるのではなく，「ヘーゲルの体系が，方法においても内容においても，観念論的に逆立ちさせられた唯物論にほかならない」ことを指摘する。エンゲルスが生涯一貫して讃えたヘーゲルの長所は，その歴史感覚であり，とくに論理的なものと歴史的なものとの一致についてであった。ただしマルクスはこの一致を上向的総合＝叙述過程においてのことと断っている［MEW 13. 632］。ところがエンゲルスはマルクスのこの限定を越え，この一致を物質的自然の中に確認しようとし，自然における諸事実の運動・発展の法則性を立証せんと努めた。これが『自然弁証法』と呼ばれるノートである。

Ⅲ　レーニン［Vladimir Illich Lenin 1870.4.22-1924.1.21］　レーニンは1914-15年頃熱心にヘーゲルを研究し，『歴史哲学』と『哲学史』『論理学』について詳細なノートを遺している。また雑誌『マルクス主義の旗の下に』の22年3月号では，われわれは「ヘーゲル弁証法の唯物論的同好会」とならなければならないと訴えている。レーニンが特に力をいれた仕事は弁証法を認識論として確立することであった。

Ⅳ　マルクス主義　マルクス主義内部でのヘーゲル-マルクス関係は，古くはプレハーノフ（Gregorii Valentinovich Plekhanov 1856-1918）とベルンシュタイン（Eduard Bernstein 1850-1932），そしてとくにデボーリン（Abram Monsevich Deborin 1881-1963）とミーチン（Mark Borisovich Mitin 1901-）との論争以来取りざたされているが，ルカーチ（Lukács György 1885-1971）による綿密な初期ヘーゲル研究以降一面的な議論は避けられるようになった。ここでは細見英の分類を紹介するにとどめたい。「1．観念論か唯物論かを尺度として，ヘーゲル＝マルクスの対立，むしろ断絶を主張する流れ。典型——第2インターの主要理論家たち，スターリン，ミーチン，グロップなど。2．弁証法ないし疎外論を軸として，ヘーゲル＝マルクスの直接的連続性を唱える流れ。これは，新ヘーゲル主義的あるいは実存主義的傾向を持つマルクス研究家たちによって代表されるもので，マルクーゼに一典型を見る。3．ヘーゲル＝マルクスの対立を媒介とした連続性，いいかえれば，マルクスによるヘーゲルの方法の「逆転」を通じての継承，すなわち止揚の，内的構造を解明しようとする志向。これは，レーニンの『哲学ノート』を先駆として，ルカーチ，梯明秀，ギュンター・ヒルマンらの視点と労作に集約的に表現されている」［細見『経済学批判と弁証法』10頁］。→唯物論，弁証法

【参】　Marx/Engels (1957-68), 武市健人 (1950a), Hyppolite (1955), 梯明秀 (1959), 黒田寛一 (1968), 津田道夫 (1970), 本多修郎 (1970), 廣松渉 (1971, 1974, 1980, 1991), 許萬元 (1972, 1978), McLellan (1973), 鷲田小弥太 (1975), 細見英 (1979)　　　（柴田隆行）

マールハイネッケ　［Philipp Konrad Marheineke 1780.5.1-1846.5.31］

ドイツのプロテスタント神学者。ハイデルベルク大学教授を経て，ベルリン大学教授兼三一教会説教師。ヘーゲル右派の代表者。はじめ歴史家として活動し，教会の信仰箇条の歴史的研究，教会史，教義史の研究を行い，体系的神学，信条学（Symbolik），宗教改革史の研究に携わる。キリスト教の教義と思弁哲学との一致を確信し，教義が表象の形式において示すものを，哲学は概念の形式で示すと考えた。教会と国家，信仰と知識との宥和を説いた。ヘーゲル『宗教哲学』の編集を行

う。主著：*System des Katholizismus in seiner symbolischen Entwicklung* (1810-13), *Geschichte der deutschen Reformation* (1816, 1831-34), *Einleitung in die öffentlichen Vorlesungen über die Bedeutung der Hegelschen Philosophie in der christlichen Theologie* (1842)。→ヘーゲル学派　　　　　　（寄川条路）

マールブランシュ　[Nicholas de Malebranche 1638.8.6-1715.10.13]

フランスの哲学者。デカルト哲学の持っている心身二元論を克服して一元的に説明するために、機会原因論をとなえた思想家として有名であり、主著として『真理の探求について』がある。延長を本質とする物質と思考を本質とする精神とは別々のものであるとすれば、それらがいかにして連関しあえるのかが問われる。マールブランシュは、世界の一切は神が創造したものであるから、「我々は一切を神のうちに見る」のだという考え方をとった。機会原因論というのはこのような考え方を基礎に、被造物は神という普遍的な法則の作用が自分を特殊化して実現していく際の「機会因」に他ならないというのである。ヘーゲルはこのような考え方をスピノザ主義と同じものであると述べて、思考と存在とが有限な対立のままにとどまり、普遍的なものが特殊なものと離されたままにあるような考え方に対立して媒介を主張したものとして、評価している。

（佐藤和夫）

ミ

三木　清　[みき・きよし　1897(明治39).1.5-1945(昭和20).9.26]

兵庫県に生まれ、1921年に京都帝国大学哲学科を卒業。22-25年ドイツ、フランスに留学。処女作『パスカルに於ける人間の研究』(26)は留学の所産。帰国後、マルクス主義研究を開始し、斬新な唯物史観解釈を提示。28年『唯物史観と現代の意識』を刊行、また羽仁五郎(1901-83)と雑誌『新興科学の旗のもとに』を発行。30年共産党シンパとして検挙され、同時にいわゆる正統派マルクス主義者から批判され排除される。31年国際ヘーゲル連盟日本支部刊『ヘーゲルとヘーゲル主義』に「弁証法の存在論的解明」を発表。32年『歴史哲学』刊行。33年ナチスの独裁に抗議して「学芸自由同盟」を結成。以後、東西のファシズムに抗して、ヒューマニズムの立場から多彩な評論活動を続ける。38-40年「昭和研究会」の文化部門の責任者として「協同主義」の哲学的基礎付け、東亜協同体の構想に努力。かたわら37年以降、神話、制度、技術、経験と『構想力の論理』を書き続ける。敗戦の年、治安維持法で検挙され獄死。遺稿「親鸞」が残る。→日本のヘーゲル研究

（宮川　透）

ミシュレ　[Karl Ludwig Michelet 1801.12.1-93.12.16]

ドイツの哲学者、ヘーゲル中央派。1824年にヘーゲルの指導の下で教授資格を得、1829年にはベルリン大学で哲学員外教授となり、また1825年以来フランス系ギムナジウムの教師であった。『学的批判年報』に参加し、またヘーゲル全集の編集企画に加わって、主に『哲学史』と『エンツュクロペディー』の編集を担当した。後者の編集では「補遺」(Zusatz）が付けられて3巻本となり，ミシュレは第2巻（1842年刊）を担当したが，「補遺」の大部分を1804-05年のノートからとり，自然哲学をイェーナ期の構想と同一視してしまった。『哲学史』講義の刊行では，初版を校訂した第2版を出している。またヘーゲルの講義を補足するために，カントからヘーゲルまでのドイツ哲学史に関する著作を出版し，さらにヘーゲルの倫理学的側面の研究に努めて自然法に関する著作を書いた。彼はベルリンで釈放されたクーザンと親交を結んだ［『書簡集』（第3巻）91 passim］。

【参】 Michelet (1837) （杉山吉弘）

水　[Wasser]

ヘーゲルの弁証法に敬意を抱く人も，『エンツュクロペディー（第3版）自然哲学』286節への「補遺」に次の言葉を発見すれば，がっかりするに違いない。——「水はこれら〔酸素と水素〕から合成されていない。もし水が単なる合成体（Kompositum）であるとしたら，云々」[9. 148]。ヘーゲルは水が化合物だということを知らなかったのだろうか？　だが，ミシュレがヘーゲルのテキストに加えたこの「補遺」は正確ではない。ヘーゲルが水は単体でなく，水素と酸素の化合物であることを知っていた証拠は，イェーナ期の自然哲学草案の中にいくらも発見できる。その一つに彼ははっきりと書いている。「純粋な水は酸素と水素になる」［『イェーナ体系Ⅰ』GW 9. 164 ;『同・Ⅲ』GW 8. 74 参照］。

ヘーゲルは水が単体でないことを知っていた。それにもかかわらず彼が自然哲学の中で水に火と並ぶ特別な地位を与えたのは，水が安定した中性的物質としてさまざまな化学反応の媒質となるからである。その問題について彼は言う——「他のエレメント〔水〕は中性的なもの，自己の内で合成された対立である。この合成された対立は……機械的に自己の内に置かれたすべての規定性を溶解するもので……可溶性であるとともに気体と固体の形をとる能力でもある」［『エンツュクロペディー（第3版）自然哲学』284節］。この難解な文章は，ヘーゲルの目的を単に古代自然哲学の四元素説の復活と受け取る限り，理解できない。彼がここで空気や火とともに水を「エレメント」と呼ぶのは，文字通りそれが地上の物質系の化学的相互作用の媒体となり，さらに進んで生物の内的・外的環境として重要な役割を演じるからにほかならない。この認識を彼は水の物理的・化学的性質，すなわち蒸発と凍結，大気中の水分の凝固，塩や金属の溶解と析出，表面張力，毛細管現象，電導性その他の電気化学的性質，淡水と海水の生命保育力などに関する同時代の科学者の実験と観察から得た。そしてそれがまた水の凍結などの比喩へと彼の思考を導いたのである。

水は古来さまざまな哲学者によって比喩として用いられた。啓蒙主義者は歴史の不可逆的進歩を河の流れにたとえた。しかしヘーゲルにとっては，歴史的発展の弁証法的構造を直観にもたらすものは一様な水の流れではなく，よく知られるように凍結時の水の振舞いだった。「水は冷却によって次第に硬くなるのではなく……いっぺんに硬くなる」[5. 440]。この有名な『大論理学』の記述は，イギリスの物理学者ブラッグデン（Charles Blagden 1748-1820）が行った過冷却状態の水の観察に基づいている。彼は『大論理学』でさらに溶質としての水の機能と言語の媒介作用とを対比したが [6. 431]，この発想も同時代の溶液の化学の進歩を前提としてのみ理解されるものである。→元素

【参】 Doz (1970), Derrida (1970), Engelhardt (1974, 1976), Moiso (1986) （渡辺祐邦）

見田石介　⇨甘粕（見田）石介

密度　[Dichtigkeit]

密度とは物質の比重，すなわち「体積にた

いする質量の重さの比」[『エンツュクロペディー(第3版)自然哲学』293節]として定義されている。つまり、同じ体積にたいして、質量の重さが大きければ密度は高く、小さければ密度は低いわけである。物質は、この密度の違いによって互いに性質を異にすることになる。ヘーゲルによると、物質の密度の違いは従来「孔(Poren)の仮説」によって説明されてきたが、それは「空虚な間隙」を仮想するもので、実証的に示されたものではない。密度を「外延量」から規定するこの仮説にたいして、ヘーゲルは物質それ自体に密度が内在しているというように「内包量」の観点から、密度を物質の「特殊な自己内存在(Insichsein)」[同293節]としている。物質的な媒体がその密度の違いによって性質を異にすることは、たとえば空気と水のように異なる密度を持つ媒体を通過する光が屈折することによって確認することができる。→多孔性

(伊坂青司)

醜いもの, 醜い [Häßliches, häßlich]

自然の有機体(生物)に関して、それを構成している諸部分には然るべき一定の内的連関ないしは型があるとわれわれが考えているがゆえに、それとは異なっていると見えた場合、われわれは「醜い」と判断する[『美学』13. 171]。ヘーゲルは「醜」そのものの明確な概念規定は示してはいないが、芸術に関しても、この語を用いている箇所が若干あり、そこではおおむね、美の反対概念と解してよさそうである。芸術は美を現実化しようとするものであるから、醜は芸術にとって否定的なものであるが、部分的に導入されるかぎりにおいて、肯定的な役割を演じうる。すなわち、美という統一体の中に醜が入り、調和が侵害され、しかし、それが超克されたとき、かえってそのことによって調和の意義がきわだち、美が実現される、という事態がありうる[『美学』ラッソン版 285f.]。ロマン的芸術の或る局面では、古典的な美とは対象的に美しくないもの(das Unschöne)がなくてはならぬ契機として現れる[『美学』14. 153]。

美の判断はその対象の本質をなす個性的特徴に注意を向けることから始まる、としたヒルト(Aloys Hirt 1759–1839, 美術史家)の美の定義(観察法)を、マイヤー(Johann Heinrich Meyer 1760–1832)は、あえて醜いものを強調するものとして戯画があるから、ヒルトの定義を採れば、醜いものの表現も芸術の根本規定として容認されなければならないと批判し、それを排除する議論を展開している。しかし、マイヤーの論には結局ヒルトに較べてさほど進んだところはないとヘーゲルは批判し、むしろ、ヒルトの定義から、美は内容という内面的要素とそれを意味し特徴づける外面的要素とから構成されるものであるという捉え方を評価している。→美

【参】 Rosenkranz (1853) (増成隆士)

『ミネルヴァ』 [*Minerva*]

『ミネルヴァ』はハノーヴァー出身の貴族アルヘンホルツ(J. W. von Archenholz)が1792年に創刊した「政治的・歴史的雑誌」という副題をもった一般向けの文化教養誌で、最初ベルリンから後にハンブルクから月2回発行された。アルヘンホルツはロンドンにも長く滞在した練達のジャーナリストで、当時ドイツの大衆が革命後のフランスに関するニュースに飢えているのを見てこの雑誌の発行に踏み切ったのである。果たして彼がみずからパリに乗り込んで取材した連載記事「フランスの内情」(当初。のち改題)はたちまち評判になり、雑誌の売り上げに貢献した。1793年に恐怖政治の接近を察知したアルヘンホルツがドイツに戻ったあと、この連載記事は革命体験を志向してパリに来ていたドイツの大学生エルスナー(K. E. Oelsner)に引き継がれた。ヘーゲルの1794年12月24日付のシェリングあての手紙に「きみも知っている

アルヘンホルツのミネルヴァの中の手紙」[『書簡集』(第1巻) 11] とあるのは、この書簡形式の連載記事「パリからの歴史的手紙」のことである。

【参】 Ruof (1915), Gooch (1920), D'Hondt (1968a), Wilke (1978), Deinet (1981), 渡辺祐邦 (1987)
(渡辺祐邦)

ミネルヴァの梟 [Eule der Minerva]

「世界の思想として哲学は、現実がその形成過程を完了しておのずから成就した後に、初めて時代の内に現れるのである。……ミネルヴァの梟はたそ初める黄昏とともに飛翔し始める」[『法哲学』7. 28]。この文脈から解するならば、ミネルヴァの梟は〈時代の内に現れる世界の思想〉としての哲学を示唆する隠喩である。しかも時代を先取するのではなく、過ぎ去った現実（灰色）をそのもの（灰色）として認識する哲学の隠喩なのである。これは、『ドイツ憲法論』の目的である「有るところのものの理解」[1. 463] と重なる。この学的態度（方法）はヘーゲル哲学を一貫するものであり、『法哲学』の白眉である市民社会の分析はその成果である。現実の現実的認識は、現実の現実的変革の条件である。理性的なものと現実的なものとに関わる命題は、以上の連関において理解される必要がある。

【参】 金子武蔵 (1984)
(小林靖昌)

身振り [Gebärde]

身振りは声とともに、心ないし精神という己れの内実 (Inneres) を他者に提示し、表わす媒体である [『エンツュクロペディー (第3版) 精神哲学』401節] が、声と比べれば、表現される内実をむしろ性格 (Charakter) として示す [同411節]。いずれにしろ、生あるものの、その生という即自的実体的なものを表現し、「対他存在」の形式を与える働きが要点である。自己意識的には、己れの内実を他者に対して示す自由な行為によって、己れ の主体（観）としての実を叙述することによって、絶対者に至る一つの媒介の場である。身振りは、声に比べれば、この叙述の直接的、直観的な姿であって、「表現の形式」としては、より即自的、実体的であって、これが生の躍動、精神の自己表現にふさわしい形を得れば、声に、さらにはその体系化としての言語になる。⇨声、言語
(出口純夫)

身分 ⇨職業・身分

ミヘレット ⇨ミシュレ

ミュラー [Johannes von Müller 1752.1.3-1809.5.29]

スイスの歴史家、政論家。主著『スイス史』は当時多くの人々に影響を与えたが、ヘーゲルの評価は一様ではない。ヘーゲルは既に『カル親書』の訳注でヴァート地方議会の意義にかんし『スイス史』に依拠し、後には彼の全集から多くの抜粋を行い、『法哲学』などで活用したが、『歴史哲学』ではミュラーの年代学を認めつつも、「道徳的意図」で歴史を見る「実用的歴史家」[12. 16] として批判した。『ドイツ憲法論』では、ミュラーが支持した「諸侯同盟」について統一国家の見地から批評した [1. 544-5]。『バンベルク新聞』の編集の際には、当時ライン同盟に与しヴェストファーレンの近代化を求めていた彼の演説を掲載した。

【参】 Pöggeler (1986)
(久保陽一)

未来 ⇨時間

民主政体（民主政治） ⇨政体

民族 ⇨国民（民族）

民族精神（国民精神） [Volksgeist]

今日「民族宗教（国民宗教）とキリス

教」と題される若きヘーゲルの遺稿のうちに，すでにこの言葉は見出される。そこでは，民族精神を涵養するものとして，その父は時代，歴史であり，母は政治，国憲であり，産婆であり，乳母は芸術を助手とする宗教であることを語っている［1. 42］。ここに民族精神は，ヘーゲルにおいて，固有の歴史的生活統一体である民族のうちに働き，ことに言語，風俗，習慣，法律，民芸，宗教さらに民族の歴史のうちに外化される創造的全体精神を意味すると言ってよい。民族精神という言葉は，既にモンテスキューの 》esprit de la nation《 という表現のうちに見出されるが，そこでは創造的精神の意味よりも，そのもとに民族が生きる歴史的事件や自然環境の所産という意味が強い。ドイツではヘルダーが 》Genius eines Volks《 について語り，民族に固有なものとして無意識的に働く有機的形成力を意味した。のち，この言葉はドイツではロマン主義者，そしてサヴィニーなど歴史学派によっても広く用いられた。こうした背景には，ドイツが30年戦争以降，300余の領邦国家に別れ，当時この分裂を克服してドイツ国家を再生させることは，領邦国家の絶対主義体制を打破して民衆の民主的解放をはかることと共に，ドイツ知識人，青年学生の共通の願望であったことが挙げられよう。ヘーゲルが，自己の思索の体系化をはかるとき，民族精神は，客観的精神として，共同生活の紐帯として働くとともに［『法哲学』156節］，世界史が世界精神の王座をめぐって相互に立ち並ぶ諸民族精神の交替によって彩られるとき，民族精神はまた世界史を貫く世界精神の契機として働くものとして位置付けられる［同352節］。
→国民(民族)，モンテスキュー，ヘルダー，サヴィニー　　　　　　　　　　　　　　　（上妻　精）

民法　［Zivilrecht］

　ヘーゲルの法の世界は，自由な意志の直接的，個別的存在としての人格（Person）とその人格が，自分の意志を外的な事物（Sache）におき入れ，物を自己の支配力に包摂することによって成立する所有（Eigentum）とから展開される。人格が自分の自由に対して与える現存在が所有であり，その意味で，「所有こそ自由の第一の現存在として，本質的な目的それ自身」である［『法哲学』45節］。ところで，この人格性と所有の領域が他人によって毀損される二つの場合が考えられる。私の人格性は認められるが所有が否定される場合と私の人格性そのものが否定され，私の身体と生命が毀損される場合である。別言すれば，ある特殊な権利（besonderes Recht）が毀損される場合と，人格性という普遍的権利（allgemeines Recht），「権利としての権利」が毀損される場合である。前者が民法（Zivilrecht）の対象であり，後者が犯罪法（Kriminalrecht）の対象である。それぞれ，bürgerliches Recht（市民法），peinliches Recht（刑法）とも呼ばれる。判断形式からいえば，民法の対象は，特殊な規定のみが否定される否定判断であり，刑法のそれは普遍的なものが否定される無限判断である［『ニュルンベルク著作集』4. 242］。　　（米永政彦）

ム

無　［Nichts］

　Ⅰ　若いヘーゲルは「スイス時代の終わり

頃すでに」、「中世ドイツ神秘主義者たち」の深遠な言葉の「抜き書き」を作った［『ローゼンクランツ』102］。それと関係するか否か定かではないが、ノール（Herman Nohl 1879-1960）によれば、「あらゆる被造物」は「無(nihil)」であるという抜き書きをヘーゲルは残している［『初期神学論集』(ノール) 367］。イェーナ初期のヘーゲルの言うように、「真の哲学」は「あらゆる制限されたもの」に「刃向かう」という「否定的側面」を持つわけである［『懐疑主義論文』2. 227-8］。ただし、それは単なる否定ではなく、「絶対者の認識の否定的側面」が「肯定的側面としての理性」の「前提」と結び付く点に［同 2. 228］、ヘーゲル哲学の秘密がある。

Ⅱ　イェーナ期の処女公刊論文である『差異論文』は、「分裂こそ哲学の欲求の源泉である」として、「固定化した諸対立を止揚すること」を目指すが、それは対立一般を退けることではなく、むしろ「生は永遠に対立の働きによって形成される」以上、分裂は必然であり、ただ「理性」は、「悟性による分裂の絶対的固定化」に反対するだけである［『差異論文』2. 20 以下］。悟性の生み出す規定された「存在」の多様の前後には、無規定なものすなわち「無（Nichts）」「夜」が拡がっており、「存在の多様は無の上に成り立っている」［同 2. 26］。求められるべき「絶対者」は、分裂の立場から見れば、「無」「夜」であり、ここからあらゆる「存在」が現れ出た［同 2. 24-5］。しかるに悟性はこの「存在」と「非存在」を「統合させぬまま」放置する［同 2. 27］。したがって「哲学の課題」は、「存在」と「非存在」を統合して「生成」を定立するところにある［同 2. 25］。

しかしそのためには、「絶対者の否定的側面」［『信と知』2. 431］を潜り抜けねばならない。「哲学の第一の仕事は、絶対的な無を認識することである」［同 2. 410］。しかるに世の反省哲学は「無」にも等しい有限者に固執し、真の絶対者を認識しえぬ「無」と見なす［同上］。というのも「対立の無化の要求」を含む「真の無」に怖れを抱くからである［同上］。しかし「絶対者の否定的側面」ないし「無限性」は「対立ない し有限性の純粋な無化」であり、この「無限性の無と純粋な夜」「秘密の深淵」のうちから、「真理」は立ち現れる［同 2. 431］。「あらゆる存在が沈み込む」「無の深淵」としての「無限性」は、「無限の苦痛」を「最高の理念の契機」と捉え、そこでは神の死という「聖金曜日」を介してこそ、「最高の全体性」が「復活」しうる［同 2. 432-3］。

Ⅲ　意識の諸形態を切り崩し、そのつど結果のうちに「純粋な無」ではなく「規定された」「内容」を見出して進む「おのれを貫徹する懐疑主義」という後年の著名な方法［『精神現象学』3. 72 以下］や、「純粋な存在」と「純粋な無」とを「同じ」と見、その真理を「生成」と捉える論理学の周知の立場［『大論理学』5. 83］は、以上の思索から結果した。→夜, 深み, ニヒリズム　　　　（渡辺二郎）

無意識　[unbewußt]

ヘーゲルが無意識（的）という形容詞ないし副詞を体系上の術語として使っているのは、『美学』において「無意識的象徴芸術」［『美学』14. 412-429］を論じる個所である。ここで無意識的とは、象徴という「表現作用」の「本来の、原初的な」［同 14. 412］在り方を指す語である。したがって、「無意識」とは「自然的意識」の自己確信が「無媒介」に信じられている状態を指すのであって、何も意識していない、無感動、無感覚ということではない。「無自覚」に思い込みで何かを信じ、断言している意識の形態を指すときに、この形容詞がよく使われる。ヘーゲルの思弁の立場は、この知が悟性による「反省」という否定的媒介（これが意識化、自覚化）の契機としての意識形態に誘い込み、単なる意識（自

然的意識）が自ら（an ihm selbst）己れの真実（実在知）に気づくようにすることにある。これを「意識の経験」として語ろうとしたのが『精神現象学』である。

【参】Heidegger (1950a) （出口純夫）

無宇宙論 ⇨スピノザ

無化 [Vernichten, Vernichtung]

原義は〈無にすること〉。特にイェーナ初期に用いられた概念が重要。有限性に囚われた悟性ないし反省にとっては文字通り否定的な意味をもつが，絶対的なものに関わる理性ないしは思弁にとっては，根源から真理を捉えるという積極的な意味をもつ。「反省が自分自身を自分の対象にするかぎり，理性によって反省に与えられ，それによって反省が理性になる反省の最高の法則は，自分の無化である。……存立するために，反省は自らに自己破壊の法則を与えなくてはならない」[『差異論文』2. 28, 参照 27, 30]。無化は悟性にとっても理性にとっても「深淵」と意識されるが，「思弁が……最高の綜合において意識そのものを無化する」とき，「この深淵という夜こそが生の真昼」[同 2. 35] であり，「真理の誕生地」であることが明らかになる [『信と知』2. 431]。絶対的なもの・無限性は「永遠に己れを無化する永遠の運動，有限性の源泉」だからである [同上]。→止揚（揚棄），否定

（座小田豊）

無限 [Unendliches]

ヘーゲルは無限を真無限と悪無限に分ける。

悪無限（das Schlecht-Unendliche）とは，「有限の彼岸」[『大論理学』5. 152]，「無規定な空虚」[同上] である。この無限は有限に対立しており，それゆえに「有限化された無限」[同 5. 149]「有限な無限」[同 5. 152] である。またこの悪無限は，有限と対立しているゆえに有限と相互規定の関係にあり，その相互規定は「無限進行」（Progreß ins Unendliche）「永続的な当為」として現象する。その典型例としては，因果関係において原因の原因を無限に遡ってゆくこと，カントとフィヒテの倫理学における「理性法則への永続的な接近」を挙げることができる。この無限進行は「有限と無限の退屈な交替」であり，これ自身悪無限である。ただし即自的には，この無限進行にはすでに有限と無限の真理（真無限）が含まれている。けれども，悟性が誤って，相互規定にある有限と無限の質的差異を固定し，絶対的に分離するのである。それゆえに，悪無限は「悟性の無限」[同 5. 149, 152] である。

これに対して真無限は，有限を自己内に含む無限である。これは悪無限をも契機として含んでいるが，しかし有限と悪無限の単なる統一（抽象的で運動のない自己同等性）ではなく，「生成 Werden」[同 5. 164]「過程 Prozeß」[同 5. 149] という動的なものであるといわれる。これを認識するのは理性であり，真無限は「理性の無限」[同上] である。悪無限が有限なものの「抽象的な最初の否定」[同 5. 164] であるのに対して，真無限は「否定の否定」「肯定」であるので，悪無限が「否定的無限性」[同 5. 166;『エンツュクロペディー（第 3 版）小論理学』94 節] と呼ばれるのに対して，真無限は「肯定的無限性」[『大論理学』5. 156] と呼ばれる。またこの「否定の否定」は「自己自身へ関係する否定」[同 5. 166] であるので，無限進行の像（Bild）が直線であるのに対して，真無限の像は円であると言われる [同 5. 164]。このような「真無限」が適用される最も分かりやすい例は，絶対者，意識，自己意識，思惟，などである。

「真無限」という表現が用いられるのは，おそらく『差異論文』での wahre Unendlichkeit [2. 11, 84] や『イェーナ体系 I』での wahrhafte Unendlichkeit [GW 6. 266] からであろう。ヘーゲル独自の「無限」概念がは

っきり現れるのは『1800年体系断片』の「無限の生」という概念あたりからであろうが、それに論理的な規定を与えたものとしては、『自然法論文』での「自分自身の反対であること」[2. 454, 478f.]という規定が最初のものであろう。悪無限と真無限の区別が最初に登場するのは『イェーナ体系Ⅱ』であり、そこでは質と量を止揚するものとして無限性が述べられている [GW 7. 29ff.]。これに対して『大論理学』では質的無限性と量的無限性の各々について悪無限と真無限が区別されている。→否定, 過程, 悟性, 理性　　　（入江幸男）

無限進行　⇨無限

無限の解析　⇨微分

無限判断　[das unendliche Urteil]

ヘーゲルが無限判断を論じるのはおそらく『イェーナ体系Ⅱ』が最初である。そこでは、無限判断は否定判断をさらに徹底した否定の判断、述語の属するより高次の領域を否定する判断である [GW 7. 88]。例えば「感情は赤色をもたない (Das Gefühl hat nicht eine rote Farbe)」という無限判断では、述語（赤色）の属しているより高次の領域（色一般）が否定されているのである。（この例で解るようにヘーゲルは無限判断の文法的形式「或るものは非Aである」にこだわっていない。）このような無限判断には、主語と述語を分離するという否定面だけでなく、主語と述語を自存化させるという肯定面もある。『大論理学』ではこの肯定面が「肯定的無限判断」として明示される。主語に関する「個別は個別的である」、述語に関する「普遍は普遍的である」が、肯定的無限判断である。これに対して、先述の無限判断は「否定的無限判断」と呼ばれており、これは「否定的無限 (das Negativ-Unendliche)」[6. 324] つまり悪無限であり、「判断という形式の止揚された判断」[同上] といわれている。なお、否定判断 - 無限判断の関係は、民事訴訟 - 犯罪［『大論理学』6. 325］；『法哲学』95節］、病気 - 死［『エンツュクロペディー（第3版）小論理学』173節「補遺」］、使用 - 譲渡［『法哲学』53節］、などの論理的な分析に用いられている。

ところで、ヘーゲルの弁証法論理に従えば、絶対的区別は絶対的同一性である。それゆえに、無限判断において主語と述語が絶対的に区別されるときには、主語と述語はまた絶対的同一の関係に立つことにもなる。『精神現象学』では、そのような無限判断として「自己は物である」[3. 260, 参照 3. 577]「物は自我である」[3. 577] が登場する。ヘーゲルはこの種の無限判断を思弁命題、絶対的判断、根源分割とも呼んでいるが、この種の無限判断は真無限を表現しており、ヘーゲル哲学の根本思想の表現に不可欠のものである。→無限, 思弁　　　（入江幸男）

無差別　[Indifferenz]

1801年に出版された『我が哲学体系の叙述』においてシェリングは同一哲学を主張するようになるが、「無差別」はそのなかで主観と客観の同一性を表現する言葉としてつかわれた。この『叙述』の直後にヘーゲルの『差異論文』が出版される。シェリング哲学の描写にあてられたその3章で、無差別がシェリング哲学の原理として言及されている。「絶対的なものは、主観と客観の絶対的な無差別点として、両者を自分のうちに包含し、両者を産みだし、そして両者のうちから自分を産みだす」[2. 94]。主観と客観の無差別は体系の原理であり、その帰結である。主観と客観のあらゆる差異がそこから生じ、そこへと収束してゆく。その限りでそれは「点」というかたちをとって存在する。ただし、このころのヘーゲルがシェリングと〈主観と客観の同一性〉という体系の原理を共有していたと考えられるにもかかわらず、ヘーゲルは自

分の哲学の方法について語る場合には（例えば『差異論文』の1章），あえて「絶対的同一性」という言葉を選んでおり，無差別という表現は全く用いていない。

『自然法論文』になると，無差別がヘーゲル固有の意味で使われ始める。まず，無差別はたんに主観と客観の無差別ではなくなり，あらゆる数多的なものの無差別を意味するようになる。さらに「絶対的なものとは無差別と関係の統一である」[2. 457]という言い方に見られるように，無差別ということが無差別ならざるもの（関係・数多性・差異など）との関係において限定された意味をもたせられるようになる。つまり無差別がかならずしもそのまま絶対的なものを表現する言葉ではなくなるのである。

だが，これ以降は無差別という言葉はテキストにあまり姿を見せなくなり，概念としての重要度も低下する。『論理学』では存在論の最後であつかわれるが，かつての議論をひきついだ考察にはなっていない。　（原崎道彦）

無差別点　⇨無差別

矛盾　[Widerspruch]

Ⅰ　「真理の規則」としての「矛盾」
「矛盾」は，ヘーゲル哲学における最も重要な概念の一つである。というのも，ヘーゲルは，「矛盾」，もしくは，「矛盾」の存することこそが，あらゆる「真理」の最も基本的な「規則」もしくは〈基準〉であると考えるからである［『就職テーゼ』2. 533］。

もとより，こうした考え方が，多くの反発や誤解を生んだ。言うまでもなく，通常の考え方からすれば，「矛盾」は，「真理の規則」などではなく，まさしく，〈非真理〉の最も基本的な「規則」もしくは〈基準〉だからである。しかし，こうした通常の考え方に基づく反発や誤解は，ヘーゲルの「矛盾」の概念の無理解に基づいている。

ヘーゲルの言う「矛盾」とは，最終的には，いわゆる〈矛盾律〉，すなわち，～（p∧～p）を犯すものではない。ある命題pと，その否定命題～pとの両立は，最終的には認められず，否定される。ただ，ヘーゲルの「矛盾」の概念の独特な点はこの否定に先立って，この否定の前段階として，まずは，まさにこの両命題pおよび～pの両立を認めるということである。ところで，ある命題pと，その否定命題～pとの両立とは，いわゆるアンティノミー，二律背反である。ヘーゲルが，カントの『純粋理性批判』におけるアンティノミーの議論を高く評価したことは有名であるが［『エンツュクロペディー（第3版）小論理学』48節］，ヘーゲルが，イェーナ期以来一貫してアンティノミーを重視しているのは，まさにそれが，自らの言う「矛盾」の概念の基礎をなすからである。

こうした独自の「矛盾」の概念は，また，ヘーゲル哲学の根本的方法としてきわめて有名な「弁証法」とも，密接に関連している。というのも，ヘーゲルは，何であれ，およそあらゆる対象に関して，アンティノミーの成立を主張するからである［同上］。それゆえに，〈真理〉の探究は不可避的に，命題pと，その否定命題～pとの両立を介して，この両者の「矛盾」ゆえの否定へと，さらには，この「矛盾」するがゆえに否定される両命題を基礎とする新たな〈真理〉の定立へと，進展する。この，いわゆる，正，反，合と展開する「弁証法」は，こうして，ヘーゲルの言う「矛盾」の展開論理そのものなのであり，まさに，「矛盾」が「真理の規則」そのものなのである。

Ⅱ　「本質論」における「矛盾」　こうした「矛盾」の概念が，ヘーゲルの著作において主題的に論じられ，展開されるのは，『大論理学』第2篇「本質論」の第1部第2章［6. 35以下］である。

この箇所の主題は，言うまでもなく，「本

質」とは何か，の解明であるが，これについてのヘーゲルの最も基本的な観点は，いかなる「本質」であれ，それ自体として一定の何かとして存在している「本質」はない，ということ，すなわち，「本質」という「存在」は，それ自体としては，「非存在」であるのだということ，このことである。「本質」とは，それ自体においてそのものとして存在しているのではなく，「直接的な規定性」つまり〈諸々のデータ〉を基にして，我々が，「反省（Reflexion）」=「思考」をめぐらすことにおいて，「定立（Setzen）」されるという，そうした，我々によって〈設定される〉存在なのである。

ここに，かの「矛盾」すなわちアンチノミーの成立が説かれる根拠がある。すなわち，「本質」がそれ自体として一定の何かとして存在しているとするならば，その「本質」そのものを捉えた命題 p が，端的に真理なのであって，この命題 p に対して，その否定命題 ~p が，同等の正しさをもって成立するなどということはありえない。が，ヘーゲルは，「本質」とは，それ自体においては「非存在」だと考える。それゆえに，例えば，〈光〉は〈粒子〉である，という本質設定命題 p は，総じて，その否定命題 ~p を内包するものである。なぜなら，それ自体としては一定の何かとして規定できないそのもの，〈光〉を，この命題 p は，一定の何か，〈粒子〉として規定しているからである。本質設定命題 p には，原理的に，その否定命題 ~p が対立する。つまり，総じて，あらゆる本質規定は，原理的に，p∧~p というアンチノミーにおいて成立するのである。

ここにおける否定命題 ~p が，正しさにおいて命題 p と同等の権利をもち，かつ，命題 p に対立する肯定命題 q（たとえば，〈光〉は〈波動〉である）として捉えられると，ここに，肯定的なアンチノミーが成立する。

この p∧（~p = q）は，「矛盾」であるがゆえに否定される。しかし，命題 p も q も，既にそれなりの正しさをもっている限り，単純に否定されて「無」に帰することはない。両命題の否定は，両者の正しさの総合としての，新たな本質設定命題 r，例えば，〈光〉は〈量子〉である，の成立において，行われるのである。これが，ヘーゲル独特の「矛盾」の論理であるが，しかし，それは，相対立する意見を戦わせることによって，総合的な真なる見解を導き出すという，「弁証法」の原義，すなわち，「問答法」を，基本的に引き継ぐものである。

ところで，例えば，かの〈量子〉という概念の成立は，新たな「本質」そのものの「生成」である。通常「生成」というと，ある不変の本質をもった何かが，現に存在するようになるということ，このことである。絶えず生成消滅する現象の世界において，「本質」は不変である。不変な「本質」が，物質を伴って現に存在するようになること，これが「生成」である。しかし，これに対してヘーゲルは，そもそも「非存在」である「本質」が，「弁証法」的に「生成変化」する，と考えるのである。「物」とは何か，「人間」とは，「法」とは，「道徳」とは，「宗教」とは，そして，「真理」とは，と問うことにおいて，こうした一切の「本質」規定が絶えず新たになされ，新たな「本質」が，「矛盾」を介して，「歴史」的に進展，「生成」するのである。「本質」を自体的に「非存在」と捉えるということ，さらに，そうした「本質」がある規定された「本質」として絶えず「生成」すると考えるということ，このいわゆる「絶対的否定性」の思想がヘーゲル哲学の際立った特徴であるが，この思想を方法論的に支えているのが，「矛盾」つまり「アンチノミー」の理論にほかならないのである。

Ⅲ　さまざまな「矛盾」　「矛盾」は，したがって，ヘーゲル哲学の展開過程の至るところで重要な役割を果たす。ここでは，ヘー

ゲルを論じる際にしばしば取り上げられる,重要ないくつかの「矛盾」に論及しておきたい。

(1)ひとつは,総じて,存在するものは,「即自存在 (Ansichsein)」であると同時に「対他存在 (Sein-für-Anderes)」である,という「存在論」と「本質論」とに共通して現れる「矛盾」である[『大論理学』5. 125以下, 6. 65以下]。何であれ,一定の「何か」として存在するものは,そのものが当のそのものである根拠を,そのもの自体がもっている(「即自存在」)(命題 p)。しかし,他方,同時に,そのもの自体は,この根拠をもっていないのである(命題~p)。なぜなら,そのものが何であるかは,いつでも,他のものとの関係を通すことによってのみ,決められうるからである(「対他存在」)。

総じて,「本質」(きわめて広い意味での「本質」——〈赤い色〉の〈本質〉としての〈赤さ〉なども,ここでは含意されている)が,それ自体において,一定の何かとして存在しているとするならば,存在する一切は,端的な「即自存在」である。しかし,そうではないがゆえに,一切は,同時に,「対他存在」なのである。これは,「本質規定」そのものに係わる,換言すれば,「本質」の「本質規定」に係わる,「矛盾」である。

(2)また,「無限性に関しては,あるものが「無限」である(命題p)とすれば,それは,同時に,「有限」である(命題~p = q)という「矛盾」の成立が,説かれる[『大論理学』5. 149 以下]。すなわち,「無限なもの」とは「有限なもの」ではないものであるが,そうであるとすれば,「無限なもの」は「有限なもの」によって制限されているのであり,その限り,「無限なもの」も,「有限なもの」と並び立つ,もう一つの「有限なもの」にすぎないのである。この「矛盾」は,「肯定的無限性 (die affirmative Unendlichkeit)」もしくは「真無限 (die wahrhafte Unendlichkeit)」なる概念によって,解消される。それは,一切の「有限なもの」を包摂して成り立つ「全体」であるが,それは,結局は,「弁証法的な過程」としての「生成」そのものなのである。これも,真の「本質」= {(p ∧ ~p = q) ➡ 「真無限」} という,「本質」の「本質規定」に係わる「矛盾」である。

(3)最後に,「一」と「多」,もしくは「全体と「部分」の「矛盾」に触れておこう。ヘーゲルは,いわゆる初期以来,真なる存在を,「一」なる「全体」であると同時に,そうではないもの,すなわち,「多くの」「自立的な」「部分」もしくは「多様なもの」からなるものであるという,「矛盾」的な存在と捉えるのである[『初期神学論集』(ノール) 308, 345以下]。これは,「個別的なもの」を不可欠の要素として成立する生き生きとした「全体」を真なるものと捉えようとする,ヘーゲルの最も根本的な存在観を表現するものである。こうした「生命」および「有機体」をモデルとしたヘーゲル独特の存在観が,「弁証法的な過程」としての「生成」を説くヘーゲルの「矛盾」の論理そのものを,支えている。「一」と「多」の「矛盾」もまた,「本質」の「本質規定」そのものに係わる,根本的な「矛盾」なのである。→本質, 否定, 弁証法, アンティノミー, 排中律

【参】 Giovanni (1973), Fulda (1978), Peirce/Harris (1978), Wolff (1981)　　(高山 守)

無神論 [Atheismus]

ヘーゲルは,人間の理性が神や無限なるものの認識から排除されて,もっぱら有限なもの,主観的感情にすぎないものに限定されている時代の危機を無神論のうちに見ている。近代の自然科学は物質の世界と精神の世界を整合的に区別してきた。「唯物論的な見方,別の言い方をすれば経験的な見方,歴史的な見方,自然主義的な見方は,精神や思惟を何か物質のようなものに考え,感覚に還元し尽

くしたと思って，神をも感情の産物とみなし，神の客観性を否定した。その結果は無神論になってしまった［『宗教哲学』16. 57］。このような無神論的時代にあって，新敬虔派と新神学というヘーゲルの時代の神学的傾向は無神論を免れているかといえば，そうではない。むしろヘーゲルは，これらの神学が哲学体系を無神論だと告発すること自体のうちに無神論的危険性を見ている。

ヘーゲルの無神論の規定はこうである。「ただの有限者のみがあり，したがって同様我々のみがあるが，神は存在しない。それが無神論である。かくて有限者が絶対的とされ，それが実体的なものとなる。その場合神は存在しない」［『哲学史』20. 162］。この規定からすればスピノザ主義を無神論とするのは正鵠を射ていない，とヘーゲルはいう。なぜならスピノザは，有限な現実には何物もなく有限な現実は何らの真理性ももたない，在るのはひとり神だけである，と主張するからである。ヘーゲルからみればスピノザ主義は無神論ではなく「無宇宙論」（Akosmismus）［同 20. 163, 195］である。だからこれを無神論だと論難する神学は，実はそこに，神のなかに止揚されてしまっている自分という無，自分と世界の没落を感じて，かえって有限なもの現世的なものを欲し保持しようとする無神論なのである。また，神を精神として把握しない哲学体系は無神論であるという非難は，それはそれで正しいのだが，しかしそう非難する神学自体が，神の認識を放棄して，神を全能の最高存在と呼ぶだけで汎神論的一般性に解消し，結局有限なものをも真実とする点で，無神論となる。そもそも或る哲学体系を無神論だとする告発は，神を概念として捉えることができない神学の貧しさを表わしている。「〔或る哲学体系を〕無神論として詰問することは，内容豊かな神に関して一定の表象をもっていることを前提している。そしてこの表象が，表象と結びついている特有な諸形式を，諸々の哲学的概念のなかに再び見出すことができないときに，その哲学体系を無神論として詰問することが発生するのである」［『エンツュクロペディー（第3版）精神哲学』573節］。汎神論という非難の方が一般的となってしまっているこの時代にあって，ヘーゲルの課題はこの宗教的内容を哲学的概念によって止揚することであったといえよう。→神，神学，汎神論，スピノザ　　　　　　　（水野建雄）

無制約的なもの　⇨制約・無制約

むなしさ　⇨『ラモーの甥』

胸（心胸）　⇨心胸（しんきょう）

夢遊病　⇨精神障害

無力化（麻痺）　［Paralyse, paralysieren］

脳の実質の縮小を来し，判断機能の衰弱を伴う脳の疾患である。ヘーゲルはこの語を自然哲学の始めで，空間から時間への移行の論理過程の叙述で比喩的に用いている。空間は直接的に定在する量であり，その中ではすべてが存立し，そのことが空間の含む自己否定をなす。時間はまさしく空間のこの恒常な自己止揚の定在をなすが，点は時間の規定として空間に関わり，自らの規定を線や面という否定として展開する。しかし時間の区別は空間のような自己外存在の無差別を持たない。それでこれは空間のように図形化されず，その数図形化は「時間の原理が無力化され，その否定性が悟性によって『一』（das Eins）に引き下げられて初めて達しられる」「この死んだ一は思想の究極の外面性であるが，それは外的な結合を可能にし，この諸結合，すなわち算術の数形象が，さらに，等・不等という悟性規定を可能にする」［『エンツュクロペディー（第3版）自然哲学』259節］。→空間，時間　　　　　　　　　　　　　（本多修郎）

メ

眼　[Auge]

　ヘーゲル美学は精神の主体性の欠如という自然美の欠陥から芸術美への移行の必然性を導出し，芸術を眼に譬える。「眼のうちに魂は集中し，単に眼を通して見るばかりでなく，眼のうちに見られもする。〔……〕眼は魂の座（der Sitz der Seele）であり，精神を現象にもたらす」〔『美学』13. 203〕。芸術はこの眼のように一切を魂とし眼として精神を現れしめる。ところがヘーゲルは，彼が美の完成と評するギリシアの神々の彫像に眼が欠けていることをこの芸術の欠陥として指摘する。「〔主体性の欠如という〕この欠陥は，外的には彫刻の諸形態に単純な魂の表現つまり眼の光が欠けていることに現れている。美しい彫刻の最高の諸作品の眼は虚ろ（blicklos）である。それらの作品の内的なものは，眼が告知するこの精神的な集中において自己を知っている内面性としてそれらの作品から見えてこない。魂のこの光はそれらの作品の外に落ち，観賞者に属する」〔同 14. 131f.〕。

(四日谷敬子)

冥界　[Unterirdisches]

　ギリシア悲劇に歌われる人倫的世界は，その共同体に生きる各構成員が共同体の共通の基盤として確信する正義ないし善の二つの形態（神々の掟と人間の掟）の矛盾相克による両者の没落として捉えられるが，前者の精神的実体が冥界である。正義を自己の自覚的知において主張し実行する，明文法に基づくもの（地上界，宗教的にはゼウスを主神とするギリシア宗教およびその世界）に対して，明文化されてはいないが，直接知られている，万古不易の正義に立つという自己確信が根拠としているもの，すなわちゼウス以前のティターニス，たとえばエリニュスなどの支配する死者の世界。これをヘーゲル哲学の基本用語と関連させて言えば，「実体的生」が拠って立つ，暗き闇の威力としての「超越実体」の境位を意味し，これが「否定的威力」としての悟性（反省）にもたらされて白日の下にさらされることが，すべての問題の発端と考えられている。→『アンティゴネー』，闇

(出口純夫)

迷信　[Aberglaube]

　ヘーゲルにとって迷信とは，人間の理性に反する非合理な唾棄すべき信仰である。ヘーゲルの言う迷信は，(1)無限なもの・神的なものと有限なもの・感覚的なものとを直接に「くっつける（beilegen）」ものである。「迷信の化けものはこのような野合（Beilager）によって産み出された」〔『精神現象学』3. 413〕。例えばキリスト教における偶像崇拝は，神的なものに有限な形を与えるので迷信である。それとは反対に，(2)有限な事物や現象の側から直接に無限なものに至ることも迷信である。例えば電気という現象の原因を，神によって説明するのがそうである。「迷信は直接的現象からただちに神，天使，悪魔に移行する」〔『哲学史』19. 320〕。

　迷信は，精神が自分のうちにではなく他の外的な疎遠な権威に基づく点で「権威への隷属」〔『歴史哲学』12. 493〕と言いうる。迷信は人間の理性的自己決定の能力を放棄している

ことによって，本来の宗教とは明確に区別される．神への恐怖による信仰，律法の盲目的遵守などもこの意味で迷信と言うことができる．迷信における神への隷属は，人間の政治的・社会的な隷属状態と結びついている．したがって迷信は「最大の階級的政治的隷属」[『国民宗教とキリスト教』1. 31] と言われる．アンシャン・レジームにおいて，大衆の迷信は祭司や専制君主の支配と結合することによって「誤謬の国」[『精神現象学』3. 401] を形成するとされる．

迷信からの脱却は，近代において「啓蒙の迷信との戦い」[同 3. 400] によってなされる．迷信の神秘性は，有限なものを有限なものによって説明する悟性的な啓蒙によって打破される．「すべての迷信は，自然法則の知識によって色褪せる」[『哲学史』19. 319]．この脱迷信化の典型は，フランス革命と宗教改革である．迷信からの脱却は，隷属的な政治体制の打破をもたらすと同時に，真に人間の内面的主観に立脚した宗教をもたらす．→啓蒙　　　　　　　　　　　　　　　(日暮雅夫)

命題　⇨判断

名誉　[Ehre]

モンテスキューは『法の精神』で徳を民主制，節度を貴族制の，名誉を君主制の原理としているが，この君主制は封建君主制であって，(公的義務ではなく) 少数の特権者の私念に基づく名誉が国家の存立を支えている[『法哲学』273節]．またロマン的芸術形式に属する騎士道の原理として，名誉と愛と忠誠が挙げられる．古典的名誉が物件的価値にしか関わらないのに対し，ロマン的名誉は「人格性そのもの」と主体の無限の自己価値にのみ関わる．だからそれは，一方では人権の不可侵性を「名誉の法則」として表明するが，他方では「全く形式的で無内実なもの」に，さらには冷酷で「あさましいパトス」にもなり

うる [『美学』14. 177f.]．なおコルポラツィオーンにおける名誉（誇り）は，婚姻の神聖とともに，市民社会の解体を引き留める不可欠の契機である [『法哲学』255節]．→君主・君主制　　　　　　　　　　　　　　(小林靖昌)

メシア　⇨ユダヤ教

メタファー　[(ギ) μεταφορά, (ラ) metaphora, (独) Metapher]

メタファーは，「異質の名詞の転用」(ὀνόματος ἀλλοτρίου ἐπιφορά) というアリストテレスの定義以来 [De arte poetica. 21,1457b7]，18世紀まで修辞的表現と看做されてきたが，その後メタファーを独創的思惟様式として高く評価する傾向が生じ，ドイツではヘルダーがメタファーにイデーを感性的に表現しようとする人間の衝動を見，ジャン＝パウルはその「短縮された擬人化」の力を評価した．ヘーゲルはメタファーを『美学』の象徴的芸術で論じ，象徴 (Symbol) やアレゴリー (Allegorie) に比して意味と形象との分離が未だ生じずにそれだけで明白な意義をもった直接的な比喩 (Gleichnis) であると解している [『美学』13. 516f.]．メタファーの目的は，「単純なもの，馴れたもの，素朴なものに満足せず，それを超えて他者に進み，異なるもののもとに留まり，二重のものを一つに接合しようとする精神と心情の必要と威力」にある [同 13. 520f.]．→比喩

【参】Aristotelēs, Herder (1772), Jean Paul (1804)　　　　　　　　　　　　　(四日谷敬子)

メタモルフォーゼ　[Metamorphose]

ふつうは，昆虫や蛙などが成長の過程で，その姿・形を著しく変えること（変態）を指す．ところがゲーテは，動物のみでなく，植物にもこうしたメタモルフォーゼがある，という意表をつく発想で，形態学 (Morphologie) を創始した．ゲーテによれば，植物に

おける基本的器官は葉であり、茎・花・果実は、葉がメタモルフォーゼした姿にほかならない。またゲーテは、すべての動物・植物は、その「原型」である原動物・原植物からのメタモルフォーゼである、とも考えていた。

ヘーゲルは、親交のあったゲーテのメタモルフォーゼ論を、「植物の本性に関する理性的な思想の端緒」[『エンツュクロペディー(第3版)自然哲学』345節]として高く評価している。個々の植物の多様性が、「基本的器官」や「原植物」という「同一なるもの」の「系列的」展開としてとらえられているからである。こうした考え方は、ヘーゲル哲学の核心に直観的にふれている、とも言えよう。実際、ヘーゲルはメタモルフォーゼにこんなコメントも付している。「メタモルフォーゼ〔という表現〕は、概念(Begriff)そのものにこそふさわしい。概念の変化のみが発展(Entwicklung)と言えるのだから」(同249節、同じく『小論理学』161節「補遺」にも、「概念の形態変化(Formveränderung)」という表現がみられる)。認識の歴史的発展を「蕾→花→実」という植物の成長になぞらえた『精神現象学』序文の記述は、ゲーテの軽い不興をかったが、ヘーゲル自身は「概念のメタモルフォーゼ」を念頭においていたのだろう。『精神現象学』が「意識の諸形態(Gestaltungen)の系列」[3. 73]の発展の記述とされる点にも、そうした発想がうかがえる。

なお、『美学』では、ナルシスの水仙への変身といった変身譚がメタモルフォーゼと呼ばれる[14. 39-46]。ヘーゲルは、そうした変身が屈辱や懲罰を表している点に、自然性に対する精神性の優位を見ている。→ゲーテ、形態、植物、発展、変化　　　　　（門倉正美）

メラー　[Jacob Nicolai Møller (Nicolaus Møller) 1777-1862.11.30]

ノルウェー出身の自然哲学者。1791年にコペンハーゲン大学で法律の学位をとる。1797年、鉱物学を研究するためにベルリンに向かい、そこでシュテッフェンスと知り合う。1800年に二人はイェーナでシェリングに出会い、メラーの第二作『摩擦による熱の発生ならびに両現象の理論のための帰結について』(Über die Entstehung der Wärme druch Reibung nebst Folgelungen für die Theorie beyder Phänomene)はシェリングの『思弁的自然学新雑誌』(1802)に掲載され、ヘーゲルも彼の自然哲学の中で言及している[『エンツュクロペディー(第3版)自然哲学』310節「補遺」]。結婚を機にカトリックに改宗。1804年のヘーゲル宛の書簡で自己の宗教哲学を要約している[『書簡集』(第1巻)85-87]。1812年には一時ヘーゲルとともにニュルンベルクで教壇に立った。1835年にルーヴァンで哲学教授。彼の著作は科学的論説、宗教的論説、および当時のドイツ哲学批判に分かれ、ヘーゲルに関しては『ヘーゲルの論弁術』(1846)、『ヘーゲルの弁証法について』(1845)、『パルメニデスとヘーゲル』(1845)などがある。→シュテッフェンス　　　　　（黒崎　剛）

面　⇒空間

メンデルスゾーン　[Moses Mendelssohn 1729.9.6-86.1.4]

ライプニッツ＝ヴォルフ学派を代表するドイツ啓蒙思想家。音楽家F. メンデルスゾーンの祖父にあたる。ヤコービとの「汎神論論争」が有名であるが、ヘーゲルがメンデルスゾーンに言及するのもこの論争に絡んでである。この論争は、メンデルスゾーンが1781年に友人レッシングの追悼記念に伝記の出版を企てた折に、ヤコービがメンデルスゾーンに手紙をやり、レッシングがスピノザ主義的であったことを知っているかどうか尋ねたが、メンデルスゾーンがこれに立腹したことが機縁となって、始まったという。ヘーゲルは、この論争を追いながら、メンデルスゾーンが

スピノザ哲学について全く無知であり，それを「死せる犬」のごとく取り扱っていることに苛立ちつつ，一方で有限な悟性でもって神の存在を演繹し，他方で快不快の感覚に帰着する良識なるものを原則とするメンデルスゾーンの哲学を，低俗さの極みと断じている。
⇒ヤコービ　　　　　　　　　　　　（星野　勉）

目的　⇒目的論

目的因　⇒目的論

目的論　[Teleologie]

Ⅰ　目的論についての定式化の古典的な例は，アリストテレスが四原因の一つに目的因(causa finalis)をあげ，作用因(causa efficiens)によって成立する普通の意味での因果関係に対抗させる形で目的 - 手段の関係による説明方式を設定しているところに遡って見ることができる。アリストテレスはこれを人間の実践だけではなく自然の説明原理ともした。それに対して，ガリレオ，ベーコン，デカルトに代表される近世初頭の機械論的自然観の立場からこの目的論は徹底した攻撃を受けた。目的論は自然への感情移入の産物であって科学的説明になりえないというのである。しかし17世紀においてもライプニッツなどはこの目的論を積極的に擁護した。彼はモナドを生命をもったものと考えたが，その考え方のうちには，力学的運動の説明には機械論が有効であるのに対して，精神や有機的生命には目的論が有効であるとする基本的傾向が認められる。そしてこのことをさらに徹底的に考察したのがカントであった。

Ⅱ　カントはニュートン物理学の巨大な影響下に立っていたが，にもかかわらず『判断力批判』においてはそこから漏れてしまう問題について目的論の観点から考察した。それが美の問題であり有機的生命の問題である。美について，彼はそれを快，不快の感情によって判定されるものとした上で，対象の合目的性──目的の表象なき合目的性──の形式の知覚と結びつける。有機的生命に関しては，草一本の存在の可能性すら機械論によっては説明しがたいとした上で，目的論的説明の必要性を説く。しかしカントの場合特徴的なことは，彼の批判哲学の原則に従って，目的概念なり合目的性なりを物自体のうちに想定するのではなく，主観のうちなるもの，「反省的判断力」のアプリオリな原理として想定することである。そこで目的論をめぐって我々の認識機能が検討し直され，合目的性が全体を全体として把握する方式，すなわち全体が部分に依存するのではなく，部分が全体に依存するあり方を捉える方式であることが明らかにされる。ここから出発してシェリングは有機体論的自然哲学を展開したが，さらにその影響下でヘーゲルは独自の哲学の形成への歩みを始めた。

Ⅲ　イェーナ時代の『差異論文』や『信と知』を見る限りでは，ヘーゲルは目的論に対して批判的に語っているように見られるが，しかしそれはあくまでも目的論をもっては生命の問題が有限性の立場からしか扱われないという理由によるのであって，目的論の主題である有機的生命そのものは彼の思索の中心

に据えられていた。それが『イェーナ体系Ⅲ』において取り上げ直される。自然に関してもその合目的性への言及があるが，さらに重要なのが人間の実践，労働の目的論である。「自我は自我を保護し，そして自我の規定を守るために，道具を消耗させるという狡智(List)を自我と外的事物との間に挿入した」[GW 8. 206]。労働において人間が目的を達成するのに手段として道具を用いるということが狡智と呼ばれ，そこからヘーゲルにおいて目的論を定式化する「理性の狡智」という概念が導き出される。続く『精神現象学』においては，「理性は合目的的な働きである」[3. 26]とされ，また「結果とは自己への還帰である」[同上]と語られているが，そこに，直接的意識から絶対知へ向けての意識の歩みが，また自己を外化しさらにそれを取り戻すことによって世界との和解を達成するに至る意識の活動が目的論的に捉えられているのを見ることができよう。そしてヘーゲルの場合，カントとは異なってその一元論的な体系構想に基づいて，合目的性は単に主観の形式であるだけではなく存在それ自身をも巻き込むものとして捉えられていることに注意すべきであろう。『大論理学』の「概念論」において目的論について詳細に論じられているが，そこでは機械論が盲目的関係であるのに対して目的論は自由な関係であるとされる。それと言うのも，目的論においては全体を構成する多様な部分がより高次の知的原理によって統一を与えられているからだと言われる。しかし目的論が目的論に止まる限り，この全体は区別知に分割されたままであり，その区別項は互いに外的な関係に置かれている。そこでヘーゲルはこの目的論を構成する目的‐手段‐客観の三つの項の間の推論関係を弁証法的に展開し，この三項が互いが互いを前提し合う循環構造のうちにあることを明らかにする。その際この循環はただ悪しきものではなく，それを通じて全体が真の全体，媒介された全体として捉えられる道を開くものであるとされる。こうして目的論的関係は概念が自己を自己から区別しながら同一性を保つ過程，「同一性と非同一性の同一性」が達成される過程として捉えられるが，この時，目的論の段階は越えられ，場面はすでに理念の段階へと移っている。ヘーゲルにおいて，この目的論は精神だけではなく自然や社会や歴史を貫く原理とされている。それゆえにヘーゲルの体系に対する近代科学の立場からの批判も起こったのであるが，ヘーゲルの観点はかえって今日の科学理論のもとで新しい意義を持つものとなっていると言えよう。→有機体，理性の狡智

【参】佐藤康邦（1991） （佐藤康邦）

文字 ⇨言語

モーセ ⇨ユダヤ教

模像 〔(ギ) εἴδωλον, εἰκών, (独) Abbild〕

 原像 (Urbild)，範型 (Vorbild) の写像，幻影ないし模造を意味する。プラトンによれば，変転する現実世界およびその諸対象は，永遠のイデアの模像である。認識論における模写説 (Abbildtheorie) によれば，認識は一般に現実の写像・模写であり，意識は現実を映す鏡とみなされる。原子論，素朴実在論，唯物論などはおおむねこの立場を採る。

 ヘーゲルは，いわゆる本質と現象との関係を説明する際に，この概念を二様に使っている。(1)プラトンと同様に現象が本質の模像と言われる場合，(2)言わば模写説的に，本質が現象の模像とみなされる場合。(1)「有限な，あるいは主観的な精神……は理念の現実化として捉えられなければならない。精神の考察が真実哲学的なものであるのは，それが精神の概念をその生き生きとした展開と現実化において認識するとき，すなわち，それが精神を永遠の理念の模像として概念的に理解する

ときだけである」[『エンツュクロペディー(第3版)精神哲学』377節「補遺」10. 9]。同様に,「国家の有機組織」は「永遠の理性の模像」とされる[『法哲学』272節]。ただし,いずれも原像の単なる映しではなく,原像の「展開および現実化」したものとみなされている点に要注意。次の文を参照。「仮象は無ではなく,絶対的なものへの反省,絶対的なものへの関係である。……仮象が仮象であるのは,絶対的なものがそのうちに映現しているかぎりでのことである。……〔論理学の〕この解明は,有限なものが消滅しないように保持して,それを絶対的なものの表現および模像とみなす」[『大論理学』6. 190]。ゆえに後者の見方も可能になる。(2)「法則は現象の彼岸にあるのではなく,現象のうちで直接現在的である。法則の国は実在するないしは現象する世界の静止した模像である」[『大論理学』6. 153f.]。同様に,「諸法則の静かな国である超感覚的世界」は「知覚された世界の直接的な静止した模像である」[『精神現象学』3. 120]と言われる。➡本質,現象　　　　　(座小田豊)

「持つ」[haben]

ヘーゲルの全てのテキストの中で,動詞「である」(ist)の使われる回数は,「持つ」(haben)よりもずっと多い。ヘーゲル自身がいくぶんかは気にして『精神現象学』の正誤表では,訂正した例もある。あるものが対立した規定を「持つ」ことは矛盾にならないが,対立した規定「である」ことは矛盾になる。

『大論理学』から一例をとる。「本質がさしあたり直接的なものと受けとられると,それは規定された存在であり,それには他のものが対立する。それは,〔だから〕非本質的な現存在に対立する本質的な現存在にすぎない。本質はしかし,そもそも止揚され〔骨抜きにされ〕た存在であって,本質に対するものは仮象にすぎない。しかし仮象は本質自身の定立である」[6. 17]。

寺沢恒信は,最後の文を「定立する作用〔の所産〕である」と補っている。要するに仮象を生み出した張本人も本質そのものであるという趣旨である。「本質は仮象を生む」という文は,「本質は仮象を持つ」という文の一種だと見なしていいだろう。ところがヘーゲルの文が告げていることは「本質は仮象である」ということである。同様にして「本質は現象する」という文は,われわれは「本質は現象を持つ」という趣旨に理解するだろうが,ヘーゲルの文脈では「本質は現象である」が正しい。

私と私の意志の関係は「私は意志を持つ」というよりは,「私は意志である」というべきだし,「私は生産物を持つ」というよりは「私は生産物である」というべきだろう。私という実体が意志とか生産物とかを持つのは,私という本質が現象をもつのと同様だと,われわれは考える。身体についても「私は身体を持つ」と考えるのが常識である。ヘーゲルは常識の反対が真理だと考えている。「私は身体である」というのが,真理なのだ。

実体は,それが持つ属性とは没交渉に存在しているものではない。実体の属性は,実体の外部にあるのではなくて,実体の内部にある。なお,完了形としての「持つ」の意味については,『エンツュクロペディー(第3版)精神哲学』450節「補遺」[10. 256]を参照。➡「である」　　　　　　　　　(加藤尚武)

モナド　➪ライプニッツ

物 [Ding, Dingheit]

物は一般に,それが持つ性質との関係或はそれを形成する物質との関係に即して,単一な〈このもの〉として指示される。物の概念はこの〈関係〉の視点から,論理学特に『大論理学』の本質論における「実存」の章で詳細に展開される。これによると,物はまず,

無規定的で抽象的な同一性として「物自体」と規定される。物は「根拠」の直接的存在として他者への関係とその否定である自己への関係との統一であるが，物自体は，それらが分析によって相互外在的に区別され，多様な内容として現われる前者に対してその彼岸に不動の一者として立てられた存在である。しかし，およそ，こうした空虚な基礎としては認識の対象になりえない（『エンツュクロペディー（第3版）小論理学』では，物自体は「物」の節では論じられていない）。かえって，多様な内容の存在は他の物の存在を前提しており，その差異は他の物との関係によって生じる。すると，多くの物自体が存在しており，物自体はそれに固有な同一的関係に従ってそれ自体で規定されていることになる。この固有な関係を成す内容が「性質」に他ならず，したがって，物自体は性質に基づき他の物と関係する根拠，関係の多様に即して「種々の性質を持つ物」として示される。しかし，物は未だ，同じ諸性質を持つ物どうしでも相互に区別されるような，〈このもの〉としての規定には達していない。物がこの規定を獲得するには，性質そのものが諸物をこのように区別する本質的存在として措定されねばならない。ところで，性質は物相互の同一的関係として互いに没交渉であり，この同一性が自立的存在（物質）として併存していると見られる限り，物はそれが持つ諸性質の集合体，それらを捨象すれば単なる外延となって，区別が量的区別に帰するような「もまた」（物性）ということになる。ここに「物は諸物質から成る」という事態が成立するが，他方，物が〈このもの〉と規定されるためには，「もまた」は物質間の否定的統一としても把握されていなければならない。すなわち，物質は〈このもの〉においては，或る物質の存立する同一箇所に他の物質が前者の否定として存立するという仕方で存在することになる（物質の「有孔性」）。しかし，物はこのように二つの規定の否定的統一として把握されると，物質相互の量的関係に基づく可変的存在となり，諸性質の根拠としては解消することになる。——以上の展開は，意識と対象との関係として『精神現象学』の「知覚」の章でも主題化されている。しかし，知覚する意識は対象自体の把握（真理）の根拠を自己の感覚内容に求めるという基調にあるため，「もまた」は意識による内容の実体化の所産として捉えられ，その一者との関係は対象と意識との矛盾する運動として展開される。したがって，ここでは，両規定の関係を物相互の否定的関係の運動として対象化する観点が，意識の視野から脱落することになる。→「もまた」，物自体，知覚，性質，多孔性　（北川浩治）

物語　[Geschichte]

　Geschichte（歴史）は，一方では，res gestas，すなわち行為や出来事そのものという客観的意味と，他方では historiam rerum gestarum，すなわち行為や出来事の記録，歴史物語（Geschichtserzählung）という主観的意味とを持っている。[『歴史哲学』12. 83 参照]。一般に歴史は宗教と国家とともに国民精神の構成契機をなすが，それに応じて物語としての歴史も宗教と国家にとって不可欠の要素をなす。物語はまず，宗教，とりわけ想像力の宗教にとって必要とされる。なぜなら宗教は理性によって理解されるだけでなく，民衆の心胸や想像力に訴えかけるものでなければ，真に主体的にはならないからである。そのためには宗教は「神話」[『国民宗教とキリスト教』1. 37]や「伝説」[同 1. 94]や「宗教的物語」[『キリスト教の実定性』補稿 1. 199]と結び付けられる必要がある。しかしその際物語が習俗を異にする他民族に由来するものだったり，特権的身分の専有物である場合には，「歴史的信仰」[『国民宗教とキリスト教』1. 93]はかえって民衆の理性の自律を損ねることになる。また歴史物語は，ヘーゲルの場合，

国家の成立とともに生じると見られる。というのは共同体が国家に高められ、時々の主観的な命令だけではすまされず、法律や普遍的な規定を必要とするようになる時、「分別があり、それ自身において確固としており、その結果において永続的な行為や出来事の記録とそれに対応する関心」[『歴史哲学』12. 83]が生じ、国家は「過去の意識を必要とする」[同 12. 84]からである。むしろ「客観的歴史」自身国家とともに成立する歴史物語と切り離すことができない。「国家が初めて歴史の散文にとって相応しい内容をもたらすだけでなく、同時に歴史そのものを作り出す」[同 12. 83]。「歴史的なもの」が始まるのは、本来「詩と芸術」に帰せられる「英雄時代」が終わり、「生活の確固とした散文が現実の状態においてもその把握と叙述においても現存するようになる」[『美学』15. 258]ときである。→歴史

【参】 Rebstock (1971) (久保陽一)

物自体 [Ding an sich]

ヘーゲルは、物自体を、一方ではカントの用語として、他方では、自分の用語として用いている。

周知のように、カントは物自体を経験的に認識することはできないと主張した。ヘーゲルによれば、その主張は、いかにも認識することが、対象を、その性質を通してとらえることなのに、物自体はこのような性質を欠いているという意味では正当である。しかし、カントは、物をこの自体性のうちに固定した点で誤ったのである。というのは、物自体とは本来、認識にとって物の最初の抽象的状態にすぎず、もろもろの性質を認識することによって克服されなければならないからである。

ヘーゲルによれば物とは、他者への反省と自分のうちへの反省としての物自体という二つの契機を持っている。物とは、もろもろの性質を通して、他のものから区別されるとともに、一つの物の根拠として、自分のうちへ反省している。たとえば、塩を認識するとき、我々は、塩自体を認識するところから始めるのではない。むしろ、塩の色や味といった性質を知るところから始めるのである。そして、塩の辛さが、砂糖の甘さと区別されて帰属する先が塩自体なのである。

ヘーゲルにいわせると、一方で、物の非本質的実存ないし諸性質は、その物の一者性ないし自己内反省を自己のもとに持っているのではなくて、その非本質的実存は、この物自体にあたかも他者に関係するように関係している。したがって、非本質的実存は、後者の側面を撤廃して自体存在へと生成する。このようにして、「物自体が外面的実存と同一になるのである」[『大論理学』6. 131]。→物、性質

(山口誠一)

モハメッド ⇨**イスラーム**

模倣 [Nachahmung]

模倣は、プラトンやアリストテレスが絵画や文芸を考察・評定する際の原理としてとりあげたミーメーシスの近代語訳である。中世にはキリスト教的図像観のゆえに影をひそめるが、ルネサンス期の人文研究の興隆を背景にふたたび芸術制作の主要原理として浮上し、近世以後のヨーロッパ芸術論の基調をなす。

とくに18世紀フランスの古典主義美学においてボワロ (Nicolas Boileau-Despreaux 1636-1711)、ディドロ、バトゥー (Charles Batteux 1713-80) らはこの模倣原理を厳密に教義化し、戯曲における時・所・筋の三一致の法則を提唱した。またその影響を受けて、ドイツにおいてもゴットシェット (Johann Christoph Gottsched 1700-66) を筆頭に、メンデルスゾーンやレッシングも模倣説を支持した。

ヘーゲルは模倣を「自然の諸形態をそのあるがままのしかたで、それに完全に相応する

ように模写する技倆」[『美学』13. 65]と定義し，これを批判する。もし自然にそっくりの模写が可能であるとすれば，外界に既にあるものをもう一度模造するわけで，それは余計な努力であろう。芸術はいつもその表現手段に制約されており，現実の仮象をひとつの感官に対してだけ産出するわけだから，完全に相応する模倣などできるはずがなく，慢心した戯れということになろう。画家は眼前の顔を描くばあいこまかな繊毛やその他の微細な特徴，また皮膚の様子といったおよそ偶然や不完全な生の領域に属するすべての外面的形態を捨てなければならない。芸術が生み出すのは「感性的なものの側面からみれば，意図的，形態や音響や直観の影の世界」[同 13. 61]にすぎない。

ヘーゲルにとって，芸術とは理想あるいは実在的となった理念であり，理想化された自然である。それはあくまで概念の領域に属し，普遍的存在である。

このことは芸術形式の展開にあたって，模倣原理でいちばん説明しやすい古典主義芸術が，内面性表白としてのロマン的芸術へひきわたされるという，かれの芸術哲学と密接に結びついている。

【参】 Auerbach (1946), Koller (1954)

(金田 晋)

「もまた」 [Auch]

「もまた」は，物を構成する一つの契機であり，「物性(Dingheit)」とも言われる。この規定は対象と意識との関係では，『精神現象学』の「知覚」の章で展開される。知覚する意識は諸性質を持つ物を対象とするが，この意識にとっては自己に現前する感覚内容を媒介にしてこの物を自体的に一者として把捉することが真理である。したがって，意識は真理の根拠として，物に見出される種々の内容を性質に見立て，〈この物はAでも(また)あり，Bでも(また)あり，……〉と陳述することになる。この陳述に現れる「もまた」が件の規定である。この場合，A，B，……が，色や味等々として見出される相互に没交渉な内容であって，おのおのその存立の根拠を物において持つと見られる限り，物は多数の「ここ」と「今」の集合であり，内容が各自自立的な存在すなわち物質と見られると，物は多数の物質からなり，それらを取り囲む表面ということになる。いずれにしろ，物は「もまた」としては，諸性質がその中で併存している媒体として規定される。

ところで，「もまた」の『大論理学』における取り扱い方は，『精神現象学』のそれとは若干のずれがある。『大論理学』では，この規定は物を物質との関係で論じる段階で導入されており，それ以前のこれに対応する規定はすべて「物性」として表示される。けだし，後者の段階では，未だ性質が物を他の物から区別する本質的存在として措定されていないからである。性質したがって物相互の関係が自立的存在と見られて物質として措定され，物が諸物質から成る単なる集合として規定されたとき，この規定が「もまた」として表示される。したがって，この段階では物は関係項としてのみ意味を持ちうる個別的な「このもの」と見られており，物相互の区別も物質間の量的差異に基づくことになる。「もまた」はこうして，外的直観に対しては空間の延長として現れる物の規定と考えられている。→知覚，物

(北川浩治)

脆さ（脆弱性） [Sprödigkeit]

物質の直接的な形態，すなわち物質を成り立たせている点が緊密な関係をもたないで分散している状態が，脆弱性といわれる。したがって脆弱な物質においては，点と点とが凝集しない状態にある。それにたいして，たとえば鉄のような金属はその対極にある物質である。「一般に金属だけは磁化することができる。というのは金属は，絶対的に脆弱であ

るということがなく，単一で特殊な重さの純粋な連続性を自分の中に有しているからである」[『エンツュクロペディー（第3版）自然哲学』312節「補遺」**9. 207**]。このように磁性を帯びる金属は，点と点とが高い凝集力をもって強固に連続しあっている。このような金属と対比して，ヘーゲルは脆弱な物質の代表として「ガラス」を考えている。ガラスは点性にとどまっていて脆く，金属のような凝集性を有するにいたっていない。「内在的な点性，すなわち脆弱性（そしてそのあとに凝集力）という規定が，いっそう完全な，しかし形式的な透明性（たとえば脆弱なガラス）と一体になる」[同320節]。凝集力のいまだ乏しい脆弱なガラスは，鉄のように磁性を帯びることはないが，透明であるという特徴を有している。

ヘーゲルは，このような物理学上の用語を，人間のあり方を表すものとしても比喩的に用いている。ポリス的共同体の解体したローマの「法状態」においては，個人は人倫的実体という基盤を喪失して，個別の自己としてのみ存在している。そのような自己は，人倫的紐帯を喪失して「点」としてばらばらに存在しているという意味で，「脆弱な自己」と呼ばれる。このような自己は，「人格的アトム（原子）」として，「〔人倫的な〕精神を喪失した点」でしかない。こうして「人格はそれぞれ人格として独立に（für sich）存在し，他の人格との連続性を自らの点性の絶対的な脆弱性から排除する」[『精神現象学』**3. 358**]ことによって，互いに疎遠で冷淡な関係によってしか存在しえないことになる。　（伊坂青司）

モンテスキュー　[Charles-Louis de Secondat, baron de Montesquieu 1689.1.18–1755.2.10]

フランス啓蒙思想の先駆的法学者。『ペルシア人の手紙』などによってイギリスの制度によりながらフランス絶対王政に強い批判を加えて啓蒙思想運動の先駆的な役割をはたしたが，何といっても『法の精神』によって，三権分立などの主張で近代ヨーロッパの法学政治学に決定的な影響を与えた。ヘーゲルも若い時代からモンテスキューに親しみ，彼を高く評価するが，それは，彼がこの中で，さまざまな民族の多様な性格特徴を羅列的並列的に記述するのではなく，一つの全体的なまとまりを持ったものとして描いていこうと試みたことによる。すなわち，民族のいろいろな性格が有機的全体として捉えられていく道を開いたとされるわけである。これは，ヘーゲルの歴史観とりわけ民族精神（国民精神）の歴史的発展変遷のなかに一つの必然性を見いだしていこうとする試みにとって大きな先駆として映ったのであろう。→民族精神（国民精神）　（佐藤和夫）

ヤ

ヤコービ [Friedrich Heinrich Jacobi 1743.1.25-1819.3.10]

体系的な思考を嫌い，感情と信仰の直接的確実性を説く。メンデルスゾーン宛に書かれた『スピノザの教説に関する書簡』(1785)によってスピノザ思想に対する関心を高めた。ヘーゲルはテュービンゲン時代にヘルダーリンらとの読書会でこの書を読み，「一にして全」に強い共感を示した[『ローゼンクランツ』40f.]。

ヘーゲルにはヤコービについての三つのまとまった論述がある[『信と知』2. 333-393；『ヤコービ書評』4. 429-461；『哲学史』20. 315-329]。ヤコービ批判の基本的な考え方は共通だが，「書評」が肯定的評価も含めた客観的な叙述を心がけているのに比べ，『信と知』は論難的姿勢で際立っている。

肯定的には，「宗教性が思惟の究極の真実の成果であること，あらゆる整合的な哲学的思惟はスピノザ主義に帰着せざるをえないこと」[4. 432]，「絶対的なものを精神として捉えなければならないこと」[4. 439]を認識した点にあると評される。

批判の基本的視点は，直接的な知を認め，媒介された知を否定する点（「ヤコービは認識のうちに存在する媒介を排斥する。媒介は彼にとっては，精神の本性の内部でその本質的な契機として再興されることはない」[4. 435ff.; 参照 20. 318ff.]），神は認識不可能とする点（「神，絶対的なもの，無制約なものは証明されることはできない。というのも，証明すること，概念的に理解することは，あるものにとっての制約を見出すことであり，あるものを制約から導出することだから」[20. 322; 参照 4. 430, 439]）のふたつに要約できる。

カントと共通の関心をもちながら[2. 333; 20. 315]ヤコービがこうした見解に至る本質的な原因は，『信と知』によれば，彼が有限性と無限性とをそれぞれ別個に「対置されたものという形式で受け取る」ことによって[2. 346f.]，「反省や想像の捉える無限なもの」[2. 352]，「有限な有限性」[2. 388]しか把握できないからである。カントの「理性の要請」が理解できず[20. 323]，「信仰を思惟に立ち向かわせる」[20. 324]のもそのためである。→一にして全，直接知　　　(座小田豊)

闇 [Dunkles, Finsternis]

ゾロアスター教的二元論との関連で語られることが多い。しかし，光（または善）を肯定的なもの，闇（または悪）を否定的なものとして固定的に対立させてしまうのは，抽象的である。むしろ，光は無限の拡張の点で否定的でもあり，闇は逆に「産み出す母胎」として肯定的である[『大論理学』6. 72]。形式としての光と本質としての闇は，互いに相即することによってのみ顕現してくる。

光と闇との交渉から色彩が生じてくるというのが，ゲーテの色彩論に同調するヘーゲルの見解である。闇（もしくは不透明性）は物質的個体性の性格をもち，そこから「暗黒化」(Verdunkelung) の過程が生ずる[『エンツュクロペディー（第3版）自然哲学』320節]。闇は光と結合して，個体的な物体性として実在化される。闇的なものが物質化，特殊化され

ると黒い色をしたものとなり、光明的な物体性がそれとして固定されたとき白いものとなる。この両極のあいだにさまざまな色彩がある。→光　　　　　　　　　　　　　　（中岡成文）

ユ

唯物論 [Materialismus]

唯物論は近代においてはフランスを中心とする啓蒙思想と結びついて、宗教的世界観に対立した無神論の哲学的表明として生まれてきた。フランス啓蒙思想は宗教的権威や迷信への徹底した批判の表明として、人間の自然を超えるすべての彼岸的な存在の承認を拒否し、人間の感覚経験によって到達できないものを否定ないし意味のないものとした。理神論のような神の存在を認める考え方ですら、その内容は人間の理性によって吟味されるものが優先したのである。そして、ドルバック (Paul Henri Thiry, baron d'Holbach 1723-89)、エルヴェシウス (Claude-Adrien Helvétius 1715-71)、ラ・メトリ (Julien Offroy de la Mettrie 1709-51) を代表とする唯物論においては、人間の幸福が現世における感覚的幸福に求められ、精神は物質の機能に他ならないとして物質に還元され、思考は感覚に還元されることになる。

通常、唯物論は観念論に対立するものとされるが、ヘーゲルにおいてはこのような唯物論が単に批判の対象としてだけ扱われるのではなく、精神と物質の二元論的な対立を克服しようとする「真正な哲学的要求」[『差異論文』2. 119] としても高く評価される。というのも、ヘーゲルが批判しようとしていたのは、悟性の立場にとどまって主観と客観の対立を固定化してしまい、絶対的なものに向かおうとする哲学的運動を拒絶して常識的な立場にとどまろうとする当時の状況であったからである。

それに対して、唯物論の主張は、たとえば、「精神の存在は（頭蓋骨という）骨で〈ある〉」[『精神現象学』3. 260] という形で表明されるときには、一方では、精神と物質の関係についての無邪気な表明としても見ることができるが、他方では、主語にまったく含まれていないものに述語の規定が加わるという無限判断［同上］を通して、理性が自分の対立物にまで自ら分裂しながら自己をふたたび止揚していくという理性の運動がそこには潜在的に含まれていることになる。ヘーゲルは、フランスの唯物論の運動にこのような可能性を見て取ったのである。→観念論, フランス啓蒙思想, 感覚, 物質, 思考 (思惟), マルクスとマルクス主義　　　　　　　　　　（佐藤和夫）

有　⇨存在（有）

有機体 [Organ, Organismus]

一般に生命をもつものを指す。ヘーゲルは有機体を、自然哲学の最高段階である化学過程から精神が生み出されるに至る過程の中に位置づけ、非有機的自然から生成し形成されながら、同時に非有機的自然を止揚する固有の存在であると考えている。有機体の固有性とは、それが主体的な「生命過程」(Lebensprozeß) であるということにある。その考え方の背景には、機械論的自然観に対して「生命」概念を中心に据えたシェリングの有機体論的な自然哲学がある。ヘーゲルは「非

有機的なもの（Unorganische）」から「有機的なもの（Organische）」への移行過程を次のように描いている。「かの移行は，非有機的なものの自己内反省であり，すなわち有機的なものそのもの一般への生成である。しかしこの普遍的なものは，自分自身において自己を実現しなければならず……まさにその運動によって自立的になる。この運動は，普遍的なものの自身の中に置き換えられる。有機的なものはその非有機的自然を自分自身のものにするのである」[『イェーナ体系Ⅲ』GW 8. 126 f.]。このように非有機的なものから有機的なものへの移行は，有機体が生成し自己を実現する運動過程なのである。

ヘーゲルの有機体論の特徴は，生命過程の流動性とそこにおいて形成される「有機組織（Organisation）」とをひとつの統一的全体として捉えることにある。すなわち有機体は，「自分自身を駆り立て，維持する無限の過程」[『エンツュクロペディー（第３版）自然哲学』336節]の中で自立的な「主体」へと絶えず自己を「形成（Gestaltung）」すると同時に，その形成過程の中から有機組織をもった個々の「生命体」として生み出されるのである。地球上に生まれた「生命体」は，植物的有機体と動物的有機体へと分化する。植物は「ようやく直接的な主体であるにすぎない生命性」[同343節]であって，動物的有機体のように自由に移動することはできない。植物は，光，水，空気というような非有機的な自然諸元素を外部から取り入れ，自らを根と葉さらには花へと形態化し，その結果として種子を生み出して自己自身の生命性を保持する。それに対して動物は，有機体の持つ流動性を最もよく体現している。「有機的な流動性という一なるもの，つまり有機的なゼラチン状のものは，非有機的自然を自分から分離することによって，これを自分のうちに止揚し，自らの流動性へともたらし，そしてこの流動性から自らを筋肉と骨へと分化させる。そのことに

よって，まさに流動性つまり生命を与えられた有機的流動性は，初めて自分の内なる普遍性となり，絶対的な概念となる」[『イェーナ体系Ⅰ』GW 6. 223]。このようにして動物は，流動的な主体性として自由な「自己運動」を行うことができる。すなわち動物的有機体は，外部からの「刺激」に反応して移動しながら非有機的自然を自らの中に取り込み，それを同化することによって自己を再生産する。ヘーゲルは動物的有機体の働きを「感受性」「興奮性」「再生産」の三つのモメントに区別し，それに応じて，刺激を感覚する「神経組織」，運動するための「骨組織」と「筋組織（Muskelsystem）」，食物を消化するための「内臓組織」というような組織形態を考察しているが，これら諸部分は統一的な全体としての有機体の契機として初めて機能するのである。

動物的有機体は個々の個体として生命活動を営みながら，同時に同じ類に属する他の個体と関係し合って一つの類的過程を構成する。ヘーゲルは個体が病気になり死を迎えることにおいて類的意識が生成すると考える。「病気は［生命］プロセスの継続である。有機体はこの病気に耐えることができない。病気に対抗して普遍的なものである類が現れる。動物は死ぬ。動物の死は意識の生成である」[『イェーナ体系Ⅲ』GW 8. 172]。こうして動物的有機体は，死に直面することによって，類という普遍的なものを意識するようになると考えられている。ここにヘーゲルは，動物的な意識が人間の「精神」へと移行する必然性を見るのである。→生(命)，病気，死

【参】 Querner (1974), Breidbach (1982), Engelhardt (1986), Ilting (1987)　　　　（伊坂青司）

有限性 [Endlichkeit]

有限性とはまず，或るものが特定の質をもつことによって既に与えられている規定であり，変化のカテゴリーとは切り離すことがで

きない。或るものが特定の質をもてば，この規定性のゆえに他の質を否定し，他の質と対立する。この質は或るものの限界・制限をなし，これを失えば或るものは或るものではなくなる。この意味で或るものは有限であり，可変的である。しかし，「有限なものは或るもの一般のようにたんに変化するだけではなくて，消滅する」[『大論理学』5. 139]。質の不安定性は或るものと他のものとの果しなき交替を生み，ここに悪無限が生ずるが，この無限進行は否定の否定としての対自存在，すなわち真無限へと止揚される。このように，質のみならず，概念と存在との分離を特徴とする有限なものは一般に，限界の中にあって限界を超出しようとする矛盾に駆り立てられて，自己を消滅して無限へと至らざるをえない。有限者は没落してその根拠である無限者を証し，無限者によって吸収される媒体である。この意味で，有限と無限とを分断し，一方のみを原理として固執する悟性的見方は廃棄されなければならないのである。 ↪質，無限
(奥谷浩一)

有孔性 ⇨多孔性

友情 [Freundlichkeit, Freundschaft]

友情は，性格の一致や，共通の仕事を一緒にするという利害関心の一致に基づくものであり，他者の人格そのものに満足するかどうかには関わらない。友人にはできるだけ迷惑をかけてはならないし，友人の世話になるには細心の注意を要する。まして自分の仕事を他人に押しつけてはならない。普遍的人類愛の義務とか人間の根源的統一とかは，知人・友人関係といった身近な結びつきにおいて進んでなされる[『ニュルンベルク著作集』4. 271]。友情は，愛と同様，「他のものの内にありながら自分のもとにいる」という自由の具体的な例である[『法哲学』7節]。なお，エンペドクレスは友情と憎悪を原理と見て4元素に加え，結合の原理である友情を善の原理としている。アリストテレスはエンペドクレスを非難して友情に分離の要素を混ぜていると言うが[『哲学史』18. 348]，これに対するヘーゲルによる弁証法的な論評は残念ながら記されていない。
(柴田隆行)

有神論 ⇨汎神論

雄弁 ⇨言語

有用性 [Nützlichkeit]

有用性はヘーゲルにとって啓蒙の哲学的立場（理神論，経験論，功利主義）の本質と限界を特徴づける中心概念である。啓蒙において純粋透見（一切の対象の内容を自己意識の対自存在に還元する普遍的自己）は彼岸の世界の中に自己と本質との統一をみる信仰と相闘うが，純粋透見にとって一切の肯定的な対象は有限なものとして，それ自体として存在すると同時に他者のために存在する，つまり有用なものとして，手段として存在するようになる。こうしてすべてのものが人間にとって有用であると同時に人間に対する意義をもつ。道徳も社会的結合も理性もこの有用性からその意義が見いだされ正当化される。とりわけ宗教は最も有用なものとされる。この有用性の立場は疎外された精神の段階であり，精神の自己生成にとって必然的ではあるが，絶対的自由の出現によって克服されるべき段階である[『精神現象学』3. 415, 429, 430]。
↪啓蒙，疎外，洞察

【参】 Hyppolite (1946), Kainz (1976, 1983)
(平野英一)

宥和 ⇨和解

ユダヤ教 [Judentum]

ヘーゲルは『キリスト教の精神』の最初の部分で，イエスが対立せざるをえなかったユ

ダヤ教の精神について，ノア，アブラハムにさかのぼってきわめて批判的に論じている。大洪水という自然の暴威を経験したノアは，自然の支配を，ニムロデのように現実の中にではなく，思想のうちに求め，自らの考えた理想を存在者（神）として置き，この神によって自然は支配を受け，神は二度と洪水を起さないと約束することになる。アブラハムが生涯求めたのも，自然を支配するために，自然と厳しく対立し，自然との友好的な関係を破壊し，分離断絶することであった。敵対するものは支配という関係に入るほかないからである。彼は生涯地上の異邦人であり続けた。他人との安定した共同生活を命ずるような運命に反抗し，自分の孤立隔絶に固執した。アブラハムはいかなるものも愛することができず，彼の理念（神）を通して世界との間接的な関係を持ち，この神を通して世界を屈服させようとしたのである。愛ではなく，敵対するものの支配が他者との唯一の関係であった。モーセによる出エジプトもユダヤ人の英雄的行為によって始められたのではない。ユダヤの民は勝ったが，彼らは戦ったわけではない。ユダヤの民が砂漠で困難に会うたびにエジプトを恋しがったということのうちに，「この民族の解放には自由の魂もなければ，自由への本然の欲求もなかったこと」[『キリスト教の精神』1. 282]が示されている。カナン定住，ダビデ王国隆盛の後アッシリア，バビロニアによって完膚なきまでに蹂躙されると，人々は身の毛のよだつような現実から逃れようとして，再び理念の中に慰めを求めていく。メシア待望はその顕著な現れであり，自分自身は放棄しようとしても，自分の客体を放棄するつもりのない普通のユダヤ人の自然な逃れ場であった。ヘーゲルはユダヤ人の運命を異形のものに身をゆだね，人間性のすべての神聖なものを殺したマクベスの運命になぞらえている。

『宗教哲学』の中でのユダヤ教の扱いはもっと穏やかなものである。彼は自然宗教を越え出た精神的個性の宗教としてユダヤ教（崇高 Erhabenheit の宗教）とギリシアの宗教（美の宗教）をあげている。ユダヤ教が唯一者（Einer）として神を崇拝していることのうちに，単に実体（Substanz）でなく，精神的主体的な統一が現れているとする。ユダヤ教の礼拝の根本は「主への畏れ」であるが，若い時期と異なりヘーゲルは，これを単に奴隷的な恐れとは見なさない。「この賢い畏れは，自由の本質的な一要素であり，あらゆる特殊なものからの解放，あらゆる偶然的な利害からの離脱を本性としている，[『宗教哲学』17. 81]と肯定的に評価している。もちろんユダヤ教が民族と時間的なものに固執し，また抽象的な唯一者に固執する姿勢を頑なさの熱狂主義として批判することを忘れていないが。→実定性

【参】 Rohrmoser (1961), Leuze (1975)

(片柳榮一)

ユダヤの民 ⇨ユダヤ教

夢 [Traum]

『エンツュクロペディー（第3版）精神哲学』を中心に，覚醒と睡眠（あるいは夢）の問題が取り出される。「覚醒（Wachen）において人間は本質的に具体的自我として，悟性として振舞う」[398節]。健全で正気な場合の人間主観は，感覚，表象，欲望や傾向性などの内容として現れてくるものを，秩序づけられ，関連づけられたものとして自己の悟性的位置に配属するのである。けれども，「夢においては，私たちの表象は悟性の範疇によって支配されない。夢においてはすべてのものが四散し，粗野な無秩序において交叉し，対象はすべての客観的，悟性的な連関を失い，単に全く表面的，偶然的，主観的な結合に入るにすぎない」[同節「補遺」]。端的に言えば覚醒中に活動するのは悟性および理性で，

夢の中で作用しているのは単なる偶然的・恣意的かつ主観的な表象作用（Vorstellen, Vorstellungen）である。思惟は，ものごとを相互に区別し，自分と外界との必然的連関のもとにとらえることであるが，「睡眠の一契機」[同405節「補遺」] としての夢において思惟は休止する。ヘーゲルに夢を論じるきっかけを与えたものの一つは，アリストテレスの『霊魂論』であった。　　　　　　　　（中山　愈）

ユーモア　⇨フモール

赦し [Verzeihung]

キリスト教の概念としては罪を赦すことである。ことばの上では断念（Verzichten）と語源を同じくすると言われる。

ヘーゲルはこの赦しの概念を『精神現象学』において，美しき魂を論ずるさいして，道徳性を扱うかたちで論じている。ここでは自らに帰った自己意識は自らの直接的個別性を純粋知および行為として，真の現実および調和として知る。これが良心の自己である。自己は自己を良心とすることによって他人と同じ自己となる。またこの場合個別的意識と普遍的意識とが対立し，後者の普遍的意識を前者の個別的意識の廃棄された契機とする場合，ヘーゲルはそれを悪と呼ぶ。普遍的意識が悪だと呼んでも，悪にも自分の法則があると主張することになって，悪も自立し，相互に自立的となる。この自立性の側面を克服するとき，ここに赦しが生ずる。相手を赦すには，自らの非現実的本質を断念しなければならない。したがってそれは相互承認のかたちをとる。この場合の赦しは宗教的な事態ではなく，道徳性のことを言っているのである。すなわち，ここでは善悪の抽象的区別を同一と定立すること，相手の罪を赦すことの意味において，赦しということばが用いられている。

『精神現象学』においては，この赦しはさらに和解（Versöhnung）との関連で，宗教の章で悲劇を論ずるさい，忘却（レーテー）と関連づけられている。ヘーゲルは，「対立の相互の和解は死における地下界のレーテーであるか，地上界のレーテーであるかのいずれかである」[『精神現象学』3. 539f.] と言う。この場合の赦しは罪責から赦されることではなく，犯罪から解放されることである。これが宗教的な意味をもって贖罪と関係づけられるのは，啓示宗教においてであるが，そこでは，赦しということばより，和解ということばが用いられる。

このように『精神現象学』においては，赦しということが主として道徳性において捉えられていたものが，『美学』においては，ロマン主義芸術の相において論じられている。すなわち，芸術においては，神の生と受難，誕生と死と復活が，有限者に啓示されるとき，その内容がロマン主義芸術の対象となる。この点にイエスとマリアに描かれた和解の展開が認められる[『美学』14. 132f.]。神が人間となり，有限性の中で存在し，絶対者を現象させるところの贖罪の歴史，これが具体的には教団となって [同 14. 147]，人間の神への回帰（回心）に悔い改めを見る [同 14. 166f.]。これが「内なるものの悔い改め」[同 14. 166] である。「罪のうちなる以前の存在に逆らって本来的に現実的なものとして自らのうちに今や確立された積極的なものへの回帰」[同 14. 167] である。したがってこれは当然，宗教哲学における罪の赦しへと展開せざるをえない。

『宗教哲学』においては，ヘーゲルはまず儀式の規定のところで罪の赦し（浄化）を論ずる。宗教的儀式において問題となる宥めの供物は，懺悔，刑罰，回心を目的とするというより，神と人との分離の止揚としての和解が前提とされている [『宗教哲学』16. 229]。

この和解は何物かを断念することであり，自分の行った行為を断念する場合は，悔い改

めと言われる。刑罰が悪を絶滅することであるとすれば，内心においてこれを絶滅することが，悔い改めであり，懺悔である［同 16. 235］。すなわち道徳性と関連づけられている赦しは罪の赦しと関連づけられて，贖罪という言い方に転換されている。そして，ヘーゲルの贖罪論は，全体として三一論の基礎の上に成立していると言える。すなわち，「キリストは万人のために死んだ」［同 17. 294］のであり，また「キリストにおいて万人が死んだ」［同上］と言われる。その結果，「世界は和解され，この死によって世界からその悪が即自的に取り去られるのである」［同 17. 295］とヘーゲルは述べる。

その背景には，エペソ 4：32「神がキリストにあってあなたがたをゆるして下さったように，あなたがたも互にゆるし合いなさい」がある。すなわち，その全体は，神に対する悔い改め，贖罪さらに神の赦しが考慮に入れられよう。ヘーゲルは明確にキリストの贖罪死を念頭におく。そこでヘーゲルは『宗教哲学』において，「神は死によって世界を和解させ，永遠に，世界を自己自身と和解させた。疎外からのこのような回帰は，神の自己自身への復帰であり，これによって，神は精神なのである」［同 17. 295］と言う。キリストの死において神の和解を見たヘーゲルは，この死において，内的回心，転換の姿を見る。またここに神の贖いをも認めた。この死によって悪が否定され，世界は悪から解放されるというのである。したがって赦しはまた深く和解とかかわってくる。「死が和解の中心点となる」［17. 296］と言われるのである。→和解，イエス，悪

【参】 樫山欽四郎（1961） （岩波哲男）

ヨ

要請 ［Postulat］

霊魂の不死，自由そして神の存在の要請はカントにとって，道徳性と幸福の一致としての「最高善」が実践的に可能となるための前提，ないし必然的制約であった［Kant (1788) S. 238］。ヘーゲルの初期の思索のなかではそれは基本的に受け入れられている。テュービンゲン時代の草稿のなかでヘーゲルは次のように記している。「最高善が全体として現実になるのを望みうるために，実践理性は神への信仰を，また不死を要求する」［『国民宗教とキリスト教』1. 17］。

それに対して『精神現象学』においてはカントの要請論は次のように解釈され，批判されている。道徳的な意識は義務のみを本質的なものとし，それ以外のすべてのもの（「自然」）をそれとは没交渉のものとみなす。しかし「現実的な，行為する意識」として意識はこの「自然」に関わらざるをえない。その際に生じる道徳性と自然（幸福），理性と感性，義務一般と具体的な状況のなかでの義務の不一致に対して，意識はそれぞれの調和ないし統一を〈要請〉する。しかしそこに見出されるのは「思想なき矛盾の巨大な巣窟」［『精神現象学』3. 453；『哲学史』20. 371 参照］である。たとえば最初に道徳性と現実との対立ということが言われながら，すぐに道徳性の現実化としての行為について語られるというように，最初に立てられた契機がただちに廃棄され，その反対の契機が実在とされる。

「ずらかし（Verstellung）」[3. 464] という点にヘーゲルは要請論の本質を見出す。

1801年の『差異論文』においてヘーゲルはカントの実践理性の要請というコンテクストを離れ，独自の意味において「理性の要請」[2. 43] について語っている。『差異論文』によれば哲学の課題は，反省によって絶対者を意識に対して構成するという点に存ずる。しかしその際，反省は〈直観〉を前提とし，それと一でなければならない。この要請をヘーゲルは「理性の要請」とみなしている。➡ずらかし，カント

【参】 Kant (1788), Walsh (1969), Baumeister (1976), 藤田正勝 (1983a)　　　　（藤田正勝）

様相　⇨判断

様態　⇨実体(性)・属性・偶有性

ヨーガ　⇨インド・仏教

抑制　[Bezwingen, Bezwingung]

『自然法論文』における自由論，人倫論の支柱となる重要概念。それは，フィヒテの強制（Zwang）概念を強く意識している。ヘーゲルによれば，フィヒテの自然法論においては相互制限としての自由が基調をなし，そのために悟性的対立が固定され，人倫の概念（普遍的自由）と主体（個別的自由）が分離される。にもかかわらず両者の合一を図ろうとするところに強制の外面的体系が生まれる。ヘーゲルはみずからの自由論，人倫論を打ち出すにあたり，この克服を念頭において抑制概念を対置したのである。

ヘーゲルによれば，「あれかこれかの選択の自由」（経験的自由）は自由をそのいずれかとして規定し，先の分離を，ひいては強制の体系をもたらす。しかるに真の自由とは「対立するもの，＋Aならびに－Aの否定であり，イデアリテートである。…この自由に とって強制は決してありえない」[『自然法論文』2. 477]。抑制の特質は，＋A，－Aという規定態を廃棄し，＋A－A＝0というイデアリテート（観念性）をもたらす「本来的に純粋に否定的な態度」[同 2. 479] にある。「主体は抑制されるが，強制されるのではない」[同上]。抑制はまた刑罰の場面にも適用される。刑罰は抑制に基づくのであって，強制に基づくのではない。無限性の意義を持つ抑制概念は，さらに人倫とその非有機的自然（占有の体系）との関係にも適用される。肯定的な前提としての人倫に対して，占有の体系は，私人の利害関心のみを流布し，差別と不平等の形成を本性とする。この体系は「肯定的全体性によって全く否定的に扱われねばならない」[2. 482f.]。これを正当化するのが抑制なのである。しかし，『自然法論文』以降，抑制概念は，こうした体系的機能をすっかり喪失する。反面，強制概念は，『イェーナ体系Ⅲ』の重要概念として受容される。この間の事情は，イェーナ期人倫論の形成を考察する上できわめて重要である。（滝口清栄）

欲求・欲望　[Bedürfnis, Begierde]

一般用語として両概念とも，主体にとっての或る欠乏状態を示し，この欠乏を満たすための活動への起点として規定される。そのようなものとして両概念は，通常ほとんど同じ意味に用いられることが多く，必ずしもその連関は明らかにされていない。実際それらは，概念史的に，非常に近接して用いられ，時折相互に混同されてきた。例えば，或る概念史的研究によれば，18世紀には欲望が欲求によって置き換えられることにより，両者の連関が不明になったという。そこから，いかにして両概念の区別がなされずにきたのかという事情が理解される。しかし，ヘーゲルにおいては，両者の区別は明瞭である。この点は例えば自己意識論において，次のように示される。欲求とは自己意識にとって「それ自身に

おける他在の感情，それ自身の否定の感情，或いは欠乏の感情」[『ニュルンベルク著作集』4. 118]であるのに対して，「欲望の活動は，対象の他在，対象の存立一般を止揚し，対象を主体と合一させるのであり，そのことによって欲望が満足させられるのである」[同上]。すなわち，欲求は主体にとって或るものが欠乏しているという事態として欲望の実在的前提をなし，主体と客体との分裂を示しているのに対して，欲望は欲求において示されたこの欠乏を満たそうとする主体の活動の起点となるものとして，主体と客体との分裂を克服し，それらの統一を実現する方向を示しているのである。ただし，体系期における術語の用法としては，欲望のこの意味は「衝動」によって表されており，欲望は，多くは「直接的自己意識の衝動」[ニュルンベルク時代ギムナジウム講義]として感性的意味に限定されている。そのかぎりにおいて，欲望は「衝動」の系列のうちに位置づけられ，その一段階をなすのである。

欲求については，専門科学的にも心理学においてほぼ共通して同様に規定されているが，ヘーゲルの規定はその先駆的なものと言いうる。ただし，ヘーゲルの規定の場合，欲求は心理的なものに尽きるわけではない。市民社会において，諸個人が相互に欲求を介して結合し，「欲求の体系」を構成するというように社会的なものである。ここで問題になっているのは人間の欲求であるが，この欲求は動物の欲求を前提している。すなわち，欲求における動物から人間への発展が捉えられている。ヘーゲル以前においては，概して欲求はいかなる時代においても変わりないものと考えられていた。これに対して，彼は労働において欲求が動物的段階から人間的段階へ，そして人間的段階の中でも歴史的に発展するものと捉えた。市民社会における欲求は，その発展の成果として登場しているわけである。この把握は，現代においてもなお社会についての理論に一つの基本的な枠組みを与えている。これらは，それぞれの領域において，その意義を失っていない欲求の実在哲学的な在り方についての見解である。この概念に関する従来のヘーゲル研究は，主としてこの側面に注目し，ヘーゲル的規定の意義を明らかにしてきた。この点は，今後も探究されていかなければならない。だが，さらに注目されなければならないことは，ヘーゲルが自己の哲学の根源として「哲学の欲求」を捉えていたことである。そして，先の実在哲学的規定との統一において，後者を捉え直す必要がある。

「哲学の欲求」論において，ヘーゲルの時代認識が示されている。それは，彼の時代が「生」の統一を失っており，これを回復しなければならないということである。「人間の生から合一の力が消え去り，諸対立がそれらの生きた関係と交互作用とを失ってしまって，自立性を獲得するとき，哲学の欲求が生ずる」[『差異論文』2. 22]。かくて彼は，「哲学の欲求」によって彼の時代と対決したのである。「哲学の欲求」の規定において注意されるべきことは，「哲学の欲求」の「の」を主格属格にとる場合と対格属格にとる場合との二つに分けられるということである。前者は，「思弁的欲求」であり，ヘーゲルの立場であって，哲学そのものが主客の対立を克服しようとする欲求であり，根源的実在としての「生」の統一が失われているときに，これを回復しようとする「生」自身の働きである。これに対して，後者は，同じくこの「生」の統一が失われているときに現れるのであるが，「哲学への欲求」として，哲学を欲求しはするものの自らを哲学へと形成することのできないものである。ヘーゲルは，ここに「反省哲学」における「哲学の欲求」を見ている。そのかぎりにおいて，それは制約されたものである。それは，「思弁的欲求」が「反省哲学」において変質させられたものである。しかし，後者の「哲学の欲求」においても，

「理性の隠れた働き」によって「思弁的欲求」が示唆されるのであり、ここに「生」の統一実現の上でのその役割が認められるのである［同 2. 13, 26 参照］。

欲望の場合にも思弁的意味が見出されるかどうかは、難しい問題である。しかし、発展史を考慮するならば、この意味における用法も見出される。例えば、初期のフランクフルト時代には、当時の中心的概念である「愛」に近接して用いられたこともある。すなわち、欲望は、神的統一への中間段階、神的なものへの信仰として表示され、愛に近い人間の神聖な活動を意味する。「それ〔神的なものへの信仰〕は、神的なものを予感すること・認識することであり、それとの合一の要求（Verlangen）であり、同等の生の欲望である」［『キリスト教の精神』──『初期神学論集』（ノール）313］。また、『精神現象学』の自己意識論［3. 139］において、自己意識は、「その現象とその真理との対立」において、「真理、すなわち、自己意識の自己自身との統一」を「自己意識にとって本質的になる」ようにするところの「欲望一般」を持つとされる。これは、その一つの形態である「直接的な欲望」とは区別されており、一見相反するかのように思われる自己意識の相互承認への欲望をもその一つの形態とするものである。それは、思弁的意味における欲望であると言えよう。

両概念は、人間の活動の最も原初的なものを指示しているが、同時にこのものの中に哲学の営みがその根源において見届けられている。すなわち、ヘーゲルの哲学活動が原理的に示されているのである。ここに、両概念のヘーゲル的規定によって概念史に対してなされた寄与が見出されるであろう。⇒衝動，市民社会，労働，生(命)，窮迫，傾向

【参】Riedel (1965), Kim-Wawrzinek (1972), Pöggeler (1973a), Zimmerli (1974), Schulte (1981), Kozu (1988)　　　　　（幸津國生）

欲求の体系　⇒市民社会

ヨハネ伝　[Evangelium Johannes]

キリスト教の研究を行っていた青年時代のヘーゲルがきわめてよく読んだ聖書のテキストはヨハネ伝であった。特に冒頭の一句「初めに言があった。言は神と共にあった。言は神であった」を引用し、これにコメントを加えている［『キリスト教の精神』1. 373f.］。ヘーゲルはヨハネ伝の言、ロゴスを理性ととらえ、神の子イエスの教義を展開している。神の子にして人の子の接点がロゴスである。ヘーゲルはヨハネ伝の冒頭を引用し、これは「キリストの形姿と、歴史的、外的なものと一体化した」［『歴史哲学』12. 401］深い思想であると言っている。そして、ヨハネ伝をふまえ、教団の中にキリストが降臨するという深い思弁を認めている。『イエスの生涯』のテキストとして尊重されているのもヨハネ伝である。その全思想の三一論的基調もヨハネ伝によるところが大であると言えよう。　（岩波哲男）

夜　[Nacht]

「夜」は、「深み」（Tiefe）や「深淵」（Abgrund）とともに、ヘーゲルの否定性の概念に関連するメタファー群（重複して用いられることも珍しくない）に属する。夜は、そこにおいて存在者が呑み込まれ、無化されるとともに、存在者を産み出しもする場である。

無化の作用は精神的主体によって司られることが多い。例えば、無限性としての思惟において、「対立あるいは有限性はすっかり無化」されるが、その「純粋な夜」は「真理の秘められた深淵」でもある［『信と知』2. 431］。また、ギュムナジウムの哲学授業では、生徒を具体的な表象から引き離して、「内なる魂の夜」に引き戻すことを主眼としている。このような場合には、無化されるべき対象は、「昼」（Tag）としての感性的世界や有限者一般である。ただし、思弁は有限な知をも止揚

しなければならない。「単なる反省」が無化される「夜」は、かえって健全な人間悟性がところを得る、「生の真昼」でもある［『差異論文』2. 35］。

他方、精神の発展の弁証法を前提したとき、夜はいまだ十分展開されていない質料性、実現を待つ「単なる概念」に対応させられる。精神の諸契機が展開され、おのおのが独立して定在するのが「昼」だとすれば、その運動の手前にまだとどまっている精神は「本質の夜」に比される［『精神現象学』3. 505］。個人の心のレベルでは、それは言語による分節化を経験する以前の、幻覚的な「形象」のうごめく「保存の夜」である［『イェーナ体系Ⅲ』GW 8. 186f.］。世界史においては、ひとつの文明で展開された諸契機は知へと、精神の「自己意識の夜」へと、内化され、そこからまた新たな精神の形態が発現する［『精神現象学』3. 590］。哲学体系に関しては、シェリングの同一哲学の形式主義的な絶対者観が、「すべての牛が黒くなる……夜」として批判されたことは有名である［同 3. 22］。→深み、闇　　　　　　　　　　　　　　　（中岡成文）

ヨーロッパ［Europa］

「世界史は東から西へと進む。というのは、ヨーロッパは端的に世界史の終わりであり、アジアはその始まりだからである」［『歴史哲学』12. 134］。アメリカから見ればヨーロッパは東だが、ヨーロッパは旧世界の中心であり、しかも終わりであって、絶対的な西方である［同 12. 132］。西洋の姿は年老いて美しくない、という言葉が青年期のヘーゲルにはある［『国民宗教とキリスト教』1. 44］。一方、アジアは特定された東であるが、いずれにせよ物理的な東西が問題なのではない。たしかに物理的な太陽は東から上り西に沈むが、自己意識の内的な太陽は西から昇るのであって、自由の展開もこれに従う［『歴史哲学』12. 132］。

東洋の普遍態はあけすけのものだが、西洋の思惟は普遍態そのものの原理を特殊なものとして措定する［『哲学史』19. 410］。規定された普遍がヨーロッパの普遍の様態なのである。モハメッドに象徴されるように東洋では抽象的な精神への純化が求められたが、西洋では具体的な精神への純化こそ必要であった［『歴史哲学』12. 428］。だからこそヨーロッパで初めて宗教的原理や国家的原理の発展があったのである。［同 12. 132］。

この発展の原理である自己分化は若きヘーゲルでは否定的に受け取られている。例えば、ヨーロッパでは個々人は全体を失ない、各人を結びつける紐帯は思考上のものでしかない［『キリスト教の精神』1. 376］とか、思惟するものと思惟されるものとが固定的反省の中で分裂しているのが北西ヨーロッパの特徴であり［『差異論文』2. 22］、プロテスタンティズムや主観性はまさに北方の原理である［『信と知』2. 289］などである。

ところで、ヨーロッパは低地と高地というような地理的区分を持たないが、三つの地域に分けることができる。①地中海に面した南ヨーロッパ。イタリアとギリシアが含まれる。ここは、世界精神がかつてその故郷を見出した所である。②中央ヨーロッパ。カエサルがガリア征服によって開いた所であり、フランス、ドイツ、イギリスなどが入る。③北東ヨーロッパ。ポーランド、ロシア、スラブ諸国が入る。つねにアジアとの関係を保っている地域で、もっとも新しい所である［『歴史哲学』12. 133］。→アジア　　　　　　（柴田隆行）

世論［öffentliche Meinung］

公共的な私念。「多数者のいだく見解や思想の経験的普遍性」［『法哲学』301節］がそこに表明される。ヘーゲルの世論に対する評価は両義的である。『イェーナ体系Ⅲ』の「精神的な紐帯は世論であり、これが真の立法団体である」［GW 8. 263］という表現に見られるように、世論は一方では、国民統合の基盤、

政治的支配の正統性の源泉として位置づけられている。のみならず，世論とそれを喚起するための公開性は，近代世界の原理として高く評価されている。「今後妥当すべきは，もはや暴力にもよらず，習慣や習俗にもよらず，見解と論拠によって妥当するものである」[『法哲学』316節「補遺」]。世論は，「現実社会の真の欲求や方向性」を示すものの，それはあくまでも偶然性を免れえず，多数者の主観的な意見の集合という次元にとどまる。客観的な認識はこの偶然性を超越しなければならない。世論は最終的には，私念＝ドクサの領域に追い返され，議会の公開性も上からの国民統合の原理として位置づけられることになる。→出版の自由

【参】 Habermas (1962)　　　　　（斎藤純一）

ライプニッツ　[Gottfried Wilhelm Leibniz 1646.7.1 - 1716.11.14]

　ドイツの哲学者・数学者。その活動は形而上学・神学から，論理学・数学・力学，さらに言語学・法学・歴史学等，広範な分野にわたる。代表的業績としては，(1)「結合法─普遍記号学」の理念に基づく現代的な論理的記号体系の考案，(2)「普遍数学」の構想（その具体化としては「位置解析」等）を通じた，抽象的・形式的な数学的構造の取り扱いの開拓，(3)微積分学の基本的理論の展開，(4)力学的エネルギーに相当する概念の導入とその保存則の確立，等がある。

　これらの成果を援用しつつ，ほぼ『形而上学叙説』（*Discours de Metaphysique,* 1686）以来，『モナドロジー』（*Monadologie,* 1714）等を中心に，「モナド」と「表象（perceptio）」を基本概念とする独自の形而上学体系が展開された。モナド（「個体的実体」）とは，定義的に言えば，〈事象の究極的な構成要素となっている，単純で分割不可能な「真の一者」〉であるが，しかしそれは，アトムのような物質的対象ではなく，むしろ私たちの「自我」を典型とする，空間的延長性を欠いた生命的・精神的な存在（「実体的形相」「エンテレケイア」）である。すなわちモナドは，力学的な運動を始め，種々の生命活動や，さらに欲求や思惟のような精神活動にまで到る，広い意味での「能動作用（actio）」の原理を成すもの（この原理の担い手となる「基体」）であって，ライプニッツによれば，こうしたものとしてのモナドが，互いの間で様々に集結することによって（すなわち，一つの中心的なモナドの下に他の無数の従属的モナドが統合され，さらにまた，この従属的モナドの各々がそれ自身一つの中心となって，他の諸モナドを統合するという，重層的な構造が成立することによって），人間を始め，自然のうちに存在する多様な有機体（微細な諸生物／植物／動物）が，それぞれ個体として形成されることになる。同時にまたライプニッツは，物体のような物質的・無機的存在も，それ自身，諸モナドを「基礎」として結果する「現象」に他ならないと見なしており，このような観点の帰結として，「宇宙」の全体は諸モナドのみから成る一つの無限的な「集合体」であるとされる。

　各々のモナドの活動としては，(1)表象作用を行うことと，(2)そうした諸表象を，自己自身に内在する原理に従って自律的に変化させることという，二つがある（このような表象の変化とは，直接には「欲求」に基づく行為に相当しているが，しかしそれは同時に自然的・物体的な運動をも含むものであり，そのためここでは，運動を生起させる作用因は，行為を生起させる目的因の下に包摂され，両者は基本的に一致することになる）。表象とは，各モナドの内的な状態（「様態」）のうちにこのモナドの外部（宇宙）が表現・表出されることであるが，その場合，この内的な状態は，すべてを判明な仕方で（顕在的な知覚や思惟として）映し出すわけではなく，むしろその潜在的にとどまっている諸部分（「微小表象」）までも含めて，全体として外部に対応するのみであるとされる。このような仕方でモナドは，それぞれ自らに固有の「視

点」から，不断に変化する宇宙の姿の総体を表象することになるが，これは言い換えれば，各々のモナドは，それ自体で自律的な一つの「離れた世界」を形作っていながら，しかも同時に，どのモナドのうちに生起する表象の系列も，互いに一定の仕方で照応し合うということを意味する。かくしてライプニッツは，モナドは「窓を持たない」が，しかしそれら相互の間には「予定調和」が成り立つ，と主張することになる。

ヘーゲルへの影響としては，『イェーナ体系Ⅱ』の「形而上学」を始め，『精神現象学』・「悟性」の「両力の遊戯」論や「精神的動物の国」の「個体性」概念のうちにモナド概念の批判的受容が認められるが，より立ち入った関連を示すものとして，『大論理学』の，(1)「存在論」の「対自存在」論，(2)「本質論」の「根拠」論，「本質的連関」論および「現実性」論があり，さらにとりわけ(3)「概念論」の「客観性」の篇で，「モナド」が「総体性（Totalität）」として規定され，単なる本質論的「実体」を超えた概念論的「客体」の事例として考察されている［6. 411］点が注目される。→総体性，精神的動物(の)国

【参】 Belaval (1976), Guyer (1978), Kusch/Manninen (1988)　　　　　　　　　　（岡本賢吾）

ラインホールト　［Karl Leonhard Reinhold 1757.10.26-1823.4.10］

ドイツ観念論の方向性を示した哲学者。思想形成期のヘーゲルに，大きな影響を与えた。

ウィーンに生まれ，当地で哲学の教師となるが，1783年にライプツィヒへ，翌年ヴァイマールへ移る。ヴィーラント（Christoph Martin Wieland 1733-1813）の知遇を得，『ドイツ・メルクール誌』に啓蒙主義に関する一連の論稿を，カントらに先立って発表。

1786年から翌年にかけて『カント哲学についての書簡』——初出のものと，刊行本とでは，大幅な異同があることに注意——を発表し，カント哲学の解説者としての評価を得て，1787年にイェーナ大学に招聘される。ここで，カント哲学の前提を基礎付け，さらには学問全体の基礎学となるべき「根元哲学（Elementarphilosophie）」を構想。『人間の表象能力についての新理論の試み』(1789)，『諸哲学者の従来の誤解を正すための寄与（第1巻）』(1790)，『哲学知の基礎について』(1791) で，すべての哲学の基礎である第一の根本命題として，「意識において表象は，主観によって，主観と客観から区別され，かつ両者に関連付けられる」という〈意識律〉を樹立した。根本命題を設定し，それに基づいて体系を構築せんとする戦略には，超越論的観念論の原点があった。この仮定的に哲学を始める方法は，終生ヘーゲルに〈哲学の端初〉の問題をつきつけた。意識律が明らかにしたのは，意識の〈自己関連〉の構造に他ならない。しかし，それは，自明の「事実」だとして前提されたため，『エーネジデムス』(1792) やフィヒテの反論を呼んだ。

『哲学史の概念について』(1791) などで示した歴史記述的な方法は，ヘーゲルが『差異論文』で対決した研究方法であった。また，『一般文芸新聞』(1800) や『19世紀初頭における哲学の状況を容易に概観するための寄稿』(1801) でバルディリの思想に拠って同一哲学の成立を告知し，シェリングやヘーゲルとの論争を招いた。一貫して論争の終焉を目指しながら，ドイツ観念論の思想の転回点に登場し，論争の中心となった生涯であった。→クルーク，バルディリ

【参】 Klemmt (1958), Lauth (1974)

（栗原　隆）

ラーヴァーター（ラーファーター）　［Johann Kaspar Lavater 1741.11.15-1801.1.2］

スイスの牧師，著作家，人相術の提唱者。胆汁，多血，粘液，憂鬱の四気質論と動物の相貌との類似に基づくその性格判断は，一時

ヨーロッパ中で広く流行した。『精神現象学』[3. 233-242] の「観察する理性」の章でヘーゲルが人相術の非科学性を論じる際に念頭においていたのが、ラーヴァターの『人相術について』(*Von der Physiognomik*. 1772)、およびゲーテも協力した『人相術的断章』(*Physiognomische Fragmente*. 4編, 1775-78) である。→人相術　　　　　　　　　（上村芳郎）

落下　[Fall, freies Fall]

「落下は相対的に自由な運動である」[『エンツュクロペディー（第3版）自然哲学』267節]。落下は物体の概念である重力の現象であり、重力によって措定された運動で物体に内在的な運動である。落下がこの重力の実現であり、重力によって規定された運動という意味では「半ば自由な落下」[同269節] と言われる。物体は自己外に普遍的中心を措定し、それに向かって求心的な運動を行うが、この運動の最初の形態が落下である。落下は「外面性の最初の否定」[同上] である。しかし、落下の場合は求心運動と言っても、中心の措定は抽象的であり、中心からの隔たりは偶然的なものでしかない。しかも、落下が重力の実現として内在的な運動であるとしても、ガリレオの落下の法則が示すように、落下は物体の重さに関わらず、一様な運動を行う。このように落下の場合には物体の重さが運動に外的・偶然的であり、その意味で「相対的」と言われるのである。→自由運動、重さ　（長島　隆）

ラマ教　⇨インド・仏教

ラマルク　[Jean Baptiste Pierre Antoine de Monet de Lamarck 1744.8.1-1829.12.28]

フランスの博物学者。王立植物園で植物学を学び、ついで動物学に転じた。その著『動物哲学』(*Philosophie zoologique*, 2vols., 1809) の中で器官の用不用説と、環境とりわけ気候の影響による変異（獲得形質）の遺伝学説を唱えた。またリンネ (Carl von Linne 1707-78) の生物分類説を人為的なものとしてこれに反対し、脊椎の有無に基づく階層的な動物分類説を提唱した。ヘーゲルはその分類説を、アリストテレスが行った血液の有無による動物分類への還帰であると捉え、積極的に評価した [『エンツュクロペディー（第3版）自然哲学』368節「補遺」]。　（北澤恒人）

『ラモーの甥』　[*Neffe Rameaus*]

18世紀フランス啓蒙思想のもっとも弁証法的な思想家であるディドロは、『盲人書簡』の出版によって逮捕拘留された後、少なからぬ著作をフランス国内で出版することをあきらめていた。もっとも名高い、『ラモーの甥』も彼の死後ロシアのエカチェリーナ女王に原稿のまま送られていたものが1803年にシラーの手にわたり、さらにそれを読んで感激したゲーテが翻訳を決意して1805年にやっと出版されたのだった。ヘーゲルは『精神現象学』の執筆とほとんど時を同じくして、この著作を読み、深い思想的影響を受けた。その影響は直接に『精神現象学』に表されており、18世紀フランスを中心とするヨーロッパ世界の文化動向を「自己疎外的精神」として精神の必然的な歩みの一段階として位置づける際、決定的に重要な役割を果たすものとして、この『ラモーの甥』からの引用が直接に行われる [3. 387]。『精神現象学』において他の著作からの引用は詩句をのぞけばきわめてすくないことを考えるならこのことは注目に値する。この著作は哲学者である「私」とフランスの大作曲家ラモーの甥（実在した人物）との対話としてすすんでいく。誠実な哲学者である「私」は常識的悟性に基づいて論を立てるが、下劣な意識を自認する「彼」はあらゆる議論を相対化し混乱と分裂を引き起こす。当初、哲学者が正当と思って進める議論が無頼漢である相手の議論にいつのまにか転倒させられて立場が逆転してしまう。「彼」は自

らの分裂すら認めているからあらゆる価値が「むなしく」させられてしまう [3. 389]。このような「分裂した意識」によって，既成のあらゆる対象がいったんは人間の自己意識によって吟味され相対化されて，もはや意識の彼岸としての世界も権威もなくなるという経験が生まれるのである。そこに革命の時代の一切を流動化する思想的状況が描かれており，ここにゲーテやヘーゲルはもっともエスプリにみちた「弁証法的」運動の叙述を見た。つまり，単純な調和ではなく，分裂と対立の経験を通しての「教養形成」が精神をより深い次元に導くものだという思想に結びついたのである。→教養，疎外，分裂，ディドロ

(佐藤和夫)

ラント（領邦） [Land]

ドイツを構成した地方国家。 神聖ローマ帝国の帝国等族（Reichsstände）は，国家権力を「私法」[『ドイツ憲法論』1. 468] の形式で獲得して封建制を建設し，皇帝に従属しない「ドイツ的自由」[同 1. 570] をもともと享受した。『歴史哲学』によれば，いわゆる大空位時代（1256~73）に国家統一が消滅したため，諸侯は，レーエン関係（Lehnsverhältnis）から自由な「領邦君主（Landesherr）」[12. 479] となった。この推移には，肯否両面の意味が認められる。

(1) 否定的意味　諸侯は当初，勢力均衡の要請から，相互の「内的連関」[『ドイツ憲法論』1. 516] を保持し，ドイツ全体として行動した。だが，全体を無視して「個人のことばかり配慮する市民的感覚」[同 1. 517] が都市の成長につれて台頭し，この感覚を正当化する宗教改革がおこると，新旧両派の抗争で「人間最深の紐帯」[同 1. 518] がひき裂かれ，ドイツの国家的解体にいたる。ヴェストファーレンの和議が帝国等族に領邦主権（Landeshoheit）を認めたため，ドイツは，「本質上主権をもつ独立諸国家の群れ」，「合法的な無政府状態」[同 1. 470] となる。

(2) 肯定的意味　君主制によって，奴隷制廃止，各人の自由で平等な権利の保証，実体的目的への特殊意志の服従，封建家臣（Vasallen）の国家官吏化が生ずる [『歴史哲学』12. 478f.]。封建制では君主の私有財産だった権力や領土などが，その世襲制・長子相続制を介して国有財産となり，「国法による管理」[『ヴュルテンベルク民会討論』4. 479] が成立する。国家の普遍的目的を思惟的に把握した例として，フリードリッヒ大王によるプロイセン一般ラント法（Landrecht）があげられる [『歴史哲学』12. 523]（ヘーゲルはフランクフルト期にこれを研究した [『歴史・政治研究断片』1. 443]）。

君主の対抗勢力としての議会は，国家の「統一を監視し」[『歴史哲学』12. 509]，君主に「正義と公正」[同 12. 479] を意志せしめる点で有意義である。だが，領邦議会（Landstände）ないしその委員会が，租税同意権によって国庫を強奪し，君主とは別の主権を形成することは，廃棄されねばならない [『ヴュルテンベルク民会討論』4. 500ff.]。→君主・君主制，ヴェストファーレンの和議

【参】 Rosenkranz (1844), Hartung (1914), 金子武蔵 (1967), Mitteis (1969)　(神山伸弘)

ラント法 ⇨ラント（領邦）

ランベルト [Johann Heinrich Lambert 1728. 8.26.~77.9.25]

ドイツの哲学者，数学者。ヴォルフ的な合理論とロック的な経験論の調停をもくろむ。主著に『ノイエス・オルガノン』（*Neues Organon*, 1764），『論理哲学論考』（*Logische und philosophische Abhandlungen*, 1782）などがある。ライプニッツの〈普遍記号学〉を受け継ぎ，すべての学問を代数に還元しようとした。ヘーゲルは，ランベルトが推論を「計算の機械的操作」として考えた論理学者

としてあげている［『宗教哲学』17. 364］。　　【参】Coseriu (1972)　　（黒崎政男）

リ

利害　⇨関心（利害）

リカード　⇨経済学

力学　［Mechanik］

物理学の諸分野のうち最も早く古代中世にわたって発達したのは，力学であった。それは普通に諸物体の間に働く力と運動との関係を論ずる物理学の一分野と解された。そして物体の静止状態や釣合い状態を論ずる静力学（Statik）と，物体の運動状態を論ずる動力学（Dynamik）とに分れた。しかし近世における動力学の発展によって静力学も動力学に含まれ，後者はまた機械制（Mechanismus）への応用面を拡げたことからむしろ力学（Mechanik）と呼ばれることにもなった。ヘーゲルは『論理学』では mechanisch な考察を外延量的，dynamisch な考察を内包量的とみる立場をあげて論じている［『大論理学』5. 255f.］。また『自然哲学』では，広義の力学をもっぱら Mechanik の語で表している。

ガリレオ（Galileo Galilei 1564-1642）やニュートン（Isaak Newton 1643-1727）によって基礎をおかれた古典力学は普通に「力学」と称されるが，ヘーゲルもこれに倣っている。しかし古典力学は一般に物理学における数理的研究方法の範例とされてきた。数学的方法を無概念的とみなしたヘーゲルとしては，物理学の中でも早くから発達した力学（天体力学を含む）を物理学と混同するかのような古典力学には批判的であった。ヘーゲルはニュートン物理学に対して，数学的立場と物理学的立場を混同しないようにと戒めている。そして「数学的なものの全体」は単なる観念的なもの，形式上だけのものではなく，じつはリアルなもの，物理学的なものと見るべきだと批判したのであった［『惑星軌道論』グロックナー版全集 1. 4］。

なお現代では古典力学はその限界を明らかにされ，二方向に添うて修正されている。それは空間概念と時間概念との革新に基づいて相対性力学を登場させたとともに，他方では物質的対象の微小性の基準がプランクの常数によって明確にされたために，微視的領域において量子力学を発展させるに至っている。
⇢物理学，ニュートン哲学・ニュートン力学，惑星　　　　　　　　　　　　　　　　（本多修郎）

理屈　［Räsonnement］

この語は，しばしば「あっちへ行ったりこっちへ行ったり（hin und her gehend）」という言葉と共に用いられていることからもわかるように，「理屈をこねる，理由をこじつける（räsonnieren）」ことを意味し，ヘーゲルにおいては，否定的な意味しか持たない。それは，ともかく「理由・根拠（Grund）」をあげて推理し，結論を引出し，事柄を説明しようとするのであって，その点で権威や伝統を背景にした断言や思念とは区別される。他方しかし，それは本質を射ていない点において，「概念的に把捉する（begreifen）」，「理性的・思弁的・に思惟する（vernünftig, spekulativ denken）」のとは対蹠的な思惟

の態度である。その典型的な例は「詭弁(Sophistik)」である。これは，総じてそれぞれの「事柄が，多くの根拠をもちうる」ことに由来する。「その結合の仕方の偶然性の故に，事柄の外部にあるさまざまな見地や規定に対して門戸が無限に開かれる」ことになるからであり，ここから「すべての事柄，ないしは個々の事柄について，一つのあるいはいくつかのそれらしい根拠を挙げることができるが，それに対立する事柄についても同様に挙げることができる」ようになり，さらに「そこから何も生じないような多くの根拠さえ存在しうる」ことになるからである[『大論理学』6. 108f.］。このような「偶然的」「一面的な根拠」は，「実在的根拠(der reale Grund)」の水準で生じるとヘーゲルは考えている。「ソクラテスとプラトンが詭弁とよんだものは，まさしくこのような多くの根拠からする理屈づけに他ならない。このような理屈づけに対してプラトンは，イデアの観察，すなわち事柄をその即かつ対自的な相において，あるいはその概念において観察することを対置したのである」[同 6. 109］。

(杉田正樹)

理神論 ［Deismus］

自然宗教は近代においては悟性とかかわるかぎり形而上学的宗教と呼ばれる。それはまた理神論のことであるとヘーゲルは考える[『宗教哲学』16. 259］。一般にキリスト教の神観は，人格神論といわれるが，これは歴史的には三一神論という形をとった。ところが理神論はこの人格神を認めない。神を単なる悟性概念とし，これを単なる抽象体と考える。このような考え方はもともと啓蒙のものであって，啓蒙は信仰の絶対実在を追放して，単なる至高存在を認めるにすぎなかった。その意味では理神論は啓蒙の一つの結果であり，神の認識を否定する。このような人格神を認めない宗教をヘーゲルは『宗教哲学』の中で「悟性的宗教」[16. 259］と呼び，これこそ理神論であると述べている。なおヘーゲルは理神論がルソーとヴォルテールによって，普遍的な思考方法に高められドイツに導入されるところとなったと指摘している[『ベルリン著作集』11. 278］。

(岩波哲男)

理性 ［Vernunft］

理性の概念はヘーゲル哲学の中核をなしている。ヘーゲルの理性概念は，つねに歴史的現実的に存在するものと結びつけられて，歴史と現実のうちにあってもろもろの文化や制度を産出してきた必然の論理といったものを含意している。また同時に，理性はこのような必然性を把握することであり，その意味で，主観的規定としては人間の思想を表わしている。自由な人間精神がもつ思想も事物や世界の必然的な本質もともに，同一の理性の規定態として考えられている。そうである限り，人間の思惟はこの必然的本質を発見し把握することができ，また把握しなければならない。だから「存在するところのものを概念において把握するのが，哲学の課題である。というのは，存在するところのものは理性だからである」[『法哲学』序文 7. 26］と語られる。このような理性概念の形成の背景には，とくにカント哲学との理論的対決とフランス革命を理性の実現とみなす歴史的視点がある。

I 理性の能力　現実の世界は，主観と客観，特殊と普遍，一と多様なものが矛盾・対立しながら存在する世界である。理性はこれに理路をつけこれを統一的に把握しなければならない。ヘーゲルは，カントのカテゴリーの演繹論のうちに，主観的自我と客観的世界とを成立させる根源的同一性がすでに理性として提示されていると考えている。しかしヘーゲルによれば，その同一性は「あるべきもの」にとどまっている形式的同一性であり，したがってこの理性は，理性の形式性が与えられているだけで実在性をもたず，実在であ

ろうとすれば悟性的に扱われることになる。「この思惟は再び悟性であり、経験的感性に対立したものになっている」[『信と知』2. 315]。悟性が絶対的に固定されると、形式同一性に多様性が絶対的に対立してくることになる。実在的世界から乖離した理性に対する批判は、ヘーゲルの基本的視点である。ヘーゲルはカントにおける感性、悟性、理性という区別を流動化する。理性の課題は、悟性によって固定され孤立化された静態的世界を否定して、これに生き生きとした動的統一性を与えることである。「悟性は規定し、その規定を固定する。これに反して理性は悟性の諸規定を無のなかに解消するものであるから、理性は否定的であり、弁証法的である」[『大論理学』5. 16]。理性は、矛盾・対立する存在の世界の中を進んで理路を切り開いていく点で、運動でありまた戦いでもある。

Ⅱ 理性と現実　ヘーゲルは1817年にフランス革命について、それは理性を抑圧してきた多くの特権や実定法に対する理性の戦いであり、その後の25年間は理性の理念が実現されるための「迫撃砲」、試練の時代であったと語っている[『ヴュルテンベルク民会討論』4. 506ff.]。自己を実現する理性の抗しがたい〈歴史の力〉によって、現実はその本来の形態に到達するというのが、ヘーゲルの〈現実〉理解である。だからヘーゲルは「理性的なものは生起しなければならない」[『法哲学講義（ヴァンネンマン）』134節S. 192]と述べるのである。理性は神的なものでも当為でもなく、現実に内在し現実のうちに生起する。「存在すべきものは事実において存在するのであり、ただ存在すべきであるにとどまり存在することのないものは、決して真理ではない」[『精神現象学』3. 192]。理性と現実の関係は、現象するものとしてのみ存在する本質の発現が現象であるという、本質と現象の関係と同様、内と外の関係であり、それらは一体をなしている。「理性的であるということは、抽象的に考察すると、総じて普遍性と個別性とが相互に浸透し合って一体をなしているということである」[『法哲学』258節]。『法哲学』序文の「理性的であるものこそ現実的であり、現実的であるものこそ理性的である」という言葉や「理性的であるものは現実的になり、現実的なものは理性的になる」[『法哲学講義(19/20)』51]という言葉はこうした意味で語られている。現実のうちにひそむこの理性を認識し発見することが、自覚的な精神としての理性の課題である。そしてこのことは同時に、人間が自己の理性に目覚めこれを豊かにしていくことでもある。『精神現象学』は、理性の自覚の過程の叙述である。

Ⅲ 『精神現象学』の理性　理性は広義には絶対知をも含むが、他方、絶対知にいたる意識の発展の一つの特殊な契機でもある。理性は〈意識〉から〈自己意識〉へと経験を積んで普遍性にまで向上した自我であるが、この理性の立場は世界に対する新しい態度の主張である。ヘーゲルはこの理性の態度を、「理性とはあらゆる実在であるという確信である」[『精神現象学』3. 179, 181]と述べている。しかも〈この世界は自己である〉という確信を「観念論の態度」だという。観念論（理性の哲学）は、歴史哲学的には近代の、とくにカント、フィヒテの立場であるが、しかし、これらの理性が自己形成という道程を欠いて自己の根拠を展開しえず、無媒介な直接的理性であるかぎり、その理性は単なる「確信」にすぎない。しかし理性は、当為によって決して惑わされることはなく、実在性をもつという確信のもとに存在の中に自分自身を求めようとする「理性本能」(Vernunftsinstinkt)をもっている。真の観念論（理性の哲学）は世界＝自己の確信に試練を与えて、本能を実在の認識にまで高めるのである。そのために、理性は世界のうちに自分の本当の内容を見出すべく世界認識に着手しなければならない。

理性はまず「観察する理性」として，世界を観察することによってそこに自分自身を発見しようとし，次いで「行為する理性」として，社会の中でのさまざまな実践を通して自我を主張し自己を実現しようとする。この経験を通して理性は，自分の自由や幸福は調和した社会生活の中にしかありえないことを思い知ることになる。しかも調和は古代ギリシアの人倫にみられる無自覚的なものではなく，近代的主観性の知を媒介とした自覚的な調和でなければならない。それは，カント哲学にみられる普遍的理性の立場である。ヘーゲルは，カントの自己立法的理性にあたるものを「立法的理性」（Gesetzgebende Vernunft），法則を吟味し検査する道徳的理性を「査法的理性」（Gesetzprüfende Vernunft）と呼ぶが，しかしヘーゲルによれば，「無媒介な立法〔立法的理性〕は，恣意をもって法則となし，人倫をもって恣意への服従となすところの暴君である。同様に〔…〕諸法則の吟味〔査法的理性〕も，絶対的な諸法則から離れて自由に理屈をこね，諸法則を自分には無縁な恣意であるとみなす知の傲慢を意味している」〔『精神現象学』3. 320, 324〕。かくて理性はその個別性を廃棄して，自己を，人倫的世界の生ける実体である精神として知るにいたる。

Ⅳ　理性神学　　ヘーゲルの近代理性批判は宗教の領域では理性神学の批判となる。理性神学は啓蒙主義の理性の助けを借りて聖書を解釈する神学である。それは自由な認識として教会の教義に対置されるが，しかし言葉の知解と詰詁に終始する「単に悟性的な理性神学」〔『宗教哲学』16. 40〕である。「実をいえば，啓蒙〔の理性神学〕は神を最高の本質として捉えることによって神を空虚なものにし，貧困なものにしたのである」〔同 16. 37〕。
⇒カント，悟性

【参】Hyppolite (1946), Marcuse (1954), Henrich (1983)　　　　　　　　　　　（水野建雄）

理性神学　⇒理性

理性の狡智　[List der Vernunft]

ヘーゲルは歴史を，現実世界での人間の諸行為の積み重ねとは考えず，むしろ理性という普遍的理念が自己の目的を実現する過程だと考える。そしてこの目的実現のための方法をヘーゲルはこの言葉で表現した。歴史は「自由の意識の進歩」であり，その究極的目的は世界における自由の実現である。自由の実現はたしかに特殊な関心や情熱に基づく人間の行為によって実現されるが，しかし，その結果は人間の願望や意図とは異なった様相を呈するのであって，歴史は人間の行為から独立した自立的運動を展開する。この矛盾をヘーゲルは，歴史の背後に控えている理性が自らは害なわれることなく人間の情熱を勝手に働かせて自己の目的実現のための手段としているのだと説明し，人間をも全体の一契機にすぎないものとして歴史の必然性が貫徹されることを，歴史の本来的過程だとみなしたのである。

一般的には，理性の狡智は主観的目的が或る客観に関係して，自己の力を実現する方法である。ただし，その目的が直接他の客観を手段化し規定するような直接的関係においては，目的と客観とが自立的な別の本性をもつ限り，その規定の仕方は暴力のように見えるし，またその直接的関係において，目的が客観の外面性に委ねられる場合には目的の規定自体が偶然性に委ねられる。理性の狡智は，このような客観との直接的関係において，客観を暴力的に強制するのでも，単に客観に自己を委ねて偶然性に任せるのでもない。狡智の狡智たるゆえんは，「自己と客観との間に他の客観を挿入すること」〔『大論理学』6. 452〕である。すなわち「自分は過程に入り込まないで，もろもろの客観をそれらの本性に従って相互に作用させ働き疲れさせて，しかもただ自分の目的のみを実現するという，

媒介的活動にある」[『エンツュクロペデイー(第3版)小論理学』209節「補遺」]。→目的論,歴史,情熱　　　　　　　　　　　　（水野建雄）

理性の要請　⇨要請

理性本能　⇨理性

理想　[Ideal]

理想（イデアール）とは，プラトンのイデア，アリストテレスのエイドスに淵源をもつ「理念（Idea）」の形容詞形の名詞化。1760年ごろラテン語 ideale（典型的，模範的の意）からドイツ語に造語された。1775年ごろ既に流行語であり，ヴィーラント（Christoph Martin Wieland 1733-1813）がまずは美的な意味で，ついでカントやシラーは倫理的な意味でこれを使用する。

ヘーゲルによれば，「概念論」は主観的概念，客観，両者の統合としての理念の三段階をもつが，そこで理念とは「即かつ対自的に真であり，概念と客観性の絶対的統一」[『エンツュクロペディー（第3版）小論理学』213節]と規定される。この点でプラトンのイデアはいまだ抽象的普遍性，真の即自態にとどまっている。

理念の有する実在相は思考によって観察されるだけであるが，理想は実存するものとして現実化され，形態化された具体的な理念である。一方で理想はあくまで概念の領域に属し，普遍的である[『美学』13. 203ff.]。

この点で，理想は理念の実在化されたものでありながら，その実在相からは単なる外面性の側面がはぎ捨てられ，内面性へ帰入させられる。自然は理想化（idealisieren）されるべきである。「観念的（ideell）」は理念以前の概念の主観的統一のありかたをさす。

ヘーゲルによれば，芸術は自然の模倣ではないし，自然美もまた不完全とされる。芸術とは，ヴィンケルマンらにならって，自然の不完全性を払拭し，その形態を理念に適合するものにする，自然の理想化（Idealisieren）にほかならない。

美は理念の感性的顕現（das sinnliche Scheinen der Idee）[同 **13**. 151]であり，理想の別称である。精神が自己を脱却し，外部の諸対象に没入し，自己を外部の所産において表現するとき，芸術作品が産出される。

理想は，象徴芸術とロマン的芸術の中間に位置する古典芸術の内容と形式を規定する。古典芸術の理想は人間的なものを，その普遍相においても特殊相においても，内容ならびに形式とするという点で，とくに古典的理想とよばれる。芸術ジャンルとしては彫刻が，この古典的理想にふさわしい。　（金田　晋）

リッター　[Johann Wilhelm Ritter 1776.12.16-1810.1.23]

動物電気（ガルヴァーニズム），電気生理学，電気分解などの分野で大きな功績を残した自然科学者。1795年からイェーナ大学で学び，1802年に最初の乾電池を制作，1803-04年に動物電気の講義をし，ヘーゲルもこれを聴いたと言われる。1804年バイエルン科学アカデミー会員。ロマン主義やシェリングらの自然哲学に対しては経験的な研究を主唱したが，自然における統一や極性といった概念的枠組みは自らも使用した。彼の研究，実験は多岐にわたるが，筋肉と感覚器官の電気的興奮についての動物電気の研究が有名で，ヴォルタ（Alessandro Volta 1745-1827）とガルヴァーニ（Luigi Galvani 1737-98）の対立を和解させるために「動物電気の鎖」や「体内電池」の概念を使った。無機的自然と人間現象との相互依存を支配する普遍的原理を求め，これをシデリズム（Siderismus）と呼んだが，晩年には自らこれを否定した。主著として，*Die Physik als Kunst, ein Versuch die Tendenz der Physik aus ihrer Geschichte zu denken*. München 1806 や *Frag-*

mente aus dem Nachlass eines jungen Physikers: Taschenbuch für Freude der Natur. 2 Bde. Heidelberg 1810 がある。なおヘーゲルは彼の自然哲学において動物電気を中心にリッターの研究を活用しているが、必ずしも正確に理解していない。　　　　　　（黒崎　剛）

立法　⇨権力

立法的理性　⇨理性

理念　[Idee]
　ヘーゲル哲学の根本概念である。元来、17世紀に、ドイツにおけるプラトニズムの普及に伴い、ギリシア語の $ἰδέα$ に由来するラテン語 idea ないしフランス語 idée からの借用語として成立したもの。しかし、ヘーゲルによるその哲学的理解に直接影響を与えたのは、おそらく、超越論的哲学とプラトン・スピノザ的伝統の結合において成立したシェリングの理念論である。ヘーゲルは、その影響の下、スピノザ的汎神論の立場から絶対者の形而上学を構想すると同時に、イデアを神の自己思惟の内容と理解する古代・中世的イデア論のモチーフをその構想に結び付けることによって、思惟的存在者＝理性としての絶対者という理念の理解に到達した。

　Ⅰ　理念と哲学　哲学は、本質的に理念の学である、これがヘーゲルの根本的理解である。すなわち、理念こそは哲学の唯一の対象であり、哲学の課題は理念の認識に在る。それゆえ、「哲学の目標とは、理念をその真なる形態ならびに普遍性において捉えることである」『エンツュクロペディー講義への序論』10. 404]と言われる。ところが、その目標、すなわち理念の真相の認識は、それ自体が哲学体系の叙述とならざるをえない。なぜなら、理念の認識は、その本質的体系性のゆえに、理念の体系の認識以外ではありえず、それは哲学体系の叙述として実現されるからである。それゆえ、これがヘーゲルの根本理解である限り、我々は、論理学・自然哲学・精神哲学より成る彼の哲学体系すなわち「哲学的諸学のエンツュクロペディー」の全体のうちで初めて、彼の言う理念の輪郭を見出すことになる。すなわち、それぞれの学の対象たる論理・自然・精神が、ヘーゲルの理解する理念の外延を成す。ヘーゲルは、これらの論理・自然・精神の全体を一個の理念の展開相として一元的に捉えようとするのである。彼の哲学体系は、そうした理念の全領域を貫く統一的構造とその根底に在る意味との解明を目指すものである、と言いうる。

　Ⅱ　理念の構造と意味　理念の根本構造は、理念全体に対して原型的意味を持つ論理の領域に即して、すなわち論理学において解明される。そこで提出される理念の最も本質的な構造とは、自己自身との絶対的な統一性である。すなわち、その統一性が、その統一性の主体自身により措定されるという意味で絶対的な統一性である。そして、この統一性の契機であると同時にそれを措定する主体である限りの理念が、ヘーゲルの言う概念に他ならない。つまり、主体的な概念として遂行する自己否定を介して自己自身との統一性を措定する否定的自己媒介が、理念の構造である。そして、哲学体系は、一貫して、こうした構造に貫かれるとするのが、ヘーゲルの理解である。すなわち、論理学全体が既に、絶対的主体としての概念が純粋論理の圏域において遂行する理念の否定的自己媒介の叙述であるが、さらには論理学・自然哲学・精神哲学という理念の体系全体を再び同様の構造が貫くのである。ところで、理念がこうした構造を持つ根拠は、理念が神の自己認識の内容として意味付けられるところに在る。つまり、理念の否定的自己媒介構造は神の自己認識の構造を示すものなのである。その構造の難解さは、認識の主体としての神自身の絶対性に由来する。けだし、ヘーゲルこそは、伝統的

なイデア論の主要構成契機である神の自己認識という思想に対して，おそらくは初めて本格的な仕方で方法的反省を加えた哲学者なのである。→観念論，知的直観，観念性，プラトン
【参】 Heimann (1927), Hartmann (1929), Gadamer (1971a), Lakebrink (1979/85) （早瀬 明）

リヒテンベルク [Georg Christoph Lichtenberg 1742.7.1-99.2.24]
ゲッティンゲン大学の物理学教授。アフォリズムや風刺等々の文学的著述で知られる多才な啓蒙主義者。ヘーゲルが直接引用して評価しているのは，雨が微細な分子として元来空気中に含まれているという「解消理論」に対する反駁［『イェーナ体系Ⅰ』GW 6. 96;『エンツュクロペディー（第3版）自然哲学』286節「補遺」，ならびに『人相術について』Über die Physiognomik. (2Aufl., 1778) からの，人相術の非科学性に関する皮肉な評言［『精神現象学』3. 239, 242] である。→人相術
（上村芳郎）

略奪 [Verwüstung]
荒廃させること。廃墟にすること。『人倫の体系』第2部においては，有機化された自然の「目的なき破壊」，人間の労働によって有機的に形成されたものを一切ご破算にするような野蛮な活動を意味する。ジンギスカンやチムールのように，顕著な形では東洋世界に見られる文化破壊の活動を指すが，それは，人間世界における文化の形成と破壊の絶えざる交替，否定とその否定の連鎖の中に位置づけられている［『人倫の体系』PhB.42f.]。→ジンギスカン
（斎藤純一）

流行 [Mode]
一時的で偶然的な，外的現象として示されている。このように一般に流行は一時的という点で習慣に対置される。しかしともに外的現象として，ヘーゲルは流行を習慣と言い換えてもいる。流行のこのようなあり方からして，服装を「流行の偶然性にゆだねる」ようなことは「個人の悟性をこのために行使せんと努力するには価しないものである」［『哲学史』20. 72] と述べるように，服装の流行における偶然性が示される。ある時期流行したものも，数年後にはおかしなものになり，新たなものに変わっている。「現代の服装は多くの困難をもたらす」［『美学』14. 411]，また「現代の服装において，一時的なものを新たに繰り返して変えるという権利が，一時的なものについて行使される。このことは流行の理性性である」［同 14. 411]。こうして流行は，一時的なものゆえに，変ることを必然性とする。→習慣，衣服
（石橋とし江）

流出（説）[Emanation, Emanationstheorie]
「流出」という概念によってヘーゲルが念頭に浮べているのは，次のような存在理解である。すなわち，普遍的実体が特殊や世界にまで自分を低落させ有限化する（流出する）事態を捉える場合，この流出は始源からの一方向的遠隔化であり根源の稀薄化不完全化であって，流出の結果たる特殊または世界には，もとの出発点へ戻ってゆくという契機，或いは最初の実体の方へ反省し還帰してゆくという契機は含まれていない，と理解するようなそういう存在理解，普遍から特殊または有限へ直接に降下するような思惟方式，それが彼に理解されているのである。そういう流出概念にもとづいた具体的思想として，ヘーゲルは，ストア学派の汎神論を挙げ［『哲学史』19. 411ff.]，またスピノザの無宇宙論も同様の構造を持っている，と見做しているのである［『大論理学』6. 198]。それらと比べると，新プラトン派の哲学においては，いわゆる流出（根源的一者の溢出）は，始源への還帰（究極的には，脱自あるいは魂の単純化による根源の直観）とともに，全体を構成する一契機でしかないから，この学派は，流出説として

性格づけられるのが普通であるけれども，単純に流出説と規定することはできない。その間の事情は，例えば，新プラトン派の中のアレクサンドリア哲学を代表するプロティノスに即して見るならば，明白となろう。(彼の思想は，弟子のポルフュリオス [Porphyrios ? - 304] によって，各巻が9篇ずつの論文から成る6巻の論文集『エンネアデス』——ギリシア語の9，ἐννέα に由来する——に纏められている)。

すなわち，プロティノスが全存在の根源として定立した「一者(トヘエン)」は，(1)たしかに，述語によるいかなる限定も不可能な，「絶対に一であるもの」であり，自己との端的な同一不二性であり，かくして自己充足性であるが，(2)しかしパルメニデスの存在者のように静止した無時間的自己同一性ではなく，(3)自己のもとに留まりつつ自己を開いて万有を自分の中から現出（流出）せしめるところの，全流動への原理であり活動的産出的一者なのである。(4)しかるに，この流出の所産は翻って始源の一者に還帰せねばならぬ。なかんずく，最初の所産たる悟性(ヌース)は自己の根源たる一者を脱自(魂の単純化)において直観する。或いはむしろ，一者は，悟性の〔一者への〕直観を通じて自己を直観し，かくして自分に復帰するのである，つまり一者の活動には還帰もまた契機として含まれるのである。——だが彼のこのような思索の全体は，知性による単なる観想によってのみではなく，むしろ精神を外のものから引離された不動心(アタラクシア)の境地に立たしめ，徳と幸福とに導く，という実践的なトーンに貫かれてもいるのである。

ヘーゲルは，プロティノスにおいては一者から限定されたものへの移行（産出）は，「流出」というように，概念の必然的にではなく表象的形象的にしか言明されておらず，したがって哲学的には何も論じていないに等しい，と批評し，彼の思想を，高次ではあるが概念の面ではなお未完成の観念論である，と総括した［『哲学史』19. 445ff. 及び 463］。三一性的な概念秩序によって「一性」を表現しようとしたプロクロスを，ヘーゲルが新プラトン派哲学の頂点に立つものと評価するのは，まさに同じ根拠，同じ尺度に基づいてのことなのである。→新プラトン派　　　　（酒井　修）

流体性 [Flüssigkeit]

ヘーゲルは流体性という用語を脆さと対で使用するが，この両者とも物体が諸元素を統一して一つの個体として存する場合，つまり，「総体的な個体性」の直接性の形式の場合のあり方を示しており，無形態性という形態を意味している。「脆さに対立するのは球状のもの，すなわち一切の次元を自己内で抹殺する普遍的な丸くなる流体性である。この流体性はそれによって確かに三つの次元の全てに向かう全実行であるが，しかし規定性の展開を持たない総体性である」［『エンツュクロペディー（第3版）自然哲学』311節「補遺」］。だから，流体性という形態を持つ物体は第一に諸元素を自分の契機としてそれらに対して否定的に統一している。それゆえ諸規定を解消し無差別化している。けれども第二に，それらの諸元素は契機として物体を構成することになるが，まだ展開されない段階にあり，それらの元素は契機としての必然的な区別を措定していない。だから，諸契機は展開の可能性を持つとともに，物体の性質を規定していない。この場合物体の諸契機が無差別であるために，例えば，水の場合には蒸気状，液状，固体状などの形態をとる。この二つの特徴をもつ物体の形態が流体性である。流体性の端的な形態が球状であるのは，流体性の形態は外的な影響によるが，球の場合が大気の圧力がどの面でも同じにかかるからである。

流体性の無形態性という意義からさらに普遍性の直接的なあり方を示し，「概念とその規定の絶対的に流体的な連続性」［『大論理学』6. 321］と表現される。そのため，構成要素

の偶然的結合でしかないから,「このような流体性は自分自身に同等な独立性として区別項の存立であり, またその実体である」[『精神現象学』3. 140]。また契機を措定することによって「区別なき流体性を分裂させることこそまさに個体性を措定することである」[同 3. 140]。　　　　　　　　　　(長島 隆)

理由律　⇨根拠

量　[Größe, Quantität]

『大論理学』の量論は「大きさ(量)」と題されている。日常語としては大きさ(Größe)が妥当だが, この語は定量の意味をもつから, 純粋量の意味を強調するために, 外来語である量(Quantität)の語を付加するという。ヘーゲルによると,「量とは, 規定性が存在そのものと一つではなく, 止揚されたもの, あるいは無関心なものとして定立されている純有である」[『エンツュクロペディー(第3版)小論理学』99節]。あるいは,「量とは, 止揚された質的なもの, 無関心になった区別である」[『大論理学』5. 269]。ヘーゲルは, 量のカテゴリーの前に質のカテゴリーを先行させ, 量を質の止揚されたものと考える。このことは, 量に固有の意義をもたせず, 質を第一義の規定性とすることを意味し, また量に先行する規定性を考慮しない近代の経験科学に対する反撥と見ることができる。この点からして, 量の性格を的確に説明しているものはなによりも「自分の外に出てゆく(Außersichkommen)」[同 5. 215 等] という規定である。量は, それが規定する存在と相即不離なものでないが, それのみならず, その規定性は自分自身とも一致していないのである。したがって, 量概念の展開の目的は, その完成にではなく, 廃棄にあり, その展開は量が〈自分の外に出てゆき〉, その他者(質)となる運動である。純粋量 – 定量 – 比という量の進展過程は, 量のうちにある質的なものをみつけだし, 量が質に復帰する論理的運動を叙述するものにほかならない。

Ⅰ　純粋量(die reine Quantität)　純粋量は不可分な一つの無限な混じりけのないものである。たとえば, 時は今を生むが, ただちに〈自分の外に出てゆき〉, 別の今を生む不断の流れである。これが定量(今)の制約としての純粋量(時)である。現に存在するものはすべて一定の大きさをもつから, 定量が第一であり, 純粋量はその抽象にすぎないと考えられがちだが, それでは, 定量の制約性があきらかにならない。純粋量は連続性と非連続性の二つの契機をもつ。

Ⅱ　定量(Quantum)　一定の大きさをもった量, すなわち限界をともなう量が定量である。たんに大小の比較においてではなく, それ自身において規定されている定量は数(Zahl)である。定量の有する限界の側面が強調され, その限界が定量の全体と一つであると見られるとき, 定量は外延量と内包量である。外延量は数をその内部に有するが, 内包量すなわち度は数を外部に有している。度は単純でありつつ, それを定量たらしめる数を外部の量にたよっている, つまり, 単純で対自的である限界が同時にまったく外面的である, という矛盾におちいっている。この矛盾の定立されたものが, 無限進行, すなわち, 無限大と無限小の概念である。ここで, ヘーゲルは微分計算の解釈に『大論理学』の多くのページを割いている。

Ⅲ　比(das quantitative Verhältnis)　〈自分の外に出てゆく〉という量の本性をもっとも明確に現しているものは無限進行であるが, その悪しき無限にたいして, ヘーゲルの主張する真の無限は, 定量の変化にかかわらず変化しないもの, すなわち比である。「比の両項はその直接的な数値に従って妥当するのではなく, その価値は関係の内にのみある」[『エンツュクロペディー(第3版)小論理学』105節]。比を構成しているそれぞれの定

量は他者との関係の内に自分の規定性をもつ，つまり，他在の内で自分に復帰している。したがって，〈自分の外に出てゆく〉という量の本性は比において解消される。比は正比，逆比，冪比（べきひ）からなる。→質　　（海老澤善一）

良心　[Gewissen]

良心と訳される Gewissen は，「共に知る」ことを意味する，ギリシア語の συνείδησις ラテン語の conscientia のドイツ語訳である。したがって，良心（Gewissen）という語は，「共に」という要素と「知る」という要素から成り立っている。すなわち，良心は，まず自分の行為が道徳的な義務に適っているかどうかを「知る」ことである。次にそれは，第一にはそのことを自己と「共に」，第二には他者と「共に」，第三には絶対者と「共に」知ることである。これを『精神現象学』で良心を扱った箇所に即していえば，第一のものが自分の行為が義務に適っていることを自己と共に知ることにおいて自己を確信している対自の契機であり，第二のものが対他の契機であり，第三のものが自体の契機である。良心はこの三契機を併せもつことにおいて「全的に知る」ことなのである。

ヘーゲルによれば，自己確信を重要な契機とする良心概念は，ルターの宗教改革に由来する。その場合，良心とは，「そこにおいて人が自己のもとにありながら，かつ神のもとにある」[『哲学史』20. 52]ところの場である。ルターの良心において，近代的な主観性が「真理の規準はそれが私の心胸（むね）のうちで確証され明かとなるままである」[同 20. 55]という無限の自己確信を獲得する。『精神現象学』のヘーゲルは，このルターの良心概念を前提としつつ，さらにドイツ・ロマンティカーである，ヤコービの「道徳上の天才」，ノヴァーリスらの「美しき魂」，ならびにフリードリッヒ・フォン・シュレーゲルのイロニー概念などに拠りながら，良心論を展開する。

良心とは，もともと同一の自己の内部における現象であるが，そこには対話的な構造が認められる。対話の一方は個別的な行為を直接的な自発性をもって実現する自己であり，他方はその行為の倫理性を判断し批評する自己である。良心のやましさにおいては，前者が裁かれるもの，後者が裁くものである。ヘーゲルは良心のこの構造に着目し，この構造自体がそれに由来すると思われる二人の個人の間での対話を，相互承認論として展開する。つまり，彼はこの相互承認を，行為する良心と批評する良心との間の運動として見ていこうとする。そして，相互承認が成立する場を次のように書き記す。「（相対立する二つの自我の）和解を成立させる然り（Ja）は，二重性にまで延長された自我の定在であり，ここでは自我は自己同一を保ち，自己を全く外化し正反対のものに転じながらも，自己自身だという確信をもっている。この然り（Ja）は，……両方の自我のただ中に現れる神である」[『精神現象学』3. 494]，と。

『精神現象学』はヘーゲルの国家への情熱の冷却した時期，またロマンティカーへの共感の醒めやらぬ時期の著作であるため，良心をもって「絶対知」の入り口とした。しかし，『法哲学』のヘーゲルは，良心を「自体的にも自覚的にも善であるものを意志する心術」[『法哲学』137節]と定義しながら，ロマンティカーたちの主観的で形式的な自己確信でしかない良心を，「普遍的なもの以上に自分自身の特殊性を原理にして，それを行為によって実現する恣意＝悪である可能性でもある」[同139節]として，厳しく批判している。→承認，善

【参】　Hirsch (1924), 星野勉 (1983)

（星野　勉）

両親　⇨家族

領邦　⇨ラント（領邦）

領邦議会　⇨ラント（領邦）

理論　[Theorie]

　ヘーゲルの「理論」（Theorie）という用語には, 語源であるギリシア語の"Theoria"がもともと持つ,〈見ること〉〈観照〉という意味が強く響いていて, 特に「実践」（Praxis）との対比において, 対象との或る種のかかわりかたを意味する。「理論的」なこと, あるいは「理論的」態度とは, かかわりを持つ相手の事物を自立的な存在として前提して, 事物に対するこの一種の信仰のもとで, 正しい認識のためには主観の側の能動的な働き（想像, 思い込み, 偏見など）を排除して, 純粋に受動的な働き（感覚, 知覚, 観察など）に自分の活動を制限しなければならないと考える認識の姿勢のことである。しかしヘーゲルによれば, この「理論」的態度は自己矛盾を含んでいる。何故なら「理論」的認識において, 受容された感性的所与・観察結果は, 単なる刹那的・個人的体験に止まらず間主観的に妥当する客観的な認識にまで高められるためには, 思惟機能である悟性の手に委ねられて概念的・普遍的限定を受けなければならない。ところがこの限定によって, 知覚において個別にありのままに捉えられたはずのものが普遍的なものとしてはむしろ主観の側に属するものと考えねばならないことになるからである。この矛盾は「実践」における対象の不可侵性の廃棄をつうじて克服される。ヘーゲルは, 彼の考える真の「概念」的把握の立場, あるいは「理念」を「理念」としてとらえることのできる立場を,「理論」的態度と「実践」的態度のこの統一のうちに見出している。「理論」のこの限界性は「理念」や「概念」的把握にかかわる様々な場面で問題にされる。例えば自然哲学は自然の「概念把握的認識」（das begreifende Erkennen）であるが, これは自然に対する「理論的態度」と「実践的態度」の統一である。また,「美」（das Schöne）すなわち「理念の感性的現出」も, この統一においてはじめてそれとして捉えられうる［『エンツュクロペディー（第3版）自然哲学』246節;『美学』13. 153-155］。
　⇨実践, 概念, 美, 観察
　【参】Riedel (1965)　　　　　　（松本正男）

理論的自我　⇨自我

理論的精神　⇨心理学

倫理学　⇨道徳性

ル

類　[Gattung]

　類概念はギリシアのエイドスに由来し, 類 - 種 - 個というトリアーデで語られる。類概念は論理学と自然の分類において問題にされているが, 類概念をヘーゲルは自己意識に当てはめ, 類概念は自己意識において最高の意義を得ると主張する点がかなり独特である。『自然哲学』においては植物や動物に類 - 種 - 個が語られ類概念が重要な役割を演じている。ヘーゲルでは生命あるものは過程として存在し静止的存在ではない。生命あるものは形態化 - 同化 - 再生産の三つの規定によって整理されるが, 類過程（Gattungsprozeß）はその再生産に該当する。類それ自体は「即

自的概念」にすぎず類過程によって類概念は対自化＝実現される。類過程は三つの形式を持ち［『エンチュクロペディー（第3版）自然哲学』367節「補遺」］，①性関係，②類－種関係における「暴力的死」，③病気による「自然死」である。類（例えば動物）は種（例えば人間）へと特殊化しさらに具体的個として形成されると敵対的に他者に振舞い他者を非有機的自然へと貶めるのが暴力死［同368節］である。食うか食われるかに，類において個と個が連続し他者に自己を感じるのが性関係である。個は生殖行為（Begattung）によって類（Gattung）を現存にもたらす［同369節］。子孫を作ることで個は没落する。しかしこれは動物的過程であって「精神においてはじめて類は即かつ対自的に永遠性の中で存在する」［同370節「補遺」］。身体の一部が類としての非有機的力との闘争で刺激され孤立し，全体の活動に敵対すると流動性が阻止され病気になる。個は普遍性からの威力の中で没落するのである。類（種）概念をヘーゲルが生殖（＝類過程）によって規定しているのは近世的である。アリストテレス的形態学的類概念ではなく，17世紀末にイギリスの博物学者ジョン・レイ（John Ray 1627-1705）によって提唱された交配可能性による生物学的種概念を採用している。ヘーゲルが類を生殖によって規定する歴史的背景がここにあるに違いない。→生殖，病気，死，有機体，進化論

【参】加藤尚武（1983a） （星　敏雄）

類推　［Analogie］

ヘーゲルが触れているアナロジー概念には二つある。一つは『大論理学』［6. 387-391］における「類推（アナロジー）に基づく推論」である。

　　全ての人間は死ぬ。
　　ところがカイウスは人間である。
　　ゆえにカイウスは死ぬ

これは正しいが空虚な推論である。なぜなら内容的に見た場合，前提の「全ての人間」は結論のカイウスを含む個々の人間について確かめた結果成立するはずのものだからである。したがってこの全称推理の根拠は帰納である。帰納推理は無限に多くの個を媒概念にもつ。しかし帰納が基づく多くの個と「全ての人間」という普遍性の間には断絶がある。このギャップを埋めるのが類推である。「帰納の推論の真理は，直接それ自身が普遍性であるような個別性を媒介項にもつ推論，即ち類推の推論である」［『大論理学』6. 387］。類推は，ある個体が持つ性質は同じ類に属する他の個体にも共通であることを推理する。それは「理性の本能」であって「経験的に見出された個々の現象が対象の内的本性あるいは類に基づいていることを予感させる」［『エンチュクロペディー（第3版）小論理学』190節「補遺」］。しかしこの場合，普遍と個の統一が直接的であるという点で，この推理は思弁的な推論には達していない。

アナロジーとは，ギリシア語では，比（proportion），正しい関係を意味する。この意味でのプラトンのアナロギア概念にヘーゲルは早くから注目している。〈最初のものと中間との関係が中間と最後のものとの関係に等しく（a：b＝b：c），また逆も成り立ち，さらに各項が中間項になりうる時，必然的に各項は一つである〉という，『差異論文』［2. 97f.］と『哲学史』［19. 89f.］で2度引用しているプラトンのアナロギア概念には，媒概念による結合が各項の同一性を顕現させるヘーゲル的な思弁的推論の原型が見てとれる。→推論（推理），比例

【参】Specht（1952），Schneider（1975）

（上村芳郎）

ルソー　［Jean-Jacques Rousseau 1712.6.28-78.7.2］

フランスの思想家，文学者。スイスのジュネーヴに生まれた。『社会契約論』（1762年）『エミール』（同）などの著作によって，フラ

ンス革命およびそれ以後の社会・政治思想に深い影響を残した。ヘーゲルもテュービンゲンの神学校時代に，革命の勃発を迎えるとともにルソーの思想に触れ強い感銘を受けた。神学校の友人ロイトヴァインによれば，この時期のヘーゲルの英雄はほかならぬルソーであり，かれは絶えず前記2書や『告白』(1782-89年)をひもとき，これらの読書によって一般的な偏見や束縛からの解放が実現されると信じていた［『ドクメンテ』430］。また1792-94年の草稿『国民宗教とキリスト教』における国民宗教の概念は，キリスト教を批判しつつ，主体的実践的公共的なあるべき宗教の姿を構想したものであって，着想を『社会契約論』第4編第8章で展開された，市民の愛国心を支える「市民の宗教」に負っている。ヘーゲルは間もなくこの構想を放棄してしまうが，それは同じくルソーの徒であったロベスピエール (Maximilien de Robespierre 1758-94)の失脚およびかれの「最高存在の宗教」の崩壊を背景としている。

ヘーゲルのルソー評価は，『法哲学』においてはむしろ厳しい批判へと転じている。ヘーゲルはまず，「国家の原理として意志を立てたという功績」をルソーに帰している。だがルソーは，意志を個別意志という「特定の形式」において捉えただけである。つまり，普遍意志を「意志の即かつ対自的に理性的なもの」としてではなく，「個別意志から出てくる共通的なもの (das Gemeinschaftliche)として捉えたにすぎない」［『法哲学』258節］。確かにルソーは，「真に普遍的なもの」と「たんなる共通的なもの」とを区別した。『社会契約論』において，「国家の法律は普遍意志（一般意志）から生じなければならないが，だからといって決して万人の意志（全体意志）である必要はないといわれている」［『エンツュクロペディー（第3版）小論理学』163節「補遺」］。だがルソーは両者の区別を維持できなかった。ヘーゲルは，ルソーの普遍意志のアトミズムへの傾斜を批判する。普遍を個別的なものの土台・根底・実体として捉え，「あらゆる特殊的なものを貫通し，それらを自己のうちに含むもの」と考えるヘーゲルにとって，ルソーの普遍意志は投票や多数決といった「たんなる共通的なもの」への傾斜を内蔵していると思われたのである［同175節「補遺」］。こうしてヘーゲルは，少数者の支配と多数者の支配とをともに退けて［『歴史哲学』12. 530-31］，国事に関して「包括的な洞察」および「技術と熟練」を具えた最高官僚を，国家意志の実質的な担い手と考えるにいたる［『法哲学』301節］。なおヘーゲルは，ルソー思想の核心をなす「自然状態」「自然人」の観念に対しては，労働や教養の意義を見ない消極的自由にとどまるものとして，一貫して批判的である。→意志，社会契約

【参】 高柳良治 (1970), 生方卓 (1989)

(高柳良治)

ルター　[Martin Luther 1483.11.10-1546.2.18]

ルターの信仰あるいはプロテスタンティズムの運動のうちに，ヘーゲルは，近代の原理である主観性の確立と精神の自由の宣言を見る。「ルターとともに精神の自由が核心において始まった」［『哲学史』20. 50］とヘーゲルが考えるのは，人間の主観性と純粋な自己関係が，ルターによって神への信仰のうちで要求され，承認されたからである。「人間が自らのもとにのみありながら，神のもとにもあるような場所が，人間の内奥に置かれたのであり，神のもとにおいて人間は自分自身としてあり，また，良心の中で人間は自らのもとで休らうべきものとなる」［同 20. 52］。神への関係の内にありながら「自らのもとにある」というのが正に精神の自由であり，これはヘーゲルの自由概念の本質でもある［『歴史哲学』12. 30］。また，信仰の根拠が主観性に置かれるということは，「私の精神の中で真理であるものが真理である」［『哲学史』20.

55］ということであるから，ヘーゲルはそこに哲学の課題と共通するものを認める。「ルターが感情と精神の証の中で始めたものは，成熟した精神が概念の中で把握しようとするものと同じものである」［『法哲学』序文 7. 27］。
→プロテスタンティズム　宗教改革　　（菊地惠善）

レ

霊感　[Begeisterung, Geisterung]

　霊感は，人間の心が個人的主観的制約を越えて，客観的な霊（精神 Geist，神）に充たされている状態であり，神を表現する宗教や芸術にとって一つの不可欠の心性と見られるが，一般的には，Begeisterung は「様々な形態における高きもの」［『歴史哲学』12. 432］への感激を意味する。ただし霊感ないし感激は，ややもすると反省を欠き，奔放で恣意的な判断に走ったり，空虚な憧憬や狂信に陥りかねず，「概念の必然性」を重んじる哲学においては限界がある。

　宗教における霊感の一つの典型はギリシアのバッカス祭に認められる。ヘーゲルは既に『国民宗教とキリスト教』で，「神そのものが現前しているのを見る」というバッカス祭での空想を「歓喜の霊感」［1. 79］として称賛していた。『精神現象学』でも「バッカス的霊感」［3. 528］は，それを通して「絶対的精神の秘密が意識に打ち明けられる」［3. 527］ものとして評価された。ただしそこではまだ「自然の精神」が顕示されるにすぎず，「自己意識的な精神」が開示されるのは，キリスト教の祭祀においてである。キリスト教における霊感については既に『キリスト教の精神』で，ユダヤ人の「反省の表現」にたいし，「神的なものについてはただ霊感においてしか語られない」［1. 372］と言われ，かくてイエスは「神の霊感を受けた人間」［1. 397］と見做されていた。さらに霊感は芸術による「神の表現」［『エンツュクロペデイー（第3版）精神哲学』560節 10. 369］の一つの条件と見做される。ただしそれは外的刺激や意図によって作り出されるのではなく，芸術家が自己の「主観的特殊性を忘れ」，「まったく事柄によって充たされ」［『美学』13. 372-3］，そこから「事柄」を生き生きと現前化せんとする衝動において生じる。

　他方ではヘーゲルは『精神現象学』の序文で，霊感が主観的「反省」を軽蔑するあまり，「概念の必然性」［3. 48］を見失うこと，とりわけシェリングの如く「ピストルから発射するようにいきなり絶対知から始める霊感」［3. 31］を批判し，また『歴史哲学』では，ただ破壊するだけの「マホメッド的オリエントの感激」［12. 432］を非難した。→祭祀（儀礼）
　　　　　　　　　　　　　　　（久保陽一）

霊魂　[Seele]

　心とも訳されている。「……霊魂（魂）は言わば，肉体と精神との中間であり，両者を結ぶ紐である」［『エンツュクロペデイー（第3版）小論理学』34節「補遺」］とされ，肉体のうちに埋もれた精神であると言われている。霊魂は「精神の睡眠」［『同・精神哲学』389節］であり，アリストテレスの「受動的なヌース」，肉体に埋めこまれたヌースである，という。しかし，ヘーゲルの霊魂は自己発展し，絶対的精神まで至る。この点，「受動的ヌース」と異なる。『精神哲学』は主観的精神，

客観的精神, 絶対的精神と区分, 展開されている。主観的精神は, A 人間学・霊魂（心）, B 精神の現象学・意識, C 心理学・精神となっている。霊魂は精神の最も低いもの, 直接的・自然的形態である。自然精神（Naturgeist）である。

 Ⅰ 自然的心（die natürliche Seele）

 霊魂は自然・肉体と一体となっており, それらに支配され, 区別ももたない。これが自然的心である。しかし自然や肉体には区別や変化があるから, 自然的心にも区別が生じる。個体としての心の覚醒が起こる。他者（外的なもの・快・不快など）を感ずるようになる。こうして, 霊魂は感ずる心になる。

 Ⅱ 感ずる心（die fühlende Seele）

感ずる心は受動的である。主体は他者である。しかし, 他者と一体となっていたこの心が自己自身であることに気づき, 自己のなかに他者を感ずる。これが自己感情である。しかし, 肉体性と精神性との矛盾に悩む。やがて, 肉体性は契機で, 精神性が主体だということを知る。これが現実的心である。

 Ⅲ 現実的心（die wirkliche Seele）

 肉体性・特殊性が自己のものとなっている霊魂が現実的心である。この心はやがて自我となり, 思惟と判断の主語となる。このとき霊魂は自己の諸規定を外的世界として自己から排除し, そして自己をそれに関係させる。こうして自己は外的世界のなかで直接に自己内に反省している（還っている）。この霊魂が意識（Bewußtsein）である。→人間学, 精神
          （伊藤一美）

霊魂の不死　[Unsterblichkeit der Seele]

 「人間は神の内に自己を知ることによって, 同時に神の内に自己の不滅の生命を知る」[『宗教哲学』16. 83]。人間は自己の存在の真理性を知ることで霊魂の不死についての表象を得る。それは神についての表象を得ることでもある。ふたつの表象は必然的関係をもっている。「人間は真実に神について知るとき, また真実に自己についても知る」[同上]。人間の真実と神の真実とは一つである。神は自己内存在が真の規定であり, 人間も真実態においては自己内存在であり, 精神である。この時霊魂は不死であり, 人間は不死である。「人間は認識によって不死なのである。ただ思惟するものとしてのみ人間は可死的動物的な霊魂ではなく, 自由な純粋な霊魂だからである。認識, 思惟は自己自身における総体としての人間の生命, 人間の不死性の根本である」[同 17. 262]。

【参】 岩波哲男（1984）   （伊藤一美）

霊魂論　⇨心理学

霊と肉　[Seele und Leib]

 霊と肉は絶対的に対立しているものではなく, 相互関係にある。対立は, むしろ両者の根源的統一から説かれるべきだ, という。この点でヘーゲルはデカルト, マールブランシュ, スピノザ, ライプニッツを評価する。だが彼らの説く統一が, 抽象的であったり, 判断の繋辞でしかないと批判もする。ヘーゲルはいう。霊は肉体のなかに霊の威力の及ばないものがあることを知る。霊はこの肉体性を自分に疎遠なものとして自分のなかから投げ出し, 自己自身へと帰る。こうして霊は肉体性から解放された自由な自我となる。主語となる。こうすることで, 自我は肉体のなかで自己実現することができるようになる。肉体のなかで自立したものとして存在しうるようになる。霊は否定した肉体性と媒介的に統一されたのである。このとき肉体は霊に服従しており, 霊は肉体を手段としている。主語となった霊による肉体との統一がヘーゲルの根源的統一である [『エンツュクロペディー（第3版）小論理学』34節「補遺」, 195節「補遺」, 208節「補遺」, 『同・精神哲学』13節「補遺」, 36節「補遺」]。
          （伊藤一美）

レオ [Heinrich Leo 1799.3.19-1878.4.24]

歴史家。政論家。そのベルリン時代（1824-27）に，若き同僚（歴史学）としてヘーゲルに接近し，学的批判協会の書記をつとめ，ハレ大学に移ってからも，ヘーゲルへの信頼心を持ち続けた。ヘーゲル死後，学派分裂に際しては，『ヘーゲル小僧共』（1838）で，きわめて保守的な立場から「青年ヘーゲル党」を厳しく断罪した（人格神の否認，福音書の神話的解釈，現世的宗教の教示，独特の用語法によるカモフラージュ）。→ヘーゲル学派，学的批判協会　　　　　　　　　　（滝口清栄）

歴史 [Geschichte]

Ⅰ　世界史における理性　　ヘーゲルは歴史哲学講義の序論において，歴史考察の種類として根本的歴史と反省的歴史と哲学的歴史とを挙げ，根本的歴史がヘロドトスの『歴史』やトゥキュディデスの『戦史』のように，直接間接に見聞した事件，行為，状況を記録に留めるものとして，歴史家自身が出来事の精神に生き，これを超え出ていないのに対して，また反省的歴史がリヴィウスの『ローマ史』やヨハネス・フォン・ミューラーの『スイス史』，またニーブールの『ローマ史』のように，時間に拘束されることなく，時代を超越して歴史を概観し，これから教訓を引き出したり，これを批判したりするのに対して，歴史に内在しながら，決して歴史に埋没して受動的に事実を受け取るのではなく，この意味で歴史を超えながらも，決してア・プリオリに事実を構成するのでもなく，いわば両者の総合として，歴史を貫く理念に即して歴史を認識することをもって哲学的歴史としての自己の歴史哲学の課題であると語っている。ヘーゲルは「理性が世界を支配する」[『歴史哲学』12. 20]をもってアナクサゴラス以来の哲学の原理であるとし，この原理が世界史においても貫徹するものであることを証明するのが歴史哲学の課題であると言うのである。

ここに理性は思惟する理性に先立って，何よりも世界のうちに存在し，歴史を貫いて目的論的に発展する理性として見守られるに至ったのである。アリストテレスは，全自然界を質料が目的としての形相の実現を目指す運動と見て，そこに質料因と形相因と目的因と運動因の四原因論を展開しているが，ヘーゲルが理性をもって歴史の「実体であるとともに無限の力であり，それ自身一切の自然的生命と精神的生命の素材であるとともに，これらの内容を動かす無限の形相である」[同 12. 21]と語るとき，これは歴史的世界に移してアリストテレスの伝統を生かしたものとも言ってよい。ところで，かつては神の摂理が世界を支配すると信じられたが，ヘーゲルが世界史における理性の支配を証明しようとするとき，或る意味でこれを追うものである。ヘーゲル自身も自己の歴史哲学を「神義論（Theodizee）」[同上]と語っている。しかし，ヘーゲルにとって理性の支配は信仰の問題ではなく，飽くまで認識の問題であった。ヘーゲルは歴史発展の目的と手段，その過程の論理を具体的に探ろうとしているのである。

Ⅱ　自由の意識における進歩　　それでは歴史発展の目的は何か。それは自由である。世界史の主役が精神であるとき，精神の本質は自由だからである。ヘーゲルは「世界史とは意識における自由の進歩である」[同 12. 32]と語っている。世界史の舞台がアジアから，古代ギリシア・ローマへ，そして民族大移動のあとは，アルプスを越えてゲルマン的世界へと東から西へ移動するにつれ，専制政治が支配するアジアでは，たった一人の者が自由であったにすぎないが，奴隷制の上にポリス民主制を開花させた古代ギリシア・ローマでは少数であれ，複数の人が自由であることを知るようになり，そしてゲルマン諸国民が活躍する近代に入れば，人間が人間であるかぎり万人が自由であるという自覚が生まれるに至った，というのである。ヘーゲルによ

れば、自由は概念として各自の心胸のうちに宿るだけではなく、すでに慣習や法律や道徳など共同生活の基盤として客観的にも実現されているのであり、この実現された自由としての現実を引き受けようとする意志こそが自己に還帰する自由として真に無限なものだと言うのである。ヘーゲルは歴史哲学で自由の意識の進歩を辿ることで、この自らの自由の概念そのものを世界精神が現在において達した高処として、その歴史的必然性において証明しようとしているのである。

Ⅲ 理性の狡智　それでは世界に自由が実現するための手段は何であろうか。ヘーゲルは「いかなる偉業も情熱なしには成就されなかった」[同 12. 38]と語り、世界精神は個人の情熱や関心や意欲など、それ自身個別的な活動を道具にし、手段にしながら自己の目的を実現して行くと言う。そこに「理性の狡智」[同 12. 49]を見守っている。このヘーゲルの思想は、ときに歴史を形成する主体を精神とか理性という形而上学的実体にもとめて、本来の主体であるはずの人間をこうした形而上学的実体の操り人形と化するものとして批判される。しかし、ヘーゲルも近代ヒューマニズムの嫡子として歴史を築くものが人間であることをはっきりと自覚していた。このことはヘーゲルがルソーなどの啓蒙思想に導かれたフランス革命を、それが恐怖政治に陥った経緯に対する批判にもかかわらず、人類が初めて自分が歴史の主人であることを自覚して、自分の思想の上に現実を築こうとした出来事として、その世界史的意義を生涯承認し続けたところにも端的に窺えるところである。しかし、ヘーゲルは同時に自由を目指したフランス革命が恐怖政治に陥るなど、歴史は人間が築くものではあるが、それが意図通りに築き上げられるものではなく、思わぬ結果を招くものであることをも知っていた。これもヘーゲルが運命として、或いは疎外として、若き頃より問題にした認識であった。

「理性の狡智」とは、このヘーゲルの複眼的な歴史観を示すものにほかならない。ヘーゲルは「人間が全く外面的意味で理性目的の手段となることはまずない。人間は理性目的を充たすとともに、またこの理性目的をきっかけにして、内容上は理性目的と異なる自分の個別的目的を満足させる。しかし、また進んで、この理性目的そのものに関与するのであって、その点で人間は自己目的的なのである」[同 12. 50]と語っているのである。またヘーゲルは論理学において「理性の狡智」の目的論的構造について語っているが、そこでは手段なくして目的の達成がないかぎりで、道具の優位を語っていることを想起すべきであろう。

Ⅳ 世界法廷としての世界史　ヘーゲルにとって、人間は自由を本質とする個人であると共に他人と共同して生きる間主体的存在であることは直観される事実であり、彼の哲学はこの事実に出発する。この意味では、ヘーゲルは社会契約論が前提にするような近代個人主義には反対であり、人間を「ポリス的動物」と捉えたアリストテレスから『法の精神』のモンテスキューを貫く系譜に立っていた。個人主義の立場に出発するとき、他者との共同の問題は当為の課題となるので、理想的な共同体は国家を超えて人類共同体となる。カントが世界公民的秩序の実現を説くところに示される通りである。しかし、ヘーゲルにとっては国家が自由と共同の統一からなる人倫共同体の最高の実現態であった。ところで、最高の実現態といっても、それは飽くまで客観的精神にとってのことであり、絶対精神の立場から見れば、国家といえども他の国家との関係に立つ相対的な存在である。もとよりヘーゲルによって絶対的なものといえども相対的なものを離れては存在しない。すなわち、国家は、それが世界精神から託された世界史的使命を担うかぎりで存続し発展するが、それを果たし終えるとき没落することになる。

この意味は世界史に展開する国家の栄枯盛衰は，一定期間を或る民族の許に停留しながら，他へと舞台を変えながら進行する世界精神の歩みを示すものにほかならない．そこに「世界歴史は世界法廷である」[『法哲学』341節]と語られるのである．ヘーゲルの哲学体系によれば，こうして世界史の哲学は法哲学など客観的精神の哲学と絶対精神の哲学とを媒介するものとなるのである．

　V　歴史の終焉　歴史の只中に生きる人間が，どうして歴史の全体を普遍性において考察する立場を確保することが出来るか．近代歴史哲学の開拓者である啓蒙の思想家たちは，みずから考えるところの理性や人間性を時代を超えて普遍的に妥当するものであるとし，この立場から歴史を考察した．中世を暗黒時代と見るといった見方は，こうした啓蒙の歴史理解の特色を端的に示すものであろう．しかし，これが超歴史的な立場から裁断することで，このかぎり啓蒙の進歩史観と言っても救済史観を追うものであることは明らかであろう．歴史を見る眼は飽くまで歴史の中に見出されなければならない．ヘーゲルは，この課題を理性を歴史化し，歴史を理性の自己実現の目的論的運動として捉えることで解決しようとした．この理性の運動が自己意識を得て自己に還帰する場所にヘーゲルみずから立ち，そこから世界史を眺めることによって，一切の歴史の流れを自己の生きる現在のうちに止揚することを目指したのである．別言すれば，歴史の流れの只中に立ちながら，その流れを自己の所に流れ込ませることで塞き止めようとしたと言ってもよいだろう．そこにヘーゲルは，みずから生きる現在を超えて，カントが世界公民的秩序の実現を未来に託したように，未来について語ることをしない．それは飽くまで歴史の内在的理解を目指すヘーゲルの姿勢を示すとともに，経験的には歴史はヘーゲルの立った時点を超えて進行するものであるとしても，理念の展開という意味では完結に達しているというヘーゲルの認識を示すものであろう．ここに見られるものは，世界史を貫く精神が自己の自己意識において還帰しているという，自己をもって絶対者との一致に立つとする絶対的確信であろう．そして，この確信を支えるものが何かと問うならば，それはこの現在に生きる自分を措いて歴史を見る視点は何処にもない，歴史哲学は飽くまで歴史に生きる人間の自己認識であるはずだという，ヘーゲルの歴史哲学の理解であろう．このようにヘーゲルが世界史を哲学のうちに止揚したのを承けて，マルクスが実践を通して哲学を歴史のうちに止揚しようとしたこと，またヘーゲルにおける絶対者との一致に立つという自己確信が崩れるとき，ヘーゲル以後の歴史主義の歴史哲学が生まれることは，よく知られていることである．→自由，運命，物語，目的論，フランス革命，マルクスとマルクス主義　　　　　　　（上妻　精）

歴史主義　[Historismus]

　ヘーゲル哲学はおよそ現実的なものは主観的なものと客観的なものとの媒介されたものであり，歴史はこの媒介として現実一般の本質規定であるという洞察によって，人間存在・文化の歴史性の意識としての歴史主義の形成に寄与した．しかし彼の歴史哲学が同時に歴史は必然的に理性の思想を要求するという洞察を提起したのに対して，19世紀の歴史主義思想の主たる潮流は，啓蒙的合理主義的哲学理論による歴史の合理的体系化の拒絶ないし懐疑という主導理念に基づき歴史的生起の個別的な発展や事象性の意味了解を追う実証主義的，相対主義的傾向を強めていった．20世紀において歴史主義の下で歴史における合理的なものがますます主観的なものに還元され相対化されればされるほど，歴史およびその理解そのものがおよそ客観的理性的なものなしに成立しうるかというヘーゲルの根本洞察にますます深くつき当らざるをえない．

【参】 Heussi (1932), Schnädelbach (1974), Brauer (1982) (平野英一)

劣悪 ⇨悪

レッシング [Gothold Ephraim Lessing 1729.1.22-81.2.15]

牧師の家に生まれ, ライプツィヒ大学で神学を学んだが, 劇作家, 批評家として名声を得た。フランス演劇の単なる模倣を排し, シェイクスピアを範としてドイツ独自の演劇を確立することに力を尽くした。戯曲に『ミンナ・フォン・バルンヘルム』(1767), 評論に『ハンブルク演劇論』(1767-69) などがある。ヴォルフェンビュッテル大公図書館の司書の職にあったとき, 理性宗教の立場から既成の宗教, とりわけその啓示信仰をきびしく批判したライマールス (Hermann Samuel Reimarus 1694-1768) の遺稿を匿名で出版した。その責任を追求するプロテスタント正統派神学者たちとの間で激しい論争を行った。当局の介入によって論争を中止せざるをえなかったレッシングは劇作を通してその思想を表明した。その成果が『賢者ナータン』(1779) である。

ヘーゲルの思想形成にレッシングの思想はきわめて大きな意味を持った。『賢者ナータン』からの引用が初期の草稿のあちこちにちりばめられている。ヘーゲルはこの書の中にレッシングの理性へのゆるぎない信頼とともに, 宗教は字句(聖書)ではなく心胸のうちにあるという確信を読みとった。『賢者ナータン』から例えば次の箇所を引用している。「あなたから見て私をキリスト教徒たらしめるものが, 私から見ればあなたをユダヤ教徒たらしめる」[『国民宗教とキリスト教』1. 19]。若きヘーゲルのレッシングへの共感は, レッシングに因む ἓν καὶ πᾶν (一にして全) という言葉を, テュービンゲン大学時代ヘルダーリンやシェリングとともに結んだ同盟のシンボルとしたことからも知られる。また人々に善の何であるかを教えた徳の教師としてイエスを描いたベルン時代の草稿 (『イエスの生涯』) の成立も, ライマールスの, そしてレッシング (『人類の教育』1780) のイエス解釈を抜きにしては理解できないであろう。

⇢一にして全

【参】 Dilthey (1905), Harris (1972), Fujita (1985) (藤田正勝)

連想 ⇨観念連合

連続性 [Kontinuität]

連続性は非連続性(分離)とともに量の二契機をなす。量とは質的規定性に無関心となった事物の関係であり, この無関心性が事物の自分自身との統一を形成する。これが「限界と排斥によっては中断されない, 単純な, 自己同等的な自己関係」[『大論理学』5.212] としての連続性である。しかし, 事物自身が多くの事物の複合体であるように, この連続の関係もまた, 自立的な多くの一の統一でもあり, したがって連続性はそれ自身のうちに多という分離の契機, すなわち非連続性を含む。例えば, ひとつの部屋が占める空間は連続量であり, このなかに集合する100人の人間は非連続量である。日常的な観念はしばしばこれら両者を対立的にとらえがちであるが, しかし, 非連続量を含まない連続量も, 連続量を含まない非連続量もともにありえない。ヘーゲルによれば, 空間・時間の分割に関するいわゆる二律背反は, これらがもつ連続性と非連続性との統一という客観的な性質の主観的反映なのである。 (奥谷浩一)

ロイトヴァイン ［Christian Philipp Leutwein 1768-1838］

テュービンゲン大学神学部時代のヘーゲルの学友。進級試験の成績は第1位（ヘーゲルは第4位）。当時のヘーゲルの想い出を綴った晩年の手紙は空白をうめる貴重な資料。その中で彼は，当時ヘーゲルがルソーらの「感情」に重きをおく思想に心酔する一方，カントや「形而上学」にはまだ関心を寄せず，概して「折衷家」にすぎなかった，と述べている。神学部卒業後ヴュルテンベルク公国で牧師となるが，泥酔癖のため1809年解任され，以後不遇な隠遁生活を送る。ヨハネ黙示録についての2巻の註釈的著書がある。この中での権威主義的教会批判は，大学時代のヘーゲルとの交流を推測させる。

【参】 Henrich (1965) （片柳榮一）

老子 ［Lao-tse］

中国では人は自己の外の皇帝の中に自分の直接性を見たが，次の段階に至ると自分の内面の中に自分を見ようとする教説が現れる。これが道教である［『宗教哲学』**16**. 328 参照］。ヘーゲルによれば，内的なもの，すなわち抽象する純粋思惟へのこの方向はすでに古代中国に見出されるが，しかしその教説がさらに変化し深化していったのは後代においてであり，特に老子においてである。老子によって深化された教説には思想という純粋なエレメントへの移行が芽生えている。だが思想の抽象に専念する人々は，それ自体において純粋な不死の存在になろうと意図した。そのため生命性・意識・精神的なものから分離し，思想は完全な抽象に止まることになる。ヘーゲルは『歴史哲学』において孔子と老子を同時代人としているが，現代の研究では老子は孔子より100年ほど後（春秋時代末期）とされている。ヘーゲルは老子に関する資料として，アベル・レミューザ（Abel-Rémusat 1788-1832）「老子の生涯と見解に関する覚書」（Paris 1824）と『老子道徳経』の翻訳を読んでいた。→中国 （八田隆司）

労働 ［Arbeit］

Ⅰ 対自然‐間主体的な活動　労働は伝統的に卑しいものであった。しかし近代ともなると，市場経済が産業全体を覆うようになり，労働が学問的概念としても取り上げられるようになる。ヘーゲルは後進国ドイツにあって，労働に新しい光をあて，独創的な労働論を生み出した。人間は何よりもまず労働を通して自然から身を引き離し，自立の道を歩み出す。ここに人間‐自然関係が生まれる。目的は労働によって実現される。しかし，その関係は一方的な自然加工‐技術的支配ではない。労働は自然固有の因果法則のもとで営まれ，そこでは自然と人間についての知が深められる。しかし「人間が自然から何を獲得するにせよ，人間が自然を服属させるほどに，人間自身がそれだけ低落する」［『イェーナ体系Ⅰ』GW **6**. 321］。「人間は，彼が自分自身の主人となるまでは，自然の主人にはなれない」［『イェーナ体系Ⅲ』GW **8**. 287］。人間は人倫共同体においてこそ自分自身の主人になることができる。労働を対自然的かつ間主体的な営みとしてとらえ，労働のこのより原理的

な場面に定位し，そこから人倫を展望する点に，ヘーゲルの特徴がある。この課題に応えるのが〈自己を物となすこと〉としての労働である。

Ⅱ 教養形成の運動を生み出す　労働は，市民社会領域を初めて人倫の肯定的契機とした『人倫の体系』で視野に収められた。ただし『人倫の体系』，『イェーナ体系Ⅰ』には方法論上の制約もあり，労働自身に体系的機能は与えられていない。二つの草稿の間に労働論の進展はありはするが，おおよそその意義は，対象への形式付与による占有の根拠づけ，欲望と充足の間への労働の挿入による欲望の自制，主体と客体を媒介する，労働の持続的規則性としての道具の産出，自然の実践的領有などにおかれている。ヘーゲル労働論は『イェーナ体系Ⅲ』に成立を見る。そこには近世自然法（特にルソー，フィヒテ）の内在的克服，つまり個別意志－普遍意志を実在的に媒介するという課題があった。それに応えるのが「疎外化 (Entäusserung)」「教養形成 (Bildung)」としての労働であり，それは個体の活動に即して個体の自己否定〔自然性の止揚〕と普遍化〔共同の自覚〕を説く重要概念である。私は自然に否定的に関わり，自分の諸規定を物の形式へと，「形成 (Formieren)」し〔生産物〕，「私の作品（仕事 Werk），そのうちに私は自らの行為を知る。〔…〕労働は此岸的な，自己を物となすこと，自己－対象－化である」〔GW 8. 204, 224〕。私はまるで別のものになったのではなく，自己を疎外化して他在のもとで自己自身と関係している。ここには他在のもとで自己を知るという再帰的構造がある。（なお「生産 (Produzieren)」もこのような自己対象化として捉えられている。）また伝統からの解放がある。伝統的労働観によれば，制作活動〔ポイエシス〕は素材に依存し，目的に従って，形相を素材のうちに置き入れるにすぎない。それは非自由民の職分であり，公的場で公的問題に関わる自由民の実践〔プラクシス〕との間には厳然とした序列づけがあった。

Ⅲ 人倫を成り立たせる　こうして労働は人間関係－社会の存立を解く重要概念となる。交換によって私は〈対象と化した自己〉を疎外化〔譲渡〕する。私にとってそれは疎遠になりながら他者のもとで保持されている。「そのうちに私は自分が承認されていることを見る」〔GW 8. 227〕。交換は労働に基づく教養形成・承認の運動であり，所有主体＝人格としての相互承認からは，「人格的な正と不正」の知ならびに私法的諸関係が生まれる。また社会的な労働分割〔分業〕は市場を介して不特定多数を結びつけ，労働と欲求充足を対他的なものとし，各人に普遍的なものへの意識をもたらす。この場面で不正があれば，普遍意志である「法」は，司法活動を介して自らを疎外化し，万人の依り所たることを示し，万人の知となることができる。ここに労働を動軸として，富の圏域と法の支配を内実とする，近代の境位に立つ共同体の構想が可能になった。後年の『法哲学』でこの着想が影を潜めるかにみえるのは「承認された状態」に定位して人倫の構成契機の叙述がなされるためである。（近代の労働のネガティヴな叙述は工場の項に譲る）

Ⅳ 労働観の転換から新しい発想が生まれる　ポイエシス的労働観の転換によって，『精神現象学』「主人と奴隷」の章での，奴隷の意識の自立と自由の原経験が生まれる。奴隷は伝統的に非自由民であった。また労働の論理は人間－社会関係の場面に限られない。しばしば用いられる「精神の労働」〔『哲学史』20. 507〕は単なる比喩ではない。それは自己を作品へと形成し自らにとって対象と化する「精神」の本性を表現するものとして，精神の様々な局面に見出される。なおこの背景として，カント『哲学における最近の尊大な語調』(1796) での或る着想（「自己認識という巨大な労働」）が挙げられよう。→市民社会，

技術, 主人と奴隷, 承認, 工場
【参】 Lukács (1948a), Riedel (1969)
(滝口清栄)

老年 [Greis]

「老年とは, 主観性と客観性との統一の成就である。この統一は, 実在的には, 鈍感な惰性の無活動に移行するが, 観念的には, 制限された関心や外面的に現前しているものの錯綜からの自由を獲得する」[『エンツュクロペディー (第3版) 精神哲学』396節]。理想への希望を放棄している。未知のものの本質を既知のものと思い込む。過去の思い出に生きる。名前の記憶を失う。「若者に説教することを義務だと思っている」[同「補遺」10. 86]。子どもに返る。これらすべて「彼の器官の活動が過程のない惰性になり, 生きた個別性の抽象的否定と, すなわち死に進んでいくことと軌を一にしている」[同上]。——ヘーゲルの学生時代のあだ名は「老人」(der Alte) であったが, 風貌や態度に老人らしさはなかった。ただし彼の声は, 子どもの時の病気のためにしわがれていたので, 「老人」と呼ばれたと思われる。→子ども, 青春 (加藤尚武)

ロシア [Rußland]

ロシアは, 西欧的自己完結性をもつ歴史哲学構想のなかで, その外側に位置づけられる。あるいは, むしろ非西欧的なものとされる。スラブ民族の居住地は, ヨーロッパ東部に位置し, その一部は「西欧の理性の洗礼」を受けもした。にもかかわらず世界史のなかで独立の契機として登場したことはない。ために「これら一群の民族はわれわれの考察からは除外される」[『歴史哲学』12. 422]。このスラブ民族の特性は, 農奴とその支配集団が趨勢を占め, 中間身分が欠落しているという点 [『法哲学』297節「補遺」], また「主観的自己という根本感情, 普遍的なものの意識にきわめて鈍重」[『歴史哲学』12. 500] な点にある。ただし, ヘーゲルは, 未来に対する予見というかたちでロシアに目を向ける。それは「世界史の領域であんなにも大きい所を得, より高い使命をもつことの疑いえない国です。……その内包的本性を発展させる何か巨大な可能性を抱懐しています」[イクスキュル (Boris von Yxkull) 宛1822.11.28付書簡]。

【参】 Löwith (1940) (滝口清栄)

ローゼンクランツ [Johann Karl Friedrich Rosenkranz 1805.4.23-79.6.14]

マグデブルクに生れ, ベルリンとハレの大学で学ぶ。1831年ハレ大学で哲学の員外教授となり, 1833年ヘルバルト (Johannes Friedrich Herbart 1776-1841) の後を襲ってケーニヒスベルク大学の正教授となり, 死ぬまでこの地に留まる。学生時代からヘーゲルの弟子たちの講義を聴き, また後には直接にベルリンでヘーゲルと面談したりしてその哲学への理解を深めた。最も有名な『ヘーゲル伝』 (*Hegels Leben*, Berlin 1844. Nachdruck: Darmstadt 1963) の他に, 『ヘーゲルの体系に関する批判的解明』(*Kritische Erläuterungen des Hegelschen Systems*. Königsberg 1840. Nachdruck: Hildesheim 1963), 『ドイツ国民哲学者としてのヘーゲル』(*Hegel als deutscher Nationalphilosoph*. Leipzig 1870. Nachdruck: Darmstadt 1965) その他のヘーゲル関係の著作および自伝『マグデブルクからケーニヒスベルクまで』(*Von Magdeburg bis Königsberg*. Berlin 1873) がある。この自伝の第19章には最晩年のヘーゲル (コレラの流行と死) についても記されている。

(中埜 肇)

ロック [John Locke 1632.8.29 - 1704.10.28]

イギリスの哲学者, 政治思想家。主著『人間知性論』(*An Essay concerning Human Understanding*. 1690) において, デカルトから受け継いだ観念 (idea) の理論を基礎に

据えて，バークリ(George Berkeley 1685-1753)，ヒュームへの道を開く経験論的な内在的現象論の立場の哲学を展開した。代表的な所説としては，(1)本有観念を否定し，心は元来「白紙」であって，すべての観念は感覚と反省を通じて経験から得られるとして，単純観念と複合観念の区別に基づき種々の観念の生成の説明を行ったこと，(2)実体の概念を複合観念へと帰着させ，基体の不可知性を主張するとともに，一般に普遍概念を抽象化の作用の所産であるとして，唯名化する方向を取ったこと，(3)第一性質と第二性質を峻別して，当時の自然科学理論との調和を図ったこと，等が挙げられるが，(4)とりわけ，言葉と観念の結びつきを重視し，言語の考察を哲学の基本的方法の位置に据えた点は，現代にも大きな影響を及ぼしている。政治思想では，契約説の立場を取り，反抗権を認めて，民主主義的諸原理と宗教的寛容とを主張した。

ヘーゲルは『哲学史』でロックを大きく取り上げているが，その基調は，「我々が真なるものを経験から，つまり感覚的存在及び知覚から受け取り，抽出するというのは，この上なくトリヴィアルで稚拙な思想である」［20. 203］という断定に見られるように，ロックの経験論的立場に対する批判である。しかしまたヘーゲルは，ロックは有限者・個別者を哲学の原理としている点でライプニッツとの共通性を備えており，この両者は，スピノザおよびマールブランシュの実体一元論的な普遍主義と対比される，とも述べており［同20. 203f.］，ヘーゲルの哲学史的観点が，〈合理論対経験論〉という常套的な図式とは異なるものを秘めていることを窺わせる点で興味深い。→ヒューム　　　　　　　　　（岡本賢吾）

ローマ時代　[Rom, Römer]

ローマ時代は，概括的には前8世紀ころ伝説的な王制期に，前510年から共和制期に，前27年オクタウィアヌス以後帝政期に入る。395年帝国は東西に分裂し，西のそれは476年に滅びた。東ローマ（ビザンティン）帝国は1453年まで存続したが，その名称は後代の便宜上の表現であるにすぎない。また800年カール大帝によって復活した帝国も，やはりローマ帝国であった。さらに962年に戴冠したオットー1世以後のいわゆる神聖ローマ帝国は名目上1806年まで存続した。フランクフルトの旧市庁舎レーマーはその名残である。だがヘーゲルが対象とするローマ時代は，主として共和制期と帝政期であり，ヘレニズム時代も包摂する。なお「悟性の抽象がローマ帝国の世界史的原理として示される」［『法哲学』180節］。つまり「法的状態」の確立が，ローマ時代に帰せられる功績かつ限界である。
→法的状態，ビュザンティウム　　　（小林靖昌）

ロマン主義　[Romantik]

ロマン主義は18世紀フランスの啓蒙思想とその社会的波及に対抗して，18世紀末から19世紀前半にかけてドイツを中心に起こった文芸・思想運動である。その分野は多岐にわたり，文学・哲学・芸術はもちろん，生物学・医学などの自然科学の分野にも及んだ。

ドイツ初期ロマン主義は，古典主義に飽き足りないノヴァーリス，Fr. シュレーゲルらを中心にまずイェーナにおいて産声をあげ，機関誌『アテネウム』を舞台に活動した。当初はフィヒテ哲学の影響下に近代的自我の覚醒と既成の規範への反逆を志向するが，しかしその政治的実現にではなくて内面の感情の主観主義的発揚に向かった。さらに，神的生命の直観を説くシェリングの「同一性哲学」の影響下に，現実世界を超越して神を憧憬する宗教的傾向を強めてゆく。このようなロマン主義をゲーテとともに最初に理論的に批判したのが，ヘーゲルである。彼は概念の立場から，ロマン主義者の感情至上主義を批判する。「〔ロマン主義者によれば〕絶対者は概念的に把握されるべきではなくて，感ぜられ直

観されるべきであり,絶対者についての概念ではなくて,それについての感情と直観が音頭をとり語られるべきだというのである」[『精神現象学』3. 15]。ロマン主義は,啓蒙思想によって生み出された近代世界を忌避してロマン的詩情(ポエジー)へと没入し,中世的な宗教世界へと還帰してゆく。ノヴァーリスの神聖ローマ帝国賛美やシュレーゲルのカトリシズムへの改宗は,ロマン主義の中世的世界への回帰を象徴している。さらにロマン主義はゲルマン文化の源流を東洋の神話に求め,理性的な近代的自我の原理を否定し,没我的で神秘的な東洋的世界を至上のものにすることになる。

しかしこのようなロマン主義が,現実世界と無関係であったわけではない。むしろヴィーンに興隆した後期のロマン主義は,近代的な自我原理を基礎にする自由主義に対抗して,君主を頂点にした絶対主義的な国家主義を主張するようになる。1820年代のヴィーンにおいては,メッテルニヒ体制のもとでオーストリア帝国の国粋主義的傾向の強い政治的ロマン主義が形成され,インド精神史に傾倒するに至ったFr. シュレーゲルや国家有機体論を説くミュラー(Adam Heinrich Müller 1779-1829),あるいはアジア世界に神話の源流を求めるゲレスなどが理論的指導者となって,雑誌『コンコルディア』を舞台に国家主義の論陣を張った。プロイセンのベルリン大学にあってヘーゲルは,プロイセン国家に対抗するオーストリア帝国の理論的支柱をなす政治的ロマン主義にたいして,その反近代的で復古的な国家主義を批判して,理性主義的=自由主義的な国家観を主張した[『法哲学』258節]。また彼は歴史哲学の講義においては,ロマン主義の東洋憧憬にたいして,歴史を西欧に固有の〈精神の自由の発展過程〉と捉えて「自由の理念」の実現を訴えた。→啓蒙,自由,シェリング,ノヴァーリス,シュレーゲル兄弟,ゲレス

【参】 Haym (1920), Huch (1951), Lukács (1963), Pöggeler (1956), Bubner (1978), Behler (1988), Sánchez (1986), Frank (1989)

(伊坂青司)

ロマン的芸術 [Romantische Kunst]

ロマン的ポエジーとは,もとラテン語で書かれた物語に対して,ラテン語と被征服者の言語が混合して生まれた方言,ロマンス語で書かれた物語をさす。その内容から,ロマン的とは怪奇的,冒険的といった,非難の意味でもちいられることが多かった。だが A. von W. シュレーゲルは弟フリードリッヒとともに,この物語形式の俗語性,民衆文学性に注目し,詩と生活の融合の範として,この詩形式に「完成されることのない絶えざる生成」をもとめた。

ヘーゲルは,その芸術形式の発展史観から,ロマン的芸術に独自の解釈をくわえ,これを象徴芸術,古典芸術を経たあとの最終段階とする。古典芸術において精神に合一するとされた外的実在相は,この段階において精神の内面性の自由にとって不適応となる。たしかにロマン的芸術の内包もまた,みずから美しくなることをもとめるが,古典芸術の意味での美を下位段階のものとし,即かつ対自的な内面が本来無限の精神的主観性として現れ出る精神的美をこそ課題とするものであった。「その真の内容は絶対的内面性であり,それに対応する形式は精神的主観性であり,この主観性が自立し自由でありつづけることを確保するものである」『美学』14. 129]。たしかに絶対的な主観性も「一度は外的存在のうちに現れて,つぎにこの実在相から出て自分のうちに自己集中してゆくという,本義にかなった現実的精神となるのでなければ,芸術の手から逃亡し,思惟に受け入れられるだけのものになってしまうであろう」[同 14. 130]。そのような内容は愛を中心として展開され,宗教愛,教団への献身,騎士道的名誉,恋愛,

忠誠，さらには自己愛などがあげられる。

またロマン的芸術固有の芸術ジャンルとして，絵画，音楽，文芸があげられる。いずれもそこで使用される感覚的材料がそのものとして，芸術作品の内包を構成しえず，ただこれらを媒介にして別個の精神的現象が与えられることになる。

ヘーゲルのロマン的芸術論は，一方で芸術の内的反省である芸術批評をも内に含みこむ，かれの芸術体系の完成であるとともに，芸術の過去性を指摘する芸術終焉論ともつながり，新たな現代性をもって議論されている。

【参】Benjamin (1955)，大西克礼 (1961)，金田晋 (1983)，神林恒道 (1985)　　　（金田　晋）

論理学　[Logik]

Ⅰ　イェーナ期ヘーゲルと論理学　ヘーゲル論理学を成立史的に顧みるとき，それが一方ではカントの超越論的論理学との徹底的な対決から，他方ではヨハネ福音書のロゴス解釈から成立していることを無視できない。カントの超越論的論理学において，ことに弁証論の二律背反論は，これによるカントの形而上学批判にもかかわらず，対立するものを統一する論理へと弁証論を転換させることで，新たな形而上学の可能性に道を開くものでもあったからである。そしてカントが弁証論で自我，世界，神を問題にしたとき，これら三者の統一的連関を神と人間となった神の言葉であるイエスとコスモスとしての世界で考えようとしたのがヨハネ福音書のロゴス解釈であったと言ってよい。こうした思索の最初の結実を，イェーナ初期に見出すことができる。すでに『差異論文』において，ヘーゲルが哲学の前提として絶対者とその分裂とを挙げた後に，「哲学の課題はこうした前提を統合すること，つまり存在を無のうちに生成として，分裂を絶対者のうちに絶対者の現象として，有限なるものを無限なもののうちに生として措定することである」[2. 25] と語るとき，ここにはやがて展開される論理学の基本的な枠組が見られる。そして1801/02年のイェーナ講義において，悟性の形式の有限性を暴露して形而上学的認識を導くものとして，形而上学から区別されて，絶対者の学の最初の基本的部門として論理学が初めて展開されるに至る。ここに見られる論理学と形而上学との密接な関係，そして論理学を否定的な仕方での絶対者の認識として見る眼差しは，明らかにカントとの対決から得られたものであろう。このことは1804/05年になると，この論理学が弁証法として語られて，形而上学から区別されるところに端的に窺えることである。そして，この過程においてヘーゲルは，二重否定の概念，これによる論理的諸規定の絶対者の直観への止揚，そして諸カテゴリーや判断や推理の形式がカントにおけるように判断表などから経験的に掻き集められるのではなく，体系的に展開されるべきことの認識を得ているのである。しかし，論理学（弁証法）と形而上学との区別は，1805/06年の講義になると消えて行く。学への緒論は論理学ではなく，意識の経験の学（精神現象学）に譲られるのである。そして論理学は精神現象学が到達した絶対知を踏まえることで，思惟と存在との一致に立つ存在論的形而上学的論理学となるのである。

Ⅱ　純粋学としての論理学　こうして1812年から16年にかけて第1版が刊行された『大論理学』は，ヘーゲルによって「純粋学」として規定される [5. 67]。この規定によって，この論理学が思惟の形式だけを取り扱ういわゆる形式論理学とも，対象を構成する思惟を取り扱うカントの超越論的論理学とも異なる所以が示されている。ここに「純粋学」とは思惟を思惟する学であり，この論理学においては内容が外から与えられるのでなく，一切が思惟自らが与え，これによって自らを基礎付ける学であることが意味されているからである。カントにおいて各々のカテゴリー

は判断する自我，ないしは判断の向かう対象を回路として相互に関係づけられているにすぎない。これに対して，思惟の諸規定を一つの規定から他の規定へと赴く思惟の運動の進行形式の中で明らかにすること，これがヘーゲルの目指したことであり，ここにカテゴリーは規定された概念として，概念そのものの自己運動の契機となり，相互に関係し合うものとなるのである。ところで，このように思惟が自己自身以外の何ものも前提せずに，自己の運動を見守ることができるためには，この思惟はもはや存在と対立する思惟であってはならない。ここにヘーゲルにおいて論理学は，思惟を思惟する学であることにおいて，同時に思惟に開かれた存在の学であり，もはやカントにおけるような単なる主観の認識形式に止まらず，同時に存在論的カテゴリーとなるのである。ヘーゲルが自己の論理学，そして客観的論理学を伝統的区別で言えば「論理学」であると同時に「形而上学」であり，「存在論」であると語る [5. 61] のも，これがためである。

Ⅲ　世界創造以前の神の叙述　ヘーゲルは論理学の内容を「自然と有限的精神との創造以前の永遠の本質においてある神の叙述」[5. 44] と語っている。この言葉は明らかにヨハネ福音書の冒頭の句「太初にロゴスあり」を念頭にした言葉である。そして，この言葉は決して単なる比喩的表現に止まるものではない。というのは，ヘーゲルの論理学はヘーゲルにおける神の現存在の存在論的証明としての意味をもつものでもあるからである。神の現存在の存在論的証明は神における概念と実在，思惟と存在との一致を前提にし，概念から実在を導出するものである。この証明をカントが『純粋理性批判』で100ターレルの概念と現実の100ターレルとの質的相違を指摘して否定したことは周知のとおりである。これに対してヘーゲルは100ターレルという有限なものについての議論を神という無限なものに当てはめるのはそれこそ両者の質的相違を無視するものであると批判したが，しかしこのことは伝統的な存在論的証明を肯定したことを意味するものではなかった。それは従来の存在論的証明では神の概念がそれ自身において存在を含むということが前提されるに止まって，この前提自身が基礎付けられていないからである。それは神の現存在の証明が信仰の問題であるかぎりで，神の本質は問われないで，神の存在だけが問われたからである。哲学においては，この前提としての性格は止揚されなければならない。ところで或るものを証明するとか，基礎付けるということは，そのものを根拠に向かって遡源することであるが，神はどこに自らを遡源させる根拠を見出すことができようか。神においては神自身が自己自身を現存在にもたらすことで証明するほかない。換言すれば概念と存在との一致を神，すなわち絶対概念の自己産出として生成の姿で明らかにするほか途はない。そして，この途を叙述するものとして，われわれはヘーゲルの論理学を読むことができるのである。この意味では，論理学を展開する主体は精神としての神であり，人間の意識的生活も歴史的に展開する精神の自己運動の中に組み込まれ，精神が己れを知る場所にほかならないのである。

Ⅳ　論理学の構造　ヘーゲルにおいて論理学は概念の運動の諸々の段階に応じて大きく有としての概念を取り扱う有論と本質としての概念を取り扱う本質論を内容にする客観的論理学と概念としての概念を取り扱う主観的論理学とに区分される。有論は1831年に改訂されているが，質のカテゴリーと量のカテゴリー，それに度量の論理を取り扱う。後年，しばしば論ぜられるに至った有と無と生成の三肢構造は質のカテゴリー冒頭において展開されているものである。また量のカテゴリーでは，微積分学から得た無限概念が，近代形而上学そしてフィヒテ哲学の無終の悪無限に

対して，真無限として対比されている。本質論は反照の媒介の領域を主題化する。ここで反照とは事象を外から追思惟するいわゆる反省とは異なり，事象が己れのうちに事象そのものの内的対抗運動として折れ曲がって還帰することを指す。このとき，直接的な有は本質に依存するものとして仮象となるのである。有のカテゴリーは，その都度，他のものに移行したのに対して，同一性と区別に始まって矛盾や根拠に至る反照の諸規定の体系は，同一律，排中律，矛盾律，根拠律など伝統的な論理学の公理の思弁的解釈を通して自他関係の内的連関を明らかにすることを目指している。そしてこの関連は，続く現象と物自体，全体と部分，実体性と因果性と交互性の本質諸規定を貫くだけでなく，全論理学の根底に横たわっているものであると言ってよい。そして実体概念から概念論への移行に際して，スピノザ主義に対する内在的な反駁を試みている。そして有と本質との統一としての概念は，諸規定を通しての自己同等性という実体の根本構造と知の自己関係としての主体の根本構造とを併せもつことで，自己を思惟する自己関係を通して構成される現実的なものとして示す。そして概念は完璧な自己規定に至る途上で普遍性と特殊性と個別性の諸契機，また判断や推論（推理）の諸格を辿ることになる。そしてこれらは概念の主観性の諸側面であるが，この展開を通して推論の構造が，同時に客観的世界の根本構造として示されることになる。そこに客観性として機械的連関，化学的連関，目的論が論じられる。そしてこの主観性と客観性との統一において概念は概念として完全な形式を得て理念（イデー）となる。もとより，理念はプラトンやカントを追うものではあるが，同じではない。カントにおいては理念は統制原理として主観性に留まっているが，ヘーゲルにおいては同時に客観的世界に実在して働いているものであり，プラトンにおいてイデアは弁証法的に運動しないが，ヘーゲルにおいては理念は有機的全体としての生命の形態を取ったのち，理論的なものと実践的なものへと発展し，そして最後に真なるものと善なるものとの統一としての絶対理念に至るからである。絶対理念において弁証法が内容から切り離されて外から事象に適用される道具のような意味での方法ではなく，概念の，したがって事象そのものの内在的運動であることが示される。ヘーゲル死後，こうしたヘーゲルの論理学は，一方では後期シェリング，トレンデレンブルク，ショーペンハウアー，キルケゴール，フォイエルバッハ，そして最近ではK. ポッパーなどの激しい批判に晒されると同時に，マルクスによる弁証法的唯物論への改釈を通してマルクス主義に，そして最近のフランクフルト学派の文化批判や，哲学的解釈学などに影響を与えている。→弁証法，形而上学，神の存在証明，カント　　　　　　　　　　　　　　　（上妻 精）

ワ

和解 [Versöhnung]

宥和ともいう。和解は、他者の罪を赦すことが同時に自己の罪が赦される所以として、ヘーゲルは初期以来一種の元徳として重視してきた。既にテュービンゲン時代の『説教』で和解を「真の徳」[GW 1. 60]とみなしていた。それは、自分の財産や名誉が他者によって奪われても、奪われたものの返還以上を他者に求めず、復讐を断念し、他者の過ちを心から赦すことを意味する。だが他者に寛容であっても、自己に対しては厳しくなければならず、それによって神の赦しが期待されうる。かかる和解の「最も崇高な修得者」[GW 1. 64]を彼はイエスに認めた。『イエスの生涯』ではこの観点から、イエスの説く和解を「浄められた志操の徴」[GW 1. 237]、神による「罰からの解放」の「唯一の条件」[同上]と捉え、カント的な一種の哲学的恩寵論を説いた。このモチーフはフランクフルト時代には合一哲学的見地から愛ないし美しき魂において「運命が和解される」[『キリスト教の精神』1. 346]ことによって基づけられるようになる。美しき魂は自己の権利を放棄することによって自分の側から敵対状態を廃棄し、運命と和解する。イエスが他者の内に「信仰」を見出したとき「あなたの罪は赦された」と言ったのも、信仰者の内に「彼と等しい心、法と運命との乗り越え」[同 1. 354]を認めたからである。愛はさらに「徳との和解」[同 1. 359]をもたらす。個々の徳は行為として現れると、互いに排斥し合うが、それぞれが自己の絶対性を放棄し合うことを通して、諸徳の和解が成立する。この点は『精神現象学』でも受け継がれる。行為的良心と批評的良心とが互いに自己の非を認め、他を承認しあうことにより「和解する然り」[『精神現象学』3. 494]が成立し、それにより「精神は一切の行為と現実を……起こらなかったことにすることができる」[同 3. 491]。そこに同時に神が現れ、その限り和解 (Versöhnung) は、承認し合う二人の人間を共通の父 (神) の息子 (Sohn) となすことを意味しよう。ただし『キリスト教の精神』では、(イエスの死が人々の覚醒への犠牲と見られていたとはいえ) イエスの贖罪による神と世界との和解はまだ認められていなかったのに対し、『精神現象学』や『宗教哲学』では神と世界との和解は神の受肉と死により既に潜在的には成立したとみなされるようになる。この潜在的和解は教団の中で洗礼と聖餐式を通して人々の自覚するところとなるはずだが、それは実際には教団と世界との対立の故に困難であり、遠い将来に委ねられるにすぎない。この問題は『精神現象学』では「絶対知」で解決されようとするが、『宗教哲学』では哲学とともに人倫において解決が図られる。「神的なものが現実の領域で自己を実現する、真の和解は人倫的法的国家生活の内にある」[17. 332]。だがこのことは、国家が真に「神的なもの」を実現している限りでのみ、成立するだろう。さらに「和解」という語は宗教的和解以外の場面でも用いられ (ローマ人の「世俗的和解」[『歴史哲学』12. 139]、ストア哲学の「内面的和解」[同 12. 385]、啓蒙における「神的なものの世界との現実的和解」[同 12. 529] など)、一般に「他在の区別の否定」

[『宗教哲学』17. 203] の働きとして「媒介」や「承認」とほぼ同じ意味で用いられる。換言すれば,「区別」がまだないところでは,本来の「和解」は語られないことになろう。
→赦し,洗礼,聖餐式
【参】 Dilthey (1906), Lukács (1948a), Rohrmoser (1959) (久保陽一)

惑星 [Planet]

18世紀までの天文学は,実質的に惑星天文学だった。恒星はどんな優秀な望遠鏡を使っても点としか見えず(これは今日でも変わらない),銀河系の外に位置する星雲はハーシェル (Frederick William Herschel 1738-1822) によるカタログが作られはじめたばかりだった。したがってヘーゲルが自然哲学においてそれらの天体よりも惑星を重視したことは,ごく自然なことだった。けれどもヘーゲルが惑星をすべての天体のなかで「直接的に具体的な天体として最も完全な天体」と呼んだ理由は,もっと別なところにある。それは一口に言って,惑星がまとまりをもった一つのシステム(系)を成しているからである。ヘーゲルはこの構造の中に〈理性的概念〉を見ようとした。けれどもニュートンを信奉する彼の時代の物理学者たちは,惑星の運動の力学的要素への分解とその数学的解析に満足して,この構造を見ようとしなかった。

ヘーゲルが就職論文『惑星軌道論』において問題にしたのは,主としてこの点だった。この論文は不運にも,彼がその末尾で批判したボーデ (Johann Elert Bode 1747-1826) の法則の正しさを証明するかに見える小惑星の発見によって嘲笑の的となり,その全体が誤りとされてしまったが,その真のテーマと目的は,惑星系にとって外的な力や〈衝撃〉を仮定することなしに,中心天体と惑星との相互作用に基づく動的な力学系として太陽系の構造を考察する視点を準備することであった。

のちの『エンツュクロペディー(第3版) 自然哲学』において,ヘーゲルはこの問題を発展させて「統体性」あるいは「対立の統一」として太陽系を概念的に把握する〈絶対的力学〉の視点へと到達した。この力学の立場では,各惑星が中心天体を指定するのでも中心天体が各惑星を指定するのでもない。両者は同時である。「中心は周辺なしには無意味であり,また周辺も中心なしには意味をもたない」[269節「補遺」]。太陽系の物質の各惑星への分散 (Diremtion) と〈主体性の措定〉とは,自由な運動という〈一つのアクトス〉であって,この系に外から圧力や衝撃が加わった結果ではない。ヘーゲルはこういう立場から,惑星系を太陽と惑星の力学的相互作用の場として捉えることを提案したのである。

彼が古代民族の太陽崇拝や恒星に対するロマン主義的心情を斥けて,「哲学の立場」では惑星のほうが太陽や恒星よりずっと興味があると述べたのは,〈多くの物体の系〉としての惑星系のこうした有機的構造に強く心を惹かれたからにほかならない。その数学的解析は彼の手に余ったとしても,ヘーゲルはこの見地から多体問題や摂動に関するラプラス (Pierre Simon Laplace 1749-1827) の研究を詳しく読み,その影響は自然哲学の範囲を超えて『法哲学』にまで及んでいる。[270節注参照]。彼が『エンツュクロペディー』第2版で,自分は25年もこの問題と取り組んできたと書いたのは,けっして誇張ではなかったのである。→太陽(系),天体

【参】 渡辺祐邦 (1964), De Gandt (1979), Bucher (1983), Neuser (1986a), Shea (1986), Ihmig (1989), 村上恭一 (1991) (渡辺祐邦)

笑い [Lachen]

レッシングは『ハンブルク演劇論』で「喜劇は嘲笑によってではなく笑いによって改良する」としたが,ヘーゲル美学も喜劇の考察

で笑いに触れる。ジャン＝パウルは『美学入門』で笑いの対象たる「おかしさ」(das Lächerliche) を感性的に直観された無限の「無分別」と定義したが、ヘーゲルはおかしさを「滑稽」(das Komische) から区別する。滑稽には「自己自身を確信して自らの目的の解消や実現を耐えうる主観性の至福と快適」が属するに対し、「本質的なものとその現象、目的と手段とのいかなる対比もおかしくありうる。それは現象がそれ自身において止揚され、目的がその実現において自己自身からその目標を奪い取るという矛盾である」。すると笑いとは、怜悧さの満悦の表現、「怜利さ(Klugheit) がそのような対比を認識してその対比について知っているほどにも賢明であるというしるし」にすぎない [『美学』15. 527 f.]。

【参】 Lessing (1769), Jean Paul (1804), Ritter (1940/41), Rommel (1943)　　　　(四日谷敬子)

我々 [Wir]

ヘーゲルの叙述において、〈我々〉は〈我々哲学者 (Wir=Philosophen)〉という積極的意味を持ち、現実的には哲学者ヘーゲル自身を指す。ヘーゲルの叙述態度を瞥見してみれば、ロマン派的色彩の濃い前期と、冷徹な体系家たる後期とに分けられる。そして、実存的ともいえる前期と、全知識を厳密な弁証法のもとに展開する後期とを要 (かなめ) のように結合しているのが『精神現象学』である。『精神現象学』で〈我々〉は日常的意味での個人的叙述者を超えて、普遍性を持つ学的叙述者として叙述に組み込まれる。そこで〈我々〉はまず前期の広汎な知識の蓄積を蓄積過程 (歴史) とともに学的必然性に沿って整理しつつ意識現象として提出し、次に意識においてそれが論理的脈絡をもって真なる知であると措定される過程と、その過程で意識と対象の区別が消滅し、両者が統合されて体系の境位に至るまでを叙述する。さらに、『精神現象学』において、上記の個人 (我) から普遍的存在 (精神) としての〈我々〉へと変貌する過程として示されるのが「自己意識」章 [3. 137ff.] である。そこでは承認の運動などによって「互いに異なって自立的に存在する自己意識が」「我々である我と、我である我々との両者の統一」という絶対的実体 (精神) に至る過程が経験される [同 3. 145]。

→知, 我々にとって　　　　(荒木正見)

我々にとって [für uns]

ヘーゲルの叙述、とりわけ『精神現象学』においては、〈我々にとって〉が、単なる叙述上の便宜によって用いられるのではなく、認識論的および存在論的な位置付けと、方法論上の必然性において用いられる。

I 認識論的および存在論的位置付けは、『精神現象学』における次のような叙述の構造によって示される。まず『精神現象学』には、「意識の経験の学」として、意識が次々に自らの形式を発展的に変えることによってより普遍的な認識対象を捉えつつ進行するという縦軸が指摘される。この場合、〈我々にとって〉は、次々に現れる事柄を先取りしてそれぞれの意識の諸形式に示す進行役を意味する。さらにより厳密には、いわば横軸として、個々の段階の叙述の構造において、〈我々にとって〉は次のように示される。各段階において、「意識は或るものを自分と区別し、同時にそれと関係する」[『精神現象学』3. 76] とされるように、意識は自らの表象として現れた事柄を、意識にとっては超越的な「自体存在 (即自存在 Ansichsein)」として捉え、次にそのような自体存在の表象すなわち「対他存在 Sein für ein anderes」を自体存在についての〈知 Wissen〉と見なす。その際、〈我々にとって〉と記される内容は、このように経験しつつある当の意識の背後において、日常的混沌にある事柄を、その都度の意識形態に対応するように、学的考察の対

象として齎されるものである。「意識にはそれがどのように現れてくるのかがわからない新しい対象が立ち現れることが生じるのは,我々にとってはいわば意識の背後で起こっていることである」[『精神現象学』3. 80]。

Ⅱ　方法論上の必然性とは,現象学的方法を指す。ヘーゲルはカント的カテゴリーの持つ超越的前提性を厳しく斥け[同 3. 69f.],意識は表象される内容によって規定されるという現象学的方法をとる。しかしここで予測される危険性はまず,日常意識に現れる表象は偶然性や特殊性に覆い尽くされており,それを記述したところで学にはならないということである。またこれに対してあらかじめ完全に形式化された認識論的カテゴリーを持ち出せばヘーゲル自身が批判する轍を踏むことになる。そこで導入されるのが,〈我々にとって〉である。これは日常的混沌を既に整理したという前提的意味を持つ。しかし,意識の形式が内容によって規定され,しかもその内容が意識の自己吟味,つまり,「自体存在」と「知」とが一致するか否かという吟味の構造において次々に発展的に記されることでまた,〈我々にとって〉と記される前提的内容も刻々と真理に迫っていかなければならない。かくしてこれは,イポリットも述べているように[『ヘーゲル精神現象学の生成と構造』第1巻 p.28, 訳書上巻29頁],認識の理論であると同時に認識の対象,つまり,存在の理論でもあり,さらに,記述される当の意識のみならず,〈我々〉をも含めた意識の経験の理論でもある。→意識,意識の経験の学,我々

【参】 Hyppolite (1946)　　　　　（荒木正見）

参考文献一覧

本文の各項目に掲げられた参考文献を,著者(編者・訳者なども含む)の姓のアルファベット順(漢字名はローマ字に読み変え),かつ同一著者の刊行年代順に配列して掲載したものである。したがって,体系的・網羅的に作成された研究文献目録ではない。

本文の項目における指示との対応のため,例えば論文集の全体とそこに収録されている個別論文とが両方掲出されるなど,多少体裁の不統一がある。

刊行年は初版時を基本としたが,入手しやすい版や邦訳の底本となった版を併記または主とした場合がある。

なお,日本におけるヘーゲル研究文献の詳細な目録については,574頁の【追記】を参照されたい。

A

安彦一恵 1978 「ベルン時代におけるヘーゲルの《自由》概念」『実践哲学研究』第1号.
――― 1986 「ヘーゲルの近代論」中埜肇編『ヘーゲル哲学研究』理想社.
Adorno, Theodor Wiesengrund 1963 *Drei Studien zu Hegel*. Frankfurt a. M. (渡辺祐邦訳『三つのヘーゲル研究』河出書房新社, 1986)
――― 1970 *Ästhetische Theorie*. Gesammelte Schriften. Bd.7. Frankfurt a. M. (大久保健治訳『美の理論』河出書房新社, 1985)
秋山卓也 1975 「根源の探究――ヘルダーリーンの1795年および1796年の哲学的思索の考察」『独仏文学語学研究』(関西学院大学) 論攷第30号.
Albrecht, Reinhardt 1978 *Hegel und die Demokratie*. Bonn.
Allgemeine Deutsche Biographie. Bd.7 1878 Leipzig. (フェルスターの項の参考文献)
Amrine, Frederick/Zücker, Francis J./Wheeler, Harvey (ed.) 1987 *Goethe and the Sciences: A Reappraisal*. Dordrecht.
Annas, Julia/Barnes, Jonathan 1985 *The Modes of Scepticism*. Cambridge University Press. (金山弥平訳『懐疑主義の方式』岩波書店, 1990)
Ariès, Philippe 1960 *L'enfant et la vie familiale sous, l'ancien régime*. Paris. (杉山光信・杉山恵美子訳『〈子供〉の誕生』みすず書房, 1980).
Aristotelēs *De arte poetica*. ed. by R. Kassel. Oxford 1968.
Arthur, Christopher J. 1987 Hegel on Political Economy. In: David Lamb (ed.), *Hegel and Modern Philosophy*. London.
Ast, Friedrich 1807 *Grundriss einer Geschichte der Philosophie*. Landshut.
Asveld, Paul 1974 Zum Referat von Walter Biemel über die Phänomenologie des Geistes und die Hegelrenaissance in Frankreich. In: *Hegel-Studien Beiheft* 11. Bonn.
新規矩男 (編) 1975 『古代西アジア美術』体系世界の美術2, 学習研究社.
Auerbach, Ernst 1946 *Mimesis. Dargestellte Wirklichkeit in der abendländischen Literatur*. Princeton. (篠田一士・河村二郎訳『ミメーシス』上・下, 筑摩書房, 1967)
Avineri, Schlomo 1972 *Hegels Theory of the Modern State*. London. (高柳良治訳『ヘーゲルの近代国家論』未来社, 1978)

Axelos, Christos 1965 Zu Hegels Interpretation der Tragödie. In: *Zeitschrift für philosophische Forschung.* Bd. 19. Meisenheim a. Glan.

B

Bacherard, Gaston 1957 *La poétique de l'espace.* Paris. (岩村行雄訳『空間の詩学』思潮社, 1969)
Bailey, Cyril 1928 *The Greek Atomists and Epicurus.* Oxford.
Barnikol, Ernst 1972 *Bruno Bauer, Studien und Materialien.* Assen.
Barth, Karl 1942 *Christengemeinde und Bürgergemeinde.* Zürich.
─────── 1947 *Die protestantische Theologie in 19. Jahrhundert.* (5.Aufl., Zürich 1985)
Bauer, Bruno 1968 *Feldzüge der reinen Kritik.* Frankfurt a. M.
Baumeister, Thomas 1976 *Hegels frühe Kritik an Kants Ethik.* Heidelberg.
Baumgarten, Alexander Gottlieb 1750/58 *Theoretische Ästhetik.* Die grundlegenden Abschnitte aus der „Aesthetica". Lateinisch-Deutsch. übers. und hrsg. von H. R. Schweizer. Hamburg 19 83.
─────── 1761 *Acroasis Logica in Christianum L.B. de Wolff.* Halle. (Reprint: Hildesheim 1963 Wolff, Chr., Gesammelte Werke, Materialien und Dokmente, 5)
─────── 1779 *Metaphysica.* 7.Aufl., Halle. (Reprint: Hildesheim 1963)
Baumgartner, Hans Michael (hrsg.) 1975 *Schelling.* Freiburg/München.
Baum, Manfred 1980 Zur Methode der Logik und Metaphysik beim Jenaer Hegel. In: *Hegel in Jena.* Hegel-Studien Beiheft 20. Bonn.
Baum, Manfred/Meist, Kurt 1977 Durch Philosophie leben lernen. Hegels Konzeption der Philosophie nach den neu aufgefundenen Jenaer Manuskripten. In : *Hegel-Studien.* Bd. 12. 43-81. Bonn.
Bayle, Pierre 1697 *Dictionaire historique et critique.* Tome II. 1083-1100. Rotterdam. (『歴史批評辞典』III (スピノザの項) 法政大学出版局, 1987)
Becker, Werner 1970 *Idealistische und materialistische Dialektik. Das Verhältnis von ›Herrschaft und Knechtschaft‹ bei Hegel und Marx.* Stuttgart/Berlin.
Behler, Ernst 1988 *Studien zur Romantik und zur idealistischen Philosophie.* Paderborn.
Belaval, Yvon 1976 *Études Leibnizienne:De Leibniz à Hegel.* Paris.
Benjamin, Walter 1955 Der Begriff der Kunstkritik in der deutschen Romantik. *W. Benjamin Schriften.* Frankfurt a. M. (大峯・高木編『ヴァルター・ベンヤミン著作集4 ドイツ・ロマン主義』晶文社, 1970)
Bergson, Henri 1924 *Le Rire. Essai sur la signification du comique.* Paris.
Berlin, Isaiah 1969 *Four Essays on Liberty.* London. (小川晃一訳『自由論』みすず書房, 1979)
Best, Otto F. 1989 *Der Witz als Erkenntniskraft und Formprinzip.* Darmstadt.
Beyer, Wilhelm Raimund 1968 Hegels 'Gesetz', In: *Der Gesetzbegriff in der Philosophie und den Einzelwissenschaften.* hrsg. von G. Kröber, Berlin.
─────── 1985 *Gegenwartsbezüge Hegelscher Themen: Mit unbekannten Hegel-Texten zur Farbenlehre.* Hain.
Biemel, Walter 1974 Die Phänomenologie des Geistes und die Hegel-Renaissance in Frankreich. In: *Hegel-Studien Beiheft* 11. Bonn.
Black, Max 1962 *Models and Metaphors.* Cornell Univ. Press, Ithaca.
Bloch, Ernst 1972 *Das Materialismusproblem. Seine Geschichte und Substanz.* Frankfurt a. M.
Bodammer Theodor 1969 *Hegels Deutung der Sprache: Interpretationen zu Hegels Äußerungen über die Sprache.* Hamburg.
Bolin, Wilhelm 1904 Feuerbach. In: *Ludwig Feuerbachs Sämtliche Werke.* hrsg. von W. Bolin und F. Jodl. Bd. 12-13. Stuttgart. (斎藤信治・桑山政道訳『フォイエルバッハ』福村出版, 1971)

Bonsiepen, Wolfgang 1977 *Der Begriff der Negativität in den Jenaer Schriften Hegels.* Hegel-Studien Beiheft 16. Bonn.
―――― 1979 Erste Zeitgenössische Rezensionen der Phänomenologie des Geistes. In: *Hegel-Studien.* Bd. 14. Bonn.
―――― 1985 *Hegels Raum-Zeit Lehre, Dargestellt anhand zweier Vorlesungs-Nachschriften.* Bonn.
―――― 1986 Hegels kritische Auseinandersetzung mit der zeitgenössischen Evolutionstheorie. In: *Hegels Philosophie der Natur.* hrsg. von Rolf-Peter Horstmann und Michael John Petry, Stuttgart.
―――― 1988 *Einleitung zu G. W. F. Hegels Phänomenologie des Geistes.* Philosophische Bibliothek 414, Hamburg.
Boyce, Mary 1979 *Zoroastrians.* London. (山本由美子訳『ゾロアスター教』筑摩書房, 1983)
Boyer, Carl B. 1959 *The History of the Calculus and its Conceptual Development.* New York.
Brauer, Oscar Daniel 1982 *Dialektik der Zeit, Untersuchungen zu Hegel's Metaphysik der Weltgeschichte.* Stuttgart.
Bray, René 1963 *Formation de la doctorine classique en France.* Paris.
Brecht, Martin/Sandberger, Jörg 1969 Hegels Begegnung mit der Theologie in Tübinger Stift. Eine Guelle für die Studienzeit Hegels. In: *Hegel-Studien.* Bd. 5. Bonn.
Breidbach, Olaf 1982 *Das Organische in Hegels Denken, Studie zur Naturphilosophie und Biologie um 1800.* Würzburg.
Brown, John 1780 *Elementa medicinae.* Edinburgh.
Brucker, Johann Jakob 1742-44 *Historia critica philosophiae a mundi incunabulis.* 5 Bde., Leipzig.
Brummarck, Jürgen 1979 *Statirische Dichtung.* München.
Bubner, Rüdiger 1969 Problemgeschichte und systematischer Sinn einer Phänomenologie. In: *Hegel-Studien.* Bd. 5. Bonn. (加藤尚武・伊坂青司・竹田純郎訳『弁証法と科学』所収, 未来社)
―――― 1973a Über einige Bedingungen gegenwärtiger Ästhetik. In : *Neue Hefte für Philosophie.* Heft 5. 38-73. Götingen.
―――― 1973b *Dialektik und Wissenschaft.* Frankfurt a.M. (加藤尚武・伊坂青司・竹田純郎訳『弁証法と科学』未来社, 1983)
―――― (hrsg.) 1973c *Das älteste Systemprogramm.* Studien zur Frühgeschichte des deutschen Idealismus. Bonn.
―――― 1978 Hegel und Goethe. In: *Beihefte des Euphorion.* 12. Heidelberg.
―――― 1987 Zur dialektischen Bedeutung romantischer Ironie. In: *Die Aktualität der Frühromantik.* Paderborn.
Bucher, Theodor G. 1983 Wissenschaftstheoretische Überlegungen zu Hegels Planetenschrift. In: *Hegel-Studien.* Bd. 18. Bonn.
Buchner, Hartmut 1965 Hegel und das Kritische Journal der Philosophie. In: *Hegel-Studien.* Bd. 3. 95-156. Bonn.
Buckley, Michael J. 1971 *Motion and Motion's God.* Princeton.
Buhle, Johann Gottlieb 1796-1804 *Lehrbuch der Geschichte der Philosophie und kritische Litteratur derselben.* 8 Bde. Göttingen.
―――― 1800-04 *Geschichte der neuern Philosophie seit der Epoche der Wiederstellung der Wissenschaften.* 6 Bde. Göttingen.
Bultman, R. 1952 Polis und Hades in der Antigone des Sophokles. In: *Sophokles.* hrsg. von Hans Diller. Wissenschaft der Forschung. Bd. 95. 1986.
Busche, Hubertus 1987 *Das Leben der Lebendigen.* Hegel-Studien Beiheft 31. Bonn.

C

Campe, Joachim Henrich 1817 *Die Entdeckung von Amerika, ein Unterhaltungsbuch für Kinder und junge Leute.* 3 Teile, 8 Aufl. Braunschweig.

Cassirer, Ernst 1923, 1925, 1929 *Philosophie der symbolischen Formen.* 3Bde. Berlin. (木田元他訳『シンボル形式の哲学』岩波文庫, 1989 -)

Chalybäus, Heinrich Moritz 1837 *Historische Entwicklung der spekulativen Philosophie von Kant bis Hegel.* Dresden.

Chamley, Paul 1963 *Economie politique et philosophie chez Steuart et Hegel.* Paris.

—— 1965 Les origines de la pensée économique de Hegel. In: *Hegel-Studien.* Bd.3. Bonn.

Chemnitz, Bogislav Philipp von 1647 *Dissertatio de ratione status in imperio nostro Romano-Germanico.* Freistadii.

Claesges, Urlich 1981 Darstellung des erscheinenden Wissens. In: *Hegel-Studien Beiheft* 21. Bonn.

Cohen, Robert S./Wartofsky, Marx W. (ed.) 1984 *Hegel and the Sciences.* Dordrecht.

Colpe, Carsten 1958 *Die Religion in Geschichte und Gegenwart.* Bd.2. 3.Aufl. Tübingen.

Cooper, David E. 1971 Hegels Theory of Punishment. In: Pelczynski (hrsg.), *Hegels Political Philosophy, Problems and Perspectives.* Cambridge. (藤原保信・引田隆也・飯島昇蔵・川上文雄訳『ヘーゲルの政治哲学』上・下, 御茶の水書房, 1980)

Coseriu, Eugenio 1972 *Die Geschichte der Sprachphilosophie von der Antike bis zur Gegenwart.* Tübingen.

Croce, Benedetto 1906 *Ciò che è vivo e ciò che è morto della filosofia di Hegel.* Bari.

D

Dahlhaus, Carl 1983 Hegel und die Musik seiner Zeit. In: *Hegel-Studien Beiheft* 22. Bonn.

Debus, Allen G. 1977 *The Chemical Philosophy: Paracelsian Science and Medicine in the Sixteenth and Seventeenth Centuries.* New York.

De Gandt, François 1979 *Hegel, Les Orbites des Planetes.* Paris.

出口純夫 1980 『精神と言葉――ヘーゲル研究』創文社.

Deinet, Klaus 1981 *K. E. Oelsner und die Französische Revolution.* München.

Delueze, Gill 1968 *Différence et Répétition.* Paris.

Derbolav, Josef 1965 *Hegels Theorie der Handlung.* Bonn.

Derrida, Jacques 1970 Le puits et la pyramide. In: *Hegel et la pensée moderne.* Paris. (高橋允昭訳「竪坑とピラミッド――ヘーゲルの記号論への序論」,『現代思想』1973年1, 2月号)

Descombes, Vincent 1979 *Le même et L'autre, quarante-cinq ans de philosophie française (1933-1978).* Paris. (高橋允昭訳『知の最前線――現代フランスの哲学』TBSブリタニカ, 1983)

DeVries, Willem A. 1988 *Hegel's Theory of Mental Activity.* Ithaca.

D'Hondt, Jacques 1968a *Hegel secret, recherches sur les sources cachées de la pensée de Hegel.* Paris. (飯塚勝久・飯島勉訳『知られざるヘーゲル』未来社, 1980)

—— 1968b *Hegel en son temps, Berlin 1818-1831.* Paris. (花田圭介監訳・杉山吉弘訳『ベルリンのヘーゲル』法政大学出版局, 1983)

Dickey, Laurence 1987 *Hegel. Religion, Economics, and the Politics of Spirit, 1770-1807.* Cambridge.

Diels, Hermann/Kranz, Walther 1951 *Die Fragmente der Vorsokratiker.* Bd. 1. Weidmann. (山本光雄訳編『初期ギリシア哲学者断片集』岩波書店, 1974)

Diemer, Alvin 1976 *Elementarkurs Philosophie. Dialektik.* Düsseldorf/Wien.

Dierse, H./Kuhlen, R. 1971 Artikel. Anschauung, intellektuelle. In: *Historisches Wörterbuch der Philosophie*. Bd. I. Basel.
Dietl, Paul Gerhard 1987 *Die Rezeption der Hegelschen "Rechtsphilosophie" in der Sowjetunion*. Frankfurt a.M.
Dilthey, Wilhelm 1870 *Leben Schleiermachers*. Berlin.
—— 1905 *Das Erlebnis und die Dichtung. Lessing, Goethe, Novalis, Hölderlin*. Stuttgart. (小牧・柴田訳『体験と創作』上・下, 岩波書店, 1961)
—— 1906 *Die Jugendgeschichte Hegels*. Stuttgart. (In: ders. : *Gesammelte Schriften*. Bd Ⅳ. Leipzig/Berlin 1921.)
Doz, André 1970 *La théorie de la mésure*. Paris.
Droz, Jacques 1949 *L'Allemagne et révolution française*. Paris.
—— 1966 *Le Romantisme allemand et l'Etat*. Paris.
Durand, Gilbart 1968 *L'imagination symbolique*.
Düsing, Klaus 1971 Das Problem des Höchsten Gutes in Kants Praktischer Philosophie. In: *Kant-Studien*. 62-1. Köln.
—— 1973 Die Rezeption der Kantischen Postulatenlehre in den frühen philosophischen Entwürfen Schellings und Hegels. In: *Hegel-Studien Beiheft* 9. Bonn.
—— 1976 *Das Problem der Subjektivität in Hegels Logik*. Hegel-Studien Beiheft 15. Bonn.
—— 1981 Ästhetischer Platonismus bei Hölderlin und Hegel. In: *Homburg vor der Höhe in der deutschen Geistesgeschichte*. hrsg. von C. Jamme und O. Pöggeler. Stuttgart. (久保陽一訳『ヘーゲル, ヘルダーリンとその仲間』所収, 公論社, 1985)
—— 1983 *Hegel und die Geschichte der Philosophie*. Darmstadt.
—— 1984 *Das Problem der Subjektivität in Hegels Logik. Systematische und entwicklungsgeschichtliche Untersuchungen Zum Prinzip des Idealismus und zur Dialektik*. 2., verbesserte und um ein Nachwort erweiterte Auflage. Bonn.
—— 1986 Ästetische Einbildungskraft und intuitiver Verstand. In: *Hegel-Studien*. Bd. 21. Bonn.
—— (hrsg.) 1988 *Schellings und Hegels erste absolute Metaphysik*. Jüngen Dinter Verlag für Philosophie. Köln.

E

海老沢敏 1981 『ルソーと音楽』白水社.
海老澤善一 1980 「反省の原理と比例の論理(イェナ論理学の方法について)」『愛知大学文学論叢』第64, 65輯.
Eco, Umberto 1984 *Semiotics and the philosophy of language*. London.
Elan, Keir 1980 *The semiotics of theatre and drama*. New York/London.
Eley, Lother 1976 *Hegels Wissenschaft der Logik*. München.
遠藤教三 1975 『服装美学』造形社.
Engelhardt, Dietrich von 1974 Das chemische System der Stoffe, Kräfte und Prozesse in Hegels Naturphilosophie und der Wissenschaft seiner Zeit. In: *Hegel-Studien Beiheft* 11. Bonn.
—— 1976 *Hegel und Chemie; Studien zur Philosophie der Natur um 1800*. Wiesbaden.
—— 1984 The Chemical System of Substances, Forces and Processes in Hegel's Philosophy of Nature and the Science of His Time. In: *Hegel and the Science*. ed. by R. S. Cohen and M.W.Wartofsky, London/Boston.
—— 1985 Die organische Natur und die Lebenswissenschaften in Schellings Naturphilosophie. In:Heckmann, Krings, Meyer (hrsg.), *Natur und Subjektivität, Zur Auseinendersetzung mit der Naturphilosophie des jungen Schelling*. Stuttgart.

Engelhardt, Dietrich von   1986   Die biologischen Wissenschaften in Hegels Naturphilosophie. In: *Hegels Philosophie der Natur.* Klett-Cotta.
Erckenbrecht, Ulrich   1976   *Das Geheimnis des Fetischismus.* Frankfurt a. M.
Erdmann, Johann Eduard   1896   *Die Deutsche Philosophie seit Hegels Tode. Faksimile-Neudruck der Berliner Ausgabe 1896.* (Stuttgart/Bad Canstatt 1964).
Eschenmayer, Carl (Karl) Adorf   1797   *Sätze aus der Natur Metaphysik auf chemische und medizinische Gegenstände angewandt.* Tübingen.

F

Falkenheim, Hugo   1934   *Goethe und Hegel.* Tübingen.
Farrington, Benjamin   1944   *Greek Science.* London (出隆訳『ギリシャ人の科学』上・下, 岩波書店, 1955)
Fetscher, Iring   1970   *Hegels Lehre vom Menschen.* Stuttgart/Bad Cannstatt.
Fink-Eitel, Hinrich   1978   *Dialektik und Sozialethik.* Meisenheim a. Glan.
Fink Eugen   1977   *Hegel.* Frankfurt a. M. (加藤精司訳『ヘーゲル』国文社, 1987)
Fischer, Kuno   1911   *Hegels Leben, Werke und Lehre* (1901). (2 Aufl., Heidelberg. Kraus Reprint, Nendeln/Lichtenstein 1973) (玉井・磯江・岸本他訳『ヘーゲルの生涯・著作・学説』1-6, 勁草書房, 1978-90)
Fleischmann, Max   1905   *Völkerrechtsquellen.* Halle.
Forster, Michael N.   1989   *Hegel and Skepticism.* London.
Foucalt, Michel   1966   *L'ordre du discours.* Paris. (中村雄二郎訳『言語表現の秩序』河出書房新社, 1981)
Franckenberg, Abraham von   1730   *Gründlicher und wahrhafter Bericht von dem Leben und Abschied des in GOtt selig=ruhenden Jacob Böhmens.* In: J. Böhme: Sämtliche Schriften. Faksimile-Neudruck der Ausgabe von 1730. (Neu hrsg. von W.-E. Peuckert. Bd.10. Stuttgart 1961. 5-31.)
Frank, Manfred   1989   *Einführung in die frühromantische Ästhetik.* Frankfurt a. M.
Freitag, Gustav   1863   *Die Technik des Dramas.* Darmstadt.
Freud, Sigmund   1905   *Der Witz und seine Beziehung zum Unbewußten.* Frankfurt a. M.
Friedrichs, Arno   1913   *Klassische Philosophie und Wirtschaftwissenschaft, Untersuchungen zur Geschichte des deutschen Geisteslebens in neunzehnten Jahrhundert.* Gohtha.
Fuhrmans, Horst   1962   Schelling und Hegel. Ihre Entfremdung. In: *F. W. J. Schelling. Briefe und Dokumente.* Bd. I. Bonn.
藤田正勝   1983a   「ヘーゲルによるカント実践哲学の受容」『哲学』第33号.
―――   1983b   「現代ドイツにおける『精神現象学』研究の状況と意味」『理想』605号.
―――   1985   *Philosophie und Religion beim jungen Hegel. Unter besonderer Berücksichtigung seiner Auseinandersetzung mit Schelling.* Hegel-Studien Beiheft 26. Bonn.
―――   1986   『若きヘーゲル』創文社.
藤原保信   1972   「イギリスにおけるヘーゲル研究の動向」『社会思想史研究』No.6.
―――   1982   『ヘーゲル政治哲学講義――人倫の再興』御茶の水書房.
Fulda, Hans Friedrich   1965   *Das Problem einer Einleitung in Hegels Wissenschaft der Logik.* Frankfurt a. M.
―――   1966   Zur Logik der Phänomenologie. In: *Hegel-Studien Beiheft* 3. Bonn.
―――   1978   Unzulängliche Bemerkungen zur Dialektik. In: *Seminar: Dialektik in der Philosophie Hegels.* hrsg. von R. P. Horstmann. Suhrkamp Taschen Buch 234. Frankfurt a. M.
Fulton, John F./Cushing, Harvey   1936   A Bibliographical study of the Galvani and the Aldini writings on animal electricity. In: *Annals of Science.* vol. 1. London.

Funke Gerhard 1958 Gewohnheit. In: *Archiv für Begriffsgeschichte*. Bd. 3. Bonn.
Furet, François 1978 *Penser la Révolution française*. Paris. (大津真作訳『フランス革命を考える』岩波書店, 1989)

G

Gadamer, Hans-Georg 1960 *Wahrheit und Methode*. Tübingen.
―――― 1971a *Hegels Dialektik. Fünf (Sechs) hermeneutische Studien*.Tübingen. (2. Aufl. 1980) (山口誠一・高山守訳『ヘーゲルの弁証法』未来社, 1990)
―――― 1971b Hegel. die verkehrte Welt. In: *Hegels Dialektik*. Tübingen. (2. Aufl. 1980)
―――― 1971c Die Idee der Hegelschen Logik. In: *Hegels Dialektik*. Tübingen. (2. Aufl. 1980)
―――― 1971d Hegel und die antike Dialektik. In: *Hegels Dialektik*. Tübingen. (2. Aufl. 1980)
―――― 1976 *Vernunft im Zeitalter der Wissenschaft*. Frankfurt a. M. (本間・座小田訳『科学の時代における理性』法政大学出版局, 1986)
Gamby, Erik 1985 *Edger Bauer. Junghegelianer. Publizist und Polizeiagent*. Trier.
Gamm, Gerhard 1981 *Der Wahnsinn in der Vernunft. Historische und erkenntniskritische Studien zur Dimension des Anders-Seins in der Philosophie Hegels*. Bonn.
Gans, Eduard 1836 *Rückblicke auf Personen und Zustände*. Berlin.
―――― 1981 *Naturrecht und Universalrechtsgeschichte*. hrsg. von Manfred Riedel. Stuttgart.
Garewicz, Jan 1988 Hegel über Böhme. In : *Philosophie und Poesie*. Otto Pöggeler zum 60. Geburtstag. hrsg. von A. Gethmann-Siefert. Stuttgart/Bad Cannstatt. Bd.1, 321-329.
Gentile, Giovanni 1913 *La riforma della dialettica hegeliana*. Messina.
Gethmann-Siefert, Annemarie 1984 *Die Funktion der Kunst in der Geschichte*. Hegel-Studien Beiheft 25. Bonn.
―――― 1987 Die Sammlung Boisserée in Heidelberg, Anspruch und Wirkung. In: *Heidelberg im säkularen Umburch, Traditionsbewußtsein und Kulturpolitik um 1800*. hrsg. von Friedrich Strack. Stuttgart.
Gies, Manfred (hrsg.) 1982 *G.W.F.Hegel Naturphilosophie. Bd I. Die Vorlesung von 1819/20*. Napoli.
Gillispie, Charles Coulston 1959 *Genesis and Geology. The Impact of Scientific Discoveries Upon Religious Beliefs in the Decades Before Darwin*. New York.
―――― 1960 *The edge of objectivity*. New Jersey. (島尾永康訳『科学思想の歴史』みすず書房, 1965)
Giovanni, George D. 1973 Reflection and Contradiction. In: *Hegel-Studien*. Bd. 8. Bonn.
Girtanner, Christoph 1797-8 *Ausführliche Darstellung des Brownischen System der Praktischen Heilkunde*. I, II. Göttingen.
Giusti, Miguel 1987 *Hegels Kritik der modernen Welt. Über die Auseinandersetzung mit den geschichtlichen und systematischen Grundlagen der praktischen Philosophie*. Würzburg.
Glockner, Hermann 1929/44 *Hegel*. Stuttgart.
―――― 1964 *Hegel*. erster Band. Schwierigkeiten und Voraussezungen der Hegelschen Philosophie. 4. Aufl. Georg Wilhelm Friedrich Hegel Sämtliche Werke Bd.21. Stuttgart.
―――― 1968 *Hegel*. Bd.2. Entwicklung und Schicksal der Hegelschen Philosophie. *Georg Wilhelm Friedrich Hegel Sämtliche Werke*. hrsg. von H. Glockner. Bd. 22. Stuttgart.
Goedewaagen, Tobie 1971 Hegel und der Pantheismus. In: *Hegel-Studien*. Bd. 6. Bonn.
Goethe, Johann Wolfgang von 1817 Als kleinen Knaben …… (ヘーゲル『書簡集』第4巻-1, 233: 1817年3月30日付)
―――― 1820 *Zur Morphologie*. I Bd. 2. Heft.

Goethe, Johann Wolfgang von   1890   Gott und Welt. In : *Goethes Werke*. Abt. I, Bd. 3, Weimar. (高橋義人編訳・前田富士男訳『自然と象徴』冨山房, 1982)

Göhler, Gerhard   1973   Die wichtigsten Ansätze zur Interpretation der Phänomenologie des Geistes. In: *Göhlers Phänomenologie-Aufgabe*. S. 600-612. Ullstein.

──────   1974   Dialektik und Politik in Hegels frühen politischen System. Kommentar und Analyse. In: *G. W. F. Hegel Frühe politische Systeme*. hrsg. von Gerhard Göhler, Frankfurt a. M./Berlin/Wien.

Gooch, George Peabody   1920   *Germany and the French Revolution*. London. Reissue: New York 1966.

Görland, Ingtraud   1966   *Die Kantkritik des jungen Hegel*. Frankfurt a. M.

Görtz, Heinz-Jürgen   1984   *Tod und Erfahrung. Rosenzweigs „erfahrende Philosophie" und Hegels „Wissenschaft der Erfahrung des Bewußtseins"*. Düsseldorf.

Goudge, Th. A.   1973   Evolutionalism. In: *Dictionary of the history of ideas*. New York.

Gouhier, Henri   1968   *L'essence de théater*. (Paris 1943) (佐々木健一訳『演劇の本質』TBS ブリタニカ, 1976)

Gould, Stehen Jay   1977   *Ontogeny and phylogeny*. Cambridge.

Gundolf, Friedrich   1911   *Shakespeare und deutscher Geist*. Leipzig. (竹内敏雄訳『シェイクスピアと独逸精神』上・下, 岩波文庫, 1941)

Guthrie, William Keith Chambere   1962   *A History of Greek Philosophy*. I, Cambridge.

──────   1965   *A History of Greek Philosophy*. II. Cambridge.

Guyer, Paul   1978   Hegel, Leibniz und der Widerspruch im Endlichen. In: *Seminar: Dialektik in der Philosophie Hegels*. hrsg. von R.-P. Horstmann. Frankfurt a. M.

H

Haare, Michael   1971   Forster, (Johann) Georg Adam. In: *Dictionary of Scientific Biography*, Bd. V, pp. 75-76. New York

Habermas, Jürgen   1962   *Strukturwandel der Öffentlichkeit: Untersuchungen zu einer Kategorie der bürgerlichen Gesellschaft*. Neuwied/Berlin. (細谷貞雄訳『公共性の構造転換』未来社, 1973)

──────   1985   *Der philosophische Diskurs der Moderne*. Frankfurt a. M. (三島憲一他訳『近代の哲学的ディスクルス』I, II, 岩波書店, 1990)

Hackenesch, Christa   1987   *Die Logik der Andersheit. Eine Untersuchung zu Hegels Begriff der Reflexion*. Frankfurt a. M.

Haering, Theodor L.   1929   *Hegel, sein Wollen und sein Werk*. Leipzig. Neudruck Aalen, 1963 Bd. I.

──────   1934   Die Entstehungsgeschichte der Phaenomenologie des Geistes. In: *Verhandlungen des 3. Hegelkongresses*. Tübingen/Haarlem.

Haller, Michael   1981   *System und Gesellschaft. Krise und Kritik der politischen Philosophie Hegels*. Stuttgart.

Hamacher, Werner   1978   pleroma-zu Genesis und Struktur einer dialektischen Hermeneutik bei Hegel. In: *G. W. F. Hegel "Der Geist des Christentums" Schriften 1796-1800*. hrsg. u. eingel von Werner Hamacher. Frankfurt a. M./Berlin/Wien.

Hanisch, Manfred   1981   *Dialektische Logik und politisches Argument. Untersuchungen zu den methodischen Grundlagen der Hegelschen Staatsphilosophie*. Meisenheim.

Hansen, Frank-Peter   1989   *„Das älteste Systemprogramm des deutschen Idealismus". Rezeptionsgeschichte und Interpretation*. Berlin/New York.

Häntsch, Kurt   1912   Einführung in Herbarts System der Philosophie. In : J. F. Herbart, *Lehrbuch zur Einleitung in die Philosophie*. 4. Aufl. Leipzig.

Harada, Tetsushi 1989 *Politische Ökonomie des Idealismus und der Romantik. Korporatismus von Fichte, Müller und Hegel.* Berlin.
原崎道彦 1987 「もう一つの体系」『文化』50巻3・4号,東北大学文学会.
Harris, Henry Silton 1972 *Hegel's Development. Toward the Sunlight 1770-1801.* Oxford.
——— 1983 *Hegel's Development. Night Thoughts (Jena 1801-1806).* Oxford.
Harris, Horton 1973 *David Friedrich Strauss and his Theory.* Cambridge.
Hartmann, Eduard von 1868 *Über die dialektische Methode.* Berlin.
Hartmann, Nicolai 1923 *Aristoteles und Hegel.* (In: *Kleine Schriften von N. Hartmann.* Berlin 1957. 樺俊雄訳「アリストテレスとヘーゲル」哲学論叢37,岩波書店, 1930)
——— 1929 *Die Philosophie des deutschen Idealismus.* 2. Teil. Berlin.
Hartung, Fritz 1914 *Deutsche Verfassungsgeschichite, vom 15. Jahrhundert bis zur Gegenwart.* Stuttgart. (成瀬治・坂井栄八郎訳『ドイツ国制史』岩波書店, 1980)
速水敬二 1967 『ルネッサンス期の哲学』筑摩書房.
——— 1974 『ヘーゲルの修業遍歴時代』筑摩書房.
Haym, Rudolf 1857 *Hegel und seine Zeit.* Berlin. (Hildesheim 1974)
——— 1920 *Die Romantische Schule.* Berlin.
Heath, Thomas L. 1931 *A Manual of Greek Mathematics.* Ⅰ, Ⅱ, Oxford. (平田・菊池・大沼訳『ギリシア数学史』Ⅰ・Ⅱ,共立出版, 1960)
Hebbel, E. Hoff 1936 Galvani and the Pre-Galvanian Electrophysiologists. In: *Annals of Science.* vol.1. London.
Hegel, Hannelore 1971 *Isaak von Sinclair zwischen Fichte, Hölderlin und Hegel.* Frankfurt a. M.
Heß, Hans 1926 Das romantische Bild der Philosophiegeschichte. In: *Kant-Studien.* Bd. 31. Berlin.
Heidegger, Martin 1927 *Sein und Zeit.* Tübingen. (辻村公一訳『有と時』河出書房, 1967 ; 原佑他訳『存在と時間』中央公論社, 1971. ほか邦訳多数)
——— 1950a *Holzwege.* Frankfurt a. M. (2. Aufl. 1952.; Gesamtausgabe. Bd. 5. 1977) (茅野良男訳『杣径』創文社, 1988)
——— 1950b Hegels Begriff der Erfahrung. In: *Holzwege.* Frankfurt a. M. (細谷貞雄訳『ヘーゲルの「経験」概念』理想社, 1968)
——— 1980 *Hegels Phänomenologie des Geistes.* Gesamtausgabe. Bd. 32. Frankfurt a. M. (藤田正勝・Guzzoni, A. 訳『ヘーゲル「精神現象学」』創文社, 1987)
Heiman, G. 1971 The Sources and Significants of Hegel's corporate doctrine. In: Z.A. Pelczynski (ed.), *Hegels Political philosophy. problems and perspectives.* Cambridge. (藤原保信他訳『ヘーゲルの政治哲学』(上) 所収, 御茶の水書房, 1980)
Heimann, Betty 1927 *System and Methode in Hegels Philosophie.* Leipzig.
Heine, Heinrich 1834 *Zur Geschichte der Religion und Philosophie in Deutschland* In: Heinliche Heine Sämtliche Schriften. Bd.3. München. 1978. (ハイネ選集9『ドイツ宗教-哲学史考』くりはらゆう訳,解放社:伊東勉訳『ドイツ古典哲学の本質』岩波文庫, 1952)
Heinrichs, Johannes 1974 *Die Logik der ⟨Phänomenologie des Geistes⟩.* Bonn.
Helferich, Christoph 1979 *G. W. Fr. Hegel.* Stuttgart.
Henrich, Dieter 1960 *Der ontologische Gottesbeweis, Sein Problem und seine Geschichte in der Neuzeit.* Tübingen. (2. unveränderte Auflage. 1967) (本間・須田・中村・座小田訳『神の存在論的証明』法政大学出版局, 1986)
——— 1963 Anfang und Methode der Logik. In : *Hegel-Studien Beiheft* 1. 19-35. Bonn.
——— 1965 Leutwein über Hegel. In: *Hegel-Studien.* Bd. 3. Bonn.
——— 1966 *Hölderlin über Urteil und Sein.* Hölderlin-Jahrbuch.
——— 1967 *Hegel im Kontext.* Frankfurt a. M. (中埜肇監訳『ヘーゲル哲学のコンテクスト』哲書房, 1987)

参考文献一覧

Henrich, Dieter　1974a　Hegel und Hölderlin. In: *Hegel-Studien Beiheft* 11. Bonn.（中埜肇監訳『ヘーゲル哲学のコンテクスト』所収，哲書房，1987）
――――　1974b　Formen der Negation in Hegels Logik. In: *Hegel-Jahrbuch 1974*. Meisenheim a. Glan.
――――　1976　Die Grundstruktur der modernen Philosophie. In: *Subjektivität und Selbsterhaltung*. hrsg. von Hans Ebeling. Frankfurt a. M.
――――　1978a　Hegels Logik der Reflexion. Neue Fassung. In: *Hegel-Studien Beiheft* 18. Bonn.（中埜肇監訳『ヘーゲル哲学のコンテクスト』所収，哲書房，1987）
――――　1978b　*Die Wissenschaft der Logik und die Logik der Reflexion*. Hegel-Studien Beiheft 18. Bonn.
――――　1981　Jacob Zwillings Nachlaß. In: *Homburg vor der Höhe in der deutschen Geistesgeschichte*. hrsg. von C. Jamme und O. Pöggeler. Stuttgart. 245-266.
――――　1983a　Einleitung des Herausgebers. In: *Philosophie des Rechts, Die Vorlesung von 1819/20 in einer Nachschrift*. Frankfurt a. M.
――――　(hrsg.) 1983b　*Kant oder Hegel. Über Formen der Begründung in der Philosophie*. Stuttgart.
Henrich, Dieter/Horstmann, Rolf-Peter (hrsg.)　1982　*Hegels Philosophie des Rechts. Die Theorie der Rechtsformen und ihre Logik*. Stuttgart.
Herder, Johann Gottfried von　1772　*Über den Ursprung der Sprache*. In: Herder: *Sämtliche Werke*. Bd.5. hrsg. von B. Suphan. Berlin 1891.
Heussi, Karl　1932　*Die Krisis des Historismus*. Tübingen.（佐伯守訳『歴史主義の危機』イザラ書房, 1974）
Hinske, Norbert　1973　Einleitung zu *'Was ist Aufklärung?'*. Darmstadt.
廣松 渉　1971　『青年マルクス論』平凡社．
――――　1974　『マルクス主義の理路』勁草書房．
――――（井上五郎補註）　1980　『マルクスの思想圏――本邦末紹介資料を中心に』朝日出版社．
――――　1982　『存在と意味』岩波書店．
――――　1991　『ヘーゲルそしてマルクス』青土社．
Hirsch, Emanuel　1924　Die Beisetzung der Romantiker in Hegels Phänomenologie. In: *Deutsche Vierteljahresschrift für Literturwissenschaft*, II. (In: H. F. Fulda/D. Henrich (hrsg.) *Materialien zu Hegels Phänomenologie des Geistes*. Frankfurt a. M. 1973)
――――　1930　*Fichtes, Schleiermachers und Hegels Verhältnis zur Reformation*. Göttingen.
――――　1952　*Geschichte der neueren evangelischen Theologie*. Bd.4. Lengerich.
Hočevar, Rolf K.　1973　*Hegel und der Preußische Staat. Ein Kommentar zur Rechtsphilosophie von 1821*. München.（寿福真美訳『ヘーゲルとプロイセン国家』法政大学出版局, 1982）
Hocks, Paul/Schmidt, Peter　1975　*Literarische und politische Zeitschriften 1789-1805*. Stuttgart.
Höffe, Otfried　1974　Streben. In: *Handbuch philosophischer Grundbegriffe*. hrsg. von H. Krings, H. M. Baumgartner, Chr. Wild. München. 1419-1430.
Hoffmeister, Johannes　1931　*Hölderlin und Hegel*. Tübingen.
――――　1936　Anmerkungen. In: ders. (hrsg.): *Dokumente zu Hegels Entwicklung*. Stuttgart.
――――　1952a　*Brief von und an Hegel*. Bd. 1, Hamburg.
――――　1952b　Einleitung des Herausgebers zu *Phänomenologie*. Philosophische Bibliothek 114. Hamburg.
――――　1953　Anmerkungen. In: ders. (hrsg.), *Briefe von und an Hegel*. Bd. II. Hamburg.
――――　1955　*Wörterbuch der philosophischen Begriffe*. Hamburg.
Höhne, Horst　1931　Hegel und England. In: *Kant-Studien*. Bd. 36. Berlin.
本多修郎　1970　『ヘーゲルと自然弁証法』未来社．
――――　1971　『ヘーゲル弁証法と科学』理想社．

Hoppe, Brigitte 1967 Polarität, Stufung und Metamorphose in der Spekulativen Biologie der Romantik. In: *Naturwissenschaftliche Rundschau*. Heft 9. Stuttgart.
Horstmann, A. 1974 Gottheit. In: *Historisches Wörterbuch der Philosophie*. hrsg. von J. Ritter, Bd. 3. Basel/Stuttgart.
Horstmann, Rolf-Peter 1977 Jenaer Systemkonzeptionen. In: *Hegel*. hrsg. von O. Pöggeler. Freiburg. (谷嶋喬四郎他訳『ヘーゲルの全体像』以文社, 1987)
Horstmann, Rolf-Peter/Petry, Michael John (hrsg.) 1986 *Hegels Philosophie der Natur. Beziehungen zwischen empirischer und spekulativer Naturkenntnis*. Klett-Cotta, Stuttgart.
Hörz, Herbert H./Löther, Rolf L./Wollgast, Siegfried W. (hrsg.) 1969 *Naturphilosophie; Von der Spekulation zur Wissenschaft*. Berlin.
星 敏雄 1981 「意識と存在(上)――『精神現象学』の位置付け」『千葉大学教養部研究報告』A-14.
――― 1984 「ヘーゲル」田中元ほか共著『哲学とはなにか』所収, 北樹出版.
――― 1987 「「意識の立場」から「概念の立場」へ(Ⅰ)」『工学院大学研究論叢』第25号.
――― 1993 「ヘーゲル哲学と進化論」『東京文化短期大学紀要』第11号.
星野 勉 1983 「良心論の意味するもの――『精神現象学』における良心をめぐって」『理想』10月号.
Hösle, Vittorio 1987a *Hegels System*. Bd. 1: *Systementwicklung und Logik*. Hamburg.
――― 1987b Pflanze und Tier. In : M. J. Petry (hrsg), *Hegel und die Naturwissenschaften*. frommann-holzboog, Stuttgart.
――― 1987c Das abstrakte Recht. In: Christoph Jermann (hrsg.): *Anspruch und Leistung von Hegels Rechtsphilosophie, (Spekulation und Erfahrung, Texte und Untersuchungen zum Deutschen Idealismus:* Abt. 2, Untersuchungen; Bd. 5). Stuttgart/Bad Cannstatt.
――― 1987d Raum, Zeit, Bewegung. In: M. J. Petry (hrsg.) *Hegel und die Naturwissenschaften*. Stuttgart.
――― 1988 *Hegels System*. Bd. 2. Hamburg.
細見 英 1979 『経済学批判と弁証法』未来社.
細谷貞雄 1971 『若きヘーゲルの研究』未来社.
Huch, Ricarda 1951 *Die Romantik*. Tübingen.
Husserl, Edumund 1931 *Cartesianische Meditationen und Pariser Vorträge*. (2 Aufl., 1973). Haag. (船橋弘訳『デカルト的省察』中央公論社, 1970)
Huttin, Serge 1969 *Les Francs-Maçons*. (ré éd.) Paris.
Hyppolite, Jean (tr.) 1941 *La Phénoménologie de l'Esprit*. Tome Ⅱ, Paris.
――― 1946 *Genèse et structure de la 》Phénoménologie de l'esprit《 de Hegel*. Paris. (市倉宏祐訳『ヘーゲル精神現象学の生成と構造』上・下, 岩波書店, 1972, 73)
――― 1953 *Logique et Existence*. Paris. (渡辺義雄訳『論理と実存』朝日出版社, 1975)
――― 1955 *Etudes sur Marx et Hegel*. Paris. (宇津木正・田口英治訳『マルクスとヘーゲル』法政大学出版局, 1970)
――― 1971 *Figures de la pensée philosophique*. Paris.

I

Ihmig, Karl-Norbert 1989 *Hegels Deutung der Gravitation. Eine Studie zu Hegel und Newton*. Athenäum, Frankfurt a. M.
Ilting, Karl-Heinz 1973 Vorwort. In: ders. (hrsg.) *G. W. F. Hegel, Vorlesungen über Rechtsphilosophie 1818-1831*. Bd. I. Stuttgart.
――― 1982 Philosophie als Phänomenologie des Bewußtseins der Freiheit. In: Dieter Henrich, Rolf-Peter Horstmann (hrsg.): *Hegels Philosophie des Rechts, Die Theorie der Rechtsformen und ihre Logik*. Stuttgart.

参考文献一覧

Ilting, Karl-Heinz 1987 Hegels Philosophie des Organischen. In : *Hegel und die Naturwissenschaften.* frommann-holzboog, Stuttgart.
稲葉　稔 1977 『疎外の概念』創文社.
─── 1991 『政治のロゴス』創文社.
石川伊織 1988 「ヘーゲル『精神現象学』の悲劇論における「自己（Selbst）」の概念」『法政大学大学院紀要』第20号所収.
石川澄雄 1972 『シュタインと市民社会』御茶の水書房.
岩城見一 1989 「二種の絵画──ヘーゲルにおける芸術解釈の転換について」『美学』第40巻第3号（通巻159号）.
岩波哲男 1984 『ヘーゲル宗教哲学の研究』創文社.

J

Jacobi, Friedrich Heinrich 1785 *Über die Lehre Spinozas.* (2. Ausg. 1789)（工藤喜作訳『スピノザ書簡』哲書房，近刊）
Jaeschke, Walter 1983 *Die Religionsphilosophie Hegels.* Darmstadt.（岩波哲男訳『ヘーゲルの宗教哲学』早稲田大学出版部，1990）
Jäger, Hans-Wolf 1977 Dokumente und Nachwort zu J. H. Campe, *Briefe aus Paris.* Hildesheim.
Jamme, Christoph 1983 *"Ein ungelehrtes Buch". Die philosophische Gemeinschaft zwischen Hölderlin und Hegel in Frankfurt 1797-1800.* Bonn.
Jamme, Christoph/Schneider, Helmut (hrsg.) 1984 *Mythologie der Vernunft.* Hegels 〉ältestes Systemprogramm〈 des deutschen Idealismus. Frankfurt a. M.
Jay, Martin 1973 *The Dialectical Imagination. A History of the Frankfurt School and the Institute of Social Research 1923-1950.* Boston.（荒川幾男訳『弁証法的想像力──フランクフルト学派と社会研究所の歴史1923-1950』みすず書房，1975）
Jean Paul 1804 *Vorschule der Ästhetik.* Werke. Bd.5. hrsg. von N. Miller. 5. Aufl. München 1987.
Jens, Walter 1952 Antigone: Interpretationen. In: *Sophokles.* hrsg. von Hans Diller. Wissenschaft der Forschung. Bd.95. 1986.
Jørgensen, Sven-Aage 1988 Hamann und seine Wirkung im Idealismus. In: *Idealismus und Aufklärung.* hrsg. von C. Jamme und G. Kurz. Stuttgart.

K

化学史学会編 1989 『原子論・分子論の古典』学会出版センター.
Kahn, Charles 1983 *The Art and Thought of Heraclitus.* London/New York/New Rochelle/Melbourn/Sydney.
Kainz, Howard P. 1976 *Hegel's Phenomenology.* part Ⅰ. *Analysis and Commentary.* Alabama.
─── 1983 *Hegel's Phenomenology.* part Ⅱ. *The Evolution of Ethical and Religious Consciousness to the Dialectical Standpoint.* Ohaio.
梯　明秀 1959 『ヘーゲル哲学と資本論』未来社.
神山伸弘 1989 「市民社会の人倫的再編──ヘーゲル『法の哲学』における「職業団体」導出論理」『一橋論叢』101巻2号.
金田　晉 1978 『ペリペティアとアナグノーソシス──アリストテレス『詩学』解釈のための一章』美学史研究叢書第4巻，東京大学美学芸術学研究室.
─── 1983 「翻訳の論理──アウグスト・ウィルヘルム・シュレーゲル」東京大学美学芸術学研究室『美学史論叢』所収，勁草書房.
神林恒道 1985 「イロニーの論理──ロマン的イロニー考」『フィロカリア』第2巻，大阪大学文学部美学研究室.

金田民男	1968	『シラーの芸術論』理想社.

金子武蔵　1962　『ヘーゲルの精神現象学』佐久哲学会.
―――　1967　「訳者解説」『ヘーゲル政治論文集』上（金子武蔵訳）・下（上妻精訳），岩波書店.
―――　1971　「訳者註」同訳『精神の現象学』上巻，岩波書店.
―――　1979　「訳者総註」同訳『精神の現象学』下巻，岩波書店.
―――　（編）1980　『日本倫理学会論集15　ヘーゲル』（「道徳性と人倫性」）以文社.
―――　1982　「ヘーゲルの就職テーゼ」『日本学士院紀要』第38巻第2号.
―――　1984　『ヘーゲルの国家観』岩波書店（初版1944）.
―――　1991　『精神の現象学への道』岩波書店.
Kant, Immanuel　1788　*Kritik der praktischen Vernunft*. Riga.（波多野・宮本訳『実践理性批判』岩波書店, 1927）
―――　1790　*Kritik der Urteilskraft*. hrsg. von K. Vorländer. Hamburg 1968.
―――　1793　*Die Religion innerhalb der Grenzen der bloßen Vernunft*.（飯島宗享・宇都宮芳明訳『単なる理性の限界内における宗教』『カント全集第9巻　宗教論』理想社, 1974）
―――　1795　Zum ewigen Frieden. Ein philosophischer Entwurf von Immanuel Kant. Königsberg. In: *Kants Werke*. Akademie Textausgabe. Bd. Ⅷ. Berlin 1968.（宇都宮芳明訳『永遠平和のために』岩波書店, 1985）
―――　1800　*Logik. Ein Handbuch zu Vorlesungen*. Königsberg. (Akad.-Ausg. Bd. Ⅸ, Berlin 1923)
Kapoor, Satish C.　1970　Berthollet, Claude Louis. In: *Dictionary of Scientific Biography*. Bd. Ⅱ, pp.73-82. New York.
Karsch, Fritz　1925　Christoph Gottfried Bardilis logischer Realismus. In: *Kant-Studien*. Bd. 30. Berlin.
鹿島　徹　1991　「立ち止まる今と具体的現在――ヘーゲルの永遠概念について」『フランス実存思想――実存思想論集Ⅳ』所収，以文社.
樫山欽四郎　1961　『ヘーゲル精神現象学の研究』創文社.
加藤尚武　1978　「革命の死んだ日に歴史が生まれた」『現代思想』12月臨時増刊号.
―――　1980a　『ヘーゲル哲学の形成と原理』未来社.
―――　1980b　「直接性と意味の先験性」『ヘーゲル哲学の形成と原理』所収，未来社.
―――　1983a　「死によって否定される人間の存在とは何か――ヘーゲルにおける「死」の思想」渡辺二郎・泉治典編『西洋における生と死の思想』所収，有斐閣.
―――　（編）1983b　『ヘーゲル「精神現象学」入門』有斐閣.
―――　1987　『二一世紀への知的戦略』筑摩書房.
―――　1990a　「子どもの存在論」『子ども』現代哲学の冒険第2巻所収，岩波書店.
―――　1990b　「生という存在の原型」廣松渉・坂部恵・加藤尚武編『講座ドイツ観念論』第5巻所収，弘文堂.
―――　1991　「ヘーゲル自然哲学と進化論」『自然哲学研究』第4号.
桂　寿一　1974　『近世主体主義の発展と限界』東京大学出版会.
Kaufmann, Walter　1965　*Hegel*. New York.（枋原・斎藤訳『ヘーゲル』理想社, 1975）
川本隆史　1989　「ポリツァイと福祉国家――ヘーゲル・フーコー・ロールズ」城塚登・濱井修編『ヘーゲル社会思想と現代』所収，東京大学出版会.
茅野良男　1975　『ドイツ観念論の研究』創文社.
Kayser, Wolfgang　1948　*Das sprachliche Kunstwerk*. Bern/München
Kerény, Karl　1958　*Die Heroen der Griechen*. Zürich.（高橋英夫・植田兼義訳『ギリシャの神話2・英雄の時代』中央公論社, 1974）
Kern, Walter　1957　Aristoteles in Hegels Philosophiegeschichte. Eine Antinomie. In: *Scholastik*. Bd. 32. Freiburg.

Kern, Walter   1961   G. W. F. Hegel, Eine Übersetzung zu De Anima III, 4-5. In: *Hegel-Studien.* Bd. 1. Bonn.

Kimmerle, Heinz   1966   Zur Entwicklung des Hegelschen Denkens in Jena. In: *Hegel-Studien Beiheft* 4. Bonn.

——— (hrsg.)   1967   Dokumente zu Hegels Jenaer Dozententätigkeit (1801-1807). In: *Hegel-Studien.* Bd. 4. S. 28-44. Bonn.

———   1977   Religion und Philosophie als Abschluß des Systems. In : Otto Pöggeler (hrsg.), *Hegel.* 150-171. Freiburg/München.

Kim-Wawrzinek, Utta   1972   Bedürfnis. In: *Geschichte der Grundbegriffe.* hrsg. von O. Brunner, W. Conze, R. Koselleck. Bd 1. A-D. 440-466. Stuttgart.

Kirchner, Friedrich   1897   *Wörterbuch der philosophischen Grundbegriffe.* Leipzig.

Klein, Hans-Dieter   1972   Kants Postulatenlehre und Hegels Philosophie des Geistes. In: H.-D.Klein /E.Oeser (hrsg.), *Geschichte und System.* Wien/München.

Klemmt, Alfred   1958   *Karl Leonhard Reinholds Elementarphilosophie.* Hamburg.

Koestler, Arthur   1960   *The watershed. A biography of Johannes Kepler.* New York. (小尾信弥・木村博訳『ヨハネス・ケプラー　近代宇宙観の夜明け』河出書房新社, 1982)

Kojève, Alexandre   1947   *Introduction à la lecture de Hegel. Leçons sur la Phénoménologie de l'Esprit réunies et publiées par Raymond Queneau.* Paris. (上妻精・今野雅方訳 『ヘーゲル読解入門──「精神現象学」を読む』国文社, 1987)

Koller, Hermann   1954   *Die Mimesis in der Antike. Nachahmung, Darstellung, Ausdruck.* Bern.

Kommerell, Max   1940   *Lessing und Aristoteles. Untersuchung über die Theorie der Tragödie.* Frankfurt a. M.

近藤恒一   1985   『ルネッサンス論の試み』創文社.

Kondylis, Panajotis   1979   *Die Entstehung der Dialektik. Eine Analyse der geistigen Entwicklung von Hölderlin, Schelling und Hegel bis 1802.* Stuttgart.

Kozu, Kunio   1988   *Das Bedürfnis der Philosophie. Ein Überblick über die Entwicklung des Begriffskomplexes "Bedürfnis", "Trieb", "Streben" und "Begierde" bei Hegel.* Hegel-Studien Beiheft 30. Bonn. (日本語版『哲学の欲求──ヘーゲルの「欲求の哲学」』弘文堂, 1991)

上妻 精   1967a   「ヘーゲルとキリスト教倫理」『日本倫理学会論文集』3.

———（訳）1967b   『ヘーゲル 政治論文集』下, 岩波書店.

———   1983   「「精神現象学」の理念」『理想』605号.

上妻精・小林靖昌・高柳良治   1980   『ヘーゲル 法の哲学』有斐閣.

Kroner, Richard   1924   *Von Kant bis Hegel.* Bd. 2. Tübingen.

Krug, Wilhelm Traugott   1833   *Allgemeines Handwörterbuch der philosophischen Wissenschaften nebst ihrer Literatur und Geschichte.* Bd. III. Leibzig. (Rep. Aetas Kantiana)

久保陽一   1990   「ヘーゲルの形而上学と道徳性批判」廣松渉・坂部恵・加藤尚武編『講座ドイツ観念論』第5巻所収, 弘文堂.

Kuhlmann, Wolfgang (hrsg.)   1986   *Moralität und Sittlichkeit.* Frankfurt a. M.

Kuhn, Helmut   1931   Die Vollendung der klassischen deutschen Ästhetik durch Hegel. In : ders.: *Schriften zur Ästhetik.* München 1966.

Kultermann, Udo   1981   *Geschichte der Kunstgeschichte.* Berlin.

呉茂一他（訳）   1960   『ギリシヤ悲劇全集』第1巻, 人文書院.

栗原 隆   1990   「事実から事行へ──ヘーゲルによるシュルツェ批判，クルーク批判の前哨」廣松渉・坂部恵・加藤尚武編『講座ドイツ観念論』第5巻所収, 弘文堂.

黒田寛一   1968   『ヘーゲルとマルクス──技術論と史的唯物論・序説』現代思潮社.

Kurz, Gerhard   1975   *Mittelbarkeit und Vereinigung zum Verhältnis von Poesie, Reflexion und Revolution bei Hölderlin.* Stuttgart.

Kusch, Martin/Manninen, Juha 1988 Hegel on Modalities and Monadology. In: *Modern Modalities*. ed. by Simo Knuuttila. Dordrecht.
許 萬元 1972 『ヘーゲル弁証法の本質』青木書店.
―――― 1978 『認識論としての弁証法』青木書店.

L

Laermann, Klaus (hrsg.) 1976 *Reise und Utopie*. Frankfurt a. M.
Lakebrink, Bernhard 1979/1985 *Kommentar zur Hegels »Logik« in seiner »Enzyklopädie«*. 2 Bde. Freiburg/Munchen.
Lämmermann, Godwin 1979 *Die Genese der Religions-und Selbstbewußtseinstheorie Bruno Bauers*. München.
Landau, Peter 1974 Hegels Begründung des Vertragsrechts. In : Manfred Riedel (hrsg.), *Materialien zu Hegels Rechtsphilosophie*. Bd. 2. Frankfurt a. M.
Lasson, Georg 1911 Anhang IX. In: K. Fischer, *Hegels Leben Werke und Lehre*. 2. Aufl. Heidelberg. (玉井・磯江訳『ヘーゲルの生涯』勁草書房, 1970)
Latacz, Joachim 1979 *Homer: Tradition und Neuerung*. Wege der Forschung 463. Darmstadt.
Lattimore, Richmond 1958 *The Poetry of Greek Tragedy*. Baltimore.
Laube, Heinrich 1847 Hegel in Berlin. In: *Reisenvollen*. 2. Aufl. Mannheim. (In: *Hegel in Berichten seiner Zeitgenossen*. Hamburg 1970. S. 542) (初版は1837)
Lauth, Reinhard 1974 *Philosophie aus einem Prinzip Karl Leonhard Reinhold*. Bonn.
Lenin (Ленин, Владимир Ильич) 1929 Философские тетради. (松村一人訳『哲学ノート』上・下, 岩波文庫, 1975)
Lessing, Gotthold Ephraim 1769 *Hamburgische Dramaturgie*. In : Lessing : *Werke in drei Bänden*. Bd.2. hrsg. von H. G. Göpfert. München/Wien 1982.
Leutze, Reinhard 1975 *Die außerchristlichen Religionen bei Hegel*. Göttingen.
Levere, Trevor H. 1986 Hegel and the Earth Sciences. In: R. -P. Horstmann und M. J. Petry (hrsg.), *Hegels Philosophie der Natur*. Stuttgart.
Leyser, J. 1896 *Joachim Heinrich Campe*. Braunschweig.
Locke, John 1690 *An Essay concerning Human Understanding*. London. (Edited by J. W. Yolton, London/New York 1961) (大槻春彦訳『人間知性論』中央公論社, 1968)
Löther, Rolf 1969 Zur Naturphilosophie des Paracelsus. In: *Naturphilosophie. Von der Spekulation zur Wissenschaft*. hrsg. von H. Hörz, R. Löther, S. Wollgast. Berlin.
Löwith, Karl 1940 Der europäsche Nihilismus. In:『思想』岩波書店, 1940.9,10,11. (本論文は『思想』用に書かれた。訳者柴田治三郎) (「ヨーロッパのニヒリズム」, 柴田治三郎編訳『ヨーロッパのニヒリズム』筑摩書房, 1974所収)
―――― 1941 *Von Hegel zu Nietzsche*. Zürich. (柴田治三郎訳『ヘーゲルからニーチェへ』Ⅰ, Ⅱ, 岩波書店, 1952, 53)
―――― 1962 *Die Hegelsche Linke*. Stuttgart/Bad Cannstatt.
Lübbe, Hermann 1962 *Die Hegelsche Rechte*. Stuttgart/Bad Cannstatt.
Lübbe-Wolff, von Gertrude 1981 Hegels Staatsrecht als Stellungsnahme im ersten Preussischen Verfassungskampf. In: *Zeitschrift für philosophische Forschung*. 35. Meisenheim a. Glan.
Lucas, Donald William 1960 *The Greek Tragic Poets*. London.
Lucas, Hans-Christian 1986 "Wer hat die Verfassung zu machen, das Volk oder wer anders?" Zu Hegels Verständnis der konstitutionellen Monarchie zwischen Heidelberg und Berlin. In: ders. et al (hrsg.), *Hegels Rechtsphilosophie im Zusammenhang der europäischen Verfassungsgeschichte*. Stuttgart/Bad Cannstatt.

Lucas, Hans-Christian/Pöggeler, Otto (hrsg.) 1986 *Hegels Rechtsphilosophie im Zusammenhang der europäischen Verfassungsgeschichte*. Stuttgart/Bad Canstatt.
Lucas, Hans-Christian/Rameil, Udo 1980 Furcht vor Zensur ?, Zur Entstehungs-und Druckgeschichte von Hegels Grundlinien der Philosophie des Rechts. In: *Hegel-Studien*. Bd. 15. Bonn.
Lukács, György 1948a *Der junge Hegel, Über die Beziehung von Dialektik und Ökonomie*. Zürich/Wien.（生松敬三・元浜清海・木田元訳『若きヘーゲル』上・下，ルカーチ著作集10・11，白水社，1969)
——— 1948b Die Entäußerung als philosophischer Zentralbegriff der Phänomenologie des Geistes. In: *Der junge Hegel*. Zürich/Wien.
——— 1963 *Skizze einer Geschichte-der neueren deutschen Literatur*. Neuwied/Berlin.（栗原良子訳「ドイツ文学の転換点としてのロマン主義」『ドイツ・ロマン派論考』所収，国書刊行会，1984)
——— 1967 Über die Besonderheit als Kategorie der Ästhetik. (In: *G. Lukács Werke*. Band 10, Neuwied/Berlin 1969. 良知力他訳『美と弁証法』法政大学出版局, 1970)
Lunteren, Frans H. van 1986 Hegel and Gravitation. In: J. M. Petry (hrsg.), *Hegels Philosophie der Natur*. Stuttgart.

M

MacIntyre, Alasdair 1972 Hegel on Faces and Skulls. In: ders (ed.), *Hegel, a collection of critical essays*. New York.
Macpherson, Crawford Brough 1962 *The Political Theory of Possessive Individualism : Hobbes to Locke*. Oxford.（藤野渉監訳『所有的個人主義の政治理論』合同出版, 1980)
Malsch, Wilfried 1965 *"Europa". Poetische Rede des Novalis*. Stuttgart.
Mann, Otto 1958 *Poetik und Tragödie*. Bern.
Marcic, René 1970 *Hegel und das Rechtsdenken im deutschen Sprachraum*. Salzburg.
Marcuse, Herbert 1932 *Hegels Ontologie und die Grundlegung einer Theorie der Geschichtlichkeit*. Frankfurt a. M.（吉田茂芳訳 『ヘーゲル存在論と歴史性の理論』未来社, 1980)
——— 1954 *Reason and Revolution*. New York.（桝田啓三郎・中島盛夫・向来道男訳『理性と革命』岩波書店, 1961)
Marks, Ralph 1985 *Konzeption einer dynamischen Naturphilosophie bei Schelling und Eschenmayer*. München.
Marsch, Wolf-Dieter 1965 *Gegenwart Christi in der Gesellschaft*. München.
Marx, Karl 1841 *Differenz der demokritischen und epikureischen Naturphilosophie*. In: *MEW*. Ergänzungsband, Erster Teil. Berlin 1968.（マルクス「デモクリトスとエピクロスの自然哲学の差異」，『マルクス・エンゲルス全集』第40巻，大月書店)
——— 1843 *Kritik des Hegelschen Staatsrechts*. In: *MEW*. Bd. Berlin 1956.（真下信一訳「ヘーゲル国法論批判」『ヘーゲル法哲学批判序論』国民文庫, 1973所収)
——— 1844a *Ökonomisch-philosophische Manuskripte aus dem Jahre 1844*. In: *Karl Marx-Friedrich Engels historisch-kritische Gesamtausgabe* (hrsg. von V. Adoratskij). Erste Abteilung, Bd. 3, Berlin 1932.（城塚登・田中吉六訳 『経済学・哲学草稿』岩波書店, 1964)
——— 1844b Kritik der Hegelschen Dialektik und Philosophie überhaupt, in: derselbe, Ökonomisch-philosophische Manuskripte, *MEW*. Ergänzungsband, Erster Teil, Berlin 1968.（藤野渉訳「ヘーゲル弁証法および哲学一般への批判」，同訳『経済学・哲学手稿』国民文庫, 大月書店)
——— 1867 *Das Kapital, Kritik der politischen ökonomie*. Bd. 1. Berlin 1972.（向坂逸郎訳『資本論』第1巻, 岩波書店, 1967)
——— 1947 *Das Elend der Philosophie*. In: *MEW*. Bd 4. Berlin 1972.（高木佑一郎訳『哲学の貧困』国民文庫, 大月書店)

Marx, Karl/Friedrich Engels 1957–68 *Werke.* hrsg. vom Institut für Marxismus-Leninismus beim ZK der SED. Dietz, Berlin. (MEW と略記)
Marx, Werner 1971 *Hegels Phänomenologie des Geistes. Die Bestimmung ihrer Idee in „Vorrede" und „Einleitung".* Frankfurt a. M. (上妻精訳『ヘーゲルの「精神現象学」』理想社, 1981)
――― 1986 *Das Selbstbewußtsein in Hegels Phänomenologie des Geistes.* Frankfurt a. M.
増成隆士 1987 「絵画作品から見たヘーゲル美学」加藤尚武編『ヘーゲル読本』法政大学出版局.
松本正男 1987 「ヘーゲルの空間・時間論」山口大学『文学会志』38号.
松山寿一 1989 「根源力と力動――カント動力学批判」『哲学』(日本哲学会) 第39号.
Mayr, Ernst 1988 *Toward a new philosophy of biology. Observations of an evolutionalist.* Cambridge.
McLellan, David 1973 *Karl Marx. his life and thought.* London. (杉原四郎訳者代表『マルクス伝』ミネルヴァ書房, 1976)
Meiners, Reinhard 1980 *Methodenprobleme bei Marx und ihr Betug zur Hegelschen Philosophie.* München.
Meist, Kurt Rainer 1979 Altenstein und Gans, Eine frühe politische Option für Hegels Rechtsphilosophie. In: *Hegel-Studien.* Bd. 14. Bonn.
Merleau-Ponty, Maurice 1966 *Sens et non-sens.* Paris. (滝浦静雄・木田元他訳『意味と無意味』みすず書房, 1983)
――― 1969 *La prose du monde.* Paris. (滝浦静雄・木田元訳『世界の散文』みすず書房, 1979)
Michelet, Karl Ludwig 1837 *Geschichte der letzten Systeme der Philosophie in Deutschland von Kant bis Hegel.* Berlin.
Michelet, Karl Ludwig/Haring, G. H. 1888 *Historisch-kritische Darstellung der dialektischen Methode Hegels.* Leipzig.
Mitteis, Heinrich 1969 *Deutsche Rechtsgeschichte, ein Studienbuch, neubearbeitet von Heinz Lieberich.* 11. ergänzte Aufl. München. (世良晃志郎訳『ドイツ法制史概説』改訂版, 創文社, 1971)
Moiso, Francesco 1986 Die Hegelsche Theorie der Physik und der Chemie in ihrer Beziehung zu Schellings Naturphilosophie. In: *Hegels Philosophie der Natur.* hrsg. von R. -P. Horstmann und M. J. Petry. Stuttgart.
Moog, Willy 1930 *Hegel und die Hegelsche Schule.* München.
Moretto, Antonio 1986 L'Influence de la 《Mathematique de l'Infini》 dans la formation de la Dialectique Hégélienne. In: *Hegels Philosophie der Natur.* hrsg. von Rolf-Peter Horstmann et al. Stuttgart.
Mueller, Gustav Emil 1958 The Hegel Legend of "Thesis-Antithesis-Synthesis". *Journal of the History of Ideas.* No.3. Lancaster.
Müller, Cotthold 1968 *Identität und Immanenz.*
Müller, Friedrich 1965 *Korporation und Assoziation.* Berlin.
村上淳一 1980 『ゲルマン法史における自由と誠実』東京大学出版会.
村上恭一(訳) 1991 ヘーゲル『惑星軌道論』法政大学出版局.
村岡晢 1981 『近代ドイツの精神と歴史』創文社.
村田潔(編) 1984 『ギリシア美術』体系世界の美術5, 学習研究社.
Mure, Geoffrey Reginald Gilchrist 1950 *A Study of Hegel's Logic.* Oxford.

N

長島隆 1989a 「シェリングの有機体論――分極性と『普遍的有機体』の構想」『モルフォロギア』第10号, ナカニシヤ出版.
――― 1989b 「シェリングのポテンツ論――ポテンツ論と弁証法」『日本医科大学基礎科学紀要』第9号.
――― 1990 「ブラウン説とシェリング, ヘーゲル」『日本医科大学基礎科学紀要』第10号

参考文献一覧

中埜 肇 1958 「ヘーゲルにおける行為の構造」『哲学研究』39 - Ⅷ.
―――― 1974 『ヘーゲル哲学の根本にあるもの』以文社.
―――― 1978 「イェナ体系に関する形式論的考察」『現代思想』12月臨時増刊号.
―――― 1979 『ヘーゲル哲学の基本構造』以文社.
中山 愈 1978 「ヘーゲルのヒポコンドリーについて」『倫理学年報』第27集, 日本倫理学会.
Neuser, Wolfgang (hrsg.) 1986a *Hegel Dissertatio Philosophica de Orbitis Planetarum.* Weinheim.
―――― 1986b Schelling und Hegels Habilitationsthesen. In: *Philosophia Naturalis.* 23, Nr.2. Meisenheim a. Glan.
―――― 1987 Das naturphilosophische und naturwissenschaftliche Literatur aus Hegels privater Bibliothek. In: *Hegel und die Naturwissenschaften.* hrsg. von M. J. Petry. Stuttgart/Bad Cannstatt.
Nicolin, Friedhelm 1970 *Hegel 1770-1970.* Stuttgart.
―――― 1977 Pädagogik-Propädeutik-Enzyklopädie In: *Hegel.* hrsg. von O. Pöggeler, Freiburg /München. (谷嶋喬四郎監訳『ヘーゲルの全体像』以文社, 1988)
Nicolin Friedhelm/Pöggeler, Otto 1959 *Einführung zur Enzyklopädie.* Philosophische Bibliothek 33. Hamburg.
Nicolin, Günther (hrsg.) 1970 *Hegel in Berichten seiner Zeitgenossen.* Hamburg.
Niethammer, Friedrich Immanuel 1968 *Philanthropismus-Humanismus.* Texte zur Schulreform, bearbeitet von Werner Hillebrecht. Weinheim/Berlin/Basel.
西川 亮 1971 『デモクリトス研究』理想社.
西川富雄 1960 『シェリング哲学の研究』法律文化社.
新田博衞 1980a 『詩学序説』勁草書房.
―――― 1980b 「ドラマの構成――『アンティゴネー』」同『詩学序説』所収, 勁草書房.
野田又夫 1963 『ルネッサンスの人間像』岩波新書.

O

O'Brien, George 1975 *Hegel on Reason and History.* Chicago.
O'connor, Daniel John 1971 *Free Will.* Open University Set Book. London.
Oetinger, Friedrich Christoph 1858-64 *Sämtliche Schriften.* 11 Bde. hrsg. von K. Ch. E. Ehmann. Stuttgart.
O'meara, Dominic J. 1989 *Pythagoras Revived.* Oxford.
大橋博司 1988 『パラケルススの生涯と思想』思索社.
大井 正 1985 『ヘーゲル学派とキリスト教』未来社.
大村晴雄 1961 『ヘーゲルの判断論』小峰書店.
―――― 1976 『ヘーゲルの本質論理』以文社.
―――― 1987 『ベーメとヘーゲル』高文堂出版社.
大西克礼 1961 『浪漫主義の美学と芸術観』弘文堂.
大野 誠 1989 「近代的元素概念の確立をめぐって」化学史学会編『原子論・分子論の原典』所収, 化学史学会出版センター.
Orthmann, Winfried 1975 *Der alte Orient.* Propyläen Kunstgeschichte 14. Berlin.
Ottmann, Henning 1977 *Individuum und Gemeinschaft bei Hegel.* Berlin.

P

Pannenberg, Wolfhart 1978 *Gottesgedanke und menschliche Freiheit.* Göttingen. (座小田・諸岡訳『神の思想と人間の自由』法政大学出版局, 1991)

Paulucci, Henry 1984 Hegel and the celestial mechanics of Newton. In: R. S. Cohen and M. W. Wartofsky (eds.), *Hegel and the sciences*. Reidel, Dordrecht.
Pechmann, Alexander von 1980 *Die Kategorie des Maßes in Hegels »Wissenschaft der Logik«*. Köln.
Peirce, Ch. S./Harris, W. T. 1978 Nominalismus versus Realismus. In: *Seminar: Dialektik in der Philosophie Hegels*. hrsg. von R.-P. Horstmann. Suhrkamp Taschen Buch 234. Frankfurt a. M.
Pelczynski, Zbigniew A. (ed.) 1971 *Hegel's Political Philosophy. Problems and Perspectives*. Cambridge.（藤原保信他訳『ヘーゲルの政治哲学』御茶の水書房, 1989）
―――― 1984 *The State and Civil Society. Studies in Hegel's Political Philosophy*. Cambridge.
―――― 1986 Hegel and British Parliamentarism. In: H.-C. Lucas & O. Pöggeler (ed.), *Hegel Rechtsphilosophie im Zusammenhang der europäischen Verfassungsgeschichte*. Stuttgart.
Peperzak, Adriaan 1987 *Selbsterkenntnis des Absoluten. Grundlinien der Hegelschen Philosophie des Geistes*. Stuttgart/Bad Cannstatt.
Peperzak, Adrien T. B. 1960 *Le jeune Hegel et la vision morale du monde*. La Haye.
Petry, Michael John 1970a Notes. In: ders. (ed. and tr.) *Hegel's Philosophy of Nature*. vol.2, pp. 253-255, London/New York.
―――― 1970b Note. In: ders. (ed. and tr.) *Hegel's Philosophy of Nature*. vol. 3. London.
―――― (ed. and tr.) 1970c *Hegel's Philosophy of Nature*. vol. 3. London.
―――― 1976 Hegel and the 'Morning Chronicle'. In: *Hegel-Studien*. Bd. 11. Bonn.
―――― 1987 Hegels Verteidigung von Goethes Farbenlehre gegenüber Newton. In: ders. (hrsg.) *Hegel und die Naturwissenschaften*. frommann-holzboog, Stuttgart
―――― 1988 Hegel's Philosophy of Nature: Recent Developments. In: *Hegel-Studien*. Bd.23. Bonn.
Pfaff, Christoph Heinrich 1796 *John Brown's System der Heilkunde*.
Piepmeier, Reiner 1978 *Aporien des Lebensbegriffs seit Oetinger*. Freiburg/München.
Plant, Raymond 1980 Economic and Social Integration in Hegel's Political Philosophy. In: O.P. Verne (ed.), *Hegel's Social and Political Thought*. New Jersey/Sussex.
Pleines, Jürgen-Eckhardt 1983 *Hegels Theorie der Bildung* I. *(Materialien zu ihrer Interpretation)*. Philosophische Texte und Studien Bd. 8. Hildesheim/Zürich/New York.
―――― 1986 *Hegels Theorie der Bildung* II. *(Kommentare)*. Philosophische Texte und Studien. Bd.9. Hildesheim/Zürich/New York.
Pöggeler, Otto 1956 *Hegels Kritik der Romantik*. Bonn.
―――― 1961 Zur Deutung der Phänomenologie des Geistes. In: *Hegel-Studien*. Bd. 1. Bonn.
―――― 1964 Hegel und die griechische Tragödie. In: *Hegel-Studien Beiheft* 1. Bonn.
―――― 1966 Die Komposition der Phänomenologie des Geistes. In: *Hegel-Studien Beiheft* 3. Bonn.
―――― 1970 *Hegel und die Anfänge der Nihilismus-Diskussion*. jetzt in: *Der Nihilismus als Phänomen der Geistesgeschichte*. hrsg. von Dieter Arendt. Darmstadt 1974
―――― 1971 Hegel und Heidelberg. In: *Hegel-Studien*. Bd. 6.
―――― 1973a *Hegels Idee einer Phänomenologie des Geistes*. Freiburg/München.
―――― 1973b Sinclair-Hölderlin-Hegel. Ein Brief von Karl Rosenkranz an Christoph Th.Schwab. In: *Hegel-Studien*. Bd. 8. 9-53. Bonn.
―――― 1980 Hegels Bildungskonzeption im geschichtlichen Zusammenhang. In: *Hegel-Studien*. Bd. 15. Bonn.
―――― 1983 Ist Hegel Schlegel? Friedrich Schlegel und Hölderlins Frankfurter Freundekreis. In: *Frankfurt aber ist der Nabel dieser Erde*. hrsg. von Christoph Jamme und Otto Pöggeler. Stuttgart.

Pöggeler, Otto 1986 Geschichtsschreiber Johannes von Müller im Blickfeld Hegels. In: *Johannes von Müller. Geschichtsschreiber der Goetezeit.* hrsg. von Christoph Jamme und Otto Pöggeler. Schaffhausen.

――― 1987 *Preußische Kulturpolitik im Spiegel von Hegels Ästhetik.* Rheinisch-Westfälische Akademie der Wissenschaften. Vorträge G. 287. Opladen.

――― 1989 Ansatz und Aufbau der Phänomenologie des Geistes. In: *Journal of the Faculty of Letters.* The University of Tokyo. Aesthetics. Vol. 13.

――― 1990 Hegels philosophische Anfänge. In: Jamme & Schneider (hrsg.), *Der Weg zum System.* Frankfurt a. M.

Popper, Karl 1963 "What is Dialectic ?", *Conjectures and Refutations.* London. (藤本隆志・石垣寿郎・森博訳「弁証法とは何か」, 同訳『推測と反駁』法政大学出版局, 1980)

Pothast, Ulrich 1980 *Die Unzulänglichkeit der Freiheitbeweise.* Frankfurt a. M.

Prang, Helmut 1972 *Die romantische Ironie.* Darmstadt.

Preisendanz, Wolfgang/Warning, Rainer (hrsg.) 1976 *Das Komische.* Poetik und Hermeneutik Ⅶ. München.

Priddat, Birger P. 1990 *Hegel als Ökonom.* Berlin.

Pütter, Johann Stephan 1786/87 *Historische Entwicklung der heutigen Staatsverfassung des Teutschen Reichs.* 3 Teile. Göttingen.

Q

Querner, Hans 1974 Die Stufenfolge der Organismen in Hegels Philosophie der Natur. In: *Hegel-Studien Beiheft* 11. Bonn.

R

良知 力（編） 1974 『資料ドイツ初期社会主義――義人同盟とヘーゲル左派』平凡社.
良知力・廣松渉（編） 1986,1987 『ヘーゲル左派論叢』第1, 3, 4巻, 御茶の水書房.
Radamaker, Hans 1979 *Hegels »Wissenschaft der Logik«. Eine darstellende und erläuternde Einführung.* Wiesbaden.
Ravaisson Felix 1927 *De l'Habitude.* Paris. (野田又夫訳『習慣論』岩波文庫, 1951)
Rawidowicz, Simon 1931 *Ludwig Feuerbachs Philosophie.* Berlin. (桑山政道訳『ルードヴィヒ・フォイエルバッハの哲学』上, 新地書房, 1983)
Rawls, John 1971 *A Theory of Justice.* Harvard. (矢島鈞治監訳『正義論』紀伊国屋書店, 1979)
Rebstock, Hans-Otto 1971 *Hegels Auffassang des Mythos in seinen Frühschriften.* Freiburg/München.
Reissner, Hans Günther 1965 *Eduard Gans, Ein Leben im Vormärz.* Tübingen.
Richards, Ivor Armstrong 1936 *The Philosophy of Rhetoric.* New York.
Ricoeur, Paul 1975 *Le métaphore vive.* Paris.
Riedel, Manfred 1965 *Theorie und Praxis im Denken Hegels.* Stuttgart/Berlin/Köln/Meinz.
――― 1967 Hegel und Gans. In: *Natur und Geschichte. Festschrift für Karl Löwith zum 70. Geburtstag.* Stuttgart/Berlin/Köln/Mainz.
――― 1969 *Studien zu Hegels Rechtsphilosophie.* Frankfurt a. M. (清水正徳・山本道雄訳『ヘーゲル法哲学』福村出版, 1976)
――― 1970 *Bürgerliche Gesellschaft und Staat bei Hegel.* Neuwied/Berlin. (池田貞夫・平野英一訳『ヘーゲルにおける市民社会と国家』未来社, 1985)
――― (hrsg.) 1974 *Hegels Rechtsphilosophie.* 2Bde. Frankfurt a. M.
――― 1975a Bürgerliche Gesellschaft. In: *Geschichtliche Grundbegriffe.* hrsg. von Brunner/Conze/Kosellech. Bd.2. Stuttgart. (吉原達也・山根共行訳「市民社会」河上倫逸・常俊宗三郎編訳『市民社会の概念史』所収, 以文社, 1990)

Riedel, Manfred (hrsg.)　1975b　*Materialien zu Hegels Rechtsphilosophie.* 2Bde., Frankfurt a. M.
――――　1990　*Hegel und die antike Dialektik.* Frankfurt a. M.
Ringleben, Joachim　1977　*Hegels Theorie der Sünde.* Berlin/New York.
Ripalda, José Maria　1973　Poesie und Politik beim jüngen Hegel. In: *Hegel-Studien.* Bd. 8. Bonn.
――――　1977　*The divided nation. the roots of a bourgeois thinker: G. W. F. Hegel.* Assen/Amsterdam.
Ritter, Joachim　1940/41　Über das Lachen. In : *Blätter für deutsche Philosophie.* 14. 1-21. Amsterdam.
――――　1957　Hegel und französische Revolution. In: *Geisteswissenschaften* 63. Westdeutsche Verlag, Köln/Opladen. (出口純夫訳『ヘーゲルとフランス革命』理想社, 1966)
――――　1966　*Moralität und Sittlichkeit zu Hegels Auseinandersetzung mit der Kantischen Ethik.* Berlin.
――――　1969a　*Metaphysik und Politik. Studien zu Aristoteles und Hegel.* Frankfurt a. M.
――――　1969b　Person und Eigentum. In : *Metaphsik und Politik. Studien zu Aristoteles und Hegel.* Frankfurt a. M.
――――　1969c　Hegel und die Reformation. In: *Methaphysik und Politik. Studien zu Aristoteles und Hegel.* Frankfurt a. M.
Robertson, Martin　1975　*A History of Greek Art.* 2 vols. London.
Rohrmoser, Günter　1959　Zum Problem der ästhetischen Versöhnung. Schiller und Hegel. In: *Euphorion.* Bd. 53. Leip/Wien.
――――　1961　*Subjektivität und Verdinglichung. Theologie und Gesellschaft im Denken des jungen Hegel.* Lengerich.
――――　1970　*Das Elend der kritischen Theorie.* Freiburg. (城塚登・竹村喜一郎訳『批判理論の貧困』理想社, 1983)
Rommel, Otto　1943　Die wissenschaftlichen Bemühungen um die Analyse des Komischen. In : *Deutsche Vierteljahrsschrift für Literaturwissenschaft und Geistesgeschichte.* 21, 161-193. Halle.
Röschlaub, Andreas　1798　*Untersuchungen über Pathogenie oder Einleitung in die medizinische Theorie.* I, II, III. Frankfurt a. M.
Rosen, Stanley　1974　*G. W. F. Hegel.* London.
Rosenkranz, Johann Karl Friedrich　1844　*Hegels Leben.* Supplement zu: *Georg Wilhelm Friedrich Hegel Werke.* Vollständige Ausgabe durch einen Verein von Freunden des Verewigten. Berlin. (Nachdr. Darmstadt 1963) (中埜肇訳『ヘーゲル伝』みすず書房, 1983)
――――　1853　*Ästhetik des Häßlichen.* Königsberg. (Nachdr. Stuttgart/Bad-Cannstatt 1968)
Rosenzweig, Franz　1920　*Hegel und der Staat.* München/Berlin. (Nachdr. München 1982)
Röttges, Heinz　1976　*Der Begriff der Methode in der Philosophie Hegels.* Meisenheim a. Glan.
Rousseau, Jean-Jacques　1753　*Lettre sur la musique française.* (海老沢敏訳「フランス音楽に関する手紙」『ルソー全集』第12巻所収, 白水社, 1983)
――――　1761　*Extrait du projet de paix perpétuelle de St.-Pierre.* (宮治弘之他訳「サン=ピエール師の永久平和論の抜萃」『ルソー全集』第4巻所収, 白水社, 1978)
Ruof, Friedrich　1915　*J. W. von Archenholtz.* Leipzig. (Nachdr. Vaduz)
Russell, Bertrand　1903　*The Principles of Mathematics.* Cambridge.
――――　1919　*Introduction to Mathematical Philosophy.* London.

S

Saint-Pierre, Abbé de　1713　*Projet de paix perpétuelle.* Utrecht.
酒井　修　1984　「1801年夏のヘーゲル――『イエーナ時代の論理学』研究（二）」『哲学研究』（京都哲学会）第550号.

参考文献一覧

酒井　修　1990　「ヘーゲル哲学の本邦渡来」『哲学研究』(京都哲学会) 555号.
Sallis, John　1987　*Spacings of reason and imagination in texts of Kant, Fichte, Hegel*. Chicago.
Sánchez, José　1986　*Der Geist der deutschen Romantik*. München.
Sandberger, Jörg F.　1972　*David Friedrich Strauß als theologischer Hegelianer*. Göttingen.
Sapir, J. David et al. (ed.)　1977　*The Social Use of Metaphor. esseys on the anthropology of rhethoric*. Philadelphia.
Sarlemijn, Andries　1971　*Hegelsche Dialektik*. Berlin/New York.
Sartre, Jean-Paul　1943　*L'être et le néant*. Paris. (松浪信三郎訳『存在と無』Ⅰ-Ⅲ, 人文書院, 1956-60)
佐藤和夫　1990　「友愛・人類・進歩——フォルスターを媒介にみたフランスとドイツ」廣松渉・坂部恵・加藤尚武編『講座ドイツ観念論』第1巻所収, 弘文堂.
佐藤敏雄　1970　「主観性と物化の分裂と和解——ヘーゲルと現代神学」『思想』555号.
佐藤康邦　1991　『ヘーゲルと目的論』昭和堂.
Schacht, Richard　1970　*Alienation, With an Introductory Essay by Walter Kaufmann*. New York.
Schadewaldt, Wolfgang　1966　*Antike und Gegenwart. über die Tragödie*. München.
Schaff, Adam　1977　*Entfremdung als Soziales Phänomem*. Wien. (花崎皋平訳『社会現象としての疎外』岩波書店, 1984)
Schalk, F.　1972　Enzyklopädismus. In: *Historisches Wörterbuch der Philosophie*. hrsg. von J. Ritter, Bd. 2. Basel.
Schefold, Karl　1967　*Die Griechen und ihre Nachbarn*. Propyläen Kunstgeschichte 1. Berlin.
Scheit, Herbert　1972　*Geist und Gemeinde. zum Verhältnis von Religion und Politik bei Hegel*. München.
Schelling, Friedrich Wilhelm Joseph von　1795　*Vom Ich als Prinzip der Philosophie oder über das Unbedingte im menschlichen Wissen*. In: *Schellings Werke*. hrsg. von K. F. A. Schelling Abt. 1. Bd. 1. Stuttgart/Augusburg 1856. (高月義照訳「哲学の原理としての自我について」『シェリング初期著作集』日清堂書店出版部, 1977)
――――　1798　*Von der Weltseele*. In: *Schellings Werke*. hrsg. von K. F. A. Schelling, Abt. 1. Bd. 2. Stuttgart/Augusburg 1857.
――――　1799　Erster Entwurf des System der Naturphilosophie. In: *Schellings Werke*. hrsg. von K. F. A. Schelling, Abt. 1. Bd. 3. Stuttgart/Augusburg 1858.
――――　1806　Vorläufige Bezeichnung des Standpunktes der Medicin nach Grundsätzen der Naturphilosophie. In : *Schellings Werke*. hrsg. von K. F. A. Schelling, Abt. 1. Bd. 7. Stuttgart/Augusburg 1860.
――――　1856-61　*Sämtliche Werke*. 10 Bde. hrsg. von K. F. A. Schelling. Stuttgart/Augusburg.
Schiller, Johann Christoph Friedrich von　1793　*Kallias oder über die Schönheit*. In : Schiller : *Sämtliche Werke*. hrsg. von G. Fricke und H. G. Göpfert. 6. Aufl. Bd.5. München 1980
――――　1795　*Über naive und sentimentalische Dichtung*. In : Schiller : *Werke. Nationalausgabe*. Bd. 20. hrsg. von B. v. Wiese. Weimar 1962.
――――　1943-　*Werke. Nationalausgabe*. hrsg. von L. Blumenthal/B.v.Wiese. Weimar.
　　(参考：石原達二訳〔『カリアス書簡』『人間の美的教育について』『素朴文学と情感文学について』の訳〕『美学芸術論集』冨山房, 1977. 但し, *Nationalausgabe* からの訳ではない)
Schipperges, Heinrich　1974　*Paracelsus. Der Mensch im Licht der Natur*. Stuttgart.
Schlawe, Fritz　1959　Die Berliner Jahrbücher für wissenschaftliche Kritik, Ein Beitrag zur Geschichte des Hegelianismus. In: *Zeitschrift für Religions-und Geistesgeschichte*. (石川三義訳「『ベルリン年誌』に見るヘーゲル学派の展開」『情況』1976年12月号)
Schlegel, Friedrich　1795/96　*Über das Studium der griechischen Poesie*. In : Kritische Friedrich-Schlegel-Ausgabe. Bd.1. hrsg. von E. Behler. München/Paderborn/Wien 1979.

Schleiermacher, Friedrich Daniel Ernst 1959 *Hermeneutik*. nach den Handschriften neu hrsg. u. eingeleitet von H. Kimmerle. Heidelberg. (2 Aufl. 1974)
――― 1987 *Theologische Enzyklopädie (1831/32)*. hrsg. von Walter Sachs. Berlin.
Schmidt, Alfred 1974 *Zur Idee der Kritischen Theorie*. München. (生松敬三訳『フランクフルト学派』青土社, 1975)
――― 1984 *Goethes herrlich leuchtende Natur*. Wien.
Schmidt, Erik 1952 *Hegels Lehre von Gott*. Lengerich.
――― 1974 *Hegels System der Theologie*. Berlin/New York.
Schmitz, Hermann 1957 *Hegel als Denker der Individualität*. Meisenheim a. Glan.
Schnädelbach, Herbert 1974 *Geschichtsphilosophie nach Hegel. Die Probleme des Historismus*. Freiburg/München.
Schneider, Helmut 1975 Anfänge der Systementwicklung Hegels in Jena. In: *Hegel-Studien*. Bd. 10. Bonn.
Schneider, Robert 1938 *Schellings und Hegels schwäbische Geistesbahnen*. Würzburg/Aumüble.
Schneiter, Rudolf 1968 *Schellings Gesetz der Polarität*. Verlag Hans Schellenberg, Winterthur.
Schofield, Robert E. 1970 *Mechanism and Materialism. British Natural Philosophy in An Age of Reason*. Princeton.
Schopenhauer, Arthur 1851 *Parerga und Paralipomena: kleine philosophische Schriften*. Wiesbaden. (有田潤訳『哲学小品集』Ⅰ, 白水社, 1973)
――― 1966 *Die Welt als Wille und Vorstellung*. Zweiter Band. Wiesbaden.
Schulin, Ernst 1958 *Die weltgeschichtliche Erfassung des Orients bei Hegel und Ranke*. Göttingen.
Schulte, Günter 1981 *Hegel oder das Bedürfnis nach Philosophie*. Köln.
Schuster, J. 1929 Oken, Welt und Wesen, Werk und Wirkung. In: *Archiv für Geschichte der Mathematik, der Naturwissenschaften und der Technik*. No.3, 54-70.
Schüttauf, Konrad 1984 *Die Kunst und die bildenden Künste. Eine Auseinandersetzung mit Hegels Ästhetik*. Bonn.
Schwanitz, Hans Joachim 1983 *Homöopathie und Brownianismus 1795-1844*. Stuttgart.
Schweitzer, Albert 1951 *Geschichte der Leben-Jesu-Forschung*. 6 Aufl. Tübingen. (遠藤彰他訳『イエス伝研究史』全3巻, 白水社, 1960-61)
Shea, William R. 1986 Hegel's Celestial Mechanics. In: *Hegel's Philosophie der Natur*. hrsg. von R. -P. Horstmann/M. J. Petry. Stuttgart.
柴田隆行 1986 『ヘーゲルにおける自由と共同』北樹出版.
――― 1987 「一八世紀末の哲学史論争」『白山哲学』21号.
――― 1988 「一八世紀末哲学史論争の行方」『白山哲学』22号.
――― 1990 「哲学史概念の成立」廣松渉・坂部恵・加藤尚武編『講座ドイツ観念論』第5巻所収, 弘文堂.
柴田陽弘 1983 「ゲーテと石の王国――ゲーテの地質学」『モルフォロギア』第5号, ナカニシヤ出版.
Shikaya, Takako 1978 Die Wandlung des Seinsbegriffs in Hegels Logik-Konzeption. In: *Hegel-Studien*. Bd. 13, 119-173. Bonn.
四日谷敬子 1978 「ヘーゲル美学に於ける『仮象』の範疇と絵画理論」『理想』540号, 177-191.
――― 1985 「J.ベーメにおける神の自然と悪の起源」『中世哲学研究』第4号, 66-74.
――― 1986 「存在と反省――ヘーゲルの絶対的観念論への道」中埜肇編『ヘーゲル哲学研究』理想社. 31-50.
――― 1989 『歴史における詩の機能――ヘーゲル美学とヘルダーリン』理想社.
――― 1991a 「知の境地と否定性の論理――存在論理学（質）を中心に」『存在・思惟・個体性――ドイツ観念論とヘーゲル論理学』所収, 世界書院.
―――（訳）1991b 『無底と根底――ベーメ神秘主義主要著作集』哲学書房.
島崎 隆 1991 「ヘーゲル自然哲学と進化論」『自然哲学研究』第4号.

参考文献一覧

清水純一 1970 『ジョルダーノ・ブルーノ』創文社.
Sichirollo, Livio 1964 Hegel und die griechische Welt. In: *Hegel-Studien Beiheft* 1. Bonn.
Siep, Ludwig 1970 *Hegels Fichtekritik und die Wissenschaftslehre von 1804*. Freiburg/München.
――――― 1974 Der Kampf um Anerkennung. In: *Hegel-Studien*. Bd. 9. Bonn.
――――― 1979 *Anerkennung als Prinzip der praktischen Philosphie*. Freiburg/München.
――――― 1982 Intersubjektivität, Recht und Staat in Hegels ‚Grundlinien der Philosophie des Rechts'. In: Dieter Henrich, Rolf-Peter Horstmann (hrsg.): *Hegels Philosophie des Rechts, Die Theorie der Rechtsformen und ihre Logik*. Stuttgart.
Smith, Adam 1776 *An inquiry into the nature and causes of the wealth of nations*. ed. by Edwin Cannan. 6th ed. 2 vols. London 1950. （大内兵衛・松川七郎訳『諸国民の富』全2冊, 岩波書店, 1969）
Snelders, Henricus Adrianus Marie 1986 Hegel und die Bertholletsche Affinitätslehre. In: *Hegels Philosophie der Natur*. Stuttgart.
Soboul, Albert 1968 *Les sans-culottes*. Paris. （井上幸治監訳『フランス革命と民衆』新評論, 1983）
Solger, Karl Wilhelm Friedrich 1829 *Vorlesungen über die Ästhetik*. hrsg. von K. W. L. Heyse. Leipzig (Nachdr. Darmstadt 1980).
Solomon, Robert C. 1983 *In the Spirit of Hegel. A Study of G. W. F. Hegele's Phenomenology of Spirit*. Oxford.
Spaventa, Bertrand 1864 *Le prime categorie della logica di Hegel*. Napoli.
Specht, Ernst Konrad 1952 Der Analogiebegriff bei Kant und Hegel. In: *Kant-Studien*. Erg. Hefte Bd. 66. Köln.
Splett, Jörg 1965 *Die Trinitätslehre G. W. F. Hegels*. Freiburg/München.
Stagnuennec, André 1985 Génèse et structure d'une remarque critique de Hegel sur la construction kantienne de la matière dans la Science de la Logique. In: *Archives de Philosophie*. Paris.
Steinthal, Heymann 1848 *Die Sprachwissenschaft W. v. Humboldt's und die Hegel'sche Philosophie*. (Olms 1985).
Storr, Gottlob Christian 1794 *Bemerkungen über Kants philosophische Religionslehre. Aus dem Lateinischen. Nebst einigen Bemerkungen des Übersetzers [F. G. Süskind] über den aus Principien der praktischen Vernunft hergeliteten Überzeugungsgrund von der Möglichkeit und Wirklichkeit einer Offenbarung in Beziehung auf Fichte's Versuch einer Kritik aller Offenbarung*. Tübingen.
Strack, Friedrich 1982 Hegels Persönlichkeit im Spiegel der Tagebücher Sulpitz Boisserées und der Lebenserinnerungen C. H. A. Pagenstechers. In: *Hegel-Studien*. Bd. 17. Bonn.
Strauß, David 1837 *Streitschriften zur Verteidigung meiner Schrift über das Leben Jesu und zur Charakteristik der gegenwärtigen Theologie*. Tübingen.
Strauß, Ludwig 1928 Jacob Zwilling und sein Nachlaß. In : *Euphorion*. 29, 365-396. Leip/Wien.
――――― 1931 Aus dem Nachlaß Johann Gottfried Ebels. In : *Euphorion*. 32, 353-393. Leip/Wien.
Strawson, Peter Frederick 1974 *Subject and Predicate in Logic and Grammar*. London.
Strohschneider-Kohrs, Ingrid 1960 *Die romantische Ironie in Theorie und Gestaltung*. Tübingen.
杉 勇（編）1977 『エジプト美術』体系世界の美術3, 学習研究社.
Szabadvary, Ferenc 1962 Jacob Winterl and His Analytical Method for Determining Phlogiston. In: *Journal of Chemical Education*. vol.39, No.8. Easton.

T

高橋昭二 1984 『若きヘーゲルにおける媒介の思想』上, 晃洋書房.

高津春繁　1966　『ホメーロスの英雄叙事詩』岩波書店.
高柳良治　1970　「ヘーゲルとルソー」(1)・(2),『一橋論叢』64巻3・4号.
武市健人　1950a　『ヘーゲルとマルクス』福村出版.
―――　1950b　『ヘーゲル論理学の体系』岩波書店.
竹内敏雄　1952　『文芸学序説』岩波書店.
―――　1959　『アリストテレスの芸術理論』弘文堂.
谷田閲次　1960　『生活造形の美学』光生館.
Taylor, Charles　1975　*Hegel*. Cambridge.
―――　1979　*Hegel and Modern Society*. Cambridge.
手塚富雄　1981　『ヘルダーリン』中央公論社.
Temkin, Owsei　1946　The Philosophical Background of Magendie's Physiology. In: *Bulletin of the History of Medicin*. vol.20. Baltimore.
―――　1947　Gall and the Phrenological Movement. In: *Bulletin of the History of Medicine*. vol. 21, 275-321. Baltimore.
Tennemann, Wilhelm Gottlieb　1798-1819　*Geschichte der Philosophie*. 12 Bde. Leipzig.
Theunissen, Michael　1970　*Hegels Lehre vom absoluten Geist als theologisch-politischer Traktat*. Berlin.
―――　1982　Die verdrängte Intersubjektivität in Hegels Philosophie des Rechts. In: Dieter Henrich u. Rolf-Peter Horstmann (hrsg.), *Hegels Philosophie des Rechts, Die Theorie der Rechtsformen und ihre Logik*. Stuttgart.
Tiedemann, Dietrich　1791-97　*Geist der spekulativen Philosophie*. 7 Bde. Marburg.
Toews, John Edward　1980　*Hegelianism, the path toward dialectical humanism, 1805～1841*. Cambridge.
徳永　恂　1974　『ユートピアの論理――フランクフルト学派研究序説』河出書房新社.
Trede, Johann Heinrich　1972　Hegels frühe Logik (1801-1803/04). In: *Hegel-Studien*. Bd. 7. Bonn.
―――　1973　Mythologie und Idee. In: *Hegel-Studien Beiheft* 9. Bonn.
Treder, Hans-Jürgen　1981　Hegel zu den Begriffen"Schwere", "Trägheit", "Masse", "Kraft". In: *Vom Mute des Erkennens*. hrsg. von M. Buhr/T. I. Oisermann. Frankfurt a. M.
Treher, Wolfgang　1969a　*Hegels Geisteskrankheit oder das verborgene Gesicht der Geschichte. Psychopathologische Untersuchungen und Betrachtungen über das historische Prophetentum*. Verlag Dr. W. Treher, Emmendingen.
―――　1969b　Hegel-Impressionen von Zeitgenossen Schopenhauers Hegel-Kritik und die „Enkomiastik" der Schule, In: *Hegels Geisteskrankheit oder das verborgene Gesicht der Geschichte*. Emmendingen.
津田道夫　1970　『ヘーゲルとマルクス――マルクス学徒の「法の哲学」解読Ⅰ』季節社.

U

生方　卓　1976　「ヘーゲルのポリツァイ論について」『政経論叢』(明治大学) 44巻5・6号.
―――　1989　「初期ヘーゲルにおける共同性と所有の問題」大井正・西尾孝明編著『ドイツ社会主義研究』所収, 勁草書房.
上村忠男 (編訳)　1986　『クローチェ政治哲学論集』法政大学出版局.
―――　1989　『クリオの手鏡』平凡社.

V

Vadée, Michel　1972　Nature et fonction des Mathématiques et de leur histoire dans le système dialectique hégelien. In: *Hegel-Jahrbuch 1972*. Meisenheim a. Glan.

Vandersleyn, Claude 1975 *Das Alte Ägypten*. Propyläen Kunstgeschichte 15. Berlin.
Verene, Donald Phillip 1985 *Hegel's Recollection*. Albany.
Vieillard-Baron, Jean-Louis 1976 *Vorlesung über Platon* (1825-1826). hrsg. und eingeleitet von J.-L.Vieillard-Baron.
Vieweg, Eduard 1934 Nachwort zu J. H. Campe, *Robinson der Jüngere*. Leipzig.
Vischer, Friedrich Theodor 1846-57 *Ästhetik oder Wissenschaft des Schönen*. hrsg. von R. Vischer. 6 Bde. 2. Aufl. München 1922/23 (Nachdr. : Hildesheim, New York 1975).
von Bogdandy, Armin 1989 *Hegels Theorie des Gesetzes*. Freiburg/München.
Vorländer, Karl 1927 *Geschichte der Philosophie*, 7. Aufl. Leipzig. (6. Aufl. Leipzig 1921) (粟田・吉野・古在訳『西洋哲学史』岩波書店, 1929)

W

Wagenbreth, Otfried 1955 Abraham Gottlob Werner und der Höhepunkt des Neptunismus um 1790. In: *Freiberger Forschungsheft*. ser.D.11, 183-241.
Wahl, Jean 1929 *Le malheur de la conscience dans la philosophie de Hegel*. Paris.
Walsh, William H. 1969 *Hegelian Ethics*. London. (田中芳美訳『ヘーゲル倫理学』法律文化社, 1975)
Walton, A. S. 1984 Economy, Utility and Community in Hegel's Theory of Civil Society. In: Z. A. Pelczynski (hrsg.), *The State and Civil Society, Studies in Hegel's Political Philosophy*. Cambridge.
Wandschneider, Dieter 1982 *Raum, Zeit, Relativität*. Frankfurt a. M.
―――― 1987 Die Kategorien ‚Materie' und ‚Licht' in der Naturphilosophie Hegels. In: M. J. Petry (hrsg.), *Hegel und Wissenschaften*. Stuttgart/Bad Cannstatt.
Wartofsky, Marx W. 1977 *Feuerbach*. Cambridge.
鷲田清一 1989 『モードの迷宮』中央公論社。
鷲田小弥太 1975 『ヘーゲル『法哲学』研究序論』新泉社。
Waszek, Norbert 1985a Hegels Exzerpte aus der 'Edinburgh Review'. In : *Hegel-Studien*. Bd. 20. Bonn.
―――― 1985b A Stage in the Development of Hegel's Theory of the Modern State. In : *Hegel-Studien*. Bd. 20. Bonn.
―――― 1986 Hegels Exzerdte aus der 'Quarterly Review'. In : *Hegel-Studien*. Bd. 21. Bonn.
―――― 1988 *The Scottish Enlightenment and Hegel's Account of 'Civil Society'*. Dordrecht/Boston/London.
渡辺二郎 1978 「力と悟性」『現代思想』第6巻第16号.
渡辺祐邦 1964 「『惑星軌道論』とヘーゲルにおける古典力学の問題」北大哲学会編『哲学』1号.
―――― 1974 「J.H.カンペと彼の『小ロビンソン』」『北見工大研究報告』Vol.2, No.2.
―――― 1976 「クリスチャン・ガルヴェと「通俗性」の哲学」『北見工大研究報告』Vol.7, No.2.
―――― 1987 「ミネルヴァのふくろうはもう一度飛ぶ」加藤尚武編『ヘーゲル読本』法政大学出版局.
―――― 1990 「ドイツ観念論における自然哲学」廣松渉・坂部恵・加藤尚武編『講座ドイツ観念論』第6巻所収, 弘文堂。
―――― 1991a 「ベルトレの『化学静力学試論』とヘーゲルの選択親和力論――ヘーゲルの読んだ古典 (その1)」『自然哲学研究』第3号
―――― 1991b 「H. シュテッフェンスの『地球の内的自然史への寄与』とヘーゲルによるその批判」『自然哲学研究』第4号.
Weikard, Melchior Adam 1795 *Grundsätze der Arzneilehre*. Frankfurt a. M.
Weil, Eric 1950 *Hegel et l'état*. Paris.
Weiser, Christian Friedrich 1916 *Shaftesbury und das deutsche Geistesleben*. Leipzig/Berlin.

Welcker, Karl Theodor 1830 *Die vollkommene und ganze Preßfreiheit, nach ihrer sittlichen, rechtlichen und politischen Nothwendigkeit, und ihrer Uebereinstimmung mit deutschem Fürstenwort und nach ihrer völligen Zeitgemäßheit dargestellt in ehrerbietigster Petition an die hohe deutsche kundesversammlung.* Freiburg.

Welzel, Hans 1951 *Naturrect und materiale Gerechtigkeit.* Göttingen.

Werder, Kahl 1841 *Logik. Als Kommentar und Ergänzung zu Hegels Wissenschaft der Logik.* Berlin.

Wiedmann, Franz 1965 *G. W. F. Hegel.* Hamburg. (中埜肇・加藤耀子訳『ヘーゲル』理想社, 1982)

Wiehl, Reiner 1971 Über den Handlungsbegriff als Kategorie der Hegelschen Ästhetik. In : *Hegel-Studien.* Bd. 6, 135-170. Bonn.

―――― 1986 Das Gesetz als Kategorie in Hegels Philosophie des Geistes. In: *Hegels Wissenschaft der Logik.* hrsg. von D. Henrich. Stuttgart.

Wieland, Wolfgang 1970 Nachwort. In: *Hegels erste Druckschrift. Vertrauliche Briefe über das vormalige staatsrechtliche Verhältnis des Waadtlandes (Pays de Vaud) zur Stadt Bern von Jean Jacques Cart, Faksimiliedruck der Ausgabe von 1798.* Göttingen.

Wiese, Benno von 1959 *Friedrich Schiller.* Stuttgart.

Wildt, Andreas 1982 *Autonomie und Anerkennung.* Stuttgart.

Wilke, Jürgen 1978 *Literarische Zeitschriften des 18. Jahrhunderts.* I, II, Stuttgart.

Windelband, Wolfgang 1936 *Die auswärtige Politik der Großmächte in der Neuzeit von 1494 bis zur Gegenwart.* Essen.

Wohlfart, Günter 1981 *Der spekulative Satz.* Berlin.

―――― 1984 *Denken der Sprache: Sprache und Kunst bei Vico, Hamann, Humboldt und Hegel.* Alber.

Wölfel, Kurt. 1974 Nachwort zu *Christian Garve, Populärphilosophischen Schriften.* Stuttgart.

Wölfflin, Heinrich 1915 *Kunstgeschichtliche Grundbegriffe.* Basel/Stuttgart.

Wolff, Michael 1981 *Der Begriff des Widerspruchs.* Meisenheim a. Glan. (山口祐弘・山田忠彰・河本英夫訳『矛盾の概念』学陽書房, 1984)

―――― 1986 Hegel und Cauchy. Eine Untersuchung zur Geschichte der Philosophie und Geschichte der Mathematik. In: *Hegels Philosophie der Natur.* hrsg. von Horstmann, Rolf-Peter et al. Stuttgart.

Y

谷嶋喬四郎 1984 「国際ヘーゲル学会の現況」『社会思想史研究』第8号, 北樹出版.

山田忠彰 1986 『ヘーゲル論――理性と他性』批評社.

山口祐弘 1988 『近代知の返照』学陽書房.

―――― 1991 『ドイツ観念論における反省理論』勁草書房.

山口誠一 1989 『ヘーゲル哲学の根源――『精神現象学』の問いの解明』法政大学出版局.

―――― 1991 「ヘーゲルの元素論について――『ティマイオス』篇 32a-b 解釈への検討」『法政大学教養部紀要 (人文科学編)』第78号.

山本光雄 (編) 1958 『ギリシア初期資料集』岩波書店.

山本義隆 1987 『熱学思想の史的展開』現代数学社.

山内登美雄 1969 『ギリシア悲劇――その人間観と現代』日本放送出版協会.

山内志朗 1990 「ライプニッツの影響―― apperceptio をめぐって」廣松渉・坂部恵・加藤尚武編『講座 ドイツ観念論』第1巻所収, 弘文堂.

寄川条路 1988a 「ヘーゲル, ヘルダーリン, シェリング――『ドイツ観念論最古の体系計画』の著者問題について」『哲学の探求』第16号.

―――― 1988b 「初期ヘーゲルにおける「美の理念」について――『ドイツ観念論最古の体系計画』の研究」『哲学世界』第11号.

Z

Zahn, Manfred 1965 Fichtes, Schellings und Hegels Auseinandersetzung mit dem „Logischen Realismus" Ch. G. Bardillis. In: *Zeitschrift für philosophischen Forschung*. 19. Meisenheim a. Glan.

Zeltner, Hermann 1954 *Schelling*. Stuttgart.

Zimmerli, Walther Christoph 1974 *Die Frage nach der Philosophie. Interpretationen zu Hegels „Differenzschrift."* Bonn.

——— 1986 Potenzenlehre versus Logik der Naturphilosophie. In: *Hegels Philosophie der Natur*. Klett-Cotta, Stuttgart.

【追記】日本でのヘーゲル研究文献の詳細目録は以下の通り。

Yamaguchi, Seiichi/Okochi, Taiju, *Die japanischsprachige Hegel-Bibliographie von 1878 bis 2001. Eine Bibliographie* (*Hegeliana. Studien und Quellen zu Hegel und Hegelianismus*. Bd. 23). Peter Lang Edition, Frankfurt am Main/Berlin/Bern/Bruxelles/New York/Oxford/Wien, 2013, 679S.

ローマ字，ドイツ語，日本語の3種類の表記になっており，印刷版と電子版とが刊行されている。

ヘーゲル全集・講義録概要

作成：栗原　隆

Georg Wilhelm Friedrich Hegel :Gesammelte Werke（Felix Meiner）既刊分の概要

　1968 年に第 4 巻が刊行されて以来，厳密な校訂を経たテクストと，背景にある思想や典拠を詳らかにする詳細な注を併載している，文献学的に信頼できる全集として，Felix Meiner 社から刊行されている。従来，伝えられてきていたテクストが大きく変わった場合もあるし，発掘された講義草稿を含んでいたりもする。

第 1 巻：Frühe Schriften I.（1989）
　1785 年から 1796 年ごろまでの断章，文章，草稿を収めている。„Zur Psychologie und Transzendentalephilosophie"（S.167 ～ 192）は，ヘーゲル哲学の出自を探るうえで重要。他に，„Das Leben Jesus"（S.207 ～ 278）も収められている。
第 2 巻：Frühe Schriften II.（2014）
　ベルン時代からフランクフルト時代にかけての草稿を収めている。ノールの編集した『初期神学論集』の編成は，全面的に解体されて，執筆年代順に再編成されている。
第 3 巻：Frühe Exzerpte (1785-1800).（1991）
　1785 年から 1796 年にかけて，ヘーゲルが行った，他の著作や新聞，手紙などからの抜き書きが収められている。これによってヘーゲルの教養地盤を概観することができる。
第 4 巻：Jenaer kritische Schriften.（1968）
　『差異論文』，さらには，『哲学批判雑誌』所収の諸論考「哲学的批判一般の本質」「常識は哲学をどのように理解しているのか」「懐疑論論文」「信と知」「自然法論文」など，イェーナ時代初期の，ヘーゲル哲学生成期の諸論考が収められている。
第 5 巻：Schriften und Entwürfe (1799-1808).（1998）
　「ドイツ憲法論」の，従来からのテクストが，執筆順に再編成されている。他に「人倫の体系」（1802-03 年），さらに 1801 年冬学期の「哲学入門」講義や「論理学および形而上学」講義を始め，1803 年の講義のための断片，「神話と芸術をめぐる草稿（seiner Form…）」，「自然法講義草稿」などが収められている。
第 6 巻：Jenaer Systementwürfe I.（1975）
　1803 年夏から秋にかけて執筆され，1803 年冬学期の「思弁哲学の体系」講義で講じられた「自然哲学構想」と「精神哲学構想」のテクストの，「初稿」と「決定稿」が厳密な校訂によって収められている。いわゆる「実在哲学　I」と呼びならわされてきたテクストである。
第 7 巻：Jenaer Systementwürfe II.（1971）
　1804 年冬学期に「学としての哲学全般，すなわち思弁哲学」講義で講じられた，「LMN」とも呼ばれる，「論理学・形而上学・自然哲学」（1804-05 年）のテクストを収める。

第 8 巻：Jenaer Systementwürfe III．(1976)
　1806 年夏学期に「自然哲学および精神哲学」として講じられた，「自然哲学構想」と「精神哲学構想」(1805 年秋～冬) が収められている。いわゆる「実在哲学　II」と呼びならわされてきたテクストである。
第 9 巻：Phänomenologie des Geistes．(1980)
　1805 年 5 月ごろから 1807 年 1 月にかけて執筆された，『精神の現象学』が収められている。
第 10 巻の 1：Nürnberger Gymnasialkurse und Gymnasalreden (1808-1816)．(2006)
　ニュルンベルクのギムナジウムでの講義や講話のテクストが収められている。なかには，従来伝えられてこなかったテクストも含まれていることから，今後の解明が待たれる。
第 11 巻：Wissenschaft der Logik. Erster Band. Die objective Logik (1812-13)．(1978)
　1812 年春に出版された『大論理学』(初版) の「有論」(S.1 ～ 232)，そして 1813 年初頭に出版された「本質論」(S.233 ～ 409) を収載している。
第 12 巻：Wissenschaft der Logik. Zweiter Band. Die subjective Logik (1816)．(1981)
　1816 年初秋に刊行された『大論理学』の「概念論」を収載している。
第 13 巻：Enzyklopädie der philosophischen Wissenschaften im Grundrisse (1817)．(2001)
　1817 年 6 月に刊行された，いわゆる『(ハイデルベルク) エンツュクロペディー』(S.5 ～ 247) の本文の他，付録として，写真版を添えた「『エンツュクロペディー』第三部への注記」(S.250 ～ 543) や「論理学および形而上学，自然哲学ならびに人間学と心理学についての講義への注記」(S.555 ～ 580) などを収めている。
第 14 巻の 1：Grundlinien der Philosophie des Rechts. Naturrecht und Staatswissenschaft im Grundrisse — Grundlinien der Philosophie des Rechts．(2009)
　1820 年末に刊行された『法の哲学綱要』の本文全体を収めている。
第 14 巻の 2：Grundlinien der Philosophie des Rechts. Beilagen．(2010)
　『法の哲学綱要』への批評に対するヘーゲルの「再反論」，断片「法とは何か」のほか，『法の哲学綱要』§1 から §180 の自用本の欄外にヘーゲル自身が書き込んだ「注記」が収められている。
第 14 巻の 3：Grundlinien der Philosophie des Rechts. Anhang．(2012)
　テクストの成立史や，ヘーゲルの典拠や文脈を明らかにする「編者の報告」や「注記」から成っている。
第 15 巻：Schriften und Entwürfe I (1817-1825)．(1990)
　1817 年春に発表された「『ヤコービ著作集』第三巻に対する批評」，「ヴュルテンベルク王国地方民会の討論」，「ヒンリックス『宗教哲学』への序」などを含む。草稿「フォン・キューゲルゲンの絵画について」(S.204 ～ 206) は，「美学」講義の内容を補足するうえで有益であり，「主観的精神の哲学のための断章」(S.207 ～ 247) は，「精神哲学」の成立を検証するうえできわめて重要である。
第 16 巻：Schriften und Entwürfe II (1826-1831)．(2001)
　『学的批判年報』に 1827 年から 29 年にかけて発表された「フンボルト批評」，「ゾルガー批評」，「ハーマン批評」，「ゲッシェル批評」などの他，ヘーゲルに対して「近代の汎神論」などとする批評への「再反論」などを収めている。
第 17 巻：Vorlesiungsmanuskripte I (1816-1831)．(1987)
　1821 年 4 月 30 日に開講され，8 月 25 日に閉講した「宗教哲学講義」の，ヘーゲル自身の手になる草稿が収められている。Suhrkamp 版の『宗教哲学講義』は，1832 年に刊行された P. Marheineke の編集によるテクストの再掲である。
第 18 巻：Vorlesiungsmanuskripte II (1816-1831)．(1995)
　1820 年 10 月 24 日に開講された「哲学史」講義の草稿 (S.35 ～ 94) を収録，ホフマイスター

編 の „Einleitung in die Geschichte der Philosophie"（Felix Meiner）に収められている „Die Berliner Niederschrift (1820)" のうち，S.19～59 に対応するものの，完全に一致するものではない。1822 年 10 月 31 日に開講された「世界史哲学」講義の緒論にあたる草稿（S.121～137）を収録。ホフマイスター編の „Vernunft in der Geschichte"（Felix Meiner）に収められている „Erster Entwurf (1822 und 1828)" のうち，S.1～14 に対応するものの，完全に一致するものではない。1830 年 11 月 8 日に開講された「世界史の哲学」講義の草稿（S.138～214）は，ホフマイスター編の „Vernunft in der Geschichte"（Felix Meiner）に収められている „Zweiter Entwurf (1830)"（S.23～183）のうち，S.23～178 に対応するものの，一致するのは部分的である。

第 19 巻：Enzyklopädie der philosophischen Wissenschaften im Grundriss (1827). (1989)

1825 年の冬から改訂の構想が進められていて，1827 年 7 月初旬に公刊された『エンツュクロペディー』（第二版）を収めている。初版である『（ハイデルベルク）エンツュクロペディー』とは全面的に内容が異なっている。いわゆる「補遺（Zusatz）」は含まれていない。1827 年 3 月および 1828 年 5 月 5 日に開講された「論理学および形而上学」講義（S.419～435）のための注記を併載している。

第 20 巻：Enzyklopädie der philosophischen Wissenschaften im Grundriss (1830). (1992)

1830 年末に公刊された『エンツュクロペディー』（第三版）を収めている。二版に対する増補改訂版である。いわゆる「補遺（Zusatz）」は含まれていない。

第 21 巻：Wissenschaft der Logik. Erster Band. Die Lehre vom Sein (1832). (1984)

1832 年に刊行された『大論理学』の「有論」の第二版で，初版（1812 年）に比して大幅かつ全面的な増補改訂が行われている。

第 22 巻：Exzerpte und Notizen (1809-1831). (2013)

とりわけベルリン時代に，多くの書物や雑誌，新聞について，ヘーゲルが抜き書きしたり，注記したりしたテクストを収めている。

第 23 巻の 1：Vorlesungen über die Wissenschaft der Logik I. (2013)

イェーナで，1801 年冬学期に行われた「論理学および形而上学」講義についての P.V.Troxler による筆記録，『（ハイデルベルク）エンツュクロペディー』を手にしてヘーゲルの行った 1817 年の「論理学および形而上学」講義についての F.A.Good による筆記録，さらには，ベルリンで 1823 年に開講された「論理学および形而上学」講義の「一般的緒論」，1824 年の「論理学および形而上学」講義の「緒論」，1825 年の断片，1826 年に開講された「論理学および形而上学」講義についての，それぞれ H.G.Hotho，J.Correvon，F.C.H.V von Kehler，無名氏による筆記録を収めている。

第 23 巻の 2：Vorlesungen über die Wissenschaft der Logik II. (2014)

ヘーゲルが，『エンツュクロペディー』（第二版）あるいは（第三版）を手にして行った，1828 年および 1829 年の「論理学および形而上学」講義，そして 1831 年の「論理学」講義について，それぞれ Libelt，Rolin，Karl Hegel による筆記録が収められている。

第 24 巻の 1：Vorlesungen über die Philosophie der Natur. Teilband I, Nachschriften zu den Kollegien der Jahre 1819/20, 1821/22 und 1823/24. (2012)

ヘーゲルがベルリンで 6 回にわたって開講した「自然哲学」講義（1819 年冬学期，1821 年冬学期，1823 年冬学期，1825 年冬学期，1828 年夏学期，1830 年夏学期）のうちの，1819 年冬学期の「自然哲学」講義についての Johann Rudolf Ringier による筆記録，1821 年冬学期の「自然哲学」講義についての Bornis von Uexküll による筆記録，1823 年冬学期「自然哲学」講義についての Karl Gustav Julius von Griesheim による筆記録など，7 種類の筆記ノートを収めるとともに，『（ハイデルベルク）エンツュクロペディー』を基に，ヘーゲルが「自然哲学」を彫琢してゆく記録を採録している。

ヘーゲル全集・講義録概要

第24巻の2：Vorlesungen über die Philosophie der Natur II Kolleg 1825/26 und 1828. (2015)
 1825年冬学期の「自然哲学あるいは合理的自然学」講義，ならびに1828年夏学期の「自然哲学あるいは合理的自然学」講義についての筆記録を収める。

第25巻の1：Vorlesungen über die Philosophie des subjektiven Geistes. Teilband 1 Nachschriften zu den Kollegien der Jahre 1822 und 1825. (2008)
 1822年夏学期に，『(ハイデルベルク)エンツュクロペディー』(1817)を基に講じられた「人間学と心理学」講義についての，H.Hothoによる筆記録(S.5～144)，ならびに1825年夏学期の「人間学と心理学もしくは精神哲学」講義についてのGrieshemによる筆記録(S.145～544)を収める。

第25巻の2：Vorlesungen über die Philosophie des subjektiven Geistes. Teilband 2 Nachschriften zu dem Kolleg des Wintersemesters 1827/28 und sekundäre Überlieferung. (2011)
 『エンツュクロペディー(第二版)』(1827)を基に，1827年の冬学期に講じられた「心理学もしくは精神哲学」講義の筆記録である。この授業を伝える資料には他に，G.W.F.Hegel „Vorlesungen Ausgewählte Nachschriften und Manuskripte " Band 13 „Vorlesungen über die Philosophie des Geistes. Berlin 1827/28" (Felix Meiner) として刊行されている，Johann Eduard Erdmann および Ferdinand Walterによる筆記録である。構成は「1・人間学，2・精神現象学，3・心理学」となっている。また，従来の「補遺」を，「二次的な文献」として包括している。

第26巻の1：Vorlesungen über die Philosophie des Rechts. Nachschriften zu den Kollegien 1817/18, 1818/19, 1819/20. (2014)
 『(ハイデルベルク)エンツュクロペディー』(1817)の「客観的精神」として構想された「法の哲学」が，『法の哲学綱要』(1821)へと展開していく過程の，1817年冬学期の「自然法と国家学」講義，1818年冬学期の「自然法と国家学」講義，1819年冬学期の「自然法と国家学もしくは法の哲学」講義の筆記録を収めることで，ヘーゲルにおける「法の哲学」の成立史を明らかにしている。

第26巻の2：Vorlesungen über die Philosophie des Rechts. Kollegien 1821/22, 1822/23, 1824/25, 1831/32 Sekundäre Überlieferung. (2014)
 1821年冬学期の「自然法と国家法もしくは法の哲学」講義，1822年冬学期の「自然法と国家法もしくは法の哲学」講義，1824年冬学期の「自然法と国家法もしくは法の哲学」講義，1830年冬学期の「自然法と国家法もしくは法の哲学」講義，それぞれの筆記録，ならびに編者の注記が収められている。

Georg Wilhelm Friedrich Hegel :Vorlesungen Ausgewählte Nachschriften und Manuskripte (Felix Meiner) ——講義録選集の概要

 従来伝えられてきていた，ヘーゲルによる「哲学史講義」「歴史哲学講義」「美学講義」「宗教哲学講義」などは，ヘーゲルの死後，編集者たちによって，各種の，年代も異なるさまざまな筆記録から合成され，再構成されたものであって，文献学的には信頼性にまったく欠けている。それに対して現行の講義録選集は，厳密なテクスト・クリティークに基づいて，受講生の筆記ノートを再現している。このあたりの事情に関しては，加藤尚武編『ヘーゲル哲学への新視角』(創文社，1999年)を参観願いたい。

第 1 巻：Vorlesungen über Naturrecht und Staatswissenschaft (1817/18). Nachschrift P. Wannemann. (1983)

1818 年 3 月 14 日に閉講した,ハイデルベルクでの 1817 年冬学期の「自然法と国家学」講義についての,P.Wannemann による筆記ノート (S.3 〜 265),ならびにベルリンでの 1818 年冬学期の「自然法と国家学」の諸論への補足 (S.269 〜 280) を併載している。

第 2 巻：Vorlesungen über die Philosophie der Kunst.Berlin 1823. Nachgeschrieben von Heinrich Gustav Hotho. (1998)

1823 年夏学期に開講された「美学あるいは芸術哲学」(S.1 〜 312) の講義録である。ヘーゲルによる『美学講義』は,ハイデルベルク大学で 1817 年夏学期,1818 年冬学期,そしてベルリン大学で 1820/21 年冬学期,1823 年夏学期,1826 年夏学期,1828/29 年冬学期と,生涯にわたって六回,開講された。1820 年冬学期に開講された「美学あるいは芸術哲学」講義については,アッシェンベルク (Wilhelm von Aschenberg) による筆記録が,G.W.F.Hegel „Vorlesungen über Ästhetik Berlin 1820/21." herausgegeben von Helmut Schneider. (Peter Lang. 1995) として刊行されている。1826 年夏学期の「美学」講義については,G.W.Hegel „Philosophie der Kunst oder Ästhetik. Nach Hegel. Im Sommer 1826. Mitschrift Hermann von Kehler." Herausgegeben von Annemarie Gethmann-Siefert und Bernadette Collenberg-Plotnikov. (Wilhelm Fink Verlag. 2004),さらには,Georg Wilhelm Friedrich Hegel „Philosophie der Kunst. Vorlesung von 1826" Herausgeben von Annemarie Gethmann-Siefert, Jeong-Im Kwon und Karsten Berr (Suhrkamp Verlag. 2005) が刊行されている。

第 3 巻：Vorlesungen über die Philosophie der Religion. Teil 1 Einleitung. Der Begriff der Religion. (1983)

1824 年夏学期に開講された「宗教哲学」講義,ならびに 1827 年夏学期に開講された「宗教哲学」講義における「諸論」「宗教の概念」についての,「草稿」と「筆記録」を含んでいる。

第 4 巻の a：Vorlesungen über die Philosophie der Religion. Teil 2 Die bestimmte Religion. (a:Text) (1985)

1824 年夏学期に開講された「宗教哲学」講義,ならびに 1827 年夏学期に開講された「宗教哲学」講義における「規定的宗教」についての,「草稿」と「筆記録」を含んでいる。D.F.Strauss による „Auszüge au seiner Nachschrift von Hegels Religionsphilosophie — Vorlesung von 1831 —." (S.611 〜 642) を付録として併載している。

第 4 巻の b：Vorlesungen über die Philosophie der Religion. Teil 2 Die bestimmte Religion. (b:Anhang) (1985)

「第 4 巻の a」に対する,注記,注釈,索引などで一巻を構成している。

第 5 巻：Vorlesungen über die Philosophie der Religion. Teil 3 Die vollendete Religion. (1984)

1824 年夏学期に開講された「宗教哲学」講義,ならびに 1827 年夏学期に開講された「宗教哲学」講義における「完全な宗教」についての,「草稿」と「筆記録」を含んでいる。D.F.Strauss による „Auszüge au seiner Nachschrift von Hegels Religionsphilosophie — Vorlesung von 1831 —." (S.279 〜 289) を付録として併載している。

第 6 巻：Vorlesungen über die Geschichte der Philosophie. Teil 1 Einleitung in die Geschichte der Philosophie. Orientalische Philosophie. (1994)

「哲学史」講義のうち,「哲学史への諸論」について,「1820 年の草稿」と「1823 年の草稿」との対照 (S.1 〜 12),「1820 年の草稿」と「1820 年冬学期の講義」との対照 (S.13 〜 108),「1819 年夏学期の講義録」(S.109 〜 138),「1823 年冬学期の講義録」(S.139 〜 203),「1825 年冬学期の講義録」(S.205 〜 276),「1827 年冬学期の講義録」(S.277 〜 312),「1829 年冬学期の講義録」(S.313 〜 350),「1831 年の講義録」(S.351 〜 357),さらには,「東洋哲学」についての「1825 年冬学期の講義録」(S.365 〜 400) などを収載している。

ヘーゲル全集・講義録概要

第7巻：Vorlesungen über die Geschichte der Philosophie. Teil 2　Griechische Philosophie I. Thales bis Kyniker.（1989）
　タレスからキニク派までのギリシア哲学史についての各種のノートから講義録を再構成している。
第8巻：Vorlesungen über die Geschichte der Philosophie. Teil 3　Griechische Philosophie II.Plato bis Proklos.（1996）
　プラトンからプロクロスまでを収める。
第9巻：Vorlesungen über die Geschichte der Philosophie. Teil 4　Philosophie des Mittelalters und der neueren Zeit.（1986）
　教父哲学からシェリングまでを収めるとともに，ヘーゲルが哲学史を講じる際に，参考にした文献一覧を併載している。
第10巻：Vorlesungen über die Logik.　Berlin 1831. Nachgeschrieben von Karl Hegel.（2001）
　1831年夏学期の「論理学」講義についての，カール・ヘーゲルによる筆記録（S.3～226）を収載している。
第11巻：Vorlesungen über Logik und Metaphysik. Heidelberg 1817. Nachgeschrieben von F. A.Good.（1992）
　1817年夏学期の「論理学および形而上学」講義についての筆記録（S.3～197）を収載している。
第12巻：Vorlesungen über die Philosophie der Weltgeschichte. Berlin 1822/23. Nachschriften von Karl Gustav Julius von Griesheim, Heinrich Gustav Hotho und Friedrich Carl Hermann Victor von Kehler.（1996）
　1822年の冬学期における「世界史の哲学」講義の全体像（S.3～521）を筆記録から再現している。
第13巻：Vorlesungen über die Philosophie des Geistes. Berlin 1827/28. Nachgeschrieben von Johann Eduard Erdmann und Ferdinand Walter.（1994）
　『エンツュクロペディー』（第二版）を用いながら，1827年冬学期に開講された「心理学と人間学」講義について，「人間学」「精神の現象学」「心理学」の講述（S.3～264）を再現している。
第14巻：Vorlesungen über die Philosophie des Rechts. Berlin 1819/20. Nachgeschrieben von Johann Rudolf Ringier.（2000）
　1819年冬学期に開講され，1820年3月17日に閉講を見た「自然法と国家学もしくは法の哲学」について，「諸論」「抽象法」から「世界史」までの全体像（S.3～206）を再現している。
第15巻：Philosophische Enzyklopädie.　Nürnberg 1812/13. Nachschriften von Christian Samuel Meinel und Julius Friedrich Heinrich Abegg.（2002）
　1812年の冬学期，ニュルンベルクのギムナジウムにおいて「上級クラス」のために開講された「哲学的エンツュクロペディー」講義についての，二人の筆記録を，左右に分けて印字してテクストを構成している。
第16巻：Vorlesungen über die Philosophie der Natur. Berlin 1819/20. Nachgeschrieben von Johann Rudolf Ringier.（2002）
　1819年冬学期に開講された「自然哲学」講義についての筆記録（S.3～189）を収めている。
第17巻：Vorlesungen über die Philosophie der Natur. Berlin 1825/26. Nachgeschrieben von Heinrich Wilhelm Dove.（2007）
　1825年冬学期に開講された「自然哲学あるいは合理的自然学」講義についての筆記録（S.3～195）を収めている。

ヘーゲルによる講義活動を知るよすが

ヘーゲルによって行われたすべての講義について，その内容を伝えるるテクストを示した一覧となっている。基礎資料は，加藤尚武（編）『ヘーゲルを学ぶ人のために』（世界思想社，2001年）所収の，栗原隆による「ヘーゲル著作・講義等略年譜」（282～288頁），ならびに『ヘーゲル事典』（弘文堂，1992年）所収の，栗原隆による「ヘーゲル執筆年代表（クロノロギー）」（577～628頁）である。
　＝＝　　は，受講生による筆記録が収められている典拠
　──→　は，ヘーゲルによる草稿や関連文書の典拠
　☞　　　は，参考文書の典拠を示す。
GW は，全集を，Vorl. は，講義録選集を，Werke は，Suhrkamp 版選集を意味する略号である。

イェーナ大学

1801 年冬学期
「哲学入門」講義──→ GW.5（S.259～265）
「論理学および形而上学」講義＝GW.23-1：＝„Hauptideen von Hegels Vorlesung über Logik und Metaphysik〔1801/02〕nach geschrieben von Ignaz Paul Vital Troxler" in: Schellings und Hegels erste absolute Metaphysik（1801-1802）.（Dinter, 1988.）（S.63-77）：──→ GW.5（S.269～275）

1802 年夏学期
「論理学および形而上学」講義
「自然法」講義　☞　GW.5（S.459～467）

1802 年冬学期
「論理学および形而上学」講義
「自然法」講義　☞　GW.5（S.459～467）

1803 年夏学期
「綜合哲学概説」　☞　GW.5（S.277～361）：GW.5（S.365～377）
「自然法」講義　☞　GW.5（S.459～467）

1803 年冬学期
「自然法」講義　☞　GW.5（S.459～467）
「思弁哲学の体系，(a) 論理学と形而上学すなわち超越論的観念論，(b) 自然哲学，(c) 精神哲学」講義──→ GW.6（S.3～326）：☞　GW.6（S.329～331）

1804 年冬学期
「学としての哲学全般，すなわち思弁哲学（論理学および形而上学）・自然哲学・精神哲学」講義　☞　GW.5（S.468～472）？

1805 年夏学期
「学としての哲学全般，すなわち思弁哲学（論理学および形而上学）・自然哲学・精神哲学」講義──→ GW.7（S.3～338）：☞　GW.7（S.341～349）
「自然法」講義　☞　GW.5（S.459～467）

ヘーゲル全集・講義録概要

1805 年冬学期
「純粋数学」講義
「実在哲学すなわち自然哲学ならびに精神哲学」講義
「哲学史」講義
1806 年夏学期
「純粋数学」講義
「『学の体系』に基づく思弁哲学すなわち論理学」講義
「自然哲学ならびに精神哲学」講義 ⟶ GW.8（S.3 ～ 287）: ☞ GW.8（S.291 ～ 308）
1806 年冬学期
「純粋数学」講義
「『学の体系』に基づき，精神現象学を前に置く論理学および形而上学，すなわち思弁哲学」講義 ☞ GW.5（S.473 ～ 475）
「自然哲学ならびに精神哲学」講義

ニュルンベルク・ギムナジウム

1808/09 年
「哲学への予備学としての精神論」＝「上級クラスのための哲学的エンツュクロペディー」⟶ Werke.4（S.9 ～ 33）:GW.10-1（S.61 ～ 84）: ☞ GW.10-1（S.263 ～ 310）
「中級クラスのための論理学」＝「中級クラスのための意識論」⟶ Werke.4（S.70 ～ 85:S.86 ～ 110:S.111 ～ 123）:GW.10-1（S.5 ～ 60）
1809/10 年
「哲学」＝「上級クラスのための概念論」⟶ Werke.4（S.139 ～ 161）:GW.10-1（S.85 ～ 98）
「哲学への予備学」＝「中級クラスのための意識論」⟶ Werke.4（S.86 ～ 110）:GW.10-1（S.99 ～ 136）
「哲学への予備学」＝「初級クラスのための論理学」⟶ Hegel Studien. Bd.3（S.9 ～ 38）:Werke.4（S.124 ～ 138）:GW.10-1（S.137 ～ 156）
「下級クラスのための法・義務・宗教論」 ☞ GW.10-1（S.369 ～ 420）
1810/11 年
「哲学への予備学」＝「上級クラスのためのエンツュクロペディー」⟶ Werke.4（S.33 ～ 69）: ☞ GW.10-1（S.311 ～ 365）
「哲学への予備学」＝「中級クラスのための論理学」⟶ Werke.4（S.162 ～ 203）:GW.10-1（S.157 ～ 196）
「初級クラスのための法・道徳・宗教論」⟶ Werke.4（S.204 ～ 274）
1811/12 年
「上級クラスのための哲学的エンツュクロペディー」 ☞ GW.10-1（S.263 ～ 310） ☞ GW.10-1（S.311 ～ 365）
「中・上級クラスのための宗教論」⟶ Werke.4（S.275 ～ 290）:⟶ GW.10-1（S.197 ～ 218）
「中級クラスのための哲学への予備学」 ☞ GW.10-1（S.421 ～ 440）
「初級クラスのための法・義務・宗教論」⟶ Werke.4（S.204 ～ 274）
1812/13 年
「上級クラスのための哲学的エンツュクロペディー」＝Vorl.15（S.3 ～ 179）: ☞ GW.10-1（S.263 ～ 310） ☞ GW.10-1（S.311 ～ 365）
「中・上級クラスのための宗教論」
「中級クラスのための哲学への予備学」

「初級クラスのための法・義務・宗教論」
1813/14 年
「上級クラスのための哲学的エンツュクロペディー」
「中・上級クラスのための宗教論」
「中級クラスのための哲学への予備学」 ☞ GW.10-1（S.421 ～ 440）
「初級クラスのための法・義務・宗教論」
1814/15 年
「上級クラスのための哲学的エンツュクロペディー」 ☞ GW.10-1（S.263 ～ 310）：☞ GW.10-1（S.311 ～ 365）
「中・上級クラスのための宗教論」
「中級クラスのための哲学への予備学」
「初級クラスのための法・義務・宗教論」
1815/16 年
「上級クラスのための哲学的エンツュクロペディー」 ☞ GW.10-1（S.311 ～ 365）
「中・上級クラスのための宗教論」
「中級クラスのための哲学への予備学」 ☞ GW.10-1（S.421 ～ 440）
「初級クラスのための法論」

ハイデルベルク大学

1816 年冬学期
「哲学的諸学のエンツュクロペディー」講義
「哲学史」講義 ⟶ GW.18（S.3 ～ 8）
1817 年夏学期
「近刊予定の『エンツュクロペディー』による論理学および形而上学」講義 ＝Vorl.11（S.3 ～ 197）：＝GW.23-1；☞ GW.13（S.545 ～ 546）
「人間学と心理学」講義 ☞ GW.13（S.547 ～ 548）
1817 年冬学期
「哲学入門のためにとりわけ近世を叙述する哲学史」講義
「自然法と国家学」講義 ＝Vorl.1（S.3 ～ 265）：＝GW.26-1
1818 年夏学期
「哲学体系概論」講義 ☞ GW.13（S.581 ～ 596）
「美学」講義 ☞ Hegel-Studien,Bd.9（S.16 ～ 38）

ベルリン大学

1818 年冬学期
「哲学のエンツュクロペディー」講義 ⟶ GW.18（S.11 ～ 31）
「自然法と国家学」講義 ＝GW.26-1；☞ Vorl.1（S.269 ～ 280）
1819 年夏学期
「論理学および形而上学」講義 ☞ GW.13（S.549 ～ 554）
「近世を詳述する哲学史」講義 ⟶ Vorl.6（S.109 ～ 138）：☞ GW.18（S.107）
1819 年冬学期
「自然哲学」講義 ＝Vorl.16（S.3 ～ 189）：＝GW.24-1
「自然法と国家学もしくは法の哲学」講義 ＝Vorl.14（S.3 ～ 206）：＝GW.26-1

ヘーゲル全集・講義録概要

1820年夏学期
「論理学および形而上学」講義　☞　GW.13（S.555〜580）
「人間学と心理学」講義

1820年冬学期
「芸術哲学としての美学」講義 ＝G.W.F.Hegel „Vorlesungen über Ästhetik Berlin 1820/21."
herausgegeben von Helmut Schneider（Peter Lang. 1995）：☞　GW.18（S.115〜116）
「哲学史」講義⟶ Vorl.6（S.1〜108）:GW.18（S.35〜94）：☞　GW.18（S.108〜109:S.110〜111））

1821年夏学期
「論理学および形而上学」講義
「宗教哲学」講義 ＝GW.17

1821年冬学期
「合理的自然学あるいは自然哲学」講義 ＝GW.24-1
「自然法と国家法もしくは法の哲学」講義＝GW.26-2

1822年夏学期
「論理学および形而上学」講義
「人間学と心理学」講義 ＝GW.25-1（S.5〜144）：☞　GW.15（S.207〜249）

1822年冬学期
「自然法と国家法もしくは法の哲学」講義 ＝GW.26-2
「世界史の哲学」講義 ＝Vorl.12（S.3〜521）

1823年夏学期
「論理学および形而上学」講義 ＝GW.23-1
「美学あるいは芸術哲学」講義 ＝Vorl.2（S.1〜312）

1823年冬学期
「哲学史」講義⟶ Vorl.6（S.139〜203）:GW.18（S.95〜106）
「自然哲学すなわち合理的自然学」講義 ＝GW.24-1

1824年夏学期
「論理学および形而上学」講義 ＝GW.23-1
「宗教哲学」講義 ＝Vorl.3:Vorl.4a:Vorl.5

1824年冬学期
「世界史の哲学」講義
「自然法と国家法もしくは法の哲学」講義 ＝GW.26-2

1825年夏学期
「論理学および形而上学」講義 ＝GW.23-1
「人間学と心理学すなわち精神哲学」講義＝GW.25-1（S.145〜548）

1825年冬学期
「自然哲学あるいは合理的自然学」講義 ＝Vorl.17（S.3〜195）:＝GW.24-2
「哲学史」講義⟶ Vorl.6（S.205〜276:S.365〜400）:Vorl.7・8・9

1826年夏学期
「論理学および形而上学」講義 ＝GW.23-1
「美学あるいは芸術の哲学」講義 ＝G.W.Hegel„ Philosophie der Kunst oder Ästhetik. NachHegel. Im Sommer 1826. Mitschrift Hermann von Kehler.." Herausgegeben von Annemarie Gethmann-Siefert und Bernadette Collenberg-Plotnikov.（Wilhelm Fink Verlag. 2004）:＝Georg Wilhelm Friedrich Hegel„ Philosophie der Kunst. Vorlesung von1826." Herausgeben von Annemarie Gethmann-Siefert, Jeong-Im Kwon und Karsten Berr

（Suhrkamp Verlag. 2005）
1826 年冬学期
「哲学的諸学のエンツュクロペディー」講義
「世界史の哲学」講義
1827 年夏学期
「論理学および形而上学」講義　☞　GW.19（S.419〜435）:☞　GW.13（S.555〜560）
「宗教哲学」講義 ＝Vorl.3:Vorl.4a:Vorl.5:⟶ Weke.17（S.518〜528）
1827 年冬学期
「心理学と人間学もしくは精神哲学」講義 ＝Vorl.13（S.3〜264）:＝GW.25-2
「哲学史」講義 ＝Vorl.6（S.277〜312）
1828 年夏学期
「論理学および形而上学」講義 ＝GW.23-2:☞　GW.19（S.419〜435）
「自然哲学あるいは合理的自然学」講義 ＝GW.24-2
1828 年冬学期
「美学あるいは芸術哲学」講義　☞　GW.18（S.117）
「世界史の哲学」講義
1829 年夏学期
「論理学および形而上学」講義 ＝GW.23-2:☞　GW.19（S.419〜432）
「神の存在証明について」講義⟶ Werke.17（S.347〜501）:☞　GW.18（S.318〜336）
1829 年冬学期
「哲学史」講義 ＝Vorl.6（S.313〜350）
「心理学と人間学もしくは精神哲学」講義
1830 年夏学期
「論理学および形而上学」講義＝GW.19（S.428〜432）:＝GW.23-2:☞　GW.19（S.432〜434）
「自然哲学あるいは合理的自然学」講義
1830 年冬学期
「世界史の哲学・第一部」講義 ＝G.W.F.Hegel　„Philosophie der Geschichte. Vorlesungsmitschrift Heinemann（Winter 1830/31）"Herausgegeben von K.Vieweg（Wilhelm Fink,2005）（S.29〜211:S.213〜241）:⟶ GW.18（S.138〜207）
「自然法と国家法もしくは法の哲学」講義 ＝GW.26-2
1831 年夏学期
「論理学」講義 ＝Vorl.10 S.3〜226）:＝GW.23-2:☞　GW.19（S.434〜435）
「宗教哲学」講義　☞ Vorl.4a（S.611〜642）:Vorl.5（S.279〜289）:⟶ Werke.17（S.501〜517:S.528〜535））
1831 年冬学期
「自然法と国家法もしくは法の哲学」講義
「哲学史」講義 ＝Vorl.6（S.351〜357）

索 引

和文索引

欧文索引

人名索引

太数字は見出しのページ,数字の後の l, r は左段・右段をそれぞれ示す。

和 文 索 引

ア

愛　1*l*, 13*l*, 48*l*, 65*l*, 87*r*, 137*r*, 207*l*, 213*r*, 215*l*, 250*r*, 280*l*, 306*r*, 393*l*, 468*l*, 503*l*, 509*l*
愛国心　2*l*, 150*l*, 408*r*
愛のサークル　108*r*
愛の宗教　1*l*
アウクスブルクの信仰告白　2*r*
アウクスブルクの和議　2*l*
悪　2*r*, 180*r*, 312*r*, 339*r*, 461*r*, 505*l*
悪無限　275*l*, 280*r*, 396*l*, 408*l*, 420*r*, 484*l*, 485*l*, 503*l*
憧れ（憧憬）　3*r*, 7*r*, 426*r*
アジア　4*l*, 424*l*, 510*l*
遊び　5*r*
アテナイ　455*l*
『アテネウム』　538*r*
兄と妹　5*r*
アプリオリ・アポステリオリ　6*l*
アフリカ　6*r*, 159*r*, 424*l*
阿呆の画廊　346*r*
アメリカ　7*l*, 424*l*
アメリカヘーゲル学会　39*l*, 452*r*
アリストテレス派　270*r*
アーリマン　312*r*, 455*l*
アルカリ　334*l*, 458*l*
アルゲマイネ・リテラトゥーア・ツァイトゥング　13*r*
アルゴリズム　268*l*
有るところのものの理解　481*l*
或るもの　321*r*
あれかこれか　10*l*, 117*l*, 337*l*, 364*l*
アレゴリー　491*r*
あれもこれも　117*l*
アンシャン・レジーム　63*l*, 491*l*
『アンティゴネー』　6*l*, 10*r*, 50*l*, 72*l*, 101*l*, 114*r*, 447*l*
アンチノミー　11*l*, 54*r*, 87*l*, 161*r*, 170*l*, 320*r*, 388*r*, 392*l*, 486*r*

イ

イエスの死　177*r*
イェーナ大学　13*r*
『イェナイシェ・アルゲマイネ・リテラトゥーア・ツァイトゥング』　14*l*
『イェナイシェ・リテラトゥーア・ツァイトゥング』　13*r*
イェーナ　376*r*
イェーナ鉱物学会　84*l*
イオウ（硫黄）　84*r*, 147*l*, 397*l*
イオニア派　14*l*
位格　176*r*
医学　14*r*, 416*r*
イギリス　15*l*
イギリス経験論　415*r*
イギリスヘーゲル学会　39*l*
生ける神　421*l*
移行　15*r*, 183*l*
　二重の――　16*l*
意志　16*l*, 26*l*, 199*r*, 234*r*, 340*l*, 463*l*, 528*l*
意識　18*l*, 61*r*, 91*r*, 127*r*, 186*r*, 223*r*, 285*l*, 326*r*, 399*r*, 498*l*, 530*l*, 545*lr*
意識の経験　127*r*, 283*l*, 484*l*
意識の経験の学　18*l*, 20*l*, 60*l*, 61*r*, 128*r*, 149*l*, 297*l*, 540*r*, 545*r*
意識の事実　124*l*, 230*l*, 412*l*
意識の諸形態　18*r*
意識の世界性　292*l*
意識律　513*r*
異質　307*r*
イスラーム　21*l*
依存　22*l*, 81*l*, 226*l*
一切　399*l*
一者（ト・ヘン）　22*r*, 23*r*, 28*l*, 37*l*, 144*r*, 255*l*, 266*r*, 306*r*, 318*l*, 358*r*, 399*l*, 523*l*
一者性　22*r*
一神教　322*r*, 378*l*
一致と反対　380*r*
一と多　22*r*, 488*r*
一にして全　23*r*, 42*r*, 500*l*, 534*r*
一夫一婦制　138*l*
イデー　134*l*, 232*l*, 405*r*, 406*r*
イデア　22*r*, 88*r*, 434*r*, 494*r*, 521*l*
イデオロギー　24*l*
意図　17*l*, 24*l*, 300*l*
祈り　24*r*, 128*r*
畏怖　48*r*
衣服　25*l*
異邦人　504*l*
今　83*r*, 182*r*
意味　25*r*

意欲　26*l*
イロニー　26*l*, 213*r*, 230*r*, 311*r*, 525*l*
イロニー論　349*l*
因果性　27*l*, 137*l*, 154*r*, 241*r*, 542*l*
因果的定義　341*r*
インド　4*r*, 27*r*, 191*l*, 230*r*, 322*r*
インドの宗教　322*r*
インフソリア　48*l*
韻文　178*r*
隠喩　414*l*
引力　29*l*, 168*r*, 381*l*

ウ

ウィーン会議　319*r*
ウィーン体制　227*l*
ヴェストファーレンの和議　30*r*, 122*l*, 515*l*
ヴォルフ学派　399*r*
内と外　32*l*
宇宙　32*r*
宇宙論　32*r*
宇宙論的証明　72*r*
美しい（麗わしき）個性　10*l*, 114*l*
美しい魂　4*l*, 33*l*, 36*l*, 138*r*, 243*l*, 385*r*, 457*r*, 505*l*, 525*l*, 543*l*
美質宗教　229*r*
美しくないもの　480*r*
移ろうもの　426*r*
移ろわぬもの　426*l*
海　34*l*
占い　34*l*
運動　34*r*, 216*l*, 287*r*, 349*r*, 428*l*, 514*l*
運動学　193*l*
運動体　204*l*
運命　1*l*, 12*l*, 33*r*, 34*l*, 35*l*, 114*r*, 156*r*, 425*r*

エ

永遠　37*l*, 183*l*, 392*l*
永遠に生きている火　454*r*
永久平和　159*l*, 251*l*, 302*l*
映現（→仮象）　64*r*, 406*l*
　二重の――　400*r*
叡知的性格　37*r*
叡知的世界　37*l*

和文索引

叡知的直観　330*l*
エイズ　434*r*
英米のヘーゲル研究　38*l*
英雄(時代)　39*l*, 115*l*, 63*l*, 114*r*, 165*l*, 470*l*
英雄の権利　108*r*
栄養過程　39*r*, 323*r*
易　34*r*
エジプト　40*l*, 252*r*
エスプリ　97*r*
エーテル　42*r*, 384*r*, 421*l*, 428*l*
エートス　216*r*
エネルゲイア(完成態)　395*l*
エレア派　347*r*, 398*r*, 454*r*
エレウシス　44*l*, 254*l*, 441*l*, 457*r*
エレメント　479*r*
エロス　44*r*
塩　147*l*, 397*l*
円　484*l*
演繹　45*l*
演繹的推論　45*r*, 98*r*
円環　46*l*, 61*l*, 185*l*, 346*l*, 347*l*, 467*l*
塩基　334*l*
演算　268*r*
遠心力　328*l*, 381*l*
演説　143*r*
エンツュクロペディー　46*r*
エンテレヒー　234*r*
『エンネアデス』　523*l*

オ

『オイディプス王』　114*r*
王権神授説　251*r*
大きさ　524*l*
おかしさ　545*l*
掟　48*l*
臆見　50*r*
恐れ(恐怖)　48*l*, 226*l*
音　49*l*, 107*r*
男と女　49*r*
大人　50*l*, 279*l*, 461*l*
オペラ　50*r*
オベリスク　41*l*
思い込み(私念)　20*r*, 50*l*
重さ　49*l*, 51*l*, 74*r*, 407*l*, 409*r*, 428*l*, 430*l*, 514*l*
オランダ　51*l*, 407*l*, 422*l*
オランダ独立戦争　52*l*
オリエント　4*r*
オルムズド　312*r*, 455*l*
音楽　52*l*, 158*l*, 406*r*
音響学　193*l*
音声　253*r*

カ

外延　32*r*, 464*l*
外延量　267*l*, 372*l*
絵画　52*l*, 53*l*, 406*r*
外化　53*r*, 134*l*, 178*r*, 226*r*, 308*r*, 328*l*, 400*r*, 429*l*, 476*l*
快活　474*l*
懐疑主義(懐疑論)　10*l*, 54*l*, 84*l*, 221*r*, 230*l*, 297*l*, 364*l*, 416*l*
徹底的に遂行された——　54*r*
『懐疑主義論文』　483*l*
階級　239*r*
解釈　54*r*
解釈学　55*l*, 344*l*
回心　505*r*
解析学　269*l*
外的国家　149*r*
外的反省　400*r*
概念　55*r*, 60*r*, 132*r*, 166*r*, 183*l*, 195*l*, 219*l*, 269*r*, 304*l*, 314*r*, 341*l*, 346*l*, 382*l*, 387*l*, 402*r*, 432*l*, 464*l*, 471*l*, 517*l*
概念的思考　187*r*
概念の判断　402*r*
概念把握　387*l*
解放　214*l*
快楽　57*r*, 152*l*
カオス　394*r*
価格　66*l*
科学　60*r*
化学・化学的の連関　58*r*, 59*r*, 68*l*, 69*l*, 193*l*
化学的過程　73*r*, 134*l*, 264*l*, 348*l*
化学的元素　59*r*, 147*l*
化学的親和性　244*l*, 458*l*
科学的人相術　383*l*
「限りで」　326*l*
学(問)　60*l*, 128*r*, 227*r*, 302*r*
学者　239*l*
確信　61*l*, 83*r*, 186*r*
確信と真理の弁証法　61*r*
覚醒　381*l*, 504*r*
確然的　410*l*
学的批判協会　62*l*, 531*l*
『学的批判年報』(『ベルリン年誌』)　62*l*, 82*l*, 164*r*, 450*l*, 478*r*
学への導入　284*r*
革命　62*r*, 220*l*, 436*l*
格率　63*l*
仮現(→仮象)　168*r*
花崗岩　84*r*
家財　64*l*
家産　64*l*
仮象　53*r*, 64*l*, 471*l*, 542*l*
過剰　153*r*
過剰生産　241*l*
家神　64*r*
カスト　4*r*, 28*l*
火成説(論)　31*l*, 329*l*, 415*r*
家族　49*r*, 64*l*, 65*l*, 66*r*, 102*l*, 159*r*, 173*l*, 190*l*, 222*l*, 262*r*, 280*r*, 306*l*
家族愛　408*r*
家族原理　241*l*
語り　142*r*
価値　66*r*, 69*r*, 210*r*, 381*r*
家長(父権)　66*r*, 224*l*
家父長制　66*r*
学校　66*l*, 104*l*
合唱　368*r*
合体　30*l*
葛藤　368*r*
活動性　67*l*
過程　67*r*, 484*l*
カテゴリー　62*l*, 358*l*, 540*r*
寡頭政　288*l*
カトリ・ツィズム　299*r*
カトリシズム　68*r*, 197*l*, 446*l*, 539*l*
可能性　69*l*, 120*r*, 145*r*, 410*l*
可能態　301*l*
可分性　144*r*
貨幣　69*r*, 153*l*, 210*r*, 276*l*
神　70*l*, 115*l*, 130*l*, 180*r*, 187*l*, 200*r*, 244*r*, 250*l*, 251*l*, 279*r*, 281*r*, 294*l*, 297*r*, 304*r*, 424*r*, 489*l*, 506*l*, 540*l*
神々の掟(→人間の掟と神の掟)　263*l*
神と人　71*l*
神の国　105*l*, 122*r*, 446*l*
神の権利　72*r*
神の死　13*l*, 70*l*, 178*l*, 277*l*
神の自己認識　521*l*
神の存在証明　70*r*, 72*l*, 218*r*, 270*r*, 323*r*, 333*r*
神の認識　244*l*
神の見えざる手　130*l*
ガルヴァニズム(ガルヴァーニ電気)　73*r*, 405*l*, 448*r*
軽さ　74*r*
カールスバート決議　74*r*, 140*l*, 440*r*, 441*l*, 450*r*
カルタ遊び　75*r*
カローヴェ事件　454*l*
カロリック　384*l*
感覚　60*r*, 76*l*, 80*l*, 81*l*, 213*l*, 330*l*, 501*l*
感覚作用　381*l*
感官　76*l*, 82*l*

589

和文索引

還帰　281*l*, 522*r*
関係　76*r*, 260*r*, 399*r*
還元　59*l*
観察　78*r*
観察する理性　519*l*
感謝　79*l*, 426*r*
慣習　79*r*, 174*l*
慣習法　208*r*, 467*r*
感受性　79*r*, 118*l*, 157*r*, 280*l*, 363*l*, 396*l*
観照　526*l*
感情　80*r*, 500*l*
感傷主義　80*l*
感情神学　80*r*
感情生活　80*l*
関心（利害）　81*l*, 210*l*
感ずる心　285*r*, 530*l*
感性　82*r*
慣性　83*l*
慣性的　430*l*
感性的意識　19*l*
感性（感覚）的確信　54*r*, 83*l*, 149*l*, 277*l*, 326*r*,
感性的世界　350*l*
感性的直観　337*l*
岩石　84*l*
完全性　85*l*
完全な根拠　168*r*
観相学　382*l*
観念性　88*l*, 198*r*, 318*l*, 407*r*
観念的　520*l*
観念連合　88*r*
観念論　5*l*, 88*r*, 501*l*, 518*r*
官吏　239*l*, 362*l*
官僚（制）　90*r*, 164*l*

キ

偽　259*l*
記憶（→想起，内（面）化）　91*l*, 142*r*, 330*l*, 417*l*
機械　155*r*
議会　91*r*, 240*l*, 475*l*, 515*r*
議会主義　15*l*
機械的連関（機械制）　58*r*, 92*l*, 304*r*, 516*l*
機械論　493*l*, 501*r*
機械論的自然観　493*l*
幾何学　156*l*, 237*l*, 268*l*
危急権　419*l*
喜劇　9*l*, 92*r*, 544*r*
記号　25*r*, 88*r*, 93*r*, 142*r*, 388*l*
儀式　79*r*, 173*l*
騎士道　491*l*
喜捨　427*l*

技術　94*r*
基準　259*l*
気象学的過程　95*l*
犠牲　95*l*, 278*l*
奇蹟　69*l*, 96*l*, 228*r*, 279*l*
帰責主義　151*l*
偽善　96*r*
基礎学　60*l*
貴族政　288*l*, 491*l*
北アメリカ　7*r*
機智　97*l*, 433*l*
規定・規定性　97*r*, 185*l*, 357*r*, 372*r*, 411*l*
規定された概念　56*l*
企図　17*l*, 24*l*, 293*r*, 300*r*
帰納　45*r*, 98*l*
技能　208*r*
帰納的推論　45*l*
気分　99*r*
詭弁　517*l*
義務　3*r*, 18*l*, 100*l*, 299*r*, 474*l*
義務教育制　470*l*
ギムナジウム　110*l*
逆説（逆理）（→パラドックス）　117*r*, 298*l*
客観（→主観と客観）　92*r*
客観性　320*l*, 345*l*
客観的観念論　360*l*
客観的宗教　217*r*, 297*r*
客観的精神　102*l*, 295*l*, 432*l*
求心力　328*l*, 381*l*
旧体制　→アンシャン・レジーム
窮迫（窮乏）　48*l*, 102*r*, 419*l*
救貧税　276*l*
境位　103*l*
教育　103*r*, 109*r*
教育の刷新（改革）　377*l*
教会・教団　68*r*, 105*l*, 108*r*, 218*l*, 222*l*, 303*l*, 332*r*
　不可視の―　105*l*
教会教義　270*l*
狂気　106*l*, 189*l*
教義　106*r*
教訓詩　414*l*
享受　107*l*, 278*l*, 295*r*
凝集　107*r*, 118*l*, 228*l*, 430*l*
凝集力　409*r*
狂信　21*l*, 108*l*, 420*l*
強靱　430*l*
強制　108*l*, 507*l*
行政　470*l*
強制国家　149*r*
行政府　361*r*
境地　103*l*
共通意志　136*l*
共同　215*r*

共同社会　211*r*
共同所有　190*l*, 242*r*
共同性　381*r*
共同体　65*r*, 108*r*, 150*r*, 352*l*
共同体主義　119*l*
共同体の所有　64*l*, 242*r*
共同体の労働　64*l*
京都学派　379*r*
狂暴　106*l*
共有　173*l*
教養　62*r*, 104*l*, 106*l*, 109*r*, 154*l*, 262*r*, 369*r*, 536*l*
教養形成　209*l*, 515*l*
狂乱　106*l*
共和国　111*r*
共和主義　82*l*, 251*l*
共和政　68*r*, 156*r*, 289*l*
極性　112*l*, 244*l*
ギリシア　5*l*, 111*r*, 113*l*, 158*r*, 322*l*, 381*r*
ギリシア悲劇　11*l*, 42*l*, 114*r*, 409*l*, 447*l*
ギリシア芸術　165*l*
キリスト教　12*r*, 105*l*, 109*l*, 113*r*, 115*l*, 117*r*, 123*l*, 130*r*, 177*l*, 205*l*, 217*r*, 244*l*, 245*r*, 270*l*, 279*r*, 281*r*, 304*r*, 339*r*, 364*l*, 370*l*, 391*l*, 414*r*, 432*l*, 446*l*
近世哲学　333*l*
金属性　118*l*
筋（肉）組織　249*l*, 502*l*
近代　118*r*, 220*l*, 276*l*, 354*l*, 446*l*
近代自然科学　297*r*
近代哲学　344*r*
均等態　120*l*
吟味　259*l*

ク

悔い改め　505*r*
寓意（→アレゴリー）　233*r*, 414*l*
クウェーカー教徒　7*r*
空間　34*r*, 119*l*, 182*r*, 393*l*, 428*l*, 489*r*
空気　120*r*, 147*l*
空虚　26*r*, 347*r*
偶然性　120*l*, 178*r*, 277*l*, 410*l*
空想　28*l*, 108*l*, 305*l*, 393*r*
偶有性（→実体（性））　200*l*
寓話　233*l*, 414*l*
供犠（→奉仕）　107*r*
愚行　106*l*
薬　416*l*
具体的　121*r*
具体的普遍　110*r*, 431*r*, 464*r*

和文索引

愚鈍　106*l*
国　122*l*
グノーシス　122*r*, 394*l*
グノーシス主義(派)　254*l*, 293*l*
区分　→分類・区分
区別　**123***l*, 161*l*, 167*l*, 170*l*, 306*l*, 359*l*, 401*l*, 542*l*
区別それ自体　123*l*
苦しみ(苦痛, 苦悩, 苦悶)　**124***l*
黒魔術　473*r*
訓育　104*r*
君主　**126***l*, 300*l*, 515*r*
君主権　150*l*, 361*r*
君主制　288*l*, 464*l*, 491*l*
君主世襲制　126*r*
君主同盟　251*r*
軍人　239*l*

ケ

敬愛心　65*l*
契機　**127***l*, 319*l*
経験　**127***l*
――の基礎づけ　328*r*
経験科学　127*r*
敬虔主義　446*l*
経験論　127*l*, 132*l*, 167*l*, 447*l*, 538*l*
傾向　16*r*, **128***l*
傾向性　129*l*
経済学　129*l*
啓示　115*r*, 123*l*, **130***l*, 146*r*
繋辞　340*l*
形式主義　101*r*, **130***r*, 180*r*, 423*l*
形式的機械的連関　92*r*
形式的根拠　168*r*
形式的真理　181*l*
形式的必然性　410*l*
形式と内容　**131***l*
形式論理学　540*l*
啓示宗教　70*l*, 115*l*, 130*r*, 219*l*, 505*r*
形而上学　**131***r*, 314*r*, 353*l*, 540*l*
形而上学的神学　246*l*
芸術　80*r*, 295*r*, 349*l*, 405*r*
芸術作品　**133***l*
芸術終焉論　540*l*
芸術宗教　**133***r*, 218*r*, 303*r*
芸術美　64*r*, 133*r*, 336*l*, 406*l*
形象　252*l*
刑場　**134***l*
形成　109*r*, 502*l*, 536*l*
形成衝動　234*l*, 443*l*
形相　428*l*
形態　**134***r*
形態学　491*r*
形態変化　234*l*

傾動　58*r*, 428*r*
刑罰　108*r*, **135***l*, 168*r*, 208*r*, 277*l*, 426*l*, 506*l*, 507*r*
刑法　482*l*
啓明結社　441*l*
啓蒙　116*l*, 118*r*, **135***r*, 173*r*, 352*l*, 360*r*, 435*r*, 438*l*, 474*l*, 491*l*, 503*r*, 517*l*, 533*l*
啓蒙思想　85*r*, 385*l*, 436*l*, 539*l*
啓蒙的悟性　265*r*
契約　**136***l*, 210*r*, 232*l*, 467*r*
劇詩　178*r*, 447*l*
下賤な意識　→高貴な意識と下賤な意識
解脱　123*l*
決意　**136***r*
血液循環　**136***r*, 396*l*
血液組織　249*l*
結果　6*l*, 27*l*, **137***l*
結合と非結合との結合　359*l*
結婚　136*l*, **137***l*
結晶　134*r*
決定論　214*l*
欠乏　234*l*, 360*l*, 507*r*
――の感情　360*l*
ケプラーの法則　216*r*
ゲルマン(世界)　5*l*, 351*l*, 351*r*
権力分立　150*r*
権威　105*r*, 204*r*
牽引(力)　**141***l*, 349*r*, 409*r*, 428*r*
原因　6*r*, 27*l*
限界　98*l*, 120*l*, **141***r*
顕現　**142***l*
言語　**142***r*, 158*r*, 178*l*, 388*l*, 481*l*
顕在　→潜在・顕在
原罪　3*r*, **143***r*, 339*r*
原子　43*r*, **144***l*, 347*r*, 431*l*
現実　518*l*
現実化　**144***r*
現実性　69*l*, 120*r*, 127*r*, 142*l*, **145***l*, 200*r*, 410*l*
現実存在　180*r*
現実態　144*r*, 301*l*
現実的心　285*r*, 530*l*
現実的な知　346*l*
現実的なものは理性的である　50*r*
『賢者ナータン』　534*l*
現象　142*l*, **146***l*, 187*r*, 276*r*, 335*r*, 465*r*, 494*r*, 542*l*
現象学　284*r*
現象知　20*r*, 285*l*, 325*l*
原色　183*r*
原子論　43*r*, 144*r*, 347*l*
献身　95*r*

元素　**146***r*, 176*l*, 265*l*, 324*r*, 330*l*, 348*r*, 405*l*, 523*r*
原則　148*r*
現存在　541*l*
建築(術)　**147***r*, 233*r*, 406*r*
憲法　62*r*, **148***l*
憲法体制　211*l*
権利　135*l*, 462*r*, 463*l*
原理　148*r*
権利章典　15*l*
権力　148*r*, **149***l*, 154*l*, 224*l*
元老院　156*r*
言論の自由　227*r*

コ

子　305*l*
語　142*r*
行為　**150***l*, 232*l*, 293*l*
合一　**151***r*, 152*l*, 163*r*, 282*l*
合一哲学　**152***l*, 213*r*, 217*x*, 457*l*
行為の理性　**152***r*, 519*l*
公開討論用テーゼ　221*l*
光学　138*r*, 193*l*
交換　69*r*, 136*l*, **153***l*, 210*r*
槓杆　**153***r*
高貴な意識と下賤な意識　79*l*, **153***r*, 453*r*
工業家身分　239*l*
公教的　161*r*
公教哲学　346*l*
交互作用　27*r*, **154***r*
交互性　542*l*
向自　317*r*
工匠　253*l*, 303*r*
工場　**155***l*, 447*r*, 536*r*
工場労働　167*r*
構成　**155***r*, 304*l*
剛性　107*r*
合成体　479*l*
構想力　142*l*, 305*l*
講壇哲学　378*l*
狡智(→理性の狡智)　196*r*, 494*l*
皇帝　4*r*, 155*l*, **156***r*, 191*r*, 331*r*, 515*l*, 535*l*
肯定　157*l*
皇帝崇拝　332*l*
肯定的無限性　488*l*
公的宗教　160*l*
行動　276*r*
幸福(幸福説)　17*l*, 107*l*, **156***r*, 170*r*, 228*l*, 506*l*
鉱物学　193*l*
鉱物学会　138*l*

和文索引

興奮性　79r, 80l, 137l, **157r**, 280l, 363r, 396l, 433r
合目的性　58r, 162r, 493r
――の宗教　322r
高揚　384r
功利主義　136l, 438l
合理主義　119l
合理的神学　391r
声　142r, **158l**, 481l
故郷　**158r**
国際公法　159l
国際ヘーゲル学会　452l
国際ヘーゲル連盟　379l, 452l
国際弁証法者哲学会――ソキエタス・ヘーゲリアーナ　452l
国際法　159l
黒人　21r, 159l
国内法　164r
国法　515r
国民(民族)　113r, **159r**
国民宗教　12r, 113l, **160l**, 213r, 217r, 305l, 350r, 365r, 528l
国民主義　251r
国民精神　62r, 86l, 281l, 499r
ここ　83r
心　110r, 253r, 285l, 381l, 529r
個人　**160r**
個人的主観　223l
コスモス　291l
悟性　87l, 132l, **161l**, 206r, 297l, 328l, 330l, 345r, 369r, 383l, 392l, 399r, 465l, 489r, 504r, 518l, 540r
悟性国家　149l, 212l
悟性宗教　**162l**, 517r
悟性推理　265r
悟性的であること　162r
悟性的なもの　161r
個体　185r, 323r, 363l
古代近代論争　113l
個体性　160r, 185r, 188r
コツェブー殺害事件　74r, 441r
国家　5l, 17r, 21r, 49r, 65r, 102l, 122l, 136l, 149r, 159r, **163l**, 209l, 212r, 215r, 222l, 224l, 236r, 242r, 258r, 262r, 275r, 301r, 307l, 332r, 376l, 408r, 464l, 468l, 475r, 528l, 532l
――の理念　122r
国家経済学　129r
国家権力　154l, 453r
国家社会　222l
国家主義　539l
国家主権　159l
国家体制　150l, 163r, 373r
国家的感覚　90r

滑稽　545l
国権　72l, 79l
骨相学　73l, 382r
骨組織　249l, 502r
コッタ　62l, 347l
古典芸術　**164r**, 233l, 335r, 406r, 520l, 539r
古典主義　53l, 538r
事そのもの　92l, **165l**, 174r, 283r, 287l, 299l
言葉　53r, 80r, 91l
子ども　5r, 65l, 104l, **166l**, 279l
ことわざ　414l
このもの　19l, 83r
誤謬　260l
誤謬の国　135r, 491l
個物　259l
コブラ　224r, 324r, 402l
個別　45l, 110l r, 302l, 304l, 464r, 466r
個別性　**166r**, 363r, 432l, 542l
雇傭契約　**167l**
雇傭労働　167l
コーラス(合唱団)　409l
コーラン　21r
ゴルゴタ　134l
コルポラツィオーン　18l, **167r**, 211r, 273r, 367l r, 419r, 470r, 491r
これ　83r
婚姻　468l
根拠　46l, 131l, 142l, **168l**, 200l, 401l, 468r, 542l
根拠律　542l
混血　241l
根元哲学　60l, 124l, 513r
根源分割　56l, 485r
混淆　30l
混合　303r
根本悪　251l
根本命題　148r

サ

差異　85l, 170l
才気　97r
最高善　170r, 228r, 274r, 506l
『最古の体系プログラム』　171l, 316l, 354r, 457r
最後の晩餐　12r
財産　65l, 214r
財産共同体　**172l**, 209l
祭祀(儀礼)　79r, 95r, 107l, **173l**, 218r, 474l, 529l

最上善　171l
再生　118l, 303r
再生産　79r, 137l, 157r, 280l, 360r, 363r
再生産的想像力　88r
罪責　293l, 340r, 505l
才能　349l
裁判　208l
裁判官　251r
財富　79l
『差異論文』　316l
さかしま　299l
詐欺　398r
作品(仕事)　**174r**, 429l
錯乱　106l, 286l
挫折　153l
錯覚　174r
サテュロス劇　92l, 368r
査法的理性　519l
作用　27r, 154r
作用因　8r, 493l, 512r
酸　176l, 334l, 458r
三一性的秩序　255r
三一論　506l
　内在的――　246l
讃歌　133l
サンキュロット　436l
産業活動　237r
懺悔　135r, 506l
三権分立　163r
参事会　473l
三重性　404l
三十年戦争　2r
三重の推理　266l
算術　268l
酸素　**175r**, 265l, 384l
三段論法　265r
三複対　290l
散文　178l
散文的客観性　97r
三分法　290l, 460r
三位一体(論)　41l, 95r, 107l, 173r, **176l**, 219l, 281r, 290l, 305l
　地上の――　84r

シ

死　49l, **177l**, 226l, 280r, 392l, 424l, 427r, 485r, 502r, 506r
視　84l
詩　**178l**
恣意　16r, 156r, **178r**
思惟(→思考)　6r, 91l, 271r, 393r
思惟と存在との一致　296r
思惟の思惟　119l

和文索引

自我　166*l*, **181***l*, 186*r*, 189*l*, 223*r*, 369*l*, 540*l*
自我は自我である（自我＝自我）　182*l*, 316*l*
自我は物である　182*l*
視覚　76*l*
しがらみ　58*l*
然り　525*r*, 543*r*
此岸（→彼岸・比岸）　12*l*, 115*r*, 427*r*
時間　34*r*, 37*l*, **182***r*, 393*r*, 428*l*, 489*r*
時間性　183*l*
磁気　59*r*, 112*r*
色彩論　139*l*, **183***r*, 500*l*
軸回転　184*l*
死刑　135*r*
刺激　502*r*
始元　72*r*, 122*l*, 137*r*, 148*r*, **184***r*, 309*l*, 342*l*, 448*l*, 466*l*
四元　147*l*, 326*r*
次元　120*l*
自己（性）　80*l*, **185***r*
自己　246*r*
自己維持（自己保存）　**186***l*
自己意識　60*r*, 182*l*, **186***r*, 189*l*, 223*r*, 261*r*, 271*r*, 391*l*, 526*l*
——の権利　72*l*
——の自由　310*l*
思考（思惟）　**187***l*, 329*r*, 501*l*
事行　181*r*
時効　233*r*
至高存在　517*l*
自己運動　60*r*
自己外存在　68*r*, 119*l*, **188***l*, 189*r*, 304*r*
自己確証　107*l*
自己確信的精神　33*r*
自己還帰　255*l*
自己関係　**188***r*
自己感情　**189***l*
自己原因　59*r*, 201*l*
自己自身への関係　77*r*
自己自身の反対物　421*l*
自己自身のもとにある（憑自的）存在　322*l*
自己自身を措定する運動　273*l*
自己実現　104*l*
自己疎外　308*l*
自己疎外的精神　154*l*, 514*r*
仕事　165*r*, 239*l*
自己同一性　69*l*, 401*l*
自己同等性　**188***l*
自己内還帰　400*l*
自己内存在　**189***l*
自己内反省　399*l*
自己のもとにある存在　158*r*

自己媒介　388*l*
自己保存　468*l*
自己滅却　426*l*
自己目的　223*l*
自殺　189*l*
資産　**190***l*, 238*l*
事実　**190***r*, 304*l*
市場　165*r*, 210*r*, 286*r*
磁性　348*l*
死せる犬　493*l*
自然　6*r*, 180*l*, **182***r*, 192*l*, 363*r*, 521*r*
——の内奥　192*r*
——の無力　193*l*
根源的に限定された——　193*l*
自然環境　423*r*
自然宗教　133*l*, **191***l*, 218*r*, 322*r*, 517*l*
自然状態　63*l*, 149*r*, 159*l*, 225*r*, 468*l*
自然衝動　234*l*
自然神学　70*l*
自然性　339*l*
自然精神　530*l*
自然的意識　20*r*, 127*r*, 285*l*
自然的心　285*l*, 530*l*
自然哲学　59*r*, 180*l*, **191***r*, 380*r*, 430*l*, 501*r*, 526*r*
自然美　336*l*, 406*l*
自然法　**194***l*, 204*r*, 262*l*, 468*l*
近代自然法　212*l*
『自然法論文』　337*r*
志操（心術）　2*l*, 129*l*, **195***r*, 444*l*
思想　**195***l*, 451*l*
持続　35*l*
自体　128*l*
時代　**196***l*
時代原理　196*r*
自体存在　545*r*
時代（の）精神　196*l*
七月革命　15*r*, **197***r*
質　**198***l*
実現　144*r*
実験哲学　140*l*, 380*l*
実在的根拠　168*r*, 517*l*
実在性　132*r*, **198***l*, 342*l*, 410*r*
実在的＝事象的定義　341*r*
実在的必然性　410*l*
実在哲学　199*l*
実在論　5*l*, 89*l*, 448*l*
実証主義　465*r*
実践　**199***l*, 526*l*
実践的感情　80*l*
実践的教養　111*l*
実践的自我　181*l*
実践的教養　26*l*, 261*r*
実践的要請　172*r*
実践哲学　213*l*

実践理性の優位　228*l*
実存（現実存在, 現存, 現存在）　116*r*, 142*l*, 146*r*, **200***l*, 323*r*
実存主義　438*r*
実存弁証法　117*l*
実体　110*r*, 150*r*, 154*r*, **200***l*, **202***l*, 204*l*, 235*l*, 408*r*, 495*r*, 542*l*
実体－主体説　**202***l*, 203*r*, 204*l*
実体の自由　102*l*
実体の統一性　118*r*
実体の身分　238*r*
実体と主体　202*l*
実体の主体化　203*r*
実直　210*r*, 366*r*
実定宗教　152*l*
実定性　160*r*, **204***r*, 229*l*, 350*r*
実定法　204*l*, 208*l*, 463*l*, 467*r*
質的無限性　485*l*
実念論　90*l*, 270*r*, 333*r*, 431*l*
実用的歴史家　481*r*
質料　49*l*, 131*l*, 428*l*
質量　83*l*, 120*r*, 428*l*
私的（なるもの）　**205***l*
詩的관계　292*l*
私的宗教　217*l*
私的所有　242*r*
使徒　12*r*
自独　317*l*
シナ　4*r*
私念（→思い込み）　50*r*, 510*l*
詩の詩　230*r*
支配　48*l*, 156*r*, **206***l*
自負　106*r*
至福　134*l*
自分　215*r*
思惟　78*l*, 133*l*, **206***r*, 261*l*, 316*l*, 401*r*
思弁　61*l*, 460*l*
思弁的思考　387*l*
思弁的叙述　**207***l*
思弁哲学　132*r*, 342*r*
思弁の物理学　430*l*
思弁の弁証法　460*l*
思弁の命題　143*r*, **207***r*, 403*l*, 485*r*
司法　208*l*
私法　515*l*
司法権　361*r*
「侍僕にとって英雄なし」　39*l*
資本　**208***r*
市民　237*r*, 367*l*
市民社会　15*r*, 65*r*, 81*r*, 102*l*, 110*l*, 118*r*, 129*r*, 149*r*, 153*l*, 163*l*, 167*r*, 205*r*, 208*l*, **209***l*, 212*r*, 222*l*, 232*l*, 240*l*, 262*l*, 286*r*, 289*r*, 306*l*, 307*l*, 318*r*, 361*r*,

593

和文索引

437*l*, 463*l*, 467*l*, 468*r*, 470*l*, 475*r*, 508*l*
市民の感覚　515*l*
市民の自由　4*l*
市民法　462*r*, 482*r*
シャウシュピール　368*l*
社会契約　63*l*, **212***l*, 528*l*
社会状態　465*r*
社会的諸関係　224*r*
釈義　55*l*
捨象　332*r*
捨象作用　332*r*
種　85*l*, 247*l*, 341*l*, 363*r*
自由　3*l*, 16*l*, 20*l*, 38*l*, 48*r*, 82*l*, 85*r*, 103*l*, 108*r*, 116*l*, 118*r*, 158*r*, 178*r*, 180*r*, 188*l*, 197*l*, 199*r*, **214***l*, 220*l*, 235*r*, 238*l*, 242*l*, 243*l*, 246*r*, 253*r*, 258*l*, 261*r*, 271*r*, 276*l*, 298*l*, 351*l*, 367*l*, 369*r*, 373*l*, 410*r*, 436*l*, 437*l*, 446*l*, 463*l*, 507*l*, 519*r*, 531*r*
シュヴァーベン敬虔主義　42*l*
自由意志　242*r*
自由運動　**216***l*, 514*l*
習慣　**216***l*, 381*l*, 522*l*
宗教　81*l*, 115*l*, **217***l*, 275*l*, 283*r*, 295*r*, 350*r*, 468*l*, 534*l*
宗教改革　2*r*, 68*r*, 116*l*, 118*r*, 197*l*, **220***l*, 334*l*, 351*l*, 437*l*, 445*r*, 491*l*, 515*l*, 525*l*
衆愚政　288*l*
私有財産　4*l*
十字軍　**220***r*
自由主義　251*r*, 539*l*
重商主義　270*r*
『就職テーゼ』　**221***l*, 486*l*
重心　430*l*
習俗　159*l*, 262*l*
充足　107*l*
充足根拠　169*r*
集団(社会)　**222***l*
羞恥　25*l*
自由の精神　261*r*
自由な民　113*r*
自由な落下　514*l*
自由の意識の進歩　7*l*
十分の一税　276*l*
自由放任　30*r*
終末観　313*l*, 455*r*
重力　51*l*, 221*r*, 320*l*, 409*l*, 428*r*, 514*l*
主観性　54*r*, 92*r*, 116*l*, 345*l*, 401*r*, 539*r*
主観性の原理　118*r*
主観性の反省哲学　233*l*
主観的観念論　448*l*

主観的(主観＝客観)な　423*l*
主観的宗教　297*r*
主観的精神　102*l*, 182*l*, 284*r*, 295*l*, 432*l*
主観と客観　**222***r*, 282*r*
儒教倫理　378*r*
祝祭(→祭り)　173*r*
主権　63*l*, **224***l*
手工業者身分　239*l*
守護神　64*r*, 95*r*, **224***l*, 349*l*, 474*l*
主語と述語　**222***r*, **224***r*, 260*r*, 340*r*, 402*l*, 475*l*, 485*l*
主従関係　4*l*
呪術　191*l*, 473*r*
主人(→奴隷)　20*l*, 206*l*, 236*l*
——と奴隷　189*l*, **225***r*, 429*l*, 438*r*, 536*r*
主体　60*r*, 162*l*, 200*r*, **202***l*, 222*r*, 235*l*, 294*r*
——と実体との分裂　181*l*
主体性　204*l*, **220***l*, 262*l*
主体的宗教　160*l*, 217*r*, 228*r*, 350*r*
シュタイン＝ハルデンベルクの改革　126*r*, 329*r*, 351*r*, 440*r*, 445*l*
手段　493*l*
出エジプト　504*l*
述語(→主語)　260*r*, 475*l*, 485*l*
出版の自由　**227***l*
取得　238*l*
受難　277*r*
受肉　12*l*, 134*l*, 176*r*, 277*r*, 334*l*
種の論理　322*r*
呪物崇拝(信仰)　191*l*, 429*r*
純粋意識　426*r*
純粋概念　57*l*
純粋学　540*r*
純粋思惟　214*r*, 397*r*
純粋自我　214*r*
純粋思考　8*r*, 136*r*, 187*r*
純粋思想　195*l*, 246*l*
純粋存在　177*r*, 313*r*, 398*l*
純粋統覚　358*l*
純粋透見　135*r*, 360*r*, 503*r*
純粋な幸福　171*l*
純粋量　524*r*
止揚(揚棄)　231*l*, 235*r*, 281*l*, 392*r*, 444*l*
消化　40*l*, 360*l*
消化組織　249*l*
情感　**231***r*
商業　**231***r*
状況　**232***l*
商業活動　210*r*
商業身分　232*l*, 239*l*
消極哲学　180*r*
衝撃　349*r*

条件　291*l*
商工業　367*l*
商工業身分　239*l*
消費　107*l*
常識　206*r*, **232***r*
消失　287*r*
肖像画　348*l*
象徴　88*r*, 93*r*, 233*l*, 414*l*, 491*r*
象徴芸術　97*l*, 148*l*, **233***l*, 406*r*, 414*l*, 418*l*, 539*r*
象徴像　40*r*
譲渡　167*l*, **233***r*, 485*r*, 536*r*
衝動　16*r*, 21*r*, 59*l*, 185*l*, **234***l*, 360*l*, 443*r*, 508*l*
衝突　29*r*, **235***l*, 368*l*
承認　19*r*, 136*l*, 175*l*, 187*l*, 206*r*, 225*l*, **235***r*, 246*l*, 258*l*, 536*r*
承認行為　236*l*
承認態　236*l*
承認をめぐる(生死を賭けた)闘争　7*r*, 19*r*, 225*r*, 235*r*, **236***l*, 242*l*, 243*r*, 241*l*, 246*r*
情熱　**236***r*, 519*r*
消費者　470*r*
商品　165*r*, 286*r*
浄福　157*r*
証明　**237***l*, 258*r*, 268*r*, 341*l*
条約　159*l*
職業・身分　**237***r*
職業団体　109*l*, 148*r*, 164*l*, 211*r*, 240*l*, 289*r*
贖罪　143*r*, 505*r*
植物　134*r*, **240***l*, 395*l*, 491*r*, 502*l*
植物学　138*r*, 193*l*
植民地　**241***l*
叙事詩　178*r*, 447*l*, 470*l*
叙述　208*l*, 416*r*
叙情詩(抒情詩)　178*r*, 447*l*
序数　267*r*
女性的なもの　49*r*
触覚　76*r*
所有　1*r*, 136*l*, 173*l*, 209*l*/*r*, **242***l*, 246*l*, 276*l*, 367*l*, 467*r*, 482*r*
所有権　208*l*
自立性　186*r*, 226*l*, **243***r*
磁力　**243***r*
信　→信(仰)
心意主義　151*l*
深淵　425*r*, 483*r*, 484*l*, 509*r*
進化　247*l*
神学　80*r*, **245***l*, 270*l*, 333*r*, 378*l*
人格(性)　136*l*, 166*r*, 242*l*, **246***l*, 482*r*
人格権　208*l*
人格神　517*l*
進化論　247*l*, 378*r*, 415*r*

594

新カント派　256*l*, 452*l*
心胸　81*l*, 106*r*, 213*r*, **248***l*, 534*l*
——の法則　106*r*
神義論　281*l*, 298*l*, 531*r*
神経組織　**249***l*
人権　233*l*
信（仰）　115*r*, 116*r*, 117*r*, 135*r*, 151*r*, 244*l*, 258*r*, 360*r*, 427*r*, 500*l*
信仰哲学　244*l*, 248*l*, 395*r*
信仰の完成　245*l*
人種　249*r*, 381*l*
心情　189*l*, 195*r*, **249***l*, 420*r*
神人　12*l*, 71*r*, 115*r*, 279*l*, 445*r*
信心　250*l*
心身二元論　92*l*
神性　152*l*, **250***l*, 251*l*
神聖（性）　**251***l*
神聖政治　220*l*
神聖同盟　**251***r*
神聖ローマ　30*r*
心像　**252***l*, 305*r*
神像　**252***r*
身体　**253***l*
身体性　253*r*
神智学　42*l*
神的なもの　245*l*
神的三角形　334*l*
神の火花　251*l*
進展　466*r*
神秘　**253***r*
神秘主義　**254***l*
神秘的汎神論　344*l*
新プラトン派（主義）　108*l*, 123*l*, 176*r*, **254***l*, 333*l*, 434*l*, 459*l*, 522*r*
人文主義　376*l*
新ヘーゲル主義（学派）　38*l*, **255***l*, 353*l*, 452*l*
新ヘーゲル主義〔イタリア〕　**257***l*
進歩　257*r*, 519*r*
臣民　156*r*
真無限　396*l*, 484*l*, 485*r*, 488*l*, 503*l*
信頼　2*l*, **258***r*, 366*r*
真理　54*l*, 61*r*, 70*r*, 83*r*, 115*r*, 203*r*, 241*l*, **258***r*, 302*r*, 306*l*, 325*l*, 405*r*, 486*l*
心理学　88*l*, **261***l*
人倫　49*r*, 65*l*, 87*r*, 101*r*, 102*l*, 137*r*, 163*l*, 195*r*, 209*l*, 246*l*, **261***l*, 289*l*, 307*l*, 362*l*, 432*l*, 462*r*, 536*l*
人倫性　151*l*, 408*r*
人倫の意志　17*r*
人倫的意識　100*r*
人倫の共同体　236*l*, 262*l*, 468*r*
人倫の自然　194*r*
人倫の精神　258*r*

人倫的世界　54*l*, 113*r*, 212*l*, **263***l*, 291*r*, 292*l*,
人倫的普遍者　364*r*
人倫の王国　262*r*, 263*l*
人倫の悲劇　95*r*
人類愛　503*l*
心霊学　261*l*
神話・神話学　228*r*, **263***l*, 435*l*
親和性　**263***r*, 334*r*, 458*l*

ス

水銀　147*l*, **264***l*, 397*l*
彗星　184*r*, **264***l*, 349*l*
水成説　31*l*, 329*r*
水素　**265***l*
睡眠　381*l*
推論（推理）　45*l*, 94*r*, **265***l*, 298*l*, 381*l*, 402*l*, 527*l*
数　76*r*, **266***r*, 415*l*, 524*r*
数学　258*r*, **268***l*, 418*l*
崇高（性）　**269***r*
崇高の宗教　322*l*, 504*r*
数多性　22*r*, 358*l*
頭蓋骨　48*l*
頭蓋骨論　73*l*, 79*l*, **269***r*
スコラ学　**270***l*, 333*r*
スコラスティクス　270*l*
図式　404*l*
ストア主義（学派）　43*l*, 188*l*, **271***r*, 398*r*, 522*l*
スピノザ主義　23*r*, 234*l*, 282*l*, **271***r*, 489*l*
『スピノザ書簡』　23*r*
スピノザ的実体　425*r*
スフィンクス　40*l*, 233*r*
スペイン　373*r*
ずらかし　87*l*, **273***r*, 303*r*, 362*r*, 507*l*
スラブ民族　537*l*

セ

生（→生（命））　59*r*, 134*r*, 226*l*, 279*r*, 493*r*, 502*r*
成　454*r*
税　**275***r*
勢位　469*l*
性格　**276***l*, 481*l*
声楽　52*r*
性関係　381*l*, 527*l*
生起　**276***r*
正義　108*r*, 276*l*, **277***l*, 433*l*, 462*r*
生業　238*l*

聖金曜日　277*r*, 483*l*
制限　141*r*, 161*l*, 357*r*
性交　280*l*
生産　536*l*
——と消費　153*l*
聖餐（式）　68*r*, 95*r*, 107*r*, 173*r*, **278***l*, 474*l*, 543*r*
生死を賭けた闘争　→承認をめぐる闘争
政治家　93*r*
政治経済学　129*r*
性質　**278***r*, 496*l*, 497*l*
誠実　7*r*, 352*l*
政治的心術　150*l*
脆弱性（→脆さ）　107*r*
青春　278*l*
聖書　54*r*, 220*r*, **279***l*, 445*r*
性状　98*l*, 278*l*
生殖　**279***r*, 527*l*
聖職者　68*r*, 105*r*
精神　13*l*, 29*l*, 40*r*, 60*r*, 65*l*, 71*l*, 177*r*, 182*r*, 187*l*, 197*l*, 220*l*, 245*l*, 275*l*, 279*r*, **280***r*, 285*l*, 294*r*, 296*r*, 298*l*, 319*l*, 325*l*, 381*l*, 424*l*, 432*l*, 501*l*, 521*l*
『精神（の）現象学』　69*l*, 146*r*, **284***l*, 315*l*, 321*l*, 484*l*, 540*r*
精神錯乱　**285***l*, 381*l*
精神障害　106*l*, **285***r*
精神的個性の宗教　322*r*, 504*l*
精神の実在性　283*r*
精神的な動物（の）国　**286***r*, 349*l*, 513*l*
精神の刑場　134*l*
精神の自己知　296*r*
精神の定在　143*l*
精神の契約　248*r*, 338*l*, 456*r*
精神は精神にのみ啓示される　279*l*
生成　183*l*, 185*r*, **287***l*, 341*r*, 394*r*, 398*l*, 459*l*, 468*r*, 487*r*
政体　**287***r*
聖体拝領　278*l*
正直　2*l*, 18*l*, 366*r*
制度　2*l*, 63*l*, 196*r*, 239*r*, 262*l*, **289***l*, 517*r*
正統派神学　23*r*, 228*l*
青年ヘーゲル派　451*l*, 531*l*
生（生命）の哲学　242*l*
「正・反・合」（三肢性）　**289***r*, 486*r*
政府　361*l*
成文法　467*r*
性別　**289***l*
生（命）　13*l*, 42*l*, 59*r*, 102*r*, 134*r*, 180*l*, 207*l*, 266*l*, **274***l*, 279*r*, 282*l*, 306*r*, 344*l*, 493*r*, 502*r*, 508*l*

和文索引

生命過程　223l, 501r
生命性　67l
生命体　502l
生命をもつ個体　223l
制約・無制約　**290r**
西洋　510l
静力学　516l
勢力均衡　515l
聖霊　176l, 281l, 305l
精霊　177r
晴朗さ　134l
世界　177l, **291r**, 540l
世界史　17r, 62r, 164r, 196r, 215r, 220l, 251r, 297r, 423r, 437l, 446l, 462r, 531l
世界史的個人　39l, 373l
世界状態　232l
世界性　292l
世界精神　196r, 281l, 298l, 432r
世界の散文　292l
世界の思想　195r
世界の主　156r
世界法廷　533l
世界霊　292r, 373l, 443l
責任　24r, 135l, **293l**
斥力　381l
世間　161l
世俗　105r
世俗画　422l
積極哲学　180r
摂取　360l
接触　**293l**
絶対空間　120l
絶対者・絶対的なるもの　29l, 77r, 89l, 161l, 166r, 180r, 200r, 260r, 272r, 281r, **294l**, 306r, 325l, 345r, 400l, 431r, 540l
絶対宗教　218r
絶対(的)精神　102l, 134l, 151r, **295l**, 319l, 334l, 428l, 432l
絶対知　60r, 283r, 285l, **296l**, 319l, 525l
絶対的意志　25l
絶対的概念　19r, 57l, 403r
絶対的関係　77l
絶対的観念論　207l, 360l
絶対的機械的連関　92l
絶対的区別　123l, 401l
絶対的質料　421l
絶対的自由　63l
　——と恐怖　289l, 436r
絶対的宗教　71l, 115l, 176l
絶対的主人　177r
絶対的潜勢力　427l
絶対的同一性　180l, 359l, 486l
絶対的な西方　510l

絶対的な目的　215r
絶対的なものの現在性　173r, 474l
絶対的必然性　410l
絶対的無差別　359r
絶対的要求　406r
絶対的力学　193l, 349r, 544r
絶対弁証法　323l, 467l
絶対他　375l, 377r
絶対理念　119l, 460r, 466l
折衷　303l
折衷主義　93l
節度　368r
絶望　84l, 127l, **297l**
説明　297l
摂理　**297l**
ゼノンのパラドックス　298l
世族　106r, 161l, **298l**, 365l
線　120l
善　3l, 101l, 261r, 271r, **299l**, 312r, 365l
全一性　152l
選挙　**299r**, 473l
選挙法改正　15r
先験的　335l
善行　299r, **300l**
潜在・顕在　**300r**
占星術　139r, **301l**
専制政　288l
戦争　159l, 301r
全体　**302l**, 306l, 542l
全体主義　118l
全体性　85l, **306l**, 308r
選択親和性　264l
前提的反省　400r
賤民　318r, 414r, 419r
賤民支配　288r
占有　210r, 233r, 242l, 507l
占有の体系　210l
旋律　52l
洗礼　105r, **302r**, 543l

ソ

像〔心像〕　88r, 91l
総括　56l
相関(性)　32l, 77l
想起（→記憶、内(面)化）　91l, 252l, 330l, 417l
総合　260r, 268l, **303l**, 466r
総合的認識　237l, 382l, 448l
総合的方法　304l
相互外在　29r, 51l, 119r, 192l, **304r**
相互欺瞞　287l
相互承認　110l, 136l, 159l, 187l, 235r, 236r, 361l, 505l, 509l, 525r

相互転化　5r, 342r
想像力の宗教　217r
創造　304r
想像　305r
想像力　88r, **305l**, 330l, 417l
　詩作的神話的——　305l
相似　**306l**
総体性　**306l**, 318r, 358l, 513l
相対的必然性　410l
想念　50r
贈与　136l
僧侶　414r
疎外　111l, **307l**, 333l, 342r, 391l, 424l, 449r, 536l
疎外化　53r
疎外された労働　475r
即かつ対自(存在)　79l, 123l, 295r, **308r**, 309l
即自　**309l**, 317r, 319l
即自存在　301l, 342l, 410r, 488l, 545r
属性（→実体(性)）　**200l**, 495r
惑星一般　326l
族長的独立性　4l
祖国　159l
措定　→定立
措定的反省　400r
「その限りで」　327l
『ソフィステス』　321r
ソフィスト　114l, **310l**
ソ連・東欧のヘーゲル研究　311l
ゾロアスター教　408l
存在(有)　**313l**, 389l, 397r, 400r, 471l
存在者　313r
存在論　132r, **314r**, 541l
存在論的証明　72l, 541l
存在論理学　313r
存在する能力　162l

タ

第一の哲学　314r
対外主権　224l
対外法　126l, 164r
代議制　91r, 464l
大空位時代　515l
体系　46l, 60r, 148r, 199l, 284r, 302r, **315l**, 545l
胎児　166l
対自　309l, **317r**, 319l
対自存在　88l, 144l, 226l, 301l, 327l
大衆　**318l**
対象　318l, 326r, 498l
対象化　476l

和文索引

対象性の形式　417*l*
代数　268*l*
対他存在　226*l*, 321*r*, 327*l*, 342*l*, 488*l*, 545*r*
対内主権　224*l*
第二の自然　216*r*, 381*l*
大脳局在説　269*r*
大脳定位説　73*l*
対仏大同盟戦争(解放戦争)　**319***l*, 445*l*
太陽(系)　41*l*, 264*r*, 326*l*, **320***l*, 339*l*, 349*r*, 544*l*
対立　11*r*, 78*l*, 170*r*, 306*l*, **320***l*, 388*l*, 401*l*, 459*l*
対話　143*l*, 459*r*
対話・問答法　459*l*
多孔性(→有孔性)　**321***l*
他在　160*r*, 187*l*, 192*l*, 280*r*, 321*l*, 342*l*, 536*l*
堕罪　144*l*
他者　16*l*, 243*r*, 307*r*, 317*r*, **321***r*
　それ自身の——　321*r*
他者の他者　307*r*, 321*r*
他者化　332*r*
多神教　**322***l*
多数性　22*r*
惰性　537*l*
脱自　522*r*
多頭政治　464*l*
譬え話　414*l*
食べる　40*l*, **323***l*
魂　490*l*
多様性　22*r*
単一関係　418*l*
単一機械　153*l*
断言　61*r*, **324***l*
　——の形式　295*l*
単純体　**324***l*
弾性　107*r*, 431*l*
炭素　**324***l*
団体権　164*l*
断念　505*r*
断片　292*l*

チ

知　117*r*, 128*l*, 244*r*, **325***l*, 545*r*
地　**325***l*, 432*r*
知と真　20*r*
知恵　49*l*
知覚　19*l*, 54*l*, **326***r*, 496*r*, 498*l*
力　53*r*, **327***l*, 328*l*
力の遊戯　**328***l*
地球　265*l*, 326*l*, 349*l*
知識学　60*l*, 182*l*, **328***r*

地質学　193*l*, **329***l*
地上界　490*l*
知性　91*l*, 223*r*, 252*l*, **329***l*
父　305*l*
窒素　**330***l*
知的直観　152*r*, 156*l*, **330***l*
茶番劇　92*r*
中央集権　361*r*
中央ヨーロッパ　510*r*
注解　55*l*
中間項　**331***l*
中間団体　164*l*, 362*l*
中間身分　91*l*
中項(媒辞)　**331***l*, 402*r*
中国　4*r*, 156*r*, 191*l*, **331***l*
抽象　121*r*, **332***l*
抽象的自由　420*l*
抽象的外面的な美　336*l*
抽象の支配　21*l*
抽象法　16*r*, 102*l*, 153*l*, 261*r*, 463*l*, 466*l*, 468*l*
中心点　331*r*
中心点への努力　51*l*
中世　**332***r*
忠誠　540*l*
中世哲学　**333***l*
仲保者　12*l*, 115*r*, **334***l*
中和　59*l*, 68*l*, **334***l*
超越論的　204*r*, **335***l*
超越論的構想力　124*l*
超越論的総合主義　124*l*
超越論的直観　330*l*, 335*l*, 337*l*
超越論的哲学　180*l*
超越論的統覚　204*r*
超越論的理念　294*l*
超越論的論理学　540*l*
聴覚　76*l*
超感性的世界　19*r*, **335***l*, 350*l*
彫刻　25*r*, 30*l*, 148*l*, 165*r*, 232*r*, 252*r*, 335*l*, 406*r*, 490*l*
長子相続制　515*r*
調和　243*l*, **336***l*, 480*l*
直接性　6*r*, 117*r*, 184*r*, 313*r*, 318*l*, **336***l*, 337*l*, 387*r*
直接知　190*l*, 244*l*, 324*l*, 331*l*, 336*l*, **337***l*, 346*l*, 500*l*
直喩　414*l*
直観　80*r*, 91*l*, 93*r*, 252*l*, 329*r*, **337***l*, 346*l*, 417*l*, 464*l*
地理的環境　423*r*

ツ

通俗哲学　74*l*, **338***r*
月　184*r*, 265*l*, **339***l*, 349*r*

土　147*l*, 326*r*
罪　**339***r*, 505*l*r

テ

「である」　198*l*, 224*l*, **340***l*, 402*l*, 495*l*
ディオニュソス祭　92*r*, 114*r*
定義　268*l*, **341***l*, 418*r*
定言命法　17*l*
定在(定有)　15*r*, 97*r*, 308*r*, **341***r*, 458*r*
定在の判断　402*r*
『ティマイオス』　**343***l*
定理　237*l*, 268*l*, 341*l*
定立(措定)　**343***l*, 487*l*
定量　372*l*, 430*l*, 524*r*
敵　251*r*
出来事　151*l*
敵対　36*l*
適法性　16*r*
艇子　153*l*
帝国等族　30*r*, 515*l*
手相術　383*l*
哲学　115*r*, 117*r*, 127*r*, 197*l*, 206*r*, 295*r*, **345***r*, 481*l*
「哲学改革のための暫定的提題」　475*l*
哲学教育　104*r*
哲学史　204*l*, **346***l*
哲学者　545*l*
哲学の予備学　377*l*
哲学的歴史　531*l*
哲学と宗教　451*l*
哲学の課題　436*l*
哲学の欲求(→欲求)　81*r*, 234*r*, 275*l*, 282*l*, 483*l*, 508*l*
『哲学批判雑誌』　**347***l*, 360*l*, 412*l*
デマゴーグ　251*r*
デュナミス(潜勢態)　395*l*
テュービンゲン神学校　228*l*, 446*l*
テュービンゲン大学　434*l*, 535*l*
点　120*l*, 393*l*
天　191*l*, 331*l*
転換　128*l*, 328*l*, 459*l*
電気　59*r*, 73*r*, 112*r*, 134*r*, **348***l*
電気磁気学　193*l*
天才　**348***l*
天才期　349*l*
天才性の原理　349*l*
電磁性　112*l*
展性　107*r*
天性　348*l*
展相　469*l*

和文索引

天体　147l, 216r, 320l, 325r, 339l, 349r
天体力学　193l
転倒　154l, 226l, 335r, 350l, 475l
伝統　350r
転倒した世界　19r, 123r, 350l, 389l
伝統主義　119l

ト

度　372l, 524r
ドイツ　220l, 351l
ドイツ観念論　42l, 171l, 243l
「ドイツ観念論の最古の体系プログラム」→『最古の体系プログラム』
ドイツ啓蒙思想　352l
ドイツ神秘主義　254r
ドイツ的自由　19r, 36l, 122r, 215r, 351l, 367r, 515l
ドイツのヘーゲル研究　353l
ドイツ・ロマン派　381r
道　331r
当為　142l, 159l, 251l, 258l, 357l, 484r
統一(性)　22r, 152l, 267l, 306l, 358l, 374l
同一性　11r, 170l, 180l, 282r, 320l, 358l, 374r, 401l, 404r, 517r, 542l
同一性と非同一性との同一性　151l, 180r, 282l, 359l, 374l, 404r, 494r
同一性命題　359l
同一哲学　359l, 538r
同一と差異　380r
同一律　77r, 148r, 359l, 542l
同化　360l, 363r
統覚　358l
道教　535l
道具　94r, 155r
道具的理性批判　436l
同語反復　297l
倒錯　80l
洞察　135r, 360r
透視　34r, 381l, 384r
同情　124r
統制原理　542r
闘争　235r, 361l
統体性　306l, 308r, 544r
統治　361r
統治権　126l, 150l, 164l, 361l
道徳　195r, 243l, 261r
道徳性　17l, 86l, 101l, 102l, 151r, 170r, 199r, 213l, 246r, 362l, 365r, 462r, 505l, 506r

道徳的意志　17l
道徳的感情　213r
道徳的宗教　155l
道徳的世界観　274l, 362r
道徳的世界秩序　423l
道徳的世界表象　362r
道徳的天才　33r
党派　363l
同輩関係　167l
動物　21l, 134r, 363l, 443r, 502r
動力学　193l
動物磁気　381l
動物電気(ガルヴァーニズム)　73r, 520r
透明性　43r
東洋　4r, 21l, 233l, 510l
動力学　516l
徳(徳目)　170r, 210r, 251l, 364r, 436r, 444l
特殊　110l, 464r
特殊意志　433l
特殊性　160r, 166r, 363l, 542l
特性　278l
独断論　364l
ドクトル・クラブ　474r
徳の騎士　299l
徳の宗教　86l, 217r, 365r
都市　367l, 515l
特権　367r
富　154l, 419l
ドラマ　368l
度量　191l, 331r, 334r, 368r
度量の宗教　155l
努力　369l
奴隷(→主人)　20l, 206l, 236l, 243l
奴隷状態　386l
奴隷制　159r, 369l, 515r
トロポス(方式)　54l

ナ

内(面)化(→記憶, 想起)　91l, 400r
内的区別　123l
内的存在　400r
内的目的　8r
内包　32r, 464r
内包量　267l, 372l
内務行政　211l
内面(性)　26r, 244r, 339r, 539r
謎　40l
なぞなぞ　97r

ニ

におい　74r, 373l
肉化　80r
肉体　529r
肉体性　530r
二元論　313l, 374l, 455l, 500r
——の克服　374l
西　510l
二重化　375l
二重否定　540r
ニヒリズム　377l
日本　377r
日本のヘーゲル研究　378l
ニュートン光学　407r
ニュートン哲学・ニュートン力学　380l
ニュルンベルク　66r
ニュルンベルク時代　377l
ニュルンベルク体系　377l
二律背反　11l, 151r, 260r, 486r, 540l
人間学　381l
人間悟性　232r
人間性　243l, 251l, 381r
人間の掟と神の掟(→神々の掟)　11l, 263l
人間の解体　439l
人間の全体性　243l
認識　127r, 244r, 382l, 418r
認識論　382r
人相学　253l
人相術　78r, 382r, 513l

ヌ

ヌース　37l, 68l, 195r, 383l, 529r
盗み　398l
ヌーメノン　431l

ネ

熱　74r, 108l, 384l
熱学　193l
熱狂　21l, 384r
熱素　384l
熱素説　384l
涅槃　28r
燃焼　134r
燃素　176l, 384l
粘着　430r
年齢変化　381l

和文索引

ノ

脳　249*l*
農業身分　238*r*
能産的自然　180*l*
農奴・農奴制　385*r*, 537*l*
農民　238*r*
能力心理学　443*l*
ノモス　216*r*

ハ

場　103*l*
把握　387*l*
拝火　312*r*
媒介　137*r*, 184*r*, 191*l*, 223*l*, 309*r*, 336*r*, 387*l*
媒介性　6*r*, 185*l*
媒介知　337*l*
媒概念　265*r*, 331*l*
廃棄　392*l*
陪審裁判　227*r*
媒体　388*l*, 498*r*, 542*l*
排中律　178*l*, 388*l*, 562*l*
『ハイデルベルガー・ヤールビュッヒャー』　389*l*
ハイデルベルク体系　317*r*
配分的正義　277*l*
墓　220*r*, 221*l*, 392*l*
破壊　392*l*
白色光　183*r*
博物学　193*l*, 329*l*
恥　392*r*
場所〔自然哲学〕　35*l*, 393*l*
場所〔宗教哲学〕　393*r*
バッカス（祭）　77*r*, 260*r*, 529*l*
発見　327*r*
醗酵　394*r*
発展　15*r*, 67*r*, 376*l*, 394*r*, 492*l*
発展史的研究　256*r*
パトス　237*l*, 276*l*
話　143*l*
場面　103*l*
パラドックス（→逆説）　298*l*
バラモン教　398*l*
パルシー主義（教徒）　313*r*, 455*r*
反映　365*l*
反啓蒙主義　229*l*
反抗　106*r*
犯罪　398*l*, 426*l*, 433*l*, 485*l*
犯罪法　482*r*
反作用　27*r*, 154*r*
反射　399*l*

反照　15*r*, 399*l*, 542*l*
万人の万人に対する戦い　299*l*
汎神論　272*l*, 398*l*, 420*l*, 489*l*, 522*r*
東洋の汎神論　21*r*
汎神論的芸術　254*l*
汎神論論争　272*l*, 492*l*
反省　64*r*, 77*l*, 79*l*, 85*r*, 142*l*, 168*l*, 261*l*, 274*r*, 316*l*, 346*l*, 374*r*, 381*l*, 399*l*, 401*r*, 471*r*, 487*l*, 542*l*
──の判断　402*r*
反省規定　131*l*, 471*l*
反省的　204*r*
反省的・形式的身分　239*l*
反省哲学　294*l*, 369*l*, 400*l*, 401*r*, 423*l*, 508*r*
判断　55*r*, 224*r*, 259*r*, 330*l*, 402*l*, 464*r*
判断力　403*l*
範疇　403*r*
パンテオン　455*r*
反応性　118*l*
反発（力）　141*l*, 409*r*
汎悲劇主義　125*l*
反復可能性　404*l*
バンベルク　377*l*
万有　180*l*
万有引力　29*r*, 409*l*
反歴史主義　242*l*
汎論理主義　125*r*, 266*r*

ヒ

火　68*l*, 147*l*, 374*l*, 394*r*, 405*l*, 411*r*
比　368*r*, 418*l*, 524*l*
美　172*l*, 243*l*, 405*r*, 474*l*, 480*l*, 526*r*
非美　181*r*, 369*l*
比較　414*l*
美学・芸術　243*l*, 406*r*
光　112*r*, 118*l*, 142*l*, 183*r*, 186*l*, 191*r*, 312*r*, 407*l*, 455*r*, 500*r*
光の形而上学　408*r*
光の宗教　191*r*, 408*l*
彼岸・此岸　12*l*, 115*r*, 408*l*, 427*r*
悲喜劇　368*l*
秘教的　161*l*
秘教哲学　346*l*
悲劇　92*r*, 125*l*, 368*l*, 408*r*, 447*l*
悲惨　419*l*
非自由　214*l*
比重　74*r*, 409*l*
微積分学　269*l*
必然性　35*l*, 58*l*, 103*l*, 120*r*, 129*l*, 409*r*
必然性の判断　402*r*
否定　401*r*, 410*r*

非定在　342*l*
否定性　104*r*, 223*l*, 392*l*, 425*r*, 471*l*, 509*l*
否定性の弁証法　476*l*
否定的自己関係　188*r*
否定的自己媒介　521*r*
否定的統一　337*r*
否定の無限　485*l*
否定の無限判断　398*l*
否定の否定　135*l*, 177*r*, 182*r*, 272*r*, 295*l*, 307*r*, 357*r*, 411*l*, 427*l*
被定立有　343*l*
美の社会　243*r*
美の宗教　457*r*
美的プラトン主義　434*l*
非同一性　11*r*, 359*l*, 404*r*
美の宗教　322*l*, 504*r*
美の中間　114*l*
日の出　220*l*
非媒介性　313*r*
火花　411*r*
批判　85*r*, 412*l*
批判主義　364*l*
批判的哲学史　442*l*
批判的理論　435*r*
批判哲学　351*r*
微分　412*r*, 524*r*
ヒポコンドリー　279*l*, 286*l*
比喩　233*r*, 252*r*, 414*r*, 491*r*
非有機的自然　240*r*, 360*l*
非有機的なもの　502*l*
ビュザンティウム　414*r*
病気　14*r*, 286*l*, 384*r*, 416*l*, 502*r*, 527*l*
憑自　298*l*
表象　25*r*, 61*r*, 195*l*, 252*l*, 329*r*, 346*l*, 416*r*
表象知　272*l*
平等　276*l*, 417*r*
ピラミッド　40*r*, 418*l*
昼　509*r*
比例　45*l*, 76*r*, 418*l*
比＝連関　413*l*
非連続性　534*r*
貧困　63*r*, 241*l*, 419*l*

フ

『ファウスト』　58*l*
ファナティスムス　105*r*, 420*l*
不安　420*r*
ファンタジー　213*l*
諷刺　26*r*
風土　423*r*
夫婦　65*l*

599

和文索引

フェニックス　**424***l*, 428*l*
深み　**425***r*, 509*r*
福音主義　445*r*
複合体　324*l*
福祉　17*l*, 24*r*, 299*r*, 300*r*
福祉行政　67*l*, 361*l*, 470*l*
復讐　36*l*, 135*l*, **426***l*, 543*l*
服従　48*l*, 206*l*
服装　25*r*, 522*r*
不幸の意識　4*l*, 79*l*, 220*r*, 250*l*, **426***l*, 438*r*, 465*r*
不自由　214*l*
不正　433*l*
付着　107*r*
普通選挙　300*l*
物化　119*r*
復活　13*r*, 424*l*, **427***r*
仏教　**27***r*, 158*l*, 189*r*, 191*r*
物件　136*l*, 233*r*, 429*l*
復古主義思想　396*r*
物質　51*l*, 407*l*, **428***l*, 430*l*, 498*l*, 501*l*
物質の自己　186*l*
物象化　**428***r*
物神(呪物)　**429***r*
物性　496*l*, 498*l*
物体　29*l*, 83*l*, **428***l*, 430*l*
物理学　192*r*, 380*r*, 428*r*, **430***l*, 516*l*
物理学的過程　348*l*
物理学的元素　147*l*
プネウマ　280*l*
不平等　417*r*
ブフォン論争　52*r*
部分　302*l*, 542*l*
不文法　467*r*
普遍　45*l*, 85*l*, 110*r*, 166*r*, 167*l*, 259*l*, 304*l*, 363*r*, **431***l*, 448*l*, 464*r*, 466*r*
普遍意志　63*l*, 136*l*, 536*l*
普遍性　160*r*, 542*l*
普遍的個体　**432***r*
普遍的自己意識　187*l*
普遍的人格　208*l*
普遍的制度　289*l*
普遍的富　211*l*
普遍的身分　239*l*
普遍論争　270*r*, 333*r*, 431*r*
不法　135*l*, 136*l*, 277*l*, 298*r*, **432***r*
　邪気のない――　398*l*
　本来の――　398*r*
フモール　97*r*, 213*r*, 407*l*, **433***l*
フュシス　430*l*
『ブラウンシュヴァイギッシャー・ジュルナル』　90*l*
ブラウン理論　14*r*, 130*l*, 157*l*, **433***l*
ブラフマン　28*l*, 233*r*
フランクフルト学派　354*l*, **435***l*

フランス革命　85*l*, 106*r*, 112*l*, 164*l*, 179*r*, 197*r*, 220*l*, 319*l*, 372*r*, **436***l*, 446*l*, 456*r*, 459*r*, 491*l*, 497*l*, 527*r*, 532*l*
フランス観念学派　24*l*
フランス啓蒙思想　31*l*, **437***l*, 501*l*, 514*r*
フランスのヘーゲル研究　**438***l*
フランスの歴史　308*r*
プリズム　183*r*
フリーメーソン　44*r*, **441***l*
ブルシェンシャフト　74*r*, 75*l*, 163*l*, 440*l*, **441***r*, 454*l*
ブルジョワ　205*r*
ブルジョワ貴族政治　390*l*
プレ－ローマ　129*l*, 218*l*, **443***l*
プロイセン　9*r*, 126*r*, 351*r*, **444***l*
プロイセン一般ラント法　515*r*
フロギストン(説)　124*l*, 176*l*, 384*l*, **445***l*
プロテスタンティズム　220*r*, **445***r*, 528*l*
プロテスタント　7*r*
プロレタリアート　475*r*
文化　111*l*, 517*r*
文学　**447***l*
分割　418*r*, 448*r*
分業　153*l*, 155*r*, 166*l*, 210*r*, 238*l*, 273*r*, 287*l*, **447***l*, 536*r*
分子　431*l*
分析　268*l*, 304*l*, **447***r*, 466*r*
分析的認識　382*l*
分析的方法　304*l*, 448*l*
分析哲学　38*l*
文法　143*l*
文明　111*l*
分離　106*l*
分類・区分　448*r*
分裂　119*r*, 152*l*, 275*l*, 286*l*, **449***l*
分裂した意識　449*r*, 515*l*
分裂の言語　143*r*

ヘ

併存(並存)　119*r*, 188*l*
平和　301*r*
幕(べき)　469*l*
ヘーゲルの改革(riforma di Hegel)　257*r*
ヘーゲル・アルヒーフ　356*r*
ヘーゲル右派　69*r*, 115*r*, 230*l*, 419*r*, 451*l*, 454*r*, 477*r*
ヘーゲル学派　228*l*, 391*l*, **450***l*, 452*l*, 474*r*
ヘーゲル学会　**452***l*

ヘーゲル家　**452***r*
ヘーゲル国際連盟　257*l*
ヘーゲル左派　115*r*, 227*r*, 228*r*, 256*l*, 391*l*, 424*r*, 451*l*
ヘーゲル全集(ベルリン版)　454*l*
ヘーゲル中央派　451*l*, 478*r*
ヘーゲル著作権刊行　257*l*
ヘーゲル批判　242*l*
ペシミズム　376*l*
へつらい　154*l*, **453***l*
ペリクレス時代　455*l*
ペリパトス哲学　339*l*
ペルシア　191*r*, **455***l*
ベルリン　444*r*
ベルリン大学　9*r*, 229*l*, 351*r*, 450*l*
ベルリン体系　317*r*
変化　**458***r*
ヘン・カイ・パーン　→一にして全
変革　151*l*
勉強　104*r*
弁証法　27*l*, 60*r*, 61*r*, 78*l*, 84*l*, 87*l*, 117*r*, 128*l*, 142*l*, 152*l*, 156*l*, 194*l*, 207*l*, 231*l*, 240*r*, 289*r*, 298*r*, 311*l*, 316*r*, 321*r*, 342*r*, 346*l*, 354*l*, 358*r*, 374*l*, 375*l*, 379*l*, 392*r*, 434*r*, 448*l*, 454*l*, 459*r*, 464*r*, 476*l*, 486*r*, 515*l*, 540*r*
弁証法的運動　18*r*, 207*l*
変身譚　414*l*, 459*l*, 492*l*
弁神論　378*l*, **461***r*
変態　491*r*

ホ

法　16*r*, 135*l*, 208*l*, 210*l*, 216*l*, 277*l*, 398*l*, 433*l*, **462***r*
　――と正義　114*r*
　――(権利)の命令　17*r*
放棄　233*r*
忘却　**463***r*
法形成　210*l*
封建家臣(封臣)　**464***l*, 515*r*
封建制　333*l*, **463***r*, 515*l*
奉仕(供犠)　95*r*, 226*l*
包摂　**464***l*
法則　78*r*, 335*r*, **465***l*
法定相続　306*l*
法的意志　16*r*
法的状態　156*r*, 246*r*, **465***r*, 538*l*
封土　464*l*
方法　16*l*, **466***l*
法律　470*l*, **467***l*
法律社会　208*l*
暴力　63*l*
ポエジー　232*r*, 406*r*, 447*l*

北東ヨーロッパ　　510r
没状況性　　232r
没度量　　369l
没落　　468r
ポテンツ　　**469l**
炎　　411r
ポリス　　114r, 262l, 263l
ポリツァイ　　211l, 241l, 277r, 361l, 470l
梵　　312l
本質　　64l, 77l, 145r, 146l, 168l, 187r, 400r, 431r, **471l**, 486r, 494r
本質的　　**471r**
本質の夜　　510l
本質論　　486r
本能　　**472l**
ホンブルク・クライス　　354r

マ

マギストラート　　**473l**
マグナ・カルタ　　15l
魔術　　435r, **473r**
祭り(祝祭)　　**474l**
マニ教　　293l
マニュファクチュア　　155l, 167r
マルクス主義　　353l, 379l, 435r, 438l, **474r**

ミ

水　　147l, 265l, 388l, 405l, **479l**
密儀　　254l
三つ組　　290l
密度　　228l, **479r**
南アメリカ　　7r
南ヨーロッパ　　510l
醜いもの、醜い　　**480l**
『ミネルヴァ』　　441l, **480r**
ミネルヴァの梟　　**481l**
身振り　　142r, **481l**
身分(→職業・身分)　　**475l**
ミーメーシス　　**497r**
ミュンスター学派　　354l
未来　　7r
民会　　92l
民主政　　288l, **491l**
民族(→国民)　　49l, 262l
民族精神(→国民精神)　　174l, 381l, **481l**, 499r
民法　　**482r**

ム

無　　28r, 128l, 389l, 398l, 411l, **482l**
　　限定された——　　128l
無意識　　**483r**
無字宇宙論　　272r, 489l, 522r
無化　　392l, **484l**
無関心　　216r
無規定性　　185l, 232r, 431r
無規定的直接性　　313l
無形態性　　523r
無限　　26r, 269l, 408l, 412r, **484l**, 503l
無限実体　　272l, 294l, 295l
無限進行　　484r, 503l
無限性　　90l, 271r, 293r, 335r, 350l, 488l, 507r
無限判断　　233r, 270l, 403l, **485l**, 501r
無差別　　**485r**
無差別化(中性化)　　59l
無差別点　　485r
無生物　　233l
矛盾　　12r, 78l, 142l, 170l, 221r, 235r, 294l, 306l, 320r, 388r, 401l, 459l, **486l**, 542l
矛盾命題　　359l
矛盾律　　77r, 359l, 542l
無神論　　135r, 391l, 398r, 437r, **488r**, 501l
無神論者　　251l
無政府状態　　156r, 515r
むなしさ　　515l
無媒介性　　318l, 387r
夢遊病　　286l, 381l
無理数　　269l
無力化(麻痺)　　**489r**

メ

眼　　**490l**
冥界　　**490l**
迷信　　301r, **490r**
命題　　207r
命名　　142r
名誉　　156r, **491l**, 539r
メシア　　504l
メタファー　　**491r**
メタモルフォーゼ　　240r, 459l, **491r**
メロディー　　52l
面　　120l

モ

目的　　59r, 68l, 94r, 145r, **493l**, 519r
目的因　　493l, 512r
目的論　　59r, 68l, 92l, **493l**, 531r
文字　　143l
模写説　　494r
模像　　**494r**
「持つ」　　198l, **495l**
モード(流行)　　25r
モナド　　186l, 201l, **493l**, 512l
物(もの)　　89r, 278r, 308l, 321l, 327l, 428r, **495l**, 497l, 498l
物語　　**496l**
物自体　　20r, 86r, 296l, 309r, 323r, 496l, **497l**, 542l
物は自我である　　182l
模倣　　**497r**
「もまた」　　19l, 327l, 496l, **498l**
脆さ(→脆弱性)　　430r, **498l**, 523r
モンゴル　　4r
問答法(→対話法)　　487r

ヤ

約定　　136l
役人　　239l
ヤコービ哲学　　4l
闇　　183r, 312r, 339r, 407l, 455l, **490r**, 500r

ユ

唯一者　　227r, **504r**
唯物弁証法　　459l
唯物論　　14r, 135r, 437r, **501l**
　　逆立ちさせられた——　　477l
唯物論研究会　　7l, 170r, 367l
唯名論　　167l, 184r, 270r, 333r
勇気　　366r
遊戯　　243l
有機体(有機組織)　　134l, 157r, 234l, 274l, 274r, 279r, 329l, 416l, 443l, **501l**
有機的国家　　366r
有機的自然　　430l
有機的自然学　　192r, 329l
有機的生命　　493l
有機的統一　　304r
遊興劇　　92l
有限　　**489l**
有限性　　**502r**

601

和文索引

有限的力学　193*l*, 349*r*
有孔性(→多孔性)　321*l*, 496*l*
友情　215*l*, **503***l*
有神論　398*r*
誘発　328*r*
雄弁　143*r*
有用性　66*l*, 136*l*, 199*r*, 352*r*, 438*l*, **503***r*
宥和(→和解)　543*l*
ユダヤ教　206*l*, 253*r*, 269*l*, 304*r*, 322*l*, **503***r*
ユダヤの民　504*l*
夢　504*r*
赦し　151*r*, 463*l*, **505***l*, 543*l*

ヨ

要求　509*l*
要請　157*l*, 228*r*, 274*l*, 362*r*, **506***l*
要請論　274*l*
　カントの――　506*l*
要素　147*l*
様相　201*l*
様態　201*l*
用不用説　247*l*
ヨーガ　28*l*
予感　34*r*
抑制　210*l*, 507*l*
欲望　16*r*, 19*r*, 153*r*, 186*r*, 226*l*, 323*r*, **507***l*, 536*l*
余剰　210*r*
欲求(→哲学の欲求)　66*l*, 102*r*, 107*l*, 129*r*, 149*r*, 153*l*, 209*r*, 223*l*, 234*l*, 237*l*, 238*r*, 360*l*, 447*l*, **507***r*
欲求能力　443*l*
欲求の体系　149*l*, 205*r*, 210*l*, 362*l*, **508***l*
ヨハネ伝　509*l*
ヨハネ福音書のロゴス解釈　540*l*
夜　394*r*, 425*r*, 483*l*, **509***r*
ヨーロッパ　4*r*, 424*l*, **510***l*
世論　227*l*, **510***r*

ラ

ライプニッツ=ヴォルフ学派　31*r*
『ライン新聞』　475*l*
楽園追放　263*l*
落下　29*r*, 216*r*, **514***l*
ラッダイト運動　155*l*
ラマ教　29*l*
『ラモーの甥』　342*r*, 449*l*, **514***l*
ラント(領邦)　**515***l*

リ

利害関心　210*l*
力学　92*l*, 192*r*, 381*l*, 428*r*, **516***l*
理屈　93*r*, **516***l*
離散　120*l*
理神論　437*l*, **517***l*
理性　20*l*, 87*l*, 116*r*, 132*l*, 172*l*, 196*r*, 206*r*, 330*l*, 345*r*, 392*l*, 412*l*, 429*l*, 472*r*, **517***l*, 519*r*, 531*r*
　正しき――　188*l*
理性国家　212*l*
理性宗教　352*r*, 429*r*, 534*l*
理性神学　519*l*
理性的なものは現実的であり、現実的なものは理性的である　50*r*, 145*l*, 518*r*
理性の狡智　34*l*, 494*l*, **519***r*, 532*l*
理性の自由　205*l*
理性の神話　172*r*
理性の本能　472*r*
理性の要請　507*l*
理性本能　518*r*
理想　88*r*, 134*l*, 232*l*, 316*l*, 406*r*, **520***l*
立憲君主制　148*l*, 163*r*, 288*l*
立法権　126*l*, 150*l*, 164*l*, 361*r*
立法の理性　519*l*
理念　60*r*, 88*r*, 132*r*, 172*l*, 258*l*, 498*l*, **521***l*, 542*r*
リベラリズム　118*r*
略奪　522*l*
理由　169*l*
流行　522*l*
流出(説)　123*l*, 176*r*, 255*r*, 466*r*, **522***r*
流体性　74*r*, **523***l*
流通　69*r*
流動性　502*l*
量　524*l*, 534*r*
両極性　59*r*
量子力学　428*r*
良心　17*r*, 33*r*, 179*l*, 218*l*, 246*r*, 299*r*, **525***l*
両親　65*l*
良心の言語　143*r*
量的差別　359*r*
量的無限性　485*l*
領邦(→ラント)　2*r*, 30*r*, 122*l*
領邦議会　515*r*
領邦君主　515*r*
領邦主権　515*l*
理論　199*l*, **526***l*

理論的教養　111*l*
理論的自我　181*r*
理論的精神　261*r*, 329*r*
倫理　262*l*
倫理学　362*r*
倫理的義務論　18*l*

ル

類　39*r*, 85*l*, 160*r*, 186*l*, 228*r*, 247*l*, 279*r*, 341*l*, 363*r*, 424*r*, 431*r*, 502*r*, **526***l*
類化　280*l*
類推　**527***l*
類(的)過程　363*r*, 526*r*
類的存在　475*r*
類的本質　228*l*
ルター派　2*r*

レ

霊　529*l*
霊感　529*l*
霊魂　40*r*, 291*r*, **529***l*
霊魂の不死　**530***r*
霊魂論　261*l*
隷属　156*r*
霊と肉　**530***r*
レーエン関係　515*l*
歴史　21*r*, 39*l*, 134*l*, 196*r*, 215*r*, 237*l*, 281*l*, 350*r*, 364*l*, 460*l*, 496*r*, 519*r*, **531***l*, 533*r*, 545*l*
歴史主義　**533***r*
歴史的生の理解　256*r*
歴史哲学　111*r*, 298*l*, 531*l*
歴史法学(派)　82*l*, 174*l*, 208*r*
歴史物語　496*r*
劣悪　3*r*
レーテー　505*r*
レトリック　459*r*
錬金術　264*l*
連想　88*r*
連続性　**534***r*
連帯　215*l*
練達性　216*r*

ロ

労働　5*r*, 53*r*, 64*l*, 66*l*, 94*r*, 107*l*, 110*l*, 129*r*, 149*r*, 153*l*, 155*r*, 189*l*, 190*r*, 206*r*, 208*r*, 209*r*, 226*l*, 238*r*, 243*r*, 318*l*, 429*l*, 438*r*, 447*l*, 467*r*, 476*l*, 508*l*, **535***r*

観念的な―― 210r
老年 **537l**
老ヘーゲル派 451l
ロゴス 439l, 509r
ロシア **537l**
ローマ 5l, 93l, 156r
ローマ時代 292l, **538l**
ローマ世界 364l
ローマの宗教 322r
ロマン主義(者) 4l, 53l, 213r, 230r, 250l, 385l, **538r**
ロマン的芸術 97l, 178l, 179l, 233l, 406r, 491l, **539r**
論弁的思惟 260l
論理 521r
論理学 132l, **540l**
論理記号 143l
論理的実在論 397l

ワ

和解 1l, 71r, 105r, 115r, 116r, 152l, 219l, 333l, 336l, 426lr, 461r, 463r, 505r, **543l**
惑星 184l, 221r, 320l, 349r, **544l**
笑い 92r, 97l, **544r**
我々 128l, **545l**, 546r
我々なる我, 我なる我々 283l, 296r
我々にとって **545r**

欧文索引 (冒頭の定冠詞は省略した)

A

A=A 77r, 148r, 180l, 181r
Abbild 494l
Abbildtheorie 494r
Abendmahl 278l
Aberglaube 490r
Abgabe 275r
Abgrund 425r, 509r
Abhängigkeit 22l
Absicht 17l, 24l, 300l
absoluter Geist 295l
Absolutes 294l
absolutes Wissen 296l
absolute Unterschied 401l
Absonderung 106l
Abstrahieren 332lr
Abstraktes 332l
Abstraktion 332l
Achsendrehung 184l
ackerbauende Stand 238r
Adhäsion 107r, 430r
Affinität 244l, 263r
Affirmation 410r
affirmative Unendlichkeit 488l
Afrika 6r
Ägypten 40l
Akosmismus 489l
Akzidenz 200l
Allegorie 491r
Allgemeine 85l
allgemeine Gravitation 29r
allgemeines Individuum 432r
allgemeine Stand 239l
Allgemeinheit 431l
Allheit 302l, 358l
Ältestes Systemprogramm 171l
Amalgation 30l
Amerika 7l
Analogie 527l
Analyse 447r
Analysis 447l
Andacht 3r
Andere eines Anderen 321r
Anderes 321r
Andere seiner selbst 321r
Anderssein 187l, 192l, 307r, 321r

Anderswerden 307r
Anerkanntsein 236r
Anerkennen 235r, 236r
Anerkennung 235r
Anfang 184r
Anschauen 337l
Anschauung 337l
Ansich 309l, 319l
Ansichsein 301l, 342l, 488l, 545r
Anthropologie 381l
Antigone 10r
antike Tragödie 114r
Antinomie 11l
An-und-Fürsich 319l, 308r
Anzahl 266r
Anziehungskraft und Repulsivkraft 141l
apodiktisch 410l
Aposteriori 6l
Apriori 6l
Arbeit 535r
Arbeitsteilung 447l
arbitrium 178r
arbitrium liberum 178r
Architektur 147l
Aristokratie 288l
Armut 419l
Arten 85l
Arzneikunde 14r
Arzneikunst 14r
Asien 4l
Assimilation 360l
Ästhetik 406r
Astrologie 301l
Atheismus 488l
Äther 42r
Atom 144l
Attribut 200l
Auch 19l, 498l
Auferstehung 427r
Auffassen 387l
Aufheben 231l, 392r
Aufklärung 135r
Auflage 275r
Aufopferung 95l
Auge 490l
Augsburger Friede 2l
Auslegung 54r
äußere Reflexion 400r
äußere Staat 149r

äußere Staatsrecht 164r
Außereinander 76l, 304r
Außereinandersein 119r, 192l
Außersichkommen 524l
Außersichsein 68r, 119l, 188l, 304r
Äußerung 53r

B

baptism 302r
Baukunst 147r
Beamte 90r
Bedeutung 25r
Bedingung 290r
Bedürfnis 223l, 507r
Bedürfnis der Philosophie 345r
Befreiungskrieg 319l
Begattung 280l, 527l
Begeisterung 529l
Begierde 507r
begleitende Musik 52l
begreifen 56l
Begreifen 387l
Begriff 55r, 183l
Beherrschung 206l
bei-sich-sein 235r
Bei-sich-selbst-Sein 158r, 298l, 322l
Beobachtung 78r
Beruf 237r, 238l
Berührung 293r
Beschaffenheit 98l, 278l
Beschränkung 141r
Besitz 242l
Besonderheit 363r
bestehen 162l
Bestimmen 343r
bestimmter Begriff 56l
Bestimmtheit 97r, 357r
Bestimmung 97r, 357r
(Be-)Streben 369l
Beten 24r
Bewegung 34r
Beweis 237l
Bewußtsein 18l, 530l
Bezeichnung 94l
Beziehung 76r

欧文索引

Beziehung auf sich 188r
Beziehung auf sich selbst 77r
Bezwingen 507l
Bezwingung 507l
Bibel 279l
Bild 252l
Bildung 104l, 106l, 109r, 154l, 262r, 536l
Blitz 411r
Blödsinn 106l
Blutumlauf 136r
Böses 2r
Brownianismus 433r
Buddhismus 27r
Bürger 238l
bürgerliche Gesellschaft 209l
bürgerliches Recht 482r
Burschenschaft 441r
Byzanz 414r

C

causa efficiens 493l
causa finalis 493l
causa sui 201l
Charakter 276l, 481l
Chemie 58r
chemische Verwandtschaft 244l
Chemismus 58r, 68l
China 331r
Christentum 115l
christliche Religion 115l
cogito ergo sum 345l
communio 278l
communitarianism 119l
complementum 443r
conatus 58r
conservatio sui 186l

D

Dank 79l
danken 79l
Dasein 308r, 341l
Dauer 35l
Deduktion 45l
Definition 341l
Dehnbarkeit 107r
Deismus 517l
Demokratie 288l
Denken 187l
Despotie 288l
deutsche Aufklärung 352l

Deutschland 351l
Dialektik 459l
Dichtigkeit 479r
Die Herzogliche Jenaische Mineralogische Sozietät 84l
Diesseits 408l
Differentialkalkül 412r
Differenz 123l
Dimension 120l
Ding 278r, 428r, 495r
Ding an sich 309r, 497l
Dingheit 308l, 495r, 498l
Diremtion 449l
Diskretion 120l
Disputationsthesen 221l
Division 448r
Dogma 106r
Dogmatik 106r
Dogmatismus 364l
Dogmatizismus 364l
doppelte Übergang 16l
Drama 368l, 447l
Dreieinigkeit 176l, 290l
Dualismus 374l
Dunkles 500r
Dynamik 516l
Dynamis 300r

E

Edelmütiges und niederträchtiges Bewußtsein 153r
Ehe 137r
Ehre 491l
Eigendünkel 106r
Eigenschaft 278l
Eigentum 214r, 242l, 482r
Einbilden 108l
Einbildungskraft 305l
Einer 504r
Einfache 324l
einfache Beziehung 418r
Einheit 22r, 267l, 358l
Einigung 358l
Einrichtung 289l
Eins 144l, 266r, 318l
Einsicht 360r
Eins und Vieles 22r
Einteilung 448r
Einzelheit 166r
Einzelnes 166r
Elastizität 107r, 431l
Elektrizität 59r, 348l
Element 103l, 146l, 176l, 265l, 324r, 330l

Elementarphilosophie 513r
elementum 103l
Elend 419l
Eleusis 44l
Emanation 522r
Emanationstheorie 522r
Empfindsamkeit 80l
Empfindung 76l, 81l
Empirie 127l
empirische Wissenschaften 127r
Endlichkeit 502r
Energie (Entelechie) 300r
England 15l
Entäußerung 53r, 307r, 400r, 429l, 536l
Entfremdung 307l
Entgegensetzung 320l
Enthusiasmus 384r
Entschluß 136r
Entstehen 287l
Entweder-oder 10l
Entwicklung 67r, 394r, 492l
Enzyklopädie 46r
Epoche 196r
Epos 447l
Erbauung 250l
Erbschaft 306l
Erbsünde 143r
Erde 325r, 432r
Erdigkeit überhaupt 326r
Erfahrung 127l
Erhaben 269r
Erhabenheit 269r
Erhebung 384r
Er(-)innerung 91l, 400r
Erkennen 382l
Erkenntnis 382l
Erklären 297l
Erklärung 297l
Ernährungsprozeß 39r
Eros 44r
Erschaffen 304r
Erscheinung 146l
Erstes 184r
Erwerb 238l
Erziehung 103r
essen 323l
essentia 471r
Ethik 262l, 362r
Eudämonie 156l
Eudämonismus 156r
Eule der Minerva 481l
Europa 510l
Evangelium Johannes 509r
Evolutionslehre 247l

Evolutionstheorie 247*l*	Fürsichsein 88*l*, 144*l*, 301*l*	gesellschaftlicher Vertrag 212*l*
Ewigkeit 37*l*		Gesetz 465*l*, 467*l*
Exegese 54*r*	**G**	Gesetzgebende Vernunft 519*l*
Existenz 146*r*, 180*r*, 200*l*		Gesetzprüfende Vernunft 519*l*
expressionism 39*l*		Gesetztsein 343*r*
extensive Größe 372*l*	Galvanismus 73*r*	Gesinnung 129*l*, 195*r*
Extensives 32*r*	Ganzes 302*l*	Gestalt 134*r*
	Gärung 394*r*	Gestaltung 502*l*
F	Gattung 85*l*, 228*r*, 526*l*	Gestein 84*l*
	Gattungsprozeß 526*r*	Gewalt 149*l*
	Gebärde 481*l*	Gewissen 525*l*
Fabrik 155*l*	Gebot 48*l*	Gewißheit 61*l*
Fabrikantenstand 239*l*	Gebrauch 79*r*	Gewohnheit 216*r*
Fall 29*r*, 514*l*	Gedächtnis 91*l*	Glaube 244*l*
Familie 65*l*	Gedanke 195*l*	Gleichgültigkeit 120*l*, 216*r*
Familienbesitz 64*l*	Gedicht 178*l*	Gleichheit 417*r*
Familiengut 64*l*	Gefühl 80*l*	Gleichnis 252*r*, 414*l*, 491*r*
Familienvermögen 64*l*	Gefühlstheologie 80*r*	Glück 156*r*
Fanatismus 420*l*	Gegensatz 320*l*, 401*l*	Glückseligkeitslehre 156*r*
Farbenlehre 183*r*	Gegenstand 318*r*	Gnosis 122*r*
Fatum 35*l*, 156*r*	Gegenwirkung 27*r*, 154*r*	Gott 70*l*
Fest 474*l*	Geheimnis 253*r*	Götterbild 252*r*
Fetisch 429*l*	Geist 177*r*, 280*r*, 305*l*, 319*l*, 325*l*, 529*l*	Gottesbeweis 72*l*
Fetischglaube 429*l*		Gottes Reich 446*r*
Feudalsystem 463*r*	Geisterung 529*l*	Gottheit 250*l*
Feudum 464*l*	geistige Tierreich 286*r*	göttliche Mensch 71*r*
Feuer 405*l*, 411*r*	Geistreiches 97*l*	Göttlichkeit 250*l*
Finsternis 500*r*	Geld 69*r*	Gottmensch 71*r*
Flamme 411*r*	Gelehrter 239*l*	Gott und Mensch 71*l*
Flüssigkeit 523*r*	Gemeinde 108*r*	Grab 392*l*
Formalismus 130*r*	Gemeine 108*r*	Grad 372*l*
formelle Wahrheit 259*l*	Gemeinschaft 108*r*	Gravitation 29*l*, 428*r*
Formieren 536*l*	Gemeinwesen 108*r*, 211*r*	Greis 537*l*
Form und Inhalt 131*l*	Gemüt 249*l*	Grenze 120*l*, 141*r*
Formveränderung 492*l*	Gemütlichkeit 249*r*	Griechen 113*l*
Fortbildung 62*r*	Geneigtheit 129*l*, 195*r*	griechische Tragödie 114*r*
Fortgang 257*r*	Genie 348*r*	Größe 524*l*
Fortschreiten 257*r*	genießen 107*l*	Grund 168*l*, 401*l*, 469*l*
Fortschritt 257*r*	Genius 224*l*, 349*l*	Grundlage 168*r*
französische Aufklärung 437*l*	Genossenschaft 167*r*, 352*l*	Grundsatz 148*r*
französische Revolution 436*l*	Genuß 107*l*	Gute 299*l*
Frau 49*r*	Geognosie 329*r*	Gute und Schlechte 299*r*
frei 214*l*	Geologie 329*l*	Gütergemeinschaft 172*r*
freie Bewegung 216*l*	Gerechtigkeit 277*l*	
freies Fall 514*l*	Geruch 373*l*	**H**
Freiheit 214*l*, 298*l*	Geschäft 239*l*	
Freimaurer 441*l*	Geschäftsmann 239*l*	
fremd 307*l*	Geschehen 276*r*	haben 495*l*
Freundlichkeit 503*l*	Geschichte 496*r*, 531*l*	Habilitationsthesen 221*l*
Freundschaft 503*l*	Geschichte der Philosophie 346*l*	Hämmerbarkeit 430*r*
fühlen 80*l*		Handel 210*r*, 231*r*
fühlende Seele 285*r*, 530*l*	Geschichtserzählung 496*r*	Handelsstand 239*l*
Funken 411*r*	Geschicklichkeit 208*r*, 216*r*	Handlung 150*l*, 232*l*
für uns 545*r*	Geschlechtsdifferenz 280*l*	Handwerkerstand 239*l*
Furcht 48*l*	Geschwister 5*r*	Harmonie 336*l*
Fürsich 317*r*, 319*l*	Gesellschaft 222*l*	häßlich 480*l*

Häßliches 480*l*
Hebel 153*r*
Hegelianer 450*l*
Hegelsche Schule 450*l*
(The) Hegel Society of America 39*l*
(The) Hegel Society of Great Britain 39*l*
Heidelberger Jahrbücher der Literatur 389*r*
heilig 251*l*
Heilige Allianz 251*r*
Heiliger Geist 281*r*
Heiligkeit 251*l*
Heimat 158*r*
Heiterkeit 134*l*
Hellsehen 384*r*
Heroen(zeit) 39*l*
Herrschaft 206*l*
Herrschaft des Pöbels 288*r*
Herrschaft und Knechtschaft 225*r*
Herz 81*l*, 248*l*
Heuchelei 96*r*
Hier 83*r*
Himmlischer Körper 349*r*
Historismus 533*r*
Höchstes Gut 170*r*
Holland 51*r*
Humanität 381*r*
Humor 433*l*
Hypochondrie 286*l*

I

Ich 181*l*
idea 88*r*, 521*l*
Ideal 88*r*, 134*l*, 232*l*, 406*r*, 520*l*
idealisieren 520*l*
Idealismus 88*r*
Idealität 88*l*, 177*l*, 198*r*, 318*l*
Idee 88*r*, 521*l*
idée 521*l*
ideell 520*l*
Ideenassoziation 88*r*
Identität 358*r*, 401*l*
Identitätsphilosophie 359*l*
Identitätssystem 359*r*
Ideologie 24*l*
imaginatio 272*r*
Indien 27*r*
Indifferenz 485*r*
Individualität 160*r*
Individuelles 160*r*
individuelle Subjekt 223*l*

Individuum 160*r*
Induktion 98*r*
infusoria 48*l*
inhärieren 464*r*
Innere der Natur 192*r*
innere Staatsrecht 164*r*
Inneres und Äußeres 32*l*
innerliche Sein 400*r*
Innerlichmachung 91*l*
Insichgehen 3*l*
Insichsein 189*l*
Insititution 289*l*
Instinkt 472*l*
Intellektualität 37*r*
intellektuelle Anschauung 330*l*
intellektuelle Welt 37*l*
Intelligenz 223*r*, 329*r*
Intensität 372*l*
Intensives 32*r*
Interesse 81*l*
Internationale Hegel-Gesellschaft 452*l*
Internationale Hegel-Vereinigung 452*l*
Internationaler Hegel-Bund 257*l*, 452*l*
Ionien 14*l*
Ironie 26*l*
Irritabilität 118*l*, 157*r*
Islam 21*l*
Ist 340*l*, 495*l*

J

Ja 525*r*
Jahrbücher für wissenschaftliche Kritik 62*l*
Japan 377*r*
Jenaische Literatur-Zeitung 13*r*
Jenseits 408*l*
Jetzt 83*r*
Judentum 503*r*
Juli Revolution 197*r*
Jüngling 278*r*

K

Kaiser 156*r*
Kampf 361*l*
Kapital 208*r*
Karfreitag 277*r*
Karlsbader Beschlüsse 74*r*
Kartenspiel 75*r*
Kategorie 403*r*

Katholizismus 68*r*
Kausalität 27*l*
Kausalitätsverhältnis 27*l*
Kind 166*l*
Kirche 105*l*
Klang 49*l*, 107*r*
Klasse 239*r*
klassische Kunst 164*r*
Kleidung 25*l*
Klima 423*r*
Knotenlinie von Maßverhältnissen 368*r*
Koalitionskrieg 319*l*
Kohäsion 107*r*, 430*r*
Kohlenstoff 324*r*
Kollision 235*l*
Kolonie 241*l*
Komet 264*r*
Komische 545*l*
Kommentar 55*l*
Komödie 92*r*
Komplement 443*r*
Kompositum 479*l*
König 126*l*
Königtum 126*l*
konkret 121*r*
Konstruktion 155*r*
Kontinuität 534*l*
Kopula 340*r*
Körper 29*l*, 83*l*, 253*l*, 428*l*, 430*l*
Körperlichkeit 430*l*
Korporation 167*r*
Korporationsrechte 164*l*
Kosmologie 32*l*
Kraft 327*l*
Krankheit 416*l*
Kreis 46*l*, 185*l*
Kreuzzüge 220*r*
Krieg 301*r*
Kriminalrecht 482*r*
Kristall 134*l*
Kritik 412*l*
Kritisches Journal der Philosophie 347*l*
Kultus 173*l*, 474*l*
Kunst 406*r*
Kunstreligion 133*r*
Kunstschönes 133*r*
Kunstwerk 133*l*

L

Lachen 544*r*
Lächerliche 545*l*
Land 515*l*

Landesherr 515*l*
Landeshoheit 515*l*
Landrecht 515*r*
Landstände 515*r*
Leben 274*l*
lebendige Individuum 223*l*
Lebensprozeß 223*l*, 501*r*
Leblosigkeit 271*r*
Legalität 16*r*
Lehen 464*l*
Lehenssystem 463*r*
Lehensverfassung 463*r*
Lehnleute 464*l*
Lehnsverhältnis 515*l*
Leib 253*l*
Leibeigenschaft 385*r*
Leiblichkeit 253*r*
Leichtigkeit 74*r*
Leiden 124*l*
Leidenschaft 236*r*
Licht 407*l*
Liebe 1*l*
List 494*l*
List der Vernunft 519*r*
Literatur 447*l*
Logik 540*l*
Lohnvertrag 167*l*
Luft 120*r*
Lust 57*r*
Lustspiel 92*r*
Lyrik 447*l*

M

Maß 368*r*
Macht 149*l*
Magie 473*r*
Magistrat 473*l*
Magnetismus 59*r*, 243*r*
Malerei 53*l*
Manifestation 142*l*
Mann 50*l*
Mann und Weib 49*r*
Masse 83*l*, 318*l*, 428*l*
Maßlose 369*l*
Materialismus 501*l*
Materie 49*l*, 51*l*, 131*l*, 428*l*
materielle Zeitlichkeit 49*l*
Mathematik 268*l*
Maxime 63*r*
Mechanik 92*l*, 428*r*, 516*l*
mechanische Seelenhaftigkeit 49*l*
Mechanismus 58*r*, 92*l*, 304*r*, 516*l*

Medium 388*l*
Medizin 14*r*
Meer 34*l*
Meinen 50*r*
Meinung 20*r*, 50*r*
Menschenverstand 232*r*
Menschlichkeit 381*r*
Menschwerdung 70*l*
Merkur 264*l*
Metallität 118*l*
Metamorphose 491*l*
Metapher 252*r*, 491*r*
metaphora 491*r*
Metaphysik 131*r*
meteorologischer Prozeß 95*l*
Methode 466*l*
Minerva 480*r*
Mitleid 124*r*
Mitte 331*l*, 402*r*
Mitte der Schönheit 114*l*
Mittel 223*l*, 331*l*
Mittelalter 332*r*
mittelalterliche Philosophie 333*l*
Mittelpunkt 331*r*
Mittler 334*l*
Mode 522*l*
Modernes 118*r*
moderne Zeit/Welt 118*r*
Modus 201*l*
Möglichkeit 69*l*
Moment 127*l*, 319*l*
Monarchie 288*l*, 464*l*
Mond 339*l*
Monotheismus 322*r*
Moralität 151*r*, 362*l*
Morphologie 491*r*
Musik 52*l*
Muskelsystem 502*r*
Mysterien 254*l*
Mystik 254*l*
Mystizismus 254*l*
Mythen 263*l*
Mythologie 263*l*

N

Nachahmung 497*r*
Nacht 425*r*, 509*l*
Narrheit 106*l*
Nation 159*r*
Naturell 348*r*
Naturgeist 530*l*
natürliche Religion 191*l*
natürliche Seele 285*l*, 530*l*

Naturphilosophie 191*r*
Naturrecht 194*r*
Naturreligion 133*r*, 191*l*
Nebeneinander 120*l*
Neffe Rameaus 514*r*
Negar 159*l*
Negation 410*r*
Negativität 223*l*, 410*r*
Negativ-Unendliche 485*l*
Neigung 128*r*
Neptunismus 31*l*
Nervensystem 249*l*
neuere Zeit/Welt 118*r*
Neuplatoniker 254*r*
Neutralisation 59*l*, 334*l*
Neuzeit 118*r*
Newtonische Mechanik 380*r*
Newtonische Philosophie 380*r*
Nichtdasein 342*l*
Nichts 482*l*
Niederland 51*r*
Nihilismus 377*l*
Not 102*r*, 419*l*
Notrecht 419*r*
Notstaat 149*r*
Notwendigkeit 58*l*, 103*l*, 409*r*
Nous 383*l*
nuovo-hegelianismo 257*l*
Nus 383*l*
Nützlichkeit 503*r*

O

Objekt 222*r*
objektiv 222*r*
objektive Religion 160*l*
objektiver Geist 102*l*
Objektivität 222*r*
Ochlokratie 288*l*
Offenbarung 130*l*
öffentliche Meinung 510*r*
Öffentliche Religion 160*l*
Ohnmacht der Natur 193*r*
Oligarchie 288*l*
Ontologie 314*r*
Oper 50*r*
Opfer 95*l*
Organ 501*r*
Organisation 274*r*, 502*l*
Organische 502*l*
Organismus 501*r*
Ort 393*l/r*
Oxygen 175*r*

P

Panlogismus 125r
Pantheismus 398r
Pantragismus 125l
Paralyse 489l
paralysieren 489r
Parlament 91r
Partei 363l
Pathos 237l
Patriarch 66r
Patriarchat 66r
Patriotismus 2l
peinliches Recht 482r
Penaten 64r
Persien 455l
Person 246l, 482r
persona 176r
Persönlichkeit 246l
Pflanze 240l
Pflicht 100l
Phänomenologie des Geistes 284l
Phantasie 305l
Philosophen 545l
philosophia realis 199l
Philosophie 345r
Philosophie des äußeren Staatsrechts 126l
Phönix 424l
Phrenologie 73l
Physik 428r, 430l
Physiognomie 382r
Pietät 65l
Planet 544l
Plastik 335r
Pneumatologie 261l
Pöbel 419r
Poesie 178l
Polarität 59r, 112l, 244l
politische Gesinnung 150l
politische Oekonomie 129l
Polizei 67l, 470l
Polyarchie 464l
Polytheismus 322l
Populärphilosophie 338r
Porosität 321l
Position 343r
positives Recht 467r
Positivität 204r
Postulat 506l
Potenz 469l
Prädikat 224r
Praxis 199l, 526l

Preis 66l
Preßfreiheit 227l
Preußen 444l
Prinzip 148r
privat 205r
Privateigentum 242l
Privatreligion 160l
Privilegien 367r
Produzieren 536l
Progreß ins Unendliche 484r
Proportion 45l, 418l
Prosa 178l
Prosa der Welt 292l
Protestantismus 445r
Prozeß 67r, 484r
Psychologie 261l
Pyramiden 418l

Q

Qual 124l
Qualität 198l
Quantität 524l
quantitative Verhältnis 524r
Quantum 524r
Quecksilber 264l

R

Rache 426l
Raserei 106l
Räsonieren 93r
Räsonnement 516r
räsonnierende Denken 260l
Rassen 249r
Raum 119l
real 198r
Realisierung 144r
Realität 198r, 342l, 410r
Realphilosophie 199l
Recht 277l, 462r
Rechtschaffen 210r
Rechtschaffenheit 2l, 18l, 210r, 366r
Rechtsgebot 17r
Rechtspflege 208l
Rechtszustand 465r
Rede 142r, 143l
Reduktion 59l
reell 145l, 198r
Reflektierens 400l
Reflexion 77l, 168l, 261l, 374r, 399l, 487l
Reflexion in sich 399r

Reflexionsphilosophie 400l, 401r
Reformation 220l
Reformen von Stein-Hardenberg 226r
Regierung 361r
Regierungsgewalt 361r
Reich 122l
Reich der Sittlichkeit 262r
Reich des Geistes 122r
Reichsstände 515l
Reichtum 419l
reine Quantität 524r
Relativität 77l
Religion 217l
Reproduktion 118l
Republik 111r, 289l
Resultat 137l
Revolution 62r
Révolution de Juillet 197r
Rigidität 107r
Ritter der Tugend 299l
Rom 538l
Romantik 538r
Romantische Kunst 539r
Römer 538l
Rußland 537l

S

Sache 429l
Sache selbst 92l, 165r
Satz 343r
Satz vom ausgeschlossenen Dritten 388r
Sauerstoff 175r
Schädellehre 73l, 269r
Schädelstätte 134l
Scham 392r
Schein 64l
Schicksal 35l
Schlechtes 3r
Schlecht-Unendliche 484l
Schluß 265l
Schmeichelei 453r
Schmerz 124l
Scholastik 270l
Schönes 405r, 526r
schöne Seele 33l
Schönheit 405r
Schöpfung 304r
Schranke 141r, 357r
Schriftsprache 143l
Schuld 293l, 339r
Schule 66r

Schwank 92r
Schwärmerei 108l
Schwarzer 159l
Schwere 49l, 51l, 428r
Seele 285l, 529r
Seelenlehre 261l
Seele und Leib 530r
Sehen 84l
Sehnen 3r
Sehnsucht 3r
Seiendes 313r
Sein 313l
sein 340l
Sein-für-Anderes 321r, 342l, 488l
Sein für ein anderes 545r
Selbst 185r
selbständige Musik 52l
Selbständigkeit 243r
Selbstbewußtsein 186r
Selbstentfremdung 308l
Selbsterhaltung 186l
Selbstgefühl 7r, 189l
Selbstheit 185l
selbstisch 185r, 186l
Selbstischkeit 185r
Selbstmord 189r
Selbstzweck 223l
Seligkeit 134l, 157r
Sensibilität 79r, 118l
Setzen 343r, 487l
setzende Reflexion 400r
Sinn 82r
Sinn des Staates 90r
sinnliche Gewißheit 83r
Sinnlichkeit 76l, 82r
Sitte 119r, 262l
sittliche Welt 263l
Sittlichkeit 151r, 261r
Situation 232l
Situationslosigkeit 232r
Skeptizismus 54l
Sklaverei 369l
Skulptur 335r
Societas-Hegeliana 452r
Sollen 142l, 357r
sollen 293l
Somnambulismus 286l
Sonne 320l
Sonnensystem 320l
Sophisten 310l
Sophistik 517l
Souveränität 224l
Sozietät für wissenschaftliche Kritik 62l
Spekulation 206r, 261l, 401r

spekulativ 460l
spekulative Darstellung 207r
spekulative Dialektik 460r
spekulativer Satz 207r
spezifische Schwere 409l
Spiel 5r
Spiel der Kräfte 328l
Sprache 142l
Sprödigkeit 107r, 430r, 498r
Staat 122l, 163l
Staatsgesellschaft 222l
Staatslosigkeit 30r
Staatsökonomie 129l
Stadt 367l
Stand des Gewerbes 239l
Stände 91r, 237r, 240l
Statik 516l
Steuer 275r
Stickstoff 330l
Stimme 158l
Stimmung 99r
Stoizismus 271r
Stoß 29r
Strafe 135l
Streben 58r, 428r
Subjekt 202l, 222r, 224r
subjektiv 222r
subjektive Religion 160r
Subjektivität 222r
substantielle Stand 238r
Substanz 200l, 202l, 504r
Subsumtion 464l
Sünde 339l
Syllogismus 265r
Symbol 93r, 491r
symbolische Kunst 233l
Synkretismus 303r
Synsomatien 30l
Synthese 303l
synthetische Vorstellen 303r
System 315l
System der Bedürfnisse 149r
System der Repräsentation 91r

T

Tag 509l
Talent 349l
Tapferkeit 366r
Tat 151l, 293l
tätig 67l
tätige Vernunft 152r
Tätigkeit 67l
Tatsache 190r

Taufe 302r
Tausch 153l
Täuschung 174r
Technik 94r
Teil der Arbeit 447l
Teleologie 59r, 493l
Theodizee 298l, 461r, 531r
Theologie 245l
Theorie 199r, 526l
These/Antithese/Synthese (Dreiheit) 289r
thesis/antithesis/synthesis (threeness) 289r
Tiefe 425r, 509r
Tier 363l
Timaios 343l
Tod 177l
Tollheit 106l
Totalität 306l, 318r, 513l
Tradition 350r
Trägheit 83l
Tragi-komödie 368l
Tragödie 408r
transzendental 335l
Traum 504r
Treue 352l
Triade 290l
Trichotomie 290l
Trieb 59l, 234l
Trinität 290l
Triplizität 290l, 404l
Tugend 364l
Tun 151l

U

Übergang 15r
Übergehen 15r
übergreifen 432r
übersinnliche Welt 335l
Unbedingte 290r
unbestimmte Unmittelbarkeit 313l
unbewußt 483r
unendliche Urteil 485l
Unendliches 484l
Unglückliches Bewußtsein 426l
Universum 32r, 180l
unmittelbares Wissen 337l
Unmittelbarkeit 336r, 387r
Unorganische 502l
Unrecht 432r
Unruhe 420r
Unschöne 480r

unsere Zeit/Welt 118r
Unsterblichkeit der Seele 530l
Untergang 468r
Unterirdisches 490l
Unterschied 123l, 401l
Unterschied an sich 123l
Ursache 27l
Urteil 402l
Urteilskraft 403l

V

Vasall 464l
Veränderung 151l, 458r
Veräußerung 233r
Verbrechen 398l
Verdinglichung 428r
Verdopplung 375l
Verdunkelung 500r
Vereinigung 151r, 163r
Vereinigungsphilosophie 152l, 213r
Verfassung 148l, 150l, 287r
Vergehen 287r
Vergessenheit 463r
Vergleichung 414l
Vergnügen 58l
Verhältnis 76r, 413l, 418l
Verhältnis zu sich selbst 188r
Verkehrung 350l
Verlangen 509l
Verleiblichung 80r
Vermittlung 387r
Vermögen 190l, 238l
Vernichten 392l, 484l
Vernichtung 484l
Vernunft 517r
Vernunfteinheit 358r
Vernünftigkeit 162r
Vernunftsinstinkt 518r
Verrücktheit 80l, 106l, 285l/r
Verschiedenheit 85l, 170l
Versicherung 61r, 324l
Versöhnung 505r, 543l
Verstand 161l, 399r
Verstandeseinheit 358l
Verstandesreligion 162r
Verstandesschluß 265l
Verstandesstaat 149r
Verständige 161r
Verständigkeit 162r
Verstellung 273r, 507l
Vertrag 136l
Vertrauen 258r
Verwandtschaft 263r, 334r

Verwirklichung 144r
Verwüstung 522l
Verzeihung 151r, 505l
Verzichten 505l
Verzweiflung 297l
Vielheit 22r, 358l
Virtualität 427l
Volk 159r, 262r
Völkerrecht 159l
Volksgeist 481l
Volksreligion 160l
Vollständigkeit 85l
volonté 16l
voraussetzende Reflexion 400r
Vorsatz 17l, 24l, 293r, 300r
Vorsehung 297r
Vorstellen 416r
Vorstellung 416r
Vulkanismus 31l

W

Wachen 504r
Wahl 299r
Wahlverwandtschaft 264l
Wahnsinn 106l
Wahre 258r
wahrhafte Unendlichkeit 488l
Wahrheit 258r
Wahrnehmung 326r
Wahrsagerei 34l
Wärme 108l, 384l
Wasser 479l
Wasserstoff 265l
Wechsel 459l
Wechselwirkung 154r
Welt 291r
Weltlauf 298r
Weltseele 292r, 373l
Weltzustand 232l
Werden 287l, 454r, 459l
Werk 174r, 429l
Wert 66l
Wesen 471l
Wesenheit 471r
Westfälischer Friede 30r
Widerspruch 106r, 401l, 486l
Wiederholbarkeit 404l
Wille 16l
Willkür 178r
Wir 545l
wirklich 145l
wirkliche Seele 285r, 530l
Wirklichkeit 127r, 145l
Wirkung 27l, 137l, 154r

Wissen 325l, 545r
Wissenschaft 60l, 128r, 302r
Wissenschaft der Erfahrung des Bewußtseins 20l
Wissenschaftlichkeit 60l
Wissenschaftslehre 328r
Witz 97l, 433l
Wohl 24r, 300l/r
Wollen 26l
Wort 142r
Wunder 96l

Z

Zähigkeit 430r
Zahl 266r, 524r
Zauberei 473r
Zeichen 93r
Zeit 182r, 196l
Zeremonie 79r
Zerrissennheit 449l
Zerrüttung 286l
Zerstören 392l
Zerstörung 106l
Zeugung 279r
Zirkulation 136r
Zivilrecht 482r
Zufälligkeit 120r
Zugrundegehen (Zu-Grunde-Gehen) 468r, 469l
Zusammengesetzte 324l
Zutrauen 258r, 366r
Zwang 108l, 507l
Zweck 59r

ギリシア語

ἀδιάφορα 271r
ἀπάθεια 271r
βαπτισμα 302r
διαλεκτική 459l
εἴδωλον 494r
εἰκών 494r
ἓν καὶ πᾶν 23r, 534r
ἔρως 44r
ἰδέα 521l
μεταφορά 491r
πλήρωμα 443r
πνεῦμα 280r
σοφιστης 310l
στοιχεῖον 103l

人名索引 (神名・架空人物も含む)

ア

アイスキュロス　114r
アイネシデモス (Ainesidēmos)　54l
アクセリロド (L. I. Akselrod)　311r
アグリッパ (Agrippa)　54l
アスヴェルス (Gustav Asverus 1798-1843)　442l
アスト (Friedrich Ast 1778.12.29-1841.12.31)　5l
アドルノ (Theodor Wiesengrund Adorno 1903-69)　335r, 354l, 435l
アナクサゴラス (Anaxagoras)　68l, 383l
アナクシマンドロス (Anaximandros 前611-546以後)　14l, 415r
アナクシメネース (Anaximenēs 前585-28頃)　14r
アブラハム　504l
甘粕 (見田) 石介 (1906.4.23-1975.8.9)　7l
アリストテレス (Aristotelēs 前384/3-322/1)　8l, 59r, 529r
アリストファネス (Aristophanēs 前445頃-385頃)　9l, 310r
アルテンシュタイン (Karl Sigmund Franz Altenstein, Frh. vom Stein zum 1770.10.1-1840.5.14)　9r, 442l
アルヘンホルツ (J. W. von Archenholz)　480r
アレクサンダー大王 (Alexandros, Alexander der Große 前356-323)　10l, 39l
アンスコム (G. E. Anscomb 1919-)　24r
アンセルムス (Anselmus 1033-1109)　70r, 72l
アンティゴネー　114l

イ

イェシュケ, W.　356l

イエス (Jesus, Christus)　1l, 12l
イゼリン (Isaak Iselin 1728.3.17-82.6.15)　21r
イソクラテス (Isokratēs 前436-338)　47l
イポリット (Jean Hyppolite 1907-68)　307r, 319l, 438r
イリエンコフ (E. V. Ilyenkof)　311r
イルティング (Karl-Heinz Ilting 1925-84)　75l

ウ

ヴァール (Jean Wahl 1888-1974)　117r, 353r, 438l
ウィトゲンシュタイン (Ludwig Wittgenstein 1889-1951)　38r
ヴィーラント (Christoph Martin Wieland 1733-1813)　513l, 520l
ヴィンケルマン (Johann Joachim Winckelmann 1717.12.9-68.6.8)　29l, 53l
ヴィンテール (Jacob Joseph Winterl 1732-1809)　30l
ヴィンデルバント (Wilhelm Windelband 1848-1915)　256l
上杉慎吉　378r
ヴェーバー (Carl Maria von Weber 1786-1826)　50r
ヴェーユ (Eric Weil 1904-77)　439r
ヴェーラ (August Vera 1813-85)　257l, 438l
ヴェルナー (Abraham Gottlob Werner 1749.9.25-1817.6.30)　30r, 329r
ヴォルタ (Alessandro Giuseppe Volta 1745-1827)　73r, 194l, 520r
ヴォルテール (François Marie Arouet, dit Voltaire 1694.11.21-1778.5.30)　31l, 517r
ヴォルフ (Christian Wolff 1679.12.4-1754.4.9)　31r, 60l, 148r

エ

エウリピデス　114r
エックハルト (Meister Johannes Eckhart 1260頃-1327)　41l
エッシェンマイヤー (Adolph Karl August von Eschenmayer 17 68.7.4-1852.11.17)　41l, 55r
エディプス (Ödipus)　42l
エーティンガー (Friedrich Christoph Oetinger 1702.5.6-82.2.10)　42l, 446r
エピクロス (Epikouros, Epikur 前342-270頃)　43r, 58l
エーベル (Johann Gottfried Ebel 1764.10.6-1830.10.8)　44l
エラスムス (Desiderius Erasmus 1466-1536)　339l
エリウゲナ (Johannes Scotus Eriugena 810頃-877)　270r
エリーニュス (エウメニデス)　36l
エルヴェシウス (Claude-Adrien Helvétius 1715-71)　438l, 501l
エルスナー (K. E. Oelsner)　480r
エンゲルス (Friedrich Engels 1820.11.28-95.8.5)　311l, 328l, 476r
エンデル (Nanette Endel 1775頃-1840/41)　47r
エンペドクレス　147l

オ

オイゼルマン (T. I. Oizerman)　312r
岡 邦雄 (1890-1971)　170r, 366r
オクタヴィアヌス　93l
オーケン (Lorenz Oken 1779.8.1-1851.8.11)　48l, 112l
オスターデ (Adrian van Ostade 1610-85)　52l
小田切良太郎　378r
オッカム (William Ockham 1300頃-49)　333r
オフシャニコフ (M. F. Ofsyannikof)　312l
小山鞆絵　→「こやま」で配列

人名索引

オーラート（Albert Leopold Julius Ohlert） 62*r*

カ

カイスラー（Adalbert Bartholomäuse Kayssler 1769.9.24-1821.12.12） 55*l*
カヴァッツィ（Giovanni Antonio Cavazzi ?-1692） 430*l*
カエサル（Gaius Julius Caesar 前100.7.12-44.3.4） 39*l*, 58*l*, 93*l*
ガーダマー（Hans-Georg Gadamer 1900-） 314*l*, 355*r*
カッシウス（Longinus Caius Cassius） 58*r*
桂 寿一（1902-85） 222*r*
カトー（大）（Marcus Porcius Cato (Censorius) 前234-149） 68*l*
カトー（小） 189*r*
ガブラー（Georg Andreas Gabler 1786.7.30-1853.9.13） 69*r*, 450*l*
ガリレオ（Galileo Galilei 1564-1642） 193*l*, 465*l*, 516*l*
カル（Jean Jacques Cart 1748-1813） 73*l*
ガル（Franz Joseph Gall 1758.3.9-1828.8.22） 73*l*, 270*l*
ガルヴァーニ（Luigi Galvani 1737-98） 73*r*, 194*l*
カルヴァン（Jean Calvin 1509-64） 445*r*
ガルヴェ（Christian Garve 1742.7.7-98.12.1） 74*l*, 113*l*
カローヴェ（Friedrich Wilhelm Carové 1789.6.20-1852.3.18） 75*r*, 163*l*
ガンス（Eduard Gans 1797.3.22-1839.5.5） 62*l*, 82*l*
カント（Immanuel Kant 1724.4.22-1804.2.12） 6*l*, 85*l*
カンペ（Joachim Heinrich Campe 1746.6.29-1818.10.22） 90*l*

キ

キケロ（Marcus Tullius Cicero 前106-43） 93*l*, 216*r*
紀平正美（1874.4.30-1949.9.18） 99*r*, 378*r*
ギボン（Edward Gibbon 1737.5.8-94.1.16） 100*l*
キュヴィエ（Georges Léopold Cuvier 1769-1832） 193*r*
キュング，H. 356*l*
清沢満之（1863.6.26-1903.6.6） 112*r*, 378*r*
キリアン（Konrad Joseph Kilian 1771-1811） 112*r*
キリスト（→イエス） 33*l*, 228*r*
キルケゴール（Sören Kierkegaard 1813.5.5-55.11.11） 116*r*, 175*r*
ギルタンナー（Christoph Girtanner 1760-1800） 433*l*
ギルバート（William Gilbert 1544-1603） 243*r*
キルヒナー（Friedrich Kirchner 1848-1900） 290*l*
キールマイヤー（Karl Friedrich Kielmeyer 1765.10.22-1844.9.24） 41*r*, 117*r*
キンマーレ（Heinz Kimmerle） 354*r*

ク

クザーヌス（Nicolaus Cusanus 1401-64） 243*r*
クーザン（Victor Cousin 1792.11.28-1867.1.12） 121*l*, 438*l*
クセノパネス（Xenophanēs 前570頃-470頃） 23*r*
クネーベル（Karl Ludwig von Knebel 1744.11.30-1834.2.23） 122*r*, 446*r*
クラッスス（Marcus Lucinius Crassus 前114-53） 58*l*
グリアン（Constantin I. Gulian） 312*l*
グリガ（A. V. Guliga） 312*r*
クリスティアーネ（Christiane Luise Hegel 1773-1832） 181*l*
グリーン（Thomas Hill Green 1836-82） 38*l*
クルーク（Wilhelm Traugott Krug 1770.6.22-1842.1.13） 123*r*, 329*l*
グルッペ，R. O. 354*l*
グレン（Friedrich Albrecht (Albert) Carl Gren 1760.5.1-98.11.26） 124*r*
クロイツァー（Georg Friedrich Creuzer 1771.3.10-1858.2.16） 124*r*, 233*l*
クローチェ（Benedetto Croce 1866-1952） 257*r*
グロックナー（Hermann Glockner 1896.7.23-1979.7.11） 125*l*, 257*l*, 325*r*
クロップシュトック（Friedrich Gottlieb Klopstock 1724-1803） 125*r*, 456*r*
グロティウス（Hugo Grotius 1583.4.50-1645.8.28） 125*r*
クローナー（Richard Kroner 1884-1974） 290*r*

ケ

ゲッシェル（Karl Friedrich Göschell 1781.10.7-1861.9.22） 62*r*, 138*l*
ケッペン（Friedrich Köppen 1775-1858） 55*r*
ゲーテ（Johann Wolfgang von Goethe 1749.8.28-1832.3.22） 13*l*, 138*r*
ケプラー（Johannes Kepler 1576.12.27-1630.11.15） 29*r*, 139*l*
ゲーラー（Gerhard Göhler） 355*l*
ゲルシュテッカー（Karl Friedrich Wilhelm Gerstäcker） 140*l*
ゲルトマン-ジーフェルト，A. 356*l*
ケールロイター（Joseph Gottlieb Koelreuter 1733-1806） 193*r*
ゲレス（Johann Joseph von Görres 1776.1.25-1848.1.29） 62*r*, 140*r*

コ

孔子 155*l*
高山岩男（1905.4.18-93.7.5） 157*r*, 379*r*
コジェーヴ（Alexandre Kojève 1902-68） 10*r*, 438*l*
ゴータマ 28*r*
コツェブー（August von Kotzebue 1761.5.3-1819.3.23） 163*l*, 344*l*
コッタ（Johann Friedrich Freiherr Cotta von Cottendorf 1764-1832） 164*r*
ゴットシェット（Johann Christoph Gottsched 1700-66） 497*r*
コプニン（P. V. Kopnin） 311*r*

613

人名索引

コペルニクス　442r
コーヘン (Hermann Cohen 1842–1918)　256l
小山鞆絵　(1884.10.14–1976.12.3)　167l 「おやま」が正しい。
コリングウッド (Robin George Collingwood 1889–1943)　38l
ゴルギアス (Gorgias)　310r
コンディーリス　354r

サ

三枝博音 (1892.5.20–1963.11.9)　170r, 367l
サヴィニー (Friedrich Carl von Savigny 1779.2.21–1816.10.25)　82l, 174l
酒井 修　221r
サルトル (Jean-Paul Sartre 1905.6.21–80.4.16)　175l, 438l
ザント (Karl Ludwig Sand 1795–1820)　74r, 163l, 344r

シ

シェイクスピア (William Shakespeare 1564.4.26–1616.4.23)　179l, 276r
シェリング (Friedrich Wilhelm Joseph von Schelling 1775.1.21–1854.8.20)　5l, 179r, 456r, 469l
シェリング (Karl Eberhard Schelling 1783–1854)　181l
ジェンティーレ (Giovanni Gentile 1875–1944)　257r
ジーブ　355l
渋江 保　378r
シャフツベリ (Third Earl of Shaftesbury, Anthony Ashley Cooper 1671.2.26–1713.2.15)　213l
シャリベウス (Heinrich Moritz Chalybäus 1796–1862)　290l
ジャン・パウル (Jean Paul 1763.3.21–1825.11.14)　213r, 330l, 433l
シュヴァイツァー (Albert Schweitzer 1875–1965)　55l
シュタイン (Karl Stein, Freiherr vom und zum 1757–1831)　226r, 319r
シュタール (Friedrich Julius Stahl 1802–55)　126r

ジュッシュー (Antoine Laurent Jussieu 1748–1836)　193r
シュティーラー (Gottfried Stiehler)　312l, 354r
シュティルナー (Max Stirner 1806.10.25–56.6.26)　227r, 451r
シュテッフェンス (Henrich Steffens 1773.5.2–1845.2.13)　55r, 228l
シュトラウス (David Friedlich Strauß 1808.1.27–74.2.8)　69r, 228l
シュトール (Gottlob Christian Storr 1746–1805)　85r, 228r
シューバルト (Karl Ernst Schubarth 1796–1860)　62r, 229l
シュブレット, J.　356l
シュミット (C. C. E. Schmid 1761.4.24–1812.4.10)　124l
シュミット, H.　355l
シュミット (Johann Adam Schmidt 1759–1809)　181l
シューラー, G.　356r
シュライエルマッハー (Friedrich Ernst Daniel Schleiermacher 1768.11.21–1834.2.12)　4l, 229l
シュルツェ (Gottlob Ernst Schulze 1761–1833.1.14)　47l, 229r
シュルツェ (Johannes Schulze 1786.1.15.–1869)　230l
シュレーゲル (Friedrich von Schlegel 1772.3.10–1829.1.12)　26r, 230l, 311l, 349l, 525l, 539r
シュレーゲル (August Wilhelm von Schlegel 1767.9.5–1845.5.12)　62l, 230l, 539r
ショーペンハウアー (Arthur Schopenhauer 1788.2.22–1860.9.21)　241r
シラー (Johann Christoph Friedrich von Schiller 1759.11.10–1805.5.9)　33l, 243l
ジンギスカン (Dschingis-Khan, Cingiskan 1167–1227)　247r, 522l
ジンクレア (Isaak von Sinclair 1775.10.3–1815.4.19)　23r, 248r, 338l

ス

ズゼッテ夫人 (Susette Gontard 1767–1802)　456r

ステュアート (James Denham Steuart 1712.10.21–80.11.20)　129r, 210l, 270r, 459r
ステーン (Jan Havicksz Steen 1626頃–79)　52l
スパヴェンタ (Bertrand Spaventa 1817–83)　257r
スパランツァーニ (Lazzaro Spallanzani 1729–99)　40l, 194l
スピノザ (Baruch de Spinoza 1632.11.24–77.2.21)　72l, 272l
スペンサー (Herbert Spencer 1820–1903)　378r
スミス (Adam Smith 1723.6.5–90.7.17)　129r, 210r, 271l, 273l, 276l, 459r

セ

セイ (Jean Baptiste Say 1767–1832)　129r
セクストゥス・エンピリクス (Sextus Empiricus)　54l
ゼノン［エレアの］(Zēnōn 前490頃–430頃)　34r, 298l, 459r
ゼーベック (Thomas Johann Seebeck 1770–1831)　85l, 138l
ゼレニー (Jindrich Zelený)　311r

ソ

ソクラテス (Sōkratēs 前470頃–399)　12l, 309r
ソフォクレス　10r
ソブール (Albert Soboul 1914–82)　436r
ゾルガー (Karl Wilhelm Ferdinand Solger 1780.11.28–1819.10.20)　62r, 310r
ゾロアスター (Zoroaster 前1500–1200 推定)　312r

タ

ダーウィン　247r
ダウブ (Karl Daub 1763.3.20–1836.11.22)　320r, 450l
タウラー (Johannes Tauler 1300–61)　41l
田辺 元　(1885.2.3–1962.4.29)　158l, 322r
ダライ・ラマ　28r

人名索引

タレース（Thalēs 前640(624)頃-546頃）　14*l*

ツ

ツィマー（Ernst Zimmer 1772-1838）　456*r*
ツヴィリング（Jacob Zwilling 1776.9.12-1809.7.6）　248*r*, **338***l*

テ

ティコ・ブラーエ（Tycho Brahe 1546-1601）　139*l*
ティツィアーノ（Vecelli(o) Tiziano 1476-1576）　348*l*
ティーデマン（Dietrich Tiedemann 1748.4.3-1803.5.24）　**342***r*
ディドロ（Denis Diderot 1713.10.5-84.7.31）　**342***r*, 350*l*
ティボー（Anton Friedrich Justus Thibaut 1772.1.4-1840.3.28）　82*l*, **342***r*
テイラー（C. Taylor）　38*r*
ディルタイ（Wilhelm Dilthey 1833.11.19-1911.10.1）　125*l*, **343***l*
デ・ヴェッテ（Wilhelm Martin Leberecht De Wette 1780.1.14-1849.6.16）　75*l*, **344***l*
デカルト（René Descartes 1596.3.31-1650.2.11）　47*l*, **344***l*
デステュット・ド・トラシ（Antoine Louis Claude Destutt de Tracy 1754-1836）　24*l*
テニールス　52*l*
デフォー　90*r*
デボーリン（Abram Monsevich Deborin 1881-1963）　477*l*
デモクリトス（Dēmokritos, Demokrit 前460頃-370頃）　43*r*, 347*r*
デュージング（Klaus Düsing 1940-）　207*l*, 355*l*
デューラー（Albrecht Dürer 1471.5.21-1528.4.6）　348*l*
寺沢恒信　495*r*
テルナー（Johann Töllner 1724-74）　143*r*
テンネマン（Wilhelm Gottlieb Tennemann 1761.12.7-1819.10.1）　**351***l*

ト

トイニッセン　355*r*
戸坂潤（1900.9.27-1945.8.9）　170*r*, **366***r*
トービッチュ　354*r*
ド・ブロース（Charles de Brosses 1709-77）　429*r*
トマジウス（Christian Thomasius 1655-1728）　352*r*
戸次寛人　378*r*
ドルトン（John Dalton 1766-1844）　321*l*
ドルバック（Paul Henri Thiry, baron d'Holbach 1723-89）　342*r*, 438*l*, 501*l*
トレヴィラーヌス（Gottfried Reinhold Treviranus 1776.2.4-1837.2.16）　370*r*
トレーデ　355*l*
トレンデレンブルク（Friedrich Adolf Trendelenburg 1802-72）　62*l*
トロックスラー（Ignanz Paul Vital Troxler 1780.8.17-1866.3.6）　113*l*, 370*r*
ドント（Jacques D'Hondt 1920-）　436*l*, 439*r*

ナ

中島力造　378*r*
永田広志（1904-47）　170*r*
ナポレオン（Napoléon Bonaparte 1769.8.15-1821.5.5）　7*r*, **372***r*
ナルスキー（I. S. Narski）　311*r*

ニ

ニコラウス・クザーヌス　330*l*
ニコリン, F.　356*r*
西田幾多郎（1870.5.19-1945.6.7）　158*l*, **374***r*
ニーチェ（Friedrich Nietzsche 1844.10.15-1900.8.25）　133*l*, **376***l*
ニートハンマー（Friedrich Immanuel Niethammer 1766.3.6-1848.4.1）　66*r*, **376***r*

ニュートン（Isaak Newton 1643-1727）　29*r*, 516*l*

ネ

ネーゲリ（Karl Wilhelm von Nägeli 1817-91）　247*r*

ノ

ノア　504*l*
ノイファー（Christian Ludwig Neuffer 1769-1839）　456*r*
ノヴァーリス（Novalis 1772.5.2-1801.3.25）　**385***l*, 456*r*
ノックス（T. M. Knox）　38*l*
ノール（Herman Nohl 1879-1960）　256*r*, 344*l*, 354*r*, 483*l*

ハ

ハイデガー（Martin Heidegger 1889.9.26-1976.5.26）　133*l*, **389***l*
ハイネ（Heinrich Heine 1797.12.13-1856.2.17）　**390***l*
ハイム（Rudolf Haym 1821.10.5-1901.8.27）　**390***l*
バウアー（Bruno Bauer 1809.9.6-82.4.13）　**391***l*, 451*l*, 474*r*
バウアー（Edger Bauer 1820-86）　**391***l*
ハーヴィ（William Harvey 1578-1657）　157*r*
バウム（Manfred Baum 1939-）　207*r*, 355*l*
バウムガルテン（Alexander Gottlieb Baumgarten 1714-62）　60*l*, 405*r*, 406*r*
パウルス（Heinrich Eberhard Gottlob Paulus 1761.9.1-1851.8.10）　**391***r*, 462*l*
バクラッゼ（K. S. Bakradze）　312*l*
バークリ（George Berkeley 1685-1753）　415*r*, 538*l*
ハーシェル（Frederick William Herschel 1738-1822）　544*l*
バゼドウ（Johann Bernhard Basedow 1723-90）　90*r*, 104*l*
バーダー（(Benedikt) Franz Xaver von Baader 1765.3.27-1841.5.23）　120*r*, **393***r*

615

人名索引

バッハ (Johann Sebastian Bach 1685-1750)　52r
バトゥー (Charles Batteux 1713-80)　497r
羽仁五郎 (1901-83)　478l
ハーバーマス (Jürgen Habermas 1929-)　354l, 435r
ハーマン (Johann Georg Hamann 1730.8.27-88.6.21)　62r, **395r**
ハラー ((Victor) Albrecht von Haller 1708.10.16(.8)-77.12.12)　39r, 79r, 157r, 247l, **395r**
ハラー (Karl Ludwig von Haller 1768.8.1-1854.5.21)　**396l**
パラケルスス (Paracelsus 1493.12.10-1541.9.24)　68l, **396r**
ハリス (H. S. Harris)　39l
バーリン (Isaiah Berlin)　216l
バルディリ (Christoph Gottfried Bardili 1761.5.28-1808.6.5)　**397l**, 404l
ハルデンベルク (Karl August Hardenberg, Fürst von 1750-1822)　227l
バルト (Karl Barth 1886-1968)　108l
ハルトマン (Karl Robert Eduard von Hartmann 1842-1906)　256l
ハルトマン (Nicolai Hartmann 1882-1950)　231r
パルメニデス (Parmenidēs 前500頃-?)　298r, **397r**
パンネンベルク　356l

ヒ

ピネル (Philippe Pinel 1745-1826)　80l
ピュタゴラス (Pythagoras 前582頃-497/96)　**415l**
ビュフォン (Georges-Louis Leclerc, Comte de Buffon 1707.9.7-88.4.16)　**415r**
ヒューム (David Hume 1711.4.26-76.8.25)　54l, **415r**
ピュロン (Pyrron)　54l
ヒルト (Aloys Hirt 1759-1839)　480r
廣松 渉　474r
ヒンリッヒス (Hermann Friedrich Wilhelm Hinrichs 1794.4.22-1861.9.17)　81l, **419r**

フ

ブーア (Manfred Buhr)　312l
ファーガソン (Adam Ferguson 1723-1816)　243l
ファラデー (Michael Faraday 1791-1867)　328l
ファン・ゲールト (Peter Gabriel van Ghert 1782-1852)　**421r**
ファン・ダイク (Anthonius van Dyck 1599.3.22-1641.12.9)　**421r**
フィチーノ (Marsilio Ficino 1433.10.19-1499.10.1)　434l
フィッシャー (Friedrich Theodor Vischer 1807.6.30-87.9.14)　406r
フィッシャー (Kuno Fischer 1824-1907)　256l
フィッシャー (Ludwig Fischer)　447l
フィヒテ (Johann Gottlieb Fichte 1762.5.19-1814.1.29)　60l, 364l, **422l**
フィロン (Philōn)　254r
フィンク, E.　355l
フィンドレイ (J. N. Findlay)　38r
フェッチャー, I.　353r
フェノロサ (Ernest Francisco Fenollosa 1853-1908)　112r, 290r, 378r
フェルスター (Friedrich Christoph Förster 1791.9.24-1868.11.8)　**424r**
フォイエルバッハ (Ludwig Andreas Feuerbach 1804.7.28-72.9.13)　227r, **424r**
フォルスター ((Johann) Georg Adam Forster 1754.11.27-94.1.10)　**425l**
フォレン (Karl Follen 1794-1855)　441l
ブーターヴェク (Friedrich Bouterwek 1766.4.15-1828.8.9)　**427l**
ブダエウス (Budaeus 1468-1540)　47l
フッサール (Edmund Husserl 1859-1938)　325r, 438r
仏陀　28r
プーフェンドルフ (Samuel Pufendorf 1632-94)　126l

ブラウン (John Brown 1735-88)　433r
フラット (Johann Fridrich Flatt 1759-1821)　**434l**
ブラッドリー (Francis Herbert Bradley 1846-1924)　38l
プラトン (Platōn 前427-347)　22r, **434l**
プラント (R. Plant)　38r
フリース (Jakob Friedrich Fries 1773.8.23-1843.8.10)　139l, **439r**
プリーストリ (Joseph Priestley 1733-1804)　384l
フリードリッヒI (Friedrich I, Barbarossa 1123-90.6.10)　**440l**
フリードリッヒ・ヴィルヘルムII (Friedrich Wilhelm II 1744.9.25-97.11.16)　**440r**
フリードリッヒ・ヴィルヘルムIII (Friedrich Wilhelm III 1770.8.3-1840.6.7)　74r, 126r, **440r**
フリードリッヒ大王 (Friedrich II, der Grosse 1712.1.24-86.8.17)　**440l**, 473l
プルースト　458l
フルダ (Hans Friedrich Fulda)　355l
ブルッカー (Johann Jakob Brucker 1696-1770)　**442l**
ブルックハルト夫人 (Christiana Charlotte Johanna Burkhardt, geb. Fischer 1778.5.8-1817頃)　**442l**
プルードン (Pierre Joseph Proudhon 1809-65)　290l
ブルーノ (Giordano Bruno 1548-1600.2.17)　398r, **442r**
ブルーメンバッハ (Johann Friedrich Blumenbach 1752.5.11-1840.1.22)　**443l**
ブーレ (Johann Gottlieb Buhle 1763.9.29-1821.8.11)　**443r**
プレハーノフ (Gregorii Valentinovich Plekhanov 1856-1918)　477l
フロイト (Sigmund Freud 1856-1939)　435r
プロクロス (Proklos)　121l
プロタゴラス (Prōtagoras)　310r
ブロッホ (Ernst Bloch 1885-1977)　354l
プロティノス (Plōtinos)　22r

人名索引

フロム (Erich Fromm 1900-80) 435*l*
フロムマン (Karl Friedrich Ernst Frommann 1765-1837) **446*r***
フンボルト (Karl Wilhelm von Humboldt 1767.6.22-18354.8) 62*l*, 445*l*, **448*l***
フンボルト (Friedirch Wilhelm Heinrich Alexander von Humboldt 1769.9.14-1859.5.6) 425*l*, **448*r***

ヘ

ペゲラー (Otto Pöggeler) 354*r*
ベーコン (Francis Bacon 1561-1626) 127*l*, 344*r*, 380*r*, 384*l*
ペッカー, W. 355*l*
ヘッケル (Ernst Heinrich Haeckel 1834-1919) 370*r*
ベッティガー (Karl August Böttiger 1760.6.8-1835.11.17) **453*l***
ベートーヴェン (Ludwig van Beethoven 1770-1827) 52*r*
ペトラルカ (Francesco Petrarca 1304-74) 93*r*, 339*l*
ペトリ (M. J. Petry) 39*l*
ペトルス・ロンバルドゥス (Petrus Lombardus ?〜1160頃) 219*l*
ヘニング (Leopold Dorotheus Henning 1791.10.4-1866.10.5) 62*l*, 121*r*, **453*r***
ペペルザック (Adrient B. Peperzak) 33*l*
ヘムステルホイス 213*r*
ベーメ (Jacob Böhme 1575-1624.11.17) 42*l*, 454*l*
ヘラクレイトス (Hērakleitos 前540頃-?) 23*r*, 454*r*
ペリクレス (Periklēs 前495頃-429) 10*r*, **455*l***
ヘリング (Theodor Haering 1884-1964) 257*l*, 355*l*
ヘールズ (Stephen Hales 1677-1761) 141*l*
ベルセリウス (Jöns Jacob Berzelius 1779-1848) 244*l*
ヘルダー (Johann Gottfried von Herder 1744.8.25-1803.12.18) 113*l*, **455*r***
ヘルダーリン (Johann Christian Friedrich Hölderlin 1770.3.20-1843.6.7) 23*r*, **456*r***

ペルチンスキー (Z. A. Pelczynski) 38*r*
ベルトレ (Claude Louis Berthollet 1748.12.9-1822.11.6) 194*l*, 264*l*, 334*r*, **458*l***
ベルヌイ (Daniel Bernoullis I 1700-82) 384*l*
ヘルバルト (Johann Friedrich Herbart 1776.5.4-1841.8.4) 257*r*, **458*r***, 537*r*
ベルンシュタイン (Eduard Bernstein 1850-1932) 477*l*
ペレルマン (Chaïm Perelman 1912-) 459*r*
ヘロドトス 40*r*
ヘングステンベルク (Ernst Wilhelm Hengstenberg 1802-69) 391*l*
ベンゲル (Johann Albrecht Bengel 1687-1752) 42*l*, 446*r*
ベンヤミン (Walter Benjamin 1892-1940) 435*l*
ヘンリッヒ (Dieter Henrich 1927-) 314*l*, 354*l*, 355*r*

ホ

ボアスレ (Sulpitz Boisserée 1783.8.2-1854.5.2) **462*l***
ボアスレ (Melchior Boisserée 1786.4.23-1851.5.14) **462*l***
ボイル (Robert Boyle 1627-91) 384*l*
ボーザンケト (Bernard Bosanquet 1843-1923) 38*l*
細見 英 477*r*
ホッチェヴァール (Ralf Hočevar) 355*r*, 471*l*
ポッパー (Karl Raimund Popper 1902-) 460*r*
ホッブズ (Thomas Hobbes 1588.4.5-1679.12.4) 126*l*, **468*l***
ホッフマイスター (Johannes Hoffmeister, 1907-55) 22*l*, 199*l*, 257*l*
ボーデ (Johann Elert Bode 1747-1826) 544*l*
ホト (ホトー) (Heinrich Gustav Hotho 1802.5.22-73.12.24) 121*r*, **469*r***
ボネ (Charles Bonnet) 247*l*
ポピッツ, H. 353*r*
ホメス, J. 353*r*
ホメロス (Homēros) 276*r*, **469*r***

ホール (James Hall 1761-1832) 84*r*
ホルクハイマー (Max Horkheimer 1895-1973) 354*l*, 435*l*
ホルストマン (Rolf-Peter Horstmann) 354*r*
ポルフュリオス (Porphyrios) 523*l*
ポロック (Friedrich Pollock 1894-1970) 435*l*
ボワロ (Nicolas Boileau-Despreaux 1636-1711) 497*r*
ポンペイウス (Magnus Gnaeus Pompeius 前106-48) 58*l*

マ

マイスト (Kurt Rainer Meist) 355*l*
マイモニデス (Moses Maimonides 1135-1204) 333*r*
マイヤー (Johann Heinrich Meyer 1760-1832) 480*r*
マキャヴェリ (Niccolò di Bernardo Machiavelli 1469-1527) 149*r*, **473*l***
マクベス 504*l*
マーゲナウ (Rudolf Friedrich Heinrich Magenau 1767-1846) 456*r*
マース (Jean Gebhard Ehrenreich Maass 1766-1823) 88*r*
マトロシローヴァ (N. V. Motroshilova) 312*r*
マリア 505*r*
マリア・マグダレーナ (Maria Magdalena) 33*l*
マルクス (Adalbert Friedrich Marcus 1753-1816) 113*l*
マルクス (Karl Heinrich Marx 1818.5.5-83.3.14) 44*l*, 167*r*, 290*l*, 451*r*, **474*r***, 533*r*
マルクス, W. 355*l*
マルクーゼ (Herbert Marcuse 1898-1979) 354*l*, 435*l*
マルシュ, W. D. 356*l*
マールハイネッケ (Philipp Konrad Marheineke 1780.5.1-1846.5.31) 391*l*, 477*r*
マールブランシュ (Nicholas de Malebranche 1638.8.6-1715.10.13) 23*l*, **478*l***

617

人名索引

ミ

三木 清 (1897.1.5-1945.9.26) 379r, 478l
ミシュレ (Karl Ludwig Michelet 1801.12.1-93.12.16) 121r, 478r
ミーチン (Mark Borisovich Mitin 1901-) 311r, 477l
三宅雪嶺(雄二郎) 378r
ミュラー(Adam Heinrich Müller 1779-1829) 539l
ミュラー (Johannes von Müller 1752.1.3-1809.5.29) 481r

ム

務台理作 379r

メ

メストリン (Michael Mästlin 1550-1631) 139r
メッケ、E. 353r
メッテルニヒ 74r
メーヌ・ド・ビラン(François Pierre Maine de Biran 1792-1824) 121l
メラー (Jacob Nicolai Møller (Nicolaus Møller) 1777-1862.11.30) 492l
メランヒトン(Philipp Melanchton 1497-1560) 339l
メルロ=ポンティ(Maurice Merleau-Ponty 1908-61) 38r, 253l, 292r
メンデルスゾーン (Moses Mendelssohn 1729.9.6-86.1.4) 338r, 492r
メンデルスゾーン(Felix Mendelssohn 1809-47) 52r

モ

モイレン 355r
モスハイム (Johann Lorenz von Mosheim 1693-1755) 377l
モーセ 504l
元良勇次郎 378r
モハメッド (Muḥammad 570-632) 21l, 510r
モルヴォー(Louis Bernard Guyton de Morveau 1736-1816) 264l
モルトマン 356l
モンテスキュー (Charles-Louis de Secondat, baron de Montesquieu 1689.1.18-1755.2.10) 339l, 499r

ヤ

ヤコービ (Friedrich Heinrich Jacobi 1743.1.25-1819.3.10) 23r, 500l
ヤメ (Ch. Jamme) 354r
ヤーヤ(Donato Jaja 1839-1914) 257r
ヤーン(Friedrich Ludwig Jahn 1778-1852) 441r

ヨ

吉野作造 378r

ラ

ライプニッツ (Gottfried Wilhelm Leibniz 1646.7.1-1716.11.14) 31r, 512l
ライマールス (Hermann Samuel Reimarus 1694-1768) 534l
ラインハルト(Karl Friedrich Reinhardt 1761-1837) 446r
ラインホールト(Karl Leonhard Reinhold 1758.10.26-1823.4.10) 47l, 124l, 230l, 513l
ラーヴァーター (ラーファーター) (Johann Kaspar Lavater 1741.11.15-1801.1.2) 382r, 513r
ラヴォワジェ (Antoine-Laurent Lavoisier 1743-94) 176l, 384l, 458l
ラーケブリンク(Berhard Lakebrink) 353r
ラッセル (Bertrand Russell 1872-1970) 38l, 298r
ラッソン(Georg Lasson 1862-1932) 257l
ラファエロ(Raffaello 1483-1520) 53r
ラプラス(Pierre Simon Laplace 1749-1827) 194l
ラマルク (Jean Baptiste Pierre Antoine de Monet de Lamarck 1744.8.1-1829.12.28) 193r, 514l
ラムフォード (Benjamin Thompson Rumford 1753-1814) 194l
ラ・メトリ (Julien Offroy de la Mettrie 1709-51) 501l
ランゲ(Friedrich Albert Lange 1828-75) 256l
ラントグレーベ、L. 353r
ランベルト (Johann Heinlich Lambert 1728.8.26.-77.9.25) 284r, 515r

リ

リカード(David Ricardo 1772-1823) 129r
リッター (Johann Wilhelm Ritter 1776.12.16-1810.1.23) 112l, 354l, 520l
リッター (Joachim Ritter 1903-74) 437l
リーデル、M. 354l, 355l
リヒター (Jeremias Benjamin Richter 1762-1807) 264l
リヒテンベルク (Georg Christoph Lichtenberg 1742.7.1-99.2.24) 383r, 522l
リーブマン (Otto Liebmann 1840-1912) 256l
リュッペ、H. 354l
リール(Alois Riehl 1844-1924) 256l
リンネ (Carl von Linne 1707-78) 415r, 514r

ル

ルカーチ (György Lukács 1885-1971) 312l, 344l, 354r, 477l
ルーゲ(Arnold Ruge 1802-80) 390r, 475l
ルソー (Jean-Jacques Rousseau 1712.6.28-78.7.2) 52r, 517r, 527l
ルター (Martin Luther 1483.11.10-1546.2.18) 116l, 528r
ルーモール(Karl Friedrich von Rumohr 1785.1.6-1843.7.25) 462l

人名索引

レ

レーヴィット (Karl Löwith 1897-1973)　245r
レーヴェンタール (Leo Löwenthal 1900-)　435l
レウキッポス　347r
レオ (Heinrich Leo 1799.3.19-1878.4.24)　531l
レシュラウプ (Andreas Röschlaub 1768-1835)　433r
レッシング (Gotthold Ephraim Lessing 1729.1.22-81.2.15)　23r, **534l**
レーニン (Vladimir Illich Lenin 1870.4.22-1924.1.21)　311l, 477l
レンツ (Johann Georg Lenz 1748-1832)　84l
レンブラント (Rembrandt Harmensz van Rijn (Ryn) 1606-69)　52l, 422l

ロ

ロイトヴァイン (Christian Philipp Leutwein 1768-1838)　528l, **535l**
老子　**535l**
ロスケリヌス (Roscelinus 1050-1123/25)　333r
ローゼンクランツ (Johann Karl Friedrich Rosenkranz 1805.4.23-79.6.14)　121r, **537r**
ローゼンターリ (M. M. Rozental)　311r
ローゼンツヴァイク (Franz Rosenzweig 1886-1929)　171l
ロック (John Locke 1632.8.29-1704.10.28)　127l, 149r, **537r**
ロッシーニ (Gioacchino Antonio Rossini 1792-1868)　50r
ロビネ (Jean-Baptiste Robinet 1735-1820)　438l
ロベスピエール (Maximilien Francois Marie Isidore Robespierre 1758-94)　21l, 528l
ロールモーゼル, G.　354l
ロワイエ＝コラール (Pierre Paul Royer-Collard)　121l

619

縮刷版 ヘーゲル事典

2014(平成26)年6月15日 初版1刷発行

編 者	加藤尚武	高山　守
	久保陽一	滝口清栄
	幸津國生	山口誠一

発行者　鯉渕友南

発行所　株式会社 弘文堂　101-0062　東京都千代田区神田駿河台1の7
　　　　　　　　　　　　TEL 03(3294)4801　振替 00120-6-53909
　　　　　　　　　　　　http://www.koubundou.co.jp

装　丁　青山修作

組版・印刷・製本　図書印刷株式会社

© 2014 Printed in Japan

JCOPY ＜(社)出版者著作権管理機構　委託出版物＞

本書の無断複写は著作権法上での例外を除き禁じられています。複写される場合は、そのつど事前に、(社)出版者著作権管理機構（電話 03-3513-6969、FAX 03-3513-6979、e-mail:info@jcopy.or.jp)の許諾を得てください。
また本書を代行業者等の第三者に依頼してスキャンやデジタル化することは、たとえ個人や家庭内の利用であっても一切認められておりません。

ISBN978-4-335-15056-2

縮刷版 カント事典

編集顧問 ▶ 有福孝岳・坂部 恵
編集委員 ▶ 石川文康・大橋容一郎・黒崎政男・中島義道・福谷 茂・牧野英二

カント哲学の基本概念、用語、関連人物、主要著作など650項目を第一線で活躍する内外の研究者150名余を結集して編み上げた最良の道しるべ。「今、カントを知る」ための恰好の手引。索引も充実。定価(本体3,500円+税)

縮刷版 ヘーゲル事典

編集委員 ▶ 加藤尚武・久保陽一・幸津國生・高山 守・滝口清栄・山口誠一

ヘーゲルの用語、伝記上の人物、研究史に関わる事項等約1000項目を収めて多角的にヘーゲル像に迫り、わが国の研究水準を刷新した本格的事典。和文、欧文、人名の索引も完備した格好の手引である。定価(本体3,500円+税)

縮刷版 ニーチェ事典

編集委員 ▶ 大石紀一郎・大貫敦子・木前利秋・高橋順一・三島憲一

一世紀に及ぶ解釈・受容の歴史と現在の思想・文化状況をふまえた本格的事典。ニーチェ思想のキーワードや様々な相互影響関係をもつ人物など500余の基礎項目をベースにニーチェの内と外を読み解く。定価(本体3,500円+税)

縮刷版 現象学事典

編集委員 ▶ 木田 元・野家啓一・村田純一・鷲田清一

20世紀最大の思想運動として各界に今なお幅広い影響を与え続けている「現象学」の全容に多角的な視座からアプローチする世界最高水準の事典。研究者の格好の便覧であり初学者の良き道標である。定価(本体3,500円+税)

縮刷版 社会学文献事典

編集委員 ▶ 見田宗介・上野千鶴子・内田隆三・佐藤健二・吉見俊哉・大澤真幸

古典から現代の名著・力作・話題作まで、現代社会を読むための必読文献を厳選。各分野を代表する456人の著者自身・訳者自身が解説。年表式書誌データ付き。研究者必携、読書人には座右のツール。定価(本体3,800円+税)

弘文堂